7·9급 공무원 시험대비 **제2판**

박문각 공무원

기 본 서

합격까지 함께
콤팩트한 단권화 행정법

방대한 행정법을 체계적으로 압축 정리

최신 판례와 개정 법령 완벽 반영

날개 OX 확인을 통한 반복 학습

강성빈 편저

동영상 강의 www.pmg.co.kr

강성빈 행정법총론

PREFACE

머리말

행정법은 공부 방법, 즉 구체적으로 어떤 방법으로 공부하는지에 따라 난이도 차이가 극명하게 나누어지는 과목입니다. 그 결과 행정법은, 수험 법학에 있어서 제대로 된 방법을 활용한 수험생에게는 회독을 거듭할수록 안정적인 고득점이 보장되는 전략과목이 되기도 하는 반면, 그렇지 못한 수험생, 즉 잘못된 공부 방법을 선택한 수험생에게는 난공불락의 요새처럼 느껴지는 과목이 되기도 합니다.

결국 수험 행정법에 있어서 가장 먼저 파악해야 할 것은 '제대로 된 수험 행정법의 공부 방법'이고, 그 공부 방법 중 핵심이 되는 것은 행정법의 '주요 이론에 대한 정확한 이해'입니다. 전공과목의 난도 상승이 출제의 주류 경향이 되고 있는 현 시험의 추세를 고려할 때, 합격권에 이르는 행정법 고득점을 하기 위해서는 '단순 문제풀이의 반복'과 같은 소위 '양치기'식의 공부를 하여서는 절대로 안 되고, 반드시 행정법의 핵심 이론에 대한 이해가 선행되어야 합니다. 그래야만 비로소 그 이론이 반영된 다양한 판례 또는 조문이 출제되었을 때, 그것이 어떠한 형태로 변형되어 출제되든 정오(正誤)를 가릴 수 있는 것이 가능하기 때문입니다.

행정법 주요 이론에 대한 정확한 이해는 어느 한 단원만을 열심히 공부한다고 하여서 달성될 수 없습니다. 행정법은 '처분'과 그에 대한 불복절차인 '항고소송'이라는 거대한 두 주제를 중심으로 하나의 거대한 유기적 체계를 이루고 있는 학문으로서, 다양한 개념을 유기적 연관관계 속에서 공부할 때에야 비로소 눈이 트이게 되는 과목이기 때문입니다. 따라서 수험생들께서는 어느 한 주제를 공부할 때 그와 관련된 다른 주제와의 상호 관련성 및 그로부터 파생되는 출제 포인트를 항상 염두에 두고 공부를 진행해야 하는데, 얼핏 복잡해 보이는 위와 같은 공부를 하기 위해서는 '콤팩트한 단권화 교재'를 활용하는 것이 가장 효과적인 방법이 될 것입니다.

본 교재는 '콤팩트한 단권화 교재'를 최우선 목표로 하여, 수험생들께서 각 주제 간 유기적인 학습을 위해 편하게 책의 앞뒤를 넘나드는 공부를 할 수 있도록 하는 동시에 빠른 회독을 할 수 있도록, 시험에 출제되는 모든 내용을 담고 있으면서도 최대한 '슬림'하게 집필하는 것에 중점을 두어 집필되었고, 이는 이번 2025 개정판에서도 그대로 유지되었습니다.

구판인 2024 교재와 비교하여 본 교재의 개정된 내용은 다음과 같습니다. 첫째, 구판 출간 이후에 판시된 최신판례 중 2024. 6.까지 판례공보에 게재된 판례 및 개정된 법령의 내용을 모두 반영하였습니다. 둘째, 2024 지방직 9급 시험의 기출처를 비롯한 주요 출제 사항을 모두 반영하였습니다. 마지막으로 구판에서 미흡하였거나 설명이 부족했다고 여겨졌던 내용들에 대한 수정·보완이 이루어졌습니다.

2025 개정판을 발간하는 데 있어서도 많은 분들의 수고와 도움이 있었습니다. 오직 연구와 강의에만 집중할 수 있도록 언제나 지원과 응원을 아끼지 않아 주시는 상무님, 출판과 관련된 전반적인 업무를 총괄하여 주신 이사님, 원고의 모든 내용을 꼼꼼히 검토하며 편집 작업을 진행해 주신 편집부 직원분들께 진심으로 감사의 말씀을 올립니다.

행정법이 진입장벽이 높은 과목인 것은 주지의 사실이나, 한편으로는 어떻게 공부하느냐에 따라서 합격을 이끄는 전략과목이 될 수 있는 것 또한 분명한 사실입니다. 본 교재와 제 커리큘럼이 수험생 여러분의 '단기 합격'을 이끌 최상의 무기가 될 것이라 확신합니다. 본 교재 내지 제 커리큘럼과 관련하여 문의하실 내용이 있는 수험생께서는 네이버 카페 '강성빈 행정법'을 통해 문의사항 내지 의견을 남겨주시면 감사하겠습니다.

수험생 여러분의 2025 합격을 이끌 수 있도록 이번 시즌도 여러분과 함께 열심히 달리겠습니다. 힘들고 고된 수험생활의 모든 순간마다 하나님의 은혜와 축복이 가득하기를 기도합니다.

2024. 7.

변호사 강성빈

CONTENTS

차 례

강성빈 행정법총론

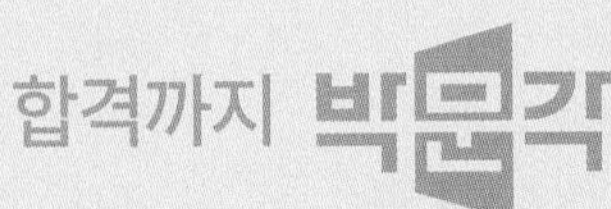

PART

01

행정작용법

CHAPTER 01

법치행정과 행정입법

제1강 법치행정의 원리

쟁점 1 법치행정의 원리

I 의의

> 행정기본법 제8조 【법치행정의 원칙】
> 행정작용은 법률에 위반되어서는 아니 되며, 국민의 권리를 제한하거나 의무를 부과하는 경우와 그 밖에 국민생활에 중요한 영향을 미치는 경우에는 법률에 근거하여야 한다. 23 지방

- 법치행정의 원리란 법치주의 원칙이 행정법 영역에서 적용된 것으로서 행정작용이 의회에서 제정한 법률에 근거하여 이루어져야 한다는 원칙을 말한다(행정의 법률적합성의 원칙).
- 행정작용의 자의적인 행사를 방지하고 이에 대한 예측가능성을 보장하는 데 목적이 있다.

II 법률의 법규창조력

- 오직 국민의 대표기관인 의회에서 제정한 법률을 통해서만 국민의 권리·의무에 관한 사항을 규율하는 법규를 창조할 수 있다.
- '법규'란 국민의 권리·의무관계에 구속력을 가지는 규범을 의미한다.
- 단, 법률에서 위임한 사항에 대해서는 하위법인 명령·조례 등을 통해서도 법규를 창조할 수 있고, 오늘날에는 행정법의 일반원칙이나 관습법도 법규성을 갖는 것으로 인정되는 등 다양한 예외가 존재한다.

III 법률우위의 원칙

1. 의의

- 행정작용은 법률에 위반되어서는 안 된다는 원칙을 말한다(행정의 법률에의 구속성). 18 교행

2. 소극적 원칙

- 일정한 사항을 규율하는 법률이 존재하는 경우에 행정작용은 그 법률을 위반해서는 안 된다는 소극적 의미의 원칙이다. 13 국회
- 따라서 이미 법률이 존재하는 경우에만 문제될 수 있다.

3. 법률의 범위

- '법률우위'에서 말하는 법률은 관습법 등 불문법을 포함한 모든 법률을 말한다.
- 다만, 행정규칙은 국민에 대하여 구속력을 갖지 못하는 결과 이를 위반하였다고 하여 곧바로 위법한 행정작용이 되는 것은 아니기 때문에, 여기에서 말하는 법률에서 제외된다.

4. 적용 범위

- 법률우위의 원칙은 침익적·수익적 행정행위를 불문하고 행정의 모든 영역에서 제한 없이 적용된다. 17 교행, 18 교행
- 공법형식의 국가작용은 물론 사법형식으로 이루어지는 국가작용에도 적용된다.

판례

구 국가를 당사자로 하는 계약에 관한 법률상의 요건과 절차를 거치지 않고 체결한 국가와 사인 간의 사법상 계약은 무효이다. 대법원 2015. 1. 15. 선고 2013다215133 판결

Ⅳ 법률유보의 원칙

1. 의의

- 행정작용이 행하여지기 위해서는 법률의 근거가 있어야 한다는 원칙을 말한다.

판례

구 여객자동차운수사업법 제76조 제1항 제15호, 같은 법 시행령 제29조에는 관할관청은 개인택시 운송사업자의 운전면허가 취소된 때에 그의 개인택시운송사업면허를 취소할 수 있도록 규정되어 있을 뿐 그에게 운전면허 취소사유가 있다는 사유만으로 개인택시운송사업면허를 취소할 수 있도록 하는 규정은 없으므로, 관할관청으로서는 비록 개인택시운송사업자에게 운전면허 취소사유가 있다 하더라도 그로 인하여 운전면허 취소처분이 이루어지지 않은 이상 개인택시운송사업면허를 취소할 수는 없다. 대법원 2008. 5. 15. 선고 2007두26001 판결 19 국가 01

- 조직규범은 행정기관이 그 권한을 행사하기 위한 기본적 전제가 되므로, 법률유보의 원칙에서 문제되는 규범(법률)은 조직규범이 아닌 작용규범만을 의미한다. 18 서울, 18 교행, 19 국가 02

2. 적극적 원칙

- 근거가 되는 법률이 존재하지 않는 경우 행정기관은 행정작용을 할 수 없고, 적극적으로 그 제정을 요구하여 법률이 마련된 경우 행정작용을 할 수 있다는 점에서 적극적 원칙이다.
- 따라서 행정작용의 근거가 될 수 있는 법률이 없는 경우에 문제된다.

3. 법률의 범위

- 원칙적으로 국회에서 제정한 형식적 의미의 법률만을 의미하므로, 관습법 등 불문법은 제외된다. 16 서울
- 한편 이 원칙은 행정작용이 법률에 '근거하여' 이루어져야 한다는 것을 의미하므로, 법률에 근거가 있으면 그 법률의 위임을 받은 하위 법령에 의해서도 행정작용이 가능하다.

OX 확인

01 개인택시운송사업자의 운전면허가 아직 취소되지 않았더라도 운전면허 취소사유가 있다면 행정청은 명문 규정이 없더라도 개인택시운송사업면허를 취소할 수 있다. (×)

OX 확인

02 법률유보의 원칙에서 요구되는 법적 근거는 작용법적 근거를 의미한다. (○)

판례

법률유보의 원칙은 '법률에 의한' 규율만을 뜻하는 것이 아니라 '법률에 근거한' 규율을 요청하는 것이므로 기본권 제한의 형식이 반드시 법률의 형식일 필요는 없고 법률에 근거를 두면서 헌법 제75조가 요구하는 위임의 구체성과 명확성을 구비하기만 하면 위임입법에 의하여도 기본권 제한을 할 수 있다 할 것이다. 헌법재판소 2005. 2. 24. 선고 2003헌마289 결정 17 국가, 17 교행, 23 지방

- 국가의 예산이 여기서 말하는 법률에 포함되는지 여부와 관련하여, 판례는 "예산은 법률과 달리 일반국민을 구속하지 않는다."라고 하여 포함되지 않는 것으로 보고 있다.

판례

예산은 일종의 법규범이고 법률과 마찬가지로 국회의 의결을 거쳐 제정되지만 법률과 달리 국가기관만을 구속할 뿐 일반국민을 구속하지 않는다. 헌법재판소 2006. 4. 25. 선고 2006헌마409 결정 13 지방

4. 적용범위 : 학설의 태도

(1) 침해유보설

- 침익적 행정작용에 한해서 적용된다는 견해이다.
- 근대 자유주의 시대의 이론으로 '행정으로부터의 자유'를 강조한다.
- 비판 : 급부행정의 경우에 법률의 근거가 필요한 이유를 설명하지 못한다.

(2) 급부행정유보설

- 침익적 행정작용에 더하여 수익적 행정작용에 대해서도 적용된다는 견해이다. 12 지방
- 현대 복지국가 시대의 이론으로 '행정을 통한 자유'를 강조한다.
- 비판 : 법률의 근거가 없는 경우 오히려 급부행정을 할 수 없는 문제가 발생한다.

(3) 권력행정유보설

- 권력적 행정의 경우 침익적·수익적 여부를 불문하고 모두 적용된다는 견해이다.
- 따라서 행정지도와 같은 비권력적 행정작용에 대해서는 적용되지 않는다고 한다.

(4) 전부유보설

- 행정작용의 구체적 성격을 불문하고 모든 행정작용에 대해서 적용된다는 견해이다.
- 국민주권주의, 의회민주주의, 법치주의 등 원리에 가장 충실한 태도이다.
- 비판 : 권력분립주의를 망각하여 행정의 자유로운 영역을 부정하고 있다. 13 지방

(5) 중요사항유보설(본질사항유보설)

① 중요사항(본질적 사항)은 반드시 법률의 근거를 요하지만, 비중요사항(비본질적 사항)에 대해서는 법률의 근거 없이도 행정권을 발동할 수 있다는 견해로서, 독일연방헌법재판소의 판례를 통해 정립된 이론이다.

② 행정작용에 법률의 근거가 필요한지 여부에 그치지 않고, 법률의 규율 정도(법률유보의 강도 또는 밀도)에 대해서도 고려하는 이론이다. 13 지방 따라서 중요성의 정도에 따라 위임입법이 허용되는지 여부가 결정된다(의회유보설).

- 매우 중요한 사항 : 오직 국회에서 제정한 법률에 근거할 것을 요한다(위임입법 불가).
- 덜 중요한 사항 : 국회 제정의 법률 외에 법규명령을 포함한다(위임입법 가능).
- 중요하지 않은 사항 : 법률의 근거를 요하지 않는다.

③ 중요성 판단기준 : '기본권의 실현과 관련된 것인지'를 기준으로 중요사항인지 여부를 판단하는데, 기본권 관련성이 클수록 중요한 것이고 그렇지 않을수록 덜 중요한 것이다.

- 한편 최근 제정된 행정기본법은 중요사항유보설에 입각하여 "국민의 권리를 제한하거나 의무를 부과하는 경우와 그 밖에 국민생활에 중요한 영향을 미치는 경우에는 법률에 근거하여야 한다."라고 규정하였다.

5. 적용범위 : 판례의 태도

(1) 중요사항유보설

- 대법원은 중요사항유보설의 견해를 취하고 있다.

판례

어떠한 사안이 국회가 형식적 법률로 스스로 규정하여야 하는 본질적 사항에 해당되는지는, 구체적 사례에서 관련된 이익 내지 가치의 중요성, 규제 또는 침해의 정도와 방법 등을 고려하여 개별적으로 결정하여야 하지만, 규율대상이 국민의 기본권 및 기본적 의무와 관련한 중요성을 가질수록 그리고 그에 관한 공개적 토론의 필요성 또는 상충하는 이익 사이의 조정 필요성이 클수록, 그것이 국회의 법률에 의해 직접 규율될 필요성은 더 증대된다. 19 국가, 23 지방 01

법인세, 종합소득세와 같이 납세의무자에게 조세의 납부의무뿐만 아니라 스스로 과세표준과 세액을 계산하여 신고하여야 하는 의무까지 부과하는 경우에는 신고의무 이행에 필요한 기본적인 사항과 신고의무불이행 시 납세의무자가 입게 될 불이익 등은 납세의무를 구성하는 기본적, 본질적 내용으로서 법률로 정하여야 한다. 대법원 2015. 8. 20. 선고 2012두23808 판결

OX 확인

01 국회가 형식적 법률로 직접 규율하여야 하는 필요성은 규율대상이 기본권 및 기본적 의무와 관련된 중요성을 가질수록, 그에 관한 공개적 토론의 필요성 또는 상충하는 이익 사이의 조정 필요성이 클수록 더 증대된다. (○)

- 헌법재판소는 또한 대법원과 마찬가지로 중요사항유보설의 견해를 취하고 있다.

판례

1. 오늘날 법률유보원칙은 단순히 행정작용이 법률에 근거를 두기만 하면 충분한 것이 아니라, 국가공동체와 그 구성원에게 기본적이고도 중요한 의미를 갖는 영역, 특히 국민의 기본권실현과 관련된 영역에 있어서는 국민의 대표자인 입법자가 그 본질적 사항에 대해서 스스로 결정하여야 한다는 요구까지 내포하고 있다(의회유보원칙). 헌법재판소 1999. 5. 27. 선고 98헌바70 결정 14 서울, 15 교행, 16 사복, 19 국가, 19 서울 02
2. 국민의 권리와 의무의 형성에 관한 사항을 비롯하여 국가의 통치조직과 작용에 관한 기본적이고 본질적인 사항은 반드시 국회가 정하여야 할 것이다. 헌법재판소 2006. 3. 30. 선고 2005헌바31 결정 16 사복

OX 확인

02 법률유보의 원칙은 국민의 기본권실현과 관련된 영역에 있어서는 입법자가 그 본질적 사항에 대해서 스스로 결정하여야 한다는 요구까지 내포하고 있다. (○)

(2) 중요사항으로 본 판례(법률의 근거 요함)

판례

1. 텔레비전방송수신료는 대다수 국민의 재산권 보장의 측면이나 한국방송공사에게 보장된 방송자유의 측면에서 국민의 기본권실현에 관련된 영역에 속하고, 수신료금액의 결정은 납부의무자의 범위 등과 함께 수신료에 관한 본질적인 중요한 사항이므로 국회가 스스로 행하여야 하는 사항에 속하는 것임에도 불구하고 한국방송공사법 제36조 제1항에서 국회의 결정이나 관여를 배제한 채 한국방송공사로 하여금 수신료금액을 결정해서 문화관광부장관의 승인을 얻도록 한 것은 법률유보원칙에 위반된다. 헌법재판소 1999. 5. 27. 선고 98헌바70 결정 13 지방, 16 사복, 19 서울

법외노조 통보는 이미 법률에 의하여 법외노조가 된 것을 사후적으로 고지하거나 확인하는 행위가 아니라 그 통보로써 비로소 법외노조가 되도록 하는 형성적 행정처분이다. 이러한 법외노조 통보는 단순히 노동조합에 대한 법률상 보호만을 제거하는 것에 그치지 않고 헌법상 노동3권을 실질적으로 제약한다. 그런데 노동조합 및 노동관계조정법은 법상 설립요건을 갖추지 못한 단체의 노동조합 설립신고서를 반려하도록 규정하면서도, 그보다 더 침익적인 설립 후 활동 중인 노동조합에 대한 법외노조 통보에 관하여는 아무런 규정을 두고 있지 않고, 이를 시행령에 위임하는 명문의 규정도 두고 있지 않다. 더욱이 법외노조 통보 제도는 입법자가 반성적 고려에서 폐지한 노동조합 해산명령 제도와 실질적으로 다를 바 없다. 결국 노동조합법 시행령 제9조 제2항은 법률이 정하고 있지 아니한 사항에 관하여, 법률의 구체적이고 명시적인 위임도 없이 헌법이 보장하는 노동3권에 대한 본질적인 제한을 규정한 것으로서 법률유보원칙에 반한다.
(고용노동부장관이 전국의 국공립학교와 사립학교 교원을 조합원으로 하여 설립된 갑 노동조합의 노동조합 설립신고를 수리하고 신고증을 교부하였는데, 그 후 갑 노동조합에 대하여 '두 차례에 걸쳐 해직자의 조합원 가입을 허용하는 규약을 시정하도록 명하였으나 이행하지 않았고, 실제로 해직자가 조합원으로 가입하여 활동하고 있는 것으로 파악된다.'는 이유로 해당 규약 조항의 시정 등의 조치를 요구하였으나 갑 노동조합이 이를 이행하지 않자 교원의 노동조합 설립 및 운영 등에 관한 법률 및 같은 법 시행령에 따라 갑 노동조합을 '교원의 노동조합 설립 및 운영 등에 관한 법률에 의한 노동조합으로 보지 아니함'을 통보한 사안에서) 법외노조 통보에 관한 노동조합 및 노동관계조정법 시행령 제9조 제2항은 헌법상 법률유보의 원칙에 위반되어 그 자체로 무효이므로 그에 기초한 위 법외노조 통보는 법적 근거를 상실하여 위법하다고 한 사례. (대법원 2020. 9. 3. 선고 2016두32992 전원합의체 판결)

2. 토지 등 소유자가 도시환경정비사업을 시행하는 경우 사업시행인가 신청 시 필요한 토지 등 소유자의 동의는 개발사업의 주체 및 정비구역 내 토지등소유자를 상대로 수용권을 행사하고 각종 행정처분을 발할 수 있는 행정주체로서의 지위를 가지는 사업시행자를 지정하는 문제로서 그 동의요건을 정하는 것은 국민의 권리와 의무의 형성에 관한 기본적이고 본질적인 사항이므로 국회가 스스로 행하여야 하는 사항에 속하는 것임에도 불구하고 사업시행인가 신청에 필요한 동의정족수를 토지등소유자가 자치적으로 정하여 운영하는 규약에 정하도록 한 것은 법률유보원칙에 위반된다. 헌법재판소 2012. 4. 24. 선고 2010헌바1 결정 17 국가
3. 토초세법상의 기준시가는 국민의 납세의무의 성부 및 범위와 직접적인 관계를 가지고 있는 중요한 사항이므로 이를 하위법규에 백지위임하지 아니하고 그 대강이라도 토초세법 자체에서 직접 규정해 두어야만 함에도 불구하고, 토초세법 제11조 제2항이 그 기준시가를 전적으로 대통령령에 맡겨두고 있는 것은 헌법상의 조세법률주의 혹은 위임입법의 범위를 구체적으로 정하도록 한 헌법 제75조의 취지에 위반된다. 헌법재판소 1994. 7. 29. 선고 92헌바49,52 결정 16 사복
4. 지방의회의원에 대하여 유급보좌인력을 두는 것은 지방의회의원의 신분·지위 및 그 처우에 관한 현행 법령상의 제도에 중대한 변경을 초래하는 것으로서, 이는 개별 지방의회의 조례로써 규정할 사항이 아니라 국회의 법률로써 규정하여야 할 입법사항이다. 대법원 2013. 1. 16. 선고 2012추84 판결 17 국가, 18 서울, 18 교행
5. 자산의 취득 및 양도 시기는 양도소득세 납세의무의 존부 및 성립시기 등을 결정하는데 있어 중요한 사항 내지 본질적 내용이므로, 조세법률주의를 규정한 헌법 제38조 및 제59조의 요청에 따라 그 내용이 법률로써 가능한 한 구체적이고 명확하게 규정되어야 한다. 헌법재판소 2015. 7. 30. 선고 2013헌바204 결정
6. 병의 복무기간은 국방의무의 본질적 내용에 관한 것이어서 이는 반드시 법률로 정하여야 할 입법사항에 속한다. 대법원 1985. 2. 28. 선고 85초13 판결
7. 법외노조 통보는 적법하게 설립된 노동조합의 법적 지위를 박탈하는 중대한 침익적 처분으로서 원칙적으로 국민의 대표자인 입법자가 스스로 형식적 법률로써 규정하여야 할 사항이고, 행정입법으로 이를 규정하기 위하여는 반드시 법률의 명시적이고 구체적인 위임이 있어야 한다. 그런데 노동조합 및 노동관계조정법 시행령 제9조 제2항은 법률의 위임 없이 법률이 정하지 아니한 법외노조 통보에 관하여 규정함으로써 헌법상 노동3권을 본질적으로 제한하고 있으므로 그 자체로 무효이다. 대법원 2020. 9. 3. 선고 2016두32992 전원합의체 판결

(3) 중요사항으로 보지 않은 판례(법률의 근거 요하지 않음)

판례

1. 수신료 징수업무를 한국방송공사가 직접 수행할 것인지 제3자에게 위탁할 것인지, 위탁한다면 누구에게 위탁하도록 할 것인지, 위탁받은 자가 자신의 고유업무와 결합하여 징수업무를 할 수 있는지는 징수업무 처리의 효율성 등을 감안하여 결정할 수 있는 사항으로서 국민의 기본권제한에 관한 본질적인 사항이 아니라 할 것이다. 헌법재판소 2008. 2. 28. 선고 2006헌바70 결정 19 서울
2. 조합의 사업시행인가 신청 시의 토지 등 소유자의 동의요건이 비록 토지 등 소유자의 재산상 권리·의무에 영향을 미치는 사업시행계획에 관한 것이라고 하더라도, 그 동의요건은 사업시행인가 신청에 대한 토지 등 소유자의 사전 통제를 위한 절차적 요건에 불과하고 토지 등 소유자의 재산상 권리·의무에 관한 기본적이고 본질적인 사항이라고 볼 수 없으므로 법률유보 내지 의회유보의 원칙이 반드시 지켜져야 하는 영역이라고 할 수 없다. 대법원 2007. 10. 12. 선고 2006두14476 판결 19 서울
3. 입주자대표회의는 공법상의 단체가 아닌 사법상의 단체로서, 이러한 특정 단체의 구성원이 될 수 있는 자격을 제한하는 것이 국가적 차원에서 형식적 법률로 규율되어야 할 본질적 사항이라고 보기 어렵다. 또한 입주자대표회의의 구성원인 동별 대표자가 될 수 있는 자격이 반드시 법률로 규율하여야 하는 사항이라고 볼 수 없다. 헌법재판소 2016. 7. 28. 선고 2014헌바158·174 결정
4. 전기가 국민의 생존과 직결되어 있어 전기의 사용이 일상생활을 정상적으로 영위하는 데에 필수불가결한 요소라 하더라도, 전기요금은 전기판매사업자가 전기사용자와 체결한 전기공급계약에 따라 전기를 공급하고 그에 대한 대가로 전기사용자에게 부과되는 것으로서, 조세 내지 부담금과는 구분된다. 즉 한국전력공사가 전기사용자에게 전기요금을 부과하는 것이 국민의 재산권에 제한을 가하는 행정작용에 해당한다고 볼 수 없다.
   전기요금의 결정에는 전기를 공급하기 위하여 실제 소요된 비용과 투입된 자산에 대한 적정 보수, 전기사업의 기업성과 공익성을 조화시킬 수 있는 유인들, 산업구조나 경제상황 등이 종합적으로 고려되어야 하는 바, 전기요금의 산정이나 부과에 필요한 세부적인 기준을 정하는 것은 전문적이고 정책적인 판단을 요할 뿐 아니라 기술의 발전이나 환경의 변화에 즉각적으로 대응할 필요가 있다. 전기요금의 결정에 관한 내용을 반드시 입법자가 스스로 규율해야 하는 부분이라고 보기 어려우므로, 심판대상조항은 의회유보원칙에 위반되지 아니한다. 헌법재판소 2021. 4. 29. 선고 2017헌가25 전원재판부 결정
5. 국가공무원인 교원의 보수는 본질적으로 급부적 성격이 강한 국가행정의 영역에 속하는 것으로서 해마다 국가의 재정상황 등에 따라 그 액수가 수시로 변화하고, 교원의 보수체계 역시 국가의 정치·사회·경제적 상황, 시대 변화에 따른 교원의 지위 및 역할의 변화, 민간 영역의 보수 체계의 변화 등 사회적·경제적 여건에 따라 적절히 대처할 필요성이 있기 때문에 이에 관한 모든 사항을 법률에 규정하는 것은 입법기술상 매우 어렵다. 따라서 국가공무원인 교원의 보수에 관한 구체적인 내용(보수 체계, 보수 내용, 지급 방법 등)까지 반드시 법률의 형식으로만 정해야 하는 '기본적인 사항'이라고 보기는 어렵고, 이를 행정부의 하위법령에 위임하는 것은 불가피하다. 대법원 2023. 10. 26. 선고 2020두50966 판결

제2강 법규명령

쟁점 ② 법규명령 일반론

행정입법 개관

1. 의의

행정입법이란 행정기관이 일반적 · 추상적 규범을 정립하는 작용 또는 그에 따라 정립된 규범을 말한다.

2. 종류

- 행정입법은 법규성을 갖는지 여부에 따라, 즉 국민에 대한 대외적인 구속력을 갖는지 여부에 따라 구속력을 갖는 법규명령과 그렇지 못한 행정규칙으로 구분된다.
- 법규명령과 행정규칙은 상위법령의 수권 여부를 기준으로 구분하는 것이 일반적이다. 즉 상위법의 수권에 의해 제정된 행정입법은 법규명령으로, 수권 없이 행정의 고유한 권능에 근거하여 제정된 행정입법은 행정규칙으로 본다.

헌법 제75조
대통령은 법률에서 구체적으로 범위를 정하여 위임받은 사항과 법률을 집행하기 위하여 필요한 사항에 관하여 대통령령을 발할 수 있다.

❶ 헌법 제95조
국무총리 또는 행정각부의 장은 소관사무에 관하여 법률이나 대통령령의 위임 또는 직권으로 총리령 또는 부령을 발할 수 있다.

헌법 제64조
① 국회는 법률에 저촉되지 아니하는 범위 안에서 의사와 내부규율에 관한 규칙을 제정할 수 있다.

헌법 제108조
대법원은 법률에 저촉되지 아니하는 범위 안에서 소송에 관한 절차, 법원의 내부규율과 사무처리에 관한 규칙을 제정할 수 있다.

헌법 제113조
② 헌법재판소는 법률에 저촉되지 아니하는 범위 안에서 심판에 관한 절차, 내부 규율과 사무처리에 관한 규칙을 제정할 수 있다.

헌법 제114조
⑥ 중앙선거관리위원회는 법령의 범위 안에서 선거관리 · 국민투표관리 또는 정당 사무에 관한 규칙을 제정할 수 있으며, 법률에 저촉되지 아니하는 범위 안에서 내부 규율에 관한 규칙을 제정할 수 있다.

Ⅰ 의의 및 종류

1. 의의

- 행정권이 제정하는 일반적 · 추상적 규범으로서 법규성을 갖는 것을 말한다.

2. 종류

(1) 법형식(제정권자)에 따른 분류

① 대통령령

- 대통령이 제정하는 명령으로 통상 "시행령"이라 한다.
- 예외적으로 "규정", "규칙"이라는 명칭을 붙인 경우도 있다.

② 총리령 및 부령

- 국무총리 또는 행정각부의 장이 제정하는 명령으로 통상 "시행규칙"이라 한다.
- 행정각부가 아닌 국무총리 또는 각부 소속의 독립기관은 독립하여 명령을 발할 수 없고 각 총리령 또는 부령으로 발하여야 한다(예 인사혁신처장, 법제처장, 경찰청장 등). 15 서울

③ 대통령령과 총리령 및 부령의 관계

- 대통령령은 총리령 및 부령보다 우월한 효력을 갖는다.
- 총리령과 부령의 관계에 대해서는 총리령 우위설과 동위설이 대립하는데, 우열에 관계없이 부령이 총리령의 위임범위 내에서 제정되어야 하는 것은 아니다(총리령과 부령 모두 법률 또는 대통령령의 위임하에 제정). 12 국회, 16 교행 ❶

④ 기타 법규명령의 성질을 갖는 명령

- 국회규칙, 대법원 규칙, 헌법재판소규칙, 중앙선거관리위원회규칙 23 지방, 감사원규칙
- 이 중 감사원규칙은 헌법에 근거가 없고 법률에만 근거가 있어 동 규칙이 법규명령의 성질을 갖는 것인지 여부가 문제되는데, 헌법재판소는 이를 긍정한다. 16 서울, 18 소방

(2) 효력 및 내용에 따른 분류

① 헌법대위명령

• 헌법적 효력을 가지는 것으로, 대통령의 계엄조치 등이 있다.

② 법률대위명령

• 법률과 같은 효력을 가지는 것으로, 긴급명령, 긴급재정 · 경제명령 등이 있다.

③ 법률종속명령 : 위임명령과 집행명령

㉠ 의의 : 법률보다 하위의 효력을 가지는 것으로, 국민의 권리와 의무에 관한 사항을 새로이 정할 수 있는지 여부에 따라 위임명령과 집행명령으로 구분된다.

㉡ 위임명령

• 법률이나 상위명령에서 구체적으로 범위를 정하여 위임한 사항을 규정하는 명령을 말한다.

• 구체적으로 범위를 정한 개별적 위임이 있어야 제정할 수 있다.

• 위임의 범위 내에서는 새로운 국민의 권리 · 의무에 관한 사항을 정할 수 있다. 14 서울

㉢ 집행명령

• 법률이나 상위명령의 집행을 위하여 필요한 절차 · 형식 등 세부적 · 기술적 사항을 규정하는 명령을 말한다.

• 헌법에서 포괄적 근거를 두고 있으므로 구체적 · 개별적 위임이 없더라도 직권으로 제정할 수 있다. 11 사복, 12 사복, 15 서울

• 새로운 국민의 권리 · 의무에 관한 사항을 정할 수 없다. 19 지방 01

헌법 제76조

① 대통령은 내우 · 외환 · 천재 · 지변 또는 중대한 재정 · 경제상의 위기에 있어서 국가의 안전보장 또는 공공의 안녕질서를 유지하기 위하여 긴급한 조치가 필요하고 국회의 집회를 기다릴 여유가 없을 때에 한하여 최소한으로 필요한 재정 · 경제상의 처분을 하거나 이에 관하여 법률의 효력을 가지는 명령을 발할 수 있다.

헌법 제76조

② 대통령은 국가의 안위에 관계되는 중대한 교전상태에 있어서 국가를 보위하기 위하여 긴급한 조치가 필요하고 국회의 집회가 불가능한 때에 한하여 법률의 효력을 가지는 명령을 발할 수 있다.

OX 확인

01 집행명령은 상위법령의 집행에 필요한 세칙을 정하는 범위 내에서만 가능하고 새로운 국민의 권리 · 의무를 정할 수 없다. (○)

Ⅱ 성립 및 효력요건

1. 성립요건

• 법규명령은 대통령 등 정당한 제정권자가 수권의 범위 내에서 제정하며, 일정한 형식을 취하고 적법한 절차를 거쳐 관보에 게재함으로써 공포되어야 성립한다.

2. 효력요건

• 법규명령은 시행됨으로써 효력을 발생한다.

• 시행일이 정해진 경우에는 그날부터, 그렇지 않은 경우에는 공포한 날로부터 20일(내용이 국민의 권리제한 등과 직접 관련되는 경우에는 30일)을 경과함으로써 효력이 발생한다. 14 국가

Ⅲ 법규명령의 한계

1. 상위 법령의 위임

• 법규명령은 법률 또는 상위 법령의 구체적 수권이 있는 경우에만 제정 가능하므로, 구체적 위임 없이 제정되거나 위임이 있더라도 위임의 한계를 벗어난 법규명령은 무효이다.

행정기본법 제38조(행정의 입법활동)

① 국가나 지방자치단체가 법령등을 제정 · 개정 · 폐지하고자 하거나 그와 관련된 활동을 할 때에는 헌법과 상위 법령을 위반해서는 아니 되며, 헌법과 법령등에서 정한 절차를 준수하여야 한다.

판례

1. 법률의 시행령은 모법인 법률에 의하여 위임받은 사항이나 법률이 규정한 범위 내에서 법률을 현실적으로 집행하는 데 필요한 세부적인 사항만을 규정할 수 있을 뿐, 법률에 의한 위임이 없는 한 법률이 규정한 개인의 권리·의무에 관한 내용을 변경·보충하거나 법률에 규정되지 아니한 새로운 내용을 규정할 수는 없다. 대법원 2020. 9. 3. 선고 2016두32992 전원합의체 판결 23 지방, 24 국가
2. 법령의 위임이 없음에도 법령에 규정된 처분 요건에 해당하는 사항을 부령에서 변경하여 규정한 경우에는 그 부령의 규정은 행정청 내부의 사무처리 기준 등을 정한 것으로서 행정조직 내에서 적용되는 행정명령의 성격을 지닐 뿐 국민에 대한 대외적 구속력은 없다고 보아야 한다. 대법원 2013. 9. 12. 선고 2011두10584 판결 19 서울, 20 국가, 22 지방, 23 국가
3. 법률의 시행령은 법률에 의한 위임이 없으면 개인의 권리·의무에 관한 내용을 변경·보충하거나 법률에 규정되지 아니한 새로운 내용을 정할 수는 없지만, 시행령의 내용이 모법의 입법 취지와 관련 조항 전체를 유기적·체계적으로 살펴보아 모법의 해석상 가능한 것을 명시한 것에 지나지 아니 하거나 모법 조항의 취지에 근거하여 이를 구체화하기 위한 것인 때에는 모법의 규율 범위를 벗어난 것으로 볼 수 없으므로, 모법에 이에 관하여 직접 위임하는 규정을 두지 않았다고 하더라도 이를 무효라고 볼 수 없다. 대법원 2016. 12. 1. 선고 2014두8650 판결 21 국가, 21 지방 01
4. 법률의 위임 규정 자체가 그 의미 내용을 정확하게 알 수 있는 용어를 사용하여 위임의 한계를 분명히 하고 있는데도 시행령이 그 문언적 의미의 한계를 벗어났다든지, 위임 규정에서 사용하고 있는 용어의 의미를 넘어 그 범위를 확장하거나 축소함으로써 위임 내용을 구체화하는 단계를 벗어나 새로운 입법을 한 것으로 평가할 수 있다면, 이는 위임의 한계를 일탈한 것으로서 허용되지 않는다. 대법원 2012. 12. 20. 선고 2011두30878 전원합의체 판결 20 소방, 24 지방
5. 공공기관운영법 제39조 제3항에서 부령에 위임한 것은 '입찰참가자격의 제한기준 등에 관하여 필요한 사항'일 뿐이고, 이는 규정의 문언상 입찰참가자격을 제한하면서 그 기간의 정도와 가중·감경 등에 관한 사항을 의미하는 것이지 처분대상까지 위임한 것이라고 볼 수는 없다. 따라서 '입찰참가자격을 제한받은 자가 법인이나 단체인 경우에는 그 대표자'에 대하여도 입찰참가자격 제한을 할 수 있도록 규정한 구 공기업·준정부기관 계약사무규칙 제15조 제4항은 상위법령의 위임 없이 규정한 것이므로 이는 위임입법의 한계를 벗어난 것으로서 대외적 효력을 인정할 수 없다. 대법원 2017. 6. 15. 선고 2016두52378 판결

비교판례 입찰 참가자격의 제한을 받은 자가 법인이나 단체인 경우 그 대표자에 대해서도 입찰참가자격을 제한하도록 규정한 구 지방자치단체를 당사자로 하는 계약에 관한 법률 시행령 제92조 제4항은 구 지방자치단체를 당사자로 하는 계약에 관한 법률 제31조 제1항의 위임범위를 벗어난 것으로 볼 수 없다. 대법원 2022. 7. 14. 선고 2022두37141 판결

- 위임의 근거가 없어 무효인 법규명령이더라도 사후에 법 개정으로 위임의 근거가 부여되면 그때부터는 유효한 법규명령이 된다. 15 국가, 16 사복 반대로 유효한 법규명령이더라도 법 개정으로 위임의 근거가 없어지게 되면 그때부터 무효인 법규명령이 된다.

판례

일반적으로 법률의 위임에 의하여 효력을 갖는 법규명령의 경우, 구법에 위임의 근거가 없어 무효였더라도 사후에 법 개정으로 위임의 근거가 부여되면 그때부터는 유효한 법규명령이 되나, 반대로 구법의 위임에 의한 유효한 법규명령이 법 개정으로 위임의 근거가 없어지게 되면 그때부터 무효인 법규명령이 되므로, 어떤 법령의 위임 근거 유무에 따른 유효 여부를 심사하려면 법 개정의 전·후에 걸쳐 모두 심사하여야만 그 법규명령의 시기에 따른 유효·무효를 판단할 수 있다. 대법원 1995. 6. 30. 선고 93추83 판결 18 국가, 18 국회, 19 서울, 21 지방, 22 국가, 24 국가, 24 지방 02

OX 확인

01 법률의 시행령이나 시행규칙의 내용이 모법 조항의 취지에 근거하여 이를 구체화하기 위한 것인 때에는 모법의 규율 범위를 벗어난 것으로 볼 수 없다. 이러한 경우에는 모법에 이에 관하여 직접 위임하는 규정을 두지 않았다고 하여도 이를 무효라고 볼 수 없다. (○)

'소속 지방법무사회는 법무사 사무원이 법무사 사무원으로서의 업무수행에 지장이 있다고 인정되는 행위를 하였을 경우에는 그 채용승인을 취소하여야 한다.'고 규정한 법무사규칙 제37조 제6항 후단 부분이 모법인 법무사법 제23조 제4항의 위임 범위를 일탈한 것이어서 법률유보원칙에 위배되는지 문제된 사안에서, 위 규칙 조항에 다소 추상적인 면이 있더라도 법무사 사무원 채용승인 제도의 입법 목적인 법무사 사무의 공익성·전문성 확보를 위하여 필요하고 법관의 법해석작용을 통하여 그 의미가 구체화·명확화될 수 있는 점 등을 고려하면, 위 규칙조항이 모법의 위임 범위를 일탈한 것으로 볼 수 없다고 한 원심판단을 수긍한 사례. (대법원 2020. 4. 9. 선고 2015다34444 판결)

구 지방세법 제20조 제4항이 정한 재산권 등의 이전 등을 등기 또는 등록하려는 경우의 취득세 신고·납부기한인 '등기 또는 등록을 하기 전까지'는 위 시행령 조항이 정한 바와 같이 '등기 또는 등록의 신청서를 등기·등록관서에 접수하는 날까지'를 의미한다. 따라서 위 시행령 조항은 구 지방세법 제20조 제4항의 해석 가능한 것을 명시한 것이거나 이를 구체화한 것으로서 구 지방세법 제20조 제4항이 이에 관하여 직접 위임하는 규정을 두지 않았더라도, 무효라고 볼 수 없다. (대법원 2020. 10. 15. 선고 2017두47403 판결)

OX 확인

02 법규명령이 법률상 위임의 근거가 없어 무효이더라도 나중에 법률의 개정으로 위임의 근거가 부여되면 그 때부터는 유효한 법규명령으로서 구속력을 갖는다. (○)

• 한편 하위 법령에서 그 위임의 근거가 되는 상위 법령의 내용을 구체적으로 명시해야만 하는 것은 아니다. 16 지방

판례

법령의 위임관계는 반드시 하위 법령의 개별조항에서 위임의 근거가 되는 상위 법령의 해당 조항을 구체적으로 명시하고 있어야만 하는 것은 아니라고 할 것이다. 대법원 1999. 12. 24. 선고 99두5658 판결 15 지방, 16 지방

2. 수권상의 한계1 : 포괄적 위임의 금지

(1) 의의

• 행정입법에 대한 법률의 위임은 일반적이고 포괄적인 수권은 안 되며 구체적으로 범위를 정하여 위임하여야 한다. 15 교행

(2) 판단기준

① 구체적 위임인지 여부에 대한 판단기준 : 예측가능성

판례

구체적인 위임의 범위는 규제하고자 하는 대상의 종류와 성격에 따라 달라지는 것이어서 일률적 기준을 정할 수는 없지만, 적어도 위임명령에 규정될 내용 및 범위의 기본사항이 구체적으로 규정되어 있어서 누구라도 당해 법률이나 상위법령으로부터 위임명령에 규정될 내용의 대강을 예측할 수 있어야 하나, 이 경우 그 예측가능성의 유무는 당해 위임조항 하나만을 가지고 판단할 것이 아니라 그 위임조항이 속한 법률의 전반적인 체계와 취지 및 목적, 당해 위임조항의 규정형식과 내용 및 관련 법규를 유기적·체계적으로 종합하여 판단하여야 하며, 나아가 각 규제 대상의 성질에 따라 구체적·개별적으로 검토함을 요한다. 대법원 2015. 1. 15. 선고 2013두14238 판결 11 사복

② 구체성의 정도

• 처벌법규나 조세법규 등 국민의 권리를 제한하거나 의무를 부과하는 법규명령에 대해서는 구체성의 정도가 강화된다.

판례

1. 처벌법규나 조세법규와 같이 국민의 기본권을 직접적으로 제한하거나 침해할 소지가 있는 영역에서는 구체성·명확성의 요구가 강화되어 그 위임의 요건과 범위가 일반적인 급부행정의 영역에서보다 더 엄격하게 제한되어야 한다. 헌법재판소 1996. 6. 26. 선고 93헌바2 결정 11 사복, 14 국가

2. 헌법 제38조, 제59조에서 채택하고 있는 조세법률주의의 원칙은 과세요건과 징수절차 등 조세권행사의 요건과 절차는 국민의 대표기관인 국회가 제정한 법률로써 규정하여야 한다는 것이나, 과세요건과 징수절차에 관한 사항을 명령·규칙 등 하위법령에 위임하여 규정하게 할 수 없는 것은 아니고, 이러한 사항을 하위법령에 위임하여 규정하게 하는 경우 구체적·개별적 위임만이 허용되며 포괄적·백지적 위임은 허용되지 아니하고(과세요건법정주의), 이러한 법률 또는 그 위임에 따른 명령·규칙의 규정은 일의적이고 명확하여야 한다(과세요건명확주의)는 것이다. 대법원 1994. 9. 30. 자 94부18 결정 21 국가 01

조세법률주의 원칙은 과세요건 등 국민의 납세의무에 관한 사항을 국민의 대표기관인 국회가 제정한 법률로써 규정하여야 하고, 그 법률을 집행하는 경우에도 이를 엄격하게 해석·적용하여야 하며, 행정편의적인 확장해석이나 유추적용을 허용하지 아니함을 뜻한다. 그러므로 법률의 위임 없이 명령 또는 규칙 등 행정입법으로 과세요건 등에 관한 사항을 규정하거나 법률에 규정된 내용을 함부로 유추·확장하는 내용의 해석규정을 마련하는 것은 조세법률주의 원칙에 위배된다. (대법원 2021. 9. 9. 선고 2019두35695 전원합의체 판결)

OX 확인

01 헌법에서 채택하고 있는 조세법률주의의 원칙상 과세요건과 징수절차에 관한 사항을 명령·규칙 등 하위법령에 구체적·개별적으로 위임하여 규정할 수 없다. (×)

- 다양한 사실관계를 규율하거나 사실관계가 수시로 변화될 것이 예상되는 분야에서는 구체성의 정도가 완화된다.

판례

다양한 사실관계를 규율하거나 사실관계가 수시로 변화될 것이 예상될 때에는 위임의 명확성의 요건이 완화되어야 한다. 헌법재판소 1991. 2. 11. 선고 90헌가27 결정 17 지방

⑶ 포괄적 위임이 허용되는 경우

- 조례 또는 공법상 단체의 정관에 대한 위임 등 자치법적 사항의 위임에 있어서는 포괄위임 금지의 원칙이 적용되지 않으므로 포괄적인 위임도 가능하다.

판례

1. 조례에 대한 법률의 위임은 법규명령에 대한 법률의 위임과 같이 반드시 구체적으로 범위를 정하여 할 필요가 없으며 포괄적인 것으로 족하다. 헌법재판소 1995. 4. 20. 선고 92헌마264, 279 결정 17 지방, 18 교행, 22 지방
2. 법률이 주민의 권리의무에 관한 사항에 관하여 구체적으로 아무런 범위도 정하지 아니한 채 조례로 정하도록 포괄적으로 위임하였다고 하더라도, 행정관청의 명령과는 달라, 조례도 주민의 대표기관인 지방의회의 의결로 제정되는 지방자치단체의 자주법인 만큼, 지방자치단체가 법령에 위반되지 않는 범위 내에서 주민의 권리의무에 관한 사항을 조례로 제정할 수 있는 것이다. 대법원 1991. 8. 27. 선고 90누6613 판결 18 국회
3. 조례가 규정하고 있는 사항이 그 근거 법령 등에 비추어 볼 때 자치사무나 단체위임사무에 관한 것이라면 이는 자치조례로서 지방자치법 제15조가 규정하고 있는 '법령의 범위 안'이라는 사항적 한계가 적용될 뿐, 위임조례와 같이 국가법에 적용되는 일반적인 위임입법의 한계가 적용될 여지는 없다. 대법원 2000. 11. 24. 선고 2000추29 판결 12 사복, 17 지방
4. 법률이 공법적 단체 등의 정관에 자치법적 사항을 위임한 경우에는 헌법 제75조가 정하는 포괄적인 위임입법의 금지는 원칙적으로 적용되지 않는다고 봄이 상당하고, 그렇다 하더라도 그 사항이 국민의 권리·의무에 관련되는 것일 경우에는 적어도 국민의 권리·의무에 관한 기본적이고 본질적인 사항은 국회가 정하여야 한다. 대법원 2007. 10. 12. 선고 2006두14476 판결 11 지방, 20 소방, 21 국가 01

- 다만, 포괄위임이 허용되는 경우에도 법률유보의 원칙은 배제되지 않으므로 국민의 권리·의무에 관한 본질적인 사항은 반드시 국회가 스스로 정해야 한다(의회유보설). 14 지방

OX 확인

01 법률이 공법적 단체 등의 정관에 자치법적 사항을 위임한 경우에는 헌법 제75조가 정하는 포괄적인 위임입법의 금지는 원칙적으로 적용되지 않지만, 그 사항이 국민의 권리·의무에 관련되는 것일 경우에는 적어도 국민의 권리·의무에 관한 기본적이고 본질적인 사항은 국회가 정하여야 한다. (○)

도시 및 주거환경정비법에 의한 주택재개발 정비사업조합의 정관은 해당 조합의 조직, 기관, 활동, 조합원의 권리의무관계 등 단체법적 법률관계를 규율하는 것으로서 공법인인 조합과 조합원에 대하여 구속력을 가지는 자치법규이다. 따라서 주택재개발 정비사업조합의 단체 내부를 규율하는 자치법규인 정관에서 정한 사항은 원칙적으로 해당 조합과 조합원을 위한 규정이라고 봄이 타당하고 조합 외부의 제3자를 보호하거나 제3자를 위한 규정이라고 볼 것은 아니다. (대법원 2019. 10. 31. 선고 2017다282438 판결)

3. 수권상의 한계2

⑴ 법률유보의 원칙(의회유보설)

- 국민의 기본권 관련성이 큰 본질적인 사항에 대해서는 위임입법이 허용되지 않는다.
- 다만, 국회전속적 입법사항이라 하더라도 그와 관련된 절차적 사항 등 세부적인 사항에 대해서는 입법자는 법률에서 구체적으로 범위를 정하여 법규명령에 위임할 수 있다. 14 지방
- 마찬가지로 헌법에서 법률로 정하는 것으로 명시적으로 규정한 사항도 그에 관한 모든 사항을 법률로 정하여야 하는 것은 아니고 헌법 제75조에 따라 구체적 위임은 가능하다.

⑵ 처벌규정의 위임

- 처벌규정에 대한 위임은 그 기본권 제한성으로 인해 더욱 엄격한 요건하에만 인정된다.
- 위임의 허용요건에 대하여 판례는 다음과 같은 사항을 제시하고 있다.

판례

1. 형벌법규에 대하여도 특히 긴급한 필요가 있거나 미리 법률로서 자세히 정할 수 없는 부득이한 사정이 있는 경우에 한하여 수권법률이 구성요건의 점에서는 처벌대상인 행위가 어떠한 것일거라고 이를 예측할 수 있을 정도로 구체적으로 정하고, 형벌의 점에서는 형벌의 종류 및 그 상한과 폭을 명확히 규정하는 것을 조건으로 위임입법이 허용되며 이러한 위임입법은 죄형법정주의에 반하지 않는다. 헌법재판소 1996. 2. 29. 선고 94헌마213 결정 14 서울, 14 지방, 19 국가 01
2. 법률의 시행령이 형사처벌에 관한 사항을 규정하면서 법률의 명시적인 위임 범위를 벗어나 처벌의 대상을 확장하는 것은 죄형법정주의의 원칙에도 어긋나는 것이므로, 그러한 시행령은 위임입법의 한계를 벗어난 것으로서 무효이다. 대법원 2017. 2. 16. 선고 2015도16014 판결 17 지방, 22 지방

(3) 재위임의 문제

- 전면적 재위임은 수권법의 내용변경을 초래하는 것이 되므로 허용되지 않는다.
- 위임받은 사항에 관한 대강을 정하고 그중의 특정사항을 범위를 정하여 하위법령에 다시 위임하는 경우에는 재위임이 허용된다.

판례

법률에서 위임받은 사항을 전혀 규정하지 않고 재위임하는 것은 복위임금지원칙에 반할 뿐 아니라 위임명령의 제정 형식에 관한 수권법의 내용을 변경하는 것이 되므로 허용되지 않으나, 위임받은 사항에 관하여 대강을 정하고 그중의 특정사항을 범위를 정하여 하위법령에 다시 위임하는 경우에는 재위임이 허용된다. 이러한 법리는 조례가 지방자치법 제22조 단서에 따라 주민의 권리제한 또는 의무부과에 관한 사항을 법률로부터 위임받은 후, 이를 다시 지방자치단체장이 정하는 '규칙'이나 '고시' 등에 재위임하는 경우에도 마찬가지이다. 대법원 2015. 1. 15. 선고 2013두14238 판결 14 국가, 17 국회, 18 국가, 21 국가 02 03

(4) 집행명령의 한계

- 집행명령은 새로운 법규사항을 정하지 아니하므로 법률 또는 상위 법령의 구체적 위임이 없더라도 직권으로 제정할 수 있다.
- 다만, 집행명령은 법률 또는 상위 법령의 집행에 필요한 구체적인 절차와 형식만을 규정할 수 있을 뿐 새로운 법규사항을 규정할 수는 없다.

판례

1. 헌법 제75조는 '대통령은 법률에서 구체적으로 범위를 정하여 위임받은 사항과 법률을 집행하기 위하여 필요한 사항에 관하여 대통령령을 발할 수 있다.'고 규정하고 있는바, 그 취지는 모든 대통령령의 제정에 있어서 법률의 위임이 있어야 한다는 것이 아니고, 대통령은 국민의 기본권 제한 등 헌법이 반드시 법률에 의하여서만 규율할 수 있도록 하는 것을 제외하고는 법률의 집행을 위한 구체적인 방법과 절차 등에 관하여 대통령령을 제정할 수 있다는 것이다. 대법원 2007. 1. 11. 선고 2004두10432 판결
2. 행정관청이 일반적 직권에 의하여 제정하는 집행명령은 상위법령이 규정한 범위 내에서 이를 현실적으로 집행하는 데 필요한 세부적인 사항만을 규정할 수 있을 뿐, 상위법령의 위임이 없는 한 상위법령이 규정한 개인의 권리·의무에 관한 내용을 변경·보충하거나 상위법령에 규정되지 아니한 새로운 내용을 규정할 수는 없다. 대법원 2012. 7. 5. 선고 2010다72076 판결

OX 확인

01 특히 긴급한 필요가 있거나 미리 법률로 자세히 정할 수 없는 부득이한 사정이 있어 법률에 형벌의 종류·상한·폭을 명확히 규정하더라도, 행정형벌에 대한 위임입법은 허용되지 않는다. (×)

OX 확인

02 법규명령이 법률에서 위임받은 사항에 관하여 대강을 정하고 그 중의 특정사항에 대하여 범위를 정하여 하위법령에 다시 위임하는 경우에는 재위임이 허용된다. (○)

03 법률에서 위임받은 사항에 관하여 대강을 정하고 그 중의 특정사항을 범위를 정하여 하위법령에 다시 위임하는 경우에는 재위임이 허용된다. 이러한 법리는 조례가 「지방자치법」에 따라 주민의 권리제한 또는 의무부과에 관한 사항을 법률로부터 위임받은 후, 이를 다시 지방자치단체장이 정하는 '규칙'이나 '고시' 등에 재위임하는 경우에도 마찬가지이다. (○)

4. 관련문제 : 조례에 대한 위임

(1) 지방자치법 규정

지방자치법 제28조 【조례】

① 지방자치단체는 법령의 범위에서 그 사무에 관하여 조례를 제정할 수 있다. 다만, 주민의 권리 제한 또는 의무 부과에 관한 사항이나 벌칙을 정할 때에는 법률의 위임이 있어야 한다.

② 법령에서 조례로 정하도록 위임한 사항은 그 법령의 하위 법령에서 그 위임의 내용과 범위를 제한하거나 직접 규정할 수 없다.

(2) 위임의 범위

- 지방자치법 제28조 제1항 본문 규정에 따라 지방자치단체는 자치사무에 관하여는 법령의 위임이 없더라도 조례를 제정할 수 있다.

판례

지방자치단체는 자치사무에 관하여 이른바 자치조례를 제정할 수 있고, 이러한 자치조례에 대해서는 지방자치법 제15조가 정하는 '법령의 범위 안'이라는 사항적 한계가 적용될 뿐, 일반적인 위임입법의 한계가 적용될 여지가 없으며, 여기서 말하는 '법령의 범위 안'이라는 의미는 '법령에 위반되지 아니하는 범위 안'으로 풀이된다. 대법원 2003. 5. 27. 선고 2002두7135 판결

- 위 규정의 반대해석에 따라 자치사무가 아닌 기관위임사무에 관한 조례를 제정하기 위해서는 법령의 위임이 필요하다.
- 또한 지방자치법 제28조 제1항 단서 규정에 따라 지방자치단체가 국민의 권리 제한 · 의무 부과 · 벌칙에 관한 조례를 제정하기 위해서는 법률의 위임이 필요하다.
- 권리제한 등과 관련된 사항을 자치사무에 위임하는 경우 앞에서 본 바와 같이 포괄위임금지의 원칙은 적용되지 않는다. 다만, 기관위임사무의 경우 위임의 사항을 불문하고 포괄위임금지의 원칙이 적용됨에 따라 구체적 수권이 필요하다.

판례

지방자치법 제22조, 행정규제기본법 제4조 제3항에 따르면 지방자치단체가 조례를 제정할 때 내용이 주민의 권리 제한 또는 의무 부과에 관한 사항이나 벌칙인 경우에는 법률의 위임이 있어야 한다. 법률의 위임 없이 주민의 권리를 제한하거나 의무를 부과하는 사항을 정한 조례는 효력이 없다.
그러나 법률에서 조례에 위임하는 방식에 관해서는 법률상 제한이 없다. 조례의 제정권자인 지방의회는 선거를 통해서 지역적인 민주적 정당성을 지니고 있는 주민의 대표기관이다. 헌법 제117조 제1항은 지방자치단체에 포괄적인 자치권을 보장하고 있다. 따라서 조례에 대한 법률의 위임은 법규명령에 대한 법률의 위임과 같이 반드시 구체적으로 범위를 정하여 할 필요가 없다. 법률이 주민의 권리의무에 관한 사항에 관하여 구체적으로 범위를 정하지 않은 채 조례로 정하도록 포괄적으로 위임한 경우에도 지방자치단체는 법령에 위반되지 않는 범위 내에서 주민의 권리의무에 관한 사항을 조례로 제정할 수 있다. 대법원 2017. 12. 5. 선고 2016추5162 판결

지방자치단체의 사무는, 넓은 의미의 자치사무(주민의 복리증진을 위한 고유사무인 좁은 의미의 자치사무와, 법령으로부터 지방자치단체로 위임된 사무인 단체위임사무로 구성됨)와 기관위임사무(중앙정부 또는 다른 지방자치단체로부터 지방자치단체장이 위임받은 사무)로 구분된다.

지방자치단체는 주민의 복리에 관한 사무를 처리하고 재산을 관리하며, 법령의 범위 안에서 자치에 관한 규정을 제정할 수 있다(헌법 제117조 제1항). 지방자치법 제22조, 제9조에 따르면, 지방자치단체가 조례를 제정할 수 있는 사항은 지방자치단체의 고유사무인 자치사무와 개별 법령에 따라 지방자치단체에 위임된 단체위임사무에 한정된다. 국가사무가 지방자치단체의 장에게 위임되거나 상위 지방자치단체의 사무가 하위 지방자치단체의 장에게 위임된 기관위임사무에 관한 사항은 원칙적으로 조례의 제정범위에 속하지 않는다. 법령상 지방자치단체의 장이 처리하도록 규정하고 있는 사무가 자치사무인지 기관위임사무인지를 판단할 때 그에 관한 법령의 규정 형식과 취지를 우선 고려하여야 하지만, 그 밖에도 사무의 성질이 전국적으로 통일적인 처리가 요구되는 사무인지 여부나 그에 관한 경비부담과 최종적인 책임귀속의 주체 등도 아울러 고려하여야 한다. (대법원 2017. 12. 5. 선고 2016추5162 판결)

(3) 구체적 판례

판례

1. 담배자동판매기의 설치를 금지하고 설치된 판매기를 철거하도록 하는 조례는 그 내용이 국민의 권리를 제한하거나 국민에게 의무를 부과하는 것이므로 법률의 위임이 필요하다고 본 사례. 헌법재판소 1995. 4. 20. 선고 92헌마264,279 전원재판부 결정 20 지방
2. 지방자치단체가 세 자녀 이상 세대 중 세 번째 이후 자녀에게 양육비 등을 지원할 수 있도록 하는 내용의 조례는 국민의 권리를 제한하거나 국민에게 의무를 부과하는 것이 아니므로 법률의 위임이 필요 없다고 본 사례. 대법원 2006. 10. 12. 선고 2006추38 판결 20 지방
3. 영유아 보육시설 종사자의 정년을 정하는 조례는 그 내용이 국민의 권리를 제한하는 것이므로 법률의 위임이 필요하다고 본 사례. 대법원 2009. 5. 28. 선고 2007추134 판결 20 지방

쟁점 3 법규명령의 하자와 통제

I 법규명령의 하자

1. 법규명령의 하자

(1) 의의

- 법규명령이 상위법령의 수권 없이 제정되거나 또는 수권의 범위를 초과하는 경우, 그러한 법규명령은 하자 있는 법규명령이 된다.
- 법규명령이 수권법령(모법)의 규정에 위반되는지 여부가 명확하지 않은 경우, 수권법령에 합치된다는 해석도 가능한 경우라면 법적 안정성을 위해 그 규정은 수권법령에 합치되는 것으로 해석하여야 하며, 이러한 해석방법을 '모법합치적 해석'이라 한다.

판례

1. 어느 시행령의 규정이 모법에 저촉되는지의 여부가 명백하지 아니하는 경우에는 모법과 시행령의 다른 규정들과 그 입법 취지, 연혁 등을 종합적으로 살펴 모법에 합치된다는 해석도 가능한 경우라면 그 규정을 모법위반으로 무효라고 선언하여서는 안 된다. 대법원 2001. 8. 24. 선고 2000두2716 판결
2. 하위법령은 그 규정이 상위법령의 규정에 명백히 저촉되어 무효인 경우를 제외하고는 관련 법령의 내용과 입법 취지 및 연혁 등을 종합적으로 살펴서 그 의미를 상위법령에 합치되는 것으로 해석하여야 한다. 대법원 2013. 11. 28. 선고 2012두16565 판결 17 사복

(2) 하자 있는 법규명령의 효력: 무효

- 법규명령이 적법요건(성립 및 효력요건)을 갖추지 못한 경우, 그 법규명령은 무효이다. 17 교행
- 동일한 사항에 대해 하위법이 상위법에 저촉되는 경우 전부가 무효가 아니라 저촉되는 한도 내에서만 효력이 없다.

(구 '서울특별시 양천구 도로점용허가 및 점용료 징수 조례' 규정이 구 도로법 시행령이 개정되었음에도 그에 맞추어 개정되지 않은 채 유지되어 구 도로법 시행령과 불일치하게 된 사안에서) 구 도로법 제41조 제2항의 '대통령령으로 정하는 범위에서'라는 문언상 대통령령에서 정한 '점용료 산정기준'은 각 지방자치단체 조례가 규정할 수 있는 점용료의 상한을 뜻하는 것이므로, 구 양천구 조례 규정은 구 도로 법 시행령이 정한 산정기준에 따른 점용료 상한의 범위 내에서 유효하고, 이를 벗어날 경우 그 상한이 적용된다는 취지에서 유효하다고 한 사례. (대법원 2013. 9. 27. 선고 2012두15234 판결)

(3) 하자 있는 법규명령에 따른 행정행위의 효력

- 하자 있는 법규명령에 근거한 처분 역시 위법함은 물론이다.
- 위법의 정도에 대해서는 일반론인 중대・명백설에 따라 판단한다. 일반적으로 대법원 판결이 선고되지 않은 상태에서는 그 위법 여부가 객관적으로 명백한 것이라 할 수 없으므로, 하자 있는 법규명령에 근거한 행정처분의 하자는 원칙적으로 취소사유에 해당한다. 18 소방
- 한편 법규명령에 대한 대법원의 위헌・위법 판결이 선고된 후 행해진 처분은 그 하자가 중대・명백하여 당연무효이다.

판례

1. 하자 있는 행정처분이 당연무효로 되려면 그 하자가 법규의 중요한 부분을 위반한 중대한 것이어야 할 뿐 아니라 객관적으로 명백한 것이어야 하고, 행정청이 위헌이거나 위법하여 무효인 시행령을 적용하여 한 행정처분이 당연무효로 되려면 그 규정이 행정처분의 중요한 부분에 관한 것이어서 결과적으로 그에 따른 행정처분의 중요한 부분에 하자가 있는 것으로 귀착되고, 또한 그 규정의 위헌성 또는 위법성이 객관적으로 명백하여 그에 따른 행정처분의 하자가 객관적으로 명백한 것으로 귀착되어야 하는바, 일반적으로 시행령이 헌법이나 법률에 위반된다는 사정은 그 시행령의 규정을 위헌 또는 위법하여 무효라고 선언한 대법원의 판결이 선고되지 아니한 상태에서는 그 시행령 규정의 위헌 내지 위법 여부가 해석상 다툼의 여지가 없을 정도로 명백하였다고 인정되지 아니하는 이상 객관적으로 명백한 것이라 할 수 없으므로, 이러한 시행령에 근거한 행정처분의 하자는 취소사유에 해당할 뿐 무효사유가 되지 아니한다. 대법원 2007. 6. 14. 선고 2004두619 판결
2. 일반적으로 조례가 법률 등 상위법령에 위배된다는 사정은 그 조례의 규정을 위법하여 무효라고 선언한 대법원의 판결이 선고되지 아니한 상태에서는 그 조례 규정의 위법 여부가 해석상 다툼의 여지가 없을 정도로 명백하였다고 인정되지 아니하는 이상 객관적으로 명백한 것이라 할 수 없으므로, 이러한 조례에 근거한 행정처분의 하자는 취소사유에 해당할 뿐 무효사유가 된다고 볼 수는 없다. 대법원 2009. 10. 29. 선고 2007두26285 판결 18 국회
3. (예외적으로 하자가 명백하여 무효로 본 사례) 국세청 훈령 20조 등은 주류판매업자에 대한 관계에 있어서는 상위 법령에 근거가 없어 무효라 할 것이고 따라서 이 사건 처분은 무효인 훈령에 기초한 것으로서 그 위법의 하자가 중대하고 명백하여 당연무효이다. 대법원 1980. 12. 23. 선고 79누382 판결

> 행정청이 행정처분 단계에서 당해 처분의 근거가 되는 법률이 위헌이라고 판단하여 그 적용을 거부하는 것은 권력분립의 원칙상 허용될 수 없다. (헌법재판소 2008. 4. 24. 선고 2004헌바44 전원재판부)

2. 법규명령의 소멸

(1) 폐지

- 폐지란 법규명령의 효력을 장래를 향하여 소멸시키는 행정권의 의사표시를 말한다.
- 폐지의 의사표시는 명시적은 물론 묵시적으로도 가능하다.

(2) 기간의 도래 또는 조건의 성취

- 한시적 명령의 경우 종기의 도래로, 해제조건이 붙여진 명령은 조건의 성취로 소멸한다.

(3) 근거 법령의 소멸

① 근거법령의 효력 상실

- 근거법령의 효력이 상실되면 법규명령도 당연히 소멸한다.
- 근거법령이 헌법재판소의 위헌결정으로 인해 소멸하는 경우에도 마찬가지이다.

판례

법규명령의 위임근거가 되는 법률에 대하여 위헌결정이 선고되면 그 위임에 근거하여 제정된 법규명령도 원칙적으로 효력을 상실한다. 대법원 2001. 6. 12. 선고 2000다18547 판결 21 지방 01

OX 확인

01 법규명령의 위임근거가 되는 법률에 대하여 위헌결정이 선고되더라도 그 위임에 근거하여 제정된 법규명령은 별도의 폐지행위가 있어야 효력을 상실한다. (×)

② 집행명령의 경우

- 상위법령이 폐지된 것이 아니라 단순히 개정됨에 그친 경우 예외적으로 효력이 유지될 수 있다.

OX 확인

01 집행명령은 상위법령이 개정되더라도 개정법령과 성질상 모순·저촉되지 아니하고 개정된 상위법령의 시행에 필요한 사항을 규정하고 있는 이상, 개정법령의 시행을 위한 집행명령이 제정·발효될 때까지는 여전히 그 효력을 유지한다. (○)

판례

상위법령의 시행에 필요한 세부적 사항을 정하기 위하여 행정관청이 일반적 직권에 의하여 제정하는 이른바 집행명령은 근거법령인 상위법령이 폐지되면 특별한 규정이 없는 이상 실효되는 것이나, 상위법령이 개정됨에 그친 경우에는 개정법령과 성질상 모순, 저촉되지 아니하고 개정된 상위법령의 시행에 필요한 사항을 규정하고 있는 이상 그 집행명령은 상위법령의 개정에도 불구하고 당연히 실효되지 아니하고 개정법령의 시행을 위한 집행명령이 제정, 발효될 때까지는 여전히 그 효력을 유지한다. 대법원 1989. 9. 12. 선고 88누6962 판결 17 국회, 19 지방 01

Ⅱ 법규명령에 대한 통제

1. 입법적 통제

(1) 직접적 통제

① 의회제출제도

- 행정입법을 의회에 제출하도록 하는 제도를 말한다.
- 중앙행정기관의 장은 법률에서 위임한 사항이나 법률을 집행하기 위하여 필요한 사항을 규정한 대통령령·총리령·부령·훈령·예규·고시 등이 제정·개정 또는 폐지되었을 때에는 10일 이내에 이를 국회 소관 상임위원회에 제출하여야 한다. 다만, 대통령령의 경우에는 입법예고를 할 때에도 그 입법예고안을 10일 이내에 제출하여야 한다(국회법 제98조의2 제1항).

② 동의 또는 승인권의 유보

- 법규명령의 효력발생 전에 의회의 동의 또는 승인을 받도록 하거나 이미 성립되어 효력을 발한 법규명령의 효력을 사후적으로 소멸시키는 권한을 의회에 유보시키는 제도를 말한다.
- 대통령이 긴급명령, 긴급재정·경제명령권을 행사한 때에는 지체 없이 국회에 보고하여 그 승인을 얻어야 하고, 승인을 얻지 못한 때에는 그 명령은 그때부터 효력을 상실한다(헌법 제76조 제3항 및 제4항).

(2) 간접적 통제

- 국회는 국정감사·조사, 국무총리 등에 대한 질문권 등의 국정감시권을 행사하여 위법한 법규명령을 간접적으로 통제할 수 있다.

헌법 제89조
다음 사항은 국무회의의 심의를 거쳐야 한다.
3. 헌법개정안·국민투표안·조약안·법률안 및 대통령령안 23 국가

2. 행정적 통제

(1) 상급행정청의 감독권에 의한 통제

- 상급행정청의 감독권의 대상에는 하급행정청의 행정입법권 행사도 포함되므로 상급행정청은 하급행정청의 행정입법권의 행사의 기준과 방향을 지시할 수 있고, 위법한 법규명령의 폐지를 명할 수 있다.
- 다만 상급행정청이라도 하급행정청의 법규명령을 스스로 개폐할 수는 없다. 12 국회

(2) 법제처의 심사

• 국무회의에 상정될 법령안은 법제처의 심사를 받는다.

(3) 행정심판에 의한 통제

• 중앙행정심판위원회는 일정한 경우 관계 행정기관에 법규명령의 개폐 등을 요청할 수 있다.

3. 사법적 통제

(1) 법원에 의한 통제

① 간접적 통제(구체적 규범통제) : 명령·규칙 위헌·위법심사

㉠ 의의 및 근거

• 구체적 사건에 관한 재판에서 법규명령의 위헌·위법 여부가 선결문제가 되는 경우 이를 심사·통제하는 것을 말한다.

• 헌법 제107조 제2항에 따르면 "명령·규칙 또는 처분이 헌법이나 법률에 위반되는 여부가 재판의 전제가 된 경우에는 대법원은 이를 최종적으로 심사할 권한을 가진다."라고 하여 행정입법에 대한 법원의 간접적 통제를 인정하고 있다.

판례

1. 헌법 제107조 제2항의 규정에 따르면 행정입법의 심사는 일반적인 재판절차에 의하여 구체적 규범통제의 방법에 의하도록 명시하고 있으므로, 당사자는 구체적 사건의 심판을 위한 선결문제로서 행정입법의 위법성을 주장하여 법원에 대하여 당해 사건에 대한 적용 여부의 판단을 구할 수 있을 뿐 행정입법 자체의 합법성의 심사를 목적으로 하는 독립한 신청을 제기할 수는 없다(주 : 추상적 규범통제는 인정되지 않음). 대법원 1994. 4. 26. 자 93부32 결정 16 국회, 18 국회, 24 국가

2. 법원이 법률 하위의 법규명령, 규칙, 조례, 행정규칙 등이 위헌·위법인지를 심사하려면 그것이 '재판의 전제'가 되어야 한다. 여기에서 '재판의 전제'란 구체적 사건이 법원에 계속 중이어야 하고, 위헌·위법인지가 문제 된 경우에는 규정의 특정 조항이 해당 소송사건의 재판에 적용되는 것이어야 하며, 그 조항이 위헌·위법인지에 따라 그 사건을 담당하는 법원이 다른 판단을 하게 되는 경우를 말한다. 따라서 법원이 구체적 규범통제를 통해 위헌·위법으로 선언할 심판대상은, 해당 규정의 전부가 불가분적으로 결합되어 있어 일부를 무효로 하는 경우 나머지 부분이 유지될 수 없는 결과를 가져오는 특별한 사정이 없는 한, 원칙적으로 해당 규정 중 재판의 전제성이 인정되는 조항에 한정된다. 대법원 2019. 6. 13. 선고 2017두33985 판결

㉡ 통제의 주체 : 각급 법원

• 대법원뿐만 아니라 각급 법원 모두 명령·규칙심사의 주체가 된다. 23 지방

㉢ 통제의 대상 : 명령·규칙

• 명령은 법규명령을 의미하고, 여기에는 위임명령과 집행명령이 모두 포함된다.

• 명령에는 자치법규인 조례와 규칙이 포함된다.

• 규칙은 법규명령의 성격을 갖는 것을 의미할 뿐, 법규성이 없는 행정규칙은 여기에 포함되지 않는다.

• 다만 법규성을 갖는 행정규칙, 이른바 법령보충규칙은 여기에 포함된다.

행정심판법 제59조(불합리한 법령 등의 개선)

① 중앙행정심판위원회는 심판청구를 심리·재결할 때에 처분 또는 부작위의 근거가 되는 명령 등(대통령령·총리령·부령·훈령·예규·고시·조례·규칙 등을 말한다. 이하 같다)이 법령에 근거가 없거나 상위 법령에 위배되거나 국민에게 과도한 부담을 주는 등 크게 불합리하면 관계 행정기관에 그 명령 등의 개정·폐지 등 적절한 시정조치를 요청할 수 있다. 이 경우 중앙행정심판위원회는 시정조치를 요청한 사실을 법제처장에게 통보하여야 한다.

② 제1항에 따른 요청을 받은 관계 행정기관은 정당한 사유가 없으면 이에 따라야 한다.

헌법 제107조

② 명령·규칙 또는 처분이 헌법이나 법률에 위반되는 여부가 재판의 전제가 된 경우에는 대법원은 이를 최종적으로 심사할 권한을 가진다.

㉣ 통제의 효력: 당해 사건에 한하여 적용 배제

• 행정입법이 위법하다는 대법원의 판결이 있는 경우, 당해 행정입법이 일반적으로 효력을 상실하는 것이 아니라, 오직 당해 사건에 한하여 그 적용이 배제될 뿐이다.

㉤ 통보 등

• 행정소송에 대한 대법원판결에 의하여 명령·규칙이 헌법 또는 법률에 위반된다는 것이 확정된 경우에는 대법원은 지체 없이 그 사유를 행정안전부장관에게 통보하여야 하고, 통보를 받은 행정안전부장관은 지체 없이 이를 관보에 게재하여야 한다(행정소송법 제6조). 18 소방, 19 국가

② 직접적 통제: 처분적 법규명령에 대한 항고소송

• 행정입법은 일반적·추상적 규범으로서 처분이 아니므로 원칙적으로 항고소송의 대상이 될 수 없다.

판례

행정소송의 대상이 될 수 있는 것은 구체적인 권리의무에 관한 분쟁이어야 하고 일반적 추상적인 법령 그 자체로서 국민의 구체적인 권리의무에 직접적인 변동을 초래하는 것이 아닌 것은 그 대상이 될 수 없으므로 구체적인 권리의무에 관한 분쟁을 떠나서 재무부령 자체의 무효확인을 구하는 청구는 행정소송의 대상이 아닌 사항에 대한 것으로서 부적법하다. 대법원 1987. 3. 24. 선고 86누656 판결 15 지방, 23 지방

• 다만 처분적 성질을 갖는 법규명령(처분적 법규명령)은 예외적으로 항고소송의 대상이 된다. 18 국가, 23 지방

판례

조례가 집행행위의 개입 없이도 그 자체로서 직접 국민의 구체적인 권리의무나 법적 이익에 영향을 미치는 등의 법률상 효과를 발생하는 경우 그 조례는 항고소송의 대상이 되는 행정처분에 해당한다. 대법원 1996. 9. 20. 선고 95누8003 판결 12 국가 01

(2) **헌법재판소에 의한 통제**

• 명령·규칙이 헌법소원의 대상이 되는지 여부가 문제되는데, 헌법재판소는 법령 등이 별도의 집행행위를 매개하지 않고 직접 국민의 기본권을 침해하는 경우(즉, 처분성을 갖는 경우) 헌법소원의 대상이 된다고 한다.

판례

입법부·행정부·사법부에서 제정한 규칙이 별도의 집행행위를 기다리지 않고 직접 기본권을 침해하는 것일 때에는 모두 헌법소원심판의 대상이 될 수 있는 것이다(주: 법무사법 시행규칙에 대한 헌법소원심판청구를 인용한 사례). 헌법재판소 1990. 10. 15. 선고 89헌마178 결정 14 국가

행정기본법 제39조(행정법제의 개선)
① 정부는 권한 있는 기관에 의하여 위헌으로 결정되어 법령이 헌법에 위반되거나 법률에 위반되는 것이 명백한 경우 등 대통령령으로 정하는 경우에는 해당 법령을 개선하여야 한다.
② 정부는 행정 분야의 법제도 개선 및 일관된 법 적용 기준 마련 등을 위하여 필요한 경우 대통령령으로 정하는 바에 따라 관계 기관 협의 및 관계 전문가 의견 수렴을 거쳐 개선조치를 할 수 있으며, 이를 위하여 현행 법령에 관한 분석을 실시할 수 있다. 24 국가

행정소송규칙 제2조(명령·규칙의 위헌판결 등 통보)
① 대법원은 재판의 전제가 된 명령·규칙이 헌법 또는 법률에 위배된다는 것이 법원의 판결에 의하여 확정된 경우에는 그 취지를 해당 명령·규칙의 소관 행정청에 통보하여야 한다.

OX 확인

01 법규명령이 구체적인 집행행위 없이 직접 개인의 권리의무에 영향을 주는 경우 처분성이 인정된다. (○)

Ⅲ 행정입법부작위

1. 의의

• 행정권에게 법규명령을 제정 · 개정할 법적 의무가 있음에도 합리적인 이유 없이 이를 지체하여 법규명령을 제정 · 개정하지 않는 것을 말한다.

2. 요건

(1) 행정입법 제 · 개정의무

• 입법부가 법률로써 행정부에 대하여 특정한 사항을 위임하는 등의 이유로 행정권에게 행정입법을 제 · 개정할 법적 의무가 있어야 한다.

판례

1. 입법부가 법률로써 행정부에게 특정한 사항을 위임했음에도 불구하고 행정부가 정당한 이유 없이 이를 이행하지 않는다면 권력분립의 원칙과 법치국가 내지 법치행정의 원칙에 위배되는 것으로서 위법함과 동시에 위헌적인 것이 된다. 대법원 2007. 11. 29. 선고 2006다3561 판결 16 지방
2. 치과전문의제도의 실시를 법률 및 대통령령이 규정하고 있고 그 실시를 위하여 시행규칙의 개정 등이 행해져야 함에도 불구하고 행정권이 법률의 시행에 필요한 행정입법을 하지 아니하는 경우에는 행정권에 의하여 입법권이 침해되는 결과가 되기 때문이다. 따라서 보건복지부장관에게는 헌법에서 유래하는 행정입법의 작위의무가 있다(보건복지부장관이 의료법과 대통령령의 위임에 따라 치과전문의자격시험제도를 실시할 수 있도록 시행규칙을 개정하거나 필요한 조항을 신설하는 등 제도적 조치를 마련하지 아니한 부작위가 청구인들의 기본권을 침해한 것으로서 헌법에 위반되는 것으로 본 사례). 헌법재판소 1998. 7. 16. 선고 96헌마246 결정

• 다만 행정입법의 제정 없이 상위 법령의 규정만으로도 집행될 수 있는 경우에는 행정권에게 행정입법을 제 · 개정할 의무는 없다.

판례

삼권분립의 원칙, 법치행정의 원칙을 당연한 전제로 하고 있는 우리 헌법하에서 행정권의 행정입법 등 법집행의무는 헌법적 의무라고 보아야 할 것이다. 그런데 이는 행정입법의 제정이 법률의 집행에 필수불가결한 경우로서 행정입법을 제정하지 아니하는 것이 곧 행정권에 의한 입법권 침해의 결과를 초래하는 경우를 말하는 것이므로, 만일 하위 행정입법의 제정 없이 상위 법령의 규정만으로도 집행이 이루어질 수 있는 경우라면 하위 행정입법을 하여야 할 헌법적 작위의무는 인정되지 아니한다. 헌법재판소 2005. 12. 22. 선고 2004헌마66 결정 16 지방

(2) 상당한 기간이 경과하도록 행정입법을 제 · 개정하지 않았을 것

• 상당한 기간의 정도는 법령마다 개별적으로 판단하여야 한다.

판례

상위법령을 시행하기 위하여 하위법령을 제정하거나 필요한 조치를 함에 있어서는 상당한 기간을 필요로 하며 합리적인 기간 내의 지체를 위헌적인 부작위로 볼 수 없다. 헌법재판소 1998. 7. 16. 선고 96헌마246 전원재판부

3. 권리구제방법

(1) 항고소송(부작위위법확인소송) : 불가

• 행정입법부작위가 부작위위법확인소송의 대상이 되는 부작위에 해당하는지 문제되는데, 추상적인 법령에 관한 제정의 여부 등은 그 자체로서 국민의 구체적인 권리의무에 직접적인 변동을 초래하는 것이 아니므로 부작위에 해당하지 않는다.

판례

부작위위법확인소송의 대상이 될 수 있는 것은 구체적 권리의무에 관한 분쟁이어야 하고 추상적인 법령에 관하여 제정의 여부 등은 그 자체로서 국민의 구체적인 권리의무에 직접적 변동을 초래하는 것이 아니어서 그 소송의 대상이 될 수 없다. 대법원 1992. 5. 8. 선고 91누11261 판결 17 지방, 18 국가, 23 국가, 23 지방 01

| OX 확인 |

01 국민의 구체적인 권리의무에 직접적으로 변동을 초래하지 않는 추상적인 법령의 제정 여부 등은 부작위위법확인소송의 대상이 될 수 없다. (○)

(2) 헌법소원 : 가능

• 행정입법을 제정할 법적 의무가 있는 경우에 이를 부작위하는 것도 공권력의 불행사에 해당하므로 행정입법부작위는 헌법소원의 대상이 된다.

판례

진정입법부작위(주 : 입법자가 어떤 사항에 관하여 전혀 입법을 하지 아니한 것)는 헌법에서 기본권 보장을 위해 명시적인 입법위임을 하였음에도 입법자가 이를 방치하고 있거나 헌법해석상 특정인에게 구체적인 기본권이 생겨 이를 보장하기 위한 국가의 행위의무가 발생한 경우가 명백함에도 입법자가 아무런 입법조치를 취하고 있지 않은 경우에 헌법소원의 대상이 된다. 헌법재판소 2013. 4. 16. 선고 2013헌마159 결정

헌법재판소법 제68조(청구 사유)
① 공권력의 행사 또는 불행사로 인하여 헌법상 보장된 기본권을 침해받은 자는 법원의 재판을 제외하고는 헌법재판소에 헌법소원심판을 청구할 수 있다. 다만, 다른 법률에 구제절차가 있는 경우에는 그 절차를 모두 거친 후에 청구할 수 있다.

• 다만 행정입법을 하였으나 그 내용이 불충분한 부진정입법부작위의 경우 입법부작위를 대상으로 헌법소원을 제기하는 것이 아니라, 불완전하게 제정된 행정입법을 그 대상으로 하여야 한다. 16 사복

(3) 국가배상청구 : 가능

• 행정입법부작위로 인하여 손해가 발생한 경우 다른 요건이 충족된다면 국가배상청구가 가능하다.

판례

구 군법무관임용법 제5조 제3항과 군법무관임용 등에 관한 법률 제6조가 군법무관의 보수의 구체적 내용을 시행령에 위임했음에도 불구하고 행정부가 정당한 이유 없이 시행령을 제정하지 않은 것은 불법행위에 해당한다(주 : 대통령령을 제정하지 아니한 입법부작위가 국가배상책임을 구성하는 것으로 본 사례). 대법원 2007. 11. 29. 선고 2006다3561 판결 15 지방, 21 지방, 23 국가 02

| OX 확인 |

02 대통령령의 입법부작위에 대한 국가배상책임은 인정되지 않는다. (×)

제3강 행정규칙

쟁점 4 행정규칙 일반론

I 의의

1. 행정규칙의 의의

• 상급행정청이 하급행정청 등을 수범자로 하여 그의 사무처리기준에 관하여 제정한 일반적·추상적 규범을 말한다.

2. 법규명령과의 구별

(1) 법률유보의 원칙

• 법규명령 중 위임명령은 법률의 구체적 위임이 있는 경우에만 제정할 수 있다. 15 서울

• 행정규칙은 법률의 위임을 요하지 않고 행정권이 직권으로 제정할 수 있다. 18 국가

(2) 수범자

• 법규명령은 일반 국민을 그 대상으로 한다.

• 행정규칙은 하급행정청 또는 보조기관을 그 대상으로 한다.

(3) 대외적 구속력

① 법규명령(집행명령 포함)은 국민에 대하여 대외적 구속력을 갖는다(법규성 인정).

• 따라서 법규명령에 위반하는 행위는 위법한 행위가 된다.

② 행정규칙은 대외적 구속력을 갖지 않고 행정조직 내부에서만 효력을 갖는다(법규성 부정). 15 국회 다만, 행정의 자기구속의 원칙에 따라 예외적으로 구속력을 갖는 경우가 있다.

• 따라서 행정규칙에 위반하는 행위가 곧바로 위법한 행위가 되는 것은 아니다. 다만, 직무상 의무위반에 따른 징계사유는 될 수 있다.

판례

1. 행정처분이 법규성이 없는 내부지침 등의 규정에 위배된다고 하더라도 그 이유만으로 처분이 위법하게 되는 것은 아니고, 또 내부지침 등에서 정한 요건에 부합한다고 하여 반드시 그 처분이 적법한 것이라고 할 수도 없다. 처분의 적법 여부는 그러한 내부지침 등에서 정한 요건에 합치하는지 여부가 아니라 일반 국민에 대하여 구속력을 가지는 법률 등 법규성이 있는 관계 법령의 규정을 기준으로 판단하여야 한다. 대법원 2018. 6. 15. 선고 2015두40248 판결

2. 상급행정기관이 소속 공무원이나 하급행정기관에 대하여 업무처리지침이나 법령의 해석·적용 기준을 정해 주는 '행정규칙'은 일반적으로 행정조직 내부에서만 효력을 가질 뿐 대외적으로 국민이나 법원을 구속하는 효력이 없다. 처분이 행정규칙을 위반하였다고 해서 그러한 사정만으로 곧바로 위법하게 되는 것은 아니고, 처분이 행정규칙을 따른 것이라고 해서 적법성이 보장되는 것도 아니다. 처분이 적법한지는 행정규칙에 적합한지 여부가 아니라 상위법령의 규정과 입법 목적 등에 적합한지 여부에 따라 판단해야 한다.
상급행정기관이 소속 공무원이나 하급행정기관에 하는 개별·구체적인 지시도 마찬가지이다. 상급행정기관의 지시는 일반적으로 행정조직 내부에서만 효력을 가질 뿐 대외적으로 국민이나 법원을 구속하는 효력이 없다. 대외적으로 처분 권한이 있는 처분청이 상급행정기관의 지시를 위반하는 처분을 하였다고 해서 그러한 사정만으로 처분이 곧바로 위법하게 되는 것은

> 행정규칙의 대외적 구속력이란 국민이 행정행위가 행정규칙에 위반하였다는 것을 이유로 행정행위의 위법을 주장할 수 있는 것과 행정규칙이 법원에 대하여 재판 규범이 되는 것을 의미한다.
> 만약 행정규칙에 대외적 구속력이 인정되면 행정규칙을 위반한 행정작용은 그것만으로 위법하게 되고, 대외적 구속력이 인정되지 않으면 행정작용이 행정규칙에 위반하였다는 것만으로는 위법하게 되지 않는다.

행정규칙에서 사용하는 개념이 달리 해석할 여지가 있다 하더라도 행정청이 수권의 범위 내에서 법령이 위임한 취지 및 형평과 비례의 원칙에 기초하여 합목적적으로 기준을 설정하여 그 개념을 해석·적용하고 있다면, 개념이 달리 해석할 여지가 있다는 것만으로 이를 사용한 행정규칙이 법령의 위임 한계를 벗어났다고는 할 수 없다. (대법원 2008. 4. 10. 선고 2007두4841 판결)

아니고, 처분이 상급행정기관의 지시를 따른 것이라고 해서 적법성이 보장되는 것도 아니다. 처분이 적법한지는 상급행정기관의 지시를 따른 것인지 여부가 아니라, 헌법과 법률, 대외적으로 구속력 있는 법령의 규정과 입법 목적, 비례·평등원칙과 같은 법의 일반원칙에 적합한지 여부에 따라 판단해야 한다. 대법원 2019. 7. 11. 선고 2017두38874 판결 20 소방

3. 행정규칙의 종류

(1) 내용에 따른 분류

- **조직규칙**: 행정기관의 구성, 권한배분 및 업무처리 절차 등을 정하는 행정규칙을 말한다.
- **근무규칙**: 상급기관이 하급기관 및 그 구성원의 근무에 대하여 규율하는 규칙을 말한다.
- **재량준칙**: 재량권 행사의 기준을 정하는 행정규칙을 말한다.
- **법령해석 규칙**: 법령의 해석방법을 규정한 행정규칙을 말한다.

(2) 형식에 따른 분류

- 행정규칙은 그 형식에 따라 훈령, 지시, 예규, 일일명령, 고시(이상의 형식들을 통상 '지시문서'라 함) 등으로 구분된다. 13 서울
- 이 중 고시는 행정기관이 법령이 정하는 바에 따라 일정한 사항을 일반에게 알리기 위해 작성한 문서를 말하는데, 고시의 성질은 구체적인 경우마다 다르다.

판례

고시 또는 공고의 법적 성질은 일률적으로 판단될 것이 아니라 고시에 담겨진 내용에 따라 구체적인 경우마다 달리 결정된다고 보아야 한다. 즉, 고시가 일반·추상적 성격을 가질 때는 법규명령 또는 행정규칙에 해당하지만, 고시가 구체적인 규율의 성격을 갖는다면 행정처분에 해당한다. 헌법재판소 1998. 4. 30. 선고 97헌마141 결정 11 국가, 13 국회, 22 국가

II 성립 및 효력요건

1. 성립요건

- 행정규칙은 보통 훈령, 고시, 예규의 형식으로 행해지지만, 그렇다고 하여 그 성립에 특별한 형식이 요구되는 것은 아니다(구술로도 성립 가능).

2. 효력요건

- 행정규칙이 효력을 발함에 있어서는 공포를 요하지 않는다. 18 국가

판례

전항의 국세청훈령은 국세청장이 구 소득세법시행령 제170조 제4항 제2호에 해당할 거래를 행정규칙의 형식으로 지정한 것에 지나지 아니하므로 적당한 방법으로 이를 표시, 또는 통보하면 되는 것이지, 공포하거나 고시하지 아니하였다는 이유만으로 그 효력을 부인할 수 없다. 대법원 1990. 5. 22. 선고 90누639 판결

- 따라서 특별한 규정이 없는 한, 행정규칙은 수명기관에 도달된 때부터 효력이 발생한다.

Ⅲ 행정규칙의 구속력(효력)

1. 대내적 구속력

- 상급행정기관의 감독권에 근거하여 발해지는 행정규칙은 대내적 구속력이 있으므로 하급행정기관은 이를 따라야 할 의무가 있다(복종의무).
- 따라서 이를 따르지 않을 경우 징계사유가 된다.
- 다만 위법함이 명백한 행정규칙에 대해서는 복종의무가 발생하지 아니하므로 이를 위반하더라도 징계책임은 없다.

2. 대외적 구속력

(1) **조직규칙**: 견해대립이 있으나 부정하는 것이 다수설이다.

> **판례**
>
> 전결과 같은 행정권한의 내부위임은 법령상 처분권자인 행정관청이 내부적인 사무처리의 편의를 도모하기 위하여 그의 보조기관 또는 하급 행정관청으로 하여금 그의 권한을 사실상 행사하게 하는 것으로서 법률이 위임을 허용하지 않는 경우에도 인정되는 것이므로, 설사 행정관청 내부의 사무처리규정에 불과한 전결규정에 위반하여 원래의 전결권자 아닌 보조기관 등이 처분권자인 행정관청의 이름으로 행정처분을 하였다고 하더라도 그 처분이 권한 없는 자에 의하여 행하여진 무효의 처분이라고는 할 수 없다. 대법원 1998. 2. 27. 선고 97누1105 판결 20 국가

(2) 법령해석규칙

- **원칙 부정**: 법령을 해석하는 권한은 최종적으로 법원에 있으므로 행정기관의 법령해석이 법원을 구속할 수는 없는 바, 따라서 대외적 구속력이 없다. 11 국가
- **신뢰보호**: 예외적으로 신뢰보호원칙이 적용될 수 있는 경우 결과적으로는 대외적 구속력이 인정되는 것과 같은 결과가 도출될 것이다.

(3) 재량준칙

① 행정의 자기구속의 원칙

- 재량준칙 자체가 대외적 구속력이 있는 것은 아니다.
- 다만, 행정의 자기구속의 원칙이 적용되어 결과적으로 대외적 구속력을 갖는 경우가 있을 수 있는데, 이때 재량준칙에 반하는 처분이 있다 하더라도 그 처분은 행정의 자기구속의 원칙을 위반하여 위법하게 되는 것이지, 재량준칙 자체를 위반함을 이유로 위법하게 되는 것이 아니다(간접적으로 대외적 구속력 인정됨).

> **판례**
>
> 상급행정기관이 하급행정기관에 대하여 업무처리지침이나 법령의 해석적용에 관한 기준을 정하여 발하는 이른바 '행정규칙이나 내부지침'은 일반적으로 행정조직 내부에서만 효력을 가질 뿐 대외적인 구속력을 갖는 것은 아니므로 행정처분이 그에 위반하였다고 하여 그러한 사정만으로 곧바로 위법하게 되는 것은 아니다. 다만, 재량권 행사의 준칙인 행정규칙이 그 정한 바에 따라 되풀이 시행되어 행정관행이 이루어지게 되면 평등의 원칙이나 신뢰보호의 원칙에 따라 행정기관은 그 상대방에 대한 관계에서 그 규칙에 따라야 할 자기구속을 받게 되므로, 이러한 경우에는 특별한 사정이 없는 한 그를 위반하는 처분은 평등의 원칙이나 신뢰보호의 원칙에 위배되어 재량권을 일탈·남용한 위법한 처분이 된다. 대법원 2009. 12. 24. 선고 2009두7967 판결 17 국가

② 간접적 대외적 구속력

- 재량준칙이 객관적으로 보아 합리적이 아니거나 타당하지 않다고 볼 만한 특별한 사정이 없는 한 행정청의 의사는 가능한 한 존중되어야 하고, 이러한 재량준칙에 따른 처분은 적법하며, 이를 위반한 처분은 특별한 사정이 없는 한 위법한 처분으로 본다. 17 사복

판례

1. 추가감면 신청 시 그에 필요한 기준을 정하는 것은 행정청의 재량에 속하므로 그 기준이 객관적으로 보아 합리적이 아니라든가 타당하지 아니하여 재량권을 남용한 것이라고 인정되지 않는 이상 행정청의 의사는 가능한 한 존중되어야 한다. 대법원 2013. 11. 14. 선고 2011두28783 판결
2. 부과과징금 결정단계의 조정사유별 감경률 적용방식에 관하여 구체적인 규정이 없는 상태에서, 공정거래위원회가 과징금 부과처분을 하면서 적용한 기준이 과징금제도와 감경제도의 입법 취지에 반하지 아니하고 불합리하거나 자의적이지 아니하며, 나아가 그러한 기준을 적용한 과징금 부과처분에 과징금 부과의 기초가 되는 사실을 오인하였거나 비례·평등원칙에 위배되는 등의 사유가 없다면, 그 과징금 부과처분에 재량권을 일탈·남용한 위법이 있다고 보기 어렵다. 대법원 2019. 7. 25. 선고 2017두55077 판결
3. 이러한 제재적 행정처분의 기준이 부령 형식으로 규정되어 있더라도 그것은 행정청 내부의 사무처리준칙을 규정한 것에 지나지 않아 대외적으로 국민이나 법원을 기속하는 효력이 없다. 따라서 그 처분의 적법 여부는 처분기준만이 아니라 관계 법령의 규정 내용과 취지에 따라 판단하여야 한다. 그러므로 처분기준에 부합한다 하여 곧바로 처분이 적법한 것이라고 할 수는 없지만, 처분기준이 그 자체로 헌법 또는 법률에 합치되지 않거나 그 기준을 적용한 결과가 처분사유인 위반행위의 내용 및 관계 법령의 규정과 취지에 비추어 현저히 부당하다고 인정할 만한 합리적인 이유가 없는 한, 섣불리 그 기준에 따른 처분이 재량권의 범위를 일탈하였다거나 재량권을 남용한 것으로 판단해서는 안 된다. 대법원 2019. 9. 26. 선고 2017두48406 판결

> 여객자동차운송사업이 적정하게 이루어질 수 있도록 해당 지역에서의 현재 및 장래의 수송 수요와 공급상황 등을 고려하여 휴업허가를 위하여 필요한 기준을 정하는 것도 역시 행정청의 재량에 속하는 것이므로 그에 관하여 내부적으로 설정한 기준이 객관적으로 합리적이 아니라거나 타당하지 않다고 볼 만한 다른 특별한 사정이 없는 이상 행정청의 의사는 가능한 한 존중하여야 한다. 그러나 설정된 기준이 그 자체로 객관적으로 합리적이지 않거나 타당하지 않음에도 행정청이 만연히 그에 따라 처분한 경우 또는 기준을 설정하였던 때와 처분 당시를 비교하여 수송 수요와 공급상황이 달라졌는지 등을 전혀 고려하지 않은 채 설정된 기준만을 기계적으로 적용함으로써 휴업을 허가할 것인지를 결정하기 위하여 마땅히 고려하여야 할 사항을 제대로 살피지 아니한 경우 등에까지 단지 행정청의 재량에 속하는 사항이라는 이유만으로 행정청의 의사를 존중하여야 하는 것은 아니며, 이러한 경우의 처분은 재량권을 남용하거나 그 범위를 일탈한 조치로서 위법하다. (대법원 2018. 2. 28. 선고 2017두51501 판결)

(4) 법령보충규칙

- 행정규칙의 형식을 갖추고 있으나 그 내용이 법규성을 갖는 경우를 말한다.
- 법령보충규칙은 수권법령과 결합하여 대외적 구속력을 갖는다(자세한 내용은 후술함).

3. 행정규칙으로 본 사례

판례

1. 서울특별시가 정한 개인택시운송사업면허지침은 재량권 행사의 기준으로 설정된 행정청의 내부의 사무처리준칙에 불과하므로, 대외적으로 국민을 기속하는 법규명령의 경우와는 달리 외부에 고지되어야만 효력이 발생하는 것은 아니다. 대법원 1997. 1. 21. 선고 95누12941 판결 12 국가
2. 2006년 교육공무원 보수업무 등 편람은 교육인적자원부에서 관련 행정기관 및 그 직원을 위한 업무처리지침 내지 참고사항을 정리해 둔 것에 불과하고 법규명령의 성질을 가진 것이라고는 볼 수 없는 바, 보수업무편람의 규정은 행정청 내부의 사무처리지침 또는 사례를 해설해 놓은 것에 불과하다. 대법원 2010. 12. 9. 선고 2010두16349 판결 17 교행
3. 행정규칙 중 하급행정기관을 지도하고 통일적 법해석을 기하기 위하여 상위법규 해석의 준거기준을 제시하는 규범해석규칙의 성격을 가지는 것에 불과하다면 그러한 해석기준이 상위법규의 해석상 타당하다고 보여지는 한 그에 따랐다는 이유만으로 행정처분이 위법하게 되는 것은 아니라 할 것이다. 대법원 1992. 5. 12. 선고 91누8128 판결

> 서울특별시 토지의 형질변경 등 행위허가 사무취급요령은 법규로서의 효력이 없는 행정청 내부의 사무처리준칙에 불과하지만, 그 내용이 도로를 설치할 구체적이고 객관적인 필요에 관한 기준을 제시한 것으로서 합리적이고 타당한 규정으로 여겨지므로, 행정청이 이에 근거하여 토지형질변경허가처분을 함에 있어서 도로를 설치하여 그 시설 및 토지를 기부하도록 부관을 붙였다고 한다면, 그 내용이 이행가능하고 비례의 원칙 및 평등의 원칙에 적합함과 아울러 그 행정처분의 본질적 효력을 해하지 않는 한 적법한 행정처분이라고 할 것이다. (대법원 1999. 2. 23. 선고 98두17845 판결)

4. 한국수력원자력 주식회사가 조달하는 기자재, 용역 및 정비공사, 기기수리의 공급자에 대한 관리업무 절차를 규정함을 목적으로 제정·운용하고 있는 '공급자관리지침' 중 등록취소 및 그에 따른 일정 기간의 거래제한조치에 관한 규정들은 공공기관으로서 행정청에 해당하는 한국수력원자력 주식회사가 상위법령의 구체적 위임 없이 정한 것이어서 대외적 구속력이 없는 행정규칙이다. 대법원 2020. 5. 28. 선고 2017두66541 판결 22 국가

5. 국토계획법 시행령 제56조 제1항 [별표 1의2] '개발행위허가기준'은 국토계획법 제58조 제3항의 위임에 따라 제정된 대외적으로 구속력 있는 법규명령에 해당한다. 그러나 국토계획법 시행령 제56조 제4항은 국토교통부장관이 제1항의 개발행위허가기준에 대한 '세부적인 검토기준'을 정할 수 있다고 규정하였을 뿐이므로, 그에 따라 국토교통부장관이 국토교통부 훈령으로 정한 '개발행위허가운영지침'은 국토계획법 시행령 제56조 제4항에 따라 정한 개발행위허가기준에 대한 세부적인 검토기준으로, 상급행정기관인 국토교통부장관이 소속 공무원이나 하급행정기관에 대하여 개발행위허가업무와 관련하여 국토계획법령에 규정된 개발행위허가기준의 해석·적용에 관한 세부 기준을 정하여 둔 행정규칙에 불과하여 대외적 구속력이 없다. 따라서 행정처분이 위 지침에 따라 이루어졌다고 하더라도, 해당 처분이 적법한지는 국토계획법령에서 정한 개발행위허가기준과 비례·평등원칙과 같은 법의 일반원칙에 적합한지 여부에 따라 판단해야 한다. 대법원 2023. 2. 2. 선고 2020두43722 판결

Ⅳ 행정규칙의 하자 및 소멸: 법규명령의 경우와 동일

1. 하자 있는 행정규칙의 효력: 무효

판례

행정규칙의 내용이 상위법령에 반하는 것이라면 법치국가원리에서 파생되는 법질서의 통일성과 모순금지원칙에 따라 그것은 법 질서상 당연무효이고, 행정내부적 효력도 인정될 수 없다. 이러한 경우 법원은 해당 행정규칙이 법질서상 부존재하는 것으로 취급하여 행정기관이 한 조치의 당부를 상위법령의 규정과 입법 목적 등에 따라서 판단하여야 한다. 대법원 2019. 10. 31. 선고 2013두20011 판결

2. 소멸사유

• 명시적·묵시적 폐지, 종기의 도래, 해제조건의 성취 등

Ⅴ 행정규칙에 대한 통제

1. 입법적 통제

• 법규명령의 경우와 달리 동의 또는 승인권의 유보는 없고, 의회제출제도는 있다.

2. 행정적 통제

• 법규명령의 경우와 마찬가지로 행정부 내부적으로 통제가 가능하다.

법무부장관이 공증인이 직무수행에서 준수하여야 할 세부적인 사항을 규정한 '집행증서 작성사무 지침'은 상위법령의 구체적인 위임 없이 제정된 것으로서 그 법적 성격은 '행정규칙'이라고 보아야 한다.
'집행증서 작성사무 지침' 제4조는 법률에 의하여 허용되는 쌍방대리 형태의 촉탁행위에 대하여 '대부업자 등'의 금전대부계약에 따른 채권·채무에 관한 경우에는 행정규칙의 형식으로 일반적으로 공증인에게 촉탁을 거절하여야 할 의무를 부과하는 것이어서 '법률우위원칙'에 위배되어 무효라고 보아야 한다. (대법원 2020. 11. 26. 선고 2020두42262 판결)

PART 01

3. 사법적 통제

(1) 법원에 의한 통제

① 간접적 통제(구체적 규범통제)

- 행정규칙은 법원의 명령·규칙심사권의 대상이 되는 명령·규칙에 포함되지 않는다.
- 다만, 법령보충규칙의 경우 법규성이 인정되어 명령·규칙심사의 대상이 된다.

② 직접적 통제(항고소송)

- 원칙 부정 : 법규성은 물론 처분성도 없으므로 항고소송의 대상이 될 수 없다. 12 국회
- 예외적으로 법령보충규칙인 행정규칙이 처분성이 인정되면 항고소송의 대상이 될 수 있다.

(2) 헌법재판소에 의한 통제

- 원칙 부정 : 법규성이 없어 공권력의 행사에 해당하지 않아 헌법소원의 대상이 되지 않는다.
- 다만, 법령보충규칙의 경우 처분성이 인정되면 예외적으로 헌법소원의 대상이 될 수 있다. 18 소방

판례

'청소년유해매체물의 표시방법'에 관한 정보통신부고시는 청소년유해매체물을 제공하려는 자가 하여야 할 전자적 표시의 내용을 정하고 있는데, 이는 정보통신망이용촉진및정보보호등에관한법률 제42조 및 동법 시행령 제21조 제2항, 제3항의 위임규정에 의하여 제정된 것으로서 국민의 기본권을 제한하는 것인바 상위법령과 결합하여 대외적 구속력을 갖는 법규명령으로 기능하고 있는 것이므로 헌법소원의 대상이 된다. 헌법재판소 2004. 1. 29. 선고 2001헌마894 결정 20 국가

- 재량준칙인 행정규칙에 행정의 자기구속의 원칙이 적용되어 대외적 구속력을 가지게 될 경우 헌법소원의 대상이 될 수 있다. 16 서울

판례

행정규칙이 법령의 규정에 의하여 행정관청에 법령의 구체적 내용을 보충할 권한을 부여한 경우나 재량권행사의 준칙인 규칙이 그 정한 바에 따라 되풀이 시행되어 행정관행이 이룩되게 되면, 평등의 원칙이나 신뢰보호의 원칙에 따라 행정기관은 그 상대방에 대한 관계에서 그 규칙에 따라야 할 자기구속을 당하게 되는 경우에는 대외적인 구속력을 가지게 되는 바, 이러한 경우에는 헌법소원의 대상이 될 수도 있다. 헌법재판소 2001. 5. 31. 선고 99헌마413 결정 20 국가, 23 국가

쟁점 5 형식과 내용의 불일치

I 법규명령 형식의 행정규칙

1. 의의 및 쟁점

- 법규명령의 형식을 취하고 있지만 그 내용이 행정규칙의 실질을 가지는 것을 말한다.
- 제재적 처분기준과 같은 재량준칙을 법규명령의 형식으로 규정한 경우가 대표적인 경우인데, 이 같은 행정입법의 성질이 법규명령인지 행정규칙인지가 문제된다.

2. 판례의 태도

(1) 시행규칙 형식의 제재적 처분기준 : 행정규칙(실질설)

- 판례는 부령의 형식(시행규칙)으로 정해진 제재적 처분기준을 그 규정의 성질과 내용이 행정청 내의 사무처리기준을 규정한 것에 불과하므로 행정규칙의 성질을 가지며, 대외적으로 국민이나 법원을 구속하는 것은 아니라고 한다.

판례

1. 제재적 행정처분의 기준이 부령 형식으로 규정되어 있더라도 그것은 행정청 내부의 사무처리준칙을 규정한 것에 지나지 않아 대외적으로 국민이나 법원을 기속하는 효력이 없다. 대법원 2019. 9. 26. 선고 2017두48406 판결 22 국가
2. 자동차운수사업법 제31조 등의 규정에 의한 사업면허의취소등의처분에관한규칙은 부령의 형식으로 되어 있으나 그 규정의 성질과 내용이 자동차운송사업면허의 취소처분 등에 관한 사무처리기준과 처분 절차 등 행정청 내의 사무처리준칙을 규정한 것에 불과하므로 교통부장관이 관계행정기관 및 직원에 대하여 그 직무권한 행사의 지침을 정하여 주기 위하여 발한 행정조직 내부에 있어서의 행정명령의 성질을 가지는 것이고, 대외적으로 국민이나 법원을 구속하는 것은 아니라고 할 것이다. 대법원 1990. 1. 25. 선고 89누3564 판결 16 교행
3. 구 식품위생법시행규칙 제53조에서 [별표 15]로 식품위생법 제58조에 따른 행정처분의 기준을 정하였다고 하더라도 이는 형식만 부령으로 되어 있을 뿐, 그 성질은 행정기관 내부의 사무처리준칙을 정한 것으로서 행정명령의 성질을 가지는 것이고, 대외적으로 국민이나 법원을 기속하는 힘이 있는 것은 아니므로 같은 법 제58조 제1항에 의한 처분의 적법 여부는 같은 법 시행규칙에 적합한 것인가의 여부에 따라 판단할 것이 아니라 같은 법의 규정 및 그 취지에 적합한 것인가의 여부에 따라 판단하여야 한다. 대법원 1995. 3. 28. 선고 94누6925 판결 14 국가, 17 교행, 21 국가, 22 국가
4. 도로교통법시행규칙 제53조 제1항이 정한 [별표 16]의 운전면허행정처분기준은 부령의 형식으로 되어 있으나, 그 규정의 성질과 내용이 운전면허의 취소처분 등에 관한 사무처리기준과 처분절차 등 행정청 내부의 사무처리준칙을 규정한 것에 지나지 아니하므로 대외적으로 국민이나 법원을 기속하는 효력이 없으므로, 자동차운전면허취소처분의 적법 여부는 그 운전면허행정처분 기준만에 의하여 판단할 것이 아니라 도로교통법의 규정 내용과 취지에 따라 판단되어야 한다. 대법원 1997. 5. 30. 선고 96누5773 판결 13 국가, 14 지방
5. 공공기관의 운영에 관한 법률 제39조 제2항, 제3항에 따라 입찰참가자격 제한기준을 정하고 있는 구 공기업·준정부기관 계약사무규칙 제15조 제2항, 국가를 당사자로 하는 계약에 관한 법률 시행규칙 제76조 제1항 [별표 2], 제3항 등은 비록 부령의 형식으로 되어 있으나 규정의 성질과 내용이 공기업·준정부기관이 행하는 입찰참가자격 제한처분에 관한 행정청 내부의 재량준칙을 정한 것에 지나지 아니하여 대외적으로 국민이나 법원을 기속하는 효력이 없으므로, 입찰참가자격 제한처분이 적법한지 여부는 이러한 규칙에서 정한 기준에 적합한지 여부만에 따라 판단할 것이 아니라 공공기관의 운영에 관한 법률상 입찰참가자격 제한처분에 관한 규정과 그 취지에 적합한지 여부에 따라 판단하여야 한다. 대법원 2014. 11. 27. 선고 2013두18964 판결 17 서울, 17 사복

교육공무원의 성폭력 비위행위에 대하여 강화된 내용으로 도입된 구 교육공무원 징계양정 등에 관한 규칙(2019. 3. 18. 교육부령 제178호로 개정되기 전의 것, 이하 '구 징계양정 규칙'이라 한다) 제2조 제 1항 [별표]의 징계양정 기준은, (중략) 비례의 원칙에 어긋나거나 합리성을 갖추지 못하였다고 단정할 수 없다(주 : 위 규칙을 행정규칙으로 본 사례).
(대법원 2019. 12. 24. 선고 2019두48684 판결)

- 다만, 제재적 처분의 기준이 부령의 형식으로 규정되어 있는 경우에도 당해 처분기준을 존중하여야 한다고 본다.

판례

제재적 행정처분의 기준이 부령의 형식으로 규정되어 있더라도 그것은 행정청 내부의 사무처리준칙을 정한 것에 지나지 아니하여 대외적으로 국민이나 법원을 기속하는 효력이 없고, 당해 처분의 적법 여부는 위 처분기준만이 아니라 관계 법령의 규정 내용과 취지에 따라 판단되어야 하므로, 위 처분기준에 적합하다 하여 곧바로 당해 처분이 적법한 것이라고 할 수는 없지만, 위 처분기준이 그 자체로 헌법 또는 법률에 합치되지 아니하거나 위 처분기준에 따른 제재적 행정처분이 그 처분사유가 된 위반행위의 내용 및 관계 법령의 규정 내용과 취지에 비추어 현저히 부당하다고 인정할 만한 합리적인 이유가 없는 한 섣불리 그 처분이 재량권의 범위를 일탈하였거나 재량권을 남용한 것이라고 판단해서는 안 된다. 대법원 2007. 9. 20. 선고 2007두6946 판결

(2) 시행규칙 형식의 인허가 등에 대한 처분기준 : 법규명령(형식설)

- 부령의 내용이 제재적 처분기준을 정하고 있는 것이 아니라 인허가 등의 기준을 정하고 있는 경우, 그 기준은 법규명령으로 본다.

판례

구 여객자동차 운수사업법 시행규칙 제31조 제2항 제1호, 제2호, 제6호는 구 여객자동차 운수사업법 제11조 제4항의 위임에 따라 시외버스운송사업의 사업계획변경에 관한 절차, 인가기준 등을 구체적으로 규정한 것으로서, 대외적인 구속력이 있는 법규명령이라고 할 것이고, 그것을 행정청 내부의 사무처리준칙을 규정한 행정규칙에 불과하다고 할 수는 없다. 대법원 2006. 6. 27. 선고 2003두4355 판결 14 지방, 17 국가

(3) 시행령 형식의 행정규칙 : 법규명령(형식설)

- 판례는 법규명령이 시행령의 형식으로 제정된 경우, 그 내용을 불문하고 모두 법규명령의 성격을 갖는 것으로 본다. 13 국가

판례

당해 처분의 기준이 된 주택건설촉진법시행령 제10조의3 제1항 [별표 1]은 주택건설촉진법 제7조 제2항의 위임규정에 터 잡은 규정형식상 대통령령이므로 그 성질이 부령인 시행규칙이나 또는 지방자치단체의 규칙과 같이 통상적으로 행정조직 내부에 있어서의 행정명령에 지나지 않는 것이 아니라 대외적으로 국민이나 법원을 구속하는 힘이 있는 법규명령에 해당한다. 대법원 1997. 12. 26. 선고 97누15418 판결

- 따라서 시행령 형식으로 정해진 제재적 처분의 기준 또한 법규명령의 성질을 갖는다.
- 이때 처분기준이 일의적으로 규정된 경우(기속행위) 그 처분의 기준은 제재적 처분의 상한(최고한도)을 정한 것이 아닌 절대적 구속력을 갖는 것으로 본다.

판례

1. 국토의 계획 및 이용에 관한 법률 제124조의2 제1항, 제2항 및 국토의 계획 및 이용에 관한 법률 시행령 제124조의3 제3항이 토지이용에 관한 이행명령의 불이행에 대하여 법령 자체에서 토지이용의무 위반을 유형별로 구분하여 이행강제금을 차별하여 규정하고 있는 등 규정의 체계, 형식 및 내용에 비추어 보면, 국토계획법 및 국토의 계획 및 이용에 관한 법률 시행령이 정한 이행강제금의 부과기준은 단지 상한을 정한 것에 불과한 것이 아니라, 위반행위 유형별로 계산된 특정 금액을 규정한 것이므로 행정청에 이와 다른 이행강제금액을 결정할 재량권이 없다고 보아야 한다. 대법원 2014. 11. 27. 선고 2013두8653 판결

2. 경찰공무원의 채용시험 또는 경찰간부후보생 공개경쟁선발시험에서 부정행위를 한 응시자에 대하여는 당해 시험을 정지 또는 무효로 하고, 그로부터 5년간 이 영에 의한 시험에 응시할 수 없도록 규정하고 있는 경찰공무원임용령 제46조 제1항은 행정청 내부의 사무처리기준을 규정한 재량준칙이 아니라 일반 국민이나 법원을 구속하는 법규명령에 해당하므로, 그에 의한 처분은 재량행위가 아니라 기속행위라고 한 사례. 대법원 2008. 5. 29. 선고 2007두18321 판결

• 이와 달리 처분기준이 일의적이지 않고 행정청에 재량을 부여하는 식으로 규정된 경우 처분기준은 절대적 구속력을 갖는 것이 아닌 상한(최고한도액)을 정한 것으로 본다.

판례

구 청소년보호법 제49조 제1항, 제2항에 따른 같은 법 시행령 제40조 [별표 6]의 위반행위의 종별에 따른 과징금 처분기준은 법규명령 15 지방, 18 지방이기는 하나 모법의 위임규정의 내용과 취지 및 헌법상의 과잉금지의 원칙과 평등의 원칙 등에 비추어 같은 유형의 위반행위라 하더라도 그 규모나 기간·사회적 비난 정도·위반행위로 인하여 다른 법률에 의하여 처벌받은 다른 사정·행위자의 개인적 사정 및 위반행위로 얻은 불법이익의 규모 등 여러 요소를 종합적으로 고려하여 사안에 따라 적정한 과징금의 액수를 정하여야 할 것이므로 그 수액은 정액이 아니라 최고한도액이다. 대법원 2001. 3. 9. 선고 99두5207 판결 15 지방, 17 사복, 19 지방 01

OX 확인

01 구 「청소년보호법 시행령」 제40조 [별표 6]의 위반행위의 종별에 따른 과징금처분기준에서 정한 과징금 수액은 정액이 아니고 최고한도액이다. (○)

Ⅱ 행정규칙 형식의 법규명령(법령보충규칙)

1. 의의 및 쟁점

• 법령의 위임에 의해 그 법령의 내용을 보충하는, 즉 법규사항을 정하는 행정규칙을 말한다.

• 법령보충규칙이 헌법상 허용될 수 있는 것인지 및 만약 허용된다면 법령보충규칙의 성질이 법규명령인지 아니면 행정규칙인지 문제된다.

2. 법령보충규칙의 허용 여부

• 판례는 헌법이 인정하고 있는 위임입법의 형식은 예시적인 것에 불과하다고 하여 법률이 법규명령이 아닌 행정규칙에 입법사항을 위임하는 것도 가능하다고 한다.

판례

헌법 제40조와 헌법 제75조, 제95조의 의미를 살펴보면, 국회입법에 의한 수권이 입법기관이 아닌 행정기관에게 법률 등으로 구체적인 범위를 정하여 위임한 사항에 관하여는 당해 행정기관에게 법 정립의 권한을 갖게 되고, 입법자가 규율의 형식도 선택할 수 있다 할 것이므로, 헌법이 인정하고 있는 위임입법의 형식은 예시적인 것으로 보아야 할 것이고, 그것은 법률이 행정규칙에 위임하더라도 그 행정규칙은 위임된 사항만을 규율할 수 있으므로, 국회입법의 원칙과 상치되지도 않는다. 헌법재판소 2006. 12. 28. 선고 2005헌바59 결정 18 교행

행정기본법 제2조(정의)
이 법에서 사용하는 용어의 뜻은 다음과 같다.
1. "법령등"이란 다음 각 목의 것을 말한다.
가. 법령: 다음의 어느 하나에 해당하는 것
1) 법률 및 대통령령·총리령·부령
2) 국회규칙·대법원규칙·헌법재판소규칙·중앙선거관리위원회규칙 및 감사원규칙
3) 1) 또는 2)의 위임을 받아 중앙행정기관(「정부조직법」 및 그 밖의 법률에 따라 설치된 중앙행정기관을 말한다. 이하 같다)의 장이 정한 훈령·예규 및 고시 등 행정규칙

3. 법령보충규칙의 성질

• 판례는 법령보충규칙은 수권법령과 결합하여 대외적인 구속력이 있는 법규명령으로서의 효력을 갖는다고 본다.

판례

상급행정기관이 하급행정기관에 대하여 업무처리지침이나 법령의 해석적용에 관한 기준을 정하여서 발하는 이른바 행정규칙은 일반적으로 행정조직 내부에서만 효력을 가질 뿐 대외적인 구속력을 갖는 것은 아니지만, 법령의 규정이 특정행정기관에게 그 법령내용의 구체적 사항을 정할 수 있는 권한을 부여하면서 그 권한행사의 절차나 방법을 특정하고 있지 아니한 관계로 수임행정기관이 행정규칙의 형식으로 그 법령의 내용이 될 사항을 구체적으로 정하고 있다면 그와 같은 행정규칙, 규정은 행정규칙이 갖는 일반적 효력으로서가 아니라, 행정기관에 법령의 구체적 내용을 보충할 권한을 부여한 법령규정의 효력에 의하여 그 내용을 보충하는 기능을 갖게 된다 할 것이므로 이와 같은 행정규칙, 규정은 당해 법령의 위임한계를 벗어나지 아니하는 한 그것들과 결합하여 대외적인 구속력이 있는 법규명령으로서의 효력을 갖게 된다. 대법원 1987. 9. 29. 선고 86누484 판결 16 사복, 17 사복, 22 지방 01

[판례가 법령보충규칙으로 본 사례]

1. 택지개발업무처리지침 대법원 2008. 3. 27. 선고 2006두3742,3759 판결
2. '청소년유해매체물의 표시방법'에 관한 정보통신부고시 헌법재판소 2004. 1. 29. 선고 2001헌마894 결정
3. 산업자원부장관이 공업배치및공장설립에관한법률 제8조의 규정에 따라 공장입지의 기준을 구체적으로 정한 고시 대법원 2003. 9. 26. 선고 2003두2274 판결 15 사복
4. 보건사회부장관의 고시인 식품제조영업허가기준 대법원 1994. 3. 8. 선고 92누1728 판결 15 국회
5. 보건사회부장관이 정한 1994년도 노인복지사업지침 대법원 1996. 4. 12. 선고 95누7727 판결 12 국가
6. 한국표준산업분류 헌법재판소 2006. 12. 28. 선고 2005헌바59 결정 17 서울
7. 구 지방공무원보수업무 등 처리지침 [별표 1] '직종별 경력환산율표 해설'이 정한 민간근무경력의 호봉산정에 관한 부분 대법원 2016. 1. 28. 선고 2015두53121 판결
8. 국세청장의 훈령 형식으로 제정된 재산제세조사사무처리규정 대법원 1988. 5. 10. 선고 87누1028 판결 13 국가
9. 공익사업을 위한 토지 등의 취득 및 보상에 관한 법률 제68조 제3항의 위임에 따라 협의취득의 보상액 산정에 관한 구체적 기준을 정하고 있는 공익사업을 위한 토지 등의 취득 및 보상에 관한 법률 시행규칙 대법원 2012. 3. 29. 선고 2011다104253 판결 14 지방

- 그러나 법령의 위임을 받은 경우라도 그 위임에 따라 규율하는 내용이 단순히 행정적 편의를 도모하기 위한 것인 경우에는 법규명령이 아니라 행정규칙의 성질을 갖는 것으로 본다.

판례

위와 같은 작성요령은 법률의 위임을 받은 것이기는 하나 법인세의 부과징수라는 행정적 편의를 도모하기 위한 절차적 규정으로서 단순히 행정규칙의 성질을 가지는 데 불과하여 과세관청이나 일반국민을 기속하는 것이 아니다(구 법인세법시행규칙 제45조 제3항 제6호에 따른 '소득금액조정합계표 작성요령'의 법적 성질을 행정규칙으로 본 사례). 대법원 2003. 9. 5. 선고 2001두403 판결 14 국가

- 법령의 위임에 따라 행정규칙의 형식으로 재량권 행사의 기준을 정한 경우에도 당해 행정규칙은 재량준칙에 해당한다.

판례

1. 독점규제 및 공정거래에 관한 법령은 과징금 산정에 필요한 참작사유를 포괄적·예시적으로 규정하면서 구체적인 고려사항과 세부기준은 공정거래위원회의 고시에 위임하고 있음을 알 수 있다. (중략) 위 고시조항은 과징금 산정에 관한 재량권 행사의 기준으로 마련된 행정청 내부의 사무처리준칙, 즉 재량준칙이다. 대법원 2020. 11. 12. 선고 2017두36212 판결

OX 확인

01 행정 각부의 장이 정하는 고시(告示)는 법령의 규정으로부터 구체적 사항을 정할 수 있는 권한을 위임받아 그 법령 내용을 보충하는 기능을 가진 경우라도 그 형식상 대외적으로 구속력을 갖지 않는다. (×)

금융위원회의 설치 등에 관한 법률 제60조의 위임에 따라 금융위원회가 고시한 '금융기관 검사 및 제재에 관한 규정' 제18조 제1항이 대외적으로 구속력이 있는 법규명령의 효력을 가지는 것으로 본 사례. (대법원 2019. 5. 30. 선고 2018두52204 판결)

구 국민건강보험법의 위임에 따라 보건복지부장관이 정하여 고시한 '요양급여의 적용기준 및 방법에 관한 세부사항' 중 '요양기관의 시설·인력 및 장비 등의 공동이용 시 요양급여비용 청구에 관한 사항' 부분이 대외적으로 구속력 있는 '법령보충적 행정규칙'에 해당하는 것으로 본 사례. (대법원 2021. 1. 14. 선고 2020두38171 판결)

2. 산업재해보상보험법 시행령 [별표 3] '업무상 질병에 대한 구체적인 인정 기준'은 '뇌혈관 질병 또는 심장 질병', '근골격계 질병'의 업무상 질병 인정 여부 결정에 필요한 사항은 고용노동부장관이 정하여 고시하도록 위임하고 있다(제1호 다.목, 제2호 마.목). 위임근거인 산업재해보상보험법 시행령 [별표 3] '업무상 질병에 대한 구체적인 인정 기준'이 예시적 규정에 불과한 이상, 그 위임에 따른 고용노동부 고시가 대외적으로 국민과 법원을 구속하는 효력이 있는 규범이라고 볼 수는 없고, 상급행정기관이자 감독기관인 고용노동부장관이 그 지도·감독 아래 있는 근로복지공단에 대하여 행정내부적으로 업무처리지침이나 법령의 해석·적용 기준을 정해주는 '행정규칙'이라고 보아야 한다. 대법원 2020. 12. 24. 선고 2020두39297 판결

4. 한계

(1) 일반적 한계

- 법령보충규칙은 전문적·기술적 사항이나 경미한 사항으로서 업무의 성질상 위임이 불가피한 사항에 한정되어 인정된다(행정규제기본법 제4조 제2항 단서). ❶
- 나아가 법령보충규칙은 법규명령의 성질을 가지므로 포괄위임금지의 원칙 등 법규명령에 있어서의 한계에 관한 논의가 그대로 적용된다.

판례

행정규칙은 법규명령과 같은 엄격한 제정 및 개정절차를 요하지 아니하므로, 재산권 등과 같은 기본권을 제한하는 작용을 하는 법률이 입법위임을 할 때에는 대통령령, 총리령, 부령 등 법규명령에 위임함이 바람직하고, 고시와 같은 형식으로 입법위임을 할 때에는 적어도 행정규제기본법 제4조 제2항 단서에서 정한 바와 같이 법령이 전문적·기술적 사항이나 경미한 사항으로서 업무의 성질상 위임이 불가피한 사항에 한정된다 할 것이고, 그러한 사항이라 하더라도 포괄위임금지의 원칙상 법률의 위임은 반드시 구체적·개별적으로 한정된 사항에 대하여 행하여져야 한다. 헌법재판소 2016. 2. 25. 선고 2015헌바191 결정 18 교행

(2) 수권의 범위에 따른 한계

- 법령보충규칙이 법령의 위임의 범위를 벗어난 경우 법규명령으로서의 대외적 구속력이 인정되지 않는다.

판례

1. 고시가 비록 법령에 근거를 둔 것이더라도 규정 내용이 법령의 위임 범위를 벗어난 것일 경우에는 법규명령으로서의 대외적 구속력을 인정할 여지는 없다. 16 국회
2. 법률의 위임 규정 자체가 의미 내용을 정확하게 알 수 있는 용어를 사용하여 위임의 한계를 분명히 하고 있는데도 고시에서 문언적 의미의 한계를 벗어났다든지, 위임 규정에서 사용하고 있는 용어의 의미를 넘어 범위를 확장하거나 축소함으로써 위임 내용을 구체화하는 단계를 벗어나 새로운 입법을 한 것으로 평가할 수 있다면, 이는 위임의 한계를 일탈한 것으로서 허용되지 아니한다. 대법원 2016. 8. 17. 선고 2015두51132 판결 17 서울
3. 농림부고시인 농산물원산지 표시요령 제4조 제2항의 규정 내용은 근거 법령인 구 농수산물품질관리법 시행규칙에 의해 고시로써 정하도록 위임된 사항에 해당한다고 할 수 없으므로 법규명령으로서 대외적 구속력을 가질 수 없다. 대법원 2006. 4. 28. 자 2003마715 결정 17 서울
4. 법령상의 어떤 용어가 별도의 법률상의 의미를 가지지 않으면서 일반적으로 통용되는 의미를 가지고 있다면, 상위규범에 그 용어의 의미에 관한 별도의 정의규정을 두고 있지 않고 권한을 위임받은 하위규범에서 그 용어의 사용기준을 정하고 있다 하더라도 하위규범이 상위규범에서 위임한 한계를 벗어났다고 볼 수 없으며, 행정규칙에서 사용하는 개념이 달리 해석할 여지가 있다 하더라도

❶ 행정규제기본법 제4조(규제 법정주의)
② 규제는 법률에 직접 규정하되, 규제의 세부적인 내용은 법률 또는 상위법령에서 구체적으로 범위를 정하여 위임한 바에 따라 대통령령·총리령·부령 또는 조례·규칙으로 정할 수 있다. 다만, 법령에서 전문적·기술적 사항이나 경미한 사항으로서 업무의 성질상 위임이 불가피한 사항에 관하여 구체적으로 범위를 정하여 위임한 경우에는 고시 등으로 정할 수 있다.

'선정기준액'은 기초연금 수급자가 65세 이상인 사람 중 100분의 70 수준이 되도록 정해야 하는 것으로, 이는 전체 노인가구의 소득·재산 수준과 생활실태를 다양한 자료에 의해 파악한 다음 이를 통계화하여 분석하고 그밖에 물가상승률, 국가재정상황 등도 종합적으로 고려하여 전문적·기술적으로 판단할 수밖에 없는데 그러한 판단을 하려면 고도의 전문성이 필요하므로, 이러한 내용을 법규명령이 아닌 보건복지부 고시에 위임하는 것은 허용된다. (헌법재판소 2016. 2. 25. 선고 2015헌바191 결정)

행정청이 수권의 범위 내에서 법령이 위임한 취지 및 형평과 비례의 원칙에 기초하여 합목적적으로 기준을 설정하여 그 개념을 해석·적용하고 있다면, 개념이 달리 해석할 여지가 있다는 것만으로 이를 사용한 행정규칙이 법령의 위임 한계를 벗어났다고는 할 수 없다. 대법원 2008. 4. 10. 선고 2007두4841 판결

(3) 시행규칙으로 정할 사항을 고시 등 행정규칙으로 정한 경우

- 상위 법령이 구체적인 규범형식을 지정하지 않고 수권한 경우, 수권의 범위 내에서는 형식에 구애됨 없이 법규명령 또는 행정규칙의 형식으로 법규사항을 정할 수 있다. 18 국가, 20 국가
- 상위법령에서 세부사항 등을 시행규칙으로 정하도록 위임하였음에도 이를 고시 등 행정규칙으로 정한 경우, 대외적 구속력을 가지는 법규명령으로서의 효력이 인정되지 않는다.

판례

법령의 규정이 특정 행정기관에게 법령 내용의 구체적 사항을 정할 수 있는 권한을 부여하면서 권한행사의 절차나 방법을 특정하지 아니한 경우에는 수임 행정기관은 행정규칙이나 규정 형식으로 법령 내용이 될 사항을 구체적으로 정할 수 있다. 이 경우 행정규칙 등은 당해 법령의 위임한계를 벗어나지 않는 한 대외적 구속력이 있는 법규명령으로서 효력을 가지게 되지만, 이는 행정규칙이 갖는 일반적 효력이 아니라 행정기관에 법령의 구체적 내용을 보충할 권한을 부여한 법령 규정의 효력에 근거하여 예외적으로 인정되는 것이다. 따라서 그 행정규칙이나 규정이 상위법령의 위임범위를 벗어난 경우에는 법규명령으로서 대외적 구속력을 인정할 여지는 없다.
이는 행정규칙이나 규정 '내용'이 위임범위를 벗어난 경우뿐 아니라 상위법령의 위임규정에서 특정하여 정한 권한행사의 '절차'나 '방식'에 위배되는 경우도 마찬가지이므로, 상위법령에서 세부사항 등을 시행규칙으로 정하도록 위임하였음에도 이를 고시 등 행정규칙으로 정하였다면 그 역시 대외적 구속력을 가지는 법규명령으로서 효력이 인정될 수 없다. 대법원 2012. 7. 5. 선고 2010다72076 판결 17 국회, 18 교행, 19 지방 01

OX 확인

01 상위법령에서 세부사항 등을 시행규칙으로 정하도록 위임하였으나, 이를 고시 등 행정규칙으로 정하였더라도 이는 대외적 구속력을 가지는 법규명령으로서 효력이 인정된다. (×)

5. 공포 요부(불요)

- 법령보충규칙은 법규명령의 성질을 가지나 그 형식이 행정규칙인 이상 법규명령과 달리 공포 등 절차를 요하지 않는다.

판례

법령보충규칙은 그 자체가 법령은 아니고 행정규칙에 지나지 않으므로 적당한 방법으로 이를 일반인 또는 관계인에게 표시 또는 통보함으로써 그 효력이 발생한다. 대법원 1993. 11. 23. 선고 93도662 판결

6. 재위임 가부

- 판례는 법령의 근거 없이 법령보충적 행정규칙에서 재위임하는 것도 가능한 것으로 본다.

판례

산업자원부 고시 공장입지기준 제5조는 산업자원부장관이 공업배치 및 공장설립에 관한 법률 제8조의 위임에 따라 공장입지의 기준을 구체적으로 정한 것으로서 법규명령으로서 효력을 가진다 할 것이고, 김포시 고시 공장입지제한처리기준 제5조 제1항은 김포시장이 위 산업자원부 고시 공장입지기준 제5조 제2호의 위임에 따라 공장입지의 보다 세부적인 기준을 정한 것으로서 상위명령의 범위를 벗어나지 아니하므로 그와 결합하여 대외적으로 구속력이 있는 법규명령으로서 효력을 가진다. 대법원 2004. 5. 28. 선고 2002두4716 판결

CHAPTER 02

행정행위

제1강 행정행위의 의의

쟁점 6 행정행위의 의의 및 종류

Ⅰ 행정행위의 의의

1. 일반론

(1) 행정행위의 의의

- 학문상 개념 : 행정행위라는 개념은 강학상 필요에 의해 만들어진 것으로서, 실정법이나 실무에서는 '처분', '행정처분'이라는 개념이 사용되고 있다.
- 실정법상 행정청의 처분은 허가 · 인가 · 면허 등 다양한 용어로 사용되고 있는데, 이러한 것들을 모두 포괄하는 개념을 지칭하기 위해 만든 개념이 '행정행위'인 것이다.

(2) 행정소송법상 처분과의 관계 : 학설의 태도

① 이원설(통설)

- 행정쟁송법에서 말하는 '처분'은 '그 밖에 이에 준하는 작용'을 포함하는 것으로서 행정행위보다 더 넓은 개념이라고 한다. 17 국가 ❶
- 그 밖에 이에 준하는 작용의 대표적 예로는 권력적 사실행위 등이 있다.

② 일원설

- 양자를 동일하다고 보는 견해이다.

❶ 행정소송법 제2조(정의)
① 1. "처분 등"이라 함은 행정청이 행하는 구체적 사실에 관한 법집행으로서의 공권력의 행사 또는 그 거부와 그 밖에 이에 준하는 행정작용(이하 "처분"이라 한다) 및 행정심판에 대한 재결을 말한다.

2. 행정행위의 개념요소

- 일반적으로 행정행위는 "행정청이 구체적 사실에 대한 법집행으로서 행하는 외부에 대하여 직접적 · 구체적인 법적 효과를 발생시키는 권력적 단독행위인 공법행위"로 정의된다.

(1) 행정청의 행위

- 행정청이란 조직법상 의미가 아닌 기능적 측면에서 파악한 개념으로서 법령에 의하여 행정권을 위임 또는 위탁받은 행정기관, 공공단체 또는 사인을 포함한다.
- 자세한 내용은 행정소송법상 피고적격을 갖는 행정청의 개념과 동일하다.

행정기본법 제2조(정의)
이 법에서 사용하는 용어의 뜻은 다음과 같다.
2. "행정청"이란 다음 각 목의 자를 말한다.
가. 행정에 관한 의사를 결정하여 표시하는 국가 또는 지방자치단체 의 기관
나. 그 밖에 법령등에 따라 행정에 관한 의사를 결정하여 표시하는 권한을 가지고 있거나 그 권한을 위임 또는 위탁받은 공공단체 또는 그 기관이나 사인

(2) 구체적 사실에 관한 행위

① 일반적 · 개별적, 추상적 · 구체적의 개념

- 일반적 · 개별적은 규율의 수범자와 관련된 것으로서, 수범자가 불특정 다수인인 경우를 일반적, 수범자가 특정인인 경우를 개별적이라 한다.
- 추상적 · 구체적인 규율의 대상인 사건과 관련된 것으로서, 불특정 사건인 경우를 추상적, 특정 사건인 경우를 구체적이라 한다.

② 개별적 · 구체적 행위

- 일반적 · 추상적 규율인 행정입법과 달리 행정행위는 특정인에 대한 특정한 사건을 규율하는 개별적 · 구체적 행위를 의미한다.

③ 일반적 · 구체적 행위(일반처분)

㉠ 일반처분이란 불특정 다수인을 대상으로 구체적 사실을 규율하는 행위로서, 일반처분도 행정행위의 개념에 포함된다.

㉡ 대인적 일반처분

- 불특정 다수인을 대상으로 하는 구체적 규율을 말한다.
- 통행금지, 집회금지, 청소년유해매체물 결정 등이 있다.

판례

구 청소년보호법에 따른 청소년유해매체물 결정 및 고시처분은 당해 유해매체물의 소유자 등 특정인만을 대상으로 한 행정처분이 아니라 일반 불특정 다수인을 상대방으로 하여 일률적으로 표시의무, 포장의무, 청소년에 대한 판매 · 대여 등의 금지의무 등 각종 의무를 발생시키는 행정처분이다. 대법원 2007. 6. 14. 선고 2004두619 판결 18 소방

㉢ 대물적 일반처분(물적 행정행위)

- 물적 행정행위란 물건을 직접적인 규율 대상으로 하며 이를 통하여 간접적으로 사람에 대하여 법적효과를 미치는 행위를 말한다.
- 주차금지구역의 지정, 개발제한구역의 지정, 도로 등 공물의 공용지정, 횡단보도의 설치 19 소방, 개별공시지가결정 등이 있다.
- 도로교통법 제10조 제1항의 취지에 비추어 볼 때, 지방경찰청장이 횡단보도를 설치하여 보행자의 통행방법 등을 규제하는 것은 행정청이 특정사항에 대하여 의무의 부담을 명하는 행위이고 이는 국민의 권리의무에 직접 관계가 있는 행위로서 행정처분이라고 보아야 할 것이다(대법원 2000. 10. 27. 선고 98두8964 판결). 14 국가, 20 지방, 22 지방

(3) 법적 행위

- 법적 행위란 외부에 대하여 직접 법적 효과를 발생시키는 행위를 말한다.
- 내부행위 : 국민(외부)에 대해 법적 효과가 미치지 않는 행정조직의 내부행위는 행정행위가 아니다.
- 사실행위 : 행정청이 도로를 보수하는 행위와 같이 법적인 효과를 발생시키지 않는 단순한 사실행위는 행정행위가 아니다. 15 교행

판례

건설부장관이 행한 국립공원지정처분은 그 결정 및 첨부된 도면의 공고로써 그 경계가 확정되는 것이고, 시장이 행한 경계측량 및 표지의 설치 등은 공원관리청이 공원구역의 효율적인 보호, 관리를 위하여 이미 확정된 경계를 인식, 파악하는 사실상의 행위로 봄이 상당하며, 위와 같은 사실상의 행위를 가리켜 공권력행사로서의 행정처분의 일부라고 볼 수 없고, 이로 인하여 건설부장관이 행한 공원지정처분이나 그 경계에 변동을 가져온다고 할 수 없다. 대법원 1992. 10. 13. 선고 92누2325 판결 14 국가, 21 소방

⑷ **권력적 단독행위**

- 공권력의 행사로서 행정청이 우월한 지위에서 일방적으로 국민에게 권리를 부여하거나 의무를 명하는 행위이다.
- 따라서 비권력적 작용인 공법상 계약, 공법상 합동행위, 행정지도 등은 행정행위가 아니다. 17 국가

⑸ **공법행위**

- 행정청의 사법행위(일반재산의 처분 등)는 행정행위가 아니다. 15 교행
- 행정행위가 공법상의 행위라는 것은 그 행위의 근거가 공법적이라는 것이지, 행위의 효과까지 공법적이라는 것을 의미하는 것은 아니다. 14 국회

Ⅱ 행정행위의 종류

1. 법률행위적 행정행위와 준법률행위적 행정행위

⑴ **구별기준**

- 행정행위에 따른 법적 효과의 발생 원인에 따른 구분이다.

⑵ **법률행위적 행정행위**

- 행정청의 의사표시(효과의사)를 구성요소로 하고 그 법적 효과가 효과의사의 내용에 따라 발생하는 행위를 말한다.

⑶ **준법률행위적 행정행위**

- 행정청의 의사표시(효과의사) 이외의 정신작용을 구성요소로 하고 그 법적 효과가 행위자의 의사와는 무관하게 법규범이 정한 바에 따라 발생하는 행위를 말한다.

2. 기속행위와 재량행위

⑴ **구별기준**

- 행정청이 어떠한 행정행위를 함에 있어 재량을 갖는지 여부에 따른 구분이다.

⑵ **기속행위**

- 법이 정한 요건이 충족되면 행정청이 일정한 행위를 해야 하거나 또는 해서는 안 되는 행정행위를 말한다.

⑶ **재량행위**

- 행위의 결정과 선택에 행정청에게 재량이 인정되는 행정행위를 말한다.

3. 침익적 · 수익적 행정행위 및 복효적 행정행위

⑴ **구별기준**

- 행정행위가 초래하는 이익 및 불이익 상황에 따른 구분이다.

⑵ **침익적 행정행위**

- 상대방의 권리를 제한하거나 의무를 부과하는 행정행위를 말한다.

(3) 수익적 행정행위

• 상대방에게 이익을 부여하는 행정행위를 말한다.

(4) 복효적 행정행위

• 하나의 행위가 이익과 불이익의 효과를 동시에 발생시키는 행정행위를 말한다.
• 복수의 효과가 동일인에게 귀속되는 경우를 혼합효 행정행위, 일방에는 이익이 타방에는 불이익이 귀속되는 경우를 제3자효 행정행위라 한다.

4. 대인적 · 대물적 · 혼합적 행정행위

(1) 구별기준

• 행정행위의 대상에 대한 고려사항에 따른 구분이다.

(2) 대인적 행정행위

• 상대방의 주관적 사정에 착안하여 행해지는 행정행위이다(의사면허, 운전면허 등).
• 대인적 행정행위의 효과는 일신전속적이므로 제3자에게 승계되지 않는다.

(3) 대물적 행정행위

• 상대방의 주관적 사정을 고려하지 않고 행위의 대상인 물건이나 시설의 객관적 사정에 착안하여 행해지는 행정행위이다.
• 건축허가, 건축물사용승인, 차량검사합격처분, 채석허가, 공중위생업소 폐쇄명령 등이 있다.
• 대물적 행정행위의 효과는 명문의 규정이 없어도 제3자에게 승계될 수 있다. 12 사복

판례

1. 건축허가는 대물적 허가의 성질을 가지는 것으로 그 허가의 효과는 허가대상 건축물에 대한 권리 변동에 수반하여 이전되고, 별도의 승인처분에 의하여 이전되는 것이 아니며, 건축주 명의변경은 당초의 허가대장상 건축주 명의를 바꾸어 등재하는 것에 불과하므로 행정소송의 대상이 될 수 없다. 대법원 1979. 10. 30. 선고 79누190 판결 19 국가, 19 소방
2. 건축허가는 대물적 성질을 갖는 것이어서 행정청으로서는 허가를 할 때에 건축주 또는 토지 소유자가 누구인지 등 인적 요소에 관하여는 형식적 심사만 한다. 대법원 2017. 3. 15. 선고 2014두41190 판결 22 국가, 22 지방

(4) 혼합적 행정행위

• 상대방의 주관적 사정과 함께 행위의 대상인 물건이나 시설의 객관적 사정에 착안하여 행해지는 행정행위를 말한다.

5. 일방적 행정행위와 쌍방적 행정행위

(1) 구별기준

• 행정행위의 성립에 상대방의 협력(신청 또는 동의)이 필요한지 여부에 따른 구분이다.

(2) 일방적 행정행위(단독적 행정행위)

• 성립에 상대방의 어떠한 협력도 필요 없는 행정행위를 말한다.

(3) 쌍방적 행정행위

• 상대방의 신청을 요하는 행정행위(허가, 특허 등)와 상대방의 동의를 요하는 행정행위(공무원의 임명 등)가 있다.

쟁점 7 기속행위와 재량행위

I 의의

1. 기속행위

- 법에서 정한 일정한 요건이 충족되면 행정청이 결정(선택)의 여지없이 반드시 어떠한 행위를 하여야 하거나 하지 말아야 하는 행정행위를 말한다.
- 행정작용의 근거가 되는 법규의 내용이 일의적·확정적으로 규정되어 있다.

2. 재량행위

- 법규의 해석상 행정청에게 어떠한 행위를 할 것인지 여부(결정재량)와, 만약 한다면 어떤 종류의 행위를 선택할 것인지 여부(선택재량)에 대한 결정·선택권이 주어진 행정행위를 말한다.
- 재량행위의 경우 법령에서 정한 일정한 요건이 충족되더라도 행정청은 처분을 하지 않을 수 있다.
- 구체적·개별적 상황에 맞는 타당한 행정권 발동이 가능하게 하여 개별적 정의를 실현하는 것을 목적으로 한다.

3. 기속재량행위

- 학계는 일반적으로 부정하나, 판례가 인정하는 행정행위의 한 종류이다.
- 기속행위와 재량행위의 중간영역에 속하는 것으로, 법이 정한 요건을 충족하면 원칙적으로 신청에 따른 처분을 해야 하는 기속행위지만, 예외적으로 중대한 공익상 필요가 있는 경우 등에는 신청을 받아들이지 않는 (거부)처분을 할 수 있는 행위를 의미한다.

판례

1. 주유소등록신청을 받은 행정청은 주유소설치등록신청이 석유사업법, 같은 법 시행령, 혹은 위 시행령의 위임을 받은 시·지사의 고시 등 관계 법규에 정하는 제한에 배치되지 않고, 그 신청이 법정등록요건에 합치되는 경우에는 특별한 사정이 없는 한 이를 수리하여야 하고, 관계 법령에서 정하는 제한사유 이외의 사유를 들어 등록을 거부할 수는 없는 것이나, 심사결과 관계 법령상의 제한 이외의 중대한 공익상 필요가 있는 경우에는 그 수리를 거부할 수 있다. 대법원 1998. 9. 25. 선고 98두7503 판결
2. 건축허가권자는 건축허가신청이 건축법 등 관계 법규에서 정하는 어떠한 제한에 배치되지 않는 이상 당연히 같은 법조에서 정하는 건축허가를 하여야 하고, 중대한 공익상의 필요가 없는데도 관계 법령에서 정하는 제한사유 이외의 사유를 들어 요건을 갖춘 자에 대한 허가를 거부할 수는 없다. 대법원 2009. 9. 24. 선고 2009두8946 판결
3. 사설납골시설의 설치신고는 같은 법 제15조 각 호에 정한 사설납골시설설치 금지지역에 해당하지 않고 같은 법 제14조 제3항 및 같은 법 시행령 제13조 제1항의 [별표 3]에 정한 설치기준에 부합하는 한 수리하여야 하나, 보건위생상의 위해를 방지하거나 국토의 효율적 이용 및 공공복리의 증진 등 중대한 공익상 필요가 있는 경우에는 그 수리를 거부할 수 있다고 보는 것이 타당하다. 대법원 2010. 9. 9. 선고 2008두22631 판결
4. 주무관청이 광업권자의 채광계획을 불인가하는 경우에는 정당한 사유가 제시되어야 하고 자의적으로 불인가를 하여서는 아니 될 것이므로 채광계획인가는 기속재량행위에 속하는 것으로 보아야 한다. 대법원 1997. 6. 13. 선고 96누12269 판결
5. 산림법 부칙 제9조 제1항, 제2항에 의한 (산림)형질변경허가처분은 기속재량행위이다. 대법원 1998. 9. 25. 선고 97누19564 판결

기존 주유소 사업자의 생계 위협 및 위험 시설물인 주유소 설치에 따른 집단민원 발생이 이 사건 주유소의 건축허가를 제한할 만한 중대한 공익상의 필요에 해당한다고 보기 어려우므로, 이 사건 건축불허가처분은 위법하다. (대법원 2012. 11. 22. 선고 2010두22962 전원합의체 판결)

약사법 제26조 및 동법시행규칙 제53조에 의한 허가사항 변경허가에 있어서 소관행정청은 그 허가신청이 위 법조의 요건에 합치하는 때에는 특별한 사정이 없는 한 이를 허가하여야 하고 공익상 필요가 없음에도 불구하고 허가를 거부할 수 없다는 의미에서 그 허가여부는 기속재량에 속하는 것이다. (대법원 1985. 12. 10. 선고 85누674 판결)

구 대기환경보전법상 배출시설 설치허가를 기속재량행위로 본 사례. (대법원 2013. 5. 9. 선고 2012두22799 판결)

Ⅱ 구별기준

1. 학설

(1) 종래의 논의

① 요건재량설

- 법률요건이 일의적이고 명백하게 규정된 경우 및 특유한 중간목적(식품위생, 교통안전 등)을 규정하고 있는 경우는 기속행위로 본다.
- 법률요건을 공백으로 두거나 불확정개념을 사용하는 경우 특유한 중간목적을 규정함 없이 공익이라는 종국목적만을 규정하고 있는 경우는 재량행위로 본다.
- 비판 : 종국목적과 중간목적의 구별이 명확하지 않다.

② 효과재량설

- 법률요건을 해석하고 적용하는 데 있어서는 재량이 존재하지 않고, 법률효과의 선택에 있어서만 재량이 존재한다.
- 침익적 행정행는 기속행위로, 수익적 행정행위는 재량행위로 본다.
- 비판 : 법문언상 침익적 행정행위가 재량행위인 것으로, 수익적 행정행위가 기속행위인 것으로 규정된 경우에 대한 설명이 곤란하다.

(2) 법문언기준설(통설)

- 일차적으로 당해 행정행위의 근거가 된 법규의 문언·형식·체계를 기준으로 구별한다.
- 예컨대 법규정이 "행정청은 …할 수 있다"라고 규정되어 있는 경우는 재량행위, "행정청은 …해야 한다"라고 규정되어 있는 경우는 기속행위로 본다.
- 다만, 법규의 내용이 명확하지 않는 경우 행정행위의 목적, 효과, 특성, 상대방 등 행정행위와 관련된 일체의 사정을 부수적으로 고려하여 판단한다.

2. 판례의 태도

(1) 일반론

- 기본적으로 법규문언설의 입장을 취하고 있다.
- 다만, 수익적 행정행위는 원칙적으로 재량행위라 하여 보충적으로 효과재량설의 입장을 취하고 있다.

판례

1. 행정행위가 그 재량성의 유무 및 범위와 관련하여 이른바 기속행위 내지 기속재량행위와 재량행위 내지 자유재량행위로 구분된다고 할 때, 그 구분은 당해 행위의 근거가 된 법규의 체재·형식과 그 문언, 당해 행위가 속하는 행정 분야의 주된 목적과 특성, 당해 행위 자체의 개별적 성질과 유형 등을 모두 고려하여 판단하여야 한다. 대판 2001. 2. 9. 선고 98두17593 판결 20 지방 01
2. 개발제한구역 내에서는 구역지정의 목적상 건축물의 건축 및 공작물의 설치 등 개발행위가 원칙적으로 금지되고, 다만 구체적인 경우에 이러한 구역지정의 목적에 위배되지 아니할 경우 예외적으로 허가에 의하여 그러한 행위를 할 수 있게 되어 있음이 그 규정의 체제와 문언상 분명하고, 이러한 예외적인 개발행위의 허가는 상대방에게 수익적인 것이 틀림이 없으므로 그 법률적 성질은 재량행위 내지 자유재량행위에 속하는 것이다. 대판 2004. 3. 25. 선고 2003두12837 판결

OX 확인

01 기속행위와 재량행위의 구분은 당해 행위의 근거가 된 법규의 체재·형식과 그 문언, 당해 행위가 속하는 행정 분야의 주된 목적과 특성, 당해 행위 자체의 개별적 성질과 유형 등을 모두 고려하여 판단하여야 한다. (○)

(2) 기속행위로 본 사례

판례

1. 도로교통법 제78조 제1항 단서 제8호의 규정에 의하면, 술에 취한 상태에 있다고 인정할 만한 상당한 이유가 있음에도 불구하고 경찰공무원의 측정에 응하지 아니한 때에는 필요적으로 운전면허를 취소하도록 되어 있어 처분청이 그 취소 여부를 선택할 수 있는 재량의 여지가 없음이 그 법문상 명백하므로, 위 법조의 요건에 해당하였음을 이유로 한 운전면허취소처분에 있어서 재량권의 일탈 또는 남용의 문제는 생길 수 없다. 대법원 2004. 11. 12. 선고 2003두12042 판결

2. 병역법 제26조 제2항은 보충역을 같은 조 제1항 소정의 업무나 분야에서 복무하여야 할 공익근무요원으로 소집한다고 규정하고 있는바, 위 법리와 병역법 제26조 제2항의 규정의 취지에 비추어 보면 병역의무자가 보충역에 해당하는 이상 지방병무청장으로서는 관련 법령에 따라 병역의무자를 공익근무요원으로 소집하여야 하는 것이고, 이와 같이 보충역을 공익근무요원으로 소집함에 있어 지방병무청장에게 재량이 있다고 볼 여지는 없다. 대법원 2002. 8. 23. 선고 2002두820 판결

3. 자녀양육을 위한 육아휴직 기간 중 다른 자녀를 출산하거나 또는 출산이 예정되어 있어 구 국가공무원 복무규정 제20조 제2항에 따른 출산휴가 요건을 갖춘 경우에는 더 이상 기존 자녀의 양육을 위하여 휴직할 필요가 없는 사유가 발생한 때에 해당한다. 육아휴직 중인 여성 교육공무원이 출산휴가 요건을 갖추어 복직신청을 하는 경우는 물론 그 이전에 미리 출산을 이유로 복직신청을 하는 경우에도 임용권자는 출산휴가 개시 시점에 휴직사유가 없어졌다고 보아 복직명령과 동시에 출산휴가를 허가하여야 한다. 대법원 2014. 6. 12. 선고 2012두4852 판결 22 지방

4. 식품위생법상 일반음식점영업허가는 성질상 일반적 금지의 해제에 불과하므로 허가권자는 허가신청이 법에서 정한 요건을 구비한 때에는 허가하여야 하고 관계 법령에서 정하는 제한사유 외에 공공복리 등의 사유를 들어 허가신청을 거부할 수는 없고, 이러한 법리는 일반음식점 허가사항의 변경허가에 관하여도 마찬가지이다. 대법원 2000. 3. 24. 선고 97누12532 판결

5. 구 출입국관리법 제2조 제3호, 제76조의2 제1항, 제3항, 제4항, 구 출입국관리법 시행령 제88조의2, 난민의 지위에 관한 협약 제1조, 난민의 지위에 관한 의정서 제1조의 문언, 체계와 입법 취지를 종합하면, 난민 인정에 관한 신청을 받은 행정청은 원칙적으로 법령이 정한 난민 요건에 해당하는지를 심사하여 난민 인정 여부를 결정할 수 있을 뿐이고, 이와 무관한 다른 사유만을 들어 난민 인정을 거부할 수는 없다. 대법원 2017. 12. 5. 선고 2016두42913 판결 24 국가

6. 마을버스 운수업자가 유류사용량을 실제보다 부풀려 유가보조금을 과다 지급받은 데 대하여 관할 시장이 부정수급기간 동안 지급된 유가보조금 전액을 회수하는 내용의 처분을 한 사안에서, 구 여객자동차 운수사업법 제51조 제3항에 따라 국토해양부장관 또는 시·도지사는 여객자동차 운수사업자가 '거짓이나 부정한 방법으로 지급받은 보조금'에 대하여 반환할 것을 명하여야 하고, 위 규정을 '정상적으로 지급받은 보조금'까지 반환하도록 명할 수 있는 것으로 해석하는 것은 문언의 범위를 넘어서는 것이며, 규정의 형식이나 체재 등에 비추어 보면, 위 환수처분은 국토해양부장관 또는 시·도지사가 지급받은 보조금을 반환할 것을 명하여야 하는 기속행위라고 보아야 한다. 대법원 2013. 12. 12. 선고 2011두3388 판결 18 국회, 24 국가

7. 강학상 인가에 해당하는 학교법인이사취임승인처분 대법원 1992. 9. 22. 선고 92누5461 판결

8. 국유재산의 무단점유 등에 대한 변상금의 부과 및 징수 대법원 1998. 9. 22. 선고 98두7602 판결 12 국가, 22 지방

9. 사회복지사업법 제42조 제3항 단서는 제1호, 제2호의 사유가 있는 경우 '이미 지급한 보조금의 전부 또는 일부'의 반환을 명하여야 한다는 의미로 해석된다(주: 보조금환수처분은 기속행위라는 의미). 또한 사회복지사업법 제42조 제3항 단서에서 규정하고 있는 보조금 환수처분은 이미 지급받은 보조금 전액을 환수 대상으로 하되, 그 환수 범위는 보조사업의 목적과 내용, 보조금을 교부받으면서 부정한 방법을 취하게 된 동기 또는 보조금을 다른 용도로 사용하게 된 동기, 보조금의 전체 액수 중 부정한 방법으로 교부받거나 다른 용도로 사용한 보조금의 비율과 교부받은 보조금을 그 조건과 내용에 따라 사용한 비율 등을 종합하여 개별적으로 결정하여야 하는 재량행위의 성격을 지니고 있다. 대법원 2024. 6. 13. 선고 2023두54112 판결

교육환경보호구역에서 건축법 제11조 제1항 단서, 건축법 시행령 제8조 제1항에 따른 건축물(층수가 21층 이상이거나 연면적의 합계가 10만㎡ 이상인 경우)을 건축하려는 자가 제출한 교육환경평가서를 심사한 결과 그 내용 중 교육환경 영향평가 결과와 교육환경 보호를 위한 조치 계획이 교육환경 보호에 관한 법률 시행규칙 제2조 [별표 1]에서 정한 '평가대상별 평가 기준'에 부합하거나 그 이상이 되도록 할 수 있는 구체적인 방안과 대책 등이 포함되어 있다면, 교육감은 원칙적으로 제출된 교육환경평가서를 승인하여야 하고, 다만 교육환경 보호를 위하여 추가로 필요한 사항을 사업계획에 반영할 수 있도록 사업시행자에게 권고하는 한편 사업시행으로 인한 교육환경의 피해를 방지하기 위하여 교육환경평가서의 승인 내용과 권고사항의 이행 여부를 계속적으로 관리·감독할 권한과 의무가 있을 뿐이라고 보아야 한다. (대법원 2020. 10. 15. 선고 2019두45739 판결)

(3) 재량행위로 본 사례

판례

1. 귀화허가는 외국인에게 대한민국 국적을 부여함으로써 국민으로서의 법적 지위를 포괄적으로 설정하는 행위에 해당한다. 한편, 국적법 등 관계 법령 어디에도 외국인에게 대한민국의 국적을 취득할 권리를 부여하였다고 볼 만한 규정이 없다. 이와 같은 귀화허가의 근거 규정의 형식과 문언, 귀화허가의 내용과 특성 등을 고려해 보면, 법무부장관은 귀화신청인이 귀화 요건을 갖추었다 하더라도 귀화를 허가할 것인지 여부에 관하여 재량권을 가진다고 보는 것이 타당하다. 대법원 2010. 10. 28. 선고 2010두6496 판결 24 지방

   비교판례 귀화 요건을 갖추지 못한 경우 – 귀화신청인이 구 국적법 제5조 각 호에서 정한 귀화요건을 갖추지 못한 경우 법무부장관은 귀화 허부에 관한 재량권을 행사할 여지없이 귀화불허처분을 하여야 한다. 대법원 2018. 12. 13. 선고 2016두31616 판결

2. 구 출입국관리법 제76조의3 제1항 제3호의 문언·내용 등에 비추어 보면, 비록 그 규정에서 정한 사유가 있더라도, 법무부장관은 난민인정 결정을 취소할 공익상의 필요와 취소로 당사자가 입을 불이익 등 여러 사정을 참작하여 취소 여부를 결정할 수 있는 재량이 있다. 대법원 2017. 3. 15. 선고 2013두16333 판결

3. 출입국관리법상 체류자격 변경허가는 신청인에게 당초의 체류자격과 다른 체류자격에 해당하는 활동을 할 수 있는 권한을 부여하는 일종의 설권적 처분의 성격을 가지므로, 허가권자는 신청인이 관계 법령에서 정한 요건을 충족하였더라도, 신청인의 적격성, 체류 목적, 공익상의 영향 등을 참작하여 허가 여부를 결정할 수 있는 재량을 가진다. 대법원 2016. 7. 14. 선고 2015두48846 판결 22 지방

4. 재외동포에 대한 사증발급은 행정청의 재량행위에 속하는 것으로서, 재외동포가 사증발급을 신청한 경우에 출입국관리법 시행령 [별표 1의2]에서 정한 재외동포체류자격의 요건을 갖추었다고 해서 무조건 사증을 발급해야 하는 것은 아니다. 재외동포에게 출입국관리법 제11조 제1항 각호에서 정한 입국금지사유 또는 재외동포법 제5조 제2항에서 정한 재외동포체류자격 부여 제외사유(예컨대 '대한민국 남자가 병역을 기피할 목적으로 외국국적을 취득하고 대한민국 국적을 상실하여 외국인이 된 경우')가 있어 그의 국내 체류를 허용하지 않음으로써 달성하고자 하는 공익이 그로 말미암아 발생하는 불이익보다 큰 경우에는 행정청이 재외동포체류자격의 사증을 발급하지 않을 재량을 가진다. 대법원 2019. 7. 11. 선고 2017두38874 판결

5. 개발제한구역 내에서는 구역지정의 목적상 건축물의 건축 및 공작물의 설치 등 개발행위가 원칙적으로 금지되고, 다만 구체적인 경우에 이러한 구역지정의 목적에 위배되지 아니할 경우 예외적으로 허가에 의하여 그러한 행위를 할 수 있게 되어 있음이 그 규정의 체제와 문언상 분명하고, 이러한 예외적인 개발행위의 허가는 상대방에게 수익적인 것이 틀림이 없으므로 그 법률적 성질은 재량행위 내지 자유재량행위에 속하는 것이다. 대법원 2004. 3. 25. 선고 2003두12837 판결

6. 구 주택건설촉진법 제33조에 의한 주택건설사업계획의 승인은 상대방에게 권리나 이익을 부여하는 효과를 수반하는 이른바 수익적 행정처분으로서 법령에 행정처분의 요건에 관하여 일의적으로 규정되어 있지 아니한 이상 행정청의 재량행위에 속한다. 대법원 2007. 5. 10. 선고 2005두13315 판결 16 교행

7. 공유수면 관리 및 매립에 관한 법률에 따른 공유수면의 점용·사용허가는 특정인에게 공유수면 이용권이라는 독점적 권리를 설정하여 주는 처분으로서 처분 여부 및 내용의 결정은 원칙적으로 행정청의 재량에 속한다. 대법원 2017. 4. 28. 선고 2017두30139 판결 22 지방

가축분뇨법에 따른 처리방법 변경허가는 허가권자의 재량행위에 해당한다. 허가권자는 변경허가 신청 내용이 가축분뇨법에서 정한 처리시설의 설치기준(제12조의2 제1항)과 정화시설의 방류수 수질기준(제13조)을 충족하는 경우에도 반드시 이를 허가하여야 하는 것은 아니고, 자연과 주변 환경에 미칠 수 있는 영향 등을 고려하여 허가 여부를 결정할 수 있다. (대법원 2021. 6. 30 선고 2021두35681 판결)

개발제한구역 내에서 제12조 제1항 단서에 따른 허가를 받지 아니하고 토지의 형질변경 등 개발행위를 한 경우 그 위반행위자등에 대한 행정청의 시정명령은 재량행위에 해당한다. (대법원 2022. 8. 31. 선고 2021두46971 판결)

구 학교용지 확보 등에 관한 특례법 제5조 제1항은 "시·도지사는 개발사업지역에서 단독주택을 건축하기 위한 토지를 개발하여 분양하거나 공동주택을 분양하는 자에게 부담금을 부과·징수할 수 있다."라고 규정하고 있어, 문언상 위 규정에 따른 학교용지 부담금 부과는 재량행위로 해석된다. (대법원 2022. 12. 29 선고 2020두49041 판결)

8. 도시계획법 제4조 제1항 제1호, 같은 법 시행령 제5조의2, 토지의형질변경등행위허가기준등에 관한규칙 제5조의 규정의 형식이나 문언 등에 비추어 볼 때, 토지형질변경의 허가가 신청된 당해 토지의 합리적인 이용이나 도시계획사업에 지장이 될 우려가 있는지 여부와 공익상 또는 이해관계인의 보호를 위하여 부관을 붙일 필요의 유무나 그 내용 등을 판단함에 있어서 행정청에 재량의 여지가 있으므로 그에 관한 판단 기준을 정하는 것 역시 행정청의 재량에 속하고, 그 설정된 기준이 객관적으로 합리적이 아니라거나 타당하지 않다고 볼 만한 특별한 사정이 없는 이상 행정청의 의사는 가능한 한 존중되어야 할 것이다. 대법원 1999. 2. 23. 선고 98두17845 판결

9. 여객자동차 운수사업법에 의한 개인택시운송사업의 면허는 특정인에게 권리나 이익을 부여하는 행정청의 재량행위이고, 위 법과 그 시행규칙의 범위 내에서 면허를 위하여 필요한 기준을 정하는 것 역시 행정청의 재량에 속하는 것이므로, 행정청이 개인택시운송사업의 면허를 하면서, 택시 운전경력이 버스 등 다른 차종의 운전경력보다 개인택시의 운전업무에 더 유용할 수 있다는 점 등을 고려하여 택시의 운전경력을 다소 우대하는 것이 객관적으로 합리적이 아니라거나 타당하지 않다고 볼 수 없다. 대법원 2004. 11. 12. 선고 2004두9463 판결 15 사복, 22 지방, 24 지방

10. 구 여객자동차 운수사업법에 따른 여객자동차 운송사업면허나 운송사업계획 변경인가 여부는 원칙적으로 행정청의 재량에 속하는 것이나, 행정청이 기존업자가 이미 면허를 받아 운행하고 있는 노선과 중복되는 노선의 신설 등을 신규업자에게 허용하는 처분을 하고자 하는 경우에는 그로 인하여 달성하고자 하는 공익적 측면 이외에도 관련 운송사업자들 사이의 이해관계 조정 등 사익적 측면을 아울러 고려하여야 한다. 특히 해당 노선에 대한 기존업자가 한정면허를 받은 운송사업자인 경우에는 한정면허의 내용, 그 경위와 목적, 한정면허 당시와 비교한 사정 변경 여부 등을 함께 고려하여야 한다. 대법원 2018. 9. 13. 선고 2017두33176 판결

11. 행정청이 복수의 민간공원추진자로부터 자기의 비용과 책임으로 공원을 조성하는 내용의 공원조성계획 입안 제안을 받은 후 도시·군계획시설사업 시행자지정 및 협약체결 등을 위하여 순위를 정하여 그 제안을 받아들이거나 거부하는 행위 또는 특정 제안자를 우선협상자로 지정하는 행위는 재량행위로 보아야 한다. 대법원 2019. 1. 10. 선고 2017두43319 판결

12. 야생동·식물보호법 제16조 제3항에 의한 용도변경승인 행위 및 용도변경의 불가피성 판단에 필요한 기준을 정하는 행위 대법원 2011. 1. 27. 선고 2010두23033 판결

13. 비관리청 항만공사 시행허가 대법원 2011. 1. 27. 선고 2010두20508 판결

국토의 계획 및 이용에 관한 법률상 개발행위허가는 허가기준 및 금지요건이 불확정개념으로 규정된 부분이 많아 그 요건에 해당하는지 여부는 행정청의 재량판단의 영역에 속한다. (대법원 2021. 3. 25. 선고 2020두51280 판결)

Ⅲ 구별실익

1. 법원의 통제

- 법원은 행정청의 행위에 대하여 권력분립의 원칙상 합법성 심사(위법·적법)만 할 수 있고, 합목적성 심사(당·부당)는 할 수 없다. 21 소방
- 재량행위는 재량권의 한계를 넘어 위법한 것으로 되지 않는 한 설령 부당한 행위(적법하나 최선이 아닌 경우)가 될지라도 법원에 의해 통제되지 않는다(즉 행정소송의 대상이 되지 않음).
- 기속행위는 행정권 행사에 잘못이 있는 경우 곧바로 위법한 행위가 되므로 법원의 통제 대상이 된다.

부당한 행위는 행정소송의 대상은 되지 아니하나, 행정심판의 대상은 된다(자세한 내용은 후술함).

사법심사와 관련하여, 기속행위는 원칙적으로 일부취소가 가능하나, 재량행위는 원칙적으로 일부취소가 불가능하다는 점에서도 중요한 차이가 존재한다(자세한 내용은 후술함).

2. 사법심사 방식

- 기속행위의 경우, 법원이 일정한 결론을 도출해 낸 후 그 결론에 비추어 행정청이 한 판단의 적법 여부를 독자적 입장에서 판단하는 방식을 취한다.
- 재량행위의 경우, 법원이 독자적 결론을 도출함이 없이 당해 행정행위에 재량권의 일탈·남용이 있는지 여부만을 심사하는 방식을 취한다.

판례

행정행위를 기속행위와 재량행위로 구분하는 경우 양자에 대한 사법심사는, 기속행위의 경우 그 법규에 대한 원칙적인 기속성으로 인하여 법원이 사실인정과 관련 법규의 해석·적용을 통하여 일정한 결론을 도출한 후 그 결론에 비추어 행정청이 한 판단의 적법 여부를 독자의 입장에서 판정하는 방식에 의하게 되나, 재량행위의 경우 행정청의 재량에 기한 공익판단의 여지를 감안하여 법원은 독자의 결론을 도출함이 없이 당해 행위에 재량권의 일탈·남용이 있는지 여부만을 심사하게 되고, 이러한 재량권의 일탈·남용 여부에 대한 심사는 사실오인, 비례·평등의 원칙 위배 등을 그 판단 대상으로 한다. 대법원 2005. 7. 14. 선고 2004두6181 판결 16 국가, 17 국가

3. 부관의 부가가능성

(1) 종래의 통설

- 기속(재량)행위에는 부관을 부가할 수 없고, 재량행위에는 부가할 수 있는 것으로 보았다.

(2) 최근의 다수설

- 기속(재량)행위의 경우에도 부관을 부가할 수 있는 경우가 있고, 재량행위의 경우에도 그 성질상 부관을 부가할 수 없는 경우가 있으므로, 개별적으로 판단해야 하는 것으로 본다.

(3) 판례의 태도

- 종래 통설과 마찬가지로 기속행위에 대해서는 부관을 붙일 수 없다고 한다.

판례

기속행위에 대하여는 법령상 특별한 근거가 없는 한 부관을 붙일 수 없고 가사 부관을 붙였다 하더라도 이는 무효이다. 대법원 1993. 7. 27. 선고 92누13998 판결 19 국가

4. 공권의 성립 여부

- 종래의 견해 : 기속행위의 경우 공권이 성립하나, 재량행위의 경우 공권이 성립하지 않는 것으로 보았다.
- 오늘날에는 무하자재량행사청구권이 인정되거나 재량이 0으로 수축되는 등의 경우에는 재량행위의 경우에도 공권이 성립할 수 있는 것으로 본다.

5. 선원주의

- 선원주의란 경원관계에 있어서 요건을 충족한 자가 여러 명인 경우 먼저 신청한 자에게 효과를 부여하여야 하는 원칙을 말한다.
- 기속행위의 경우 선원주의가 적용되지만, 재량행위의 경우 선원주의가 적용되지 않는다.

Ⅳ 재량의 한계

1. 의의

- 행정청에 재량이 부여된 경우에도 그 재량은 일정한 한계 내에서 행사되어야 하며, 재량권 행사가 이러한 한계를 넘는 경우에는 위법한 재량행사가 되어 사법심사의 대상이 된다. 16 교행
- 행정소송법 제27조는 "행정청의 재량에 속하는 처분이라도 재량권의 한계를 넘거나 그 남용이 있는 때에는 법원은 이를 취소할 수 있다."라고 하여 명문으로 재량행위도 사법심사의 대상이 됨을 정하고 있다.

> 행정기본법 제21조(재량행사의 기준) 행정청은 재량이 있는 처분을 할 때에는 관련 이익을 정당하게 형량하여야 하며, 그 재량권의 범위를 넘어서는 아니 된다.

2. 재량하자의 유형

(1) 재량의 일탈

- 재량의 외적 한계를 벗어난 경우를 의미하는 것으로, 재량의 유월이라고도 한다. 15 국가
- 행정청이 법에서 정한 법률효과를 선택하지 않은 경우, 재량행사가 부정확한 사실관계에 기초하고 있는 등 사실인정에 흠결이 있는 경우에 재량을 일탈한 것으로 본다.

(2) 재량의 남용

- 재량의 내적 한계를 벗어난 경우를 의미한다. 15 국가
- 재량이 재량권의 범위 내에서 행사되었지만, ① 수권규범의 목적에 위배되는 재량을 행사하였거나(목적 위반), ② 행정법의 일반원칙(평등의 원칙, 비례의 원칙 등)에 위반되는 경우, ③ 사실오인이 있는 등의 경우에는 재량의 남용이 있는 것으로 본다. 11 사복, 17 교행
- 나아가 재량권을 행사함에 있어서 ④ 고려하여야 할 구체적 사정을 전혀 고려하지 않거나(재량의 불행사), ⑤ 고려했더라도 충분한 고려가 이루어지지 않은 경우(재량의 해태) 또한 재량을 남용한 것으로 본다. 15 국가

판례

1. 재량행위에 대한 법원의 사법심사는 당해 행위가 사실오인, 비례·평등의 원칙 위배, 당해 행위의 목적 위반이나 부정한 동기 등에 근거하여 이루어짐으로써 재량권을 일탈·남용한 위법이 있는지 여부만을 심사하게 되는 것이나, 법원의 심사결과 행정청의 재량행위가 사실오인 등에 근거한 것이라고 인정된다면 이는 재량권을 일탈·남용한 것으로서 위법하여 그 취소를 면치 못한다. 대법원 2001. 7. 27. 선고 99두2970 판결
2. 행정청이 제재처분 양정을 하면서 공익과 사익의 형량을 전혀 하지 않았거나 이익형량의 고려대상에 마땅히 포함하여야 할 사항을 누락한 경우 또는 이익형량을 하였으나 정당성·객관성이 결여된 경우에는 제재처분은 재량권을 일탈·남용한 것이라고 보아야 한다. 처분상대방에게 법령에서 정한 임의적 감경사유가 있는 경우에, 행정청이 감경사유까지 고려하고도 감경하지 않은 채 개별처분기준에서 정한 상한으로 처분을 한 경우에는 재량권을 일탈·남용하였다고 단정할 수는 없으나, 행정청이 감경사유를 전혀 고려하지 않았거나 감경사유에 해당하지 않는다고 오인하여 개별처분기준에서 정한 상한으로 처분을 한 경우에는 마땅히 고려대상에 포함하여야 할 사항을 누락하였거나 고려대상에 관한 사실을 오인한 경우에 해당하여 재량권을 일탈·남용한 것이라고 보아야 한다. 대법원 2020. 6. 25 선고 2019두52980 판결

3. 실권리자명의 등기의무를 위반한 명의신탁자에 대하여 부과하는 과징금의 감경에 관한 '부동산 실권리자명의 등기에 관한 법률 시행령' 제3조의2 단서는 임의적 감경규정임이 명백하므로, 그 감경사유가 존재하더라도 과징금 부과관청이 감경사유까지 고려하고도 과징금을 감경하지 않은 채 과징금 전액을 부과하는 처분을 한 경우에는 이를 위법하다고 단정할 수는 없으나, 위 감경사유가 있음에도 이를 전혀 고려하지 않았거나 감경사유에 해당하지 않는다고 오인한 나머지 과징금을 감경하지 않았다면 그 과징금 부과처분은 재량권을 일탈·남용한 위법한 처분이라고 할 수밖에 없다. 대법원 2010. 7. 15. 선고 2010두7031 판결 15 국회, 20 소방

4. 처분의 근거 법령이 행정청에 처분의 요건과 효과 판단에 일정한 재량을 부여하였는데도, 행정청이 자신에게 재량권이 없다고 오인한 나머지 처분으로 달성하려는 공익과 그로써 처분상대방이 입게 되는 불이익의 내용과 정도를 전혀 비교형량 하지 않은 채 처분을 하였다면, 이는 재량권 불행사로서 그 자체로 재량권 일탈·남용으로 해당 처분을 취소하여야 할 위법사유가 된다. 병무청장이 법무부장관에게 '가수 갑이 공연을 위하여 국외여행허가를 받고 출국한 후 미국 시민권을 취득함으로써 사실상 병역의무를 면탈하였다'는 이유로 입국 금지를 요청함에 따라 법무부장관이 갑의 입국금지결정을 하였는데, 갑이 재외공관의 장에게 재외동포(F-4) 체류자격의 사증발급을 신청하자 재외공관장이 처분이유를 기재한 사증발급 거부처분서를 작성해 주지 않은 채 갑의 아버지에게 전화로 사증발급이 불허되었다고 통보한 사안에서, 재외공관장이 자신에게 주어진 재량권을 전혀 행사하지 않고 오로지 13년 7개월 전에 입국금지결정이 있었다는 이유만으로 그에 구속되어 사증발급 거부처분을 한 것이 비례의 원칙에 반하는 것인지 판단했어야 함에도, 입국금지결정에 따라 사증발급 거부처분을 한 것이 적법하다고 본 원심판단에 법리를 오해한 잘못이 있다고 한 사례. 대법원 2019. 7. 11. 선고 2017두38874 판결

5. 여객자동차운송사업의 한정면허는 특정인에게 권리나 이익을 부여하는 수익적 행정행위로서, (중략) 그 범위 내에서는 법령이 특별히 규정한 바가 없으면 행정청이 재량을 보유하고 이는 한정면허가 기간만료로 실효되어 갱신되는 경우에도 마찬가지이다. 24 국가 따라서 한정면허가 신규로 발급되는 때는 물론이고 한정면허의 갱신 여부를 결정하는 때에도 관계 법규 내에서 한정면허의 기준이 충족되었는지를 판단하는 것은 관할 행정청의 재량에 속한다. 한정면허의 갱신을 신청하는 자가 과거에 여객자동차 운수사업법 시행규칙 제17조 제1항 각호의 요건을 충족한 것으로 인정받아 한정면허를 받은 바 있고 그에 따라 이미 많은 자본을 투자하여 상당한 인원과 설비를 갖추었다면, 한정면허의 갱신 여부에 관하여 신규로 면허를 신청하는 경우보다 훨씬 중대한 이해관계를 갖는다. 따라서 이러한 사정은 한정면허의 내용, 그 경위와 목적, 종전 한정면허 당시와 비교한 사정 변경 여부 등과 함께 한정면허의 갱신 여부를 심사하는 과정에서 고려대상에 포함되어야 한다. 대법원 2020. 6. 11. 선고 2020두34384 판결

3. 판례

(1) 일반론

- 판례는 재량의 일탈과 재량의 남용이라는 양 개념을 별도로 구분하여 사용하기보다는 어떠한 행정행위가 재량의 한계를 넘는 경우 "재량의 일탈 또는 남용이 있다"고 하여 혼합하여 사용하는 태도를 보이고 있다. 15 국가
- 한편 판례는 제재적 행정처분이 재량권의 범위를 일탈·남용하였는지 여부는 관련된 여러 사정을 종합적으로 검토하여 공익침해의 정도와 개인이 입게 될 불이익을 비교·교량하여 판단해야 한다고 본다.

판례

제재적 행정처분이 사회통념상 재량권의 범위를 일탈하였거나 남용하였는지 여부는 처분사유로 된 위반행위의 내용과 당해 처분행위에 의하여 달성하려는 공익목적 및 이에 따르는 제반 사정 등을 객관적으로 심리하여 공익침해의 정도와 그 처분으로 인하여 개인이 입게 될 불이익을 비교·교량하여 판단하여야 한다. 대법원 2001. 3. 9. 선고 99두5207 판결 12 사복

(2) 재량권 일탈·남용을 인정한 사례

판례

1. 주유소 영업의 양도인이 등유가 섞인 유사휘발유를 판매한 바를 모르고 이를 양수한 석유판매 영업자에게 전 운영자인 양도인의 위법사유를 들어 사업정지기간 중 최장기인 6월의 사업정지에 처한 영업정지처분이 석유사업법에 의하여 실현시키고자 하는 공익목적의 실현보다는 양수인이 입게 될 손실이 훨씬 커서 재량권을 일탈한 것으로서 위법하다. 대법원 1992. 2. 25. 선고 91누13106
2. 구 국민건강보험법 제52조 제1항이 정한 부당이득징수는 재량행위라고 보는 것이 옳다. 그리고 요양기관이 실시한 요양급여 내용과 요양급여비용의 액수, 의료기관 개설·운영 과정에서의 개설명의인의 역할과 불법성의 정도, 의료기관 운영성과의 귀속 여부와 개설명의인이 얻은 이익의 정도, 그 밖에 조사에 대한 협조 여부 등의 사정을 고려하지 않고 의료기관의 개설명의인을 상대로 요양급여비용 전액을 징수하는 것은 다른 특별한 사정이 없는 한 비례의 원칙에 위배된 것으로 재량권을 일탈·남용한 때에 해당한다고 볼 수 있다. 대법원 2020. 6. 4. 선고 2015두39996 판결
3. 요양급여비용을 징수할 때 고려해야 할 사항을 고려하지 않고 의료기관의 개설명의자나 비의료인 개설자를 상대로 요양급여비용 전액을 징수하는 것은 다른 특별한 사정이 없는 한 비례의 원칙에 위배되어 재량권을 일탈·남용한 것으로 볼 수 있다. 대법원 2020. 7. 9. 선고 2018두44838 판결

(3) 재량권 일탈·남용을 부정한 사례

판례

1. 경찰공무원이 그 단속의 대상이 되는 신호위반자에게 먼저 적극적으로 돈을 요구하고 다른 사람이 볼 수 없도록 돈을 접어 건네주도록 전달방법을 구체적으로 알려주었으며 동승자에게 신고시 범칙금 처분을 받게 된다는 등 비위신고를 막기 위한 말까지 하고 금품을 수수한 경우, 비록 그 받은 돈이 1만 원에 불과하더라도 위 금품수수행위를 징계사유로 하여 당해 경찰공무원을 해임처분한 것은 징계재량권의 일탈·남용이 아니다. 대법원 2006. 12. 21. 선고 2006두16274 판결
2. 운전면허의 취소 여부가 행정청의 재량행위라 하여도 오늘날 자동차가 대중적인 교통수단이고 그에 따라 대량으로 자동차운전면허가 발급되고 있는 상황이나 음주운전으로 인한 교통사고의 증가 및 그 결과의 참혹성 등에 비추어 볼 때, 음주운전으로 인한 교통사고를 방지할 공익상의 필요는 매우 크다 아니할 수 없으므로, 음주운전 내지 그 제재를 위한 음주측정 요구의 거부 등을 이유로 한 자동차운전면허의 취소에 있어서는 일반의 수익적 행정행위의 취소와는 달리 그 취소로 인하여 입게 될 당사자의 개인적인 불이익보다는 이를 방지하여야 하는 일반예방적인 측면이 더욱 강조되어야 할 것이고, 특히 당해 운전자가 영업용 택시를 운전하는 등 자동차 운전을 업으로 삼고 있는 자인 경우에는 더욱 그러하다. 대법원 1995. 9. 26. 선고 95누6069 판결
3. 지방공무원 복무조례개정안에 대한 의견을 표명하기 위하여 전국공무원노동조합 간부 10여 명과 함께 시장의 사택을 방문한 위 노동조합 시지부 사무국장에게 지방공무원법 제58조에 정한 집단행위 금지의무를 위반하였다는 등의 이유로 징계권자가 파면처분을 한 사안에서, 그 징계처분이 사회통념상 현저하게 타당성을 잃거나 객관적으로 명백하게 부당하여 징계권의 한계를 일탈하거나 재량권을 남용하였다고 볼 수 없다. 대법원 2009. 6. 23. 선고 2006두16786 판결 15 사복

(갑 주식회사가 조달청장과 우수조달물품으로 지정된 고정식 연결의자를 수요기관인 지방자치단체에 납품하는 내용의 물품구매계약을 체결한 후 각 지방자치단체에 지정된 우수조달물품보다 품질이 뛰어난 프리미엄급 의자를 납품하였는데, 조달청장이 갑 회사가 수요기관에 납품한 의자가 우수조달물품이 아닌 일반제품이라는 이유로 3개월간 입찰참가자격을 제한하는 처분을 한 사안에서) 원심이 위 처분에 처분사유가 인정되지 않는다고 판단한 부분은 수긍하기 어려우나 위 처분이 비례원칙 등을 위반하여 재량권을 일탈·남용하였으므로 결과적으로 위법하다고 판단한 원심의 결론은 정당하다고 한 사례. (대법원 2018. 11. 29. 선고 2018두49390 판결)

여객자동차 운수사업법에 의한 개인택시운송사업면허는 특정인에게 권리나 이익을 부여하는 행정행위로서 법령에 특별한 규정이 없는 한 재량행위이고, 그 면허를 위하여 정하여진 순위 내에서의 운전경력인정방법의 기준설정 역시 행정청의 재량에 속한다 할 것이지만, 행정청이 면허발급 여부를 심사함에 있어서 이미 설정된 면허기준의 해석상 당해 신청이 면허발급의 우선순위에 해당함이 명백함에도 이를 제외시켜 면허거부처분을 하였다면 특별한 사정이 없는 한 그 거부처분은 재량권을 남용한 위법한 처분이 된다. (대법원 2010. 1. 28. 선고 2009두19137 판결)

경찰공무원에 대한 징계위원회의 심의과정에 감경사유에 해당하는 공적 사항이 제시되지 아니한 경우에는 그 징계양정이 결과적으로 적정한지와 상관없이 이는 관계 법령이 정한 징계절차를 지키지 않은 것으로서 위법하다. 다만 징계양정에서 임의적 감경사유가 되는 국무총리 이상의 표창은 징계대상자가 받은 것이어야 함은 관련 법령의 문언상 명백하고, 징계대상자가 위와 같은 표창을 받은 공적을 징계양정의 임의적 감경사유로 삼은 것은 징계의결이 요구된 사람이 국가 또는 사회에 공헌한 행적을 징계양정에 참작하려는 데 그 취지가 있으므로 징계대상자가 아니라 그가 속한 기관이나 단체에 수여된 국무총리 단체표창은 징계대상자에 대한 징계양정의 임의적 감경사유에 해당하지 않는다. (대법원 2012. 10. 11. 선고 2012두13245 판결)

수입 녹용 중 전지 3대를 절단부위로부터 5cm까지의 부분을 절단하여 측정한 회분함량이 기준치를 0.5% 초과하였다는 이유로 수입 녹용 전부에 대하여 전량 폐기 또는 반송처리를 지시한 처분은 재량권을 일탈·남용한 경우에 해당하지 않는다. (대법원 2006. 4. 14. 선고 2004두3854 판결) 21 소방

행정청의 건설폐기물 처리 사업계획서에 대한 적합 여부 결정은 공익에 관한 판단을 해야 하는 것으로서 행정청에 광범위한 재량권이 인정된다. 따라서 '자연환경·생활환경에 미치는 영향'과 같이 장래에 발생할 불확실한 상황과 파급효과에 대한 예측이 필요한 요건에 관한 행정청의 재량적 판단은 내용이 현저히 합리적이지 않다거나 상반되는 이익이나 가치를 대비해 볼 때 형평이나 비례의 원칙에 뚜렷하게 배치되는 등의 사정이 없는 한 폭넓게 존중될 필요가 있다. 이러한 사항은 적합 여부 결정에 관한 재량권의 일탈·남용 여부를 심사하여 판단할 때에도 고려하여야 한다. (대법원 2017. 10. 31. 선고 2017두 46783 판결)

불확정개념이란 쉽게 표현하면 그 개념 자체로서는 의미가 명확하지 않고 해석의 여지가 있는 개념을 말하는 것으로서, 본문에 있는 예시 개념 외에도 '공공의 안녕과 질서', '중대한 사유', '식품의 안전', '환경의 보전' 등의 예를 들 수 있다.

4. 생물학적 동등성 시험 자료 일부에 조작이 있음을 이유로 해당 의약품의 회수 및 폐기를 명한 행정처분이 재량권을 일탈·남용하여 위법하다고 볼 수 없다. 대법원 2008. 11. 13. 선고 2008두8628 판결 12 사복
5. (생활협동조합의 명의를 빌려 의료기관을 개설한 실질적 개설자인 원고에 대하여 국민건강보험법 제57조 제2항에 의거하여 위 의료기관에 지급된 요양급여비용 전액을 징수한 사안에서) 의료기관의 실질적 개설자에 대한 부당이득징수처분은 재량행위에 해당하고, 실질적 개설자인 비의료인에 대하여 요양급여비용 전액을 징수하는 것이 재량권의 범위 내에 있는지 여부를 판단함에 있어서는 특히 이와 같이 의료기관 개설·운영 과정에서 비의료인 개설자가 주도적인 역할을 담당하는 점 및 그 불법성의 정도, 의료기관의 운영에 따른 이익과 손실이 비의료인 개설자에게 귀속된다는 점 등의 사정을 고려하여야 한다는 점을 전제로, 기록과 원심판결에 나타난 제반 사정을 살펴볼 때 위와 같은 처분이 재량권 일탈·남용에 해당하지 않는다고 한 원심의 판단을 수긍한 사례. 대법원 2020. 6. 11. 선고 2018두37250 판결
6. 경찰공무원이 담당사건의 고소인으로부터 금품을 수수하고 향응과 양주를 제공받았으며 이를 은폐하기 위하여 고소인을 무고하는 범죄행위를 하였다는 사유로 해임처분을 받은 경우, 위 징계사유 중 금품수수사실이 인정되지 않더라도 나머지 징계사유만으로도 해임처분의 타당성이 인정되어 재량권의 범위를 일탈·남용한 것이 아니라고 한 사례. 대법원 2002. 9. 24. 선고 2002두6620 판결

V 불확정개념과 판단여지

1. 의의

(1) 불확정개념

- 법률의 요건 부분에 사용된 추상적이고 다의적 해석이 가능하도록 정해진 개념을 말한다.
- 예컨대 공무원에 대한 직위해제 요건인 '직무수행능력이 부족하거나 근무성적이 극히 나쁜 자', 공무원에 대한 특별승진요건인 '직무수행능력의 탁월' 등의 개념이 있다.

(2) 판단여지

- 불확정개념이 사용된 경우라 하더라도 이를 해석하는 것은 법적 문제이기 때문에 일반적으로 전면적인 사법심사의 대상이 되고, 특정한 사실관계와 관련하여서는 원칙적으로 일의적인 해석(하나의 정당한 결론)만이 가능하다(다수설). 17 국가
- 그러나 고도의 전문적 판단을 요하는 영역이나 정책적 결정 등 행정청의 결정에 대하여 사법부가 그 정당성을 판단하는 것이 불가능하거나 합당하지 않아 불확정개념의 해석에 관한 행정청의 판단을 존중해 줄 수밖에 없는 영역이 존재하는데, 이러한 영역을 판단여지라고 한다.

2. 재량과의 구별

(1) 쟁점

- 재량과 구별되는 독자적 개념으로서의 판단여지 개념을 인정할 것인지 여부가 문제된다.

(2) 학설의 태도

① 긍정설

- 판단여지는 법률요건에 대한 인식의 문제이나 재량은 법률효과의 선택(의지)의 문제이고, 판단여지는 법원에 의하여 주어지는 것이나 재량은 입법자에 의하여 부여되는 것인 등 양자 간의 차이를 고려하여 재량과 구별되는 판단여지 개념을 인정할 실익이 있다고 한다. 17 국가

② 부정설

• 재량과 판단여지는 모두 법원에 의한 사법심사가 제한되는 측면에서 동일하므로 양자를 구별할 실익이 없는 결과, 별도로 판단여지 개념을 인정할 필요가 없다고 한다.

(3) 판례의 태도

• 판례는 판단여지가 문제되는 것으로 볼 수 있는 영역에서 있었던 행정청의 처분에 대하여 이를 일관되게 재량의 문제로 해결하고 있다(부정설).

판례

1. 교과서검정은 고도의 학술상, 교육상의 전문적인 판단을 요한다는 특성에 비추어 보면 재량에 속한다. 대법원 1992. 4. 24. 선고 91누6634 판결
2. 공무원 임용을 위한 면접전형에서 임용신청자의 능력이나 적격성 등에 관한 판단은 면접위원의 고도의 교양과 학식, 경험에 기초한 자율적 판단에 의존하는 것으로서 오로지 면접위원의 자유재량에 속한다. 대법원 2008. 12. 24. 선고 2008두8970 판결
3. 지가공시및토지등의평가에관한법률시행령 제18조 제1항, 제2항은 감정평가사시험의 합격기준으로 절대평가제 방식을 원칙으로 하되, 행정청이 감정평가사의 수급상 필요하다고 인정할 때에는 상대평가제 방식으로 할 수 있다고 규정하고 있으므로, 감정평가사시험을 실시함에 있어 어떠한 합격기준을 선택할 것인가는 시험실시기관인 행정청의 고유한 정책적인 판단에 맡겨진 것으로서 자유재량에 속한다. 대법원 1996. 9. 20. 선고 96누6882 판결
4. 국립묘지의 영예성 훼손 여부에 대한 심의위원회의 결정이 현저히 객관성을 결여하였다는 등의 특별한 사정이 없는 한 그 심의 결과는 존중함이 옳고, 영예성 훼손 여부의 판단에 이와 같이 재량의 여지가 인정되는 이상 그에 관한 기준을 정하는 것도 행정청의 재량에 속하는 것으로서 마찬가지로 존중되어야 한다. 대법원 2013. 12. 26. 선고 2012두19571 판결
5. 구 전염병예방법 제54조의2 제2항에 따른 예방접종으로 인한 질병, 장애 또는 사망의 인정 여부 결정은 보건복지가족부장관의 재량에 속한다. 대법원 2014. 5. 16. 선고 2014두274 판결 15 국회
6. 구 문화재보호법 제44조 제1항 단서 제3호의 규정에 의한 '건설공사를 계속하기 위한 고분발굴 허가'는 재량행위이다. 대법원 2000. 10. 27. 선고 99두264 판결
7. 행정청이 문화재의 역사적·예술적·학술적 또는 경관적 가치와 원형의 보존이라는 목표를 추구하기 위하여 문화재보호법 등 관계 법령이 정하는 바에 따라 내린 전문적·기술적 판단은 특별히 다른 사정이 없는 한 이를 최대한 존중할 필요가 있는 점 등을 고려하여야 한다. 대법원 2019. 2. 28. 선고 2017두71031 판결
8. 대학 총장 임용에 관해서는 임용권자에게 일반 국민에 대한 행정처분이나 공무원에 대한 징계처분에 비하여 광범위한 재량이 주어져 있다고 볼 수 있다. 따라서 대학에서 추천한 후보자를 총장 임용제청이나 총장 임용에서 제외하는 결정이 대학의 장에 관한 자격을 정한 관련 법령 규정에 어긋나지 않고 사회통념에 비추어 불합리하다고 볼 수 없다면 쉽사리 위법하다고 판단해서는 안 된다.
   행정청의 전문적인 정성적 평가 결과는 그 판단의 기초가 된 사실인정에 중대한 오류가 있거나 그 판단이 사회통념상 현저하게 타당성을 잃어 객관적으로 불합리하다는 등의 특별한 사정이 없는 한 법원이 그 당부를 심사하기에는 적절하지 않으므로 가급적 존중되어야 한다. 대법원 2018. 6. 15. 선고 2016두57564 판결
9. 군인사법 제37조, 군인사법 시행령 제49조에 의한 현역복무 부적합자 전역 제도란 대통령령으로 정하는 일정한 사유로 인하여 현역복무에 적합하지 아니한 자를 전역심사위원회 심의를 거쳐 현역에서 전역시키는 제도로서 징계 제도와는 규정 취지와 사유, 위원회의 구성 및 주체 등에 차이가 있다. 군인사법상 현역복무 부적합 여부 판단에 관해서는 참모총장이나 전역심사위원회 등 관계 기관에 폭넓은 재량이 주어져 있으므로, 군의 특수성에 비추어 명백한 법규위반이 없는 이상 군 당국의 판단을 존중하여야 한다. 대법원 2019. 12. 27. 선고 2019두37073 판결

문화재의 보존을 위한 사업인정 등 처분에 대하여 재량권 일탈·남용 여부를 심사할 때에는, 위와 같은 문화재보호법의 내용 및 취지, 문화재의 특성, 사업인정 등 처분으로 인한 국민의 재산권 침해 정도 등을 종합하여 신중하게 판단하여야 한다.
구체적으로는 ① 우리 헌법이 '국가는 전통문화의 계승·발전과 민족문화의 창달에 노력하여야 한다.'고 규정하여(제9조), 국가에 전통문화 계승 등을 위하여 노력할 의무를 부여하고 있는 점, ② 문화재보호법은 이러한 헌법이념에 근거하여 문화재의 보존·관리를 위한 국가와 지방자치단체의 책무를 구체적으로 정하는 한편, 국민에게도 문화재의 보존·관리를 위하여 국가와 지방자치단체의 시책에 적극 협조하도록 규정하고 있는 점(제4조), ③ 행정청이 문화재의 역사적·예술적·학술적 또는 경관적 가치와 원형의 보존이라는 목표를 추구하기 위하여 문화재보호법 등 관계 법령이 정하는 바에 따라 내린 전문적·기술적 판단은 특별히 다른 사정이 없는 한 이를 최대한 존중할 필요가 있는 점(대법원 2000. 10. 27. 선고 99두264 판결 등 참조) 등을 고려하여야 한다. (대법원 2019. 2. 28. 선고 2017두71031 판결)

10. 사법시험 제2차시험과 같은 논술형 시험에 대한 채점행위는 객관식 시험과 같은 일의적인 정답을 그 기준으로 하기보다는 덕망과 책임감 높은 평가자가 스스로 보유하고 있는 고도의 전문적 식견과 학식 등에 근거한 평가에 전적으로 의존할 것이 예정되어 있음을 그 본질적인 속성으로 하고 있는 사무이므로, 논술형으로 치르는 이 사건 시험에 있어 채점위원은 사법시험의 목적과 내용 등을 고려하여 법령이 정하는 범위 내에서 전문적인 지식에 근거하여 그 독자적 판단과 재량에 따라 답안을 채점할 수 있는 것이다. 대법원 2007. 1. 11. 선고 2004두10432 판결
11. 법령에 의하여 국가가 그 시행 및 관리를 담당하는 대학수학능력시험은 물론 각 대학별 입학전형에 있어서, 출제 및 배점, 정답의 결정, 채점이나 면접의 방식, 점수의 구체적인 산정 방법 및 기준, 합격자의 선정 등은 원칙적으로 시험 시행자의 고유한 정책 판단 또는 전형절차 주관자의 자율적 판단에 맡겨진 것으로서 폭넓은 재량에 속하는 사항이며, 다만 그 방법이나 기준이 헌법이나 법률을 위반하거나 지나치게 합리성이 결여되고 객관적 정당성을 상실한 경우 또는 시험이나 입학전형의 목적, 관계 법령 등의 취지에 비추어 현저하게 불합리하거나 부당하여 재량권을 일탈 내지 남용하였다고 판단되는 경우에 한하여 이를 위법하다고 볼 것이다. 대법원 2007. 12. 13. 선고 2005다66770 판결
12. 국토의 계획 및 이용에 관한 법률상 개발행위허가는 허가기준 및 금지요건이 불확정개념으로 규정된 부분이 많아 그 요건에 해당하는지 여부는 행정청의 재량판단의 영역에 속한다. 대법원 2021. 3. 25. 선고 2020두51280 판결
13. 국방부장관 또는 관할부대장 등의 전문적·군사적 판단은 그 판단의 기초가 된 사실인정에 중대한 오류가 있거나 그 판단이 객관적으로 불합리하거나 부당하다는 등의 특별한 사정이 없는 한 존중되어야 하고, 국방부장관 또는 관할부대장 등의 판단을 기초로 이루어진 행정처분에 재량권을 일탈·남용한 특별한 사정이 있다는 점은 처분의 효력을 다투는 자가 증명하여야 한다. 대법원 2020. 7. 9. 선고 2017두39785 판결
14. 신의료기술의 안전성·유효성 평가나 신의료기술의 시술로 국민보건에 중대한 위해가 발생하거나 발생할 우려가 있는지에 관한 판단은 고도의 의료·보건상의 전문성을 요하므로, 행정청이 국민의 건강을 보호하고 증진하려는 목적에서 의료법 등 관계 법령이 정하는 바에 따라 이에 대하여 전문적인 판단을 하였다면, 판단의 기초가 된 사실인정에 중대한 오류가 있거나 판단이 객관적으로 불합리하거나 부당하다는 등의 특별한 사정이 없는 한 존중되어야 한다. 대법원 2016. 1. 28. 선고 2013두21120 판결

3. 판단여지가 인정되는 영역

- 비대체적인 결정 : 공무원에 대한 근무평정, 시험에 있어서 성적의 평가 등
- 구속적 가치평가 : 예술, 문화, 도덕의 영역에 있어서 고도의 전문가로 구성된 직무상 독립성을 갖는 위원회의 결정 등
- 미래예측결정 : 환경, 경제 분야 등 행정청이 고도의 전문가로서 내린 결정과 기타 정책적 결정 등

4. 판단여지의 효과 및 한계

- 판단여지에 대해서는 행정청에 폭넓은 재량이 인정되는 결과, 이러한 범위 내에서는 법원에 의한 사법심사가 제한된다.
- 그러나 판단여지라고 하여 무제한적인 자유가 인정되는 것은 아니고, 일정한 한계를 넘는 경우 사법심사가 인정된다.

제2강 행정행위의 내용

개관

- 행정행위는 그 내용에 따라 행정청의 의사표시를 구성요소로 하고 그 법적효과가 효과의사의 내용에 따라 발생하는 법률행위적 행정행위와, 의사표시를 구성요소로 하지 않으면서 그 법적 효과가 법규범이 정한 바에 따라 발생하는 준법률행위적 행정행위로 구분한다.
- 법률행위적 행정행위는 하명, 허가, 면제를 포함하는 명령적 행위와, 특허, 인가, 대리를 포함하는 형성적 행위로 구분되고, 준법률행위적 행정행위는 확인, 공증, 수리, 통지가 포함된다.
- 명령적 행위란 국민의 자유를 제한하거나 제한된 자유를 회복시키는 행위를 말하며, 형성적 행위란 국민의 권리·능력 기타 법률관계를 발생·변경·소멸시키는 행위를 말한다.

┌ 법률행위적 행정행위 ┌ 명령적 행위: 하명, 면제, 허가
│ └ 형성적 행위: 특허, 인가, 대리
└ 준법률행위적 행정행위: 확인, 공증, 수리, 통지

쟁점 8 허가

I 의의

- 질서유지를 위해 일반적·잠정적으로 제한되거나 금지된 국민의 자유를 일정한 요건이 충족된 경우 그 제한 또는 금지를 해제함으로써 회복시켜주는 행정행위를 말한다.
- "허가"는 강학상 개념으로서, 실정법상으로는 허가 이외에 면허, 특허, 인가, 승인 등의 여러 용어가 사용되고 있다.
- 강학상 허가의 성질을 갖는 대표적인 예로는 건축허가, 영업허가, 운전면허 등이 있다.

II 법적 성질

1. 명령적 행위

- 종래 통설은 허가는 자연적 자유를 회복시켜주는 명령적 행위인 것으로 보았는데, 11 국가 최근 유력설은 허가는 명령적 행위의 성질뿐만 아니라 동시에 형성적 행위의 성질도 갖는다고 본다.
- 판례는 허가를 명령적 행위로 본다.

판례

한의사 면허는 경찰금지를 해제하는 명령적 행위(강학상 허가)에 해당한다. 대법원 1998. 3. 10. 선고 97누4289 판결 18 서울, 19 소방

2. 기속행위 또는 재량행위

(1) 원칙: 기속행위

- 허가는 법령에 특별한 규정이 없는 한 원칙적으로 기속행위이다

판례

1. 식품위생법상 대중음식점영업허가는 성질상 일반적 금지에 대한 해제에 불과하므로 허가권자는 허가신청이 법에서 정한 요건을 구비한 때에는 허가하여야 하고 관계법규에서 정하는 제한사유 이외의 사유를 들어 허가신청을 거부할 수 없다. 대법원 1993. 5. 27. 선고 93누2216 판결 14 국회
2. 기부금품모집규제법상의 기부금품모집허가는 공익목적을 위하여 일반적·상대적으로 제한된 기본권적 자유를 다시 회복시켜주는 강학상의 허가에 해당하는 만큼 기부금품 모집행위가 같은 법 제4조 제2항의 각 호의 사업에 해당하는 경우에는 특별한 사정이 없는 한 그 모집행위를 허가하여야 하는 것으로 풀이하여야 한다. 대법원 1999. 7. 23. 선고 99두3690 판결
3. 주류판매업 면허는 설권적 행위가 아니라 주류판매의 질서유지, 주세 보전의 행정목적 등을 달성하기 위하여 개인의 자연적 자유에 속하는 영업행위를 일반적으로 제한하였다가 특정한 경우에 이를 회복하도록 그 제한을 해제하는 강학상의 허가로 해석되므로 주세법에 열거된 면허제한사유에 해당하지 아니하는 한 면허관청으로서는 임의로 그 면허를 거부할 수 없다. 대법원 1995. 11. 10. 선고 95누5714 판결 14 지방
4. 지적소관청은 토지분할신청이 건축법령이나 국토계획법령 등 관계 법령에서 정하는 어떠한 제한에 해당되지 않는 이상 신청내용에 따라 토지분할 등록을 하여야 하고, 관계 법령에서 정하는 제한사유 이외의 사유를 들어 거부할 수는 없다. 대법원 2018. 6. 28. 선고 2015두47737 판결

(2) 예외: 재량행위 또는 기속재량행위

① 법령에서 허가를 재량행위로 규정하고 있는 경우 허가는 당연히 재량행위의 성질을 갖는다.

- 건축법 제11조 제4항은 "허가권자는 위락시설 또는 숙박시설에 해당하는 건축물의 건축을 허가하는 경우 해당 대지에 건축하려는 건축물의 용도·규모 또는 형태가 주거환경이나 교육환경 등 주변 환경을 고려할 때 부적법하다고 인정되는 경우에는 이 법이나 다른 법률에도 불구하고 건축위원회의 심의를 거쳐 건축허가를 하지 아니할 수 있다."라고 규정하고 있는데, 이 경우 건축허가는 재량행위이다. 16 교행

② 명문의 규정이 없는 경우에도 중대한 공익(환경의 이익 등)상 필요에 따른 이익형량이 요구되는 경우에는 허가는 재량행위 또는 기속재량행위의 성질을 갖는다.

판례

1. 건축허가권자는 건축허가신청이 건축법 등 관계 법규에서 정하는 어떠한 제한에 배치되지 않는 이상 당연히 같은 법조에서 정하는 건축허가를 하여야 하고, 중대한 공익상의 필요가 없음에도 불구하고, 요건을 갖춘 자에 대한 허가를 관계 법령에서 정하는 제한사유 이외의 사유를 들어 거부할 수는 없다. 대법원 2006. 11. 9. 선고 2006두1227 판결 15 사복, 16 교행, 19 국가, 19 서울 01
2. 산림훼손행위는 국토의 유지와 환경의 보전에 직접적으로 영향을 미치는 행위이므로 법령이 규정하는 산림훼손 금지 또는 제한지역에 해당하는 경우는 물론 금지 또는 제한지역에 해당하지 않더라도 허가관청은 산림훼손허가신청 대상토지의 현상과 위치 및 주위의 상황 등을 고려하여 국토 및 자연의 유지와 환경의 보전 등 중대한 공익상 필요가 있다고 인정될 때에는 허가를 거부할 수 있고, 그 경우 법규에 명문의 근거가 없더라도 거부처분을 할 수 있다. 대법원 1997. 9. 12. 선고 97누1228 판결 12 지방

OX 확인

01 건축허가권자는 중대한 공익상의 필요가 없음에도 관계 법령에서 정하는 제한사유 이외의 사유를 들어 건축허가 요건을 갖춘 자에 대한 허가를 거부할 수 있다. (×)

3. 국토 및 자연의 유지와 환경의 보전 등 중대한 공익상 필요가 있는 경우, 입목굴채 허가를 거부할 수 있다. 대법원 2001. 11. 30. 선고 2001두5866 판결 12 사복
4. 법령상 토사채취가 제한되지 않는 산림 내에서의 토사채취에 대하여 국토와 자연의 유지, 환경보전 등 중대한 공익상 필요를 이유로 그 허가를 거부할 수 있다. 대법원 2007. 6. 15. 선고 2005두9736 판결
5. 사설묘지 설치허가 신청 대상지가 관련 법령에서 규정한 설치제한구역에 해당하지 않더라도 중대한 공익상 필요가 있는 경우 그 허가를 거부할 수 있다. 대법원 2008. 4. 10. 선고 2007두6106 판결 19 국가

③ 인·허가의제에서 의제되는 인·허가가 재량행위인 경우에는 주된 인·허가가 기속행위인 경우에도 그 한도 내에서 재량행위로 보아야 한다.

판례

채광계획인가를 받으면 공유수면 점용허가를 받은 것으로 의제되고, 이 공유수면 점용허가는 공유수면 관리청이 공공 위해의 예방 경감과 공공복리의 증진에 기여함에 적당하다고 인정하는 경우에 그 자유재량에 의하여 허가의 여부를 결정하여야 할 것이므로, 공유수면 점용허가를 필요로 하는 채광계획 인가신청에 대하여도, 공유수면 관리청이 재량적 판단에 의하여 공유수면 점용의 허가 여부를 결정할 수 있다. 대법원 2002. 10. 11. 선고 2001두151 판결

④ (같은 취지에서) 기속행위인 허가가 재량행위인 허가를 수반하는 경우에는 그 한도 내에서 재량행위가 된다.

판례

1. 국토의 계획 및 이용에 관한 법률에 따른 토지의 형질변경허가는 그 금지요건이 불확정개념으로 규정되어 있어 그 금지요건에 해당하는지 여부를 판단함에 있어서 행정청에 재량권이 부여되어 있다고 할 것이므로, 국토계획법에 따른 토지의 형질변경행위를 수반하는 건축허가는 재량행위에 속한다. 대법원 2013. 10. 31. 선고 2013두9625 판결 14 사복, 19 국가, 19 지방, 19 서울 01
2. 국토의 계획 및 이용에 관한 법률이 정한 용도지역 안에서의 건축허가 요건에 해당하는지 여부는 행정청의 재량판단의 영역에 속한다. 대법원 2017. 3. 15. 선고 2016두55490 판결
3. 국토의 계획 및 이용에 관한 법률 제56조에 따른 개발행위허가와 농지법 제34조에 따른 농지전용허가·협의는 금지요건·허가기준 등이 불확정개념으로 규정된 부분이 많아 그 요건·기준에 부합하는지의 판단에 관하여 행정청에 재량권이 부여되어 있으므로, 그 요건에 해당하는지 여부는 행정청의 재량판단의 영역에 속한다. 나아가 국토계획법이 정한 용도지역 안에서 토지의 형질변경행위·농지전용행위를 수반하는 건축허가는 건축법 제11조 제1항에 의한 건축허가와 위와 같은 개발행위허가 및 농지전용허가의 성질을 아울러 갖게 되므로 이 역시 재량행위에 해당한다. 대법원 2017. 10. 12. 선고 2017두48956 판결

유기장영업허가는 유기장 경영권을 설정하는 설권행위가 아니고 일반적 금지를 해제하는 영업자유의 회복이라 할 것이므로 그 영업상의 이익은 반사적 이익에 불과하고 행정행위의 본질상 금지의 해제나 그 해제를 다시 철회하는 것은 공익성과 합목적성에 따른 당해 행정청의 재량행위라 할 것이다. 대법원 1986. 11. 25. 선고 84누147 판결

OX 확인

01 「국토의 계획 및 이용에 관한 법률」에 의해 지정된 도시지역 안에서 토지의 형질변경행위를 수반하는 건축허가는 재량행위에 속한다. (○)

Ⅲ 허가의 신청

1. 신청이 필수적인지 여부 : 부정

- 통상 허가는 신청을 전제로 행하여지나, 허가가 신청을 반드시 전제로 하는 것은 아니며 통행금지의 해제와 같이 신청을 전제로 하지 않는 허가도 있다
- 신청의 내용과 다른 내용의 허가도 당연무효는 아니다.

판례

개축허가신청에 대하여 행정청이 착오로 대수선 및 용도변경 허가를 하였다 하더라도 취소 등 적법한 조치 없이 그 효력을 부인할 수 없음은 물론 더구나 이를 다른 처분(즉 개축허가)으로 볼 근거도 없다. 대법원 1985. 11. 26. 선고 85누382 판결

2. 허가의 기준시

> 행정기본법 제14조【법 적용의 기준】
> ② 당사자의 신청에 따른 처분은 법령등에 특별한 규정이 있거나 처분 당시의 법령등을 적용하기 곤란한 특별한 사정이 있는 경우를 제외하고는 처분 당시의 법령등에 따른다.

- 허가의 신청시와 그에 대한 처분시 사이에 법령의 변경이 있는 경우, 원칙적으로 처분시의 개정된 법령을 기준으로 하여 허가 여부를 결정하여야 한다.
- 다만 허가관청이 허가신청을 수리하고도 정당한 이유 없이 그 처리를 늦추어 그 사이에 허가기준이 변경된 경우에는 예외적으로 신청시를 기준으로 판단해야 한다.

판례

허가 등의 행정처분은 원칙적으로 처분시의 법령과 허가기준에 의하여 처리되어야 하고 허가신청 당시의 기준에 따라야 하는 것은 아니며, 비록 허가신청 후 허가기준이 변경되었다 하더라도 그 허가관청이 허가신청을 수리하고도 정당한 이유 없이 그 처리를 늦추어 그 사이에 허가기준이 변경된 것이 아닌 이상 변경된 허가기준에 따라서 처분을 하여야 한다. 대법원 2006. 8. 25. 선고 2004두2974 판결 17 교행, 18 지방, 19 지방, 21 소방

Ⅳ 허가의 효과

1. 금지의 해제(자유의 회복)

- 허가가 있으면 일반적 금지가 해제되어 본래 가지고 있던 자유가 회복된다.

2. 허가권자의 이익

(1) 원칙 : 반사적 이익

- 허가를 통해 얻게 되는 기존업자의 영업상 이익은 원칙적으로 반사적 이익에 불과하다. 11 국가
- 따라서 항고소송에 있어서의 원고적격이 인정되지 않는다.

판례

1. 공중목욕장업 경영 허가는 경찰금지의 해제로 인한 영업자유의 회복이라고 볼 것이므로 이 영업의 자유는 법률이 직접 공중목욕장업 피허가자의 이익을 보호함을 목적으로 한 경우에 해당되는 것이 아니고 법률이 공중위생이라는 공공의 복리를 보호하는 결과로서 영업의 자유가 제한되므로 인하여 간접적으로 관계자인 영업자유의 제한이 해제된 피허가자에게 이익을 부여하게 되는 경우에 해당되는 것이므로 이 사건 허가처분에 의하여 목욕장업에 의한 이익이 사실상 감소된다 하여도 이 불이익은 본건 허가처분의 단순한 사실상의 반사적 결과에 불과하다. 대법원 1963. 8. 31. 선고 63누101 판결 18 소방
2. 한의사 면허는 경찰금지를 해제하는 명령적 행위(강학상 허가)에 해당하고, 한약조제시험을 통하여 약사에게 한약조제권을 인정함으로써 한의사들의 영업상 이익이 감소되었다고 하더라도 이러한 이익은 사실상의 이익에 불과하고 약사법이나 의료법 등의 법률에 의하여 보호되는 이익이라고는 볼 수 없다. 대법원 1998. 3. 10. 선고 97누4289 판결

⑵ 예외 : 법률상 이익

- 다만 허가의 근거 또는 관련규정이 공익뿐만 아니라 기존업자의 이익도 보호하고 있는 것으로 해석되는 경우, 허가로 인한 영업상 이익은 법률상 이익이다.
- 위와 같은 경우의 예로, 허가요건 중 거리제한 또는 영업구역제한 규정을 두는 경우 등이 있다.
- 따라서 항고소송에 있어서의 원고적격이 인정된다.

판례

1. 일반적으로 면허나 인·허가 등의 수익적 행정처분의 근거가 되는 법률이 해당 업자들 사이의 과당경쟁으로 인한 경영의 불합리를 방지하는 것도 그 목적으로 하고 있는 경우, 다른 업자에 대한 면허나 인·허가 등의 수익적 행정처분에 대하여 이미 같은 종류의 면허나 인·허가 등의 수익적 행정처분을 받아 영업을 하고 있는 기존의 업자는 경업자에 대하여 이루어진 면허나 인·허가 등 행정처분의 상대방이 아니라 하더라도 당해 행정처분의 취소를 구할 원고적격이 있다. 대법원 2006. 7. 28. 선고 2004두6716 판결
2. (거리제한 규정이 있는 사례) 담배 일반소매인으로 지정되어 영업을 하고 있는 기존업자의 신규 일반소매인에 대한 이익이 '법률상 보호되는 이익'에 해당한다. 대법원 2008. 3. 27. 선고 2007두23811 판결 16 사복
3. (거리제한 규정이 없는 사례) 담배 일반소매인으로 지정되어 영업을 하고 있는 기존업자의 신규 구내소매인에 대한 이익이 법률상 보호되는 이익으로서 기존 업자가 신규 구내소매인 지정처분의 취소를 구할 원고적격이 있다고 할 수 없다. 대법원 2008. 4. 10. 선고 2008두402 판결 20 국회

3. 다른 법률상의 제한

- 허가가 있으면 당해 허가의 대상이 된 행위에 대한 금지가 해제될 뿐 다른 법률에 의한 금지까지 해제되는 것은 아니다.
- 예컨대, 공무원이 식품위생법상 영업허가를 받은 경우, 식품위생법상의 금지만이 해제될 뿐 공무원법상의 영리업무금지까지 해제되는 것은 아니다. 17 교행, 19 지방 01

OX 확인

01 공무원인 갑이 「식품위생법」상 영업허가를 받으면 이는 「식품위생법」상의 금지를 해제할 뿐만 아니라 「국가공무원법」상의 영리업무금지까지 해제하여 주는 효과가 있다. (×)

4. 무허가행위의 효과

- 무허가행위는 위법한 행위가 되어 행정상 강제집행이나 행정벌의 대상이 될 수 있다. 14 사복
- 그러나 무허가행위라 하여 그 사법상 효력까지 당연히 부인되는 것은 아니다. 14 사복, 19 지방

5. 관련문제

(1) 건축허가 명의자와 실제로 건물을 건축한 자가 다를 경우

- 건축허가 명의자와 실제로 건물을 건축한 자가 다른 경우 건축허가 명의에 관계없이 실제로 건물을 건축한 자가 그 건물의 소유권을 취득하고, 또 양자가 반드시 일치하여야 하는 것도 아니다.

판례

건축허가는 시장·군수 등의 행정관청이 건축행정상 목적을 수행하기 위하여 수허가자에게 일반적으로 행정관청의 허가 없이는 건축행위를 하여서는 안 된다는 상대적 금지를 관계 법규에 적합한 일정한 경우에 해제함으로써 일정한 건축행위를 하도록 회복시켜 주는 행정처분일 뿐, 허가받은 자에게 새로운 권리나 능력을 부여하는 것이 아니다. 그리고 건축허가서는 허가된 건물에 관한 실체적 권리의 득실변경의 공시방법이 아니며 그 추정력도 없으므로 건축허가서에 건축주로 기재된 자가 그 소유권을 취득하는 것은 아니며, 건축 중인 건물의 소유자와 건축허가의 건축주가 반드시 일치하여야 하는 것도 아니다. 대법원 2009. 3. 12. 선고 2006다28454 판결 14 지방

(2) 공사 착수기간이 지난 후 공사에 착수한 경우

- 건축허가를 받은 자가 건축허가가 취소되기 전에 공사에 착수한 경우, 건축허가를 취소하여야 할 특별한 공익상 필요가 인정되지 않는 한 착수기간이 지났다는 이유만으로 건축허가를 취소할 수 있는 것은 아니다.

판례

구 건축법 제11조 제7항은 건축허가를 받은 자가 허가를 받은 날부터 1년 이내에 공사에 착수하지 아니한 경우에 허가권자는 허가를 취소하여야 한다고 규정하면서도, 정당한 사유가 있다고 인정되면 1년의 범위에서 공사의 착수기간을 연장할 수 있다고 규정하고 있을 뿐이며, 건축허가를 받은 자가 착수기간이 지난 후 공사에 착수하는 것 자체를 금지하고 있지 아니하다. 따라서 건축허가를 받은 자가 건축허가가 취소되기 전에 공사에 착수하였다면 허가권자는 그 착수기간이 지났다고 하더라도 건축허가를 취소하여야 할 특별한 공익상 필요가 인정되지 않는 한 건축허가를 취소할 수 없다. 이는 건축허가를 받은 자가 건축허가가 취소되기 전에 공사에 착수하려 하였으나 허가권자의 위법한 공사중단명령으로 공사에 착수하지 못한 경우에도 마찬가지이다. 대법원 2017. 7. 11. 선고 2012두22973 판결 18 국회

(3) 영업허가를 위한 물적 시설을 갖추었으나 그 물적 시설이 건축법에 위반되는 경우

- 예를 들어 식품위생법상 영업허가를 받기 위한 물적 시설요건을 갖추었으나 그 물적 시설이 건축 관련법규에 위반되는 경우에 영업허가를 받을 수 있는지 여부가 문제되는데, 판례는 영업허가를 받을 수 없다고 한다.

판례

식품접객업의 영업허가를 받기 위하여 갖추어야 할 영업장·조리장·화장실 등과 같은 여러 물적 시설에 관한 시설기준을 규정하고 있는바, 여기서 말하는 시설기준은 그 대상이 되는 물적 시설이 당연히 건축 관련법규에 적합할 것을 전제로 하는 것이므로, 식품접객업의 영업허가를 신청한 당해 건축물이 하천법 제45조 소정의 허가를 받지 아니한 무허가 건물이라고 한다면, 비록 그 건물이 식품위생법이 규정하는 물적 시설요건을 갖추었다고 하더라도 적법한 식품접객업의 영업허가를 받을 수 없다.
대법원 1999. 3. 9. 선고 98두19070 판결 16 국가, 24 국가

주유소 허가에 있어서 입법목적, 규정사항, 적용범위 등에 비추어 석유사업법은 건축법, 도시계획법, 소방법, 주택건설촉진법 등에 우선하여 배타적으로 적용되는 관계에 있다고는 해석되지 아니하므로 석유사업법에 따른 주유소 허가의 기준을 갖춘 자라 할지라도 위 건축법 등 다른 법령 소정의 주유소 설치 기준을 별도로 갖추지 아니하는 이상 적법한 주유소 허가를 할 수 없음은 당연한 이치라 할 것이다. (대법원 1995. 1. 12. 선고 94누3216 판결)

Ⅴ 허가의 기간 및 갱신

1. 허가 자체의 존속기간과 허가조건의 존속기간(갱신기간)

(1) 쟁점

- 허가 등 행정행위에 종기인 유효기간이 부가된 경우에 그 기한이 허가 자체의 존속기간인지 아니면 허가조건의 존속기간(갱신기간)인지 문제된다.
- 만약 허가 자체의 존속기간이라면 종기의 도래로 허가는 실효되는 반면, 허가조건의 존속기간이라면 유효기간(갱신기간)이 도과하기 전에 당사자의 갱신 신청이 있는 경우에는 그 조건의 개정을 고려하는 것으로 해석된다(특별한 사정이 없는 한 행정청은 유효기간을 갱신 내지 연장해 주어야 함).

(2) 구별기준

- 행정행위가 그 내용상 장기간에 걸쳐 계속될 것이 예상되는데(영업허가 등의 경우) 유효기간이 허가사업의 성질상 부당하게 단기로 정해진 경우에는 그 유효기간을 허가조건의 존속기간으로 보아야 하고, 그렇지 않은 경우 허가 자체의 존속기간으로 본다.

판례

일반적으로 행정처분에 효력기간이 정하여져 있는 경우에는 그 기간의 경과로 그 행정처분의 효력은 상실되고, 다만 허가에 붙은 기한이 그 허가된 사업의 성질상 부당하게 짧은 경우에는 이를 그 허가 자체의 존속기간이 아니라 그 허가조건의 존속기간으로 보아 그 기한이 도래함으로써 그 조건의 개정을 고려한다는 뜻으로 해석할 수는 있지만, 그와 같은 경우라 하더라도 그 허가기간이 연장되기 위하여는 그 종기가 도래하기 전에 그 허가기간의 연장에 관한 신청이 있어야 하며, 만일 그러한 연장신청이 없는 상태에서 허가기간이 만료하였다면 그 허가의 효력은 상실된다. 대법원 2007. 10. 11. 선고 2005두12404 판결 20 국가

> 사도개설허가에서 정해진 공사기간 내에 사도로 준공검사를 받지 못한 경우, 이 공사기간을 사도개설허가 자체의 존속기간(유효기간)으로 볼 수 없다는 이유로 사도개설허가가 당연히 실효되는 것은 아니라고 한 사례. (대법원 2004. 11. 25. 선고 2004두7023 판결)

(3) 허가조건의 존속기간의 효과

① 유효기간(갱신기간) 내에 적법한 갱신신청이 있는 경우

- 유효기간이 도과하기 전에 당사자의 갱신신청이 있는 경우 그 조건의 개정을 고려할 수는 있으나 특별한 사정이 없는 한 유효기간을 갱신하거나 연장해 주어야 한다.
- 다만 허가요건의 변경 등 사정변경이 있는 경우 신뢰보호이익과 공익을 비교형량하여 갱신 또는 기간연장을 불허할 수 있다.

판례

1. 당초에 붙은 기한을 허가 자체의 존속기간이 아니라 허가조건의 존속기간으로 보더라도 그 후 당초의 기한이 상당 기간 연장되어 연장된 기간을 포함한 존속기간 전체를 기준으로 볼 경우 더 이상 허가된 사업의 성질상 부당하게 짧은 경우에 해당하지 않게 된 때에는 관계 법령의 규정에 따라 허가 여부의 재량권을 가진 행정청으로서는 그때에도 허가조건의 개정만을 고려하여야 하는 것은 아니고 재량권의 행사로서 더 이상의 기간연장을 불허가할 수도 있는 것이며, 이로써 허가의 효력은 상실된다. 대법원 2004. 3. 25. 선고 2003두12837 판결 21 국가 01
2. 행정청이 관계 법령의 규정이나 자체적인 판단에 따라 처분상대방에게 특정한 권리나 이익 또는 지위 등을 부여한 후 일정한 기간마다 심사하여 갱신 여부를 판단하는 이른바 '갱신제'를 채택하여 운용하는 경우에는, 처분상대방은 합리적인 기준에 의한 공정한 심사를 받아 그 기준에 부합되면 특별한 사정이 없는 한 갱신되리라는 기대를 가지고 갱신 여부에 관하여 합리적인 기준에 의한 공정한 심사를 요구할 권리를 가진다.

OX 확인

01 허가에 붙은 기한이 그 허가된 사업의 성질상 부당하게 짧아서 이 기한이 허가 자체의 존속기간이 아니라 허가조건의 존속기간으로 해석되는 경우에는 허가 여부의 재량권을 가진 행정청은 허가조건의 개정만을 고려할 수 있고, 그 후 당초의 기한이 상당기간 연장되어 그 기한이 부당하게 짧은 경우에 해당하지 않게 된 때라도 더 이상의 기간연장을 불허가할 수는 없다. (×)

여기에서 '공정한 심사'란 갱신 여부가 행정청의 자의가 아니라 객관적이고 합리적인 기준에 의하여 심사되어야 할 뿐만 아니라, 처분상대방에게 사전에 심사기준과 방법의 예측가능성을 제공하고 사후에 갱신 여부 결정이 합리적인 기준에 의하여 공정하게 이루어졌는지를 검토할 수 있도록 심사기준이 사전에 마련되어 공표되어 있어야 함을 의미한다.
사전에 공표한 심사기준 중 경미한 사항을 변경하거나 다소 불명확하고 추상적이었던 부분을 명확하게 하거나 구체화하는 정도를 뛰어넘어, 심사대상기간이 이미 경과하였거나 상당 부분 경과한 시점에서 처분상대방의 갱신 여부를 좌우할 정도로 중대하게 변경하는 것은 갱신제의 본질과 사전에 공표된 심사기준에 따라 공정한 심사가 이루어져야 한다는 요청에 정면으로 위배되는 것이므로, 갱신제 자체를 폐지하거나 갱신상대방의 수를 종전보다 대폭 감축할 수밖에 없도록 만드는 중대한 공익상 필요가 인정되거나 관계 법령이 제·개정되었다는 등의 특별한 사정이 없는 한, 허용되지 않는다. 대법원 2020. 12. 24. 선고 2018두45633 판결

- 유효기간 내에 적법한 갱신신청이 있었음에도 갱신가부의 결정이 없는 경우에는 유효기간이 지나도 행정행위의 효력은 상실되지 않는다. 11 지방

② 유효기간 내에 적법한 갱신신청이 없는 경우

- 갱신신청 없이 유효기간이 지나면 행정행위의 효력은 상실된다. 따라서 유효기간이 지나 갱신신청이 있는 경우에는 이는 기간연장신청이 아니라 새로운 허가신청으로 보아야 한다.

판례

종전의 허가가 기한의 도래로 실효한 이상 원고가 종전 허가의 유효기간이 지나서 신청한 이 사건 기간연장신청은 그에 대한 종전의 허가처분을 전제로 하여 단순히 그 유효기간을 연장하여 주는 행정처분을 구하는 것이라기보다는 종전의 허가처분과는 별도의 새로운 허가를 내용으로 하는 행정처분을 구하는 것이라고 보아야 할 것이어서, 이러한 경우 허가권자는 이를 새로운 허가신청으로 보아 법의 관계 규정에 의하여 허가요건의 적합 여부를 새로이 판단하여 그 허가 여부를 결정하여야 할 것이다. 대법원 1995. 11. 10. 선고 94누11866 판결 16 지방

⑷ 허가 자체의 존속기간의 효과

- 종기의 도래로 행정행위는 당연히 효력을 상실한다. 이 경우 기간연장의 신청은 새로운 행정행위의 신청이다.

판례

어업에 관한 허가 또는 신고의 경우에는 어업면허와 달리 유효기간연장제도가 마련되어 있지 아니하므로 그 유효기간이 경과하면 그 허가나 신고의 효력이 당연히 소멸하며, 재차 허가를 받거나 신고를 하더라도 허가나 신고의 기간만 갱신되어 종전의 어업허가나 신고의 효력 또는 성질이 계속된다고 볼 수 없고 새로운 허가 내지 신고로서의 효력이 발생한다고 할 것이다. 대법원 2011. 7. 28. 선고 2011두5728 판결 12 사복, 18 국회

2. 허가의 갱신

⑴ 의의

- 허가에 기간제한이 있는 경우에 있어서 종전 허가의 효력을 유지시키는 행위를 말한다.

(2) 갱신의 효과

① 갱신기간 내 적법한 갱신신청이 있는 경우

- 종전 허가는 동일성을 유지한 채로 계속하여 효력을 지속한다.
- 따라서 갱신 전의 위법사유를 이유로 갱신 후에 제재적 처분을 할 수 있다.

판례

유료직업 소개사업의 허가갱신은 허가취득자에게 종전의 지위를 계속 유지시키는 효과를 갖는 것에 불과하고 갱신 후에는 갱신 전의 법위반사항을 불문에 붙이는 효과를 발생하는 것이 아니므로 일단 갱신이 있은 후에도 갱신 전의 법위반사실을 근거로 허가를 취소할 수 있다. 대법원 1982. 7. 27. 선고 81누174 판결 15 지방, 16 서울

② 갱신기간 내 적법한 갱신신청이 없는 경우

- 앞서 살펴본 바와 같이 갱신신청 없이 유효기간이 지나면 행정행위의 효력은 상실된다.
- 따라서 유효기간이 지나 갱신신청이 있는 경우에는 이는 기간연장신청이 아니라 새로운 허가신청으로 보아야 하고, 이에 따른 허가도 종전 허가의 연장이 아닌 새로운 허가이므로 행정청은 허가요건의 적합 여부를 새로이 판단하여 허가 여부를 결정할 수 있다.

Ⅵ 영업허가의 양도와 제재처분의 효과 및 제재사유의 승계

1. 의의

(1) 개념

- 영업허가의 양도란 허가받은 영업을 양도인과 양수인 간의 합의에 의해 양수인에게 이전하는 것을 말한다.

(2) 영업허가 양도의 가능성

- 대물적 허가는 명문의 규정이 없는 경우에도 양도가 가능하다. 18 소방, 19 소방

판례

건축허가는 대물적 성질을 갖는 것이어서 허가대상 건축물에 대한 권리변동에 수반하여 자유로이 양도할 수 있는 것이고, 그에 따라 건축허가의 효과는 허가대상 건축물에 대한 권리변동에 수반하여 이전되며 별도의 승인처분에 의하여 이전되는 것이 아니다. 대법원 2010. 5. 13. 선고 2010두 2296 판결 19 국가 01

- 대인적 허가는 원칙적으로 양도가 인정되지 않는다.

2. 영업허가 양도의 성질 및 절차

- 영업허가 양도의 경우 통상 법령에서 영업양도양수를 신고하도록 규정하고 있다.
- 영업양도양수의 신고는 수리를 요하는 신고에 해당한다.
- 행정청의 신고수리는 양도인에 대한 허가의 철회와 양수인에 대한 허가의 성질을 갖는다.

OX 확인

01 건축허가는 대물적 허가에 해당하므로, 허가의 효과는 허가대상 건축물에 대한 권리변동에 수반하여 이전되고 별도의 승인처분에 의하여 이전되는 것은 아니다. (○)

(같은 취지의 판례) 구 관광진흥법 제8조 제4항에 의한 지위승계신고를 수리하는 허가관청의 행위는 단순히 양도·양수인 사이에 이미 발생한 사법상 사업양도의 법률효과에 의하여 양수인이 그 영업을 승계하였다는 사실의 신고를 접수하는 행위에 그치는 것이 아니라, 영업허가자의 변경이라는 법률효과를 발생시키는 행위이다. 따라서 행정청이 구 관광진흥법 또는 구 체육시설법의 규정에 의하여 유원시설업자 또는 체육시설업자 지위승계신고를 수리하는 처분은 종전 유원시설업자 또는 체육시설업자의 권익을 제한하는 처분이고, 종전 유원시설업자 또는 체육시설업자는 그 처분에 대하여 직접 그 상대가 되는 자에 해당한다고 보는 것이 타당하므로, 행정청이 그 신고를 수리하는 처분을 할 때에는 행정절차법 규정에서 정한 당사자에 해당하는 종전 유원시설업자 또는 체육시설업자에 대하여 위 규정에서 정한 행정절차를 실시하고 처분을 하여야 한다. 21 지방

채석허가가 유효하게 존속하고 있다는 것이 양수인의 명의변경신고의 전제가 된다는 의미에서 관할 행정청이 양도인에 대하여 채석허가를 취소하는 처분을 하였다면 이는 양수인의 지위에 대한 직접적 침해가 된다고 할 것이므로 양수인은 채석허가를 취소하는 처분의 취소를 구할 법률상 이익을 가진다. (대법원 2003. 7. 11. 선고 2001두6289 판결)

판례

영업양도에 따른 지위승계신고를 수리하는 허가관청의 행위는, 단순히 양도·양수인 사이에 이미 발생한 사법상의 사업양도의 법률효과에 의하여 양수인이 그 영업을 승계하였다는 사실의 신고를 접수하는 행위에 그치는 것이 아니라, 실질에 있어서 양도자의 사업허가를 취소함과 아울러 양수자에게 적법히 사업을 할 수 있는 권리를 설정하여 주는 행위로서 사업허가자의 변경이라는 법률효과를 발생시키는 행위이다. 대법원 2001. 2. 9. 선고 2000도2050 판결 18 지방, 19 지방

- 신고수리에 따라 양도인에 대한 허가는 효력을 잃게 되므로 결국 신고수리처분은 양도인의 권익을 제한하는 처분에 해당하는 바, 따라서 행정청이 수리처분을 함에 있어서는 행정절차법상 사전통지절차 등을 거쳐야 한다.

판례

행정청이 구 식품위생법 규정에 의하여 영업자지위승계신고를 수리하는 처분은 종전의 영업자의 권익을 제한하는 처분이라 할 것이고 따라서 종전의 영업자는 그 처분에 대하여 직접 그 상대가 되는 자에 해당한다고 봄이 상당하므로, 행정청으로서는 위 신고를 수리하는 처분을 함에 있어서 행정절차법 규정 소정의 당사자에 해당하는 종전의 영업자에 대하여 위 규정 소정의 행정절차를 실시하고 처분을 하여야 한다. 대법원 2003. 2. 14. 선고 2001두7015 판결 14 지방, 15 지방, 16 국가, 18 국가, 20 국가, 21 소방, 22 지방 01

- 신고수리처분이 있기 전에 양도인에 대한 기존의 허가처분이 취소된 경우, 양수인은 그 취소처분의 취소를 구할 법률상 이익을 가진다.

판례

1. 채석허가가 대물적 허가의 성질을 아울러 가지고 있고 수허가자의 지위가 사실상 양도·양수되는 점을 고려하여 수허가자의 지위를 사실상 양수한 양수인의 이익을 보호하고자 하는 데 있는 것으로 해석되므로, 수허가자의 지위를 양수받아 명의변경신고를 할 수 있는 양수인의 지위는 단순한 반사적 이익이나 사실상의 이익이 아니라 산림법령에 의하여 보호되는 직접적이고 구체적인 이익으로서 법률상 이익이라고 할 것이다. 대법원 2003. 7. 11. 선고 2001두6289 판결 18 지방, 18 국회
2. 주택건설촉진법, 구 같은 법 시행규칙의 각 규정에 의하면 주택건설 사업주체의 변경승인신청은 양수인이 단독으로 할 수 있고 위 변경승인은 실질적으로 양수인에 대하여 종전에 승인된 사업계획과 동일한 사업계획을 새로이 승인해 주는 행위라 할 것이므로, 사업주체의 변경승인신청이 된 이후에 행정청이 양도인에 대하여 그 사업계획변경승인의 전제로 되는 사업계획승인을 취소하는 처분을 하였다면 양수인은 그 처분 이전에 양도인으로부터 토지와 사업승인권을 사실상 양수받아 사업주체의 변경승인신청을 한 자로서 그 취소를 구할 법률상의 이익을 가진다. 대법원 2000. 9. 26. 선고 99두646 판결

- 영업양도에 따른 지위승계신고가 있은 후 그에 대한 수리 처분이 있기 전에 양수인이 영업 중 법 위반행위를 한 경우, 지위승계신고에 대한 수리 처분이 있기 전에는 여전히 종전 영업자인 양도인이 영업허가자이므로, 제재처분의 상대방은 양도인이 된다.

판례

사실상 영업이 양도·양수되었지만 아직 승계신고 및 그 수리처분이 있기 이전에는 여전히 종전의 영업자인 양도인이 영업허가자이고, 양수인은 영업허가자가 되지 못한다 할 것이어서 행정제재처분의 사유가 있는지 여부 및 그 사유가 있다고 하여 행하는 행정제재처분은 영업허가자인 양도인을 기준으로 판단하여 그 양도인에 대하여 행하여야 할 것이고, 한편 양도인이 그의 의사에 따라 양수인에게 영업을 양도하면서 양수인으로 하여금 영업을 하도록 허락하였다면 그 양수인의 영업 중 발생한 위반행위에 대한 행정적인 책임은 영업허가자인 양도인에게 귀속된다고 보아야 할 것이다. 대법원 1995. 2. 24. 선고 94누9146 판결 22 지방

3. 제재처분의 효과 및 제재사유의 승계

(1) 쟁점

- 영업허가의 양도로 양수인은 양도인의 영업허가자의 법적 지위를 승계하는데, 이때 양도인의 위법행위로 발생한 제재처분의 효과 또는 제재사유도 함께 승계되는지 문제된다.

(2) 제재처분의 효과의 승계

- 제재처분(허가취소, 영업정지 등)의 효과는 이미 양도인의 영업자의 지위에 포함된 것이므로 양수인의 선·악을 불문하고 양수인에게 당연히 이전된다. 17 서울
- 다만 선의의 양수인에 대해서는 제재처분 효과의 승계를 부정하는 규정을 두는 경우가 있다.

판례

석유 및 석유대체연료 사업법 제10조 제5항에 의하여 석유판매업자의 지위 승계 및 처분 효과의 승계에 관하여 준용되는 법 제8조는 "제7조에 따라 석유정제업자의 지위가 승계되면 종전의 석유정제업자에 대한 제13조 제1항에 따른 사업정지처분(제14조에 따라 사업정지를 갈음하여 부과하는 과징금 부과처분을 포함한다)의 효과는 새로운 석유정제업자에게 승계되며, 처분의 절차가 진행 중일 때에는 새로운 석유정제업자에 대하여 그 절차를 계속 진행할 수 있다. 다만, 새로운 석유정제업자(상속으로 승계받은 자는 제외한다)가 석유정제업을 승계할 때에 그 처분이나 위반의 사실을 알지 못하였음을 증명하는 경우에는 그러하지 아니하다."라고 규정하고 있다.
이러한 제재사유 및 처분절차의 승계조항을 둔 취지는 제재적 처분 면탈을 위하여 석유정제업자 지위 승계가 악용되는 것을 방지하기 위한 것이고, 승계인에게 위와 같은 선의에 대한 증명책임을 지운 취지 역시 마찬가지로 볼 수 있다. 즉 법 제8조 본문 규정에 의해 사업정지처분의 효과는 새로운 석유정제업자에게 승계되는 것이 원칙이고 단서 규정은 새로운 석유정제업자가 그 선의를 증명한 경우에만 예외적으로 적용될 수 있을 뿐이다. 따라서 승계인의 종전 처분 또는 위반 사실에 관한 선의를 인정함에 있어서는 신중하여야 한다. 대법원 2017. 9. 7. 선고 2017두41085 판결

(3) 제재사유의 승계

① 명문의 규정이 있는 경우

- 제재사유의 승계를 인정하는 명문의 규정이 있는 경우 그 승계는 당연히 인정되나, 이 경우에도 양수인이 선의인 경우 승계를 부정하는 개별법상 규정이 있다.

판례

한편 화물자동차법 제16조 제4항은 화물자동차 운송사업을 양수하고 신고를 마치면 양수인이 양도인의 '운송사업자로서의 지위'를 승계한다고 규정하고 있다. 이러한 지위 승계 규정은 양도인이 해당 사업과 관련하여 관계법령상 의무를 위반하여 제재사유가 발생한 후 사업을 양도하는 방법으로 제재처분을 면탈하는 것을 방지하려는 데에도 그 입법목적이 있다.
화물자동차법에서 '운송사업자'란 화물자동차법 제3조 제1항에 따라 화물자동차 운송사업 허가를 받은 자를 말하므로(제3조 제3항), '운송사업자로서의 지위'란 운송사업 허가에 기인한 공법상 권리와 의무를 의미하고, 그 '지위의 승계'란 양도인의 공법상 권리와 의무를 승계하고 이에 따라 양도인의 의무위반행위에 따른 위법상태의 승계도 포함하는 것이라고 보아야 한다. 불법증차를 실행한 운송사업자로부터 운송사업을 양수하고 화물자동차법 제16조 제1항에 따른 신고를 하여 화물자동차법 제16조 제4항에 따라 운송사업자의 지위를 승계한 경우에는 설령 양수인이 영업양도·양수 대상에 불법증차 차량이 포함되어 있는지를 구체적으로 알지 못하였다 할지라도, 양수인은 불법증차 차량이라는 물적 자산과 그에 대한 운송사업자로서의 책임까지 포괄적으로 승계한다.

따라서 관할 행정청은 양수인의 선의·악의를 불문하고 양수인에 대하여 불법증차 차량에 관하여 지급된 유가보조금의 반환을 명할 수 있다. 다만 그에 따른 양수인의 책임범위는 지위승계 후 발생한 유가보조금 부정수급액에 한정되고, 지위승계 전에 발생한 유가보조금 부정수급액에 대해서까지 양수인을 상대로 반환명령을 할 수는 없다. 유가보조금 반환명령은 '운송사업자등'이 유가보조금을 지급받을 요건을 충족하지 못함에도 유가보조금을 청구하여 부정수급하는 행위를 처분사유로 하는 '대인적 처분'으로서, '운송사업자'가 불법증차 차량이라는 물적 자산을 보유하고 있음을 이유로 한 운송사업 허가취소 등의 '대물적 제재처분'과는 구별되고, 양수인은 영업양도·양수 전에 벌어진 양도인의 불법증차 차량의 제공 및 유가보조금 부정수급이라는 결과 발생에 어떠한 책임이 있다고 볼 수 없기 때문이다. 대법원 2021. 7. 29. 선고 2018두55968 판결

② 명문의 규정이 없는 경우

- 명문의 규정이 없는 경우 견해대립이 있으나, 판례는 승계되는 양도인의 지위에는 제재사유가 포함된다는 점, 제재처분은 대물적 처분인 점 등을 이유로 승계를 인정하고 있다.

판례

1. 만일 어떠한 공중위생영업에 대하여 그 영업을 정지할 위법사유가 있다면, 관할 행정청은 그 영업이 양도·양수되었다 하더라도 그 업소의 양수인에 대하여 영업정지처분을 할 수 있다고 봄이 상당하다. 대법원 2001. 6. 29. 선고 2001두1611 판결 21 국가 01

2. 개인택시 운송사업을 양수한 사람은 양도인의 운송사업자로서의 지위를 승계하는 것이므로, 관할관청은 개인택시 운송사업의 양도·양수에 대한 인가를 한 후에도 그 양도·양수 이전에 있었던 양도인에 대한 운송사업면허 취소사유를 들어 양수인의 사업면허를 취소할 수 있는 것이고, 가사 양도·양수 당시에는 양도인에 대한 운송사업면허 취소사유가 현실적으로 발생하지 않은 경우라도 그 원인되는 사실이 이미 존재하였다면, 관할관청으로서는 그 후 발생한 운송사업면허 취소사유에 기하여 양수인의 사업면허를 취소할 수 있는 것이다. 대법원 2010. 4. 8. 선고 2009두17018 판결

3. 구 국민건강보험법 등의 내용을 종합하면, 요양기관이 속임수나 그 밖의 부당한 방법으로 보험자에게 요양급여비용을 부담하게 한 때에 구 국민건강보험법 제85조 제1항 제1호에 의해 받게 되는 요양기관 업무정지처분은 의료인 개인의 자격에 대한 제재가 아니라 요양기관의 업무 자체에 대한 것으로서 대물적 처분의 성격을 갖는다. 따라서 속임수나 그 밖의 부당한 방법으로 보험자에게 요양급여비용을 부담하게 한 요양기관이 폐업한 때에는 그 요양기관은 업무를 할 수 없는 상태일 뿐만 아니라 그 처분대상도 없어졌으므로 그 요양기관 및 폐업 후 그 요양기관의 개설자가 새로 개설한 요양기관에 대하여 업무정지처분을 할 수는 없다. 이러한 해석은 침익적 행정행위의 근거가 되는 행정법규는 엄격하게 해석·적용하여야 하고, 입법취지와 목적 등을 고려한 목적론적 해석이 전적으로 배제되는 것이 아니라고 하더라도 그 해석이 문언의 통상적인 의미를 벗어나서는 아니 된다는 법리에도 부합한다. 더군다나 구 의료법 제66조 제1항 제7호에 의하면 보건복지부장관은 의료인이 속임수 등 부정한 방법으로 진료비를 거짓 청구한 때에는 1년의 범위에서 면허자격을 정지시킬 수 있고 이와 같이 요양기관 개설자인 의료인 개인에 대한 제재수단이 별도로 존재하는 이상, 위와 같은 사안에서 제재의 실효성 확보를 이유로 구 국민건강보험법 제85조 제1항 제1호의 '요양기관'을 확장해석할 필요도 없다. 대법원 2022. 1. 27. 선고 2020두39365 판결

4. 종전 사업시행자가 농업인 등에 해당하지 않음에도 부정한 방법으로 사업계획승인을 받음으로써 그 승인에 대한 취소사유가 있더라도, 행정청이 사업시행자 변경으로 인한 사업계획 변경승인 과정에서 변경되는 사업시행자가 농업인 등에 해당하는지 여부에 관하여 새로운 심사를 거쳤다면, 지위 승계 등에 관한 별도의 명문 규정이 없는 이상, 종전 사업시행자가 농업인 등이 아님에도 부정한 방법으로 사업계획승인을 취득하였다는 이유만을 들어 변경된 사업시행자에 대한 사업계획 변경승인을 취소할 수는 없다. 대법원 2018. 4. 24. 선고 2017두73310 판결

OX 확인

01 구 「공중위생관리법」상 공중위생영업에 대하여 영업을 정지할 위법사유가 있다면, 관할 행정청은 그 영업이 양도·양수되었다 하더라도 양수인에 대하여 영업정지처분을 할 수 있다. (○)

예외판례 승계 부정 – 회사 분할 시 신설회사 또는 존속회사가 승계하는 것은 분할하는 회사의 권리와 의무이고, 분할하는 회사의 분할 전 법 위반행위를 이유로 과징금이 부과되기 전까지는 단순한 사실행위만 존재할 뿐 과징금과 관련하여 분할하는 회사에 승계 대상이 되는 어떠한 의무가 있다고 할 수 없으므로, 특별한 규정이 없는 한 신설회사에 대하여 분할하는 회사의 분할 전 법 위반행위를 이유로 과징금을 부과하는 것은 허용되지 않는다. (대법원 2011. 5. 26. 선고 2008두18335 판결) 17 서울

Ⅶ 예외적 승인

1. 의의

- 사회적으로 유해하거나 바람직하지 않은 행위를 법령상 원칙적으로 금지하고, 예외적인 경우에 그 금지를 해제하여 당해 행위를 적법하게 할 수 있게 해주는 행위를 말한다.
- 개발제한구역 내 건축허가 또는 용도변경허가, 학교환경위생정화구역 내 금지해제조치, 치료목적의 마약류사용허가, 사행행위 영업허가, 토지보상법에 따른 타인 토지에의 출입허가 등이 그 예이다. 12 국가, 15 국가, 18 서울

2. 허가와의 구별

- 허가는 "예방적 금지의 해제"인 반면, 예외적 승인은 "억제적 금지의 해제"이다.
- 즉 허가는 요건을 갖춘 경우 원칙적으로 허용되는 반면, 예외적 승인은 원칙적으로 금지되고 요건을 갖춘 경우에만 예외적으로 허용된다.

3. 법적 성질

- 예외적 승인은 금지의 해제인 점에서 특허 또는 면제와 구분되는 바, 따라서 이를 독자적 유형의 행위로 보는 것이 일반적인 견해이다.
- 예외적 승인은 공익보호의 필요성을 고려하여 원칙적으로 재량행위이다.

판례

1. 개발제한구역 내에서는 구역지정의 목적상 건축물의 건축 및 공작물의 설치 등 개발행위가 원칙적으로 금지되고, 다만 구체적인 경우에 이러한 구역지정의 목적에 위배되지 아니할 경우 예외적으로 허가에 의하여 그러한 행위를 할 수 있게 되어 있음이 그 규정의 체제와 문언상 분명하고, 이러한 예외적인 개발행위의 허가는 상대방에게 수익적인 것이 틀림이 없으므로 그 법률적 성질은 재량행위 내지 자유재량행위에 속하는 것이다. 대법원 2004. 3. 25. 선고 2003두12837 판결 17 교행, 19 서울, 21 소방
2. 시·도교육위원회교육감 또는 교육감이 지정하는 자가 학교환경위생정화구역 안에서의 금지행위 및 시설의 해제신청에 대하여 그 행위 및 시설이 학습과 학교보건에 나쁜 영향을 주지 않는 것인지의 여부를 결정하여 그 금지행위 및 시설을 해제하거나 계속하여 금지(해제거부)하는 조치는 시·도교육위원회교육감 또는 교육감이 지정하는 자의 재량행위에 속한다. 대법원 1996. 10. 29. 선고 96누8253 판결
3. (초등학교로부터 약 100여 m 떨어진 곳에 저장용량 20t 규모의 액화석유가스(LPG) 충전소를 운영하기 위한 학교환경위생정화구역 내 금지시설해제신청을 교육청 교육장이 거부한 사안에서) 폭발 등의 사고가 발생할 경우 그 영향이 초등학교까지 미칠 것으로 보이는 점, 근처에 다른 가스충전소가 있어 이를 필요로 하는 주민들의 이익이 크게 침해받을 것으로 보이지 않는 점 등에 비추어, 위 처분이 재량권의 범위를 일탈하였거나 남용한 것으로 보기 어렵다고 한 사례. 대법원 2010. 3. 11. 선고 2009두17643 판결

쟁점 9 특허

Ⅰ 의의

• 특정인에 대하여 새로운 권리・능력・포괄적인 법률관계 등을 설정하는 행위를 말하며 설권행위라고도 한다.
• 권리설정의 예로 버스운송사업면허, 폐기물처리업허가, 도로점용허가, 공유수면점용허가 등이 있고, 능력설정의 예로 재건축정비조합설립인가 등이 있으며, 포괄적 법률관계 설정의 예로는 공무원임명, 20 소방, 귀화허가 등이 있다.
• 특허는 강학상 개념으로서, 실정법상으로는 허가, 면허 등의 용어를 사용한다.

Ⅱ 법적 성질

1. 형성적 행위

• 특허는 허가와 달리 상대방이 본래 가지고 있지 않았던 권리나 능력 등을 새롭게 설정하여 주는 형성적 행위이다.

2. 협력을 요하는 행정행위

• 특허는 허가와 달리 반드시 상대방의 신청이 필요한 협력을 요하는 행정행위이다.
• 따라서 특허는 불특정인에 대해서는 행해질 수 없고, 반드시 특정인에 대해서만 가능하다.

3. 재량행위

• 특허는 공익상 필요를 고려하여 특정인에게 새로운 권리나 능력을 부여하는 것이므로 원칙적으로 재량행위이다.

Ⅲ 효과

1. 새로운 권리의 창설

• 특허는 상대방에게 새로운 권리, 능력 기타 법률상의 힘을 발생시킨다.

2. 법률상 이익

• 특허에 의해 창설되는 권리는 배타적 권리로서, 상대방이 얻는 이익은 단순한 반사적 이익이 아닌 법률상 이익이다.

판례

1. 광업법상 이미 광업권이 설정된 동일한 구역에 대하여 동일한 광물에 대한 광업권을 중복설정할 수 없다. 대법원 1986. 2. 25. 선고 85누712 판결
2. 특별한 경우가 아니면 같은 업무구역 안에 중복된 어업면허는 당연무효이다. 대법원 1978. 4. 25. 선고 78누42 판결

Ⅳ 허가와의 구별

1. 일반론

- 허가는 명령적 행위인 반면, 특허는 형성적 행위이다.
- 허가는 신청을 전제로 하지 않은 반면, 특허는 반드시 신청이 있어야 한다. 17국가
- 허가는 원칙적으로 기속행위인 반면, 특허는 원칙적으로 재량행위이다.
- 허가로 인해 상대방이 받는 이익은 원칙적으로 반사적 이익에 불과하나, 특허로 인해 상대방이 받는 이익은 원칙적으로 법률상 이익이다.

2. 판례가 특허로 본 사례

판례

1. 행정청이 도시 및 주거환경정비법 등 관련 법령에 근거하여 행하는 조합설립인가처분은 단순히 사인들의 조합설립행위에 대한 보충행위로서의 성질을 갖는 것에 그치는 것이 아니라 법령상 요건을 갖출 경우 도시 및 주거환경정비법상 주택재건축사업을 시행할 수 있는 권한을 갖는 행정주체(공법인)로서의 지위를 부여하는 일종의 설권적 처분의 성격을 갖는다고 보아야 한다. 17 지방, 17 교행, 18 서울
조합설립결의는 조합설립인가처분이라는 행정처분을 하는 데 필요한 요건 중 하나에 불과한 것이어서, 조합설립결의에 하자가 있다면 그 하자를 이유로 직접 항고소송의 방법으로 조합설립인가처분의 취소 또는 무효확인을 구하여야 하고, 이와는 별도로 조합설립결의 부분만을 따로 떼어내어 그 효력 유무를 다투는 확인의 소를 제기하는 것은 원고의 권리 또는 법률상의 지위에 현존하는 불안·위험을 제거하는 데 가장 유효·적절한 수단이라 할 수 없어 특별한 사정이 없는 한 확인의 이익은 인정되지 아니한다. 대법원 2009. 9. 24. 선고 2008다60568 판결 13 지방, 17 국가, 21 국가, 22 지방, 23 국가, 24 지방 01
2. 구 도시 및 주거환경정비법 제8조 제3항, 제28조 제1항에 의하면, 토지 등 소유자들이 그 사업을 위한 조합을 따로 설립하지 아니하고 직접 도시환경정비사업을 시행하고자 하는 경우에는 사업시행 계획서에 정관 등과 그 밖에 국토해양부령이 정하는 서류를 첨부하여 시장·군수에게 제출하고 사업시행인가를 받아야 하고, 이러한 절차를 거쳐 사업시행인가를 받은 토지 등 소유자들은 관할 행정청의 감독 아래 정비구역 안에서 구 도시정비법상의 도시환경정비사업을 시행하는 목적 범위 내에서 법령이 정하는 바에 따라 일정한 행정작용을 행하는 행정주체로서의 지위를 가진다. 그렇다면 토지 등 소유자들이 직접 시행하는 도시환경정비사업에서 토지 등 소유자에 대한 사업시행인가처분은 단순히 사업시행계획에 대한 보충행위로서의 성질을 가지는 것이 아니라 구 도시정비법상 정비사업을 시행할 수 있는 권한을 가지는 행정주체로서의 지위를 부여하는 일종의 설권적 처분의 성격을 가진다.
도시환경정비사업을 직접 시행하려는 토지 등 소유자들은 시장·군수로부터 사업시행인가를 받기 전에는 행정주체로서의 지위를 가지지 못한다. 따라서 그가 작성한 사업시행계획은 인가처분의 요건 중 하나에 불과하고 항고소송의 대상이 되는 독립된 행정처분에 해당하지 아니한다고 할 것이다. 대법원 2013. 6. 13. 선고 2011두19994 판결 23 지방
3. 국적은 국민의 자격을 결정짓는 것이고, 이를 취득한 사람은 국가의 주권자가 되는 동시에 국가의 속인적 통치권의 대상이 되므로, 귀화허가는 외국인에게 대한민국 국적을 부여함으로써 국민으로서의 법적 지위를 포괄적으로 설정하는 행위에 해당한다. 한편 국적법 등 관계 법령 어디에도 외국인에게 대한민국의 국적을 취득할 권리를 부여하였다고 볼 만한 규정이 없다. 이와 같은 귀화허가의 근거 규정의 형식과 문언, 귀화허가의 내용과 특성 등을 고려하여 보면, 법무부장관은 귀화신청인이 법률이 정하는 귀화요건을 갖추었다고 하더라도 귀화를 허가할 것인지 여부에 관하여 재량권을 가진다. 대법원 2010. 7. 15. 선고 2009두19069 12 지방, 20 소방, 24 지방
4. 여객자동차운수사업법에 따른 개인택시운송사업면허는 특정인에게 권리나 이익을 부여하는 재량행위이고, 행정청이 면허 발급 여부를 심사함에 있어 이미 설정된 면허기준의 해석상 당해 신청이 면허발급의 우선순위에 해당함이 명백함에도 불구하고 이를 제외시켜 면허거부처분을 하였다면 특별한 사정이 없는 한 그 거부처분은 재량권을 남용한 위법한 처분이다. 대법원 2002. 1. 22. 선고 2001두8414 판결 17 사복, 19 소방, 20 소방

OX 확인

01 「도시 및 주거환경정비법」상 주택재건축 조합에 대해 조합설립 인가처분이 행하여진 후에는, 조합설립결의의 하자를 이유로 조합설립의 무효를 주장하려면 조합설립인가처분의 취소 또는 무효확인을 구하는 소송으로 다투어야 하며, 따로 조합설립결의의 하자를 다투는 확인의 소를 제기할 수 없다. (○)

행정청이 구 도시정비법에 근거하여 행하는 사업시행계획 변경인가처분 중 '사업시행자를 조합 단독에서 조합과 주택공사등 공동으로 변경하는 결정 부분' 또는 '사업시행자를 조합과 주택공사등 공동에서 조합 단독으로 변경하는 결정 부분'은 주택공사등에 대하여 도시정비법상 도시환경정비사업을 시행할 수 있는 권한을 갖는 행정주체로서의 지위를 부여하거나 상실시키는 일종의 설권적 처분의 성격을 가지므로, 조합이 조합원 총회를 거쳐 주택공사등을 공동사업시행자에서 제외하는 내용의 결의를 한 후 관할 행정청의 인가를 받은 경우에는 설권적 처분의 요건인 조합원 총회의 효력 또는 그 총회 결의의 하자 등을 이유로 사업시행계획 변경인가처분 중 공동사업시행자 지위 상실 부분의 취소 또는 무효 확인을 구하는 것은 별론으로 하고, 그러한 설권적 처분의 요건에 불과한 조합원총회의 효력 또는 그 총회 결의에 따른 조합의 후속 집행행위의 효력을 다투는 확인의 소를 제기하는 것은 특별한 사정이 없는 한 허용되지 아니한다. (대법원 2023. 12. 21. 선고 2023다275424 판결)

5. 마을버스운송사업면허의 허용 여부는 사업구역의 교통수요, 노선결정, 운송업체의 수송능력, 공급능력 등에 관하여 기술적·전문적인 판단을 요하는 분야로서 이에 관한 행정처분은 운수행정을 통한 공익실현과 아울러 합목적성을 추구하기 위하여 보다 구체적 타당성에 적합한 기준에 의하여야 할 것이므로 그 범위 내에서는 법령이 특별히 규정한 바가 없으면 행정청의 재량에 속하는 것이라고 보아야 할 것이고, 마을버스 한정면허시 확정되는 마을버스 노선을 정함에 있어서도 기존 일반노선버스의 노선과의 중복 허용 정도에 대한 판단도 행정청의 재량에 속한다고 할 것이며, 노선의 중복 정도는 마을버스 노선과 각 일반버스노선을 개별적으로 대비하여 판단하여야 한다. 대법원 2002. 6. 28. 선고 2001두10028 판결

6. 도로법 제40조 제1항에 의한 도로점용은 일반공중의 교통에 사용되는 도로에 대하여 이러한 일반사용과는 별도로 도로의 특정부분을 유형적·고정적으로 특정한 목적을 위하여 사용하는 이른바 특별사용을 뜻하는 것이고, 이러한 도로점용의 허가는 특정인에게 일정한 내용의 공물사용권을 설정하는 설권행위로서, 공물관리자가 신청인의 적격성, 사용목적 및 공익상의 영향 등을 참작하여 허가를 할 것인지의 여부를 결정하는 재량행위이다. 대법원 2002. 10. 25. 선고 2002두5795 판결

7. 하천유수를 본래의 공용목적에 따라 타인의 공동이용을 방해하지 않는 한도에서 자유로이 사용하는 것을 넘어서 일반인에게는 허용되지 않는 특별한 공물사용권을 설정받아 일정기간 배타적으로 사용하기 위해서는 하천법에 의해 하천점용허가를 받아야 한다. 2011. 1. 13. 선고 2009다21058 판결 18 지방

8. 공유수면매립면허는 설권행위인 특허의 성질을 갖는 것이므로 원칙적으로 행정청의 자유재량에 속하며, 일단 실효된 공유수면매립면허의 효력을 회복시키는 행위도 특단의 사정이 없는 한 새로운 면허부여와 같이 면허관청의 자유재량에 속한다고 할 것이다. 대법원 1989. 9. 12. 선고 88누9206 판결 14 사복

9. 구 공유수면관리법에 따른 공유수면의 점·사용허가는 특정인에게 공유수면 이용권이라는 독점적 권리를 설정하여 주는 처분으로서 그 처분의 여부 및 내용의 결정은 원칙적으로 행정청의 재량에 속한다고 할 것이고, 이와 같은 재량처분에 있어서는 그 재량권 행사의 기초가 되는 사실인정에 오류가 있거나 그에 대한 법령적용에 잘못이 없는 한 그 처분이 위법하다고 할 수 없다. 대법원 2004. 5. 28. 선고 2002두5016 판결 19 소방

10. 공증사무는 국가 사무로서 공증인 인가·임명행위는 국가가 사인에게 특별한 권한을 수여하는 행위이다. 대법원 2019. 12. 13. 선고 2018두41907 판결

11. 자동차운수사업법에 의한 자동차운수사업면허는 특정인에게 특정한 권리를 설정하는 행위로서 법령에 특별한 규정이 없으면 행정청의 재량에 속하는 것이고, 그 면허를 위하여 정하여진 순위 내에서의 운전경력 인정방법의 기준 설정 역시 행정청의 재량에 속한다 할 것이므로, 설정된 기준이 객관적으로 타당하지 않다고 보여지지 않는 한 이에 기하여 운전경력을 산정한 것을 위법하다고 할 수 없다. 대법원 1997. 1. 21. 선고 95누12941 판결

12. 출입국관리법상 체류자격 변경허가는 신청인에게 당초의 체류자격과 다른 체류자격에 해당하는 활동을 할 수 있는 권한을 부여하는 일종의 설권적 처분의 성격을 가지므로, 허가권자는 신청인이 관계 법령에서 정한 요건을 충족하였더라도, 신청인의 적격성, 체류 목적, 공익상의 영향 등을 참작하여 허가 여부를 결정할 수 있는 재량을 가진다. 대법원 2016. 7. 14. 선고 2015두48846 판결 19 소방

13. 관세법 제78조 소정의 보세구역의 설영특허는 보세구역의 설치, 경영에 관한 권리를 설정하는 이른바 공기업의 특허로서 그 특허의 부여여부는 행정청의 자유재량에 속하며, 특허기간이 만료된 때에 특허는 당연히 실효되는 것이어서 특허기간의 갱신은 실질적으로 권리의 설정과 같으므로 그 갱신여부도 특허관청의 자유재량에 속한다. 대법원 1989. 5. 9. 선고 88누4188 판결

14. 구 수도권대기환경특별법 제14조 제1항에서 정한 대기오염물질 총량관리사업장 설치의 허가 또는 변경허가는 특정인에게 인구가 밀집되고 대기오염이 심각하다고 인정되는 수도권 대기관리권역에서 총량관리대상 오염물질을 일정량을 초과하여 배출할 수 있는 특정한 권리를 설정하여 주는 행위로서 그 처분의 여부 및 내용의 결정은 행정청의 재량에 속한다. 대법원 2013. 5. 9. 선고 2012두22799 판결 22 지방

15. 개발촉진지구 안에서 시행되는 지역개발사업에 관한 지정권자의 실시계획승인처분은 설권적 처분의 성격을 가진 독립된 행정처분이다. 대법원 2014. 9. 26. 선고 2012두5602 판결

PART 01

쟁점 10 인가

I 의의

1. 인가의 개념

- 타인의 법률적 행위를 보충하여 그 법률적 효력을 완성시켜주는 행정행위를 말하며 보충행위라고도 한다. 14 서울
- 인가는 강학상 개념으로, 실정법상 승인, 허가, 인허 등의 용어로 사용된다.

2. 법적 성질

(1) 형성적 행위

- 인가는 인가의 대상이 되는 기본행위의 효력을 완성시켜주는 행위인 점에서 형성적 행위이다.

(2) 협력을 요하는 행정행위

- 인가는 보충적 행위이므로 반드시 상대방의 신청이 필요한 협력을 요하는 행정행위이다. 14 서울
- 따라서 불특정인에 대해서는 행해질 수 없고, 반드시 특정인에 대해서만 가능하다.

(3) 기속행위 또는 재량행위

- 인가가 기속행위인지 아니면 재량행위인지는 일반론에 따라 법규문언을 기준으로 종합적으로 판단하여야 한다.

판례

[기속행위로 본 사례]

1. 학교법인이사취임승인처분 대법원 1992. 9. 22. 선고 92누5461 판결
2. 국토이용관리법상 토지거래허가 대법원 1997. 6. 27. 선고 96누9362 판결
3. 관리처분계획에 대한 인가 대법원 2012. 8. 30. 선고 2010두24951 판결

[재량행위로 본 사례]

1. 사회복지법인의 정관변경허가 대법원 2002. 9. 24. 선고 2000두5661 판결
2. 공익법인의 기본재산의 처분에 관한 주무관청의 허가 대법원 2005. 9. 28. 선고 2004다50044 판결 20 국가, 24 국가
3. 재단법인의 임원취임에 대한 행정청의 승인(인가) 대법원 2000. 1. 28. 선고 98두16996 판결 20 국가
4. 자동차관리법상 자동차관리사업자로 구성하는 사업자단체인 조합 또는 협회의 설립인가 대법원 2015. 5. 29. 선고 2013두635 판결 24 국가
5. 주택재건축사업시행의 인가 대법원 2007. 7. 12. 선고 2007두6663 판결

행정청이 관리처분계획에 대한 인가 여부를 결정할 때에는 그 관리처분계획에 도시정비법 제48조 및 그 시행령 제50조에 규정된 사항이 포함되어 있는지, 그 계획의 내용이 도시정비법 제48조 제2항의 기준에 부합하는지 여부 등을 심사·확인하여 그 인가 여부를 결정할 수 있을 뿐 기부채납과 같은 다른 조건을 붙일 수는 없다고 할 것이다. (대법원 2012. 8. 30. 선고 2010두24951 판결)

Ⅱ 인가의 대상

1. 법률행위

• 인가는 타인의 법률적 행위를 보충하여 그 법률적 효과를 완성시켜주는 행위이므로 인가의 대상은 법률행위에 한하고, 사실행위는 인가의 대상이 되지 않는다.

2. 공법상 행위 및 사법상 행위

• 공법상 행위(예 정비조합의 사업시행계획결의), 사법상 행위(예 학교법인의 임원선임행위) 모두 인가의 대상이 된다. 14 서울

3. 판례가 인가로 본 사례

판례

1. 구 사립학교법 제20조 제1항, 제2항은 학교법인의 이사장·이사·감사 등의 임원은 이사회의 선임을 거쳐 관할청의 승인을 받아 취임하도록 규정하고 있는바, 관할청의 임원취임승인행위는 학교법인의 임원선임행위의 법률상 효력을 완성케 하는 보충적 법률행위이다. 따라서 관할청이 학교법인의 임원취임승인신청에 대하여 이를 반려하거나 거부하는 경우 학교법인에 의하여 임원으로 선임된 사람은 학교법인의 임원으로 취임할 수 없게 되는 불이익을 입게 되는 바, 이와 같은 불이익은 간접적이거나 사실상의 불이익이 아니라 직접적이고도 구체적인 법률상의 불이익이라 할 것이므로 학교법인에 의하여 임원으로 선임된 사람에게는 관할청의 임원취임승인신청 반려처분을 다툴 수 있는 원고적격이 있다. 대법원 2007. 12. 27. 선고 2005두9651 판결 14 서울, 17 교행, 19 소방, 20 소방
2. 민법 제45조와 제46조에서 말하는 재단법인의 정관변경 "허가"는 법률상의 표현이 허가로 되어 있기는 하나, 그 성질에 있어 법률행위의 효력을 보충해 주는 것이지 일반적 금지를 해제하는 것이 아니므로, 그 법적 성격은 인가라고 보아야 한다. 대법원 1996. 5. 16. 선고 95누4810 판결 16 지방, 19 국가, 20 지방 01 02
3. 국토이용관리법상 토지거래허가가 규제지역 내의 모든 국민에게 전반적으로 토지거래의 자유를 금지하고 일정한 요건을 갖춘 경우에만 금지를 해제하여 계약체결의 자유를 회복시켜 주는 성질의 것이라고 보는 것은 위법의 입법취지를 넘어선 지나친 해석이라고 할 것이고, 규제지역 내에서도 토지거래의 자유가 인정되나 다만 위 허가를 허가 전의 유동적 무효 상태에 있는 법률행위의 효력을 완성시켜주는 인가적 성질을 띤 것이라고 보는 것이 타당하다. 대법원 1991. 12. 24. 선고 90다12243 전원합의체 판결 18 교행, 18 서울, 19 국가
4. 공익법인의 기본재산에 대한 감독관청의 처분허가는 그 성질상 특정 상대에 대한 처분행위의 허가가 아니고 처분의 상대가 누구이든 이에 대한 처분행위를 보충하여 유효하게 하는 행위라 할 것이므로 그 처분행위에 따른 권리의 양도가 있는 경우에도 처분이 완전히 끝날 때까지는 허가의 효력이 유효하게 존속한다. 대법원 2005. 9. 28. 선고 2004다50044 판결 18 국회
5. 구 도시 및 주거환경정비법에 기초하여 도시환경정비사업조합이 수립한 사업시행계획은 그것이 인가·고시를 통해 확정되면 이해관계인에 대한 구속적 행정계획으로서 독립된 행정처분에 해당하므로, 사업시행계획을 인가하는 행정청의 행위는 도시환경정비사업조합의 사업시행계획에 대한 법률상의 효력을 완성시키는 보충행위에 해당한다. 대법원 2010. 12. 9. 선고 2010두1248 판결
6. (주택재개발조합의 관리처분계획에 대한 행정청의 인가) 도시재개발법 제34조에 의한 행정청의 인가는 주택개량재개발조합의 관리처분계획에 대한 법률상의 효력을 완성시키는 보충행위이다. 대법원 2001. 12. 11. 선고 2001두7541 판결 19 국가, 22 지방

국토이용관리법상의 규제구역 내의 '토지등의 거래계약'허가에 관한 관계규정의 내용과 그 입법취지에 비추어 볼 때 토지의 소유권 등 권리를 이전 또는 설정하는 내용의 거래계약은 관할 관청의 허가를 받아야만 그 효력이 발생하고 허가를 받기 전에는 물권적 효력은 물론 채권적 효력도 발생하지 아니하여 무효라고 보아야 할 것인바, (중략) 일단 허가를 받으면 그 계약은 소급하여 유효한 계약이 되고 이와 달리 불허가가 된 때에는 무효로 확정되므로 허가를 받기까지는 유동적 무효의 상태에 있다고 보는 것이 타당하다. (대법원 1991. 12. 24. 선고 90다12243 판결)

OX 확인

01 「민법」상 재단법인의 정관변경에 대한 주무관청의 허가는 법률상 표현이 허가로 되어 있기는 하나, 그 성질은 법률행위의 효력을 보충해 주는 것이지 일반적 금지를 해제하는 것은 아니다. (○)

02 다른 법률행위를 보충하여 그 법적 효력을 완성시키는 행위에 해당하지 않는 것만을 모두 고르면? (다툼이 있는 경우 판례에 의함)

ㄱ. 사설법인묘지의 설치에 대한 행정청의 허가
ㄴ. 토지거래허가구역 내의 토지거래계약에 대한 행정청의 허가
ㄷ. 재단법인의 정관변경에 대한 행정청의 허가
ㄹ. 재건축조합이 수립하는 관리처분계획에 대한 행정청의 인가

① ㄱ　② ㄱ, ㄹ
③ ㄴ, ㄹ　④ ㄱ, ㄴ, ㄷ

정답 ①

7. 조합설립추진위원회 구성승인은 조합의 설립을 위한 주체인 추진위원회의 구성행위를 보충하여 효력을 부여하는 처분이므로, 시장·군수로부터 추진위원회 구성승인을 받은 추진위원회는 유효하게 설립된 비법인사단으로서 조합설립에 필요한 법률행위 등을 할 수 있다. 따라서 추진위원회가 구성승인을 받을 당시의 정비예정구역보다 정비구역이 확대되어 지정된 경우, 추진위원회가 구성 변경승인을 받기 전에 확대된 정비구역 전체에서 조합설립을 추진하여 조합설립인가신청을 하였다 하더라도 이는 유효하게 설립된 비법인사단의 법률행위이므로, 당초의 추진위원회 구성승인이 실효되었다는 등의 특별한 사정이 없는 한 변경승인 전의 행위라는 사정만으로 조합설립인가신청 자체가 무효라고 할 수는 없다. 대법원 2014. 2. 27. 선고 2011두2248 판결 23 지방

8. 관할관청의 개인택시 운송사업면허의 양도·양수에 대한 인가에는 양도인과 양수인 간의 양도행위를 보충하여 그 법률효과를 완성시키는 의미에서의 인가처분뿐만 아니라 양수인에 대해 양도인이 가지고 있던 면허와 동일한 내용의 면허를 부여하는 처분이 포함되어 있다고 볼 것이어서, 양수인이 구 자동차운수사업법시행규칙 제15조 제1항 소정의 개인택시 운송사업면허취득의 자격요건인 운전경력에 미달됨이 사후에 밝혀진 경우에는 관할관청은 면허를 받을 자격이 없는 자에 대한 하자 있는 처분으로서 개인택시 운송사업면허 양도·양수인가처분을 취소할 수 있음은 물론 양수인에 대한 개인택시 운송사업면허처분을 취소할 수도 있다. 대법원 1994. 8. 23. 선고 94누4882 판결

9. 공유수면매립법 제20조 제1항 및 같은 법 시행령 제29조 제1항 등 관계법령의 규정내용과 공유수면매립의 성질 등에 비추어 볼 때, 공유수면매립의 면허로 인한 권리의무의 양도·양수에 있어서의 면허관청의 인가는 효력요건으로서, 위 각 규정은 강행규정이라고 할 것인바, 위 면허의 공동명의자 사이의 면허로 인한 권리의무양도약정은 면허관청의 인가를 받지 않은 이상 법률상 아무런 효력도 발생할 수 없다. 대법원 1991. 6. 25. 선고 90누5184 판결 20 국가

10. 자동차관리법상 자동차관리사업자로 구성하는 사업자단체인 조합 또는 협회의 설립인가처분은 국토해양부장관 또는 시·도지사가 자동차관리사업자들의 단체결성행위를 보충하여 효력을 완성시키는 처분에 해당한다. 대법원 2015. 5. 29. 선고 2013두635 판결 23 지방

11. 구 도시 및 주거환경정비법 제20조 제3항은 조합이 정관을 변경하고자 하는 경우에는 총회를 개최하여 조합원 과반수 또는 3분의 2 이상의 동의를 얻어 시장·군수의 인가를 받도록 규정하고 있다. 여기서 시장 등의 인가는 그 대상이 되는 기본행위를 보충하여 법률상 효력을 완성시키는 행위로서 이러한 인가를 받지 못한 경우 변경된 정관은 효력이 없고, 시장 등이 변경된 정관을 인가하더라도 정관변경의 효력이 총회의 의결이 있었던 때로 소급하여 발생한다고 할 수 없다. 대법원 2014. 7. 10. 선고 2013도11532 판결

> 일정한 정비예정구역을 전제로 추진위원회 구성 승인처분이 이루어진 후 정비구역이 정비예정구역과 달리 지정되었다는 사정만으로 승인처분이 당연히 실효된다고 볼 수 없고, 정비예정구역과 정비구역의 각 위치, 면적, 토지등소유자 및 동의자 수의 비교, 정비사업계획이 변경되는 내용과 정도, 정비구역 지정 경위 등을 종합적으로 고려하여 당초 승인처분의 대상인 추진위원회가 새로운 정비구역에서 정비사업을 계속 추진하는 것이 도저히 어렵다고 보여 그 추진위원회의 목적 달성이 사실상 불가능하다고 인정되는 경우에 한하여 그 실효를 인정함이 타당하다. (대법원 2013. 9. 12. 선고 2011두31284 판결)

> 허가사업 양도의 경우와 달리 특허사업 양도의 경우, 개별법에서 행정청의 인가를 그 양도의 효력요건으로 규정하는 경우가 많다.

PART 01

Ⅲ 인가의 효과

1. 기본행위의 효력 발생: 인가의 보충성

- 인가의 대상이 된 기본행위가 법적 효력을 발생한다.
- 인가는 기본행위의 효력을 완성시켜주는 보충적 행위이므로 인가의 대상이 되는 행위의 내용은 신청인이 결정하며, 그 내용을 수정하여 인가하는 것(수정인가)은 인정되지 않는다.

2. 무인가행위의 효력: 허가와 구별

- 인가는 기본행위의 효력요건이므로 무인가행위는 사법상 무효이다.
- 그러나 일반적으로 처벌의 대상이 되지는 않는다.

Ⅳ 인가와 기본행위의 관계

1. 기본행위의 하자

| OX 확인 |

01 강학상 인가는 기본행위에 대한 법률상의 효력을 완성시키는 보충행위로서, 그 기본이 되는 행위에 하자가 있을 때에는 그에 대한 인가가 있었다 하여도 기본행위가 유효한 것으로 될 수 없다. (○)

• 기본행위가 성립하지 않거나 무효인 경우, 인가가 있다 하여 무효인 기본행위가 유효로 되는 것은 아니고 이 경우 그 인가 또한 무효이다(즉 하자의 치유 부정). 01

판례

사립학교법 제20조 제2항에 의한 학교법인의 임원에 대한 감독청의 취임승인은 학교법인의 임원선임행위를 보충하여 그 법률상의 효력을 완성케 하는 보충적 행정행위로서 성질상 기본행위를 떠나 승인처분 그 자체만으로는 법률상 아무런 효력도 발생할 수 없으므로 기본행위인 학교법인의 임원 선임행위가 불성립 또는 무효인 경우에는 비록 그에 대한 감독청의 취임승인이 있었다 하여도 이로써 무효인 그 선임행위가 유효한 것으로 될 수는 없다. 대법원 1987. 8. 18. 선고 86누152 판결 15 국가, 18 국회

• 기본행위에 취소사유가 있는 경우, 기본행위가 취소되지 않는 한 인가의 효력에는 아무런 영향이 없다.

• 인가가 있은 후에 기본행위가 취소되거나 실효된 경우, 인가도 실효된다. 15 국가

판례

외자도입법 제19조에 따른 기술도입계약에 대한 인가는 기본행위인 기술도입계약을 보충하여 그 법률상 효력을 완성시키는 보충적 행정행위에 지나지 아니하므로 기본행위인 기술도입계약이 해지로 인하여 소멸되었다면 위 인가처분은 무효선언이나 그 취소처분이 없어도 당연히 실효된다. 대법원 1983. 12. 27. 선고 82누491 판결

| OX 확인 |

02 인가처분에 하자가 없더라도 기본행위에 무효사유가 있다면 기본행위의 무효를 내세워 그에 대한 행정청의 인가처분의 취소 또는 무효확인을 구할 소의 이익이 있다. (×)

• 기본행위에 하자가 있는 경우, 그 기본행위의 하자를 다투어야 하며 기본행위의 하자를 이유로 인가처분의 취소 또는 무효확인을 구할 법률상 이익은 없다. 15 국가, 16 국가, 20 지방 02

판례

1. 강학상의 '인가'에 속하는 행정처분에 있어서 인가처분 자체에 하자가 있다고 다투는 것이 아니라 기본행위에 하자가 있다 하여 그 기본행위의 효력에 관하여 다투는 경우에는 민사쟁송으로서 따로 그 기본행위의 취소 또는 무효확인 등을 구하는 것은 별론으로 하고 기본행위의 불성립 또는 무효를 내세워 바로 그에 대한 감독청의 인가처분의 취소를 구하는 것은 특단의 사정이 없는 한 소구할 법률상의 이익이 있다고 할 수 없다. 대법원 1995. 12. 12. 선고 95누7338 판결
2. 도시재개발법 제34조에 의한 행정청의 인가는 주택개량재개발조합의 관리처분계획에 대한 법률상의 효력을 완성시키는 보충행위로서 그 기본 되는 관리처분계획에 하자가 있을 때에는 그에 대한 인가가 있었다 하여도 기본행위인 관리처분계획이 유효한 것으로 될 수 없으며, 다만 그 기본행위가 적법·유효하고 보충행위인 인가처분 자체에만 하자가 있다면 그 인가처분의 무효나 취소를 주장할 수 있다고 할 것이지만, 인가처분에 하자가 없다면 기본행위에 하자가 있다 하더라도 따로 그 기본행위의 하자를 다투는 것은 별론으로 하고 기본행위의 무효를 내세워 바로 그에 대한 행정청의 인가처분의 취소 또는 무효확인을 소구할 법률상의 이익이 있다고 할 수 없다. 대법원 2001. 12. 11. 선고 2001두7541 판결 23 지방

조합의 사업시행계획도 원칙적으로 재건축결의에서 결정된 내용에 따라 작성되어야 하지만, 조합이 사업시행계획을 재건축결의에서 결정된 내용과 달리 작성한 경우 이러한 하자는 기본행위인 사업시행계획 작성행위의 하자이고, 이에 대한 보충행위인 행정청의 인가처분이 그 근거 조항인 위 법 제28조의 적법요건을 갖추고 있는 이상은 그 인가처분 자체에 하자가 있는 것이라 할 수 없다. (대법원 2008. 1. 10. 선고 2007두16691 판결) 23 지방

2. 인가의 하자

• 기본행위가 적법유효하고 보충행위인 인가처분 자체에만 하자가 있다면 그 인가처분의 무효나 취소를 주장할 수 있다. 19 서울

• 인가처분이 무효이거나 취소된 경우 기본행위는 무인가행위가 되어 효력이 없다.

쟁점 11 그 밖의 행정행위

I 하명

1. 의의

- 행정청이 국민에게 작위 · 부작위 · 급부 · 수인 등의 의무를 명하는 행위를 말한다.
- 위법건축물에 대한 철거명령(작위의무), 영업정지처분(부작위의무), 조세부과처분(급부의무), 강제집행의 수인(수인의무) 등이 그 예이다.

2. 법적 성질

- 하명은 국민의 자유를 제한하고 의무를 부과하는 것을 내용으로 하므로 침익적 행정행위의 성질을 갖는다.
- 따라서 하명을 하기 위해서는 반드시 법적 근거가 필요하다.

3. 하명 위반의 효과

- 하명에 따른 의무를 이행하지 않는 경우 행정상 강제집행이 행해지거나 행정벌이 부과될 수 있다.
- 그러나 하명에 위반한 행위라고 하여 그 사법상 효력이 부인되는 것은 아니다.

4. 해제신청

- 일정한 경우 하명의 상대방인 국민에게 하명에 대한 해제신청권이 인정되기도 한다.

판례

지방자치단체장이 공장시설을 신축하는 회사에 대하여 사업승인 내지 건축허가 당시 부가하였던 조건을 이행할 때까지 신축공사를 중지하라는 명령을 한 경우, 위 회사에게는 중지명령의 원인사유가 해소되었음을 이유로 당해 공사중지명령의 해제를 요구할 수 있는 권리가 조리상 인정된다. 대법원 2007. 5. 11. 선고 2007두1811 판결 18 국회, 21 국가

II 면제

1. 의의

- 법령에 의해 정해진 작위 · 급부 · 수인의무를 특정한 경우에 해제해주는 행정행위를 말한다.

2. 허가와의 구별

- 의무의 해제라는 점에서 허가와 동일하므로 기본적으로 허가에 관한 내용이 그대로 적용된다.
- 다만, 허가는 부작위의무를 해제해주는 것인 반면, 면제는 작위 · 급부 · 수인의무를 해제해주는 것이라는 점에서 구분된다.

Ⅲ 대리

1. 의의

- 제3자가 하여야 할 행위를 행정기관이 대신하여 행함으로써 제3자가 스스로 행한 것과 같은 효과를 발생시키는 행정행위를 말한다.
- 피대리인의 수권에 의한 것이 아니라 법률의 규정에 의한 대리로서 법정대리이다.

2. 종류

- 체납처분절차에서 압류재산의 공매처분, 감독청에 의한 공법인의 정관작성 또는 임원임명, 토지수용위원회의 수용재결, 행려병자 또는 사자의 유류품처분 14 사복 등이 있다.

Ⅳ 확인

1. 의의

- 특정한 사실 또는 법률관계의 존부 또는 정부에 관하여 의문이 있거나 다툼이 있는 경우에 행정청이 이를 공권적으로 확인하는 행위를 말한다.
- 당선인결정, 장애등급결정, 국가유공자등록결정, 민주화운동 관련자결정, 국가시험합격자결정, 교과서의 검정, 도로·하천구역의 결정, 행정심판의 재결, 이의신청의 재결, 소득금액의 결정, 발명특허, 건축물에 대한 준공검사처분 등이 그 예이다.

판례

1. 친일반민족행위자 재산의 국가귀속에 관한 특별법 제3조 제1항 본문, 제9조 규정들의 취지와 내용에 비추어 보면, 같은 법 제2조 제2호에 정한 친일재산은 친일반민족행위자 재산조사위원회가 국가귀속 결정을 하여야 비로소 국가의 소유로 되는 것이 아니라 특별법의 시행에 따라 그 취득·증여 등 원인행위시에 소급하여 당연히 국가의 소유로 되고, 위 위원회의 국가귀속결정은 당해 재산이 친일재산에 해당한다는 사실을 확인하는 이른바 준법률행위적 행정행위의 성격을 가진다. 대법원 2008. 11. 13. 선고 2008두13491 판결 17 교행, 18 교행
2. 준공검사처분은 건축허가를 받아 건축한 건물이 건축허가사항대로 건축행정목적에 적합한가의 여부를 확인하고, 준공검사필증을 교부하여 줌으로써 허가받은 자로 하여금 건축한 건물을 사용, 수익할 수 있게 하는 법률효과를 발생시키는 것이다. 허가관청은 특단의 사정이 없는 한 건축허가내용대로 완공된 건축물의 준공을 거부할 수 없다고 하겠으나, 만약 건축허가 자체가 건축관계 법령에 위반되는 하자가 있는 경우에는 비록 건축허가내용대로 완공된 건축물이라 하더라도 위법한 건축물이 되는 것으로서 그 하자의 정도에 따라 건축허가를 취소할 수 있음은 물론 그 준공도 거부할 수 있다고 하여야 할 것이다. 건축주가 건축허가내용대로 완공하였으나 건축허가 자체에 하자가 있어서 위법한 건축물이라는 이유로 허가관청이 준공을 거부하려면 건축허가의 취소에 있어서와 같은 조리상의 제약이 따른다고 할 것이고, 만약 당해 건축허가를 취소할 수 없는 특별한 사정이 있는 경우라면 그 준공도 거부할 수 없다고 할 것이다. 대법원 1992. 4. 10. 선고 91누5358 판결
3. 국방전력발전업무훈령 제113조의5 제1항에 의한 연구개발확인서 발급은 개발업체가 '업체투자연구개발' 방식 또는 '정부·업체공동투자연구개발' 방식으로 전력지원체계 연구개발사업을 성공적으로 수행하여 군사용 적합판정을 받고 국방규격이 제·개정된 경우에 사업관리기관이 개발업체에게 해당 품목의 양산과 관련하여 경쟁입찰에 부치지 않고 수의계약의 방식으로 국방조달계약을 체결할 수 있는 지위(경쟁입찰의 예외사유)가 있음을 인정해 주는 '확인적 행정행위'로서 공권력의 행사인 '처분'에 해당하고, 연구개발확인서 발급 거부는 신청에 따른 처분 발급을 거부하는 '거부처분'에 해당한다. 대법원 2020. 1. 16. 선고 2019다264700 판결

2. 법적 성질

(1) 준사법적 행위

• 확인은 의문이 있거나 다툼이 있는 사실 또는 법률관계를 공권적으로 확인하는 행위로서 법원의 판결과 유사하므로 준사법적 행위의 성질을 갖는다.

(2) 원칙적으로 기속행위

• 확인행위는 사실 또는 법률관계를 확인하는 행위이므로 원칙적으로 행정청에게 재량이 인정될 수 없는 기속행위이다. 다만, 교과서검정과 같이 경우에 따라 재량행위인 경우도 있다.

3. 효과

• 특정한 사실 또는 법률관계의 존부 또는 정부를 공적으로 확인하는 효과를 갖는다.
• 한편 확인행위에 의해 별도의 법적 효과가 발생하는 경우가 있는데, 이는 법률의 규정에 의한 효과이지 확인행위 자체의 효과는 아니다.
• 확인은 준사법적 행위이므로 불가변력이 발생한다고 보는 것이 일반적이다.

V 공증

1. 의의

• 특정한 사실 또는 법률관계의 존부를 공적으로 증명하는 행위를 말한다.

2. 종류

(1) 공적 장부의 등기·등록·등재 등

• 부동산등기부의 등기, 선거인명부에의 등록, 광업원부에의 등록, 토지대장에의 등재, 특허의 등록 11 국가 등

(2) 증명서 발급

• 합격증서 발급, 의료유사업자의 자격증 갱신발급, 건설업면허증 및 건설업면허수첩의 재교부 11 사복, 17 교행, 18 교행 등

판례

건설업면허증 및 건설업면허수첩의 재교부는 그 면허증 등의 분실, 헐어 못쓰게 된 때, 건설업의 면허이전 등 면허증 및 면허수첩 그 자체의 관리상의 문제로 인하여 종전의 면허증 및 면허수첩과 동일한 내용의 면허증 및 면허수첩을 새로이 또는 교체하여 발급하여 주는 것으로서, 이는 건설업의 면허를 받았다고 하는 특정사실에 대하여 형식적으로 그것을 증명하고 공적인 증거력을 부여하는 행정행위(강학상의 공증행위)이므로, 그로 인하여 면허의 내용 등에는 아무런 영향이 없이 종전의 면허의 효력이 그대로 지속하고, 면허증 및 면허수첩의 재교부에 의하여 재교부 전의 면허는 실효되고 새로운 면허가 부여된 것이라고 볼 수 없다. 대법원 1994. 10. 25. 선고 93누21231 판결

(3) 기타

• 영수증 교부, 11 국가 여권 발급 등

의료법 부칙 제7조의 의료유사업자 자격증 갱신발급행위는 의료유사업자의 자격을 부여 내지 확인하는 것은 아니고, 그 자격의 존재를 증명하는 공증행위이므로 소정기간 내에 자격증 갱신발급을 받지 못하여도 자격 자체는 아무런 영향이 없으니 의료유사업자는 그 자격에 대한 불안을 제거하기 위하여 이를 다투는 국가를 상대로 그 확인을 구할 법률상 이익이 있다. (대법원 1979. 5. 22. 선고 79누39 판결)

3. 법적 성질: 처분성 인정 여부

(1) 쟁점

- 공증에 처분성이 인정되는지에 대해 견해대립이 있다.
- 판례는 개별 사안마다 달리 판단하여, 개인의 권리관계에 영향을 주는 경우에는 처분성을 인정하고, 그렇지 않고 단순한 행정편의를 위한 것에 그치는 경우에는 처분성을 부정한다.

(2) 처분성을 인정한 판례

판례

1. 지목은 토지에 대한 공법상의 규제, 개발부담금의 부과대상, 지방세의 과세대상, 공시지가의 산정, 손실보상가액의 산정 등 토지행정의 기초로서 공법상의 법률관계에 영향을 미치고, 토지소유자는 지목을 토대로 토지의 사용·수익·처분에 일정한 제한을 받게 되는 점 등을 고려하면, 지목은 토지소유권을 제대로 행사하기 위한 전제요건으로서 토지소유자의 실체적 권리관계에 밀접하게 관련되어 있으므로 지적공부 소관청의 지목변경신청 반려행위는 국민의 권리관계에 영향을 미치는 것으로서 항고소송의 대상이 되는 행정처분에 해당한다. 대법원 2004. 4. 22. 선고 2003두9015 전원합의체 판결 12 국가, 14 국회, 17 국가, 21 국가, 21 지방 01
2. 건축물대장은 건축물에 대한 공법상의 규제, 지방세의 과세대상, 손실보상가액의 산정 등 건축행정의 기초자료로서 공법상의 법률관계에 영향을 미칠 뿐만 아니라, 건축물에 관한 소유권보존등기 또는 소유권이전등기를 신청하려면 이를 등기소에 제출하여야 하는 점 등을 종합해 보면, 건축물대장은 건축물의 소유권을 제대로 행사하기 위한 전제요건으로서 건축물 소유자의 실체적 권리관계에 밀접하게 관련되어 있으므로, 이러한 건축물대장을 직권말소한 행위는 국민의 권리관계에 영향을 미치는 것으로서 항고소송의 대상이 되는 행정처분에 해당한다. 대법원 2010. 5. 27. 선고 2008두22655 판결
3. 상표사용권설정등록신청서가 제출된 경우 특허청장은 신청서와 그 첨부서류만을 자료로 형식적으로 심사하여 그 등록신청을 수리 할 것인지의 여부를 결정하여야 되는 것으로서, 특허청장의 상표사용권설정등록행위는 사인간의 법률관계의 존부를 공적으로 증명하는 준법률행위적 행정행위임이 분명하다. 대법원 1991. 8. 13. 선고 90누9414 판결
4. 토지대장직권말소행위 대법원 2013. 10. 24. 선고 2011두13286 판결 14 국회
5. 건축물대장 용도변경신청반려행위 대법원 2009. 1. 30. 선고 2007두7277 판결 24 국가
6. 건축물대장 작성신청 거부행위 대법원 2009. 2. 12. 선고 2007두17359 19 소방
7. 구분소유 건축물을 하나의 건축물로 건축물대장을 합병한 행위 대법원 2009. 5. 28. 선고 2007두19775 판결

(3) 처분성을 부정한 판례

판례

1. 무허가건물을 무허가건물관리대장에 등재하거나 등재된 내용을 변경 또는 삭제하는 행위로 인하여 당해 무허가건물에 대한 실체상의 권리관계에 변동을 가져오는 것이 아니고, 무허가건물의 건축시기, 용도, 면적 등이 무허가건물관리대장의 기재에 의해서만 증명되는 것도 아니므로, 관할관청이 무허가건물의 무허가건물관리대장 등재 요건에 관한 오류를 바로잡으면서 당해 무허가건물을 무허가건물관리대장에서 삭제하는 행위는 다른 특별한 사정이 없는 한 항고소송의 대상이 되는 행정처분이 아니다. 대법원 2009. 3. 12. 선고 2008두11525 판결 11 국회, 12 국회

OX 확인

01 지적공부 소관청의 지목변경신청 반려행위는 국민의 권리관계에 영향을 미치는 것으로서 항고소송의 대상이 되는 행정처분에 해당한다. (○)

2. 토지대장에 기재된 일정한 사항을 변경하는 행위는, 그것이 지목의 변경이나 정정 등과 같이 토지 소유권 행사의 전제요건으로서 토지소유자의 실체적 권리관계에 영향을 미치는 사항에 관한 것이 아닌 한 행정사무집행의 편의와 사실증명의 자료로 삼기 위한 것일 뿐이어서, 그 소유자 명의가 변경된다고 하여도 이로 인하여 당해 토지에 대한 실체상의 권리관계에 변동을 가져올 수 없고 토지 소유권이 지적공부의 기재만에 의하여 증명되는 것도 아니다. 따라서 소관청이 토지대장상의 소유자명의변경신청을 거부한 행위는 이를 항고소송의 대상이 되는 행정처분이라고 할 수 없다. 대법원 2012. 1. 12. 선고 2010두12354 판결 16 국가, 20 지방, 21 국가 01

| OX 확인 |

01 행정청이 토지대장상의 소유자명의변경신청을 거부한 행위는 항고소송의 대상이 되는 처분에 해당한다. (×)

4. 효과

• 공증된 사실 또는 법률관계에 대하여 공적증거력이 발생하는 결과, 반증에 의하지 아니하고는 번복될 수 없다(즉, 반증이 있으면 번복 가능).

VI 통지

1. 의의

• 특정인 또는 불특정 다수인에게 특정한 사실을 알리는 행위로서, 일정한 법적 효과를 발생시키는 행위를 말한다.

• 통지의 예로는 특허출원의 공고, 귀화의 고시, 대집행의 계고, 납세의 독촉 등이 있다.

2. 구별개념

(1) 단순한 사실의 통지

• 통지는 일정한 법률효과를 발생시키는 행정행위라는 점에서 당연퇴직의 통보와 같이 아무런 법적 효과를 발생시키지 않는 단순한 사실의 통지와 구분된다.

(2) 행정행위의 효력발생요건인 통지 또는 고지

• 통지는 행정행위라는 점에서 행정행위의 효력발생요건에 불과한 통지 또는 고지와 구분된다.

3. 법적 성질: 처분성 인정 여부

• 통지는 일정한 법적 효과를 발생시키는 행정행위이므로 당연히 처분성이 인정된다.

판례

1. 임용권자가 임용기간이 만료된 조교수에 대하여 재임용을 거부하는 취지로 한 임용기간만료의 통지는 위와 같은 대학교원의 법률관계에 영향을 주는 것으로서 행정소송의 대상이 되는 처분에 해당한다. 대법원 2004. 4. 22. 선고 2000두7735 전원합의체 판결

2. 부당한 공동행위 자진신고자 등의 시정조치 또는 과징금 감면신청에 대한 감면불인정 통지는 항고소송의 대상이 되는 행정처분에 해당한다고 보아야 한다. 대법원 2012. 9. 27. 선고 2010두3541 판결

• 반면 단순한 사실의 통지의 경우 법적 효과를 발생시키지 않으므로 처분성이 부정된다.

판례

1. 국가공무원법 제69조에 의하면 공무원이 제33조 각 호의 1에 해당할 때에는 당연히 퇴직한다고 규정하고 있으므로, 국가공무원법상 당연퇴직은 결격사유가 있을 때 법률상 당연히 퇴직하는 것이지 공무원관계를 소멸시키기 위한 별도의 행정처분을 요하는 것이 아니며, 당연퇴직의 인사발령은 법률상 당연히 발생하는 퇴직사유를 공적으로 확인하여 알려주는 이른바 관념의 통지에 불과하고 공무원의 신분을 상실시키는 새로운 형성적 행위가 아니므로 행정소송의 대상이 되는 독립한 행정처분이라고 할 수 없다. 대법원 1995. 11. 14. 선고 95누2036 판결 12 국가, 12 지방, 16 국가, 17 서울, 19 소방
2. 국가공무원법 제74조에 의하면 공무원이 소정의 정년에 달하면 그 사실에 대한 효과로서 공무담임권이 소멸되어 당연히 퇴직되고 따로 그에 대한 행정처분이 행하여져야 비로소 퇴직되는 것은 아니라 할 것이며 피고의 원고에 대한 정년퇴직 발령은 정년퇴직 사실을 알리는 이른바 관념의 통지에 불과하므로 행정소송의 대상이 되지 아니한다. 대법원 1983. 2. 8. 선고 81누263 판결 18 교행
3. 국민건강보험 직장가입자 또는 지역가입자 자격 변동은 법령이 정하는 사유가 생기면 별도 처분 등의 개입 없이 사유가 발생한 날부터 변동의 효력이 당연히 발생하므로, 국민건강보험공단이 갑 등에 대하여 가입자 자격이 변동되었다는 취지의 '직장가입자 자격상실 및 자격변동 안내' 통보를 하였거나, 그로 인하여 사업장이 국민건강보험법상의 적용대상사업장에서 제외되었다는 취지의 '사업장 직권탈퇴에 따른 가입자 자격상실 안내' 통보를 하였더라도, 이는 갑 등의 가입자 자격의 변동 여부 및 시기를 확인하는 의미에서 한 사실상 통지행위에 불과할 뿐, 위 각 통보에 의하여 가입자 자격이 변동되는 효력이 발생한다고 볼 수 없고, 또한 위 각 통보로 갑 등에게 지역가입자로서의 건강보험료를 납부하여야 하는 의무가 발생함으로써 갑 등의 권리의무에 직접적 변동을 초래하는 것도 아니라는 이유로, 위 각 통보의 처분성이 인정되지 않는다. 대법원 2019. 2. 14. 선고 2016두41729 판결 23 국가

Ⅶ 수리

1. 의의

- 타인의 행정청에 대한 행위를 유효한 행위로서 받아들이는 행위로서, 수리를 요하는 신고에 있어서의 수리를 말한다. 18 국가
- 주민등록신고의 수리, 지위승계신고의 수리 등이 그 예이다.

2. 구별개념

(1) 자체완성적 신고에 대한 수리(**단순한 접수행위**)

- 자체완성적 신고는 형식적 요건을 갖춘 신고서가 행정기관에 도달한 때에 바로 효력을 발생하므로 별도로 행정청의 수리를 요하지 않는다. 따라서 이 경우 행정청이 신고서를 수리하는 것은 단순한 사실행위인 접수행위에 불과하다.
- 반면 수리는 법적 효과를 발생시키는 행정행위이므로 단순한 접수행위와 구별된다.

(2) 허가제의 허가

- 수리를 요하는 신고의 수리는 실질적으로 허가와 차이가 없다는 견해가 있으나, 판례는 양자를 구분하고 있다. 14 서울

3. 법적 성질: 기속(재량)행위

• 요건을 갖춘 적법한 신고가 있으면 행정청은 중대한 공익상 필요 등 특별한 사정이 없는 한 이를 수리하여야 하므로 원칙적으로 수리는 기속(재량)행위이다.

4. 효과

• 수리의 효과는 개별 법령이 정하는 바에 따른다.

신고의 효력은 신고로서의 효력과 신고 및 수리에 따른 법적 효력으로 나누어 볼 수 있다. 신고로서의 효력은 신고의무의 이행을 말하고, 신고 및 수리에 따른 효력은 금지해제의 효과, 영업자의 지위의 취득 등을 말한다.

5. 관련문제: 지위승계신고의 수리에 있어서 기본행위의 하자

• 영업허가양도에 따른 지위승계신고가 있는 경우에 있어서 기본행위인 영업양도계약이 존재하지 않거나 무효로 되는 때에는 그 수리도 무효가 된다.

판례

사업양도·양수에 따른 허가관청의 지위승계신고의 수리는 적법한 사업의 양도·양수가 있었음을 전제로 하는 것이므로 그 수리대상인 사업양도·양수가 존재하지 아니하거나 무효인 때에는 수리를 하였다 하더라도 그 수리는 유효한 대상이 없는 것으로서 당연히 무효라 할 것이고, 사업의 양도행위가 무효라고 주장하는 양도자는 민사쟁송으로 양도·양수행위의 무효를 구함이 없이 막바로 허가관청을 상대로 하여 행정소송으로 위 신고수리처분의 무효확인을 구할 법률상 이익이 있다. 대법원 2005. 12. 23. 선고 2005두3554 판결 18 지방, 22 지방

제3강 행정행위의 부관

쟁점 12 행정행위의 부관

Ⅰ 의의

1. 부관의 개념

(1) 전통적 견해

- 행정행위의 효과를 제한하기 위하여 주된 의사표시에 부가된 종된 의사표시를 말한다.
- 부관은 주된 의사표시에 부가되므로, 의사표시를 요건으로 하지 않는 준법률행위적 행정행위에는 부가될 수 없다. 11 국가

(2) 새로운 견해

- 주된 행정행위의 효과를 제한 또는 보충하기 위하여 부과된 종된 규율을 말한다.

2. 구별개념

(1) 법정부관

- 행정기관의 의사표시에 의한 것이 아닌, 법령에 의해 직접 부가된 부관을 말한다.
- 법정부관은 그 성질이 법령이므로 법령에 대한 통제방식이 그대로 적용된다.
- 법령인 법정부관에는 뒤에서 살펴볼 부관의 한계에 관한 내용이 적용되지 않는다. 18 지방

판례

공익상의 이유로 허가를 할 수 없는 영업의 종류를 지정할 권한을 부여한 구 식품위생법 제23조의3 제4호에 따라 보건사회부장관이 발한 고시인 식품영업허가기준은 실질적으로 법의 규정내용을 보충하는 기능을 지니면서 그것과 결합하여 대외적으로 구속력이 있는 법규명령의 성질을 가진 것이므로, 위 고시에 정한 허가기준에 따라 보존음료수 제조업 허가에 붙여진 전량수출 또는 주한 외국인에 대한 판매에 한한다는 내용의 조건은 이른바 법정부관으로서 행정청의 의사에 기하여 붙여지는 본래의 의미에서의 행정행위의 부관은 아니다. 따라서 이와 같은 법정부관에 대하여는 행정행위에 부관을 붙일 수 있는 한계에 관한 일반적인 원칙이 적용되지는 않지만, 위 고시가 헌법상 보장된 기본권을 침해하는 것으로서 헌법에 위반될 때에는 그 효력이 없는 것으로 볼 수밖에 없다. 10 국가, 19 국회
위 고시가 보존음료수 제조업의 허가를 받은 제조업자들이 보존음료수를 내국인에게 판매하지 못하도록 금지하고 있는 것은 헌법상 보장된 직업의 자유와 국민의 행복추구권을 침해하는 것으로서 헌법에 위반되어 무효라고 할 것이므로, 이 고시를 내용으로 하는 위 허가조건(법정부관) 역시 무효라고 할 것이니 이를 위반하여 보존음료수를 내국인에게 판매하였다고 하더라도 식품위생법 제77조 제3호(주 : 과징금부과처분사유)에 해당한다고 할 수 없다(무효인 위 고시에 따라서 지게 되는 의무를 이행하지 아니하였다는 이유로 원고들에 대하여 과징금을 부과하는 제재적 행정처분을 하는 것은 위법하다고 본 사례). 대법원 1995. 11. 14. 선고 92도496 판결

> 구 사회복지사업법 제20조 제2항에 따르면, 사회복지법인의 임시이사는 이사의 결원으로 법인의 정상적인 운영이 어려워진 경우에 그 결원을 보충하기 위하여 선임되는 기관이므로 정식이사가 선임될 때까지만 재임하는 것이 원칙이다. 다만 관할 행정청은 임시이사의 임기를 분명히 하기 위하여 임시이사를 선임하면서 임기를 예를 들어 1년 또는 2년과 같이 확정기한으로 정할 수 있다. 그러나 임시이사를 선임하면서 임기를 '후임 정식이사가 선임될 때까지'로 기재한 것은 근거 법률의 해석상 당연히 도출되는 사항을 주의적·확인적으로 기재한 이른바 '법정부관'일 뿐, 행정청의 의사에 따라 붙이는 본래 의미의 행정처분 부관이라고 볼 수 없다. 후임 정식이사가 선임되었다는 사유만으로 임시이사의 임기가 자동적으로 만료되어 임시이사의 지위가 상실되는 효과가 발생하지 않고, 관할 행정청이 후임 정식이사가 선임되었음을 이유로 임시이사를 해임하는 행정처분을 해야만 비로소 임시이사의 지위가 상실되는 효과가 발생한다. (대법원 2020. 10. 29. 선고 2017다269152 판결)

(2) 수정부담

- 행정행위에 부가하여 새로운 의무를 부과하는 것이 아니라, 상대방이 신청한 것과는 다르게 행정행위의 내용을 정하는 것을 말한다.
- 예를 들어, A라는 진로로 집단시위행진을 할 것을 신청하였지만 진로를 변경하여 허가를 해 준 경우 등이 있다.

- 신청된 행정행위의 내용 자체를 변경하여 변경된 내용의 행정행위를 하는 것이므로 부관이 아닌 별개의 변경처분(변경허가)로 보아야 한다는 것이 다수의 견해이다. 17 지방

Ⅱ 종류

1. 조건

(1) 의의

- 행정행위의 효과의 발생(정지조건) 또는 소멸(해제조건)을 장래 발생할 것이 불확실한 사실에 의존시키는 부관을 말한다.

(2) 정지조건

- 행정행위의 효과의 발생을 장래 발생할 것이 불확실한 사실에 의존시키는 부관을 말한다. 15 교행
- 정지조건이 성취되어야 주된 행정행위의 효력이 발생한다.

(3) 해제조건

- 행정행위의 효과의 소멸을 장래 발생할 것이 불확실한 사실에 의존시키는 부관을 말한다. 20 소방
- 행정행위는 처음부터 효력이 발생하나 해제조건이 성취되면 그 행정행위는 행정청의 별도의 행위 없이도 당연히 효력을 상실한다. 15 사복
- 일정한 기간 내에 공사에 착수할 것을 조건으로 하는 공유수면매립면허 등이 있다. 11 사복

2. 기한

- 행정행위의 효과의 발생(시기) 또는 소멸(종기)을 장래 발생할 것이 확실한 사실에 의존시키는 부관을 말한다. 12 국회
- 종기의 도래 시 해제조건과 마찬가지로 행정행위는 별도의 행위 없이도 당연히 소멸한다.
- 도래시점이 확정된 기한을 확정기한, 도래시점이 확정되지 않은 기한을 불확정기한이라 한다.

3. 철회권의 유보

(1) 의의

- 일정한 사유가 발생한 경우에 행정행위를 철회하여 그 효력을 소멸시킬 수 있는 권한을 유보하는 부관을 말한다.

판례

행정청이 종교단체에 대하여 기본재산전환인가를 함에 있어 인가조건을 부가하고 그 불이행 시 인가를 취소할 수 있도록 한 경우, 인가조건의 의미는 철회권을 유보한 것이다. 대법원 2003. 5. 30. 선고 2003다6422 판결 11 국회, 14 지방

(2) 효과(한계)

- 철회권이 유보된 경우에도 이를 행사함에 있어서는 철회의 제한이론인 이익형량의 원칙이 적용된다. 19 소방
- 다만, 이익형량에 있어서 상대방은 신뢰보호원칙을 원용할 수 없고, 일반적인 철회 시 인정될 수 있는 신뢰보호에 근거한 손실보상도 원칙적으로 인정되지 않는다. 11 국가, 16 서울

4. 법률효과의 일부배제

(1) 의의

- 법률이 행정행위에 부여한 법률효과의 일부를 배제하는 행정청의 의사표시를 말한다.
- 법률이 인정하는 효력을 행정기관이 배제하는 것이므로 이를 위해서는 반드시 법률에 근거가 있어야 한다.
- 법률효과의 일부배제의 예로는 격일제 운행의 개인택시운송사업면허 등이 있다.

(2) 부관인지 여부 : 부관설

- 법률효과의 일부배제는 행정행위의 효과에 대한 내용적 제한에 불과하므로 부관이 아니라는 견해가 있으나, 부관은 본래 행정행위의 효과를 제한하는 것이므로 이 또한 부관에 해당하는 것으로 보는 것이 다수의 견해이다.
- 판례도 법률효과의 일부배제를 부관으로 이해한다.

판례

행정행위의 부관은 부담의 경우를 제외하고는 독립하여 행정소송의 대상이 될 수 없는 것인바, 행정청이 한 공유수면매립준공인가 중 매립지 일부에 대하여 한 국가귀속처분은 매립준공인가를 함에 있어서 매립의 면허를 받은 자의 매립지에 대한 소유권취득을 규정한 공유수면매립법 제14조의 효과 일부를 배제하는 부관을 붙인 것이므로 이러한 행정행위의 부관에 대하여는 독립하여 행정소송의 대상으로 삼을 수 없다. 대법원 1991. 12. 13. 선고 90누8503 판결 11 사복, 19 지방, 20 소방, 24 지방 01

OX 확인

01 공유수면매립준공인가처분을 하면서 매립지 일부에 대하여 한 국가 및 지방자치단체에의 귀속처분은 부관 중 부담에 해당하므로 독립하여 행정소송 대상이 될 수 있다. (×)

5. 부담

(1) 의의

- 행정행위의 주된 내용에 부가하여 그 행정행위의 상대방에게 작위·부작위·급부·수인 등의 의무를 부과하는 부관을 말한다.
- 부담은 다른 부관과 달리 그 자체가 행정행위의 성격을 가지는데, 이에 따라 독립하여 심판 또는 소송의 대상이 된다(자세한 내용은 후술함).
- 그러나 부담 또한 주된 행정행위에 부가된 부관이므로 부담의 효력은 주된 행정행위의 효력에 의존하는 바, 주된 행정행위가 효력을 상실하면 부담도 효력을 상실한다(부종성).
- 부담의 예로 도로점용허가를 하면서 점용료를 납부하도록 하는 경우 등이 있다.

(2) 조건과의 구별

① 구별실익

㉠ 정지조건부 행정행위와의 구별

- 부담부 행정행위는 부담의 이행 여부와 무관하게 처음부터 즉시 효력을 발생하는 반면, 정지조건부 행정행위는 조건이 성취되어야 비로소 효력이 발생한다. 17 지방, 18 지방

ⓛ 해제조건부 행정행위와의 구별

- 부담의 불이행이 있다 하여 부담부 행정행위가 곧바로 효력을 상실하는 것은 아니고 다만 행정행위의 철회사유가 되는 반면, 해제조건부 행정행위는 조건 성취 시 당연히 그 행정행위의 효력이 상실된다. 15 교행
- 한편 부담의 불이행을 이유로 한 행정행위의 철회 시에는 철회의 일반이론에 따라 이익형량의 원칙이 적용된다. 16 서울

판례

부담부 행정처분에 있어서 처분의 상대방이 부담(의무)을 이행하지 아니한 경우에 처분행정청으로서는 이를 들어 당해 처분을 취소(철회)할 수 있다. 대법원 1989. 10. 24. 선고 89누2431 판결 24 지방

ⓒ 강제집행

- 부담에 따른 의무의 불이행 시 이는 독립하여 강제집행의 대상이 되는 반면, 조건은 그것이 불성취되었다 하여 독립하여 강제집행의 대상이 되지 않는다.

ⓔ 독립쟁송 가부

- 부담은 그 자체로 행정행위이므로 독립하여 행정쟁송의 대상이 될 수 있으나, 조건은 독립하여 행정쟁송의 대상이 될 수 없고 조건부 행정행위 전부가 그 대상이 된다.

② 구별기준

- 행정청의 객관적 의사를 판단하여, 행정행위의 효력의 발생・소멸 자체를 그 부관에 의존시키려는 것으로 인정되는 경우에는 조건으로, 그렇지 않은 경우에는 부담으로 볼 수 있다.
- 부담과 조건의 구별이 명확하지 않을 경우, 원칙적으로 상대방에게 유리한 부담으로 추정해야 한다. 20 소방

(3) 기한과의 구별

- 기한은 그 도래에 의해 곧바로 주된 행정행위의 효력을 발생・소멸시키지만, 부담은 의무기한이 도래한다 하여도 의무불이행이 되어 행정행위의 철회사유가 될 수 있을 뿐이다.

(4) 부담의 부가방법

- 수익적 행정행위를 함에 있어서는 법령에 특별한 규정이 없어도 부담을 부가할 수 있다.
- 행정청이 처분을 하면서 일방적으로 부가할 수도 있지만, 상대방과 협의하여 부담의 내용을 협약의 형식으로 미리 정한 후 처분과 함께 부가할 수도 있다.

판례

수익적 행정처분에 있어서는 법령에 특별한 근거규정이 없다고 하더라도 그 부관으로서 부담을 붙일 수 있고, 그와 같은 부담은 행정청이 행정처분을 하면서 일방적으로 부가할 수도 있지만 부담을 부가하기 이전에 상대방과 협의하여 부담의 내용을 협약의 형식으로 미리 정한 다음 행정처분을 하면서 이를 부가할 수도 있다. 대법원 2009. 2. 12. 선고 2005다65500 판결 16 국가, 16 교행, 20 지방, 21 소방 01

OX 확인

01 행정청이 부담을 부가하기 이전에 상대방과 협의하여 부담의 내용을 협약의 형식으로 미리 정한 경우에는 행정처분을 하면서 이를 부담으로 부가할 수 없다. (×)

(5) 부담의 적법성 판단의 기준 시 : 처분시

- 부담의 적법 여부는 처분시를 기준으로 판단하여야 한다. 15 지방
- 따라서 부담이 처분시 적법하였다면, 처분 이후 주된 행정행위의 근거법령이 개정됨으로 인해 더 이상 부관을 붙일 수 없게 되었다고 하더라도 그 부담이 위법하게 되는 것은 아니다.

판례

행정청이 수익적 행정처분을 하면서 부가한 부담의 위법 여부는 처분 당시 법령을 기준으로 판단하여야 하고, 부담이 처분 당시 법령을 기준으로 적법하다면 처분 후 부담의 전제가 된 주된 행정처분의 근거 법령이 개정됨으로써 행정청이 더 이상 부관을 붙일 수 없게 되었다 하더라도 곧바로 위법하게 되거나 그 효력이 소멸하게 되는 것은 아니다. 19 지방, 24 지방 01
따라서 행정처분의 상대방이 수익적 행정처분을 얻기 위하여 행정청과 사이에 행정처분에 부가할 부담에 관한 협약을 체결하고 행정청이 수익적 행정처분을 하면서 협약상의 의무를 부담으로 부가하였으나 부담의 전제가 된 주된 행정처분의 근거 법령이 개정됨으로써 행정청이 더 이상 부관을 붙일 수 없게 된 경우에도 곧바로 협약의 효력이 소멸하는 것은 아니다. 대법원 2009. 2. 12. 선고 2005다65500 판결 15 국회, 17 국가, 20 국가, 21 국가, 21 지방 02

OX 확인

01 부담이 처분 당시 법령을 기준으로 적법하다면 처분 후 부담의 전제가 된 주된 행정처분의 근거 법령이 개정됨으로써 행정청이 더 이상 부관을 붙일 수 없게 되었다 하더라도 곧바로 위법하게 되거나 그 효력이 소멸하게 되는 것은 아니다. (○)

02 처분 당시 법령을 기준으로 처분에 부가된 부담이 적법하였더라도, 처분 후 부담의 전제가 된 주된 행정처분의 근거 법령이 개정됨으로써 행정청이 더 이상 부관을 붙일 수 없게 되었다면 그때부터 부담의 효력은 소멸한다. (×)

(6) 부담의 하자와 부담의 이행행위인 사법상 법률행위의 효력

- 부담이 위법한 경우, 그 부담의 이행으로 행해진 사법상 법률행위의 효력이 문제된다.
- 판례는 부담과 그 부담의 이행행위인 사법상 법률행위는 별개의 독립된 행위이므로, 부담이 무효라 하더라도 그 부담의 이행으로 한 사법상 법률행위가 당연히 무효가 되는 것은 아니고 단지 법률행위의 취소사유가 될 뿐이라고 한다.
- 또한 부담이 제소기간의 도과로 확정되어 불가쟁력이 발생한 경우에도 그 부담의 이행행위인 사법상 법률행위의 효력을 다툴 수 있다고 한다. 15 지방

판례

1. 토지소유자가 토지형질변경행위허가에 붙은 기부채납의 부관에 따라 토지를 국가나 지방자치단체에 기부채납(증여)한 경우, 기부채납의 부관이 당연무효이거나 취소되지 아니한 이상 토지소유자는 위 부관으로 인하여 증여계약의 중요부분에 착오가 있음을 이유로 증여계약을 취소할 수 없다. 대법원 1999. 5. 25. 선고 98다53134 판결 11 지방, 17 국가, 20 국가, 23 국가, 24 국가
2. 행정처분에 부담인 부관을 붙인 경우 부관의 무효화에 의하여 본체인 행정처분 자체의 효력에도 영향이 있게 될 수는 있지만, 그 처분을 받은 사람이 부담의 이행으로 사법상 매매 등의 법률행위를 한 경우에는 그 부관은 특별한 사정이 없는 한 법률행위를 하게 된 동기 내지 연유로 작용하였을 뿐이므로 이는 법률행위의 취소사유가 될 수 있음은 별론으로 하고 그 법률행위 자체를 당연히 무효화하는 것은 아니다. 16 지방, 16 교행, 17 사복, 19 국가, 22 지방 03
행정처분에 붙은 부담인 부관이 제소기간의 도과로 확정되어 이미 불가쟁력이 생겼다면 그 하자가 중대하고 명백하여 당연 무효로 보아야 할 경우 외에는 누구나 그 효력을 부인할 수 없을 것이지만, 부담의 이행으로서 하게 된 사법상 매매 등의 법률행위는 부담을 붙인 행정처분과는 어디까지나 별개의 법률행위이므로 그 부담의 불가쟁력의 문제와는 별도로 법률행위가 사회질서 위반이나 강행규정에 위반되는지 여부 등을 따져보아 그 법률행위의 유효 여부를 판단하여야 한다(주 : 부담에 불가쟁력이 발생하였더라도 부담의 이행행위인 사법행위에 대해서는 별도로 민사소송이 가능하다고 본 사례). 대법원 2009. 6. 25. 선고 2006다18174 판결 24 지방 04

OX 확인

03 행정처분에 부담인 부관을 붙인 경우, 부관이 무효라면 부담의 이행으로 이루어진 사법상 매매행위도 당연히 무효가 된다. (×)

04 부담의 이행으로서 하게 된 사법상 매매 등의 법률행위는 부담을 붙인 행정처분과는 별개의 법률행위이므로, 그 부담의 불가쟁력의 문제와는 별도로 법률행위가 사회질서 위반이나 강행규정에 위반되는지 여부 등을 따져보아 그 법률행위의 유효 여부를 판단하여야 한다. (○)

Ⅲ 부관의 한계

1. 부관의 가능성

(1) 준법률행위적 행정행위

① 전통적 견해 : 불가능

- 부관을 '행정행위의 효과를 제한하기 위하여 주된 의사표시에 부가된 종된 의사표시'로 이해하는 견해에 따르면, 의사표시를 전제로 하지 않는 준법률행위적 행정행위에는 부관을 붙일 수 없다고 한다. 11 국가

② 새로운 견해 : 가능

- 부관을 '주된 행정행위의 효과를 제한 또는 보충하기 위하여 부과된 종된 규율'로 이해하는 견해에 따르면, 법률의 근거가 있는 경우 준법률행위적 행정행위에 대해서도 부관을 붙일 수 있다고 한다.

(2) 신분설정행위

- 귀화허가 또는 공무원의 임명행위와 같은 신분설정행위에는 당사자의 지위를 보장하기 위해 부관을 붙일 수 없다.

(3) 기속행위 및 재량행위

① 기속(재량)행위

- 기속(재량)행위에는 법령에 특별한 근거가 없는 한 부관을 붙일 수 없고, 만약 붙였다 하더라도 이는 무효이다. 20 소방, 21 국가

> 행정기본법 제17조 【부관】
> ① 행정청은 처분에 재량이 있는 경우에는 부관(조건, 기한, 부담, 철회권의 유보 등을 말한다.)을 붙일 수 있다.
> ② 행정청은 처분에 재량이 없는 경우에는 법률에 근거가 있는 경우에 부관을 붙일 수 있다.
> 21 지방

판례

1. 일반적으로 기속행위나 기속적 재량행위에는 부관을 붙일 수 없고 가사 부관을 붙였다 하더라도 무효이다. 따라서 건축허가를 하면서 일정 토지를 기부채납하도록 하는 내용의 허가조건은 부관을 붙일 수 없는 기속행위 내지 기속적 재량행위인 건축허가에 붙인 부담이거나 또는 법령상 아무런 근거가 없는 부관이어서 무효이다. 대법원 1995. 6. 13. 선고 94다56883 판결
2. 행정청이 건축변경허가를 함에 있어 건축주에게 새 담장을 설치하라는 부관을 붙인 것은 법령상 근거 없는 부담을 부가한 것으로 위법하다. 대법원 2000. 2. 11. 선고 98누7527 판결

- 그러나 새로운 견해에 따르면 법령에 근거가 있는 경우뿐만 아니라, 요건을 충족하는 것을 조건으로 하는 부관(요건충족적 부관)은 붙일 수 있다고 한다.

② 재량행위

- 재량행위에는 법에 근거가 없는 경우에도 부관을 붙일 수 있다. 14 국가, 15 서울, 17 지방, 18 지방

기속행위 내지 기속적 재량행위 행정처분에 부담인 부관을 붙인 경우 일반적으로 그 부관은 무효라 할 것이고 그 부관의 무효화에 의하여 본체인 행정처분 자체의 효력에도 영향이 있게 될 수는 있지만, 그러한 사유는 그 처분을 받은 사람이 그 부담의 이행으로서의 증여의 의사표시를 하게 된 동기 내지 연유로 작용하였을 뿐이므로 취소사유가 될 수 있음은 별론으로 하여도 그 의사표시 자체를 당연히 무효화하는 것은 아니다. (대법원 1998. 12. 22. 선고 98다51305 판결) 24 국가

건축허가 시 보차혼용통로를 조성·제공하도록 한 것은 "도시설계지구 안에서는 도시의 기능 및 미관의 증진을 위하여 건축물을 도시설계에 적합하게 건축하여야 한다."고 규정한 구 건축법 제61조 제1항의 규정에 따른 것일 뿐이지 수익적 행정행위인 건축허가에 부가된 부관으로서 부담이라고 할 수는 없으므로, 보차혼용통로를 조성·제공하도록 한 것이 기속행위나 기속재량행위에 붙은 부관이어서 무효라고 볼 것은 아니다. (대법원 2012. 10. 11. 선고 2011두8277 판결)

PART 01

판례

1. 재량행위에 있어서는 관계 법령에 명시적인 금지규정이 없는 한 행정목적을 달성하기 위하여 조건이나 기한, 부담 등의 부관을 붙일 수 있고, 그 부관의 내용이 이행 가능하고 비례의 원칙 및 평등의 원칙에 적합하며 행정처분의 본질적 효력을 저해하지 아니하는 이상 위법하다고 할 수 없다. 대법원 2004. 3. 25. 선고 2003두12837 판결 23 국가
2. 공유수면매립면허와 같은 재량적 행정행위에는 법률상의 근거가 없다고 하더라도 부관을 붙일 수 있다. 대법원 1982. 12. 28. 선고 80다731, 80다732 판결
3. 사회복지법인의 정관변경을 허가할 것인지의 여부는 주무관청의 정책적 판단에 따른 재량에 맡겨져 있다고 할 것이고, 주무관청이 정관변경허가를 함에 있어서는 비례의 원칙 및 평등의 원칙에 적합하고 행정처분의 본질적 효력을 해하지 않는 한도 내에서 부관을 붙일 수 있다. 대법원 2002. 9. 24. 선고 2000두5661 판결 17 사복
4. 일반적으로 보조금 교부결정에 관해서는 행정청에게 광범위한 재량이 부여되어 있고, 행정청은 보조금 교부결정을 할 때 법령과 예산에서 정하는 보조금의 교부 목적을 달성하는 데에 필요한 조건을 붙일 수 있다.
   따라서 행정청이 사업을 시행하는 과정에서 위와 같은 보조금 교부조건을 설정하고 일정한 심사기준에 따라 시공업체를 선정하는 것은 보조금 교부와 관련하여 행정청에게 주어진 재량을 정당하게 행사하는 행정활동이라고 보아야 한다. 대법원 2021. 2. 4. 선고 2020두48772 판결

2. 내용상 한계

행정기본법 제17조【부관】
④ 부관은 다음 각 호의 요건에 적합하여야 한다.
1. 해당 처분의 목적에 위배되지 아니할 것
2. 해당 처분과 실질적인 관련이 있을 것
3. 해당 처분의 목적을 달성하기 위하여 필요한 최소한의 범위일 것

(1) 법령

- 부관은 법령에 위반되어서는 안 된다.

판례

지방자치단체장이 도매시장법인의 대표이사에 대하여 위 지방자치단체장이 개설한 농수산물도매시장의 도매시장법인으로 다시 지정함에 있어서 그 지정조건으로 '지정기간 중이라도 개설자가 농수산물 유통정책의 방침에 따라 도매시장법인 이전 및 지정취소 또는 폐쇄 지시에도 일체 소송이나 손실보상을 청구할 수 없다.'라는 부관을 붙였으나, 그 중 부제소특약에 관한 부분은 당사자가 임의로 처분할 수 없는 공법상의 권리관계를 대상으로 하여 사인의 국가에 대한 공권인 소권을 당사자의 합의로 포기하는 것으로서 허용될 수 없다. 대법원 1998. 8. 21. 선고 98두8919 판결 17 국회

(2) 행정행위의 목적

- 부관은 주된 행정행위의 목적에 위배되어서는 안 된다. 16 교행

판례

기선선망어업의 허가를 하면서 운반선, 등선 등 부속선을 사용할 수 없도록 제한한 부관은 그 어업허가의 목적달성을 사실상 어렵게 하여 그 본질적 효력을 해하는 것일 뿐만 아니라 위 시행령의 규정에도 어긋나는 것이며, 더욱이 어업조정이나 기타 공익상 필요하다고 인정되는 사정이 없는 이상 위법한 것이다. 대법원 1990. 4. 27. 선고 89누6808 판결 19 지방, 23 국가 01

OX 확인

01 기선선망어업의 허가를 하면서 운반선, 등선 등 부속선을 사용할 수 없도록 제한한 부관은 그 어업허가의 목적 달성을 사실상 어렵게 하여 그 본질적 효력을 해하는 것이다. (○)

(3) 행정법의 일반원칙

- 부관은 행정법의 일반원칙에 위배되어서는 안 된다.

판례

1. 재량행위에 있어서는 법령상의 근거가 없다고 하더라도 부관을 붙일 수 있는데, 그 부관의 내용은 적법하고 이행 가능하여야 하며 비례의 원칙 및 평등의 원칙에 적합하고 행정처분의 본질적 효력을 해하지 아니하는 한도의 것이어야 한다. 대법원 1997. 3. 14. 선고 96누16698 판결
2. 공무원이 인·허가 등 수익적 행정처분을 하면서 상대방에게 그 처분과 관련하여 이른바 부관으로서 부담을 붙일 수 있다 하더라도, 그러한 부담은 법치주의와 사유재산 존중, 조세법률주의 등 헌법의 기본원리에 비추어 비례의 원칙이나 부당결부의 원칙에 위반되지 않아야만 적법한 것인바, 행정처분과 부관 사이에 실제적 관련성이 있다고 볼 수 없는 경우 공무원이 위와 같은 공법상의 제한을 회피할 목적으로 행정처분의 상대방과 사이에 사법상 계약을 체결하는 형식을 취하였다면 이는 법치행정의 원리에 반하는 것으로서 위법하다(지방자치단체가 골프장사업계획승인과 관련하여 사업자로부터 기부금을 지급받기로 한 증여계약은 공무수행과 결부된 금전적 대가로서 그 조건이나 동기가 사회질서에 반하므로 민법 제103조에 의해 무효라고 본 사례). 대법원 2009. 12. 10. 선고 2007다63966 판결 14 국가, 15 교행, 15 국회, 20 국가, 21 국가, 21 지방, 22 지방 01
3. 65세대의 공동주택을 건설하려는 사업주체(지역주택조합)에게 주택건설촉진법 제33조에 의한 주택건설사업계획의 승인처분을 함에 있어 그 주택단지의 진입도로 부지의 소유권을 확보하여 진입도로 등 간선시설을 설치하고 그 부지 소유권 등을 기부채납하며 그 주택건설사업 시행에 따라 폐쇄되는 인근 주민들의 기존 통행로를 대체하는 통행로를 설치하고 그 부지 일부를 기부채납하도록 조건을 붙인 경우, 주택건설촉진법과 같은 법 시행령 및 주택건설기준등에관한규정 등 관련 법령의 관계 규정에 의하면 그와 같은 조건을 붙였다 하여도 다른 특별한 사정이 없는 한 필요한 범위를 넘어 과중한 부담을 지우는 것으로서 형평의 원칙 등에 위배되는 위법한 부관이라 할 수 없다고 본 사례. 대법원 1997. 3. 14. 선고 96누16698 판결

(4) 이행가능성

- 부관은 이행 가능하여야 한다.

판례

이와 같은 토지분할 조건부 건축허가는, 건축허가 신청에 앞서 토지분할절차를 완료하도록 하는 대신, 건축허가 신청인의 편의를 위해 건축허가에 따라 우선 건축공사를 완료한 후 사용승인을 신청할 때까지 토지분할절차를 완료할 것을 허용하는 취지이다. 행정청이 객관적으로 처분상대방이 이행할 가능성이 없는 조건을 붙여 행정처분을 하는 것은 법치행정의 원칙상 허용될 수 없으므로, 건축행정청은 신청인의 건축계획상 하나의 대지로 삼으려고 하는 '하나 이상의 필지의 일부'가 관계 법령상 토지분할이 가능한 경우인지를 심사하여 토지분할이 관계 법령상 제한에 해당되어 명백히 불가능하다고 판단되는 경우에는 토지분할 조건부 건축허가를 거부하여야 한다. 다만 예외적으로 토지분할이 재량행위인 개발행위허가의 대상이 되는 경우, 개발행위에 해당하는 토지분할을 허가할지에 관한 처분권한은 개발행위허가 행정청에 있고, 토지분할 허가 가능성에 관한 건축행정청의 판단이 개발행위허가 행정청의 판단과 다를 여지도 있으므로, 건축행정청은 자신의 심사 결과 토지분할에 대한 개발행위허가를 받기 어렵다고 판단되는 경우에는 개발행위허가 행정청의 전문적인 판단을 먼저 받아보라는 의미에서 건축허가 신청인이 먼저 토지분할절차를 거쳐야 한다는 이유로 토지분할 조건부 건축허가를 거부할 수는 있다. 그러나 이러한 사유가 아니라면 건축행정청은 건축허가신청이 건축법 등 관계 법령에서 정하는 어떠한 제한에 해당되지 않는 이상 같은 법령에서 정하는 건축허가를 하여야 하고, 중대한 공익상의 필요가 없음에도 요건을 갖춘 자에 대한 허가를 관계 법령에서 정하는 제한사유 이외의 사유를 들어 거부할 수는 없다. 대법원 2018. 6. 28. 선고 2015두47737 판결

PART 01

OX 확인

01 행정처분과 부관 사이에 실제적 관련성이 있다고 볼 수 없는 경우, 공무원이 공법상의 제한을 회피할 목적으로 행정처분의 상대방과 사이에 사법상 계약을 체결하는 형식을 취하였더라도 법치행정의 원리에 반하는 것으로서 위법하다고 볼 수 없다. (×)

3. 시간적 한계: 부관의 사후부가(변경)

- 행정행위가 있은 후 새로이 부관을 부가하거나 이미 부가된 부관을 사후에 변경·보충할 수 있는지 여부가 종래 문제되었다.
- 이에 대해서는 과거 판례의 법리에 의해 처리되었으나, 최근 제정된 행정기본법에서는 판례의 법리를 그대로 차용하여 이를 입법적으로 해결하였다.

> 행정기본법 제17조 【부관】
> ③ 행정청은 부관을 붙일 수 있는 처분이 다음 각 호의 어느 하나에 해당하는 경우에는 그 처분을 한 후에도 부관을 새로 붙이거나 종전의 부관을 변경할 수 있다.
> 1. 법률에 근거가 있는 경우
> 2. 당사자의 동의가 있는 경우
> 3. 사정이 변경되어 부관을 새로 붙이거나 종전의 부관을 변경하지 아니하면 해당 처분의 목적을 달성할 수 없다고 인정되는 경우

- 한편 판례는 ① 법률에 명문의 규정이 있거나, ② 그 변경이 미리 유보되어 있는 경우, ③ 상대방의 동의가 있는 경우 및 ④ 사정변경으로 인하여 당초에 부담을 부가한 목적을 달성할 수 없게 된 경우에 한하여 예외적으로 부관의 사후 부가 및 변경이 허용된다고 한다.

판례

행정처분에 이미 부담이 부가되어 있는 상태에서 그 의무의 범위 또는 내용 등을 변경하는 부관의 사후변경은, 법률에 명문의 규정이 있거나 그 변경이 미리 유보되어 있는 경우 또는 상대방의 동의가 있는 경우에 한하여 허용되는 것이 원칙이지만, 사정변경으로 인하여 당초에 부담을 부가한 목적을 달성할 수 없게 된 경우에도 그 목적달성에 필요한 범위 내에서 예외적으로 허용된다. 대법원 1997. 5. 30. 선고 97누2627 판결 15 지방, 16 지방, 17 사복, 18 국가, 19 국가, 20 소방, 22 지방, 23 국가 01

OX 확인

01 사정변경으로 당초에 부담을 부가한 목적을 달성할 수 없게 된 경우에도 그 목적달성에 필요한 범위 내에서 예외적으로 부담의 사후변경이 허용된다. (○)

Ⅳ 부관의 하자

1. 위법한 부관의 효력

- 부관의 한계를 넘은 위법한 부관은 행정행위의 하자에 관한 일반이론에 따라 그 하자가 중대하고 명백할 경우에는 무효, 그렇지 않은 때에는 취소할 수 있는 부관이 된다.

2. 위법한 부관이 붙은 행정행위의 효력

(1) 부관이 무효인 경우

- 무효인 부관이 주된 행정행위의 본질적인 부분인 경우, 즉 부관을 붙이지 않았더라면 주된 행정행위를 하지 않았을 것이라고 인정되는 경우에는 주된 행정행위도 무효이고, 그렇지 않은 경우에는 부관만이 무효로 될 뿐 주된 행정행위에는 아무런 영향이 없다.

판례

1. 기부채납받은 공원시설의 사용·수익허가에서 그 허가기간은 행정행위의 본질적 요소에 해당한다고 볼 것이어서, 부관인 허가기간에 위법사유가 있다면 이로써 이 사건 허가 전부가 위법하게 된다. 대법원 2001. 6. 15. 선고 99두509 판결 16 사복, 17 지방
2. 도로점용허가의 점용기간은 행정행위의 본질적인 요소에 해당한다고 볼 것이어서, 부관인 점용기간을 정함에 있어서 위법사유가 있다면 이로써 도로점용허가처분 전부가 위법하게 된다. 대법원 1985. 7. 9. 선고 84누604 판결 13 국회, 19 국가, 19 지방 01

OX 확인

01 도로점용허가의 점용기간을 정함에 있어 위법사유가 있다면 도로점용허가처분 전부가 위법하게 된다. (○)

• 법령에 근거 없이 기속행위에 행정행위의 효과를 제한하는 부관이 붙여진 경우 그 부관은 무효이고, 이때는 부관만이 무효가 된다.

⑵ 부관에 취소사유가 존재하는 경우

• 무효인 경우와 마찬가지로 취소사유가 있는 부관이 주된 행정행위의 본질적인 부분인 경우, 이는 주된 행정행위의 취소사유가 될 수 있다.
• 이 경우 쟁송의 대상 등 쟁송의 형태가 문제되는데, 자세한 내용은 후술하도록 한다.

Ⅴ 하자 있는 부관에 대한 행정쟁송

1. 독립쟁송가능성과 쟁송형태

⑴ 쟁점

• 부관만을 대상으로 하여 행정쟁송을 제기할 수 있는지 여부가 문제된다.

⑵ 판례의 태도

• 부관 중 부담은 처분성이 있으므로 독립하여 행정쟁송의 대상이 될 수 있지만, 부담 이외의 부관은 독립하여 그 대상이 될 수 없다고 한다. 19 소방

판례

1. 현행 행정쟁송제도 아래서는 부관 그 자체만을 독립된 쟁송의 대상으로 할 수 없는 것이 원칙이나 행정행위의 부관 중에서도 행정행위에 부수하여 그 행정행위의 상대방에게 일정한 의무를 부과하는 행정청의 의사표시인 부담의 경우에는 다른 부관과는 달리 행정행위의 불가분적인 요소가 아니고 그 존속이 본체인 행정행위의 존재를 전제로 하는 것일 뿐이므로 부담 그 자체로서 행정쟁송의 대상이 될 수 있다. 대법원 1992. 1. 21. 선고 91누1264 판결 15 서울, 16 지방, 16 사복, 18 지방, 20 지방, 21 소방 02
2. 지방국토관리청장이 일부 공유수면매립지에 대하여 한 국가 또는 직할시 귀속처분은 매립준공인가를 함에 있어서 매립의 면허를 받은 자의 매립지에 대한 소유권취득을 규정한 공유수면매립법 제14조의 효과 일부를 배제하는 부관(주: 법률효과의 일부배제)을 붙인 것이고, 이러한 행정행위의 부관은 위 법리와 같이 독립하여 행정소송 대상이 될 수 없다. 대법원 1993. 10. 8. 선고 93누2032 판결 14 지방, 19 지방, 20 지방 03

OX 확인

02 부관 중에서 부담은 주된 행정행위로부터 분리될 수 있다 할지라도 부담 그 자체는 독립된 행정행위가 아니므로 주된 행정행위로부터 분리하여 쟁송의 대상이 될 수 없다. (×)

03 지방국토관리청장이 일부 공유수면매립지를 국가 또는 지방자치단체에 귀속처분 한 것은 법률효과의 일부를 배제하는 부관을 붙인 것이므로 이러한 행정행위의 부관은 독립하여 행정쟁송 대상이 될 수 없다. (○)

• 따라서 부담 이외의 부관의 경우 부관의 하자를 다투기 위해서는 부관부 행정행위 전체를 대상으로 쟁송을 제기해야 하고, 만약 그 부관만을 쟁송의 대상으로 하여 그 부관만의 취소를 구하는 소송이 제기된 경우 법원은 각하판결을 하여야 한다. 19 소방

OX 확인

01 기부채납받은 행정재산에 대한 사용·수익허가에서 공유재산의 관리청이 정한 사용·수익허가의 기간은 그 허가의 효력을 제한하기 위한 행정행위의 부관으로서, 이러한 사용·수익허가의 기간에 대해서는 독립하여 행정소송을 제기할 수 있다. (×)

판례

행정행위의 부관은 부담인 경우를 제외하고는 독립하여 행정소송의 대상이 될 수 없는 바, 기부채납받은 행정재산에 대한 사용·수익허가에서 공유재산의 관리청이 정한 사용·수익허가의 기간은 그 허가의 효력을 제한하기 위한 행정행위의 부관으로서 이러한 사용·수익허가의 기간에 대해서는 독립하여 행정소송을 제기할 수 없으며, 결국 이 사건 청구는 부적법하여 각하를 면할 수 없다. 대법원 2001. 6. 15. 선고 99두509 판결 15 지방, 17 서울, 20 지방, 21 지방, 22 지방, 24 국가 01

- 한편 위법한 부관에 있어서 신청인이 부관부 행정행위의 변경을 청구하고 행정청이 이를 거부한 경우, 신청인은 그 거부처분의 취소를 구하는 쟁송을 제기할 수 있다(대법원 1990. 4. 27. 선고 89누6808 판결).

(3) 쟁송형태

① 진정일부취소소송: 부담
- 부관만을 독립하여 쟁송의 대상으로 삼아 그 부관만의 취소를 구하는 소송을 말한다.

② 부진정일부취소소송: 부담 이외의 부관 ×
- 부관부 행정행위 전체를 쟁송의 대상으로 하면서 그중 부관만의 취소를 구하는 소송을 말한다.
- 판례는 부담 이외의 부관에 대해서 부진정일부취소소송을 허용하지 않고 있으므로, 이 경우 부관부 행정행위 전체를 대상으로 그 행정행위의 취소를 구하는 소송을 제기해야 한다.

2. 독립취소가능성

(1) 쟁점

- 부관의 위법이 문제가 된 행정쟁송에 있어서 법원이 그 부관만을 취소할 수 있는지 문제된다.

(2) 판례의 태도

- 부담은 독립하여 행정쟁송의 대상이 되므로 당연히 독립취소가 가능하다.
- 부담 이외의 부관은 독립하여 행정쟁송의 대상이 되지 못하는 결과 독립취소 또한 당연히 불가능하다.

제4강 행정행위의 요건과 효력

쟁점 13 행정행위의 요건

Ⅰ 성립요건

- 행정행위의 성립요건이란 행정행위가 성립하여 존재하기 위한 최소한의 요건을 말한다.
- 내부적 요건으로 행정기관에 의해 행정의사가 내부적으로 결정되어야 하고(내부적 성립), 외부적 요건으로 결정된 행정의사가 외부적으로 표시되어야 한다(외부적 성립).
- 행정의사의 외부적 표시는 공식적인 것이어야 하므로, 공무원에 의한 사적인 통지나 우연히 알게 된 것으로는 행정행위는 성립하지 않는다.

판례

1. 공문서(전자공문서 포함)는 결재권자가 서명 등의 방법으로 결재함으로써 성립된다. 여기서 '결재'란 문서의 내용을 승인하여 문서로서 성립시킨다는 의사를 서명 등을 통해 외부에 표시하는 행위이다. 결재권자의 결재가 있었는지 여부는 결재권자가 서명을 하였는지뿐만 아니라 문서에 대한 결재권자의 지시 사항, 결재의 대상이 된 문서의 종류와 특성, 관련 법령의 규정 및 업무 절차 등을 종합적으로 고려하여야 한다. 대법원 2020. 12. 10. 선고 2015도19296 판결
2. 행정처분의 외부적 성립은 행정의사가 외부에 표시되어 행정청이 자유롭게 취소·철회할 수 없는 구속을 받게 되는 시점을 확정하는 의미를 가지므로, 어떠한 처분의 외부적 성립 여부는 행정청에 의해 행정의사가 공식적인 방법으로 외부에 표시되었는지를 기준으로 판단하여야 한다. 대법원 2017. 7. 11. 선고 2016두35120 판결 21 국가, 21 소방 01
3. 일반적으로 처분이 주체·내용·절차와 형식의 요건을 모두 갖추고 외부에 표시된 경우에는 처분의 존재가 인정된다. 행정의사가 외부에 표시되어 행정청이 자유롭게 취소·철회할 수 없는 구속을 받게 되는 시점에 처분이 성립하고, 그 성립 여부는 행정청이 행정의사를 공식적인 방법으로 외부에 표시하였는지를 기준으로 판단해야 한다. 21 소방
   병무청장이 법무부장관에게 '가수 갑이 공연을 위하여 국외여행허가를 받고 출국한 후 미국 시민권을 취득함으로써 사실상 병역의무를 면탈하였으므로 재외동포 자격으로 재입국하고자 하는 경우 국내에서 취업, 가수활동 등 영리활동을 할 수 없도록 하고, 불가능할 경우 입국 자체를 금지해 달라'고 요청함에 따라 법무부장관이 갑의 입국을 금지하는 결정을 하고, 그 정보를 내부전산망인 '출입국관리정보시스템'에 입력하였으나, 갑에게는 통보하지 않은 사안에서, 행정청이 행정의사를 외부에 표시하여 행정청이 자유롭게 취소·철회할 수 없는 구속을 받기 전에는 '처분'이 성립하지 않으므로 법무부장관이 출입국관리법 및 동법 시행령에 따라 위 입국금지결정을 했다고 해서 '처분'이 성립한다고 볼 수는 없고, 위 입국금지결정은 법무부장관의 의사가 공식적인 방법으로 외부에 표시된 것이 아니라 단지 그 정보를 내부전산망인 '출입국관리정보시스템'에 입력하여 관리한 것에 지나지 않으므로, 위 입국금지결정은 항고소송의 대상이 될 수 있는 '처분'에 해당하지 않는다. 대법원 2019. 7. 11. 선고 2017두38874 판결

OX 확인

01 행정의사가 외부에 표시되어 행정청이 자유롭게 취소·철회할 수 없는 구속을 받게 되는 시점에 처분이 성립하고, 그 성립 여부는 행정청이 행정의사를 공식적인 방법으로 외부에 표시하였는지를 기준으로 판단해야 한다. (○)

Ⅱ 효력발생요건

1. 통지에 따른 도달

- 행정행위는 상대방에게 통지되어 도달되어야 효력을 발생한다(행정절차법 제15조). 12 지방, 15 교행 ❶

❶ 행정절차법 제15조(송달의 효력 발생)
① 송달은 다른 법령등에 특별한 규정이 있는 경우를 제외하고는 해당 문서가 송달받을 자에게 도달됨으로써 그 효력이 발생한다.

• 도달이란 상대방이 알 수 있는 상태에 두는 것을 말하고 상대방이 현실적으로 수령하여 알았을 것을 의미하지 않는다.
• 한편 망인에 대한 서훈취소와 같이 상대방이 존재하지 않는 행정행위의 경우 처분권자의 의사에 따라 상당한 방법으로 대외적으로 표시됨으로써 행정행위로서 성립하여 효력이 발생한다(대법원 2014. 9. 26. 선고 2013두2518 판결).

판례

행정처분의 효력발생요건으로서의 도달이란 처분상대방이 처분서의 내용을 현실적으로 알았을 필요까지는 없고 처분상대방이 알 수 있는 상태에 놓임으로써 충분하며, 처분서가 처분상대방의 주민등록상 주소지로 송달되어 처분상대방의 사무원 등 또는 그 밖에 우편물 수령권한을 위임받은 사람이 수령하면 처분상대방이 알 수 있는 상태가 되었다고 할 것이다. 대법원 2017. 3. 9. 선고 2016두60577 판결 01

OX 확인

01 처분의 통지는 행정처분을 상대방에게 표시하는 것으로서 상대방이 인식할 수 있는 상태에 둠으로써 족하고, 객관적으로 보아 행정처분으로 인식할 수 있도록 고지하면 된다. (○)

2. 통지의 방법

(1) 일반론

• 상대방이 특정되어 있는 행정행위의 경우 원칙적으로 송달의 방법에 의하고, 상대방이 불특정 다수인이거나 기타 송달이 불가능한 경우 등에는 고시 또는 공고의 방법에 의한다.
• 우편송달 및 교부송달의 경우 상대방이 처분의 내용을 이미 알고 있는 경우에도 송달이 필요하다.

판례

1. 납세고지서의 교부송달 및 우편송달에 있어서는 반드시 납세의무자 또는 그와 일정한 관계에 있는 사람의 현실적인 수령행위를 전제로 하고 있다고 보아야 하며, 납세자가 과세처분의 내용을 이미 알고 있는 경우에도 납세고지서의 송달이 불필요하다고 할 수는 없다. 13 지방, 17 교행
   납세고지서의 송달을 받아야 할 자가 부과처분 제척기간이 임박하자 그 수령을 회피하기 위하여 일부러 송달을 받을 장소를 비워 두어 세무공무원이 송달을 받을 자와 보충송달을 받을 자를 만나지 못하여 부득이 사업장에 납세고지서를 두고 왔다고 하더라도 이로써 신의성실의 원칙을 들어 그 납세고지서가 송달되었다고 볼 수는 없다. 대법원 2004. 4. 9. 선고 2003두13908 판결
2. 상대방이 부당하게 등기취급 우편물의 수취를 거부함으로써 우편물의 내용을 알 수 있는 객관적 상태의 형성을 방해한 경우 그러한 상태가 형성되지 아니하였다는 사정만으로 발송인의 의사표시의 효력을 부정하는 것은 신의성실의 원칙에 반하므로 허용되지 아니한다. 이러한 경우에는 부당한 수취 거부가 없었더라면 상대방이 우편물의 내용을 알 수 있는 객관적 상태에 놓일 수 있었던 때, 즉 수취 거부 시에 의사표시의 효력이 생긴 것으로 보아야 한다. 여기서 우편물의 수취 거부가 신의성실의 원칙에 반하는지는 발송인과 상대방과의 관계, 우편물의 발송 전에 발송인과 상대방 사이에 우편물의 내용과 관련된 법률관계나 의사교환이 있었는지, 상대방이 발송인에 의한 우편물의 발송을 예상할 수 있었는지 등 여러 사정을 종합하여 판단하여야 한다. 이때 우편물의 수취를 거부한 것에 정당한 사유가 있는지에 관해서는 수취 거부를 한 상대방이 이를 증명할 책임이 있다. 대법원 2020. 8. 20. 선고 2019두34630 판결
3. 상대방 있는 행정처분은 특별한 규정이 없는 한 의사표시에 관한 일반법리에 따라 상대방에게 고지되어야 효력이 발생하고, 상대방 있는 행정처분이 상대방에게 고지되지 아니한 경우에는 상대방이 인터넷 홈페이지 접속 등 다른 경로를 통해 행정처분의 내용을 알게 되었다고 하더라도 행정처분의 효력이 발생한다고 볼 수 없다. 대법원 2019. 8. 9. 선고 2019두38656 판결 21 소방

그런데 피고가 인터넷 홈페이지에 이 사건 처분의 결정 내용을 게시한 것만으로는 행정절차법 제14조에서 정한 바에 따라 송달이 이루어졌다고 볼 수 없고, 원고가 그 홈페이지에 접속하여 결정 내용을 확인하여 알게 되었다고 하더라도 마찬가지이다. 또한 피고가 이 사건 처분서를 행정절차법 제14조 제1항에 따라 원고 또는 그 대리인의 주소·거소(居所)·영업소·사무소로 송달하였다거나 같은 조 제3항 또는 제4항에서 정한 요건을 갖추어 정보통신망을 이용하거나 혹은 관보, 공보, 게시판, 일간신문 중 하나 이상에 공고하고 인터넷에도 공고하는 방법으로 송달하였다는 점에 관한 주장·증명도 없다. 따라서 이 사건 처분은 상대방인 원고에게 고지되어 효력이 발생하였다고 볼 수 없으므로, 이에 관하여 구 공무원연금법 제80조 제2항에서 정한 심사청구기간이나 행정소송법 제20조 제1항, 제2항에서 정한 취소소송의 제소기간이 진행한다고 볼 수 없다. (대법원 2019. 8. 9. 선고 2019두38656 판결)

• 행정절차법의 규정

행정절차법 제14조【송달】

① 송달은 우편, 교부 또는 정보통신망 이용 등의 방법으로 하되, 송달받을 자(대표자 또는 대리인을 포함한다. 이하 같다)의 주소·거소·영업소·사무소 또는 전자우편주소(이하 "주소 등"이라 한다)로 한다. 다만, 송달받을 자가 동의하는 경우에는 그를 만나는 장소에서 송달할 수 있다.
② 교부에 의한 송달은 수령확인서를 받고 문서를 교부함으로써 하며, 송달하는 장소에서 송달받을 자를 만나지 못한 경우에는 그 사무원·피용자 또는 동거인으로서 사리를 분별할 지능이 있는 사람(이하 이 조에서 "사무원등"이라 한다)에게 문서를 교부할 수 있다. 다만, 문서를 송달받을 자 또는 그 사무원등이 정당한 사유 없이 송달받기를 거부하는 때에는 그 사실을 수령확인서에 적고, 문서를 송달할 장소에 놓아둘 수 있다.
③ 정보통신망을 이용한 송달은 송달받을 자가 동의하는 경우에만 한다. 이 경우 송달받을 자는 송달받을 전자우편주소 등을 지정하여야 한다.
④ 다음 각 호의 어느 하나에 해당하는 경우에는 송달받을 자가 알기 쉽도록 관보, 공보, 게시판, 일간신문 중 하나 이상에 공고하고 인터넷에도 공고하여야 한다. 20 국가, 21 소방, 23 국가
1. 송달받을 자의 주소 등을 통상적인 방법으로 확인할 수 없는 경우
2. 송달이 불가능한 경우
⑤ 제4항에 따른 공고를 할 때에는 민감정보 및 고유식별정보 등 송달받을 자의 개인정보를 「개인정보 보호법」에 따라 보호하여야 한다.
⑥ 행정청은 송달하는 문서의 명칭, 송달받는 자의 성명 또는 명칭, 발송방법 및 발송 연월일을 확인할 수 있는 기록을 보존하여야 한다

(2) 우편송달(**행정절차법 제14조 제1항**)

• 처분서가 상대방의 주민등록상 주소지로 송달되어 상대방 또는 상대방의 사무원 등 또는 그 밖에 우편물 수령권한을 위임받은 사람이 수령하면 도달된 것으로 본다.

판례

행정처분의 효력발생요건으로서의 도달이란 처분상대방이 처분서의 내용을 현실적으로 알았을 필요까지는 없고 처분상대방이 알 수 있는 상태에 놓임으로써 충분하며, 처분서가 처분상대방의 주민등록상 주소지로 송달되어 처분상대방의 사무원 등 또는 그 밖에 우편물 수령권한을 위임받은 사람이 수령하면 처분상대방이 알 수 있는 상태가 되었다고 할 것이다. 대법원 2017. 3. 9. 선고 2016두60577 판결

• 등기우편의 경우 원칙적으로 도달이 추정되나, 보통우편의 경우에는 도달이 추정되지 않는다.

판례

1. 우편물이 등기취급의 방법으로 발송된 경우 그것이 도중에 유실되었거나 반송되었다는 등의 특별한 사정에 대한 반증이 없는 한 그 무렵 수취인에게 배달되었다고 추정할 수 있다. 대법원 2017. 3. 9. 선고 2016두60577 판결
2. 내용증명우편이나 등기우편과는 달리, 보통우편의 방법으로 발송되었다는 사실만으로는 그 우편물이 상당한 기간 내에 도달하였다고 추정할 수 없고, 송달의 효력을 주장하는 측에서 증거에 의하여 이를 입증하여야 한다. 대법원 2009. 12. 10. 선고 2007두20140 판결 14 서울, 16 사복, 17 서울, 18 국가, 18 교행 01

OX 확인

01 처분서를 보통우편의 방법으로 발송한 경우에는 그 우편물이 상당한 기간 내에 도달하였다고 추정할 수 없다. (○)

[예외적으로 등기우편의 도달 추정을 부정한 사례 : 주민등록지에 실제로 거주하지 않은 사례]
우편물이 등기취급의 방법으로 발송된 경우, 특별한 사정이 없는 한, 그 무렵 수취인에게 배달되었다고 보아도 좋을 것이나, 수취인이나 그 가족이 주민등록지에 실제로 거주하고 있지 아니하면서 전입신고만을 해 둔 경우에는 그 사실만으로써 주민등록지 거주자에게 송달수령의 권한을 위임하였다고 보기는 어려울 뿐 아니라 수취인이 주민등록지에 실제로 거주하지 아니하는 경우에도 우편물이 수취인에게 도달하였다고 추정할 수는 없고, 따라서 이러한 경우에는 우편물의 도달사실을 과세관청이 입증해야 할 것이고, 수취인이나 그 가족이 주민등록지에 실제로 거주하고 있지 아니하면서 전입신고만을 해 두었고, 그 밖에 주민등록지 거주자에게 송달수령의 권한을 위임하였다고 보기 어려운 사정이 인정된다면, 등기우편으로 발송된 납세고지서가 반송된 사실이 인정되지 아니한다 하여 납세의무자에게 송달된 것이라고 볼 수는 없다. 대법원 1998. 2. 13. 선고 97누8977 판결 18 국가 01

OX 확인

01 등기에 의한 우편송달의 경우라도 수취인이 주민등록지에 실제로 거주하지 않는 경우에는 우편물의 도달사실을 처분청이 입증해야 한다. (○)

(3) 교부송달(행정절차법 제14조 제2항)

- 교부에 의한 송달은 수령확인서를 받고 문서를 교부함으로써 하며, 송달하는 장소에서 송달받을 자를 만나지 못한 경우에는 사무원 등에게 문서를 교부할 수 있다(보충송달). 14 서울

판례

송달받을 사람의 동거인에게 송달할 서류가 교부되고 그 동거인이 사리를 분별할 지능이 있는 이상 송달받을 사람이 그 서류의 내용을 실제로 알지 못한 경우에도 송달의 효력은 있다. 이 경우 사리를 분별할 지능이 있다고 하려면, 사법제도 일반이나 소송행위의 효력까지 이해할 수 있는 능력이 있어야 한다고 할 수는 없을 것이지만 적어도 송달의 취지를 이해하고 그가 영수한 서류를 송달받을 사람에게 교부하는 것을 기대할 수 있는 정도의 능력은 있어야 한다. 대법원 2011. 11. 10. 선고 2011재두148 판결 17 서울

- 송달받을 자 등이 정당한 사유 없이 송달받기를 거부하는 때에는 그 사실을 수령확인서에 적고, 문서를 송달할 장소에 놓아둘 수 있다(유치송달).

(4) 전자적 통지(행정절차법 제14조 제3항)

- 정보통신망을 이용한 송달은 송달받을 자가 동의하는 경우에만 한다. 17 서울, 18 교행
- 정보통신망을 이용하여 전자문서로 송달하는 경우에는 송달받을 자가 지정한 컴퓨터 등에 입력된 때에 도달된 것으로 본다(행정절차법 제15조 제2항). 12 지방, 18 교행, 23 국가

판례

[1] 전자문서법의 규정에 비추어 보면, 전자우편은 물론 휴대전화 문자메시지도 전자문서에 해당한다고 할 것이므로, 휴대전화 문자메시지가 전자문서법 제4조의2에서 정한 요건을 갖춘 이상 폐기물관리법 시행규칙 제68조의3 제1항에서 정한 서면의 범위에 포함된다고 할 것이다. 다만, 행정청이 폐기물관리법 제48조 제1항, 같은 법 시행규칙 제68조의3 제1항에서 정한 폐기물 조치명령을 전자문서로 하고자 할 때에는 구 행정절차법 제24조 제1항에 따라 당사자의 동의가 필요하다.

[2] 반복적으로 이루어진 조치명령 중 일부는 전자우편을 통해 피고인에게 송달되었는데, 피고인이 전자우편을 통한 송달에 이의를 제기하지 않았고, 그 결과 피고인이 위와 같이 전자우편으로 송달된 폐기물 조치명령을 이행하지 않았다는 이유로 과거에 형사처벌을 받은 적이 있는 사실을 알 수 있다. 그러나 과거에 피고인이 동일한 내용의 폐기물 조치명령을 전자우편으로 송달받고도 이의를 제기하지 않았다는 사정만으로, 피고인이 이 사건 조치명령을 휴대전화 문자메시지로 송달받는 데에 동의하였다고 볼 수는 없다. 결국, 이 사건 조치명령은 당사자의 동의가 없었음에도 전자문서로 이루어진 처분으로서 구 행정절차법 제24조 제1항을 위반한 하자가 있다. 대법원 2024. 5. 9. 선고 2023도3914 판결

(5) 고시 또는 공고

① 행정절차법상 공고(송달에 갈음하는 공고, 행정절차법 제14조 제4항 및 제5항)

- 송달받을 자의 주소 등을 통상적인 방법으로 확인할 수 없거나 송달이 불가능한 경우에는 송달받을 자가 알기 쉽도록 관보, 공보, 게시판, 일간신문 중 하나 이상에 공고하고 인터넷에도 공고하여야 한다.
- 이 경우에는 다른 법령 등에 특별한 규정이 있는 경우를 제외하고는 공고일부터 14일이 지난 때에 그 효력이 발생한다. 20 국가 다만, 긴급히 시행하여야 할 특별한 사유가 있어 효력 발생 시기를 달리 정하여 공고한 경우에는 그에 따른다(법 제15조 제3항). 21 소방

② 개별법상 고시 또는 공고(일반처분)

- 개별법에서 고시 또는 공고를 통지방법으로 규정하고 있는 경우가 있는데, 이때 고시나 공고의 효력발생일을 법령에서 명시적으로 정한 경우에는 그에 의한다.

판례

구 청소년보호법에 따른 청소년유해매체물 결정 및 고시처분은 당해 유해매체물의 소유자 등 특정인만을 대상으로 한 행정처분이 아니라 일반 불특정 다수인을 상대방으로 하여 일률적으로 표시의무, 포장의무, 청소년에 대한 판매·대여 등의 금지의무 등 각종 의무를 발생시키는 행정처분으로서, 정보통신윤리위원회가 특정 인터넷 웹사이트를 청소년유해매체물로 결정하고 청소년보호위원회가 효력발생시기를 명시하여 고시함으로써 그 명시된 시점에 효력이 발생하였다고 봄이 상당하고, 정보통신윤리위원회와 청소년보호위원회가 위 처분이 있었음을 위 웹사이트 운영자에게 제대로 통지하지 아니하였다고 하여 그 효력 자체가 발생하지 아니한 것으로 볼 수는 없다.
대법원 2007. 6. 14. 선고 2004두619 판결 11 지방, 18 국가 01

- 효력발생일에 관한 명시적인 규정이 없는 경우에는 「행정 효율과 협업 촉진에 관한 규정」에 따라 고시 또는 공고가 있은 날로부터 5일이 경과한 때에 효력이 발생한다. 20 국가

III 적법요건

1. 주체에 관한 요건

- 행정행위는 정당한 권한을 가진 행정청이 그 권한의 범위 내에서 행하여야 한다.

2. 절차에 관한 요건

- 행정행위를 행함에 있어 행정절차법 등 관련 법령에 따라 일정한 절차가 요구되는 경우에는 그 절차를 거쳐야 한다.

3. 형식에 관한 요건(행정절차법 제24조)

(1) 원칙 : 서면주의

- 다른 법령 등에 특별한 규정이 있는 경우를 제외하고는 처분은 문서로 하여야 한다.

행정절차법 제15조(송달의 효력 발생)
① 송달은 다른 법령등에 특별한 규정이 있는 경우를 제외하고는 해당 문서가 송달받을 자에게 도달됨으로써 그 효력이 발생한다.
② 제14조 제3항에 따라 정보통신망을 이용하여 전자문서로 송달하는 경우에는 송달받을 자가 지정한 컴퓨터 등에 입력된 때에 도달된 것으로 본다.
③ 제14조 제4항의 경우에는 다른 법령등에 특별한 규정이 있는 경우를 제외하고는 공고일부터 14일이 지난 때에 그 효력이 발생한다. 다만, 긴급히 시행하여야 할 특별한 사유가 있어 효력 발생 시기를 달리 정하여 공고한 경우에는 그에 따른다.

OX 확인

01 구 「청소년 보호법」에 따라 정보통신윤리위원회가 특정 웹사이트를 청소년유해매체물로 결정하고 청소년보호위원회가 효력발생시기를 명시하여 고시하였으나 정보통신윤리위원회와 청소년보호위원회가 웹사이트 운영자에게는 위 처분이 있었음을 통지하지 않았다면 그 효력이 발생하지 않는다. (×)

행정 효율과 협업 촉진에 관한 규정 제6조(문서의 성립 및 효력 발생)
② 문서는 수신자에게 도달(전자문서의 경우는 수신자가 관리하거나 지정한 전자적 시스템 등에 입력되는 것을 말한다)됨으로써 효력을 발생한다.
③ 제2항에도 불구하고 공고문서는 그 문서에서 효력발생 시기를 구체적으로 밝히고 있지 않으면 그 고시 또는 공고 등이 있은 날부터 5일이 경과한 때에 효력이 발생한다.

⑵ 서면주의의 예외

- 긴급히 처리할 필요가 있거나 사안이 경미한 경우 말 또는 그 밖의 방법으로 할 수 있다.
- 그러나 이 경우에도 당사자가 요청하면 지체 없이 처분에 관한 문서를 주어야 한다.

4. 내용에 관한 요건

- 행정행위는 그 내용이 적법하여야 하며 법률상·사실상 실현가능하고 관계인이 인식할 수 있을 정도로 명확해야 한다.

쟁점 14 행정행위의 효력

Ⅰ 내용적 구속력

- 유효한 행정행위의 내용에 상대방과 이해관계인은 물론 처분을 행한 행정청과 관계 행정청이 구속되는 힘을 말한다.
- 무효인 행정행위에 대해서는 인정되지 않는다.

Ⅱ 공정력의 의의

1. 개념

- 행정행위에 하자가 있더라도 그것이 당연무효가 아닌 한 권한 있는 기관에 의하여 취소되기 전까지는 누구도 그 효력을 부인할 수 없어 일단 유효한 것으로 통용되는 힘을 말한다.

판례

행정처분이 아무리 위법하다고 하여도 그 하자가 중대하고 명백하여 당연무효라고 보아야 할 사유가 있는 경우를 제외하고는 아무도 그 하자를 이유로 무단히 그 효과를 부정하지 못한다. 대법원 1994. 11. 11. 선고 94다28000 판결 21 지방 01

- 공정력은 행정행위의 적법성을 추정하는 효력이 아니다.

2. 근거

(1) **이론적 근거:** 법적 안정성설(**행정정책설**)

- 행정의 안정성 및 상대방 등의 신뢰보호, 행정의 원활한 수행을 보장하기 위해 인정된다.

(2) **실정법적 근거**

- 행정기본법은 행정행위의 공정력을 명시적으로 규정하고 있다.

> 행정기본법 제15조【처분의 효력】
> 처분은 권한이 있는 기관이 취소 또는 철회하거나 기간의 경과 등으로 소멸되기 전까지는 유효한 것으로 통용된다. 다만, 무효인 처분은 처음부터 그 효력이 발생하지 아니한다.

- 집행부정지원칙, 제소기간의 제한, 취소쟁송, 직권취소 등을 간접적 근거규정으로 본다.

3. 한계

- 공정력은 행정행위에 대해서만 인정되고, 비권력적 행위, 사실행위 등 그 밖의 행정작용에 대해서는 인정되지 않는다.
- 무효인 행정행위에는 공정력이 인정되지 않는다. 19 소방

4. 입증책임

- 공정력은 행정행위의 적법성을 추정하는 효력이 아니므로 입증책임의 분배와는 무관하다. 12 사복

OX 확인

01 행정처분이 아무리 위법하다고 하여도 그 하자가 중대하고 명백하여 당연 무효라고 보아야 할 사유가 있는 경우를 제외하고는 아무도 그 하자를 이유로 무단히 그 효과를 부정하지 못한다. (○)

5. 공정력과 구성요건적 효력의 구별

(1) 전통적 견해: 구분 ×

- 공정력은 상대방 및 이해관계인뿐만 아니라 다른 행정청 및 법원에 대하여도 미친다고 봄으로써 공정력과 구성요건적 효력을 구분하지 않았다.

(2) 새로운 견해: 구분 ○

- 공정력은 행정행위의 상대방 또는 이해관계인에 대한 구속력이고, 구성요건적 효력은 제3의 국가기관(다른 행정청 및 법원 등)에 대한 구속력이라고 본다.
- 또한 공정력은 행정의 안정성(법적 안정성)과 실효성 확보에 이론적 근거가 있는 반면, 구성요건적 효력은 국가기관 상호 간의 권한존중의 원칙에 그 근거가 있다고 본다.
- 행정권과 사법권의 분립, 행정기관 상호간의 사무분장에 관한 규정 등이 구성요건적 효력의 실정법적 근거가 되는 것으로 본다.

Ⅲ 공정력과 선결문제

1. 쟁점

- 행정행위의 위법 여부 또는 효력 유무가 민사소송이나 형사소송에서 선결문제로 되는 경우 공정력으로 인해 민사법원이나 형사법원이 당해 선결문제를 심리·판단할 수 없게 되는 것은 아닌지 문제된다.
- 선결문제란 소송에서 본안판단을 함에 있어서 그 해결이 필수적으로 전제가 되는 법문제를 말한다.
- 행정소송법의 규정

행정소송법 제17조(행정청의 소송참가)

행정소송법 제25조(행정심판기록의 제출명령)

행정소송법 제26조(직권심리)

행정소송법 제33조(소송비용에 관한 재판의 효력)

> 행정소송법 제11조【선결문제】
> ① 처분 등의 효력 유무 또는 존재 여부가 민사소송의 선결문제로 되어 당해 민사소송의 수소법원이 이를 심리·판단하는 경우에는 제17조, 제25조, 제26조 및 제33조의 규정을 준용한다.
> ② 제1항의 경우 당해 수소법원은 그 처분 등을 행한 행정청에게 그 선결문제로 된 사실을 통지하여야 한다.

2. 민사소송에서의 선결문제

(1) 행정행위의 위법 여부가 선결문제인 경우(국가배상청구소송의 경우)

- 행정소송법 제11조는 처분의 효력 유무 및 존재 여부가 선결문제로 된 경우에 대해서만 규정하고 있을 뿐 위법 여부에 대해서는 명시적인 규정을 두고 있지 않다.
- 그 결과 수소법원인 민사법원이 행정행위의 위법성에 대해 스스로 심리·판단할 수 있는지 문제되는데, 통설과 판례는 이를 인정하고 있다.
- 따라서 민사소송절차에서 수소법원은 선결문제로 된 행정행위의 위법 여부를 심리·판단하여 위법성이 인정될 경우 이를 전제로 국가배상청구에 대해 청구인용판결을 할 수 있다.

판례

1. 위법한 행정대집행이 완료되면 그 처분의 무효확인 또는 취소를 구할 소의 이익은 없다 하더라도, 미리 그 행정처분의 취소판결이 있어야만, 그 행정처분의 위법임을 이유로 한 손해배상청구를 할 수 있는 것은 아니다. 대법원 1972. 4. 28. 선고 72다337 판결 12 국가, 15 사복, 16 사복, 17 사복, 18 교행, 19 국가, 22 지방 01

2. 물품세 과세대상이 아닌 것을 세무공무원이 직무상 과실로 과세대상으로 오인하여 과세처분을 행함으로 인하여 손해가 발생된 경우에는, 동 과세처분이 취소되지 아니하였다 하더라도, 국가는 이로 인한 손해를 배상할 책임이 있다. 대법원 1979. 4. 10. 선고 79다262 판결

⑵ 행정행위의 효력 유무가 선결문제인 경우(부당이득반환청구소송의 경우)

① 행정행위가 무효인 경우

- 무효인 행정행위에 대해서는 공정력이 인정되지 않는 결과, 수소법원은 당연히 행정행위의 무효를 심리・판단한 후 이를 전제로 판결할 수 있고, 이 경우 반드시 행정소송 등의 절차에 의하여 그 취소나 무효확인을 받아야 하는 것은 아니다.

판례

1. 행정처분의 효력이 민사소송의 선결문제가 되는 경우 법원으로서는 그러한 하자가 중대하고도 명백하여 당연히 무효라고 인정될 때에는 이러한 사정을 바탕으로 독자적인 판단을 할 수 있으나, 위의 하자가 단순한 취소사유에 그치거나 하자의 존재 여부 자체가 불분명할 경우에는 그 행정처분의 효력을 전적으로 부인할 수는 없다. 대법원 1973. 7. 10. 선고 70다1439 판결 14 지방, 17 사복

2. 민사소송에 있어서 어느 행정처분의 당연무효 여부가 선결문제로 되는 때에는 이를 판단하여 당연무효임을 전제로 판결할 수 있고 반드시 행정소송 등의 절차에 의하여 그 취소나 무효확인을 받아야 하는 것은 아니다. 대법원 2010. 4. 8. 선고 2009다90092 판결 17 사복, 18 교행, 18 국회, 19 국가, 21 지방, 22 지방 02 03

- 수소법원이 선결문제가 된 행정행위의 무효 여부를 심리・판단할 수 있다는 것은 무효임을 전제로 부당이득반환청구에 대하여 청구인용판결을 내릴 수 있다는 것을 의미할 뿐, 행정법원이 아닌 수소법원이 행정행위에 대하여 무효확인판결을 할 수 있는 것은 아니다. 19 지방 04

② 행정행위의 하자가 취소사유에 불과한 경우

- 행정소송법 제11조에 따라 처분의 효력 유무가 선결문제로 된 경우 수소법원은 스스로 이를 심리・판단할 수 있는데, 심리 결과 선결문제로 된 행정행위가 취소사유에 불과한 것으로 나타난 경우, 공정력에 의해 법원은 권한 있는 기관에 의하여 당해 처분이 취소되기 전까지는 그 효력을 부인할 수 없으므로 결과적으로 처분이 유효임을 전제로 청구기각판결을 하여야 한다.

판례

1. 조세의 과오납이 부당이득이 되기 위하여는 납세 또는 조세의 징수가 실체법적으로나 절차법적으로 전혀 법률상의 근거가 없거나 과세처분의 하자가 중대하고 명백하여 당연무효이어야 하고, 과세처분의 하자가 단지 취소할 수 있는 정도에 불과할 때에는 과세관청이 이를 스스로 취소하거나 항고소송절차에 의하여 취소되지 않는 한 그로 인한 조세의 납부가 부당이득이 된다고 할 수 없다. 대법원 1994. 11. 11. 선고 94다28000 판결 13 국가, 18 국회, 19 지방 05

| OX 확인 |

01 행정처분이 위법임을 이유로 국가배상을 청구하기 위한 전제로서 그 처분이 취소되어야만 하는 것은 아니다. (○)

| OX 확인 |

02 과・오납세금반환청구소송에서 민사법원은 그 선결문제로서 과세처분의 무효 여부를 판단할 수 있다. (○)

03 민사소송에 있어서 어느 행정처분의 당연무효 여부가 선결문제로 되는 때에는 이를 판단하여 당연무효임을 전제로 판결할 수 있고 반드시 행정소송 등의 절차에 의하여 그 취소나 무효확인을 받아야 하는 것은 아니다. (○)

| OX 확인 |

04 민사소송에 있어서 어느 행정처분의 당연무효 여부가 선결문제로 되는 때에는 당해 소송의 수소법원은 이를 판단하여 그 행정처분의 무효확인 판결을 할 수 있다. (×)

| OX 확인 |

05 과세처분의 하자가 단지 취소할 수 있는 정도에 불과할 때에는 과세관청이 이를 스스로 취소하거나 행정쟁송절차에 의하여 취소되지 않는 한 그로 인한 조세의 납부가 부당이득이 된다고 할 수 없다. (○)

2. 과세처분이 당연무효라고 볼 수 없는 한 과세처분에 취소할 수 있는 위법사유가 있다 하더라도 그 과세처분은 행정행위의 공정력 또는 집행력에 의하여 그것이 적법하게 취소되기 전까지는 유효하다 할 것이므로, 민사소송절차에서 그 과세처분의 효력을 부인할 수 없다. 대법원 1999. 8. 20. 선고 99다20179 판결 17 사복

3. 형사소송에서의 선결문제

(1) 행정행위의 위법 여부가 선결문제인 경우

• 민사소송과 마찬가지로 수소법원은 행정행위의 위법성에 대해 스스로 심리 · 판단할 수 있다.

판례

1. 구 도시계획법 제78조 제1항에 정한 처분이나 조치명령을 받은 자가 이에 위반한 경우 이로 인하여 같은 법 제92조에 정한 처벌을 하기 위하여는 그 처분이나 조치명령이 적법한 것이라야 하고, 그 처분이 당연무효가 아니라 하더라도 그것이 위법한 처분으로 인정되는 한 같은 법 제92조 위반죄가 성립될 수 없다. 대법원 1992. 8. 18. 선고 90도1709 판결 13 국가, 22 국가
2. 행정청으로부터 구 주택법 제91조에 의한 시정명령을 받고도 이를 위반하였다는 이유로 위 법 제98조 제11호에 의한 처벌을 하기 위해서는 그 시정명령이 적법한 것이어야 하고, 그 시정명령이 위법하다고 인정되는 한 위 법 제98조 제11호 위반죄는 성립하지 않는다. 대법원 2009. 6. 25. 선고 2006도824 판결
3. 개발제한구역의 지정 및 관리에 관한 특별조치법(이하 '개발제한구역법') 제30조 제1항에 의하여 행정청으로부터 시정명령을 받은 자가 이를 위반한 경우, 그로 인하여 개발제한구역법 제32조 제2호에 정한 처벌을 하기 위하여는 시정명령이 적법한 것이라야 하고, 시정명령이 당연무효가 아니더라도 위법한 것으로 인정되는 한 개발제한구역법 제32조 제2호 위반죄가 성립될 수 없다. 대법원 2017. 9. 21. 선고 2017도7321 판결
4. 소방시설 설치유지 및 안전관리에 관한 법률 제9조에 의한 소방시설 등의 설치 또는 유지 · 관리에 대한 명령을 정당한 사유 없이 위반한 자는 같은 법 제48조의2 제1호에 의하여 행정형벌에 처해지는데, 위 명령이 행정처분으로서 하자가 있어 무효인 경우에는 명령에 따른 의무위반이 생기지 아니하므로 행정형벌을 부과할 수 없다. 대법원 2011. 11. 10. 선고 2011도11109 판결 19 지방

(2) 행정행위의 효력 유무가 선결문제인 경우

• 민사소송과 마찬가지로 행정행위가 당연무효인 경우 형사법원은 당해 행정행위가 무효임을 전제로 판단할 수 있으나, 취소사유에 불과한 경우 공정력에 의해 형사법원은 그 행정행위의 효력을 부인할 수 없으므로 유효임을 전제로 판단해야 한다. 14 지방, 18 교행

판례

1. 연령미달의 결격자인 피고인이 소외인의 이름으로 운전면허시험에 응시, 합격하여 교부받은 운전면허는 당연무효가 아니고 도로교통법 제65조 제3호의 사유에 해당함에 불과하여 취소되지 않는 한 유효하므로 피고인의 운전행위는 무면허운전에 해당하지 아니한다. 대법원 1982. 6. 8. 선고 80도2646 판결 17 사복, 22 국가
2. 부정한 방법으로 외국환은행장의 수입승인을 얻어 가지고 세관장에게 수입신고를 할 때 이를 함께 제출하여 수입면허를 받았다고 하더라도, 물품을 수입하고자 하는 자가 일단 세관장에게 수입신고를 하여 그 면허를 받고 물품을 통관한 경우에는, 세관장의 수입면허가 중대하고도 명백한 하자가 있는 행정행위이어서 당연무효가 아닌 한 관세법 제181조 소정의 무면허수입죄가 성립될 수 없다. 대법원 1989. 3. 28. 선고 89도149 판결 13 국가

3. 어업면허를 받은 피고인 갑과 어장시설의 복구·증설 비용을 부담하기로 한 피고인 을이 동업계약을 맺고 어류를 양식하던 중 어업면허가 취소되었으나 그 후 판결로 그 처분이 취소되기까지 사이에 어장을 그대로 유지한 행위는 어업권의 임대 및 무면허 어업행위가 되지 않으므로 이를 처벌할 수 없다. 대법원 1991. 5. 14. 선고 91도627 판결

4. 자동차 운전면허 취소처분을 받은 사람이 자동차를 운전하였으나 운전면허 취소처분의 원인이 된 교통사고 또는 법규 위반에 대하여 범죄사실의 증명이 없는 때에 해당한다는 이유로 무죄판결이 확정된 경우에는 그 취소처분이 취소되지 않았더라도 도로교통법에 규정된 무면허운전의 죄로 처벌할 수는 없다고 보아야 한다. 대법원 2021. 9. 16. 선고 2019도11826 판결

자동차 운전면허가 취소된 사람이 그 처분의 원인이 된 교통사고 또는 법규 위반에 대하여 혐의없음 등으로 불기소처분을 받거나 무죄의 확정판결을 받은 경우 지방경찰청장은 구 도로교통법 시행규칙 제91조 제1항 [별표 28] 1. 마. 항 본문에 따라 즉시 그 취소처분을 취소하고, 같은 규칙 제93조 제6항에 따라 도로교통공단에 그 내용을 통보하여야 하며, 도로교통공단도 즉시 취소당시의 정기적성검사기간, 운전면허증 갱신기간을 유효기간으로 하는 운전면허증을 새로이 발급하여야 한다. 그리고 행정청의 자동차 운전면허 취소처분이 직권으로 또는 행정쟁송절차에 의하여 취소되면, 운전면허 취소처분은 그 처분 시에 소급하여 효력을 잃고 운전면허 취소처분에 복종할 의무가 원래부터 없었음이 확정되므로, 운전면허 취소처분을 받은 사람이 운전면허 취소처분이 취소되기 전에 자동차를 운전한 행위는 도로교통법에 규정된 무면허운전의 죄에 해당하지 아니한다. (대법원 2021. 9. 16. 선고 2019도11826 판결)

PART 01

Ⅳ 존속력(확정력)

1. 불가쟁력(형식적 확정력)

(1) 의의

• 하자 있는 행정행위라 할지라도 불복기간이 경과하거나 쟁송절차가 종료된 경우에는 더 이상 그 행정행위의 효력을 다툴 수 없게 하는 효력을 말한다(절차적 확정력). 18 소방

(2) 효력

① 부적법 각하

• 불가쟁력이 발생한 행정행위에 대해 행정쟁송이 제기된 경우 부적법 각하된다.

② 직권 취소

• 불가쟁력은 행정행위의 상대방 또는 이해관계인에 대해서만 미치고 처분청을 구속하지는 않는다. 15 교행, 18 교행

• 따라서 처분청은 불가쟁력이 발생한 후에도 당해 행정행위를 직권으로 취소 또는 철회할 수 있다. 16 국가, 24 국가

③ 국가배상청구

• 국가배상청구는 처분의 효력을 다투는 것이 아니므로 불가쟁력이 발생한 행정행위로 인해 손해를 입은 국민은 국가배상청구를 할 수 있다. 21 소방, 21 지방 01

④ 무효인 행정행위

• 무효인 행정행위에 대해서는 불가쟁력이 발생하지 않으므로 무효등확인소송은 제소기간의 제한 없이 언제든 제기할 수 있다. 19 소방

⑤ 기판력과의 관계

• 기판력이란 전소 판결의 효력이 후소에 미치는 힘을 말하는데, 불가쟁력이 인정되었다고 하여 기판력이 인정되는 것은 아니다.

판례

일반적으로 행정처분이나 행정심판 재결이 불복기간의 경과로 확정될 경우 그 확정력은, 처분으로 법률상 이익을 침해받은 자가 당해 처분이나 재결의 효력을 더 이상 다툴 수 없다는 의미일 뿐, 더 나아가 판결과 같은 기판력이 인정되는 것은 아니어서 그 처분의 기초가 된 사실관계나 법률적 판단이 확정되고 당사자들이나 법원이 이에 기속되어 모순되는 주장이나 판단을 할 수 없게 되는 것은 아니다(피재해자에게 이루어진 요양승인처분이 불복기간의 경과로 확정되었다 하더라도 사업주는 피재해자가 재해 발생 당시 자신의 근로자가 아니라는 사정을 들어 보험급여액징수처분의 위법성을 주장할 수 있다고 한 사례). 대법원 2008. 7. 24. 선고 2006두20808 판결 18 국회, 19 지방 02

OX 확인

01 불가쟁력이 발생한 행정행위로 손해를 입은 국민은 국가배상청구를 할 수 있다. (○)

OX 확인

02 행정처분이 불복기간의 경과로 인하여 확정될 경우, 그 확정력은 처분으로 인하여 법률상 이익을 침해받은 자가 처분의 효력을 더 이상 다툴 수 없다는 의미일 뿐 판결에 있어서와 같은 기판력이 인정되는 것은 아니다. (○)

(3) 관련문제: 재심사청구의 가부

- 불가쟁력이 발생한 처분에 대한 재심사청구의 인정 여부와 관련하여 종래 이를 인정하는 법령은 존재하지 않았는데, 최근 제정된 행정기본법에서는 명문의 규정을 두어 일정한 경우 처분에 대한 취소·철회 또는 변경 신청이 가능한 것으로 하였다.

> 행정기본법 제37조 【처분의 재심사】
>
> ① 당사자는 처분(제재처분 및 행정상 강제는 제외한다. 이하 이 조에서 같다)이 행정심판, 행정소송 및 그 밖의 쟁송을 통하여 다툴 수 없게 된 경우(법원의 확정판결이 있는 경우는 제외한다)라도 다음 각 호의 어느 하나에 해당하는 경우에는 해당 처분을 한 행정청에 처분을 취소·철회하거나 변경하여 줄 것을 신청할 수 있다.
> 1. 처분의 근거가 된 사실관계 또는 법률관계가 추후에 당사자에게 유리하게 바뀐 경우
> 2. 당사자에게 유리한 결정을 가져다주었을 새로운 증거가 있는 경우
> 3. 「민사소송법」 제451조에 따른 재심사유에 준하는 사유가 발생한 경우 등 대통령령으로 정하는 경우
>
> ② 제1항에 따른 신청은 해당 처분의 절차, 행정심판, 행정소송 및 그 밖의 쟁송에서 당사자가 중대한 과실 없이 제1항 각 호의 사유를 주장하지 못한 경우에만 할 수 있다.
>
> ③ 제1항에 따른 신청은 당사자가 제1항 각 호의 사유를 안 날부터 60일 이내에 하여야 한다. 다만, 처분이 있은 날부터 5년이 지나면 신청할 수 없다.
>
> ④ 제1항에 따른 신청을 받은 행정청은 특별한 사정이 없으면 신청을 받은 날부터 90일(합의제행정기관은 180일) 이내에 처분의 재심사 결과(재심사 여부와 처분의 유지·취소·철회·변경 등에 대한 결정을 포함한다)를 신청인에게 통지하여야 한다. 다만, 부득이한 사유로 90일(합의제행정기관은 180일) 이내에 통지할 수 없는 경우에는 그 기간을 만료일 다음 날부터 기산하여 90일(합의제행정기관은 180일)의 범위에서 한 차례 연장할 수 있으며, 연장 사유를 신청인에게 통지하여야 한다.
>
> ⑤ 제4항에 따른 처분의 재심사 결과 중 처분을 유지하는 결과에 대해서는 행정심판, 행정소송 및 그 밖의 쟁송수단을 통하여 불복할 수 없다.
>
> ⑥ 행정청의 제18조에 따른 취소와 제19조에 따른 철회는 처분의 재심사에 의하여 영향을 받지 아니한다.
>
> ⑦ 제1항부터 제6항까지에서 규정한 사항 외에 처분의 재심사의 방법 및 절차 등에 관한 사항은 대통령령으로 정한다.
>
> ⑧ 다음 각 호의 어느 하나에 해당하는 사항에 관하여는 이 조를 적용하지 아니한다.
> 1. 공무원 인사 관계 법령에 따른 징계 등 처분에 관한 사항
> 2. 「노동위원회법」 제2조의2에 따라 노동위원회의 의결을 거쳐 행하는 사항
> 3. 형사, 행형 및 보안처분 관계 법령에 따라 행하는 사항
> 4. 외국인의 출입국·난민인정·귀화·국적회복에 관한 사항
> 5. 과태료 부과 및 징수에 관한 사항
> 6. 개별 법률에서 그 적용을 배제하고 있는 경우

- 한편 행정기본법이 제정되기 전까지 판례는 특별한 사정이 없는 한 불가쟁력이 발생한 행정행위에 대한 취소 또는 철회청구권을 인정하지 않았다.

행정기본법 시행령 제12조(처분의 재심사 신청 사유)

법 제37조 제1항 제3호에서 "「민사소송법」 제451조에 따른 재심사유에 준하는 사유가 발생한 경우 등 대통령령으로 정하는 경우"란 다음 각 호의 어느 하나에 해당하는 경우를 말한다.
1. 처분 업무를 직접 또는 간접적으로 처리한 공무원이 그 처분에 관한 직무상 죄를 범한 경우
2. 처분의 근거가 된 문서나 그 밖의 자료가 위조되거나 변조된 것인 경우
3. 제3자의 거짓 진술이 처분의 근거가 된 경우
4. 처분에 영향을 미칠 중요한 사항에 관하여 판단이 누락된 경우

판례

제소기간이 이미 도과하여 불가쟁력이 생긴 행정처분에 대하여는 개별 법규에서 그 변경을 요구할 신청권을 규정하고 있거나 관계 법령의 해석상 그러한 신청권이 인정될 수 있는 등 특별한 사정이 없는 한 국민에게 그 행정처분의 변경을 구할 신청권이 있다 할 수 없다. 대법원 2007. 4. 26. 선고 2005두11104 판결 16 서울, 18 국회, 19 서울

2. 불가변력(실질적 확정력)

(1) 의의

- 행정행위를 한 행정청이 그 행정행위를 스스로도 취소 또는 변경할 수 없게 하는 힘을 말한다(실체적 존속력).
- 명문의 규정이 없는 경우에도 행정행위의 성질에 비추어 인정된다.
- 모든 행정행위에 인정되는 효력이 아니라 일정한 경우에만 인정된다.

(2) 인정범위

① 준사법적 행정행위

- 준사법적 행정행위란 사법적 성격이 강한 행정행위를 말한다.
- 행정심판의 재결 18 소방, 특허심판원의 심결, 토지수용재결, 이의신청에 따른 직권취소 등이 있다.

② 확인행위

- 쟁송절차를 거쳐 행해지지는 않지만 성질상 처분청이 스스로 변경할 수 없고, 다만 중대한 공익상 필요가 있거나 상대방에게 귀책사유가 있는 등의 경우에만 예외적으로 직권취소할 수 있다(다수설).
- 국가공무원시험 합격자 결정 등이 있다.

③ 수익적 행정행위

- 견해대립이 있으나, 수익적 행정행위에 대한 취소·철회가 제한되는 것은 상대방의 신뢰보호 등을 위한 것이므로 불가변력이 발생한 것은 아니라는 것이 다수설이다.

(3) 효력

- 행정청은 자신이 행한 행정행위를 직권으로 취소 또는 철회할 수 없다. 18 소방
- 상대방 또는 이해관계인은 불가쟁력이 발생하지 않는 한 행정쟁송을 제기할 수 있다.
- 무효인 행정행위에 대해서는 불가변력이 발생하지 않는다.
- 한편 불가변력은 당해 행정행위에만 인정되는 것이므로, 비록 동종의 행정행위라 하더라도 그 대상을 달리할 때에는 불가변력은 인정될 여지가 없다(대법원 1974. 12. 10. 선고 73누129). 21 지방 01

OX 확인

01 행정행위의 불가변력은 당해 행정행위에 대해서만 인정되는 것이 아니고, 동종의 행정행위라면 그 대상을 달리하더라도 인정된다. (×)

3. 불가쟁력과 불가변력의 관계

(1) 공통점

- 행정법관계의 안정을 도모하고 상대방의 신뢰보호를 위하여 행정행위의 효력을 지속시킨다는 점에서 공통된다.

(2) 차이점

① 상대방

- 불가쟁력은 행정행위의 상대방 또는 이해관계인에 대한 효력인 반면, 불가변력은 처분청에 대한 효력이다. 18 소방
- 따라서 불가쟁력이 발생한 경우라도 행정청은 이를 직권취소할 수 있고, 반대로 불가변력이 발생한 경우라도 상대방 등은 행정쟁송을 제기할 수 있다. 21 소방

② 인정 범위

- 불가쟁력은 모든 행정행위에서 인정될 수 있는 반면, 불가변력은 준사법적 행정행위 등 일정한 경우에만 인정된다.

③ 성질

- 불가쟁력은 절차법적(형식적) 효력인 반면, 불가변력은 실체법적(실질적) 효력이다. 21 소방

V 강제력

1. 자력집행력

- 행정행위에 의하여 부과된 의무를 상대방이 이행하지 않는 경우에 행정청이 스스로 강제력을 발동하여 그 의무를 실현시키는 힘을 말한다.
- 모든 행정행위에 인정되는 효력이 아니라 상대방에게 일정한 의무를 명하는 하명의 경우에만 인정된다. 15 교행
- 하명의 경우에도 별도의 법적 근거가 있어야만 자력집행이 가능하다.

2. 제재력

- 행정행위에 의하여 부과된 의무를 상대방이 이행하지 않는 경우에 행정청이 그에 대한 제재로서 행정벌(행정형벌 또는 행정질서벌)을 부과할 수 있는 힘을 말한다.
- 행정벌의 부과는 명시적인 법적 근거가 있어야 가능하다.

제5강 행정행위의 하자

쟁점 15 행정행위의 하자

Ⅰ 의의

1. 행정행위의 하자의 의의

• 행정행위가 적법요건을 갖추지 못한 경우 그 행정행위는 위법한 행정행위가 되는데, 행정행위를 위법하게 만드는 사유를 행정행위의 하자라 한다(협의의 하자 개념).

2. 오기·오산 등 명백한 사실상 착오

• 행정절차법 제25조는 처분에 오기, 오산 또는 그 밖에 이에 준하는 명백한 잘못이 있을 때에는 직권으로 또는 신청에 따라 지체 없이 정정하고 그 사실을 당사자에게 통지하도록 정하고 있다. 14 국회

• 즉, 오기·오산 등의 명백한 잘못은 하자와 구분되어 행정행위의 효력에 아무런 영향을 미치지 않는다.

행정절차법 제25조(처분의 정정)
행정청은 처분에 오기, 오산 또는 그 밖에 이에 준하는 명백한 잘못이 있을 때에는 직권으로 또는 신청에 따라 지체 없이 정정하고 그 사실을 당사자에게 통지하여야 한다.

3. 하자의 판단시점: 위법판단의 기준시

• 하자는 "처분시"의 법령 및 사실 상태를 기준으로 판단한다(자세한 내용은 후술함).

4. 복수의 처분사유가 존재하는 경우

• 하나의 처분에 대하여 수개의 처분사유가 존재하는 경우, 그중 일부가 적법하지 않다고 하더라도 다른 처분사유로써 그 처분의 정당성이 인정되는 경우에는 그 처분을 위법하다고 할 수 없다.

판례

1. 행정처분에 있어 수개의 처분사유 중 일부가 적법하지 않다고 하더라도 다른 처분사유로써 그 처분의 정당성이 인정되는 경우에는 그 처분을 위법하다고 할 수 없다. 대법원 2013. 10. 24. 선고 2013두963 판결 20 국가

2. 여러 처분사유에 관하여 하나의 제재처분을 하였을 때 그중 일부가 인정되지 않는다고 하더라도 나머지 처분사유들만으로도 처분의 정당성이 인정되는 경우에는 그 처분을 위법하다고 보아 취소하여서는 아니 된다.
   행정청이 여러 개의 위반행위에 대하여 하나의 제재처분을 하였으나, 위반행위별로 제재처분의 내용을 구분하는 것이 가능하고 여러 개의 위반행위 중 일부의 위반행위에 대한 제재처분 부분만이 위법하다면, 법원은 제재처분 중 위법성이 인정되는 부분만 취소하여야 하고 제재처분 전부를 취소하여서는 아니 된다. 대법원 2020. 5. 14. 선고 2019두63515 판결

공정거래위원회가 과징금 산정 시 위반 횟수 가중의 근거로 삼은 위반행위에 대한 시정조치가 그 후 '위반행위 자체가 존재하지 않는다는 이유로 취소판결이 확정된 경우' 과징금 부과처분의 상대방은 결과적으로 처분 당시 객관적으로 존재하지 않는 위반행위로 과징금이 가중되므로, 그 처분은 비례·평등원칙 및 책임주의 원칙에 위배될 여지가 있다.
다만 공정거래위원회는 독점규제 및 공정 거래에 관한 법령상의 과징금 상한의 범위 내에서 과징금 부과 여부 및 과징금 액수를 정할 재량을 가지고 있다. 또한 재량준칙인 '구 과징금 고시'는 위반 횟수와 벌점 누산점수에 따른 과징금 가중비율의 상한만을 규정하고 있다. 따라서 법 위반행위 자체가 존재하지 않아 위반행위에 대한 시정조치에 대하여 취소판결이 확정된 경우에 위반 횟수 가중을 위한 횟수 산정에서 제외하더라도, 그 사유가 과징금 부과처분에 영향을 미치지 아니하여 처분의 정당성이 인정되는 경우에는 그 처분을 위법하다고 할 수 없다. (대법원 2019. 7. 25. 선고 2017두55077 판결)

Ⅱ 행정행위의 부존재, 무효, 취소

1. 행정행위의 부존재

(1) 의의

• 행정행위가 그 성립요건을 갖추지 못하여 행정행위라고 볼 수 있는 외관조차 존재하지 않는 경우를 말한다.

(2) 무효와의 구별

• 행정행위가 효력을 발생시키지 않는다는 점에서는 양자가 공통되나, 무효는 행정행위가 일단 성립하여 행정행위의 외관은 갖추었다는 점에서 부존재와 구별된다.

• 무효는 무효선언을 구하는 취소소송의 대상이 되는 점, 행정행위의 전환이 인정되는 점에서 양자를 구별하는 실익이 있다.

행정소송법이 무효확인소송과 부존재확인소송을 동일하게 규율하고 있고, 실체법적 측면에서 무효인 행정행위와 부존재인 행정행위 모두 실체법상 법적 효력이 발생하지 않는다는 점에서 무효와 부존재를 구별할 실익은 크지 않다는 견해도 있다.

2. 행정행위의 무효와 취소

(1) 의의

① 무효인 행정행위

• 행정행위로서의 외형은 갖추고 있으나 처음부터 효력이 발생하지 않는 경우를 말한다.

• 행정행위가 무효인 경우 누구든지 그 효력을 부인할 수 있다.

② 취소할 수 있는 행정행위

• 행정행위의 성립에 하자가 있음에도 불구하고 권한 있는 기관이 취소하기 전까지는 유효한 것으로 통용되어 효력을 지속하는 행정행위를 말한다.

(2) 구별실익

• 무효인 행정행위와 취소할 수 있는 행정행위는 여러 쟁점에 있어서 구분되는 특징이 있는데, 자세한 내용은 각 영역에서 논하기로 하고 여기서는 결론만을 요약하기로 한다.

구분	무효인 행정행위	취소할 수 있는 행정행위
공정력 · 불가쟁력 · 불가변력	발생 안 함.	발생함.
하자의 치유와 전환	전환만 가능	치유만 가능
하자의 승계	모든 하자가 승계	제한적으로만 승계됨.
행정쟁송형태	무효확인소송(심판)	취소소송(심판)
제소기간	적용 없음.	적용됨.
사정판결(재결)	불가능	가능
예외적 행정심판전치주의	적용 없음.	적용됨.
간접강제	불가능	가능

(3) 구별기준

① 중대 · 명백설(통설 및 판례)

- 하자의 내용이 중대하고 그 하자가 외관상 명백한 때에는 행정행위는 무효이고, 그 중 어느 한 요건이라도 결여한 경우 행정행위는 취소할 수 있는 행정행위에 불과하다고 한다.
- 중대성이란 행정행위가 중요한 법률요건을 위반하고 그 위반의 정도가 상대적으로 심하여 그 흠이 내용상 중대하다는 것을 말하며, 명백성이란 하자가 일반인의 인식능력을 기준으로 할 때 외관상 명백하다는 것을 말한다.
- 한편 판례는 중대 · 명백설을 취하면서도 구체적 사안 자체의 특수성 또한 고려해야 한다고 판시하고 있다.

판례

1. 하자 있는 행정처분이 당연무효가 되기 위하여는 그 하자가 법규의 중요한 부분을 위반한 중대한 것으로서 객관적으로 명백한 것이어야 하며 하자가 중대하고 명백한 것인지 여부를 판별함에 있어서는 그 법규의 목적, 의미, 기능 등을 목적론적으로 고찰함과 동시에 구체적 사안 자체의 특수성에 관하여도 합리적으로 고찰함을 요한다. 대법원 1995. 7. 11. 선고 94누4615 전원합의체 판결
2. 행정처분에 사실관계를 오인한 하자가 있는 경우 그 하자가 명백하다고 하기 위하여는 그 사실관계 오인의 근거가 된 자료가 외형상 상태성을 결여하거나 또는 객관적으로 그 성립이나 내용의 진정을 인정할 수 없는 것임이 명백한 경우라야 할 것이고 사실관계의 자료를 정확히 조사하여야 비로소 그 하자 유무가 밝혀질 수 있는 경우라면 이러한 하자는 외관상 명백하다고 할 수는 없을 것이다. 대법원 1992. 4. 28. 선고 91누6863 판결 12 국회, 21 소방

② 명백성 보충요건설

- 하자가 중대하기만 하면 원칙적으로 무효이고, 명백성은 제3자나 공공의 신뢰를 보호할 필요가 있는 경우에만 보충적으로 요구된다고 한다. 15 서울, 19 서울
- 중대 · 명백설에 대하여 명백성의 의미가 불분명하다는 점, 명백성을 반드시 요구할 경우 권리구제가 미흡할 수 있게 된다는 점 등의 문제가 있다고 비판한다.

Ⅲ 구체적 위법사유

1. 주체에 관한 하자

(1) 정당한 권한이 없는 행정기관의 행위: 원칙 무효

- 공무원이 아닌 자의 행위, 합의제기관의 구성에 중대한 흠이 있는 경우, 의결기관 등의 승인 또는 동의를 결한 경우 등 정당한 권한이 없는 행정기관의 행위는 원칙적으로 무효이다. 18 지방

판례

구 폐기물처리시설 설치촉진 및 주변지역 지원 등에 관한 법률에 정한 입지선정위원회가 그 구성방법 및 절차에 관한 같은 법 시행령의 규정에 위배하여 군수와 주민대표가 선정 · 추천한 전문가를 포함시키지 않은 채 임의로 구성되어 의결을 한 경우, 그에 터 잡아 이루어진 폐기물처리시설 입지결정처분의 하자는 중대한 것이고 객관적으로도 명백하므로 무효사유에 해당한다. 대법원 2007. 4. 12. 선고 2006두20150 판결 11 지방, 18 지방

(2) 행정기관의 권한 외의 행위: 원칙 무효

① 행정기관의 권한 밖의 행위는 원칙적으로 무효이다. 15 사복 다만, 일반원칙인 중대·명백설에 따라 예외적으로 취소사유가 될 수도 있다.

• 무효로 본 사례

판례

1. (내부위임 받은 자가 자신의 명의로 처분을 한 사안) 체납취득세에 대한 압류처분권한은 도지사로부터 시장에게 권한위임된 것이고 시장으로부터 압류처분권한을 내부위임받은 데 불과한 구청장으로서는 시장 명의로 압류처분을 대행처리할 수 있을 뿐이고 자신의 명의로 이를 할 수 없다 할 것이므로 구청장이 자신의 명의로 한 압류처분은 권한 없는 자에 의하여 행하여진 위법무효의 처분이다. 대법원 1993. 5. 27. 선고 93누6621 판결
2. 운전면허에 대한 정지처분권한은 경찰청장으로부터 경찰서장에게 권한위임된 것이므로 음주운전자를 적발한 단속 경찰관으로서는 관할 경찰서장의 명의로 운전면허정지처분을 대행처리할 수 있을지는 몰라도 자신의 명의로 이를 할 수는 없다 할 것이므로, 단속 경찰관이 자신의 명의로 운전면허행정처분통지서를 작성·교부하여 행한 운전면허정지처분은 비록 그 처분의 내용·사유·근거 등이 기재된 서면을 교부하는 방식으로 행하여졌다고 하더라도 권한 없는 자에 의하여 행하여진 점에서 무효의 처분에 해당한다. 대법원 1997. 5. 16. 선고 97누2313 판결
3. 조세채권의 소멸시효가 완성되어 부과권이 소멸된 후에 부과한 과세처분은 위법한 처분으로 그 하자가 중대하고도 명백하여 무효라 할 것이다. 대법원 1988. 3. 22. 선고 87누1018 판결 16 지방
4. 국세부과의 제척기간이 경과한 후에 이루어진 부과처분은 무효이다. 대법원 2019. 8. 30. 선고 2016두62726 판결

• 취소사유로 본 사례

판례

1. 행정청의 권한에는 사무의 성질 및 내용에 따르는 제약이 있고, 지역적·대인적으로 한계가 있으므로 이러한 권한의 범위를 넘어서는 권한유월의 행위는 무권한 행위로서 원칙적으로 무효라고 할 것이나, 행정청의 공무원에 대한 의원면직처분은 공무원의 사직의사를 수리하는 소극적 행정행위에 불과하고, 당해 공무원의 사직의사를 확인하는 확인적 행정행위의 성격이 강하며 재량의 여지가 거의 없기 때문에 의원면직처분에서의 행정청의 권한유월 행위를 다른 일반적인 행정행위에서의 그것과 반드시 같이 보아야 할 것은 아니다. 17 국회
   5급 이상의 국가정보원직원에 대한 의원면직처분이 임면권자인 대통령이 아닌 국가정보원장에 의해 행해진 것으로 위법하고, 나아가 국가정보원직원의 명예퇴직원 내지 사직서 제출이 직위해제 후 1년여에 걸친 국가정보원장 측의 종용에 의한 것이었다는 사정을 감안한다 하더라도 그러한 하자가 중대한 것이라고 볼 수는 없으므로, 대통령의 내부결재가 있었는지에 관계없이 당연무효는 아니다. 대법원 2007. 7. 26. 선고 2005두15748 판결 18 지방
2. 세관출장소장에게 관세부과처분을 할 권한이 있다고 객관적으로 오인할 여지가 다분하다고 인정되므로 결국 적법한 권한 위임 없이 세관출장소장에 의하여 행하여진 관세부과처분이 그 하자가 중대하기는 하지만 객관적으로 명백하다고 할 수 없어 당연무효는 아니다. 대법원 2004. 11. 26. 선고 2003두2403 판결 15 지방, 19 지방

조례 제정권의 범위를 벗어나 국가사무를 대상으로 한 무효인 서울특별시행정권한위임조례의 규정에 근거하여 구청장이 건설업영업정지처분을 한 경우, 그 처분은 결과적으로 적법한 위임 없이 권한 없는 자에 의하여 행하여진 것과 마찬가지가 되어 그 하자가 중대하나, 지방자치단체의 사무에 관한 조례와 규칙은 조례가 보다 상위규범이라고 할 수 있고, 또한 헌법 제107조 제2항의 "규칙"에는 지방자치단체의 조례와 규칙이 모두 포함되는 등 이른바 규칙의 개념이 경우에 따라 상이하게 해석되는 점 등에 비추어 보면 위 처분의 위임 과정의 하자가 객관적으로 명백한 것이라고 할 수 없으므로 이로 인한 하자는 결국 당연무효사유는 아니라고 봄이 상당하다. (대법원 1995. 7. 11. 선고 94누4615 전원합의체 판결) 21 소방

교육인적자원부장관이 공립유치원 교사의 임용권을 당해 교육감에게 위임하였고, 교육감은 공립유치원 교사의 관내전보, 직위해제, 의원면직, 신규채용권한을 교육장에게 재위임하였을 뿐 직권면직 권한까지 재위임한 바는 없으므로 피고가 공립유치원 교사인 원고에 대하여 이 사건 직권면직처분을 한 것은 적법한 위임 없이 권한 없는 자가 행한 처분으로서 그 하자가 중대하다고 할 것이나, 객관적으로 명백하다고는 할 수 없어 당연무효는 아니라고 본 사례. (대법원 2007. 9. 21. 선고 2005두11937 판결)

(3) 행정기관의 의사에 결함이 있는 행위

• 의사능력 없는 자의 행위는 무효, 행위능력 없는 자의 행위는 유효로 보는 것이 일반적이며, 착오로 인한 행위의 경우 원칙적으로 유효하나 착오의 내용 자체가 위법한 경우 중대・명백설에 따라 판단하고, 사기・강박에 의한 행위의 경우 취소사유에 불과한 것으로 본다.

판례

1. 부동산을 양도한 사실이 없음에도 세무당국이 부동산을 양도한 것으로 오인하여 양도소득세를 부과하였다면 그 부과처분은 착오에 의한 행정처분으로서 그 표시된 내용에 중대하고 명백한 하자가 있어 당연무효이다. 대법원 1983. 8. 23. 선고 83누179 판결 11 지방
2. 주택건설촉진법에 의한 설립인가를 받은 주택조합이 아파트지구 개발사업의 사업계획을 승인받아 아파트를 건축한 경우 구 개발이익환수에관한법률 제6조 제1항 소정의 개발부담금 납부의무자는 사업시행자인 주택조합이고 그 조합원들이 아니므로, 납부의무자가 아닌 조합원들에 대한 개발부담금 부과처분은 그 처분의 법적 근거가 없는 것으로서 그 하자가 중대하고도 명백하여 무효이다. 대법원 1998. 5. 8. 선고 95다30390 판결

2. 절차에 관한 하자

(1) 법률상 필요한 상대방의 신청 또는 동의를 결여한 행위 : 원칙 무효

• 법령이 일정한 행정행위에 대하여 상대방의 신청 또는 동의를 필수적 절차로 규정하고 있는 경우 그 신청 또는 동의가 결여된 행위는 원칙적으로 무효이다.

(2) 필요한 공고 또는 통지를 결여한 행위

• 일반 원칙에 따라 하자가 중대・명백한 경우에는 무효인 것으로, 그렇지 아니한 경우에는 취소사유에 불과한 것으로 판단한다.

판례

1. 국세기본법 및 국세기본법 시행령이 과세전적부심사를 거치지 않고 곧바로 과세처분을 할 수 있거나 과세전적부심사에 대한 결정이 있기 전이라도 과세처분을 할 수 있는 예외사유로 정하고 있다는 등의 특별한 사정이 없는 한, 과세예고 통지 후 과세전적부심사 청구나 그에 대한 결정이 있기도 전에 과세처분을 하는 것은 원칙적으로 과세전적부심사 이후에 이루어져야 하는 과세처분을 그보다 앞서 함으로써 과세전적부심사 제도 자체를 형해화시킬 뿐만 아니라 과세전적부심사 결정과 과세처분 사이의 관계 및 불복절차를 불분명하게 할 우려가 있으므로, 그와 같은 과세처분은 납세자의 절차적 권리를 침해하는 것으로서 절차상 하자가 중대하고도 명백하여 무효이다. 대법원 2016. 12. 27. 선고 2016두49228 판결
2. 재외국민이 관할행정청에게 여행증명서의 무효확인서를 제출, 주민등록신고를 하여 주민등록이 되었는데, 관할행정청이 주민등록신고시 거주용여권의 무효확인서를 첨부하지 아니하고 여행용여권의 무효확인서를 첨부하는 위법이 있었다고 하여 주민등록을 말소하는 처분을 한 경우 이 처분이 주민등록법 제17조의2에 규정한 최고, 공고의 절차를 거치지 아니하였다 하더라도 그러한 하자는 중대하고 명백한 것이라고 할 수 없어 처분의 당연무효사유에 해당하는 것이라고는 할 수 없다. 대법원 1994. 8. 26. 선고 94누3223 판결 11 지방, 14 사복

세무조사결과통지 후 과세전적부심사 청구나 그에 대한 결정이 있기도 전에 과세처분을 하는 것은 원칙적으로 과세전적부심사 이후에 이루어져야 하는 과세처분을 그보다 앞서 함으로써 과세전적부심사 제도 자체를 형해화시킬 뿐 아니라 과세전적부심사 결정과 과세처분 사이의 관계 및 불복절차를 불분명하게 할 우려가 있으므로, 그와 같은 과세처분은 납세자의 절차적 권리를 침해하는 것으로서 절차상 하자가 중대하고도 명백하여 무효이다. (대법원 2020. 10. 29. 선고 2017두51174 판결)

(3) 필요한 이해관계인의 참여 또는 협의를 결여한 행위: 취소사유

- 무효로 보는 견해가 있으나 판례는 취소사유에 불과하다고 본다.

판례

기업자가 토지소유자와 협의를 거치지 아니한 채 토지의 수용을 위한 재결을 신청하였다는 등의 하자는 절차상 위법으로서 이의재결의 취소를 구할 수 있는 사유가 될지언정 당연무효의 사유라고 할 수는 없다. 대법원 1993. 8. 13. 선고 93누2148 판결

(4) 필요한 청문 또는 의견진술의 기회를 주지 아니한 행위: 취소사유

- 행정청이 불이익처분을 함에 있어 행정절차법에 따른 청문 절차 등을 거치지 않은 경우이는 취소사유에 해당한다. 16 교행

판례

행정절차법상 청문제도는 행정처분의 사유에 대하여 당사자에게 변명과 유리한 자료를 제출할 기회를 부여함으로써 위법사유의 시정가능성을 고려하고 처분의 신중과 적정을 기하려는 데 그 취지가 있음에 비추어 볼 때, 행정청이 침해적 행정처분을 함에 즈음하여 청문을 실시하지 않아도 되는 예외적인 경우에 해당하지 않는 한 반드시 청문을 실시하여야 하고, 그 절차를 결여한 처분은 위법한 처분으로서 취소사유에 해당한다. 대법원 2004. 7. 8. 선고 2002두8350 판결 12 지방, 16 교행

(5) 다른 행정기관의 협력을 결여한 행위

- 일반적으로 다른 행정기관과의 협의 또는 자문절차를 거치지 아니한 경우는 취소사유로, 이와 달리 동의를 결한 경우는 무효로 본다.

판례

1. 같은 법 제3조에서 건설부장관이 택지개발예정지구를 지정함에 있어 미리 관계중앙행정기관의 장과 협의를 하라고 규정한 의미는 그의 자문을 구하라는 것이지 그 의견을 따라 처분을 하라는 의미는 아니라 할 것이므로 이러한 협의를 거치지 아니하였다고 하더라도 이는 위 지정처분을 취소할 수 있는 원인이 되는 하자 정도에 불과하고 위 지정처분이 당연무효가 되는 하자에 해당하는 것은 아니다. 대법원 2000. 10. 13. 선고 99두653 판결
2. 행정청이 구 학교보건법 소정의 학교환경위생정화구역 내에서 금지행위 및 시설의 해제 여부에 관한 행정처분을 하면서 절차상 학교환경위생정화위원회의 심의를 누락한 흠이 있다면 그와 같은 흠을 가리켜 위 행정처분의 효력에 아무런 영향을 주지 않는다거나 경미한 정도에 불과하다고 볼 수는 없으므로, 특별한 사정이 없는 한 이는 행정처분을 위법하게 하는 취소사유가 된다. 대법원 2007. 3. 15. 선고 2006두15806 판결 12 지방, 16 교행, 24 지방
3. 구 환경영향평가법상 환경영향평가를 실시하여야 할 사업에 대하여 환경영향평가를 거치지 아니하였음에도 승인 등 처분을 한 경우, 그 처분의 하자는 행정처분의 당연무효사유에 해당한다. 14 사복, 17 국회, 19 지방

   (한편) 국방·군사시설 사업에 관한 법률 및 구 산림법에서 보전임지를 다른 용도로 이용하기 위한 사업에 대하여 승인 등 처분을 하기 전에 미리 산림청장과 협의를 하라고 규정한 의미는 그의 자문을 구하라는 것이지 그 의견을 따라 처분을 하라는 의미는 아니라 할 것이므로, 이러한 협의를 거치지 아니하였다고 하더라도 이는 당해 승인처분을 취소할 수 있는 원인이 되는 하자 정도에 불과하고 그 승인처분이 당연무효가 되는 하자에 해당하는 것은 아니라고 봄이 상당하다. 대법원 2006. 6. 30. 선고 2005두14363 판결

비교판례 행정청이 사전에 교통영향평가를 거치지 아니한 채 '건축허가 전까지 교통영향평가 심의필증을 교부받을 것'을 부관으로 붙여서 한 '실시계획변경 승인 및 공사시행변경 인가 처분'에 중대하고 명백한 흠이 있다고 할 수 없어 이를 무효로 보기 어렵다. 대법원 2010. 2. 25. 선고 2009두102 판결 19 지방

4. 행정청이 사전환경성검토협의를 거쳐야 할 대상사업에 관하여 법의 해석을 잘못한 나머지 세부용도지역이 지정되지 않은 개발사업 부지에 대하여 사전환경성검토협의를 할지 여부를 결정하는 절차를 생략한 채 승인 등의 처분을 한 사안에서, 그 하자가 객관적으로 명백하다고 할 수 없다고 한 사례. 대법원 2009. 9. 24. 선고 2009두2825 판결
5. 환경영향평가법령에서 정한 환경영향평가를 거쳐야 할 대상사업에 대하여 그러한 환경영향평가를 거치지 아니하였음에도 승인 등 처분을 하였다면 그 처분은 위법하다 할 것이나, 그러한 절차를 거쳤다면, 비록 그 환경영향평가의 내용이 다소 부실하다 하더라도, 그 부실의 정도가 환경영향평가제도를 둔 입법 취지를 달성할 수 없을 정도이어서 환경영향평가를 하지 아니한 것과 다를 바 없는 정도의 것이 아닌 이상(주 : 이와 같은 경우에는 당연무효임), 그 부실은 당해 승인 등 처분에 재량권 일탈·남용의 위법이 있는지 여부를 판단하는 하나의 요소로 됨에 그칠 뿐, 그 부실로 인하여 당연히 당해 승인 등 처분이 위법하게 되는 것이 아니다. 대법원 2006. 3. 16. 선고 2006두330 전원합의체 17 국회
6. 판결자율형 사립고등학교 제도의 성격, 자사고 지정을 취소하는 과정에서 교육감의 재량을 절차적으로 통제할 필요가 있는 점, 구 초·중등교육법 시행령 제91조의3의 개정이유 등에 비추어 볼 때, 구 초·중등교육법 시행령 제91조의3 제5항에서 말하는 교육부장관과의 사전 협의는 특별한 사정이 없는 한 교육부장관의 적법한 사전 동의를 의미한다. 대법원 2018. 7. 12. 선고 2014추33 판결
7. 민간투자심의위원회는 스스로 민간제안사업의 민간투자사업 추진 여부나 사업시행자 지정 여부를 결정하는 것이 아니고 의사결정권자의 자문에 응하여 심의하는 기관에 불과하므로, 위와 같은 절차규정 위반은 이 사건 사업시행자지정처분을 무효로 할 만한 중대하고 명백한 하자라고 볼 수 없다. 대법원 2009. 4. 23. 선고 2007두13159 판결
8. 교수위원들이 법학교육위원회 제15차 회의에 관여한 것은 소속대학에 대한 관계에서 제척규정인 법 제13조를 위반한 것이기는 하나, 법 제13조의 적용 범위 등에 관하여 해석상 논의의 여지가 있고, 교수위원이 소속한 전남대학교의 경우 서울외권역 중 2순위의 평가점수를 받아 소속 교수위원이 배제된 상태에서 심의를 하였더라도 동일한 심의결과가 나왔을 것으로 보이는 점 등에 비추어, 그러한 위반은 이 사건 인가처분의 무효사유가 아니라 취소사유에 해당한다. 대법원 2009. 12. 10. 선고 2009두8359 판결

문화재보호법의 입법목적과 문화재의 보존·관리 및 활용은 원형유지라는 문화재보호의 기본원칙 등에 비추어, 건설공사시 문화재보존의 영향검토에 관한 문화재보호법 제74조 제2항 및 같은 법 시행령 제43조의2 제1항에서 정한 '문화재청장과 협의'가 '문화재청장의 동의'를 말한다고 한 사례. (대법원 2006. 3. 10. 선고 2004추119 판결)

구 군사시설보호법에 의하면, 관계 행정청이 군사시설보호구역 안에서 가옥 기타 축조물의 신축 또는 증축, 입목의 벌채 등을 허가하고자 할 때에는 미리 관할 부대장과 협의를 하도록 규정하고 있고, 구 군사시설보호법시행령 제10조 제2항에 비추어 보면, 여기서 협의는 동의를 뜻한다. (대법원 1995. 3. 10. 선고 94누12739 판결)

(6) 이유제시의무의 위반 : 취소사유

- 이유제시가 불충분한 경우뿐만 아니라 이유제시가 누락된 경우에도 취소사유에 불과하다. 18 지방

판례

세액산출근거가 기재되지 아니한 납세고지서에 의한 부과처분은 강행법규에 위반하여 취소대상이 된다. 대법원 1985. 4. 9. 선고 84누431 판결

(7) 예산편성 절차의 하자

- 예산의 편성에 절차상 하자가 있다는 사정만으로 그 예산에 근거한 처분이 위법하게 되는 것은 아니다.

판례

구 국가재정법 제38조 및 구 국가재정법 시행령 제13조에 규정된 예비타당성조사는 각 처분과 형식상 전혀 별개의 행정계획인 예산의 편성을 위한 절차일 뿐 각 처분에 앞서 거쳐야 하거나 근거 법규 자체에서 규정한 절차가 아니므로, 예비타당성조사를 실시하지 아니한 하자는 원칙적으로 예산 자체의 하자일 뿐, 그로써 곧바로 각 처분의 하자가 된다고 할 수 없어, 예산이 각 처분 등으로써 이루어지는 '4대강 살리기 사업' 중 한강 부분을 위한 재정 지출을 내용으로 하고 있고 예산의 편성에 절차상 하자가 있다는 사정만으로 각 처분에 취소사유에 이를 정도의 하자가 존재한다고 보기 어렵다고 한 사례. 대법원 2015. 12. 10. 선고 2011두32515 판결

(8) 절차 하자가 경미한 경우

- 판례는 절차 하자가 경미한 경우 그러한 하자는 처분의 위법사유를 구성하지 않는 것으로 본다.

판례

1. 민원사무를 처리하는 행정기관이 민원 1회 방문 처리제를 시행하는 절차의 일환으로 민원사항의 심의·조정 등을 위한 민원조정위원회를 개최하면서 민원인에게 회의일정 등을 사전에 통지하지 아니하였다 하더라도, 이러한 사정만으로 곧바로 민원사항에 대한 행정기관의 장의 거부처분에 취소사유에 이를 정도의 흠이 존재한다고 보기는 어렵다. 다만 행정기관의 장의 거부처분이 재량행위인 경우에, 위와 같은 사전통지의 흠결로 민원인에게 의견진술의 기회를 주지 아니한 결과 민원조정위원회의 심의과정에서 고려대상에 마땅히 포함시켜야 할 사항을 누락하는 등 재량권의 불행사 또는 해태로 볼 수 있는 구체적 사정이 있다면, 거부처분은 재량권을 일탈·남용한 것으로서 위법하다. 대법원 2015. 8. 27. 선고 2013두1560 판결
2. 개발행위허가에 관한 사무를 처리하는 행정기관의 장이 일정한 개발행위를 허가하는 경우에는 국토계획법 제59조 제1항에 따라 도시계획위원회의 심의를 거쳐야 할 것이나, 개발행위허가의 신청 내용이 허가 기준에 맞지 않는다고 판단하여 개발행위허가신청을 불허가하였다면 이에 앞서 도시계획위원회의 심의를 거치지 않았다고 하여 이러한 사정만으로 곧바로 그 불허가처분에 취소사유에 이를 정도의 절차상 하자가 있다고 보기는 어렵다. 다만 행정기관의 장이 도시계획위원회의 심의를 거치지 아니한 결과 개발행위 불허가처분을 함에 있어 마땅히 고려하여야 할 사정을 참작하지 아니하였다면 그 불허가처분은 재량권을 일탈·남용한 것으로서 위법하다고 평가할 수 있을 것이다. 대법원 2015. 10. 29. 선고 2012두28728 판결
3. 납세고지서의 세율이 잘못 기재되었다고 하더라도 납세고지서에 기재된 문언 내용 등에 비추어 원천징수의무자 등 납세자가 세율이 명백히 잘못된 오기임을 알 수 있고 납세고지서에 기재된 다른 문언과 종합하여 정당한 세율에 따른 세액의 산출근거를 쉽게 알 수 있어 납세자의 불복 여부의 결정이나 불복신청에 지장을 초래하지 않을 정도라면, 납세고지서의 세율이 잘못 기재되었다는 사정만으로 그에 관한 징수처분을 위법하다고 볼 것은 아니다. 대법원 2019. 7. 4. 선고 2017두38645 판결

(9) 기타 절차 위반에 관한 판례

판례

도시관리계획결정·고시와 그 도면에 특정 토지가 도시관리계획에 포함되지 않았음이 명백한데도 도시관리계획을 집행하기 위한 후속 계획이나 처분에서 그 토지가 도시관리계획에 포함된 것처럼 표시되어 있는 경우가 있다. 이것은 실질적으로 도시관리계획결정을 변경하는 것에 해당하여 구 국토의 계획 및 이용에 관한 법률에서 정한 도시관리계획 변경절차를 거치지 않는 한 당연무효이다. 대법원 2019. 7. 11. 선고 2018두47783 판결

3. 형식에 관한 하자

(1) 문서에 관한 하자 : 무효

- 행정절차법상 처분은 문서로 하여야 하는데, 이를 위반한 행위는 무효이다.

판례

1. 행정절차법 제24조는, 행정청이 처분을 하는 때에는 다른 법령 등에 특별한 규정이 있는 경우를 제외하고는 문서로 하여야 한다고 규정하고 있는데, 이는 행정의 공정성·투명성 및 신뢰성을 확보하고 국민의 권익을 보호하기 위한 것이므로 위 규정을 위반하여 행하여진 행정청의 처분은 하자가 중대하고 명백하여 원칙적으로 무효이다. 대법원 2011. 11. 10. 선고 2011도11109 판결 14 사복, 19 국가 01
2. 면허관청이 운전면허정지처분을 하면서 별지 52호 서식의 통지서에 의하여 면허정지사실을 통지하지 아니하거나 처분집행예정일 7일 전까지 이를 발송하지 아니한 경우에는 특별한 사정이 없는 한 위 관계 법령이 요구하는 절차·형식을 갖추지 아니한 조치로서 그 효력이 없고, 이와 같은 법리는 면허관청이 임의로 출석한 상대방의 편의를 위하여 구두로 면허정지사실을 알렸다고 하더라도 마찬가지이다. 대법원 1996. 6. 14. 선고 95누17823 판결 13 지방

(2) 행정청의 서명날인을 결여한 행위 : 무효

- 법률이 행정청의 서명날인을 요구하는 경우에 이를 결여한 행위는 원칙적으로 무효이다.

4. 내용에 관한 하자

(1) 법령 위반

① 일반원칙인 중대·명백설에 따라 판단한다.

- 판단기준에 관한 판례

판례

1. 행정청이 어느 법률관계나 사실관계에 대하여 어느 법률의 규정을 적용하여 행정처분을 한 경우에 그 법률관계나 사실관계에 대하여는 그 법률의 규정을 적용할 수 없다는 법리가 명백히 밝혀져 그 해석에 다툼의 여지가 없음에도 행정청이 위 규정을 적용하여 처분을 한 때에는 그 하자가 중대하고도 명백하다고 할 것이나, 그 법률관계나 사실관계에 대하여 그 법률의 규정을 적용할 수 없다는 법리가 명백히 밝혀지지 아니하여 그 해석에 다툼의 여지가 있는 때에는 행정관청이 이를 잘못 해석하여 행정처분을 하였더라도 이는 그 처분 요건사실을 오인한 것에 불과하여 그 하자가 명백하다고 할 수 없다. 대법원 2009. 9. 24. 선고 2009두2825 판결
2. 행정청이 법령 규정의 문언상 처분 요건의 의미가 분명함에도 합리적인 근거 없이 그 의미를 잘못 해석한 결과, 처분 요건이 충족되지 아니한 상태에서 해당 처분을 한 경우에는 법리가 명백히 밝혀지지 아니하여 그 해석에 다툼의 여지가 있다고 볼 수는 없다. 대법원 2014. 5. 16. 선고 2011두27094 판결
3. 법령 규정의 문언만으로는 처분 요건의 의미가 분명하지 아니하여 그 해석에 다툼의 여지가 있었더라도 해당 법령 규정의 위헌 여부 및 그 범위, 법령이 정한 처분 요건의 구체적 의미 등에 관하여 법원이나 헌법재판소의 분명한 판단이 있고, 행정청이 그러한 판단 내용에 따라 법령 규정을 해석·적용하는 데에 아무런 법률상 장애가 없는데도 합리적 근거 없이 사법적 판단과 어긋나게 행정처분을 하였다면 그 하자는 객관적으로 명백하다고 봄이 타당하다. 대법원 2017. 12. 28. 선고 2017두30122 판결

OX 확인

01 건물 소유자에게 소방시설 불량 사항을 시정·보완하라는 명령을 구두로 고지한 것은 「행정절차법」에 위반한 것으로 하자가 중대·명백하여 당연무효이다. (○)

일반적으로 과세대상이 되는 법률관계나 사실관계(소득 또는 행위)가 전혀 없는 사람에게 한 과세처분은 그 하자가 중대하고도 명백하다고 할 것이지만, 과세대상이 되지 아니하는 어떤 법률관계나 사실관계에 대하여 이를 과세대상이 되는 것으로 오인할 만한 객관적인 사정이 있는 경우에 그것이 과세대상이 되는지의 여부가 그 사실관계를 정확히 조사하여야 비로소 밝혀질 수 있는 경우라면, 그 하자가 중대한 경우라도 외관상 명백하다고 할 수 없으므로 과세요건 사실을 오인한 위법의 과세처분을 당연무효라고 볼 수 없다. (대법원 2001. 6. 29. 선고 2000다17339 판결)

• 무효로 본 사례

판례

1. 부과금 면제대상인 조합이나 중앙회의 업무 및 재산에 대하여 농지보전부담금을 부과한 처분은 부과대상이 아닌 자에 대하여 부과금을 부과한 것으로서 법규의 중요한 부분을 위반한 중대한 하자가 있고 그 하자는 객관적으로 명백하다. 대법원 2015. 6. 23. 선고 2013다209008 판결
2. 만일 국토계획법령이 정한 도시계획시설사업의 대상 토지의 소유와 동의 요건을 갖추지 못하였는데도 사업시행자로 지정하였다면, 이는 국토계획법령이 정한 법규의 중요한 부분을 위반한 것으로서 특별한 사정이 없는 한 그 하자가 중대하다고 보아야 한다. 대법원 2017. 7. 11. 선고 2016두35120 판결

• 취소사유로 본 사례

판례

1. 행정청의 주택재개발정비사업 조합설립추진위원회 설립승인처분이 정비구역의 지정·고시 전에 정비예정지역에 의하여 확정된 토지등소유자의 과반수 동의를 얻어 구성된 추진위원회에 대하여 이루어진 것이라고 하더라도, 그 하자가 중대하거나 명백하다고 할 수 없다. 대법원 2010. 9. 30. 선고 2010두9358 판결
2. 공유수면에 대한 적법한 사용인지 무단 사용인지의 여부에 관한 판단을 그르쳐 변상금 부과처분을 할 것을 사용료 부과처분을 하거나 반대로 사용료 부과처분을 할 것을 변상금 부과처분을 한 경우, 그 부과처분의 하자는 중대한 하자라고 할 수 없다. 대법원 2013. 4. 26. 선고 2012두20663 판결

(2) 내용의 사실상·법률상 실현 불가능: 원칙 무효

• 사실상·법률상 실현 불가능한 행정행위는 원칙적으로 무효이다.

판례

1. 납세자가 아닌 제3자의 재산을 대상으로 한 압류처분은 그 처분의 내용이 법률상 실현될 수 없는 것이어서 당연무효이다. 대법원 2012. 4. 12. 선고 2010두4612 판결
2. 행정행위 효력요건은 정당한 권한 있는 기관이 필요한 수속을 거치고 필요한 표시의 형식을 갖추어야 할 뿐만 아니라, 행정행위의 내용이 법률상 효과를 발생할 수 있는 것이어야 되며 그중의 어느 하나의 요건의 흠결도 당해 행정행위의 절대적 무효를 초래하는 것이며 행정행위의 내용이 법률상 결과를 발생할 수 없는 권리의무를 목적한 것이면 그 행정행위 및 부관은 절대무효이다. 대법원 1959. 5. 14. 선고 4290민상834 판결 18 국회

(3) 기타

• 행정행위의 내용이 불명확한 경우는 무효로 본다.

판례

공정거래위원회가 법 제24조 소정의 시정명령 등 행정처분을 하기 위해서는 그 대상이 되는 '이익제공강요' 및 '불이익제공'의 내용이 구체적으로 명확하게 특정되어야 하고, 그러하지 아니한 상태에서 이루어진 그 시정명령 등 행정처분은 위법하다고 할 것이다. 대법원 2007. 1. 12. 선고 2004두7139 판결

• 신청에 대하여 일단 거부처분이 행해진 경우, 그 거부처분이 적법한 절차에 의하여 취소되지 않는 한, 사유를 추가하여 재차 거부처분을 반복하는 것은 존재하지도 않는 신청에 대한 거부처분으로서 당연무효이다.

판례

행정행위 중 당사자의 신청에 의하여 인·허가 또는 면허 등 이익을 주거나 그 신청을 거부하는 처분을 하는 것을 내용으로 하는 이른바 신청에 의한 처분의 경우에는 신청에 대하여 일단 거부처분이 행해지면 그 거부처분이 적법한 절차에 의하여 취소되지 않는 한, 사유를 추가하여 거부처분을 반복하는 것은 존재하지도 않는 신청에 대한 거부처분으로서 당연무효이다. 대법원 1999. 12. 28. 선고 98두1895 판결 18 국회

5. 위헌결정의 효력

(1) 위헌결정의 소급효

① 쟁점

- 헌법재판소법은 형벌조항을 제외하고는 위헌으로 결정된 법률은 장래를 향하여 그 효력을 상실하는 것으로 정하고 있다(장래효).
- 그러나 당사자의 권리구제 등을 위하여 일정한 경우 해석으로 위헌결정에 대해 소급효를 인정하고 있는데, 이때 소급효가 인정되는 범위가 문제된다.

헌법재판소법 제47조(위헌결정의 효력)
② 위헌으로 결정된 법률 또는 법률의 조항은 그 결정이 있는 날부터 효력을 상실한다.

② 헌법재판소의 태도

- 헌법재판소는 다음 네 가지 경우에는 위헌결정의 소급효가 미친다고 한다.

판례

구체적 규범통제의 실효성의 보장의 견지에서 법원의 제청·헌법소원의 청구 등을 통하여 ㉠ 헌법재판소에 법률의 위헌결정을 위한 계기를 부여한 당해사건, ㉡ 위헌결정이 있기 전에 이와 동종의 위헌 여부에 관하여 헌법재판소에 위헌제청을 하였거나 법원에 위헌제청신청을 한 경우의 당해 사건(동종사건), 그리고 ㉢ 따로 위헌제청신청을 아니하였지만 당해 법률 또는 법률의 조항이 재판의 전제가 되어 법원에 계속 중인 사건(병행사건)에 대하여는 소급효를 인정하여야 할 것이다. 또 다른 한가지의 불소급의 원칙의 예외로 볼 것은, ㉣ (일반사건의 경우)당사자의 권리구제를 위한 구체적 타당성의 요청이 현저한 반면에 소급효를 인정하여도 법적 안정성을 침해할 우려가 없고 나아가 구법에 의하여 형성된 기득권자의 이익이 해쳐질 사안이 아닌 경우로서 소급효의 부인이 오히려 정의와 형평 등 헌법적 이념에 심히 배치되는 때에도 소급효를 인정할 수 있다. 헌법재판소 1993. 5. 13. 선고 92헌가10 등 결정 15 지방, 19 서울, 22 국가

③ 대법원의 태도

- 헌법재판소와 마찬가지로 ㉠ 당해사건, ㉡ 동종사건, ㉢ 병행사건에 대해서는 대법원도 위헌결정의 소급효를 인정한다.
- 다만 ㉣ 일반사건의 경우 헌법재판소가 '소급효의 부인이 오히려 정의와 형평 등 헌법적 이념에 심히 배치되는 때'에 한해서만 예외적으로 소급효를 인정하는 반면, 대법원은 위헌결정 이후 제소된 모든 사건에 대해서 원칙적으로 소급효를 인정한다.

판례

헌법재판소의 위헌결정의 효력은 ㉠ 위헌제청을 한 당해 사건, ㉡ 위헌결정이 있기 전에 이와 동종의 위헌 여부에 관하여 헌법재판소에 위헌여부심판제청을 하였거나 법원에 위헌여부심판제청신청을 한 경우의 당해 사건과 ㉢ 따로 위헌제청신청은 아니하였지만 당해 법률 또는 법률의 조항이 재판의 전제가 되어 법원에 계속 중인 사건뿐만 아니라 ㉣ 위헌결정 이후에 위와 같은 이유로 제소된 일반사건에도 미친다. 대법원 1993. 1. 15. 선고 91누5747 판결 15 지방

• 한편 판례는 행정처분에 불가쟁력이 발생한 경우, 일반사건에 있어서 법적 안정성의 유지를 위해 필요한 경우 등에는 소급효를 부인한다.

판례

1. 위헌인 법률에 근거한 행정처분이 당연무효인지의 여부는 위헌결정의 소급효와는 별개의 문제로서, 위헌결정의 소급효가 인정된다고 하여 위헌인 법률에 근거한 행정처분이 당연무효가 된다고는 할 수 없고, 오히려 이미 취소소송의 제기기간을 경과하여 확정력이 발생한 행정처분에는 위헌결정의 소급효가 미치지 않는다고 보아야 한다. 대법원 1994. 10. 28. 선고 92누9463 판결 16 사복, 17 교행, 22 국가

2. 법적 안정성의 유지나 당사자의 신뢰보호를 위하여 불가피한 경우에 위헌결정의 소급효를 제한하는 것은 오히려 법치주의의 원칙상 요청되는 바라 할 것이다.
금고 이상의 형의 선고유예를 받은 경우에 공무원직에서 당연히 퇴직하는 것으로 규정한 구 지방공무원법 제61조 중 제31조 제5호 부분에 대한 헌법재판소의 위헌결정의 소급효를 인정할 경우 그로 인하여 보호되는 퇴직공무원의 권리구제라는 구체적 타당성 등의 요청에 비하여 종래의 법령에 의하여 형성된 공무원의 신분관계에 관한 법적 안정성과 신뢰보호의 요청이 현저하게 우월하다는 이유로, 위 위헌결정 이후 제소된 일반사건에 대하여 위 위헌결정의 소급효가 제한된다. 대법원 2005. 11. 10. 선고 2005두5628 판결 14 지방

(2) 위헌인 법률에 근거한 처분의 효력 : [원칙] 취소사유

① 쟁점

• 행정행위가 있은 후 행정행위의 근거법률에 대하여 헌법재판소가 위헌결정을 내린 경우 그 행정행위의 효력이 문제된다.

• 한편 법률에 대한 위헌결정이 있은 후 위헌결정 된 법률에 근거하여 이루어진 처분은 위헌판결의 기속력에 반하여 당연무효이다. 18 소방

헌법재판소법 제47조(위헌결정의 효력)
① 법률의 위헌결정은 법원과 그 밖의 국가기관 및 지방자치단체를 기속한다.

② 대법원의 태도

• 대법원은 "법률이 헌법에 위반되는지 여부는 헌법재판소의 위헌결정이 있기 전까지는 객관적으로 명백한 것이라고 할 수 없다."라고 하면서 원칙적으로 취소할 수 있는 행정행위에 불과하다고 한다.

판례

법률에 근거하여 행정청이 행정처분을 한 후에 헌법재판소가 그 법률을 위헌으로 결정하였다면 결과적으로 그 행정처분은 법률의 근거가 없이 행하여진 것과 마찬가지가 되어 하자가 있는 것이 된다고 할 것이나, 하자 있는 행정처분이 당연무효가 되기 위하여는 그 하자가 중대할 뿐만 아니라 명백한 것이어야 하는데, 일반적으로 법률이 헌법에 위반된다는 사정이 헌법재판소의 위헌결정이 있기 전에도 객관적으로 명백한 것이라고 할 수는 없으므로 특별한 사정이 없는 한 이러한 하자는 위 행정처분의 취소사유에 해당할 뿐 당연무효사유는 아니라고 봄이 상당하다. 대법원 1994. 10. 28. 선고 93다41860 판결 16 사복, 18 국가, 19 서울

• 다만, 예외적으로 법률의 위헌 여부가 명백한 경우에는 무효로 본다.

판례

일반적으로 시행령이 헌법이나 법률에 위반된다는 사정은 그 시행령의 규정을 위헌 또는 위법하여 무효라고 선언한 대법원의 판결이 선고되지 아니한 상태에서는 그 시행령 규정의 위헌 내지 위법 여부가 해석상 다툼의 여지가 없을 정도로 명백하였다고 인정되지 아니하는 이상 객관적으로 명백한 것이라 할 수 없으므로, 이러한 시행령에 근거한 행정처분의 하자는 취소사유에 해당할 뿐 무효사유가 되지 아니한다. 대법원 2007. 6. 14. 선고 2004두619 판결 15 지방, 20 소방

③ 헌법재판소의 태도

- 헌법재판소도 대법원과 마찬가지로 원칙적으로 취소할 수 있는 행정행위로 본다. 다만 예외적으로 행정처분을 무효로 보더라도 법적 안정성을 크게 해치지 않는 반면에 그 하자가 중대하여 권리구제가 필요한 경우 등에는 무효로 본다.

판례

행정처분의 집행이 이미 종료되었고 그것이 번복될 경우 법적 안정성을 크게 해치게 되는 경우에는 후에 행정처분의 근거가 된 법규가 헌법재판소에서 위헌으로 선고된다고 하더라도 그 행정처분이 당연무효가 되지는 않음이 원칙이라고 할 것이나, ① 행정처분 자체의 효력이 쟁송기간 경과 후에도 존속 중인 경우, 특히 그 처분이 위헌법률에 근거하여 내려진 것이고 ② 그 행정처분의 목적달성을 위하여서는 후행 행정처분이 필요한데 후행행정처분은 아직 이루어지지 않은 경우, ③ 그 행정처분을 무효로 하더라도 법적 안정성을 크게 해치지 않는 반면에 그 하자가 중대하여 그 구제가 필요한 경우에 대하여서는 그 예외를 인정하여 이를 당연무효사유로 보아서 쟁송기간 경과 후에라도 무효확인을 구할 수 있는 것이라고 봐야 할 것이다. 헌법재판소 1994. 6. 30. 선고 92헌바23 결정 18 지방

(3) 위헌인 법률에 근거한 처분의 집행력

① 쟁점

- 위헌인 법률에 근거한 처분에 의해 부과된 의무를 이행하지 않는 경우 행정청이 강제력을 행사할 수 있는지 여부가 문제된다.

② 판례의 태도

- 판례는 "위헌법률에 기한 행정처분의 집행이나 집행력을 유지하기 위한 행위는 위헌결정의 기속력에 위반되어 허용되지 않는다."라고 하여 집행력을 부정한다. 13 국가, 17 지방

판례

위헌법률에 기한 행정처분의 집행이나 집행력을 유지하기 위한 행위는 위헌결정의 기속력에 위반되어 허용되지 않는다. 대법원 2002. 8. 23. 선고 2001두2959 판결

- 따라서 처분의 근거가 되었던 법률규정에 대하여 위헌결정이 내려진 후 행한 처분의 집행행위는 무효이다.

판례

1. 위헌결정의 기속력과 헌법을 최고규범으로 하는 법질서의 체계적 요청에 비추어 국가기관 및 지방자치단체는 위헌으로 선언된 법률규정에 근거하여 새로운 행정처분을 할 수 없음은 물론이고, 위헌결정 전에 이미 형성된 법률관계에 기한 후속처분이라도 그것이 새로운 위헌적 법률관계를 생성·확대하는 경우라면 이를 허용할 수 없다. 따라서 조세 부과의 근거가 되었던 법률규정이 위헌으로 선언된 경우, 비록 그에 기한 과세처분이 위헌결정 전에 이루어졌고, 과세처분에 대한 제소기간이 이미 경과하여 조세채권이 확정되었으며, 조세채권의 집행을 위한 체납처분의 근거규정 자체에 대하여는 따로 위헌결정이 내려진 바 없다고 하더라도, 위와 같은 위헌결정 이후에 조세채권의 집행을 위한 새로운 체납처분에 착수하거나 이를 속행하는 것은 더 이상 허용되지 않고, 나아가 이러한 위헌결정의 효력에 위배하여 이루어진 체납처분은 그 사유만으로 하자가 중대하고 객관적으로 명백하여 당연무효이다. 대법원 2012. 2. 16. 선고 2010두10907 전원합의체 판결 16 국회, 17 국가, 19 서울, 22 국가, 24 국가

[본문 2010두10907 전원합의체 판결에 있어서의 반대의견] 과세처분과 압류처분은 별개의 행정처분이므로 선행처분인 과세처분이 당연무효인 경우를 제외하고는 과세처분의 하자를 이유로 후속 체납처분인 압류처분의 효력을 다툴 수 없다고 봄이 타당한 점, 압류처분 등 체납처분은 과세처분과는 별개의 행정처분으로서 과세처분 근거규정이 직접 적용되지 않고 체납처분 관련 규정이 적용될 뿐이므로, 과세처분 근거규정에 대한 위헌결정의 기속력은 체납처분과는 무관하고 이에 미치지 않는다고 보아야 한다는 점 (중략) 등에 비추어 보면, 선행처분에 해당하는 과세처분에 당연무효 사유가 없고, 과세처분에 따른 체납처분의 근거규정이 유효하게 존속하며, 외국의 일부 입법례와 같이 위헌법률의 집행력을 배제하는 명문의 규정이 없는 이상, 과세처분의 근거규정에 대한 헌법재판소의 위헌결정이 있었다는 이유만으로 체납처분이 위법하다고 보는 다수의견에는 찬성할 수 없다. 24 국가

2. 위헌결정 이전에 이미 부담금 부과처분과 압류처분 및 이에 기한 압류등기가 이루어지고 위각 처분이 확정되었다고 하여도, 위헌결정 이후에는 별도의 행정처분인 매각처분, 분배처분 등 후속 체납처분 절차를 진행할 수 없는 것은 물론이고, 기존의 압류등기나 교부청구만으로는 다른 사람에 의하여 개시된 경매절차에서 배당을 받을 수도 없다. 대법원 2002. 7. 12. 선고 2002두3317 판결 18 지방

Ⅳ 하자의 치유와 행정행위의 전환

1. 하자의 치유

(1) 의의

• 성립 당시에 하자 있는 행정행위가 사후 하자의 원인이 된 적법요건을 보완하거나 그 하자가 취소사유가 되지 않을 정도로 경미해진 경우, 성립 당시의 하자에도 불구하고 이를 적법한 것으로 보아 효력을 유지시키는 것을 말한다.

• 명문의 규정은 없으나, 행정행위의 무용한 반복을 피하고 당사자의 법적 안정성을 위해 인정된다.

(2) 허용 여부

• 하자의 치유는 행정행위의 성질이나 법치주의의 관점에서 볼 때 원칙적으로 허용될 수 없는 것이고, 예외적으로 행정행위의 무용한 반복을 피하고 당사자의 법적 안정성을 위해서 허용될 수 있다. 그리고 이 경우에도 다른 국민의 권리나 이익을 침해하지 않는 범위에서 구체적 사정에 따라 합목적적으로 인정되어야 한다(대법원 2002. 7. 9. 선고 2001두10684). 19 소방, 20 소방

(3) 적용 범위

• 하자의 치유는 취소할 수 있는 행정행위에 대해서만 인정되고, 무효인 행정행위에 대해서는 인정되지 않는다. 18 지방, 18 교행

판례

징계처분이 중대하고 명백한 흠 때문에 당연무효의 것이라면 징계처분을 받은 자가 이를 용인하였다 하여 그 흠이 치료되는 것은 아니다. 대법원 1989. 12. 12. 선고 88누8869 판결 17 교행, 19 지방

(4) 하자의 치유사유

① 하자의 치유는 절차·형식상 하자의 경우에만 인정되고, 내용상 하자의 경우 인정되지 않는다. 16 국가

판례

1. 행정청이 처분절차에서 관계법령의 절차 규정을 위반하여 절차적 정당성이 상실된 경우에는 해당 처분은 위법하고 원칙적으로 취소하여야 한다. 다만 처분상대방이나 관계인의 의견진술권이나 방어권 행사에 실질적으로 지장이 초래되었다고 볼 수 없는 특별한 사정이 있는 경우에는, 절차 규정 위반으로 인하여 처분절차의 절차적 정당성이 상실되었다고 볼 수 없으므로 해당 처분을 취소할 것은 아니다. 대법원 2021. 2. 4. 선고 2015추528 판결

2. 이 사건 처분에 관한 하자가 행정처분의 내용에 관한 것이고 새로운 노선면허가 이 사건 소제기 이후에 이루어진 사정 등에 비추어 하자의 치유를 인정치 않은 원심의 판단은 정당하고, 거기에 소론이 지적하는 바와 같은 법리오해의 위법이 있다 할 수 없다. 대법원 1991. 5. 28. 선고 90누1359 판결

② 구체적 치유사유(절차·형식상 하자)

㉠ 행정절차법상 청문절차의 하자

- 청문서 통지기간의 미준수와 같은 청문절차상의 하자는 상대방의 방어권행사에 지장이 없는 한 치유가 가능하다.

판례

행정청이 식품위생법상의 청문절차를 이행함에 있어 소정의 청문서 도달기간을 지키지 아니하였다면 이는 청문의 절차적 요건을 준수하지 아니한 것이므로 이를 바탕으로 한 행정처분은 일단 위법하다고 보아야 할 것이지만, 이러한 청문제도의 취지는 처분으로 말미암아 받게 될 영업자에게 미리 변명과 유리한 자료를 제출할 기회를 부여함으로써 부당한 권리침해를 예방하려는 데에 있는 것임을 고려하여 볼 때, 가령 행정청이 청문서 도달기간을 다소 어겼다 하더라도 영업자가 이에 대하여 이의하지 아니한 채 스스로 청문일에 출석하여 그 의견을 진술하고 변명하는 등 방어의 기회를 충분히 가졌다면 청문서 도달기간을 준수하지 아니한 하자는 치유되었다고 봄이 상당하다. 대법원 1992. 10. 23. 선고 92누2844 판결 16 사복, 20 국가, 24 지방

㉡ 행정절차법상 이유제시의 하자

- 이유제시가 누락된 경우 원칙적으로 그 치유가 인정되지 않는다.

판례

1. 납세고지서에 세액산출근거 등의 기재사항이 누락되었거나 과세표준과 세액의 계산명세서가 첨부되지 않았다면 적법한 납세의 고지라고 볼 수 없으며, 위와 같은 납세고지의 하자는 납세의무자가 그 나름대로 산출근거를 알고 있다거나 사실상 이를 알고서 쟁송에 이르렀다 하더라도 치유되지 않는다. 대법원 2002. 11. 13. 선고 2001두1543 판결 22 지방
2. 세액산출근거가 기재되지 아니한 납세고지서에 의한 부과처분은 강행법규에 위반하여 취소대상이 된다 할 것이므로 이와 같은 하자는 납세의무자가 전심절차에서 이를 주장하지 아니하였거나, 그 후 부과된 세금을 자진납부하였다거나, 또는 조세채권의 소멸시효기간이 만료되었다 하여 치유되는 것이라고는 할 수 없다. 대법원 1985. 4. 9. 선고 84누431 판결 23 국가 01

- 다만 이유제시가 누락되거나 또는 불충분한 경우에도 상대방이 불복 여부의 결정 및 불복신청을 하는 데 전혀 지장을 받지 않았다면 하자의 치유가 인정된다.

판례

과세관청이 과세처분에 앞서 납세의무자에게 보낸 과세예고통지서 등에 의하여 납세의무자가 그 처분에 대한 불복 여부의 결정 및 불복신청에 전혀 지장을 받지 않았음이 명백하다면, 이로써 납세고지서의 흠결이 보완되거나 하자가 치유된다. 대법원 1998. 6. 26. 선고 96누12634 판결 14 지방

면허의 취소처분에는 그 근거가 되는 법령이나 취소권 유보의 부관 등을 명시하여야 함은 물론 처분을 받은 자가 어떠한 위반사실에 대하여 당해 처분이 있었는지를 알 수 있을 정도로 사실을 적시할 것을 요하며, 이와 같은 취소처분의 근거와 위반사실의 적시를 빠뜨린 하자는 피처분자가 처분 당시 그 취지를 알고 있었다거나 그 후 알게 되었다 하여도 치유될 수 없다. (대법원 1990. 9. 11. 선고 90누1786 판결) 21 지방

OX 확인

01 세액산출근거가 기재되지 아니한 납세고지서에 의한 부과처분은 그 후 부과된 세금을 자진납부하였다거나 또는 조세채권의 소멸시효기간이 만료되었다 하여 하자가 치유되는 것이라고는 할 수 없다. (○)

택지초과소유부담금의 납부고지서에 납부금액 및 산출근거, 납부기한과 납부장소 등의 필요적 기재사항의 일부가 누락되었다면 그 부과처분은 위법하다고 할 것이나, 부과청이 부과처분에 앞서 택지소유상한에관한법률시행령 제31조 제1항에 따라 납부의무자에게 교부한 부담금예정통지서에 납부고지서의 필요적 기재사항이 제대로 기재되어 있었다면 납부의무자로서는 부과처분에 대한 불복 여부의 결정 및 불복신청에 전혀 지장을 받지 않았음이 명백하므로, 이로써 납부고지서의 흠결이 보완되거나 하자가 치유될 수 있는 것이다. (대법원 1997. 12. 26. 선고 97누9390 판결)

토지등급결정내용의 개별통지가 있다고 볼 수 없어 토지등급결정이 무효인 이상, 토지소유자가 그 결정 이전이나 이후에 토지등급결정내용을 알았다거나 또는 그 결정 이후 매년 정기 등급수정의 결과가 토지소유자 등의 열람에 공하여졌다 하더라도 개별통지의 하자가 치유되는 것은 아니다. (대법원 1997. 5. 28. 선고 96누5308 판결) 24 지방

㉢ 송달의 하자

• 행정행위의 효력발생요건인 송달의 하자에 대해서는 치유가 인정되지 않는다.

판례

송달이 부적법하여 송달의 효력이 발생하지 아니하는 이상 상대방이 객관적으로 위 부과처분의 존재를 인식할 수 있었다 하더라도 그와 같은 사실로써 송달의 하자가 치유된다고 볼 수 없다. 대법원 1988. 3. 22. 선고 87누986 판결

(5) 하자치유의 한계

① 실체적 한계

• 하자의 치유는 국민의 권리와 이익을 침해하지 않는 범위에서만 인정된다.

판례

1. (주택재개발정비사업조합 설립추진위원회가 주택재개발정비사업조합 설립인가처분의 취소소송에 대한 1심 판결 이후 정비구역 내 토지 등 소유자의 4분의 3을 초과하는 조합설립동의서를 새로 받은 사안에서) 하자의 치유를 인정하였을 때 원고들을 비롯한 토지 등 소유자들에게 아무런 손해가 발생하지 않는다고 단정할 수 없으므로 위 설립인가처분의 하자가 치유된다고 볼 수 없다. 대법원 2010. 8. 26. 선고 2010두2579 판결 16 지방, 20 소방
2. 선행처분인 개별공시지가결정이 위법하여 그에 기초한 개발부담금 부과처분도 위법하게 된 경우 그 하자의 치유를 인정하면 개발부담금 납부의무자로서는 위법한 처분에 대한 가산금 납부의무를 부담하게 되는 등 불이익이 있을 수 있으므로, 그 후 적법한 절차를 거쳐 공시된 개별공시지가결정이 종전의 위법한 공시지가결정과 그 내용이 동일하다는 사정만으로는 위법한 개별공시지가결정에 기초한 개발부담금 부과처분이 적법하게 된다고 볼 수 없다. 대법원 2001. 6. 26. 선고 99두11592 판결 19 국회

• 특히 경원자관계의 경우 위법한 수익적 행정행위에 대하여 치유를 인정하다면 타방 당사자의 이익을 침해할 수 있으므로 하자의 치유는 허용되지 않는다.

판례

이 사건에 있어서는 원고의 적법한 허가신청이 참가인들의 신청과 경합되어 있어 이 사건 처분의 치유를 허용한다면 원고에게 불이익하게 되므로 이를 허용할 수 없다. 대법원 1992. 5. 8. 선고 91누13274 판결

② 시간적 한계

• 하자의 치유가 언제까지 인정될 수 있는 것인지 문제되는데, 판례는 행정쟁송을 제기하기 이전까지만 가능하다고 본다. 따라서 행정쟁송 제기 후의 치유는 인정되지 않는다. 18 지방, 22 국가

판례

1. 치유를 허용하려면 늦어도 과세처분에 대한 불복여부의 결정 및 불복신청에 편의를 줄 수 있는 상당한 기간 내에 하여야 한다. 대법원 1983. 7. 26. 선고 82누420 판결 14 사복
2. 과세처분에 대한 전심절차가 모두 끝나고 상고심의 계류 중에 세액산출근거의 통지가 있었다고 하여 이로써 위 과세처분의 하자가 치유되었다고는 볼 수 없다. 대법원 1984. 4. 10. 선고 83누393 판결 12 지방

(6) 하자치유의 효과 : 소급효

- 하자치유의 효과는 소급하고, 그 결과 행정행위는 처음부터 적법하게 성립한 것이 된다.
- 따라서 하자가 치유된 경우 처분청은 그 하자를 이유로 당해 처분을 취소할 수 없다. 16 국가

2. 행정행위의 전환

(1) 의의

- 행정행위가 본래의 행정행위로서는 무효이나 다른 행정행위로 보면 그 요건이 충족되는 경우에 하자 있는 행정행위를 하자 없는 다른 행정행위로 인정하는 것을 말한다.
- 사망자에 대한 귀속재산의 불하처분을 상속인에 대한 처분으로 전환하는 것을 그 예로 들 수 있다.
- 하자의 치유와 마찬가지로 행정행위의 무용한 반복을 피하고 법적 안정성을 위해 인정된다.

> 귀속재산을 불하받은 자가 사망한 후에 그 수불하자 대하여 한 그 불하처분은 사망자에 대한 행정처분이므로 무효이지만 그 취소처분을 수불하자의 상속인에게 송달한 때에는 그 송달시에 그 상속인에 대하여 다시 그 불하처분을 취소한다는 새로운 행정처분을 한 것이라고 할 것이다. (대법원 1969. 1. 21. 선고 68누190 판결)

(2) 인정 범위

- 종래 다수설은 행정행위의 전환은 무효인 행정행위에 대해서만 인정된다고 보았으나, 최근의 유력설은 취소할 수 있는 행정행위에 대해서도 인정된다고 본다.

(3) 요건

- 하자 있는 행정행위와 전환되는 행정행위가 동일한 목적을 가져야 한다.
- 하자 있는 행정행위와 전환하려고 하는 행정행위의 처분청, 절차, 형식이 동일해야 한다.
- 전환되는 행정행위의 성립·효력요건을 갖춰야 한다.
- 하자 있는 행정행위를 한 행정청의 의도에 반하는 것이 아니어야 한다.
- 당사자가 그 전환을 의욕하는 것으로 인정되어야 한다.
- 제3자의 권익을 침해하지 않아야 한다.
- 기속행위를 재량행위로 전환하는 것은 인정되지 않는다.

(4) 법적 성질

- 행정행위의 전환 자체를 하나의 행정행위로 보는 것이 다수설이다.
- 따라서 전환행위는 처분이므로 행정절차법이 적용되어 통지되어야 효력을 발생하고, 전환에 불복하는 상대방 등은 행정쟁송을 제기할 수 있다.

(5) 효과

- 전환이 인정되면 새로운 행정행위가 발생한다.

쟁점 16 하자의 승계

Ⅰ 의의

1. 하자승계의 의의

- 둘 이상의 행정행위가 연속적으로 행해지는 경우에 있어서, 선행행위가 위법하지만 불가쟁력이 발생하여 이를 다툴 수 없게 되었을 때 적법한 후행행위에 대한 행정쟁송과정에서 선행행위의 위법을 주장할 수 있는지 문제된다. 16 사복
- 이때 하자가 승계된다고 하면 선행행위의 하자가 후행행위에 승계되어 결과적으로 적법했던 후행행위에도 하자가 존재하게 되어 이를 취소할 수 있게 되는데, 이러한 논의가 하자의 승계 논의이다.
- 한편 하자의 승계는 선행행위의 하자가 후행행위에 승계되는지 여부와 관련해서 논의되는 것일 뿐, 이와 반대로 후행행위의 하자는 선행행위에 승계될 여지가 없다.

판례

계고처분의 후속절차인 대집행에 위법이 있다고 하더라도, 그와 같은 후속절차에 위법성이 있다는 점을 들어 선행절차인 이 사건 계고처분이 부적법하다는 사유로 삼을 수는 없다. 대법원 1997. 2. 14. 선고 96누15428 판결 20 국가, 21 소방

2. 논의의 전제조건

- 선・후행행위가 모두 처분이어야 한다. 16 교행
- 선행행위에 취소사유인 위법이 존재해야 한다. 선행행위가 무효인 경우 후행행위도 당연히 무효이므로 별도로 하자의 승계가 논의될 여지가 없다. 19 소방

판례

적법한 건축물에 대한 철거명령은 그 하자가 중대하고 명백하여 당연무효라고 할 것이고, 그 후행행위인 건축물철거 대집행계고처분 역시 당연무효라고 할 것이다. 대법원 1999. 4. 27. 선고 97누6780 판결 16 국가, 23 국가, 24 지방

- 제소기간이 도과하여 선행행위에 불가쟁력이 발생해야 한다. 16 사복, 16 교행, 17 지방
- 후행행위는 적법해야 한다.

Ⅱ 하자승계의 기준 (통설 및 판례)

1. 원칙

- 선행행위와 후행행위가 결합하여 하나의 법적 효과를 완성하는 경우에는 선행행위의 하자가 후행행위에 승계되는 반면, 선행행위와 후행행위가 서로 독립하여 별개의 법적 효과를 목적으로 하는 경우 선행행위의 하자는 후행행위에 승계되지 않는다. 16 사복, 17 지방

판례

두 개 이상의 행정처분이 연속적으로 행하여지는 경우 선행처분과 후행처분이 서로 결합하여 1개의 법률효과를 완성하는 때에는 선행처분에 하자가 있으면 그 하자는 후행처분에 승계되므로 선행처분에 불가쟁력이 생겨 그 효력을 다툴 수 없게 된 경우에도 선행처분의 하자를 이유로 후행처분의 효력을 다툴 수 있는 반면, 선행처분과 후행처분이 서로 독립하여 별개의 법률효과를 목적으로 하는 때에는 선행처분에 불가쟁력이 생겨 그 효력을 다툴 수 없게 된 경우에는 선행처분의 하자가 중대하고 명백하여 당연무효인 경우를 제외하고는 선행처분의 하자를 이유로 후행처분의 효력을 다툴 수 없는 것이 원칙이다. 대법원 1994. 1. 25. 선고 93누8542 판결 23 지방

2. 예외

- 선행행위와 후행행위가 서로 독립하여 별개의 법적 효과를 목적으로 하는 경우에도 선행행위의 불가쟁력이나 구속력이 그로 인하여 불이익을 입게 되는 자에게 수인한도를 넘는 가혹함을 가져오며, 그 결과가 당사자에게 예측가능한 것이 아닌 경우에는 선행행위의 위법을 후행행위의 위법사유로 주장할 수 있다. 17 지방

판례

1. 선행처분과 후행처분이 서로 독립하여 별개의 효과를 목적으로 하는 경우에도 선행처분의 불가쟁력이나 구속력이 그로 인하여 불이익을 입게 되는 자에게 수인한도를 넘는 가혹함을 가져오며, 그 결과가 당사자에게 예측가능한 것이 아닌 경우에는 국민의 재판받을 권리를 보장하고 있는 헌법의 이념에 비추어 선행처분의 후행처분에 대한 구속력은 인정될 수 없다. 23 지방
   개별공시지가결정은 이를 기초로 한 과세처분 등과는 별개의 독립된 처분으로서 서로 독립하여 별개의 법률효과를 목적으로 하는 것이나, 개별공시지가는 이를 토지소유자나 이해관계인에게 개별적으로 고지하도록 되어 있는 것이 아니어서 토지소유자 등이 개별공시지가결정 내용을 알고 있었다고 전제하기도 곤란할 뿐만 아니라 결정된 개별공시지가가 자신에게 유리하게 작용될 것인지 또는 불이익하게 작용될 것인지 여부를 쉽사리 예견할 수 있는 것도 아니며, 위법한 개별공시지가결정에 대하여 그 정해진 시정절차를 통하여 시정하도록 요구하지 아니하였다는 이유로 위법한 개별공시지가를 기초로 한 과세처분 등 후행 행정처분에서 개별공시지가결정의 위법을 주장할 수 없도록 하는 것은 수인한도를 넘는 불이익을 강요하는 것으로서 국민의 재산권과 재판받을 권리를 보장한 헌법의 이념에도 부합하는 것이 아니라고 할 것이므로, 개별공시지가결정에 위법이 있는 경우에는 그 자체를 행정소송의 대상이 되는 행정처분으로 보아 그 위법 여부를 다툴 수 있음은 물론 이를 기초로 한 과세처분 등 행정처분의 취소를 구하는 행정소송에서도 선행처분인 개별공시지가결정의 위법을 독립된 위법사유로 주장할 수 있다고 해석함이 타당하다. 대법원 1994. 1. 25. 선고 93누8542 판결 21 국가, 23 국가

   비교판례 개별공시지가결정에 대한 이의신청절차를 거친 경우, 예측가능성이 인정되어 하자의 승계 부정
   1993년도 개별공시지가 결정에 대하여 한 재조사청구에 따른 조정결정을 통지받고서도 더 이상 다투지 아니한 경우까지 선행처분인 개별공시지가 결정의 불가쟁력이나 구속력이 수인한도를 넘는 가혹한 것이거나 예측불가능하다고 볼 수 없어, 위 개별공시지가 결정의 위법을 이 사건 과세처분의 위법사유로 주장할 수 없다. 대법원 1998. 3. 13. 선고 96누6059 판결

- 최근 판례는 선행처분이 '쟁송법적 처분'인 경우로서 행정절차법에서 정한 처분절차를 준수하지 않아 선행처분 상대방에게 방어권행사 및 불복의 기회가 보장되지 않은 경우 하자의 승계를 인정한 반면, 방어권행사 및 불복의 기회가 보장된 경우에는 '실체법적 처분'으로 보고 하자의 승계를 부인한 바 있다.

판례

근로복지공단이 사업주에 대하여 하는 '개별 사업장의 사업종류 변경결정'은 행정청이 행하는 구체적 사실에 관한 법집행으로서의 공권력의 행사인 '처분'에 해당하고, 근로복지공단의 사업종류 변경결정에 따라 국민건강보험공단이 사업주에 대하여 하는 각각의 산재보험료 부과처분도 항고소송의 대상인 처분에 해당하므로, 사업주는 각각의 산재보험료 부과처분을 별도의 항고소송으로 다툴 수 있다. 그런데 근로복지공단이 사업종류 변경결정을 하면서 개별 사업주에 대하여 사전통지 및 의견청취, 이유제시 및 불복방법 고지가 포함된 처분서를 작성하여 교부하는 등 실질적으로 행정절차법에서 정한 처분절차를 준수함으로써 사업주에게 방어권행사 및 불복의 기회가 보장된 경우에는, 그 사업종류 변경결정은 그 내용·형식·절차의 측면에서 단순히 조기의 권리구제를 가능하게 하기 위하여 행정소송법상 처분으로 인정되는 소위 '쟁송법적 처분'이 아니라, 개별·구체적 사안에 대한 규율로서 외부에 대하여 직접적 법적 효과를 갖는 행정청의 의사표시인 소위 '실체법적 처분'에 해당하는 것으로 보아야 한다. 이 경우 사업주가 행정심판법 및 행정소송법에서 정한 기간 내에 불복하지 않아 불가쟁력이 발생한 때에는 그 사업종류 변경결정이 중대·명백한 하자가 있어 당연무효가 아닌 한, 사업주는 그 사업종류 변경결정에 기초하여 이루어진 각각의 산재보험료 부과처분에 대한 쟁송절차에서는 선행처분인 사업종류 변경결정의 위법성을 주장할 수 없다고 봄이 타당하다. 이 경우 근로복지공단의 사업종류 변경결정을 항고소송의 대상인 처분으로 인정하여 행정소송법에 따른 불복기회를 보장하는 것은 '행정법관계의 조기 확정'이라는 단기의 제소기간 제도의 취지에도 부합한다.

다만 근로복지공단이 사업종류 변경결정을 하면서 실질적으로 행정절차법에서 정한 처분절차를 준수하지 않아 사업주에게 방어권행사 및 불복의 기회가 보장되지 않은 경우에는 이를 항고소송의 대상인 처분으로 인정하는 것은 사업주에게 조기의 권리구제기회를 보장하기 위한 것일 뿐이므로, 이 경우에는 사업주가 사업종류 변경결정에 대해 제소기간 내에 취소소송을 제기하지 않았다고 하더라도 후행처분인 각각의 산재보험료 부과처분에 대한 쟁송절차에서 비로소 선행처분인 사업종류 변경결정의 위법성을 다투는 것이 허용되어야 한다. 대법원 2020. 4. 9. 선고 2019두61137 판결

3. 구체적 검토

(1) 하자의 승계를 인정한 사례

① 집행처분과 징수처분 사이

- 강제징수에 있어서 독촉·압류·매각·청산의 각 행위 사이
- 행정대집행에 있어서 계고·영장에 의한 통지·실행·비용징수의 각 행위 사이 21 지방 01
- 독촉처분과 가산금·중가산금 징수처분 사이

② 자격시험과 면허처분 사이

- 안경사국가시험합격무효처분과 안경사면허취소처분 사이 17 서울
- 한지의사시험자격인정과 한지의사면허처분 사이

③ 공시지가결정(통지되지 않은 경우)과 후행처분 사이

- 개별공시지가결정과 과세처분 사이(위 93누8542 판례) 14 사복, 17 서울
- 개별공시지가결정과 개발부담금처분 사이 15 서울
- 표준지공시지가결정과 수용재결(보상금결정) 사이(서로 독립하여 별개의 법률효과를 목적으로 하지만, 예측가능성이 없고 수인한도를 넘는 불이익이 강요되어 승계가 긍정)

12 지방, 14 사복, 14 서울, 15 서울, 18 국가, 23 지방 02

OX 확인

01 「행정대집행법」상 선행처분인 계고처분의 하자는 대집행영장발부통보처분에 승계된다. (○)

OX 확인

02 구 「부동산 가격공시 및 감정평가에 관한 법률」상 선행처분인 표준지공시지가의 결정에 하자가 있는 경우에 그 하자는 보상금 산정을 위한 수용재결에 승계된다. (○)

④ 기타 하자의 승계가 인정된 경우
- 분묘개장명령과 계고처분 사이
- 귀속재산의 임대처분과 매각처분 사이
- 친일반민족행위자결정과 독립유공자법 적용배제결정 사이(서로 독립하여 별개의 법률효과를 목적으로 하지만, 예측가능성이 없고 수인한도를 넘는 불이익이 강요되어 승계가 긍정) 17 서울, 18 지방

(2) 하자의 승계를 부정한 사례

① 공법상 의무를 부과하는 (하명)처분과 그 의무불이행에 대한 강제집행행위
- 과세처분과 강제징수(체납처분) 사이 01
- 건물철거명령과 강제집행(대집행) 사이 17 서울, 22 국가
- 과세관청의 소득금액변동통지와 징수처분(소득세납세고지) 사이 19 국회, 23 지방
- 변상판정과 변상명령 사이

② 도시개발 등에 있어서 각 절차 사이
- 사업인정과 수용재결 사이 14 서울, 16 국회
- 도시계획결정과 수용재결 사이 10 지방
- 도시계획결정과 사업실시계획인가 사이 18 국가, 18 국회, 22 국가 02
- 도시계획사업의 사업실시계획인가고시와 수용재결 사이
- 사업시행계획과 관리처분계획 사이 18 국가 03

③ 개별공시지가결정(이의신청 거친 경우)과 과세처분 사이(위 96누6059)

④ 표준지공시지가결정과 개별공시지가결정 사이 14 서울

⑤ 기타 하자의 승계가 부정된 경우
- 표준지공시지가결정과 과세처분 사이
- 공무원의 직위해제처분과 직권면직처분 사이 14 사복, 17 서울, 22 국가
- 보충역편입처분과 공익근무요원소집처분 사이 21 소방, 22 국가
- 토지등급의 설정 또는 수정처분과 과세처분 사이
- 신고납세방식의 취득세 신고행위와 징수처분 15 서울
- 국제항공노선 운수권배분 실효처분 및 노선면허거부처분과 노선면허처분 사이 19 국회
- 공인중개사에 대한 업무정지처분과 업무정지기간 중 중개업무를 하였음을 근거로 한 중개사무소 개설등록 취소처분 사이

III 새로운 이론 : 선행행위의 후행행위에 대한 구속력(규준력)론

1. 의의

- 선행행위의 후행행위에 대한 구속력이란 후행행위의 단계에서 후행행위의 전제가 되는 선행행위에 배치되는 주장을 하지 못하는 효력을 말한다.
- 즉, 선행행위에 불가쟁력이 발생하면 선행행위의 효력이 후행행위를 구속하여 후행행위 단계에서는 그 효력을 부인할 수 없다는 것이다.
- 하자의 승계론을 비판하면서 구속력론으로 하자의 승계론을 대체하자는 견해이다.

| OX 확인 |

01 조세부과처분에 취소사유인 하자가 있는 경우 그 하자는 후행 강제징수절차인 독촉·압류·매각·청산 절차에 승계된다. (×)

| OX 확인 |

02 「국토의 계획 및 이용에 관한 법률」상 도시·군계획시설결정과 실시계획인가는 동일한 법률효과를 목적으로 하는 것이므로 선행처분인 도시·군계획시설결정의 하자는 실시계획인가에 승계된다. (×)

03 「도시 및 주거환경정비법」상 사업시행계획에 관한 취소사유인 하자는 관리처분계획에 승계되지 않는다. (○)

2. 인정요건 및 범위

- 선행행위와 후행행위가 동일한 목적을 추구하며 법적 효과가 기본적으로 일치되어야 한다.
- 양 행위의 수범자(상대방)가 일치하여야 한다.
- 선행행위의 사실 및 법상태가 유지되는 한도 내에서만 미친다.
- 선행행위의 후행행위에 대한 구속력을 인정하는 것이 개인에게 지나치게 가혹하며 예측 가능하지 않는 경우에는 구속력이 인정되지 않는다.

3. 효과

- 구속력이 인정되면 하자의 승계가 부정되는 것과 같은 효과가 나타난다. 즉, 후행행위의 단계에서 선행행위의 하자를 다툴 수 없다.

제6강 행정행위의 취소 · 철회 및 실효

쟁점 17 행정행위의 취소 · 철회 및 실효

Ⅰ 행정행위의 취소(직권취소)

1. 의의

행정기본법 제18조【위법 또는 부당한 처분의 취소】 ① 행정청은 위법 또는 부당한 처분의 전부나 일부를 소급하여 취소할 수 있다. 다만, 당사자의 신뢰를 보호할 가치가 있는 등 정당한 사유가 있는 경우에는 장래를 향하여 취소할 수 있다. 24 국가

(1) 개념

- 하자가 존재하나 유효하게 성립한 행정행위의 효력을 그 성립에 있어서의 하자를 이유로 소멸시키는 행정청의 의사표시를 말한다(직권취소 또는 협의의 취소).
- 광의의 취소 개념에는 직권취소 외에 쟁송취소(행정쟁송절차를 통한 취소)를 포함하는데, 통상 행정행위의 취소라 함은 직권취소를 의미한다.

(2) 철회와의 구별

- 취소는 성립 당시의 하자를 이유로 행정행위의 효력을 소멸시키는 것인 반면, 철회는 성립 당시에는 적법하였으나 사후에 생긴 사유를 이유로 행정행위의 효력을 소멸시키는 것을 말한다.

판례

행정행위의 취소는 일단 유효하게 성립한 행정행위를 그 행위에 위법 또는 부당한 하자가 있음을 이유로 소급하여 그 효력을 소멸시키는 별도의 행정처분이고, 행정행위의 철회는 적법요건을 구비하여 완전히 효력을 발하고 있는 행정행위를 사후적으로 그 행위의 효력의 전부 또는 일부를 장래에 향해 소멸시키는 행정처분이므로, 행정행위의 취소사유는 행정행위의 성립 당시에 존재하였던 하자를 말하고, 철회사유는 행정행위가 성립된 이후에 새로이 발생한 것으로서 행정행위의 효력을 존속시킬 수 없는 사유를 말한다. 대법원 2003. 5. 30. 선고 2003다6422 판결 23 국가

2. 법적 근거 요부: 불요

- 판례는 처분청의 처분권 속에는 취소권이 당연히 포함되어 있는 것이므로, 처분청은 자신이 한 위법 또는 부당한 처분을 명시적인 법적 근거 없이 취소할 수 있다고 한다(대법원 2002. 5. 28. 선고 2001두9653 판결). 20 국가, 21 지방, 23 국가 01
- 침익적 처분뿐만 아니라 수익적 처분도 법적 근거 없이 취소가 가능하다. 16 국가

OX 확인

01 처분청은 처분의 성립에 하자가 있는 경우 별도의 법적 근거가 없더라도 직권으로 이를 취소할 수 있다. (○)

3. 취소권자

(1) 처분청

- 처분을 취소할 수 있는 권한은 당해 처분을 한 처분청에 속한다.
- 따라서 권한 없는 행정기관이 한 처분에 대한 취소권은 적법한 권한을 가진 행정청이 아니라 그 처분을 행한 처분청이 된다.

판례

권한 없는 행정기관이 한 당연무효인 행정처분을 취소할 수 있는 권한은 당해 행정처분을 한 처분청에게 속하고, 당해 행정처분을 할 수 있는 적법한 권한을 가지는 행정청에게 그 취소권이 귀속되는 것이 아니다. 대법원 1984. 10. 10. 선고 84누463 판결 19 지방, 22 지방 01

OX 확인

01 권한 없는 행정기관이 한 당연무효인 행정처분을 취소할 수 있는 권한은 당해 행정처분을 한 처분청에게 속하고, 당해 행정처분을 할 수 있는 적법한 권한을 가지는 행정청에게 그 취소권이 귀속되는 것이 아니다. (○)

(2) 감독청

- 법률에서 감독청의 취소권을 인정하고 있는 경우에는 감독청도 취소권자가 된다.
- 감독청의 취소권에 관한 명문의 규정이 없는 경우에 대해서는 견해가 대립한다.
- 한편 「행정권한의 위임 및 위탁에 관한 규정」에서는 감독청인 위임청에게 처분청인 수임청의 처분을 취소할 수 있는 권한을 명시적으로 인정하고 있다.

행정권한의 위임 및 위탁에 관한 규정(대통령령) 제6조(지휘 · 감독)
위임 및 위탁기관은 수임 및 수탁기관의 수임 및 수탁사무 처리에 대하여 지휘 · 감독하고, 그 처리가 위법하거나 부당하다고 인정될 때에는 이를 취소하거나 정지시킬 수 있다.

4. 취소사유

- 행정행위의 하자, 즉 처분의 위법 또는 부당이 취소사유가 된다.

5. 취소의 제한

> 행정기본법 제18조【위법 또는 부당한 처분의 취소】② 행정청은 제1항에 따라 당사자에게 권리나 이익을 부여하는 처분을 취소하려는 경우에는 취소로 인하여 당사자가 입게 될 불이익을 취소로 달성되는 공익과 비교·형량하여야 한다. 다만, 다음 각 호의 어느 하나에 해당하는 경우에는 그러하지 아니하다.
> 1. 거짓이나 그 밖의 부정한 방법으로 처분을 받은 경우
> 2. 당사자가 처분의 위법성을 알고 있었거나 중대한 과실로 알지 못한 경우

(1) 침익적 행정행위

- 침익적 행정행위의 취소는 상대방에게 수익적인 결과를 가져오므로 원칙적으로 처분청은 자유롭게 처분을 취소할 수 있다. 16 서울

(2) 수익적 행정행위

- 수익적 행정행위의 취소는 상대방에게 침익적인 결과를 가져오므로, 처분청은 취소를 함에 있어 행정법의 일반원칙(비례의 원칙, 신뢰보호의 원칙, 실권의 법리 등)에 따른 제한을 받는다.
- **비례의 원칙**: 행정행위를 취소하여 달성하고자 하는 공익과 이를 취소함으로써 발생하는 사익의 침해를 비교·교량하여 전자가 후자보다 큰 경우에 한하여 취소가 인정된다.

종래 판례를 통해 인정되어 온 수익적 행정행위 취소 제한의 법리는 최근 제정된 행정기본법을 통해 명문화되었다.

판례

1. 수익적 행정처분을 취소 또는 철회하는 경우에는 이미 부여된 그 국민의 기득권을 침해하는 것이 되므로, 비록 취소 등의 사유가 있다고 하더라도 그 취소권 등의 행사는 기득권의 침해를 정당화할 만한 중대한 공익상의 필요 또는 제3자의 이익보호의 필요가 있는 때에 한하여 상대방이 받는 불이익과 비교·교량하여 결정하여야 하고, 그 처분으로 인하여 공익상의 필요보다 상대방이 받게 되는 불이익 등이 막대한 경우에는 재량권의 한계를 일탈한 것으로서 그 자체가 위법하다. 대법원 2004. 11. 26. 선고 2003두10251 판결 15 국가, 17 국가, 18 국회, 20 소방, 23 국가

(도시계획시설인 공원시설 부지에 도시공원을 설치하여 기부채납하되 공원부지 일부에 아파트를 건축·분양하여 설치비용을 회수하고 일정 이윤을 얻겠다는 갑 주식회사의 민간특례사업 제안을 관할 시장이 받아들였다가, 공원조성계획변경안을 심사하는 과정에서 도시계획위원회가 공원조성계획변경안을 부결함에 따라 갑 회사의 공원조성계획변경신청을 거부하고 갑 회사에 대한 민간특례사업 제안수용 결정을 취소한 사안에서) 위 제안수용 취소처분에는 갑 회사가 입을 불이익을 정당화할 만한 충분한 공익상의 필요가 있는 것으로 본 사례. (대법원 2021. 9. 30. 선고 2021두34732 판결)

2. 도로점용허가는 도로의 일부에 대한 특정사용을 허가하는 것으로서 도로의 일반사용을 저해할 가능성이 있으므로 그 범위는 점용목적 달성에 필요한 한도로 제한되어야 한다. 도로관리청이 도로점용허가를 하면서 특별사용의 필요가 없는 부분을 점용장소 및 점용면적에 포함하는 것은 그 재량권 행사의 기초가 되는 사실인정에 잘못이 있는 경우에 해당하므로 그 도로점용허가 중 특별사용의 필요가 없는 부분은 위법하다.
이러한 경우 도로점용허가를 한 도로관리청은 위와 같은 흠이 있다는 이유로 유효하게 성립한 도로점용허가 중 특별사용의 필요가 없는 부분을 직권취소할 수 있음이 원칙이다. 다만 이 경우 행정청이 소급적 직권취소를 하려면 이를 취소하여야 할 공익상 필요와 그 취소로 당사자가 입을 기득권 및 신뢰보호와 법률생활 안정의 침해 등 불이익을 비교·교량한 후 공익상 필요가 당사자의 기득권 침해 등 불이익을 정당화할 수 있을 만큼 강한 경우여야 한다. 이에 따라 도로관리청이 도로점용허가 중 특별사용의 필요가 없는 부분을 소급적으로 직권취소하였다면, 도로관리청은 이미 징수한 점용료 중 취소된 부분의 점용면적에 해당하는 점용료를 반환하여야 한다. 대법원 2019. 1. 17. 선고 2016두56721 판결

• 신뢰보호의 원칙 : 수익적 처분이 상대방의 허위 기타 부정한 방법으로 인하여 행하여졌다면 상대방은 그 처분이 그와 같은 사유로 인하여 취소될 것임을 예상할 수 있었을 것이므로, 이러한 경우 취소가 제한되지 않는다.

판례

1. 수익적 처분이 상대방의 허위 기타 부정한 방법으로 인하여 행하여졌다면 상대방은 그 처분이 그와 같은 사유로 인하여 취소될 것임을 예상할 수 없었다고 할 수 없으므로, 이러한 경우에까지 상대방의 신뢰를 보호하여야 하는 것은 아니라고 할 것이다. 대법원 1995. 1. 20. 선고 94누6529 판결
15 국회, 19 지방, 23 국가 01

2. 허위의 고등학교 졸업증명서를 제출하는 사위의 방법에 의한 하사관 지원의 하자를 이유로 하사관 임용일로부터 33년이 경과한 후에 행정청이 행한 하사관 및 준사관 임용취소처분은 적법하다. 대법원 2002. 2. 5. 선고 2001두5286 판결

• 한편 수익적 행정처분의 취소 제한에 관한 법리는 처분청이 처분을 직권으로 취소하는 경우에 적용되는 법리일 뿐, 쟁송취소의 경우에는 적용되지 않는다.

판례

수익적 행정처분에 대한 취소권 등의 행사는 기득권의 침해를 정당화할 만한 중대한 공익상의 필요 또는 제3자의 이익보호의 필요가 있는 때에 한하여 허용될 수 있다는 법리는, 처분청이 수익적 행정처분을 직권으로 취소·철회하는 경우에 적용되는 법리일 뿐 쟁송취소의 경우에는 적용되지 않는다. 대법원 2019. 10. 17. 선고 2018두104 판결 24 지방

• 수익적 행정처분의 하자나 취소해야 할 필요성에 관한 증명책임은 기존 이익과 권리를 침해하는 처분을 한 행정청에 있다(대법원 2014. 11. 27. 선고 2014두9226 판결).

6. 취소의 절차

• 직권취소는 그 자체가 하나의 독립적인 행정행위이므로, 행정절차법상의 처분절차에 따라 행해져야 한다.

• 따라서 수익적 행정행위의 직권취소의 경우 행정절차법상 사전통지, 의견청취, 이유제시 등의 절차를 준수해야 한다. 18 국회

OX 확인

01 수익적 처분이 상대방의 허위 기타 부정한 방법으로 인하여 행하여졌다면 상대방은 그 처분이 그와 같은 사유로 인하여 취소될 것임을 예상할 수 없었다고 할 수 없으므로, 이러한 경우에까지 상대방의 신뢰를 보호하여야 하는 것은 아니다. (○)

위 건축허가는 건축행정청의 착오로 발급된 것이지만 건축사 을은 갑의 이익을 위하여 부정확한 내용으로 조서를 작성·제출하였고, 갑에게도 위 개발사업이 소규모 환경영향평가 대상이 아닌 것처럼 보이게 하려는 의도가 있었다고 인정할 수 있어, 건축행정청의 착오는 갑이 유발한 것이거나 갑에게도 책임이 있으므로, 건축허가의 존속에 대한 갑의 신뢰는 보호가치가 없는 점, 건축허가가 취소될 경우에 갑에게 발생하는 불이익 또는 회수할 수 없는 금전적 손해가 크다고 보기도 어려운 점 등에 비추어, 위 직권취소 처분이 수익적 행정처분 직권취소 제한 법리에 위배되지 않는다고 본 사례. (대법원 2020. 7. 23. 선고 2019두31839 판결)

행정행위의 취소라 함은 일단 유효하게 성립한 행정처분이 위법 또는 부당함을 이유로 소급하여 그 효력을 소멸시키는 별도의 행정처분을 말하고, 행정청은 종전 처분과 양립할 수 없는 처분을 함으로써 묵시적으로 종전 처분을 취소할 수도 있다. (대법원 1999. 12. 28. 선고 98두1895 판결)

PART 01

7. 취소의 효과

> 행정기본법 제18조 【위법 또는 부당한 처분의 취소】
> ① 행정청은 위법 또는 부당한 처분의 전부나 일부를 소급하여 취소할 수 있다. 다만, 당사자의 신뢰를 보호할 가치가 있는 등 정당한 사유가 있는 경우에는 장래를 향하여 취소할 수 있다.

(1) 소급효

- 취소의 효과는 원칙적으로 소급한다.

판례

국세 감액결정 처분은 이미 부과된 과세처분에 하자가 있음을 이유로 사후에 이를 일부취소하는 처분이므로, 취소의 효력은 그 취소된 국세 부과처분이 있었을 당시에 소급하여 발생하는 것이고, 이는 판결 등에 의한 취소이거나 과세관청의 직권에 의한 취소이거나에 따라 차이가 있는 것이 아니다. 대법원 1995. 9. 15. 선고 94다16045 판결 18 지방

- 다만 수익적 행정행위의 경우 당사자의 신뢰를 보호할 가치가 있는 등 정당한 사유가 있는 경우에는 장래를 향하여 취소할 수 있다.
- 한편 금전급부처분이 소급적으로 취소된 경우 잘못 지급된 급여액에 대해 별도의 징수처분이 행해지는 경우가 있는데, 이 경우 지급결정을 변경 또는 취소하는 처분이 적법하다고 하여 그에 터 잡은 징수처분도 반드시 적법하다고 판단해야 하는 것은 아니고, 관련이익을 비교·교량하여 징수할 금액을 결정하여야 한다. 19 지방 01

판례

1. 근로복지공단이, 출장 중 교통사고로 사망한 갑의 아내 을에게 요양급여 등을 지급하였다가 甲의 음주운전 사실을 확인한 후 요양급여 등 지급결정을 취소하고 이미 지급된 보험급여를 부당이득금으로 징수하는 처분을 한 사안에서, 요양급여 등 지급결정은 취소해야 할 공익상의 필요가 중대하여 을 등 유족이 입을 불이익을 정당화할 만큼 강하지만, 이미 지급한 보험급여를 부당이득금으로 징수하는 처분은 공익상의 필요가 을 등이 입게 된 불이익을 정당화할 만큼 강한 경우에 해당하지 않는다. 대법원 2014. 7. 24. 선고 2013두27159 판결
2. 행정처분을 한 처분청은 처분의 성립에 하자가 있는 경우 별도의 법적 근거가 없더라도 직권으로 이를 취소할 수 있다고 봄이 원칙이므로, 국민연금법이 정한 수급요건을 갖추지 못하였음에도 연금 지급결정이 이루어진 경우에는 이미 지급된 급여 부분에 대한 환수처분과 별도로 지급결정을 취소할 수 있다. 이 경우에도 이미 부여된 국민의 기득권을 침해하는 것이므로 취소권의 행사는 지급결정을 취소할 공익상의 필요보다 상대방이 받게 될 불이익 등이 막대한 경우에는 재량권의 한계를 일탈한 것으로서 위법하다고 보아야 한다. 다만 이처럼 연금 지급결정을 취소하는 처분과 그 처분에 기초하여 잘못 지급된 급여액에 해당하는 금액을 환수하는 처분이 적법한지를 판단하는 경우 비교·교량할 각 사정이 동일하다고는 할 수 없으므로, 연금 지급결정을 취소하는 처분이 적법하다고 하여 환수처분도 반드시 적법하다고 판단하여야 하는 것은 아니다. 대법원 2017. 3. 30. 선고 2015두43971 판결

(2) 손실보상

- 수익적 행정행위가 상대방에게 귀책사유가 없는 하자를 이유로 취소된 경우에는 그로 인하여 상대방이 받는 손실은 보상되어야 한다.

OX 확인

01 「산업재해보상보험법」상 각종 보험급여 등의 지급결정을 변경 또는 취소하는 처분과 처분에 터잡아 잘못 지급된 보험급여액에 해당하는 금액을 징수하는 처분이 적법한지를 판단하는 경우, 지급결정을 변경 또는 취소하는 처분이 적법하다면 그에 터잡은 징수처분도 적법하다고 판단해야 한다. (×)

8. 직권취소와 쟁송취소

구분	직권취소	쟁송취소
취소권자	처분청, (감독청)	행정심판위원회, 법원
취소사유	위법, 부당	(행정소송)위법/(행정심판)위법, 부당
취소의 제한	행정법의 일반원칙에 따른 제한	사정재결, 사정판결
취소기간	원칙적으로 기간의 제한 없음. (예외적으로 실권의 법리 등에 따른 취소기간 제한 있음.)	제소기간의 제한 있음.
취소의 절차	행정절차법이 정한 절차	행정심판·소송법이 정한 절차
취소의 형식	별도의 형식 없음.	재결, 판결
취소의 효과	원칙적으로 소급효 인정 (예외적으로 수익적 행정행위의 경우 소급효 부정)	소급효 인정

9. 관련문제

(1) 취소의 취소 가부

① 취소에 당연무효인 하자가 있는 경우

- 직권취소에 중대·명백한 하자가 있는 경우 그 취소는 당연무효이므로 처음부터 취소의 효과가 발생하지 않는 바, 결국 본래의 처분은 취소된 것이 아니고 그대로 존속하게 된다.
- 다만 처분청은 무효선언적 의미로 그 처분을 취소할 수는 있다.

② 취소에 취소사유인 하자가 있는 경우

- 침익적 행정행위의 경우, 상대방의 신뢰보호를 위해 취소의 취소를 부정한다.

판례

1. 과세관청은 부과의 취소를 다시 취소함으로써 원부과처분을 소생시킬 수는 없고 납세의무자에게 종전의 과세대상에 대한 납부의무를 지우려면 다시 법률에서 정한 부과절차에 좇아 동일한 내용의 새로운 처분을 하는 수밖에 없다. 대법원 1995. 3. 10. 선고 94누7027 판결 16 국가, 18 지방, 21 지방 01
2. 지방병무청장이 재신체검사 등을 거쳐 현역병입영대상편입처분을 보충역편입처분이나 제2국민역편입처분으로 변경하거나 보충역편입처분을 제2국민역편입처분으로 변경하는 경우, 그 후 새로운 병역처분의 성립에 하자가 있었음을 이유로 하여 이를 취소한다고 하더라도 종전의 병역처분의 효력이 되살아난다고 할 수 없다. 대법원 2002. 5. 28. 선고 2001두9653 판결 14 지방

- 수익적 행정행위의 경우, 제3자의 이해관계를 침해하지 않는 한도에서 취소의 취소를 긍정한다.

OX 확인

01 과세관청은 과세처분의 취소를 다시 취소함으로써 이미 효력을 상실한 과세처분을 소생시킬 수 있다. (×)

판례

일단 광업권취소처분을 한 후에 새로운 이해관계인이 생기기 전에 취소처분을 취소하여 그 광업권의 회복을 시켰다면 모르되 피고가 본건 취소처분을 한 후에 원고가 본건 광구에 대하여 선출원을 적법히 함으로써 이해관계인이 생긴 경우, 피고가 그 취소처분을 취소하여, 소외인 명의의 광업권을 복구시키는 조처는, 원고의 선출원 권리를 침해하는 위법한 처분이다. 대법원 1967. 10. 23. 선고 67누126 판결 18 국회

(2) 이해관계인의 취소신청권 인정 여부: 부정

- 처분에 취소사유가 존재하는 경우, 처분의 상대방 등 이해관계인이 처분청에 그 취소를 요구할 수 있는지 문제되는데, 판례는 이를 부정한다.

판례

원래 행정처분을 한 처분청은 그 처분에 하자가 있는 경우에는 원칙적으로 별도의 법적 근거가 없더라도 스스로 이를 직권으로 취소할 수 있지만, 그와 같이 직권취소를 할 수 있다는 사정만으로 이해관계인에게 처분청에 대하여 그 취소를 요구할 신청권이 부여된 것으로 볼 수는 없다. 대법원 2006. 6. 30. 선고 2004두701 판결 15 국회, 17 국가

- 다만, 행정기본법 제37조 제1항에 따라 일정한 경우 취소신청권이 인정되는 경우가 있다(자세한 내용은 전술함).

(3) 행정쟁송 계속 중 직권취소 가부: 가능

- 처분에 대한 행정쟁송이 계속 중인 상황에서 처분청이 그 처분을 직권취소할 수 있는지 문제되는데, 판례는 이를 긍정한다.

판례

1. 변상금 부과처분에 대한 취소소송이 진행 중이라도 그 부과권자로서는 위법한 처분을 스스로 취소하고 그 하자를 보완하여 다시 적법한 부과처분을 할 수도 있다. 대법원 2006. 2. 10. 선고 2003두5686 판결 17 국가, 24 국가, 24 지방
2. 행정청은 행정소송이 계속되고 있는 때에도 직권으로 그 처분을 변경할 수 있고, 행정소송법 제22조 제1항은 이를 전제로 처분변경으로 인한 소의 변경에 관하여 규정하고 있다. 점용료 부과처분에 취소사유에 해당하는 흠이 있는 경우 도로관리청으로서는 당초 처분 자체를 취소하고 흠을 보완하여 새로운 부과처분을 하거나, 흠 있는 부분에 해당하는 점용료를 감액하는 처분을 할 수 있다. 흠 있는 부분에 해당하는 점용료를 감액하는 처분은 당초 처분 자체를 일부 취소하는 변경처분에 해당하고, 그 실질은 종래의 위법한 부분을 제거하는 것으로서 흠의 치유와는 차이가 있다. 그러므로 이러한 변경처분은 흠의 치유와는 성격을 달리하는 것으로서, 변경처분 자체가 신뢰보호 원칙에 반한다는 등의 특별한 사정이 없는 한 점용료 부과처분에 대한 취소소송이 제기된 이후에도 허용될 수 있다. 이에 따라 특별사용의 필요가 없는 부분을 도로점용허가의 점용장소 및 점용면적으로 포함한 흠이 있고 그로 인하여 점용료 부과처분에도 흠이 있게 된 경우, 도로관리청으로서는 도로점용허가 중 특별사용의 필요가 없는 부분을 직권취소하면서 특별사용의 필요가 없는 점용장소 및 점용면적을 제외한 상태로 점용료를 재산정한 후 당초 처분을 취소하고 재산정한 점용료를 새롭게 부과하거나, 당초 처분을 취소하지 않고 당초 처분으로 부과된 점용료와 재산정된 점용료의 차액을 감액할 수도 있다. 대법원 2019. 1. 17. 선고 2016두56721, 56738 판결

Ⅱ 행정행위의 철회

1. 의의

> 행정기본법 제19조【적법한 처분의 철회】
> ① 행정청은 적법한 처분이 다음 각 호의 어느 하나에 해당하는 경우에는 그 처분의 전부 또는 일부를 장래를 향하여 철회할 수 있다. 21 지방, 24 국가
> 1. 법률에서 정한 철회 사유에 해당하게 된 경우
> 2. 법령등의 변경이나 사정변경으로 처분을 더 이상 존속시킬 필요가 없게 된 경우
> 3. 중대한 공익을 위하여 필요한 경우
> ② 행정청은 제1항에 따라 처분을 철회하려는 경우에는 철회로 인하여 당사자가 입게 될 불이익을 철회로 달성되는 공익과 비교·형량하여야 한다.

- 하자 없이 적법하게 성립한 행정행위의 효력을 성립 후에 발생한 새로운 사정을 이유로 장래를 향하여 소멸시키는 행위를 말한다.
- 철회는 강학상 개념으로, 실정법상으로는 직권취소와 구별함 없이 취소라는 용어로 사용되고 있다.

2. 법적근거 요부 : 불요

- 수익적 행정행위에 대해서는 견해의 대립이 있으나, 15 교행 판례는 직권취소와 마찬가지로 행정행위의 성질을 불문하고 처분청은 별도의 법적 근거가 없더라도 철회할 수 있다고 한다.

16 서울, 18 국가, 18 지방, 19 국가, 19 지방, 22 국가

판례

행정행위를 한 처분청은 그 처분 당시에 그 행정처분에 별다른 하자가 없었고 또 그 처분 후에 이를 취소할 별도의 법적 근거가 없다 하더라도 원래의 처분을 그대로 존속시킬 필요가 없게 된 사정변경이 생겼거나 또는 중대한 공익상의 필요가 발생한 경우에는 별개의 행정행위로 이를 철회하거나 변경할 수 있다.
대법원 1992. 1. 17. 선고 91누3130 판결 18 서울 01

OX 확인

01 행정청은 중대한 공익상의 필요가 발생한 경우 법률의 근거 없이도 처분을 철회할 수 있다. (○)

3. 철회권자

- 법률에 명시적인 근거가 없는 한 철회는 처분청만이 할 수 있다(감독청 불가). 13 서울, 15 교행

4. 철회사유

- 행정기본법은 ① 법률에서 정한 철회사유에 해당하는 경우, ② 사정변경(법령 또는 사실관계의 변경)으로 인해 처분을 더 이상 존속시킬 필요가 없게 된 경우, ③ 중대한 공익을 위해 필요한 경우를 철회사유로 들고 있고, 이 외에도 ④ 행정청에게 철회권이 유보된 경우 또한 철회사유가 될 수 있다.

5. 철회의 제한

- 직권취소의 경우와 동일한 법리가 적용된다.
- 따라서 침익적 행정행위에 대한 철회는 원칙적으로 자유롭게 가능하고, 수익적 행정행위의 경우 비례의 원칙(이익형량), 신뢰보호의 원칙 등 행정법의 일반원칙에 따른 제한을 받는다.

12 지방, 15 서울, 22 국가

OX 확인

01 수익적 행정행위의 철회는 특별한 다른 규정이 없는 한 「행정절차법」상의 절차에 따라 행해져야 한다. (○)

6. 철회의 절차

• 직권취소의 경우와 마찬가지로 철회도 하나의 독립한 행정행위이므로 행정절차법상의 처분절차에 따라 행해져야 한다. 21 지방 01

7. 철회의 효과: 장래효

• 직권취소와 달리 철회는 원칙적으로 장래를 향하여 행정행위의 효력을 소멸시킨다.
• 다만 개별법의 규정이 있는 경우에는 철회의 효과를 소급시킬 수 있다.

판례

영유아보육법 제30조 제5항 제3호에 따른 평가인증의 취소는 평가인증 당시에 존재하였던 하자가 아니라 그 이후에 새로이 발생한 사유로 평가인증의 효력을 소멸시키는 경우에 해당하므로, 법적 성격은 평가인증의 '철회'에 해당한다. 그런데 행정청이 평가인증을 철회하면서 그 효력을 철회의 효력발생일 이전으로 소급하게 하면, 철회 이전의 기간에 평가인증을 전제로 지급한 보조금 등의 지원이 그 근거를 상실하게 되어 이를 반환하여야 하는 법적 불이익이 발생한다. 이는 장래를 향하여 효력을 소멸시키는 철회가 예정한 법적 불이익의 범위를 벗어나는 것이다. 이처럼 행정청이 평가인증이 이루어진 이후에 새로이 발생한 사유를 들어 영유아보육법 제30조 제5항에 따라 평가인증을 철회하는 처분을 하면서도, 평가인증의 효력을 과거로 소급하여 상실시키기 위해서는, 특별한 사정이 없는 한 영유아보육법 제30조 제5항과는 별도의 법적 근거가 필요하다. 대법원 2018. 6. 28. 선고 2015두58195 판결 19 국가

8. 철회의 취소

• 취소의 취소의 경우와 같은 법리가 적용된다.

판례

행정처분이 취소되면 그 소급효에 의하여 처음부터 그 처분이 없었던 것과 같은 효과를 발생하게 되는바, 행정청이 의료법인의 이사에 대한 이사취임승인취소처분(제1처분/주: 강학상 철회의 성격)을 직권으로 취소(제2처분)한 경우에는 그로 인하여 이사가 소급하여 이사로서의 지위를 회복하게 되고, 그 결과 위 제1처분과 제2처분 사이에 법원에 의하여 선임결정된 임시이사들의 지위는 법원의 해임결정이 없더라도 당연히 소멸된다. 대법원 1997. 1. 21. 선고 96누3401 판결 17 국가

행정청이 임시이사를 선임하면서 임기를 '후임 정식이사가 선임될 때까지'로 기재한 것은 근거 법률의 해석상 당연히 도출되는 사항을 주의적·확인적으로 기재한 이른바 '법정부관'일 뿐, 행정청의 의사에 따라 붙이는 본래 의미의 행정처분 부관이라고 볼 수 없다. 후임 정식이사가 선임되었다는 사유만으로 임시이사의 임기가 자동적으로 만료되어 임시이사의 지위가 상실되는 효과가 발생하지 않고, 관할 행정청이 후임 정식이사가 선임되었음을 이유로 임시이사를 해임하는 행정처분을 해야만 비로소 임시이사의 지위가 상실되는 효과가 발생한다. (중략) 새로 선임된 정식이사와 종전 임시이사가 일시적으로라도 병존하여야 하는 다른 특별한 사정이 없는 한, 관할 행정청이 사회복지법인의 정식이사 선임보고를 수리하는 처분에는 정식이사가 선임되어 이사의 결원이 해소되었음을 이유로 종전 임시이사를 해임하는 의사표시, 즉 임시이사 해임처분이 포함된 것으로 보아야 한다. (대법원 2020. 10. 29. 선고 2017다269152 판결)

9. 철회의 범위와 한계

• 철회사유가 발생한 경우에도 그 사유와 관련된 범위 내에서만 철회할 수 있다.

판례

보조사업자가 허위의 신청이나 기타 부정한 방법으로 보조금의 교부를 받았음을 이유로 보조금의 교부결정을 취소(주: 강학상 철회를 의미함. 이하 같음)함에 있어서 전부를 취소할 것인지 일부를 취소할 것인지 여부와 일부를 취소하는 경우 그 범위는 보조사업의 목적과 내용, 보조금을 교부받음에 있어서 부정한 방법을 취하게 된 동기, 보조금의 전체액수 중 부정한 방법으로 교부받은 보조금의 비율과 교부받은 보조금을 그 조건과 내용에 따라 사용한 비율 등을 종합하여 개별적으로 결정하여야 한다. 대법원 2005. 1. 28. 선고 2002두11165 판결

• 따라서 철회사유가 처분의 일부에만 관련되는 경우 철회의 대상이 되는 부분이 가분적인 경우에는 그 일부만을 철회하여야 하고, 일부철회가 불가능한 경우에는 전부를 철회하여야 한다.

판례

국고보조조림결정에서 정한 조건에 일부만 위반했음에도 그 조림결정 전부를 취소(주 : 철회를 의미함)한 것이 위법하다고 판단한 사례. 대법원 1986. 12. 9. 선고 86누276 판결

보육시설을 타에 매매함으로써 처분제한 조건을 위반하였다는 사유로 같은 법 제30조 제1항에 의하여 보조금교부결정을 취소함에 있어서는 매매에 이른 경위 등 다른 사정들과 함께 보조금이 일부 그 목적대로 집행된 사정을 감안하여 취소의 범위를 결정하여야 한다(보조금교부결정을 전부 취소한 행정청의 처분이 재량권의 한계를 일탈·남용한 것이라고 한 사례). (대법원 2003. 5. 16. 선고 2003두1288 판결)

10. 철회 신청권의 인정 여부

• 직권취소의 경우와 마찬가지로 처분 상대방 등에게는 원칙적으로 철회를 신청할 권리가 인정되지 않는다.

판례

도시계획법령이 토지형질변경행위허가의 변경신청 및 변경허가에 관하여 아무런 규정을 두지 않고 있을 뿐 아니라, 처분청이 처분 후에 원래의 처분을 그대로 존속시킬 필요가 없게 된 사정변경이 생겼거나 중대한 공익상의 필요가 발생한 경우에는 별도의 법적 근거가 없어도 별개의 행정행위로 이를 철회·변경할 수 있지만 이는 그러한 철회·변경의 권한을 처분청에게 부여하는 데 그치는 것일 뿐 상대방 등에게 그 철회·변경을 요구할 신청권까지를 부여하는 것은 아니라 할 것이므로, 이와 같이 법규상 또는 조리상의 신청권이 없이 한 국민들의 토지형질변경행위 변경허가신청을 반려한 당해 반려처분은 항고소송의 대상이 되는 처분에 해당되지 않는다. 대법원 1997. 9. 12. 선고 96누6219 판결

• 다만 일정한 경우 처분 상대방 등에게 조리상 철회 신청권이 인정되는 것으로 본 사례가 있다.

판례

1. 지방자치단체장이 공장시설을 신축하는 회사에 대하여 사업승인 내지 건축허가 당시 부가하였던 조건을 이행할 때까지 신축공사를 중지하라는 명령을 한 경우, 위 회사에게는 중지명령의 원인사유가 해소되었음을 이유로 당해 공사중지명령의 해제(주 : 강학상 철회를 의미함)를 요구할 수 있는 권리가 조리상 인정된다. 대법원 2007. 5. 11. 선고 2007두1811 판결 21 국가
2. 건축허가는 대물적 성질을 갖는 것이어서 행정청으로서는 허가를 할 때에 건축주 또는 토지 소유자가 누구인지 등 인적 요소에 관하여는 형식적 심사만 한다. 건축주가 토지 소유자로부터 토지사용승낙서를 받아 그 토지 위에 건축물을 건축하는 대물적 성질의 건축허가를 받았다가 착공에 앞서 건축주의 귀책사유로 해당 토지를 사용할 권리를 상실한 경우, 건축허가의 존재로 말미암아 토지에 대한 소유권 행사에 지장을 받을 수 있는 토지 소유자로서는 건축허가의 철회를 신청할 수 있다고 보아야 한다. 따라서 토지 소유자의 위와 같은 신청을 거부한 행위는 항고소송의 대상이 된다. 대법원 2017. 3. 15. 선고 2014두41190 판결 22 국가
3. 사정을 종합하여 볼 때, 사업시행자는 물론이고 사업시행자에 대하여 사업시행자 명의변경절차 이행을 요구할 수 있는 피고 보조참가인 역시 이 사건 사업을 정상적으로 수행하는 것이 현저히 곤란한 상태에 있고, 원고가 이 사건 토지의 소유권 행사에 심각한 지장을 받고 있으므로, 이 사건 사업계획에 대하여는 사업계획승인을 존속하기 어려운 사정의 변경이 있거나 사업계획승인을 취소할 중대한 공익상의 필요가 있다고 보아, 사업계획승인 취소사유에 해당하지 않는다는 이유로 사업계획승인 취소신청을 거부한 피고의 처분이 구 주택법에 위반되는 것은 아니지만 여기에 재량권 일탈·남용의 위법이 있다고 판단한 원심의 판단을 수긍한 사례. 대법원 2021. 1. 14. 선고 2020두46004 판결

• 한편 2023. 3. 24.부터 시행된 행정기본법 제37조는 불가쟁력이 발생한 처분에 대하여 일정한 경우에 취소·철회 또는 변경 신청이 가능한 것으로 규정하였다(자세한 내용은 '행정행위의 효력' 쟁점 中 불가쟁력 부분 참고).

11. 직권취소와의 비교

구분	직권취소	철회
취소(철회)권자	처분청, (감독청)	처분청
법적 근거 요부	불요	불요
취소(철회)사유	성립 당시의 하자	처분 후 발생한 새로운 사정
소급효 여부	원칙적으로 소급효	장래효

III 행정행위의 실효

1. 의의

- 적법하고 유효한 행정행위의 효력이 일정한 사실의 발생에 의하여 장래를 향해 당연히 소멸되는 것을 말한다.
- 행정행위의 효력이 행정청의 의사표시에 의하지 않고 일정한 사실의 발생만으로 당연히 소멸한다는 점에는 행정행위의 취소 · 철회와 구분된다.

2. 실효의 사유

(1) 행정행위의 대상의 소멸

- 행정행위는 그 대상이 되는 사람의 사망이나 물건의 소멸 등으로 당연히 그 효력이 소멸된다.

판례

1. 신청에 의한 허가처분을 받은 원고가 그 영업을 폐업한 경우에는 그 영업허가는 당연 실효되고, 이런 경우 허가행정청의 허가취소처분은 허가의 실효됨을 확인하는 것에 불과하므로 원고는 그 허가취소처분의 취소를 구할 소의 이익이 없다고 할 것이다. 대법원 1981. 7. 14. 선고 80누593 판결 16 국가
2. 종전의 결혼예식장영업을 자진 폐업한 이상 위 예식장영업허가는 자동적으로 소멸하고 위 건물 중 일부에 대하여 다시 예식장영업허가신청을 하였다 하더라도 이는 전혀 새로운 영업허가의 신청이다. 대법원 1985. 7. 9. 선고 83누412 판결
3. (대물적 영업허가에서 중요한 허가요건인 물적시설이 모두 철거되어 허가받은 영업을 더 이상 수행할 수 없게 된 경우) 영업장소에 설치되어 있던 유기시설이 모두 철거되어 허가를 받은 영업상의 기능을 더 이상 수행할 수 없게 된 경우에는, 이미 당초의 영업허가는 허가의 대상이 멸실된 경우와 마찬가지로 그 효력이 당연히 소멸되는 것이다. 대법원 1990. 7. 13. 선고 90누2284 판결

일정한 정비예정구역을 전제로 추진위원회 구성 승인처분이 이루어진 후 정비구역이 정비예정구역과 달리 지정되었다는 사정만으로 승인처분이 당연히 실효된다고 볼 수 없고, 정비예정구역과 정비구역의 각 위치, 면적, 토지등소유자 및 동의자 수의 비교, 정비사업계획이 변경되는 내용과 정도, 정비구역 지정 경위 등을 종합적으로 고려하여 당초 승인처분의 대상인 추진위원회가 새로운 정비구역에서 정비사업을 계속 추진하는 것이 도저히 어렵다고 보여 그 추진위원회의 목적 달성이 사실상 불가능하다고 인정되는 경우에 한하여 그 실효를 인정함이 타당하다. (대법원 2013. 9. 12. 선고 2011두31284 판결)

(2) 해제조건의 성취 또는 종기의 도래

- 해제조건이 성취되거나 종기가 도래하면 행정행위는 당연히 효력을 상실한다.

(3) 목적의 달성 또는 목적달성의 불가능

- 목적이 달성되거나 목적달성이 불가능해지면 행정행위는 당연히 효력을 상실한다.

3. 실효의 효과

- 실효사유가 발생하면 행정청의 별도의 의사표시 없이도 행정행위의 효력은 장래를 향하여 당연히 소멸한다.

CHAPTER 03

그 밖의 행정의 주요 행위형식

쟁점 18 단계적 행정결정

I 의의

• 행정청의 결정이 여러 단계의 행정결정을 통하여 연계적으로 이루어지는 것을 말한다.
• 단계적 행정결정의 예로는 확약, 가행정행위, 사전결정 및 부분허가가 있다.

II 확약

1. 의의

행정절차법 제40조의2 【확약】
① 법령등에서 당사자가 신청할 수 있는 처분을 규정하고 있는 경우 행정청은 당사자의 신청에 따라 장래에 어떤 처분을 하거나 하지 아니할 것을 내용으로 하는 의사표시(이하 "확약"이라 한다)를 할 수 있다.
② 확약은 문서로 하여야 한다.
③ 행정청은 다른 행정청과의 협의 등의 절차를 거쳐야 하는 처분에 대하여 확약을 하려는 경우에는 확약을 하기 전에 그 절차를 거쳐야 한다.
④ 행정청은 다음 각 호의 어느 하나에 해당하는 경우에는 확약에 기속되지 아니한다.
1. 확약을 한 후에 확약의 내용을 이행할 수 없을 정도로 법령등이나 사정이 변경된 경우
2. 확약이 위법한 경우
⑤ 행정청은 확약이 제4항 각 호의 어느 하나에 해당하여 확약을 이행할 수 없는 경우에는 지체 없이 당사자에게 그 사실을 통지하여야 한다.

(1) 개념

• 행정청이 자기구속의 의도로 상대방에 대해 장래 일정한 행정행위를 하거나 하지 않을 것을 약속하는 의사표시를 말하며, 실무상 '내인가'라고 불리기도 한다.
• 일반적으로 신뢰보호 또는 금반언의 법리에 기초하는 것으로 본다.
• 확약은 종국적 규율에 대한 약속에 지나지 않는 점에서 종국적 규율인 사전결정과 구별된다.

확약의 예로는 공무원임명의 내정, 자진 신고자에 대한 세율인하의 약속, 무허가 건물의 자진철거자에게 아파트입주권을 주겠다는 약속 등이 있다.

(2) 법적 근거: 불요

• 확약은 처분권에 속하는 예비적인 권한 행사로서 본처분권에 당연히 포함되므로 본처분권이 있으면 별도의 법적 근거 없이도 확약을 할 수 있다는 것이 통설이다. 01

OX 확인

01 재량행위에 대해 상대방에게 확약을 하려면 확약에 대한 법적 근거가 있어야 한다. (×)

2. 법적 성질: 처분성 부정

• 확약의 처분성에 대하여는 견해가 대립하나, 판례는 이를 부정한다.

판례

어업권면허에 선행하는 우선순위결정은 행정청이 우선권자로 결정된 자의 신청이 있으면 어업권면허처분을 하겠다는 것을 약속하는 행위로서 강학상 확약에 불과하고 행정처분은 아니므로, 우선순위결정에 공정력이나 불가쟁력과 같은 효력은 인정되지 않는다. 대법원 1995. 1. 20. 선고 94누6529 판결 17 교행, 18 국가, 19 소방, 24 지방 01

OX 확인

01 행정청의 확약은 위법하더라도 중대명백한 하자가 있어 당연무효가 아닌 한 취소되기 전까지는 유효한 것으로 통용된다. (×)

3. 허용 범위

• 재량행위에 대해서 확약이 가능하다는 데에는 이견이 없다.
• 기속행위의 경우에도 예측가능성을 확보하기 위한 확약의 이익이 인정될 수 있다는 점에서 확약이 가능하다는 것이 다수설이다.

4. 효력

(1) 확약의 구속력

• 확약이 있으면 행정청은 확약의 내용인 행위를 하여야 할 법적 의무를 지며, 상대방은 행정청에 대해 확약의 내용을 이행할 것을 청구할 수 있다. 16 서울
• 그러나 확약이 위법한 경우 행정청은 확약에 기속되지 않고, 아래에서 보는 것처럼 확약 후 확약의 기초가 된 사정이 변경된 경우에도 행정청에 대한 확약의 기속력은 인정되지 않는다.

(2) 확약의 실효

• 확약 또는 공적견해표명 후에 그 기초가 된 사실적·법률적 상태가 변경되었다면 그 확약 또는 공적견해표명은 행정청의 별다른 의사표시 없이도 실효된다.
• 예를 들어, 확약을 함에 있어서 상대방으로 하여금 일정 기간 내에 처분의 발령을 신청하도록 하였는데도 그 기간 내에 상대방의 신청이 없으면 확약은 실효된다.

판례

행정청이 상대방에게 장차 어떤 처분을 하겠다고 확약 또는 공적인 의사표명을 하였다고 하더라도, 그 자체에서 상대방으로 하여금 언제까지 처분의 발령을 신청을 하도록 유효기간을 두었는데도 그 기간 내에 상대방의 신청이 없었다거나 확약 또는 공적인 의사표명이 있은 후에 사실적·법률적 상태가 변경되었다면, 그와 같은 확약 또는 공적인 의사표명은 행정청의 별다른 의사표시를 기다리지 않고 실효된다. 대법원 1996. 8. 20. 선고 95누10877 판결 15 서울, 16 서울, 17 국회, 18 국가 02

OX 확인

02 행정청이 상대방에게 확약을 한 후에 사실적·법률적 상태가 변경되었다면 확약은 행정청의 별다른 의사표시가 없더라도 실효된다. (○)

5. 권리구제

(1) 행정쟁송

• 확약은 처분성이 인정되지 않으므로 확약 자체를 대상으로 하는 행정쟁송은 인정될 수 없다. 18 국가 03
• 다만 확약의 내용인 행정행위에 대한 의무이행심판 또는 부작위위법확인소송 또는 그 행정행위에 대한 신청을 거부하는 처분에 대해서는 취소소송 제기가 가능하다.

OX 확인

03 행정청의 확약에 대해 법률상 이익이 있는 제3자는 확약에 대해 취소소송으로 다툴 수 있다. (×)

판례

자동차운송사업양도양수계약에 기한 양도양수인가신청에 대하여 피고 시장이 내인가를 한 후 위 내인가에 기한 본인가신청이 있었으나 자동차운송사업 양도양수인가신청서가 합의에 의한 정당한 신청서라고 할 수 없다는 이유로 위 내인가를 취소한 경우, 위 내인가의 법적 성질이 행정행위의 일종으로 볼 수 있든 아니든 그것이 행정청의 상대방에 대한 의사표시임이 분명하고, 피고가 위 내인가를 취소함으로써 다시 본인가에 대하여 따로 인가 여부의 처분을 한다는 사정이 보이지 않는다면 위 내인가 취소를 인가신청을 거부하는 처분으로 보아야 할 것이다. 대법원 1991. 6. 28. 선고 90누4402 판결 22 국가

(2) 손해배상

- 확약의 불이행으로 인해 손해를 입은 자는 국가배상법상 요건이 충족되는 한 손해배상을 청구할 수 있다. 14 사복

6. 관련문제 : 「민원처리에 관한 법률」상 사전심사

- 「민원처리에 관한 법률」은 "민원인은 법정민원 중 신청에 경제적으로 많은 비용이 수반되는 민원 등 대통령령으로 정하는 민원에 대하여는 행정기관의 장에게 정식으로 민원을 신청하기 전에 미리 약식의 사전심사를 청구할 수 있다"라고 규정하고 있는데, 사전심사는 조건부 확약의 성질을 갖는 것으로 볼 수 있다.
- 또한 판례는 사전심사에 대한 결과 통보는 항고소송의 대상이 되는 행정처분에 해당하지 않는다고 한다(대법원 2014. 4. 24. 선고 2013두7834 판결). 19 지방

> 구 민원사무 처리에 관한 법률에 따른 사전심사청구제도는 민원인이 대규모의 경제적 비용이 수반되는 민원사항에 대하여 간편한 절차로써 미리 행정청의 공적 견해를 받아볼 수 있도록 하여 민원행정의 예측 가능성을 확보하게 하는 데에 취지가 있다고 보이고, 민원인이 희망하는 특정한 견해의 표명까지 요구할 수 있는 권리를 부여한 것으로 보기는 어려운 점, 행정청은 사전심사결과 가능하다는 통보를 한 때에도 구 민원사무처리법 제19조 제3항에 의한 제약이 따르기는 하나 반드시 민원사항을 인용하는 처분을 해야 하는 것은 아닌 점, 행정청은 사전심사결과 불가능하다고 통보하였더라도 사전심사결과에 구애되지 않고 민원사항을 처리할 수 있으므로 불가능하다는 통보가 민원인의 권리 의무에 직접적 영향을 미친다고 볼 수 없고, 통보로 인하여 민원인에게 어떠한 법적 불이익이 발생할 가능성도 없는 점 등 여러 사정을 종합해 보면, 구 민원사무처리법이 규정하는 사전심사결과 통보는 항고소송의 대상이 되는 행정처분에 해당하지 아니한다. (대법원 2014. 4. 24. 선고 2013두7834 판결)

Ⅲ 가행정행위(잠정적 행정행위)

1. 의의

- 사실관계와 법률관계의 계속적인 심사를 유보한 상태에서 당해 행정법관계의 권리와 의무를 잠정적으로만 확정하는 행위, 즉 본행정행위가 있기 전까지 잠정적으로만 구속력을 가지는 행정행위를 말한다.
- 소득액 등이 확정되지 않은 상태에서 과세관청이 상대방의 신고액에 따라 잠정적으로 세액을 결정하는 것, 공무원에 대한 직위해제처분 등이 대표적인 예이다.

2. 법적 성질 : 처분성 인정

- 비록 잠정적이기는 하나 가행정행위는 법적 효력을 발생시키므로 처분성이 인정된다.

3. 법적 근거

- 확약의 경우와 마찬가지로 별도의 법적 근거가 없더라도 본처분 권한이 있으면 가행정행위를 할 수 있다.

4. 효력

- 종국적인 결정이 있게 되면 가행정행위는 그 결정으로 대체되는 바, 따라서 행정행위의 존속력 중 하나인 불가변력이 발생하지 않는다.
- 가행정행위는 본행정행위에 대해 구속력을 미치지 않는다.
- 가행정행위에 대한 신뢰(보호)도 인정되지 않는다.
- 가행정행위는 본행정행위가 있게 되면 본행정행위에 흡수되어 효력을 상실한다.

5. 권리구제

- 가행정행위는 처분성이 있으므로 이에 대한 행정쟁송이 가능하다.
- 가행정행위에 대한 취소소송 계속 중 본행정행위가 행해지면 가행정행위는 본행정행위에 흡수되어 소멸하므로 이에 대한 취소소송은 소의 이익이 없게 된다.

판례

공정거래위원회가 부당한 공동행위를 행한 사업자로서 구 독점규제 및 공정거래에 관한 법률 제22조의2에서 정한 자진신고자나 조사협조자에 대하여 과징금 부과처분(선행처분)을 한 뒤, 동법 시행령 제35조 제3항에 따라 다시 자진신고자 등에 대한 사건을 분리하여 자진신고 등을 이유로 한 과징금 감면처분(후행처분)을 하였다면, 후행처분은 자진신고 감면까지 포함하여 처분 상대방이 실제로 납부하여야 할 최종적인 과징금액을 결정하는 종국적 처분이고, 선행처분은 이러한 종국적 처분을 예정하고 있는 일종의 잠정적 처분으로서 후행처분이 있을 경우 선행처분은 후행처분에 흡수되어 소멸한다. 따라서 위와 같은 경우에 선행처분의 취소를 구하는 소는 이미 효력을 잃은 처분의 취소를 구하는 것으로 부적법하다. 대법원 2015. 2. 12. 선고 2013두987 판결 21 국가, 22 국가 01

| OX 확인 |

01 공정거래위원회가 부당한 공동행위를 한 사업자들 중 자진신고자에 대하여 구 독점규제 및 공정거래에 관한 법령에 따라 과징금 부과처분(선행처분)을 한 뒤, 다시 자진신고자에 대한 사건을 분리하여 자진신고를 이유로 과징금 감면처분(후행처분)을 한 경우라도 선행처분의 취소를 구하는 소는 적법하다. (×)

- 그러나 예외적으로 직위해제처분이 취소되면 감액된 봉급 등의 지급을 구할 수 있는 등의 경우에는 소의 이익이 인정된다.

판례

국가공무원법상 직위해제처분의 무효확인 또는 취소소송 계속 중 정년을 초과하여 직위해제처분의 무효확인 또는 취소로 공무원 신분을 회복할 수는 없다고 할지라도, 그 무효확인 또는 취소로 직위해제일부터 직권면직일까지 기간에 대한 감액된 봉급 등의 지급을 구할 수 있는 경우에는 직위해제처분의 무효확인 또는 취소를 구할 법률상 이익이 있다. 대법원 2014. 5. 16. 선고 2012두26180 판결

Ⅳ 사전결정(예비결정)

1. 의의

- 최종적인 행정결정을 내리기 전에 사전적인 단계에서 최종적 행정결정의 요건 중 일부에 대해 종국적인 판단으로서 내린 결정을 말한다.
- 건축법상 사전결정, 원자력안전법상 부지사전승인, 폐기물관리법상 적정통보 등이 그 예이다.
- 사전결정은 본처분권에 포함되므로 별도의 법적 근거는 필요 없다.

판례

폐기물관리법 제26조 제1항, 제2항 및 같은 법 시행규칙 제17조 제1항 내지 제5항의 규정에 비추어 보면 폐기물처리업의 허가에 앞서 사업계획서에 대한 적정·부적정 통보 제도를 두고 있는 것은 폐기물처리업을 하고자 하는 자가 스스로 시설 등을 설치하여 허가신청을 하였다가 허가단계에서 그 사업계획이 부적정하다고 판명되어 불허가되면 허가신청인이 막대한 경제적·시간적 손실을 입게 되므로, 이를 방지하는 동시에 허가관청으로 하여금 미리 사업계획서를 심사하여 그 적정·부적정 통보 처분을 하도록 하고, 나중에 허가단계에서는 나머지 허가요건만을 심사하여 신속하게 허가업무를 처리하는 데 그 취지가 있다. 대법원 1998. 4. 28. 선고 97누21086 판결

2. 법적 성질: 처분성 인정

- 사전결정은 그 자체가 하나의 종국적인 행정행위이고, 16 서울 이러한 점에서 장래 일정한 행정행위를 행할 것을 약속한 것에 불과한 확약과 구별된다.

판례

폐기물관리법 관계 법령의 규정에 의하면 폐기물처리업의 허가를 받기 위하여는 먼저 사업계획서를 제출하여 허가권자로부터 사업계획에 대한 적정통보를 받아야 하고, 그 적정통보를 받은 자만이 일정기간 내에 시설, 장비, 기술능력, 자본금을 갖추어 허가신청을 할 수 있으므로, 결국 부적정통보는 허가신청 자체를 제한하는 등 개인의 권리 내지 법률상의 이익을 개별적이고 구체적으로 규제하고 있어 행정처분에 해당한다. 대법원 1998. 4. 28. 선고 97누21086 판결 17 국가

- 최종처분이 기속행위인 경우 사전결정도 기속행위이고, 최종처분이 재량행위인 경우 최종처분의 재량판단 부분이 사전결정의 대상이 되는지에 따라 사전결정의 성질이 결정된다.

판례

1. 주택건설촉진법 제33조 제1항이 정하는 주택건설사업계획의 승인은 이른바 수익적 행정처분으로서 행정청의 재량행위에 속하고, 따라서 그 전 단계로서 같은 법 제32조의4 제1항이 정하는 주택건설사업계획의 사전결정 역시 재량행위라고 할 것이므로, 사전결정을 받으려고 하는 주택건설사업계획이 관계 법령이 정하는 제한에 배치되는 경우는 물론이고, 그러한 제한사유가 없는 경우에도 공익상 필요가 있으면 처분권자는 그 사전결정 신청에 대하여 불허가결정을 할 수 있다. 대법원 1998. 4. 24. 선고 97누1501 판결 17 서울
2. 폐기물관리법과 환경정책기본법의 내용과 체계, 입법 취지에 비추어 보면, 행정청은 사람의 건강이나 주변 환경에 영향을 미치는지 여부 등 생활환경과 자연환경에 미치는 영향을 두루 검토하여 폐기물처리사업계획서의 적합 여부를 판단할 수 있으며, 이에 관해서는 행정청에 광범위한 재량권이 인정된다. '자연환경·생활환경에 미치는 영향'과 같이 장래에 발생할 불확실한 상황과 파급효과에 대한 예측이 필요한 요건에 관한 행정청의 재량적 판단은 그 내용이 현저히 합리적이지 않다거나 상반되는 이익이나 가치를 대비해 볼 때 형평이나 비례의 원칙에 뚜렷하게 배치되는 등의 사정이 없는 한 폭넓게 존중될 필요가 있다. 대법원 2019. 12. 24. 선고 2019두45579 판결

3. 효력: 사전결정의 후행결정에 대한 구속력 인정 여부

- 사전결정의 구속력이 인정되면 행정청은 최종행정결정에서 사전결정된 것은 그대로 인정하고 사전결정 되지 않은 부분만을 결정한다.
- 사전결정의 구속력이 부정되면 행정청은 최종행정결정에서 사전결정에 배치되는 결정을 할 수 있게 된다.

• 판례는 최종행정결정이 재량행위인 경우 사전결정에도 불구하고 행정청은 다시 재량을 행사하여 신청을 거부할 수 있는 것으로 보는 바, 결과적으로 사전결정의 구속력을 부정하는 것으로 해석된다(이견이 있는 등 명확하지 않음).

판례

1. 폐기물처리업의 허가에 앞서 사업계획서에 대한 적정·부적정 제도를 두고 있는 것은 허가관청으로 하여금 미리 사업계획서를 심사하여 그 적정·부적정통보 처분을 하도록 하고, 나중에 허가단계에서는 나머지 허가요건만을 심사하여 신속하게 허가업무를 처리하는데 그 취지가 있다. 대법원 1998. 4. 28. 선고 97누21086 판결
2. 피고가 이 사건 주택건설사업에 대한 사전결정을 하였다고 하더라도 사업승인 단계에서 그 사전결정에 기속되지 않고 다시 사익과 공익을 비교형량하여 그 승인 여부를 결정할 수 있다. 대법원 1999. 5. 25. 선고 99두1052 판결

4. 권리구제

• 사전결정은 처분성이 있으므로 이에 대해 취소소송 등을 제기할 수 있다.
• 다만 최종처분이 있게 되면 사전결정은 최종처분에 흡수되어 소멸하므로 이를 다툴 소의 이익이 없게 되는 바, 이 경우 취소소송은 최종처분을 대상으로 제기하여야 한다.

V 부분허가

1. 의의

• 원자력발전소와 같이 그 건설에 장기간의 시간이 소요되는 시설물의 건설에 있어서 시설의 일부분에 대하여 부여하는 종국적인 허가를 말한다.
• 부분허가처분권은 허가처분권에 포함되는 것이므로 허가에 법적 근거가 있으면 부분허가에는 별도의 법적 근거가 필요 없다. 16 서울

2. 사전결정과의 구별

• 사전결정은 허가를 위한 여러 요건 중 일부에 대하여 미리 결정을 내리는 것일 뿐 허가의 목적이 되는 시설의 설치 및 운영을 허락하는 것은 아니므로, 사전결정이 있었다 하여 허가의 대상이 되는 행위를 할 수 있게 되는 것은 아니다.
• 부분허가는 허가의 목적이 되는 시설 중 일부에 대한 설치를 허락하는 것이므로, 부분허가가 있는 경우 부분허가의 대상이 되는 행위를 할 수 있게 된다.

3. 법적 성질: 처분성 인정

• 부분허가는 그 자체가 규율하는 부분에 관한 한 종국적인 결정으로서의 행정행위이다.

판례

원자로 및 관계 시설의 부지사전승인처분은 그 자체로서 건설부지를 확정하고 사전공사를 허용하는 법률효과를 지닌 독립한 행정처분이다. 대법원 1998. 9. 4. 선고 97누19588 판결 17 국가

4. 효력

• 부분허가는 특별한 사정이 없는 한 최종허가에 대하여 구속력을 가진다.

5. 권리구제

• 부분허가는 처분성이 있으므로 이를 대상으로 취소소송 등을 제기할 수 있다.
• 최종허가처분이 있게 되면 부분허가는 이에 흡수되어 효력을 상실하므로 이를 다툴 소의 이익이 없게 되는 바, 이 경우 취소소송은 최종허가처분을 대상으로 제기하여야 한다.

원자로 및 관계 시설의 부지사전승인처분은 건설허가 전에 신청자의 편의를 위하여 미리 그 건설허가의 일부 요건을 심사하여 행하는 사전적 부분 건설허가처분의 성격을 갖고 있는 것이어서 나중에 건설허가처분이 있게 되면 그 건설허가처분에 흡수되어 독립된 존재가치를 상실함으로써 그 건설허가처분만이 쟁송의 대상이 되는 것이므로, 부지사전승인처분의 취소를 구하는 소는 소의 이익을 잃게 되고, 따라서 부지사전승인처분의 위법성은 나중에 내려진 건설허가처분의 취소를 구하는 소송에서 이를 다투면 된다.
대법원 1998. 9. 4. 선고 97누19588 판결 22 국가

쟁점 19 행정계획

Ⅰ 의의

1. 개념

- 행정주체가 행정활동을 행함에 있어 일정한 목표를 설정하고 그 목표를 달성하기 위하여 필요한 수단을 선정하고 조정하는 것을 말한다. 12 지방
- 주로 장기성·종합성을 요하는 사회국가적 복리행정에서 중요한 의미를 갖는다. 13 서울

2. 종류

(1) 구속적 계획

- 일정한 법적효과가 부여되어 국민 또는 행정기관에 대해 구속력을 가지는 행정계획을 말한다.
- 「국토의 계획 및 이용에 관한 법률」(구 도시계획법)상 도시관리계획이 대표적인 예이다.

판례

1. 이미 고시된 실시계획에 포함된 상세계획으로 관리되는 토지 위의 건물의 용도를 상세계획 승인권자의 변경승인 없이 임의로 판매시설에서 상세계획에 반하는 일반목욕장으로 변경한 사안에서, 그 영업신고를 수리하지 않고 영업소를 폐쇄한 처분은 적법하다고 한 사례. 대법원 2008. 3. 27. 선고 2006두3742 판결 16 사복
2. 도시설계는 도시계획구역의 일부분을 그 대상으로 하여 토지의 이용을 합리화하고, 도시의 기능 및 미관을 증진시키며 양호한 도시환경을 확보하기 위하여 수립하는 도시계획의 한 종류로서 도시설계지구 내의 모든 건축물에 대하여 구속력을 가지는 구속적 행정계획의 법적 성격을 갖는다고 할 것이다. 헌법재판소 2003. 6. 26. 선고 2002헌마402 결정

(2) 비구속적 계획

- 국민에 대해서는 물론 행정기관 내부에서도 구속력을 갖지 못하는, 앞으로의 행정의 방향에 대한 단순한 구상에 그치는 행정계획을 말한다.
- 「국토의 계획 및 이용에 관한 법률」(구 도시계획법)상 도시기본계획이 대표적인 예이다.

판례

1. 도시기본계획은 도시의 기본적인 공간구조와 장기발전방향을 제시하는 종합계획으로서 그 계획에는 토지이용계획, 환경계획, 공원녹지계획 등 장래의 도시개발의 일반적인 방향이 제시되지만, 그 계획은 도시계획입안의 지침이 되는 것에 불과하여 일반 국민에 대한 직접적인 구속력은 없는 것이다. 대법원 2002. 10. 11. 선고 2000두8226 판결 14 국가, 16 지방, 17 지방, 18 교행, 21 국가, 22 국가, 24 국가 01
2. 도시기본계획은 도시의 장기적 개발방향과 미래상을 제시하는 도시계획 입안의 지침이 되는 장기적·종합적인 개발계획으로서 행정청에 대한 직접적인 구속력은 없다. 대법원 2007. 4. 12. 선고 2005두1893 판결

OX 확인

01 구 「도시계획법」상 도시기본계획은 도시의 기본적인 공간구조와 장기발전방향을 제시하는 종합계획으로서 도시계획입안의 지침이 되므로 일반 국민에 대한 직접적인 구속력은 없다. (○)

Ⅱ 법적 성질: 처분성 인정 여부

1. 쟁점

- 행정계획이 법률로 수립된 경우 법률의 성질을, 행정입법으로 수립된 경우 행정입법의 성질을 갖는다. 13 서울, 13 지방, 15 교행
- 법률 또는 행정입법의 형식이 아닌 행정계획의 성질이 문제되는데, 행정계획은 매우 다양한 형식으로 수립될 수 있으므로 그 법적 성질은 구체적인 행정계획의 형식에 따라 개별적으로 검토하여야 한다.

2. 처분성을 긍정한 판례

- 국민의 권리·의무에 개별적·구체적 영향을 미치는 경우 처분성이 인정된다. 15 교행

판례

1. 도시계획법 제12조 소정의 고시된 도시계획결정은 특정 개인의 권리 내지 법률상의 이익을 개별적이고 구체적으로 규제하는 효과를 가져오게 하는 행정청의 처분이라 할 것이고, 이는 행정소송의 대상이 된다. 대법원 1982. 3. 9. 선고 80누105 판결 15 지방, 16 국회, 17 국회
2. 주택재건축정비사업조합은 관할 행정청의 감독 아래 구 도시 및 주거환경정비법상 주택재건축사업을 시행하는 공법인으로서, 그 목적 범위 내에서 법령이 정하는 바에 따라 일정한 행정작용을 행하는 행정주체의 지위를 가진다 할 것인데, 재건축정비사업조합이 이러한 행정주체의 지위에서 위 법에 기초하여 수립한 사업시행계획은 인가·고시를 통해 확정되면 이해관계인에 대한 구속적 행정계획으로서 독립된 행정처분에 해당한다. 대법원 2009. 11. 2. 자 2009마596 결정 18 교행, 20 국가
3. 도시재개발법상의 관리처분계획은 항고소송의 대상이 되는 행정처분이다. 대법원 2002. 12. 10. 선고 2001두6333 판결 11 국가, 12 지방, 24 지방
4. 개발제한구역지정처분은 건설부장관이 법령의 범위 내에서 도시의 무질서한 확산 방지 등을 목적으로 도시정책상의 전문적·기술적 판단에 기초하여 행하는 일종의 행정계획으로서 그 입안·결정에 관하여 광범위한 형성의 자유를 가지는 계획재량처분이다. 대법원 1997. 6. 24. 선고 96누1313 판결 16 사복

3. 처분성을 부정한 판례

- 국민의 권리·의무에 개별적·구체적 영향을 미치지 않고, 행정조직 내부의 추상적인 계획에 그치는 경우 처분성이 부정된다. 14 서울

판례

1. 도시기본계획은 도시계획입안의 지침이 되는 것에 불과하여 일반 국민에 대한 직접적인 구속력은 없는 것이다. 대법원 2002. 10. 11. 선고 2000두8226 판결 14 국가, 16 지방, 17 지방, 18 교행
2. 구 하수도법 제5조의2에 의하여 기존의 하수도정비기본계획을 변경하여 광역하수종말처리시설을 설치하는 등의 내용으로 수립한 하수도정비기본계획은 항고소송의 대상이 되는 행정처분에 해당하지 아니한다고 한 사례. 대법원 2002. 5. 17. 선고 2001두10578 판결
3. '4대강 살리기 마스터플랜' 등은 행정기관 내부에서 사업의 기본방향을 제시하는 계획일 뿐 국민의 권리·의무에 직접 영향을 미치는 것이 아니어서, 행정처분에 해당하지 않는다. 대법원 2011. 4. 21. 자 2010무111 전원합의체 결정 17 교행

4. 환지예정지 지정이나 환지처분은 그에 의하여 직접 토지소유자 등의 권리의무가 변동되므로 이를 항고소송의 대상이 되는 처분이라고 볼 수 있으나, 환지계획은 위와 같은 환지예정지 지정이나 환지처분의 근거가 될 뿐 그 자체가 직접 토지소유자 등의 법률상의 지위를 변동시키거나 또는 환지예정지 지정이나 환지처분과는 다른 고유한 법률효과를 수반하는 것이 아니어서 이를 항고소송의 대상이 되는 처분에 해당한다고 할 수가 없다. 대법원 1999. 8. 20. 선고 97누6889 판결 12 국가, 14 국회, 16 서울, 16 국회

Ⅲ 법적 근거

- 국민의 권리의무에 법적 효과를 미치는 구속적 행정계획은 법률의 근거가 있어야 한다. 12 사복
- 비구속적 행정계획은 원칙적으로 법률의 근거를 요하지 않는다. 다만 예외적으로 국민의 이익에 중요한 영향을 미치는 것이면 법률의 근거가 있어야 한다.

Ⅳ 절차

1. 관련 규정

- 행정절차법은 행정계획에 관한 일반적 규정을 두고 있지 않고, 행정계획의 절차에 대해서는 개별법에서 다양하게 규정하고 있다. 15 지방, 15 교행, 17 교행 01
- 한편 선행 도시계획과 양립할 수 없는 내용의 후행 도시계획결정이 있는 경우 선행 도시계획은 후행 도시계획과 같은 내용으로 변경된다.

판례

도시계획의 결정·변경 등에 관한 권한을 가진 행정청은 이미 도시계획이 결정·고시된 지역에 대하여도 다른 내용의 도시계획을 결정·고시할 수 있고, 이때에 후행 도시계획에 선행 도시계획과 서로 양립할 수 없는 내용이 포함되어 있다면, 특별한 사정이 없는 한 선행 도시계획은 후행 도시계획과 같은 내용으로 변경된다. 21 국가, 24 국가

후행 도시계획의 결정을 하는 행정청이 선행 도시계획의 결정·변경 등에 관한 권한을 가지고 있지 아니한 경우에 선행 도시계획과 서로 양립할 수 없는 내용이 포함된 후행 도시계획결정을 하는 것은 아무런 권한 없이 선행 도시계획결정을 폐지하고, 양립할 수 없는 새로운 내용이 포함된 후행 도시계획결정을 하는 것으로서, 선행 도시계획결정의 폐지 부분은 권한 없는 자에 의하여 행해진 것으로서 무효이다. 대법원 2000. 9. 8. 선고 99두11257 판결 16 지방, 17 국회, 24 지방

행정절차법은 제46조에서 행정예고에 대해 규정하고 있는데, 위 규정은 행정계획도 행정예고의 대상이 되는 것으로 정하고 있다.

행정절차법 제46조(행정예고)
① 행정청은 정책, 제도 및 계획을 수립·시행하거나 변경하려는 경우에는 이를 예고하여야 한다. 다만, 다음 각 호의 어느 하나에 해당하는 경우에는 예고를 하지 아니할 수 있다.

OX 확인

01 도시계획의 결정·변경 등에 대한 권한행정청은 이미 도시계획이 결정·고시된 지역에 대하여도 다른 내용의 도시계획을 결정·고시할 수 있고, 이때에 후행 도시 계획에 선행 도시계획과 양립할 수 없는 내용이 포함되어 있다면 특별한 사정이 없는 한 선행 도시계획은 후행 도시계획과 같은 내용으로 변경된다. (○)

2. 절차의 하자

- 행정계획절차의 하자는 하자의 일반이론에 따라 무효 또는 취소사유가 된다.

판례

1. 도시계획의 수립에 있어서 도시계획법 제16조의2 소정의 공청회를 열지 아니하고 공공용지의 취득 및 손실보상에 관한 특례법 제8조 소정의 이주대책을 수립하지 아니하였더라도 이는 절차상의 위법으로서 취소사유에 불과하다. 대법원 1990. 1. 23. 선고 87누947 판결 12 지방

2. 도시계획의 입안에 있어 해당 도시계획안의 내용을 공고 및 공람하게 한 것은 다수 이해관계자의 이익을 합리적으로 조정하여 국민의 권리자유에 대한 부당한 침해를 방지하고 행정의 민주화와 신뢰를 확보하기 위하여 국민의 의사를 그 과정에 반영시키는 데 있는 것이므로 이러한 공고 및 공람 절차에 하자가 있는 도시계획결정은 위법하다. 대법원 2000. 3. 23. 선고 98두2768 판결 11 지방, 17 교행, 18 교행

• 한편 행정청이 도시계획결정 등의 처분을 하였다고 하더라도 이를 관보에 게재하여 고시하지 아니한 이상 대외적으로는 아무런 효력도 발생하지 않는다.

판례

구 도시계획법 제7조에 의하면 건설부장관은 도시계획구역 및 도시계획을 결정하거나 도시계획사업실시계획을 인가하는 등의 처분을 하였을 때에는 지체 없이 이를 고시하여야 한다고 규정되어 있는 바, 도시계획의 공공성 및 권리침해적 성격과 위 법조의 규정취지 등에 비추어 볼 때 위 도시계획법은 "고시"를 도시계획구역, 도시계획결정 등의 효력발생요건으로 규정하였다고 풀이되므로, 건설부장관 또는 그의 권한의 일부를 위임받은 서울특별시장, 도지사 등 지방장관이 기안, 결재 등의 과정을 거쳐 정당하게 도시계획결정 등의 처분을 하였다고 하더라도 이를 관보에 게재하여 고시하지 아니한 이상 대외적으로는 아무런 효력도 발생하지 아니한다 할 것이다. 대법원 1985. 12. 10. 선고 85누186 판결 12 지방

> 국토계획법이 도시·군관리계획결정이 고시된 후 지형도면을 작성하여 고시하도록 규정한 취지는 도시·군관리계획으로 토지이용제한을 받게 되는 토지와 그 이용 제한의 내용을 명확히 공시하여 토지이용의 편의를 도모하고 행정의 예측가능성과 투명성을 확보하려는 데 있다. 이처럼 지형도면은 도시·군관리계획결정이 미치는 공간적 범위를 구체적으로 특정하는 기능을 수행하므로, 도시·군관리계획의 기본적 내용, 대략적 위치와 면적은 도시·군관리계획결정에서 결정되어 고시를 통해 대외적으로 표시되어야 한다. (대법원 2018. 11. 29. 선고 2018두49109 판결)

> 토지이용규제 기본법 제8조에 따라 행정청이 지역·지구 등 지정에 따른 지형도면을 작성하여 일정한 장소에 비치한 사실을 관보·공보에 고시하고 그와 동시에 지형도면을 그 장소에 비치하여 일반인이 직접 열람할 수 있는 상태에 놓아둔 경우, 지형도면 자체를 관보·공보에 게재된 고시문에 수록하지 않았더라도 지형도면 고시가 적법하게 이루어진 것으로 본 사례. (대법원 2020. 12. 24. 선고 2020두46769 판결)

V 계획재량과 통제

1. 계획재량의 의의

• 행정주체가 행정계획을 수립·변경함에 있어서 가지는 광범위한 형성의 자유를 말한다.

판례

도시계획법 등 관계 법령에는 추상적인 행정목표와 절차만이 규정되어 있을 뿐 행정계획의 내용에 대하여는 별다른 규정을 두고 있지 아니하므로 행정주체는 구체적인 행정계획을 입안·결정함에 있어서 비교적 광범위한 형성의 자유를 가진다. 대법원 2000. 3. 23. 선고 98두2768 판결 17 교행, 24 국가

2. 행정재량과의 구분

• 계획재량이 행정재량과 질적으로 구분되는 것인지 여부에 대해서는 견해대립이 있으나, 행정재량과 비교하여 계획재량에 보다 폭넓은 재량이 부여되고 있다는 점에 대해서는 이론이 없다.

• 양자가 질적으로 구분된다는 견해에 따르면 형량명령은 행정계획의 특유한 재량하자이론이라 하는 반면, 반대 견해에서는 형량명령은 비례원칙의 계획재량에 있어서의 적용이론에 불과한 것이라 한다.

3. 계획재량의 통제: 형량명령

행정절차법 제40조의4 【행정계획】 행정청은 행정청이 수립하는 계획 중 국민의 권리·의무에 직접 영향을 미치는 계획을 수립하거나 변경·폐지할 때에는 관련된 여러 이익을 정당하게 형량하여야 한다.

(1) 의의

- 행정계획을 수립·변경함에 있어서 관련된 이익을 정당하게 형량하여야 한다는 원칙을 말한다.

(2) 구체적 내용

- 행정청은 행정계획과 관련이 있는 모든 이익을 조사하여야 한다.
- 이익형량은 공익 상호 간, 공익과 사익 상호 간, 사익 상호 간에 모두 행하여져야 한다.
- 법령에서 고려하도록 규정한 이익뿐만 아니라 법령에 규정되지 않은 이익도 행정계획과 관련이 있으면 모두 고려되어야 한다. 12 사복

(3) 형량의 하자

① 의의

- 행정명령을 위반한 경우로서, 형량에 하자가 있으면 행정계획은 위법하게 된다.

② 구체적 내용

- 조사의 결함 : 고려해야 할 이익에 대한 조사를 하지 않은 경우를 말한다.
- 형량의 해태(불행사) : 이익형량을 전혀 하지 않은 경우를 말한다.
- 형량의 흠결(누락) : 고려해야 할 이익을 빠뜨린 경우를 말한다.
- 형량불비례 : 이익형량이 균형을 잃어 비례성을 결한 경우를 말한다.

③ 판례의 태도

판례

1. 행정주체는 구체적인 행정계획을 입안·결정함에 있어서 비교적 광범위한 형성의 자유를 가지는 것이지만, 행정주체가 가지는 이와 같은 형성의 자유는 무제한적인 것이 아니라 그 행정계획에 관련되는 자들의 이익을 공익과 사익 사이에서는 물론이고 공익 상호 간과 사익 상호 간에도 정당하게 비교·교량하여야 한다는 제한이 있으므로, 행정주체가 행정계획을 입안·결정함에 있어서 이익형량을 전혀 행하지 아니하거나 이익형량의 고려 대상에 마땅히 포함시켜야 할 사항을 누락한 경우 또는 이익형량을 하였으나 정당성과 객관성이 결여된 경우에는 그 행정계획결정은 형량에 하자가 있어 위법하게 된다. 대법원 2007. 4. 12. 선고 2005두1893 판결 16 서울, 16 교행, 16 사복, 24 국가
2. 행정주체가 구체적인 행정계획을 입안·결정할 때 가지는 형성의 자유의 한계에 관한 법리는 주민의 입안 제안 또는 변경신청을 받아들여 도시관리계획결정을 하거나 도시계획시설을 변경할 것인지를 결정할 때에도 동일하게 적용된다. 대법원 2012. 1. 12. 선고 2010두5806 판결 14 국가, 18 교행, 20 국가

> 행정청이 행정계획을 입안·결정할 때 이익형량을 전혀 행하지 아니하거나 이익형량의 고려 대상에 마땅히 포함시켜야 할 사항을 누락한 경우 또는 이익형량을 하였으나 정당성과 객관성이 결여된 경우에는 그 행정계획결정은 이익형량에 하자가 있어 위법하게 될 수 있다. 이러한 법리는 산업입지 및 개발에 관한 법률상 산업단지개발계획 변경권자가 산업단지 입주업체 등의 신청에 따라 산업단지개발계획을 변경할 것인지를 결정하는 경우에도 마찬가지로 적용된다.
> '환경오염 발생 우려'와 같이 장래에 발생할 불확실한 상황과 파급효과에 대한 예측이 필요한 요건에 관한 행정청의 재량적 판단은 그 내용이 현저히 합리성을 결여하였다거나 상반되는 이익이나 가치를 대비해 볼 때 형평이나 비례의 원칙에 뚜렷하게 배치되는 등의 사정이 없는 한 폭넓게 존중하여야 한다. (대법원 2021. 7. 29. 선고 2021두33593 판결)

VI 권리구제

1. 항고소송

- 처분성이 인정되는 행정계획의 경우 그에 대한 항고소송의 제기가 가능하다. 16 서울
- 다만 행정계획의 성격상 위법성이 인정되더라도 사정판결이 내려질 확률이 높을 것이다.

2. 헌법소원

- 비구속적 행정계획으로서 처분성이 인정되지 않는 경우에도 일정한 요건을 갖추면 공권력의 행사에 해당하여 헌법소원의 대상이 될 수 있다. 01

판례

1. 비구속적 행정계획안이나 행정지침이라도 국민의 기본권에 직접적으로 영향을 끼치고, 앞으로 법령의 뒷받침에 의하여 그대로 실시될 것이 틀림없을 것으로 예상될 수 있을 때에는, 공권력행위로서 예외적으로 헌법소원의 대상이 될 수 있다. 헌법재판소 2000. 6. 1. 선고 99헌마538 등 결정 16 지방, 16 사복, 21 국가
2. 2012년도와 2013년도 대학교육역량강화사업 기본계획은 대학교육역량강화 지원사업을 추진하기 위한 국가의 기본방침을 밝히고 국가가 제시한 일정 요건을 충족하여 높은 점수를 획득한 대학에 대하여 지원금을 배분하는 것을 내용으로 하는 행정계획일 뿐, 위 계획에 따를 의무를 부과하는 것은 아니다. 총장직선제를 개선하지 않을 경우 지원금을 받지 못하게 될 가능성이 있어 대학들이 이 계획에 구속될 여지가 있다 하더라도, 이는 사실상의 구속에 불과하고 이에 따를지 여부는 전적으로 대학의 자율에 맡겨져 있다. 더구나 총장직선제를 개선하려면 학칙이 변경되어야 하므로, 계획 자체만으로는 대학의 구성원인 청구인들의 법적 지위나 권리의무에 어떠한 영향도 미친다고 보기 어렵다. 따라서 2012년도와 2013년도 계획 부분은 헌법소원의 대상이 되는 공권력 행사에 해당하지 아니한다. 헌법재판소 2016. 10. 27. 선고 2013헌마576 결정 17 지방
3. 서울대학교의 "94학년도 대학입학고사 주요요강"은 사실상의 준비행위에 불과하고 행정심판이나 행정쟁송의 대상이 될 수 있는 행정처분이나 공권력의 행사는 될 수 없지만, 그대로 시행될 수 있을 것이, 그것을 제정하여 발표하게 된 경위에 비추어 틀림없을 것으로 예상되므로 이를 제정·발표한 행위는 헌법소원의 대상이 되는 헌법재판소법 제68조 제1항 소정의 공권력의 행사에 해당된다. 헌법재판소 1992. 10. 1. 선고 92헌마68, 76 결정 15 국가

1999. 7. 22. 발표한 개발제한구역제도개선방안은 건설교통부장관이 개발제한구역의 해제 내지 조정을 위한 일반적인 기준을 제시하고, 개발제한구역의 운용에 대한 국가의 기본방침을 천명하는 정책계획안으로서 비구속적 행정계획안에 불과하므로 공권력행위가 될 수 없으며, 이 사건 개선방안을 발표한 행위도 대내외적 효력이 없는 단순한 사실행위에 불과하므로 공권력의 행사라고 할 수 없다. (헌법재판소 2000. 6. 1. 선고 99헌마538 등 전원재판부)

OX 확인

01 구속력 없는 행정계획안이나 행정지침이라도 국민의 기본권에 직접적으로 영향을 끼치고 법령의 뒷받침에 의하여 그대로 실시될 것이 틀림없을 것으로 예상되는 때에는 예외적으로 헌법소원의 대상이 된다. (○)

PART 01

VII 계획보장청구권

1. 의의

(1) 개념

- 행정계획이 수립되면 국민은 이를 신뢰하고 투자 등 여러 조치를 취하게 되므로 행정계획의 변경 또는 폐지로 인한 불이익으로부터 구제할 필요성이 있는 바, 이를 위해 행정계획의 존속 등을 청구할 수 있는 권리를 계획보장청구권이라 한다.
- 즉, 행정계획을 신뢰한 국민의 신뢰이익을 보호하기 위하여 논의되는 제도이다.

(2) 구체적 내용

① 계획존속청구권
- 계획의 변경 또는 폐지에 대하여 계획의 존속을 주장하는 권리를 말한다.

② 계획이행청구권
- 행정기관이 행정계획을 준수하여 집행할 것을 청구할 수 있는 권리를 말한다.

③ 경과조치청구권
- 행정기관에 대하여 경과조치 또는 적응조치를 청구할 수 있는 권리를 말한다.

④ 손해전보청구권
- 위법하거나(손해배상) 또는 적법한(손실보상) 행정계획으로 인해 발생한 손해의 전보를 청구할 수 있는 권리를 말한다.

2. 인정 여부: 부정

- 행정계획은 본질적으로 가변적이고 일반적으로 계획변경의 필요성(공익)이 이를 신뢰한 국민의 이익(사익)보다 우월하므로 계획보장청구권은 원칙적으로 인정되지 않는다. 16 서울
- 다만 손실보상은 법령에 명시적인 근거가 있으면 가능하다.

Ⅷ 계획변경청구권

1. 의의

- 확정된 행정계획에 대한 변경이나 폐지를 청구할 수 있는 권리를 말한다.

2. 인정 여부: 예외적 인정

- 행정계획은 원칙상 공익의 보호를 목적으로 하고 사익의 보호를 목적으로 하지 않기 때문에 계획존속청구권과 마찬가지로 계획변경청구권도 원칙적으로 인정되지 않는다.

판례

1. 도시계획시설결정은 광범위한 지역과 상당한 기간에 걸쳐 다수의 이해관계인에게 다양한 법률적, 경제적 영향을 미치는 것이 되어 일단 도시계획시설사업의 시행에 착수한 뒤에는, 시행의 지연에 따른 손해나 손실의 배상 또는 보상을 함은 별론으로 하고, 그 결정 자체의 취소나 해제를 요구할 권리를 일부의 이해관계인에게 줄 수는 없는 것이다. 헌법재판소 2002. 5. 30. 선고 2000헌바58 등 결정 12 지방
2. 도시계획법상 주민이 행정청에 대하여 도시계획 및 그 변경에 대하여 어떤 신청을 할 수 있다는 규정이 없고, 도시계획과 같이 장기성, 종합성이 요구되는 행정계획에 있어서 그 계획이 일단 확정된 후 어떤 사정의 변동이 있다 하여 지역주민에게 일일이 그 계획의 변경을 청구할 권리를 인정해 줄 수도 없는 것이므로 그 변경 거부행위를 항고소송의 대상이 되는 행정처분에 해당한다고 볼 수 없다. 대법원 1994. 1. 28. 선고 93누22029 판결 14 국가, 20 지방 01

국토이용관리법상 주민이 국토이용계획의 변경에 대하여 신청을 할 수 있다는 규정이 없을 뿐만 아니라, 국토건설종합계획의 효율적인 추진과 국토이용질서를 확립하기 위한 국토이용계획은 장기성, 종합성이 요구되는 행정계획이어서 그 계획이 일단 확정된 후에 어떤 사정의 변동이 있다고 하여 지역주민이나 일반 이해관계인에게 일일이 그 계획의 변경을 신청할 권리를 인정하여 줄 수 없다. (대법원 2003. 9. 26. 선고 2003두5075 판결)

OX 확인

01 구 「국토이용관리법」상의 국토이용계획은 그 계획이 일단 확정된 후에 어떤 사정의 변동이 있다고 하여 지역주민이나 일반 이해관계인에게 일일이 그 계획의 변경을 신청할 권리를 인정하여 줄 수 없다. (○)

02 장래 일정한 기간 내에 관계 법령이 규정하는 시설 등을 갖추어 일정한 행정처분을 구하는 신청을 할 수 있는 법률상 지위에 있는 자의 국토이용계획변경신청을 거부하는 것이 실질적으로 당해 행정처분 자체를 거부하는 결과가 되는 경우에는 항고소송의 대상이 되는 처분에 해당한다. (○)

- 다만, 일정한 행정처분을 구하는 신청을 할 수 있는 법률상 지위에 있는 자의 계획변경신청을 거부하는 것이 실질적으로 당해 행정처분 자체를 거부하는 결과가 되는 경우에는 예외적으로 계획변경신청권이 인정된다.

판례

1. 장래 일정한 기간 내에 관계 법령이 규정하는 시설 등을 갖추어 일정한 행정처분을 구하는 신청을 할 수 있는 법률상 지위에 있는 자의 국토이용계획변경신청을 거부하는 것이 실질적으로 당해 행정처분 자체를 거부하는 결과가 되는 경우에는 예외적으로 그 신청인에게 국토이용계획변경을 신청할 권리가 인정된다고 봄이 상당하므로, 이러한 신청에 대한 거부행위는 항고소송의 대상이 되는 행정처분에 해당한다. 20 국가, 21 국가 02
구 폐기물관리법에 의하면 폐기물처리사업계획의 적정통보를 받은 자는 장래 일정한 기간 내에 관계 법령이 규정하는 시설 등을 갖추어 폐기물처리업허가신청을 할 수 있는 법률상 지위에 있다고 할 것인바, 피고로부터 폐기물처리사업계획의 적정통보를 받은 원고가 폐기물처리업허가를 받기 위하여는 이 사건 부동산에 대한 용도지역을 '농림지역 또는 준농림지역'에서 '준도시지역(시설 용지지구)'으로 변경하는 국토이용계획변경이 선행되어야 하고, 원고의 위 계획변경신청을 피고가 거부한다면 이는 실질적으로 원고에 대한 폐기물처리업허가신청을 불허하는 결과가 되므로, 원고는 위 국토이용계획변경의 입안 및 결정권자인 피고에 대하여 그 계획변경을 신청할 법규상 또는 조리상 권리를 가진다고 할 것이다. 대법원 2003. 9. 23. 선고 2001두10936 판결

2. 도시계획구역 내 토지 등을 소유하고 있는 주민으로서는 입안권자에게 도시계획입안을 요구할 수 있는 법규상 또는 조리상의 신청권이 있다고 할 것이고, 이러한 신청에 대한 거부행위는 항고소송의 대상이 되는 행정처분에 해당한다. 대법원 2004. 4. 28. 선고 2003두1806 판결 14 국가, 16 지방, 20 지방, 24 지방 01
3. 문화재보호구역 내에 있는 토지소유자 등으로서는 위 보호구역의 지정해제를 요구할 수 있는 법규상 또는 조리상의 신청권이 있다고 할 것이고, 이러한 신청에 대한 거부행위는 항고소송의 대상이 되는 행정처분에 해당한다. 대법원 2004. 4. 27. 선고 2003두8821 판결 12 사복, 16 사복, 20 지방 02
4. 산업단지개발계획상 산업단지 안의 토지 소유자로서 산업단지개발계획에 적합한 시설을 설치하여 입주하려는 자는 산업단지지정권자 또는 그로부터 권한을 위임받은 기관에 대하여 산업단지개발계획의 변경을 요청할 수 있는 법규상 또는 조리상 신청권이 있고, 이러한 신청에 대한 거부행위는 항고소송의 대상이 되는 행정처분에 해당한다고 보아야 한다. 대법원 2017. 8. 29. 선고 2016두44186 판결 21 지방 03
5. 구 국토의 계획 및 이용에 관한 법률 제139조 제2항 및 이에 근거하여 제정된 지방자치단체 조례에 따라 광역시장으로부터 납골시설 등에 대한 도시관리계획 입안권을 위임받은 군수는 관할구역 도시관리계획의 입안권자이므로, 도시관리계획 구역 내 토지 등을 소유하고 있는 주민의 납골시설에 관한 도시관리계획의 입안제안을 반려한 군수의 처분은 항고소송의 대상이 되는 행정처분에 해당한다고 한 사례. 대법원 2010. 7. 22. 선고 2010두5745 판결

OX 확인

01 도시계획구역 내 토지 등을 소유하고 있는 사람과 같이 당해 도시계획시설결정에 이해관계가 있는 주민은 도시시설계획의 입안권자 내지 결정권자에게 도시시설계획의 입안 내지 변경을 요구할 수 있는 법규상 또는 조리상의 신청권이 있다. (○)

02 문화재보호구역 내의 토지소유자가 문화재보호구역의 지정해제를 신청하는 경우에는 그 신청인에게 법규상 또는 조리상 행정계획 변경을 신청할 권리가 인정되지 않는다. (×)

03 산업단지개발계획상 산업단지 안의 토지 소유자로서 산업단지개발계획에 적합한 시설을 설치하여 입주하려는 자는 산업단지지정권자 또는 그로부터 권한을 위임받은 기관에 대하여 산업단지개발계획의 변경을 요청할 수 있는 법규상 또는 조리상 신청권이 있다. (○)

PART 01

IX 관련문제: 장기미집행 도시계획시설결정의 실효제도

• 토지소유자의 재산권 보호를 위해 도시계획시설결정이 장기간 미집행 되면 실효되는 것으로 인정하는 경우가 있는데, 이 같은 실효제도는 헌법상 재산권으로부터 당연히 도출되는 권리는 아니며 법률의 근거가 필요하다는 것이 헌법재판소의 입장이다.

판례

장기미집행 도시계획시설결정의 실효제도는 도시계획시설부지로 하여금 도시계획시설결정으로 인한 사회적 제약으로부터 벗어나게 하는 것으로서 결과적으로 개인의 재산권이 보다 보호되는 측면이 있는 것은 사실이나, 이와 같은 보호는 입법자가 새로운 제도를 마련함에 따라 얻게 되는 법률에 기한 권리일 뿐 헌법상 재산권으로부터 당연히 도출되는 권리는 아니다. 헌법재판소 2005. 9. 29. 선고 2002헌바84 등 전원재판부 20 국가, 24 지방

• 「국토의 계획 및 이용에 관한 법률」에 따르면 도시・군계획시설결정이 고시된 도시・군계획시설에 대하여 그 고시일로부터 20년이 지날 때까지 그 시설의 설치에 관한 사업이 시행되지 않은 경우, 도시・군계획시설결정은 그 고시일로부터 20년이 되는 날의 다음 날에 실효된다고 한다.

쟁점 20 공법상 계약

Ⅰ 의의

1. 개념

행정기본법 제27조【공법상 계약의 체결】
① 행정청은 법령등을 위반하지 아니하는 범위에서 행정목적을 달성하기 위하여 필요한 경우에는 공법상 법률관계에 관한 계약을 체결할 수 있다. 이 경우 계약의 목적 및 내용을 명확하게 적은 계약서를 작성하여야 한다. 24 국가
② 행정청은 공법상 계약의 상대방을 선정하고 계약 내용을 정할 때 공법상 계약의 공공성과 제3자의 이해관계를 고려하여야 한다. 21 지방

- 공법적 효과를 발생시키는(공법상의 법률관계의 변경을 가져오는) 것으로서 적어도 한쪽 당사자를 행정주체로 하는 계약(양 당사자 사이의 반대방향의 의사의 합치)을 말한다. 17 교행, 18 교행

2. 구별개념

(1) 사법상 계약과의 구별

- 공법상 계약은 공법적 효과를 발생시키는 반면, 사법상 계약은 사법적 효과를 발생시킨다.
- 공법상 계약에 관한 소송은 당사자소송에 의하고, 사법상 계약은 민사소송에 의한다. 18 교행

(2) 행정행위와의 구별

- 공법상 계약은 양 당사자의 의사의 합치에 의해 성립하는 반면, 행정행위는 행정주체의 의해 일방적으로 행해진다.

Ⅱ 종류

1. 행정주체 상호 간의 공법상 계약

- 국가와 공공단체 간 또는 공공단체 상호 간에 성립하는 공법상 계약을 말한다. 11 사복, 17 국가
- 공공단체 상호 간의 사무위탁, 공공시설의 관리 등에 대한 협의 등이 그 예이다.

2. 행정주체와 사인 간의 공법상 계약

- 행정주체와 사인 간에 성립하는 공법상 계약을 말한다.
- 행정권한 위탁에 관한 계약, 자금지원에 관한 계약, 전문직공무원 채용계약 등이 그 예이다.

3. 사인 상호 간의 공법상 계약

- 공무수탁사인과 사인 간에 성립하는 공법상 계약을 말한다. 11 사복, 12 사복

Ⅲ 적법요건

1. 주체에 관한 요건

- 다른 행정작용의 경우와 마찬가지로 행정주체에게 정당한 권한이 있어야 한다.

2. 절차에 관한 요건

- 행정절차법은 공법상 계약에 관한 일반적 규정을 두고 있지 않고, 이를 일반적으로 규율하는 법령도 존재하지 않는다. 20 소방
- 공법상 계약에 대해서는 행정절차법이 적용되지 않는다. 16 국가, 17 서울

판례

계약직공무원에 관한 현행 법령의 규정에 비추어 볼 때, 계약직공무원 채용계약해지의 의사표시는 일반공무원에 대한 징계처분과는 달라서 항고소송의 대상이 되는 처분 등의 성격을 가진 것으로 인정되지 아니하고, 일정한 사유가 있을 때에 국가 또는 지방자치단체가 채용계약 관계의 한쪽 당사자로서 대등한 지위에서 행하는 의사표시로 취급되는 것으로 이해되므로, 이를 징계해고 등에서와 같이 그 징계사유에 한하여 효력 유무를 판단하여야 하거나, 행정처분과 같이 행정절차법에 의하여 근거와 이유를 제시하여야 하는 것은 아니다. 대법원 2002. 11. 26. 선고 2002두5948 판결 15 지방, 18 국가, 19 소방, 20 소방, 21 국가, 21 지방, 22 지방, 24 국가 01 02

행정기본법 시행령 제6조(공법상 계약)
행정청은 법 제27조에 따라 공법상 법률관계에 관한 계약을 체결할 때 법령등에 따른 관계 행정청의 동의, 승인 또는 협의 등이 필요한 경우에는 이를 모두 거쳐야 한다.

OX 확인

01 계약직공무원 채용계약해지의 의사표시는 일반공무원에 대한 징계처분과는 다르지만, 「행정절차법」의 처분절차에 의하여 근거와 이유를 제시하여야 한다. (×)

02 계약직공무원 채용계약해지는 국가 또는 지방자치단체가 대등한 지위에서 행하는 의사표시로서 처분이 아니므로 「행정절차법」에 의하여 근거와 이유를 제시하여야 하는 것은 아니다. (○)

3. 형식에 관한 요건

- 종래에는 공법상 계약에 대해 규정하고 있는 법률이 존재하지 않음에 따라 공법상 계약은 구두로도 체결 가능한 것으로 보는 것이 일반적이었다.
- 그러나 최근 제정된 행정기본법에 따라 공법상 계약은 반드시 문서로 작성되어야 한다(서면주의).

4. 내용에 관한 요건

- 공법상 계약은 당사자 간의 합의에 의해 성립되므로 법률의 근거가 필요 없다. 즉 법률유보의 원칙이 적용되지 않는다.
- 공법상 계약도 행정작용이므로 법률 또는 행정법의 일반원칙에 위반되어서는 안 된다. 즉 법률우위의 원칙은 적용된다. 21 지방 03
- 공법상 계약의 체결에 있어서 행정청에게는 상대방인 국민에 비하여 많은 재량이 인정된다. 따라서 행정주체가 일방적으로 내용을 정하고 상대방은 체결 여부만을 선택하는 방식의 계약 체결도 가능하다.

OX 확인

03 공법상 계약에는 법률우위의 원칙이 적용된다. (○)

판례

지방전문직공무원 채용계약에서 정한 채용기간이 만료한 경우 채용계약을 갱신하거나 채용기간을 연장할 것인지 여부는 지방자치단체장의 재량에 맡겨져 있는 것으로 보아야 할 것이다. 대법원 1993. 9. 14. 선고 92누4611 판결 15 지방, 18 국가 04

OX 확인

04 「지방공무원법」상 지방전문직공무원 채용계약에서 정한 채용기간이 만료한 경우에는 채용계약의 갱신이나 기간연장 여부는 기본적으로 지방자치단체장의 재량이다. (○)

Ⅳ 공법상 계약의 법적 규율

1. 실체법상 규율

(1) 사법원리의 적용

- 공법상 계약에 대한 일반법은 존재하지 않으므로 19 서울 이를 규율하는 개별법이 있으면 그에 의하고, 개별법이 없으면 「국가를 당사자로 하는 계약에 관한 법률」에 의하며, 여기서도 규율되지 아니하는 사항에 대해서는 민법의 규정이 (유추)적용된다.

판례

다른 법률에 특별한 규정이 있는 경우이거나 또는 지방계약법의 개별 규정의 규율내용이 매매, 도급 등과 같은 특정한 유형·내용의 계약을 규율대상으로 하고 있는 경우가 아닌 한, 지방자치단체를 당사자로 하는 계약에 관하여는 그 계약의 성질이 공법상 계약인지 사법상 계약인지와 상관없이 원칙적으로 지방계약법의 규율이 적용된다고 보아야 한다. 대법원 2020. 12. 10. 선고 2019다234617 판결

- 공법상 계약은 대등 당사자 간의 합의에 의해 성립하는 것이므로 공정력이 인정되지 않는다.

(2) 공법상 계약의 하자

- 계약의 내용이 아닌 그 계약의 기초가 된 의사표시에 하자가 있는 경우, 민법의 일반원칙에 따라 무효 또는 취소사유가 된다.
- 공법상 계약의 내용에 하자가 있는 경우, 공법상 계약에는 공정력이 인정되지 않으므로 결국 하자 있는 공법상 계약은 무효이다. 22 국가

판례

구 국가를 당사자로 하는 계약에 관한 법률상의 요건과 절차를 거치지 않고 체결한 국가와 사인 간의 사법상 계약은 무효이다. 대법원 2015. 1. 15. 선고 2013다215133 판결 19 서울

- 한편, 내용상 하자가 계약의 일부에만 존재하는 경우 분리가능성이 있으면 그 일부만이 무효이다.

(3) 공법상 계약의 집행

- 공법상 계약은 자력집행력이 인정되지 않으므로 행정주체는 의무의 불이행이 있다 하여 이를 스스로 집행할 수 없다. 13 서울

2. 소송법상 규율

(1) 당사자소송

- 공법상 계약에 관한 소송은 민사소송이 아닌 당사자소송에 의한다.

판례

1. 공법상 당사자소송이란 행정청의 처분 등을 원인으로 하는 법률관계에 관한 소송 그 밖에 공법상의 법률관계에 관한 소송으로서 그 법률관계의 한쪽 당사자를 피고로 하는 소송을 말한다(행정소송법 제3조 제2호). 공법상 계약이란 공법적 효과의 발생을 목적으로 하여 대등한 당사자 사이의 의사표시의 합치로 성립하는 공법행위를 말한다. 공법상 계약의 한쪽 당사자가 다른 당사자를 상대로 효력을 다투거나 이행을 청구하는 소송은 공법상의 법률관계에 관한 분쟁이므로 분쟁의 실질이 공법상 권리·의무의 존부·범위에 관한 다툼이 아니라 손해배상액의 구체적인 산정방법·금액에 국한되는 등의 특별한 사정이 없는 한 공법상 당사자소송으로 제기하여야 한다. 대법원 2021. 2. 4. 선고 2019다277133 판결 22 지방, 23 지방

2. 전문직공무원인 공중보건의사의 채용계약 해지의 의사표시는 일반공무원에 대한 징계처분과는 달라서 항고소송의 대상이 되는 처분 등의 성격을 가진 것으로 인정되지 아니하고, 일정한 사유가 있을 때에 관할 도지사가 채용계약 관계의 한쪽 당사자로서 대등한 지위에서 행하는 의사표시로 취급하고 있는 것으로 이해되므로, 공중보건의사 채용계약 해지의 의사표시에 대하여는 대등한 당사자 간의 소송형식인 공법상의 당사자소송으로 그 의사표시의 무효확인을 청구할 수 있는 것이다. 대법원 1996. 5. 31. 선고 95누10617 판결 16 교행, 17 국가, 19 서울, 21 지방 01

3. 지방전문직공무원 채용계약 해지의 의사표시에 대하여는 대등한 당사자 간의 소송형식인 공법상 당사자소송으로 그 의사표시의 무효확인을 청구할 수 있다. 대법원 1993. 9. 14. 선고 92누4611 판결

4. 서울특별시립무용단 단원의 위촉은 공법상의 계약이라고 할 것이고, 따라서 그 단원의 해촉에 대하여는 공법상의 당사자소송으로 그 무효확인을 청구할 수 있다. 대법원 1995. 12. 22. 선고 95누4636 판결 16 교행, 19 소방

5. 광주광역시립합창단원으로서 위촉기간이 만료되는 자들의 재위촉 신청에 대하여 광주광역시문화예술회관장이 실기와 근무성적에 대한 평정을 실시하여 재위촉을 하지 아니한 것을 항고소송의 대상이 되는 불합격처분이라고 할 수는 없다. 대법원 2001. 12. 11. 선고 2001두7794 판결 12 사복, 19 서울

6. 읍·면장의 이장에 대한 직권면직행위는 행정청으로서 공권력을 행사하여 행하는 행정처분이 아니라 서로 대등한 지위에서 이루어진 공법상 계약에 따라 그 계약을 해지하는 의사표시로 봄이 상당하다. 대법원 2012. 10. 25. 선고 2010두18963 판결

7. 주의 근로기준법 등의 입법 취지, 지방공무원법 및 지방공무원징계 및 소청규정의 제 규정내용에 의하면, 지방계약직공무원에 대해서도 채용계약상 특별한 약정이 없는 한, 지방공무원법 및 지방공무원징계 및 소청규정에 정한 징계절차에 의하지 아니하고는 보수를 삭감할 수 없다고 봄이 상당하다(주 : 계약직공무원에 대한 징계처분은 처분성이 인정된다는 사례). 대법원 2008. 6. 12. 선고 2006두16328 판결 21 국가 02

8. (중소기업기술정보진흥원장이 갑 주식회사와 중소기업 정보화지원사업 지원대상인 사업의 지원에 관한 협약을 체결하였는데, 협약이 갑 회사에 책임이 있는 사업실패로 해지되었다는 이유로 협약에서 정한대로 지급받은 정부지원금을 반환할 것을 통보한 사안에서) 협약의 해지 및 그에 따른 환수통보는 공법상 계약에 따라 행정청이 대등한 당사자의 지위에서 하는 의사표시로 보아야 하고, 이를 행정청이 우월한 지위에서 행하는 공권력의 행사로서 행정처분에 해당한다고 볼 수는 없다고 한 사례. 대법원 2015. 8. 27. 선고 2015두41449 판결 20 소방, 21 국가 03 04

9. 행정청이 자신과 상대방 사이의 근로관계를 일방적인 의사표시로 종료시켰다고 하더라도 곧바로 그 의사표시가 행정청으로서 공권력을 행사하여 행하는 행정처분이라고 단정할 수는 없고, 관계 법령이 상대방의 근무관계에 관하여 구체적으로 어떻게 규정하고 있는지에 따라 그 의사표시가 항고소송의 대상이 되는 행정처분에 해당하는 것인지 아니면 공법상 계약관계의 일방 당사자로서 대등한 지위에서 행하는 의사표시인지 여부를 개별적으로 판단하여야 한다. 이러한 법리는 공법상 근무관계의 형성을 목적으로 하는 채용계약의 체결 과정에서 행정청의 일방적인 의사표시로 계약이 성립하지 아니하게 된 경우에도 마찬가지이다(지방계약직공무원인 옴부즈만 채용행위를 공법상 계약에 해당하는 것으로 본 사례). 대법원 2014. 4. 24. 선고 2013두6244 판결 17 국가, 21 국가

10. 민간투자사업 실시협약의 성격을 공법상 계약으로 보아, 당사자소송으로 위 협약에 따른 재정지원금의 지급을 구하는 소를 적법한 소로 전제하여 본안 판단을 한 사례. 대법원 2019. 1. 31. 선고 2017두46455 판결

11. 민간투자사업 실시협약을 체결한 당사자가 공법상 당사자소송에 의하여 그 실시 협약에 따른 재정지원금의 지급을 구하는 경우에, 수소법원은 단순히 주무관청이 재정지원금액을 산정한 절차 등에 위법이 있는지 여부를 심사하는 데 그쳐서는 아니 되고, 실시협약에 따른 적정한 재정지원금액이 얼마인지를 구체적으로 심리·판단하여야 한다. 대법원 2019. 1. 31. 선고 2017두46455 판결

OX 확인

01 공중보건의사 채용계약 해지의 의사표시에 대하여는 공법상의 당사자소송으로 그 의사표시의 무효확인을 청구할 수 있다. (○)

OX 확인

02 채용계약상 특별한 약정이 없는 한, 지방계약직공무원에 대하여 「지방공무원법」, 「지방공무원 징계 및 소청 규정」에 정한 징계절차에 의하지 않고서는 보수를 삭감할 수 없다. (○)

03 중소기업 정보화지원사업에 대한 지원금출연협약의 해지 및 환수통보는 공법상 계약에 따른 의사표시가 아니라 행정청이 우월한 지위에서 행하는 공권력의 행사로서 행정처분이다. (×)

04 구 「중소기업 기술혁신 촉진법」상 중소기업 정보화지원사업의 일환으로 중소기업기술정보진흥원장이 甲 주식회사와 중소기업 정보화지원사업에 관한 협약을 체결한 후 甲 주식회사의 협약불이행으로 인해 사업실패가 초래된 경우, 중소기업기술진흥원장이 협약에 따라 甲에 대해 행한 협약의 해지 및 지급받은 정부지원금의 환수통보는 행정처분에 해당하지 않는다. (○)

12. 국책사업인 '한국형 헬기 개발사업'(Korean Helicopter Program)에 개발주관사업자 중 하나로 참여하여 국가 산하 중앙행정기관인 방위사업청과 '한국형헬기 민군겸용 핵심구성품 개발협약'을 체결한 갑 주식회사가 협약을 이행하는 과정에서 환율변동 및 물가상승 등 외부적 요인 때문에 협약금액을 초과하는 비용이 발생하였다고 주장하면서 국가를 상대로 초과비용의 지급을 구하는 민사소송을 제기한 사안에서, 위 협약의 법률관계는 공법관계에 해당하므로 이에 관한 분쟁은 행정소송으로 제기하여야 한다고 한 사례. 대법원 2017. 11. 9. 선고 2015다215526 판결

13. 갑 주식회사 등으로 구성된 컨소시엄과 한국에너지기술평가원은 산업기술혁신 촉진법 제11조 제4항에 따라 산업기술개발사업에 관한 협약을 체결하고, 위 협약에 따라 정부출연금이 지급되었는데, 한국에너지기술평가원이 갑 회사가 외부 인력에 대한 인건비를 위 협약에 위반하여 집행하였다며 갑 회사에 정산금 납부 통보를 하자, 갑 회사는 한국에너지기술평가원 등을 상대로 정산금 반환채무가 존재하지 아니한다는 확인을 구하는 소를 민사소송으로 제기한 사안에서, 위 협약은 공법상 계약에 해당하고 그에 따른 계약상 정산의무의 존부 · 범위에 관한 갑 회사와 한국에너지기술평가원의 분쟁은 공법상 당사자소송의 대상이라고 한 사례. 대법원 2023. 6. 29. 선고 2021다250025 판결

(2) 손해배상

- 공법상 계약에 따른 의무의 불이행으로 인해 발생한 손해 또는 그 계약의 체결 · 집행 과정에서 발생한 손해에 대해서는 손해배상청구가 가능한데, 이때 손해배상청구는 당사자소송이 아닌 민사소송으로 제기되어야 한다는 것이 판례의 태도이다.

Ⅴ 공법상 합동행위

- 공법적 효과를 발생시키는 복수당사자 간의 동일방향의 의사의 합치로 성립되는 공법행위를 말한다.
- 지방자치단체조합이나 공공조합을 설립하는 행위 등이 그 예이다.

쟁점 21 행정상 사실행위

Ⅰ 의의

• 직접적으로 법적 효과를 발생시키는 것이 아니라, 사실상의 결과실현을 목적으로 하는 행정의 행위형식을 말한다.
• 행정주체가 우월한 지위에서 행하는 것으로서 공권력성이 인정되는 권력적 사실행위와 공권력성이 인정되지 않는 비권력적 사실행위가 있다.

판례

1. 추첨방식에 의하여 운수사업 면허대상자를 선정하는 경우 추첨 자체는 다수의 면허신청자 중에서 면허를 받을 수 있는 신청자를 특정하여 선발하는 행정처분을 위한 사전 준비절차로서의 사실행위에 불과한 것이다. 대법원 1993. 5. 11. 선고 92누15987 판결 15 사복
2. 구속된 피의자가 검사조사실에서 수갑 및 포승을 시용한 상태로 피의자신문을 받도록 한 이 사건 수갑 및 포승 사용행위는 권력적 사실행위이다. 헌법재판소 2005. 5. 26. 선고 2001헌마728 결정 15 사복
3. 학교당국이 미납공납금을 완납하지 아니할 경우에 졸업증의 교부와 증명서를 발급하지 않겠다고 통고한 것은 일종의 비권력적 사실행위로서 헌법재판소법 제68조 제1항에서 헌법소원심판의 청구 대상으로서의 '공권력'에는 해당된다고 볼 수 없다. 헌법재판소 2001. 10. 25. 선고 2001헌마113 결정 15 사복

Ⅱ 법적 근거

1. 법률유보의 원칙

• 권력적 사실행위의 경우 침익적 성질이 강하므로 법적 근거가 필요하다.
• 비권력적 사실행위의 경우 원칙적으로 법적 근거는 필요 없다.

2. 법률우위의 원칙

• 행정상 사실행위도 행정작용이므로 법률에 위반되어서는 안 된다.

Ⅲ 처분성 인정 여부

1. 권력적 사실행위: 인정

• 권력적 사실행위는 처분성이 인정된다.
• 따라서 항고소송을 통한 권리구제가 가능하다.

판례

1. 교도소장이 수형자를 '접견내용 녹음·녹화 및 접견 시 교도관 참여대상자'로 지정한 사안에서, 위 지정행위는 수형자의 구체적 권리의무에 직접적 변동을 가져오는 행정청의 공법상 행위로서 항고소송의 대상이 되는 '처분'에 해당한다. 대법원 2014. 2. 13. 선고 2013두20899 판결 16 국가, 18 국회, 19 소방, 20 지방 01
2. 단수처분은 항고소송의 대상이 되는 행정처분에 해당한다. 대법원 1979. 12. 28. 선고 79누218 판결 12 지방, 17 서울

OX 확인

01 교도소장이 특정 수형자를 '접견내용 녹음·녹화 및 접견 시 교도관 참여대상자'로 지정한 행위는 항고소송의 대상이 되는 처분에 해당한다. (○)

3. 교도소장 등이 미결수용자를 다른 수용시설로 이송하기 위하여 사전에 법원의 허가를 받을 필요는 없다고 하더라도 이러한 이송처분이 행정소송의 대상이 되는 행정처분임에는 틀림없다. 대법원 1992. 8. 7. 자 92두30 결정
4. 수형자의 서신을 교도소장이 검열하는 행위는 이른바 권력적 사실행위로서 행정심판이나 행정소송의 대상이 되는 행정처분으로 볼 수 있다. 헌법재판소 1998. 8. 27. 선고 96헌마398 결정
5. 구청장이 사회복지법인에 특별감사 결과 지적사항에 대한 시정지시와 그 결과를 관계서류와 함께 보고하도록 지시한 경우, 그 시정지시는 비권력적 사실행위가 아니라 항고소송의 대상이 되는 행정처분에 해당한다고 한 사례. 대법원 2008. 4. 24. 선고 2008두3500 판결
6. 교육감이 학교법인에 대한 감사 실시 후 처리지시를 하고 그와 함께 그 시정조치에 대한 결과를 증빙서를 첨부한 문서로 보고하도록 한 것은, 의무의 부담을 명하거나 기타 법률상 효과를 발생하게 하는 것으로서 항고소송의 대상이 되는 행정처분에 해당한다고 한 사례. 대법원 2008. 9. 11. 선고 2006두18362 판결
7. 피청구인이 청구인들로 하여금 육군훈련소 내 종교행사에 참석하도록 한 이 사건 종교행사 참석조치는 피청구인이 우월적 지위에서 청구인들에게 일방적으로 강제한 행위로, 헌법소원심판의 대상이 되는 권력적 사실행위에 해당한다. 헌법재판소 2022. 11. 24. 자 2019헌마941 결정

2. 비권력적 사실행위: 부정

• 비권력적 사실행위는 처분성이 부정된다.

(피청구인 서초구보건소장이 청구인의 광고가 약사법을 위반한다고 보고, 청구인에게 광고의 일부 표현을 수정하거나 삭제할 것을 요구한 사안에서) 이 사건 시정요구는 청구인의 광고가 약사법에 위반된다는 현재의 법적상황에 대한 행정청의 의견을 표명하면서, 약사법 등 관련 규정의 내용과 그 위반시의 불이익에 대한 일반적인 안내를 한 것에 불과하다. 따라서 이 사건 시정요구가 헌법소원의 대상이 되는 공권력 행사에 해당한다고 볼 수 없다. (헌법재판소 2023. 9. 26. 선고 2020헌마1235 전원재판부 결정)

판례

1. 수도사업자가 급수공사 신청자에 대하여 급수공사비 내역과 이를 지정기일 내에 선납하라는 취지로 한 납부통지는 강제성이 없는 의사 또는 사실상의 통지행위라고 풀이함이 상당하고, 이를 가리켜 항고소송의 대상이 되는 행정처분이라고 볼 수 없다. 대법원 1993. 10. 26. 선고 93누6331 14 사복
2. 수사기관 등에 의한 통신자료 제공요청은 임의수사에 해당하는 것으로, 전기통신사업자가 이에 응하지 아니한 경우에도 어떠한 법적 불이익을 받는다고 볼 수 없다. 따라서 이 사건 통신자료 취득행위는 헌법소원의 대상이 되는 공권력의 행사에 해당하지 않는다. 헌법재판소 2022. 7. 21. 자 2016헌마388, 2022헌마105등 (병합) 결정

Ⅳ 관련문제: 헌법소원의 대상성 인정 여부

• 헌법재판소는 권력적 사실행위의 처분성을 인정하면서도 보충성원칙의 예외에 해당하는 경우 헌법소원의 대상이 된다고 한다.

판례

1. 수형자의 서신을 교도소장이 검열하는 행위는 이른바 권력적 사실행위로서 행정심판이나 행정소송의 대상이 되는 행정처분으로 볼 수 있으나, 위 검열행위가 이미 완료되어 행정심판이나 행정소송을 제기하더라도 소의 이익이 부정될 수밖에 없으므로 헌법소원심판을 청구하는 외에 다른 효과적인 구제방법이 있다고 보기 어렵기 때문에 보충성의 원칙에 대한 예외에 해당한다. 헌법재판소 1998. 8. 27. 선고 96헌마398 결정
2. 마약류 관련 수형자에 대하여 마약류반응검사를 위하여 소변을 받아 제출하게 한 것은 권력적 사실행위로서 헌법재판소법 제68조 제1항의 공권력의 행사에 해당한다. 헌법재판소 2006. 7. 27. 선고 2005헌마277 결정 23 지방

쟁점 22 행정지도

Ⅰ 의의

• 행정기관이 그 소관 사무의 범위에서 일정한 행정목적을 실현하기 위하여 특정인에게 일정한 행위를 하거나 하지 아니하도록 지도, 권고, 조언 등을 하는 행정작용을 말한다(행정절차법 제2조). 20 소방, 21 소방

Ⅱ 종류

1. 조성적 행정지도

• 국민이나 기업의 활동이 발전적인 방향으로 행해지도록 유도하기 위하여 정보 · 지식 · 기술 등을 제공하는 것을 말한다.
• 영농지도, 중소기업에 대한 경영지도, 생활개선지도 등이 그 예이다. 12 국가

2. 조정적 행정지도

• 이해관계자 사이의 분쟁이나 지나친 경쟁의 조정을 내용으로 하는 행정지도를 말한다.
• 노사 간 분쟁의 조정, 구조조정을 위한 행정지도 등이 그 예이다.

3. 규제적 행정지도

• 일정한 행위의 억제를 내용으로 하는 행정지도를 말한다.
• 공정거래법상 시정권고, 물가억제를 위한 지도, 전염병 예방을 위한 휴업권고 등이 그 예이다.

Ⅲ 법적 성질

• 행정지도는 상대방인 국민의 임의적인 협력을 전제로 하고, 이에 따르지 아니한다고 하여도 불이익이 주어지지 않으므로 원칙적으로 비권력적 사실행위의 성격을 갖는다.
• 다만 행정지도가 그 한계를 벗어나 사실상 강제력을 가지게 되는 때에는 권력적 사실행위로 볼 것이다.
• 행정지도는 사실행위이므로 그 자체만으로는 직접 법적효과를 가져오지 않는다. 18 교행

Ⅳ 법적 근거

1. 법률유보의 원칙

• 행정지도는 비권력적 사실행위이므로 법률의 근거가 필요하지 않다. 20 소방

2. 법률우위의 원칙

(1) 의의

• 행정지도도 행정작용이므로 법률에 위반되어서는 안 된다. 19 국가 01

OX 확인

01 행정지도는 작용법적 근거가 필요하지 않으므로, 비례원칙과 평등원칙에 구속되지 않는다. (×)

(2) 행정지도의 한계

① 실체법상의 한계

㉠ 행정절차법은 행정지도가 준수해야 할 여러 가지 원칙을 규정하고 있다. 15 교행

㉡ 비례의 원칙

- 행정지도는 그 목적 달성에 필요한 최소한도에 그쳐야 한다(행정절차법 제48조 제1항 전단). 15 서울, 15 교행, 19 국가, 20 소방

㉢ 임의성의 원칙

- 행정지도는 상대방의 의사에 반하여 부당하게 강요하여서는 아니 된다(행정절차법 제48조 제1항 후단). 19 국가, 20 소방 01

㉣ 불이익조치 금지의 원칙

- 행정기관은 행정지도의 상대방이 행정지도에 따르지 아니하였다는 것을 이유로 불이익한 조치를 하여서는 아니 된다(행정절차법 제48조 제2항). 15 서울, 17 교행, 20 소방, 23 지방

② 절차법상의 한계

㉠ 실명제

- 행정지도를 하는 자는 그 상대방에게 그 행정지도의 취지 및 내용과 신분을 밝혀야 한다(행정절차법 제49조 제1항). 20 소방

㉡ 서면교부청구권

- 행정지도는 반드시 문서로 행해져야 하는 것은 아니며 구두로도 할 수 있다. 17 교행
- 행정지도가 말로 이루어지는 경우에 상대방이 일정한 사항을 적은 서면의 교부를 요구하면 그 행정지도를 하는 자는 직무 수행에 특별한 지장이 없으면 이를 교부하여야 한다(행정절차법 제49조 제2항). 16 지방, 17 국가, 21 소방

㉢ 의견제출

- 행정지도의 상대방은 해당 행정지도의 방식·내용 등에 관하여 행정기관에 의견제출을 할 수 있다(행정절차법 제50조). 17 국가, 20 소방

㉣ 공표

- 행정기관이 같은 행정목적을 실현하기 위하여 많은 상대방에게 행정지도를 하려는 경우에는 특별한 사정이 없으면 행정지도에 공통적인 내용이 되는 사항을 공표하여야 한다(행정절차법 제51조). 15 서울, 23 지방

③ 관련문제 : 위법한 행정지도를 따른 상대방의 행위

- 행정지도가 위법한 경우에 그 행정지도에 기초하여 행동한 상대방의 행위 또한 위법하게 되는 것인지 문제된다.
- 판례는 위법한 행정지도에 따라 행한 사인의 행위는 법령에 명시적인 정함이 없는 한 위법성이 조각되지 않는 것으로, 즉 위법한 것으로 본다. 17 국가

판례

행정관청이 토지거래계약신고에 관하여 공시된 기준지가를 기준으로 매매가격을 신고하도록 행정지도하여 왔고 그 기준가격 이상으로 매매가격을 신고한 경우에는 거래신고서를 접수하지 않고 반려하는 것이 관행화되어 있다 하더라도 이는 법에 어긋나는 관행이라 할 것이므로 그와 같은 위법한 관행에 따라 허위신고행위에 이르렀다고 하여 그 범법행위가 사회상규에 위배되지 않는 정당한 행위라고는 볼 수 없다. 대법원 1992. 4. 24. 선고 91도1609 판결 18 교행, 23 지방

OX 확인

01 행정지도는 상대방의 의사에 반하여 부당하게 강요하여서는 안 된다. (○)

V 권리구제

1. 행정쟁송

- 행정지도는 비권력적 사실행위로서 처분성이 부정되어 항고소송을 제기할 수 없다.

판례

1. 한국전력공사가 전기공급의 적법 여부를 조회한 데 대한 관할 구청장의 회신은 권고적 성격의 행위에 불과한 것으로서 항고소송의 대상이 되는 행정처분이라고 볼 수 없다. 대법원 1995. 11. 21. 선고 95누9099 판결
2. 세무당국이 소외 회사에 대하여 원고와의 주류거래를 일정기간 중지하여 줄 것을 요청한 행위는 권고 내지 협조를 요청하는 권고적 성격의 행위로서 소외 회사나 원고의 법률상의 지위에 직접적인 법률상의 변동을 가져오는 행정처분이라고 볼 수 없는 것이므로 항고소송의 대상이 될 수 없다. 대법원 1980. 10. 27. 선고 80누395 판결 13 지방, 16 교행, 19 국가, 23 지방 01

- 다만 행정지도가 그 한계를 벗어나 상대방에게 일정한 법률상 의무를 부담시키는 경우 예외적으로 처분성이 인정되어 항고소송의 제기가 가능하다.

판례

국가인권위원회의 성희롱결정과 이에 따른 시정조치의 권고는 불가분의 일체로 행하여지는 것인데 국가인권위원회의 이러한 결정과 시정조치의 권고는 성희롱 행위자로 결정된 자의 인격권에 영향을 미침과 동시에 공공기관의 장 또는 사용자에게 일정한 법률상의 의무를 부담시키는 것이므로 국가인권위원회의 성희롱결정 및 시정조치권고는 행정소송의 대상이 되는 행정처분에 해당한다고 보지 않을 수 없다. 대법원 2005. 7. 8. 선고 2005두487 판결

2. 국가배상청구

- 행정지도가 국가배상청구의 요건 중 하나인 "직무행위"에 해당될 수 있는지 문제되는데, 판례는 이를 긍정한다.

판례

국가배상법이 정한 배상청구의 요건인 '공무원의 직무'에는 권력적 작용만이 아니라 행정지도와 같은 비권력적 작용도 포함되며 단지 행정주체가 사경제주체로서 하는 활동만 제외된다. 대법원 1998. 7. 10. 선고 96다38971 판결 14 서울

- 행정지도가 통상의 한계를 넘어 법적근거 없이 사실상 강제성을 갖고 국민의 권익을 침해하는 경우 그 행정지도는 위법한 것으로 평가된다.

판례

행정지도가 강제성을 띠지 않은 비권력적 작용으로서 행정지도의 한계를 일탈하지 아니하였다면, 그로 인하여 상대방에게 어떤 손해가 발생하였다 하더라도 행정기관은 그에 대한 손해배상책임이 없다(즉 행정지도가 한계를 일탈한 경우 손해배상책임이 있음). 대법원 2008. 9. 25. 선고 2006다18228 판결 13 지방, 18 교행, 19 서울, 21 소방, 23 지방, 24 지방

OX 확인

01 세무당국이 주류제조회사에 대하여 특정 업체와의 주류거래를 일정 기간 중지하여 줄 것을 요청한 행위는 권고적 성격의 행위로서 행정처분이라고 볼 수 없다. (○)

3. 헌법소원

- 행정지도가 불이익조치를 예정하는 등 사실상 상대방에게 그에 따를 의무를 부과하는 경우, 이는 행정지도의 한계를 넘은 것으로서 헌법소원의 대상인 공권력의 행사에 해당한다.

판례

교육인적자원부장관의 대학총장들에 대한 이 사건 학칙시정요구는 고등교육법 제6조 제2항, 동법시행령 제4조 제3항에 따른 것으로서 그 법적 성격은 대학총장의 임의적인 협력을 통하여 사실상의 효과를 발생시키는 행정지도의 일종이지만, 그에 따르지 않을 경우 일정한 불이익조치를 예정하고 있어 사실상 상대방에게 그에 따를 의무를 부과하는 것과 다를 바 없으므로 단순한 행정지도로서의 한계를 넘어 규제적·구속적 성격을 상당히 강하게 갖는 것으로서 헌법소원의 대상이 되는 공권력의 행사라고 볼 수 있다.
헌법재판소 2003. 6. 26. 선고 2002헌마337 전원재판부 17 교행, 19 국가, 21 소방 01

OX 확인

01 교육인적자원부장관의 대학총장들에 대한 학칙시정요구는 법령에 따른 것으로 행정지도의 일종이지만, 단순한 행정지도로서의 한계를 넘어 헌법소원의 대상이 되는 공권력의 행사라고 볼 수 있다. (○)

쟁점 23 행정의 자동결정 16 사복

Ⅰ 의의

> 행정기본법 제20조 【자동적 처분】
> 행정청은 법률로 정하는 바에 따라 완전히 자동화된 시스템(인공지능 기술을 적용한 시스템을 포함한다)으로 처분을 할 수 있다. 다만, 처분에 재량이 있는 경우는 그러하지 아니하다. 23 지방

- 미리 입력된 프로그램에 따라 행정결정이 자동으로 행해지는 것을 말한다.
- 신호등에 의한 교통신호, 컴퓨터를 통한 학교배정 등이 그 예이다. 23 지방

Ⅱ 법적 성질

- 행정의 자동결정은 행정행위의 성질을 갖는다(처분성이 인정됨). 23 지방
- 자동결정의 기준이 되는 프로그램은 행정규칙의 성질을 갖는다.

Ⅲ 특수성

- 행정의 자동결정은 기속행위에 대해서만 인정되고, 재량행위에 대해서는 인정되지 않는다.
- 행정의 자동결정에 대해서는 명문의 규정이 있는 경우에 한하여 일반적인 행정행위의 경우와 다른 특수한 규율이 행해질 수 있다.
- 행정절차법에서는 행정의 자동결정에 대한 규정을 두고 있지 않다.

Ⅳ 권리구제

- 행정의 자동결정도 행정행위이므로 행정행위의 하자에 관한 내용이 적용될 수 있다.
- 하자 있는 행정의 자동결정에 대해서는 행정쟁송, 국가배상이 가능하다.

강성빈 행정법총론

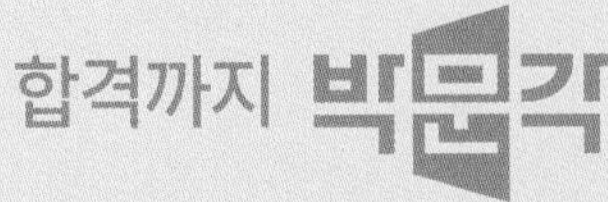

PART

02

행정쟁송

CHAPTER 01

행정소송 개관

행정구제 개관

- 행정구제란 행정권의 행사에 의해 침해된 국민의 권익을 구제해주는 것을 말한다.
- 행정구제는 행정작용으로 인하여 개인의 권리나 이익이 침해되기 전에 이를 방지하는 기능을 하는 **사전적 구제제도**와, 개인의 권리나 이익에 대한 침해가 발생한 경우에 이를 시정하거나 그 손해 또는 손실을 보전하여 주는 기능을 하는 **사후적 구제제도**로 구분된다.
- 사전적 구제제도로는 **행정절차제도**가 있다.
- 사후적 구제제도는 행정청의 처분 등이나 부작위를 대상으로 그 시정을 구하는 **행정쟁송**과 행정작용으로 인해 발생한 손해나 손실에 대한 금전적 배상 또는 보상을 구하는 **손해전보**가 있다.
- 행정쟁송은 행정부 소속의 행정심판위원회를 통한 시정절차인 **행정심판**과 법원을 통한 시정절차인 **행정소송**으로 구분되고, 손해전보는 적법한 행정작용에 따른 손실에 대한 보상인 **손실보상**과 위법한 행정작용에 따른 손해에 대한 배상인 **국가배상**으로 구분된다.

Ⅰ 의의

- 행정소송이란 행정청의 공권력 행사에 대한 불복 및 기타 공법상의 법률관계에 관한 분쟁에 대하여 법원이 소송절차를 거쳐 행하는 행정쟁송절차를 말한다.
- 우리나라는 행정사건에 대한 심판권을 별도의 행정법원이 아닌 사법법원이 갖는 사법국가주의를 취하고 있다. 11 국가

Ⅱ 종류

- 행정소송은 개인의 권리구제를 목적으로 하는 주관적 소송과 개인의 권리구제와는 무관하게 행정의 적법성 확보를 목적으로 하는 객관적 소송으로 구분된다.
- 주관적 소송은 다시 항고소송과 당사자소송으로, 객관적 소송은 다시 기관소송과 민중소송으로 구분된다. 13 지방, 13 서울, 16 국회 ❶
- 항고소송은 다시 취소소송, 무효등확인소송, 부작위위법확인소송으로 구분된다(행정소송법 제4조). 21 소방 ❷

Ⅲ 한계

1. 사법의 본질에서 오는 한계

(1) 의의

- 사법이란 "법률상 쟁송(구체적인 권리의무관계에 관한 분쟁)이 발생한 경우 법원이 법을 적용하여 당해 법적 분쟁을 해결하는 작용"을 말한다.
- 행정소송도 사법작용의 하나이므로, ① 법적 분쟁이 아닌 단순한 사실관계의 존부 등을 다투는 사건과 ② 법적 분쟁이더라도 구체적 사건성이 없는 사건은 행정소송의 대상이 되지 않는다.

❶ 행정소송법 제3조(행정소송의 종류)
행정소송은 다음의 네 가지로 구분한다.
1. 항고소송: 행정청의 처분등이나 부작위에 대하여 제기하는 소송
2. 당사자소송: 행정청의 처분등을 원인으로 하는 법률관계에 관한 소송 그 밖에 공법상의 법률관계에 관한 소송으로서 그 법률관계의 한쪽 당사자를 피고로 하는 소송
3. 민중소송: 국가 또는 공공단체의 기관이 법률에 위반되는 행위를 한 때에 직접 자기의 법률상 이익과 관계없이 그 시정을 구하기 위하여 제기하는 소송
4. 기관소송: 국가 또는 공공단체의 기관 상호 간에 있어서의 권한의 존부 또는 그 행사에 관한 다툼이 있을 때에 이에 대하여 제기하는 소송. 다만, 헌법재판소법 제2조의 규정에 의하여 헌법재판소의 관장사항으로 되는 소송은 제외한다.

❷ 행정소송법 제4조(항고소송)
항고소송은 다음과 같이 구분한다.
1. 취소소송: 행정청의 위법한 처분등을 취소 또는 변경하는 소송
2. 무효등 확인소송: 행정청의 처분등의 효력 유무 또는 존재여부를 확인하는 소송
3. 부작위위법확인소송: 행정청의 부작위가 위법하다는 것을 확인하는 소송

(2) **추상적인 법령의 효력과 해석에 관한 분쟁(추상적 규범통제)**

- 구체적인 법적 분쟁을 전제로 함이 없이 법령의 효력 또는 해석 자체를 다투는 소송은 인정되지 않는다.
- 헌법 제107조 제1항 : "법률이 헌법에 위반되는 여부가 재판의 전제가 된 경우에는 법원은 헌법재판소에 제청하여 그 심판에 의하여 재판한다."

(3) **사실행위**

- 비권력적 사실행위의 경우 행정소송의 대상이 되지 않는다.
- 권력적 사실행위는 행정소송법상 처분에 해당하므로 행정소송의 대상이 된다.

2. 권력분립의 원칙에서 오는 한계(입법정책상의 문제)

(1) 의무이행소송

- 의무이행소송이란 행정청에 대하여 신청에 따른 일정한 처분을 해줄 것을 구하는 내용의 소송을 말한다.
- 행정소송법상 명문의 규정이 없는 이유로 판례는 의무이행소송을 부정한다. 21 소방

판례

1. 검사에게 압수물 환부를 이행하라는 청구는 행정청의 부작위에 대하여 일정한 처분을 하도록 하는 의무이행소송으로 현행 행정소송법상 허용되지 아니한다. 대법원 1995. 3. 10. 선고 94누14018 판결
2. 현행 행정소송법상 행정청으로 하여금 일정한 행정처분을 하도록 명하는 이행판결을 구하는 소송이나 법원으로 하여금 행정청이 일정한 행정처분을 행한 것과 같은 효과가 있는 행정처분을 직접 행하도록 하는 형성판결을 구하는 소송은 허용되지 아니한다. 대법원 1997. 9. 30. 선고 97누3200 판결

현행 행정소송법에서는 장래에 행정청이 일정한 내용의 처분을 할 것 또는 하지 못하도록 할 것을 구하는 소송(의무이행소송, 의무확인소송 또는 예방적 금지소송)은 허용되지 않는다. (대법원 2021. 12. 30. 선고 2018다241458 판결)

(2) 예방적 금지(부작위)소송

- 예방적 금지소송이란 처분으로 인해 장래에 생길 불이익을 대비하기 위하여 사전에 행정청에 대해 일정한 처분을 하지 못하도록 금지 또는 부작위를 구하는 소송을 말한다.
- 의무이행소송과 마찬가지로 명문의 규정이 없어 판례는 예방적 금지소송을 부정한다.

판례

1. 총포·화약안전기술협회가 매년 구체적인 회비를 산정·고지하는 처분을 하기 전에 갑 회사가 협회를 상대로 구체적으로 정해진 바도 없는 회비납부의무의 부존재 확인을 곧바로 구하는 것은 (중략) 현행 행정소송법상 허용되지 않는 의무확인소송 또는 예방적 금지소송과 마찬가지로 허용되지 않고, 갑 회사로서는 협회가 매년 구체적인 회비를 산정·고지하는 처분을 하면 그 처분의 효력을 항고소송의 방식으로 다투어야 한다. 대법원 2021. 12. 30 선고 2018다241458 판결
2. 신축건물의 준공처분을 하여서는 아니 된다는 내용의 부작위를 구하는 청구는 행정소송에서 허용되지 아니하는 것이므로 부적법하다. 대법원 1987. 3. 24. 선고 86누182 판결 12 사복, 18 교행
3. 행정소송법상 행정청이 일정한 처분을 하지 못하도록 그 부작위를 구하는 청구는 허용되지 않는 부적법한 소송이다. 대법원 2006. 5. 25. 선고 2003두11988 판결 13 지방, 14 국가, 15 지방

IV 민사소송법의 준용

- 행정소송에 관하여 이 행정소송법에 특별한 규정이 없는 사항에 대하여는 법원조직법과 민사소송법 및 민사집행법의 규정을 준용한다(행정소송법 제8조 제2항). 21 국가

CHAPTER 02

항고소송

제1강 항고소송 개관

Ⅰ 의의

- 항고소송이란 행정청의 우월한 일방적인 행정권 행사 또는 불행사에 불복하여 권익구제를 구하는 소송을 말한다.
- 행정소송법에 의할 때, 항고소송의 대상이 되는 행정권의 행사 또는 불행사란 ① 처분, ② 행정심판의 재결, 그리고 ③ 부작위를 말한다.

Ⅱ 종류

1. 취소소송

(1) 의의

- 행정청의 위법한 처분등을 취소 또는 변경하는 소송을 말한다. 12 지방

(2) 대상

- "처분등"이라 함은 처분(거부처분 포함) 및 행정심판의 재결을 말한다.

(3) 성질

- 형성소송[처분의 효력을 소멸(변경)시키는 소송]의 성질을 갖는다(통설, 판례).

(4) 무효선언적 의미의 취소소송

- 무효인 행정행위에 대해서도 그것이 무효임을 선언하는 의미에서 그 취소를 구하는 형식으로 취소소송을 제기할 수 있다. 18 교행
- 다만 이 경우 그 소송은 취소소송의 소송요건을 갖추어야 한다(자세한 내용은 후술함).

2. 무효등확인소송

(1) 의의

- 행정청의 처분이나 재결의 효력 유무 또는 존재 여부의 확인을 구하는 소송을 말한다. 19 소방

(2) 대상

- 취소소송의 경우와 동일하다(처분등).

(3) 성질

- 확인소송(권리 또는 법률관계의 존재나 부존재의 확인을 구하는 소송)의 성질을 갖는다.

3. 부작위위법확인소송

(1) 의의

- 행정청의 부작위가 위법하다는 것을 확인하는 소송을 말한다.

(2) 대상

- 행정청의 '부작위'이다.
- 부작위란 행정청이 당사자의 신청에 대하여 상당한 기간 내에 일정한 처분을 하여야 할 법률상 의무가 있음에도 불구하고 이를 하지 아니하는 것을 말한다.

(3) 성질

- 확인소송의 성질을 갖는다.

제2강 취소소송의 소송요건

I 소송요건 일반론

- 법원의 재판은 크게 ① 소송요건에 대한 판단과 ② (소송요건 충족 시 행해지는)본안에 대한 판단으로 구분된다.
- 행정소송에서의 본안판단이란 소송물에 대한 판단, 즉 문제되는 처분의 위법 여부에 대한 판단을 말하며, 소송요건이란 본안판단을 받기 위해 필요한 전제요건을 말한다.
- 어떠한 소송이 소송요건을 갖추지 못한 경우 그 소송은 본안판단을 거칠 필요조차 없이 부적법 각하❶판결을 면하지 못하게 된다.
- 소송요건은 법원의 직권조사사항으로서, 법원은 당사자의 주장이 없더라도 소송요건의 충족 여부를 직권으로 검토하여 요건 불비 시 각하판결을 하여야 한다. 12 국회, 14 사복
- 소송요건은 소송계속이 유지되는 동안에는 계속하여 존재해야 하므로 사실심인 1심 및 2심은 물론 법률심인 상고심에서도 존속하여야 한다. 19 국가 01

판례

원고적격은 소송요건의 하나이므로 사실심 변론종결시는 물론 상고심에서도 존속하여야 하고 이를 흠결하면 부적법한 소가 된다. 대법원 2007. 4. 12. 선고 2004두7924 판결 24 지방

- 소송요건의 구비 여부는 사실심 변론종결시를 기준으로 판단한다.

❶ 소송요건이 충족되지 못한 경우에 내리는 판결의 형태로서, (소송요건이 충족됨을 전제로)본안판단의 결과 원고의 청구가 이유 없을 때 내리는 판결인 기각판결과 구분된다.

OX 확인

01 무효확인소송의 제1심 판결시까지 원고적격을 구비하였는데 제2심 단계에서 원고적격을 흠결하게 된 경우, 제2심 수소 법원은 각하판결을 하여야 한다. (○)

쟁점 24 대상적격

- 항고소송은 행정청의 처분 등이나 부작위에 대하여 제기하는 소송으로서, 항고소송의 대상이 되는 "처분등"이란 행정청이 행하는 구체적 사실에 관한 법집행으로서의 공권력의 행사 또는 그 거부와 그 밖에 이에 준하는 행정작용(이를 처분이라 함) 및 행정심판에 대한 재결을 말한다(행정소송법 제2조 제1항 제1호).

I 처분

1. 처분 개념에 관한 견해 대립 : 행정행위와의 동일성 여부

- 행정소송법상 처분 개념이 강학상 행정행위 개념과 동일한지 여부에 관하여 견해 대립이 있는데, 양자를 다르게 보아 처분 개념이 행정행위 개념보다 넓은 것으로 보는 쟁송법적 개념설(이원설)이 다수설의 입장이다.
- 판례는 행정소송법상 처분을 "행정청이 공권력주체로서 행하는 구체적 사실에 관한 법집행으로서 국민의 권리의무에 직접적으로 영향을 미치는 행위"로 정의하고 있다.

판례

1. 항고소송의 대상이 되는 행정처분이란 원칙적으로 행정청의 공법상 행위로서 특정 사항에 대하여 법규에 의한 권리 설정 또는 의무 부담을 명하거나 기타 법률상 효과를 발생하게 하는 등으로 일반 국민의 권리의무에 직접 영향을 미치는 행위를 가리키는 것이다.
   행정청의 어떤 행위가 항고소송의 대상이 될 수 있는지는 추상적·일반적으로 결정할 수 없고, 구체적인 경우 행정처분은 행정청이 공권력 주체로서 행하는 구체적 사실에 관한 법집행으로서 국민의 권리의무에 직접적으로 영향을 미치는 행위라는 점을 염두에 두고, 관련 법령의 내용과 취지, 행위의 주체·내용·형식·절차, 그 행위와 상대방 등 이해관계인이 입는 불이익과의 실질적 견련성, 그리고 법치행정 원리와 당해 행위에 관련한 행정청 및 이해관계인의 태도 등을 참작하여 개별적으로 결정해야 한다. 대법원 2012. 9. 27. 선고 2010두3541 판결 13 국가
2. 어떠한 처분의 근거가 행정규칙에 규정되어 있다고 하더라도, 그 처분이 상대방에게 권리의 설정 또는 의무의 부담을 명하거나 기타 법적인 효과를 발생하게 하는 등으로 그 상대방의 권리의무에 직접 영향을 미치는 행위라면, 이 경우에도 항고소송의 대상이 되는 행정처분에 해당한다. 대법원 2012. 9. 27. 선고 2010두3541 판결 20 국가
3. 어떠한 처분에 법령상 근거가 있는지, 행정절차법에서 정한 처분절차를 준수하였는지는 본안에서 당해 처분이 적법한가를 판단하는 단계에서 고려할 요소이지, 소송요건 심사단계에서 고려할 요소가 아니다. 대법원 2020. 1. 16. 선고 2019다264700 판결 23 국가
4. 행정청의 행위가 '처분'에 해당하는지가 불분명한 경우에는 그에 대한 불복방법 선택에 중대한 이해관계를 가지는 상대방의 인식가능성과 예측가능성을 중요하게 고려하여 규범적으로 판단하여야 한다. 대법원 2020. 4. 9. 선고 2019두61137 판결 23 국가

2. 행정소송법상 처분의 개념요소

- 행정소송법상 처분은 '행정청이 행하는 구체적 사실에 대한 법집행으로서의 공권력의 행사 및 그 거부'와 '이에 준하는 행정작용'을 말하는 바 13 국회, 이를 분설하면 다음과 같다.

(1) 행정청의 행위

- 행정청은 조직법상 개념이 아닌 기능상 개념을 의미한다.
- 따라서 본래의 행정청뿐만 아니라 이로부터 행정권한의 위임 또는 위탁을 받은 행정기관·공공단체 및 그 기관 또는 사인(공무수탁사인)을 포함한다(행정소송법 제2조 제2항). 18 소방

판례

1. 상대방의 권리를 제한하는 행위라 하더라도 행정청 또는 그 소속기관이나 권한을 위임받은 공공단체 등의 행위가 아닌 한 이를 행정처분이라고 할 수 없다.
   한국마사회가 조교사 또는 기수의 면허를 부여하거나 취소하는 것은 국가 기타 행정기관으로부터 위탁받은 행정권한의 행사가 아니라 일반 사법상의 법률관계에서 이루어지는 단체 내부에서의 징계 내지 제재처분이다(즉 행정처분이 아니다). 대법원 2008. 1. 31. 선고 2005두8269 판결 13 국회
2. 지방의회의 의원징계의결은 그로 인해 의원의 권리에 직접 법률효과를 미치는 행정처분의 일종으로서 행정소송의 대상이 된다. 대법원 1993. 11. 26. 선고 93누7341 판결 23 국가
3. 지방의회 의장에 대한 불신임의결은 의장으로서의 권한을 박탈하는 행정처분의 일종으로서 항고소송의 대상이 된다. 대법원 1994. 10. 11. 자 94두23 결정 14 사복, 15 국회
4. 지방의회의 의장선임의결은 행정처분의 일종으로서 항고소송의 대상이 된다. 대법원 1995. 1. 12. 선고 94누2602 판결 14 국회
5. 성업공사가 체납압류된 재산을 공매하는 것은 세무서장의 공매권한 위임에 의한 것으로 보아야 할 것이므로, 성업공사가 한 그 공매처분에 대한 취소 등의 항고소송을 제기함에 있어서는 수임청으로서 실제로 공매를 행한 성업공사를 피고로 하여야 하고, 위임청인 세무서장은 피고적격이 없다. 대법원 1997. 2. 28. 선고 96누1757 판결

(2) 구체적 사실에 관한 행위

① 처분은 개별적·구체적 규율로서의 행위여야 한다.

② 행정입법의 처분성

- 일반적·추상적 규범인 행정입법(법규명령과 행정규칙)은 원칙적으로 처분성이 부정된다.
- 다만, 집행행위의 개입 없이 법령 그 자체로 국민의 권리의무에 구체적이고 직접적인 영향을 미치는 이른바 처분적 법규명령의 경우 예외적으로 처분성이 긍정된다. 18 국가
- 마찬가지로 처분성 있는 법령보충적 행정규칙의 경우에도 처분성이 인정된다.

판례

1. 조례가 집행행위의 개입 없이도 그 자체로서 직접 국민의 구체적인 권리의무나 법적 이익에 영향을 미치는 등의 법률상 효과를 발생하는 경우 그 조례는 항고소송의 대상이 되는 행정처분에 해당한다. 대법원 1996. 9. 20. 선고 95누8003 판결 21 소방
2. 의료기관의 명칭표시판에 진료과목을 함께 표시하는 경우 글자 크기를 제한하고 있는 구 의료법 시행규칙 제31조는 그 자체로서 국민의 구체적인 권리의무나 법률관계에 직접적인 변동을 초래하지 아니하므로 항고소송의 대상이 되는 행정처분이라고 할 수 없다. 대법원 2007. 4. 12. 선고 2005두15168 판결 15 국가

OX 확인

01 보건복지부 고시인 구 「약제급여 · 비급여목록 및 급여상한금액표」는 그 자체로서 국민건강보험가입자, 국민건강보험공단, 요양기관 등의 법률관계를 직접 규율하는 성격을 가지므로 항고소송의 대상이 되는 행정처분에 해당한다. (○)

3. 어떠한 고시가 일반적 · 추상적 성격을 가질 때에는 법규명령 또는 행정규칙에 해당할 것이지만, 다른 집행행위의 매개 없이 그 자체로서 직접 국민의 구체적인 권리의무나 법률관계를 규율하는 성격을 가질 때에는 행정처분에 해당한다. 18 소방
   보건복지부 고시인 약제급여 · 비급여목록 및 급여상한금액표는 다른 집행행위의 매개 없이 그 자체로서 국민건강보험가입자, 국민건강보험공단, 요양기관 등의 법률관계를 직접 규율하는 성격을 가지므로 항고소송의 대상이 되는 행정처분에 해당한다. 대법원 2006. 9. 22. 선고 2005두2506 판결 12 지방, 12 국회, 18 국가 01
4. 국립공주대학교 학칙의 [별표 2] 모집단위별 입학정원을 개정한 학칙개정행위를 처분으로 본 사례. 대법원 2009. 1. 30. 선고 2008두19550 판결

③ 일반처분(일반적 · 구체적 행위)의 경우 불특정 다수인에 대하여 구체적인 법적효과를 발생시키므로 처분성이 인정된다.

판례

구 청소년보호법에 따른 청소년유해매체물 결정 및 고시처분은 당해 유해매체물의 소유자 등 특정인만을 대상으로 한 행정처분이 아니라 일반 불특정 다수인을 상대방으로 하여 일률적으로 표시의무, 포장의무, 청소년에 대한 판매 · 대여 등의 금지의무 등 각종 의무를 발생시키는 행정처분이다. 대법원 2007. 6. 14. 선고 2004두619 판결

(3) 법집행행위

- 법을 집행하여 특정 개인에게 구체적이고 직접적인 영향을 미치는 행정작용을 말한다.
- 국민의 권리의무에 영향을 미치지 않는 단순한 사실행위나 행정기관 내부의 행위는 처분성이 부정된다.

판례

1. 공정거래위원회의 고발조치는 사직 당국에 대하여 형벌권 행사를 요구하는 행정기관 상호 간의 행위에 불과하여 항고소송의 대상이 되는 행정처분이라 할 수 없으며, 더욱이 공정거래위원회의 고발 의결은 행정청 내부의 의사결정에 불과할 뿐 최종적인 처분은 아닌 것이므로 이 역시 항고소송의 대상이 되는 행정처분이 되지 못한다. 대법원 1995. 5. 12. 선고 94누13794 판결
2. 세무서장의 국세환급금에 대한 결정은 이미 납세의무자의 환급청구권이 확정된 국세환급금에 대하여 내부적인 사무처리절차로서 과세관청의 환급절차를 규정한 것에 지나지 않고 그 규정에 의한 국세환급금의 결정에 의하여 비로소 환급청구권이 확정되는 것이 아니므로, 국세환급금결정이나 그 결정을 구하는 신청에 대한 환급거부결정 등은 항고소송의 대상이 되는 처분이라고 볼 수 없다. 대법원 1994. 12. 2. 선고 92누14250 판결 16 서울
3. 병역법상 신체등위판정은 행정청이라고 볼 수 없는 군의관이 하도록 되어 있으며, 그 자체만으로 바로 병역법상의 권리의무가 정하여지는 것이 아니라(주 : 즉 처분성 없음) 그에 따라 지방병무청장이 병역처분을 함으로써 비로소 병역의무의 종류가 정하여지는 것(주 : 즉 처분성 있음)이므로 항고소송의 대상이 되는 행정처분이라 보기 어렵다. 대법원 1993. 8. 27. 선고 93누3356 판결 19 소방
4. 운전면허 행정처분처리대장상 벌점의 배점은 자동차운전면허의 취소, 정지처분의 기초자료로 제공하기 위한 것이고 그 배점 자체만으로는 아직 국민에 대하여 구체적으로 어떤 권리를 제한하거나 의무를 명하는 등 법률적 규제를 하는 효과를 발생하는 요건을 갖춘 것이 아니어서 그 무효확인 또는 취소를 구하는 소송의 대상이 되는 행정처분이라고 할 수 없다. 대법원 1994. 8. 12. 선고 94누2190 판결

판례는 국세환급금청구권을 부당이득반환청구권의 성질을 갖는 사권으로 보고 있고, 그에 따라 그 지급을 구하는 소는 민사소송절차에 따라야 하는 것으로 보고 있다(대법원 1990. 2. 13. 선고 88누6610 판결).
반면, 국세 중 부가가치세 환급세액 지급청구는 전원합의체 판결을 통해 민사소송이 아닌 당사자소송의 절차에 따라야 하는 것으로 판례를 변경하였는데(대법원 2013. 3. 21. 선고 2011다95564 전원합의체 판결), 부가가치세를 제외한 국세에 대해서는 위 전원합의체 판결 이후 별도로 선고된 판례가 아직까지는 없는 상황이다.

5. 상급행정기관의 하급행정기관에 대한 승인·동의·지시 등은 행정기관 상호 간의 내부행위로서 국민의 권리 의무에 직접 영향을 미치는 것이 아니므로 항고소송의 대상이 되는 행정처분에 해당한다고 볼 수 없다. 대법원 1997. 9. 26. 선고 97누8540 판결 17 사복

6. 교육부장관이 내신성적 산정기준의 통일을 기하기 위해 대학입시기본계획의 내용에서 내신성적 산정기준에 관한 시행지침을 마련하여 시·도 교육감에게 통보한 것은 행정조직 내부에서 내신성적 평가에 관한 내부적 심사기준을 시달한 것에 불과하므로 내신성적 산정지침을 항고소송의 대상이 되는 행정처분으로 볼 수 없다. 대법원 1994. 9. 10. 선고 94두33 판결 17 서울, 19 국가, 24 지방 01

7. 금융감독위원회는 부실금융기관에 대하여 파산을 신청할 수 있는 권한을 보유하고 있는 바, 위 파산신청은 그 성격이 법원에 대한 재판상 청구로서 그 자체가 국민의 권리·의무에 어떤 영향을 미치는 것이 아닐 뿐만 아니라, 위 파산신청으로 인하여 당해 부실금융기관이 파산절차 내에서 여러 가지 법률상 불이익을 입는다 할지라도 파산법원이 관할하는 파산절차 내에서 그 신청의 적법 여부 등을 다투어야 할 것이므로, 위와 같은 금융감독위원회의 파산신청은 행정소송법상 취소소송의 대상이 되는 행정처분이라 할 수 없다. 대법원 2006. 7. 28. 선고 2004두13219 판결 13 지방

OX 확인

01 교육부장관이 대학입시기본계획의 내용에서 내신성적 산정기준에 관한 시행지침을 정한 경우, 각 고등학교는 이에 따라 내신성적을 산정할 수밖에 없어 이는 행정처분에 해당된다. (×)

PART 02

(4) 공권력적 행위

- 행정청이 우월한 공권력의 주체로서 일방적으로 행하는 행위, 즉 권력적 행위를 의미한다.
- 따라서 공법상 계약, 비권력적 사실행위 등 비권력적 행위는 처분성이 부정된다.

3. 거부처분 : 행정소송법상 처분이 되기 위한 요건

- 거부처분이란 국민의 처분에 대한 신청에 대하여 행정청이 그 신청에 따른 행위를 하지 않겠다고 거부한 행위를 말하는 바, 신청에 대하여 단순히 무응답 하는 등 어떠한 행위도 하지 아니한 부작위와 구별된다.
- 판례에 의할 때, 행정청의 거부행위가 처분이 되기 위한 요건은 다음과 같다.

판례

국민의 적극적 행위 신청에 대하여 행정청이 그 신청에 따른 행위를 하지 않겠다고 거부한 행위가 항고소송의 대상이 되는 행정처분에 해당하는 것이라고 하려면, 그 ① 신청한 행위가 공권력의 행사 또는 이에 준하는 행정작용이어야 하고, 그 ② 거부행위가 신청인의 법률관계에 어떤 변동을 일으키는 것이어야 하며, 그 ③ 국민에게 그 행위발동을 요구할 법규상 또는 조리상의 신청권이 있어야 한다. 대법원 2007. 10. 11. 선고 2007두1316 판결 15 교행

P 행정청의 부작위상태를 소멸시키는 행정청으로부터의 일정한 처분, 특히 거부처분이 있었다고 하기 위하여는 그 처분을 위한 의사결정이 어떠한 형식으로든 행정청의 권한 있는 자에 의하여 외부로 표시되고 그 신청이 거부 내지 각하되었다는 취지가 신청자에게 오해 없이 정확하게 전달되어 이를 알 수 있는 상태에 놓여진 경우에 한하는 것인바, 이 사건에서 상근강사로서의 직무를 마친 원고가 정규교원에 임용하여 줄 것을 요청하는 내용으로 문교부에 낸 탄원서를 이첩받은 피고가 이에 대한 민원서류처리 결과통보의 형식으로 원고에 대한 상근강사 근무성적평가 결과는 특별한 결격사유가 없었으나 인사위원회에서 임용동의가 부결됨으로써 정규교원으로 임용하지 못한다는 내용의 설명을 담은 서신을 보냈다면, 피고가 위 민원서류처리결과통보라는 형식으로 그 임용거절의 의사를 명백히 함으로써 적어도 이 무렵에는 원고에 대하여 거부처분을 하였다고 보아야 한다. (대법원 1990. 9.25. 선고 89누4758 판결)

(1) 신청한 행위가 공권력의 행사 또는 이에 준하는 행정작용일 것

- 신청한 행위(또는 거부된 행위)가 처분성을 가져야 하므로, 예컨대 사법적 행위의 성질을 갖는 국유잡종재산(일반재산)에 대한 대부신청의 거부는 처분성이 부정된다.

판례

지방자치단체장이 국유 잡종재산을 대부하여 달라는 신청을 거부한 것은 항고소송의 대상이 되는 행정처분이 아니므로 행정소송으로 그 취소를 구할 수 없다. 대법원 1998. 9. 22. 선고 98두7602 판결

(2) 거부행위가 신청인의 법률관계에 영향을 미칠 것

- 거부행위가 신청인의 실체법상 권리관계에 직접 변동을 일으키거나 또는 중대한 지장을 초래해야 한다.

판례

여기에서 '신청인의 법률관계에 어떤 변동을 일으키는 것'이라는 의미는 신청인의 실체상의 권리관계에 직접적인 변동을 일으키는 것은 물론, 그렇지 않다 하더라도 신청인이 실체상의 권리자로서 권리를 행사함에 중대한 지장을 초래하는 것도 포함한다. 대법원 2007. 10. 11. 선고 2007두1316 판결 22 지방

(3) 신청인에게 법규상 또는 조리상 신청권이 있을 것

- 신청인에게 그 신청에 따른 행정행위를 해 줄 것을 요구할 수 있는 법규상 또는 조리상의 신청권이 있어야 한다. 14 지방, 15 교행
- 신청권의 존부는 구체적 사건에서 신청인이 누구인가를 고려하지 않고 관계 법규의 해석에 의하여 일반 국민에게 그러한 권리가 인정되는지를 살펴 추상적으로 결정한다. 19 서울
- 단순히 응답을 받을 권리가 인정되는 것만으로 신청권은 인정되며, 이를 넘어서 신청의 인용이라는 만족적 결과를 얻을 권리까지 인정되어야 하는 것은 아니다. 21 지방

OX 확인

01 거부처분의 처분성을 인정하기 위한 전제요건이 되는 신청권은 신청인이 그 신청에 따른 단순한 응답을 받을 권리를 넘어서 신청의 인용이라는 만족적 결과를 얻을 권리를 의미한다. (×)

판례

거부처분의 처분성을 인정하기 위한 전제요건이 되는 신청권의 존부는 구체적 사건에서 신청인이 누구인가를 고려하지 않고 관계 법규의 해석에 의하여 일반 국민에게 그러한 신청권을 인정하고 있는가를 살펴 추상적으로 결정되는 것이고, 신청인이 그 신청에 따른 단순한 응답을 받을 권리를 넘어서 신청의 인용이라는 만족적 결과를 얻을 권리를 의미하는 것은 아니므로, 국민이 어떤 신청을 한 경우에 그 신청의 근거가 된 조항의 해석상 행정발동에 대한 개인의 신청권을 인정하고 있다고 보이면 그 거부행위는 항고소송의 대상이 되는 처분으로 보아야 하고, 구체적으로 그 신청이 인용될 수 있는가 하는 점은 본안에서 판단하여야 할 사항이다. 대법원 2009. 9. 10. 선고 2007두20638 판결 17 사복 01

(4) 구체적 판례

① 처분성이 인정된 경우

판례

1. 기간제로 임용되어 임용기간이 만료된 국·공립대학의 조교수는 교원으로서의 능력과 자질에 관하여 합리적인 기준에 의한 공정한 심사를 받아 위 기준에 부합되면 특별한 사정이 없는 한 재임용되리라는 기대를 가지고 재임용 여부에 관하여 합리적인 기준에 의한 공정한 심사를 요구할 법규상 또는 조리상 신청권을 가진다고 할 것이니, 임용권자가 임용기간이 만료된 조교수에 대하여 재임용을 거부하는 취지로 한 임용기간만료의 통지는 위와 같은 대학교원의 법률관계에 영향을 주는 것으로서 행정소송의 대상이 되는 처분에 해당한다. 대법원 2004. 4. 22. 선고 2000두7735 전원합의체 판결 17 국회
2. 임용지원자가 당해 대학의 교원임용규정 등에 정한 심사단계 중 중요한 대부분의 단계를 통과하여 다수의 임용지원자 중 유일한 면접심사 대상자로 선정되는 등으로 장차 나머지 일부의 심사단계를 거쳐 대학교원으로 임용될 것을 상당한 정도로 기대할 수 있는 지위에 이르렀다면, 그러한 임용지원자는 임용에 관한 법률상 이익을 가진 자로서 임용권자에 대하여 나머지 심사를 공정하게 진행하여 그 심사에서 통과되면 대학교원으로 임용해 줄 것을 신청할 조리상의 권리가 있다고 보아야 할 것이고, 유일한 면접심사 대상자로 선정된 임용지원자에 대한 교원신규채용업무를 중단하는 조치는 임용지원자의 권리 내지 법률상 이익에 직접 관계되는 것으로서 항고소송의 대상이 되는 처분 등에 해당한다. 대법원 2004. 6. 11. 선고 2001두7053 판결

3. 대학의 상근강사로서 근무를 마친 자가 정규교원에 임용하여 줄 것을 요청하는 내용의 탄원서에 대하여 교장이 민원서류 처리 결과통보의 형식으로 인사위원회에서 임용동의가 부결되어 임용하지 못한다는 설명을 담은 서신을 보낸 경우, 이는 항고소송의 대상이 되는 임용거부처분이다. 대법원 1990. 9. 25. 선고 89누4758 판결
4. 건축계획심의신청에 대한 반려처분은 항고소송의 대상이 되는 행정처분에 해당한다. 대법원 2007. 10. 11. 선고 2007두1316 판결 15 지방
5. (갑 등이 인터넷 포털사이트 등의 개인정보 유출사고로 자신들의 주민등록번호 등 개인정보가 불법 유출되자 이를 이유로 관할 구청장에게 주민등록번호를 변경해 줄 것을 신청하였으나 구청장이 '주민등록번호가 불법 유출된 경우 주민등록법상 변경이 허용되지 않는다.'는 이유로 주민등록번호 변경을 거부하는 취지의 통지를 한 사안에서) 피해자의 의사와 무관하게 주민등록번호가 유출된 경우에는 조리상 주민등록번호의 변경을 요구할 신청권을 인정함이 타당하고, 구청장의 주민등록번호 변경신청 거부행위는 항고소송의 대상이 되는 행정처분에 해당한다. 대법원 2017. 6. 15. 선고 2013두2945 판결 19 국가, 19 서울, 21 국가, 22 국가 01 02
6. 개발사업시행자가 납부한 개발부담금 중 부과처분 후에 납부한 학교용지부담금에 해당하는 금액에 대하여는 조리상 개발부담금 부과처분의 취소나 변경 등 개발부담금의 환급에 필요한 처분을 신청할 권리를 인정함이 타당하다. 대법원 2016. 1. 28. 선고 2013두2938 판결

② 처분성이 부정된 경우

판례

1. 국·공립 대학교원 임용지원자는 임용권자에게 임용 여부에 대한 응답을 신청할 법규상 또는 조리상 권리가 없다. 대법원 2003. 10. 23. 선고 2002두12489 판결 16 국회
2. 교사에 대한 임용권자가 교육공무원법 제12조에 따라 임용지원자를 특별채용하는 경우, 임용지원자 등과 유사한 지위에 있는 전임강사에 대하여는 임용권자가 정규교사로 특별채용한 전례가 있다 하더라도 그러한 사정만으로 임용지원자가 임용권자에게 자신의 임용을 요구할 법규상 또는 조리상 권리가 없다고 한 사례. 대법원 2005. 4. 15. 선고 2004두11626 판결 22 국가
3. 당연퇴직된 공무원이 자신을 복직 또는 재임용시켜 줄 것을 요구하는 신청에 대하여 그와 같은 조치가 불가능하다는 행정청의 거부행위는 당연퇴직의 효과가 계속하여 존재한다는 것을 알려주는 일종의 안내에 불과하므로 당연퇴직된 공무원의 실체상의 권리관계에 직접적인 변동을 일으키는 것으로 볼 수 없으므로, 이와 같은 경우 행정청의 복직 또는 재임용거부행위는 항고소송의 대상이 되는 행정처분에 해당한다고 할 수 없다. 대법원 2005. 11. 25. 선고 2004두12421 판결 15 국회

OX 확인

01 인터넷 포털사이트 등의 개인정보 유출사고로 주민등록번호가 불법 유출되어 그 피해자가 주민등록번호 변경을 신청했으나 구청장이 거부 통지를 한 사안에서, 피해자의 의사와 무관하게 주민등록번호가 유출된 경우에는 조리상 주민등록번호의 변경 요구신청권을 인정함이 타당하다. (○)

02 인터넷 포털사이트의 개인정보 유출사고로 주민등록번호가 불법 유출되었음을 이유로 주민등록번호 변경신청을 하였으나 관할 구청장이 이를 거부한 경우, 그 거부행위는 처분에 해당하지 않는다. (×)

개별토지가격합동조사지침 제12조의3은 행정청이 개별토지가격결정에 위산·오기 등 명백한 오류가 있음을 발견한 경우 직권으로 이를 경정하도록 한 규정으로서 토지소유자 등 이해관계인이 그 경정결정을 신청할 수 있는 권리를 인정하고 있지 아니하므로, 토지소유자 등의 토지에 대한 개별공시지가 조정신청을 재조사청구가 아닌 경정결정신청으로 본다고 할지라도, 이는 행정청에 대하여 직권발동을 촉구하는 의미밖에 없으므로, 행정청이 위 조정신청에 대하여 정정불가 결정 통지를 한 것은 이른바 관념의 통지에 불과할 뿐 항고소송의 대상이 되는 처분이 아니다. (대법원 2002. 2. 5. 선고 2000두5043 판결)

4. 그 밖에 이에 준하는 행정작용

- 처분에 준하는 행정작용으로서 항고소송에 의한 권리구제의 기회를 줄 필요가 있는 행정작용을 말한다.
- 권력적 사실행위 등이 이에 포함될 수 있다.

5. 기타 유형별 검토

(1) 반복된 행위

• 동일한 내용의 침익적 행정처분이 반복하여 행해진 경우, 최초의 처분에 대해서만 처분성이 인정되고 그 후 이루어진 반복된 처분에 대해서는 처분성이 부정된다.

판례

1. 지방병무청장이 보충역 편입처분을 받은 자에 대하여 복무기관을 정하여 공익근무요원 소집통지를 한 이상 그것으로써 공익근무요원으로서의 복무를 명하는 병역법상의 공익근무요원 소집처분이 있었다고 할 것이고, 그 후 지방병무청장이 공익근무요원 소집대상자의 원에 의하여 또는 직권으로 그 기일을 연기한 다음 다시 공익근무요원 소집통지를 하였다고 하더라도 이는 최초의 공익근무요원 소집통지에 관하여 다시 의무이행기일을 정하여 알려주는 연기통지에 불과한 것이므로, 이는 항고소송의 대상이 되는 독립한 행정처분으로 볼 수 없다. 대법원 2005. 10. 28. 선고 2003두14550 판결
2. 건물의 소유자에게 위법건축물을 일정기간까지 철거할 것을 명함과 아울러 불이행할 때에는 대집행한다는 내용의 철거대집행 계고처분을 고지한 후 이에 불응하자 다시 제2차, 제3차 계고서를 발송하여 일정기간까지의 자진철거를 촉구하고 불이행하면 대집행을 한다는 뜻을 고지하였다면 행정대집행법상의 건물철거의무는 제1차 철거명령 및 계고처분으로서 발생하였고 제2차, 제3차의 계고처분은 새로운 철거의무를 부과한 것이 아니고 다만 대집행기한의 연기통지에 불과하므로 행정처분이 아니다. 대법원 1994. 10. 28. 선고 94누5144 판결 16 지방, 17 사복

비교판례 피고가 2019. 1. 31. 원고에게 「공공감사에 관한 법률」 제23조에 따라 감사결과 및 조치사항을 통보한 뒤, 그와 동일한 내용으로 2020. 10. 22. 원고에게 시정명령을 내리면서 그 근거법령으로 유아교육법 제30조를 명시하였다면, 비록 위 시정명령이 원고에게 부과하는 의무의 내용은 같을지라도, 「공공감사에 관한 법률」 제23조에 따라 통보된 조치사항을 이행하지 않은 경우와 유아교육법 제30조에 따른 시정명령을 이행하지 않은 경우에 당사자가 입는 불이익이 다르므로, 위 시정명령에 대하여도 처분성을 인정하여 그 불복기회를 부여할 필요성이 있다고 보아 원심 판결을 파기한 사례. 대법원 2022. 9. 7. 선고 2022두42365 판결

• 동일한 내용의 신청에 대한 거부처분이 반복된 경우 각 거부처분마다 처분성이 인정된다.

판례

1. 수익적 행정처분을 구하는 신청에 대한 거부처분은 당사자의 신청에 대하여 관할 행정청이 이를 거절하는 의사를 대외적으로 명백히 표시함으로써 성립된다. 거부처분이 있은 후 당사자가 다시 신청을 한 경우에는 신청의 제목 여하에 불구하고 그 내용이 새로운 신청을 하는 취지라면 관할 행정청이 이를 다시 거절하는 것은 새로운 거부처분이라고 보아야 한다. 관계 법령이나 행정청이 사전에 공표한 처분기준에 신청기간을 제한하는 특별한 규정이 없는 이상 재신청을 불허할 법적 근거가 없으며, 설령 신청기간을 제한하는 특별한 규정이 있더라도 재신청이 신청기간을 도과하였는지는 본안에서 재신청에 대한 거부처분이 적법한가를 판단하는 단계에서 고려할 요소이지, 소송요건 심사단계에서 고려할 요소가 아니다. 대법원 2021. 1. 14. 선고 2020두50324 판결
2. 수익적 행정처분을 구하는 신청에 대한 거부처분이 있은 후 당사자가 다시 신청을 한 경우에는 신청의 제목 여하에 불구하고 그 내용이 새로운 신청을 하는 취지라면 관할 행정청이 이를 다시 거절하는 것은 새로운 거부처분이라고 보아야 한다. 나아가 어떠한 처분이 수익적 행정처분을 구하는 신청에 대한 거부처분이 아니라고 하더라도, 해당 처분에 대한 이의신청의 내용이 새로운 신청을 하는 취지로 볼 수 있는 경우에는, 그 이의신청에 대한 결정의 통보를 새로운 처분으로 볼 수 있다. 대법원 2022. 3. 17. 선고 2021두53894 판결

갑 시장이 을 소유 토지의 경계확정으로 지적공부상 면적이 감소되었다는 이유로 지적재조사위원회의 의결을 거쳐 을에게 조정금 수령을 통지하자(1차 통지), 을이 구체적인 이의신청 사유와 소명자료를 첨부하여 이의를 신청하였으나, 갑 시장이 지적재조사위원회의 재산정 심의·의결을 거쳐 종전과 동일한 액수의 조정금 수령을 통지한(2차 통지) 사안에서, 2차 통지는 1차 통지와 별도로 행정쟁송의 대상이 되는 처분으로 보는 것이 타당하다고 한 사례. (대법원 2022. 3. 17. 선고 2021두53894 판결)

⑵ 입찰참가자격 제한조치

- 「국가를 당사자로 하는 계약에 관한 법률」 또는 「지방자치단체를 당사자로 하는 계약에 관한 법률」에 따라 국가나 지방자치단체가 입찰방식에 의하여 사인과 체결하는 계약은 사법상 계약에 해당하므로 이에 관한 분쟁은 행정소송의 대상이 되지 않는다(대법원 2017. 12. 21. 선고 2012다74076 전원합의체 판결).
- 그러나 위 법률에 근거하여 국가 또는 지방자치단체 등이 행하는 입찰참가자격제한조치는 공권력의 행사로서 처분성이 인정된다(대법원 1996. 12. 20. 선고 96누14708 판결).

16 국회, 17 국회, 23 국가

- 한편 「공공기관의 운영에 관한 법률」이 제정됨에 따라 위 법률에 근거하여 공기업·준정부기관이 행하는 입찰참가자격 제한조치는 일반적으로 처분성이 인정된다. 다만, 공기업 등이 행한 입찰참가자격 제한조치가 계약상의 의사표시인 경우에는 처분성이 인정되지 않는다.
- 그러나 위 법률 제정 후에도 공기업·준정부기관에 해당하지 않는 기타 공공기관의 입찰참가자격제한조치에 대해서는 근거규정이 없음을 이유로 여전히 처분성이 부정된다.

판례

1. 공기업·준정부기관이 법령 또는 계약에 근거하여 선택적으로 입찰참가자격 제한 조치를 할 수 있는 경우, 계약상대방에 대한 입찰참가자격 제한 조치가 법령에 근거한 행정처분인지 아니면 계약에 근거한 권리행사인지는 원칙적으로 의사표시의 해석 문제이다. 이때에는 공기업·준정부기관이 계약상대방에게 통지한 문서의 내용과 해당 조치에 이르기까지의 과정을 객관적·종합적으로 고찰하여 판단하여야 한다. 그럼에도 불구하고 공기업·준정부기관이 법령에 근거를 둔 행정처분으로서의 입찰참가자격 제한 조치를 한 것인지 아니면 계약에 근거한 권리행사로서의 입찰참가자격 제한 조치를 한 것인지가 여전히 불분명한 경우에는, 그에 대한 불복방법 선택에 중대한 이해관계를 가지는 그 조치 상대방의 인식가능성 내지 예측가능성을 중요하게 고려하여 규범적으로 이를 확정함이 타당하다. 대법원 2018. 10. 25. 선고 2016두33537 판결
2. 공기업·준정부기관이 입찰을 거쳐 계약을 체결한 상대방에 대해 위 규정들에 따라 계약조건 위반을 이유로 입찰참가자격제한처분을 하기 위해서는 입찰공고와 계약서에 미리 계약조건과 그 계약조건을 위반할 경우 입찰참가자격 제한을 받을 수 있다는 사실을 모두 명시해야 한다. 계약상대방이 입찰공고와 계약서에 기재되어 있는 계약조건을 위반한 경우에도 공기업·준정부기관이 입찰공고와 계약서에 미리 그 계약조건을 위반할 경우 입찰참가자격이 제한될 수 있음을 명시해 두지 않았다면, 위 규정들을 근거로 입찰참가자격제한처분을 할 수 없다. 대법원 2021. 11. 11. 선고 2021두43491 판결
3. 공공기관운영법 제39조 제2항과 그 하위법령에 따른 입찰참가자격제한 조치는 '구체적 사실에 관한 법집행으로서의 공권력의 행사'로서 행정처분에 해당한다. 공공기관운영법은 공공기관을 공기업, 준정부기관, 기타공공기관으로 구분하고(제5조), 그중에서 공기업, 준정부기관에 대해서는 입찰참가자격제한처분을 할 수 있는 권한을 부여하였다.
   한국수력원자력 주식회사는 공공기관운영법에 따른 '공기업'으로 지정됨으로써 공공기관운영업 제39조 제2항에 따라 입찰참가자격제한처분을 할 수 있는 권한을 부여받았으므로 '법령에 따라 행정처분권한을 위임받은 공공기관'으로서 행정청에 해당한다. 따라서 한국수력원자력 주식회사가 자신의 '공급자관리지침'에 근거하여 등록된 공급업체에 대하여 하는 '등록취소 및 그에 따른 일정 기간의 거래제한조치'는 행정청이 행하는 구체적 사실에 관한 법집행으로서의 공권력의 행사인 '처분'에 해당한다. 대법원 2020. 5. 28. 선고 2017두66541 판결

공공기관의 운영에 관한 법률 제44조 제2항은 "공기업·준정부기관은 필요하다고 인정하는 때에는 수요물자 구매나 시설공사계약의 체결을 조달청장에게 위탁할 수 있다."라고 규정함으로써, 공기업·준정부기관에 대해서는 입찰참가자격 제한 처분의 수권 취지가 포함된 업무 위탁에 관한 근거 규정을 두고 있는 반면, 기타공공기관은 여기에서 제외하고 있음을 알 수 있다. 따라서 수요기관이 기타공공기관인 요청조달계약의 경우에 관하여는 입찰참가자격 제한 처분의 수권 등에 관한 법령상 근거가 없으므로, 조달청장이 국가계약법 제27조 제1항에 의하여서는 계약상대방에 대하여 입찰참가자격 제한 처분을 할 수는 없고, 그 밖에 그러한 처분을 할 수 있는 별도의 법적 근거도 없다. (대법원 2017. 6. 29. 선고 2014두14389 판결)

공공기관운영법 제39조 제2항은, 공기업·준정부기관이 공정한 경쟁이나 계약의 적정한 이행을 해칠 것이 명백하다고 판단되는 행위를 한 부정당업자를 향후 일정 기간 입찰에서 배제하는 조항으로서, 공적 계약의 보호라는 일반예방적 목적을 달성함과 아울러 해당 부정당업자를 제재하기 위한 규정이다. 따라서 위 조항이 적용되는 부정당행위는 공기업·준정부기관을 상대로 하는 행위에 한정되는 것으로 해석함이 타당하다. (대법원 2019. 2. 14. 선고 2016두33223 판결)

PART 02

4. 수도권매립지관리공사는 행정소송법에서 정한 행정청 또는 그 소속기관이거나 그로부터 제재처분의 권한을 위임받은 공공기관에 해당하지 않으므로, 수도권매립지관리공사가 한 입찰참가자격을 제한하는 내용의 부정당업자제재처분은 행정소송의 대상이 되는 행정처분이 아니다. 대법원 2010. 11. 26. 자 2010무137 결정

5. (공공기관의 운영에 관한 법률이 제정된 후의 판례) (한국전력공사가 공공기관의 운영에 관한 법률 제39조 제2항, 제3항에 따라 입찰참가자격 제한기준을 정하고 있는 구 공기업·준정부기관 계약사무규칙 제15조 제2항, 국가를 당사자로 하는 계약에 관한 법률 시행규칙 제76조 제1항 [별표 2], 제3항에 근거하여 행한 입찰참가자격 제한처분에 대하여 취소소송이 제기된 사안에서) 소가 적법함을 전제로 본안판단을 행한 사례. 대법원 2014. 11. 27. 선고 2013두18964 판결

6. 조달청장이 '중소기업제품 구매촉진 및 판로지원에 관한 법률 제8조의2 제1항에 해당하는 자는 입찰 참여를 제한하고, 계약체결 후 해당 기업으로 확인될 경우 계약해지 및 기 배정한 물량을 회수한다.'는 내용의 레미콘 연간 단가계약을 위한 입찰공고를 하고 입찰에 참가하여 낙찰받은 갑 주식회사 등과 레미콘 연간 단가계약을 각 체결하였는데, 갑 회사 등으로부터 중소기업청장이 발행한 참여제한 문구가 기재된 중소기업 확인서를 제출받고 갑 회사 등에 '중소기업자 간 경쟁입찰 참여제한 대상기업에 해당하는 경우 물량 배정을 중지하겠다'는 내용의 통보를 한 사안에서, 위 통보가 항고소송의 대상이 된다고 한 사례. 대법원 2019. 5. 10. 선고 2015두46987 판결

> 공공기관의 운영에 관한 법률이 제정되기 전의 판례 – 한국전력공사가 정부투자기관회계규정에 의하여 행한 입찰참가자격을 제한하는 내용의 부정당업자제재처분은 행정소송의 대상이 되는 행정처분이 아니라 단지 상대방을 위 공사가 시행하는 입찰에 참가시키지 않겠다는 뜻의 사법상의 효력을 가지는 통지행위에 불과하다. (대법원 1999. 11. 26. 자 99부3 결정) 14 국회, 15 지방

(3) 변경처분(경정처분)

① 감액경정처분

- 감액경정처분은 당초처분의 일부취소의 성질을 가지므로, 취소소송의 대상은 감액경정처분이 아니라 감액되고 남은 당초처분이다.
- 따라서 감액경정처분은 수익적 행정행위의 성질을 가지므로 이에 대한 취소소송은 소의 이익이 없어 부적법하다.
- 한편, 제소기간의 준수 여부도 당초처분을 기준으로 판단한다.

판례

행정청이 식품위생법령에 따라 영업자에게 행정제재처분을 한 후 그 처분을 영업자에게 유리하게 변경하는 처분을 한 경우, 변경처분에 의하여 당초 처분은 소멸하는 것이 아니고 당초부터 유리하게 변경된 내용의 처분으로 존재하는 것이므로, 변경처분에 의하여 유리하게 변경된 내용의 행정제재가 위법하다 하여 그 취소를 구하는 경우 그 취소소송의 대상은 변경된 내용의 당초 처분이지 변경처분은 아니고, 제소기간의 준수 여부도 변경처분이 아닌 변경된 내용의 당초 처분을 기준으로 판단하여야 한다. 대법원 2007. 4. 27. 선고 2004두9302 판결

> 행정청이 산업재해보상보험법에 의한 보험급여 수급자에 대하여 부당이득 징수결정을 한 후 징수결정의 하자를 이유로 징수금 액수를 감액하는 경우에 감액처분은 감액된 징수금 부분에 관해서만 법적 효과가 미치는 것으로서 당초 징수결정과 별개 독립의 징수금 결정처분이 아니라 그 실질은 처음 징수결정의 변경이고, 그에 의하여 징수금의 일부취소라는 징수의무자에게 유리한 결과를 가져오는 처분이므로 징수의무자에게는 그 취소를 구할 소의 이익이 없다. 이에 따라 감액처분으로도 아직 취소되지 않고 남아 있는 부분이 위법하다 하여 다투고자 하는 경우, 감액처분을 항고소송의 대상으로 할 수는 없고, 당초 징수결정 중 감액처분에 의하여 취소되지 않고 남은 부분을 항고소송의 대상으로 할 수 있을 뿐이며, 그 결과 제소기간의 준수 여부도 감액처분이 아닌 당초 처분을 기준으로 판단해야 한다. (대법원 2012. 9. 27. 선고 2011두27247 판결) 15 국회, 17 지방

② 증액경정처분

- 증액경정처분은 당초처분에서의 과세표준과 세액을 포함하여 전체로서의 과세표준과 세액을 결정하는 것이므로, 당초처분은 증액경정처분에 흡수되어 소멸하고 증액경정처분만이 취소소송의 대상이 된다.
- 따라서 제소시간의 준수 여부도 증액경정처분을 기준으로 판단한다.
- 한편, 당초처분이 제소기간의 경과로 확정되었다 하더라도 증액경정처분에 대한 소송절차에서 당초처분에 대한 위법성을 다툴 수 있다. 다만, 당초처분의 절차적 하자는 증액경정처분에 승계되지 아니한다.

판례

1. 증액경정처분이 있는 경우, 당초 신고나 결정은 증액경정처분에 흡수됨으로써 독립한 존재가치를 잃게 된다고 보아야 하므로, 원칙적으로는 당초 신고나 결정에 대한 불복기간의 경과 여부 등에 관계없이 증액경정처분만이 항고소송의 심판대상이 되고, 납세의무자는 그 항고소송에서 당초 신고나 결정에 대한 위법사유도 함께 주장할 수 있다. 대법원 2009. 5. 14. 선고 2006두17390 판결 18 지방
2. 증액경정처분이 있는 경우 당초처분은 증액경정처분에 흡수되어 소멸하고, 소멸한 당초처분의 절차적 하자는 존속하는 증액경정처분에 승계되지 아니한다. 대법원 2010. 6. 24. 선고 2007두16493 판결

③ 적극적 변경처분

- 당초처분을 전부 변경하는 경우, 당초처분은 효력을 상실하므로 변경처분을 대상으로 항고소송을 제기해야 한다.
- 당초처분의 내용 중 일부만을 소폭 변경하는 경우 또는 분리가능한 일부변경처분의 경우, 당초처분이 소멸한다고 볼 수 없다. 이 경우 변경처분의 구체적 내용에 따라 항고소송의 대상이 결정된다.

판례

1. 기존의 행정처분을 변경하는 내용의 행정처분이 뒤따르는 경우, 후속처분이 종전 처분을 완전히 대체하는 것이거나 주요 부분을 실질적으로 변경하는 내용인 경우에는 특별한 사정이 없는 한 종전처분은 효력을 상실하고 후속처분만이 항고소송의 대상이 되지만, 후속처분의 내용이 종전처분의 유효를 전제로 내용 중 일부만을 추가・철회・변경하는 것이고 추가・철회・변경된 부분이 내용과 성질상 나머지 부분과 불가분적인 것이 아닌 경우에는, 후속처분에도 불구하고 종전처분이 여전히 항고소송의 대상이 된다. 대법원 2015. 11. 19. 선고 2015두295 전원합의체 판결
2. 선행처분의 주요 부분을 실질적으로 변경하는 내용으로 후행처분을 한 경우에 선행처분은 특별한 사정이 없는 한 효력을 상실하지만, 후행처분이 선행처분의 내용 중 일부만을 소폭 변경하는 정도에 불과한 경우에는 선행처분은 소멸하는 것이 아니라 후행처분에 의하여 변경되지 아니한 범위 내에서는 그대로 존속한다. 대법원 2020. 4. 9. 선고 2019두49953 판결

(4) 행정소송 이외의 특별한 불복절차가 있는 경우

- 행정청의 과태료부과처분, 통고처분, 검사의 불기소처분 또는 공소제기, 형집행정지취소처분 등에 대해서는 다른 불복절차에 의해 다투도록 특별히 규정되어 있으므로 항고소송의 대상이 되는 처분이 되지 않는다.

판례

1. 검사가 공소를 제기한 사건은 기본적으로 법원의 심리대상이 되고 피의자 및 피고인은 수사의 적법성 및 공소사실에 대하여 형사소송절차를 통하여 불복할 수 있는 절차와 방법이 따로 마련되어 있으므로 검사의 공소에 대하여는 형사소송절차에 의하여서만 이를 다툴 수 있고 행정소송의 방법으로 공소의 취소를 구할 수는 없다. 대법원 2000. 3. 28. 선고 99두11264 판결 14 사복, 19 국가

당초 관리처분계획의 경미한 사항을 변경하는 경우와는 달리 당초 관리처분계획의 주요 부분을 실질적으로 변경하는 내용으로 새로운 관리처분계획을 수립하여 시장・군수의 인가를 받아 고시된 경우에는 당초 관리처분계획은 그 효력을 상실한다고 할 것이다. 이때 당초 관리처분계획이 효력을 상실한다는 것은 당초 관리처분계획이 유효하게 존속하다가 변경 시점을 기준으로 장래를 향하여 실효된다는 의미이지 소급적으로 무효가 된다는 의미가 아니다. 그리고 이러한 법리는 변경된 관리처분계획이 당초 관리처분계획의 주요 부분을 실질적으로 변경하는 정도에 이르지 않는 경우에도 동일하게 적용되므로, 이와 같은 경우 당초 관리처분계획 중 변경되는 부분은 장래를 향하여 실효된다. (대법원 2016. 6. 23. 선고 2014다16500 판결)

| OX 확인 |

01 검사의 불기소결정은 공권력의 행사에 포함되므로, 검사의 자의적인 수사에 의하여 불기소결정이 이루어진 경우 그 불기소결정은 처분에 해당한다. (×)

2. 행정소송법 제2조의 처분의 개념 정의에는 해당한다고 하더라도 그 처분의 근거 법률에서 행정소송 이외의 다른 절차에 의하여 불복할 것을 예정하고 있는 처분은 항고소송의 대상이 될 수 없다. 검사의 불기소결정에 대해서는 검찰청법에 의한 항고와 재항고, 형사소송법에 의한 재정신청에 의해서만 불복할 수 있는 것이므로, 이에 대해서는 행정소송법상 항고소송을 제기할 수 없다. 20 국가 01 형사소송법 제258조 제1항의 처분결과 통지는 불기소결정에 대한 항고기간의 기산점이 되며, 형사소송법 제259조의 공소불제기이유고지 제도는 고소인 등으로 하여금 항고 등으로 불복할지 여부를 결정하는 데 도움을 주도록 하기 위한 것이므로, 이러한 통지 내지 고지는 불기소결정이라는 검사의 처분이 있은 후 그에 대한 불복과 관련한 절차일 뿐 별도의 독립한 처분이 된다고는 볼 수 없다. 대법원 2018. 9. 28. 선고 2017두47465 판결

(5) 경고

• 상대방의 권리의무에 직접 영향을 미치는지 여부에 따라 처분성이 결정된다.

판례

1. 금융기관의 임원에 대한 금융감독원장의 문책경고는 관계법령에 의하여 그 상대방에 대한 직업선택의 자유를 직접 제한하는 효과를 발생하게 하는 등 상대방의 권리의무에 직접 영향을 미치는 행위이므로 항고소송의 대상이 되는 행정처분에 해당한다. 대법원 2005. 2. 17. 선고 2003두14765 판결 14 국회, 16 국가, 18 지방

금융감독원장이 종합금융주식회사의 전 대표이사에게 재직 중 위법·부당행위 사례를 첨부하여 금융 관련 법규를 위반하고 신용질서를 심히 문란하게 한 사실이 있다는 내용으로 '문책경고장(상당)'을 보낸 행위가 항고소송의 대상이 되는 행정처분에 해당하지 아니한다고 한 사례. (대법원 2005. 2. 17. 선고 2003두10312 판결) 24 국회

2. 지방공무원에 대한 행정규칙에 의한 '불문경고조치'가 비록 법률상의 징계처분은 아니지만 위 처분을 받지 아니하였다면 차후 다른 징계처분이나 경고를 받게 될 경우 징계감경사유로 사용될 수 있었던 표창공적의 사용가능성을 소멸시키는 효과와 1년 동안 인사기록카드에 등재됨으로써 그 동안은 장관표창이나 도지사표창 대상자에서 제외시키는 효과 등이 있다는 이유로 항고소송의 대상이 되는 행정처분에 해당한다. 대법원 2002. 7. 26. 선고 2001두3532 판결 19 소방

3. 서울특별시교육·학예에관한감사규칙 제11조 '서울특별시교육청감사결과지적사항및법률위반공무원처분기준'에 정해진 경고는 교육공무원으로서의 신분에 불이익을 초래하는 법률상의 효과를 발생시키는 것은 아니라 할 것이므로 항고소송의 대상이 되는 행정처분에 해당하지 않는다. 대법원 2004. 4. 23. 선고 2003두13687 판결

4. '표시·광고의 공정화에 관한 법률' 위반을 이유로 한 공정거래위원회의 경고는 청구인들의 권리의무에 직접 영향을 미치는 처분으로서 행정소송의 대상이 된다. 헌법재판소 2012. 6. 27. 선고 2010헌마508 결정 16 국회

5. 검찰총장이 사무검사 및 사건평정을 기초로 대검찰청 자체감사규정 제23조 제3항, 검찰공무원의 범죄 및 비위 처리지침 제4조 제2항 제2호 등에 근거하여 검사에 대하여 하는 '경고조치'는 검사의 권리 의무에 영향을 미치는 행위로서 항고소송의 대상이 되는 처분이라고 보아야 한다. (한편) 검찰총장의 경고처분은 검사징계법에 따른 징계처분이 아니라 검찰청법 제7조 제1항, 제12조 제2항에 근거하여 검사에 대한 직무감독권을 행사하는 작용에 해당하므로, 검사의 직무상 의무 위반의 정도가 중하지 않아 검사징계법에 따른 '징계사유'에는 해당하지 않더라도 징계처분보다 낮은 수준의 감독조치로서 '경고처분'을 할 수 있고, 법원은 그것이 직무감독권자에게 주어진 재량권을 일탈·남용한 것이라는 특별한 사정이 없는 한 이를 존중하는 것이 바람직하다. 대법원 2021. 2. 10. 선고 2020두47564 판결

6. 그 외 처분성 관련 판례 검토

(1) 처분성을 인정한 경우

판례

1. 공정거래위원회의 '표준약관 사용권장행위'는 그 통지를 받은 해당 사업자 등에게 표준약관과 다른 약관을 사용할 경우 표준약관과 다르게 정한 주요내용을 고객이 알기 쉽게 표시하여야 할 의무를 부과하고, 그 불이행에 대해서는 과태료에 처하도록 되어 있으므로, 이는 사업자 등의 권리·의무에 직접 영향을 미치는 행정처분으로서 항고소송의 대상이 된다. 대법원 2010. 10. 14. 선고 2008두23184 판결 14 국회, 17 국회
2. 국가인권위원회의 성희롱결정과 이에 따른 시정조치의 권고는 성희롱 행위자로 결정된 자의 인격권에 영향을 미침과 동시에 공공기관의 장 또는 사용자에게 일정한 법률상의 의무를 부담시키는 것이므로 국가인권위원회의 성희롱결정 및 시정조치권고는 행정소송의 대상이 되는 행정처분에 해당한다고 보지 않을 수 없다. 대법원 2005. 7. 8. 선고 2005두487 판결 15 국회, 16 서울
3. 정부 간 항공노선의 개설에 관한 잠정협정 및 비밀양해각서와 건설교통부 내부지침에 의한 항공노선에 대한 운수권배분처분은 항고소송의 대상이 되는 행정처분에 해당한다. 대법원 2004. 11. 26. 선고 2003두10251 판결
4. 부당한 공동행위 자진신고자 등의 시정조치 또는 과징금 감면신청에 대한 공정거래위원회의 감면불인정 통지는 항고소송의 대상이 되는 행정처분에 해당한다. 대법원 2012. 9. 27. 선고 2010두3541 판결
5. 진정에 대한 국가인권위원회의 각하 및 기각결정은 피해자인 진정인의 권리행사에 중대한 지장을 초래하는 것으로서 항고소송의 대상이 되는 행정처분에 해당한다. 헌법재판소 2015. 3. 26. 선고 2013헌마214 결정 18 소방, 19 국가 01
6. 지방계약직 공무원에 대한 보수의 삭감은 이를 당하는 공무원의 입장에서는 징계처분의 일종인 감봉과 다를 바 없으므로 이는 항고소송의 대상인 행정처분에 해당한다. 대법원 2008. 6. 12. 선고 2006두16328 판결 16 서울, 17 국회
7. 진실·화해를 위한 과거사정리 기본법 제26조에 따른 진실·화해를 위한 과거사정리위원회의 진실규명결정은 국민의 권리의무에 직접적으로 영향을 미치는 행위로서 항고소송의 대상이 되는 행정처분이다. 대법원 2013. 1. 16. 선고 2010두22856 판결 15 지방
8. 사회기반시설에 대한 민간투자법상 민간투자사업의 사업시행자지정처분은 행정처분이다. 대법원 2009. 4. 23. 선고 2007두13159 판결 16 국가
9. 평택~시흥 간 고속도로 건설공사 사업시행자인 한국도로공사가 구 지적법 제24조 제1항, 제28조 제1호에 따라 고속도로 건설공사에 편입되는 토지소유자들을 대위하여 토지면적등록 정정신청을 하였으나 화성시장이 이를 반려한 사안에서, 반려처분은 항고소송 대상이 되는 행정처분에 해당한다. 대법원 2011. 8. 25. 선고 2011두3371 판결 12 국회, 19 지방 02
10. 택지개발촉진법상의 택지개발예정지구지정 및 택지개발사업시행자에 대한 택지개발계획승인은 행정처분이다. 대법원 1992. 8. 14. 선고 91누11582 판결 14 국회
11. 토지수용법 제14조의 규정에 의한 사업인정은 그 후 일정한 절차를 거칠 것을 조건으로 하여 일정한 내용의 수용권을 설정해 주는 행정처분이다. 대법원 1994. 11. 11. 선고 93누19375 판결 12 국회
12. 교육부장관이 대학에서 추천한 복수의 총장 후보자들 전부 또는 일부를 임용제청에서 제외하는 행위는 제외된 후보자들에 대한 불이익처분으로서 항고소송의 대상이 되는 처분에 해당한다. 19 국가 다만 교육부장관이 특정 후보자를 임용제청에서 제외하고 다른 후보자를 임용제청함으로써 대통령이 임용제청된 다른 후보자를 총장으로 임용한 경우에는, 임용제청에서 제외된 후보자는 대통령이 자신에 대하여 총장 임용 제외처분을 한 것으로 보아 이를(주: 대통령의 임용제외처분을) 다투어야 한다(대통령의 처분의 경우 소속 장관이 행정소송의 피고가 된다. 국가공무원법 제16조 제2항). ❶ 이러한 경우에는 교육부장관의 임용제청 제외처분을 별도로 다툴 소의 이익이 없어진다. 대법원 2018. 6. 15. 선고 2016두57564 판결 03

도시재개발법에 의한 재개발조합은 조합원에 대한 법률관계에서 적어도 특수한 존립목적을 부여받은 특수한 행정주체로서 국가의 감독하에 그 존립 목적인 특정한 공공사무를 행하고 있다고 볼 수 있는 범위 내에서는 공법상의 권리의무 관계에 서 있는 것이므로, 재개발조합이 수립한 관리처분계획은 항고소송의 대상이 되는 행정처분이다. (대법원 2002. 12. 10. 선고 2001두6333 판결) 16 국회

토지거래계약에 관한 허가구역의 지정은 개인의 권리 내지 법률상의 이익을 구체적으로 규제하는 효과를 가져오게 하는 행정청의 처분에 해당한다. (대법원 2006. 12. 22. 선고 2006두12883 판결)

OX 확인

01 국가인권위원회가 진정에 대하여 각하 및 기각결정을 할 경우 피해자인 진정인은 인권침해 등에 대한 구제조치를 받을 권리를 박탈당하게 되므로, 국가인권위원회의 진정에 대한 각하 및 기각결정은 처분에 해당한다. (○)

02 사업시행자인 한국도로공사가 구 「지적법」에 따라 고속도로 건설공사에 편입되는 토지소유자들을 대위하여 토지면적등록 정정신청을 하였으나 관할 행정청이 이를 반려하였다면, 이러한 반려행위는 항고소송 대상이 되는 행정처분에 해당한다. (○)

03 국립대학교 총장의 임용권한은 대통령에게 있으므로, 교육부장관이 대통령에게 임용제청을 하면서 대학에서 추천한 복수의 총장 후보자들 중 일부를 임용제청에서 제외한 행위는 처분에 해당하지 않는다. (×)

❶ 국가공무원법 제16조(행정소송과의 관계)
① 징계처분, 강임·휴직·직위해제 또는 면직처분, 그 밖에 본인의 의사에 반한 불리한 처분이나 부작위에 관한 행정소송은 소청심사위원회의 심사·결정을 거치지 아니하면 제기할 수 없다.
② 제1항에 따른 행정소송을 제기할 때에는 대통령의 처분 또는 부작위의 경우에는 소속 장관(대통령령으로 정하는 기관의 장을 포함한다)을, 중앙선거관리위원회위원장의 처분 또는 부작위의 경우에는 중앙선거관리위원회사무총장을 각각 피고로 한다.

OX 확인

01 「교육공무원법」상 승진후보자 명부에 의한 승진심사 방식으로 행해지는 승진임용에서 승진후보자 명부에 포함되어 있던 후보자를 승진임용인사발령에서 제외하는 행위는 항고소송의 대상인 처분에 해당하지 않는다. (×)

02 건축주가 토지소유자로부터 토지사용승낙서를 받아 그 토지 위에 건축물을 건축하는 건축허가를 받았다가 착공에 앞서 건축주의 귀책사유로 해당 토지를 사용할 권리를 상실한 경우, 토지소유자의 건축허가 철회신청을 거부한 행위는 항고소송의 대상이 된다. (○)

13. 교육공무원법상 승진후보자 명부에 의한 승진심사 방식으로 행해지는 승진임용에서 승진후보자 명부에 포함되어 있던 후보자를 승진임용인사발령에서 제외하는 행위는 불이익처분으로서 항고소송의 대상인 처분에 해당한다. 대법원 2018. 3. 27. 선고 2015두47492 판결 19 지방 01

14. 건축주가 토지 소유자로부터 토지사용승낙서를 받아 그 토지 위에 건축물을 건축하는 대물적 성질의 건축허가를 받았다가 착공에 앞서 건축주의 귀책사유로 해당 토지를 사용할 권리를 상실한 경우, 건축허가의 존재로 말미암아 토지에 대한 소유권 행사에 지장을 받을 수 있는 토지 소유자로서는 건축허가의 철회를 신청할 수 있다고 보아야 한다. 따라서 토지 소유자의 위와 같은 신청을 거부한 행위는 항고소송의 대상이 된다. 대법원 2017. 3. 15. 선고 2014두41190 판결 19 지방 02

15. 군수가 농지의 보전 및 이용에 관한 법률에 의하여 특정지역의 주민들을 대리경작자로 지정한 행위는 그 주민들에게 유휴농지를 경작할 수 있는 권리를 부여하는 행정처분이고 이에 따라 그 지역의 읍장과 면장이 영농할 세대를 선정한 행위는 위 행정처분의 통지를 대행한 사실행위에 불과하다. 대법원 1980. 9. 9. 선고 80누308 판결 18 국회

16. 통지를 전제로 농지처분명령, 같은 법 제65조에 의한 이행강제금부과 등의 일련의 절차가 진행되는 점 등을 종합하여 보면, 농지처분의무통지는 단순한 관념의 통지에 불과하다고 볼 수는 없고, 상대방인 농지소유자의 의무에 직접 관계되는 독립한 행정처분으로서 항고소송의 대상이 된다. 대법원 2003. 11. 14. 선고 2001두8742 판결 21 소방

17. 법무사의 사무원 채용승인 신청에 대하여 소속 지방법무사회가 '채용승인을 거부'하는 조치 또는 일단 채용승인을 하였으나 법무사규칙 제37조 제6항을 근거로 '채용승인을 취소'하는 조치는 공법인인 지방법무사회가 행하는 구체적 사실에 관한 법집행으로서 공권력의 행사 또는 그 거부에 해당하므로 항고소송의 대상인 '처분'이라고 보아야 한다. 대법원 2020. 4. 9. 선고 2015다34444 판결

18. (갑 주식회사가 조달청과 물품구매계약을 체결하고 국가종합전자조달시스템인 나라장터 종합쇼핑몰 인터넷 홈페이지를 통해 요구받은 제품을 수요기관에 납품하였는데, 조달청이 계약이행내역 점검 결과 일부 제품이 계약 규격과 다르다는 이유로 사법상 계약의 성격을 갖는 물품구매계약 추가특수조건 규정에 따라 갑 회사에 대하여 6개월의 나라장터 종합쇼핑몰 거래정지 조치를 한 사안에서) 위 거래정지 조치는 비록 추가특수조건이라는 사법상 계약에 근거한 것이지만 행정청인 조달청이 행하는 구체적 사실에 관한 법집행으로서의 공권력의 행사로서 그 상대방인 갑 회사의 권리·의무에 직접 영향을 미치므로 항고소송의 대상이 되는 행정처분에 해당한다. 대법원 2018. 11. 29. 선고 2015두52395 판결 20 국회

19. 교통안전공단이 그 사업목적에 필요한 재원으로 사용할 기금 조성을 위하여 같은 법 제13조에 정한 분담금 납부의무자에 대하여 한 분담금 납부통지는 그 납부의무자의 구체적인 분담금 납부의무를 확정시키는 효력을 갖는 행정처분이라고 보아야 할 것이고, 이는 그 분담금 체납자로부터 국세징수법에 의한 강제징수를 할 수 있음을 정한 규정이 없다고 하여도 마찬가지이다. 대법원 2000. 9. 8. 선고 2000다12716 판결 14 국가

20. 친일반민족행위자재산조사위원회의 재산조사개시결정은 조사대상자의 권리·의무에 직접 영향을 미치는 독립한 행정처분으로서 항고소송의 대상이 된다고 봄이 상당하다. 대법원 2009. 10. 15. 선고 2009두6513 판결 14 지방

21. 공법인인 총포·화약안전기술협회가 자신의 공행정활동에 필요한 재원을 마련하기 위하여 회비납부의무자에 대하여 한 '회비납부통지'는 납부의무자의 구체적인 부담금액을 산정·고지하는 '부담금 부과처분'으로서 항고소송의 대상이 된다고 보아야 한다.
화약류 안정도시험 대상자가 총포·화약안전기술협회로부터 안정도시험을 받지 않는 경우에는 경찰청장 또는 지방경찰청장이 화약류 안정도시험 대상자에 대하여 일정 기한 내에 안정도시험을 받으라는 검사명령을 할 수 있으며, 이는 항고소송이 대상이 되는 '처분'이라고 보아야 한다. 대법원 2021. 12. 30. 선고 2018다241458 판결

22. 사회기반시설에 대한 민간투자법 제45조 제1항에 따라 주무관청이 사업시행자에게 한 감독명령은 처분이다. 대법원 2019. 3. 28. 선고 2016두43176 판결

관할 행정청은 면허 발급 이후에도 운송사업자의 동의하에 여객자동차운송사업의 질서 확립을 위하여 운송사업자가 준수할 의무를 정하고 이를 위반할 경우 감차명령을 할 수 있다는 내용의 면허 조건을 붙일 수 있고, 운송사업자가 조건을 위반하였다면 여객자동차법 제85조 제1항 제38호에 따라 감차명령을 할 수 있으며, 감차명령은 행정소송법 제2조 제1항 제1호가 정한 처분으로서 항고소송의 대상이 된다. (대법원 2016. 11. 24. 선고 2016두45028 판결)

산업단지관리공단이 구 산업집적활성화 및 공장설립에 관한 법률 제38조 제2항에 따라 행한 입주변경계약 취소는 행정청인 관리권자로부터 관리업무를 위탁받은 산업단지관리공단이 우월적 지위에서 입주기업체들에게 일정한 법률상 효과를 발생하게 하는 것으로서 항고소송의 대상이 되는 행정처분에 해당한다. (대법원 2017. 6. 15. 선고 2014두46843 판결)

한국환경산업기술원장이 환경기술개발사업 협약을 체결한 甲 주식회사 등에게 연차평가 실시 결과 절대평가 60점 미만으로 평가되었다는 이유로 연구개발 중단 조치 및 연구비 집행중지 조치를 한 사안에서, 각 조치는 甲 회사 등의 권리·의무에 직접적인 영향을 미치는 행위로서 항고소송의 대상이 되는 행정처분에 해당한다고 한 사례. (대법원 2015. 12. 24. 선고 2015두264 판결)

23. 지방자치단체의 장이 공유재산법에 근거하여 기부채납 및 사용·수익허가 방식으로 민간투자사업을 추진하는 과정에서 사업시행자를 지정하기 위한 전 단계에서 공모제안을 받아 일정한 심사를 거쳐 우선협상대상자를 선정하는 행위와 이미 선정된 우선협상대상자를 그 지위에서 배제하는 행위는 민간투자사업의 세부내용에 관한 협상을 거쳐 공유재산법에 따른 공유재산의 사용·수익허가를 우선적으로 부여받을 수 있는 지위를 설정하거나 또는 이미 설정한 지위를 박탈하는 조치이므로 모두 항고소송의 대상이 되는 행정처분으로 보아야 한다. 대법원 2020. 4. 29. 선고 2017두31064 판결 22 국가, 24 국가

24. 공정거래위원회가 관계 행정기관의 장에게 입찰참가자격제한 요청을 하게 되면 이를 요청받은 관계 행정기관의 장은 특별한 사정이 없는 한 그 사업자에 대하여 입찰참가자격을 제한하는 처분을 하여야 하므로, 사업자로서는 입찰참가자격제한 요청 결정이 있으면 장차 후속 처분으로 입찰참가자격이 제한될 수 있는 법률상 불이익이 존재한다. 이 때 입찰참가자격제한 요청 결정이 있음을 알고 있는 사업자로 하여금 입찰참가자격제한처분에 대하여만 다툴 수 있도록 하는 것보다는 그에 앞서 직접 입찰참가자격제한 요청 결정의 적법성을 다툴 수 있도록 함으로써 분쟁을 조기에 근본적으로 해결하도록 하는 것이 법치행정의 원리에도 부합한다. 따라서 공정거래위원회의 입찰참가자격제한 요청 결정은 항고소송의 대상이 되는 처분에 해당한다고 보아야 한다. 대법원 2023. 2. 2. 선고 2020두48260 판결

25. 1필지의 토지를 수필로 분할하여 등기하려면 반드시 같은 법이 정하는 바에 따라 분할절차를 밟아 지적공부에 각 필지마다 등록되어야 하고 이러한 절차를 거치지 아니하는 한 1개의 토지로서 등기의 목적이 될 수 없기 때문에 만약 이러한 토지분할신청을 거부한다면 토지소유자는 자기소유 부분을 등기부에 표창할 수 없고 처분도 할 수 없게 된다는 점을 고려할 때, 지적 소관청의 위와 같은 토지분할신청에 대한 거부행위는 국민의 권리관계에 영향을 미친다고 할 것이므로 항고소송의 대상이 되는 처분으로 보아야 한다. 대법원 1993. 3. 23. 선고 91누8968 판결

(2) 처분성을 부정한 경우

판례

1. 예산회계법(현 국가를 당사자로 하는 계약에 관한 법률)에 따라 체결되는 계약은 사법상의 계약이라고 할 것이고 동법 제70조의5의 입찰보증금은 낙찰자의 계약체결의무이행의 확보를 목적으로 하여 그 불이행시에 이를 국고에 귀속시켜 국가의 손해를 전보하는 사법상의 손해배상 예정으로서의 성질을 갖는 것이라고 할 것이므로 입찰보증금의 국고귀속조치는 국가가 사법상의 재산권의 주체로서 행위하는 것이지 공권력을 행사하는 것이거나 공권력작용과 일체성을 가진 것이 아니라 할 것이므로 이에 관한 분쟁은 행정소송이 아닌 민사소송의 대상이 될 수밖에 없다. 대법원 1983. 12. 27. 선고 81누366 판결 19 국가
2. 법무법인의 공정증서 작성행위는 항고소송의 대상이 되는 행정처분이 아니다. 대법원 2012. 6. 14. 선고 2010두19720 판결
3. 주택건설사업계획에 있어서 사업주체변경의 승인은 그로 인하여 사업주체의 변경이라는 공법상의 효과가 발생하는 것이므로, 사실상 내지 사법상으로 주택건설사업 등이 양도·양수되었을지라도 아직 변경승인을 받기 이전에는 그 사업계획의 피승인자는 여전히 종전의 사업주체인 양도인이고 양수인이 아니라 할 것이어서, 사업계획승인취소처분 등의 사유가 있는지의 여부와 취소사유가 있다고 하여 행하는 취소처분은 피승인자인 양도인을 기준으로 판단하여 그 양도인에 대하여 행하여져야 할 것이므로 행정청이 주택건설사업의 양수인에 대하여 양도인에 대한 사업계획승인을 취소하였다는 사실을 통지한 것만으로는 양수인의 법률상 지위에 어떠한 변동을 일으키는 것은 아니므로 위 통지는 항고소송의 대상이 되는 행정처분이라고 할 수는 없다. 대법원 2000. 9. 26. 선고 99두646 판결 17 서울

코로나바이러스감염증-19의 예방을 위하여 음식점 및 PC방 운영자 등에게 영업시간을 제한하거나 이용자 간 거리를 둘 의무를 부여하는 서울특별시고시들은 항고소송의 대상인 행정처분에 해당한다. (헌법재판소 2023. 5. 25. 선고 2021헌마21 전원재판부 결정) 24 국회

자본시장과 금융투자업에 관한 법률 제172조 제3항에 따라 관할관청이 주권상장법인에 한 단기매매차익 발생사실 통보는 항고소송의 대상이 되는 처분에 해당한다. (대법원 2022. 8. 19. 선고 2020두44930 판결) 24 국회

행정청이 한 행위가 단지 사인 간 법률관계의 존부를 공적으로 증명하는 공증행위에 불과하여 그 효력을 둘러싼 분쟁의 해결이 사법원리에 맡겨져 있거나 행위의 근거 법률에서 행정소송 이외의 다른 절차에 의하여 불복할 것을 예정하고 있는 경우에는 항고소송의 대상이 될 수 없다고 보는 것이 타당하다. (대법원 2012. 6. 14. 선고 2010두19720 판결)

PART 02

4. (소득의 귀속자인 원천납세의무자에 대하여 소득금액변동통지가 행해진 경우) 구 소득세법 시행에 따른 소득의 귀속자에 대한 소득금액변동통지는 원천납세의무자인 소득 귀속자의 법률상 지위에 직접적인 법률적 변동을 가져오는 것이 아니므로, 항고소송의 대상이 되는 행정처분이라고 볼 수 없다. 대법원 2015. 3. 26. 선고 2013두9267 판결 17 서울

유사판례 구 소득세법 시행령 제192조 제1항 단서의 취지, 소득처분에 따른 원천납세의무의 성립요건 및 성립시기, 소득의 귀속자는 소득세 부과처분에 대한 취소소송은 물론 구 국세기본법 제45조의2 제1항 등에 따른 경정청구를 통해서도 소득처분에 따른 원천납세의무의 존부나 범위를 충분히 다툴 수 있는 점 등에 비추어 보면, 구 소득세법 시행령 제192조 제1항 단서에 따른 소득의 귀속자에 대한 소득금액변동통지는 원천납세의무자인 소득 귀속자의 법률상 지위에 직접적인 법률적 변동을 가져오는 것이 아니므로, 항고소송의 대상이 되는 행정처분이라고 볼 수 없다. 대법원 2014. 7. 24. 선고 2011두14227 판결

비교판례 (소득의 귀속자가 아닌 원천징수의무자에 대하여 소득금액변동통지가 행해진 경우) 과세관청의 소득처분과 그에 따른 소득금액변동통지가 있는 경우 법인은 소득금액변동통지서를 받은 날에 그 통지서에 기재된 소득의 귀속자에게 당해 소득금액을 지급한 것으로 의제되고 그때 원천징수하는 소득세 등의 납세의무가 성립함과 동시에 확정되어 원천징수세액을 납부할 의무를 부담하게 되므로, 과세관청의 원천징수의무자인 법인에 대한 소득금액변동통지는 항고소송의 대상이 되는 조세행정처분이다. 대법원 2006. 4. 20. 선고 2002두1878 전원합의체 판결

5. (원천징수의무자에 대하여 행해진 소득금액변동통지에 대하여 원천납세의무자인 소득의 귀속자가 항고소송을 제기한 경우) 소득처분에 따른 소득의 귀속자의 원천납세의무는 법인에 대한 소득금액변동통지와 상관없이 국세기본법 제21조 제1항 제1호, 소득세법 제39조 제1항, 소득세법 시행령 제49조 제1항 제3호 등에 의하여 당해 소득이 귀속된 과세기간의 종료 시에 성립하는 점, 과세관청이 원천납세의무자에게 소득세 등을 부과할 경우 원천납세의무자는 이에 대한 항고소송으로써 직접 불복할 수 있는 기회가 별도로 보장되어 있는 점 등에 비추어 보면, 원천징수의무자에 대한 소득금액변동통지는 원천납세의무의 존부나 범위와 같은 원천납세의무자의 권리나 법률상 지위에 어떠한 영향을 준다고 할 수 없으므로 소득처분에 따른 소득의 귀속자는 법인에 대한 소득금액변동통지의 취소를 구할 법률상 이익이 없다. 대법원 2013. 4. 26. 선고 2012두27954 판결 15 국가

6. 법인세과세표준결정은 조세부과처분에 앞선 결정으로서 그로 인하여 바로 과세처분의 효력이 발생하는 것이 아니고 또 후일에 이에 의한 법인세부과처분이 있을 때에 그 부과처분을 다툴 수 있는 방법이 없는 것도 아니어서 과세관청의 위 결정을 바로 항고소송의 대상이 되는 행정처분이라고 볼 수는 없다. 대법원 1986. 1. 21. 선고 82누236 판결

7. 해양수산부장관의 항만 명칭결정은 국민의 권리의무나 법률상 지위에 직접적인 법률적 변동을 일으키는 행위가 아니므로 항고소송의 대상이 되는 행정처분이 아니다. 대법원 2008. 5. 29. 선고 2007두23873 판결

8. 정부의 수도권 소재 공공기관의 지방이전시책을 추진하는 과정에서 도지사가 도 내 특정시를 공공기관이 이전할 혁신도시 최종입지로 선정한 행위는 항고소송의 대상이 되는 행정처분이 아니다. 대법원 2007. 11. 15. 선고 2007두10198 판결 12 국가, 12 지방

9. 파주시장이 종교단체 납골당설치 신고를 한 교회에, '구 장사 등에 관한 법률에 따라 필요한 시설을 설치하고 유골을 안전하게 보관할 수 있는 설비를 갖추어야 하며 관계 법령에 따른 허가 및 준수 사항을 이행하여야 한다.'는 취지의 납골당설치 신고사항 이행통지를 한 사안에서, 파주시장이 교회에 이행통지를 함으로써 납골당설치 신고수리를 하였다고 보는 것이 타당하고, 이를 수리처분과 별도로 항고소송 대상이 되는 다른 처분으로 볼 수 없다. 대법원 2011. 9. 8. 선고 2009두6766 판결

10. 자동차운전면허대장상 일정한 사항의 등재행위는 운전면허행정사무집행의 편의와 사실증명의 자료로 삼기 위한 것일 뿐 그 등재행위로 인하여 당해 운전면허 취득자에게 새로이 어떠한 권리가 부여되거나 변동 또는 상실되는 효력이 발생하는 것은 아니므로 이는 행정소송의 대상이 되는 독립한 행정처분으로 볼 수 없다. 대법원 1991. 9. 24. 선고 91누1400 판결

11. 국가보훈처장의 서훈취소통보는 상대방 또는 기타 관계자들의 법률상 지위에 직접적인 법률적 변동을 일으키지 아니하는 행위로 항고소송의 대상이 될 수 없는 사실상의 통지에 불과하다. 대법원 2015. 4. 23. 선고 2012두26920 판결

12. (재단법인 한국연구재단이 대학교 총장에게 연구개발비의 부당집행을 이유로 '해양생물유래 고부가식품・향장・한약 기초소재 개발 인력양성사업에 대한 2단계 두뇌한국(BK)21 사업' 협약을 해지하고 연구팀장에 대한 대학자체 징계 요구 등을 통보한 사안에서), 사업협약 해지통보는 항고소송의 대상이 되는 행정처분에 해당하나, 연구팀장에 대한 대학자체 징계 요구는 항고소송의 대상이 되는 행정처분에 해당하지 않는다. 대법원 2014. 12. 11. 선고 2012두28704 판결

13. 상표원부에 상표권자인 법인에 대한 청산종결등기가 되었음을 이유로 상표권의 말소등록이 이루어졌다고 해도 이는 상표권이 소멸하였음을 확인하는 사실적・확인적 행위에 지나지 않고, 말소등록으로 비로소 상표권 소멸의 효력이 발생하는 것이 아니어서, 상표권의 말소등록은 국민의 권리의무에 직접적으로 영향을 미치는 행위라고 할 수 없다. 대법원 2015. 10. 29. 선고 2014두2362 판결 16 국회, 20 지방 01

14. 갑 시장이 감사원으로부터 감사원법 제32조에 따라 을에 대하여 징계의 종류를 정직으로 정한 징계 요구를 받게 되자 감사원에 징계 요구에 대한 재심의를 청구하였고, 감사원이 재심의청구를 기각하자 을이 감사원의 징계 요구와 그에 대한 재심의결정의 취소를 구하고 갑 시장이 감사원의 재심의결정 취소를 구하는 소를 제기한 사안에서, 징계 요구는 징계 요구를 받은 기관의 장이 요구받은 내용대로 처분하지 않더라도 불이익을 받는 규정도 없고, 징계 요구 내용대로 효과가 발생하는 것도 아니며, 징계 요구에 의하여 행정청이 일정한 행정처분을 하였을 때 비로소 이해관계인의 권리관계에 영향을 미칠 뿐, 징계 요구 자체만으로는 징계 요구 대상 공무원의 권리・의무에 직접적인 변동을 초래하지도 아니하므로, 감사원의 징계 요구와 재심의결정이 항고소송의 대상이 되는 행정처분이라고 할 수 없다. 대법원 2016. 12. 27. 선고 2014두5637 판결 17 지방

15. 과세관청이 사업자등록을 관리하는 과정에서 위장사업자의 사업자명의를 직권으로 실사업자의 명의로 정정하는 행위는 당해 사업사실 중 주체에 관한 정정기재일 뿐 그에 의하여 사업자로서의 지위에 변동을 가져오는 것이 아니므로 항고소송의 대상이 되는 행정처분으로 볼 수 없다. 대법원 2011. 1. 27. 선고 2008두2200 판결 15 국회

16. 의료보호진료기관이 보호기관에 제출한 진료비청구명세서에 대한 의료보험연합회의 심사결과통지는 항고소송의 대상이 되는 행정처분이 아니다. 대법원 1999. 6. 25. 선고 98두15863 판결 14 국회

17. 민원사무처리에 관한 법률 제18조 제1항에서 정한 '거부처분에 대한 이의신청'을 받아들이지 않는 취지의 기각 결정 또는 그 취지의 통지는 항고소송의 대상이 되는 처분에 해당하지 아니한다. 대법원 2012. 11. 15. 선고 2010두8676 판결 19 지방

18. 각 군 참모총장이 수당지급대상자 결정절차에 대하여 수당지급대상자를 추천하거나 신청자 중 일부를 추천하지 아니하는 행위는 행정기관 상호간의 내부적인 의사결정과정의 하나일 뿐 그 자체만으로는 직접적으로 국민의 권리・의무가 설정, 변경, 박탈되거나 그 범위가 확정되는 등 기존의 권리상태에 어떤 변동을 가져오는 것이 아니므로 이를 항고소송의 대상이 되는 처분이라고 할 수는 없다. 대법원 2009. 12. 10. 선고 2009두14231 19 국회

19. 시험승진후보자명부에 등재되어 있던 자가 그 명부에서 삭제됨으로써 승진임용의 대상에서 제외되었다 하더라도, 그와 같은 시험승진후보자명부에서의 삭제행위는 결국 그 명부에 등재된 자에 대한 승진 여부를 결정하기 위한 행정청 내부의 준비과정에 불과하고, 그 자체가 어떠한 권리나 의무를 설정하거나 법률상 이익에 직접적인 변동을 초래하는 별도의 행정처분이 된다고 할 수 없다. 대법원 1997. 11. 14. 선고 97누7325 판결

20. (한국철도시설공단이 갑 주식회사에 대하여 시설공사 입찰참가 당시 허위 실적증명서를 제출하였다는 이유로 향후 2년간 공사낙찰적격심사 시 종합취득점수의 10/100을 감점한다는 내용의 통보를 한 사안에서) 위 통보는 사법상의 효력을 가지는 통지행위에 불과하여 행정소송의 대상이 되는 행정 처분이라고 할 수 없다고 한 사례. 대법원 2014. 12. 24. 선고 2010두6700 판결

OX 확인

01 상표권자인 법인에 대한 청산종결등기가 되었음을 이유로 특허청장이 행한 상표권 말소등록 행위는 항고소송의 대상이 되는 처분에 해당한다. (×)

사업자등록의 말소는 폐업사실의 기재일 뿐 그에 의하여 사업자로서의 지위에 변동을 가져오는 것이 아니라는 점에서 과세관청의 사업자등록 직권말소행위는 불복의 대상이 되는 행정처분으로 볼 수가 없다. (대법원 2000. 12. 22. 선고 99두6903 판결)

상훈대상자를 결정할 권한이 없는 국가보훈처장이 기포상자에게 훈격재심사계획이 없다고 한 회신은 단순한 사실행위에 불과하므로 행정소송의 대상이 되지 아니한다. (대법원 1989. 1. 24. 선고 88누3116 판결) 18 국회

한국철도시설공단이 원고에 대하여 한 공사낙찰적격심사 감점처분의 근거로 내세운 규정은 한국철도시설공단의 공사낙찰적격심사세부기준 제4조 제2항인 사실, 이 사건 세부기준은 공공기관의 운영에 관한 법률 제39조 제1항, 제3항, 구 공기업・준정부기관 계약사무규칙 제12조에 근거하고 있으나, 이러한 규정은 공공기관이 사인과 사이의 계약관계를 공정하고 합리적・효율적으로 처리할 수 있도록 관계 공무원이 지켜야 할 계약사무처리에 관한 필요한 사항을 규정한 것으로서 공공기관의 내부규정에 불과하여 대외적 구속력이 없는 것임을 알 수 있다. (대법원 2014. 12. 24. 선고 2010두6700 판결) 24 국가

행정행위의 부관인 부담에 정해진 바에 따라 당해 행정청이 아닌 다른 행정청이 그 부담상의 의무이행을 요구하는 의사표시를 하였을 경우, 이러한 행위가 당연히 또는 무조건으로 행정소송법상 항고소송의 대상이 되는 처분에 해당한다고 할 수는 없다. (대법원 1992. 1. 21. 선고 91누1264 판결) 24 국가

21. 이 사건에서 위 조례에 따른 보조금 지급사무는 피고 광명시장에게 위임되었으므로 원고가 피고들에 대하여 한 위 신청에 대한 응답은 그 사무처리를 위임받은 피고 광명시장이 하여야 하고, 피고 경기도지사는 원고의 보조금 지급신청에 대한 처분권한자가 아니다. 또한 앞에서 본 이 사건 통보 내용을 비롯한 여러 가지 사정을 종합하면, 이 사건 통보는 피고 경기도지사가 원고의 보조금 신청에 대한 최종적인 결정을 통보하는 것이라기보다는 피고 광명시장의 사무에 대한 지도·감독권자로서 원고에 대하여는 보조금 지급신청에 대한 의견을 표명함과 아울러 피고 광명시장에 대하여는 피고 경기도지사의 의견에 따라 원고의 보조금신청을 받아들일지 여부를 심사하여 원고에게 통지할 것을 촉구하는 내용으로 봄이 타당하다. 따라서 피고 경기도지사의 이 사건 통보는 원고의 권리·의무에 직접적인 영향을 주는 것이라고 할 수 없어 항고소송의 대상이 되는 처분으로 볼 수 없으므로, 주위적 피고 경기도지사에 대한 소는 부적법하여 각하되어야 한다. 대법원 2023. 2. 23. 선고 2021두44548 판결

Ⅱ 재결

행정심판의 재결에 불복하여 취소소송을 제기하는 경우 소송의 대상이 원처분인지 아니면 재결인지 문제된다.

1. 의의

(1) 원처분주의

- 원처분주의란 원처분과 재결 중 어느 것에 대하여도 행정소송을 제기할 수 있으나, 원처분의 위법은 원처분취소소송에서만 주장할 수 있고, 재결취소소송에서는 원처분의 위법은 주장할 수 없고 오직 재결 자체의 고유한 위법만을 주장할 수 있도록 하는 입법주의를 말한다. 13 국가
- 반대로 재결 자체의 고유한 위법은 재결취소소송에서는 주장할 수 있으나, 원처분취소소송에서는 주장할 수 없다.

(2) 재결주의

- 재결주의란 원처분에 대해서는 소송을 제기할 수 없고, 재결에 대해서만 소송을 제기할 수 있도록 하는 입법주의를 말한다.
- 이때 재결취소소송에서는 재결 자체의 위법뿐만 아니라 원처분의 위법도 함께 주장할 수 있다.

(3) 행정소송법의 규정

- 행정소송법 제19조는 "취소소송은 처분등을 대상으로 한다. 다만, 재결취소소송의 경우에는 재결 자체에 고유한 위법이 있음을 이유로 하는 경우에 한한다."라고 하여 명문으로 원처분주의를 취하고 있다. 20 소방

2. 재결 자체의 고유한 위법

- 재결 자체의 고유한 위법이란 원처분에는 없고 재결 자체에만 존재하는 위법을 의미한다.
- 여기에는 재결의 주체, 절차, 형식에 위법이 있는 경우뿐만 아니라 내용에 위법이 있는 경우를 모두 포함한다. 16 지방

재결 자체의 고유한 위법
- 주체에 관한 위법: 권한이 없는 행정심판위원회에 의한 재결의 경우 또는 행정심판위원회의 구성상 하자가 있는 경우 등이 있다.
- 절차에 관한 위법: 행정심판법상 심판 절차를 준수하지 않은 경우 등이 있다.
- 형식에 관한 위법: 문서에 의하지 아니한 재결, 재결서에 이유가 전혀 기재되어 있지 않거나 이유가 불충분한 경우, 재결서에 기명날인을 하지 아니한 경우 등이 있다.

판례

1. 행정소송법 제19조에서 말하는 '재결 자체에 고유한 위법'이란 원처분에는 없고 재결에만 있는 재결청의 권한 또는 구성의 위법, 재결의 절차나 형식의 위법, 내용의 위법 등을 뜻하고, 그중 내용의 위법에는 위법·부당하게 인용재결을 한 경우가 해당한다. 대법원 1997. 9. 12. 선고 96누14661 판결 22 국가
2. 행정처분에 대한 행정심판의 재결에 이유모순의 위법이 있다는 사유는 재결처분 자체에 고유한 하자로서 재결처분의 취소를 구하는 소송에서는 그 위법사유로서 주장할 수 있으나, 원처분의 취소를 구하는 소송에서는 그 취소를 구할 위법사유로서 주장할 수 없다. 대법원 1996. 2. 13. 선고 95누8027 판결

3. 구체적 검토

(1) 각하재결

- 적법한 행정심판청구를 부적법하다고 오인하여 각하한 경우 재결 자체에 고유한 위법이 있는 경우에 해당한다.

판례

행정심판청구가 부적법하지 않음에도 각하한 재결은 심판청구인의 실체심리를 받을 권리를 박탈한 것으로서 원처분에 없는 고유한 하자가 있는 경우에 해당하고, 따라서 위 재결은 취소소송의 대상이 된다. 대법원 2001. 7. 27. 선고 99두2970 판결 15 지방

(2) 기각재결

- 기각재결에 주체·절차·형식에 관한 위법이 있는 경우 이는 재결 자체의 고유한 하자에 해당하여 기각재결을 대상으로 항고소송을 제기할 수 있다.
- 이와 달리 기각재결의 내용상 당부를 다투는 경우 원칙적으로 여기에는 재결 자체의 고유한 위법이 있다고 볼 수 없다. 왜냐하면 기각재결을 다투는 것은 결국 원처분의 내용을 다투는 것과 동일한 것이기 때문이다.

(3) 인용재결

① 처분청이 인용재결에 대하여 항고소송을 제기할 수 있는지 여부 : 부정

- "심판청구를 인용하는 재결은 피청구인과 그 밖의 관계 행정청을 기속한다."는 행정심판법 제49조에 따라 처분청은 행정심판의 재결에 불복할 수 없다.

② 부적법한 인용재결이 있는 경우

- 행정심판의 요건을 갖추지 못하여 각하재결을 했어야 함에도 이를 오인하여 인용재결을 한 경우 재결에 고유한 위법이 있는 경우에 해당한다.

판례

행정청이 골프장 사업계획승인을 얻은 자의 사업시설 착공계획서를 수리한 것에 대하여 인근 주민들이 그 수리처분의 취소를 구하는 행정심판을 청구하자 재결청이 그 청구를 인용하여 수리처분을 취소하는 형성적 재결을 한 경우, 그 수리처분 취소 심판청구는 행정심판의 대상이 되지 아니하여 부적법 각하하여야 함에도 위 재결은 그 청구를 인용하여 수리처분을 취소하였으므로 재결 자체에 고유한 하자가 있다. 대법원 2001. 5. 29. 선고 99두10292 판결

③ 제3자효 행정행위에 대한 인용(취소)재결이 있는 경우

• 인용재결로 인해 비로소 권리이익을 침해받게 되는 자는 원처분이 아닌 오직 재결에 의하여 불이익을 받게 되었으므로 재결에 대하여 소송을 제기할 수 있다.

판례

이른바 복효적 행정행위, 특히 제3자효를 수반하는 행정행위에 대한 행정심판청구에 있어서 그 청구를 인용하는 내용의 재결로 인하여 비로소 권리이익을 침해받게 되는 자는 그 인용재결에 대하여 다툴 필요가 있고, 그 인용재결은 원처분과 내용을 달리하는 것이므로 그 인용재결의 취소를 구하는 것은 원처분에는 없는 재결에 고유한 하자를 주장하는 셈이어서 당연히 항고소송의 대상이 된다. 대법원 2001. 5. 29. 선고 99두10292 판결 12 국회

④ 일부취소재결 및 변경재결

• 일부취소재결이나 변경재결은 원처분의 강도를 감경한 것에 불과한 것으로서 재결 자체에 고유한 위법이 없으므로 변경된 원처분을 대상으로 소송을 제기하여야 한다.

판례

1. (해임처분을 소청심사위원회가 정직 2월로 변경한 경우에 있어서 원처분청을 상대로 정직 2월의 처분에 대한 취소소송을 제기한 사안에서) 소가 적법함을 전제로 본안판단을 한 사례. 대법원 1997. 11. 14. 선고 97누7325 판결
2. 징계혐의자에 대한 감봉 1월의 징계처분을 견책으로 변경한 소청결정 중 그를 견책에 처한 조치는 재량권의 남용 또는 일탈로서 위법하다는 사유는 소청결정 자체에 고유한 위법을 주장하는 것으로 볼 수 없어 소청결정의 취소사유가 될 수 없다. 대법원 1993. 8. 24. 선고 93누5673 판결 12 국회

• 사례) 공무원에 대한 해임처분이 소청심사절차(행정심판절차)에서 정직 2월 처분으로 감경된 경우, 소청심사위원회를 상대로 소청심사위원회의 해임처분을 정직 2월 처분으로 변경하는 처분을 다툴 것이 아니라, 원행정청을 상대로 변경된 원처분(정직 2월 처분으로 변경된 해임처분)을 다투어야 한다. 19 국회

⑤ 변경명령재결

• 변경명령재결에 따라 변경처분이 행해진 경우 변경명령재결, 변경처분, 변경된 원처분 중 취소소송의 대상이 되는 것은 변경된 원처분이다.
• 이 경우 제소기간의 준수 여부는 재결서 정본을 송달받은 날을 기준으로 판단한다. 22 지방

판례

행정청이 식품위생법령에 따라 영업자에게 행정제재처분을 한 후 그 처분을 영업자에게 유리하게 변경하는 처분을 한 경우, 변경처분에 의하여 당초 처분은 소멸하는 것이 아니고 당초부터 유리하게 변경된 내용의 처분으로 존재하는 것이므로, 변경처분에 의하여 유리하게 변경된 내용의 행정제재가 위법하다 하여 그 취소를 구하는 경우 그 취소소송의 대상은 변경된 내용의 당초 처분이지 변경처분은 아니고, 제소기간의 준수 여부도 변경처분이 아닌 변경된 내용의 당초 처분을 기준으로 판단하여야 한다. 대법원 2007. 4. 27. 선고 2004두9302 판결 17 국가, 17 국회

사례 2016.12.23. 3월의 영업정지처분을 받은 갑이 행정심판을 청구하여 행정심판위원회가 2017.3.6. 3월의 영업정지처분을 2월의 영업정지에 갈음하는 과징금부과처분으로 변경하라는 재결을 하였고, 그 재결서 정본이 2017.3.10. 갑에게 송달되었으며, 그 재결에 따라 행정청이 2017.3.13. 과징금부과처분을 한 경우, 갑은 2017.3.10.(제소기간의 기준일인 재결서 정본의 송달일)로부터 90일 내에 2016.12.23.자 변경된 원처분(과징금부과처분으로 변경된 영업정지처분)을 대상으로 행정소송을 제기해야 한다. 18 국가

⑥ 심판의 범위

• 판례는 인용재결의 취소를 구하는 소송의 심리·판단의 범위에 관하여 인용재결의 당부는 원처분의 당부(위법·적법의 문제)도 포함하는 것으로 본다.

판례

인용재결의 취소를 구하는 당해 소송은 그 인용재결의 당부를 그 심판대상으로 하고 있고, 그 점을 가리기 위하여는 행정심판청구인들의 심판청구원인 사유에 대한 재결청의 판단에 관하여도 그 당부를 심리·판단하여야 할 것이므로, 원심으로서는 재결청이 원처분의 취소 근거로 내세운 판단사유의 당부뿐만 아니라 재결청이 심판청구인의 심판청구원인 사유를 배척한 판단 부분이 정당한가도 심리·판단하여야 한다. 대법원 1997. 12. 23. 선고 96누10911 판결

(4) 재결 자체에 고유한 위법이 없는 경우

• 재결 자체에 고유한 위법이 없음에도 불구하고 재결을 대상으로 항고소송이 제기된 경우라 할지라도 법원은 소각하판결이 아닌 청구기각판결을 하여야 한다.

판례

재결취소소송의 경우 재결 자체에 고유한 위법이 있는지 여부를 심리할 것이고, 재결 자체에 고유한 위법이 없는 경우에는 원처분의 당부와는 상관없이 당해 재결취소소송은 이를 기각하여야 한다. 대법원 1994. 1. 25. 선고 93누16901 판결 19 국가, 23 지방 01

OX 확인

01 행정심판을 청구하여 기각재결을 받은 후 재결 자체에 고유한 위법이 있음을 주장하며 그 기각재결에 대하여 취소소송을 제기한 경우, 수소법원은 심리 결과 재결 자체에 고유한 위법이 없다면 각하판결을 하여야 한다. (×)

4. 기타 개별법상 인정되는 재결주의

(1) 쟁점의 정리

• 원처분주의를 규정한 행정소송법과 달리 개별법에서 재결주의를 규정하고 있는 경우가 있다.

• 이 경우 소송의 대상은 재결이 되고, 재결취소소송에서는 재결 자체의 고유한 위법은 물론 원처분에 존재하는 위법 사유도 주장할 수 있다.

• 개별법에서 재결주의를 정하는 경우에는 재결에 대해서만 제소하는 것이 허용되므로 그 논리적 전제로서 예외적 행정심판 전치주의가 적용된다고 보아야 한다.

• 다만, 원처분이 무효인 경우에는 예외적 행정심판 전치주의의 적용이 배제되어 별도로 재결절차를 거침이 없이 원처분에 대한 무효확인소송을 제기할 수 있다.

(2) 감사원의 재심의판정

• 감사원의 변상판정(원처분)에 대한 재심의판정(재결)에 대해서는 재결주의가 적용된다.

판례

감사원의 변상판정처분에 대하여서는 행정소송을 제기할 수 없고, 재결에 해당하는 재심의 판정에 대하여서만 감사원을 피고로 하여 행정소송을 제기할 수 있다. 대법원 1984. 4. 10. 선고 84누91 판결 19 국회

(3) 중앙노동위원회의 재심판정

• 중앙노동위원회의 재심판정에 대해서는 재결주의가 적용된다.

• 이 경우 피고가 되는 것은 중앙노동위원회가 아닌 중앙노동위원장이다. 15 국가

감사원법 제36조(재심의 청구)

① 제31조에 따른 변상 판정에 대하여 위법 또는 부당하다고 인정하는 본인, 소속 장관, 감독기관의 장 또는 해당 기관의 장은 변상판정서가 도달한 날부터 3개월 이내에 감사원에 재심의를 청구할 수 있다.

감사원법 제40조(재심의의 효력)

② 감사원의 재심의 판결에 대하여는 감사원을 당사자로 하여 행정소송을 제기할 수 있다. 다만, 그 효력을 정지하는 가처분결정은 할 수 없다.

노동위원회법 제27조(중앙노동위원회의 처분에 대한 소송)

① 중앙노동위원회의 처분에 대한 소송은 중앙노동위원회 위원장을 피고로 하여 처분의 송달을 받은 날부터 15일 이내에 제기하여야 한다.

판례

당사자가 지방노동위원회의 처분에 대하여 불복하기 위하여는 처분 송달일로부터 10일 이내에 중앙노동위원회에 재심을 신청하고 중앙노동위원회의 재심판정서 송달일로부터 15일 이내에 중앙노동위원장을 피고로 하여 재심판정취소의 소를 제기하여야 할 것이다. 대법원 1995. 9. 15. 선고 95누6724 판결

(4) 특허심판원의 심결에 대한 불복

- 특허출원 거절결정에 대한 특허심판원의 심결(재결)에 대해서는 재결주의가 적용된다.

(5) 교원소청심사위원회의 결정에 대한 불복

① 쟁점의 정리

- 「교원지위향상을 위한 특별법」에 따라 사립학교 교원을 포함한 각급 학교의 교원은 징계처분 그 밖에 그 의사에 반하는 불리한 처분에 대하여 교육부의 교원소청심사위원회에 소청(행정심판의 성격)을 신청할 수 있고, 소청심사위원회의 결정(재결)에 대하여 항고소송을 제기할 수 있다.
- 이때 항고소송의 대상적격과 관련하여 국공립학교 교원과 사립학교 교원에 차이가 있다.

② 국공립학교 교원의 경우 [1]

- 필요적 소청 전치주의 : 행정소송을 제기하기 위해서는 먼저 소청심사위원회의 결정을 반드시 거쳐야 한다. 14 국가
- 원처분주의 : 국공립학교 교원, 즉 공무원인 교원이 교원소청심사위원회의 결정에 불복하는 경우 소청심사위원회의 결정이 아닌 원처분을 대상으로 소송을 제기해야 한다.

[1] 이하 내용은 교육공무원과 일반공무원이 동일하다. 즉 일반공무원에 대해서도 필요적 소청 전치주의와 원처분주의가 적용된다.

국가공무원법 제16조(행정소송과의 관계)
① 제75조에 따른 처분, 그 밖에 본인의 의사에 반한 불리한 처분이나 부작위에 관한 행정소송은 소청심사위원회의 심사·결정을 거치지 아니하면 제기할 수 없다.

판례

국공립학교교원에 대한 징계 등 불리한 처분은 행정처분이므로 국공립학교교원이 징계 등 불리한 처분에 대하여 불복이 있으면 교원징계재심위원회에 재심청구를 하고 위 재심위원회의 재심결정에 불복이 있으면 항고소송으로 이를 다투어야 할 것인데, 이 경우 그 소송의 대상이 되는 처분은 원칙적으로 원처분청의 처분이고, 원처분이 정당한 것으로 인정되어 재심청구를 기각한 재결에 대한 항고소송은 원처분의 하자를 이유로 주장할 수는 없고 그 재결 자체에 고유한 주체·절차·형식 또는 내용상의 위법이 있는 경우에 한한다. 대법원 1994. 2. 8. 선고 93누17874 판결 12 국회, 13 국회, 18 서울

③ 사립학교 교원의 경우

- 민사소송 : 사립학교 교원에 대한 징계 등 불이익처분은 사법상 행위이므로 교원은 학교법인을 상대로 민사소송을 제기할 수 있다.
- 사립학교 교원에 대한 소청심사위원회의 결정은 행정소송법상 처분에 해당하므로, 이에 불복하여 행정소송을 제기하는 경우 교원소청심사위원회를 피고로 하여 그 결정을 대상으로 하여야 한다.

판례

사립학교 교원에 대한 징계처분의 경우에는 학교법인 등의 징계처분은 행정처분성이 없는 것이고 그에 대한 소청심사청구에 따라 위원회가 한 결정이 행정처분이고 교원이나 학교법인 등은 그 결정에 대하여 행정소송으로 다투는 구조가 되므로, 행정소송에서의 심판대상은 학교법인 등의 원 징계처분이 아니라 위원회의 결정이 되고, 따라서 피고도 행정청인 위원회가 되는 것이다. 대법원 2013. 7. 25. 선고 2012두12297 판결 13 국회, 18 서울

- 한편, 공무원인 교원의 경우와 달리 사립학교 교원에 대해서는 필요적 소청 전치주의가 적용되지 않는 바, 따라서 민사소송 또는 소청심사를 임의적 · 선택적으로 결정할 수 있다. 학교법인에 의하여 징계처분 등을 받은 사립학교 교원은 교원지위법에 따른 재심위원회의 재심절차와 행정소송절차를 밟을 수 있을 뿐만 아니라 종래와 같이 민사소송을 제기하여 권리구제를 받을 수도 있는데, 이 두 구제절차는 임의적 · 선택적이다(헌법재판소 2003. 12. 18. 선고 2002헌바14 결정).

판례

학교법인에 의하여 징계처분 등을 받은 사립학교 교원은 교원지위법에 따른 재심위원회의 재심절차와 행정소송절차를 밟을 수 있을 뿐만 아니라 종래와 같이 민사소송을 제기하여 권리구제를 받을 수도 있는데, 이 두 구제절차는 임의적 · 선택적이다. 헌법재판소 2003. 12. 18. 선고 2002헌바14 결정

④ 관련 판례

판례

교원소청심사위원회의 결정은 학교법인 등에 대하여 기속력을 가지고 이는 그 결정의 주문에 포함된 사항뿐 아니라 그 전제가 된 요건사실의 인정과 판단, 즉 불리한 처분 등의 구체적 위법사유에 관한 판단에까지 미친다. 24 지방 따라서 교원소청심사위원회가 사립학교 교원의 소청심사청구를 인용하여 불리한 처분 등을 취소한 데 대하여 행정소송이 제기되지 아니하거나 그에 대하여 학교법인 등이 제기한 행정소송에서 법원이 교원소청심사위원회 결정의 취소를 구하는 청구를 기각하여 그 결정이 그대로 확정되면, 결정의 주문과 그 전제가 되는 이유에 관한 판단만이 학교법인 등을 기속하게 되고, 설령 판결 이유에서 교원소청심사위원회의 결정과 달리 판단된 부분이 있더라도 이는 기속력을 가질 수 없다. 그러므로 사립학교 교원이 어떠한 불리한 처분을 받아 교원소청심사위원회에 소청심사청구를 하였고, 이에 대하여 교원소청심사위원회가 그 사유 자체가 인정되지 않는다는 이유로 양정의 당부에 대해서는 나아가 판단하지 않은 채 처분을 취소하는 결정을 한 경우, 그에 대하여 학교법인 등이 제기한 행정소송 절차에서 심리한 결과 처분사유 중 일부 사유는 인정된다고 판단되면 법원으로서는 교원소청심사위원회의 결정을 취소하여야 한다. 법원이 교원소청심사위원회 결정의 결론이 타당하다고 하여 학교법인 등의 청구를 기각하게 되면 결국 행정소송의 대상이 된 교원소청심사위원회의 결정이 유효한 것으로 확정되어 학교법인 등이 이에 기속되므로, 그 결정의 잘못을 바로잡을 길이 없게 되고 학교법인 등도 해당 교원에 대하여 적절한 재처분을 할 수 없게 되기 때문이다.

교원소청심사위원회가 학교법인 등이 교원에 대하여 불리한 처분을 한 근거인 내부규칙이 위법하여 효력이 없다는 이유로 학교법인 등의 처분을 취소하는 결정을 하였고 그에 대하여 학교법인 등이 제기한 행정소송 절차에서 심리한 결과 내부규칙은 적법하지만 교원이 그 내부규칙을 위반하였다고 볼 증거가 없다고 판단한 경우에는, 비록 교원소청심사위원회가 내린 결정의 전제가 되는 이유와 판결 이유가 다르다고 하더라도 법원은 교원소청심사위원회의 결정을 취소할 필요 없이 학교법인 등의 청구를 기각할 수 있다고 보아야 한다. 왜냐하면 교원의 내부규칙 위반사실이 인정되지 않는 이상 학교법인 등이 해당 교원에 대하여 다시 불리한 처분을 하지 못하게 되더라도 이것이 교원소청심사위원회 결정의 기속력으로 인한 부당한 결과라고 볼 수 없기 때문이다. 그리고 행정소송의 대상이 된 교원소청심사위원회의 결정이 유효한 것으로 확정되어 학교법인 등이 이에 기속되더라도 그 기속력은 당해 사건에 관하여 미칠 뿐 다른 사건에 미치지 않으므로, 학교법인 등은 다른 사건에서 문제가 된 내부규칙을 적용할 수 있기 때문에 법원으로서는 이를 이유로 취소할 필요도 없다. 대법원 2018. 7. 12. 선고 2017두65821 판결

임용 심사를 거친 사립대학 교원과 학교법인 사이의 재임용계약 체결이 계약 내용에 관한 의사의 불일치로 말미암아 무산된 경우, 재임용계약의 무산은 교원소청심사의 대상인 재임용거부에 해당한다. (대법원 2024. 6. 17. 선고 2021두49772 판결)

쟁점 25 원고적격

I 당사자능력

1. 당사자

- 항고소송의 당사자란 원고와 피고를 말한다.
- 일반적으로 원고는 처분 등의 무효・취소를 구하는 자가, 피고는 처분을 발한 행정청이 된다.

2. 당사자능력

- 항고소송의 당사자가 될 수 있는 소송법상 권리능력을 말하는 바, 민법에 따라 자연인(사람), 법인은 당사자능력이 있다.

판례

도롱뇽은 천성산 일원에 서식하고 있는 도롱뇽목 도롱뇽과에 속하는 양서류로서 자연물인 도롱뇽 또는 그를 포함한 자연 그 자체로서는 소송을 수행할 당사자능력을 인정할 수 없다. 대법원 2006. 6. 2. 자 2004마1148, 1149 결정 15 국가

민사소송법 제52조(법인이 아닌 사단 등의 당사자능력) 법인이 아닌 사단이나 재단은 대표자 또는 관리인이 있는 경우에는 그 사단이나 재단의 이름으로 당사자가 될 수 있다.

- 민사소송법 제52조에 따라 법인이 아닌 사단이나 재단도 대표자 또는 관리인이 있는 경우에는 그 사단이나 재단의 이름으로 당사자가 될 수 있다(즉, 당사자능력이 있다).
- 국가의 기관은 처분청의 경우 피고능력이 있지만, 당사자능력이 없어 원칙적으로 항고소송의 원고가 되지 못한다.

II 원고적격 일반론

1. 의의

- 원고적격이란 구체적인 소송에서 원고로서 소송을 수행하여 본안판결을 받을 수 있는 자격을 말한다.
- 행정소송법은 "처분 등의 취소를 구할 법률상의 이익이 있는 자"가 원고적격이 있다고 규정하고 있다(행정소송법 제12조 1문).

2. 요건: "법률상 이익이 있는 자"의 의미

(1) 학설의 대립

① 권리구제설

- 취소소송의 본질은 실체법상의 권리보호에 있다고 보아, 위법한 처분 등으로 인해 권리를 침해당한 자만이 원고적격을 갖는다고 본다.

② 법적 이익구제설(통설 및 판례) 11 국가, 17 국회

- 위법한 처분에 의하여 침해되고 있는 이익이 법률에 의하여 보호되고 있는 이익인 경우에는 그러한 이익이 침해된 자에게도 원고적격이 인정된다고 본다.

③ 소송상 보호할 가치 있는 이익구제설

- 침해된 이익의 성질을 불문하고 위법한 처분 등에 의하여 침해된 이익이 재판상 보호할 가치가 있는지 여부에 따라 판단한다.

④ 적법성보장설

- 처분의 위법성을 다툴 적합한 이익을 갖는 자에게 원고적격이 인정된다고 본다.

(2) 판례의 태도 : 법적 이익구제설

① 처분의 근거법규 및 관련법규에 의해 보호되는 개별적 · 직접적 · 구체적 이익 17 국회

- 판례는 처분의 근거법규 및 관련법규에 의해 보호되는 개별적 · 직접적 · 구체적 이익을 법률상 이익으로 보고 있다.
- 법률상 이익이 있는 경우 처분의 직접 상대방이 아닌 제3자라 하더라도 원고적격이 있다.

판례

행정처분의 직접 상대방이 아닌 제3자라 하더라도 당해 행정처분으로 인하여 법률상 보호되는 이익을 침해당한 경우에는 그 처분의 무효확인을 구하는 행정소송을 제기하여 그 당부의 판단을 받을 자격이 있다 할 것이며, 여기에서 말하는 법률상 보호되는 이익이라 함은 당해 처분의 근거 법규 및 관련 법규에 의하여 보호되는 개별적 · 직접적 · 구체적 이익이 있는 경우를 말하고, 공익보호의 결과로 국민 일반이 공통적으로 가지는 일반적 · 간접적 · 추상적 이익이 생기는 경우에는 법률상 보호되는 이익이 있다고 할 수 없다. 대법원 2006. 3. 16. 선고 2006두330 전원합의체 판결

12 지방, 13 국가, 24 국가

② 반사적 이익에 불과한 경우

- 법률상 이익이 아닌, 사실상 이익 내지 반사적 이익의 침해만으로는 원고적격이 부정된다.

판례

국방부 민 · 군 복합형 관광미항(제주해군기지) 사업시행을 위한 해군본부의 요청에 따라 제주특별자치도지사가 절대보존지역이던 서귀포시 강정동 해안변지역에 관하여 절대보존지역을 변경(축소)하고 고시한 사안에서, 절대보존지역의 유지로 지역주민회와 주민들이 가지는 주거 및 생활환경상 이익은 지역의 경관 등이 보호됨으로써 반사적으로 누리는 것일 뿐 근거 법규 또는 관련 법규에 의하여 보호되는 개별적 · 직접적 · 구체적 이익이라고 할 수 없다. 대법원 2012. 7. 5. 선고 2011두13187, 13194 판결

③ 개별적 이익(사익보호성)

- 법에 의해 보호되는 개별적 이익(사익)이 있는 자만이 원고적격이 있으며, 공익의 침해만으로는 원고적격이 인정될 수 없다.

④ 직접적 · 구체적 이익

- 처분 등에 의해 침해되는 법적 이익은 직접적 · 구체적 이익이어야 하며 간접적이거나 추상적인 이익이 침해된 것에 불과할 경우 원고적격이 부정된다.

판례

1. 채석허가가 대물적 허가의 성질을 아울러 가지고 있고 수허가자의 지위가 사실상 양도·양수되는 점을 고려하여 수허가자의 지위를 사실상 양수한 양수인의 이익을 보호하고자 하는 데 있는 것으로 해석되므로, 수허가자의 지위를 양수받아 명의변경신고를 할 수 있는 양수인의 지위는 단순한 반사적 이익이나 사실상의 이익이 아니라 산림법령에 의하여 보호되는 직접적이고 구체적인 이익으로서 법률상 이익이라고 할 것이다. 대법원 2003. 7. 11. 선고 2001두6289 판결
2. 주택건설사업의 양수인이 사업주체의 변경승인신청을 한 이후에 행정청이 양도인에 대하여 그 사업계획변경승인의 전제로 되는 사업계획승인을 취소하는 처분을 한 경우, 양수인은 그 처분 이전에 양도인으로부터 토지와 사업승인권을 사실상 양수받아 사업주체의 변경승인신청을 한 자로서 그 취소를 구할 법률상의 이익을 가진다. 대법원 2000. 9. 26. 선고 99두646 판결 18 지방
3. 제약회사는 자신이 공급하는 약제에 관하여 국민건강보험법, 같은 법 시행령, 국민건강보험 요양급여의 기준에 관한 규칙 등 약제상한금액고시의 근거 법령에 의하여 보호되는 직접적이고 구체적인 이익을 향유하므로, 보건복지부 고시인 약제급여·비급여목록 및 급여상한금액표로 인하여 자신이 제조·공급하는 약제의 상한금액이 인하됨에 따라 위와 같이 보호되는 법률상 이익이 침해당할 경우, 제약회사는 위 고시의 취소를 구할 원고적격이 있다. 대법원 2006. 9. 22. 선고 2005두2506 판결 19 지방 01

| OX 확인 |

01 약제를 제조·공급하는 제약회사는 보건복지부 고시인 「약제급여·비급여 목록 및 급여 상한금액표」 중 약제의 상한금액 인하 부분에 대하여 그 취소를 구할 원고적격이 있다. (○)

⑤ 헌법상 기본권이 법률상 이익이 될 수 있는지 여부

- 대법원 : 이를 명시적으로 인정한 판례는 없고, 다만 추상적 기본권(환경권)의 침해만으로는 원고적격을 인정할 수 없다는 판례만 존재한다.

판례

헌법 제35조 제1항에서 정하고 있는 환경권에 관한 규정만으로는 그 권리의 주체·대상·내용·행사방법 등이 구체적으로 정립되어 있다고 볼 수 없고, 환경정책기본법 제6조도 그 규정 내용 등에 비추어 국민에게 구체적인 권리를 부여한 것으로 볼 수 없으므로, 환경영향평가 대상지역 밖에 거주하는 주민에게 헌법상의 환경권 또는 환경정책기본법에 근거하여 공유수면매립면허처분과 농지개량사업 시행인가처분의 무효확인을 구할 원고적격이 없다. 대법원 2006. 3. 16. 선고 2006두330 전원합의체 판결

- 헌법재판소 : 기본권인 경쟁의 자유가 법률상 이익이 되는 것으로 본 바 있다.

판례

청구인의 기본권인 경쟁의 자유가 바로 행정청의 지정행위의 취소를 구할 법률상 이익이 된다. 헌법재판소 1998. 4. 30. 선고 97헌마141 결정

⑥ 법인 또는 단체의 경우

- 법인 또는 단체의 개별적 이익이 침해된 경우 그 법인 또는 단체에 원고적격이 인정됨은 물론이다.
- 그러나 법인 또는 단체 구성원의 법률상 이익이 침해되었음을 이유로 법인 또는 단체가 항고소송을 제기할 원고적격을 갖는 것은 아니다. 마찬가지로 법인 등의 구성원은 법인 등의 법률상 이익이 침해되었음을 이유로 항고소송을 제기할 원고적격을 갖지 못한다.

판례

1. 재단법인 甲 수녀원이, 매립목적을 택지조성에서 조선시설용지로 변경하는 내용의 공유수면매립목적 변경 승인처분으로 인하여 법률상 보호되는 환경상 이익을 침해받았다면서 행정청을 상대로 처분의 무효 확인을 구하는 소송을 제기한 사안에서, 공유수면매립목적 변경 승인처분으로 甲 수녀원에 소속된 수녀 등이 쾌적한 환경에서 생활할 수 있는 환경상 이익을 침해받는다고 하더라도 이를 가리켜 곧바로 甲 수녀원의 법률상 이익이 침해된다고 볼 수 없으므로, 甲 수녀원에 처분의 무효확인을 구할 원고적격이 없다. 대법원 2012. 6. 28. 선고 2010두2005 판결 16 지방
2. 법인의 주주는 법인에 대한 행정처분에 관하여 사실상이나 간접적인 이해관계를 가질 뿐이어서 스스로 그 처분의 취소를 구할 원고적격이 없는 것이 원칙이라고 할 것이지만, 그 처분으로 인하여 법인이 더 이상 영업 전부를 행할 수 없게 되고, 영업에 대한 인·허가의 취소 등을 거쳐 해산·청산되는 절차 또한 처분 당시 이미 예정되어 있으며, 그 후속절차가 취소되더라도 그 처분의 효력이 유지되는 한 당해 법인이 종전에 행하던 영업을 다시 행할 수 없는 예외적인 경우에는 주주도 그 처분에 관하여 직접적이고 구체적인 법률상 이해관계를 가진다고 보아 그 효력을 다툴 원고적격이 있다. 대법원 2005. 1. 27. 선고 2002두5313 판결
3. 사단법인 대한의사협회는 의료법에 의하여 의사들을 회원으로 하여 설립된 사단법인으로서, 국민건강보험법상 요양급여행위, 요양급여비용의 청구 및 지급과 관련하여 직접적인 법률관계를 갖지 않고 있으므로, 보건복지부 고시인 '건강보험요양급여행위 및 그 상대가치점수 개정'으로 인하여 자신의 법률상 이익을 침해당하였다고 할 수 없는 결과 위 고시의 취소를 구할 원고적격이 없다. 대법원 2006. 5. 25. 선고 2003두11988 판결

> 구 임대주택법의 내용과 입법 경위 및 취지 등에 비추어 보면, 임차인대표회의도 당해 주택에 거주하는 임차인과 마찬가지로 임대주택의 분양전환과 관련하여 그 승인의 근거 법률인 구 임대주택법에 의하여 보호되는 구체적이고 직접적인 이익이 있다고 봄이 상당하다. 따라서 임차인대표회의는 행정청의 분양전환승인처분이 승인의 요건을 갖추지 못하였음을 주장하여 그 취소소송을 제기할 원고적격이 있다고 보아야 한다. (대법원 2010. 5. 13. 선고 2009두19168 판결)

(3) 국가 및 지방자치단체의 원고적격

① 국가 또는 국가기관

- (원칙 : 부정) 국가 또는 국가기관에게는 원칙적으로 원고적격이 인정되지 않는다.

판례

건설교통부장관은 지방자치단체의 장이 기관위임사무인 국토이용계획 사무를 처리함에 있어 자신과 의견이 다를 경우 행정협의조정위원회에 협의·조정 신청을 하여 그 협의·조정 결정에 따라 의견불일치를 해소할 수 있고, 법원에 의한 판결을 받지 않고서도 행정권한의 위임 및 위탁에 관한 규정이나 구 지방자치법에서 정하고 있는 지도·감독을 통하여 직접 지방자치단체의 장의 사무처리에 대하여 시정명령을 발하고 그 사무처리를 취소 또는 정지할 수 있으며, 지방자치단체의 장에게 기간을 정하여 직무이행명령을 하고 지방자치단체의 장이 이를 이행하지 아니할 때에는 직접 필요한 조치를 할 수도 있으므로, 국가가 국토이용계획과 관련한 지방자치단체의 장의 기관위임사무의 처리에 관하여 지방자치단체의 장을 상대로 취소소송을 제기하는 것은 허용되지 않는다(주 : 충북대학교 총장은 대한민국이 설치한 충북대학교의 대표자일 뿐 항고소송의 원고가 될 수 있는 당사자능력이 없어 소가 부적법하다고 본 사례). 대법원 2007. 9. 20. 선고 2005두6935 판결 18 소방, 24 지방

- (예외 : 인정) 그러나 다른 기관의 처분에 의해 국가기관이 권리를 침해받거나 의무를 부과 받는 등 중대한 불이익을 받았음에도 그 처분을 다툴 별다른 방법이 없고, 그 처분의 취소를 구하는 항고소송을 제기하는 것이 유효·적절한 수단인 경우 국가기관에게 당사자능력과 원고적격이 인정된다.

판례

1. 법령이 특정한 행정기관 등으로 하여금 다른 행정기관을 상대로 제재적 조치를 취할 수 있도록 하면서, 그에 따르지 않으면 그 행정기관에 대하여 과태료를 부과하거나 형사처벌을 할 수 있도록 정하는 경우가 있다. 이러한 경우에는 단순히 국가기관이나 행정기관의 내부적 문제라거나 권한 분장에 관한 분쟁으로만 볼 수 없다. 행정기관의 제재적 조치의 내용에 따라 '구체적 사실에 대한 법집행으로서 공권력의 행사'에 해당할 수 있고, 그러한 조치의 상대방인 행정기관이 입게 될 불이익도 명확하다. 기관소송 법정주의를 취하면서 제한적으로만 이를 인정하고 있는 현행 법령의 체계에 비추어 보면, 이 경우 항고소송을 통한 구제의 길을 열어주는 것이 법치국가 원리에도 부합한다. 따라서 이러한 권리구제나 권리보호의 필요성이 인정된다면 예외적으로 그 제재적 조치의 상대방인 행정기관 등에게 항고소송 원고로서의 당사자능력과 원고적격을 인정할 수 있다.
   국민권익위원회가 소방청장에게 인사와 관련하여 부당한 지시를 한 사실이 인정된다며 이를 취소할 것을 요구하기로 의결하고 그 내용을 통지하자 소방청장이 국민권익위원회 조치요구의 취소를 구하는 소송을 제기한 사안에서, 처분성이 인정되는 국민권익위원회의 조치요구에 불복하고자 하는 소방청장으로서는 조치요구의 취소를 구하는 항고소송을 제기하는 것이 유효·적절한 수단으로 볼 수 있으므로 소방청장이 예외적으로 당사자능력과 원고적격을 가진다고 한 사례. 대법원 2018. 8. 1. 선고 2014두35379 판결 19 국회, 20 소방, 21 국가, 22 국가 01

2. 甲이 국민권익위원회에 부패방지 및 국민권익위원회의 설치와 운영에 관한 법률에 따른 신고와 신분보장조치를 요구하였고, 국민권익위원회가 乙 시·도선거관리위원회 위원장에게 '甲에 대한 중징계요구를 취소하고 향후 신고로 인한 신분상 불이익처분 및 근무조건상의 차별을 하지 말 것을 요구'하는 내용의 조치요구를 한 사안에서, 국가기관인 乙에게 위 조치요구의 취소를 구하는 소를 제기할 당사자능력, 원고적격 및 법률상 이익이 인정된다. 대법원 2013. 7. 25. 선고 2011두1214 판결 16 국가, 18 소방

3. 국가가 허가권자와 건축에 관한 협의를 마치면 구 건축법 제29조 제1항에 의하여 건축허가가 의제되는 법률효과가 발생된다. 그리고 건축허가 및 건축협의 사무는 지방자치사무로서, 구 건축법상 국가라 하더라도 미리 건축물의 소재지를 관할하는 허가권자인 지방자치단체의 장과 건축협의를 하지 아니하면 건축물을 건축할 수 없다. 따라서 허가권자인 지방자치단체의 장이 국가에 대하여 건축협의를 거부하는 것은 해당 건축물을 건축하지 못하도록 권한을 행사하여 건축허가 의제의 법률효과 발생을 거부하는 것이며, 한편 구 건축법이나 구 지방자치법 등 관련 법령에서는 국가가 허가권자의 거부행위를 다투어 법적 분쟁을 직접적·실효적으로 해결할 수 있는 구제수단을 찾기 어렵다. 이러한 사정들에 비추어 보면, 허가권자인 지방자치단체의 장이 한 건축협의 거부행위는 비록 그 상대방이 국가 등 행정주체라 하더라도, 행정청이 행하는 구체적 사실에 관한 법집행으로서의 공권력 행사의 거부 내지 이에 준하는 행정작용으로서 행정소송법 제2조 제1항 제1호에서 정한 처분에 해당한다고 볼 수 있고, 이에 대한 법적 분쟁을 해결할 실효적인 다른 법적 수단이 없는 이상 국가 등은 허가권자를 상대로 항고소송을 통해 그 거부처분의 취소를 구할 수 있다고 해석된다. 대법원 2014. 3. 13. 선고 2013두15934 판결

OX 확인

01 소방청장이 처분성이 인정되는 국민권익위원회의 조치요구에 불복하여 조치요구의 취소를 구하는 경우, 원고적격이 인정된다. (○)

② 지방자치단체

• 지방자치단체는 공법인으로서 행정주체에 해당하므로 원고적격이 인정될 수 있다.

판례

건축협의의 실질은 지방자치단체 등에 대한 건축허가와 다르지 않으므로, 지방자치단체 등이 건축물을 건축하려는 경우 등에는 미리 건축물의 소재지를 관할하는 허가권자인 지방자치단체의 장과 건축협의를 하지 않으면, 지방자치단체라 하더라도 건축물을 건축할 수 없다. 그리고 구 지방자치법 등 관련 법령을 살펴보아도 지방자치단체의 장이 다른 지방자치단체를 상대로 한 건축협의 취소에 관하여 다툼이 있는 경우에 법적 분쟁을 실효적으로 해결할 구제수단을 찾기도 어렵다.

따라서 건축협의 취소는 상대방이 다른 지방자치단체 등 행정주체라 하더라도 '행정청이 행하는 구체적 사실에 관한 법집행으로서의 공권력 행사로서 처분에 해당한다고 볼 수 있고, 지방자치단체인 원고가 이를 다툴 실효적 해결 수단이 없는 이상, 원고는 건축물 소재지 관할 허가권자인 지방자치단체의 장을 상대로 항고소송을 통해 건축협의 취소의 취소를 구할 수 있다. 대법원 2014. 2. 27. 선고 2012두22980 판결 17 지방

III 유형별 검토

1. 침익적 처분의 상대방

- 침익적 처분의 상대방에게는 당연히 원고적격이 인정된다.
- 수익적 처분의 상대방은 법률상 보호되는 이익이 침해되었다고 볼 수 없으므로 원칙적으로 원고적격이 부정된다.

판례

행정처분이 수익적인 처분이거나 신청에 의하여 신청 내용대로 이루어진 처분인 경우에는 처분 상대방의 권리나 법률상 보호되는 이익이 침해되었다고 볼 수 없으므로 달리 특별한 사정이 없는 한 처분의 상대방은 그 취소를 구할 이익이 없다. 대법원 1995. 5. 26. 선고 94누7324 판결 11 국가, 17 국가, 24 지방

2. 경업자소송

(1) 의의

- 여러 영업자가 경쟁관계에 있는 경우에 경쟁관계에 있는 영업자에 대한 처분 또는 부작위를 경쟁관계에 있는 다른 영업자가 다투는 소송을 말한다.
- 대표적인 예로 기존업자가 새로이 영업허가를 발급 받은 새로운 경쟁자에 대하여 그 허가처분의 취소를 구하는 경우를 들 수 있다.

(2) 원고적격 인정 여부

① 기존업자가 특허업자인 경우 : 인정

- 이 경우 기존업자가 그 특허로 인하여 받은 영업상 이익을 법률상 이익으로 본다. 17 국회

② 기존업자가 허가업자인 경우 : 원칙(부정) / 예외(인정)

- 기존업자가 허가업자인 경우 원칙적으로 그 허가로 인하여 받은 영업상 이익은 반사적 이익 또는 사실상 이익에 불과한 것으로 본다. 17 국회, 19 지방

판례

한의사 면허는 경찰금지를 해제하는 명령적 행위(강학상 허가)에 해당하고, 한약조제시험을 통하여 약사에게 한약조제권을 인정함으로써 한의사들의 영업상 이익이 감소되었다고 하더라도 이러한 이익은 사실상의 이익에 불과하고 약사법이나 의료법 등의 법률에 의하여 보호되는 이익이라고는 볼 수 없다. 대법원 1998. 3. 10. 선고 97누4289 판결 14 지방, 17 사복

• 다만, 처분의 근거 법률이 해당 업자들 사이의 과당경쟁으로 인한 경영의 불합리를 방지하는 것도 그 목적으로 하고 있는 경우에는 예외적으로 원고적격을 인정한다.

판례

일반적으로 면허나 인허가 등의 수익적 행정처분의 근거가 되는 법률이 해당 업자들 사이의 과당경쟁으로 인한 경영의 불합리를 방지하는 것도 목적으로 하고 있는 경우, 다른 업자에 대한 면허나 인허가 등의 수익적 행정처분에 대하여 미리 같은 종류의 면허나 인허가 등의 수익적 행정처분을 받아 영업을 하고 있는 기존의 업자는 경업자에 대하여 이루어진 면허나 인허가 등 행정처분의 상대방이 아니라고 하더라도 당해 행정처분의 무효확인 또는 취소를 구할 이익이 있다. 그러나 경업자에 대한 행정처분이 경업자에게 불리한 내용이라면 그와 경쟁관계에 있는 기존의 업자에게는 특별한 사정이 없는 한 유리할 것이므로 기존의 업자가 그 행정처분의 무효확인 또는 취소를 구할 이익은 없다고 보아야 한다. 대법원 2020. 4. 9. 선고 2019두49953 판결

(3) 구체적 판례 검토

① 원고적격을 인정한 사례

판례

1. 기존의 고속형 시외버스운송사업자에게 직행형 시외버스운송사업자에 대한 사업계획변경인가처분의 취소를 구할 법률상의 이익이 있다. 대법원 2010. 11. 11. 선고 2010두4179 판결 16 지방
2. 자동차운송사업의 면허에 대하여 당해 노선에 관한 기존업자는 노선연장인가처분의 취소를 구할 법률상의 이익이 있다. 대법원 1974. 4. 9. 선고 73누173 판결
3. 갑이 적법한 약종상허가를 받아 허가지역 내에서 약종상영업을 경영하고 있음에도 불구하고 행정관청이 구 약사법시행규칙을 위배하여 같은 약종상인 을에게 을의 영업허가지역이 아닌 갑의 영업허가지역 내로 영업소를 이전하도록 허가하였다면 갑으로서는 이로 인하여 기존업자로서의 법률상 이익을 침해받았음이 분명하므로 갑에게는 행정관청의 영업소이전허가처분의 취소를 구할 법률상 이익이 있다. 대법원 1988. 6. 14. 선고 87누873 판결

구 오수·분뇨 및 축산폐수의 처리에 관한 법률과 같은 법 시행령상 업종을 분뇨와 축산폐수 수집·운반업 및 정화조청소업으로 하여 분뇨 등 관련 영업허가를 받아 영업을 하고 있는 기존 업자의 이익이 법률상 보호되는 이익이라고 보아, 기존 업자에게 경업자에 대한 영업허가처분의 취소를 구할 원고적격이 있다고 한 사례. (대법원 2006. 7. 28. 선고 2004두6716 판결)

② 원고적격을 부정한 사례

판례

1. 석탄가공업에 관한 허가는 사업경영의 권리를 설정하는 형성적 행정행위가 아니라 질서유지와 공공복리를 위한 금지를 해제하는 명령적 행정행위여서 그 허가를 받은 자는 영업자유를 회복하는데 불과하고 독점적 영업권을 부여받은 것이 아니기 때문에 기존허가를 받은 원고들이 신규허가로 인하여 영업상 이익이 감소된다 하더라도 이는 원고들의 반사적 이익을 침해하는 것에 지나지 아니하므로 원고들은 신규허가 처분에 대하여 행정소송을 제기할 법률상 이익이 없다. 대법원 1980. 7. 22. 선고 80누33, 34 판결 13 국회
2. 면허받은 장의자동차운송사업구역에 위반하였음을 이유로 한 행정청의 과징금부과처분에 의하여 동종업자의 영업이 보호되는 결과는 사업구역제도의 반사적 이익에 불과하기 때문에 그 과징금부과처분을 취소한 재결에 대하여 처분의 상대방 아닌 제3자는 그 취소를 구할 법률상 이익이 없다. 대법원 1992. 12. 8. 선고 91누13700 판결

이 사건 건물의 4, 5층 일부에 객실을 설비할 수 있도록 숙박업구조변경허가를 함으로써 그곳으로부터 50미터 내지 700미터 정도의 거리에서 여관을 경영하는 원고들이 받게 될 불이익은 간접적이거나 사실적, 경제적인 불이익에 지나지 아니하므로 그것만으로는 원고들에게 위 숙박업구조변경허가처분의 무효확인 또는 취소를 구할 소익이 있다고 할 수 없다. (대법원 1990. 8. 14. 선고 89누7900 판결)

3. 경원자소송

(1) 의의

- 수인의 신청을 받아 일부에 대하여만 인·허가 등의 수익적 행정처분을 할 수 있는 경우에 인·허가 등을 받지 못한 자가 인·허가처분에 대하여 제기하는 소송을 말한다.

(2) 원고적격 인정 여부: 인정

- 각 경원자에 대한 인·허가 등이 상호 배타적 관계에 있으므로 자신의 권익을 구제하기 위하여 타인에 대한 인·허가처분 등을 취소할 법률상 이익이 있다.

판례

인·허가 등의 수익적 행정처분을 신청한 수인이 서로 경쟁관계에 있어서 일방에 대한 허가 등의 처분이 타방에 대한 불허가 등으로 귀결될 수밖에 없는 때(이른바 경원관계에 있는 경우로서 동일대상지역에 대한 공유수면매립면허나 도로점용허가 혹은 일정지역에 있어서의 영업허가 등에 관하여 거리제한규정이나 업소개수제한규정 등이 있는 경우를 그 예로 들 수 있다) 허가 등의 처분을 받지 못한 자는 비록 경원자에 대하여 이루어진 허가 등 처분의 상대방이 아니라 하더라도 당해 처분의 취소를 구할 당사자적격이 있다. 대법원 1992. 5. 8. 선고 91누13274 판결 17 지방

- 다만, 명백한 법적 장애로 인하여 원고 자신의 신청이 인용될 가능성이 처음부터 배제되어 있는 경우에는 당해 처분의 취소를 구할 정당한 이익이 없다(법률상 이익 부정)(대법원 2009. 12. 10. 선고 2009두8359 판결).
- 한편, 경원자관계에 있는 자는 타인에 대한 인·허가처분의 취소를 구할 수 있을 뿐만 아니라 자신에 대한 불허가처분의 취소를 구할 수도 있고, 양자를 병합하여 제기할 수도 있다.

판례

인가·허가 등 수익적 행정처분을 신청한 여러 사람이 서로 경원관계에 있는 경우, 허가 등 처분을 받지 못한 사람은 자신에 대한 거부처분의 취소를 구할 원고적격과 소의 이익이 있다. 대법원 2015. 10. 29. 선고 2013두27517 판결 18 국회

4. 인인소송(인근주민소송)

(1) 의의

- 어떠한 시설의 설치를 허가하는 처분에 대하여 당해 시설의 인근주민이 이를 다투는 소송을 말한다.

(2) 원고적격 인정 여부

① 판단기준

- 당해 허가처분의 근거법규 및 관계법규의 사익보호성 인정 여부에 따라 결정된다.
- 즉, 처분의 근거법규 및 관계법규가 공익뿐만 아니라 인근주민의 개인적 이익도 함께 보호하고 있다고 해석되는 경우 인근주민에게 원고적격이 인정된다.

② 원고적격을 인정한 판례

판례

1. 주거지역 내에 위 법조 소정 제한면적을 초과한 연탄공장 건축허가처분으로 불이익을 받고 있는 제3거주자는 비록 당해 행정처분의 상대자가 아니라 하더라도 그 행정처분으로 말미암아 위와 같은 법률에 의하여 보호되는 이익을 침해받고 있다면 당해행정 처분의 취소를 소구하여 그 당부의 판단을 받을 법률상의 자격이 있다. 대법원 1975. 5. 13. 선고 73누96, 97 판결
2. 도시계획의 내용이 화장장의 설치에 관한 것일 때에는 도시계획법 제12조뿐만 아니라 매장및묘지등에관한법률 및 같은 법 시행령 역시 그 근거 법률이 된다고 보아야 할 것이므로, 위 근거 및 관련법령에서 일정한 경우에 공설화장장 설치를 금지함에 의하여 보호되는 부근 주민들의 이익은 위 도시계획결정처분의 근거 법률에 의하여 보호되는 법률상 이익이다. 대법원 1995. 9. 26. 선고 94누14544 판결
3. 원자로 시설부지 인근 주민들은 방사성물질 등에 의한 생명·신체의 안전침해를 이유로 부지사전승인처분의 취소를 구할 원고적격이 있다. 대법원 1998. 9. 4. 선고 97누19588 판결 14 서울
4. 수돗물을 공급받아 이를 마시거나 이용하는 주민들로서는 위 근거 법규 및 관련 법규가 환경상 이익의 침해를 받지 않은 채 깨끗한 수돗물을 마시거나 이용할 수 있는 자신들의 생활환경상의 개별적 이익을 직접적·구체적으로 보호하고 있음을 증명하여 원고적격을 인정받을 수 있다. 김해시장이 낙동강에 합류하는 하천수 주변의 토지에 구 산업집적활성화 및 공장설립에 관한 법률 제13조에 따라 공장설립을 승인하는 처분을 한 사안에서, 공장설립으로 수질오염 등이 발생할 우려가 있는 취수장에서 물을 공급받는 부산광역시 또는 양산시에 거주하는 주민들도 위 처분의 근거 법규 및 관련 법규에 의하여 법률상 보호되는 이익이 침해되거나 침해될 우려가 있는 주민으로서 원고적격이 인정된다. 대법원 2010. 4. 15. 선고 2007두16127 판결

③ 원고적격을 부정한 판례

판례

1. 상수원보호구역 설정의 근거가 되는 수도법 제5조 제1항 및 동 시행령 제7조 제1항이 보호하고자 하는 것은 상수원의 확보와 수질보전일 뿐이고, 그 상수원에서 급수를 받고 있는 지역주민들이 가지는 상수원의 오염을 막아 양질의 급수를 받을 이익은 직접적이고 구체적으로는 보호하고 있지 않음이 명백하여 위 지역주민들이 가지는 이익은 상수원의 확보와 수질보호라는 공공의 이익이 달성됨에 따라 반사적으로 얻게 되는 이익에 불과하므로 지역주민들에 불과한 원고들에게는 위 상수원보호구역변경처분의 취소를 구할 법률상의 이익이 없다. 대법원 1995. 9. 26. 선고 94누14544 판결 17 국가
2. 일반적으로 도로는 국가나 지방자치단체가 직접 공중의 통행에 제공하는 것으로서 일반국민은 이를 자유로이 이용할 수 있는 것이기는 하나, 그렇다고 하여 그 이용관계로부터 당연히 그 도로에 관하여 특정한 권리나 법령에 의하여 보호되는 이익이 개인에게 부여되는 것이라고까지는 말할 수 없으므로, 일반적인 시민생활에 있어 도로를 이용만 하는 사람은 그 용도폐지를 다툴 법률상의 이익이 있다고 말할 수 없지만, 공공용재산이라고 하여도 당해 공공용재산의 성질상 특정개인의 생활에 개별성이 강한 직접적이고 구체적인 이익을 부여하고 있어서 그에게 그로 인한 이익을 가지게 하는 것이 법률적인 관점으로도 이유가 있다고 인정되는 특별한 사정이 있는 경우에는 그와 같은 이익은 법률상 보호되어야 할 것이고, 따라서 도로의 용도폐지처분에 관하여 이러한 직접적인 이해관계를 가지는 사람이 그와 같은 이익을 현실적으로 침해당한 경우에는 그 취소를 구할 법률상의 이익이 있다. 대법원 1992. 9. 22. 선고 91누13212 판결

공유수면 점용·사용허가로 인하여 인접한 토지를 적정하게 이용할 수 없게 되는 등의 피해를 받을 우려가 있는 인접 토지 소유자 등은 공유수면 점용·사용허가처분의 취소 또는 무효확인을 구할 원고적격이 인정된다. (대법원 2014. 9. 4. 선고 2014두2164 판결)

인근 주민들이 토사채취허가와 관련하여 가지게 되는 이익은 위와 같은 추상적, 평균적, 일반적인 이익에 그치는 것이 아니라 처분의 근거법규 등에 의하여 보호되는 직접적·구체적인 법률상 이익이라고 할 것이다. (대법원 2007. 6. 15. 선고 2005두9736 판결)

광업권설정허가처분과 그에 따른 광산 개발로 인하여 재산상·환경상 이익의 침해를 받거나 받을 우려가 있는 토지나 건축물의 소유자와 점유자 또는 이해관계인 및 주민들은 그 처분 전과 비교하여 수인한도를 넘는 재산상·환경상 이익의 침해를 받거나 받을 우려가 있다는 것을 증명함으로써 그 처분의 취소를 구할 원고적격을 인정받을 수 있다. (대법원 2008. 9. 11. 선고 2006두7577 판결)

갑이 을 소유의 도로를 공로에 이르는 유일한 통로로 이용하였으나 갑 소유의 대지에 연접하여 새로운 공로가 개설되어 그 쪽으로 출입문을 내어 바로 새로운 공로에 이를 수 있게 된 경우, 갑은 을 소유의 도로에 대한 도로폐지허가처분의 취소를 구할 법률상 이익이 없다. (대법원 1999. 12. 7. 선고 97누12556 판결)

(3) 환경영향평가

① 쟁점의 정리

- 판례는 환경영향평가법을 환경영향평가 대상사업에 대한 허가처분의 근거 법률 내지 관계법률로 보고 있으며, 당해 법률은 개인적 이익으로서의 환경상 이익도 보호하고 있다고 본다.

판례

환경부장관이 집단시설지구 내 시설물기본설계 변경승인처분 등을 함에 있어서는 반드시 자연공원법령 및 환경영향평가법령 소정의 환경영향평가를 거쳐서 그 환경영향평가의 협의내용을 사업계획에 반영시키도록 하여야 하므로 자연공원법령뿐 아니라, 환경영향평가법령도 위 변경승인처분 등에 직접적인 영향을 미치는 근거 법령이 된다고 볼 수밖에 없다. 대법원 2001. 7. 27. 선고 99두2970 판결 11 국가

- 이 경우 환경영향평가 대상지역 내에 거주하는지 또는 영향권❶ 내의 주민인지 여부에 따라 원고적격의 인정을 위한 증명책임에 있어서 차이가 존재한다.

❶ 판례는 개발사업으로 인하여 환경상 침해를 받으리라고 예상되는 지역을 영향권이라 표현한다.

② **환경영향평가** 대상지역(영향권) 내 **주민**

- 환경상 이익에 대한 침해 우려를 사실상 추정하여 특단의 사정이 없는 한 원고적격이 인정된다.
- 따라서 환경영향평가 대상지역 내 주민은 자신이 그 지역에 거주하고 있다는 사실만 입증하면 원고적격이 추정된다.

판례

1. 행정처분의 근거 법규 또는 관련 법규에 그 처분으로써 이루어지는 행위 등 사업으로 인하여 환경상 침해를 받으리라고 예상되는 영향권의 범위가 구체적으로 규정되어 있는 경우에는, 그 영향권 내의 주민들에 대하여는 당해 처분으로 인하여 직접적이고 중대한 환경피해를 입으리라고 예상할 수 있고, 이와 같은 환경상의 이익은 주민 개개인에 대하여 개별적으로 보호되는 직접적·구체적 이익으로서 그들에 대하여는 특단의 사정이 없는 한 환경상 이익에 대한 침해 또는 침해 우려가 있는 것으로 사실상 추정되어 법률상 보호되는 이익으로 인정됨으로써 원고적격이 인정된다. 11 국가, 14 서울
   환경정책기본법령상 사전환경성검토협의 대상지역 내에 포함될 개연성이 충분하다고 보이는 주민들에게는 그 협의대상에 해당하는 창업사업계획승인처분과 공장설립승인처분의 취소를 구할 원고적격이 인정된다. 대법원 2006. 12. 22. 선고 2006두14001 판결 12 사복, 14 서울
2. 납골당 설치장소에서 500m 내에 20호 이상의 인가가 밀집한 지역에 거주하는 주민들의 경우, 납골당이 누구에 의하여 설치되는지와 관계없이 납골당 설치에 대하여 환경 이익 침해 또는 침해 우려가 있는 것으로 사실상 추정되어 원고적격이 인정된다. 대법원 2011. 9. 8. 선고 2009두6766 판결

폐기물처리시설 설치촉진 및 주변지역지원 등에 관한 법률 시행령 제18조 제1항 별표2 제2호 나.목은 '주변영향지역이 결정·고시되지 아니한 경우'에 '폐기물매립시설의 부지 경계선으로부터 2킬로미터 이내, 폐기물소각시설의 부지 경계선으로부터 300미터 이내에 거주하는 지역주민으로서 해당 특별자치도·시·군·구 의회에서 추천한 읍·면·동별 주민대표'로 지원협의체를 구성하도록 규정하고 있다.
위 범위 안에서 거주하는 주민들이 폐기물처리시설의 주변영향지역 결정과 관련하여 갖는 이익은 주민 개개인에 대하여 개별적으로 보호되는 직접적·구체적 이익으로서 그들에 대하여는 특단의 사정이 없는 한 환경상 이익에 대한 침해 또는 침해 우려가 있는 것으로 사실상 추정되어 원고적격이 인정된다. (대법원 2018. 8. 1. 선고 2014두42520 판결)

- 그러나 단지 대상지역 내 건물·토지를 소유하거나 환경상 이익을 일시적으로 향유하는 데 그치는 자에 대해서는 환경상 이익의 침해가 추정되지 않는다. 12 지방

판례

단지 그 영향권 내의 건물·토지를 소유하거나 환경상 이익을 일시적으로 향유하는 데 그치는 사람은 포함되지 않는다. 대법원 2009. 9. 24. 선고 2009두2825 판결

③ **환경영향평가** 대상지역(영향권) 밖 **주민**

- 환경영향평가 대상지역(영향권) 밖 주민이라 할지라도 처분 등으로 인해 수인한도를 넘는 환경피해를 받거나 받을 우려가 있다는 것을 입증하면 원고적격이 인정된다.

판례

환경영향평가 대상지역 밖의 주민이라 할지라도 공유수면매립면허처분 등으로 인하여 그 처분 전과 비교하여 수인한도를 넘는 환경피해를 받거나 받을 우려가 있는 경우에는, 공유수면매립면허처분 등으로 인하여 환경상 이익에 대한 침해 또는 침해우려가 있다는 것을 입증함으로써 그 처분 등의 무효확인을 구할 원고적격을 인정받을 수 있다. 대법원 2006. 3. 16. 선고 2006두330 전원합의체 판결 24 지방

- 다만, 대상지역(영향권) 밖 주민이라도 그 대상지역 내에서 농작물을 경작하는 등 현실적으로 환경상 이익을 향유하는 자는 환경상 이익에 대한 침해 또는 침해우려가 있는 것으로 사실상 추정되어 원고적격이 인정된다.

판례

환경상 이익에 대한 침해 또는 침해 우려가 있는 것으로 사실상 추정되어 원고적격이 인정되는 사람에는 환경상 침해를 받으리라고 예상되는 영향권 내의 주민들을 비롯하여 그 영향권 내에서 농작물을 경작하는 등 현실적으로 환경상 이익을 향유하는 사람도 포함된다. 대법원 2009. 9. 24. 선고 2009두2825 판결

5. 기타 판례 검토

(1) 원고적격이 인정된 경우

판례

1. 이른바 예탁금회원제 골프장에 있어서, 체육시설업자 또는 그 사업계획의 승인을 얻은 자가 회원모집계획서를 제출하면서 허위의 사업시설 설치공정확인서를 첨부하거나 사업계획의 승인을 받을 때 정한 예정인원을 초과하여 회원을 모집하는 내용의 회원모집계획서를 제출하여 그에 대한 시·도지사 등의 검토결과 통보를 받는다면 이는 기존회원의 골프장에 대한 법률상의 지위에 영향을 미치게 되므로, 이러한 경우 기존회원은 위와 같은 회원모집계획서에 대한 시·도지사의 검토결과 통보의 취소를 구할 법률상의 이익이 있다. 대법원 2009. 2. 26. 선고 2006두16243 판결 16 지방
2. 조합설립추진위원회의 구성에 동의하지 아니한 정비구역 내의 토지 등 소유자도 조합설립추진위원회 설립승인처분에 대하여 같은 법에 의하여 보호되는 직접적이고 구체적인 이익을 향유하므로 그 설립승인처분의 취소소송을 제기할 원고적격이 있다. 대법원 2007. 1. 25. 선고 2006두12289 판결
3. 도시계획사업 시행지역에 포함된 토지의 소유자는 도시계획사업 실시계획 인가처분의 효력을 다툴 이익이 있다. 대법원 1995. 12. 8. 선고 93누9927 판결
4. 학교법인에 의하여 임원으로 선임된 사람에게는 관할청의 임원취임승인신청 반려처분을 다툴 수 있는 원고적격이 있다. 대법원 2007. 12. 27. 선고 2005두9651 판결 16 지방
5. 도시환경정비사업에 대한 사업시행계획에 당연무효인 하자가 있는 경우에는 도시환경정비사업조합은 사업시행계획을 새로이 수립하여 관할관청에게서 인가를 받은 후 다시 분양신청을 받아 관리처분계획을 수립하여야 한다. 따라서 분양신청기간 내에 분양신청을 하지 않거나 분양신청을 철회함으로 인해 도시 및 주거환경정비법 제47조 및 조합 정관 규정에 의하여 조합원의 지위를 상실한 토지 등 소유자도 다시 분양신청을 함으로써 건축물 등을 분양받을 수 있으므로 관리처분계획의 무효확인 또는 취소를 구할 법률상 이익이 있다. 대법원 2011. 12. 8. 선고 2008두18342 판결
6. 미얀마 국적의 갑이 위명인 '을' 명의의 여권으로 대한민국에 입국한 뒤 을 명의로 난민 신청을 하였으나 법무부장관이 을 명의를 사용한 갑을 직접 면담하여 조사한 후 갑에 대하여 난민불인정 처분을 한 사안에서, 처분의 상대방은 허무인이 아니라 '을'이라는 위명을 사용한 갑이라는 이유로, 갑이 처분의 취소를 구할 법률상 이익이 있다고 한 사례. 대법원 2017. 3. 9. 선고 2013두16852 판결 19 국회

구속된 피고인이 사전에 접견신청한 자와의 접견을 원하지 않는다는 의사표시를 하였다는 등의 특별한 사정이 없는 한 구속된 피고인은 교도소장의 접견허가거부처분으로 인하여 자신의 접견권이 침해되었음을 주장하여 위 거부처분의 취소를 구할 원고적격을 가진다. (대법원 1992. 5. 8. 선고 91누7552 판결)

과세관청이 조세의 징수를 위하여 체납자가 점유하고 있는 제3자의 소유 동산을 압류한 경우, 그 체납자는 그 압류처분에 의하여 당해 동산에 대한 점유권의 침해를 받은 자로서 그 압류처분에 대하여 법률상 직접적이고 구체적인 이익을 가지는 것이어서 그 압류처분의 취소나 무효확인을 구할 원고적격이 있다. (대법원 2006. 4. 13. 선고 2005두15151 판결)

7. 법무사규칙 제37조 제4항이 이의신청 절차를 규정한 것은 채용승인을 신청한 법무사뿐만 아니라 사무원이 되려는 사람의 이익도 보호하려는 취지로 볼 수 있다. 따라서 지방법무사회의 사무원 채용승인 거부처분 또는 채용승인 취소처분에 대해서는 처분 상대방인 법무사뿐만 아니라 그 때문에 사무원이 될 수 없게 된 사람도 이를 다툴 원고적격이 인정되어야 한다. 대법원 2020. 4. 9. 선고 2015다34444 판결 21 국가 01

8. 원고는 대한민국에서 출생하여 오랜 기간 대한민국 국적을 보유하면서 거주한 사람이므로 이미 대한민국과 실질적 관련성이 있거나 대한민국에서 법적으로 보호가치 있는 이해관계를 형성하였다고 볼 수 있다. 또한 재외동포의 대한민국 출입국과 대한민국 안에서의 법적 지위를 보장함을 목적으로 「재외동포의 출입국과 법적 지위에 관한 법률」이 특별히 제정되어 시행 중이다. 따라서 원고는 이 사건 사증발급 거부처분의 취소를 구할 법률상 이익이 인정된다. 대법원 2019. 7. 11. 선고 2017두38874 판결 22 국가

(2) 원고적격이 부정된 경우

판례

1. 생태·자연도는 토지이용 및 개발계획의 수립이나 시행에 활용하여 자연환경을 체계적으로 보전·관리하기 위한 것일 뿐, 1등급 권역의 인근 주민들이 가지는 생활상 이익을 직접적이고 구체적으로 보호하기 위한 것이 아님이 명백하고, 1등급 권역의 인근 주민들이 가지는 이익은 환경보호라는 공공의 이익이 달성됨에 따라 반사적으로 얻게 되는 이익에 불과하므로, 인근 주민에 불과한 자는 생태·자연도 등급권역을 1등급에서 일부는 2등급으로, 일부는 3등급으로 변경한 결정의 무효 확인을 구할 원고적격이 없다. 대법원 2014. 2. 21. 선고 2011두29052 판결 16 국가, 23 국가
2. 2종 교과용 도서에 대하여 검정신청을 하였다가 불합격결정처분을 받은 자는 자신이 검정신청한 교과서의 과목과 전혀 관계가 없는 과목의 교과용 도서에 대한 합격결정처분에 대하여는 그 취소를 구할 법률상의 이익이 없다. 대법원 1992. 4. 24. 선고 91누6634 판결 24 국가
3. 국립대학 교수에게 타인을 같은 학과 부교수로 임용한 처분의 취소를 구할 법률상 이익이 없다고 한 사례. 대법원 1995. 12. 12. 선고 95누11856 판결 18 소방
4. 의원으로서의 인근생활시설로 용도변경된 건물과 가까운 곳에서 치과의원을 경영하는 자는 그 용도변경처분의 취소를 구할 원고적격을 가지지 않는다고 한 사례. 대법원 1990. 5. 22. 선고 90누813 판결 18 소방
5. 개발제한구역 중 일부 취락을 개발제한구역에서 해제하는 내용의 도시관리계획변경결정에 대하여, 개발제한구역 해제대상에서 누락된 토지의 소유자는 위 결정의 취소를 구할 법률상 이익이 없다. 대법원 2008. 7. 10. 선고 2007두10242 판결 21 국가 02
6. 원천징수에 있어서 원천납세의무자는 과세권자가 직접 그에게 원천세액을부과한 경우가 아닌 한 과세권자의 원천징수의무자에 대한 납세고지로 인하여 자기의 원천세납세의무의 존부나 범위에 아무런 영향을 받지 아니하므로 이에 대하여 항고소송을 제기할 수 없다. 대법원 1994. 9. 9. 선고 93누22234 판결 15 국가
7. 교육부장관이 사학분쟁조정위원회의 심의를 거쳐 갑 대학교를 설치·운영하는 을 학교법인의 이사 8인과 임시이사 1인을 선임한 데 대하여 갑 대학교 교수협의회와 총학생회 등이 이사선임처분의 취소를 구하는 소송을 제기한 사안에서, 갑 대학교 교수협의회와 총학생회는 이사선임처분을 다툴 법률상 이익을 가지지만, 전국대학노동조합 갑 대학교지부는 법률상 이익이 없다. 대법원 2015. 7. 23. 선고 2012두19496, 19502 판결 17 지방
8. 토지수용에 의하여 이미 이 사건 토지에 대한 소유권을 상실한 자는 도시계획결정과 토지의 수용이 법률에 위반되어 당연무효라고 볼만한 특별한 사정이 보이지 않는 이상 토지에 대한 도시계획결정의 취소를 청구할 법률상의 이익이 없다. 헌법재판소 2002. 5. 30. 선고 2000헌바58 등 결정 12 지방, 15 사복
9. 대학생들이 전공이 다른 교수를 임용함으로써 학습권을 침해당하였다는 이유를 들어 교수임용처분의 취소를 구할 소의 이익이 없다. 대법원 1993. 7. 27. 선고 93누8139 판결 12 국회

OX 확인

01 지방법무사회가 법무사의 사무원 채용승인 신청을 거부하여 사무원이 될 수 없게 된 자가 지방법무사회를 상대로 거부처분의 취소를 구하는 경우, 원고적격이 인정된다. (○)

아파트관리사무소 소장으로 근무하면서 관리사무소를 위하여 종합소득세의 신고·납부, 경정청구 등의 업무를 처리하였다는 것만으로는, 위 소장에게 경정청구를 거부한 과세관청의 처분에 대해 취소를 구할 법률상의 이익이 있다고 보기 어렵다고 한 사례. (대법원 2003. 9. 23. 선고 2002두1267 판결)

OX 확인

02 개발제한구역 중 일부 취락을 개발제한구역에서 해제하는 내용의 도시관리계획변경결정에 대하여 개발제한구역 해제대상에서 누락된 토지의 소유자가 위 결정의 취소를 구하는 경우, 원고적격이 인정된다. (×)

PART 02

주택건설사업계획승인처분의 대상이 된 사업부지 밖의 토지소유자에게는 그 처분의 취소를 구할 원고적격이 없다고 본 사례. (대법원 2004. 8. 16. 선고 2003두2175 판결)

10. 운전기사의 합승행위를 이유로 회사에 대하여 한 과징금부과처분으로 말미암아 당해 운전기사의 상여금지급이 제한되었다고 하더라도, 과징금부과처분의 직접 당사자 아닌 당해 운전기사로서는 그 처분의 취소를 구할 직접적이고 구체적인 이익이 있다고 볼 수 없다. 대법원 1994. 4. 12. 선고 93누24247 판결 12 국회

11. 사증발급 거부처분을 다투는 외국인은, 아직 대한민국에 입국하지 않은 상태에서 대한민국에 입국하게 해달라고 주장하는 것으로, 대한민국과의 실질적 관련성 내지 대한민국에서 법적으로 보호가치 있는 이해관계를 형성한 경우는 아니어서, 해당 처분의 취소를 구할 법률상 이익을 인정하여야 할 법정책적 필요성도 크지 않다.
반면, 국적법상 귀화불허가처분이나 출입국관리법상 체류자격변경 불허가처분, 강제퇴거명령 등을 다투는 외국인은 대한민국에 적법하게 입국하여 상당한 기간을 체류한 사람이므로, 이미 대한민국과의 실질적 관련성 내지 대한민국에서 법적으로 보호가치 있는 이해관계를 형성한 경우이어서, 해당 처분의 취소를 구할 법률상 이익이 인정된다고 보아야 한다.
사증발급의 법적 성질, 출입국관리법의 입법 목적, 사증발급 신청인의 대한민국과의 실질적 관련성, 상호주의원칙 등을 고려하면, 우리 출입국관리법의 해석상 외국인에게는 사증발급 거부처분의 취소를 구할 법률상 이익이 인정되지 않는다. 대법원 2018. 5. 15. 선고 2014두42506 판결 21 국가 01

12. 건물의 사용검사처분은 건축허가를 받아 건축된 건물이 건축허가 사항대로 건축행정 목적에 적합한지 여부를 확인하고 사용검사필증을 교부하여 줌으로써 허가받은 자로 하여금 건축한 건물을 사용·수익할 수 있게 하는 법률효과를 발생시키는 것이다. 입주자나 입주예정자들은 건물에 대한 사용검사처분을 취소하지 않고서도 민사소송 등을 통하여 분양계약에 따른 법률관계 및 하자 등을 주장·증명함으로써 사업주체 등으로부터 하자 제거·보완 등에 관한 권리구제를 받을 수 있으므로, 사용검사처분의 취소 여부에 의하여 법률적인 지위가 달라진다고 할 수 없다. 따라서 구 주택법상 입주자나 입주예정자는 사용검사처분의 취소를 구할 법률상 이익이 없다. 대법원 2014. 7. 24. 선고 2011두30465 판결 18 지방, 23 국가

13. 보조금 교부조건의 설정을 위한 전제로서 에너지절감시설(다겹 보온커튼)설치 시공업체를 선정한 행위에 대한 취소소송에서 원고들에 대한 선정제외 처분 외에 다른 업체들에 대한 선정처분 및 선정제외처분에 대하여는 원고들에게 이를 다툴 법률상 이익이 인정되지 않는다고 한 사례(절대평가제를 적용하여 평가점수 70점을 기준으로 선정 여부를 결정하였기 때문에, 응모한 업체들은 상호 경쟁관계 또는 경원자 관계에 있지 않았던 것으로 본 사례). 대법원 2021. 2. 4. 선고 2020두48772 판결

14. [1] 분양전환승인 중 분양전환가격을 승인하는 부분은 단순히 분양계약의 효력을 보충하여 그 효력을 완성시켜주는 강학상 '인가'에 해당한다고 볼 수 없고, 임차인들에게는 분양계약을 체결한 이후 분양대금이 강행규정인 임대주택법령에서 정한 산정기준에 의한 분양전환가격을 초과하였음을 이유로 부당이득반환을 구하는 민사소송을 제기하는 것과 별개로, 분양계약을 체결하기 전 또는 체결한 이후라도 항고소송을 통하여 분양전환승인의 효력을 다툴 법률상 이익(원고적격)이 있다고 보아야 한다. [2] 구 임대주택법의 임대사업자가 여러 세대의 임대주택에 대해 분양전환승인 신청을 하여 외형상 하나의 행정처분으로 그 승인을 받았다고 하더라도 이는 승인된 개개 세대에 대한 처분으로 구성되고 각 세대별로 가분될 수 있으므로 임대주택에 대한 분양전환승인처분 중 일부 세대에 대한 부분만 취소하는 것이 가능하다. 따라서 우선 분양전환 대상자인 임차인들이 분양전환승인처분의 취소를 구하는 경우, 특별한 사정이 없는 한 그 취소를 구하는 임차인이 분양전환 받을 세대가 아닌 다른 세대에 대한 부분까지 취소를 구할 법률상 이익(원고적격)은 인정되지 않는다. [3] 분양전환승인처분 전부에 대하여 취소소송을 제기한 임차인이 해당 임대주택에 관하여 분양전환 요건이 충족되었다는 점 자체는 다투지 않으면서 다만 분양전환가격 산정에 관해서만 다투는 경우에는 분양전환승인처분 중 임대주택의 매각을 허용하는 부분은 실질적인 불복이 없어 그 취소를 구할 법률상 이익(협의의 소의 이익)이 없다고 보아야 한다. [4] 분양전환승인처분 이후 진행된 분양전환절차에서 분양계약을 체결하지 아니한 채 임대주택에서 퇴거한 임차인은, 분양전환승인처분에 관하여 효력정지결정이 이루어져 임대사업자가 제3자에게 해당 임대주택을 매각하지 않았다는 등의 특별한 사정이 없는 한, 분양전환승인처분의 취소를 구할 법률상 이익(협의의 소의 이익)이 인정되지 않는다고 보아야 한다. 대법원 2020. 7. 23. 선고 2015두48129 판결

OX 확인

01 중국 국적자인 외국인이 사증발급 거부처분의 취소를 구하는 경우, 원고적격이 인정된다. (×)

쟁점 26 협의의 소의 이익

Ⅰ 의의

1. 협의의 소의 이익의 의의

• 소송절차를 통해 분쟁을 해결해야 할 현실적인 이익 내지 필요성을 말하는 것으로서, 권리보호의 이익(필요)이라고도 한다.

• 광의의 소의 이익은 대상적격, 원고적격, 권리보호의 이익(협의의 소의 이익)을 모두 일컫는 것이고, 이 중 권리보호의 이익만을 협의의 소의 이익이라 한다.

2. 취소소송에서의 협의의 소의 이익

(1) 의의

• 취소소송에서 협의의 소의 이익은 대상적격과 원고적격이 충족되면 특별한 사정이 없는 한 원칙적으로 인정된다.

• 소의 이익이 부정되는 특별한 사정이란 ① 처분의 효력이 소멸한 경우, ② 원상회복이 불가능한 경우, ③ 권리침해의 상태가 해소된 경우, ④ 행정소송이 아닌 다른 특별한 불복절차가 있는 경우 등 원고의 청구가 권리구제의 실효성을 갖지 못하게 되는 사정을 말한다.

판례

행정처분의 무효확인 또는 취소를 구하는 소에서, 비록 행정처분의 위법을 이유로 무효확인 또는 취소 판결을 받더라도 처분에 의하여 발생한 위법상태를 원상으로 회복시키는 것이 불가능한 경우에는 원칙적으로 무효확인 또는 취소를 구할 법률상 이익이 없고, 다만 원상회복이 불가능하더라도 무효확인 또는 취소로써 회복할 수 있는 다른 권리나 이익이 남아 있는 경우 예외적으로 법률상 이익이 인정될 수 있을 뿐이다. 대법원 2016. 6. 10. 선고 2013두1638 판결 22 국가

• 다만, 이와 같은 경우에도 처분의 취소로 인하여 회복되는 법률상 이익이 있는 경우 행정소송법 제12조에 의해 예외적으로 소의 이익이 인정된다.

• **행정소송법 제12조 2문** : "처분 등의 효과가 기간의 경과, 처분 등의 집행 그 밖의 사유로 인하여 소멸된 뒤에도 그 처분 등의 취소로 인하여 회복되는 법률상 이익이 있는 자의 경우에는 또한 같다."

(2) 제12조 2문상 '법률상 이익'의 의미

• 협의의 소의 이익에 있어서 법률상 이익의 의미에 대해 판례는 원고적격에 있어서의 법률상 이익의 의미와 동일한 것으로 보고 있다.

• 즉, 법률상 이익은 "당해 처분의 근거 법률에 의하여 보호되는 직접적이고 구체적인 이익"을 말하고, "간접적이거나 사실적·경제적 이해관계를 가지는 데 불과한 경우"는 여기에 해당하지 않는다고 본다.

행정처분을 다툴 소의 이익은 개별·구체적 사정을 고려하여 판단하여야 한다. 행정처분의 무효확인 또는 취소를 구하는 소가 제소 당시에는 소의 이익이 있어 적법하였더라도, 소송계속 중 처분청이 다툼의 대상이 되는 행정처분을 직권으로 취소하면 그 처분은 효력을 상실하여 더 이상 존재하지 않는 것이므로, 존재하지 않는 처분을 대상으로 한 항고소송은 원칙적으로 소의 이익이 소멸하여 부적법하다고 보아야 한다.
다만 처분청의 직권취소에도 완전한 원상회복이 이루어지지 않아 무효확인 또는 취소로써 회복할 수 있는 다른 권리나 이익이 남아 있거나 또는 동일한 소송 당사자 사이에서 그 행정처분과 동일한 사유로 위법한 처분이 반복될 위험성이 있어 행정처분의 위법성 확인 내지 불분명한 법률문제에 대한 해명이 필요한 경우 행정의 적법성 확보와 그에 대한 사법통제, 국민의 권리구제의 확대 등의 측면에서 예외적으로 그 처분의 취소를 구할 소의 이익을 인정할 수 있다. (대법원 2020. 4. 9. 선고 2019두49953 판결)

PART 02

판례

1. 항고소송에 있어서 소의 이익이 인정되기 위하여는 행정소송법 제12조 소정의 "법률상 이익"이 있어야 하는 바, 그 법률상 이익은 당해 처분의 근거 법률에 의하여 보호되는 직접적이고 구체적인 이익이 있는 경우를 말하고 간접적이거나 사실적, 경제적 이해관계를 가지는 데 불과한 경우는 여기에 해당되지 아니한다. 대법원 1995. 10. 17. 선고 94누14148 전원합의체 판결
2. 과세관청이 직권으로 상대방에 대한 소득처분을 경정하면서 일부 항목에 대한 증액과 다른 항목에 대한 감액을 동시에 한 결과 전체로서 소득처분금액이 감소된 경우에는 그에 따른 소득금액변동통지가 납세자인 당해 법인에 불이익을 미치는 처분이 아니므로 당해 법인은 그 소득금액변동통지의 취소를 구할 이익이 없다. 대법원 2012. 4. 13. 선고 2009두5510 판결 17 지방

II 구체적 판단기준

1. 처분의 효력이 소멸한 경우

(1) 원칙 : 소의 이익 부정

- 처분의 효력이 소멸한 경우 원칙적으로 소의 이익은 부정된다.

판례

1. 행정처분이 취소되면 그 처분은 효력을 상실하여 더 이상 존재하지 않는 것이고, 존재하지 않는 행정처분을 대상으로 한 취소소송은 소의 이익이 없어 부적법하다. 17 서울
   절차상 또는 형식상 하자로 무효인 행정처분에 대하여 행정청이 적법한 절차 또는 형식을 갖추어 다시 동일한 행정처분을 하였다면, 종전의 무효인 행정처분에 대한 무효확인 청구는 과거의 법률관계의 효력을 다투는 것에 불과하므로 무효확인을 구할 법률상 이익이 없다. 대법원 2010. 4. 29. 선고 2009두16879 판결
2. 행정처분에 그 효력기간이 정하여져 있는 경우, 그 처분의 효력 또는 집행이 정지된 바 없다면 위 기간의 경과로 그 행정처분의 효력은 상실되므로 그 기간 경과 후에는 그 처분이 외형상 잔존함으로 인하여 어떠한 법률상 이익이 침해되고 있다고 볼 만한 별다른 사정이 없는 한 그 처분의 취소를 구할 법률상의 이익이 없다. 대법원 2002. 7. 26. 선고 2000두7254 판결 14 사복, 18 국회
3. 행정청이 공무원에 대하여 새로운 직위해제사유에 기한 직위해제처분을 한 경우 그 이전에 한 직위해제처분은 이를 묵시적으로 철회하였다고 봄이 상당하므로, 그 이전 처분의 취소를 구하는 부분은 존재하지 않는 행정처분을 대상으로 한 것으로서 그 소의 이익이 없어 부적법하다. 대법원 2003. 10. 10. 선고 2003두5945 판결 14 사복
4. 보충역편입처분 및 공익근무요원소집처분의 취소를 구하는 소의 계속 중 병역처분변경신청에 따라 제2국민역편입처분으로 병역처분이 변경된 경우, 종전 보충역편입처분 및 공익근무요원소집처분의 취소를 구할 소의 이익이 없다. 대법원 2005. 12. 9. 선고 2004두6563 판결
5. 행정처분을 한 처분청은 처분에 하자가 있는 경우에는 별도의 법적 근거가 없더라도 스스로 이를 취소하거나 변경할 수 있는 바, 과징금 부과처분에서 행정청이 납부의무자에 대하여 부과처분을 한 후 부과처분의 하자를 이유로 과징금의 액수를 감액하는 경우에 감액처분은 감액된 과징금 부분에 관하여만 법적 효과가 미치는 것으로서 당초 부과처분과 별개 독립의 과징금 부과처분이 아니라 실질은 당초 부과처분의 변경이고, 그에 의하여 과징금의 일부취소라는 납부의무자에게 유리한 결과를 가져오는 처분이므로 당초 부과처분이 전부 실효되는 것은 아니다. 따라서 감액처분에 의하여 감액된 부분에 대한 부과처분 취소청구는 이미 소멸하고 없는 부분에 대한 것으로서 소의 이익이 없어 부적법하다. 대법원 2017. 1. 12. 선고 2015두2352 판결
6. 처분청이 당초의 운전면허 취소처분을 철회하고 정지처분을 한 경우, 당초의 취소처분을 대상으로 한 취소소송은 소의 이익이 없어 부적법하다. 대법원 1997. 9. 26. 선고 96누1931 판결

지방병무청장이 병역감면요건 구비 여부를 심사하지 않은 채 병역감면신청서 회송처분을 하고 이를 전제로 공익근무요원 소집통지를 하였다가, 병역감면신청을 재검토하기로 하여 신청서를 제출받아 병역감면요건 구비 여부를 심사한 후 다시 병역감면 거부처분을 하고 이를 전제로 다시 공익근무요원 소집통지를 한 경우, 병역감면신청서 회송처분과 종전 공익근무 요원 소집처분은 직권으로 취소되었다고 볼 수 있으므로, 그에 대한 무효확인과 취소를 구하는 소는 더 이상 존재하지 않는 행정처분을 대상으로 하거나 과거의 법률관계의 효력을 다투는 것에 불과하므로 소의 이익이 없어 부적법하다. (대법원 2010. 4. 29. 선고 2009두16879 판결)

(2) 예외 : 소의 이익 인정

① 제재적 처분의 전력이 장래처분의 전제 또는 가중요건인 경우

- 법령에서 제재적 처분의 전력을 장래의 제재적 처분의 전제 또는 가중요건으로 규정하고 있는 경우, 비록 그 제재적 처분이 기간의 경과 등으로 인해 효력을 상실한 경우에도 (가중된) 후행처분을 받을 위험은 구체적이고 현실적이므로 선행처분을 다툴 법률상 이익이 인정된다.
- 이때 전제(가중)요건을 정하고 있는 규정의 성격은 법규명령과 행정규칙을 불문한다. 즉, 전제(가중)요건이 대통령령뿐 아니라 부령에 규정된 경우에도 소의 이익은 인정된다.

판례

1. 제재적 행정처분이 그 처분에서 정한 제재기간의 경과로 인하여 그 효과가 소멸되었으나, 부령인 시행규칙 또는 지방자치단체의 규칙의 형식으로 정한 처분기준에서 제재적 행정처분(이하 '선행처분'이라고 한다)을 받은 것을 가중사유나 전제요건으로 삼아 장래의 제재적 행정처분(이하 '후행처분'이라고 한다)을 하도록 정하고 있는 경우, 제재적 행정처분의 가중사유나 전제요건에 관한 규정이 법령이 아니라 규칙의 형식으로 되어 있다고 하더라도, 그러한 규칙이 법령에 근거를 두고 있는 이상 그 법적 성질이 대외적·일반적 구속력을 갖는 법규명령인지 여부와는 상관없이, 관할 행정청이나 담당공무원은 이를 준수할 의무가 있으므로 이들이 그 규칙에 정해진 바에 따라 행정작용을 할 것이 당연히 예견되고, 그 결과 행정작용의 상대방인 국민으로서는 그 규칙의 영향을 받을 수밖에 없다. 따라서 그러한 규칙이 정한 바에 따라 선행처분을 받은 상대방이 그 처분의 존재로 인하여 장래에 받을 불이익, 즉 후행처분의 위험은 구체적이고 현실적인 것이므로, 상대방에게는 선행처분의 취소소송을 통하여 그 불이익을 제거할 필요가 있다. 따라서 규칙이 정한 바에 따라 선행처분을 가중사유 또는 전제요건으로 하는 후행처분을 받을 우려가 현실적으로 존재하는 경우에는, 선행처분을 받은 상대방은 비록 그 처분에서 정한 제재기간이 경과하였다 하더라도 그 처분의 취소소송을 통하여 그러한 불이익을 제거할 권리보호의 필요성이 충분히 인정된다고 할 것이므로, 선행처분의 취소를 구할 법률상 이익이 있다. 대법원 2006. 6. 22. 선고 2003두1684 전원합의체 판결 15 국가, 16 국가, 17 지방
2. 건축사법 제28조 제1항이 건축사 업무정지처분을 연 2회 이상 받고 그 정지기간이 통산하여 12월 이상이 될 경우에는 가중된 제재처분인 건축사사무소 등록취소처분을 받게 되도록 규정하여 건축사에 대한 제재적인 행정처분인 업무정지명령을 더 무거운 제재처분인 사무소등록취소처분의 기준요건으로 규정하고 있으므로, 건축사 업무정지처분을 받은 건축사로서는 위 처분에서 정한 기간이 경과하였다 하더라도 위 처분을 그대로 방치하여 둠으로써 장래 건축사사무소 등록취소라는 가중된 제재처분을 받을 우려가 있어 건축사로서 업무를 행할 수 있는 법률상 지위에 대한 위험이나 불안을 제거하기 위하여 건축사 업무정지처분의 취소를 구할 이익이 있으나, 업무정지처분을 받은 후 새로운 업무정지처분을 받음이 없이 1년이 경과하여 실제로 가중된 제재처분을 받을 우려가 없어졌다면 위 처분에서 정한 정지기간이 경과한 이상 특별한 사정이 없는 한 그 처분의 취소를 구할 법률상 이익이 없다. 대법원 2000. 4. 21. 선고 98두10080 판결 17 지방, 17 사복, 19 국가 01

OX 확인

01 가중요건이 법령에 규정되어 있는 경우, 업무정지처분을 받은 후 새로운 제재처분을 받음이 없이 법률이 정한 기간이 경과하여 실제로 가중된 제재처분을 받을 우려가 없어졌다면 특별한 사정이 없는 한 업무정지처분의 취소를 구할 법률상 이익이 인정되지 않는다. (○)

② 위법한 처분이 반복될 가능성이 있는 경우

- 비록 처분의 효력이 소멸된 경우라 할지라도 동일한 소송 당사자 사이에서 동일한 사유로 위법한 처분이 반복될 위험성이 있어 행정처분의 위법성 확인 내지 불분명한 법률문제에 대한 해명이 필요하다고 판단되는 경우에는 예외적으로 소의 이익이 인정된다.
- '그 행정처분과 동일한 사유로 위법한 처분이 반복될 위험성이 있는 경우'란 불분명한 법률문제에 대한 해명이 필요한 상황에 대한 대표적인 예시일 뿐이며, 반드시 '해당 사건의 동일한 소송 당사자 사이에서' 반복될 위험이 있는 경우만을 의미하는 것은 아니다(대법원 2020. 12. 24. 선고 2020두30450 판결).

피고가 심각한 교통 불편을 줄 것이 명백하다는 이유로 원고에게 집회 및 시위의 금지통고를 한 후 기간의 경과로 금지통고의 효과가 소멸한 경우, 원고와 피고 사이에 위와 같은 사유로 위법한 처분이 반복될 위험성이 있어 그 위법성을 확인하거나 불분명한 법률문제를 해명할 필요가 있다고 보기 어렵다는 이유로 위 금지통고의 취소를 구하는 소가 소의 이익이 없어 부적법하다는 원심 판단을 정당하다고 본 사례. (대법원 2018. 4. 12. 선고 2017두67834 판결)

(피청구인이 구속 전 피의자심문에 임의 출석한 청구인을 심문이 종료한 이후 유치장으로 호송하면서 청구인에게 수갑을 사용하는 행위를 한 이후, 구 '피의자 유치 및 호송 규칙'이 개정되어 구속 전 피의자심문에 임의 출석한 피의자에 대하여 원칙적으로 수갑을 사용하지 않도록 한 사안에서) 위와 같이 이 사건 호송규칙이 개정된 상황에서는 특별한 사정이 없는 한 피청구인이 구속 전 피의자심문에 임의 출석한 피의자에 대하여 수갑을 사용하지 않을 것이므로, 이 사건 수갑사용행위와 동일한 유형의 행위가 반복될 위험이 있다고 보기 어렵고, 이와 관련하여 헌법재판소가 추가적으로 헌법적 해명을 할 필요성이 인정된다고 볼 수도 없어 예외적 심판의 이익 역시 인정되지 않는다. (헌법재판소 2023. 7. 20 자 2020헌마506 결정)

판례

1. [1] 동일한 소송당사자 사이에서 동일한 사유로 위법한 처분이 반복될 위험성이 있어 행정처분의 위법성 확인 내지 불분명한 법률문제에 대한 해명이 필요하다고 판단되는 경우에는 행정의 적법성 확보와 그에 대한 사법통제, 국민의 권리구제의 확대 등의 측면에서 여전히 그 처분의 취소를 구할 법률상 이익이 있다. [2] 임시이사 선임처분에 대하여 취소를 구하는 소송의 계속 중 임기만료 등의 사유로 새로운 임시이사들로 교체된 경우, 선행 임시이사 선임처분의 효과가 소멸하였다는 이유로 그 취소를 구할 법률상 이익이 없다고 보게 되면, 원래의 정식이사들로서는 계속 중인 소를 취하하고 후행 임시이사 선임처분을 별개의 소로 다툴 수밖에 없게 되며, 그 별소 진행 도중 다시 임시이사가 교체되면 또 새로운 별소를 제기하여야 하는 등 무익한 처분과 소송이 반복될 가능성이 있으므로, 이러한 경우 법원이 선행 임시이사 선임처분의 취소를 구할 법률상 이익을 긍정하여 그 위법성 내지 하자의 존재를 판결로 명확히 해명하고 확인하여 준다면 위와 같은 구체적인 침해의 반복 위험을 방지할 수 있을 뿐 아니라, 후행 임시이사 선임처분의 효력을 다투는 소송에서 기판력에 의하여 최초 내지 선행 임시이사 선임처분의 위법성을 다투지 못하게 함으로써 그 선임처분을 전제로 이루어진 후행 임시이사 선임처분의 효력을 쉽게 배제할 수 있어 국민의 권리구제에 도움이 된다. [3] 비록 취임승인이 취소된 학교법인의 정식이사들에 대하여 원래 정해져 있던 임기가 만료되고 구 사립학교법 제22조 제2호 소정의 임원결격사유기간마저 경과하였다 하더라도, 그 임원취임승인취소처분이 위법하다고 판명되고 나아가 임시이사들의 지위가 부정되어 직무권한이 상실되면, 그 정식이사들은 후임이사 선임시까지 민법 제691조의 유추적용에 의하여 직무수행에 관한 긴급처리권을 가지게 되고 이에 터잡아 후임 정식이사들을 선임할 수 있게 되는 바, 이는 감사의 경우에도 마찬가지이다. 그러므로 학교법인 임원취임승인의 취소처분 후 그 임원의 임기가 만료되고 구 사립학교법 제22조 제2호 소정의 임원결격사유기간마저 경과한 경우 또는 위 취소처분에 대한 취소소송 제기 후 임시이사가 교체되어 새로운 임시이사가 선임된 경우, 위 취임승인취소처분 및 당초의 임시이사선임처분의 취소를 구할 소의 이익이 있다. 대법원 2007. 7. 19. 선고 2006두19297 전원합의체 판결 12 국회, 17 지방, 18 지방
2. 교도소장이 수형자 甲을 '접견내용 녹음·녹화 및 접견 시 교도관 참여대상자'로 지정한 사안에서, 비록 교도소장이 이 사건 제1심판결 선고 이후인 2013. 2. 12. 甲을 위 '접견내용 녹음·녹화 및 접견 시 교도관 참여대상자'에서 해제하기는 하였지만 앞으로도 甲에게 위와 같은 지정행위와 같은 포괄적 접견제한처분을 할 염려가 있으므로, 이 사건 소는 여전히 법률상 이익이 있다. 대법원 2014. 2. 13. 선고 2013두20899 판결
3. 수형자의 영치품에 대한 사용신청 불허처분 후 수형자가 다른 교도소로 이송되었다 하더라도 수형자의 권리와 이익의 침해 등이 해소되지 않은 점 등에 비추어, 위 영치품 사용신청 불허처분의 취소를 구할 이익이 있다. 대법원 2008. 2. 14. 선고 2007두13203 판결 17 지방

2. 원상회복이 불가능한 경우

(1) 의의

- 처분에 대한 취소판결을 받더라도 처분에 의하여 발생한 위법상태를 원상회복하는 것이 불가능한 경우에는 원칙적으로 소의 이익이 없다.
- 다만, 이러한 경우에도 회복할 수 있는 다른 권리나 부수적 이익이 남아있는 경우에는 예외적으로 소의 이익이 인정된다.

(2) 소의 이익이 부정된 사례

판례

1. 비록 그 위법한 처분을 취소한다 하더라도 원상회복이 불가능한 경우에는 그 취소를 구할 이익이 없다. 따라서 건축허가가 건축법 소정의 이격거리를 두지 아니하고 건축물을 건축하도록 되어 있어 위법하다 하더라도 이미 건축공사가 완료되었다면 인접한 대지의 소유자로서는 위 건축허가처분의 취소를 구할 소의 이익이 없다. 대법원 1992. 4. 24. 선고 91누11131 판결 16 국가

   비교판례 건축허가를 받아 건축물을 완공하였더라도 건축허가가 취소되면 그 건축물은 철거 등 시정명령의 대상이 되고 이를 이행하지 않은 건축주 등은 건축법 제80조에 따른 이행강제금 부과처분이나 행정대집행법 제2조에 따른 행정대집행을 받게 되며, 나아가 건축법 제79조 제2항에 의하여 다른 법령상의 인·허가 등을 받지 못하게 되는 등의 불이익을 입게 된다. 따라서 건축허가취소처분을 받은 건축물 소유자는 그 건축물이 완공된 후에도 여전히 위 취소처분의 취소를 구할 법률상 이익을 가진다고 보아야 한다. 대법원 2015. 11. 12. 선고 2015두47195 판결

2. 대집행계고처분 취소소송의 변론종결 전에 대집행영장에 의한 통지절차를 거쳐 사실행위로서 대집행의 실행이 완료된 경우에는 행위가 위법한 것이라는 이유로 손해배상이나 원상회복 등을 청구하는 것은 별론으로 하고 처분의 취소를 구할 법률상 이익은 없다. 대법원 1993. 6. 8. 선고 93누6164 판결 19 지방

3. 甲 도지사가 도에서 설치·운영하는 乙 지방의료원을 폐업하겠다는 결정을 발표하고 그에 따라 폐업을 위한 일련의 조치가 이루어진 후 乙 지방의료원을 해산한다는 내용의 조례를 공포하고 乙 지방의료원의 청산절차가 마쳐진 사안에서, 甲 도지사의 폐업결정은 항고소송의 대상에 해당하지만 폐업결정 후 乙 지방의료원을 해산한다는 내용의 조례가 제정·시행되었고 조례가 무효라고 볼 사정도 없어 乙 지방의료원을 폐업 전의 상태로 되돌리는 원상회복은 불가능하므로 취소를 구할 소의 이익을 인정하기 어렵다. 대법원 2016. 8. 30. 선고 2015두60617 판결

4. 소음·진동배출시설에 대한 설치허가가 취소된 후 그 배출시설이 어떠한 경위로든 철거되어 다시 복구 등을 통하여 배출시설을 가동할 수 없는 상태라면 이는 배출시설 설치허가의 대상이 되지 아니하므로 외형상 설치허가취소행위가 잔존하고 있다고 하여도 특단의 사정이 없는 한 이제 와서 굳이 위 처분의 취소를 구할 법률상의 이익이 없고, 설령 원고가 이 사건 처분이 위법하다는 점에 대한 판결을 받아 피고에 대한 손해배상청구소송에서 이를 원용할 수 있다거나 위 배출시설을 다른 지역으로 이전하는 경우 행정상의 편의를 제공받을 수 있는 이익이 있다 하더라도, 그러한 이익은 사실적·경제적 이익에 불과하여 이 사건 처분의 취소를 구할 법률상 이익에 해당하지 않는다. 대법원 2002. 1. 11. 선고 2000두2457 판결 18 지방

5. 이전고시의 효력 발생으로 이미 대다수 조합원 등에 대하여 획일적·일률적으로 처리된 권리귀속관계를 모두 무효화하고 다시 처음부터 관리처분계획을 수립하여 이전고시 절차를 거치도록 하는 것은 정비사업의 공익적·단체법적 성격에 배치되므로, 이전고시가 효력을 발생하게 된 이후에는 조합원 등이 관리처분계획의 취소 또는 무효확인을 구할 법률상 이익이 없다고 봄이 타당하다. 대법원 2012. 3. 22. 선고 2011두6400 전원합의체 판결

6. 정비사업의 공익적·단체법적 성격과 이전고시에 따라 이미 형성된 법률관계를 유지하여 법적 안정성을 보호할 필요성이 현저한 점 등을 고려할 때, 이전고시의 효력이 발생한 이후에는 조합원 등이 해당 정비사업을 위하여 이루어진 수용재결이나 이의재결의 취소 또는 무효확인을 구할 법률상 이익이 없다고 해석함이 타당하다. 대법원 2017. 3. 16. 선고 2013두11536 판결

(3) 소의 이익이 인정된 사례

판례

1. 해임처분 무효확인 또는 취소소송 계속 중 임기가 만료되어 해임처분의 무효확인 또는 취소로 지위를 회복할 수는 없다고 할지라도, 그 무효확인 또는 취소로 해임처분일부터 임기만료일까지 기간에 대한 보수 지급을 구할 수 있는 경우에는 해임처분의 무효확인 또는 취소를 구할 법률상 이익이 있다. 대법원 2012. 2. 23. 선고 2011두5001 판결 14 국가, 16 지방, 22 국가

이 사건 현역병입영대상편입처분은 보충역편입처분취소처분과는 별개의 법률효과를 발생시키는 독립된 행정처분으로서 제소기간이 경과하여 처분의 위법성을 다툴 수 없게 되었을 뿐 아니라 당연무효라고 볼 수도 없는 이상, 이 사건 보충역편입처분취소처분이 취소되어 확정된다고 하더라도 원고로서는 현역병입영대상편입처분에 터잡은 현역병입영통지처분에 따라 현역병으로 복무하는 것을 피할 수 없고, 따라서 이 사건 보충역편입처분취소처분의 취소를 구할 법률상의 이익이 있다고 할 수 없다. (대법원 2004. 12. 10. 선고 2003두12257 판결)

교원소청심사제도에 관한 '교원의 지위 향상 및 교육활동 보호를 위한 특별법'의 규정 내용과 목적 및 취지 등을 종합적으로 고려하면, 사립학교 교원이 소청심사청구를 하여 해임처분의 효력을 다투던 중 형사판결 확정 등 당연퇴직사유가 발생하여 교원의 지위를 회복할 수 없더라도, 해임처분이 취소되거나 변경되면 해임처분일부터 당연퇴직사유 발생일까지의 기간에 대한 보수 지급을 구할 수 있는 경우에는 소청심사청구를 기각한 교원소청심사위원회 결정의 취소를 구할 법률상 이익이 있다. (대법원 2024. 2. 8. 선고 2022두50571 판결)

OX 확인

01 지방의회 의원에 대한 제명의결 취소소송 계속 중 의원의 임기가 만료된 경우에도 여전히 제명의결의 취소를 구할 법률상 이익이 인정된다. (○)

02 월정수당을 받는 지방의회 의원에 대한 제명의결 취소소송 계속 중 의원의 임기가 만료된 경우 지방의회 의원은 그 제명의결의 취소를 구할 법률상 이익이 있다. (○)

03 파면처분 취소소송의 사실심 변론종결 전에 금고 이상의 형을 선고받아 당연퇴직된 경우에도 해당 공무원은 파면처분의 취소를 구할 이익이 있다. (○)

2. 지방의회 의원에 대한 제명의결 취소소송 계속 중 의원의 임기가 만료된 사안에서, 제명의결의 취소로 의원의 지위를 회복할 수는 없다 하더라도 제명의결시부터 임기만료일까지의 기간에 대한 월정수당의 지급을 구할 수 있는 등 여전히 그 제명의결의 취소를 구할 법률상 이익이 있다. 대법원 2009. 1. 30. 선고 2007두13487 판결 16 국가, 17 지방, 19 국가, 21 지방, 23 국가 01 02

3. 파면처분취소소송의 사실심변론종결 전에 동원고가 허위공문서등작성죄로 징역 8월에 2년간 집행유예의 형을 선고받아 확정되었다면 원고는 지방공무원법 제61조의 규정에 따라 위 판결이 확정된 날 당연퇴직되어 그 공무원의 신분을 상실하고, 당연퇴직이나 파면이 퇴직급여에 관한 불이익의 점에 있어 동일하다 하더라도 최소한도 이 사건 파면처분이 있은 때부터 위 법규정에 의한 당연퇴직일자까지의 기간에 있어서는 파면처분의 취소를 구하여 그로 인해 박탈당한 이익의 회복을 구할 소의 이익이 있다 할 것이다. 대법원 1985. 6. 25. 선고 85누39 판결 21 지방 03

4. 직위해제처분은 근로자로서의 지위를 그대로 존속시키면서 다만 그 직위만을 부여하지 아니하는 처분이므로 만일 어떤 사유에 기하여 근로자를 직위해제한 후 그 직위해제 사유와 동일한 사유를 이유로 징계처분을 하였다면 뒤에 이루어진 징계처분에 의하여 그 전에 있었던 직위해제처분은 그 효력을 상실한다. 여기서 직위해제처분이 효력을 상실한다는 것은 직위해제처분이 소급적으로 소멸하여 처음부터 직위해제처분이 없었던 것과 같은 상태로 되는 것이 아니라 사후적으로 그 효력이 소멸한다는 의미이다. 따라서 직위해제처분에 기하여 발생한 효과는 당해 직위해제처분이 실효되더라도 소급하여 소멸하는 것이 아니므로, 인사규정 등에서 직위해제처분에 따른 효과로 승진·승급에 제한을 가하는 등의 법률상 불이익을 규정하고 있는 경우에는 직위해제처분을 받은 근로자는 이러한 법률상 불이익을 제거하기 위하여 그 실효된 직위해제처분에 대한 구제를 신청할 이익이 있다. 대법원 2010. 7. 29. 선고 2007두18406 판결

근로자가 부당해고 구제신청을 할 당시 이미 정년에 이르거나 근로계약기간 만료, 폐업 등의 사유로 근로계약관계가 종료하여 근로자의 지위에서 벗어난 경우에는 노동위원회의 구제명령을 받을 이익이 소멸하였다고 보는 것이 타당하다. (대법원 2022. 7. 14. 선고 2020두54852 판결)

5. 근로자가 부당해고 구제신청을 하여 해고의 효력을 다투던 중 정년에 이르거나 근로계약기간이 만료하는 등의 사유로 원직에 복직하는 것이 불가능하게 된 경우에도 해고기간 중의 임금 상당액을 지급받을 필요가 있다면 임금 상당액 지급의 구제명령을 받을 이익이 유지되므로 구제신청을 기각한 중앙노동위원회의 재심판정을 다툴 소의 이익이 있다고 보아야 한다. 또한 위와 같은 법리는 근로자가 근로기준법 제30조 제3항에 따라 금품지급명령을 신청한 경우에도 마찬가지로 적용된다. 대법원 2020. 2. 20. 선고 2019두52386 전원합의체 판결

6. 원고들이 불합격처분의 취소를 구하는 이 사건 소송계속 중 당해 연도의 입학시기가 지났더라도 당해 연도의 합격자로 인정되면 다음 연도의 입학시기에 입학할 수도 있다고 할 것이고, 피고의 위법한 처분이 있게 됨에 따라 당연히 합격하였어야 할 원고들이 불합격처리되고 불합격되었어야 할 자들이 합격한 결과가 되었다면 원고들은 입학정원에 들어가는 자들이라고 하지 않을 수 없다고 할 것이므로 원고들로서는 피고의 불합격처분의 적법 여부를 다툴만한 법률상의 이익이 있다. 대법원 1990. 8. 28. 선고 89누8255 판결

7. 도시개발사업의 공사 등이 완료되고 원상회복이 사회통념상 불가능하게 되었더라도, 각 처분이 취소된다면 그것이 유효하게 존재하는 것을 전제로 하여 이루어진 토지수용이나 환지 등에 따른 각종의 처분이나 공공시설의 귀속 등에 관한 법적 효력은 영향을 받게 되므로, 도시개발사업의 시행에 따른 도시계획변경결정처분과 도시개발구역지정처분 및 도시개발사업실시계획인가처분의 취소를 구할 법률상 이익이 있다. 대법원 2005. 9. 9. 선고 2003두5402, 5419 판결 17 서울

OX 확인

04 공장등록이 취소된 후 그 공장시설물이 철거되었고 다시 복구를 통하여 공장을 운영할 수 없는 상태라 하더라도 대도시 안의 공장을 지방으로 이전할 경우 조세감면 및 우선입주 등의 혜택이 관계법률에 보장되어 있다면, 공장등록취소처분의 취소를 구할 법률상 이익이 인정된다. (○)

8. 공장등록이 취소된 후 그 공장시설물이 철거되었다 하더라도 대도시 안의 공장을 지방으로 이전할 경우 조세특례제한법상의 세액공제 및 소득세 등의 감면혜택이 있고, 공업배치 및 공장설립에 관한 법률상의 간이한 이전절차 및 우선입주의 혜택이 있는 경우, 그 공장등록취소처분의 취소를 구할 법률상의 이익이 있다. 대법원 2002. 1. 11. 선고 2000두3306 판결 19 국가 04

9. 공장설립승인처분이 있고 난 뒤에 또는 그와 동시에 공장건축허가처분을 하는 것이 허용되므로, 공장설립승인처분이 취소된 경우에는 그 승인처분을 기초로 한 공장건축허가처분 역시 취소되어야 하고, 공장설립승인처분에 근거하여 토지의 형질변경이 이루어진 경우에는 원상회복을 해야 함이 원칙이다. 따라서 개발제한구역 안에서의 공장설립을 승인한 처분이 위법하다는 이유로

쟁송취소되었다고 하더라도 그 승인처분에 기초한 공장건축허가처분이 잔존하는 이상, 공장설립 승인처분이 취소되었다는 사정만으로 인근 주민들의 환경상 이익이 침해되는 상태나 침해될 위험이 종료되었다거나 이를 시정할 수 있는 단계가 지나버렸다고 단정할 수는 없고, 인근 주민들은 여전히 공장건축허가처분의 취소를 구할 법률상 이익이 있다고 보아야 한다. 대법원 2018. 7. 12. 선고 2015두3485 판결 19 지방

10. 행정청이 토지형질변경허가거부처분을 할 당시는 광업권의 존속기간이 만료되지 아니하였을 뿐만 아니라, 광업권자는 상공자원부장관의 허가를 받아 광업권의 존속기간을 연장할 수도 있는 것이므로, 행정청이 위 거부처분을 한 뒤에 광업권의 존속기간이 만료되었다고 하여 위 거부처분의 취소를 구할 법률상 이익이 없다고 할 수 없다. 대법원 1994. 4. 12. 선고 93누21088 판결

3. 권리침해상태가 해소된 경우

(1) 소의 이익이 부정된 사례

판례

1. 처분 후의 사정에 의하여 권리와 이익의 침해 등이 해소된 경우에는 그 처분의 취소를 구할 소의 이익이 없다 할 것이고, 설령 그 처분이 위법함을 이유로 손해배상청구를 할 예정이라고 하더라도 달리 볼 것이 아니다. 공익근무요원 소집해제신청을 거부한 후에 원고가 계속하여 공익근무요원으로 복무함에 따라 복무기간 만료를 이유로 소집해제처분을 한 경우, 원고가 입게 되는 권리와 이익의 침해는 소집해제처분으로 해소되었으므로 위 거부처분의 취소를 구할 소의 이익이 없다. 대법원 2005. 5. 13. 선고 2004두4369 판결 21 지방 01
2. 불합격처분 이후 새로 실시된 치과의사국가시험에 합격한 자들로서는 더 이상 위 불합격처분의 취소를 구할 법률상의 이익이 없다. 대법원 1993. 11. 9. 선고 93누6867 판결
3. 사법시험 제2차 시험에 관한 불합격처분 이후에 새로이 실시된 제2차 및 제3차 시험에 합격하였을 경우에는 더 이상 위 불합격처분의 취소를 구할 법률상 이익이 없다. 대법원 2007. 9. 21. 선고 2007두12057 판결 14 사복, 15 국가
4. 현역병입영대상자로 병역처분을 받은 자가 그 취소소송 중 모병에 응하여 현역병으로 자진 입대한 경우, 그 처분의 위법을 다툴 실제적 효용 내지 이익이 없으므로 소의 이익이 없다. 대법원 1998. 9. 8. 선고 98두9165 판결 14 사복, 17 서울

OX 확인

01 공익근무요원 소집해제신청을 거부한 후에 원고가 계속하여 공익근무요원으로 복무함에 따라 복무기간 만료를 이유로 소집해제처분을 한 경우, 원고는 거부처분의 취소를 구할 소의 이익이 있다. (×)

세무사 자격시험 제1차 시험 불합격 처분 후 새로 실시된 세무사 자격시험 제1차 시험에 합격한 경우, 불합격 처분의 취소를 구할 법률상 이익이 없다. (대법원 2014. 4. 24. 선고 2013두26071 판결)

(2) 소의 이익이 인정된 사례

판례

1. 현역입영대상자로서는 현실적으로 입영을 하였다고 하더라도, 입영 이후의 법률관계에 영향을 미치고 있는 현역병입영통지처분 등을 한 관할지방병무청장을 상대로 위법을 주장하여 그 취소를 구할 소송상의 이익이 있다(자진 입대가 아니라 강제 징집된 사례). 대법원 2003. 12. 26. 선고 2003두1875 판결 16 국가, 17 서울, 19 국가 02
2. 고등학교졸업이 대학입학자격이나 학력인정으로서의 의미밖에 없다고 할 수 없으므로 고등학교졸업학력검정고시에 합격하였다 하여 고등학교 학생으로서의 신분과 명예가 회복될 수 없는 것이니 퇴학처분을 받은 자로서는 퇴학처분의 위법을 주장하여 그 취소를 구할 소송상의 이익이 있다. 대법원 1992. 7. 14. 선고 91누4737 판결 15 국가
3. 징계에 관한 일반사면이 있었다고 할지라도 사면의 효과는 소급하지 아니하므로 파면처분으로 이미 상실된 원고의 공무원지위가 회복될 수 없는 것이니 원고로서는 동 파면처분의 위법을 주장하여 그 취소를 구할 소송상 이익이 있다. 대법원 1981. 7. 14. 선고 80누536 전원합의체 판결

OX 확인

02 현역입영대상자가 현역병입영통지처분에 따라 현실적으로 입영을 한 후에는 처분의 집행이 종료되었고 입영으로 처분의 목적이 달성되어 실효되었으므로 입영통지처분을 다툴 법률상 이익이 인정되지 않는다. (×)

4. 보다 실효적인 권리구제절차가 존재하는 경우

(1) 일반론

- 처분 등의 취소를 구하는 것보다 실효적이고 직접적인 다른 구제수단이 존재하는 경우, 특별한 사정이 없는 한 행정소송을 제기하는 것은 소의 이익이 부정된다.

판례

행정청이 한 처분 등의 취소를 구하는 소송은 처분에 의하여 발생한 위법 상태를 배제하여 원래 상태로 회복시키고 처분으로 침해된 권리나 이익을 구제하고자 하는 것이다. 따라서 해당 처분 등의 취소를 구하는 것보다 실효적이고 직접적인 구제수단이 있음에도 처분 등의 취소를 구하는 것은 특별한 사정이 없는 한 분쟁해결의 유효적절한 수단이라고 할 수 없어 법률상 이익이 있다고 할 수 없다. 당사자의 신청을 받아들이지 않은 거부처분이 재결에서 취소된 경우에 행정청은 종전 거부처분 또는 재결 후에 발생한 새로운 사유를 내세워 다시 거부처분을 할 수 있다. 또한 행정청이 재결에 따라 이전의 신청을 받아들이는 후속처분을 하였더라도 후속처분이 위법한 경우에는 재결에 대한 취소소송을 제기하지 않고도 곧바로 후속처분에 대한 항고소송을 제기하여 다툴 수 있다. 나아가 거부처분을 취소하는 재결이 있더라도 그에 따른 후속처분이 있기까지는 제3자의 권리나 이익에 변동이 있다고 볼 수 없고 후속처분 시에 비로소 제3자의 권리나 이익에 변동이 발생한다. 이러한 점들을 종합하면, 거부처분이 재결에서 취소된 경우 재결에 따른 후속처분이 아니라 그 재결의 취소를 구하는 것은 실효적이고 직접적인 권리구제수단이 될 수 없어 분쟁해결의 유효적절한 수단이라고 할 수 없으므로 법률상 이익이 없다. 대법원 2017. 10. 31. 선고 2015두45045 판결

(2) 기본행위의 하자를 이유로 인가처분에 대한 취소소송을 제기한 경우

- 기본행위에 하자가 있는 경우 민사소송의 방법으로 그 기본행위의 하자를 다투어야 하며, 기본행위의 하자를 이유로 인가처분에 대한 행정소송을 제기할 소의 이익은 없다.

판례

강학상의 '인가'에 속하는 행정처분에 있어서 인가처분 자체에 하자가 있다고 다투는 것이 아니라 기본행위에 하자가 있다 하여 그 기본행위의 효력에 관하여 다투는 경우에는 민사쟁송으로서 따로 그 기본행위의 취소 또는 무효확인 등을 구하는 것은 별론으로 하고 기본행위의 불성립 또는 무효를 내세워 바로 그에 대한 감독청의 인가처분의 취소를 구하는 것은 특단의 사정이 없는 한 소구할 법률상의 이익이 있다고 할 수 없다. 대법원 1995. 12. 12. 선고 95누7338 판결 15 국가, 16 국가

- 조합설립결의의 하자를 이유로 조합설립인가처분에 대한 항고소송을 제기하는 경우에는 조합설립인가처분이 설권적 처분(특허처분)의 성격을 갖는 것을 이유로 소의 이익이 인정된다.

판례

행정청이 도시 및 주거환경정비법 등 관련 법령에 근거하여 행하는 조합설립인가처분은 단순히 사인들의 조합설립행위에 대한 보충행위로서의 성질을 갖는 것에 그치는 것이 아니라 법령상 요건을 갖출 경우 도시 및 주거환경정비법상 주택재건축사업을 시행할 수 있는 권한을 갖는 행정주체(공법인)로서의 지위를 부여하는 일종의 설권적 처분의 성격을 갖는다고 보아야 한다. 그리고 그와 같이 보는 이상 조합설립결의는 조합설립인가처분이라는 행정처분을 하는 데 필요한 요건 중 하나에 불과한 것이어서, 조합설립결의에 하자가 있다면 그 하자를 이유로 직접 항고소송의 방법으로 조합설립인가처분의 취소 또는 무효확인을 구하여야 하고, 이와는 별도로 조합설립결의 부분만을 따로 떼어내어 그 효력 유무를 다투는 확인의 소를 제기하는 것은 원고의 권리 또는 법률상의 지위에 현존하는 불안·위험을 제거하는 데 가장 유효·적절한 수단이라 할 수 없어 특별한 사정이 없는 한 확인의 이익은 인정되지 아니한다. 대법원 2009. 9. 24. 선고 2008다60568 판결

(3) 사업양도행위의 하자를 이유로 지위승계신고수리처분에 대한 무효확인소송을 제기한 경우

- 사업양도행위의 무효확인을 구하는 민사소송을 제기하는 것이 가능하더라도 지위승계신고수리를 취소하거나 무효확인을 받으면 영업허가자의 지위를 유지하는 현실적인 이익이 있으므로 그 처분의 취소나 무효확인을 구할 소의 이익이 있다.

판례

사업양도·양수에 따른 허가관청의 지위승계신고의 수리는 적법한 사업의 양도·양수가 있었음을 전제로 하는 것이므로 그 수리대상인 사업양도·양수가 존재하지 아니하거나 무효인 때에는 수리를 하였다 하더라도 그 수리는 유효한 대상이 없는 것으로서 당연히 무효라 할 것이고, 사업의 양도행위가 무효라고 주장하는 양도자는 민사쟁송으로 양도·양수행위의 무효를 구함이 없이 막바로 허가관청을 상대로 하여 행정소송으로 위 신고수리처분의 무효확인을 구할 법률상 이익이 있다. 대법원 2005. 12. 23. 선고 2005두3554 판결 17 사복, 18 지방, 18 국회

5. 기타 소의 이익 관련 판례

판례

1. 구 도시 및 주거환경정비법상 조합설립추진위원회 구성승인처분을 다투는 소송 계속 중 조합설립인가처분이 이루어진 경우 조합설립추진위원회 구성승인처분에 대하여 취소 또는 무효확인을 구할 법률상 이익이 없다. 대법원 2013. 1. 31. 선고 2011두11112, 2011두11129 판결 18 지방
2. 공정거래위원회가 시정명령 및 과징금 부과와 감면 여부를 분리 심리하여 별개로 의결한 후 과징금 등 처분과 별도의 처분서로 감면기각처분을 하였다면, 원칙적으로 2개의 처분, 즉 과징금 등 처분과 감면기각처분이 각각 성립한 것이고, 처분의 상대방으로서는 각각의 처분에 대하여 함께 또는 별도로 불복할 수 있다. 따라서 과징금 등 처분과 동시에 감면기각처분의 취소를 구하는 소를 함께 제기했더라도, 특별한 사정이 없는 한 감면기각처분의 취소를 구할 소의 이익이 부정된다고 볼 수 없다. 대법원 2016. 12. 27. 선고 2016두43282 판결
3. 현실적으로 이미 수립, 실시한 이주대책업무가 종결되었고, 그 사업을 완료하여 사업지구 내에 더 이상 분양할 이주대책용 단독택지가 없다 하더라도 보상금청구권 등의 권리를 확정하는 법률상의 이익은 여전히 남아 있는 것이므로 그러한 사정만으로 이주대책대상자 선정신청에 대한 거부처분의 취소를 구할 법률상 이익이 없다고 할 것은 아니다. 대법원 1999. 8. 20. 선고 98두17043 판결
4. 조합설립인가처분과 동일한 요건과 절차가 요구되지 않는 구 도시 및 주거환경정비법 시행령 제27조 각 호에서 정하는 경미한 사항의 변경에 대하여 행정청이 조합설립의 변경인가라는 형식으로 처분을 하였다고 하더라도, 그 성질은 당초의 조합설립인가처분과는 별개로 위 조항에서 정한 경미한 사항의 변경에 대한 신고를 수리하는 의미에 불과한 것으로 보아야 하므로, 경미한 사항의 변경에 대한 신고를 수리하는 의미에 불과한 변경인가처분이 있다고 하더라도 설권적 처분인 조합설립인가처분을 다툴 소의 이익이 소멸된다고 볼 수는 없다.
   주택재건축사업조합이 새로 조합설립인가처분을 받는 것과 동일한 요건과 절차를 거쳐 조합설립변경인가처분을 받는 경우 당초 조합설립인가처분의 유효를 전제로 당해 주택재건축사업조합이 매도청구권 행사, 시공자 선정에 관한 총회 결의, 사업시행계획의 수립, 관리처분계획의 수립 등과 같은 후속행위를 하였다면 당초 조합설립인가처분이 무효로 확인되거나 취소될 경우 그것이 유효하게 존재하는 것을 전제로 이루어진 위와 같은 후속 행위 역시 소급하여 효력을 상실하게 되므로, 특별한 사정이 없으면 위와 같은 형태의 조합설립변경인가가 있다고 하여 당초 조합설립인가처분의 무효확인을 구할 소의 이익이 소멸된다고 볼 수는 없다. 대법원 2012. 10. 25. 선고 2010두25107 판결

PART 02

주택재개발사업조합이 당초 조합설립변경인가 이후 적법한 절차를 거쳐 당초 변경인가를 받은 내용을 모두 포함하여 이를 변경하는 취지의 조합설립변경인가를 받은 경우, 당초 조합설립변경인가는 취소·철회되고 변경된 조합설립변경인가가 새로운 조합설립변경인가가 된다. 이 경우 당초 조합설립변경인가는 더 이상 존재하지 않는 처분이거나 과거의 법률관계가 되므로 특별한 사정이 없는 한 그 취소를 구할 소의 이익이 없다. 다만 당해 주택재개발사업조합이 당초 조합설립변경인가에 기초하여 사업시행계획의 수립 등의 후속 행위를 하였다면 당초 조합설립변경인가가 무효로 확인되거나 취소될 경우 그 유효를 전제로 이루어진 후속 행위 역시 소급하여 효력을 상실하게 되므로, 위와 같은 형태의 변경된 조합설립변경인가가 있다고 하여 당초 조합설립변경인가의 취소를 구할 소의 이익이 소멸된다고 볼 수는 없다. (대법원 2013. 10. 24. 선고 2012두12853 판결)

사업시행계획의 경우 그 인가처분의 유효를 전제로 분양공고 및 분양신청 절차, 분양신청을 하지 않은 조합원에 대한 수용절차, 관리처분계획의 수립 및 그에 대한 인가 등 후속 행위가 있었다면, 당초 사업시행계획이 무효로 확인되거나 취소될 경우 그것이 유효하게 존재하는 것을 전제로 이루어진 위와 같은 일련의 후속 행위 역시 소급하여 효력을 상실하게 되므로, 당초 사업시행계획을 실질적으로 변경하는 내용으로 새로운 사업시행계획이 수립되어 시장·군수로부터 인가를 받았다는 사정만으로 일률적으로 당초 사업시행계획의 무효확인을 구할 소의 이익이 소멸된다고 볼 수는 없고, 위와 같은 후속 행위로 토지 등 소유자의 권리·의무에 영향을 미칠 정도의 공법상의 법률관계를 형성시키는 외관이 만들어졌는지 또는 존속되고 있는지 등을 개별적으로 따져 보아야 한다. (대법원 2013. 11. 28. 선고 2011두30199 판결)

쟁점 27 피고적격

I 취소소송의 피고

1. 의의

- 피고적격이란 구체적인 소송에서 피고로서 소송을 수행하여 본안판결을 받을 수 있는 자격을 말한다.
- 행정소송법 제13조 제1항 1문은 "취소소송은 다른 법률에 특별한 규정이 없는 한 그 처분등을 행한 행정청을 피고로 한다."라고 하여 소송수행의 편의를 위해 당사자능력이 없는 단순한 행정기관에 불과한 행정청에 피고적격을 인정하고 있다. 12 지방, 24 지방

2. 행정청의 의미

(1) 처분등을 행한 행정청(처분청)

- 행정청은 행정주체의 의사를 내부적으로 결정하고 이를 외부적으로 표시할 수 있는 권한을 가진 행정기관을 의미한다. 20 국가

판례

1. 취소소송은 다른 법률에 특별한 규정이 없는 한 그 처분 등을 행한 행정청을 피고로 한다(행정소송법 제13조 제1항). 여기서 '행정청'이라 함은 국가 또는 공공단체의 기관으로서 국가나 공공단체의 의견을 결정하여 외부에 표시할 수 있는 권한, 즉 처분권한을 가진 기관을 말하고, 대외적으로 의사를 표시할 수 있는 기관이 아닌 내부기관은 실질적인 의사가 그 기관에 의하여 결정되더라도 피고적격을 갖지 못한다. 대법원 2014. 5. 16. 선고 2014두274 판결
2. 행정처분의 취소 또는 무효확인을 구하는 행정소송은 다른 법률에 특별한 규정이 없는 한 소송의 대상인 행정처분 등을 외부적으로 그의 명의로 행한 행정청을 피고로 하여야 하는 것으로서 그 행정처분을 하게 된 연유가 상급행정청이나 타행정청의 지시나 통보에 의한 것이라 하여 다르지 않다. 대법원 1995. 12. 22. 선고 95누14688 판결

국가공무원법 제16조(행정소송과의 관계)
① 제75조에 따른 처분, 그 밖에 본인의 의사에 반한 불리한 처분이나 부작위에 관한 행정소송은 소청심사위원회의 심사·결정을 거치지 아니하면 제기할 수 없다.
② 제1항에 따른 행정소송을 제기할 때에는 대통령의 처분 또는 부작위의 경우에는 소속 장관(대통령령으로 정하는 기관의 장을 포함한다. 이하 같다)을, 중앙선거관리위원회위원장의 처분 또는 부작위의 경우에는 중앙선거관리위원회사무총장을 각각 피고로 한다.

- 행정소송법 제13조에서 말하는 "처분 등을 행한 행정청"이란 정당한 권한을 가졌는지 여부는 불문하고 실제로 그의 이름으로 처분을 한 행정기관을 말한다.
- 행정청에는 본래의 행정청 이외에 법령에 의하여 행정권한의 위임 또는 위탁을 받은 행정기관, 공공단체 및 그 기관 또는 사인이 포함된다.
- 한편, ① 공무원에 대한 불이익처분에 있어서 그 처분청이 대통령인 때에는 소속장관, 18 지방, 19 지방 ② 국회의장·대법원장·헌법재판소장이 행한 처분에 대해서는 국회사무총장, 법원행정처장, 헌법재판소 사무처장 18 지방 이 각 피고가 된다.

(2) 권한승계 및 기관폐지

- 행정소송법 제13조 제1항 2문은 "다만, 처분등이 있은 뒤에 그 처분등에 관계되는 권한이 다른 행정청에 승계된 때에는 이를 승계한 행정청을 피고로 한다."라고 하여 승계 행정청에 피고적격을 인정하고 있다. 15 국가, 24 지방
- 행정소송법 제13조 제2항에 따르면 기관폐지 등으로 처분이나 재결을 한 행정청이 없게 된 때에는 그 처분등에 관한 사무가 귀속되는 국가 또는 공공단체가 피고가 된다고 한다.

Ⅱ 유형별 검토

1. 처분청과 통지한 자가 다른 경우

• 처분청과 통지한 자가 다른 경우 처분청이 피고가 된다.

판례

1. 인천직할시의 사업장폐쇄명령처분을 통지한 인천직할시 북구청장이 위 처분의 취소를 구하는 소의 피고적격이 없다. 대법원 1990. 4. 27. 선고 90누233 판결

2. 서훈은 어디까지나 서훈대상자 본인의 공적과 영예를 기리기 위한 것이므로 비록 유족이라고 하더라도 제3자는 서훈수여 처분의 상대방이 될 수 없고, 구 상훈법 제33조, 제34조 등에 따라 망인을 대신하여 단지 사실행위로서 훈장 등을 교부받거나 보관할 수 있는 지위에 있을 뿐이다. 이러한 서훈의 일신전속적 성격은 서훈취소의 경우에도 마찬가지이므로, 망인에게 수여된 서훈의 취소에서도 유족은 그 처분의 상대방이 되는 것이 아니다. 23 국가
이와 같이 망인에 대한 서훈취소는 유족에 대한 것이 아니므로 유족에 대한 통지에 의해서만 성립하여 효력이 발생한다고 볼 수 없고, 그 결정이 처분권자의 의사에 따라 상당한 방법으로 대외적으로 표시됨으로써 행정행위로서 성립하여 효력이 발생한다고 봄이 타당하다.
국무회의에서 건국훈장 독립장이 수여된 망인에 대한 서훈취소를 의결하고 대통령이 결재함으로써 서훈취소가 결정된 후 국가보훈처장이 망인의 유족 甲에게 '독립유공자 서훈취소결정 통보'를 하자 甲이 국가보훈처장을 상대로 서훈취소결정의 무효 확인 등의 소를 제기한 사안에서, 甲이 서훈취소 처분을 행한 행정청(대통령)이 아니라 국가보훈처장을 상대로 제기한 위 소는 피고를 잘못 지정한 경우에 해당하므로, 법원으로서는 석명권을 행사하여 정당한 피고로 경정하게 하여 소송을 진행해야 함에도 국가보훈처장이 서훈취소 처분을 한 것을 전제로 처분의 적법 여부를 판단한 원심판결에 법리오해 등의 잘못이 있다고 한 사례. 대법원 2014. 9. 26. 선고 2013두2518 판결 16 지방, 23 국가

2. 권한의 위임 · 위탁 및 대리

(1) 권한의 위임 · 위탁: 수임기관이 수임기관의 명의로 처분

• 권한의 위임 · 위탁이 있는 경우 위임기관은 처분권한을 상실하며 수임기관이 처분권한을 갖게 되는데, 그 결과 피고적격을 갖는 행정청은 위임기관이 아닌 수임기관이 된다. 14 국회, 18 지방

• 행정소송법 또한 "이 법을 적용함에 있어서 행정청에는 법령에 의하여 행정권한의 위임 또는 위탁을 받은 행정기관, 공공단체 및 그 기관 또는 사인이 포함된다."라고 하여 수임기관이 행정청이 될 수 있음을 명문으로 정하고 있다(행정소송법 제2조 제2항).

판례

1. 성업공사가 체납압류된 재산을 공매하는 것은 세무서장의 공매권한 위임에 의한 것으로 보아야 할 것이므로, 성업공사가 한 그 공매처분에 대한 취소 등의 항고소송을 제기함에 있어서는 수임청으로서 실제로 공매를 행한 성업공사를 피고로 하여야 하고, 위임청인 세무서장은 피고적격이 없다. 대법원 1997. 2. 28. 선고 96누1757 판결

2. 에스에이치공사가 택지개발사업 시행자인 서울특별시장으로부터 이주대책 수립권한을 포함한 택지개발사업에 따른 권한을 위임 또는 위탁받은 경우, 이주대책 대상자들이 에스에이치공사 명의로 이루어진 이주대책에 관한 처분에 대한 취소소송을 제기함에 있어 정당한 피고는 에스에이치공사가 된다고 한 사례. 대법원 2007. 8. 23. 선고 2005두3776 판결

피고 농림축산식품부장관이 2016. 5. 12. 원고에 대하여 농지보전부담금 부과처분을 한다는 의사표시가 담긴 2016. 6. 20. 자 납부통지서를 수납업무 대행자인 피고 한국농어촌공사가 원고에게 전달함으로써, 이 사건 농지보전부담금 부과처분은 성립요건과 효력 발생요건을 모두 갖추게 되었다. 나아가 피고 한국농어촌공사가 '피고 농림축산식품부장관의 대행자' 지위에서 위와 같은 납부통지를 하였음을 분명하게 밝힌 이상, 피고 농림축산식품부장관이 이 사건 농지보전부담금 부과처분을 외부적으로 자신의 명의로 행한 행정청으로서 항고소송의 피고가 되어야 하고, 단순한 대행자에 불과한 피고 한국농어촌공사를 피고로 삼을 수는 없다. (대법원 2018. 10. 25. 선고 2018두43095 판결)

관련 법령에서 정한 자격기준이나 위 정부포상업무지침이 정한 자격요건에 해당한다는 이유로 행정자치부장관에게 훈장을 요구할 수 있는 법규상 또는 조리상 권리를 갖는다고 볼 수 없으므로, 훈장수여신청에 대한 거부통지는 항고소송의 대상이 되는 처분으로 볼 수 없다. (서울고등법원 2005. 4. 27. 선고 2004누8790 판결) 23 국가

독립유공자의 구체적 인정절차는 입법자가 헌법의 취지에 반하지 않는 한 입법재량으로 정할 수 있다. 독립유공자 인정의 전 단계로서 상훈법에 따른 서훈추천은 해당 후보자에 대한 공적심사를 거쳐서 이루어지며, 그러한 공적심사의 통과 여부는 해당 후보자가 독립유공자로서 인정될만한 사정이 있는지에 달려 있다. 이에 관한 판단에 있어서 국가는 나름대로의 재량을 지닌다. 따라서 국가보훈처장이 서훈추천 신청자에 대한 서훈추천을 하여 주어야 할 헌법적 작위의무가 있다고 할 수는 없으므로, 서훈추천을 거부한 것에 대하여 행정권력의 부작위에 대한 헌법소원으로서 다툴 수 없다. (헌법재판소 2005. 6. 30. 선고 2004헌마859 전원재판부) 23 국가

행정권한의 위임 및 위탁에 관한 규정
제3조(위임 및 위탁의 기준 등)
① 행정기관의 장은 허가·인가·등록 등 민원에 관한 사무, 정책의 구체화에 따른 집행사무 및 일상적으로 반복되는 사무로서 그가 직접 시행하여야 할 사무를 제외한 일부 권한을 그 보조기관 또는 하급행정기관의 장, 다른 행정기관의 장, 지방자치단체의 장에게 위임 및 위탁한다.
• 권한의 위임·위탁이란 사무처리의 권한을 다른 행정기관에게 실질적으로 이전하는 것으로서 위임은 하급관청에, 위탁은 대등관청에 각 권한을 이전하는 것을 말한다.
• 권한의 위임은 법률이 정한 권한배분을 행정기관이 다시 변경하는 것이므로 반드시 법적 근거가 있어야 한다. 19 국회

내부위임

- 내부위임이란 사무처리 권한이 다른 행정기관에게 이전되는 것이 아닌, 행정기관 내부에서 위임자가 수임자에게 그 권한을 위임하는 것으로서, 보조기관 등에게 경미한 사항에 대한 결정권을 위임하는 (위임)전결과, 휴가·출장 등 사유로 인한 결재권자의 부재 시 하급자가 결재권을 대신 행사하는 대결로 구분된다.
- 내부위임은 행정관청이 그의 보조기관 또는 하급행정관청으로 하여금 그의 권한을 사실상 행사하게 하는 것에 불과하므로 권한의 위임과 달리 법률이 위임을 허용하고 있지 아니한 경우에도 인정된다. 19 국회

(2) 내부위임 : 수임기관이 위임기관의 명의로 처분

- 내부위임의 경우에는 권한의 위임·위탁과 달리 수임기관에게 처분권한이 이전되는 것이 아니므로, 피고적격을 갖는 행정청은 위임기관이 된다. 13 서울, 14 국회, 18 지방

판례

행정권한의 위임은 행정관청이 법률에 따라 특정한 권한을 다른 행정관청에 이전하여 수임관청의 권한으로 행사하도록 하는 것이어서 권한의 법적인 귀속을 변경하는 것이므로 법률이 위임을 허용하고 있는 경우에 한하여 인정된다 할 것이고, 이에 반하여 행정권한의 내부위임은 법률이 위임을 허용하고 있지 아니한 경우에도 행정관청의 내부적인 사무처리의 편의를 도모하기 위하여 그의 보조기관 또는 하급행정관청으로 하여금 그의 권한을 사실상 행사하게 하는 것이므로, 권한위임의 경우에는 수임관청이 자기의 이름으로 그 권한행사를 할 수 있지만 내부위임의 경우에는 수임관청은 위임관청의 이름으로만 그 권한을 행사할 수 있을 뿐 자기의 이름으로는 그 권한을 행사할 수 없다. 대법원 1995. 11. 28. 선고 94누6475 판결

- 다만, 수임기관이 위임기관이 아닌 자신의 이름으로 처분을 한 경우, (이러한 권한행사는 위법하여 무효이지만) 피고적격을 갖는 행정청은 "실제로 처분을 한 행정기관"을 말하므로 이때는 수임기관이 피고가 된다.

판례

행정처분의 취소 또는 무효확인을 구하는 행정소송은 다른 법률에 특별한 규정이 없는 한 그 처분을 행한 행정청을 피고로 하여야 하며, 행정처분을 행할 적법한 권한 있는 상급행정청으로부터 내부위임을 받은 데 불과한 하급행정청이 권한 없이 행정처분을 한 경우에도 실제로 그 처분을 행한 하급행정청을 피고로 하여야 할 것이지 그 처분을 행할 적법한 권한 있는 상급행정청을 피고로 할 것은 아니다. 대법원 1994. 8. 12. 선고 94누2763 판결 13 서울, 15 국가, 15 지방, 17 사복, 20 국가, 24 지방

(3) 권한의 대리 : 수임기관이 대리관계를 표시하고 수임(위임)기관의 명의로 처분

- 권한의 대리는 처분권한의 이전을 가져오지 않으므로 이 경우 피고는 피대리기관이 된다. 14 국회, 19 지방 01
- 그런데, 만약 대리기관이 대리관계를 밝힘이 없이 자신의 명의로 처분을 한 경우 대리기관이 피고가 된다.
- 다만, 비록 대리관계임을 명시적으로 밝히지는 않았다고 하더라도 처분명의자가 피대리기관 산하의 행정기관으로서 실제로 피대리기관으로부터 대리권한을 수여받아 피대리기관을 대리한다는 의사로 행정처분을 하였고, 처분명의자는 물론 그 상대방도 그 행정처분이 피대리기관을 대리하여 한 것임을 알고서 이를 받아들인 예외적인 경우에는 피대리기관이 피고가 된다.

판례

1. 항고소송은 다른 법률에 특별한 규정이 없는 한 원칙적으로 소송의 대상인 행정처분을 외부적으로 행한 행정청을 피고로 하여야 하고(행정소송법 제13조 제1항 본문), 다만 대리기관이 대리관계를 표시하고 피대리 행정청을 대리하여 행정처분을 한 때에는 피대리 행정청이 피고로 되어야 한다. 대법원 2018. 10. 25. 선고 2018두43095 판결

OX 확인

01 대리기관이 대리관계를 표시하고 피대리 행정청을 대리하여 행정처분을 한 때에는 피대리 행정청이 피고로 되어야 한다. (○)

2. 대리권을 수여받은 데 불과하여 그 자신의 명의로는 행정처분을 할 권한이 없는 행정청의 경우 대리관계를 밝힘이 없이 그 자신의 명의로 행정처분을 하였다면 그에 대하여는 처분명의자인 당해 행정청이 항고소송의 피고가 되어야 하는 것이 원칙이지만, 비록 대리관계를 명시적으로 밝히지는 아니하였다 하더라도 처분명의자가 피대리 행정청 산하의 행정기관으로서 실제로 피대리 행정청으로부터 대리권한을 수여받아 피대리 행정청을 대리한다는 의사로 행정처분을 하였고 처분명의자는 물론 그 상대방도 그 행정처분이 피대리 행정청을 대리하여 한 것임을 알고서 이를 받아들인 예외적인 경우에는 피대리 행정청이 피고가 되어야 한다. 대법원 2006. 2. 23. 자 2005부4 결정 18 서울

3. 합의제 행정기관 : 합의제 행정청 명의로 처분

- 합의제 행정청의 처분에 대해서는 합의제 행정청이 피고가 된다.
- 대표적인 합의제 행정청으로는 토지수용위원회, 공정거래위원회, 감사원 등이 있다.
- 다만, 노동위원회법에 따라 중앙노동위원회의 처분에 대한 소송의 피고는 중앙노동위원회가 아닌 중앙노동위원회 위원장이 된다.

노동위원회법 제27조(중앙노동위원회의 처분에 대한 소송)
① 중앙노동위원회의 처분에 대한 소송은 중앙노동위원회 위원장을 피고로 하여 처분의 송달을 받은 날부터 15일 이내에 제기하여야 한다.

판례

저작권 등록처분에 대한 무효확인소송에서 피고적격자는 저작권심의조정위원회이다. 대법원 2009. 7. 9. 선고 2007두16608 판결

4. 지방자치단체

(1) 지방의회

- 지방의회는 그 의사를 외부적으로 표시할 수 있는 권한이 없는 의결기관에 불과하므로 원칙적으로 행정청이 될 수 없다.
- 다만, 지방의회의원에 대한 징계의결, 지방의회의장선거나 지방의회의장 불신임결의 등 지방의회 내부사건에 있어서는 지방의회(지방의회의장×)가 행정청으로서 피고가 된다.

15 국가, 23 국가

(2) 조례 : 처분적 조례의 경우

- 조례가 처분성이 있어 항고소송의 대상이 되는 경우, 그 피고는 의결기관인 지방의회가 되는 것이 아니고 이를 공포한 지방자치단체의 장이 된다.
- 마찬가지로 교육 · 학예에 관한 조례에 대해서는 시 · 도교육감이 피고가 된다.

판례

조례가 집행행위의 개입 없이도 그 자체로서 직접 국민의 구체적인 권리의무나 법적 이익에 영향을 미치는 등의 법률상 효과를 발생하는 경우 그 조례는 항고소송의 대상이 되는 행정처분에 해당하고, 이러한 조례에 대한 무효확인소송을 제기함에 있어서 행정소송법 제38조 제1항, 제13조에 의하여 피고적격이 있는 처분 등을 행한 행정청은, 행정주체인 지방자치단체 또는 지방자치단체의 내부적 의결기관으로서 지방자치단체의 의사를 외부에 표시할 권한이 없는 지방의회가 아니라, 구 지방자치법 제19조 제2항, 제92조에 의하여 지방자치단체의 집행기관으로서 조례로서의 효력을 발생시키는 공포권이 있는 지방자치단체의 장이다. 18 소방, 24 지방

구 지방교육자치에관한법률 제14조 제5항, 제25조에 의하면 시 · 도의 교육 · 학예에 관한 사무의 집행기관은 시 · 도 교육감이고 시 · 도 교육감에게 지방교육에 관한 조례안의 공포권이 있다고 규정되어 있으므로, 교육에 관한 조례의 무효확인소송을 제기함에 있어서는 그 집행기관인 시 · 도 교육감을 피고로 하여야 한다. 대법원 1996. 9. 20. 선고 95누8003 판결

Ⅲ 피고경정

1. 의의

- 피고경정이란 항고소송의 계속 중에 피고로 지정된 자를 다른 자로 변경하는 것을 말한다.
- 피고의 경정은 사실심 변론종결시까지 허용된다(대법원 2006. 2. 23. 자 2005부4 결정).

2. 요건: 피고경정이 인정되는 경우

(1) 피고를 잘못 지정한 경우

- 행정소송법 제14조 제1항: "원고가 피고를 잘못 지정한 때에는 법원은 원고의 신청에 의하여 결정으로써 피고의 경정을 허가할 수 있다." 24 지방

(2) 권한의 승계 등

- 행정소송법 제14조 제6항: "취소소송이 제기된 후에 제13조 제1항 단서(권한의 승계) 또는 제13조 제2항(권한행정청이 없게 된 경우)에 해당하는 사유가 생긴 때에는 법원은 당사자의 신청 또는 직권에 의하여 피고를 경정한다."

(3) 소의 변경

- 행정소송법 제21조에 따라 소의 변경이 인정되는 경우에도 피고경정이 허용된다.

3. 절차

- 피고를 잘못 지정한 경우: 당사자의 신청
- 권한의 승계가 있거나 권한행정청이 없게 된 경우: 당사자의 신청 또는 법원의 직권
- 소의 변경이 있는 경우: 당사자의 신청
- 피고경정신청을 각하하는 법원의 결정에 대해서는 즉시항고할 수 있다(행정소송법 제14조 제3항).
- 한편 원고가 피고를 잘못 지정하여 소송을 제기한 경우, 법원으로서는 석명권을 행사하여 피고를 경정하게 하여 소송을 진행하게 하여야 한다.

판례

원고가 피고를 잘못 지정하였다면 법원으로서는 당연히 석명권을 행사하여 원고로 하여금 피고를 경정하게 하여 소송을 진행케 하였어야 할 것임에도 불구하고 이러한 조치를 취하지 아니한 채 피고의 지정이 잘못되었다는 이유로 소를 각하한 것은 위법하다. 대법원 2004. 7. 8. 선고 2002두7852 판결 20 국가

4. 효과

- 피고경정에 대한 허가결정이 있는 때에는 새로운 피고에 대한 소송은 "처음에 소를 제기한 때"에 제기된 것으로 본다(행정소송법 제14조 제4항).
- 따라서 허가결정 당시에는 제소기간이 도과한 경우에도 처음에 소를 제기할 때 제소기간을 준수하였다면 제소기간을 지킨 것이 된다.
- 이 경우 종전의 피고에 대한 소송은 취하된 것으로 본다(행정소송법 제14조 제5항).

행정소송규칙 제6조(피고경정)
법 제14조제1항에 따른 피고경정은 사실심 변론을 종결할 때까지 할 수 있다.

행정소송규칙 제7조(명령·규칙 소관 행정청에 대한 소송통지)
① 법원은 명령·규칙의 위헌 또는 위법 여부가 쟁점이 된 사건에서 그 명령·규칙 소관 행정청이 피고와 동일하지 아니한 경우에는 해당 명령·규칙의 소관 행정청에 소송계속 사실을 통지할 수 있다.

소위 주관적, 예비적 병합은 행정소송법 제28조 제3항과 같은 예외적 규정이 있는 경우를 제외하고는 원칙적으로 허용되지 않는 것이고, 또 행정소송법상 소의 종류의 변경에 따른 당사자(피고)의 변경은 교환적 변경에 한한다고 봄이 상당하므로 예비적 청구만이 있는 피고의 추가경정신청은 허용되지 않는다(주: 이른바 소의 주관적·예비적 병합이 인정되지 않던 구 민사소송법에 기초한 판례이다. 그러나 2002년 민사소송법이 전부 개정되면서 소의 주관적·예비적 병합이 허용되었고, 따라서 현행법에 근거하면 옳지 못한 내용이 될 여지가 있다. 다만 2020년 국가직 시험에서는 옳은 선지로 출제되었으므로, 수험적으로는 옳은 내용으로 정리해야 한다). (대법원 1989. 10. 27. 자 89두1 결정) 20 국가

쟁점 28 제소기간

I 의의

1. 제소기간의 의의

- 제소기간이란 처분의 상대방 등이 소송을 제기할 수 있는 기간을 말한다.
- 제소기간이 지난 후에도 처분청은 직권으로 당해 처분을 취소할 수 있다. 18 지방

2. 행정소송법의 규정

행정소송법 제20조 【제소기간】 19 소방, 20 소방

① 취소소송은 처분 등이 있음을 안 날부터 90일 이내에 제기하여야 한다. 다만, 제18조 제1항 단서❶에 규정한 경우와 그 밖에 행정심판청구를 할 수 있는 경우 또는 행정청이 행정심판청구를 할 수 있다고 잘못 알린 경우에 행정심판청구가 있은 때의 기간은 재결서의 정본을 송달받은 날부터 기산한다. 21 국가, 22 국가 01

② 취소소송은 처분 등이 있은 날부터 1년(제1항 단서의 경우는 재결이 있은 날부터 1년)을 경과하면 이를 제기하지 못한다. 다만, 정당한 사유가 있는 때에는 그러하지 아니하다.

③ 제1항의 규정에 의한 기간은 불변기간으로 한다.

❶ 제18조 제1항

"취소소송은 법령의 규정에 의하여 당해 처분에 대한 행정심판을 제기할 수 있는 경우에도 이를 거치지 아니하고 제기할 수 있다. 다만, 다른 법률에 당해 처분에 대한 행정심판의 재결을 거치지 아니하면 취소소송을 제기할 수 없다는 규정이 있는 때에는 그러하지 아니하다."

OX 확인

01 행정청이 행정심판청구를 할 수 있다고 잘못 알려 행정심판을 청구한 경우에는 재결서 정본을 송달받은 날이 아닌 처분이 있음을 안 날로부터 제소기간이 기산된다. (×)

II 행정심판을 거치지 않은 경우

1. 처분 등이 있음을 안 날로부터 90일

(1) 처분이 송달된 경우

- "처분이 있음을 안 날"이란 송달·공고 기타의 방법으로 당해 처분이 있었다는 사실을 현실적으로 안 날을 의미한다. 21 지방 02
- 처분의 통지가 상대방에게 도달한 때 그 처분이 있음을 알았다고 추정된다. 따라서 당사자는 반증을 통해 추정을 번복할 수 있다.

판례

1. 행정소송법 제20조 제1항이 정한 제소기간의 기산점인 '처분 등이 있음을 안 날'이란 통지, 공고 기타의 방법에 의하여 당해 처분 등이 있었다는 사실을 현실적으로 안 날을 의미하므로, 행정처분이 상대방에게 고지되어 상대방이 이러한 사실을 인식함으로써 행정처분이 있다는 사실을 현실적으로 알았을 때 행정소송법 제20조 제1항이 정한 제소기간이 진행한다고 보아야 하고, 처분서가 처분상대방의 주소지에 송달되는 등 사회통념상 처분이 있음을 처분상대방이 알 수 있는 상태에 놓인 때에는 반증이 없는 한 처분상대방이 처분이 있음을 알았다고 추정할 수 있다. 15 사복
또한 우편물이 등기취급의 방법으로 발송된 경우 그것이 도중에 유실되었거나 반송되었다는 등의 특별한 사정에 대한 반증이 없는 한 그 무렵 수취인에게 배달되었다고 추정할 수 있다. 대법원 2017. 3. 9. 선고 2016두60577 판결

OX 확인

02 심판청구기간의 기산점인 '처분이 있음을 안 날'이라 함은 당사자가 통지·공고 기타의 방법에 의하여 당해 처분이 있었다는 사실을 현실적으로 안 날을 의미한다. (○)

행정소송법 제20조 제2항 소정의 제소기간 기산점인 "처분이 있음을 안 날"이란 통지, 공고 기타의 방법에 의하여 당해 처분이 있었다는 사실을 현실적으로 안 날을 의미하고 구체적으로 그 행정처분의 위법 여부를 판단한 날을 가리키는 것은 아니다. (대법원 1991. 6. 28. 선고 90누6521 판결) 15 사복

2. 아파트 경비원이 관례에 따라 부재중인 납부의무자에게 배달되는 과징금부과처분의 납부고지서를 수령한 경우, 납부의무자가 아파트 경비원에게 우편물 등의 수령권한을 위임한 것으로 볼 수는 있을지언정, 과징금부과처분의 대상으로 된 사항에 관하여 납부의무자를 대신하여 처리할 권한까지 위임한 것으로 볼 수는 없고, 설사 위 경비원이 위 납부고지서를 수령한 때에 위 부과처분이 있음을 알았다고 하더라도 이로써 납부의무자 자신이 그 부과처분이 있음을 안 것과 동일하게 볼 수는 없다(주 : 반증을 통해 추정을 깨뜨린 사례). 대법원 2002. 8. 27. 선고 2002두3850 판결

- 한편 처분이 상대방에게 통지되지 않은 경우 비록 상대방이 어떠한 경로로 처분의 내용을 미리 알게 되었어도 제소기간은 진행하지 않는다.

판례

처분이 甲에게 고지되어 처분이 있다는 사실을 현실적으로 알았을 때 행정소송법 제20조 제1항에서 정한 제소기간이 진행한다고 보아야 함에도, 甲이 통보서를 송달받기 전에 자신의 의무기록에 관한 정보공개를 청구하여 위 처분을 하는 내용의 통보서를 비롯한 일체의 서류를 교부받은 날부터 제소기간을 기산하여 위 소는 90일이 지난 후 제기한 것으로서 부적법하다고 본 원심판결에는 법리를 오해한 위법이 있다. 대법원 2014. 9. 25. 선고 2014두8254 판결 21 국가 01

OX 확인

01 '처분이 있음을 안 날'은 처분이 있었다는 사실을 현실적으로 안 날을 의미하므로, 처분서를 송달받기 전 정보공개청구를 통하여 처분을 하는 내용의 일체의 서류를 교부받았다면 그 서류를 교부받은 날부터 제소기간이 기산된다. (×)

(2) 처분이 공고 또는 고시된 경우

① 특정인에 대한 공시송달의 경우

- 특정인에 대한 처분을 주소불명 등의 이유로 송달할 수 없어 관보 등에 공고한 경우, 상대방이 처분 등을 현실적으로 안 날로부터 제소기간이 진행한다.

판례

특정인에 대한 행정처분을 주소불명 등의 이유로 송달할 수 없어 관보·공보·게시판·일간신문 등에 공고한 경우에는, 공고가 효력을 발생하는 날에 상대방이 그 행정처분이 있음을 알았다고 볼 수는 없고, 상대방이 당해 처분이 있었다는 사실을 현실적으로 안 날에 그 처분이 있음을 알았다고 보아야 한다. 대법원 2006. 4. 28. 선고 2005두14851 판결 20 국가

② 일반처분의 경우

- 불특정 다수인에 대하여 고시 또는 공고에 의한 방법으로 행정처분을 하는 경우(일반처분) 그 고시 등이 있었다는 사실을 현실적으로 알았는지 여부에 관계없이 고시가 효력을 발생하는 날에 처분이 있음을 알았다고 본다.

판례

1. 통상 고시 또는 공고에 의하여 행정처분을 하는 경우에는 그 처분의 상대방이 불특정 다수인이고, 그 처분의 효력이 불특정 다수인에게 일률적으로 적용되는 것이므로, 그에 대한 행정심판 청구기간도 그 행정처분에 이해관계를 갖는 자가 고시 또는 공고가 있었다는 사실을 현실적으로 알았는지 여부에 관계없이 고시가 효력을 발생하는 날인 고시 또는 공고가 있은 후 5일이 경과한 날에 행정처분이 있음을 알았다고 보아야 하고, 따라서 그에 대한 취소소송은 그 날로부터 90일 이내에 제기하여야 한다. 대법원 2000. 9. 8. 선고 99두11257 판결 15 지방, 17 사복, 20 지방 02
2. 인터넷 웹사이트에 대하여 구 청소년보호법에 따른 청소년유해매체물 결정 및 고시처분을 한 사안에서, 위 결정은 이해관계인이 고시가 있었음을 알았는지 여부에 관계없이 관보에 고시됨으로써 효력이 발생하고, 그가 위 결정을 통지받지 못하였다는 것이 제소기간을 준수하지 못한 것에 대한 정당한 사유가 될 수 없다고 한 사례. 대법원 2007. 6. 14. 선고 2004두619 판결

OX 확인

02 고시 또는 공고에 의하여 행정처분을 하는 경우 그 행정처분에 이해관계를 갖는 사람이 고시 또는 공고가 있었다는 사실을 현실적으로 알았는지 여부에 관계없이 고시 또는 공고가 효력을 발생한 날에 행정처분이 있음을 알았다고 보아야 한다. (○)

- 다만, 개별토지가격결정의 경우와 같이 처분의 효력이 각 상대방에 대해 개별적으로 발생하는 경우에는 처분 상대방이 실제로 처분이 있었음을 안 날로부터 제소기간이 진행한다.

판례

개별토지가격결정의 공고는 공고일로부터 그 효력을 발생하지만 처분 상대방인 토지소유자 및 이해관계인이 공고일에 개별토지가격결정처분이 있음을 알았다고까지 의제할 수는 없어 결국 개별토지가격결정에 대한 재조사 또는 행정심판의 청구기간은 처분 상대방이 실제로 처분이 있음을 안 날로부터 기산하여야 할 것이나, 시장, 군수 또는 구청장이 개별토지가격결정을 처분 상대방에 대하여 별도의 고지절차를 취하지 않는 이상 토지소유자 및 이해관계인이 위 처분이 있음을 알았다고 볼 경우는 그리 흔치 않을 것이므로, 특별히 위 처분을 알았다고 볼만한 사정이 없는 한 개별토지가격결정에 대한 재조사청구 또는 행정심판청구는 행정심판법 제18조 제3항 소정의 처분이 있은 날로부터 180일 이내에 이를 제기하면 된다. 대법원 1993. 12. 24. 선고 92누17204 판결

⑶ 불고지 또는 오고지의 경우

- 행정소송법은 행정심판법과 달리 불고지・오고지에 관한 규정을 두고 있지 않은데, 이에 대해 판례는 행정심판법상 불고지・오고지에 관한 규정은 행정소송법에 적용되지 않는다고 본다.

판례

행정청이 법정 심판청구기간보다 긴 기간으로 잘못 알린 경우에 그 잘못 알린 기간 내에 심판청구가 있으면 그 심판청구는 법정 심판청구기간 내에 제기된 것으로 본다는 취지의 행정심판법 제18조 제5항의 규정은 행정심판 제기에 관하여 적용되는 규정이지, 행정소송 제기에도 당연히 적용되는 규정이라고 할 수는 없다. 행정처분시나 그 이후 행정청으로부터 행정심판 제기기간에 관하여 법정 심판청구기간보다 긴 기간으로 잘못 통지받은 경우에 보호할 신뢰 이익은 그 통지받은 기간 내에 행정심판을 제기한 경우에 한하는 것이지 행정소송을 제기한 경우에까지 확대된다고 할 수 없으므로, 당사자가 행정처분시나 그 이후 행정청으로부터 행정심판 제기기간에 관하여 법정 심판청구기간보다 긴 기간으로 잘못 통지받아 행정소송법상 법정 제소기간을 도과하였다고 하더라도, 그것이 당사자가 책임질 수 없는 사유로 인한 것이라고 할 수는 없다. 대법원 2001. 5. 8. 선고 2000두6916 판결 18 국가, 22 지방

⑷ 불변기간

- "처분 등이 있음을 안 날로부터 90일"이라는 기간은 행정소송법 제20조 제3항에 따라 불변기간의 성질을 갖는데, 불변기간이란 법원이 그 기간을 변경할 수 없는 기간을 말한다. 13 지방
- 다만, 행정소송법에 의해 준용되는 민사소송법에 따라 법원은 주소 또는 거소가 멀리 떨어진 곳에 있는 사람을 위하여 부가기간을 정할 수 있고 13 지방, 일정한 경우 소송행위의 추완(추후 보완)이 가능하다. 17 교행

> 민사소송법 제172조(기간의 신축, 부가기간)
> ① 법원은 법정기간 또는 법원이 정한 기간을 늘이거나 줄일 수 있다. 다만, 불변기간은 그러하지 아니하다.
> ② 법원은 불변기간에 대하여 주소 또는 거소가 멀리 떨어진 곳에 있는 사람을 위하여 부가기간(附加期間)을 정할 수 있다.
>
> 민사소송법 제173조(소송행위의 추후보완)
> ① 당사자가 책임질 수 없는 사유로 말미암아 불변기간을 지킬 수 없었던 경우에는 그 사유가 없어진 날부터 2주 이내에 게을리 한 소송행위를 보완할 수 있다. 다만, 그 사유가 없어질 당시 외국에 있던 당사자에 대하여는 이 기간을 30일로 한다.

⑸ 관련문제 : 법률에 대한 위헌결정이 있는 경우

판례

처분 당시에는 취소소송의 제기가 법제상 허용되지 않아 소송을 제기할 수 없다가 위헌결정으로 인하여 비로소 취소소송을 제기할 수 있게 된 경우, 객관적으로는 '위헌결정이 있은 날', 주관적으로는 '위헌결정이 있음을 안 날' 비로소 취소소송을 제기할 수 있게 되어 이때를 제소기간의 기산점으로 삼아야 한다. 대법원 2008. 2. 1. 선고 2007두20997 판결 15 국회

2. 처분 등이 있은 날로부터 1년: 처분 등이 있음을 알지 못한 경우

⑴ **원칙**: 처분 등이 있은 날로부터 1년

- "처분 등이 있은 날"이란 통지가 있는 처분의 경우 통지가 도달하여 처분의 효력이 발생한 날을, 통지가 없는 처분의 경우 처분이 외부에 표시되어 효력이 발생한 날을 말한다.

⑵ **예외**: 정당한 사유가 있는 경우

- 정당한 사유가 있는 경우에는 1년이 경과한 후에도 취소소송을 제기할 수 있다.
- 정당한 사유에 해당하는지 여부는 사안에 따라 개별적·구체적으로 판단하여야 하는데, 판례에 따르면 여기서 말하는 정당한 사유란 민사소송법 제173조의 "당사자가 책임질 수 없는 사유"나 행정심판법 제27조의 "불가항력적인 사유"보다는 넓은 개념이라 한다. 16 국회
- 특히 제3자효 있는 행정행위의 경우 처분의 직접 상대방이 아닌 제3자는 일반적으로 처분이 있는 것을 바로 알 수 없는 처지에 있으므로 정당한 사유가 있는 경우에 해당한다고 본다.
- 다만, 제3자가 어떠한 경위로든 처분이 있음을 안 이상, 그 처분이 있음을 안 날로부터 90일 내에 소송을 제기해야 한다.

판례

1. 행정처분의 직접상대방이 아닌 제3자는 행정처분이 있음을 곧 알 수 없는 처지이므로 행정심판법 제18조 제3항 소정의 심판청구의 제척기간 내에 처분이 있음을 알았다는 특별한 사정이 없는 한 그 제척기간의 적용을 배제할 같은 조항 단서 소정의 정당한 사유가 있는 때에 해당한다. 대법원 1989. 5. 9. 선고 88누5150 판결
2. 행정처분의 상대방이 아닌 제3자는 일반적으로 처분이 있는 것을 바로 알 수 없는 처지에 있으므로 처분이 있은 날로부터 180일이 경과하더라도 특별한 사유가 없는 한 구 행정심판법 제18조 제3항 단서 소정의 정당한 사유가 있는 것으로 보아 심판청구가 가능하나, 그 제3자가 어떤 경위로든 행정처분이 있음을 알았거나 쉽게 알 수 있는 등 행정심판법 제18조 제1항 소정의 심판청구기간 내에 심판청구가 가능하였다는 사정이 있는 경우에는 그때로부터 60일(주: 현행법상 90일) 이내에 행정심판을 청구하여야 한다. 대법원 1996. 9. 6. 선고 95누16233 판결

3. 처분이 있음을 안 경우와 알지 못한 경우의 관계

- "처분 등이 있음을 안 날로부터 90일"과 "처분 등이 있은 날로부터 1년" 중 어느 하나의 기간이라도 경과하면 제소기간은 종료하게 된다. 15 교행

Ⅲ 행정심판을 거친 경우

1. 의의

- 행정심판을 거쳐 취소소송을 제기하는 경우 취소소송을 재결서의 정본을 송달받은 날로부터 90일 내에 제기하여야 하고, 이때 90일의 기간은 불변기간이다.
- 여기서 말하는 행정심판은 행정심판법에 따른 일반행정심판과 기타 개별법이 정하고 있는 특별행정심판을 모두 포함한다.
- "행정심판을 거쳐 취소소송을 제기하는 경우"라 함은 행정심판을 거쳐야 하는 경우와 그 밖에 행정심판청구를 할 수 있는 경우 또는 행정청이 행정심판청구를 할 수 있다고 잘못 알린 경우에 있어서 행정심판청구를 한 경우를 말한다.

• 한편 재결서 정본을 송달받지 못한 경우 재결이 있은 날로부터 1년 내로 취소소송을 제기해야 한다. 다만, 정당한 사유가 있는 때에는 그러하지 아니하다.

2. 구체적 판례 검토

• 제소기간을 도과하여 각하재결이 있은 후 다시 취소소송을 제기하는 경우에는 재결서를 송달받은 날로부터 90일 내에 취소소송이 제기되었다고 하더라도 취소소송이 다시 제소기간을 준수한 것으로 되는 것은 아니므로 법원은 부적법 각하하여야 한다.

판례

처분이 있음을 안 날부터 90일 이내에 행정심판을 청구하지도 않고 취소소송을 제기하지도 않은 경우에는 그 후 제기된 취소소송은 제소기간을 경과한 것으로서 부적법하고, 처분이 있음을 안 날부터 90일을 넘겨 청구한 부적법한 행정심판청구에 대한 재결이 있은 후 재결서를 송달받은 날부터 90일 이내에 원래의 처분에 대하여 취소소송을 제기하였다고 하여 취소소송이 다시 제소기간을 준수한 것으로 되는 것은 아니다. 대법원 2011. 11. 24. 선고 2011두18786 판결 19 국가, 21 국가 01

OX 확인

01 행정처분이 있음을 안 날부터 90일을 넘겨 행정심판을 청구하였다가 각하재결을 받은 후 그 재결서를 송달받은 날부터 90일 내에 원래의 처분에 대하여 취소소송을 제기한 경우, 수소법원은 각하판결을 하여야 한다. (○)

• 제소기간의 도과로 처분에 불가쟁력이 발생하였고 그 이후에 행정청이 당해 처분에 대해 행정심판청구를 할 수 있다고 잘못 알린 경우, 잘못된 안내에 따라 청구된 행정심판 재결서 정본을 송달받은 날로부터 다시 취소소송의 제소기간이 기산되는 것은 아니다.

판례

이미 제소기간이 지남으로써 불가쟁력이 발생하여 불복청구를 할 수 없었던 경우라면 그 이후에 행정청이 행정심판청구를 할 수 있다고 잘못 알렸다고 하더라도 그 때문에 처분 상대방이 적법한 제소기간 내에 취소소송을 제기할 수 있는 기회를 상실하게 된 것은 아니므로 이러한 경우에 잘못된 안내에 따라 청구된 행정심판 재결서 정본을 송달받은 날부터 다시 취소소송의 제소기간이 기산되는 것은 아니다. 불가쟁력이 발생하여 더 이상 불복청구를 할 수 없는 처분에 대하여 행정청의 잘못된 안내가 있었다고 하여 처분 상대방의 불복청구 권리가 새로이 생겨나거나 부활한다고 볼 수는 없기 때문이다. 대법원 2012. 9. 27. 선고 2011두27247 판결 17 지방

행정소송법 제20조 제1항은 '취소소송은 처분 등이 있음을 안 날부터 90일 이내에 제기하여야 하나 행정청이 행정심판청구를 할 수 있다고 잘못 알린 경우에 행정심판청구가 있은 때의 기간은 재결서의 정본을 송달받은 날부터 기산한다'고 규정하고 있는데, 위 규정의 취지는 불가쟁력이 발생하지 않아 적법하게 불복청구를 할 수 있었던 처분 상대방에 대하여 행정청이 법령상 행정심판청구가 허용되지 않음에도 행정심판청구를 할 수 있다고 잘못 알린 경우에, 잘못된 안내를 신뢰하여 부적법한 행정심판을 거치느라 본래 제소기간 내에 취소소송을 제기하지 못한 자를 구제하려는 데에 있다. (대법원 2012. 9. 27. 선고 2011두27247 판결)

Ⅳ 유형별 검토: 제소기간 준수의 기준시점

1. 일반론

• 제소기간 준수 여부는 원칙상 소제기 시를 기준으로 한다.

2. 소 변경이 있는 경우

(1) 소 종류의 변경(행정소송법에 따른 소 변경)

• 행정소송법 제21조에 따라 취소소송을 당사자소송 또는 다른 종류의 항고소송으로 변경하는 경우, 제소기간의 준수 여부는 처음의 소가 제기된 때를 기준으로 한다.

(2) 처분변경으로 인한 소의 변경(행정소송법에 따른 소 변경)

• 행정청이 소송의 대상이 된 처분을 취소소송이 제기된 후 변경함에 따라 원고가 법원의 허가를 받아 소를 변경하려는 경우, 그 처분의 변경이 있음을 안 날로부터 60일 내에 변경신청을 하도록 정하고 있다(행정소송법 제22조 제2항).

(3) 소의 교환적 변경(민사소송법에 따른 소 변경)

- 민사소송법에 따라 청구취지를 교환적으로 변경(종전의 소를 취하하고 새로운 소가 제기되는 효과 발생)하는 경우, 제소기간의 준수 여부는 소의 변경이 있은 때를 기준으로 한다.
- 다만, 선행처분의 취소를 구하는 소가 그 후속처분의 취소를 구하는 소로 교환적으로 변경되었다가 다시 선행처분의 취소를 구하는 소로 변경된 경우 후속처분의 취소를 구하는 소에 선행처분의 취소를 구하는 취지가 그대로 남아 있었던 것으로 볼 수 있다면 선행처분의 취소를 구하는 소의 제소기간은 최초의 소가 제기된 때를 기준으로 정하여야 한다(대법원 2013. 7. 11. 선고 2011두27544 판결).
- 또한 선행 처분에 대하여 제소기간 내에 취소소송이 적법하게 제기되어 계속 중에 행정청이 선행 처분서 문언에 일부 오기가 있어 이를 정정할 수 있음에도 선행 처분을 직권으로 취소하고 실질적으로 동일한 내용의 후행 처분을 함으로써 선행 처분과 후행 처분 사이에 밀접한 관련성이 있고 선행 처분에 존재한다고 주장되는 위법사유가 후행 처분에도 마찬가지로 존재할 수 있는 관계인 경우에는 후행 처분의 취소를 구하는 소변경의 제소기간 준수 여부는 따로 따질 필요가 없다(대법원 2019. 7. 4. 선고 2018두58431 판결).

(4) 소의 추가적 병합(민사소송법에 따른 소 변경)

- 추가적으로 병합된 소의 제소기간은 원칙적으로 추가병합신청이 있은 때를 기준으로 한다.

판례

1. 보충역편입처분취소처분의 효력을 다투는 소에 공익근무요원복무중단처분, 현역병입영대상편입처분 및 현역병입영통지처분의 취소를 구하는 청구를 추가적으로 병합한 경우, 공익근무요원복무중단처분, 현역병입영대상편입처분 및 현역병입영통지처분의 취소를 구하는 소의 소제기 기간의 준수 여부는 각 그 청구취지의 추가·변경신청이 있은 때를 기준으로 개별적으로 판단하여야 한다. 대법원 2004. 12. 10. 선고 2003두12257 판결
2. 선행처분이 후행처분에 의하여 변경되지 아니한 범위 내에서 존속하고 후행처분은 선행처분의 내용 중 일부를 변경하는 범위 내에서 효력을 가지는 경우에, 선행처분의 취소를 구하는 소를 제기한 후 후행처분의 취소를 구하는 청구를 추가하여 청구를 변경하였다면 후행처분에 관한 제소기간 준수 여부는 청구변경 당시를 기준으로 판단하여야 하나, 선행처분에만 존재하는 취소사유를 이유로 후행처분의 취소를 청구할 수는 없다. 대법원 2012. 12. 13. 선고 2010두20782, 20799 판결

청구취지를 추가하는 경우, 청구취지가 추가된 때에 새로운 소를 제기한 것으로 보므로, 추가된 청구취지에 대한 제소기간 준수 등은 원칙적으로 청구취지의 추가·변경 신청이 있는 때를 기준으로 판단하여야 한다. (대법원 2018. 11. 15. 선고 2016두48737 판결)

- 다만 동일한 처분에 대한 무효확인의 소에 그 처분의 취소를 구하는 소를 추가적으로 병합한 경우, 주된 청구인 무효확인의 소가 제소기간을 준수한 이상 추가로 병합된 취소청구의 소도 제소기간을 준수한 것으로 본다.

판례

하자 있는 행정처분을 놓고 이를 무효로 볼 것인지 아니면 단순히 취소할 수 있는 처분으로 볼 것인지는 동일한 사실관계를 토대로 한 법률적 평가의 문제에 불과하고, 행정처분의 무효확인을 구하는 소에는 특단의 사정이 없는 한 그 취소를 구하는 취지도 포함되어 있다고 보아야 하는 점 등에 비추어 볼 때, 동일한 행정처분에 대하여 무효확인의 소를 제기하였다가 그 후 그 처분의 취소를 구하는 소를 추가적으로 병합한 경우, 주된 청구인 무효확인의 소가 적법한 제소기간 내에 제기되었다면 추가로 병합된 취소청구의 소도 적법하게 제기된 것으로 봄이 상당하다. 대법원 2005. 12. 23. 선고 2005두3554 판결 21 국가 01

OX 확인

01 동일한 처분에 대하여 무효확인의 소를 제기하였다가 그 처분의 취소를 구하는 소를 추가적으로 병합한 경우, 주된 청구인 무효확인의 소가 적법한 제소기간 내에 제기되었다면 추가로 병합된 취소청구의 소도 적법하게 제기된 것으로 볼 수 있다. (○)

• 마찬가지로 당사자가 동일한 신청에 대하여 부작위위법확인의 소를 제기하였다가 그 후 취소소송으로 소를 교환적으로 변경한 후 여기에 부작위위법확인의 소를 추가적으로 병합한 경우, 최초의 부작위위법확인의 소가 적법한 제소기간 내에 제기된 이상 그 후 처분취소소송으로의 교환적 변경과 처분취소소송에의 추가적 변경 등의 과정을 거쳤다고 하더라도 여전히 제소기간을 준수한 것으로 본다.

판례

부작위위법확인소송의 이러한 보충적 성격에 비추어 동일한 신청에 대한 거부처분의 취소를 구하는 취소소송에는 특단의 사정이 없는 한 그 신청에 대한 부작위위법의 확인을 구하는 취지도 포함되어 있다고 볼 수 있다. 이러한 사정을 종합하여 보면, 당사자가 동일한 신청에 대하여 부작위위법확인의 소를 제기하였으나 그 후 소극적 처분이 있다고 보아 처분취소소송으로 소를 교환적으로 변경한 후 여기에 부작위위법확인의 소를 추가적으로 병합한 경우, 최초의 부작위위법확인의 소가 적법한 제소기간 내에 제기된 이상 그 후 처분취소소송으로의 교환적 변경과 처분취소소송에의 추가적 변경 등의 과정을 거쳤다고 하더라도 여전히 제소기간을 준수한 것으로 봄이 상당하다. 대법원 2009. 7. 23. 선고 2008두10560 판결 19 국회

• 또한 선행처분이 후행처분을 예정하고 있는 잠정적 처분으로서 선행처분의 취소를 구하는 소에 후행처분의 취소를 구하는 취지가 포함되어 있다고 볼 수 있는 경우, 선행처분의 취소를 구하는 소가 제소기간 내에 제기된 이상 추가로 병합된 후행처분의 취소를 구하는 소도 제소기간을 준수한 것으로 본다.

판례

선행 처분의 취소를 구하는 소를 제기하였다가 이후 후행 처분의 취소를 구하는 청구취지를 추가한 경우에도, 선행 처분이 종국적 처분을 예정하고 있는 일종의 잠정적 처분으로서 후행 처분이 있을 경우 선행 처분은 후행 처분에 흡수되어 소멸되는 관계에 있고, 당초 선행 처분에 존재한다고 주장되는 위법사유가 후행 처분에도 마찬가지로 존재할 수 있는 관계여서 선행 처분의 취소를 구하는 소에 후행 처분의 취소를 구하는 취지도 포함되어 있다고 볼 수 있다면, 후행 처분의 취소를 구하는 소의 제소기간은 선행 처분의 취소를 구하는 최초의 소가 제기된 때를 기준으로 정하여야 한다. 대법원 2018. 11. 15. 선고 2016두48737 판결

3. 경정처분의 경우

(1) 감액경정처분

• 감액경정처분은 당초처분의 일부취소에 불과하므로 소송의 대상은 감액된 당초처분이다.

• 따라서 제소기간의 준수 여부도 당초처분을 기준으로 판단한다.

판례

감액처분은 감액된 징수금 부분에 관해서만 법적 효과가 미치는 것으로서 당초 징수결정과 별개 독립의 징수금 결정처분이 아니라 그 실질은 처음 징수결정의 변경이므로, 감액처분으로도 아직 취소되지 않고 남아 있는 부분이 위법하다 하여 다투고자 하는 경우, 감액처분을 항고소송의 대상으로 할 수는 없고, 당초 징수결정 중 감액처분에 의하여 취소되지 않고 남은 부분을 항고소송의 대상으로 할 수 있을 뿐이며, 그 결과 제소기간의 준수 여부도 감액처분이 아닌 당초 처분을 기준으로 판단해야 한다. 대법원 2012. 9. 27. 선고 2011두27247 판결

(2) 증액경정처분

- 증액경정처분이 잇는 경우 당초처분은 증액경정처분에 흡수되어 소멸하고 증액경정처분만이 소송의 대상이 된다.
- 따라서 제소기간의 준수 여부도 증액경정처분을 기준으로 판단한다.

판례

당초의 과세처분을 다투는 적법한 전심절차의 진행 중에 증액경정처분이 이루어지면 당초의 과세처분은 증액경정처분에 흡수되어 독립적인 존재가치를 상실하므로, 납세자는 특별한 사정이 없는 한 증액경정처분에 맞추어 청구의 취지나 이유를 변경한 다음, 그에 대한 결정의 통지를 받은 날부터 90일 이내에 증액경정처분의 취소를 구하는 행정소송을 제기하여야 한다. 대법원 2013. 2. 14. 선고 2011두25005 판결

당초의 과세처분에 존재하고 있다고 주장되는 위법사유가 증액경정처분에도 마찬가지로 존재하고 있어 당초의 과세처분이 위법하다고 판단되면 증액경정처분도 위법하다고 하지 않을 수 없는 경우라면, 당초의 과세처분에 대한 전심절차의 진행 중에 증액경정처분이 이루어졌음에도 불구하고 그대로 전심절차를 진행한 납세자의 행위 속에는 달리 특별한 사정이 없는 한 당초의 과세처분에 대한 심사청구 또는 심판청구를 통하여 당초의 과세처분을 흡수하고 있는 증액경정처분의 취소를 구하는 의사가 묵시적으로 포함되어 있다고 봄이 타당하다. 따라서 이러한 경우에는 설령 납세자가 당초의 과세처분에 대한 전심절차에서 청구의 취지나 이유를 변경하지 아니하였다고 하더라도 증액경정처분에 대한 별도의 전심절차를 거칠 필요 없이 당초 제기한 심사청구 또는 심판청구에 대한 결정의 통지를 받은 날부터 90일 이내에 증액경정처분의 취소를 구하는 행정소송을 제기할 수 있다고 할 것이다. 그리고 납세자가 이와 같은 과정을 거쳐 행정소송을 제기하면서 당초의 과세처분의 취소를 구하는 것으로 청구취지를 기재하였다 하더라도, 이는 잘못된 판단에 따라 소송의 대상에 관한 청구취지를 잘못 기재한 것이라 할 것이고, 그 제소에 이른 경위나 증액경정처분의 성질 등에 비추어 납세자의 진정한 의사는 증액경정처분에 흡수됨으로써 이미 독립된 존재가치를 상실한 당초의 과세처분이 아니라 증액경정처분 자체의 취소를 구하는 데에 있다고 보아야 할 것이다. 따라서 납세자는 그 소송계속 중에 청구취지를 변경하는 형식으로 증액경정처분의 취소를 구하는 것으로 청구취지를 바로잡을 수 있는 것이고, 이때 제소기간의 준수 여부는 형식적인 청구취지의 변경 시가 아니라 증액경정처분에 대한 불복의 의사가 담긴 당초의 소 제기 시를 기준으로 판단하여야 한다. (대법원 2013. 2. 14. 선고 2011두25005 판결)

4. 변경명령재결의 경우

- 변경명령재결에 따른 변경처분이 있는 경우 소송의 대상은 변경된 원처분이다.
- 따라서 제소기간의 준수 여부도 변경된 원처분을 기준으로 판단한다(즉 변경된 원처분을 대상으로 재결서 정본을 송달받은 날로부터 90일 내).

판례

행정청이 식품위생법령에 따라 영업자에게 행정제재처분을 한 후 그 처분을 영업자에게 유리하게 변경하는 처분을 한 경우, 변경처분에 의하여 당초 처분은 소멸하는 것이 아니고 당초부터 유리하게 변경된 내용의 처분으로 존재하는 것이므로, 변경처분에 의하여 유리하게 변경된 내용의 행정제재가 위법하다 하여 그 취소를 구하는 경우 그 취소소송의 대상은 변경된 내용의 당초 처분이지 변경처분은 아니고, 제소기간의 준수 여부도 변경처분이 아닌 변경된 내용의 당초 처분을 기준으로 판단하여야 한다. 대법원 2007. 4. 27. 선고 2004두9302 판결

5. 조세부과처분에 대해 이의신청을 하여 재조사결정을 통지받은 경우

- 재조사결정에 따른 후속처분의 통지를 받은 후에야 비로소 쟁송절차에서 불복할 대상과 범위를 구체적으로 특정할 수 있으므로, 제소기간은 재조사결정서를 송달받은 날이 아니라 후속처분의 통지를 받은 날을 기준으로 판단한다.

판례

재조사결정은 처분청의 후속 처분에 의하여 그 내용이 보완됨으로써 이의신청 등에 대한 결정으로서의 효력이 발생한다고 할 것이므로, 재조사결정에 따른 심사청구기간이나 심판청구기간 또는 행정소송의 제소기간은 이의신청인 등이 후속 처분의 통지를 받은 날부터 기산된다고 봄이 상당하다. 대법원 2010. 6. 25. 선고 2007두12514 전원합의체 판결 17 지방

6. 이의신청을 거쳐 취소소송을 제기하는 경우

- 종래 판례는 행정심판이 아닌 이의신청을 거쳐 취소소송을 제기하는 경우 재결서 정본을 송달받은 날부터 기산한다는 행정소송법 제20조 제1항 단서 규정이 적용될 수 없는 것으로 보았고, 그 결과 개별법에 명문의 규정이 없는 한 이의신청에 대한 결과통지일이 아닌 처분이 있음을 안 날로부터 90일 내에 취소소송을 제기해야 제소기간을 준수한 것으로 보았다.

• 그러나 행정기본법에서는 행정심판이 아닌 이의신청에 관한 명문의 규정을 두어 이의신청을 거친 자는 그 결과를 통지받거나 또는 통지기간이 만료되는 날의 다음 날부터 90일 이내에 행정심판 또는 행정소송을 제기할 수 있는 것으로 하였다(자세한 내용은 행정심판 쟁점에서 후술함).

판례

행정규제 및 민원사무기본법의 관계 규정을 종합하여 보면, 국민고충처리제도는 국무총리 소속하에 설치된 국민고충처리위원회로 하여금 행정과 관련된 국민의 고충민원을 상담·조사하여 행정기관의 처분 등이 위법·부당하다고 인정할 만한 상당한 이유가 있는 경우에 관계 행정기관의 장에게 적절한 시정조치를 권고하도록 함으로써 국민의 불편과 부담을 시정하기 위한 제도로서 행정심판법에 의한 행정심판 내지 다른 특별법에 따른 이의신청, 심사청구, 재결의 신청 등의 불복구제절차와는 제도의 취지나 성격을 달리하고 있으므로 국민고충처리위원회에 대한 고충민원의 신청이 행정소송의 전치절차로서 요구되는 행정심판청구에 해당하는 것으로 볼 수는 없다. 다만 국민고충처리위원회에 접수된 신청서가 행정기관의 처분에 대하여 시정을 구하는 취지임이 내용상 분명한 것으로서 국민고충처리위원회가 이를 당해 처분청 또는 그 재결청에 송부한 경우에 한하여 행정심판법 제17조 제2항, 제7항의 규정에 의하여 그 신청서가 국민고충처리위원회에 접수된 때에 행정심판청구가 제기된 것으로 볼 수 있다(주 : 특별한 사정이 없는 한 국민고충처리위원회에 진정서를 접수한 것만으로는 행정심판을 청구한 것으로 볼 수 없으므로, 행정소송법 제20조 제1항 단서의 규정이 적용될 수 없는 것으로 본 사례). 대법원 1995. 9. 29. 선고 95누5332 판결 23 국가

행정기본법 제36조(처분에 대한 이의신청)

① 행정청의 처분(「행정심판법」 제3조에 따라 같은 법에 따른 행정심판의 대상이 되는 처분을 말한다. 이하 이 조에서 같다)에 이의가 있는 당사자는 처분을 받은 날부터 30일 이내에 해당 행정청에 이의신청을 할 수 있다.
② 행정청은 제1항에 따른 이의신청을 받으면 그 신청을 받은 날부터 14일 이내에 그 이의신청에 대한 결과를 신청인에게 통지하여야 한다. 다만, 부득이한 사유로 14일 이내에 통지할 수 없는 경우에는 그 기간을 만료일 다음 날부터 기산하여 10일의 범위에서 한 차례 연장할 수 있으며, 연장 사유를 신청인에게 통지하여야 한다.
③ 제1항에 따라 이의신청을 한 경우에도 그 이의신청과 관계없이 「행정심판법」에 따른 행정심판 또는 「행정소송법」에 따른 행정소송을 제기할 수 있다.
④ 이의신청에 대한 결과를 통지받은 후 행정심판 또는 행정소송을 제기하려는 자는 그 결과를 통지받은 날(제2항에 따른 통지기간 내에 결과를 통지받지 못한 경우에는 같은 항에 따른 통지기간이 만료되는 날의 다음 날을 말한다)부터 90일 이내에 행정심판 또는 행정소송을 제기할 수 있다.

PART 02

V 다른 소송의 경우

1. 무효등확인소송

• 무효등확인소송의 경우에는 제소기간의 제한이 없다.
• 다만, 무효선언을 구하는 취소소송의 경우 취소소송에서와 같은 제소기간의 제한이 있다. 15 사복

판례

행정처분의 당연무효를 선언하는 의미에서 취소를 구하는 행정소송을 제기한 경우에도 제소기간의 준수 등 취소소송의 제소요건을 갖추어야 한다. 대법원 1993. 3. 12. 선고 92누11039 판결 22 지방

2. 부작위위법확인소송

• 행정청의 부작위상태가 계속되는 한 원칙적으로 제소기간의 제한을 받지 않는다.
• 다만, 행정심판을 거친 경우에는 행정소송법 제20조가 정한 기간 내에 소를 제기해야 한다.

판례

부작위위법확인의 소는 부작위상태가 계속되는 한 그 위법의 확인을 구할 이익이 있다고 보아야 하므로 원칙적으로 제소기간의 제한을 받지 않는다. 그러나 행정소송법 제38조 제2항이 제소기간을 규정한 같은 법 제20조를 부작위위법확인소송에 준용하고 있는 점에 비추어 보면, 행정심판 등 전심절차를 거친 경우에는 행정소송법 제20조가 정한 제소기간 내에 부작위위법확인의 소를 제기하여야 한다. 대법원 2009. 7. 23. 선고 2008두10560 판결 19 지방 01

OX 확인

01 행정청의 부작위에 대하여 행정심판을 거치지 않고 부작위위법확인소송을 제기하는 경우에는 제소기간의 제한을 받지 않는다. (O)

3. 당사자소송

• 취소소송의 제소기간에 관한 규정은 적용되지 않는다.
• 개별법령에 정함이 있는 경우 그에 의하며, 그 기간은 불변기간으로 한다.

쟁점 29 전심절차

I 행정심판임의주의

1. 의의

- 행정심판을 거치지 않고도 행정소송을 제기할 수 있는 입법주의를 말한다.

2. 행정소송법의 규정

- 행정소송법 제18조 제1항 본문은 "취소소송은 법령의 규정에 의하여 당해 처분에 대한 행정심판을 제기할 수 있는 경우에도 이를 거치지 아니하고 제기할 수 있다."라고 하여 행정심판 임의주의를 명문으로 정하고 있다. 16 교행

II 예외적 행정심판전치주의

1. 의의

- 행정심판을 거쳐야만 행정소송을 제기할 수 있는 입법주의를 말한다.
- 행정소송법 제18조 제1항 단서는 "다른 법률에 당해 처분에 대한 행정심판의 재결을 거치지 아니하면 취소소송을 제기할 수 없다는 규정이 있는 때에는 그러하지 아니하다."라고 하여 개별법에 특별한 규정이 있는 경우 행정소송을 제기하기 위해서는 반드시 행정심판을 거칠 것을 강제하고 있다.

2. 인정 예

- 예외적 행정심판전치주의를 규정한 예로는 국세기본법(심사청구 또는 심판청구), 지방세 기본법❶, 국가·지방·교육공무원법(소청심사), 관세법(심사청구 또는 심판청구), 도로교통법(행정심판) 등이 있다.
- 따라서 국세부과처분에 대해 취소소송을 제기하거나, 과세관청의 압류처분 등에 대해 취소소송을 제기하기 위해서는 심사청구 또는 심판청구 중 하나에 대한 절차를 먼저 거쳐야 한다(심사청구와 심판청구는 택일적 관계). 18 소방
- 필요적 전치절차인 행정심판절차가 둘 이상 규정된 때에는 특별한 규정이 없는 한 그 절차 중 하나만 거치면 행정소송을 제기할 수 있다.

3. 적용범위

- 예외적 행정심판전치주의는 취소소송과 부작위위법확인소송에서만 인정되고, 무효등확인소송에는 적용되지 않는다. 17 국회
- 무효선언을 구하는 취소소송은 그 형식이 취소소송이므로 행정심판전치주의가 적용된다.
- 주위적 청구가 무효확인소송이더라도 병합 제기된 예비적 청구가 취소소송인 경우 예비적 청구인 취소소송에 대해서는 필요적 전치주의가 적용된다.

❶ 종래 지방세의 경우 국세와 달리 행정심판 임의주의가 적용되었으나, 최근 지방세기본법이 제정됨에 따라 국세와 마찬가지로 예외적 행정심판 전치주의가 적용되게 되었다.

국세기본법 제56조(다른 법률과의 관계)
② 제55조에 규정된 위법한 처분에 대한 행정소송은 「행정소송법」 제18조 제1항 본문, 제2항 및 제3항에도 불구하고 이 법에 따른 심사청구 또는 심판청구와 그에 대한 결정을 거치지 아니하면 제기할 수 없다. 다만, 심사청구 또는 심판청구에 대한 제65조 제1항 제3호 단서(제81조에서 준용하는 경우를 포함한다)의 재조사 결정에 따른 처분청의 처분에 대한 행정소송은 그러하지 아니하다.

국세기본법 제55조(불복)
⑨ 동일한 처분에 대해서는 심사청구와 심판청구를 중복하여 제기할 수 없다.

• 제3자효 있는 행정행위에 있어서 제3자가 취소소송을 제기하는 경우에도 행정심판전치주의가 적용된다. 14 국회

4. 예외적 행정심판전치주의의 예외

(1) 행정소송법 제18조 제2항 및 제3항

• 행정소송법은 예외적으로 행정심판전치주의가 적용되는 경우에 있어서도 일정한 경우 행정심판전치주의가 배제되는 예외를 정하고 있다. 15 국회

> 행정소송법 제18조【행정심판과의 관계】
>
> ② 제1항 단서의 경우에도 다음 각 호의 1에 해당하는 사유가 있는 때에는 행정심판의 재결을 거치지 아니하고 취소소송을 제기할 수 있다.
>
> 1. 행정심판청구가 있은 날로부터 60일이 지나도 재결이 없는 때
> 2. 처분의 집행 또는 절차의 속행으로 생길 중대한 손해를 예방하여야 할 긴급한 필요가 있는 때 14 사복
> 3. 법령의 규정에 의한 행정심판기관이 의결 또는 재결을 하지 못할 사유가 있는 때
> 4. 그 밖의 정당한 사유가 있는 때
>
> ③ 제1항 단서의 경우에 다음 각 호의 1에 해당하는 사유가 있는 때에는 행정심판을 제기함이 없이 취소소송을 제기할 수 있다. 16 서울
>
> 1. 동종사건에 관하여 이미 행정심판의 기각재결이 있은 때
> 2. 서로 내용상 관련되는 처분 또는 같은 목적을 위하여 단계적으로 진행되는 처분 중 어느 하나가 이미 행정심판의 재결을 거친 때
> 3. 행정청이 사실심의 변론종결 후 소송의 대상인 처분을 변경하여 당해 변경된 처분에 관하여 소를 제기하는 때
> 4. 처분을 행한 행정청이 행정심판을 거칠 필요가 없다고 잘못 알린 때

(2) 소명책임

• 이 경우 예외가 되는 사유는 원고가 소명하여야 한다(행정소송법 제18조 제4항).

(3) 예외를 인정한 판례

판례

하천구역의 무단 점용을 이유로 부당이득금 부과처분과 가산금 징수처분을 받은 사람이 부당이득금 부과처분에 대하여만 전심절차를 거친 경우, 서로 내용상 관련되는 처분 또는 같은 목적을 위하여 단계적으로 진행되는 처분 중 어느 하나가 이미 행정심판의 재결을 거친 때에는 행정심판을 제기함이 없이 취소소송을 제기할 수 있다는 행정소송법 제18조 제3항 제2호의 규정 취지에 비추어 보면, 비록 원고가 이 사건 가산금 징수처분에 대하여 이 사건 부당이득금 부과처분과 달리 피고가 안내한 전심절차를 모두 밟지 않았다 하더라도 이 사건 부당이득금 부과처분에 대하여 위와 같은 전심절차를 거친 이상 이 사건 부당이득금 부과처분과 함께 행정소송으로 이를 다툴 수 있다. 대법원 2006. 9. 8. 선고 2004두947 판결 18 국회

행정소송법 제18조 제3항 제1호 소정의 '동종사건'에는 당해 사건은 물론이고, 당해 사건과 기본적인 점에서 동질성이 인정되는 사건도 포함되는 것으로서, 당해 사건에 관하여 타인이 행정심판을 제기하여 그에 대한 기각재결이 있었다든지 당해 사건 자체는 아니더라도 그 사건과 기본적인 점에서 동질성을 인정할 수 있는 다른 사건에 대한 행정심판의 기각재결이 있을 때도 여기에 해당한다. (대법원 1993. 9. 28. 선고 93누9132 판결)

국세의 납세고지처분에 대하여 적법한 전심절차를 거친 이상 가산금 및 중가산금 징수처분에 대하여 따로 전심절차를 거치지 않았다 하더라도 행정소송으로 이를 다툴 수 있다(주: 서로 내용상 관련되는 처분에 해당하는 사례). (대법원 1986. 7. 22. 선고 85누297 판결)

5. 행정심판전치주의 이행 여부의 판단

(1) 적법한 행정심판청구

• 행정심판전치주의의 요건을 충족하기 위해서는 행정심판 청구가 적법해야 한다.

판례

1. 행정처분의 취소를 구하는 항고소송의 전심절차인 행정심판청구가 기간도과로 인하여 부적법한 경우에는 행정소송 역시 전치의 요건을 충족치 못한 것이 되어 부적법 각하를 면치 못하는 것이고, 이 점은 행정청이 행정심판의 제기기간을 도과한 부적법한 심판에 대하여 그 부적법을 간과한 채 실질적 재결을 하였다 하더라도 달라지는 것이 아니다. 대법원 1991. 6. 25. 선고 90누8091 판결 15 국회
2. 적법한 심판청구를 재결청이 잘못 각하한 경우에는 행정심판전치의 요건을 충족한 것으로 보아야 한다. 대법원 1990. 10. 12. 선고 90누2383 판결

(2) 판단의 기준시

• 행정심판전치주의의 요건을 충족하였는지 여부는 사실심 변론종결시를 기준으로 판단한다.
• 즉 행정소송 제기시에는 요건이 충족되지 않았더라도 사실심 변론종결시까지 행정심판절차를 거친 경우에는 요건의 흠결은 치유된다.

판례

전심절차를 밟지 아니한 채 증여세부과처분취소소송을 제기하였다면 제소 당시로 보면 전치요건을 구비하지 못한 위법이 있다 할 것이지만, 소송계속 중 심사청구 및 심판청구를 하여 각 기각결정을 받았다면 원심변론종결일 당시에는 위와 같은 전치요건흠결의 하자는 치유되었다고 볼 것이다. 대법원 1987. 4. 28. 선고 86누29 판결 14 사복, 15 국회

6. 새로운 공격방어방법의 주장 가부

• 행정심판절차에서 주장하지 아니한 공격방어방법을 행정소송절차에서 주장할 수 있다.

판례

1. 항고소송에 있어서 원고는 전심절차에서 주장하지 아니한 공격방어방법을 소송절차에서 주장할 수 있고 법원은 이를 심리하여 행정처분의 적법 여부를 판단할 수 있는 것이므로, 원고가 전심절차에서 주장하지 아니한 처분의 위법사유를 소송절차에서 새롭게 주장하였다고 하여 다시 그 처분에 대하여 별도의 전심절차를 거쳐야 하는 것은 아니다. 대법원 1996. 6. 14. 선고 96누754 판결 13 국가
2. 교원소청심사위원회가 한 결정의 취소를 구하는 소송에서 그 결정의 적부는 결정이 이루어진 시점을 기준으로 판단하여야 하지만, 그렇다고 하여 소청심사 단계에서 이미 주장된 사유만을 행정소송의 판단대상으로 삼을 것은 아니다. 따라서 소청심사 결정 후에 생긴 사유가 아닌 이상 소청심사 단계에서 주장하지 아니한 사유도 행정소송에서 주장할 수 있고, 법원도 이에 대하여 심리·판단할 수 있다. 대법원 2018. 7. 12. 선고 2017두65821 판결

부당해고 구제신청에 관한 중앙노동위원회의 명령 또는 결정의 취소를 구하는 소송에서 그 명령 또는 결정이 적법한지는 그 명령 또는 결정이 이루어진 시점을 기준으로 판단하여야 하고, 그 명령 또는 결정 후에 생긴 사유를 들어 적법 여부를 판단할 수는 없으나, 그 명령 또는 결정의 기초가 된 사실이 동일하다면 노동위원회에서 주장하지 아니한 사유도 행정소송에서 주장할 수 있다. (대법원 2021. 7. 29. 선고 2016두64876 판결)

쟁점 30 관할법원

I 의의

• 관할이란 특정법원이 특정사건을 재판할 수 있는 권한을 말한다.

II 관할의 구분

1. 토지관할

(1) 행정소송법의 규정

> 행정소송법 제9조【재판관할】
> ① 취소소송의 제1심 관할법원은 피고의 소재지를 관할하는 행정법원으로 한다.
> ② 제1항에도 불구하고 다음 각 호의 어느 하나에 해당하는 피고에 대하여 취소소송을 제기하는 경우에는 대법원 소재지를 관할하는 행정법원❶에 제기할 수 있다.
> 1. 중앙행정기관, 중앙행정기관의 부속기관과 합의제행정기관 또는 그 장
> 2. 국가의 사무를 위임 또는 위탁받은 공공단체 또는 그 장
>
> ③ 토지의 수용 기타 부동산 또는 특정의 장소에 관계되는 처분 등에 대한 취소소송은 그 부동산 또는 장소의 소재지를 관할하는 행정법원에 이를 제기할 수 있다.

(2) 행정소송의 관할의 성격 : 전속관할

• 행정소송의 관할은 행정법원의 전속관할이므로 민사법원은 계쟁사건의 관할이 행정법원인 경우 당해 사건을 행정법원으로 이송하여야 한다. 다만 계쟁행정사건의 관할이 행정법원이 아니라 지방법원인 경우에는 그러하지 아니하다.

• 반면 민사소송의 관할은 지방법원의 전속관할이 아니므로, 민사소송으로 제기할 것을 행정소송으로 제기한 경우, 민사소송법의 변론관할에 관한 규정이 적용될 수 있다.

2. 사물관할

• 제1심 법원의 단독판사와 합의부 사이에서 제1심 소송사건의 분담을 정한 것을 말한다.
• 행정사건은 원칙적으로 합의부에서 재판해야 하는 합의부 관할사건이다.
• 다만, 합의부가 단독판사가 재판할 것으로 결정한 사건에 대해서는 단독판사가 재판할 수 있다(재정단독사건).

3. 심급관할

• 하급법원의 재판에 대하여 불복한 경우 심판할 상급법원을 정하는 관할을 말한다.
• 행정사건에 대하여는 지방법원급인 행정법원이 1심, 고등법원이 2심(항소심), 대법원이 3심(상고심)을 관할한다.
• 행정법원이 설치되지 않은 지역에서는 지방법원 본원이 1심을 담당한다.

행정소송규칙 제5조(재판관할)
① 국가의 사무를 위임 또는 위탁받은 공공단체 또는 그 장에 대하여 그 지사나 지역본부 등 종된 사무소의 업무와 관련이 있는 소를 제기하는 경우에는 그 종된 사무소의 소재지를 관할하는 행정법원에 제기할 수 있다.
② 법 제9조제3항의 '기타 부동산 또는 특정의 장소에 관계되는 처분등'이란 부동산에 관한 권리의 설정, 변경 등을 목적으로 하는 처분, 부동산에 관한 권리행사의 강제, 제한, 금지 등을 명령하거나 직접 실현하는 처분, 특정구역에서 일정한 행위를 할 수 있는 권리나 자유를 부여하는 처분, 특정구역을 정하여 일정한 행위의 제한·금지를 하는 처분 등을 말한다.

❶ 서울행정법원을 의미하는 것으로서, 본 규정은 서울행정법원'에도' 제기할 수 있다는 의미이다.

법원조직법 부칙 제2조
행정법원이 설치되지 않은 지역에 있어서의 행정법원의 권한에 속하는 사건은 행정법원이 설치될 때까지 해당 지방법원본원이 관할한다.

III 관할위반에 따른 이송

(1) 토지관할 또는 심급관할의 위반

- 법원은 소송의 전부 또는 일부에 대하여 관할권이 없다고 인정하는 경우에는 결정으로 이를 관할법원에 이송한다(민사소송법 제34조 제1항).
- 원고의 고의 또는 중대한 과실 없이 행정소송이 심급을 달리하는 법원에 잘못 제기된 경우에도 마찬가지이다(행정소송법 제7조).

(2) 행정소송으로 제기할 사건을 민사소송으로 제기한 경우

- 수소법원이 그 행정소송에 대한 관할도 동시에 가지고 있다면 이를 행정소송으로 심리·판단하여야 한다.
- 만약 수소법원이 그 행정소송에 대한 관할을 가지고 있지 않다면 관할위반을 이유로 소를 각하할 것이 아니라 관할법원에 이송하여야 한다.

판례

1. 도시 및 주거환경정비법상 주택재건축정비사업조합에 대한 행정청의 조합설립인가처분이 있은 후에 조합설립결의의 하자를 이유로 민사소송으로 그 결의의 무효 등 확인을 구한 사안에서, 그 소가 확인의 이익이 없는 부적법한 소에 해당하다고 볼 여지가 있으나, 재건축조합에 관한 설립인가처분을 보충행위로 보았던 종래의 실무관행 등에 비추어 그 소의 실질이 조합설립인가처분의 효력을 다투는 취지라고 못 볼 바 아니고, 여기에 소의 상대방이 행정주체로서의 지위를 갖는 재건축조합이라는 점을 고려하면, 그 소가 공법상 법률행위에 관한 것으로서 행정소송의 일종인 당사자소송으로 제기된 것으로 봄이 상당하고, 그 소는 이송 후 관할법원의 허가를 얻어 조합설립인가처분에 대한 항고소송으로 변경될 수 있어 관할법원인 행정법원으로 이송함이 마땅하다(주: 그럼에도 불구하고 이송결정을 하지 않은 채 민사법원에서 행정사건에 대한 본안 판결을 한 것은 관할위반의 위법이 있다고 본 사례). 대법원 2009. 9. 24. 선고 2008다60568 판결 23 국가
2. 원고가 고의 또는 중대한 과실 없이 행정소송으로 제기하여야 할 사건을 민사소송으로 잘못 제기한 경우, 수소법원으로서는 만약 그 행정소송에 대한 관할도 동시에 가지고 있다면 이를 행정소송으로 심리·판단하여야 하고, 그 행정소송에 대한 관할을 가지고 있지 아니하다면 관할법원에 이송하여야 한다. 다만 해당 소송이 이미 행정소송으로서의 전심절차 및 제소기간을 도과하였거나 행정소송의 대상이 되는 처분 등이 존재하지도 아니한 상태에 있는 등 행정소송으로서의 소송요건을 결하고 있음이 명백하여 행정소송으로 제기되었더라도 어차피 부적법하게 되는 경우에는 이송할 것이 아니라 각하하여야 한다. 대법원 2020. 10. 15. 선고 2020다222382 판결
3. 원고가 행정소송법상 항고소송으로 제기해야 할 사건을 민사소송으로 잘못 제기한 경우에 수소법원이 그 항고소송에 대한 관할을 가지고 있지 아니하여 관할법원에 이송하는 결정을 하였고, 그 이송결정이 확정된 후 원고가 항고소송으로 소 변경을 하였다면, 그 항고소송에 대한 제소기간의 준수 여부는 원칙적으로 처음에 소를 제기한 때를 기준으로 판단하여야 한다. 대법원 2022. 11. 17. 선고 2021두44425 판결

> 행정소송법상 항고소송으로 제기하여야 할 사건을 민사소송으로 잘못 제기한 경우에 수소법원이 항고소송에 대한 관할도 동시에 가지고 있다면, 전심절차를 거치지 않았거나 제소기간을 도과하는 등 항고소송으로서의 소송요건을 갖추지 못했음이 명백하여 항고소송으로 제기되었더라도 어차피 부적법하게 되는 경우가 아닌 이상, 원고로 하여금 항고소송으로 소 변경을 하도록 석명권을 행사하여 행정소송법이 정하는 절차에 따라 심리·판단하여야 한다. (대법원 2020. 4. 9. 선고 2015다34444 판결)

(3) 민사소송으로 제기할 사건을 행정소송으로 제기한 경우

- 판례는 민사소송으로 제기할 것을 당사자소송으로 서울행정법원에 제기하여 관할위반이 되었더라도 피고가 관할위반이라고 항변하지 아니하고 본안에 대하여 변론을 한 경우에는 법원에 변론관할이 생겼다고 본다(대법원 2013. 2. 28. 선고 2010두22368 판결). 23 국가
- 또한 행정사건의 심리절차는 행정소송의 특수성을 감안하여 행정소송법이 정하고 있는 특칙이 적용될 수 있는 점을 제외하면 심리절차 면에서 민사소송 절차와 큰 차이가 없으므로, 특별한 사정이 없는 한 민사사건을 행정소송 절차로 진행한 것 자체가 위법하다고 볼 수 없다(대법원 2018. 2. 13. 선고 2014두11328 판결).

제3강 가구제

쟁점 31 가구제 : 집행정지

I 집행부정지의 원칙

• 항고소송이 제기된 경우에도 처분 등의 효력은 정지되지 않고 그 처분 등의 후속적인 집행이 인정되는데, 이를 집행부정지의 원칙이라 한다. 15 교행, 16 교행, 19 서울
• 그런데 집행부정지의 원칙을 엄격히 적용하는 경우 행정소송에서 승소하더라도 권리구제의 결과를 얻지 못하게 될 수 있으므로 일정한 요건하에 집행정지를 인정하고 있다. 11 국가
• 행정소송법의 규정

> 행정소송법 제23조 【집행정지】
> ① 취소소송의 제기는 처분 등의 효력이나 그 집행 또는 절차의 속행에 영향을 주지 아니한다. 17 국회
> ② 취소소송이 제기된 경우에 처분 등이나 그 집행 또는 절차의 속행으로 인하여 생길 회복하기 어려운 손해를 예방하기 위하여 긴급한 필요가 있다고 인정할 때에는 본안이 계속되고 있는 법원은 당사자의 신청 또는 직권에 의하여 처분 등의 효력이나 그 집행 또는 절차의 속행의 전부 또는 일부의 정지(이하 "집행정지"라 한다)를 결정할 수 있다. 다만, 처분의 효력정지는 처분 등의 집행 또는 절차의 속행을 정지함으로써 목적을 달성할 수 있는 경우에는 허용되지 아니한다.
> ③ 집행정지는 공공복리에 중대한 영향을 미칠 우려가 있을 때에는 허용되지 아니한다.
> ④ 제2항의 규정에 의한 집행정지의 결정을 신청함에 있어서는 그 이유에 대한 소명이 있어야 한다.
> ⑤ 제2항의 규정에 의한 집행정지의 결정 또는 기각의 결정에 대하여는 즉시항고할 수 있다. 이 경우 집행정지의 결정에 대한 즉시항고에는 결정의 집행을 정지하는 효력이 없다.
> ⑥ 제30조 제1항의 규정(취소판결 등의 기속력)은 제2항의 규정에 의한 집행정지의 결정에 이를 준용한다.

II 집행정지의 요건

1. 적극적 요건

(1) 적법한 본안소송의 계속

• 집행정지는 적법한 본안소송이 계속 중인 때에만 인정되는데, 이 점에서 본안소송 제기 전에 신청이 가능한 민사소송에 있어서의 가처분과 차이가 있다.

판례

1. 행정처분의 효력정지나 집행정지를 구하는 신청사건에서는 행정처분 자체의 적법 여부는 원칙적으로 판단의 대상이 아니고, 그 행정처분의 효력이나 집행을 정지할 것인가에 관한 행정소송법 제 23조 제2항에서 정한 요건의 존부만이 판단의 대상이 되는 것이다. 다만, 집행정지는 행정처분의 집행부정지원칙의 예외로서 인정되는 것이고, 또 본안에서 원고가 승소할 수 있는 가능성을 전제로 한 권리보호수단이라는 점에 비추어 보면, 집행정지사건 자체에 의하여도 신청인의 본안청구가 적법한 것이어야 한다는 것을 집행정지의 요건에 포함시키는 것이 옳다. 대법원 2010. 11. 26. 자 2010무137 결정 14 국가, 16 국가, 16 사복, 16 서울, 21 지방, 22 지방 01

실무에서는 신청요건(흠결 시 부적법 각하)으로서 처분의 존재, 적법한 본안소송의 계속, 신청인적격, 신청이익을, 본안요건(흠결 시 기각)으로서 회복하기 어려운 손해발생의 우려, 긴급한 필요의 존재, 공공복리에 중대한 영향을 미칠 우려가 없을 것, 본안청구가 이유 없음이 명백하지 않을 것을 각 요구한다.

OX 확인

01 처분의 효력정지결정을 하려면 그 효력정지를 구하는 당해 행정처분에 대한 본안 소송이 법원에 제기되어 계속 중임을 요건으로 한다. (O)

2. 행정처분의 집행정지는 행정처분집행 부정지의 원칙에 대한 예외로서 인정되는 일시적인 응급처분이라 할 것이므로 집행정지결정을 하려면 이에 대한 본안소송이 법원에 제기되어 계속 중임을 요건으로 하는 것이므로 집행정지결정을 한 후에라도 본안소송이 취하되어 소송이 계속하지 아니한 것으로 되면 집행정지결정은 당연히 그 효력이 소멸되는 것이고 별도의 취소조치를 필요로 하는 것이 아니다. 대법원 1975. 11. 11. 선고 75누97 판결 16 서울

- 다만 본안소송의 제기와 동시에 집행정지를 신청하는 것은 인정된다. 15 사복

(2) 처분 등의 존재

- 집행정지의 대상이 될 처분 등이 존재하여야 한다. 따라서 처분이 존재하지 않는 부작위의 경우 집행정지가 인정되지 않는다(무효인 처분의 경우에는 인정). 24 지방
- 처분이 가분적인 경우 처분의 일부에 대한 집행정지도 가능하다(행정소송법 제23조 제2항 본문). 12 국가
- 가분적인 처분이 재량행위인 경우에도 그 일부에 대한 집행정지가 가능하다.

(3) 회복하기 어려운 손해예방의 필요

- 회복하기 어려운 손해란 "금전으로 보상할 수 없는 손해"를 말한다.
- 금전보상이 불가능한 경우뿐만 아니라 금전보상으로는 사회관념상 행정처분을 받은 당사자가 수인할 수 없거나 수인하는 것이 현저히 곤란한 유·무형의 손해를 의미한다(대법원 2003. 10. 9. 자 2003무23 결정).
- 회복하기 어려운 손해에 대한 주장·소명책임은 신청인에게 있다(대법원 1999. 12. 20. 자 99무42 결정).

참고로 행정소송법과 달리 행정심판법의 경우 "중대한 손해예방의 필요"라고 규정함으로써 집행정지의 요건을 완화하고 있다. 17 국회

(국토해양부 등에서 발표한 '4대강 살리기 마스터플랜'에 따른 '한강 살리기 사업' 구간 인근에 거주하는 주민들이 각 공구별 사업실시계획승인처분에 대한 효력정지를 신청한 사안에서) 주민들 중 환경영향평가대상지역 및 근접 지역에 거주하거나 소유권 기타 권리를 가지고 있는 사람들이 위 사업으로 인하여 토지 소유권 기타 권리를 수용당하고 이로 인하여 정착지를 떠나 타지로 이주를 해야 하며 더 이상 농사를 지을 수 없게 되고 팔당지역의 유기농업이 사실상 해체될 위기에 처하게 된다고 하더라도, 그러한 손해는 행정소송법 제23조 제2항에서 정하고 있는 효력정지 요건인 금전으로 보상할 수 없거나 사회관념상 금전보상으로는 참고 견디기 어렵거나 현저히 곤란한 경우의 유·무형 손해에 해당하지 않는다고 본 원심판단을 수긍한 사례. (대법원 2011. 4. 21. 자 2010무111 전원합의체 결정)

판례

1. 당사자가 행정처분 등이나 그 집행 또는 절차의 속행으로 인하여 재산상의 손해를 입거나 기업 이미지 및 신용이 훼손당하였다고 주장하는 경우에 그 손해가 금전으로 보상할 수 없어 '회복하기 어려운 손해'에 해당한다고 하기 위해서는, 그 경제적 손실이나 기업 이미지 및 신용의 훼손으로 인하여 사업자의 자금사정이나 경영 전반에 미치는 파급효과가 매우 중대하여 사업 자체를 계속할 수 없거나 중대한 경영상의 위기를 맞게 될 것으로 보이는 등의 사정이 존재하여야 한다. 대법원 2003. 4. 25. 자 2003무2 결정
2. 유흥접객영업허가의 취소처분으로 5,000여만 원의 시설비를 회수하지 못하게 된다면 생계까지 위협받게 되는 결과가 초래될 수 있다는 등의 사정은 위 처분의 존속으로 당사자에게 금전으로 보상할 수 없는 손해가 생길 우려가 있는 경우라고 볼 수 없다. 대법원 1991. 3. 2. 선고 91두1 판결 14 국가
3. 현역병입영처분의 효력이 정지되지 아니한 채 본안소송이 진행된다면 특례보충역으로 방위산업체에 종사하던 신청인은 입영하여 다시 현역병으로 복무하지 않을 수 없는 결과 병역의무를 중복하여 이행하는 셈이 되어 불이익을 입게 되고 상당한 정신적 고통을 받게 될 것이므로 이는 사회관념상 '회복하기 어려운 손해'에 해당된다. 대법원 1992. 4. 29. 자 92두7 결정
4. 형사피고사건이 상고심에 계속 중에 안양교도소로부터 진주교도소로 이송되는 경우에는 그로 인하여 변호인과의 접견이 어려워져 방어권의 행사에 지장을 받게 됨은 물론 가족이나 친지 등과의 접견권의 행사에도 장애를 초래할 것임이 명백하고 이로 인한 손해는 금전으로 보상할 수 없는 손해라 할 것이어서 이 사건 이송처분으로 인하여 신청인에게는 회복할 수 없는 손해가 발생할 염려가 있다. 대법원 1992. 8. 7. 자 92두30 결정 15 사복

5. 사업여건의 악화 및 막대한 부채비율로 인하여 외부자금의 신규차입이 사실상 중단된 상황에서 285억 원 규모의 과징금을 납부하기 위하여 무리하게 외부자금을 신규차입하게 되면 주거래은행과의 재무구조개선약정을 지키지 못하게 되어 사업자가 중대한 경영상의 위기를 맞게 될 것으로 보이는 경우, 그 과징금납부명령의 처분으로 인한 손해는 효력정지 내지 집행정지의 적극적 요건인 '회복하기 어려운 손해'에 해당한다. 대법원 2001. 10. 10. 자 2001무29 결정

(4) 긴급한 필요의 존재

- 긴급한 필요란 회복하기 어려운 손해의 발생이 절박하여 손해를 회피하기 위하여 본안판결을 기다릴 여유가 없는 것을 말한다.

판례

1. '처분 등이나 그 집행 또는 절차의 속행으로 인하여 생길 회복하기 어려운 손해를 예방하기 위하여 긴급한 필요'가 있는지는 처분의 성질과 태양 및 내용, 처분상대방이 입는 손해의 성질・내용 및 정도, 원상회복・금전배상의 방법 및 난이 등은 물론 본안청구의 승소가능성 정도 등을 종합적으로 고려하여 구체적・개별적으로 판단하여야 한다. 대법원 2014. 1. 23. 자 2011무178 결정
2. 시장이 도시환경정비구역을 지정하였다가 해당구역 및 주변지역의 역사・문화적 가치 보전이 필요하다는 이유로 정비구역을 해제하고 개발행위를 제한하는 내용을 고시함에 따라 사업시행예정구역에서 설립 및 사업시행인가를 받았던 갑 도시환경정비사업조합에 대하여 구청장이 조합설립인가를 취소하자, 갑 조합이 해제 고시의 무효확인과 인가취소처분의 취소를 구하는 소를 제기하고 판결선고시까지 각 처분의 효력 정지를 신청한 사안에서, 각 처분의 효력을 정지하지 않을 경우 갑 조합에 특별한 귀책사유가 없는데도 정비사업의 진행이 법적으로 불가능해져 갑 조합에 회복하기 어려운 손해가 발생할 우려가 있으므로 이러한 손해를 예방하기 위하여 각 처분의 효력을 정지할 긴급한 필요가 있다. 대법원 2018. 7. 12. 자 2018무600 결정

주무관청이 민법 제38조에 의하여 비영리법인에 대하여 그 설립허가를 취소한 경우에 그 처분의 효력을 정지하지 아니할 경우, 재항고인이 제기한 이 사건 처분의 취소를 구하는 소송이 진행되는 사이에 청산절차가 진행 완료되어 재항고인 법인 자체가 소멸할 수도 있고, 그 후 이 사건 처분이 취소되더라도 재항고인은 회복하기 어려운 손해를 입을 우려가 적지 아니하므로, 이러한 손해를 예방하기 위하여 이 사건 처분의 효력을 정지할 긴급한 필요가 있다. (대법원 2014. 1. 23. 자 2011무178 결정)

2. 소극적 요건

(1) 공공복리에 중대한 영향을 미칠 우려가 없을 것

- 집행정지는 공공복리에 중대한 영향을 미칠 우려가 있을 때에는 허용되지 아니한다. 17 국회
- 공공복리란 그 처분의 집행과 관련된 구체적이고도 개별적인 공익을 말한다. 12 국가, 23 국가
- 공공복리에 중대한 영향을 미칠 우려에 대한 주장・소명책임은 행정청에 있다(대법원 1999. 12. 20. 자 99무42 결정). 23 국가

(2) 본안청구가 이유 없음이 명백하지 않을 것

- 본안청구가 이유 없음이 명백하지 아니할 것이 행정소송법상 명문으로 집행정지의 요건으로 규정되어 있지는 않다.
- 본안문제인 행정처분 자체의 적법 여부는 그 판단대상이 되지 않는 것이 원칙이지만, 처분의 취소가능성이 없음에도 처분의 효력이 나 집행의 정지를 인정한다는 것은 집행정지 제도의 취지에 반하므로 본안청구가 이유 없음이 명백하지 않아야 한다는 것은 집행정지의 요건이 된다는 것이 통설과 판례의 태도이다. 12 국가 01

OX 확인

01 신청인의 본안청구의 이유 없음이 명백할 때는 집행정지가 인정되지 않는다. (○)

판례

행정처분의 효력정지나 집행정지를 구하는 신청사건에 있어서는 행정처분 자체의 적법 여부는 원칙적으로는 판단할 것이 아니고 그 행정처분의 효력이나 집행을 정지할 것인가에 대한 행정소송법 제23조 제2항 소정의 요건의 존부만이 판단의 대상이 되나 본안소송에서의 처분의 취소가능성이 없음에도 불구하고 처분의 효력정지나 집행정지를 인정한다는 것은 제도의 취지에 반하므로 집행정지사건 자체에 의하여도 신청인의 본안청구가 이유 없음이 명백할 때에는 행정처분의 효력정지나 집행정지를 명할 수 없다. 대법원 1992. 8. 7. 자 92두30 결정 21 지방

Ⅲ 집행정지결정의 절차

- 집행정지는 당사자의 신청 또는 법원의 직권에 의한 결정으로써 행한다.
- 적극적 요건은 신청인에게 주장 · 소명책임이 있고, 소극적 요건은 행정청에게 책임이 있다. 20 소방
- 한편 행정소송법은 제3자의 집행정지 신청에 대해 아무런 규정을 두고 있지 않은데, 15 국회 학설은 일반적으로 제3자도 원고적격이 인정되는 한 집행정지를 신청할 수 있다고 한다.

Ⅳ 집행정지결정의 내용

효력정지는 통상 허가의 취소와 같이 별도의 집행행위 없이 처분목적이 달성되는 처분에 대하여 행해진다. 집행정지의 예로는, 출국명령을 다투는 사건에서 강제출국을 위한 행정강제를 할 수 없게 하는 것, 철거명령에 대한 집행정지신청에 대해 대집행을 정지시키는 것 등이 있다.
절차속행의 정지의 예로는, 체납처분의 속행정지, 대집행영장에 의한 통지를 다투는 사건에서 대집행을 정지시키는 것 등을 들 수 있다.

OX 확인

01 처분의 효력정지는 처분의 집행 또는 절차의 속행을 정지함으로써 목적을 달성할 수 있는 경우에는 허용되지 아니한다. (○)

1. 처분의 효력정지

- 처분의 효력을 존재하지 않는 상태에 놓이게 하는 것을 말한다.
- 처분의 효력정지는 처분 등의 집행 또는 절차의 속행을 정지함으로써 목적을 달성할 수 있는 경우에는 허용되지 않는다. 21 지방 01

2. 처분의 집행정지

- 처분의 내용을 강제적으로 실현하는 집행력의 행사를 정지시키는 것을 말한다.

3. 처분의 절차속행정지

- 처분에 따르는 후속처분을 정지시키는 것을 말한다.

Ⅴ 집행정지결정의 효력

1. 형성력

- 처분 등의 효력정지는 당해 처분 등의 효력을 잠정적으로 상실시키는 효력을 갖는다.
- 제3자효 있는 행정행위에 대한 집행정지결정이 있는 경우 그 결정의 효력은 제3자에 대하여도 미친다.

2. 기속력

- 취소판결의 기속력이 준용됨에 따라 집행정지결정은 당해 사건에 관하여 당사자인 행정청과 그 밖의 관계행정청을 기속한다. 15 교행, 16 국가
- 따라서 집행정지결정을 위반한 행정처분은 그 하자가 중대명백하여 무효이다.

3. 시적 범위

- 집행정지결정의 효력은 결정 주문에서 정한 시기까지 존속하다가 그 기간이 만료되면 장래를 향하여 당연히 소멸한다.
- 종기의 정함이 없으면 본안판결확정시까지 정지의 효력이 존속한다.

행정소송규칙 제10조(집행정지의 종기)
법원이 법 제23조제2항에 따른 집행정지를 결정하는 경우 그 종기는 본안판결 선고일부터 30일 이내의 범위에서 정한다. 다만, 법원은 당사자의 의사, 회복하기 어려운 손해의 내용 및 그 성질, 본안 청구의 승소가능성 등을 고려하여 달리 정할 수 있다.

판례

1. 집행정지결정의 효력은 결정 주문에서 정한 기간까지 존속하다가 그 기간이 만료되면 장래에 향하여 소멸한다. 집행정지결정은 처분의 집행으로 회복하기 어려운 손해를 예방하기 위하여 긴급한 필요가 있고 달리 공공복리에 중대한 영향을 미치지 않을 것을 요건으로 하여 본안판결이 있을 때까지 해당 처분의 집행을 잠정적으로 정지함으로써 위와 같은 손해를 예방하는 데 취지가 있으므로, 항고소송을 제기한 원고가 본안소송에서 패소확정판결을 받았더라도 집행정지결정의 효력이 소급하여 소멸하지 않는다. 대법원 2020. 9. 3 선고 2020두34070 판결
2. 행정소송법 제23조에 의한 집행정지결정의 효력은 결정주문에서 정한 시기까지 존속하며 그 시기의 도래와 동시에 효력이 당연히 소멸하는 것이므로, 일정기간 동안 영업을 정지할 것을 명한 행정청의 영업정지처분에 대하여 법원이 집행정지결정을 하면서 주문에서 당해 법원에 계속 중인 본안소송의 판결선고시까지 처분의 효력을 정지한다고 선언하였을 경우에는 처분에서 정한 영업정지기간의 진행은 그 때까지 정지되는 것이고 본안소송의 판결선고에 의하여 당해 정지결정의 효력은 소멸하고 이와 동시에 당초의 영업정지처분의 효력이 당연히 부활되어 처분에서 정하였던 정지기간(정지결정 당시 이미 일부 진행되었다면 나머지 기간)은 이때부터 다시 진행한다. 대법원 1999. 2. 23. 선고 98두14471 판결 16 사복
3. 행정소송법 제23조에 의한 효력정지결정의 효력은 결정주문에서 정한 시기까지 존속하고 그 시기의 도래와 동시에 효력이 당연히 소멸하므로, 보조금 교부결정의 일부를 취소한 행정청의 처분에 대하여 법원이 효력정지결정을 하면서 주문에서 그 법원에 계속 중인 본안소송의 판결 선고 시까지 처분의 효력을 정지한다고 선언하였을 경우, 본안소송의 판결 선고에 의하여 정지결정의 효력은 소멸하고 이와 동시에 당초의 보조금 교부결정 취소처분의 효력이 당연히 되살아난다.
따라서 효력정지결정의 효력이 소멸하여 보조금 교부결정 취소처분의 효력이 되살아난 경우, 특별한 사정이 없는 한 행정청으로서는 보조금법 제31조 제1항에 따라 취소처분에 의하여 취소된 부분의 보조사업에 대하여 효력정지기간 동안 교부된 보조금의 반환을 명하여야 한다. 대법원 2017. 7. 11. 선고 2013두25498 판결
4. 행정소송법 제23조에 따른 집행정지결정의 효력은 결정 주문에서 정한 종기까지 존속하고, 그 종기가 도래하면 당연히 소멸한다. 따라서 효력기간이 정해져 있는 제재적 행정처분에 대한 취소소송에서 법원이 본안소송의 판결 선고 시까지 집행정지결정을 하면, 처분에서 정해 둔 효력기간(집행정지결정 당시 이미 일부 집행되었다면 그 나머지 기간)은 판결 선고 시까지 진행하지 않다가 판결이 선고되면 그때 집행정지결정의 효력이 소멸함과 동시에 처분의 효력이 당연히 부활하여 처분에서 정한 효력기간이 다시 진행한다. 이는 처분에서 효력기간의 시기(시기)와 종기(종기)를 정해 두었는데, 그 시기와 종기가 집행정지기간 중에 모두 경과한 경우에도 특별한 사정이 없는 한 마찬가지이다. 이러한 법리는 행정심판위원회가 행정심판법 제30조에 따라 집행정지결정을 한 경우에도 그대로 적용된다. 행정심판위원회가 행정심판 청구 사건의 재결이 있을 때까지 처분의 집행을 정지한다고 결정한 경우에는, 재결서 정본이 청구인에게 송달된 때 재결의 효력이 발생하므로 그때 집행정지결정의 효력이 소멸함과 동시에 처분의 효력이 부활한다. 대법원 2022. 2. 11. 선고 2021두40720 판결

일정한 납부기한을 정한 과징금 부과처분에 대하여 '회복하기 어려운 손해'를 예방하기 위하여 긴급한 필요가 있고 달리 공공복리에 중대한 영향을 미치지 아니한다는 이유로 집행정지결정이 내려졌다면 그 집행정지기간 동안은 과징금부과처분에서 정한 과징금의 납부기간은 더 이상 진행되지 아니하고 집행정지결정이 당해 결정의 주문에 표시된 시기의 도래로 인하여 실효되면 그 때부터 당초의 과징금부과처분에서 정한 기간(집행정지결정 당시 이미 일부 진행되었다면 그 나머지 기간)이 다시 진행하는 것으로 보아야 한다. (대법원 2003. 7. 11. 선고 2002다48023 판결)

4. 본안소송과 집행정지결정의 효력

- 제재처분에 대한 행정쟁송절차에서 처분에 대해 집행정지결정이 이루어졌더라도 본안에서 해당 처분이 최종적으로 적법한 것으로 확정되어 집행정지결정이 실효되고 제재처분을 다시 집행할 수 있게 되면, 처분청으로서는 당초 집행정지결정이 없었던 경우와 동등한 수준으로 해당 제재처분이 집행되도록 필요한 조치를 취하여야 한다. 집행정지는 행정쟁송절차에서 실효적 권리구제를 확보하기 위한 잠정적 조치일 뿐이므로, 본안 확정판결로 해당 제재처분이 적법하다는 점이 확인되었다면 제재처분의 상대방이 잠정적 집행정지를 통해 집행정지가 이루어지지 않은 경우와 비교하여 제재를 덜 받게 되는 결과가 초래되도록 해서는 안 된다. 반대로, 처분상대방이 집행정지결정을 받지 못했으나 본안소송에서 해당 제재처분이 위법하다는 것이 확인되어 취소하는 판결이 확정되면, 처분청은 그 제재처분으로 처분상대방에게 초래된 불이익한 결과를 제거하기 위하여 필요한 조치를 취하여야 한다(대법원 2020. 9. 3. 선고 2020두34070 판결).
- 본안에서 취소판결이 확정된 경우에도 집행정지결정은 실효된다.

Ⅵ 집행정지결정의 불복과 취소

1. 집행정지결정에 대한 불복

- 집행정지의 결정 또는 기각의 결정에 대해서는 즉시항고할 수 있다. 19 서울
- 집행정지의 결정에 대한 즉시항고는 민사소송의 경우와 달리 결정의 집행을 정지하는 효력이 없다. 16 사복
- 집행정지의 요건을 갖추지 못했다는 이유로 집행정지신청을 기각한 결정에 대하여 행정처분 자체의 적법 여부를 가지고 불복사유로 삼을 수는 없다.

판례

집행정지의 요건을 결여하였다는 이유로 효력정지 신청을 기각한 결정에 대하여 행정처분 자체의 적법 여부를 가지고 불복사유로 삼을 수 없다. 대법원 2011. 4. 21. 자 2010무111 전원합의체결정

2. 집행정지결정의 취소

- 집행정지결정이 확정된 후 집행정지가 공공복리에 중대한 영향을 미치거나 그 정지사유가 없어진 때에는 당사자의 신청 또는 직권에 의한 결정으로 집행정지결정을 취소할 수 있다. 16 서울

판례

행정소송법 제24조 제1항에서 규정하고 있는 집행정지 결정의 취소사유는 특별한 사정이 없는 한 집행정지 결정이 확정된 이후에 발생한 것이어야 하고, 그 중 '집행정지가 공공복리에 중대한 영향을 미치는 때'라 함은 일반적・추상적인 공익에 대한 침해의 가능성이 아니라 당해 집행정지 결정과 관련된 구체적・개별적인 공익에 중대한 해를 입힐 개연성을 말하는 것이다. 대법원 2005. 7. 15. 자 2005무16 결정

- 집행정지결정의 취소결정에 대하여는 즉시항고할 수 있다.
- 불복의 경우와 마찬가지로 즉시항고는 결정의 집행을 정지하는 효력이 없다.

Ⅶ 거부처분에 대한 집행정지 인정 여부

1. 통설

• 거부처분에 대한 집행정지를 인정한다 하더라도 그 거부처분이 없었던 것과 같은 상태를 만드는 것에 지나지 않는 것이고, 그 이상으로 행정청에 대하여 어떠한 처분을 명하는 등 적극적인 상태를 만들어 내는 것은 아니므로 거부처분에 대한 집행정지는 인정되지 않는다고 한다.

2. 판례

• 통설과 마찬가지로 거부처분에 대한 집행정지는 허용되지 않는다고 하면서, 거부처분에 대한 집행정지신청에 대해 이익 흠결을 이유로 각하결정을 한 바 있다.

판례

행정청에 대한 거부처분의 효력을 정지하더라도 거부처분이 없었던 것과 같은 상태, 즉 거부처분이 있기 전의 신청시의 상태로 되돌아가는 데에 불과하고 행정청에게 신청에 따른 처분을 하여야 할 의무가 생기는 것이 아니므로, 거부처분의 효력정지는 그 거부처분으로 인하여 신청인에게 생길 손해를 방지하는 데 아무런 보탬이 되지 아니하여 그 효력정지를 구할 이익이 없다. 대법원 1995. 6. 21. 자 95두26 결정
12 국가, 14 국가, 16 지방, 21 국가, 21 지방, 23 국가 01

PART 02

OX 확인

01 거부처분의 효력정지는 그 거부처분으로 인하여 신청인에게 생길 손해를 방지하는 데 필요하므로 신청인에게는 그 효력정지를 구할 이익이 있다. (×)

Ⅷ 관련문제 : 항고소송에서 민사집행법상 가처분 인정 여부

1. 쟁점

• 행정소송법은 민사집행법상 가처분의 준용 여부에 대한 명문의 규정을 두고 있지 않은 관계로 항고소송에서 민사집행법상 가처분이 허용되는지 문제된다. 14 국가

2. 판례

• "항고소송에 대하여는 민사집행법상 가처분에 관한 규정이 준용되지 않는다."라고 판시하여 부정설의 입장이다(통설도 마찬가지). 16 국가, 16 지방

판례

1. 항고소송에 있어서는 행정소송법 제14조에 불구하고 민사소송법중 가처분에 관한 규정은 준용되지 않는다. 대법원 1980. 12. 22. 자 80두5 결정 16 국가, 16 지방
2. 항고소송의 대상이 되는 행정처분의 효력이나 집행 혹은 절차속행 등의 정지를 구하는 신청은 행정소송법상 집행정지신청의 방법으로서만 가능할 뿐 민사소송법상 가처분의 방법으로는 허용될 수 없다. 대법원 2009. 11. 2. 자 2009마596 결정

Ⅸ 구체적 판례

판례

[1] 피신청인 교육부장관이 2024. 3. 20. 2025학년도 전체 의대정원을 2,000명 증원하여 각 대학별로 배정(이하 '이 사건 증원배정'이라 한다)한 것은 항고소송의 대상이 되는 처분으로 볼 여지가 큰 반면, 피신청인 보건복지부장관이 2024. 2. 6. 의대정원을 2025학년도부터 2,000명 증원할 것이라고 발표한 행위(이하 '이 사건 증원발표'라 한다)는 항고소송의 대상이 되는 처분으로 보기 어렵다.

[2] 행정처분에 대한 집행정지신청을 구함에 있어서도 이를 구할 법률상 이익이 있어야 하는바, 이 경우 법률상 이익이라 함은 그 행정처분으로 인하여 발생하거나 확대되는 손해가 해당 처분의 근거 법규 및 관련 법규에 의하여 보호받는 직접적이고 구체적인 이익과 관련된 것을 말하는 것이고 단지 간접적이거나 사실적·경제적 이해관계를 가지는 데 불과한 경우는 여기에 포함되지 않는다. (중략) 이 사건 증원배정 처분의 근거가 된 고등교육법령 및 「대학설립·운영 규정」(대통령령)은 의과대학의 학생정원 증원의 한계를 규정함으로써 의과대학에 재학 중인 학생들이 적절하게 교육받을 권리를 개별적·직접적·구체적으로 보호하고 있다고 볼 여지가 충분하다.

[3] '의대 재학 중 신청인들'은 ○○대학교 의과대학에 재학 중인 사실이 인정되므로, 위 신청인들의 경우 이 사건 증원배정 처분 중 ○○대학교 의과대학에 대한 부분의 집행정지를 구할 법률상 이익이 없다고 단정할 수는 없다. 물론 원심이 오로지 헌법규정만을 근거로 일부 신청인들의 신청인 적격을 인정한 것은 적절하지 않다. 그러나 원심이 이 사건 증원배정 처분 중 ○○대학교 의과대학에 대한 부분과 관련하여 위 신청인들에게 단지 간접적이거나 사실적·경제적 이해관계를 가지는 데 그치지 않고 이를 다툴 개별적·직접적·구체적인 법률상 이익이 있을 수 있다고 본 것은 그 결론에 있어 정당하다.

[4] 원심은, 판시와 같은 이유로 의과대학 교수, 전공의 또는 수험생 지위에 있는 나머지 신청인들에 대하여는 이 사건 증원배정 처분의 집행정지를 구할 법률상 이익이 인정되지 않는다고 판단하였다. 원심 결정 이유와 기록에 나타난 사정을 관련 법리에 비추어 살펴보면 위와 같은 원심의 판단은 정당하다.

[5] 행정소송법 제23조 제2항에서 정하고 있는 효력정지 요건인 '회복하기 어려운 손해'라 함은 특별한 사정이 없는 한 금전으로 보상할 수 없는 손해로서 이는 금전보상이 불가능한 경우 내지는 금전보상으로는 사회관념상 행정처분을 받은 당사자가 참고 견딜 수 없거나 참고 견디기가 현저히 곤란한 경우의 유형, 무형의 손해를 일컫는다. 그리고 '처분 등이나 그 집행 또는 절차의 속행으로 인하여 생길 회복하기 어려운 손해를 예방하기 위하여 긴급한 필요'가 있는지 여부는 처분의 성질과 태양 및 내용, 처분상대방이 입는 손해의 성질·내용 및 정도, 원상회복·금전배상의 방법 및 난이 등은 물론 본안청구의 승소가능성의 정도 등을 종합적으로 고려하여 구체적·개별적으로 판단하여야 한다.

[6] 행정소송법 제23조 제3항이 집행정지의 또 다른 요건으로 '공공복리에 중대한 영향을 미칠 우려가 없을 것'을 규정하고 있는 취지는, 집행정지 여부를 결정함에 있어서 신청인의 손해뿐만 아니라 공공복리에 미칠 영향을 아울러 고려하여야 한다는 데 있고, 따라서 공공복리에 미칠 영향이 중대한지의 여부는 절대적 기준에 의하여 판단할 것이 아니라, 신청인의 '회복하기 어려운 손해'와 '공공복리' 양자를 비교·교량하여, 전자를 희생하더라도 후자를 옹호하여야 할 필요가 있는지 여부에 따라 상대적·개별적으로 판단되어야 한다.

[7] 이 사건 증원배정 처분이 집행됨으로 인해 의대 재학 중 신청인들이 입을 수 있는 손해에 비하여 이 사건 증원배정의 집행이 정지됨으로써 공공복리에 중대한 영향이 발생할 우려가 크다고 할 것이어서, 이 사건 증원배정에 대한 집행정지는 허용되지 않는다고 보아야 할 것이다. 대법원 2024. 6. 19.자 2024무689 결정

제4강 심리

쟁점 32 심리의 원칙

I 행정소송의 심리

- 소송의 심리란 법원이 판결을 하기 위하여 그 기초가 되는 소송자료를 수집하는 절차를 말한다.
- 심리를 진행하는 주도권이 누구에게 있느냐에 따라 주도권이 당사자에게 있는 당사자주의와 법원에 있는 직권주의로 구분되는데, 행정소송법은 당사자주의를 원칙으로 한다.

II 심리의 내용

1. 소송요건 심리

(1) 소송요건의 충족 여부에 대한 심리를 말한다.

(2) 각하판결 : 소송요건을 갖추지 못한 소는 부적법한 소로서 법원은 각하판결을 한다.

- 직권조사사항 : 소송요건의 구비 여부는 법원의 직권조사사항으로서 법원은 당사자의 주장에 구속되지 않고 직권으로 조사한 결과 소송요건에 흠결이 있으면 그 소를 부적법 각하할 수 있다.

판례

1. 행정소송에서 쟁송의 대상이 되는 행정처분의 존부는 소송요건으로서 직권조사사항이고, 자백의 대상이 될 수 없는 것이므로, 설사 그 존재를 당사자들이 다투지 아니한다 하더라도 그 존부에 관하여 의심이 있는 경우에는 이를 직권으로 밝혀 보아야 할 것이다. 대법원 2004. 12. 24. 선고 2003두15195 판결 15 지방, 15 교행, 15 국회
2. 소송요건은 직권조사사항으로서 당사자가 주장하지 않더라도 법원이 직권으로 조사하여 판단하여야 하고, 사실심 변론종결 이후에 소송요건이 흠결되거나 그 흠결이 치유된 경우 상고심에서도 이를 참작하여야 한다. 대법원 2020. 1. 16. 선고 2019다247385 판결
3. 행정소송에 있어서 처분청의 처분권한 유무는 직권조사사항이 아니다. 대법원 1997. 6. 19. 선고 95누8669 전원합의체 판결
4. 해당 처분을 다툴 법률상 이익이 있는지 여부는 직권조사사항으로 이에 관한 당사자의 주장은 직권발동을 촉구하는 의미밖에 없으므로, 원심법원이 이에 관하여 판단하지 않았다고 하여 판단유탈의 상고이유로 삼을 수 없다. 대법원 2017. 3. 9. 선고 2013두16852 판결 24 지방

- 사실심 변론종결시 : 소송요건의 존부는 사실심 변론종결시를 기준으로 판단한다. 따라서 소 제기 당시 부적법한 소였더라도 변론종결시까지 소송요건을 구비하면 적법한 소가 되고, 반대로 소 제기 당시 적법하였더라도 변론종결시 소송요건을 결하였으면 부적법한 소가 된다. 14 국가, 15 사복
- 상고심 : 소송요건은 사실심은 물론 상고심에서도 존속하여야 한다. 15 사복 따라서 직권조사사항인 소송요건에 관한 사항을 상고심에서 처음 주장하는 경우에도 그 사항은 상고심의 심판범위에 해당한다.

판례

1. 사실심에서 변론종결시까지 당사자가 주장하지 않던 직권조사사항에 해당하는 사항을 상고심에서 비로소 주장하는 경우 그 직권조사사항에 해당하는 사항은 상고심의 심판범위에 해당한다. 대법원 2004. 12. 24. 선고 2003두15195 판결 20 국가
2. 확정판결의 존부는 당사자의 주장이 없더라도 법원이 이를 직권으로 조사하여 판단하지 않으면 안되고, 더 나아가 당사자가 확정판결의 존재를 사실심변론종결시까지 주장하지 아니하였더라도 상고심에서 새로이 이를 주장, 입증할 수 있는 것이다. 대법원 1989. 10. 10. 선고 89누1308 판결

2. 본안 심리

- 소송요건을 갖춘 소에 대하여 법원이 청구의 이유 유무에 대한 실체적 심사를 하는 것을 말한다.
- 행정소송의 경우 처분의 위법 여부에 대한 심사가 본안 심리의 대상이 된다.
- 변론주의 : 소송요건과 달리 직권조사사항이 아니고, 변론주의가 적용된다.
- 원고의 청구가 이유 있으면 인용판결을, 이유 없으면 기각판결을 한다.

Ⅲ 심리의 범위

1. 불고불리의 원칙

- 법원은 소제기가 없으면 재판할 수 없고, 소제기가 있는 경우에도 당사자가 신청한 사항에 대하여 신청의 범위 내에서 심리 · 판단하여야 한다는 원칙을 말한다.

행정소송에 있어서도 행정소송법 제14조에 의하여 민사소송법 제188조가 준용되어 법원은 당사자가 신청하지 아니한 사항에 대하여는 판결할 수 없는 것이고, 행정소송법 제26조에서 직권심리주의를 채용하고 있으나 이는 행정소송에 있어서 원고의 청구범위를 초월하여 그 이상의 청구를 인용할 수 있다는 의미가 아니라 원고의 청구범위를 유지하면서 그 범위 내에서 필요에 따라 주장 외의 사실에 관하여도 판단할 수 있다는 뜻이다. (대법원 1987. 11. 10. 선고 86누491 판결)

2. 재량행위의 심리

- 재량행위도 행정소송의 대상이 된다.
- 재량행위도 재량권의 일탈 · 남용이 있는 경우에는 위법하게 되므로 법원은 재량권의 일탈 · 남용 여부에 대하여 심리 · 판단할 수 있다(행정소송법 제27조).
- 단, 행정심판과 달리 행정소송에 있어서는 재량의 부당 여부는 심리 · 판단할 수 없다.

3. 법률문제 및 사실문제

- 법원은 소송의 대상이 된 처분 등의 모든 법률문제와 사실문제에 대하여 심리 · 판단할 수 있다.

IV 심리에 관한 일반원칙

1. 민사소송법상 심리절차의 준용

(1) 처분권주의

- 소송절차의 개시, 심판대상의 결정, 소송절차의 종결에 대하여 당사자에게 결정권을 주는 것을 말한다. 18 지방

(2) 변론주의

- 소송자료, 즉 사실과 증거의 수집·제출 책임을 당사자에게 지우고, 오직 당사자가 제출한 소송자료만을 재판의 기초로 삼는 것을 말한다(↔ 직권탐지주의).
- 다만, 후술하는 바와 같이 행정소송법은 행정소송의 공익 관련성을 고려하여 법원의 직권심리를 보충적으로 인정하고 있다.

(3) 구술심리주의

- 심리에 있어서 당사자 및 법원의 소송행위, 특히 변론 및 증거조사를 구술로 행하는 원칙을 말한다(↔ 서면심리주의).

(4) 기타

- **공개심리주의**: 재판의 심리와 판결의 선고를 일반인이 방청할 수 있는 상태에서 행하는 소송원칙을 말한다.
- **쌍방심리주의**: 소송의 심리에 있어서 당사자 쌍방에게 평등하게 진술할 기회를 주는 원칙을 말한다.

직권주의란 소송절차에 있어서 법원에게 심판에 관한 여러 권한을 집중시키는 소송원칙으로서 직권심리(탐지)주의와 직권증거조사주의 등을 그 내용으로 한다. 직권심리주의란 법원이 당사자의 사실상 주장에 근거하지 않거나 그 주장에 구속되지 않고 적극적으로 필요한 사실상의 탐지 또는 증거조사를 행하는 원칙을 말하고, 직권증거조사주의란 법원이 필요하다고 인정할 때 직권으로 증거조사를 행할 수 있는 소송원칙을 말한다.

2. 행정소송법상의 특수한 심리절차

(1) 직권심리주의

① 의의

- 직권심리주의란 소송자료의 수집을 법원이 직권으로 할 수 있는 심리원칙을 말한다.
- 행정소송법 제26조는 "법원은 필요하다고 인정할 때에는 직권으로 증거조사를 할 수 있고, 당사자가 주장하지 아니한 사실에 대하여도 판단할 수 있다."라고 하여 행정소송에 있어서 직권심리주의 및 직권탐지를 인정하고 있다. 23 지방

② 직권탐지의 범위

- **직권탐지주의 보충설**: 행정소송법 제26조에도 불구하고 행정소송은 변론주의가 원칙이며, 직권탐지는 보충적으로만 인정된다는 것이 다수의 견해이다. 18 지방
- 판례도 마찬가지로 변론주의를 원칙으로 하면서 직권탐지는 예외적으로만 인정하고 있다.

판례

1. 행정소송법 제26조가 법원은 필요하다고 인정할 때에는 직권으로 증거조사를 할 수 있고, 당사자가 주장하지 아니한 사실에 대하여도 판단할 수 있다고 규정하고 있지만, 이는 행정소송의 특수성에 연유하는 당사자주의, 변론주의에 대한 일부 예외 규정일 뿐 법원이 아무런 제한 없이 당사자가 주장하지 아니한 사실을 판단할 수 있는 것은 아니고, 일건 기록에 현출되어 있는 사항에 관하여서만 직권으로 증거조사를 하고 이를 기초로 하여 판단할 수 있을 따름이고, 그것도 법원이 필요하다고 인정할 때에 한하여 청구의 범위 내에서 증거조사를 하고 판단할 수 있을 뿐이다. 대법원 1994. 10. 11. 선고 94누4820 판결 17 국가

행정소송법 제26조는 법원이 필요하다고 인정할 때에는 직권으로 증거조사를 할 수 있고 당사자가 주장하지 아니한 사실에 대하여 판단할 수 있다고 규정하고 있으나, 이는 행정소송에 있어서 원고의 청구범위를 초월하여 그 이상의 청구를 인용할 수 있다는 뜻이 아니라 원고의 청구범위를 유지하면서 그 범위 내에서 필요에 따라 주장 외의 사실에 관하여 판단할 수 있다는 뜻이고 또 법원의 석명권은 당사자의 진술에 모순, 흠결이 있거나 애매하여 그 진술의 취지를 알 수 없을 때 이를 보완하여 명료하게 하거나 입증책임 있는 당사자에게 입증을 촉구하기 위하여 행사하는 것이지 그 정도를 넘어 당사자에게 새로운 청구를 할 것을 권유하는 것은 석명권의 한계를 넘어서는 것이다. (대법원 1992. 3. 10. 선고 91누6030 판결)

2. 행정소송에서 기록상 자료가 나타나 있다면 당사자가 주장하지 않았더라도 판단할 수 있고, 당사자가 제출한 소송자료에 의하여 법원이 처분의 적법 여부에 관한 합리적인 의심을 품을 수 있음에도 단지 구체적 사실에 관한 주장을 하지 아니하였다는 이유만으로 당사자에게 석명을 하거나 직권으로 심리·판단하지 아니함으로써 구체적 타당성이 없는 판결을 하는 것은 행정소송법 제26조의 규정과 행정소송의 특수성에 반하므로 허용될 수 없다. 대법원 2010. 2. 11. 선고 2009두18035 판결 14 국가
3. 처분청이 공무수행과 사이에 인과관계가 없다는 이유로 국가유공자 비해당결정을 한 데 대하여 법원이 그 인과관계의 존재는 인정하면서 직권으로 본인 과실이 경합된 사유가 있다는 이유로 그 처분이 정당하다고 판단하는 것은 행정소송법이 허용하는 직권심사주의의 한계를 벗어난 것으로서 위법하다. 대법원 2013. 8. 22. 선고 2011두26589 판결
4. 명의신탁등기 과징금과 장기미등기 과징금은 위반행위의 태양, 부과 요건, 근거 조항을 달리하므로, 각 과징금 부과처분의 사유는 상호 간에 기본적 사실관계의 동일성이 있다고 할 수 없다. 그러므로 그중 어느 하나의 처분사유에 의한 과징금 부과처분에 대하여 당해 처분사유가 아닌 다른 처분사유가 존재한다는 이유로 적법하다고 판단하는 것은 특별한 사정이 없는 한 행정소송법상 직권심사주의의 한계를 넘는 것으로서 허용될 수 없다. 대법원 2017. 5. 17. 선고 2016두53050 판결

③ 당사자소송에의 준용

- 직권심리주의를 규정한 행정소송법 제26조는 당사자소송에 준용된다(행정소송법 제44조 제1항).

(2) 행정심판기록제출명령

> 행정소송법 제25조【행정심판기록의 제출명령】 23 지방
> ① 법원은 당사자의 신청 14 국가이 있는 때에는 결정으로써 재결을 행한 행정청에 대하여 행정심판에 관한 기록의 제출을 명할 수 있다.
> ② 제1항의 규정에 의한 제출명령을 받은 행정청은 지체 없이 당해 행정심판에 관한 기록을 법원에 제출하여야 한다.

V 주장책임과 입증책임

1. 주장책임

- 변론주의하에서는 당사자가 자기에게 유리한 사실을 주장하지 않으면 법원은 그 사실을 없는 것으로 취급하여 재판하는데, 이러한 불이익을 주장책임이라 한다.
- 앞서 본 바와 같이 행정소송법 제26조에도 불구하고 행정소송은 변론주의가 원칙이므로 행정소송의 당사자는 주장책임이 있다.

판례

행정소송에 있어서 특단의 사정이 있는 경우를 제외하면 당해 행정처분의 적법성에 관하여는 당해 처분청이 이를 주장·입증하여야 하고, 행정소송에 있어서 직권주의가 가미되어 있다고 하여도 여전히 당사자주의, 변론주의를 기본 구조로 하는 이상 행정처분의 위법을 들어 그 취소를 청구함에 있어서는 직권조사사항을 제외하고는 그 취소를 구하는 자가 위법된 구체적인 사항을 먼저 주장하여야 한다. 대법원 1995. 7. 28. 선고 94누12807 판결

2. 입증책임(증명책임)

(1) 의의

- 소송상 일정한 사실의 존부가 확정되지 않은 경우 그 사실이 존재하지 않는 것으로 취급되어 불리한 법적 판단을 받게 되는 당사자의 불이익을 말한다.

(2) 입증책임의 분배

- 의의 : 어떤 사실의 존부가 확정되지 않은 경우에 당사자 중 누구에게 불이익을 돌릴 것인가에 대한 문제이다.
- 민사소송의 일반원칙 : 각 당사자는 자기에게 유리한 법규범의 요건사실에 관하여 입증책임을 진다(법률요건분류설).
- 판례 : 민사소송의 일반원칙에 따라 입증책임을 분배하면서도 항고소송의 특성도 고려하고 있는 것으로 해석된다.

판례

1. 민사소송법의 규정이 준용되는 행정소송에 있어서 입증책임은 원칙적으로 민사소송의 일반원칙에 따라 당사자 간에 분배되고 항고소송의 경우에는 그 특성에 따라 당해 처분의 적법을 주장하는 피고에게 그 적법사유에 대한 입증책임이 있다 할 것인바 피고가 주장하는 당해 처분의 적법성이 합리적으로 수긍할 수 있는 일응의 입증이 있는 경우에는 그 처분은 정당하다 할 것이며 이와 상반되는 주장과 입증은 그 상대방인 원고에게 그 책임이 돌아간다고 할 것이다. 대법원 1984. 7. 24. 선고 84누124 판결
2. 행정청이 폐기물처리사업계획서 부적합 통보를 하면서 처분서에 불확정개념으로 규정된 법령상의 허가기준 등을 충족하지 못하였다는 취지만을 간략히 기재하였다면, 부적합 통보에 대한 취소소송절차에서 행정청은 그 처분을 하게 된 판단 근거나 자료 등을 제시하여 구체적 불허가사유를 분명히 하여야 한다. 이러한 경우 재량행위인 폐기물처리사업계획서 부적합 통보의 효력을 다투는 원고로서는 행정청이 제시한 구체적인 불허가사유에 관한 판단과 근거에 재량권 일탈·남용의 위법이 있음을 밝히기 위하여 소송절차에서 추가적인 주장을 하고 자료를 제출할 필요가 있다. 대법원 2019. 12. 24. 선고 2019두45579 판결

(3) 구체적 검토

- 소송요건 : 직권조사사항인 소송요건도 그 존부가 불분명하면 각하판결을 받고 이는 원고에게 불이익한 것이므로, 이에 대한 입증책임은 원고에게 있다.
- 처분의 적법성 : 처분의 적법성, 즉 권한행사규정의 요건사실에 대한 입증책임은 피고인 행정청에 있다.

판례

1. 과세처분의 위법을 이유로 그 취소를 구하는 행정소송에 있어 처분의 적법성 및 과세요건사실의 존재에 관하여는 원칙적으로 과세관청이 그 입증책임을 부담하나, 경험칙상 이례에 속하는 특별한 사정의 존재에 관하여는 납세의무자에게 입증책임 내지는 입증의 필요가 돌아가는 것이다. 대법원 1996. 4. 26. 선고 96누1627 판결

> 공정력은 절차법적 효력으로서 잠정적 통용력에 불과하며 적법성을 추정하는 효력은 아니므로, 공정력과 입증책임 사이에는 아무런 관련이 없다.

> 과세처분의 무효확인소송에서 소송물은 객관적인 조세채무의 존부확인이므로, 과세관청은 소송 중이라도 사실심 변론종결 시까지 해당 처분에서 인정한 과세표준 또는 세액의 정당성을 뒷받침하기 위하여 처분의 동일성이 유지되는 범위 내에서 처분사유를 교환·변경할 수 있다. 그런데 과세처분의 적법성에 대한 증명책임은 과세관청에 있는바, 위와 같이 교환·변경된 사유를 근거로 하는 처분의 적법성 또는 그러한 처분사유의 전제가 되는 사실관계에 관한 증명책임 역시 과세관청에 있고, 특히 무효확인소송에서 원고가 당초의 처분사유에 대하여 무효사유를 증명한 경우에는 과세관청이 그처럼 교환·변경된 처분사유를 근거로 하는 처분의 적법성에 대한 증명책임을 부담한다. (대법원 2023. 6. 29. 선고 2020두46073 판결)

행정소송의 수소법원이 관련 확정판결의 사실인정에 구속되는 것은 아니지만, 관련 확정판결에서 인정한 사실은 행정소송에서도 유력한 증거자료가 되므로, 행정소송에서 제출된 다른 증거들에 비추어 관련 확정판결의 사실 판단을 채용하기 어렵다고 인정되는 특별한 사정이 없는 한, 이와 반대되는 사실은 인정할 수 없다. 나아가 '혼인파탄의 주된 귀책사유가 누구에게 있는지'라는 문제는 우리의 사법제도에서 가정법원의 법관들에게 가장 전문적인 판단을 기대할 수 있으므로, 결혼이민[F-6 (다)목] 체류자격 부여에 관하여 출입국관리행정청이나 행정소송의 수소법원은 특별한 사정이 없는 한 가정법원이 이혼확정판결에서 내린 판단을 존중함이 마땅하다. 이혼소송에서 당사자들이 적극적으로 주장·증명하지 않아 이혼확정판결의 사실인정과 책임판단에서 누락된 사정이 일부 있더라도 그러한 사정만으로 이혼확정판결의 판단 내용을 함부로 뒤집으려고 해서는 안 되며, 이혼확정판결과 다른 내용의 판단을 하는 데에는 매우 신중해야 한다. (대법원 2019. 7. 4. 선고 2018두66869 판결)

2. 성희롱을 사유로 한 징계처분의 당부를 다투는 행정소송에서 징계사유에 대한 증명책임은 그 처분의 적법성을 주장하는 피고에게 있다. 다만 민사소송이나 행정소송에서 사실의 증명은 추호의 의혹도 없어야 한다는 자연과학적 증명이 아니고, 특별한 사정이 없는 한 경험칙에 비추어 모든 증거를 종합적으로 검토하여 볼 때 어떤 사실이 있었다는 점을 시인할 수 있는 고도의 개연성을 증명하는 것이면 충분하다. 민사책임과 형사책임은 지도이념과 증명책임, 증명의 정도 등에서 서로 다른 원리가 적용되므로, 징계사유인 성희롱 관련 형사재판에서 성희롱 행위가 있었다는 점을 합리적 의심을 배제할 정도로 확신하기 어렵다는 이유로 공소사실에 관하여 무죄가 선고되었다고 하여 그러한 사정만으로 행정소송에서 징계사유의 존재를 부정할 것은 아니다. 대법원 2018. 4. 12. 선고 2017두74702 판결
3. 행정청이 현장조사를 실시하는 과정에서 조사상대방으로부터 구체적인 위반사실을 자인하는 내용의 확인서를 작성받았다면, 그 확인서가 작성자의 의사에 반하여 강제로 작성되었거나 또는 내용의 미비 등으로 구체적인 사실에 대한 증명자료로 삼기 어렵다는 등의 특별한 사정이 없는 한 그 확인서의 증거가치를 쉽게 부정할 수 없다. 대법원 2017. 7. 11. 선고 2015두2864 판결
4. 결혼이민[F-6 (다)목] 체류자격을 신청한 외국인에 대하여 행정청이 그 요건을 충족하지 못하였다는 이유로 거부처분을 하는 경우에는 '그 요건을 갖추지 못하였다는 판단', 다시 말해 '혼인파탄의 주된 귀책사유가 국민인 배우자에게 있지 않다는 판단' 자체가 처분사유가 된다. 부부가 혼인파탄에 이르게 된 여러 사정들은 그와 같은 판단의 근거가 되는 기초 사실 내지 평가요소에 해당한다. 결혼이민[F-6 (다)목] 체류자격 거부처분 취소소송에서 원고와 피고 행정청은 각자 자신에게 유리한 평가요소들을 적극적으로 주장·증명하여야 하며, 수소법원은 증명된 평가요소들을 종합하여 혼인파탄의 주된 귀책사유가 누구에게 있는지를 판단하여야 한다. 수소법원이 '혼인파탄의 주된 귀책사유가 국민인 배우자에게 있다'고 판단하게 되는 경우에는, 해당 결혼이민[F-6 (다)목] 체류자격 거부처분은 위법하여 취소되어야 하므로, 이러한 의미에서 결혼이민[F-6 (다)목] 체류자격 거부처분 취소소송에서도 그 처분사유에 관한 증명책임은 피고 행정청에 있다. 대법원 2019. 7. 4. 선고 2018두66869 판결 23 지방

- 권한행사장애규정의 요건사실 : 과세대상이 된 토지가 비과세 혹은 면제대상이라는 점, 재량권 일탈·남용 등 취소사유의 존재, 거부처분의 경우 신청의 대상이 된 수익적 처분의 성립요건의 충족사실 등은 원고가 입증책임을 진다.

판례

1. 자유재량에 의한 행정처분이 그 재량권의 한계를 벗어난 것이어서 위법하다는 점은 그 행정처분의 효력을 다투는 자가 이를 주장·입증하여야 하고 처분청이 그 재량권의 행사가 정당한 것이었다는 점까지 주장·입증할 필요는 없다. 대법원 1987. 12. 8. 선고 87누861 판결 20 소방, 24 국가
2. 행정청의 전문적인 정성적 평가 결과는 판단의 기초가 된 사실인정에 중대한 오류가 있거나 그 판단이 사회통념상 현저하게 타당성을 잃어 객관적으로 불합리하다는 등의 특별한 사정이 없는 한 법원이 당부를 심사하기에 적절하지 않으므로 가급적 존중되어야 하고, 여기에 재량권을 일탈·남용한 특별한 사정이 있다는 점은 증명책임분배의 일반원칙에 따라 이를 주장하는 자가 증명하여야 한다. 대법원 2020. 7. 9. 선고 2017두39785 판결
3. 국가유공자 인정 요건, 즉 공무수행으로 상이를 입었다는 점이나 그로 인한 신체장애의 정도가 법령에 정한 등급 이상에 해당한다는 점은 국가유공자 등록신청인이 증명할 책임이 있다 할 것이지만, 그 상이가 '불가피한 사유 없이 본인의 과실이나 본인의 과실이 경합된 사유로 입은 것'이라는 사정, 즉 지원대상자 요건에 해당한다는 사정은 국가유공자 등록신청에 대하여 지원대상자로 등록하는 처분을 하는 처분청이 증명책임을 진다. 대법원 2013. 8. 22. 선고 2011두26589 판결

쟁점 33 관련청구소송의 이송 · 병합

Ⅰ 의의

1. 의의 및 취지

- 취소소송 및 이와 관련된 소송이 각각 다른 법원에 계속 중일 때 당사자의 신청 또는 직권에 의하여 수개의 소송을 하나의 절차로 병합하여 심판하게 하는 것을 말한다.
- 재판의 모순 · 저촉을 방지하고 소송경제를 도모할 수 있다.

2. 행정소송법의 규정

> 행정소송법 제10조 【관련청구소송의 이송 및 병합】
> ① 취소소송과 다음 각 호의 1에 해당하는 소송(이하 "관련청구소송"이라 한다)이 각각 다른 법원에 계속되고 있는 경우에 관련청구소송이 계속된 법원이 상당하다고 인정하는 때에는 당사자의 신청 또는 직권에 의하여 이를 취소소송이 계속된 법원으로 이송할 수 있다.
> 1. 당해 처분 등과 관련되는 손해배상 · 부당이득반환 · 원상회복 등 청구소송 20 소방
> 2. 당해 처분 등과 관련되는 취소소송
> ② 취소소송에는 사실심의 변론종결 시까지 관련청구소송을 병합하거나 피고 외의 자를 상대로 한 관련청구소송을 취소소송이 계속된 법원에 병합하여 제기할 수 있다.

Ⅱ 관련청구소송의 범위

1. 당해 처분 등과 관련되는 손해배상 등 청구소송

- 청구의 내용 또는 발생 원인이 행정소송의 대상인 처분 등과 법률상 또는 사실상 공통되거나 그 처분의 효력이나 존부 유무가 선결문제로 되는 등의 관계에 있는 청구를 말한다.
- 예를 들어, 처분에 대한 취소소송과 당해 처분으로 인한 손해에 따른 국가배상청구소송, 조세부과처분 취소소송과 조세과오납금환급청구소송, 압류처분 취소소송과 압류등기말소청구소송 등이 있다.

손해배상청구 등의 민사소송이 행정소송에 관련청구로 병합되기 위해서는 그 청구의 내용 또는 발생 원인이 행정소송의 대상인 처분 등과 법률상 또는 사실상 공통되거나, 그 처분의 효력이나 존부 유무가 선결문제로 되는 등의 관계에 있어야 함이 원칙이다. (대법원 2000. 10. 27. 선고 99두561 판결)

2. 당해 처분 등과 관련되는 취소소송

- 당해 처분 등과 관련되는 재결의 취소청구 또는 재결에 관련되는 처분의 취소청구와 같이 당해 항고소송의 대상이 원인적으로 서로 관련되는 경우를 뜻한다.
- 예를 들어, 당해 처분과 함께 하나의 절차를 구성하는 행위에 대한 취소소송(대집행절차에 있어서 계고처분과 대집행영장에 의한 통지 등), 경원자관계에 있어서 거부처분에 대한 취소소송과 제3자에 대한 처분의 취소소송을 병합한 경우 등이 있다.

Ⅲ 관련청구소송의 이송

1. 의의

• 취소소송과 관련청구소송이 각각 다른 법원에 계속 중인 때 관련청구소송을 당사자의 신청 또는 직권에 의해 취소소송이 계속된 법원으로 이송하는 것을 말한다.

2. 요건

• 취소소송과 관련청구소송이 각각 다른 법원에 계속 중일 것
• 관련청구소송이 계속된 법원이 이송이 상당하다고 인정할 것
• 당사자의 신청 또는 직권에 의한 이송결정이 있을 것

3. 효과

행정소송법 제7조 및 제8조에 의해 민사소송법이 준용되는 결과, 행정소송에 있어서도 민사소송절차와 마찬가지로 관할 위반을 이유로 한 이송 및 심판편의에 의한 이송이 허용된다.

• 관련청구소송은 처음부터 이송을 받은 법원에 계속된 것으로 본다. 따라서 소제기의 효과(제소기간의 준수 등)는 그대로 유지된다.
• 이송결정의 기속력 : 이송 받은 법원은 사건을 다시 다른 법원에 이송하지 못한다.

Ⅳ 관련청구소송의 병합

1. 의의

• 취소소송 등에 관련청구소송을 병합하여 제기하는 것을 말한다.
• 관련청구소송이 행정소송이 아닌 민사소송인 경우(국가배상청구, 부당이득반환청구 등)에도 병합이 가능하다는 점에 제도의 의의가 있다.

2. 형태

(1) 객관적 병합

① 원고가 하나의 소송에서 여러 개의 청구를 하는 것을 말한다.
② 병합의 시기에 따라 원시적 병합, 후발적 병합으로 구분된다.
③ 병합의 형태에 따라 단순병합, 선택적 병합, 예비적 병합으로 구분된다.
  • 예비적 병합이란 서로 양립할 수 없는 여러 개의 청구를 그 심판의 순위를 붙여 제기하는 형태의 병합을 말하는데, 취소청구와 무효확인청구는 서로 양립할 수 없는 관계에 있으므로❶ 예비적 병합으로만 제기 가능하다.

❶ 취소는 비록 위법할지라도 취소되기 전까지는 유효함을 전제로 하므로 무효와 양립할 수 없다.

판례

1. 행정처분에 대한 무효확인과 취소청구는 서로 양립할 수 없는 청구로서 주위적·예비적 청구로서만 병합이 가능하고 선택적 청구로서의 병합이나 단순 병합은 허용되지 아니한다. 대법원 1999. 8. 20. 선고 97누6889 판결 12 국회, 15 국가, 18 소방
2. 주위적 청구가 행정심판의 재결을 거칠 필요가 없는 무효확인소송이라 하더라도 병합 제기된 예비적 청구가 취소소송이라면 이에 대한 행정심판의 재결을 거치는 등으로 적법한 제소요건을 갖추어야 한다. 대법원 1994. 4. 29. 선고 93누12626 판결

(2) 주관적 병합

• 하나의 소송에서 원피고가 여러 명인 경우를 말하며, 공동소송이라고도 한다.

3. 요건

• 취소소송 등과 관련청구소송이 적법할 것
• 사실심 변론종결 이전일 것
• 취소소송 등이 계속 중인 법원에 병합제기할 것 17 국회

4. 병합요건의 조사

• 병합요건은 법원의 직권조사사항이다.
• 다만 병합요건이 충족되지 않았다고 할지라도 소를 각하하는 것이 아니라 변론을 분리하여 별도의 소로 분리심판하는 것이 원칙이다.

5. 병합된 관련청구소송에서의 판결

(1) 주된 청구가 부적법 각하된 경우

• 병합된 관련청구소송도 부적법 각하된다.

판례

1. 행정소송법 제38조, 제10조에 의한 관련청구소송의 병합은 본래의 항고소송이 적법할 것을 요건으로 하는 것이어서 본래의 항고소송이 부적법하여 각하되면 그에 병합된 관련청구도 소송요건을 흠결한 부적합한 것으로 각하되어야 한다. 대법원 2001. 11. 27. 선고 2000두697 판결
2. 행정소송법 제44조, 제10조에 의한 관련청구소송 병합은 본래의 당사자소송이 적법할 것을 요건으로 하는 것이어서 본래의 당사자소송이 부적법하여 각하되면 그에 병합된 관련청구소송도 소송요건을 흠결하여 부적합하므로 각하되어야 한다. 대법원 2011. 9. 29. 선고 2009두10963 판결 13 지방
3. 취소소송 등을 제기한 당사자가 당해 처분 등에 관계되는 사무가 귀속되는 국가 또는 공공단체에 대한 당사자소송을 행정소송법 제10조 제2항에 의하여 관련 청구로서 병합한 경우 위 취소소송 등이 부적법하다면 당사자는 위 당사자소송의 병합청구로서 같은 법 제21조 제1항에 의한 소변경을 할 의사를 아울러 가지고 있었다고 봄이 상당하고, 이러한 경우 법원은 청구의 기초에 변경이 없는 한 당초의 청구가 부적법하다는 이유로 병합된 청구까지 각하할 것이 아니라 병합청구 당시 유효한 소변경청구가 있었던 것으로 받아들여 이를 허가함이 타당하다. 대법원 1992. 12. 24. 선고 92누3335 판결

(2) 주된 청구가 병합된 청구의 선결문제인 경우

• 예컨대 취소소송에 당해 처분의 취소를 선결문제로 하는 부당이득반환청구가 병합된 경우, 부당이득반환청구가 인용되기 위해서는 그 소송절차에서 당해 처분이 취소되면 충분하고 그 처분의 취소가 확정되어야 하는 것은 아니다.

판례

취소소송에 병합할 수 있는 당해 처분과 관련되는 부당이득반환소송에는 당해 처분의 취소를 선결문제로 하는 부당이득반환청구가 포함되고, 이러한 부당이득반환청구가 인용되기 위해서는 그 소송절차에서 판결에 의해 당해 처분이 취소되면 충분하고 그 처분의 취소가 확정되어야 하는 것은 아니라고 보아야 한다. 대법원 2009. 4. 9. 선고 2008두23153 판결 12 국회, 14 국회, 15 국가

쟁점 34 소의 변경

Ⅰ 의의

- 소송계속 중 원고가 심판대상인 청구를 변경하는 것을 말하며, 청구의 변경이라고도 한다.
- 행정소송법에 따른 소의 변경과 민사소송법에 따른 소의 변경으로 구분된다.

Ⅱ 행정소송법에 의한 소의 변경

1. 행정소송법의 규정

> **행정소송법 제21조 【소의 변경】**
> ① 법원은 취소소송을 당해 처분 등에 관계되는 사무가 귀속하는 국가 또는 공공단체에 대한 당사자소송 또는 취소소송 외의 항고소송으로 변경하는 것이 상당하다고 인정할 때에는 청구의 기초에 변경이 없는 한 사실심의 변론종결시까지 원고의 신청에 의하여 결정으로써 소의 변경을 허가할 수 있다.
> ② 제1항의 규정에 의한 허가를 하는 경우 피고를 달리하게 될 때에는 법원은 새로이 피고로 될 자의 의견을 들어야 한다.
> ③ 제1항의 규정에 의한 허가결정에 대하여는 즉시항고할 수 있다.
> ④ 제1항의 규정에 의한 허가결정에 대하여는 제14조 제2항・제4항 및 제5항의 규정을 준용한다.
>
> **행정소송법 제37조 【소의 변경】**
> 제21조의 규정은 무효 등 확인소송이나 부작위위법확인소송을 취소소송 또는 당사자소송으로 변경하는 경우에 준용한다.
>
> **행정소송법 제42조 【소의 변경】**
> 제21조의 규정은 당사자소송을 항고소송으로 변경하는 경우에 준용한다.
>
> **행정소송법 제22조 【처분변경으로 인한 소의 변경】**
> ① 법원은 행정청이 소송의 대상인 처분을 소가 제기된 후 변경한 때에는 원고의 신청에 의하여 결정으로써 청구의 취지 또는 원인의 변경을 허가할 수 있다.
> ② 제1항의 규정에 의한 신청은 처분의 변경이 있음을 안 날로부터 60일 이내에 하여야 한다.
> ③ 제1항의 규정에 의하여 변경되는 청구는 제18조 제1항 단서의 규정에 의한 요건을 갖춘 것으로 본다.

2. 소의 종류의 변경

(1) 의의

- 행정소송 간 소의 종류를 변경하는 것을 말한다.
- 항고소송 간 변경 및 항고소송과 당사자소송 간의 변경 모두 가능하다. 14 서울, 17 교행, 18 서울

(2) 요건

- 청구의 기초에 변경이 없을 것(청구의 기초가 동일할 것)
- 소를 변경하는 것이 상당하다고 인정될 것
- 변경의 대상이 되는 소가 사실심 변론종결 전일 것(따라서 항소심에서도 가능) 14 서울, 18 서울
- 원고의 신청이 있을 것(직권 ×) 18 서울

(3) 절차

- 법원은 소 변경에 따라 피고가 달라지는 경우 새로이 피고로 될 자의 의견을 들어야 한다.

(4) 효과

- 소 변경을 허가하는 결정이 있으면 변경된 신소는 구소가 처음 제기된 때에 제기된 것으로 보고, 구소는 취하된 것으로 본다(행정소송법 제14조 제4항 및 제5항의 준용).
- 따라서 구소가 제소기간 내에 제기되었으면 소 변경이 제소기간 도과 후에 이루어졌다 하더라도 제소기간을 준수한 것이 된다.

(5) 불복방법

- 소 변경을 허가하는 법원의 결정에 대하여는 새로운 소의 피고와 종전의 피고는 즉시항고할 수 있다.
- 소 변경 불허가결정에 대해서는 별도로 독립하여 항고할 수 없고, 종국판결에 대한 상소로써만 다툴 수 있다.

(6) 관련문제: 민사소송의 항고소송으로의 변경 가부

- 행정소송법은 민사소송과 항고소송 간 소 변경에 대해서는 명문의 규정을 두고 있지 않다.
- 판례는 수소법원이 행정소송에 대한 재판관할도 동시에 가지고 있는 경우 민사소송을 항고소송을 변경하는 것을 허용한다.

판례

원고가 고의 또는 중대한 과실 없이 행정소송으로 제기하여야 할 사건을 민사소송으로 잘못 제기한 경우 수소법원으로서는 만약 그 행정소송에 대한 관할도 동시에 가지고 있는 경우라면, 행정소송으로서의 전심절차 및 제소기간을 도과하였거나 행정소송의 대상이 되는 처분 등이 존재하지도 아니한 상태에 있는 등 행정소송으로서의 소송요건을 결하고 있음이 명백하여 행정소송으로 제기되었더라도 어차피 부적법하게 되는 경우가 아닌 이상, 원고로 하여금 항고소송으로 소 변경을 하도록 하여 그 1심법원으로 심리·판단하여야 한다. 대법원 1999. 11. 26. 선고 97다42250 판결

3. 처분변경으로 인한 소의 변경

(1) 의의

- 구소의 소송계속 중 피고인 행정청이 소송대상인 처분을 변경한 경우, 원고의 신청에 의해 법원의 허가를 받아 소를 변경하는 것을 말한다.
- 무효등확인소송 및 당사자소송에는 준용되나, 부작위위법확인소송에는 준용되지 않는다.

행정소송법 제14조(피고경정)
① 원고가 피고를 잘못 지정한 때에는 법원은 원고의 신청에 의하여 결정으로써 피고의 경정을 허가할 수 있다.
④ 제1항의 규정에 의한 결정이 있은 때에는 새로운 피고에 대한 소송은 처음에 소를 제기한 때에 제기된 것으로 본다.
⑤ 제1항의 규정에 의한 결정이 있은 때에는 종전의 피고에 대한 소송은 취하된 것으로 본다.

(2) 요건

- 구소가 소송계속 중일 것
- 사실심 변론종결 전일 것
- 소송계속 중 처분의 변경이 있을 것
- 처분의 변경이 있음을 안 날로부터 60일 이내에 원고의 신청이 있을 것(직권 ×) 18 서울
- 법원의 허가결정이 있을 것
- 변경 전의 처분에 대하여 행정심판절차를 거쳤으면 새로운 처분에 대하여는 별도의 전심절차를 거치지 않아도 된다.

(3) 효과

- 소의 종류의 변경과 동일하게 변경된 신소는 구소가 처음 제기된 때에 제기된 것으로 보고, 구소는 취하된 것으로 본다.

Ⅲ 민사소송법에 의한 소의 변경

- 행정소송법에 의한 소 변경 외에 민사소송법에 의한 소 변경도 가능하다.

판례

행정소송법 제21조와 제22조가 정하는 소의 변경은 그 법조에 의하여 특별히 인정되는 것으로서 민사소송법상의 소의 변경을 배척하는 것이 아니므로, 행정소송의 원고는 행정소송법 제8조 제2항에 의하여 준용되는 민사소송법 제235조에 따라 청구의 기초에 변경이 없는 한도에서 청구의 취지 또는 원인을 변경할 수 있다. 대법원 1999. 11. 26. 선고 99두9407 판결

쟁점 35 소송참가

Ⅰ 의의

- 현재 계속 중인 타인 간의 소송에 제3자가 자기의 법률상 이익을 위하여 그 소송절차에 참가하는 것을 말한다.

Ⅱ 제3자의 소송참가

1. 의의

- 소송의 결과에 따라 권리나 이익의 침해를 받을 제3자가 있는 경우에 당사자 또는 제3자의 신청 또는 직권에 의하여 그 제3자를 소송에 참가시키는 제도를 말한다.
- 행정소송법의 규정

> 행정소송법 제16조【제3자의 소송참가】
> ① 법원은 소송의 결과에 따라 권리 또는 이익의 침해를 받을 제3자가 있는 경우에는 당사자 또는 제3자의 신청 또는 직권에 의하여 결정으로써 그 제3자를 소송에 참가시킬 수 있다. 15 국회, 18 지방
> ② 법원이 제1항의 규정에 의한 결정을 하고자 할 때에는 미리 당사자 및 제3자의 의견을 들어야 한다.
> ③ 제1항의 규정에 의한 신청을 한 제3자는 그 신청을 각하한 결정에 대하여 즉시항고할 수 있다.
> ④ 제1항의 규정에 의하여 소송에 참가한 제3자에 대하여는 민사소송법 제67조의 규정을 준용한다.

- 제3자의 소송참가에 관한 위 행정소송법 규정은 취소소송 외의 항고소송은 물론 당사자소송, 민중소송 및 기관소송에도 준용된다.

2. 요건

(1) 타인 간의 적법한 취소소송 등의 계속

- 계속 중인 소송의 심급은 불문하므로 상고심에서도 가능하다.

(2) 소송의 결과에 의해 권리나 이익의 침해를 받을 자

- 권리나 이익이란 법률상 이익을 말하고 단순한 사실상·경제상 이익은 포함되지 않는다.

판례

행정소송법 제16조 소정의 제3자의 소송참가가 허용되기 위하여는 당해 소송의 결과에 따라 제3자의 권리 또는 이익이 침해되어야 하고, 이때의 이익은 법률상 이익을 말하며 단순한 사실상의 이익이나 경제상의 이익은 포함되지 않는다. 대법원 2008. 5. 29. 선고 2007두23873 판결 15 국가

- 판결의 형성력에 의해 권리나 이익을 침해받는 경우는 물론 판결의 기속력에 따른 행정청의 새로운 처분에 의해 권리나 이익을 침해받는 경우를 포함한다. 12 국가

민사소송법 제67조(필수적 공동소송에 대한 특별규정)
① 소송목적이 공동소송인 모두에게 합일적으로 확정되어야 할 공동소송의 경우에 공동소송인 가운데 한 사람의 소송행위는 모두의 이익을 위하여서만 효력을 가진다.
② 제1항의 공동소송에서 공동소송인 가운데 한 사람에 대한 상대방의 소송행위는 공동소송인 모두에게 효력이 미친다.
③ 제1항의 공동소송에서 공동소송인 가운데 한 사람에게 소송절차를 중단 또는 중지하여야 할 이유가 있는 경우 그 중단 또는 중지는 모두에게 효력이 미친다.

OX 확인

01 「행정소송법」상 제3자 소송참가의 경우 참가인이 상소를 하였더라도, 소송당사자 본인인 피참가인은 참가인의 의사에 반하여 상소취하나 상소포기를 할 수 있다. (×)

3. 절차

- 당사자 또는 제3자의 신청이나 법원의 직권에 의한 결정으로써 행한다. 12 국가
- 법원은 미리 당사자 및 제3자의 의견을 들어야 한다.
- 참가신청을 한 제3자는 그 신청을 각하한 결정에 대하여 즉시항고할 수 있다.

4. 참가인의 지위

- 민사소송법 제67조가 준용됨에 따라 필수적 공동소송에 있어서의 공동소송인에 준하는 지위를 갖는다(강학상 공동소송적 보조참가인의 지위에 있다고 보는 것이 통설의 태도).
- 민사소송법 제67조가 준용되는 결과 참가인이 상소를 제기하면 피참가인은 참가인의 의사에 반하여 상소를 취하·포기할 수 없다. 20 지방 01
- 참가인은 현실적으로 소송행위를 하였는지 여부와 관계없이 참가한 소송의 판결의 효력을 받는다(참가효). 18 지방

Ⅲ 행정청의 소송참가

1. 의의

- 관계행정청이 행정소송에 참가하는 것을 말한다.
- 행정소송법의 규정

> 행정소송법 제17조【행정청의 소송참가】
> ① 법원은 다른 행정청을 소송에 참가시킬 필요가 있다고 인정할 때에는 당사자 또는 당해 행정청의 신청 또는 직권에 의하여 결정으로써 그 행정청을 소송에 참가시킬 수 있다.
> ② 법원은 제1항의 규정에 의한 결정을 하고자 할 때에는 당사자 및 당해 행정청의 의견을 들어야 한다.
> ③ 제1항의 규정에 의하여 소송에 참가한 행정청에 대하여는 민사소송법 제76조의 규정을 준용한다.

2. 요건

- 타인 간의 적법한 취소소송 등의 계속
- 다른 행정청이 피고 행정청을 위해 참가 : 피고 행정청을 위한 참가만이 가능하고 원고를 위해서는 참가할 수 없다.
- 참가의 필요성

3. 절차

- 당사자 또는 당해 행정청의 신청 또는 법원의 직권에 의한 결정으로써 행한다.
- 법원은 미리 당사자 및 당해 행정청의 의견을 들어야 한다.

4. 참가행정청의 지위

- 민사소송법 제76조가 준용됨에 따라 보조참가인의 지위를 갖는다.

Ⅳ 민사소송법에 의한 참가

- 행정소송 사건에서 행정소송법상 소송참가에 관한 요건을 갖추지 못한 경우, 만약 민사소송법상 보조참가의 요건을 갖추었다면 민사소송법에 의한 보조참가가 가능하다.
- 이때 보조참가의 성격은 민사소송법 제78조상 공동소송적 보조참가이다.

판례

1. 행정소송 사건에서 참가인이 한 보조참가가 행정소송법 제16조가 규정한 제3자의 소송참가에 해당하지 않는 경우에도, 판결의 효력이 참가인에게까지 미치는 점 등 행정소송의 성질에 비추어 보면 그 참가는 민사소송법 제78조에 규정된 공동소송적 보조참가이다(주 : 즉 민사소송법 상 보조참가가 허용된다). 대법원 2013. 3. 28. 선고 2011두13729 판결 17 사복
2. 타인 사이의 항고소송에서 소송의 결과에 관하여 이해관계가 있다고 주장하면서 민사소송법 제71조에 의한 보조참가를 할 수 있는 제3자는 민사소송법상의 당사자능력 및 소송능력을 갖춘 자이어야 하므로 그러한 당사자능력 및 소송능력이 없는 행정청으로서는 민사소송법상의 보조참가를 할 수는 없고 다만 행정소송법 제17조 제1항에 의한 소송참가를 할 수 있을 뿐이다(행정청에 불과한 서울특별시장의 보조참가신청을 부적법하다고 한 사례). 대법원 2002. 9. 24. 선고 99두1519 판결 24 지방

Ⅴ 제3자의 재심청구

행정소송법 제31조 【제3자에 의한 재심청구】

① 처분 등을 취소하는 판결에 의하여 권리 또는 이익의 침해를 받은 제3자는 자기에게 책임없는 사유로 소송에 참가하지 못함으로써 판결의 결과에 영향을 미칠 공격 또는 방어방법을 제출하지 못한 때에는 이를 이유로 확정된 종국판결에 대하여 재심의 청구를 할 수 있다. 15 국회, 18 지방

② 제1항의 규정에 의한 청구는 확정판결이 있음을 안 날로부터 30일 이내, 판결이 확정된 날로부터 1년 이내에 제기하여야 한다.

③ 제2항의 규정에 의한 기간은 불변기간으로 한다.

쟁점 36 처분사유의 추가 · 변경

I 의의

- 처분사유란 처분의 적법성을 유지하기 위하여 처분청에 의해 주장되는 사실적 · 법적 근거를 말한다.
- 처분사유의 추가 · 변경 : 처분에 대한 소송계속 중 행정청이 당해 처분의 적법성을 유지하기 위하여 처분 당시에 제시된 처분사유를 변경하거나 추가하는 것을 말한다.
- 따라서 처분사유의 추가 · 변경은 원칙적으로 행정소송의 제기 이후부터 사실심 변론종결 이전 사이에 문제된다.

II 이유제시 하자의 치유와의 구별 17 국가

1. 이유제시의 하자의 치유 : 절차상 하자의 제거

- 이유제시의 하자의 치유란 이유제시가 아예 결여되어 있거나 일부가 결여된 경우 이를 사후적으로 보완함으로써 당해 처분의 절차상 하자를 제거하는 것이다.

2. 처분사유의 추가 · 변경 : 내용상 하자의 제거(실체법상 적법성 확보)

- 처분사유의 추가 · 변경은 당해 처분에 절차상 하자는 없으나 내용에 하자가 있는 경우, 처분시 이미 존재하였지만 처분이유로 기재하지 않았던 사유를 소송계속 중에 처분이유로 주장하여 처분의 내용상 하자를 제거함으로써 처분의 실체법상 적법성을 확보하는 것이다.

III 허용 여부 및 기준

1. 허용 여부

- 처분사유의 추가 · 변경에 관하여 행정소송법은 아무런 규정을 두고 있지 않다.
- 소송경제, 분쟁의 일회적 해결과 공익보장 등을 이유로 이를 인정하는 것이 일반적인 견해이다.

2. 허용 범위

(1) 판단기준

① 기본적 사실관계의 동일성

- 판례는 상대방의 방어권 보장을 위해 처분시 존재하였던 사유로서 당초의 처분사유와 "기본적 사실관계의 동일성이 유지되는 범위 내"에서 처분사유의 추가 · 변경을 허용한다. 22 국가
- 기본적 사실관계의 동일성은 처분사유를 법률적으로 평가하기 이전의 구체적인 사실에 착안하여 "그 기초가 되는 사회적 사실관계가 기본적인 점에서 동일한지 여부"에 따라 판단한다.

> 기본적 사실관계와 동일성이 인정되지 않는 별개의 사실을 들어 처분사유로 주장하는 것이 허용되지 않는다고 해석하는 이유는 행정처분의 상대방의 방어권을 보장함으로써 실질적 법치주의를 구현하고 행정처분의 상대방에 대한 신뢰를 보호하고자 함에 그 취지가 있다. (대법원 2003. 12. 11. 선고 2001두8827 판결)

판례

행정처분의 취소를 구하는 항고소송에 있어서, 처분청은 당초 처분의 근거로 삼은 사유와 기본적 사실관계가 동일성이 있다고 인정되는 한도 내에서만 다른 사유를 추가하거나 변경할 수 있고, 여기서 기본적 사실관계의 동일성 유무는 처분사유를 법률적으로 평가하기 이전의 구체적인 사실에 착안하여 그 기초인 사회적 사실관계가 기본적인 점에서 동일한지 여부에 따라 결정되며 이와 같이 기본적 사실관계와 동일성이 인정되지 않는 별개의 사실을 들어 처분사유로 주장하는 것은 허용되지 않는다. 대법원 2003. 12. 11. 선고 2001두8827 판결 15 사복, 17 국가, 18 지방

② 추가·변경사유의 기준 시 : 처분시

- 추가·변경사유는 처분시에 객관적으로 존재하던 사유여야 한다.
- 따라서 처분 이후에 발생한 새로운 사실적·법적 사유를 추가·변경할 수는 없다.

③ 소송물의 범위 내일 것(처분의 동일성이 유지될 것)

> 처분의 동일성은 처분사유의 동일성을 요소로 하는 것이므로, 결국 처분의 동일성이 유지될 것이라는 요건과 처분사유의 기본적 사실관계의 동일성이 유지될 것이라는 요건은 결과적으로 일치하게 된다.

④ 시적 한계 : 사실심 변론종결시

- 처분사유의 추가·변경은 사실심 변론종결시까지만 허용된다(대법원 1999. 8. 20. 선고 98두17043 판결). 15 사복, 17 국가, 17 서울

(2) 법적 근거의 변경

① 기본적 사실관계의 동일성 부정되는 경우 : 변경 불가

- 처분의 법적 근거가 변경됨으로써 처분의 사실관계가 변경되고 그에 따라 기본적 사실관계의 동일성이 인정되지 않는 경우에는 처분의 법적 근거의 변경이 인정될 수 없다.

판례

처분의 근거 법령을 변경하는 것이 종전 처분과 동일성을 인정할 수 없는 별개의 처분을 하는 것과 다름없는 경우에는 허용될 수 없다. 대법원 2011. 5. 26. 선고 2010두28106 판결

② 기본적 사실관계의 동일성 유지되는 경우 : 변경 가능

- 단순히 적용법령(처분의 근거규정)만을 추가하거나 변경하는 것은 언제나 가능하고 법원은 추가·변경된 법령에 기초하여 처분의 적법 여부를 판단할 수 있다.

판례

처분청이 처분 당시 적시한 구체적 사실을 변경하지 아니하는 범위 내에서 단지 처분의 근거 법령만을 추가·변경하는 것은 새로운 처분사유의 추가라고 볼 수 없으므로 이와 같은 경우에는 처분청이 처분 당시 적시한 구체적 사실에 대하여 처분 후 추가·변경한 법령을 적용하여 처분의 적법 여부를 판단하여도 무방하다. 대법원 2011. 5. 26. 선고 2010두28106 판결 11 사복, 16 국가

(3) 처분사유 자체에는 변경이 없는 경우

- 처분사유 자체가 아니라 처분사유의 근거가 되는 기초사실 내지 평가요소에 지나지 않는 사정은 추가로 주장할 수 있다.

판례

귀화의 특수성을 고려하면, 귀화의 요건인 구 국적법 제5조 각호 사유 중 일부를 갖추지 못하였다는 이유로 행정청이 귀화 신청을 받아들이지 않는 처분을 한 경우에 '그 각호 사유 중 일부를 갖추지 못하였다는 판단' 자체가 처분의 사유가 된다.

(외국인 갑이 법무부장관에게 귀화신청을 하였으나 법무부장관이 심사를 거쳐 '품행 미단정'을 불허사유로 국적법상의 요건을 갖추지 못하였다며 신청을 받아들이지 않는 처분을 하였는데, 법무부장관이 갑을 '품행 미단정'이라고 판단한 이유에 대하여 제1심 변론절차에서 자동차관리법위반죄로 기소유예를 받은 전력 등을 고려하였다고 주장하였다가 원심 변론절차에서 불법 체류한 전력이 있다는 추가적인 사정까지 고려하였다고 주장한 사안에서) 법무부장관이 처분 당시 갑의 전력 등을 고려하여 갑이 구 국적법 제5조 제3호의 '품행단정' 요건을 갖추지 못하였다고 판단하여 처분을 하였고, 그 처분서에 처분사유로 '품행 미단정'이라고 기재하였으므로, '품행 미단정'이라는 판단 결과를 위 처분의 처분사유로 보아야 하는데, 법무부장관이 원심에서 추가로 제시한 불법 체류 전력 등의 제반 사정은 불허가처분의 처분사유 자체가 아니라 그 근거가 되는 기초 사실 내지 평가요소에 지나지 않으므로, 법무부장관은 이러한 사정을 추가로 주장할 수 있다. 대법원 2018. 12. 13. 선고 2016두31616 판결

결혼이민[F-6 (다)목] 체류자격을 신청한 외국인에 대하여 행정청이 그 요건을 충족하지 못하였다는 이유로 거부처분을 하는 경우에는 '그 요건을 갖추지 못하였다는 판단', 다시 말해 '혼인파탄의 주된 귀책사유가 국민인 배우자에게 있지 않다는 판단' 자체가 처분사유가 된다. 부부가 혼인파탄에 이르게 된 여러 사정들은 그와 같은 판단의 근거가 되는 기초 사실 내지 평가요소에 해당한다. (대법원 2019. 7. 4. 선고 2018두66869 판결)

추가된 처분사유 중 '새로 임시호스와 가지관을 설치하여'라는 부분은 당초 처분사유 중 '폐수처리에 필요하지 아니한 배관을 설치하여'라는 부분을 구체적으로 표시하는 것에 불과하고 당초의 처분사유와 기본적 사실관계와 동일성이 없는 별개의 또는 새로운 처분사유를 추가하는 것이라고 할 수 없다. (대법원 2015. 6. 11. 선고 2015두752 판결)

- 단지 처분사유를 구체적으로 표시하거나 설명하는 것은 처분사유의 추가·변경에 해당하지 아니한다.

판례

폐기물 중간처분업체인 갑 주식회사가 소각시설을 허가받은 내용과 달리 설치하거나 증설한 후 허가받은 처분능력의 100분의 30을 초과하여 폐기물을 과다소각하였다는 이유로 한강유역환경청장으로부터 과징금 부과처분을 받았는데, 갑 회사가 이를 취소해 달라고 제기한 소송에서 한강유역환경청장이 '갑 회사는 변경허가를 받지 않은 채 소각시설을 무단 증설하여 과다소각하였으므로 구 폐기물관리법 시행규칙 제29조 제1항 제2호 (마)목 등 위반에 해당한다.'고 주장하자 갑 회사가 이는 허용되지 않는 처분사유의 추가·변경에 해당한다고 주장한 사안에서, 한강유역환경청장의 위 주장은 소송에서 새로운 처분사유를 추가로 주장한 것이 아니라, 처분서에 다소 불명확하게 기재하였던 '당초 처분사유'를 좀 더 구체적으로 설명한 것이라고 한 사례. 대법원 2020. 6. 11. 선고 2019두49359 판결

Ⅳ 판례 검토

1. 기본적 사실관계의 동일성을 부정한 사례 : 추가·변경 불가

판례

1. 추가 또는 변경된 사유가 당초의 처분시 그 사유를 명기하지 않았을 뿐 처분시에 이미 존재하고 있었고 당사자도 그 사실을 알고 있었다 하여 당초의 처분사유와 동일성이 있는 것이라 할 수 없다. 17 국가 당초의 정보공개거부처분사유인 공공기관의정보공개에관한법률 제7조 제1항 제4호 및 제6호의 사유는 새로이 추가된 같은 항 제5호의 사유와 기본적 사실관계의 동일성이 없다(주 : 정보공개거부처분의 각 사유 사이에는 기본적 사실관계의 동일성이 없다). 대법원 2003. 12. 11. 선고 2001두8827 판결
2. 주류면허 지정조건 중 제6호 무자료 주류판매 및 위장거래 항목을 근거로 한 면허취소처분에 대한 항고소송에서, 지정조건 제2호 무면허판매업자에 대한 주류판매를 새로이 그 취소사유로 주장하는 것은 기본적 사실관계가 다른 사유를 내세우는 것으로서 허용될 수 없다. 대법원 1996. 9. 6. 선고 96누7427 판결 17 서울
3. 의료보험요양기관 지정취소처분의 당초의 처분사유인 구 의료보험법 제33조 제1항이 정하는 본인부담금 수납대장을 비치하지 아니한 사실과 항고소송에서 새로 주장한 처분사유인 같은 법 제33조 제2항이 정하는 보건복지부장관의 관계서류 제출명령에 위반하였다는 사실은 기본적 사실관계의 동일성이 없다. 대법원 2001. 3. 23. 선고 99두6392 판결 11 사복

4. 피고는 석유판매업허가신청에 대하여 당초 사업장소인 토지가 군사보호시설구역 내에 위치하고 있는 관할 군부대장의 동의를 얻지 못하였다는 이유로 이를 불허가하였다가, 소송에서 위 토지는 탄약창에 근접한 지점에 위치하고 있어 공공의 안전과 군사시설의 보호라는 공익적인 측면에서 보아 허가신청을 불허한 것은 적법하다는 것을 불허가사유로 추가한 경우, 양자는 기본적 사실관계에 있어서의 동일성이 인정되지 아니하는 별개의 사유라고 할 것이므로 이와 같은 사유를 불허가처분의 근거로 추가할 수 없다. 대법원 1991. 11. 8. 선고 91누70 판결
5. 당초의 처분사유인 중기취득세의 체납과 그 후 추가된 처분사유인 자동차세의 체납은 각 세목, 과세년도, 납세의무자의 지위 및 체납액 등을 달리하고 있어 기본적 사실관계가 동일하다고 볼 수 없다. 대법원 1989. 6. 27. 선고 88누6160 판결 17 서울
6. 이 사건 처분사유인 기존 공동사업장과의 거리제한규정에 저촉된다는 사실과 최소 주차용지에 미달한다는 사실은 기본적 사실관계를 달리하는 것임이 명백하다. 대법원 1995. 11. 21. 선고 95누10952 판결 11 사복
7. 피고가 원고의 정보공개청구에 대하여 별다른 이유를 제시하지 않은 채 이동통신요금과 관련한 총괄원가액수만을 공개한 것은, 이 사건 원가 관련 정보에 대하여 비공개결정을 하면서 비공개이유를 명시하지 않은 경우에 해당하여 위법하다고 판단하면서, 피고가 이 사건 소송에서 비로소 이 사건 원가 관련 정보가 법인의 영업상 비밀에 해당한다는 비공개사유를 주장하는 것은, 그 기본적 사실관계가 동일하다고 볼 수 없는 사유를 추가하는 것이어서 허용될 수 없다. 대법원 2018. 4. 12. 선고 2014두5477 판결

원심이 온천으로서의 이용가치, 기존의 도시계획 및 공공사업에의 지장 여부 등을 고려하여 이 사건 온천발견신고수리를 거부한 것은 적법하다는 취지의 피고의 주장에 대하여 아무런 판단도 하지 아니한 것은 소론이 지적하는 바와 같으나 기록에 의하면 그와 같은 사유는 피고가 당초에 이 사건 거부처분의 사유로 삼은 바가 없을 뿐만 아니라 규정온도가 미달되어 온천에 해당하지 않는다는 당초의 이 사건 처분사유와는 기본적 사실관계를 달리하여 원심으로서도 이를 거부처분의 사유로 추가할 수는 없다 할 것이므로 원심이 이 부분에 대하여 판단을 하지 아니하였다 하여도 이는 판결에 영향이 없다고 할 것이다. (대법원 1992. 11. 24. 선고 92누3052 판결)

같은 국가유공자 비해당결정이라도 그 사유가 공무수행과 상이 사이에 인과관계가 없다는 것과 본인 과실이 경합되어 있어 지원대상자에 해당할 뿐이라는 것은 기본적 사실관계의 동일성이 없다고 보아야 한다. (대법원 2013. 8. 22. 선고 2011두26589 판결)

2. 기본적 사실관계의 동일성을 인정한 사례 : 추가 · 변경 가능

판례

1. 주택신축을 위한 산림형질변경허가신청에 대하여 행정청이 거부처분을 하면서 당초 거부처분의 근거로 삼은 준농림지역에서의 행위제한이라는 사유와 나중에 거부처분의 근거로 추가한 자연경관 및 생태계의 교란, 국토 및 자연의 유지와 환경보전 등 중대한 공익상의 필요라는 사유는 기본적 사실관계에 있어서 동일성이 인정된다. 대법원 2004. 11. 26. 선고 2004두4482 판결
2. 토지형질변경 불허가처분의 당초의 처분사유인 국립공원에 인접한 미개발지의 합리적인 이용대책 수립시까지 그 허가를 유보한다는 사유와 그 처분의 취소소송에서 추가하여 주장한 처분사유인 국립공원 주변의 환경 · 풍치 · 미관 등을 크게 손상시킬 우려가 있으므로 공공목적상 원형유지의 필요가 있는 곳으로서 형질변경허가 금지 대상이라는 사유는 기본적 사실관계에 있어서 동일성이 인정된다. 대법원 2001. 9. 28. 선고 2000두8684 판결 11 사복
3. 액화석유가스판매사업허가신청에 대한 불허가처분의 당초 처분사유인 허가기준에 맞지 아니한다는 사유와 이격거리 기준위배라는 사유는 기본적 사실관계의 동일성이 없는 별개의 또는 새로운 처분사유를 추가하거나 변경하는 것이라고 할 수는 없다. 대법원 1989. 7. 25. 선고 88누11926 판결
4. 석유판매업허가신청에 대하여 "주유소 건축 예정 토지에 관하여 도시계획법 제4조 및 구 토지의 형질변경 등 행위 허가기준 등에 관한 규칙에 의거하여 행위제한을 추진하고 있다."는 당초의 불허가처분사유와 항고소송에서 주장한 위 신청이 토지형질변경허가의 요건을 갖추지 못하였다는 사유 및 도심의 환경보전의 공익상 필요라는 사유는 기본적 사실관계의 동일성이 있다. 대법원 1999. 4. 23. 선고 97누14378 판결

5. 행정청이 폐기물처리사업계획 부적정 통보처분을 하면서 그 처분사유로 사업예정지에 폐기물처리시설을 설치할 경우 인근 농지의 농업경영과 농어촌 생활유지에 피해를 줄 것이 예상되어 농지법에 의한 농지전용이 불가능하다는 사유 등을 내세웠다가, 위 행정처분의 취소소송에서 사업예정지에 폐기물처리시설을 설치할 경우 인근 주민의 생활이나 주변 농업활동에 피해를 줄 것이 예상되어 폐기물처리시설 부지로 적절하지 않다는 사유를 주장한 경우에, 두 처분사유는 모두 인근 주민의 생활이나 주변 농업활동의 피해를 문제삼는 것이어서 기본적 사실관계가 동일하다. 대법원 2006. 6. 30. 선고 2005두364 판결
6. 버스 6대를 지입제로 운영하는 행위가 당초의 이 사건 행정처분 사유인 자동차운수사업법 제26조의 명의이용금지에 위반되는 행위라고 할 수는 없으나, (중략) 위 면허 및 인가조건위반의 취소사유는 당초의 취소사유와 기본적 사실관계에 있어서 동일하므로 결국 이 사건 행정처분은 적법하다. 대법원 1992. 10. 9. 선고 92누213 판결
7. (갑이 '사실상의 도로'로서 인근 주민들의 통행로로 이용되고 있는 토지를 매수한 다음 2층 규모의 주택을 신축하겠다는 내용의 건축신고서를 제출하였으나, 구청장이 '위 토지가 건축법상 도로에 해당하여 건축을 허용할 수 없다'는 사유로 건축신고수리 거부처분을 하자 갑이 처분에 대한 취소를 구하는 소송을 제기하였는데, 1심법원이 위 토지가 건축법상 도로에 해당하지 않는다는 이유로 갑의 청구를 인용하는 판결을 선고하자 구청장이 항소하여 '위 토지가 인근 주민들의 통행에 제공된 사실상의 도로인데, 주택을 건축하여 주민들의 통행을 막는 것은 사회공동체와 인근 주민들의 이익에 반하므로 갑의 주택 건축을 허용할 수 없다'는 주장을 추가한 사안에서) 당초 처분사유와 구청장이 원심에서 추가로 주장한 처분사유는 위 토지상의 사실상 도로의 법적 성질에 관한 평가를 다소 달리하는 것일 뿐, 모두 토지의 이용현황이 '도로'이므로 거기에 주택을 신축하는 것은 허용될 수 없다는 것이므로 기본적 사실관계의 동일성이 인정되고, 위 토지에 건물이 신축됨으로써 인근 주민들의 통행을 막지 않도록 하여야 할 중대한 공익상 필요가 인정되고 이러한 공익적 요청이 갑의 재산권 행사보다 훨씬 중요하므로, 구청장이 원심에서 추가한 처분사유는 정당하여 결과적으로 위 처분이 적법한 것으로 볼 여지가 있음에도 이와 달리 본 원심판단에 법리를 오해한 잘못이 있다고 한 사례. 대법원 2019. 10. 31. 선고 2017두74320 판결

쟁점 37 위법판단의 기준시

Ⅰ 위법판단의 기준시: 처분시

1. 의의

- 처분 등이 있은 후 처분 등의 근거가 된 법령이 개·폐되거나 처분의 기초가 된 사실상태가 변경되는 경우 법원이 처분의 위법 여부를 판단함에 있어서 어느 시점의 법령 및 사실상태를 기준으로 해야 할 것인지가 문제된다.
- 처분시설과 판결시설이 대립하나, 처분시설이 통설 및 판례의 태도이다.

2. 판례의 태도: 처분시설

판례

1. 행정소송에서 행정처분의 위법 여부는 행정처분이 행하여졌을 때의 법령과 사실 상태를 기준으로 하여 판단하여야 하고, 처분 후 법령의 개폐나 사실상태의 변동에 의하여 영향을 받지는 않는다. 대법원 2008. 7. 24. 선고 2007두3930 판결 17 교행, 19 서울, 20 소방
2. 행정소송에서 행정처분의 위법 여부는 행정처분이 행하여졌을 때의 법령과 사실 상태를 기준으로 하여 판단하여야 하고, 처분 후 법령의 개폐나 사실상태의 변동에 의하여 영향을 받지는 않으므로, 난민 인정 거부처분의 취소를 구하는 취소소송에서도 그 거부처분을 한 후 국적국의 정치적 상황이 변화하였다고 하여 처분의 적법 여부가 달라지는 것은 아니다. 대법원 2008. 7. 24. 선고 2007두3930 판결

구청장이 기계설비 공사업 등에 관하여 건설산업기본법에 따른 건설업 등록을 한 갑 주식회사에 대하여 자본금이 건설업 등록기준에 미달한다는 사유로 구 건설산업기본법 제83조 제3호에 따라 영업정지 5개월의 처분을 한 후, 갑 회사가 서울회생법원에서 간이회생절차 개시 결정을 받았다가 '회생계획의 수행에 지장이 있다고 인정할 자료가 없다.'는 이유로 간이회생절차 종결 결정을 받은 사안에서, 갑 회사는 영업정지처분 이후 간이회생절차 종결 결정을 받아 비로소 구 건설산업기본법 시행령 제79조의2 제3호 (나)목의 건설업 등록말소 내지 영업정지 예외사유가 발생하였으므로 위 처분은 처분 당시의 법령과 사실상태를 기준으로 판단할 때 적법하고, 처분 이후 갑 회사가 간이회생절차 종결 결정을 받은 사실로 처분 당시 적법하였던 위 처분이 다시 위법하게 된다고 볼 수 없다고 한 사례. (대법원 2022. 4. 28. 선고 2021두61932 판결)

Ⅱ 구체적 검토

1. 신청 이후 처분 전 법령 및 사실상태의 변경

- 신청 당시에는 허가 등의 요건을 갖추었더라도 그 후 처분이 있기 전에 법령 또는 사실상태의 변경으로 인해 요건을 갖추지 못하게 되면 행정청은 허가 등을 거부할 수 있다.
- 다만, 허가 등의 신청 후 행정청이 정당한 이유 없이 처리를 늦추고 있는 동안 허가기준이 변경된 경우에는 예외적으로 신청시의 법령에 따라 위법 여부를 판단하여 새로운 법령에 의한 거부처분을 위법하다고 판단할 수 있다.

판례

허가 등의 행정처분은 원칙적으로 처분시의 법령과 허가기준에 의하여 처리되어야 하고 허가신청 당시의 기준에 따라야 하는 것은 아니며, 비록 허가신청 후 허가기준이 변경되었다 하더라도 그 허가관청이 허가신청을 수리하고도 정당한 이유 없이 그 처리를 늦추어 그 사이에 허가기준이 변경된 것이 아닌 이상 변경된 허가기준에 따라서 처분을 하여야 한다. 대법원 2006. 8. 25. 선고 2004두2974 판결 17 교행, 19 지방

2. 처분 이후 법령 및 사실상태의 변경

(1) 취소소송 및 무효등확인소송 : 처분시

• 적극적 처분에 대한 취소소송 및 소극적 처분(거부처분)에 대한 취소소송의 경우 모두 위법판단의 기준시를 처분시로 본다.

판례

1. 행정청이 수익적 행정처분을 하면서 부가한 부담의 위법 여부는 처분 당시 법령을 기준으로 판단하여야 하고, 부담이 처분 당시 법령을 기준으로 적법하다면 처분 후 부담의 전제가 된 주된 행정처분의 근거 법령이 개정됨으로써 행정청이 더 이상 부관을 붙일 수 없게 되었다 하더라도 곧바로 위법하게 되거나 그 효력이 소멸하게 되는 것은 아니다. 대법원 2009. 2. 12. 선고 2005다65500 판결 19 지방

2. 공정거래위원회의 과징금 납부명령 등이 재량권 일탈·남용으로 위법한지는 다른 특별한 사정이 없는 한 과징금 납부명령 등이 행하여진 '의결일' 당시의 사실상태를 기준으로 판단하여야 한다. 대법원 2015. 5. 28. 선고 2015두36256 판결

(2) 부작위위법확인소송 : 판결시

• 예외적으로 부작위위법확인소송의 경우 "판결시(변론종결시)를 기준으로 그 부작위의 위법을 확인함으로써 행정청의 응답을 신속하게 하여 부작위 내지 무응답이라고 하는 소극적인 위법상태를 제거하는 것을 목적으로 하는 것"라고 하여 판결시설을 취하고 있다.

판례

부작위위법확인의 소는 행정청이 국민의 법규상 또는 조리상의 권리에 기한 신청에 대하여 상당한 기간 내에 그 신청을 인용하는 적극적 처분 또는 각하하거나 기각하는 등의 소극적 처분을 하여야 할 법률상의 응답의무가 있음에도 불구하고 이를 하지 아니하는 경우, 판결(사실심의 구두변론 종결)시를 기준으로 그 부작위의 위법을 확인함으로써 행정청의 응답을 신속하게 하여 부작위 내지 무응답이라고 하는 소극적인 위법상태를 제거하는 것을 목적으로 하는 것이므로, 소제기의 전후를 통하여 판결시까지 행정청이 그 신청에 대하여 적극 또는 소극의 처분을 함으로써 부작위상태가 해소된 때에는 소의 이익을 상실하게 되어 당해 소는 각하를 면할 수가 없는 것이다. 대법원 1990. 9. 25. 선고 89누4758 판결

3. 관련문제 : 하자의 치유와의 관계

• 행정청은 원칙적으로 처분 이후에 추가한 새로운 사유를 들어 처분 당시의 하자를 치유할 수 없다.

판례

행정처분의 적법 여부는 특별한 사정이 없는 한 그 처분 당시를 기준으로 하여 판단하여야 하고, 처분청이 처분 이후에 추가한 새로운 사유를 보태어 처분 당시의 흠을 치유시킬 수는 없다. 대법원 1996. 12. 20. 선고 96누9799

• 다만, 예외적으로 취소사유 있는 절차 하자의 경우에는 치유가 가능할 수 있다.

Ⅲ 위법판단의 기준시가 처분시라는 의미

- 처분의 위법판단의 기준시가 처분시라는 의미는 처분 후 법령의 개폐나 사실상태의 변동에 영향을 받지 않는다는 것이지, 처분 당시 보유하였던 처분자료나 행정청에 제출되었던 자료만으로 위법 여부를 판단한다는 의미는 아니다.
- 즉, 처분 당시의 사실상태 등에 관한 증명은 사실심 변론종결시까지 할 수 있고, 법원은 행정처분 당시 행정청이 알고 있었던 자료뿐만 아니라 사실심 변론종결 당시까지 제출된 모든 자료를 종합하여 처분 당시 존재하였던 객관적 사실을 확정하고 그 가실에 기초하여 처분의 위법 여부를 판단할 수 있다.

판례

1. 행정처분의 위법 여부를 판단하는 기준 시점에 관하여 판결시가 아니라 처분시라고 하는 의미는 행정처분이 있을 때의 법령과 사실상태를 기준으로 하여 위법 여부를 판단하며 처분 후 법령의 개폐나 사실상태의 변동에 영향을 받지 않는다는 뜻이지 처분 당시 존재하였던 자료나 행정청에 제출되었던 자료만으로 위법 여부를 판단한다는 의미는 아니다. 그러므로 처분 당시의 사실상태 등에 관한 증명은 사실심 변론종결 당시까지 할 수 있고, 법원은 행정처분 당시 행정청이 알고 있었던 자료뿐만 아니라 사실심 변론종결 당시까지 제출된 모든 자료를 종합하여 처분 당시 존재하였던 객관적 사실을 확정하고 그 사실에 기초하여 처분의 위법 여부를 판단할 수 있다. 대법원 2017. 4. 7. 선고 2014두37122 판결 17 사복, 23 지방

2. 항고소송에서 처분의 위법 여부는 특별한 사정이 없는 한 그 처분 당시의 법령을 기준으로 판단하여야 한다. 이는 신청에 따른 처분의 경우에도 마찬가지이다. 그러나 「뇌혈관 질병 또는 심장 질병 및 근골격계 질병의 업무상 질병 인정 여부 결정에 필요한 사항」(2013. 6. 28. 고용노동부 고시 제2013-32호, 이하 '개정 전 고시'라고 한다)은 대외적으로 국민과 법원을 구속하는 효력은 없으므로, 근로복지공단이 처분 당시에 시행된 '개정 전 고시'를 적용하여 산재요양 불승인처분을 한 경우라고 하더라도 해당 불승인처분에 대한 항고소송에서 법원은 '개정 전 고시'를 적용할 의무는 없고, 해당 불승인처분이 있은 후 개정된 「뇌혈관 질병 또는 심장 질병 및 근골격계 질병의 업무상 질병 인정 여부 결정에 필요한 사항」(2017. 12. 29. 고용노동부 고시 제2017-117호, 이하 '개정된 고시'라고 한다)의 규정 내용과 개정 취지를 참작하여 상당인과관계의 존부를 판단할 수 있다. 대법원 2020. 12. 24. 선고 2020두39297 판결

제5강 판결

쟁점 38 취소소송의 판결 일반론

I 의의

• 판결이란 법률상 쟁송을 해결하기 위하여 법원이 소송절차를 거쳐 내리는 결정을 말한다.

행정소송규칙 제15조(조정권고)
① 재판장은 신속하고 공정한 분쟁 해결과 국민의 권익 구제를 위하여 필요하다고 인정하는 경우에는 소송계속 중인 사건에 대하여 직권으로 소의 취하, 처분등의 취소 또는 변경, 그 밖에 다툼을 적정하게 해결하기 위해 필요한 사항을 서면으로 권고할 수 있다

갑 등이 운영하는 병원에서 부당한 방법으로 보험자 등에게 요양급여비용을 부담하게 하였다는 이유로 보건복지부장관이 갑 등에 대하여 40일의 요양기관 업무정지 처분을 하자, 갑 등이 위 업무정지 처분의 취소를 구하는 소송을 제기하였다가 패소한 뒤 항소하였는데, 보건복지부장관이 항소심 계속 중 위 업무정지 처분을 과징금 부과처분으로 직권 변경하자, 갑 등이 과징금 부과처분의 취소를 구하는 소송을 제기한 후 업무정지 처분의 취소를 구하는 소를 취하한 사안에서, 위 과징금 부과처분의 취소를 구하는 소의 제기는 재소금지 원칙에 위반된다고 할 수 없음에도 이와 달리 본 원심판결에 법리오해의 잘못이 있다고 한 사례. (대법원 2023. 3. 16. 선고 2022두58599 판결)

II 판결의 종류

1. 소송판결 및 본안판결

(1) 소송판결

• 소송요건에 흠결이 있는 경우 소송을 부적법하다 하여 각하하는 판결을 말한다(각하판결).

(2) 본안판결

• 본안심리의 결과 청구의 전부 또는 일부를 인용하거나 기각하는 종국판결을 말한다(청구인용판결 및 청구기각판결).

2. 기각판결 및 인용판결

(1) 기각판결

• 본안심리의 결과 청구가 이유 없다고 판단하여 원고의 청구를 배척하는 판결을 말한다.

(2) 인용판결

• 본안심리의 결과 청구가 이유 있다고 판단하여 원고의 청구를 받아들이는 판결을 말한다.

III 사정판결

1. 의의

(1) 사정판결의 의의

• 취소소송에 있어서 본안심리 결과 원고의 청구가 이유 있다고 인정하는 경우(처분이 위법한 것으로 인정되는 경우)에도 공공복리를 위하여 원고의 청구를 기각하는 판결을 말한다.

21 지방 01

OX 확인

01 사정판결은 본안심리 결과 원고의 청구가 이유 있다고 인정됨에도 불구하고 처분을 취소하는 것이 현저히 공공복리에 적합하지 아니하다고 인정하는 때 원고의 청구를 기각하는 판결을 말한다. (○)

(2) 행정소송법의 규정

> 행정소송법 제28조【사정판결】
> ① 원고의 청구가 이유 있다고 인정하는 경우에도 처분 등을 취소하는 것이 현저히 공공복리에 적합하지 아니하다고 인정하는 때에는 법원은 원고의 청구를 기각할 수 있다. 이 경우 법원은 그 판결의 주문에서 그 처분 등이 위법함을 명시하여야 한다. 22 지방, 23 지방
> ② 법원이 제1항의 규정에 의한 판결을 함에 있어서는 미리 원고가 그로 인하여 입게 될 손해의 정도와 배상방법 그 밖의 사정을 조사하여야 한다.

③ 원고는 피고인 행정청이 속하는 국가 또는 공공단체를 상대로 손해배상, 제해시설의 설치 그 밖에 적당한 구제방법의 청구를 당해 취소소송 등이 계속된 법원에 병합하여 제기할 수 있다. 21 지방 01

행정소송법 제32조【소송비용의 부담】
취소청구가 제28조의 규정에 의하여 기각되거나 행정청이 처분 등을 취소 또는 변경함으로 인하여 청구가 각하 또는 기각된 경우에는 소송비용은 피고의 부담으로 한다.

2. 요건

(1) 처분이 위법할 것(원고의 청구가 이유 있을 것)

(2) 처분 등을 취소하는 것이 현저히 공공복리에 적합하지 않을 것

- 공공복리에 적합한지 여부는 "위법한 처분을 취소하여 개인의 권익을 구제할 필요와 그 취소로 인하여 발생할 수 있는 공공복리에 대한 현저한 침해를 비교형량"하여 결정한다.
- 사정판결은 예외적으로 위법한 처분을 취소하지 않는 제도이므로 사정판결의 적용은 극히 엄격한 요건 아래 제한적으로 행해져야 한다.

판례

1. 행정소송법 제28조에서 정한 사정판결은 행정처분이 위법함에도 불구하고 이를 취소·변경하게 되면 그것이 도리어 현저히 공공의 복리에 적합하지 않은 경우에 극히 예외적으로 할 수 있으므로, 그 요건에 해당하는지는 위법·부당한 행정처분을 취소·변경하여야 할 필요와 취소·변경으로 발생할 수 있는 공공복리에 반하는 사태 등을 비교·교량하여 엄격하게 판단하여야 하고, 그 과정에서는 제반 사정을 종합적으로 고려하여야 한다. 대법원 2016. 7. 14. 선고 2015두4167 판결
2. 법학전문대학원이 장기간의 논의 끝에 사법개혁의 일환으로 출범하여 2009년 3월초 일제히 개원한 점, 전남대 법학전문대학원도 120명의 입학생을 받아들여 교육을 하고 있는데 인가처분이 취소되면 그 입학생들이 피해를 입을 수 있는 점, 법학전문대학원의 인가 취소가 이어지면 우수한 법조인의 양성을 목적으로 하는 법학전문대학원 제도 자체의 운영에 큰 차질을 빚을 수 있는 점, 법학전문대학원의 설치인가 심사기준의 설정과 각 평가에 있어 법 제13조에 저촉되지 않는 점, 교수위원이 제15차 회의에 관여하지 않았다고 하더라도 그 소속대학의 평가점수에 비추어 동일한 결론에 이르렀을 것으로 보여, 전남대에 대한 이 사건 인가처분을 취소하고 다시 심의하는 것은 무익한 절차의 반복에 그칠 것으로 보이는 점 등을 종합하여, 전남대에 대한 이 사건 인가처분이 법 제13조에 위배되었음을 이유로 취소하는 것은 현저히 공공복리에 적합하지 아니하다. 대법원 2009. 12. 10. 선고 2009두8359 판결
3. 국립공주대학교의 학칙개정행위를 취소하는 경우 공공복리에 현저히 적합하지 아니한 결과를 초래한다는 이유로 원고들의 청구를 기각하는 사정판결을 한 원심을 인정한 사례. 대법원 2009. 1. 30. 선고 2008두19550, 2008두19567 판결

(3) 판단의 기준시점

① 위법성의 판단: 처분시
- 사정판결에 있어서도 처분 등의 위법성은 처분시를 기준으로 판단한다. 12 지방, 23 국가

② 사정판결의 필요성 판단: 판결시(변론종결시)
- 사정판결의 필요성이 있는지 여부는 제도의 취지에 비추어 처분시가 아닌 판결시를 기준으로 판단한다. 12 지방, 23 국가

OX 확인

01 원고는 피고인 행정청이 속하는 국가 또는 공공단체를 상대로 손해배상, 제해시설의 설치 그 밖에 적당한 구제방법의 청구를 당해 취소소송등이 계속된 법원에 병합하여 제기할 수 있다. (○)

이른바 '심재륜 사건'에서의 징계면직된 검사의 복직이 검찰조직의 안정과 인화를 저해할 우려가 있다는 등의 사정은 검찰 내부에서 조정·극복하여야 할 문제일 뿐이고 준사법기관인 검사에 대한 위법한 면직처분의 취소 필요성을 부정할 만큼 현저히 공공복리에 반하는 사유라고 볼 수 없다는 이유로, 사정판결을 할 경우에 해당하지 않는다고 한 사례. (대법원 2001. 8. 24. 선고 2000두7704 판결)

관리처분계획의 수정을 위한 조합원총회의 재결의를 위하여 시간과 비용이 많이 소요된다는 등의 사정만으로는 재결의를 거치지 않음으로써 위법한 관리처분계획을 취소하는 것이 현저히 공공복리에 적합하지 아니하다고 볼 수 없다는 이유로 사정판결의 필요성을 부정한 사례. (대법원 2001. 10. 12. 선고 2000두4279 판결)

행정소송규칙 제14조(사정판결)
법원이 법 제28조제1항에 따른 판결을 할 때 그 처분등을 취소하는 것이 현저히 공공복리에 적합하지 아니한지 여부는 사실심 변론을 종결할 때를 기준으로 판단한다.

| OX 확인 |

01 법원이 사정판결을 함에 있어서는 미리 원고가 그로 인하여 입게 될 손해의 정도와 배상방법 그 밖의 사정을 조사하여야 한다. (○)

(4) 사정조사

- 법원이 사정판결을 함에 있어서는 미리 원고가 그로 인하여 입게 될 손해의 정도와 배상방법 그 밖의 사정을 조사하여야 한다. 20 소방, 21 지방 01

판례

사정판결의 요건을 갖추었다고 판단되는 경우 법원으로서는 행정소송법 제28조 제2항에 따라 원고가 입게 될 손해의 정도와 배상방법, 그 밖의 사정에 관하여 심리하여야 하고, 이 경우 원고는 행정소송법 제28조 제3항에 따라 손해배상, 제해시설의 설치 그 밖에 적당한 구제방법의 청구를 병합하여 제기할 수 있으므로, 당사자가 이를 간과하였음이 분명하다면 적절하게 석명권을 행사하여 그에 관한 의견을 진술할 수 있는 기회를 주어야 한다. 대법원 2016. 7. 14. 선고 2015두4167 판결

(5) 주장 · 입증책임 : 피고인 행정청의 신청이 필요한지 여부(불요)

- 사정판결을 할 사정에 대한 주장 · 입증책임은 원칙적으로 피고인 처분청에 있다.
- 그러나 당사자의 명백한 주장이 없더라도 법원은 직권으로 사정판결을 할 수 있다.

판례

사정판결은 당사자의 명백한 주장이 없는 경우에도 기록에 나타난 여러 사정을 기초로 직권으로 할 수 있다. 대법원 2006. 9. 22. 선고 2005두2506 판결 15 국가, 17 국회

3. 효과

(1) 기각판결 : 주문에 처분의 위법성 명시

- 원고의 청구가 이유 있음에도 불구하고 법원은 청구기각판결을 한다.
- 이때 법원은 그 판결의 주문에서 그 처분이 위법함을 명시하여야 하고, 그 결과 사정판결에 있어서는 처분이 '위법하다'는 점에 대하여 기판력이 발생한다. 20 소방

(2) 원고의 권익구제

- 원고는 피고인 행정청이 속하는 국가 또는 공공단체를 상대로 손해배상, 제해시설의 설치 그 밖에 적당한 구제방법의 청구를 당해 취소소송 등이 계속된 법원에 병합하여 제기할 수 있다. 16 서울

(3) 소송비용 부담 : 행정청

- 사정판결은 원고의 청구가 이유 있음에도 불구하고 그 청구를 기각하는 것이므로 예외적으로 소송비용은 승소자인 피고 행정청이 부담한다.

4. 적용범위

- 사정판결은 취소소송에서만 인정된다.
- 무효등확인소송 및 부작위위법확인소송에는 사정판결이 인정되지 않는다(준용 부정).

판례

당연무효의 행정처분을 소송목적물로 하는 행정소송에서는 존치시킬 효력이 있는 행정행위가 없기 때문에 행정소송법 제28조 소정의 사정판결을 할 수 없다. 대법원 1996. 3. 22. 선고 95누5509 판결 13 서울, 15 국가, 18 교행, 21 지방 02

| OX 확인 |

02 사정판결은 항고소송 중 취소소송 및 무효등확인소송에서 인정되는 판결의 종류이다. (×)

Ⅳ 일부취소(일부인용)판결

1. 의의

- 법원이 원고의 청구 중 일부에 대하여만 인용판결을 하는 것을 일부인용(일부취소)판결이라 한다.
- 행정소송법 제4조 제1호를 보면 취소소송에 대하여 "행정청의 위법한 처분 등을 취소 또는 변경하는 소송"이라 하고 있는데, 여기서 말하는 "변경"은 적극적 변경을 의미하는 것이 아닌 소극적 변경(일부취소)을 의미한다.

2. 요건

(1) 일부취소요건 일반론 : 분리취소가능성

- 일부취소의 대상이 되는 부분에 대한 분리취소가능성이 있어야 한다.
- 외형상 하나의 처분이라 하더라도 가분성이 있거나 그 처분대상의 일부가 특정될 수 있다면 일부취소가 가능하다.

판례

외형상 하나의 행정처분이라 하더라도 가분성이 있거나 그 처분대상의 일부가 특정될 수 있다면 그 일부만의 취소도 가능하고 그 일부의 취소는 당해 취소부분에 관하여 효력이 생긴다. 대법원 1995. 11. 16. 선고 95누8850 판결 18 국회

(2) 일부취소가 가능한 경우 : 기속행위

- 조세부과처분과 같은 금전부과처분이 기속행위인 경우 정당한 부과금액을 산정할 수 있다면 그 금액을 초과하는 부분에 대해서만 일부취소가 가능하다.

판례

1. 일반적으로 금전 부과처분 취소소송에서 부과금액 산출과정의 잘못 때문에 부과처분이 위법한 것으로 판단되더라도 사실심 변론종결시까지 제출된 자료에 의하여 적법하게 부과될 정당한 부과금액이 산출되는 때에는 부과처분 전부를 취소할 것이 아니라 정당한 부과금액을 초과하는 부분만 취소하여야 하지만, 처분청이 처분시를 기준으로 정당한 부과금액이 얼마인지 주장·증명하지 않고 있는 경우에도 법원이 적극적으로 직권증거조사를 하거나 처분청에게 증명을 촉구하는 등의 방법으로 정당한 부과금액을 산출할 의무까지 부담하는 것은 아니다. 대법원 2016. 7. 14. 선고 2015두4167 판결
2. 법원이 행정청의 정보공개거부처분의 위법 여부를 심리한 결과 공개를 거부한 정보에 비공개대상정보에 해당하는 부분과 공개가 가능한 부분이 혼합되어 있고 공개청구의 취지에 어긋나지 아니하는 범위 안에서 두 부분을 분리할 수 있음을 인정할 수 있을 때에는, 위 정보 중 공개가 가능한 부분을 특정하고 판결의 주문에 행정청의 위 거부처분 중 공개가 가능한 정보에 관한 부분만을 취소한다고 표시하여야 한다. 대법원 2003. 3. 11. 선고 2001두6425 판결

- 다만, 과징금부과처분과 같은 재량행위의 경우에도 그것이 분리 가능한 경우 예외적으로 일부취소가 인정될 수 있다.

판례

1. 공정거래위원회가 위반행위에 대한 과징금을 부과하면서 여러 개의 위반행위에 대하여 외형상 하나의 과징금 납부명령을 하였으나 여러 개의 위반행위 중 일부의 위반행위에 대한 과징금 부과만이 위법하고 소송상 그 일부의 위반행위를 기초로 한 과징금액을 산정할 수 있는 자료가 있는 경우에는, 하나의 과징금 납부명령일지라도 그 일부의 위반행위에 대한 과징금액에 해당하는 부분만을 취소하여야 한다. 대법원 2019. 1. 31. 선고 2013두14726 판결
2. 여러 처분사유에 관하여 하나의 제재처분을 하였을 때 그중 일부가 인정되지 않는다고 하더라도 나머지 처분사유들만으로도 처분의 정당성이 인정되는 경우에는 그 처분을 위법하다고 보아 취소하여서는 아니 된다. 행정청이 여러 개의 위반행위에 대하여 하나의 제재처분을 하였으나, 위반행위별로 제재처분의 내용을 구분하는 것이 가능하고 여러 개의 위반행위 중 일부의 위반행위에 대한 제재처분 부분만이 위법하다면, 법원은 제재처분 중 위법성이 인정되는 부분만 취소하여야 하고 제재처분 전부를 취소하여서는 아니 된다. 대법원 2020. 5. 14. 선고 2019두63515 판결

⑶ **일부취소가 불가능한 경우:** 재량행위

- 재량행위의 경우 처분청의 재량권을 존중해야 하고 법원이 직접 처분을 하는 것은 인정되지 아니하므로 전부취소를 하여야 한다.

판례

1. 처분을 할 것인지 여부와 처분의 정도에 관하여 재량이 인정되는 과징금 납부명령에 대하여 그 명령이 재량권을 일탈하였을 경우, 법원으로서는 재량권의 일탈 여부만 판단할 수 있을 뿐이지 재량권의 범위 내에서 어느 정도가 적정한 것인지에 관하여는 판단할 수 없어 그 전부를 취소할 수밖에 없고, 법원이 적정하다고 인정하는 부분을 초과한 부분만 취소할 수는 없다. 대법원 2009. 6. 23. 선고 2007두18062 판결 17 국가, 17 지방, 17 국회, 18 국가, 18 지방, 20 지방, 22 지방, 24 국가 01
2. 행정청이 영업정지처분을 함에 있어서 그 정지기간을 어느 정도로 할 것인지는 행정청의 재량권에 속하는 사항인 것이며, 다만 그것이 공익의 원칙이나 평등의 원칙 또는 비례의 원칙 등에 위반하여 재량권의 한계를 벗어난 재량권 남용에 해당하는 경우에만 위법한 처분으로서 사법심사의 대상이 되는 것이나, 법원으로서는 영업정지처분이 재량권 남용이라고 판단될 때에는 위법한 처분으로서 그 처분의 취소를 명할 수 있을 뿐이고, 재량권의 한계 내에서 어느 정도가 적정한 영업정지기간인지를 가리는 일은 사법심사의 범위를 벗어난다. 대법원 1982. 9. 28. 선고 82누2 판결

OX 확인

01 처분을 할 것인지 여부와 처분의 정도에 관하여 재량이 인정되는 과징금 납부명령에 대하여 그 명령이 재량권을 일탈하였을 경우, 법원은 재량권의 범위 내에서 어느 정도가 적정한 것인지에 관하여 판단할 수 있고 그 일부를 취소할 수 있다. (×)

- 금전부과처분과 같은 기속행위의 경우에도 적법하게 부과될 부과금액을 산출할 수 없는 경우 일부취소는 허용되지 않는다.

판례

개발부담금부과처분 취소소송에 있어 당사자가 제출한 자료에 의하여 적법하게 부과될 정당한 부담금액을 산출할 수 없는 경우, 개발부담금부과처분 전부를 취소하여야 한다. 대법원 2000. 6. 9. 선고 99두5542 판결

3. 일부취소의무

- 일부취소가 가능한 경우 원칙상 전부취소를 하여서는 안 되며, 일부취소를 하여야 한다.

판례

여러 개의 상이에 대한 국가유공자요건비해당처분에 대한 취소소송에서 그중 일부 상이가 국가유공자요건이 인정되는 상이에 해당하더라도 나머지 상이에 대하여 위 요건이 인정되지 아니하는 경우에는 국가유공자요건비해당처분 중 위 요건이 인정되는 상이에 대한 부분만을 취소하여야 할 것이고, 그 비해당처분 전부를 취소할 수는 없다고 할 것이다. 대법원 2012. 3. 29. 선고 2011두9263 판결 18 지방

쟁점 39 판결의 효력1

Ⅰ 불가변력

• 판결이 선고되면 선고법원 자신도 이에 구속되어 스스로 판결을 취소·변경할 수 없게 되는데, 이를 불가변력(자박력)이라 한다.

Ⅱ 불가쟁력(형식적 확정력)

• 상소기간의 경과, 당사자의 상소 포기, 모든 심급을 거친 경우 당해 판결은 확정되어 더 이상 이를 다툴 수 없게 되는데, 이를 불가쟁력이라 한다.

Ⅲ 기판력(실질적 확정력)

1. 의의

(1) 취소소송의 소송물: 처분의 위법성 일반

• 소송물이란 소송에서 심판의 대상이 되는 소송상의 청구를 말한다.

• 취소소송의 소송물은 "처분의 위법성 일반"이라 보는 것이 판례의 태도이다.

판례

> 취소판결의 기판력은 소송물로 된 행정처분의 위법성 존부에 관한 판단 그 자체에만 미친다. 대법원 1996. 4. 26. 선고 95누5820 판결 16 국회

• 따라서 처분의 위법성을 구성하는 개개의 위법사유는 하나의 소송물을 이루는 공격방어방법에 불과하다.

(2) 기판력의 의의

• 기판력이란 소송물에 관하여 법원이 행한 판단내용이 확정되면, 이후 동일사항이 문제되는 경우에 있어 당사자는 그에 반하는 주장을 하여 다투는 것이 허용되지 않고, 법원도 그와 모순·저촉되는 판단을 해서는 안 되는 구속력을 말한다.

• 기판력이 발생하면 당사자는 동일한 소송물을 대상으로 다시 소를 제기할 수 없다(일사부재리의 원칙).

• 행정소송법은 기판력에 관한 명문의 규정을 두고 있지 않으므로, 행정소송의 기판력은 민사소송법의 준용에 의해 인정된다. 11 지방

• 민사소송법의 규정

> 민사소송법 제216조【기판력의 객관적 범위】
> ① 확정판결은 주문에 포함된 것에 한하여 기판력을 가진다.
>
> 민사소송법 제218조【기판력의 주관적 범위】
> ① 확정판결은 당사자, 변론을 종결한 뒤의 승계인(변론 없이 한 판결의 경우에는 판결을 선고한 뒤의 승계인) 또는 그를 위하여 청구의 목적물을 소지한 사람에 대하여 효력이 미친다.

2. 범위

(1) **주관적 범위:** 당사자 및 그 승계인

- 취소소송의 기판력은 당사자 및 그와 동일시 할 수 있는 승계인에게만 미치며 제3자에게는 미치지 않는다(민사소송법 제218조 제1항).
- 취소소송의 기판력은 당해 처분이 귀속하는 국가 또는 공공단체에도 미친다. 본래 소송의 대상은 행정주체이어야 하며 따라서 취소소송의 피고는 처분의 효과가 귀속되는 국가 또는 공공단체이어야 하는데, 소송의 편의상 처분청을 피고로 한 것이기 때문이다.

판례

과세처분 취소소송의 피고는 처분청이므로 행정청을 피고로 하는 취소소송에 있어서의 기판력은 당해 처분이 귀속하는 국가 또는 공공단체에 미친다. 대법원 1998. 7. 24. 선고 98다10854 판결

(2) **객관적 범위:** 소송물(판결의 주문에 포함된 것)

① 의의

- 기판력은 판결의 주문에 포함된 것에 한하여 인정된다.
- 따라서 판결주문에 표시된 소송물에 관한 판단(처분의 적법 여부)에만 기판력이 미치고, 판결이유 중에 적시된 구체적인 위법사유에 관한 판단에는 미치지 않는다. 16 국회

판례

기판력의 객관적 범위는 그 판결의 주문에 포함된 것, 즉 소송물로 주장된 법률관계의 존부에 관한 판단의 결론 그 자체에만 미치는 것이고 판결이유에 설시된 그 전제가 되는 법률관계의 존부에까지 미치는 것은 아니다. 대법원 1987. 6. 9. 선고 86다카2756 판결 11 지방, 15 사복

② 취소소송

- 인용판결의 경우 기판력은 당해 처분이 위법하다는 점에 미친다.
- 기각판결의 경우 기판력은 당해 처분이 적법하다는 점에 미친다. 다만 사정판결의 경우 기판력은 당해 처분이 위법하다는 점에 미친다.

판례

행정청이 관련 법령에 근거하여 행한 공사중지명령의 상대방이 명령의 취소를 구한 소송에서 패소함으로써 그 명령이 적법한 것으로 이미 확정되었다면, 이후 이러한 공사중지명령의 상대방은 그 명령의 해제신청을 거부한 처분의 취소를 구하는 소송에서 그 명령의 적법성을 다툴 수 없다. 그와 같은 공사중지명령에 대하여 그 명령의 상대방이 해제를 구하기 위해서는 명령의 내용 자체로 또는 성질상으로 명령 이후에 원인사유가 해소되었음이 인정되어야 한다. 대법원 2014. 11. 27. 선고 2014두37665 판결 21 국가, 22 지방

③ 무효확인소송

- 인용판결의 경우 기판력은 당해 처분이 위법하다는 점 및 그 위법의 정도가 중대명백하여 처분이 무효라는 점에 미친다.
- 기각판결의 경우 당해 처분이 무효가 아니라는 점에만 미친다. 따라서 기각판결이 있은 경우에도 처분이 적법하다는 점에 대해서는 기판력이 발생하지 않으므로 다시 취소소송을 제기할 수 있다.

(3) **시적 범위(표준시)**: 사실심 변론종결시

- 기판력은 사실심 변론종결시를 기준으로 하여 발생한다.
- 따라서 당사자는 사실심 변론종결 이전에 주장할 수 있었던 사유를 내세워 후소에서 전소 확정판결과 저촉되는 내용의 주장을 할 수 없다. 18 국회
- 마찬가지로 처분청은 당해 사건의 사실심 변론종결 이전에 주장할 수 있었던 사유를 내세워 확정판결과 저촉되는 처분을 할 수 없다.

3. 기판력의 적용: 취소소송 기각판결의 무효확인소송에 대한 기판력

- 취소소송에서 기각판결이 확정되면 처분이 적법하다는 점에 기판력이 미친다.
- 따라서 원고는 다시 그 처분을 무효라 하여 무효확인을 소구할 수 없고, 설령 무효확인소송을 제기하였다 하더라도 법원은 취소소송 기각판결의 기판력에 구속되어 무효확인판결을 내릴 수 없다. 21 국가

판례

과세처분취소 청구를 기각하는 판결이 확정되면 그 처분이 적법하다는 점에 관하여 기판력이 생기고 그 후 원고가 다시 이를 무효라 하여 그 무효확인을 소구할 수는 없는 것이어서, 과세처분의 취소소송에서 청구가 기각된 확정판결의 기판력은 그 과세처분의 무효확인을 구하는 소송에도 미친다. 대법원 1996. 6. 25. 선고 95누1880 판결

4. 취소소송의 기판력이 국가배상청구소송에 미치는지 여부

(1) **쟁점의 정리**

- 취소소송의 확정판결이 있은 후 국가배상청구소송을 제기했을 때 취소소송의 기판력이 국가배상청구소송에 미치는지 여부가 국가배상의 "위법" 개념과 관련하여 문제된다.
- 즉, 전소인 취소소송의 소송물인 "처분의 위법성"이 후소인 국가배상청구소송에서 요건사실인 "위법성"과 같은 개념인지 여부가 문제되는 것이다.

(2) **학설의 태도**

① 전부 기판력 긍정설(행위위법설)

- 취소소송에서의 위법과 국가배상청구소송에서의 위법이 동일한 개념이라고 보는 견해로서, 이에 따르면 취소소송의 인용 및 기각판결의 기판력은 모두 국가배상청구소송에 미친다.

② 전부 기판력 부정설(상대적 위법성설)

- 취소소송에서의 위법과 국가배상청구소송에서의 위법이 다른 개념이라고 보는 견해로서, 이에 따르면 전소판결의 기판력은 모두 국가배상청구소송에 미치지 않는다.

③ 제한적 기판력 긍정설

- 국가배상청구소송의 위법 개념을 취소소송의 위법 개념보다 넓은 개념으로 보는 견해로서, 이에 따르면 취소소송의 인용판결의 기판력은 국가배상청구소송에 미치지만, 기각판결의 기판력은 미치지 않는다고 본다.

(3) 판례

- 판례는 "어떠한 행정처분이 항고소송에서 취소되었다고 할지라도 그 기판력에 의하여 당해 행정처분이 곧바로 공무원의 고의 또는 과실에 의한 것으로서 불법행위를 구성한다고 단정할 수는 없는 것이다."라고 판시하였는 바, 판례가 구체적으로 어떠한 입장을 취한 것으로 볼 수 있는지에 대해서는 견해가 대립한다(대법원 2000. 5. 12. 선고 99다70600 판결). 18 국가, 19 지방

Ⅳ 형성력

1. 의의

- 처분 등에 대한 취소판결이 확정되면 당해 처분 등은 처분청의 별도의 (취소)행위를 기다릴 것 없이 당연히 그 효력을 상실하는데, 이를 형성력이라 한다.
- 형성력은 청구인용판결(취소판결)에만 인정되고, 청구기각판결에는 인정되지 않는다.

2. 내용

(1) 형성효

- 처분 등에 대한 효력을 소멸시키는 힘을 말한다.

판례

행정처분을 취소한다는 확정판결이 있으면 그 취소판결의 형성력에 의하여 당해 행정처분의 취소나 취소통지 등의 별도의 절차를 요하지 아니하고 당연히 취소의 효과가 발생한다. 대법원 1991. 10. 11. 선고 90누5443 판결 12 지방, 22 지방

(2) 소급효

- 취소의 효과는 처분시에 소급하여 발생한다.
- 따라서 취소된 처분을 전제로 형성된 법률관계는 모두 효력을 상실하게 된다.

판례

1. 과세처분을 취소하는 판결이 확정되면 그 과세처분은 처분시에 소급하여 소멸하므로 그 뒤에 과세관청에서 그 과세처분을 갱정하는 갱정처분을 하였다면 이는 존재하지 않는 과세처분을 갱정한 것으로서 그 하자가 중대하고 명백한 당연무효의 처분이다. 대법원 1989. 5. 9. 선고 88다카16096 판결
2. 도시 및 주거환경정비법(이하 '도시정비법')상 주택재개발사업조합의 조합설립인가처분이 법원의 재판에 의하여 취소된 경우 그 조합설립인가처분은 소급하여 효력을 상실하고, 이에 따라 당해 주택재개발사업조합 역시 조합설립인가처분 당시로 소급하여 도시정비법상 주택재개발사업을 시행할 수 있는 행정주체인 공법인으로서의 지위를 상실하므로, 당해 주택재개발사업조합이 조합설립 인가처분 취소 전에 도시정비법상 적법한 행정주체 또는 사업시행자로서 한 결의 등 처분은 달리 특별한 사정이 없는 한 소급하여 효력을 상실한다. 대법원 2012. 3. 29. 선고 2008다95885 판결 15 국회
3. 영업의 금지를 명한 영업허가취소처분 자체가 나중에 행정쟁송절차에 의하여 취소되었다면 그 영업허가취소처분은 그 처분시에 소급하여 효력을 잃게 되며, 그 영업허가취소처분에 복종할 의무가 원래부터 없었음이 확정되었다고 봄이 타당하고, 영업허가취소처분이 장래에 향하여서만 효력을 잃게 된다고 볼 것은 아니므로 그 영업허가취소처분 이후의 영업행위를 무허가영업이라고 볼 수는 없다. 대법원 1993. 6. 25. 선고 93도277 판결 16 국회, 19 국가, 22 국가, 22 지방 01

OX 확인

01 영업허가취소처분이 청문절차를 거치지 않았다 하여 행정심판에서 취소되었더라도 그 허가취소처분 이후 취소재결시까지 영업했던 행위는 무허가영업에 해당한다. (×)

4. 조세의 부과처분을 취소하는 행정소송판결이 확정된 경우 그 조세부과처분의 효력은 처분시에 소급하여 효력을 잃게 되고 따라서 그 부과처분을 받은 사람은 그 처분에 따른 납부의무가 없다고 할 것이므로 위 확정된 행정판결은 조세포탈에 대한 무죄 내지 원판결이 인정한 죄보다 경한 죄를 인정할 명백한 증거라 할 것이다. 대법원 1985. 10. 22. 선고 83도2933 판결 22 국가

(3) 제3자효(대세효)

① 의의

- 취소의 효력(형성효 및 소급효)은 소송에 관여하지 않은 제3자에 대하여도 미치는데 이를 취소판결의 제3자효(대세효)라 한다.
- 행정소송법 제29조 제1항은 "처분 등을 취소하는 확정판결은 제3자에 대하여도 효력이 있다."라고 하여 제3자효를 명문으로 규정하고 있다. 23 지방

② 제3자의 범위

- 대세효 인정의 취지에 비추어 제3자는 모든 제3자를 의미하는 것으로 본다.

③ 제3자효의 내용

- 취소된 처분에 의해 형성되었거나 또는 취소된 처분을 전제로 하여 형성된 법률관계는 모두 효력을 상실한다.
- 취소된 처분에 의해 형성된 법률관계를 기초로 하여 행해진 사법상 행위에 따라 권리를 취득한 자는 선의·악의를 불문하고 취소판결의 대세효에 대항할 수 없고 이를 용인해야 한다.

판례

행정처분을 취소하는 확정판결이 제3자에 대하여도 효력이 있다고 하더라도 일반적으로 판결의 효력은 주문에 포함한 것에 한하여 미치는 것이니 그 취소판결 자체의 효력으로써 그 행정처분을 기초로 하여 새로 형성된 제3자의 권리까지 당연히 그 행정처분 전의 상태로 환원되는 것이라고는 할 수 없고, 단지 취소판결의 존재와 취소판결에 의하여 형성되는 법률관계를 소송당사자가 아니었던 제3자라 할지라도 이를 용인하지 않으면 아니 된다는 것을 의미하는 것에 불과하다 할 것이며, 따라서 취소판결의 확정으로 인하여 당해 행정처분을 기초로 새로 형성된 제3자의 권리관계에 변동을 초래하는 경우가 있다 하더라도 이는 취소판결 자체의 형성력에 기한 것이 아니라 취소판결의 위와 같은 의미에서의 제3자에 대한 효력의 반사적 효과로서 그 취소판결이 제3자의 권리관계에 대하여 그 변동을 초래할 수 있는 새로운 법률요건이 되는 까닭이라 할 것이다. 대법원 1986. 8. 19. 선고 83다카2022 판결 20 국가

④ 제3자의 보호

- 제3자효로 인해 예측하지 못한 불이익을 받을 우려가 있는 제3자를 보호하기 위하여 행정소송법은 제3자의 소송참가(행정소송법 제16조) 및 재심청구(행정소송법 제31조) 제도를 두고 있다.

⑤ 제3자효의 준용

- 취소판결의 제3자효에 관한 행정소송법 규정은 집행정지결정 또는 집행정지결정의 취소결정에 준용되고, 무효등확인소송과 부작위위법확인소송에도 준용된다.

PART 02

쟁점 40 판결의 효력2 : 기속력

Ⅰ 의의

1. 기속력의 의의

- 판결의 취지에 따라 행동하도록 소송의 당사자인 행정청과 그 밖의 관계행정청을 구속하는 효력을 기속력(구속력)이라 한다.
- 기속력은 인용판결이 확정된 경우에만 인정된다. 따라서 취소소송의 기각판결이 있은 후에도 처분청은 당해 처분을 직권으로 취소할 수 있다. 12 국회, 16 국가

2. 행정소송법의 규정

> 행정소송법 제30조 【취소판결 등의 기속력】
> ① 처분 등을 취소하는 확정판결은 그 사건에 관하여 당사자인 행정청과 그 밖의 관계행정청을 기속한다.
> ② 판결에 의하여 취소되는 처분이 당사자의 신청을 거부하는 것을 내용으로 하는 경우에는 그 처분을 행한 행정청은 판결의 취지에 따라 다시 이전의 신청에 대한 처분을 하여야 한다.
> ③ 제2항의 규정은 신청에 따른 처분이 절차의 위법을 이유로 취소되는 경우에 준용한다.

Ⅱ 성질 : 기판력과의 관계

1. 학설의 태도 : 특수효력설(통설)

- 기속력과 기판력은 동일한 것이라는 기판력설이 있으나, 통설은 기속력은 취소판결의 실효성을 확보하기 위해 행정소송법이 특별히 부여한 효력으로서 기판력과는 그 본질을 달리한다고 본다(특수효력설).

2. 판례

- 종래에는 기속력과 기판력이라는 용어를 혼용하여 사용하였으나, 최근에는 기속력과 기판력을 명확히 구분하는 태도를 보임에 따라 특수효력설의 입장을 취하는 것으로 해석되고 있다.

판례

행정소송법 제30조 제1항은 "처분 등을 취소하는 확정판결은 그 사건에 관하여 당사자인 행정청과 그 밖의 관계행정청을 기속한다."라고 규정하고 있다. 이러한 취소 확정판결의 '기속력'은 취소 청구가 인용된 판결에서 인정되는 것으로서 당사자인 행정청과 그 밖의 관계행정청에게 확정판결의 취지에 따라 행동하여야 할 의무를 지우는 작용을 한다. 이에 비하여 행정소송법 제8조 제2항에 의하여 행정소송에 준용되는 민사소송법 제216조, 제218조가 규정하고 있는 '기판력'이란 기판력 있는 전소 판결의 소송물과 동일한 후소를 허용하지 않음과 동시에, 후소의 소송물이 전소의 소송물과 동일하지는 않더라도 전소의 소송물에 관한 판단이 후소의 선결문제가 되거나 모순관계에 있을 때에는 후소에서 전소 판결의 판단과 다른 주장을 하는 것을 허용하지 않는 작용을 한다. 대법원 2016. 3. 24. 선고 2015두48235 판결

3. 기판력과 기속력의 구분

- 기판력은 소송물, 즉 당해 처분의 위법성 일반에 대해서만 미치므로(객관적 범위), 새로운 처분에 대해서는 기판력이 미치지 않는다. 따라서 행정청이 취소판결 이후 전과 같은 내용의 처분을 하더라도 그 처분은 전소의 처분과 처분일시를 달리하는 새로운 처분이므로 기판력에 저촉되지 않게 되고, 결국 취소판결은 아무런 의미를 갖지 못하게 된다.
- 이 점을 고려하여 행정소송법이 취소판결에 대하여 특별한 효력을 부여한 것이 바로 기속력으로, 후술하는 것처럼 기속력의 반복금지효 등에 의해 행정청은 전과 같은 내용의 처분을 할 수 없게 된다는 점에서 기판력과 구별되는 기속력의 독자적인 의의가 있다.

Ⅲ 내용

1. 반복금지의무

(1) 의의

- 취소판결이 확정되면 처분청 및 관계행정청은 판결의 취지에 저촉되는 처분을 하여서는 안 되는 구속을 받는데, 이를 반복금지효(저촉금지효)라 한다.
- 판결의 취지란 판결의 주문뿐만 아니라 판결이유도 포함한다(기판력과 차이).

(2) 내용

① 동일한 처분의 반복금지

- 동일한 처분을 하는 것은 취소판결의 기속력에 반한다.
- 동일한 처분인지 여부는 "동일한 사실관계 아래에서 동일 당사자에 대하여 동일한 내용을 갖는 행위"를 말하는바, 따라서 기본적 사실관계의 동일성이 없는 다른 처분사유를 들어 동일한 내용의 처분을 한 경우, 이는 동일한 처분이 아니므로 기속력에 반하지 않는다.

판례

취소 확정판결의 기속력은 판결의 주문 및 전제가 되는 처분 등의 구체적 위법사유에 관한 판단에도 미치나, 종전 처분이 판결에 의하여 취소되었더라도 종전 처분과 다른 사유를 들어서 새로이 처분을 하는 것은 기속력에 저촉되지 않는다. 여기에서 동일 사유인지 다른 사유인지는 확정판결에서 위법한 것으로 판단된 종전 처분사유와 기본적 사실관계에서 동일성이 인정되는지 여부에 따라 판단되어야 하고, 기본적 사실관계의 동일성 유무는 처분사유를 법률적으로 평가하기 이전의 구체적인 사실에 착안하여 그 기초인 사회적 사실관계가 기본적인 점에서 동일한지에 따라 결정된다. 대법원 2016. 3. 24. 선고 2015두48235 판결 22 지방, 23 지방, 24 국가

- 마찬가지로 취소사유가 절차 또는 형식의 하자인 경우에 행정청이 적법한 절차 또는 형식을 갖추어 행한 동일한 내용의 처분은 취소된 처분과 동일한 처분이 아니므로 이 역시 기속력에 반하지 않는다. 18 지방

어떤 처분 내용의 적법성을 뒷받침하기 위하여 당초 처분사유와 기본적 사실관계의 동일성이 인정되는 다른 사유가 있다면 처분청은 그 처분에 대한 취소소송의 사실심 변론종결 시까지 그 사유를 적극적으로 주장·증명하여 법원으로부터 그 처분이 적법하다는 판단을 받아야 한다. 만약 소송에서 추가·변경할 수 있는 다른 사유가 있었음에도 처분청이 이를 적절하게 주장·증명하지 못하여 법원이 그 처분을 위법하다고 판단하여 취소하는 판결이 확정되면, 처분청이 그 다른 사유를 근거로 다시 종전과 같은 내용의 처분을 하는 것은 허용되지 않는다. 어떤 처분의 당초 처분사유와 기본적 사실관계의 동일성이 인정되지 않는 다른 사유가 있다면, 그 처분에 대한 취소소송에서 처분사유 추가·변경은 허용되지 않지만, 처분청이 그 처분에 대한 취소판결 확정 후 그 다른 사유를 근거로 별도의 처분을 하는 것은 허용된다. (대법원 2020. 12. 24. 선고 2019두55675 판결)

판례

과세처분시 납세고지서에 과세표준, 세율, 세액의 산출근거등이 누락되어 있어 이러한 절차 내지 형식의 위법을 이유로 과세처분을 취소하는 판결이 확정된 경우에 그 확정판결의 기판력(주 : 기속력을 의미함. 이하 같음)은 확정판결에 적시된 절차 내지 형식의 위법사유에 한하여 미친다고 할 것이므로 과세처분권자가 그 확정판결에 적시된 위법사유를 보완하여 행한 새로운 과세처분은 확정판결에 의하여 취소된 종전의 과세처분과는 별개의 처분으로서 확정판결의 기판력에 저촉되는 것은 아니다. 대법원 1986. 11. 11. 선고 85누231 판결 11 지방, 14 지방, 17 국가, 17 국회, 20 국가, 22 지방, 23 지방

② 판결의 이유에서 제시된 위법사유의 반복금지

- 기속력은 판결의 이유에서 제시된 위법사유에 대해서도 미치므로 동일한 처분이 아닌 경우에도 그 처분이 판결의 이유에서 제시된 위법사유를 다시 반복하는 경우 기속력에 반한다. 18 지방
- 예컨대, 법규 위반을 이유로 내린 영업허가취소처분이 비례의 원칙 위반으로 취소된 경우에 동일한 법규위반을 이유로 영업정지처분을 내리는 것은 기속력에 반하지 않지만, 법규위반사실이 없는 것을 이유로 영업허가취소처분이 취소된 경우에 동일한 법규 위반을 이유로 영업정지처분을 내리는 것은 기속력에 반한다. 17 국가, 17 서울

③ 취소된 행위를 기초로 한 처분의 금지

- 행정청은 취소된 행위를 기초로 하는 일체의 처분을 하여서는 안 된다.

원고의 비위에 대하여 징계처분 중 가장 무거운 파면에 처한 것이 재량권의 범위를 벗어난 위법한 처분이라 하여 위 파면처분을 취소하는 판결이 확정되었다 하더라도 위 확정판결은 징계의 종류 중 가장 무거운 파면을 선택한 것이 징계양정에 있어서 재량권의 범위를 벗어난 위법한 처분이라고 판단한 것이고 공무원의 신분을 박탈하는 징계처분을 선택한 것이 재량권 남용이라고 판단한 것은 아니므로, 위 파면처분이 취소된 후에 다시 징계위원회의 의결을 거쳐 원고를 파면보다 가벼운 해임에 처한 이 사건 처분이 위 확정판결의 기판력(주: 기속력을 의미함)에 저촉된다고 볼 수는 없다. (대법원 1985. 4. 9. 선고 84누747 판결)

2. 재처분의무

(1) 거부처분이 취소된 경우(행정소송법 제30조 제2항)

① 의의

- 판결에 의하여 취소되는 처분이 당사자의 신청을 거부하는 것을 내용으로 하는 경우에는 그 처분을 행한 행정청은 판결의 취지에 따라 다시 이전의 신청에 대한 처분을 하여야 한다.
- 재처분의 내용은 판결의 취지를 존중하는 것이면 족하므로, 반드시 원고가 신청한 내용대로 처분해야 하는 것은 아니고 다시 거부처분을 할 수도 있다. 16 서울, 19 서울

판례

행정소송법 제30조 제2항에 의하면, 행정청의 거부처분을 취소하는 판결이 확정된 경우에는 그 처분을 행한 행정청은 판결의 취지에 따라 이전의 신청에 대하여 재처분할 의무가 있고, 이 경우 확정판결의 당사자인 처분 행정청은 그 행정소송의 사실심 변론종결 이후 발생한 새로운 사유를 내세워 다시 이전의 신청에 대하여 거부처분을 할 수 있으며, 그러한 처분도 이 조항에 규정된 재처분에 해당한다. 대법원 1999. 12. 28. 선고 98두1895 판결 15 국회, 16 국회, 24 국가

② 거부처분이 절차 또는 형식의 위법을 이유로 취소된 경우

- 적법한 절차 또는 형식을 갖춘 후 실체적 요건을 심사하여 재처분을 하면 된다.
- 재처분의 내용은 신청된 대로의 처분과 거부처분이 모두 가능하다. 16 서울

③ 거부처분이 실체법상 위법을 이유로 취소된 경우

- 원칙적으로 신청을 인용하는 처분을 하여야 한다.

주민 등의 도시관리계획 입안 제안을 거부한 처분을 이익형량에 하자가 있어 위법하다고 판단하여 취소하는 판결이 확정되었더라도 행정청에게 그 입안 제안을 그대로 수용하는 내용의 도시관리계획을 수립할 의무가 있다고는 볼 수 없고, 행정청이 다시 새로운 이익형량을 하여 적극적으로 도시관리계획을 수립하였다면 취소판결의 기속력에 따른 재처분의무를 이행한 것이라고 보아야 한다. 다만 취소판결의 기속력 위배 여부와 계획재량의 한계 일탈 여부는 별개의 문제이므로, 행정청이 적극적으로 수립한 도시관리계획의 내용이 취소판결의 기속력에 위배되지는 않는다고 하더라도 계획재량의 한계를 일탈한 것인지의 여부는 별도로 심리 · 판단하여야 한다. (대법원 2020. 6. 25. 선고 2019두56135 판결)

판례

취소소송에서 소송의 대상이 된 거부처분을 실체법상의 위법사유에 기하여 취소하는 판결이 확정된 경우에는 당해 거부처분을 한 행정청은 원칙적으로 신청을 인용하는 처분을 하여야 하고, 사실심 변론종결 이전의 사유를 내세워 다시 거부처분을 하는 것은 확정판결의 기속력에 저촉되어 허용되지 아니한다. 대법원 2001. 3. 23. 선고 99두5238 판결 17 국회

- 그러나 거부처분 이후 새로운 사유(법령 또는 사실상태의 변경)가 발생한 경우, (위법판단의 기준시는 처분시이므로) 그 새로운 사유를 이유로 다시 거부처분을 하는 것은 가능하다. 16 서울, 18 국회, 19 서울

판례

행정소송법 제30조 제2항의 규정에 의하면 행정청의 거부처분을 취소하는 판결이 확정된 때에는 그 처분을 행한 행정청이 판결의 취지에 따라 이전의 신청에 대하여 재처분할 의무가 있으나, 이 때 확정판결의 당사자인 처분 행정청은 그 확정판결에서 적시된 위법사유를 보완하여 새로운 처분을 할 수 있다. 행정처분의 적법 여부는 그 행정처분이 행하여 진 때의 법령과 사실을 기준으로 하여 판단하는 것이므로 거부처분 후에 법령이 개정·시행된 경우에는 개정된 법령 및 허가기준을 새로운 사유로 들어 다시 이전의 신청에 대한 거부처분을 할 수 있으며 그러한 처분도 행정소송법 제30조 제2항에 규정된 재처분에 해당된다. 대법원 1998. 1. 7. 자 97두22 결정

- 다만 거부처분 이후 법령이 변경된 경우에 있어서, 법령에서 종전 규정을 따른다는 취지의 경과규정을 둔 경우에는 종전 규정에 따라 처분을 하여야 하고, 개정법령에 따라 거부처분을 하는 것은 기속력에 반하여 무효이다.

판례

주택건설사업 승인신청 거부처분의 취소를 명하는 판결이 확정되었음에도 행정청이 그에 따른 재처분을 하지 않은 채 위 취소소송 계속중에 도시계획법령이 개정되었다는 이유를 들어 다시 거부처분을 한 사안에서, 개정된 도시계획법령에 그 시행 당시 이미 개발행위허가를 신청 중인 경우에는 종전 규정에 따른다는 경과규정을 두고 있으므로 위 사업승인신청에 대하여는 종전 규정에 따른 재처분을 하여야 함에도 불구하고 개정 법령을 적용하여 새로운 거부처분을 한 것은 확정된 종전 거부처분 취소판결의 기속력에 저촉되어 당연무효이다. 대법원 2002. 12. 11. 자 2002무22 결정 22 지방

- 한편 거부처분 당시 이미 존재하였던 사유라 하더라도 기본적 사실관계에 동일성(기속력의 객관적 범위)이 없는 사유인 경우, 이를 근거로 다시 거부처분을 하는 것이 가능하다. 19 국가

판례

(고양시장이 甲 주식회사의 공동주택 건립을 위한 주택건설사업계획승인 신청에 대하여 미디어밸리 조성을 위한 시가화예정 지역이라는 이유로 거부하자, 甲 회사가 거부처분의 취소를 구하는 소송을 제기하여 승소판결을 받았고 위 판결이 그대로 확정되었는데, 이후 고양시장이 해당 토지 일대가 개발행위허가 제한지역으로 지정되었다는 이유로 다시 거부하는 처분을 한 사안에서) 재거부처분은 종전 거부처분 후 해당 토지 일대가 개발행위허가 제한지역으로 지정되었다는 새로운 사실을 사유로 하는 것으로, 이는 종전 거부처분 사유와 내용상 기초가 되는 구체적인 사실관계가 달라 기본적 사실관계가 동일하다고 볼 수 없다는 이유로, 행정소송법 제30조 제2항에서 정한 재처분에 해당하고 종전 거부처분을 취소한 확정판결의 기속력에 반하는 것은 아니라고 본 원심판단을 수긍한 사례. 대법원 2011. 10. 27. 선고 2011두14401 판결

(2) 신청에 따른 처분이 절차위법을 이유로 취소된 경우(행정소송법 제30조 제3항)

• 제3자효 있는 행정행위가 절차위법을 이유로 취소된 경우 행정청은 적법한 절차 또는 형식을 갖춘 후 실체적 요건을 심사하여 재처분을 하여야 하고, 그 내용은 인용처분 및 거부처분이 모두 가능하다.

3. 원상회복의무(위법상태제거의무)

• 행정청은 위법한 처분으로 인해 초래된 상태를 제거해야 할 의무를 부담한다.
• 이에 대한 명문의 규정은 없으나 일반적으로 행정소송법 제30조 제1항에 근거하는 것으로 본다.

판례

어떤 행정처분을 위법하다고 판단하여 취소하는 판결이 확정되면 행정청은 취소판결의 기속력에 따라 그 판결에서 확인된 위법사유를 배제한 상태에서 다시 처분을 하거나 그 밖에 위법한 결과를 제거하는 조치를 할 의무가 있다(행정소송법 제30조). 대법원 2019. 10. 17. 선고 2018두104 판결

Ⅳ 범위

1. 주관적 범위

• 기속력은 당사자인 피고 행정청과 그 밖의 관계행정청에 미친다.

2. 객관적 범위

• 기속력은 판결주문은 물론 판결이유 중에 설시된 개개의 위법사유에 모두 미친다.

판례

행정소송법 제30조 제1항에 의하여 인정되는 취소소송에서 처분 등을 취소하는 확정판결의 기속력은 주로 판결의 실효성 확보를 위하여 인정되는 효력으로서 판결의 주문뿐만 아니라 그 전제가 되는 처분 등의 구체적 위법사유에 관한 이유 중의 판단에 대하여도 인정된다. 대법원 2001. 3. 23. 선고 99두5238 판결

• 따라서 판결주문은 물론 판결이유에도 설시되지 아니한 종전 처분사유와 기본적 사실관계의 동일성이 없는 새로운 사유를 이유로 다시 동일한 내용의 처분을 하는 것은 기속력에 반하지 않는다.

판례

1. 취소 확정판결의 기속력은 판결의 주문 및 전제가 되는 처분 등의 구체적 위법사유에 관한 판단에도 미치나, 종전 처분이 판결에 의하여 취소되었더라도 종전 처분과 다른 사유를 들어서 새로이 처분을 하는 것은 기속력에 저촉되지 않는다. 여기에서 동일 사유인지 다른 사유인지는 확정판결에서 위법한 것으로 판단된 종전 처분사유와 기본적 사실관계에서 동일성이 인정되는지 여부에 따라 판단되어야 한다. 대법원 2016. 3. 24. 선고 2015두48235 판결
2. 종전 확정판결의 행정소송 과정에서 한 주장 중 처분사유가 되지 아니하여 판결의 판단대상에서 제외된 부분을 행정청이 그 후 새로이 행한 처분의 적법성과 관련하여 새로운 소송에서 다시 주장하는 것은 위 확정판결의 기판력(주 : 기속력을 의미함)에 저촉되지 않는다. 대법원 1991. 8. 9. 선고 90누7326 판결 17 서울

• 한편 기속력은 판결의 결론과 직접 관련 없는 방론이나 간접사실에는 미치지 않는다.

3. 시적 범위 : 처분시

- 기속력은 처분 당시까지 존재하던 사유에 대하여만 미치고 그 이후에 생긴 사유에는 미치지 않는다.
- 따라서 처분시 이후에 생긴 새로운 처분사유(법령 또는 사실상태의 변경)를 이유로 동일한 내용의 처분을 다시 하는 것은 기속력에 반하지 않는다. 14 국회

판례

행정처분의 위법 여부는 행정처분이 행하여진 때의 법령과 사실을 기준으로 판단하므로, 확정판결의 당사자인 처분 행정청은 종전 처분 후에 발생한 새로운 사유를 내세워 다시 처분을 할 수 있고, 새로운 처분의 처분사유가 종전 처분의 처분사유와 기본적 사실관계에서 동일하지 않은 다른 사유에 해당하는 이상, 처분사유가 종전 처분 당시 이미 존재하고 있었고 당사자가 이를 알고 있었더라도 이를 내세워 새로이 처분을 하는 것은 확정판결의 기속력에 저촉되지 않는다. 대법원 2016. 3. 24. 선고 2015두48235 판결

V 위반의 효과

- 기속력에 위반하여 한 행정청의 행위는 당연무효가 된다. 16 서울, 19 국가

판례

확정판결의 당사자인 처분행정청이 그 행정소송의 사실심 변론종결 이전의 사유를 내세워 다시 확정판결과 저촉되는 행정처분을 하는 것은 허용되지 않는 것으로서 이러한 행정처분은 그 하자가 중대하고도 명백한 것이어서 당연무효라 할 것이다. 대법원 1990. 12. 11. 선고 90누3560 판결

VI 간접강제 : 재처분의무의 실효성 확보

1. 의의

(1) 간접강제의 의의

- 거부처분에 대한 취소판결이 확정되어 판결의 기속력에 따라 행정청이 재처분의무를 짐에도 불구하고 행정청이 취소판결의 취지에 따른 재처분을 하지 않는 경우, 법원은 일정한 요건하에 행정청에 금전의 배상 등을 명하는 결정을 할 수 있는데, 이를 간접강제결정이라 한다.

(2) 행정소송법의 규정

행정소송법 제34조【거부처분취소판결의 간접강제】

① 행정청이 제30조 제2항의 규정에 의한 처분을 하지 아니하는 때에는 제1심 수소법원은 당사자의 신청에 의하여 결정으로써 상당한 기간을 정하고 행정청이 그 기간 내에 이행하지 아니하는 때에는 그 지연기간에 따라 일정한 배상을 할 것을 명하거나 즉시 손해배상을 할 것을 명할 수 있다.

② 제33조와 민사집행법 제262조의 규정은 제1항의 경우에 준용한다.

2. 요건

(1) 거부처분에 대한 취소판결이 확정될 것

(2) 처분청이 취소판결의 취지에 따른 재처분을 하지 않았을 것

- 여기에는 행정청이 아무런 재처분을 하지 않은 경우뿐만 아니라 재처분을 하였더라도 그 것이 기속력에 반하여 당연무효가 된 경우를 포함한다.

판례

거부처분에 대한 취소의 확정판결이 있음에도 행정청이 아무런 재처분을 하지 아니하거나, 재처분을 하였다 하더라도 그것이 종전 거부처분에 대한 취소의 확정판결의 기속력에 반하는 등으로 당연무효라면 이는 아무런 재처분을 하지 아니한 때와 마찬가지라 할 것이므로 이러한 경우에는 행정소송법 제30조 제2항, 제34조 제1항 등에 의한 간접강제신청에 필요한 요건을 갖춘 것으로 보아야 한다.
대법원 2002. 12. 11. 자 2002무22 결정 16 서울, 18 지방, 19 국가

- 한편 후술하겠지만 부작위위법확인판결이 확정된 경우 간접강제가 가능하기 위해서는 행정청이 아무런 응답도 하지 아니하여야 하는 바, 따라서 판결확정 이후 행정청이 거부처분을 하였다 하더라도 (이는 부작위라는 위법상태를 제거한 것이므로) 간접강제는 인정되지 않는다.

3. 배상금의 성질

- 간접강제결정에 기한 배상금은 확정판결의 취지에 따른 재처분의 지연에 대한 제재나 손해배상이 아니고, 재처분의 이행에 관한 심리적 강제수단에 불과한 것이므로, 특별한 사정이 없는 한 간접강제결정에서 정한 의무이행기한이 경과한 후에라도 확정판결의 취지에 따른 재처분의 이행이 있으면 처분 상대방이 더 이상 배상금을 추심하는 것은 허용되지 않는다(대법원 2004. 1. 15. 선고 2002두2444 판결). 19 국가

4. 인정범위

- 간접강제에 관한 제34조의 규정은 부작위위법확인소송에 준용된다.
- 그러나 무효등확인소송에는 준용되지 않고 판례 또한 무효등확인소송에서는 간접강제가 허용되지 않는다고 한다(입법의 불비).

판례

행정소송법 제38조 제1항이 무효확인 판결에 관하여 취소판결에 관한 규정을 준용함에 있어서 같은 법 제30조 제2항을 준용한다고 규정하면서도 같은 법 제34조는 이를 준용한다는 규정을 두지 않고 있으므로, 행정처분에 대하여 무효확인 판결이 내려진 경우에는 그 행정처분이 거부처분인 경우에도 행정청에 판결의 취지에 따른 재처분의무가 인정될 뿐 그에 대하여 간접강제까지 허용되는 것은 아니라고 할 것이다.
대법원 1998. 12. 24. 자 98무37 결정 19 지방

제6강 그 밖의 항고소송

쟁점 41 무효등확인소송

Ⅰ 의의

1. 무효등확인소송의 의의

• 무효등확인소송은 행정청의 처분 등의 효력유무 또는 존재 여부를 확인하는 소송을 말한다.
• 무효등확인소송의 소송요건, 심리의 원칙 및 절차 등 대부분의 사항은 취소소송과 동일하므로 여기서는 취소소송과 구별되는 무효등확인소송의 특성에 대해서만 논하기로 한다.

2. 준용규정: 행정소송법상 취소소송 규정의 준용 여부

• 취소소송의 규정 중 ① 제소기간, ② 예외적 행정심판전치주의, ③ 사정판결, ④ 간접강제에 관한 규정은 준용되지 않는다. 16 사복
• 제소기간의 제한이 없다.
• 예외적 행정심판전치주의의 적용이 없으므로, 행정심판절차를 거침이 없이 곧바로 무효등확인소송의 제기가 가능하다.
• 사정판결이 허용되지 않는다.
• 간접강제가 인정되지 않는다.

Ⅱ 취소소송과 구별되는 무효등확인소송의 특수성

1. 협의의 소의 이익: 보충성의 문제

• 민사소송법에 의하면 확인의 소는 확인의 이익이 있는 경우, 즉 이행소송 등 다른 구제수단이 허용되지 않는 경우에만 보충적으로 인정된다.
• 행정소송법상의 무효등확인소송에 있어서도 민사소송에서와 같은 확인의 이익(보충성)이 요구되는지 문제된다.
• 판례는 종래 보충성 긍정설의 입장을 취했으나, 견해를 변경하여 보충성을 부정하고 있다. 18 교행 따라서 법률상 이익이 침해된 자는 다른 구제수단이 있는지 여부를 불문하고 무효등확인의 소를 제기할 수 있다.

판례

1. 행정소송법 제4조에서는 무효확인소송을 항고소송의 일종으로 규정하고 있고, 행정소송법 제38조 제1항에서는 처분 등을 취소하는 확정판결의 기속력 및 행정청의 재처분 의무에 관한 행정소송법 제30조를 무효확인소송에도 준용하고 있으므로 무효확인판결 자체만으로도 실효성을 확보할 수 있다. 17 국회, 24 지방 행정처분의 근거 법률에 의하여 보호되는 직접적이고 구체적인 이익이 있는 경우에는 행정소송법 제35조에 규정된 '무효확인을 구할 법률상 이익'이 있다고 보아야 하고, 이와 별도로 무효확인소송의 보충성이 요구되는 것은 아니므로 행정처분의 무효를 전제로 한 이행소송 등과 같은 직접적인 구제수단이 있는지 여부를 따질 필요가 없다고 해석함이 상당하다. 대법원 2008. 3. 20. 선고 2007두6342 전원합의체 판결 12 국회, 13 국회, 15 교행, 16 지방, 17 국회, 20 지방 01

(변경 전 종래 판례) 과세처분과 압류 및 공매처분이 무효라 하더라도 직접 민사소송으로 체납처분에 의하여 충당된 세액에 대하여 부당이득으로 반환을 구하거나 공매처분에 의하여 제3자 앞으로 경료된 소유권이전등기에 대하여 말소를 구할 수 있는 경우에는 위 과세처분과 압류 및 공매처분에 대하여 소송으로 무효확인을 구하는 것은 분쟁해결에 직접적이고 유효·적절한 방법이라 할 수 없어 소의 이익이 없다고 할 것이고, 이러한 법리는 행정처분에 대한 무효선언을 구하는 의미에서 처분취소를 구하는 소에서도 마찬가지라 할 것이다. (대법원 2006. 5. 12. 선고 2004두14717 판결)

OX 확인

01 무효인 과세처분에 근거하여 세금을 납부한 경우 부당이득반환청구의 소로써 직접 위법상태의 제거를 구할 수 있는지 여부와 관계없이 「행정소송법」 제35조에 규정된 '무효확인을 구할 법률상 이익'을 가진다. (○)

2. 체납처분에 기한 압류처분은 행정처분으로서 이에 기하여 이루어진 집행방법인 압류등기와는 구별되므로 압류등기의 말소를 구하는 것을 압류처분 자체의 무효를 구하는 것으로 볼 수 없고, 또한 압류등기가 말소된다고 하여도 압류처분이 외형적으로 효력이 있는 것처럼 존재하는 이상 그 불안과 위험을 제거할 필요가 있다고 할 것이므로, 압류처분에 기한 압류등기가 경료되어 있는 경우에도 압류처분의 무효확인을 구할 이익이 있다. 대법원 2003. 5. 16. 선고 2002두3669 판결 17 국회

2. 제소기간: 적용 없음

- 무효등확인소송에는 제소기간의 제한이 없으므로 처분의 상대방은 언제든지 소송을 제기할 수 있다.
- 단, 무효선언적 의미의 취소소송에는 일반적인 취소소송과 마찬가지로 제소기간의 제한이 있다.

판례

행정처분의 당연무효를 선언하는 의미에서 그 취소를 청구하는 행정소송을 제기하는 경우에도 소원의 전치와 제소기간의 준수 등 취소소송의 제소요건을 갖추어야 한다. 대법원 1984. 5. 29. 선고 84누175 판결 15 서울, 16 국회, 18 교행

3. 예외적 행정심판전치주의: 적용 없음

- 예외적 행정심판전치주의의 적용이 없으므로, 행정심판절차를 거침이 없이 곧바로 무효등확인소송의 제기가 가능하다. 14 사복, 14 국회
- 단, 무효선언적 의미의 취소소송에는 예외적 행정심판전치주의가 적용된다.

4. 주장 및 입증책임: 원고

- 처분의 하자가 중대명백하여 무효라는 사정은 이를 주장하는 원고가 주장·입증해야 한다.

판례

행정처분의 당연무효를 구하는 소송에 있어서 그 무효를 구하는 사람에게 그 행정처분에 존재하는 하자가 중대하고 명백하다는 것을 주장 입증할 책임이 있다. 대법원 1984. 2. 28. 선고 82누154 판결 16 지방, 17 국회, 24 지방

5. 사정판결: 불가능

- 무효등확인소송에서는 존치시킬 효력이 있는 행정행위가 없으므로 사정판결을 할 수 없다.

판례

당연무효의 행정처분을 소송목적물로 하는 행정소송에서는 존치시킬 효력이 있는 행정행위가 없기 때문에 행정소송법 제28조 소정의 사정판결을 할 수 없다. 대법원 1996. 3. 22. 선고 95누5509 판결 13 서울, 15 국가

6. 간접강제 : 불가능

- 행정소송법은 무효등확인소송에 간접강제를 규정한 법 제34조를 준용하는 규정을 두고 있지 않으므로 무효확인판결에는 간접강제가 인정되지 않는다.

판례

행정소송법 제38조 제1항이 무효확인 판결에 관하여 취소판결에 관한 규정을 준용함에 있어서 같은 법 제30조 제2항을 준용한다고 규정하면서도 같은 법 제34조는 이를 준용한다는 규정을 두지 않고 있으므로, 행정처분에 대하여 무효확인 판결이 내려진 경우에는 그 행정처분이 거부처분인 경우에도 행정청에 판결의 취지에 따른 재처분의무가 인정될 뿐 그에 대하여 간접강제까지 허용되는 것은 아니라고 할 것이다. 대법원 1998. 12. 24. 자 98무37 결정 16 국회, 17 국회, 19 지방, 19 서울 01

OX 확인

01 거부처분에 대하여 무효확인 판결이 확정된 경우, 행정청에 대해 판결의 취지에 따른 재처분의무가 인정될 뿐 그에 대하여 간접강제까지 허용되는 것은 아니다. (○)

Ⅲ 취소소송과의 관계

1. 무효사유가 있는 처분에 대해 취소소송을 제기한 경우

- 법원은 무효선언적 의미의 취소판결을 하여야 한다. 14 지방
- 이 경우 제소기간 등 취소소송의 소송요건을 구비해야 함은 앞서 살펴본 바와 같다.

2. 취소사유가 있는 처분에 대해 무효확인소송을 제기한 경우

(1) 취소소송의 소송요건을 갖추지 못한 경우 : 청구기각

- 무효확인소송을 제기하였는데 심리 결과 하자가 중대명백하지 않은 것으로 인정된 경우, 취소소송의 소송요건을 갖추지 못하였다면 법원은 청구기각판결을 하여야 한다.

(2) 취소소송의 소송요건을 갖춘 경우 : 취소판결 가능

- 처분의 무효확인을 구하는 소에는 처분의 취소를 구하는 취지도 포함되어 있는 것으로 보아야 하므로 법원은 취소판결을 할 수 있다.

판례

1. 일반적으로 행정처분의 무효확인을 구하는 소에는 원고가 그 처분의 취소를 구하지 아니한다고 밝히지 아니한 이상 그 처분이 만약 당연무효가 아니라면 그 취소를 구하는 취지도 포함되어 있는 것으로 보아야 한다. 대법원 1994. 12. 23. 선고 94누477 판결 12 국회
2. 행정처분의 무효확인을 구하는 청구에는 특별한 사정이 없는 한 그 처분의 취소를 구하는 취지까지도 포함되어 있다고 볼 수는 있으나 위와 같은 경우에 취소청구를 인용하려면 먼저 취소를 구하는 항고소송으로서의 제소요건을 구비한 경우에 한한다. 대법원 1986. 9. 23. 선고 85누838 판결

행정소송규칙 제16조(무효확인소송에서 석명권의 행사)
재판장은 무효확인소송이 법 제20조에 따른 기간 내에 제기된 경우에는 원고에게 처분등의 취소를 구하지 아니하는 취지인지를 명확히 하도록 촉구할 수 있다. 다만, 원고가 처분등의 취소를 구하지 아니함을 밝힌 경우에는 그러하지 아니하다.

3. 취소소송과 무효확인소송의 병합

- 양자는 양립 불가능한 관계에 있으므로 단순병합이나 선택적 병합은 허용되지 않고, 예비적 병합만이 가능하다.

판례

행정처분에 대한 무효확인과 취소청구는 서로 양립할 수 없는 청구로서 주위적·예비적 청구로서만 병합이 가능하고 선택적 청구로서의 병합이나 단순병합은 허용되지 아니한다. 대법원 1999. 8. 20. 선고 97누6889 판결

4. 제소기간 도과 후 처분의 근거법률이 위헌이라는 이유로 무효확인소송이 제기된 경우: 청구 기각

- (설령 처분 후 당해 법률에 대한 헌법재판소의 위헌결정이 있었다 할지라도 이 경우 그 처분의 하자는 취소사유에 불과하므로) 법원은 그 법률의 위헌 여부에 대하여 판단할 필요 없이 청구를 기각하여야 한다.

판례

위헌인 법률에 근거한 행정처분이 당연무효인지의 여부는 위헌결정의 소급효와는 별개의 문제로서, 위헌결정의 소급효가 인정된다고 하여 위헌인 법률에 근거한 행정처분이 당연무효가 된다고는 할 수 없고 오히려 이미 취소소송의 제기기간을 경과하여 확정력이 발생한 행정처분에는 위헌결정의 소급효가 미치지 않는다고 보아야 할 것이므로, 어느 행정처분에 대하여 그 행정처분의 근거가 된 법률이 위헌이라는 이유로 무효확인청구의 소가 제기된 경우에는 다른 특별한 사정이 없는 한 법원으로서는 그 법률이 위헌인지 여부에 대하여는 판단할 필요 없이 위 무효확인청구를 기각하여야 할 것이다. 대법원 1994. 10. 28. 선고 92누9463 판결 13 국가, 13 지방, 18 지방

쟁점 42 부작위위법확인소송

I 의의

1. 부작위위법확인소송의 의의

- 행정청이 당사자의 신청에 대하여 상당한 기간 내에 일정한 처분을 하여야 할 법률상 의무가 있음에도 불구하고 이를 하지 않는 경우에, 행정청의 이러한 부작위가 위법하다는 것을 확인하는 소송을 말한다.

2. 준용규정: 행정소송법상 취소소송 규정의 준용 여부

- 행정청의 처분이 존재하지 않으므로, 취소소송의 규정 중 ① 집행정지, ② 처분변경으로 인한 소 변경, ③ 사정판결에 관한 규정은 준용되지 않는다. 13 국가, 18 국회

PART 02

II 소송요건

1. 대상적격: 부작위

(1) 의의

- 부작위란 행정청이 당사자의 신청에 대하여 상당한 기간 내에 일정한 처분을 하여야 할 법률상 의무가 있음에도 불구하고 이를 하지 않는 것을 말한다(행정소송법 제2조).

(2) 성립요건

① 당사자의 신청

- 소송의 대상이 되는 부작위는 당사자의 신청이 있는 경우에만 성립할 수 있다. 15 교행
- 신청의 대상은 행정소송의 대상이 되는 처분이어야 한다.

판례

1. 부작위위법확인소송은 처분의 신청을 한 자로서 부작위의 위법의 확인을 구할 법률상 이익이 있는 자만이 제기할 수 있다 할 것이며 이를 통하여 구하는 행정청의 응답행위는 행정소송법 제2조 제1항 제1호 소정의 처분에 관한 것이라야 하므로 당사자가 행정청에 대하여 어떠한 행정행위를 하여 줄 것을 신청하지 아니하였거나 그러한 신청을 하였더라도 당사자가 행정청에 대하여 그러한 행정행위를 하여 줄 것을 요구할 수 있는 법규상 또는 조리상의 권리를 갖고 있지 아니하든지 또는 행정청이 당사자의 신청에 대하여 거부처분을 한 경우에는 원고 적격이 없거나 항고소송의 대상인 위법한 부작위가 있다고 볼 수 없어 그 부작위위법확인의 소는 부적법하다고 할 것이다. 대법원 1992. 6. 9. 선고 91누11278 판결
2. 부작위위법확인소송의 대상이 되는 행정청의 부작위라 함은 행정청이 당사자의 신청에 대하여 상당한 기간 내에 일정한 처분을 할 법률상 의무가 있음에도 불구하고 이를 하지 아니하는 것을 말하고, 이 소송은 처분의 신청을 한 자가 제기하는 것이므로 이를 통하여 원고가 구하는 행정청의 응답행위는 행정소송법 제2조 제1항 제1호 소정의 처분에 관한 것이라야 한다. 대법원 1991. 11. 8. 선고 90 누9391 판결
3. 행정소송은 구체적 사건에 대한 법률상 분쟁을 법에 의하여 해결함으로써 법적 안정을 기하자는 것이므로 부작위위법확인소송의 대상이 될 수 있는 것은 구체적 권리의무에 관한 분쟁이어야 하고 추상적인 법령에 관하여 제정의 여부 등은 그 자체로서 국민의 구체적인 권리의무에 직접적 변동을 초래하는 것이 아니어서 그 소송의 대상이 될 수 없다. 대법원 1992. 5. 8. 선고 91누11261 판결 17 지방, 18 국가

형사본안사건에서 무죄가 선고되어 확정되었다면 형사소송법 제332조 규정에 따라 검사가 압수물을 제출자나 소유자 기타 권리자에게 환부하여야 할 의무가 당연히 발생한 것이고, 권리자의 환부신청에 대한 검사의 환부결정 등 어떤 처분에 의하여 비로소 환부의무가 발생하는 것은 아니므로 압수가 해제된 것으로 간주된 압수물에 대하여 피압수자나 기타 권리자가 민사소송으로 그 반환을 구함은 별론으로 하고 검사가 피압수자의 압수물 환부신청에 대하여 아무런 결정이나 통지도 하지 아니하고 있다고 하더라도 그와 같은 부작위는 현행 행정소송법상의 부작위위법확인소송의 대상이 되지 아니한다. (대법원 1995. 3. 10. 선고 94누14018 판결)

• 당사자에게 처분을 신청할 수 있는 법규상 · 조리상 신청권이 있어야 한다. 20 국가

판례

1. 부작위위법확인의 소에 있어 당사자가 행정청에 대하여 어떠한 행정행위를 하여 줄 것을 요구할 수 있는 법규상 또는 조리상 권리를 갖고 있지 아니한 경우에는 원고적격이 없거나 항고소송의 대상인 위법한 부작위가 있다고 볼 수 없어 그 부작위위법확인의 소는 부적법하다. 대법원 1999. 12. 7. 선고 97누17568 판결 24 지방
2. 4급 공무원이 당해 지방자치단체 인사위원회의 심의를 거쳐 3급 승진대상자로 결정되고 임용권자가 그 사실을 대내외에 공표까지 하였다면, 그 공무원은 승진임용에 관한 법률상 이익을 가진 자로서 임용권자에 대하여 3급 승진임용을 신청할 조리상의 권리가 있고, 이러한 공무원으로부터 소청심사청구를 통해 승진임용신청을 받은 행정청으로서는 상당한 기간 내에 그 신청을 인용하는 적극적 처분을 하거나 각하 또는 기각하는 등의 소극적 처분을 하여야 할 법률상의 응답의무가 있다. 대법원 2009. 7. 23. 선고 2008두10560 판결
3. 행정청이 행한 공사중지명령의 상대방은 그 명령 이후에 그 원인사유가 소멸하였음을 들어 행정청에게 공사중지명령의 철회를 요구할 수 있는 조리상의 신청권이 있다 할 것이고, 상대방으로부터 그 신청을 받은 행정청으로서는 상당한 기간 내에 그 신청을 인용하는 적극적 처분을 하거나 각하 또는 기각하는 등의 소극적 처분을 하여야 할 법률상의 응답의무가 있다고 할 것이며, 행정청이 상대방의 신청에 대하여 아무런 적극적 또는 소극적 처분을 하지 않고 있는 이상 행정청의 부작위는 그 자체로 위법하다고 할 것이다. 대법원 2005. 4. 14. 선고 2003두7590 판결 13 국회, 18 국회

② 상당한 기간의 경과

• 상당한 기간이란 사회통념상 행정청이 당해 신청에 대한 처분을 하는데 필요한 합리적인 기간을 말한다.

③ 처분의무의 존재

• 행정청에게 처분을 하여야 할 법률상 의무가 존재하여야 한다.

④ 처분의 부작위

• 거부처분 : 부작위가 아니므로 부작위위법확인소송의 대상이 될 수 없다.

판례

행정청이 당사자의 신청에 대하여 거부처분을 한 경우에는 항고소송의 대상인 위법한 부작위가 있다고 볼 수 없어 그 부작위위법확인의 소는 부적법하다. 대법원 1998. 1. 23. 선고 96누12641 판결 13 서울

• 거부 간주 : 법령이 일정한 상태에서의 부작위를 거부처분으로 의제하고 있는 경우 이는 취소소송으로 다투어야 하지 부작위위법확인소송을 제기할 수는 없다.
• 묵시적 거부 : 예컨대 경원자관계에서 인용처분을 받지 못한 경우 외형상 부작위로 보여도 실질은 거부처분과 마찬가지이므로, 거부처분이 있는 것으로 보아 취소소송을 제기해야 한다.

판례

검사 지원자 중 한정된 수의 임용대상자에 대한 임용 결정은 한편으로는 그 임용대상에서 제외한 자에 대한 임용거부결정이라는 양면성을 지니는 것이므로 임용대상자에 대한 임용의 의사표시는 동시에 임용대상에서 제외한 자에 대한 임용거부의 의사표시를 포함한 것으로 볼 수 있고, 이러한 임용 거부의 의사 표시는 본인에게 직접 고지되지 않았다고 하여도 본인이 이를 알았거나 알 수 있었을 때에 그 효력이 발생한 것으로 보아야 한다. 대법원 1991. 2. 12. 선고 90누5825 판결

- 부작위위법확인소송의 계속 중 행정청의 (거부)처분이 있게 되면 그 소송은 소의 이익을 상실하게 되므로, 원고가 소의 변경을 신청하지 않는 한 법원은 소를 각하하여야 한다. 19 국가

2. 원고적격

- 부작위위법확인소송은 처분의 신청을 한 자로서 부작위의 위법의 확인을 구할 법률상 이익이 있는 자만이 제기할 수 있다(행정소송법 제36조).
- "처분의 신청을 한 자"란 법규상·조리상 신청권이 있는 자를 말하므로, 결국 부작위위법확인소송에 있어서는 대상적격이 있으면 원고적격은 당연히 인정된다. 18 지방
- 부작위의 직접 상대방이 아닌 제3자의 경우에도 부작위위법확인을 구할 법률상 이익이 있는 경우 원고적격이 인정된다.

판례

부작위위법확인소송에 있어서는 당해 행정처분 또는 부작위의 직접상대방이 아닌 제3자라 하더라도 그 처분의 취소 또는 부작위위법확인을 받을 법률상의 이익이 있는 경우에는 원고적격이 인정된다. 대법원 1989. 5. 23. 선고 88누8135 판결 13 국회

3. 협의의 소의 이익

- 당사자의 신청이 있은 이후 당사자에게 생긴 사정의 변화로 인하여 위 부작위가 위법하다는 확인을 받는다고 하더라도 종국적으로 침해되거나 방해받은 권리와 이익을 보호·구제받는 것이 불가능하게 되었다면 그 부작위가 위법하다는 확인을 구할 이익은 없다(대법원 2002. 6. 28. 선고 2000두4750). 20 국가

판례

지방자치단체가 조례를 통하여 노동운동이 허용되는 사실상의 노무에 종사하는 공무원의 구체적 범위를 규정하지 않고 있는 것에 대하여 버스전용차로 통행위반 단속업무에 종사하는 자가 부작위위법확인의 소를 제기하였으나 상고심 계속 중에 정년퇴직한 경우, 위 조례를 제정하지 아니한 부작위가 위법하다는 확인을 구할 소의 이익이 상실되었다고 한 사례. 대법원 2002. 6. 28. 선고 2000두4750 판결

- 부작위위법확인소송의 변론종결시까지 처분청이 처분(거부처분 포함)을 한 경우에는 부작위상태가 해소되므로 소의 이익이 없어 소는 각하된다. 이 경우 법원은 소송비용의 전부 또는 일부를 피고가 부담하게 할 수 있다.

판례

소제기의 전후를 통하여 판결시까지 행정청이 그 신청에 대하여 적극 또는 소극의 처분을 함으로써 부작위상태가 해소된 때에는 소의 이익을 상실하게 되어 당해 소는 각하를 면할 수 없다. 대법원 1990. 9. 25. 선고 89누4758 판결 18 국회, 19 국가 01

행정소송규칙 제17조(부작위위법확인소송의 소송비용부담)
법원은 부작위위법확인소송 계속 중 행정청이 당사자의 신청에 대하여 상당한 기간이 지난 후 처분등을 함에 따라 소를 각하하는 경우에는 소송비용의 전부 또는 일부를 피고가 부담하게 할 수 있다.

OX 확인

01 허가처분 신청에 대한 부작위를 다투는 부작위위법확인소송을 제기하여 제1심에서 승소판결을 받았는데 제2심 단계에서 피고 행정청이 허가처분을 한 경우, 제2심 수소법원은 각하판결을 하여야 한다. (○)

4. 제소기간

- 부작위상태가 계속되는 한 원칙적으로 제소기간의 제한을 받지 않는다.
- 그러나 행정심판 등 전심절차를 거친 경우 행정소송법 제20조가 준용됨에 따라 제소기간의 제한을 받는다.

판례

부작위위법확인의 소는 부작위상태가 계속되는 한 그 위법의 확인을 구할 이익이 있다고 보아야 하므로 원칙적으로 제소기간의 제한을 받지 않는다. 그러나 행정소송법 제38조 제2항이 제소기간을 규정한 같은 법 제20조를 부작위위법확인소송에 준용하고 있는 점에 비추어 보면, 행정심판 등 전심절차를 거친 경우에는 행정소송법 제20조가 정한 제소기간 내에 부작위위법확인의 소를 제기하여야 한다. 대법원 2009. 7. 23. 선고 2008두10560 판결 13 서울, 16 지방, 18 국회, 20 국가

III 심리

1. 심리의 범위

- 부작위위법확인소송의 심리의 범위가 신청의 실체적 내용에까지 미칠 수 있는지 여부가 문제된다.
- 이를 긍정하는 실체적 심리설과 부정하는 절차적 심리설이 있는데, 판례는 "부작위위법확인소송은 부작위의 위법성을 확인하는 데 그치고, 그 이상으로 행정청이 행하여야 할 처분의 내용까지 심리·판단할 수는 없다."라고 하여 절차적 심리설의 입장이다. 18 국회

판례

부작위위법확인의 소는 행정청이 당사자의 법규상 또는 조리상의 권리에 기한 신청에 대하여 상당한 기간 내에 그 신청을 인용하는 적극적 처분을 하거나 각하 또는 기각하는 등의 소극적 처분을 하여야 할 법률상의 응답의무가 있음에도 불구하고 이를 하지 아니하는 경우, 그 부작위의 위법을 확인함으로써 행정청의 응답을 신속하게 하여 부작위 내지 무응답이라고 하는 소극적인 위법상태를 제거하는 것을 목적으로 하는 것이고, 나아가 그 인용 판결의 기속력에 의하여 행정청으로 하여금 적극적이든 소극적이든 어떤 처분을 하도록 강제한 다음, 그에 대하여 불복이 있을 경우 그 처분을 다투게 함으로써 최종적으로는 당사자의 권리와 이익을 보호하려는 제도이다. 대법원 2002. 6. 28. 선고 2000두4750 판결 16 서울

2. 소 변경

- 처분이 존재하지 않으므로 처분변경으로 인한 소 변경은 인정되지 않는다. 13 국회

3. 위법판단의 기준시: 판결시

- 처분시가 아닌 판결시(변론종결시)를 기준으로 한다. 13 국회

Ⅳ 기속력 : 재처분의무

1. 쟁점

• 부작위위법확인소송에서 인용판결의 기속력에 의한 재처분의무는 행정청의 단순한 응답의무인지 아니면 신청에 따른 특정한 내용의 처분의무인지가 문제된다.

2. 학설의 태도

(1) 응답의무설(절차적 심리설) : 다수설

• 기속력에 의한 재처분의무는 행정청의 응답의무라고 한다.
• 부작위위법확인판결은 부작위가 위법하다는 것을 확인하는 것에 불과하므로 거부처분을 한다 하여도 부작위상태는 해소되었으므로 이는 기속력에 반하지 않는다고 한다.
• 행정소송법 제2조 제1항 제2호❶에서 말하는 "일정한 처분"은 특정내용의 처분을 의미하는 것이 아니라 신청에 대한 가부의 응답을 말한다.
• 따라서 재량행위 · 기속행위를 불문하고 거부처분을 하여도 재처분의무를 이행한 것이 된다(즉, 실질적 기속력이 부인된다).
• 또한 거부처분이 있는 경우 간접강제를 신청할 수 없게 된다.

(2) 특정처분의무설(실체적 심리설)

• 재처분의무는 단순한 응답의무가 아닌 신청한 대로의 처분을 해야 할 의무라고 한다.
• 행정소송법 제2조 제1항 제2호에서 말하는 "일정한 처분"은 신청에 대한 가부의 응답이 아니라 특정내용의 처분을 의미한다.
• 따라서 기속행위의 경우 거부처분을 하면 기속력에 반하게 된다(실질적 기속력이 인정된다).
• 실효성 있는 권리구제와 소송경제를 도모할 수 있다.

3. 판례 : 응답의무설

판례

신청인이 피신청인을 상대로 제기한 부작위위법확인소송에서 신청인의 제2예비적 청구를 받아들이는 내용의 확정판결을 받았다. 그 판결의 취지는 피신청인이 신청인의 광주광역시 지방부이사관 승진임용신청에 대하여 아무런 조치를 취하지 아니하는 것 자체가 위법함을 확인하는 것일 뿐이다. 따라서 피신청인이 신청인을 승진임용하는 처분을 하는 경우는 물론이고, 승진임용을 거부하는 처분을 하는 경우에도 위 확정판결의 취지에 따른 처분을 하였다고 볼 것이다. 그런데 위 확정판결이 있은 후에 피신청인은 신청인의 승진임용을 거부하는 처분을 하였다. 따라서 결국 신청인의 이 사건 간접강제신청은 그에 필요한 요건을 갖추지 못하였다는 것이다. 대법원 2010. 2. 5. 자 2009무153 판결 16 지방

❶ 행정소송법 제2조(정의)
① 2. "부작위"라 함은 행정청이 당사자의 신청에 대하여 상당한 기간 내에 일정한 처분을 하여야 할 법률상 의무가 있음에도 불구하고 이를 하지 아니하는 것을 말한다.

CHAPTER 03

당사자소송

쟁점 43 당사자소송의 의의

Ⅰ 의의

1. 당사자소송의 의의

- 공법상 법률관계의 주체가 당사자가 되어 그 법률관계에 관하여 다투는 소송을 말한다.
- 다툼의 대상이 되는 공법상 법률관계 중 공권력의 행사 및 불행사와 관련된 것은 항고소송 또는 헌법소원의 대상이 되므로, 당사자소송은 공권력의 행사 및 불행사를 제외한 그 밖의 법률관계를 대상으로 한다(즉, 대등당사자 사이의 공법상 법률관계를 대상으로 한다). 13 지방

2. 행정소송법의 규정

> 행정소송법 제3조 【행정소송의 종류】 행정소송은 다음의 네 가지로 구분한다.
> 2. 당사자소송 : 행정청의 처분 등을 원인으로 하는 법률관계에 관한 소송 그 밖에 공법상의 법률관계에 관한 소송으로서 그 법률관계의 한쪽 당사자를 피고로 하는 소송 23 지방

행정청의 처분 등을 원인으로 하는 법률관계란 행정청의 처분 등에 의하여 발생·변경·소멸된 공법상의 법률관계를 말하는 것으로서, 조세채권존재확인의 소, 공무원지위확인의 소, 미지급퇴직연금지급 청구소송 등이 이에 해당한다.
그 밖에 공법상의 법률관계란 처분 등을 원인으로 하지 않는 그 밖의 공법이 규율하는 법률관계를 말하는 것으로서, 공법상 계약에 근거한 금전지급청구소송, 공법상 계약 해지의 의사표시를 다투는 소송, 광주민주화운동 관련 보상금지급청구 소송 등이 이에 해당한다.

Ⅱ 다른 소송과의 구별

1. 민사소송과의 구별

(1) 공통점

- 당사자소송과 민사소송은 대등한 당사자 사이의 소송이라는 점에서 공통된다.
- 구별실익 : 재판관할, 취소소송과 관련된 규정의 준용 여부에서 차이가 있다.

(2) 구별기준 : 소송물(판례의 태도)

- 소송물이 공법상 권리이면 당사자소송, 사법상 권리이면 민사소송의 대상이 된다.
- 다만 최근에는 소송물뿐만 아니라 소송물의 전제가 되는 법률관계의 내용에 따라 판단하는 모습(통설의 태도)도 보이고 있는 등 당사자소송을 확대하는 경향을 보이고 있다.

(3) 구체적 판례 검토

① 공법상 금전지급청구소송

- 부당이득반환청구소송, 국가배상청구소송의 경우 민사소송절차에 따르도록 하는 것이 판례의 확립된 태도이다.
- 그 외 공법상 급여청구 등 공법관계를 원인으로 하는 금전지급청구소송에 대해서는 일반적으로 당사자소송에 의하는 것으로 보는데, 그 기준이 절대적인 것은 아니고 개별 사건에 따라 구체적으로 판단한다.

판례

[민사소송으로 본 사례]

1. 조세부과처분이 당연무효임을 전제로 하여 이미 납부한 세금의 반환을 청구하는 것은 민사상의 부당이득반환청구로서 민사소송절차에 따라야 한다. 대법원 1995. 4. 28. 선고 94다55019 판결 18 서울

2. 구 공익사업을 위한 토지 등의 취득 및 보상에 관한 법률 제91조에 규정된 환매권의 존부에 관한 확인을 구하는 소송 및 같은 조 제4항에 따라 환매금액의 증감을 구하는 소송은 민사소송에 해당한다. 대법원 2013. 2. 28. 선고 2010두22368 판결 17 사복, 22 국가

3. (갑 지방자치단체가 을 주식회사 등 4개 회사로 구성된 공동수급체를 자원회수시설과 부대시설의 운영·유지관리 등을 위탁할 민간사업자로 선정하고 을 회사 등의 공동수급체와 위 시설에 관한 위·수탁 운영 협약을 체결하였는데, 민간위탁 사무감사를 실시한 결과 을 회사 등이 위 협약에 근거하여 노무비와 복지후생비 등 비정산비용 명목으로 지급받은 금액 중 집행되지 않은 금액에 대하여 회수하기로 하고 을 회사에 이를 납부하라고 통보하자, 을 회사 등이 이를 납부한 후 회수통보의 무효확인 등을 구하는 소송을 제기한 사안에서) 위 협약은 갑 지방자치단체가 사인인 을 회사 등에 위 시설의 운영을 위탁하고 그 위탁운영비용을 지급하는 것을 내용으로 하는 용역계약으로서 상호 대등한 입장에서 당사자의 합의에 따라 체결한 사법상 계약에 해당한다(주 : 민사소송의 대상으로 본 사례). 대법원 2019. 10. 17. 선고 2018두60588 판결 22 지방

[당사자소송으로 본 사례]

1. 지방자치단체가 보조금 지급결정을 하면서 일정 기한 내에 보조금을 반환하도록 하는 교부조건을 부가한 사안에서, 보조사업자의 지방자치단체에 대한 보조금 반환의무는 행정처분인 위 보조금 지급결정에 부가된 부관상 의무이고, 이러한 부관상 의무는 보조사업자가 지방자치단체에 부담하는 공법상 의무이므로, 보조사업자에 대한 지방자치단체의 보조금반환청구는 공법상 권리관계의 일방 당사자를 상대로 하여 공법상 의무이행을 구하는 청구로서 당사자소송의 대상이 된다. 대법원 2011. 6. 9. 선고 2011다2951 판결 15 국가

2. 교육부장관의 권한을 재위임 받은 공립교육기관의 장에 의하여 공립유치원의 임용기간을 정한 전임강사로 임용되어 지방자치단체로부터 보수를 지급받으면서 공무원복무규정을 적용받고 사실상 유치원 교사의 업무를 담당하여 온 유치원 교사의 자격이 있는 자에 대한 해임처분의 시정 및 수령지체된 보수의 지급을 구하는 소송은 행정소송의 대상이지 민사소송의 대상이 아니다. 대법원 1991. 5. 10. 선고 90다10766 판결 18 서울

3. 납세의무자에 대한 국가의 부가가치세 환급세액 지급의무에 대응하는 국가에 대한 납세의무자의 부가가치세 환급세액 지급청구는 민사소송이 아니라 행정소송법 제3조 제2호에 규정된 당사자소송의 절차에 따라야 한다. 대법원 2013. 3. 21. 선고 2011다95564 전원합의체 판결 17 지방, 17 서울, 17 사복, 18 교행

4. 납세의무부존재확인의 소는 공법상의 법률관계 그 자체를 다투는 소송으로서 당사자소송이라 할 것이므로 행정소송법 제3조 제2호, 제39조에 의하여 그 법률관계의 한쪽 당사자인 국가·공공단체 그 밖의 권리주체가 피고적격을 가진다. 대법원 2000. 9. 8. 선고 99두2765 판결 19 지방 01

5. 국가 등 과세주체가 당해 확정된 조세채권의 소멸시효 중단을 위하여 납세의무자를 상대로 제기한 조세채권존재확인의 소는 공법상 당사자소송에 해당한다. 대법원 2020. 3. 2. 선고 2017두41771 판결

6. 적법하게 시행된 공익사업으로 인하여 이주하게 된 주거용 건축물 세입자의 주거이전비 보상청구권은 공법상의 권리이고, 따라서 그 보상을 둘러싼 쟁송은 민사소송이 아니라 공법상의 법률관계를 대상으로 하는 행정소송에 의하여야 한다. 대법원 2008. 5. 29. 선고 2007다8129 판결 11 국회

갑 주식회사가 고용노동부가 시행한 '청년취업인턴제' 사업에 실시기업으로 참여하여 고용노동부로부터 사업에 관한 업무를 위탁받은 을 주식회사와 청년인턴지원협약을 체결하고 인턴을 채용해 왔는데, 갑 회사는 30명의 인턴에 대하여 실제 약정 임금이 130만 원임에도 마치 150만 원을 지급한 것처럼 꾸며 을 회사로부터 1인당 150만 원의 50%인 75만 원의 청년인턴지원금을 청구하여 지급받았고, 이에 을 회사가 갑 회사를 상대로 지원금 반환을 구하는 소를 제기한 사안에서, 을 회사의 갑 회사에 대한 협약에 따른 지원금 반환청구는 협약에서 정한 의무의 위반을 이유로 채무불이행 책임을 구하는 것으로 민사소송의 대상이라고 본 사례. (대법원 2019. 8. 30. 선고 2018다242451 판결)

OX 확인

01 납세의무부존재확인의 소는 공법상의 법률관계 그 자체를 다투는 소송으로서 당사자소송이다. (○)

7. 석탄광업자가 석탄산업합리화사업단을 상대로 석탄산업법령 및 석탄가격안정지원금 지급요령에 의하여 지원금의 지급을 구하는 소송은 공법상의 법률관계에 관한 소송인 공법상의 당사자소송에 해당한다. 대법원 1997. 5. 30. 선고 95다28960 판결 17 사복, 17 국회
8. 석탄산업법 및 시행령의 각 규정에 의하여 폐광대책비의 일종으로 폐광된 광산에서 업무상 재해를 입은 근로자에게 지급하는 재해위로금에 대한 지급청구권은 공법상의 권리로서 그 지급을 구하는 소송은 공법상의 법률관계에 관한 소송인 공법상 당사자소송에 해당한다. 대법원 1999. 1. 26. 선고 98두12598 판결
9. 고용보험 및 산업재해보상보험의 보험료징수 등에 관한 법률의 각 규정에 의하면, 사업주가 당연가입자가 되는 고용보험 및 산재보험에서 보험료 납부의무 부존재확인의 소는 공법상의 법률관계 자체를 다투는 소송으로서 공법상 당사자소송이다. 대법원 2016. 10. 13. 선고 2016다221658 판결 24 국가

② 공법상 지위 및 신분 등에 대한 소송 : 주로 당사자소송

판례

1. 원고의 지방공무원으로서의 지위를 다투는 피고에 대하여 그 지위확인을 구하는 공법상의 당사자소송에 해당함이 분명하다. 대법원 1998. 10. 23. 선고 98두12932 판결 14 국회
2. 텔레비전방송수신료의 징수업무를 위탁받아 자신의 고유업무와 관련된 고지행위와 결합하여 수신료를 징수할 권한이 있는지 여부를 다투는 이 사건 쟁송은 민사소송이 아니라 공법상의 법률관계를 대상으로 하는 것으로서 당사자소송에 의하여야 한다. 대법원 2008. 7. 24. 선고 2007다25261 판결 15 국회, 16 교행
3. 구 도시재개발법에 의한 재개발조합은 조합원에 대한 법률관계에서 적어도 특수한 존립목적을 부여받은 특수한 행정주체로서 국가의 감독하에 그 존립 목적인 특정한 공공사무를 행하고 있다고 볼 수 있는 범위 내에서는 공법상의 권리의무 관계에 서 있다. 따라서 조합을 상대로 한 쟁송에 있어서 강제가입제를 특색으로 한 조합원의 자격 인정 여부에 관하여 다툼이 있는 경우에는 그 단계에서는 아직 조합의 어떠한 처분 등이 개입될 여지는 없으므로 공법상의 당사자소송에 의하여 그 조합원 자격의 확인을 구할 수 있다. 대법원 1996. 2. 15. 선고 94다31235 판결 11 국회, 17 사복

   비교판례 민사소송으로 본 경우 – 재개발조합과 조합장 또는 조합임원 사이의 선임·해임 등을 둘러싼 법률관계는 사법상의 법률관계로서 그 조합장 또는 조합임원의 지위를 다투는 소송은 민사소송에 의하여야 할 것이다. 대법원 2009. 9. 24. 자 2009마168, 169 결정 13 지방
4. 조합설립변경 인가 또는 사업시행계획안에 대한 인가가 이루어지기 전에 행정주체인 재건축조합을 상대로 그 조합설립변경 결의 또는 사업시행계획 결의의 효력 등을 다투는 소송은 행정처분에 이르는 절차적 요건의 존부나 효력 유무에 관한 소송으로서 그 소송결과에 따라 행정처분의 위법 여부에 직접 영향을 미치는 공법상 법률관계에 관한 것이므로 이는 행정소송법상의 당사자소송에 해당한다. 대법원 2010. 7. 29. 선고 2008다6328 판결 18 서울

   비교판례 재건축정비사업조합이 이러한 행정주체의 지위에서 위 법에 기초하여 수립한 사업시행계획은 인가·고시를 통해 확정되면 이해관계인에 대한 구속적 행정계획으로서 독립된 행정처분에 해당하고, 이와 같은 사업시행계획안에 대한 조합 총회결의는 그 행정처분에 이르는 절차적 요건 중 하나에 불과한 것으로서, 그 계획이 확정된 후에는 항고소송의 방법으로 계획의 취소 또는 무효확인을 구할 수 있을 뿐, 절차적 요건에 불과한 총회결의 부분만을 대상으로 그 효력 유무를 다투는 확인의 소를 제기하는 것은 허용되지 아니한다. 대법원 2009. 11. 2. 자 2009마596 결정

5. 도시 및 주거환경정비법상 행정주체인 주택재건축정비사업조합을 상대로 관리처분계획안에 대한 조합 총회결의의 효력 등을 다투는 소송은 행정처분에 이르는 절차적 요건의 존부나 효력 유무에 관한 소송으로서 그 소송결과에 따라 행정처분의 위법 여부에 직접 영향을 미치는 공법상 법률관계에 관한 것이므로, 이는 행정소송법상의 당사자소송에 해당한다. 대법원 2009. 9. 17. 선고 2007다2428 판결 21 소방 01

비교판례 도시 및 주거환경정비법상 주택재건축정비사업조합이 같은 법 제48조에 따라 수립한 관리처분계획에 대하여 관할 행정청의 인가·고시까지 있게 되면 관리처분계획은 행정처분으로서 효력이 발생하게 되므로, 총회결의의 하자를 이유로 하여 행정처분의 효력을 다투는 항고소송의 방법으로 관리처분계획의 취소 또는 무효확인을 구하여야 하고, 그와 별도로 행정처분에 이르는 절차적 요건 중 하나에 불과한 총회결의 부분만을 따로 떼어내어 효력 유무를 다투는 확인의 소를 제기하는 것은 특별한 사정이 없는 한 허용되지 않는다. 대법원 2009. 9. 17. 선고 2007다2428 전원합의체 판결 20 지방 02

| OX 확인 |

01 도시 및 주거환경정비법상 주택재건축정비사업조합을 상대로 관리처분계획안에 대한 조합 총회결의의 효력 등을 다투는 소송은 행정소송법상 당사자소송에 해당한다. (○)

02 도시 및 주거환경정비법상 관리처분계획에 대한 인가는 강학상 인가의 성격을 갖고 있으므로 관리처분계획에 대한 인가가 있더라도 관리처분계획안에 대한 총회결의에 하자가 있다면 민사소송으로 총회결의의 하자를 다투어야 한다. (×)

③ 공법상 계약에 관한 소송 : 당사자소송

판례

1. 지방전문직공무원 채용계약 해지의 의사표시에 대하여는 대등한 당사자 간의 소송형식인 공법상 당사자소송으로 그 의사표시의 무효확인을 청구할 수 있다. 대법원 1993. 9. 14. 선고 92누4611 판결
2. 공중보건의사 채용계약 해지의 의사표시에 대하여는 대등한 당사자 간의 소송형식인 공법상의 당사자소송으로 그 의사표시의 무효확인을 청구할 수 있는 것이다. 대법원 1996. 5. 31. 선고 95누10617 판결 13 지방
3. 서울특별시립무용단 단원의 위촉은 공법상의 계약이라고 할 것이고, 따라서 그 단원의 해촉에 대하여는 공법상의 당사자소송으로 그 무효확인을 청구할 수 있다. 대법원 1995. 12. 22. 선고 95누4636 판결 11 국회, 13 국회

2. 항고소송과의 구별

(1) 일반적 구별기준

• 행정청이 우월한 지위에서 행한 공권력의 행사 및 불행사와 관련된 법적 분쟁에 대한 것은 항고소송, 대등한 지위에서 발생한 법적 분쟁에 대한 것은 당사자소송의 대상이 된다.

판례

광주광역시문화예술회관장의 단원 위촉은 광주광역시문화예술회관장이 행정청으로서 공권력을 행사하여 행하는 행정처분이 아니라 공법상의 근무관계의 설정을 목적으로 하여 광주광역시와 단원이 되고자 하는 자 사이에 대등한 지위에서 의사가 합치되어 성립하는 공법상 근로계약에 해당한다고 보아야 할 것이므로, 광주광역시립합창단원으로서 위촉기간이 만료되는 자들의 재위촉 신청에 대하여 광주광역시문화예술회관장이 실기와 근무성적에 대한 평정을 실시하여 재위촉을 하지 아니한 것을 항고소송의 대상이 되는 불합격처분이라고 할 수는 없다. 대법원 2001. 12. 11. 선고 2001두7794 판결

(2) 국가 등을 상대로 하는 급부청구의 경우

- 공법상 각종 급부청구권은 행정청의 심사 · 결정의 개입 없이 법령의 규정에 의하여 직접 구체적인 권리가 발생하는 경우와 관할 행정청의 심사 · 인용결정에 따라 비로소 구체적인 권리가 발생하는 경우로 나눌 수 있다. 이러한 두 가지 유형 중 어느 것인지는 관계 법령에 구체적인 권리의 존부나 범위가 명확하게 정해져 있는지, 행정청의 거부결정에 대하여 불복절차가 마련되어 있는지 등을 종합하여 정해진다(대법원 2021. 3. 18. 선고 2018두47264 전원합의체 판결).
- 관계 법령의 해석상 급부를 받을 권리가 법령의 규정에 의하여 직접 발생하는 것이 아니라 급부를 받으려고 하는 자의 신청에 따라 관할 행정청이 지급결정을 함으로써 구체적인 권리가 발생하는 경우에는, 급부를 받으려고 하는 자는 우선 관계 법령에 따라 행정청에 급부지급을 신청하여 행정청이 이를 거부하거나 일부 금액만 인정하는 지급결정을 하는 경우 그 결정을 대상으로 항고소송을 제기하고, 취소 · 무효확인판결의 기속력에 따른 재처분을 통하여 구체적인 권리를 인정받은 다음 비로소 공법상 당사자소송으로 급부의 지급을 구하여야 하고, 구체적인 권리가 발생하지 않은 상태에서 곧바로 행정청이 속한 국가나 지방자치단체 등을 상대로 한 당사자소송이나 민사소송으로 급부의 지급을 소구하는 것은 허용되지 않는다(대법원 2020. 10. 15. 선고 2020다222382 판결).

① 급부청구권이 행정청의 지급결정에 의하여 비로소 확정되는 경우 : 항고소송

판례

1. 구 공무원연금법상 급여는 급여를 받을 권리를 가진 자가 당해 공무원이 소속하였던 기관장의 확인을 얻어 신청하는 바에 따라 공무원연금관리공단이 그 지급결정을 함으로써 그 구체적인 권리가 발생하는 것이므로, 공무원연금관리공단의 급여에 관한 결정은 국민의 권리에 직접 영향을 미치는 것이어서 행정처분에 해당하고, 공무원연금관리공단의 퇴직급여결정에 불복하는 자는 공무원연금급여재심위원회의 심사결정을 거쳐 공무원연금관리공단의 급여결정을 대상으로 행정소송을 제기하여야 한다. 대법원 1996. 12. 6. 선고 96누6417 판결 15 국가, 15 국회
2. 공무원연금법령상 급여를 받으려고 하는 자는 우선 관계 법령에 따라 공무원연금공단에 급여지급을 신청하여 공무원연금공단이 이를 거부하거나 일부 금액만 인정하는 급여지급결정을 하는 경우 그 결정을 대상으로 항고소송을 제기하는 등으로 구체적 권리를 인정받아야 하고, 구체적인 권리가 발생하지 않은 상태에서 곧바로 공무원연금공단을 상대로 한 당사자소송으로 권리의 확인이나 급여의 지급을 소구하는 것은 허용되지 아니한다. 이러한 법리는 구체적인 급여를 받을 권리의 확인을 구하기 위하여 소를 제기하는 경우뿐만 아니라, 구체적인 급여수급권의 전제가 되는 지위의 확인을 구하는 경우에도 마찬가지로 적용된다. 대법원 2017. 2. 9. 선고 2014두43264 판결
3. '민주화운동관련자 명예회복 및 보상 등에 관한 법률'상 각 규정들만으로는 바로 법상의 보상금 등의 지급 대상자가 확정된다고 볼 수 없고, '민주화운동관련자 명예회복 및 보상 심의위원회'에서 심의 · 결정을 받아야만 비로소 보상금 등의 지급 대상자로 확정될 수 있으므로 그와 같은 심의위원회의 결정은 국민의 권리의무에 직접 영향을 미치는 행정처분에 해당하고, 따라서 '민주화운동관련자 명예회복 및 보상 등에 관한 법률'에 따른 보상금 등의 지급을 구하는 소송은 항고소송이다. 대법원 2008. 4. 17. 선고 2005두16185 전원합의체 판결 11 국회, 14 국회, 15 서울

진료기관의 보호기관에 대한 진료비지급청구권은 계약 등의 법률관계에 의하여 발생하는 사법상의 권리가 아니라 법에 의하여 정책적으로 특별히 인정되는 공법상의 권리라고 할 것이고, 법령의 요건에 해당하는 것만으로 바로 구체적인 진료비지급청구권이 발생하는 것이 아니라 보호기관의 심사결정에 의하여 비로소 구체적인 청구권이 발생한다고 할 것이므로, 진료기관은 법령이 규정한 요건에 해당하여 진료비를 지급받을 추상적인 권리가 있다 하더라도 진료기관의 보호비용 청구에 대하여 보호기관이 심사결과 지급을 거부한 경우에는 곧바로 민사소송은 물론 공법상 당사자소송으로도 지급 청구를 할 수는 없고, 지급거부 결정의 취소를 구하는 항고소송을 제기하는 방법으로 구제받을 수밖에 없다. (대법원 1999. 11. 26. 선고 97다42250 판결)

요양기관의 국민건강보험공단에 대한 요양급여비용청구권은 요양기관의 청구에 따라 공단이 지급결정을 함으로써 구체적인 권리가 발생하는 것이지, 공단의 결정과 무관하게 국민건강보험법령에 의하여 곧바로 발생한다고 볼 수 없다. (대법원 2023. 8. 31. 선고 2021다243355 판결)

4. 선순위 유족이 유족연금수급권을 상실함에 따라 동순위 또는 차순위 유족이 상실 시점에서 유족연금수급권을 법률상 이전받더라도 동순위 또는 차순위 유족은 구 군인연금법 시행령 제56조에서 정한 바에 따라 국방부장관에게 '유족연금수급권 이전 청구서'를 제출하여 심사·판단받는 절차를 거쳐야 비로소 유족연금을 수령할 수 있게 된다. 이에 관한 국방부장관의 결정은 선순위 유족의 수급권 상실로 청구인에게 유족연금수급권 이전이라는 법률효과가 발생하였는지를 '확인'하는 행정행위에 해당하고, 이는 월별 유족연금액 지급이라는 후속 집행행위의 기초가 되므로, '행정청이 행하는 구체적 사실에 관한 법 집행으로서의 공권력의 행사 또는 그 거부'(행정소송법 제2조 제1항 제1호)로서 항고소송의 대상인 처분에 해당한다고 보아야 한다. 그러므로 만약 국방부장관이 거부결정을 하는 경우 그 거부결정을 대상으로 항고소송을 제기하는 방식으로 불복하여야 하고, 청구인이 정당한 유족연금수급권자라는 국방부장관의 심사·확인 결정 없이 곧바로 국가를 상대로 한 당사자소송으로 그 권리의 확인이나 유족연금의 지급을 소구할 수는 없다. 대법원 2019. 12. 27. 선고 2018두46780 판결
5. 구 군인연금법령상 급여를 받으려고 하는 사람은 우선 관계 법령에 따라 국방부장관 등에게 급여지급을 청구하여 국방부장관 등이 이를 거부하거나 일부 금액만 인정하는 급여지급결정을 하는 경우 그 결정을 대상으로 항고소송을 제기하는 등으로 구체적 권리를 인정받은 다음 비로소 당사자소송으로 그 급여의 지급을 구해야 한다. 이러한 구체적인 권리가 발생하지 않은 상태에서 곧바로 국가를 상대로 한 당사자소송으로 급여의 지급을 소구하는 것은 허용되지 않는다. 대법원 2021. 12. 16. 선고 2019두45944 판결 22 국가
6. 사회보장수급권은 법령에서 실체적 요건을 규정하면서 수급권자 여부, 급여액 범위 등에 관하여 행정청이 1차적으로 심사하여 결정하도록 정하고 있는 경우가 일반적이다. 이 사건 육아휴직급여 청구권도 관할 행정청인 직업안정기관의 장이 심사하여 지급결정을 함으로써 비로소 구체적인 수급청구권이 발생하는 경우에 해당한다. 대법원 2021. 3. 18. 선고 2018두47264 전원합의체 판결

② 급부청구권이 법령이나 기존에 있었던 행정청의 지급결정에 의하여 이미 확정되어 있는 경우 : 당사자소송

판례

1. 광주민주화운동관련자보상등에관한법률 제15조 본문의 규정에서 말하는 광주민주화운동관련자보상심의위원회의 결정을 거치는 것은 보상금 지급에 관한 소송을 제기하기 위한 전치요건에 불과하다고 할 것이므로 위 보상심의위원회의 결정은 취소소송의 대상이 되는 행정처분이라고 할 수 없다. 대법원 1992. 12. 24. 선고 92누3335 판결 11 국회, 15 서울, 15 국회
2. 지방소방공무원의 초과근무수당 지급청구권은 법령의 규정에 의하여 직접 그 존부나 범위가 정하여지고 법령에 규정된 수당의 지급요건에 해당하는 경우에는 곧바로 발생한다고 할 것이므로, 지방소방공무원이 자신이 소속된 지방자치단체를 상대로 초과근무수당의 지급을 구하는 청구에 관한 소송은 당사자소송의 절차에 따라야 한다. 대법원 2013. 3. 28. 선고 2012다102629 판결 14 지방, 21 소방
3. 공무원의 연가보상비청구권은 공무원이 연가를 실시하지 아니하는 등 법령상 정해진 요건이 충족되면 그 자체만으로 지급기준일 또는 보수지급기관의 장이 정한 지급일에 구체적으로 발생하고 행정청의 지급결정에 의하여 비로소 발생하는 것은 아니라고 할 것이므로, 행정청이 공무원에게 연가보상비를 지급하지 아니한 행위로 인하여 공무원의 연가보상비청구권 등 법률상 지위에 아무런 영향을 미친다고 할 수는 없으므로 행정청의 연가보상비 부지급 행위는 항고소송의 대상이 되는 처분이라고 볼 수 없다. 대법원 1999. 7. 23. 선고 97누10857 판결

구 산업재해보상보험법의 규정을 종합하면, 산재보험법이 규정한 보험급여의 지급요건에 해당하여 보험급여를 받을 수 있는 자, 이른바 수급권자라고 할지라도 그 요건에 해당하는 것만으로 바로 수급권자에게 구체적인 급여청구권이 발생하는 것이 아니라 수급권자의 보험급여 청구에 따라 근로복지공단이 보험급여에 관한 결정을 행함으로써 비로소 구체적인 급여청구권이 발생한다고 할 것이다. (대법원 2008. 2. 1. 선고 2005두12091 판결)

민간투자사업기본계획 등에 따른 제안비용보상금을 지급받을 권리는 법령의 규정에 의하여 직접 발생하는 것이 아니라 보상금을 지급받으려는 제안자의 신청에 따라 주무관청이 지급대상자인지 여부를 판단하고 구체적인 보상금액을 산정하는 지급결정을 함으로써 비로소 구체적인 권리가 발생한다고 보아야 한다. 제안비용보상금 지급 신청에 대한 주무관청의 결정은 '민간투자법령을 집행하는 행위로서의 공권력의 행사 또는 그 거부'에 해당하므로 항고소송의 대상인 '처분'이라고 보아야 한다. (대법원 2020. 10. 15. 선고 2020다222382 판결)

공무원으로 재직하다가 퇴직하여 구 공무원연금법에 따라 퇴직연금을 받고 있던 사람이 철차산업 직원으로 다시 임용되어 철차산업으로부터는 급여를 받고 공무원연금관리공단으로부터는 여전히 퇴직연금을 지급받고 있다가, 구 공무원연금법시행규칙이 개정되면서 철차산업이 구 공무원연금법 제47조 제2호 소정의 퇴직연금 중 일부의 금액에 대한 지급정지기관으로 지정된 경우, 공무원연금관리공단의 지급정지처분 여부에 관계없이 개정된 구 공무원연금법시행규칙이 시행된 때로부터 그 법 규정에 의하여 당연히 퇴직연금 중 일부 금액의 지급이 정지되는 것이므로, 공무원연금관리공단이 위와 같은 법령의 개정사실과 퇴직연금 수급자가 퇴직연금 중 일부 금액의 지급정지대상자가 되었다는 사실을 통보한 것은 단지 위와 같이 법령에서 정한 사유의 발생으로 퇴직연금 중 일부 금액의 지급이 정지된다는 점을 알려주는 관념의 통지에 불과하고, 그로 인하여 비로소 지급이 정지되는 것은 아니므로 항고소송의 대상이 되는 행정처분으로 볼 수 없다. (대법원 2004. 7. 8. 선고 2004두244 판결)

국방부장관의 인정에 의하여 퇴역연금을 지급받아 오던 중 군인보수법 및 공무원보수규정에 의한 호봉이나 봉급액의 개정 등으로 퇴역연금액이 변경된 경우에는 법령의 개정에 따라 당연히 개정규정에 따른 퇴역연금액이 확정되는 것이지 구 군인연금법 제18조 제1항 및 제2항에 정해진 국방부장관의 퇴역연금액 결정과 통지에 의하여 비로소 그 금액이 확정되는 것이 아니므로, 법령의 개정에 따른 국방부장관의 퇴역연금액 감액조치에 대하여 이의가 있는 퇴역연금수급권자는 항고소송을 제기하는 방법으로 감액조치의 효력을 다툴 것이 아니라 직접 국가를 상대로 정당한 퇴역연금액과 결정, 통지된 퇴역연금액과의 차액의 지급을 구하는 공법상 당사자소송을 제기하는 방법으로 다툴 수 있다 할 것이고, 같은 법 제5조 제1항에 그 법에 의한 급여에 관하여 이의가 있는 자는 군인연금급여재심위원회에 그 심사를 청구할 수 있다는 규정이 있다 하여 달리 볼 것은 아니다. (대법원 2003. 9. 5. 선고 2002두3522 판결)

4. 구 공무원연금법 소정의 퇴직연금 등의 급여는 급여를 받을 권리를 가진 자가 당해 공무원이 소속하였던 기관장의 확인을 얻어 신청하는 바에 따라 공무원연금관리공단이 그 지급결정을 함으로써 그 구체적인 권리가 발생하는 것이므로, 공무원연금관리공단의 급여에 관한 결정은 국민의 권리에 직접 영향을 미치는 것이어서 행정처분에 해당할 것이지만, 공무원연금관리공단의 인정에 의하여 퇴직연금을 지급받아 오던 중 구 공무원연금법령의 개정 등으로 퇴직연금 중 일부 금액의 지급이 정지된 경우에는 당연히 개정된 법령에 따라 퇴직연금이 확정되는 것이지 같은 법 제26조 제1항에 정해진 공무원연금관리공단의 퇴직연금 결정과 통지에 의하여 비로소 그 금액이 확정되는 것이 아니므로, 공무원연금관리공단이 퇴직연금 중 일부 금액에 대하여 지급거부의 의사표시를 하였다고 하더라도 그 의사표시는 퇴직연금 청구권을 형성·확정하는 행정처분이 아니라 공법상의 법률관계의 한쪽 당사자로서 그 지급의무의 존부 및 범위에 관하여 나름대로의 사실상·법률상 의견을 밝힌 것일 뿐이어서, 이를 행정처분이라고 볼 수는 없고, 이 경우 미지급퇴직연금에 대한 지급청구권은 공법상 권리로서 그의 지급을 구하는 소송은 공법상의 법률관계에 관한 소송인 공법상 당사자소송에 해당한다. 대법원 2004. 7. 8. 선고 2004두244 판결 15 국가, 15 국회, 18 국가, 19 소방

5. 명예퇴직수당은 명예퇴직수당 지급신청자 중에서 일정한 심사를 거쳐 피고가 명예퇴직수당 지급대상자로 결정한 경우에 비로소 지급될 수 있지만, 명예퇴직수당 지급대상자로 결정된 법관에 대하여 지급할 수당액은 명예퇴직수당규칙 제4조 [별표 1]에 산정 기준이 정해져 있으므로, 위 법관이 이미 수령한 수당액이 위 규정에서 정한 정당한 명예퇴직수당액에 미치지 못한다고 주장하며 차액의 지급을 신청함에 대하여 법원행정처장이 거부하는 의사를 표시했더라도, 그 의사표시는 명예퇴직수당액을 형성·확정하는 행정처분이 아니라 공법상의 법률관계의 한쪽 당사자로서 지급의무의 존부 및 범위에 관하여 자신의 의견을 밝힌 것에 불과하므로 행정처분으로 볼 수 없는 바, 결국 명예퇴직한 법관이 미지급 명예퇴직수당액에 대하여 가지는 권리는 명예퇴직수당 지급대상자 결정 절차를 거쳐 명예퇴직수당규칙에 의하여 확정된 공법상 법률관계에 관한 권리로서, 그 지급을 구하는 소송은 행정소송법의 당사자소송에 해당한다. 대법원 2016. 5. 24. 선고 2013두14863 판결 18 국가, 23 지방

III 당사자소송의 종류

1. 실질적 당사자소송

- 형식적으로나 실질적으로나 공법상 법률관계에 관한 다툼만이 대상인 당사자소송을 말한다.
- 통상 당사사소송이라 함은 실질적 당사자소송을 말한다.

2. 형식적 당사자소송

(1) 의의

- 실질적으로는 행정청의 처분 등을 다투는 것이나 형식적으로는 처분 등의 효력을 다투지도 않고, 처분청을 피고로 하지도 않으며, 그 대신 처분 등으로 인해 형성된 법률관계를 다투기 위해 관련 법률관계의 일방 당사자를 피고로 하여 제기하는 소송을 말한다.
- 즉, 실질적으로는 행정청의 처분 등을 다투는 소송이지만 형식적으로는 당사자소송인 소송을 말한다.
- 대표적인 예로 토지보상법상의 보상금증감청구소송이 있다.

(2) 인정 여부: 개별법의 규정 없는 경우에도 인정될 수 있는지 여부

- 견해의 대립이 있으나, 다수설은 행정행위의 공정력을 이유로 형식적 당사자소송은 개별법에 특별한 규정이 있는 경우에만 인정될 수 있다고 본다(부정설).

쟁점 44 당사자소송의 소송요건 및 절차

I 소송요건

1. 관할

- 취소소송의 규정이 준용된다.
- 국가 또는 공공단체가 피고인 경우에는 관계행정청의 소재지를 피고의 소재지로 본다. 18 교행

2. 원고적격

- 행정소송법은 당사자소송의 원고적격에 관한 규정을 두고 있지 않다. 16 교행
- 따라서 취소소송의 규정이 준용되지 않고 민사소송법상 내용이 준용되는데, 그 결과 확인의 소에 있어서는 확인의 이익이 요구된다.

판례

(지방계약직공무원에 대한 계약해지의 의사표시에 대하여 당사자소송의 성격을 갖는 무효확인소송이 제기된 사안에서) 이미 채용기간이 만료되어 소송 결과에 의해 법률상 그 직위가 회복되지 않는 이상 채용계약 해지의 의사표시의 무효확인만으로는 당해 소송에서 추구하는 권리구제의 기능이 있다고 할 수 없고, 침해된 급료지급청구권이나 사실상의 명예를 회복하는 수단은 바로 급료의 지급을 구하거나 명예훼손을 전제로 한 손해배상을 구하는 등의 이행청구소송으로 직접적인 권리 구제방법이 있는 이상 무효확인소송은 적절한 권리구제수단이라 할 수 없어 확인소송의 또 다른 소송요건을 구비하지 못하고 있다 할 것이다. 대법원 2008. 6. 12. 선고 2006두16328 판결

3. 소의 이익

- 항고소송의 경우와 마찬가지로 보다 실효적이고 직접적인 다른 구제수단이 존재하는 경우, 특별한 사정이 없는 한 당사자소송을 제기하는 것은 소의 이익이 없다.

판례

도시 및 주거환경정비법 제57조 제1항에 규정된 청산금의 징수에 관하여는 지방세체납처분의 예에 의한 징수 또는 징수 위탁과 같은 간이하고 경제적인 특별구제절차가 마련되어 있으므로, 시장·군수가 사업시행자의 청산금 징수 위탁에 응하지 아니하였다는 등의 특별한 사정이 없는 한 시장·군수가 아닌 사업시행자가 이와 별개로 공법상 당사자소송의 방법으로 청산금 청구를 할 수는 없다. 대법원 2017. 4. 28. 선고 2016두39498 판결

4. 피고적격

- 행정청이 피고가 되는 것이 아니라, 국가·공공단체 그 밖의 권리주체가 피고가 된다(행정소송법 제39조). 15 교행, 17 서울, 18 서울, 20 지방, 24 지방 01
- 피고가 국가인 때에는 법무부장관이, 지방자치단체인 때에는 지방자치단체의 장이 각 국가와 지방자치단체를 대표한다.
- 사인을 피고로 하는 당사자소송도 가능하다(대법원 2019. 9. 9. 선고 2016다262550 판결).

OX 확인

01 공법상 당사자소송으로서 납세의무부존재확인의 소는 과세처분을 한 과세관청이 아니라 행정소송법 제3조 제2호, 제39조에 의하여 그 법률관계의 한쪽 당사자인 국가·공공단체, 그 밖의 권리주체가 피고적격을 가진다. (○)

국토의 계획 및 이용에 관한 법률 제130조 제3항에서 정한 토지의 소유자·점유자 또는 관리인이 사업시행자의 일시 사용에 대하여 정당한 사유 없이 동의를 거부하는 경우, 사업시행자는 해당 토지의 소유자 등을 상대로 동의의 의사표시를 구하는 소를 제기할 수 있다. 이와 같은 토지의 일시 사용에 대한 동의의 의사표시를 할 의무는 '국토의 계획 및 이용에 관한 법률'에서 특별히 인정한 공법상의 의무이므로, 그 의무의 존부를 다투는 소송은 '공법상의 법률관계에 관한 소송으로서 그 법률관계의 한쪽 당사자를 피고로 하는 소송', 즉 행정소송법 제3조 제2호에서 규정한 당사자소송이라고 보아야 한다. (대법원 2019. 9. 9. 선고 2016다262550 판결)

5. 제소기간

- 제소기간에 관한 취소소송의 규정은 준용되지 않는다.
- 다만 개별법에 제소기간이 정해져 있는 경우에는 그에 의하며, 그 기간은 불변기간으로 한다(행정소송법 제41조). 19 소방

6. 행정심판전치주의

- 취소소송에 있어서의 예외적 행정심판전치주의는 적용되지 않는다.

Ⅱ 소송절차

1. 집행정지: 불가

- 행정소송법상 집행정지는 인정되지 않는다.
- 따라서 민사소송법의 내용이 준용되는 결과 민사집행법상 가압류·가처분에 관한 내용이 준용된다.

판례

당사자소송에 대하여는 행정소송법 제23조 제2항의 집행정지에 관한 규정이 준용되지 아니하므로, 이를 본안으로 하는 가처분에 대하여는 행정소송법 제8조 제2항에 따라 민사집행법상 가처분에 관한 규정이 준용되어야 한다. 대법원 2015. 8. 21. 자 2015무26 결정 23 지방

2. 관련청구소송의 이송·병합 등

(1) 관련청구소송의 이송·병합: 인정

- 취소소송에 있어서의 규정이 준용된다.
- 한편 병합 후 당사자소송이 부적법 각하되는 경우, 관련청구소송도 부적법 각하되어야 한다.

판례

행정소송법 제44조, 제10조에 의한 관련청구소송 병합은 본래의 당사자소송이 적법할 것을 요건으로 하는 것이어서 본래의 당사자소송이 부적법하여 각하되면 그에 병합된 관련청구소송도 소송요건을 흠결하여 부적합하므로 각하되어야 한다. 대법원 2011. 9. 29. 선고 2009두10963 판결 13 지방

(2) 소의 변경: 인정

- 취소소송의 규정이 준용되므로, 당사자소송을 항고소송으로 변경할 수 있다. 16 교행
- 판례는 당사자소송을 민사소송으로 변경하는 것도 허용되는 것으로 본다.

판례

공법상 당사자소송의 소 변경에 관하여 행정소송법은, 공법상 당사자소송을 항고소송으로 변경하는 경우 또는 처분변경으로 인하여 소를 변경하는 경우에 관하여만 규정하고 있을 뿐, 공법상 당사자소송을 민사소송으로 변경할 수 있는지에 관하여 명문의 규정을 두고 있지 않다. 그러나 공법상 당사자소송에서 민사소송으로의 소 변경이 금지된다고 볼 수 없다. (중략) 따라서 공법상 당사자소송에 대하여도 청구의 기초가 바뀌지 아니하는 한도 안에서 민사소송으로 소 변경이 가능하다. 대법원 2023. 6. 29. 선고 2022두44262 판결

3. 기타 심리 및 소송절차에 관한 사항

• 취소소송의 내용 중 ① 심리의 일반원칙(처분권주의, 변론주의, 행정심판기록의 제출명령, 직권심리 등), ② 소송참가 등에 관한 사항은 당사자소송에 모두 준용된다. 13 지방

Ⅲ 판결

1. 당사자소송의 판결

• 사정판결은 인정되지 않는다.
• 취소판결의 효력 중 기속력(행정소송법 제30조 제1항)은 당사자소송의 판결에도 준용된다.
• 그러나 제3자효(대세효), 재처분의무, 간접강제 등은 인정되지 않는다.

2. 가집행 : 인정

• 가집행이란 확정되지 않은 판결에 대하여 확정판결과 같이 집행력을 부여하는 것을 말한다.
• 당사자소송에서 재산권의 청구를 인용하는 판결을 하는 경우 가집행선고를 할 수 있다.

판례

행정소송법 제8조 제2항에 의하면 행정소송에도 민사소송법의 규정이 일반적으로 준용되므로 법원으로서는 공법상 당사자소송에서 재산권의 청구를 인용하는 판결을 하는 경우 가집행선고를 할 수 있다. 대법원 2000. 11. 28. 선고 99두3416 판결

• 종래 행정소송법은 제43조에서 국가를 상대로 하는 당사자소송의 경우에는 법원이 가집행선고를 할 수 없도록 규정하고 있었으나, 위 규정에 대해 헌법재판소가 평등원칙 위반을 이유로 위헌 결정을 내림으로써 이제는 국가를 상대로 하는 당사자소송의 경우에도 가집행선고가 가능하게 되었다.

판례

심판대상조항은 재산권의 청구에 관한 당사자소송 중에서도 피고가 공공단체 그 밖의 권리주체인 경우와 국가인 경우를 다르게 취급한다. 가집행의 선고는 불필요한 상소권의 남용을 억제하고 신속한 권리실행을 하게 함으로써 국민의 재산권과 신속한 재판을 받을 권리를 보장하기 위한 제도이고, 당사자소송 중에는 사실상 같은 법률조항에 의하여 형성된 공법상 법률관계라도 당사자를 달리 하는 경우가 있다. 동일한 성격인 공법상 금전지급 청구소송임에도 피고가 누구인지에 따라 가집행선고를 할 수 있는지 여부가 달라진다면 상대방 소송 당사자인 원고로 하여금 불합리한 차별을 받도록 하는 결과가 된다. 재산권의 청구가 공법상 법률관계를 전제로 한다는 점만으로 국가를 상대로 하는 당사자소송에서 국가를 우대할 합리적인 이유가 있다고 할 수 없고, 집행가능성 여부에 있어서도 국가와 지방자치단체 등이 실질적인 차이가 있다고 보기 어렵다는 점에서, 심판대상조항은 국가가 당사자소송의 피고인 경우 가집행의 선고를 제한하여, 국가가 아닌 공공단체 그 밖의 권리주체가 피고인 경우에 비하여 합리적인 이유 없이 차별하고 있으므로 평등원칙에 반한다. 헌법재판소 2022. 2. 24. 선고 2020헌가12 전원재판부 결정

CHAPTER 04

객관적 소송

쟁점 45 객관적 소송

Ⅰ 의의

• 개인의 권익보호와는 관계없이, 객관적인 행정작용의 적법성을 보장하기 위한 소송을 말한다.
• 종류 : 민중소송과 기관소송이 있다.
• 개별법에 특별한 규정이 없는 경우 그 성질에 반하지 아니하는 한 항고소송 및 당사자소송에 관한 규정을 준용한다(행정소송법 제46조). 18 교행

Ⅱ 종류

1. 민중소송

• 국가 또는 공공단체의 기관이 법률에 위반되는 행위를 한 때에 직접 자기의 법률상 이익과 관계없이 그 시정을 구하기 위하여 제기하는 소송을 말한다. 19 소방, 21 소방
• 민중소송은 개별법에 특별한 규정이 있는 경우에 그 법률에서 정한 자에 한하여 제기할 수 있다(열기주의). 19 소방, 21 소방
• 현행법상 인정되는 민중소송으로는 ① 공직선거법상 선거·당선소송, ② 국민투표법상 국민투표무효소송, ③ 주민투표법상 주민투표무효소송, ④ 지방자치법상 주민소송 등이 있다. 11 국가, 11 지방, 12 사복

2. 기관소송

(1) 의의

• 국가 또는 공공단체의 기관 상호 간에 있어서 권한의 존부 또는 그 행사에 관한 다툼이 있을 때 이에 대하여 제기하는 소송을 말한다. 12 지방
• 기관소송은 민중소송과 마찬가지로 개별법에 특별한 규정이 있는 경우에 그 법률에서 정한 자에 한하여 제기할 수 있다(열기주의). 21 소방
• 기관소송의 예로 지방자치단체의 장이 조례안에 대한 지방의회의 재의결에 대하여 제기하는 소송, 교육감이 조례안에 대한 지방의회의 재의결에 대하여 제기하는 소송 등이 있다. 16 국회, 18 교행

(2) 권한쟁의심판과의 관계

• 행정소송법 제3조 4호 단서조항에 의하여 헌법재판소의 관장사항으로 되는 것은 기관소송의 대상에서 제외된다.
• 따라서 헌법재판소가 행하는 권한쟁의심판의 대상이 되는 ① 국가기관 상호 간, ② 국가기관과 지방자치단체 간, ③ 지방자치단체 상호 간의 권한쟁의에 관한 심판은 기관소송에서 제외된다.
• 결국 상이한 행정주체 간의 소송은 기관소송에서 제외되므로, 기관소송은 동일한 행정주체 내부의 행정기관 간의 권한 다툼이 있는 경우에 적용된다.

행정소송법 제3조(행정소송의 종류)
행정소송은 다음의 네 가지로 구분한다.
3. 민중소송 : 국가 또는 공공단체의 기관이 법률에 위반되는 행위를 한 때에 직접 자기의 법률상 이익과 관계없이 그 시정을 구하기 위하여 제기하는 소송
4. 기관소송 : 국가 또는 공공단체의 기관 상호간에 있어서의 권한의 존부 또는 그 행사에 관한 다툼이 있을 때에 이에 대하여 제기하는 소송. 다만, 헌법재판소법 제2조의 규정에 의하여 헌법재판소의 관장사항으로 되는 소송은 제외한다.

행정소송법 제45조(소의 제기)
민중소송 및 기관소송은 법률이 정한 경우에 법률에 정한 자에 한하여 제기할 수 있다.

행정소송법 제46조(준용규정)
① 민중소송 또는 기관소송으로써 처분 등의 취소를 구하는 소송에는 그 성질에 반하지 아니하는 한 취소소송에 관한 규정을 준용한다.
② 민중소송 또는 기관소송으로써 처분 등의 효력 유무 또는 존재 여부나 부작위의 위법의 확인을 구하는 소송에는 그 성질에 반하지 아니하는 한 각각 무효등확인소송 또는 부작위위법확인소송에 관한 규정을 준용한다.
③ 민중소송 또는 기관소송으로서 제1항 및 제2항에 규정된 소송 외의 소송에는 그 성질에 반하지 아니하는 한 당사자소송에 관한 규정을 준용한다.

헌법재판소법 제61조(청구 사유)
① 국가기관 상호 간, 국가기관과 지방자치단체 간 및 지방자치단체 상호 간에 권한의 유무 또는 범위에 관하여 다툼이 있을 때에는 해당 국가기관 또는 지방자치단체는 헌법재판소에 권한쟁의심판을 청구할 수 있다.

CHAPTER 05

그 밖의 제도

쟁점 46 헌법소원

I 의의

- 공권력의 행사 또는 불행사로 인하여 헌법상 보장된 기본권을 침해받은 자가 헌법재판소에 그 구제를 구하는 심판을 헌법소원심판이라 한다.
- 관련 규정: 헌법재판소법 제68조

> 헌법재판소법 제68조 【청구 사유】
> ① 공권력의 행사 또는 불행사로 인하여 헌법상 보장된 기본권을 침해받은 자는 법원의 재판을 제외하고는 헌법재판소에 헌법소원심판을 청구할 수 있다. 다만, 다른 법률에 구제절차가 있는 경우에는 그 절차를 모두 거친 후에 청구할 수 있다.

II 행정소송과의 관계: 보충성의 문제

1. 헌법소원의 보충성의 원칙

- 헌법소원은 헌법소원을 제외한 다른 구제절차가 있는 경우에는 그 절차를 모두 거친 후가 아니면 청구할 수 없는데, 이를 헌법소원의 보충성이라 한다.

판례

건설부장관의 개발제한구역의 지정·고시는 공권력의 행사로서 헌법소원의 대상이 됨은 물론이나 헌법소원은 다른 법률에 구제절차가 있는 경우에는 그 절차를 모두 거친 후에 비로소 심판청구를 할 수 있는 것인바, 개발제한구역 지정행위(도시계획결정)에 대하여는 행정심판 및 행정소송 등을 제기할 수 있으므로 청구인으로서는 우선 그러한 구제절차를 거친 후에 헌법소원심판을 청구하여야 한다. 헌법재판소 1991. 6. 3. 선고 89헌마46 결정 17 지방

- 따라서 공권력의 행사 중 처분에 해당하는 것에 대해서는 다른 구제절차인 항고소송을 먼저 제기하여야 하는데, 항고소송의 판결(법원의 재판) 및 그 대상이 된 처분(원행정처분)은 모두 헌법소원의 대상이 되지 않으므로, 결국 처분성 있는 공권력의 행사는 헌법소원의 대상이 될 수 없다.
- 결국 헌법소원은 처분성 없는 공권력의 행사만을 그 대상으로 한다.

> 헌법소원은 다른 법률에 구제절차가 있는 경우에는 그 절차를 모두 거친 후가 아니면 청구할 수 없다(헌법재판소법 제68조 제1항 단서). 그러나 헌법소원심판청구에 있어서 청구인이 그의 불이익으로 돌릴 수 없는 정당한 이유가 있는 착오로 전심 절차를 밟지 않은 경우 또는 전심절차로 권리가 구제될 가능성이 거의 없거나 권리구제절차가 허용되는지 여부가 객관적으로 불확실하여 전심절차 이행의 기대가능성이 없을 때에는 보충성원칙의 예외가 인정된다. (헌법재판소 2008. 5. 29. 선고 2007헌마712 전원재판부)

2. 보충성 원칙의 예외

- 다만, 헌법재판소는 ① 다른 권리구제절차가 없거나(법령헌법소원 및 행정입법부작위의 경우) ② 권리구제절차가 허용되는지 여부가 객관적으로 불확실한 경우(권력적 사실행위의 경우) 등에는 예외적으로 보충성 원칙이 인정되지 않는다고 한다.

III 구체적 검토 : 헌법소원의 대상성

1. 법령 등(법률, 법령 및 조례와 규칙)

- 법령 등이 별도의 집행행위를 매개하지 않고 직접 국민의 기본권을 침해하는 경우(즉 처분성을 갖는 경우) 헌법소원의 대상이 된다.
- 따라서 법령에 근거한 구체적인 집행행위가 재량행위인 경우 국민의 권익침해는 법령으로부터 직접 이루어졌다고 할 수 없으므로, 이 경우 헌법소원은 인정되지 않는다.

판례

법률 또는 법률조항 자체가 헌법소원의 대상이 되려면 그 법률 또는 법률조항에 의하여 구체적인 집행행위를 기다리지 아니하고 직접·현재·자기의 기본권을 침해받아야 하며, 여기서 말하는 기본권침해의 직접성이란 집행행위에 의하지 아니하고, 법률 그 자체에 의하여 자유의 제한, 의무의 부과, 권리 또는 법적 지위의 박탈이 생기는 것을 뜻한다. 법령에 근거한 구체적인 집행행위가 재량행위인 경우에는 법령은 집행기관에게 기본권침해의 가능성만을 부여할 뿐 법령 스스로가 기본권의 침해행위를 규정하고 행정청이 이에 따르도록 구속하는 것이 아니며, 기본권의 침해는 집행기관의 의사에 따른 집행행위, 즉 재량권의 행사에 의하여 비로소 이루어지고 현실화되므로, 이러한 경우에는 법령에 의한 기본권침해의 직접성이 인정될 여지가 없는 것이다. 헌법재판소 2011. 5. 26. 선고 2010헌마365 결정 12 사복

2. 행정입법부작위

- 행정입법부작위는 부작위위법확인소송의 대상이 되지 않으므로 "다른 권리구제절차가 없는 경우"에 해당하여 헌법소원의 대상이 된다.

판례

입법부작위에 대한 행정소송의 적법여부에 관하여 대법원은 "행정소송은 구체적 사건에 대한 법률상 분쟁을 법에 의하여 해결함으로써 법적 안정을 기하자는 것이므로 부작위위법확인소송의 대상이 될 수 있는 것은 구체적 권리의무에 관한 분쟁이어야 하고, 추상적인 법령에 관하여 제정의 여부 등은 그 자체로서 국민의 구체적인 권리의무에 직접적 변동을 초래하는 것이 아니어서 행정소송의 대상이 될 수 없다." 고 판시하고 있으므로, 피청구인 보건복지부장관에 대한 청구 중 위 시행규칙에 대한 입법부작위 부분은 다른 구제절차가 없는 경우에 해당한다. 헌법재판소 1998. 7. 16. 선고 96헌마246 결정

3. 권력적 사실행위

- 권력적 사실행위에 대해서 판례는 일반적으로 처분성을 인정한다.
- 그러나 권력적 사실행위가 항고소송의 대상이 된다고 단정하기 어려운 경우 또는 그 대상이 된다 하더라도 이미 종료된 행위로서 소의 이익이 부정될 가능성이 많은 경우 등에는 "권리구제절차가 허용되는지 여부가 객관적으로 불확실한 경우"에 해당하는 것으로 보아 보충성의 예외를 인정하여 헌법소원이 가능하다고 한다.

판례

교도소장의 서신검열과 서신의 지연발송 및 지연교부행위는 이른바 권력적 사실행위로서 행정심판이나 행정소송의 대상이 된다고 단정하기도 어려울 뿐 아니라 설사 그 대상이 된다고 하더라도 이미 종료된 행위로서 소의 이익이 부정될 가능성이 많아 헌법소원심판을 청구하는 외에 달리 효과적인 구제방법이 있다고 보기 어려우므로 보충성의 원칙에 대한 예외에 해당한다. 헌법재판소 1995. 7. 21. 선고 92헌마144 결정

CHAPTER 06

행정심판 개관

쟁점 47 행정심판 개관

Ⅰ 의의

1. 행정심판의 의의

- 행정청의 위법·부당한 처분 또는 부작위에 대한 불복에 대하여 행정기관이 심판하는 행정심판법상의 행정쟁송절차를 말한다.
- 행정심판을 규율하는 법으로는 일반법인 행정심판법이 있고, 개별법에서 행정심판법(특별행정심판)에 대한 특칙을 규정하고 있다.
- 개별법에서는 행정심판에 대하여 이의신청, 심사청구, 심판청구, 재심청구 등 다양한 용어를 사용하고 있다.
- 특별행정심판에 대한 행정심판법의 규정

행정심판법 제4조 【특별행정심판 등】
① 사안의 전문성과 특수성을 살리기 위하여 특히 필요한 경우 외에는 이 법에 따른 행정심판을 갈음하는 특별한 행정불복절차(이하 "특별행정심판"이라 한다)나 이 법에 따른 행정심판 절차에 대한 특례를 다른 법률로 정할 수 없다. 13 국회
② 다른 법률에서 특별행정심판이나 이 법에 따른 행정심판 절차에 대한 특례를 정한 경우에도 그 법률에서 규정하지 아니한 사항에 관하여는 이 법에서 정하는 바에 따른다.
③ 관계 행정기관의 장이 특별행정심판 또는 이 법에 따른 행정심판 절차에 대한 특례를 신설하거나 변경하는 법령을 제정·개정할 때에는 미리 중앙행정심판위원회와 협의하여야 한다. 13 국회, 18 국회

구 공무원연금법상 공무원연금급여 재심위원회에 대한 심사청구 제도는 사안의 전문성과 특수성을 살리기 위하여 특히 필요하여 행정심판법에 따른 일반행정심판을 갈음하는 특별한 행정불복절차(행정심판법 제4조 제1항), 즉 특별행정심판에 해당한다. (대법원 2019. 8. 9. 선고 2019 두 38656 판결)

2. 이의신청과의 구별

행정기본법 제36조 【처분에 대한 이의신청】
① 행정청의 처분(「행정심판법」 제3조에 따라 같은 법에 따른 행정심판의 대상이 되는 처분을 말한다. 이하 이 조에서 같다)에 이의가 있는 당사자는 처분을 받은 날부터 30일 이내에 해당 행정청에 이의신청을 할 수 있다.
② 행정청은 제1항에 따른 이의신청을 받으면 그 신청을 받은 날부터 14일 이내에 그 이의신청에 대한 결과를 신청인에게 통지하여야 한다. 다만, 부득이한 사유로 14일 이내에 통지할 수 없는 경우에는 그 기간을 만료일 다음 날부터 기산하여 10일의 범위에서 한 차례 연장할 수 있으며, 연장 사유를 신청인에게 통지하여야 한다.
③ 제1항에 따라 이의신청을 한 경우에도 그 이의신청과 관계없이 「행정심판법」에 따른 행정심판 또는 「행정소송법」에 따른 행정소송을 제기할 수 있다.
④ 이의신청에 대한 결과를 통지받은 후 행정심판 또는 행정소송을 제기하려는 자는 그 결과를 통지받은 날(제2항에 따른 통지기간 내에 결과를 통지받지 못한 경우에는 같은 항에 따른 통지기간이 만료되는 날의 다음 날을 말한다)부터 90일 이내에 행정심판 또는 행정소송을 제기할 수 있다.

⑤ 다른 법률에서 이의신청과 이에 준하는 절차에 대하여 정하고 있는 경우에도 그 법률에서 규정하지 아니한 사항에 관하여는 이 조에서 정하는 바에 따른다.
⑥ 제1항부터 제5항까지에서 규정한 사항 외에 이의신청의 방법 및 절차 등에 관한 사항은 대통령령으로 정한다.
⑦ 다음 각 호의 어느 하나에 해당하는 사항에 관하여는 이 조를 적용하지 아니한다.
1. 공무원 인사 관계 법령에 따른 징계 등 처분에 관한 사항
2. 「국가인권위원회법」 제30조에 따른 진정에 대한 국가인권위원회의 결정
3. 「노동위원회법」 제2조의2에 따라 노동위원회의 의결을 거쳐 행하는 사항
4. 형사, 행형 및 보안처분 관계 법령에 따라 행하는 사항
5. 외국인의 출입국·난민인정·귀화·국적회복에 관한 사항
6. 과태료 부과 및 징수에 관한 사항

(1) 이의신청의 의의

- 이의신청이란 위법·부당한 행정작용으로 인하여 권리가 침해된 자가 통상 처분청에 대하여 그러한 행위의 시정을 구하는 절차를 말한다.
- 이의신청 중에는 행정심판의 성질을 갖는 것도 있고 그렇지 아니한 것도 있는 바 양자의 구별실익 및 구별기준이 문제된다.

판례

지방자치법 제140조 제3항에서 정한 이의신청은 행정청의 위법·부당한 처분에 대하여 행정기관이 심판하는 행정심판과는 구별되는 별개의 제도이다. 대법원 2012. 3. 29. 선고 2011두26886 판결

- 최근 제정된 행정기본법에서는 그동안 개별법을 통해서만 인정되어 왔던 이의신청 제도를 처분에 대한 일반적인 불복방법으로서 명문화하였다.

(2) 구별실익

행정심판법 제51조(행정심판 재청구의 금지)
심판청구에 대한 재결이 있으면 그 재결 및 같은 처분 또는 부작위에 대하여 다시 행정심판을 청구할 수 없다.

① 행정심판법 적용 여부
- 행정심판의 성질을 갖지 않는 이의신청에 대해서는 행정심판법이 적용되지 않는다.
- 행정심판법 제51조에 따르면 심판청구에 대한 재결이 있으면 그 재결 및 같은 처분 또는 부작위에 대하여 다시 행정심판을 청구할 수 없게 되는데, 이의신청에 대해서는 위 규정이 적용되지 않으므로 이의신청 결과에 불복하는 자는 다시 행정심판을 제기할 수 있다.

② 불복대상
- 행정심판의 대상은 처분에 한정되지만, 이의신청의 대상은 처분뿐만 아니라 행정기관의 모든 결정이 될 수 있다.

국가유공자법 제74조의18 제1항이 정한 이의신청을 받아들이지 아니하는 결정은 이의신청인의 권리·의무에 새로운 변동을 가져오는 공권력의 행사나 이에 준하는 행정작용이라고 할 수 없으므로 원결정과 별개로 항고소송의 대상이 되지는 않는다(주 : 국가유공자(보훈대상자) 비해당처분에 대한 이의신청을 받아들이지 아니하는 결정을 항고소송의 대상이 되지 않는 것으로 본 사례). (대법원 2016. 7. 27. 선고 2015두45953 판결)

③ 결정의 성질
- 행정심판인 이의신청에 대한 결정은 행정심판의 재결의 성질을 갖는다.
- 행정심판이 아닌 이의신청에 대해 원처분을 취소 또는 변경하는 결정은 새로운 최종적 처분으로서 이의신청의 대상이 된 처분을 대체한다.
- 다만 이의신청의 대상이 된 기존의 처분을 그대로 유지하는 결정(기각결정)은 단순한 사실행위로서 아무런 법적 효력을 갖지 않고, 따라서 항고소송의 대상이 되지 않는다(대법원 2016. 7. 27. 선고 2015두45953 판결).

- 그러나 이의신청에 따른 기각결정이 별도의 의사결정과정과 절차를 거쳐 이루어진 독립된 행정처분의 성질을 갖는 경우에는 처분성이 인정되어 항고소송의 대상이 된다(대법원 2016. 7. 14. 선고 2015두58645 판결).

④ 불가변력 인정 여부

- 행정심판의 재결은 준사법적 행위로서 불가변력이 발생하여 재결을 한 행정청 스스로도 이를 바꿀 수 없다.
- 이의신청은 비록 준사법적 행위는 아니지만, 불복절차인 점을 고려하여 불가변력이 인정된다. 따라서 행정청이 이의신청을 받아들여 종전의 처분을 직권취소한 경우 이를 번복하여 종전과 동일한 내용의 처분을 하는 것은 특별한 사정이 없는 한 허용될 수 없다.

판례

과세처분에 관한 이의신청절차에서 과세관청이 이의신청 사유가 옳다고 인정하여 과세처분을 직권으로 취소한 이상 그 후 특별한 사유 없이 이를 번복하고 종전 처분을 되풀이하는 것은 허용되지 않는다. 대법원 2010. 9. 30. 선고 2009두1020 판결

⑤ 처분사유의 추가·변경

- 행정심판에서는 행정소송의 경우와 마찬가지로 기본적 사실관계의 동일성이 인정되는 한도 내에서만 처분사유의 추가·변경이 가능하다.
- 이의신청의 경우 내부적 시정절차에 불과하기 때문에 기본적 사실관계의 동일성이 인정되지 않는다고 하더라도 처분사유의 추가·변경이 가능하다(대법원 2012. 9. 13. 선고 2012두3859 판결).

판례

산업재해보상보험법 규정의 내용, 형식 및 취지 등에 비추어 보면, 산업재해보상보험법상 심사청구에 관한 절차는 보험급여 등에 관한 처분을 한 근로복지공단으로 하여금 스스로의 심사를 통하여 당해 처분의 적법성과 합목적성을 확보하도록 하는 근로복지공단 내부의 시정절차에 해당한다고 보아야 한다. 따라서 처분청이 스스로 당해 처분의 적법성과 합목적성을 확보하고자 행하는 자신의 내부 시정절차에서는 당초 처분의 근거로 삼은 사유와 기본적 사실관계의 동일성이 인정되지 않는 사유라고 하더라도 이를 처분의 적법성과 합목적성을 뒷받침하는 처분사유로 추가·변경할 수 있다고 보는 것이 타당하다. 대법원 2012. 9. 13. 선고 2012두3859 판결

⑥ 제소기간

- 행정심판의 경우 행정소송법상 제소기간 특례가 적용되어, 재결서 정본을 송달받은 날(또는 재결이 있은 날)부터 기산된다.
- 종래 판례는 이의신청에 대해서는 행정소송법상 제소기간 특례가 적용되지 않는 결과 원처분이 있음을 안 날(또는 원처분이 있은 날)부터 제소기간이 기산되는 것으로 보았으나, 신설된 행정기본법 제36조 제4항에 따라 이의신청을 거친 자는 그 결과를 통지받거나 또는 통지기간이 만료되는 날의 다음 날부터 90일 이내에 행정심판 또는 행정소송을 제기할 수 있게 되었다.

(3) 구별기준

① 사법절차의 준용 여부

- 헌법 제107조 제3항에 의해 행정심판절차에는 사법절차가 준용되므로, 이의신청 중 준사법절차가 보장되는 경우에는 행정심판으로, 그렇지 않은 경우에는 단순한 이의신청으로 본다.

한국토지주택공사가 택지개발사업의 시행자로서 일정 기준을 충족하는 손실보상대상자들에 대하여 생활대책을 수립·시행하였는데, 직권으로 갑 등이 생활대책대상자에 해당하지 않는다는 결정을 하고, 갑 등의 이의신청에 대하여 재심사 결과로도 생활대책 대상자로 선정되지 않았다는 통보를 한 사안에서, 비록 재심사통보가 부적격통보와 결론이 같더라도, 단순히 한국토지주택공사의 업무처리의 적정 및 갑 등의 편의를 위한 조치에 불과한 것이 아니라 별도의 의사결정과정과 절차를 거쳐 이루어진 독립한 행정처분으로서 항고소송의 대상이 된다고 한 사례. (대법원 2016. 7. 14. 선고 2015두58645 판결)

피고1이 원고에 대하여 이주대책대상자 제외결정(1차 결정)을 통보하면서 '이의신청을 할 수 있고, 또한 행정심판 또는 행정소송을 제기할 수 있다'고 안내하였고, 이에 원고가 이의신청을 하자 피고1이 원고에게 다시 이주대책 대상자 제외결정(2차 결정)을 통보하면서 '다시 이의가 있는 경우 90일 이내에 행정심판 또는 행정소송을 제기할 수 있다'고 안내하였는데, 이에 따라 원고가 90일 이내에 행정심판을 제기하자, 피고2가 2차 결정은 행정쟁송의 대상이 되는 처분에 해당하지 않는다는 이유로 각하재결을 한 사안에서, 2차 결정의 처분성이 인정되지 않는다고 본 원심을 파기한 사례. (대법원 2021. 1. 14. 선고 2020두50324 판결)

과세관청이 과세처분에 대한 이의신청절차에서 납세자의 이의신청 사유가 옳다고 인정하여 과세처분을 직권으로 취소한 경우, 납세자가 허위의 자료를 제출하는 등 부정한 방법에 기초하여 직권취소되었다는 등의 특별한 사유가 없는데도 이를 번복하고 종전과 동일한 과세처분을 하는 것은 위법하다. (대법원 2017. 3. 9. 선고 2016두56790 판결)

헌법 제107조

③ 재판의 전심절차로서 행정심판을 할 수 있다. 행정심판의 절차는 법률로 정하되, 사법절차가 준용되어야 한다.

② 이의신청 후 다시 행정심판을 제기할 수 있는지 여부

- 개별법에서 이의신청에 불복하는 경우 다시 행정심판을 제기할 수 있는 것으로 규정하고 있는 경우 그 이의신청은 행정심판이 아닌 단순한 이의신청으로 보아야 한다. 16 국회
- 개별법상 이의신청 후 행정심판을 제기할 수 있도록 하는 입법례로는 「민원처리에 관한 법률」상 이의신청이 있고, 이의신청을 거친 경우 행정심판을 제기할 수 없도록 하는 입법례로는 「난민법」상 이의신청 등이 있다. 22 국가

Ⅱ 종류

1. 취소심판

- 행정청의 위법 또는 부당한 처분을 취소하거나 변경하는 심판을 말한다. 20 지방 01
- 여기서 말하는 처분에는 거부처분도 포함된다. 따라서 거부처분에 대해서는 의무이행심판을 청구할 수도 있고 취소심판을 청구할 수도 있다. 17 서울, 17 국회, 20 지방 02
- 형성쟁송의 성질을 갖는다.
- 취소심판의 재결로는 처분취소재결, 처분변경재결, 처분변경명령재결이 있다. 17 서울

OX 확인

01 행정청의 부당한 처분을 변경하는 행정심판은 현행법상 허용된다. (○)

02 당사자의 신청에 대한 행정청의 부당한 거부처분을 취소하는 행정심판은 현행법상 허용되지 않는다. (×)

2. 무효등확인심판

- 행정청의 처분의 효력 유무 또는 존재 여부를 확인하는 심판을 말한다.
- 준형성적 쟁송(확인쟁송+형성쟁송)의 성질을 갖는다.

3. 의무이행심판

- 행정청의 위법 또는 부당한 거부처분이나 부작위에 대하여 일정한 처분을 하도록 하는 심판을 말한다. 03
- 행정소송에 있어서는 의무이행소송이 인정되지 않는 반면, 행정심판에 있어서는 보다 실효적인 구제절차인 의무이행심판이 존재하므로 별도로 부작위위법확인심판을 인정하지 않는다. 04
- 재결로는 처분재결, 처분명령재결이 있다.
- 처분재결의 경우 형성재결, 처분명령재결의 경우 이행재결의 성질을 갖는다.

OX 확인

03 당사자의 신청에 대한 행정청의 부당한 거부처분에 대하여 일정한 처분을 하도록 하는 행정심판의 청구는 현행법상 허용되고 있다. (○)

04 당사자의 신청에 대한 행정청의 위법한 부작위에 대하여 행정청의 부작위가 위법하다는 것을 확인하는 행정심판은 현행법상 허용되지 않는다. (○)

Ⅲ 기타 행정심판법의 내용

1. 국선대리인

- 청구인이 경제적 능력으로 인해 대리인을 선임할 수 없는 경우에는 위원회에 국선대리인을 선임하여 줄 것을 신청할 수 있다(행정심판법 제18조의2). 19 국가 05

2. 서류의 송달

- 행정심판법에 따른 서류의 송달에 관하여는 민사소송법(행정절차법 ×) 중 송달에 관한 규정을 준용한다(행정심판법 제57조). 19 국가 06

OX 확인

05 행정심판 청구인이 경제적 능력으로 인해 대리인을 선임할 수 없는 경우에는 행정심판위원회에 국선대리인을 선임하여 줄 것을 신청할 수 있다. (○)

06 행정심판법에 따른 서류의 송달에 관하여는 행정절차법 중 송달에 관한 규정을 준용한다. (×)

CHAPTER 07

행정심판절차

쟁점 48 행정심판의 당사자 및 관계인

I 당사자

1. 청구인

(1) 의의

- 행정심판을 제기하는 자를 말한다.
- **청구인능력**: 항고소송의 경우와 동일하다. 즉, 처분의 상대방과 제3자를 불문하며, 법인이 아닌 사단이나 재단도 대표자나 관리인이 정하여져 있는 경우에는 그 사단이나 재단의 이름으로 심판청구를 할 수 있다(행정심판법 제14조). 15 서울, 18 국가, 18 국회 01

| OX 확인 |

01 종중이나 교회와 같은 비법인사단은 사단 자체의 명의로 행정심판을 청구할 수 없고 대표자가 청구인이 되어 행정심판을 청구하여야 한다. (×)

(2) 청구인적격

- 항고소송의 원고적격과 마찬가지로 "법률상 이익"이 있는 자만이 청구인적격이 있다.

(3) 선정대표자

- 여러 명의 청구인이 공동으로 심판청구를 할 때에는 청구인들 중에서 3명 이하의 선정대표자를 선정할 수 있다. 12 사복, 18 국회
- 선정대표자가 선정되면 다른 청구인들은 그 선정대표자를 통해서만 그 사건에 관한 행위를 할 수 있다.

(4) 지위승계

① 당연승계

- 청구인이 사망한 경우에는 상속인이나 그 밖에 법령에 따라 심판청구의 대상에 관계되는 권리나 이익을 승계한 자가 청구인의 지위를 승계한다.
- 법인인 청구인이 합병에 따라 소멸하였을 때에는 합병 후 존속하는 법인이나 합병에 따라 설립된 법인이 청구인의 지위를 승계한다.

② 허가승계

- 심판청구의 대상과 관계되는 권리나 이익을 양수한 자는 위원회의 허가를 받아 청구인의 지위를 승계할 수 있다. 18 국가, 18 국회 02

| OX 확인 |

02 행정심판의 대상과 관련되는 권리나 이익을 양수한 특정승계인은 행정심판위원회의 허가를 받아 청구인의 지위를 승계할 수 있다. (○)

2. 피청구인

(1) 의의

- 심판청구의 상대방으로서, 처분이나 부작위를 한 행정청(의무이행심판의 경우에는 청구인의 신청을 받은 행정청)이 된다. 13 서울
- 다만, 심판청구의 대상과 관계되는 권한이 다른 행정청에 승계된 경우에는 권한을 승계한 행정청을 피청구인으로 하여야 한다.

(2) 피청구인의 경정

- 청구인이 피청구인을 잘못 지정한 경우 또는 심판청구의 대상과 관계되는 권한이 다른 행정청에 승계된 경우에는 위원회는 직권 또는 당사자의 신청에 의하여 결정으로써 피청구인을 경정할 수 있다. 18 국회
- 경정결정이 있으면 종전의 피청구인에 대한 심판청구는 취하되고 종전의 피청구인에 대한 행정심판이 청구된 때에 새로운 피청구인에 대한 행정심판이 청구된 것으로 본다.

Ⅱ 관계인(참가인)

1. 의의

- 행정심판의 결과에 이해관계가 있는 제3자나 행정청은 해당 심판청구에 대한 위원회나 소위원회의 의결이 있기 전까지 그 사건에 대하여 심판참가를 할 수 있다. 15 사복

2. 종류

(1) 신청에 의한 참가

- 심판참가를 하려는 자는 참가의 취지와 이유를 적은 참가신청서를 위원회에 제출하여야 한다.
- 위원회는 참가신청을 받으면 허가 여부를 결정하고, 지체 없이 신청인에게는 결정서 정본을, 당사자와 다른 참가인에게는 결정서 등본을 송달하여야 한다.

(2) 위원회의 요구에 의한 참가

- 위원회는 필요하다고 인정하면 그 행정심판 결과에 이해관계가 있는 제3자나 행정청에 그 사건 심판에 참가할 것을 요구할 수 있다. 18 국회
- 요구를 받은 제3자나 행정청은 지체 없이 그 사건 심판에 참가할 것인지 여부를 위원회에 통지하여야 한다(즉, 요구가 있다고 하여 반드시 참가해야 하는 것은 아님). 15 국회

3. 지위

- 참가인은 행정심판 절차에서 당사자가 할 수 있는 심판절차상의 행위를 할 수 있다. 18 국회

쟁점 49 행정심판위원회

I 의의

• 행정청의 처분 또는 부작위에 대한 행정심판의 청구를 심리·재결하는 합의제 행정청을 말한다.
• 행정심판법에 의해 설치되는 일반행정심판위원회와 개별법에 의해 설치되어 특별행정심판을 담당하는 특별행정심판위원회가 있다.

II 종류

1. 일반행정심판위원회

(1) 독립기관 등 소속 행정심판위원회: 해당 처분청 소속 행정심판위원회

• 감사원, 국가정보원장 14 국가, 그 밖에 대통령령으로 정하는 대통령 소속기관의 장
• 국회사무총장, 법원행정처장, 헌법재판소사무처장 및 중앙선거관리위원회사무총장
• 국가인권위원회 18 국가, 그 밖에 지위·성격의 독립성과 특수성 등이 인정되어 대통령령으로 정하는 행정청

(2) 중앙행정심판위원회: 국민권익위원회 소속

• 위 (1)에 해당하는 경우 외의 국가행정기관의 장 또는 그 소속 행정청
• 특별시장·광역시장·특별자치시장·도지사·특별자치도지사(교육감 포함) 또는 특별시·광역시·특별자치시·도·특별자치도의 의회(의장, 위원회의 위원장, 사무처장 등 의회 소속 모든 행정청을 포함) 14 국가
• 지방자치법에 따른 지방자치단체조합 등 관계 법률에 따라 국가·지방자치단체·공공법인 등이 공동으로 설립한 행정청

(3) 시·도행정심판위원회: 시·도지사 소속

• 시·도 소속 행정청
• 시·도의 관할구역에 있는 시·군·자치구의 장, 소속 행정청 또는 시·군·자치구의 의회(의장, 위원회의 위원장, 사무국장, 사무과장 등 의회 소속 모든 행정청을 포함) 21 국가
• 시·도의 관할구역에 있는 둘 이상의 지방자치단체(시·군·자치구를 말한다)·공공법인 등이 공동으로 설립한 행정청 15 지방

(4) 직근 상급행정기관 소속 행정심판위원회

• 대통령령으로 정하는 국가행정기관 소속 특별지방행정기관의 장(법무부 및 대검찰청 소속 특별행정기관을 의미함)

2. 특별행정심판위원회

• 소청심사위원회, 조세심판원, 중앙토지수용위원회 등이 있다.

> 행정심판위원회는 상설기관이 아니다. 행정심판위원회는 행정심판청구를 심리·의결할 필요가 있는 때마다 이미 임명되어 있는 행정심판위원 중 일부 위원으로 구성된다. 행정심판위원은 원칙상 비상임이지만, 중앙행정심판위원회는 4인 이내의 상임위원을 둘 수 있도록 하고 있다.

III 구성

1. 중앙행정심판위원회

(1) 구성

- 중앙행정심판위원회는 위원장 1명을 포함하여 70명 이내의 위원으로 구성하되, 위원 중 상임위원은 4명 이내로 한다. 19 소방, 21 소방
- 위원장 : 국민권익위원회의 부위원장 중 1명이 되며, 직무대행은 상임위원이 한다.
- 상임위원 : 일반직공무원으로서 위원장의 제청으로 국무총리를 거쳐 대통령이 임명한다.
- 비상임위원 : 위원장의 제청으로 국무총리가 성별을 고려하여 위촉한다. 21 소방

(2) 회의

- 중앙행정심판위원회의 회의는 위원장, 상임위원 및 위원장이 회의마다 지정하는 비상임위원을 포함하여 총 9명으로 구성한다.
- 자동차운전면허행정처분에 관한 사건을 심리·의결하게 하기 위하여 4명의 위원으로 구성하는 소위원회를 둘 수 있다.
- 위원장이 지정하는 사건을 미리 검토하도록 필요한 경우에는 전문위원회를 둘 수 있다.
- 구성원 과반수의 출석과 출석위원 과반수의 찬성으로 의결한다.

2. 중앙행정심판위원회 이외의 행정심판위원회

(1) 구성

- 중앙행정심판위원회 이외의 행정심판위원회는 위원장 1명을 포함하여 50명 이내의 위원으로 구성한다.
- 위원장은 그 행정심판위원회가 소속된 행정청이 되며, 최선순위 직무대행은 위원장이 사전에 지명한 위원이 한다.
- 시·도지사 소속으로 두는 행정심판위원회의 경우에는 해당 지방자치단체의 조례로 정하는 바에 따라 공무원이 아닌 위원을 위원장으로 정할 수 있고, 이 경우 위원장은 비상임으로 한다. 18 지방

(2) 회의

- 중앙행정심판위원회 이외의 행정심판위원회의 회의는 위원장과 위원장이 회의마다 지정하는 8명의 위원으로 구성한다.
- 구성원 과반수의 출석과 출석위원 과반수의 찬성으로 의결한다.

3. 위원의 제척·기피·회피

(1) 제척

- 위원회의 위원은 법에서 정한 제척사유가 있으면 그 사건의 심리·의결에서 제척된다.
- 제척결정은 위원회의 위원장이 직권으로 또는 당사자의 신청에 의하여 한다.
- 당사자가 제척신청을 하는 경우 그 신청은 사유를 소명한 문서로 하여야 한다.

(2) 기피

- 당사자는 위원에게 공정한 심리·의결을 기대하기 어려운 사정이 있으면 위원장에게 기피신청을 할 수 있다.
- 기피신청은 그 사유를 소명한 문서로 하여야 한다.

(3) 회피

- 위원회의 회의에 참석하는 위원이 제척사유 또는 기피사유에 해당되는 것을 알게 되었을 때에는 스스로 그 사건의 심리·의결에서 회피할 수 있다.
- 회피하고자 하는 위원은 위원장에게 그 사유를 소명하여야 한다.

(4) 위원 아닌 직원에 대한 준용

- 위원의 제척·기피·회피에 관한 행정심판법의 규정은 사건의 심리·의결에 관한 사무에 관여하는 위원 아닌 직원에게도 준용된다. 15 지방

Ⅳ 권한

1. 심리권 및 재결권

- 행정심판위원회는 심판청구사건에 대한 심리권과 재결권을 갖는다. 18 교행

2. 시정조치요구권

- 중앙행정심판위원회는 심판청구를 심리·재결할 때에 처분 또는 부작위의 근거가 되는 명령 등이 법령에 근거가 없거나 상위 법령에 위배되거나 국민에게 과도한 부담을 주는 등 크게 불합리하면 관계 행정기관에 그 명령 등의 개정·폐지 등 적절한 시정조치를 요청할 수 있다.
- 이 경우 중앙행정심판위원회는 시정조치를 요청한 사실을 법제처장에게 통보하여야 한다.
- 요청을 받은 관계 행정기관은 정당한 사유가 없으면 이에 따라야 한다.

3. 기타 권한

- 집행정지결정권 및 그 취소결정권
- 임시처분권(자세한 내용은 후술함)
- 직접처분권(자세한 내용은 후술함)
- 간접강제권

쟁점 50 청구요건

Ⅰ 개관

• 행정심판의 청구요건은 몇몇 사항을 제외하고는 항고소송의 소송요건과 동일하므로, 여기서는 항고소송과 구별되는 행정심판의 청구요건만을 중심으로 살펴보기로 한다.

Ⅱ 심판청구의 방식

1. 서면주의

• 심판청구는 일정한 사항을 기재한 서면으로 하여야 한다. 18 서울
• 필요적 기재사항에 흠결이 있는 경우 행정심판위원회는 기간을 정하여 청구인에게 보정할 것을 요구할 수 있고, 그 흠결이 경미한 것이면 이를 직권으로 보정할 수 있다.

2. 형식과 내용의 불일치: 내용에 따라 판단

• 제목이 행정심판청구서가 아닌 진정서로 되어있는 등 심판청구의 형식과 내용이 불일치하는 경우, 형식과 관계없이 그 내용이 행정심판을 청구하는 것이면 행정심판청구로 보아야 한다.

판례

1. 행정심판청구는 엄격한 형식을 요하지 아니하는 서면행위이므로 행정청의 위법·부당한 처분으로 인하여 권리나 이익을 침해당한 사람이 당해 행정청에 그 처분의 취소나 변경을 구하는 취지의 서면을 제출하였다면 서면의 표제나 형식 여하에 불구하고 행정심판청구로 봄이 옳다. 대법원 1999. 6. 22. 선고 99두2772 판결
2. 비록 제목이 '진정서'로 되어 있고, 재결청의 표시, 심판청구의 취지 및 이유, 처분을 한 행정청의 고지의 유무 및 그 내용 등 행정심판법 제19조 제2항 소정의 사항들을 구분하여 기재하고 있지 아니하여 행정심판청구서로서의 형식을 다 갖추고 있다고 볼 수는 없으나, 피청구인인 처분청과 청구인의 이름과 주소가 기재되어 있고, 청구인의 기명이 되어 있으며, 문서의 기재 내용에 의하여 심판청구의 대상이 되는 행정처분의 내용과 심판청구의 취지 및 이유, 처분이 있은 것을 안 날을 알 수 있는 경우, 위 문서에 기재되어 있지 않은 재결청, 처분을 한 행정청의 고지의 유무 등의 내용과 날인 등의 불비한 점은 보정이 가능하므로 위 문서를 행정처분에 대한 행정심판청구로 볼 수 있다. 대법원 2000. 6. 9. 선고 98두2621 판결 12 사복, 16 국회

• 반대로 이의신청을 제기해야 할 사람이 처분청에 제목을 행정심판청구서로 한 서류를 제출한 경우, 서류의 내용에 이의신청 요건에 맞는 불복취지와 사유가 충분히 기재되어 있다면 이를 처분에 대한 이의신청으로 보아야 한다.

판례

이의신청을 제기해야 할 사람이 처분청에 표제를 '행정심판청구서'로 한 서류를 제출한 경우라 할지라도 서류의 내용에 이의신청 요건에 맞는 불복취지와 사유가 충분히 기재되어 있다면 표제에도 불구하고 이를 처분에 대한 이의신청으로 볼 수 있다. 대법원 2012. 3. 29. 선고 2011두26886 판결

3. 행정심판 제기절차

(1) 제출기관

- 심판청구서는 피청구인인 행정청 또는 위원회에 제출하여야 한다. 17 국회, 18 국가
- 이 경우 피청구인의 수만큼 심판청구서 부본을 함께 제출하여야 한다. 15 서울

(2) 피청구인인 행정청의 처리

① 위원회에 대한 송부 등

- 피청구인이 심판청구서를 접수하거나 송부 받으면 10일 이내에 심판청구서와 답변서를 위원회에 보내야 한다.
- 다만, 심판청구가 그 내용이 특정되지 아니하는 등 명백히 부적법하다고 판단되는 경우 피청구인은 답변서를 위원회에 보내지 아니할 수 있다. 이 경우 심판청구서를 접수하거나 송부받은 날부터 10일 이내에 그 사유를 위원회에 문서로 통보하여야 한다.
- 피청구인은 처분의 상대방이 아닌 제3자가 심판청구를 한 경우에는 지체 없이 처분의 상대방에게 그 사실을 알려야 한다. 이 경우 심판청구서 사본을 함께 송달하여야 한다.

② 정당한 권한 있는 행정청에 대한 송부

- 행정청이 고지를 하지 아니하거나 잘못 고지하여 청구인이 심판청구서를 다른 행정기관에 제출한 경우에는 그 행정기관은 그 심판청구서를 지체 없이 정당한 권한이 있는 피청구인에게 보내야 한다.

③ 직권취소 등 11 지방

- 피청구인은 그 심판청구가 이유 있다고 인정하면 심판청구의 취지에 따라 직권으로 처분을 취소·변경하거나 확인을 하거나 신청에 따른 처분을 할 수 있다.
- 이 경우 서면으로 청구인에게 알려야 한다.
- 피청구인은 직권취소 등을 하였을 때에는 청구인이 심판청구를 취하한 경우가 아니면 심판청구서·답변서를 보낼 때 직권취소 등의 사실을 증명하는 서류를 위원회에 함께 제출하여야 한다.

Ⅲ 심판청구기간

1. 원칙적인 심판청구기간

(1) 처분이 있음을 알게 된 날부터 90일

- 행정심판은 처분이 있음을 알게 된 날부터 90일 이내에 청구하여야 한다.
- 이 기간은 불변기간이다.
- "처분이 있음을 알게 된 날"의 의미는 행정소송의 경우와 동일하다.

(2) 처분이 있었던 날부터 180일

- 행정심판이 처분이 있었던 날부터 180일 이내에 청구하여야 한다.
- "처분이 있었던 날"의 의미는 행정소송의 경우와 동일하다.

(3) 90일과 180일의 관계

- 행정소송의 경우와 마찬가지로 위 두 기간 중 어느 하나라도 도과하면 행정심판청구를 할 수 없다.

2. 예외적인 심판청구기간

(1) 90일에 대한 예외

- 청구인이 천재지변, 전쟁, 사변, 그 밖의 불가항력으로 인하여 처분이 있음을 알게 된 날부터 심판청구를 할 수 없었을 때에는 그 사유가 소멸한 날부터 14일(국외에서는 30일) 이내에 행정심판을 청구할 수 있다.
- 이 기간은 불변기간이다.

(2) 180일에 대한 예외

- 정당한 사유가 있는 경우 처분이 있었던 날부터 180일이 경과해도 행정심판청구가 가능하다.
- "정당한 사유"의 의미는 행정소송의 경우와 동일하다.
- 따라서 제3자효 있는 행정행위의 경우 처분의 직접 상대방이 아닌 제3자는 일반적으로 처분이 있는 것을 바로 알 수 없는 처지에 있으므로 정당한 사유가 있는 경우에 해당한다.
- 다만, 제3자가 어떠한 경위로든 처분이 있음을 안 이상, 그 처분이 있음을 안 날로부터 90일 내에 심판을 청구해야 한다. 15 지방

(3) 심판청구기간의 오고지 및 불고지

① 오고지의 경우

- 행정청이 심판청구 기간을 행정심판법상 규정된 기간보다 긴 기간으로 잘못 알린 경우 그 잘못 알린 기간에 심판청구가 있으면 청구기간 내 청구된 것으로 본다. 18 국가

② 불고지의 경우

- 행정청이 심판청구 기간을 알리지 아니한 경우에는 처분이 있었던 날부터 180일 이내에 심판청구를 할 수 있다. 15 지방, 16 지방

3. 적용범위

- 심판청구기간은 취소심판청구 및 거부처분에 대한 의무이행심판청구에만 적용되고, 무효 등 확인심판청구나 부작위에 대한 의무이행심판청구에는 적용되지 않는다. 19 소방

Ⅳ 대상적격

1. 처분 또는 부작위

- 행정소송과 동일하게 행정심판은 행정청의 처분 또는 부작위를 그 대상으로 한다.

2. 제외사항

- 대통령의 처분 또는 부작위에 대하여는 다른 법률에서 행정심판을 청구할 수 있도록 정한 경우 외에는 행정심판을 청구할 수 없다. 18 국회, 19 국가 01
- 심판청구에 대한 재결이 있으면 그 재결 및 같은 처분 또는 부작위에 대하여 다시 행정심판을 청구할 수 없다.

OX 확인

01 대통령의 처분 또는 부작위에 대하여는 다른 법률에서 행정심판을 청구할 수 있도록 정한 경우 외에는 행정심판을 청구할 수 없다. (○)

쟁점 51 가구제

I 집행정지

1. 의의

- 행정심판절차는 행정소송과 같이 집행부정지를 원칙으로 하고 예외적으로 일정한 요건하에 집행정지를 허용하고 있다.
- 집행정지의 요건 및 효과 등은 행정소송의 경우와 거의 동일하므로 여기서는 행정소송법과 구별되는 행정심판절차상 집행정지의 특징만을 살펴보기로 한다.

2. 행정심판법의 규정

> 행정심판법 제30조 【집행정지】
> ① 심판청구는 처분의 효력이나 그 집행 또는 절차의 속행에 영향을 주지 아니한다.
> ② 위원회는 처분, 처분의 집행 또는 절차의 속행 때문에 중대한 손해가 생기는 것을 예방할 필요성이 긴급하다고 인정할 때에는 직권으로 또는 당사자의 신청에 의하여 처분의 효력, 처분의 집행 또는 절차의 속행의 전부 또는 일부의 정지(이하 "집행정지"라 한다)를 결정할 수 있다. 다만, 처분의 효력정지는 처분의 집행 또는 절차의 속행을 정지함으로써 그 목적을 달성할 수 있을 때에는 허용되지 아니한다.
> ③ 집행정지는 공공복리에 중대한 영향을 미칠 우려가 있을 때에는 허용되지 아니한다.
> ④ 위원회는 집행정지를 결정한 후에 집행정지가 공공복리에 중대한 영향을 미치거나 그 정지사유가 없어진 경우에는 직권으로 또는 당사자의 신청에 의하여 집행정지 결정을 취소할 수 있다.
> ⑤ 집행정지 신청은 심판청구와 동시에 또는 심판청구에 대한 제7조 제6항 또는 제8조 제7항에 따른 위원회나 소위원회의 의결이 있기 전까지, 집행정지 결정의 취소신청은 심판청구에 대한 제7조 제6항 또는 제8조 제7항에 따른 위원회나 소위원회의 의결이 있기 전까지 신청의 취지와 원인을 적은 서면을 위원회에 제출하여야 한다. 다만, 심판청구서를 피청구인에게 제출한 경우로서 심판청구와 동시에 집행정지 신청을 할 때에는 심판청구서 사본과 접수증명서를 함께 제출하여야 한다.
> ⑥ 제2항과 제4항에도 불구하고 위원회의 심리·결정을 기다릴 경우 중대한 손해가 생길 우려가 있다고 인정되면 위원장은 직권으로 위원회의 심리·결정을 갈음하는 결정을 할 수 있다. 이 경우 위원장은 지체 없이 위원회에 그 사실을 보고하고 추인을 받아야 하며, 위원회의 추인을 받지 못하면 위원장은 집행정지 또는 집행정지 취소에 관한 결정을 취소하여야 한다.
> ⑦ 위원회는 집행정지 또는 집행정지의 취소에 관하여 심리·결정하면 지체 없이 당사자에게 결정서 정본을 송달하여야 한다.

3. 주요 특징: 행정소송법과 비교

- 요건 측면에 있어서, 행정소송법의 경우 "회복하기 어려운 손해"를 요건으로 하는 반면, 행정심판법은 이보다 완화된 "중대한 손해"를 요건으로 한다. 16 사복, 17 국회
- 위원회의 심리·결정을 기다릴 경우 중대한 손해가 생길 우려가 있다고 인정되면 위원장은 직권으로 위원회의 심리·결정을 갈음하는 결정을 할 수 있다. 이 경우 위원장은 지체 없이 위원회에 그 사실을 보고하고 추인을 받아야 하며, 위원회의 추인을 받지 못하면 위원장은 집행정지 또는 집행정지 취소에 관한 결정을 취소하여야 한다.

Ⅱ 임시처분

1. 의의

(1) 임시처분의 의의

- 임시처분이란 처분 또는 부작위 때문에 당사자가 받을 우려가 있는 중대한 불이익이나 당사자에게 생길 급박한 위험을 막기 위하여 당사자에 대해 임시의 지위를 부여하는 행정심판위원회의 결정을 말한다.
- 행정소송에는 인정되지 않는 행정심판절차의 특별한 제도이다. 18 국가, 18 교행

(2) 행정심판법의 규정

> 행정심판법 제31조【임시처분】
> ① 위원회는 처분 또는 부작위가 위법·부당하다고 상당히 의심되는 경우로서 처분 또는 부작위 때문에 당사자가 받을 우려가 있는 중대한 불이익이나 당사자에게 생길 급박한 위험을 막기 위하여 임시지위를 정하여야 할 필요가 있는 경우에는 직권으로 또는 당사자의 신청에 의하여 임시처분을 결정할 수 있다. 16 국가
> ② 제1항에 따른 임시처분에 관하여는 제30조 제3항부터 제7항까지를 준용한다. 이 경우 같은 조 제6항 전단 중 "중대한 손해가 생길 우려"는 "중대한 불이익이나 급박한 위험이 생길 우려"로 본다.
> ③ 제1항에 따른 임시처분은 제30조 제2항에 따른 집행정지로 목적을 달성할 수 있는 경우에는 허용되지 아니한다. 17 교행

2. 요건

① 행정심판청구가 계속될 것
② 처분 또는 부작위가 위법·부당하다고 상당히 의심되는 경우일 것
③ 당사자가 받을 우려가 있는 중대한 불이익이나 당사자에게 생길 급박한 위험이 있을 것
④ 공공복리에 중대한 영향을 미칠 우려가 없을 것
⑤ **임시처분의 보충성**: 집행정지로 목적을 달성할 수 없을 것
- 임시처분은 집행정지로 목적을 달성할 수 있는 경우에는 허용되지 않는다.
- 그런데 적극적 처분의 경우 집행정지의 대상이 되고 소극적 처분은 그렇지 아니하므로, 결국 임시처분의 대상은 소극적 처분인 거부처분과 부작위이다.

3. 절차 등

- 집행정지의 절차, 위원장의 직권 결정, 집행정지의 취소 등에 관한 규정은 임시처분에 대하여 준용된다.
- 따라서 위원회는 임시처분을 결정한 후에 임시처분이 공공복리에 중대한 영향을 미치거나 그 정지사유가 없어진 경우에는 직권으로 또는 당사자의 신청에 의하여 임시처분결정을 취소할 수 있다. 01

OX 확인

01 행정심판위원회는 임시처분을 결정한 후에 임시처분이 공공복리에 중대한 영향을 미치는 경우에는 직권으로 또는 당사자의 신청에 의하여 이 결정을 취소할 수 있다. (○)

쟁점 52 심리

Ⅰ 심리

1. 심리의 내용 및 범위

(1) 심리의 내용

- 행정소송의 경우와 동일하게 요건심리와 본안심리로 나누어진다.

(2) 심리의 범위

① 불고불리의 원칙

- 위원회는 심판청구의 대상이 되는 처분 또는 부작위 외의 사항에 대하여는 재결하지 못한다. 16 교행, 16 국회

② 불이익변경금지의 원칙

- 위원회는 심판청구의 대상이 되는 처분보다 청구인에게 불리한 재결을 하지 못한다. 16 국가, 18 교행, 23 지방

③ 재량문제

- 행정심판에 있어서는 행정소송의 경우와 달리 처분의 적법 · 위법 여부뿐만이 아니라 당 · 부당의 문제도 심리할 수 있다. 19 소방, 21 소방

2. 심리의 절차

(1) 심리의 기본원칙

① 대심주의(당사자주의)

- 대립되는 분쟁 당사자들의 공격 · 방어를 통하여 심리를 진행하는 원칙을 말한다. 15 서울

② 처분권주의

- 행정소송과 마찬가지로 처분권주의가 적용되어 심판의 개시 및 종결, 심판의 대상은 당사자의 의사에 의해 정해진다.

③ 직권심리주의

- 행정소송과 마찬가지로 행정심판법은 "위원회는 필요하면 당사자가 주장하지 아니한 사실에 대하여도 심리할 수 있다."라고 하여 직권심리를 인정하고 있다. 17 사복, 19 지방 01

④ 서면심리주의 또는 구술심리주의

- 행정심판의 심리는 구술심리나 서면심리로 한다.
- 다만, 당사자가 구술심리를 신청한 경우에는 서면심리만으로 결정할 수 있다고 인정되는 경우 외에는 구술심리를 하여야 한다.

⑤ 비공개주의

- 명문의 규정은 없으나 서면심리주의 등을 채택한 점에 비추어볼 때 행정심판법은 비공개주의를 원칙으로 하는 것으로 해석된다.

OX 확인

01 행정심판위원회는 필요하면 당사자가 주장하지 아니한 사실에 대하여도 심리할 수 있다. (○)

PART 02

⑵ **당사자의 절차적 권리**

① 기피신청권

② 구술심리신청권

③ 증거조사신청권 : 당사자는 위원회에 사건의 심리를 위한 증거조사를 신청할 수 있다.

3. 심판청구의 변경 및 취하

⑴ 심판청구의 변경

① 청구의 변경

- 청구인은 청구의 기초에 변경이 없는 범위에서 청구의 취지나 이유를 변경할 수 있다.

② 처분변경 등으로 인한 청구의 변경

- 행정심판이 청구된 후에 피청구인이 새로운 처분을 하거나 심판청구의 대상인 처분을 변경한 경우에는 청구인은 새로운 처분이나 변경된 처분에 맞추어 청구의 취지나 이유를 변경할 수 있다. 15 지방

③ 변경절차

- 청구의 변경은 서면으로 신청하여야 한다.
- 이 경우 피청구인과 참가인의 수만큼 청구변경신청서 부본을 함께 제출하여야 한다.

④ 변경의 효력

- 청구의 변경결정이 있으면 처음 행정심판이 청구되었을 때부터 변경된 청구의 취지나 이유로 행정심판이 청구된 것으로 본다.

⑵ 심판청구의 취하

- 청구인 또는 참가인은 심판청구에 대하여 그 의결이 있을 때까지 서면으로 심판청구를 취하할 수 있다.

4. 심판청구의 병합과 분리

- 위원회는 필요하면 관련되는 심판청구를 병합하여 심리하거나 병합된 관련 청구를 분리하여 심리할 수 있다.

5. 처분사유의 추가 및 변경

- 행정소송과 마찬가지로 행정심판에 있어서도 기본적 사실관계의 동일성이 인정되는 경우에 한하여 처분사유의 추가 및 변경이 인정된다. 16 국회, 18 국가

판례

행정처분의 취소를 구하는 항고소송에서 처분청은 당초 처분의 근거로 삼은 사유와 기본적 사실관계가 동일성이 있다고 인정되는 한도 내에서만 다른 사유를 추가 또는 변경할 수 있고, 이러한 기본적 사실관계의 동일성 유무는 처분사유를 법률적으로 평가하기 이전의 구체적 사실에 착안하여 그 기초인 사회적 사실관계가 기본적인 점에서 동일한지에 따라 결정되므로, 추가 또는 변경된 사유가 처분 당시에 이미 존재하고 있었다거나 당사자가 그 사실을 알고 있었다고 하여 당초의 처분사유와 동일성이 있다고 할 수 없다. 그리고 이러한 법리는 행정심판 단계에서도 그대로 적용된다. 대법원 2014. 5. 16. 선고 2013두26118 판결

6. 위법판단의 기준시 : 처분시

• 행정소송과 마찬가지로 원칙적으로 처분시를 기준으로 처분의 위법 여부를 판단한다.

판례

행정심판에 있어서 행정처분의 위법·부당 여부는 원칙적으로 처분시를 기준으로 판단하여야 할 것이나, 재결청은 처분 당시 존재하였거나 행정청에 제출되었던 자료뿐만 아니라, 재결 당시까지 제출된 모든 자료를 종합하여 처분 당시 존재하였던 객관적 사실을 확정하고 그 사실에 기초하여 처분의 위법·부당 여부를 판단할 수 있다. 대법원 2001. 7. 27. 선고 99두5092 판결 15 지방

• 다만, 의무이행심판의 경우 재결시가 기준이 된다.

7. 조정

• 위원회는 당사자의 권리 및 권한의 범위에서 당사자의 동의를 받아 심판청구의 신속하고 공정한 해결을 위하여 조정을 할 수 있다. 다만, 그 조정이 공공복리에 적합하지 아니하거나 해당 처분의 성질에 반하는 경우에는 그러하지 아니하다.
• 조정은 당사자가 합의한 사항을 조정서에 기재한 후 당사자가 서명 또는 날인하고 위원회가 이를 확인함으로써 성립한다.
• 조정이 성립한 경우 기속력을 포함한 재결의 효력이 발생하고 위원회의 직접처분과 간접강제가 인정되며, 청구인은 다시 행정심판을 청구할 수 없게 된다.

8. 기타 : 증거자료 등의 반환

• 위원회는 재결을 한 후 증거서류 등의 반환 신청을 받으면 신청인이 제출한 문서·장부·물건이나 그 밖의 증거자료의 원본을 지체 없이 제출자에게 반환하여야 한다.

쟁점 53 재결

Ⅰ 의의

• 행정심판청구에 대한 심리를 거쳐 행정심판위원회가 내리는 결정을 말한다.
• 재결은 행정행위이면서 동시에 재판(사법)작용적 성질을 갖는다.

Ⅱ 종류

1. 각하재결

• 청구요건에 흠결이 있는 경우 청구가 부적법하다 하여 각하하는 재결을 말한다.

2. 기각재결

• 심리 결과 청구가 이유 없다고 판단하여 청구인의 청구를 배척하는 재결을 말한다.

3. 사정재결

(1) 의의

• 행정소송과 마찬가지로 행정심판에서도 사정재결이 가능하다. 01
• 취소심판 및 의무이행심판(부작위에 대한 의무이행심판 포함)에서만 인정되고, 무효등확인심판에는 인정되지 않는다. 19 소방, 21 지방, 22 지방

(2) 행정소송상 사정판결과 비교

• 사정판결과 달리 사정재결의 경우 행정심판위원회는 직접 청구인에 대하여 상당한 구제방법을 취하거나 상당한 구제방법을 취할 것을 피청구인에게 명할 수 있다. 15 국회

4. 인용재결

(1) 취소심판

• 위원회는 취소심판의 청구가 이유가 있다고 인정하면 처분을 취소(취소재결) 또는 다른 처분으로 변경(처분변경재결)하거나 처분을 다른 처분으로 변경할 것을 피청구인에게 명한다(처분변경명령재결). 21 국가, 22 지방
• 처분취소 및 처분변경재결은 형성재결, 처분변경명령재결은 이행재결의 성격을 갖는다.
• 처분취소재결에는 전부취소는 물론 일부취소도 포함된다.
• 처분변경재결에서의 변경은 소극적 변경만이 가능한 행정소송과 달리 원처분을 적극적으로 변경하는 것도 가능하다. 15 서울, 23 지방

(2) 무효등확인심판

• 위원회는 무효등확인심판의 청구가 이유가 있다고 인정하면 처분의 효력 유무 또는 처분의 존재 여부를 확인한다.

OX 확인

01 행정청의 부작위에 대한 의무이행심판은 심판청구기간 규정의 적용을 받지 않고, 사정재결이 인정되지 아니한다. (×)

행정심판법 제44조(사정재결)
① 위원회는 심판청구가 이유가 있다고 인정하는 경우에도 이를 인용하는 것이 공공복리에 크게 위배된다고 인정하면 그 심판청구를 기각하는 재결을 할 수 있다. 이 경우 위원회는 재결의 주문에서 그 처분 또는 부작위가 위법하거나 부당하다는 것을 구체적으로 밝혀야 한다.
② 위원회는 제1항에 따른 재결을 할 때에는 청구인에 대하여 상당한 구제방법을 취하거나 상당한 구제방법을 취할 것을 피청구인에게 명할 수 있다.
③ 제1항과 제2항은 무효등확인심판에는 적용하지 아니한다.

'처분취소명령재결'은 존재하지 않음을 주의해야 한다. 14 지방

(3) 의무이행심판

- 위원회는 의무이행심판의 청구가 이유가 있다고 인정하면 지체 없이 신청에 따른 처분을 하거나(처분재결) 처분을 할 것을 피청구인에게 명한다(처분명령재결).
- 처분재결은 형성재결, 처분명령재결은 이행재결의 성격을 갖는다.

Ⅲ 절차

1. 재결기간

- 재결은 피청구인 또는 위원회가 심판청구서를 받은 날부터 60일 이내에 하여야 한다.
- 다만, 부득이한 사정이 있는 경우에는 위원장이 직권으로 30일을 연장할 수 있다.

2. 재결의 방식 : 서면주의

- 재결은 일정한 사항이 기재된 서면으로 한다.

3. 재결의 송달

- 위원회는 지체 없이 당사자에게 재결서의 정본을 송달하여야 한다. 11 지방 이 경우 중앙행정심판위원회는 재결 결과를 소관 중앙행정기관의 장에게도 알려야 한다.
- 위원회는 재결서의 등본을 지체 없이 참가인에게 송달하여야 한다.
- 처분의 상대방이 아닌 제3자가 심판청구를 한 경우 위원회는 재결서의 등본을 지체 없이 피청구인을 거쳐 처분의 상대방에게 송달하여야 한다. 19 국회
- 재결은 청구인에게 송달되었을 때에 그 효력이 생긴다.

행정심판법 제54조(전자정보처리조직을 이용한 송달 등)
① 피청구인 또는 위원회는 제52조제1항에 따라 행정심판을 청구하거나 심판참가를 한 자에게 전자정보처리조직과 그와 연계된 정보통신망을 이용하여 재결서나 이 법에 따른 각종 서류를 송달할 수 있다. 다만, 청구인이나 참가인이 동의하지 아니하는 경우에는 그러하지 아니하다.

Ⅳ 효력1 : 명문의 규정 없음

1. 불가쟁력

- 재결에 대하여는 다시 심판청구를 제기하지 못한다.
- 다만, 재결 자체에 고유한 위법이 있는 경우 이에 대한 행정소송의 제기가 가능하지만, 이 경우에도 제소기간이 도과했다면 더 이상 재결의 효력을 다툴 수 없다.

2. 불가변력

- 일단 재결이 행하여지면 행정심판위원회는 그것이 위법·부당하다고 생각되는 경우에도 스스로 재결을 취소 또는 변경할 수 없다.

3. 형성력(대세적 효력)

- 재결의 내용에 따라 새로운 법률관계의 발생이나 종래의 법률관계의 변경, 소멸을 가져오는 효력을 말한다.

• 처분취소재결이 있으면 처분은 행정청의 별도의 처분이 없더라도 재결 자체에 의하여 당연히 소급적으로 효력을 상실한다.

판례

행정심판 재결의 내용이 처분청에게 처분의 취소를 명하는 것이 아니라 재결청이 스스로 처분을 취소하는 것일 때에는 그 재결의 형성력에 의하여 당해 처분은 별도의 행정처분을 기다릴 것 없이 당연히 취소되어 소멸되는 것이다. 대법원 1998. 4. 24. 선고 97누17131 판결 12 사복, 17 서울, 24 국가

• 형성적 성질을 갖는 취소재결, 변경재결, 처분재결의 경우에만 발생한다.
• 따라서 이행적 성질을 갖는 처분명령재결, 처분변경명령재결의 경우 형성력이 발생하지 않는다. 12 국회

4. 기판력

• 항고소송에 있어서 법원이 내리는 판결과 달리 행정심판에 있어서 행정심판위원회가 내리는 재결에 대해서는 기판력이 인정되지 않는다.
• 따라서 재결이 확정된 경우에도 당사자 및 법원은 처분의 기초가 된 사실관계나 그에 대한 법률적 판단에 대하여 재결과 모순되는 주장 또는 판단을 할 수 있다.

판례

행정심판의 재결은 피청구인인 행정청을 기속하는 효력을 가지므로 재결청이 취소심판의 청구가 이유 있다고 인정하여 처분청에 처분을 취소할 것을 명하면 처분청으로서는 재결의 취지에 따라 처분을 취소하여야 하지만, 나아가 재결에 판결에서와 같은 기판력이 인정되는 것은 아니어서 재결이 확정된 경우에도 처분의 기초가 된 사실관계나 법률적 판단이 확정되고 당사자들이나 법원이 이에 기속되어 모순되는 주장이나 판단을 할 수 없게 되는 것은 아니다. 대법원 2015. 11. 27. 선고 2013다6759 판결 18 국가, 21 지방, 22 지방, 24 국가 01

OX 확인

01 행정심판의 재결이 확정되면 피청구인인 행정청을 기속하는 효력이 있고 그 처분의 기초가 된 사실관계나 법률적 판단이 확정되므로 이후 당사자 및 법원은 이에 모순되는 주장이나 판단을 할 수 없다. (×)

V 효력2 : 기속력

1. 의의

(1) 재결의 기속력의 의의

• 처분청 및 관계행정청이 재결의 취지에 따르도록 처분청과 관계행정청을 구속하는 힘을 말한다.
• 재결의 기속력은 인용재결의 경우에만 인정되고, 각하·기각재결에는 인정되지 않는다. 21 지방 02
• 따라서 행정청은 기각재결이 있은 후에도 직권으로 처분을 취소·변경할 수 있다. 13 지방, 22 지방

OX 확인

02 재결의 기속력은 인용재결의 경우에만 인정되고, 기각재결에서는 인정되지 않는다. (○)

(2) 행정심판법의 규정

> 행정심판법 제49조【재결의 기속력 등】
> ① 심판청구를 인용하는 재결은 피청구인과 그 밖의 관계 행정청을 기속한다. 13 서울
> ② 재결에 의하여 취소되거나 무효 또는 부존재로 확인되는 처분이 당사자의 신청을 거부하는 것을 내용으로 하는 경우에는 그 처분을 한 행정청은 재결의 취지에 따라 다시 이전의 신청에 대한 처분을 하여야 한다. 21 지방 01
> ③ 당사자의 신청을 거부하거나 부작위로 방치한 처분의 이행을 명하는 재결이 있으면 행정청은 지체 없이 이전의 신청에 대하여 재결의 취지에 따라 처분을 하여야 한다. 17 사복
> ④ 신청에 따른 처분이 절차의 위법 또는 부당을 이유로 재결로써 취소된 경우에는 제2항을 준용한다.
> ⑤ 법령의 규정에 따라 공고하거나 고시한 처분이 재결로써 취소되거나 변경되면 처분을 한 행정청은 지체 없이 그 처분이 취소 또는 변경되었다는 것을 공고하거나 고시하여야 한다. 16 교행
> ⑥ 법령의 규정에 따라 처분의 상대방 외의 이해관계인에게 통지된 처분이 재결로써 취소되거나 변경되면 처분을 한 행정청은 지체 없이 그 이해관계인에게 그 처분이 취소 또는 변경되었다는 것을 알려야 한다.

OX 확인

01 재결에 의하여 취소되거나 무효 또는 부존재로 확인되는 처분이 당사자의 신청을 거부하는 것을 내용으로 하는 경우에는 그 처분을 한 행정청은 재결의 취지에 따라 다시 이전의 신청에 대한 처분을 하여야 한다. (○)

PART 02

2. 내용

(1) 소극적 효력: 반복금지의무

- 행정청은 동일한 사실관계 아래에서 동일 당사자에 대하여 동일한 내용을 갖는 행위를 하지 못한다.
- 처분의 동일성 여부는 행정소송의 경우와 마찬가지로 "기본적 사실관계의 동일성"을 기준으로 하여 판단한다.

판례

1. 양도소득세 및 방위세부과처분이 국세청장에 대한 불복심사청구에 의하여 그 불복사유가 이유있다고 인정되어 취소되었음에도 처분청이 동일한 사실에 관하여 부과처분을 되풀이 한 것이라면 설령 그 부과처분이 감사원의 시정요구에 의한 것이라 하더라도 위법하다. 대법원 1986. 5. 27. 선고 86누127 판결
2. 택지초과소유부담금 부과처분을 취소하는 재결이 있는 경우 당해 처분청은 재결의 취지에 반하지 아니하는 한, 즉 당초 처분과 동일한 사정 아래에서 동일한 내용의 처분을 반복하는 것이 아닌 이상, 그 재결에 적시된 위법사유를 시정·보완하여 정당한 부담금을 산출한 다음 새로이 부담금을 부과할 수 있는 것이고, 이러한 새로운 부과처분은 재결의 기속력에 저촉되지 아니한다. 대법원 1997. 2. 25. 선고 96누14784, 14791 판결

(2) 적극적 효력: 변경의무 및 처분의무

① 처분변경명령재결에 따른 변경의무

- 취소심판에 있어서 처분의 변경을 명하는 재결이 있으면 처분청은 당해 처분을 다른 처분으로 변경하여야 한다.

② 처분명령재결에 따른 처분의무

- 당사자의 신청을 거부하거나 부작위로 방치한 처분의 이행을 명하는 재결이 있으면 행정청은 지체 없이 이전의 신청에 대하여 재결의 취지에 따라 처분을 하여야 한다.

③ 거부처분취소재결에 따른 처분의무

- 재결에 의하여 취소되거나 무효 또는 부존재로 확인되는 처분이 당사자의 신청을 거부하는 것을 내용으로 하는 경우에는 그 처분을 한 행정청은 재결의 취지에 따라 다시 이전의 신청에 대한 처분을 하여야 한다. 16 지방, 17 서울, 19 지방 01
- 종래 판례로만 인정되던 것을 법 개정으로 인해 명문화하였다(행정심판법 제49조 제2항).

④ 신청에 따른 처분이 절차하자를 이유로 취소된 경우 처분의무

- 행정청은 재결의 취지에 따른 적법한 절차에 따라 신청에 대한 처분을 하여야 한다.
- 이 경우 행정청은 적법한 절차를 거친 후 다시 종전과 같은 처분을 할 수 있다. 17 사복

(3) 원상회복의무

- 처분에 의해 초래된 위법상태를 제거하여 원상회복하여야 한다.

(4) 기타 : 공고 · 고시 · 통지의무

- 법령의 규정에 따라 공고하거나 고시한 처분이 재결로써 취소되거나 변경되면 처분을 한 행정청은 지체 없이 그 처분이 취소 또는 변경되었다는 것을 공고하거나 고시하여야 한다. 10 국가, 16 교행
- 법령의 규정에 따라 처분의 상대방 외의 이해관계인에게 통지된 처분이 재결로써 취소되거나 변경되면 처분을 한 행정청은 지체 없이 그 이해관계인에게 그 처분이 취소 또는 변경되었다는 것을 알려야 한다.

3. 기속력의 범위 : 행정소송의 경우와 동일

(1) 객관적 범위

- 재결의 주문 및 재결이유 중 그 전제가 된 요건사실의 인정과 판단, 즉 처분 등의 구체적 위법사유에 관한 판단에 한하여 미친다. 21 지방 02

판례

재결의 기속력은 재결의 주문 및 그 전제가 된 요건사실의 인정과 판단, 즉 처분 등의 구체적 위법사유에 관한 판단에만 미친다고 할 것이고, 종전 처분이 재결에 의하여 취소되었다 하더라도 종전 처분 시와는 다른 사유를 들어서 처분을 하는 것은 기속력에 저촉되지 않는다. 대법원 2005. 12. 9. 선고 2003두7705 판결

(2) 주관적 범위

- 피청구인인 행정청 및 그 밖의 모든 관계행정청에 대하여 미친다.

(3) 시적 범위

- "처분시"를 기준으로 그 당시까지 존재하였던 처분사유에 대해서만 미치고, 그 이후에 생긴 사유에는 미치지 않는다.
- 다만, 의무이행재결의 경우에는 "재결시"가 기준이 된다.

OX 확인

01 당사자의 신청을 거부하는 처분에 대한 취소심판에서 인용재결이 내려진 경우, 의무이행심판과 달리 행정청은 재처분의무를 지지 않는다. (×)

OX 확인

02 기속력은 재결의 주문에만 미치고, 처분 등의 구체적 위법사유에 관한 판단에는 미치지 않는다. (×)

교원소청심사위원회의 결정은 처분청에 대하여 기속력을 가지고 이는 그 결정의 주문에 포함된 사항뿐 아니라 그 전제가 된 요건사실의 인정과 판단, 즉 처분 등의 구체적 위법사유에 관한 판단에까지 미친다. (대법원 2013. 7. 25. 선고 2012두12297 판결) 24 국가, 24 지방

4. 기속력의 확보1 : 직접처분

> 행정심판법 제50조 【위원회의 직접 처분】
> ① 위원회는 피청구인이 제49조제3항에도 불구하고 처분을 하지 아니하는 경우에는 당사자가 신청하면 기간을 정하여 서면으로 시정을 명하고 그 기간에 이행하지 아니하면 직접 처분을 할 수 있다. 다만, 그 처분의 성질이나 그 밖의 불가피한 사유로 위원회가 직접 처분을 할 수 없는 경우에는 그러하지 아니하다.

(1) 의의

- 피청구인이 처분명령재결에도 불구하고 처분을 하지 않는 경우 행정심판위원회는 당사자가 신청하면 기간을 정하여 서면으로 시정을 명하고 그 기간에 이행하지 아니하면 직접처분을 할 수 있다. 14 국회
- 행정소송에는 인정되지 않는 행정심판의 기속력을 확보하기 위한 특별한 제도이다. 18 국가

(2) 요건

① 처분명령재결이 있었을 것 20 국가
② 당사자의 신청이 있을 것(직권×) 21 지방, 22 지방
③ 기간을 정하여 서면으로 시정을 명하였을 것
④ 기간 내에 시정명령을 이행하지 않았을 것
- 만약 행정청이 어떠한 처분이라도 하였다면 설령 그 처분이 재결의 내용에 따르지 아니한 것이라 하더라도 위원회는 직접처분을 할 수 없다.

판례

재결청이 직접 처분을 하기 위하여는 처분의 이행을 명하는 재결이 있었음에도 당해 행정청이 아무런 처분을 하지 아니하였어야 하므로, 당해 행정청이 어떠한 처분을 하였다면 그 처분이 재결의 내용에 따르지 아니하였다고 하더라도 재결청이 직접 처분을 할 수는 없다. 대법원 2002. 7. 23. 선고 2000두9151 판결

(3) 행정청에 대한 통보 및 행정청이 관리 · 감독

- 직접 처분을 한 경우 위원회는 그 사실을 해당 행정청에 통보하여야 하며, 그 통보를 받은 행정청은 위원회가 한 처분을 자기가 한 처분으로 보아 관계 법령에 따라 관리 · 감독 등 필요한 조치를 하여야 한다(행정심판법 제50조 제2항). 14 지방

(4) 직접처분에 대한 불복

- 직접처분은 원처분의 성질을 가지므로 이에 불복하는 자는 행정소송을 제기할 수 있다.

(5) 한계

- 처분의 성질이나 그 밖의 불가피한 사유로 위원회가 직접 처분을 할 수 없는 경우에는 직접처분을 할 수 없다.
- 대표적인 예로 정보공개명령재결이 있는 경우 정보공개처분의 성질상 위원회는 직접처분을 할 수 없다.

제50조의2(위원회의 간접강제)
① 위원회는 피청구인이 제49조제2항(제49조제4항에서 준용하는 경우를 포함한다) 또는 제3항에 따른 처분을 하지 아니하면 청구인의 신청에 의하여 결정으로 상당한 기간을 정하고 피청구인이 그 기간 내에 이행하지 아니하는 경우에는 그 지연기간에 따라 일정한 배상을 하도록 명하거나 즉시 배상을 할 것을 명할 수 있다.
② 위원회는 사정의 변경이 있는 경우에는 당사자의 신청에 의하여 제1항에 따른 결정의 내용을 변경할 수 있다.
③ 위원회는 제1항 또는 제2항에 따른 결정을 하기 전에 신청 상대방의 의견을 들어야 한다.
④ 청구인은 제1항 또는 제2항에 따른 결정에 불복하는 경우 그 결정에 대하여 행정소송을 제기할 수 있다.
⑤ 제1항 또는 제2항에 따른 결정의 효력은 피청구인인 행정청이 소속된 국가·지방자치단체 또는 공공단체에 미치며, 결정서 정본은 제4항에 따른 소송제기와 관계없이 「민사집행법」에 따른 강제집행에 관하여는 집행권원과 같은 효력을 가진다. 이 경우 집행문은 위원장의 명에 따라 위원회가 소속된 행정청 소속 공무원이 부여한다.
⑥ 간접강제 결정에 기초한 강제집행에 관하여 이 법에 특별한 규정이 없는 사항에 대하여는 「민사집행법」의 규정을 준용한다. 다만, 「민사집행법」 제33조(집행문부여의 소), 제34조(집행문부여 등에 관한 이의신청), 제44조(청구에 관한 이의의 소) 및 제45조(집행문부여에 대한 이의의 소)에서 관할 법원은 피청구인의 소재지를 관할하는 행정법원으로 한다.

OX 확인

01 청구인은 행정심판위원회의 간접강제 결정에 불복하는 경우 그 결정에 대하여 행정소송을 제기할 수 있다. (○)

02 심판청구에 대한 재결이 있으면 그 재결 및 같은 처분 또는 부작위에 대하여 다시 행정심판을 청구할 수 없다. (○)

5. 기속력의 확보2 : 간접강제

(1) 의의

- 행정청이 재처분의무에 위반하여 재결의 취지에 따른 처분을 하지 아니하면 행정심판위원회는 청구인의 신청에 의하여 결정으로 상당한 기간을 정하고 피청구인이 그 기간 내에 이행하지 아니하는 경우에는 그 지연기간에 따라 일정한 배상을 하도록 명하거나 즉시 배상을 할 것을 명할 수 있다(행정심판법 제50조의2).
- 종래 행정소송법에서만 인정되던 간접강제제도를 행정심판법에도 도입하였다.

(2) 인정범위

- 거부처분에 대한 취소 및 무효확인재결, 거부처분 및 부작위에 대한 처분명령재결, 신청에 따른 처분에 대한 절차하자를 이유로 하는 취소재결의 경우에 인정된다.

(3) 행정심판법에만 인정되는 특유의 내용

- 위원회는 사정의 변경이 있는 경우에는 당사자의 신청에 의하여 간접강제결정의 내용을 변경할 수 있다.
- 위원회는 간접강제결정 또는 변경결정을 하기 전에 신청 상대방의 의견을 들어야 한다.
- 청구인은 위원회의 간접강제결정 또는 변경결정에 불복하는 경우 그 결정에 대하여 행정소송을 제기할 수 있다. 01
- 위원회의 결정의 효력은 피청구인인 행정청이 소속된 국가·지방자치단체 또는 공공단체에 미치며, 결정서 정본은 행정소송 제기와 관계없이 민사집행법에 따른 강제집행에 관하여는 집행권원과 같은 효력을 가진다. 10 국가

V 재결에 대한 불복

1. 재심판청구의 금지(행정심판법 제51조)

- 심판청구에 대한 재결이 있으면 그 재결 및 같은 처분 또는 부작위에 대하여 다시 행정심판을 청구할 수 없다. 21 지방, 22 지방 02

2. 처분청의 불복가능성

- 처분청은 재결에 기속되므로 불복할 수 없다.

판례

처분행정청은 재결에 기속되어 재결의 취지에 따른 처분의무를 부담하게 되므로 이에 불복하여 행정소송을 제기할 수 없다. 대법원 1998. 5. 8. 선고 97누15432 판결 23 지방

쟁점 54 고지

Ⅰ 의의

행정심판법 제58조【행정심판의 고지】
① 행정청이 처분을 할 때에는 처분의 상대방에게 다음 각 호의 사항을 알려야 한다.
1. 해당 처분에 대하여 행정심판을 청구할 수 있는지
2. 행정심판을 청구하는 경우의 심판청구 절차 및 심판청구 기간
② 행정청은 이해관계인이 요구하면 다음 각 호의 사항을 지체 없이 알려 주어야 한다. 이 경우 서면으로 알려 줄 것을 요구받으면 서면으로 알려 주어야 한다.
1. 해당 처분이 행정심판의 대상이 되는 처분인지
2. 행정심판의 대상이 되는 경우 소관 위원회 및 심판청구 기간

1. 고지제도의 의의

- 행정청이 처분을 함에 있어서 상대방에게 그 처분에 대하여 행정심판을 제기할 수 있는지 여부, 심판청구절차, 청구기간 등 행정심판 제기에 필요한 사항을 미리 알려 주도록 하는 제도를 말한다.
- 행정심판법은 고지의무 불이행에 대한 제재를 규정하고 있다.
- 행정절차법도 고지의무를 규정하고 있으나 고지의무 불이행 시 행정심판법에서 정하고 있는 바와 같은 불고지·오고지의 특례를 규정하고 있지 않다는 점에서는 차이가 있다.

행정절차법 제26조(고지)
행정청이 처분을 할 때에는 당사자에게 그 처분에 관하여 행정심판 및 행정소송을 제기할 수 있는지 여부, 그 밖에 불복을 할 수 있는지 여부, 청구절차 및 청구 기간, 그 밖에 필요한 사항을 알려야 한다.

2. 고지의 성질

- 고지는 불복청구에 필요한 사항을 알려주는 비권력적 사실행위에 불과하다. 11 국회
- 따라서 고지 자체로는 아무런 법적 효과를 발생시키지 않는다.

3. 적용 제외

- 특별행정심판절차에 있어서 개별법이 명문으로 행정심판법의 적용을 배제하는 경우가 있는데, 이 경우 고지제도 또한 그 적용이 없게 된다.

판례

구 국세기본법 제61조 제1항은 심사청구는 당해 처분이 있는 것을 안 날(처분의 통지를 받은 때에는 그 받은 날)로부터 60일 내에 하여야 한다고 규정하고 있으니, 과세관청이 조세처분을 하면서 행정심판 청구기간을 고지하지 않았다 하더라도 그 심사청구기간은 당해 처분이 있은 것을 안 날(처분의 통지를 받은 때에는 그 받은 날)로부터 60일 내라 할 것이고, 행정심판법 제18조 제6항, 제3항 본문에 의하여 행정청이 행정심판청구기간을 알리지 아니한 때에는 180일 내에 심판청구를 할 수 있다 하더라도, 구 국세기본법 제56조 제1항이 조세처분에 대하여는 행정심판법의 규정을 적용하지 아니한다고 규정하고 있으므로, 그 심판청구기간을 처분이 있은 날로부터 180일 내라고 볼 수는 없다. 대법원 2001. 11. 13. 선고 2000두536 판결

국세기본법 제56조(다른 법률과의 관계)
① 제55조에 규정된 처분에 대해서는 「행정심판법」의 규정을 적용하지 아니한다.

Ⅱ 종류

1. 직권에 의한 고지

(1) 의의

- 행정청이 처분을 할 때 직권으로 상대방에게 행정심판에 관한 사항을 고지하는 것을 말한다.

(2) 고지의 대상

- 서면에 의한 처분뿐만 아니라 구두에 의한 처분도 대상이 된다.
- 행정심판법상 심판청구의 대상이 되는 처분뿐만 아니라 다른 법령에 의해 행정심판의 대상이 되는 처분을 포함한다.

(3) 고지의 상대방 : 직접 상대방

- 처분의 직접 상대방에 대해서만 고지해도 고지의무를 준수한 것이 된다. 11 국회
- 따라서 처분의 직접 상대방이 아닌 제3자에 대하여 고지할 의무는 없다. 18 지방

(4) 고지의 내용

- 행정심판을 제기할 수 있는지 여부, 심판청구절차, 심판청구기간 등을 고지해야 한다.

(5) 고지의 방법 및 시기

- 고지의 방법과 시기에 대해서 행정심판법은 아무런 규정을 두고 있지 않다.
- 방법 : 서면뿐만 아니라 구술에 의한 고지도 가능하다.
- 시기 : 원칙적으로 처분시에 해야 한다.

2. 요구에 의한 고지

(1) 의의

- 이해관계인의 요구가 있을 때 행정청이 해당 처분이 행정심판의 대상이 되는 처분인지 여부와 행정심판의 대상이 되는 경우 소관 위원회 및 심판청구 기간을 고지하는 것을 말한다.

(2) 고지의 청구권자 : 처분의 이해관계인

- 제3자효 있는 행정행위의 제3자는 물론, 직권고지가 없었던 경우 처분의 상대방도 포함한다.

(3) 고지의 대상 및 내용

- 대상 : 서면 · 구술에 의한 처분을 불문한다.
- 내용 : 처분이 행정심판의 대상이 되는지 여부, 11 국회 소관 위원회 및 심판청구 기간 등이다.

(4) 고지의 방법과 시기

- 방법 : 서면 · 구술에 의한 고지 모두 가능하나, 청구인으로부터 서면으로 알려줄 것을 요구받으면 서면으로 알려야 한다.
- 시기 : 고지의 청구를 받은 때에는 지체 없이 고지하여야 한다. "지체 없이"란 행정심판을 제기하는 데 큰 지장을 주지 않을 합리적인 기간 내를 의미한다.

Ⅲ 불고지 또는 오고지

1. 고지의 하자와 처분의 효력

• 불고지 또는 오고지 등 고지에 하자가 있더라도 처분 자체가 위법하게 되는 것은 아니다.

판례

고지절차에 관한 규정은 행정처분의 상대방이 그 처분에 대한 행정심판의 절차를 밟는 데 있어 편의를 제공하려는 데 있으며 처분청이 위 규정에 따른 고지의무를 이행하지 아니하였다고 하더라도 경우에 따라서는 행정심판의 제기기간이 연장될 수 있는 것에 그치고 이로 인하여 심판의 대상이 되는 행정처분에 어떤 하자가 수반된다고 할 수 없다. 대법원 1987. 11. 24. 선고 87누529 판결 11 국회, 12 국회, 22 지방

2. 불고지의 효과

(1) 제출기관의 불고지

• 행정청이 행정심판청구서의 제출기관을 고지하지 아니하여 청구인이 심판청구서를 다른 행정기관에 제출한 경우에는 그 행정기관은 그 심판청구서를 지체 없이 정당한 권한이 있는 피청구인에게 보내고, 이를 지체 없이 청구인에게 통지하여야 한다.

• 심판청구 기간을 계산할 때에는 심판권한 없는 행정기관에 심판청구서가 제출되었을 때에 행정심판이 청구된 것으로 본다.

(2) 청구기간의 불고지

• 행정청이 심판청구 기간을 알리지 아니한 경우에는 청구인이 그 처분이 있음을 알았는지 여부를 불문하고 처분이 있었던 날부터 180일 이내에 심판청구를 할 수 있다.

• 다른 법률에서 행정심판청구기간을 행정심판법보다 짧게 정한 경우에도 행정청이 청구기간을 불고지 한 경우 행정심판법이 정한 심판청구기간 내(처분이 있었던 날부터 180일)에 심판청구가 가능하다.

판례

도로점용료 상당 부당이득금의 징수 및 이의절차를 규정한 지방자치법에서 이의제출기간을 행정심판법 제18조 제3항 소정기간 보다 짧게 정하였다고 하여도 같은 법 제42조 제1항 소정의 고지의무에 관하여 달리 정하고 있지 아니한 이상 도로관리청인 피고가 이 사건 도로점용료 상당 부당이득금의 징수고지서를 발부함에 있어서 원고들에게 이의제출기간 등을 알려주지 아니하였다면 원고들은 지방자치법상의 이의제출기간에 구애됨이 없이 행정심판법 제18조 제6항, 제3항의 규정에 의하여 징수고지처분이 있은 날로부터 180일 이내에 이의를 제출할 수 있다고 보아야 할 것이다. 대법원 1990. 7. 10. 선고 89누6839 판결 15 서울

3. 오고지의 효과

(1) 제출기관의 오고지: **불고지의 경우와 동일**

- 행정청이 행정심판청구서의 제출기관을 잘못 고지하여 청구인이 심판청구서를 다른 행정기관에 제출한 경우에는 그 행정기관은 그 심판청구서를 지체 없이 정당한 권한이 있는 피청구인에게 보내고, 이를 지체 없이 청구인에게 통지하여야 한다.
- 심판청구기간을 계산할 때에는 심판권한 없는 행정기관에 심판청구서가 제출되었을 때에 행정심판이 청구된 것으로 본다.

(2) 청구기간의 오고지

- 행정청이 심판청구기간을 행정심판법상 기간보다 긴 기간으로 잘못 알린 경우 그 잘못 알린 기간에 심판청구가 있으면 그 행정심판은 적법한 기간 내에 청구된 것으로 본다.
- 행정심판법상 기간보다 짧은 기간으로 잘못 알린 경우, 명문의 규정은 없으나 이와 같은 고지는 아무런 효력이 없다 할 것이므로 행정심판법상 기간 내에 청구하면 된다.

MEMO

강성빈 행정법총론

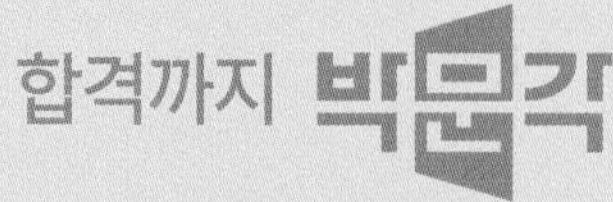

PART

03

행정법 통론

CHAPTER 01

행정과 행정법

제1강 행정의 의의

쟁점 55 행정의 개념

I 형식적 의미의 행정

❶ 마찬가지로 국가권력작용을 형식적으로 분류하는 위 개념에 따르면 입법부·사법부가 행하는 모든 작용은 내용을 불문하고 각 형식적 의미의 입법·사법으로 본다.

- 작용의 내용이나 기능을 불문하고 행정부에 의해 이루어지는 모든 작용을 의미한다.❶
- 성질상 입법에 속하는 작용(행정입법), 사법에 속하는 작용(행정심판)도 포함한다.

예 조세부과처분, 운전면허취소처분, 대통령령 제정, 행정심판의 재결 등

II 실질적 의미의 행정

1. 의의

- 행정작용의 본질적인 특성을 중심으로 행정을 정의하는 개념으로서, 행정작용의 다양성으로 인해 보편적인 개념은 존재하지 않고, 다만 다양한 견해만이 제시되고 있는 상황이다.
- 입법·사법과 그 성질상 본질적으로 구별되는 독립한 행정의 개념을 긍정하는 긍정설(적극설 및 소극설)과 이를 부정하는 부정설이 대립한다.

2. 학설의 태도

(1) 적극설

① 목적설

- 행정은 공익의 실현을 목적으로 하는 국가작용으로서, 법의 실현을 목적으로 하는 사법과 구별된다고 한다.
- 비판 : 사법작용 또한 종국적으로는 공익을 실현하기 위한 행위라는 점에서 행정과 사법작용을 명확히 구분하지 못하는 문제가 있다.

② 양태설(결과실현설)

- 행정은 법의 규율을 받으면서 국가목적의 적극적 실현을 위하여 행하여지는 통일성을 가진 계속적인 국가활동이라는 견해이다.
- 비판 : 용어의 내용이 명백하지 않은 결과 행정의 개념을 명확히 제시하지 못하고 있다.

(2) 소극설(공제설)

- 국가작용 가운데 입법·사법을 제외한 나머지를 행정으로 보는 견해이다.
- 비판 : 행정의 개념을 적극적으로 정의하지 못한 문제가 있다.

(3) 부정설

- 입법 · 사법 · 행정작용은 모두 법집행작용의 성질을 갖는다는 점에서 공통된다.
- 국가작용은 단지 실정법질서상의 단계구조 또는 그 권한의 행사기관에 차이가 있을 뿐이므로 결국 국가작용은 위 두 가지 표지를 기준으로 하여 구별할 수밖에 없다.
- 비판 : 국가작용의 성질에 따라 이를 행하는 국가기관이 분리되는 것인데, 부정설은 역으로 국가기관을 전제로 하여 국가작용의 성질을 논하고 있는 모순이 있다(논리의 역전).

(4) 개념징표설

- 행정개념을 긍정하면서도, 행정의 다양성을 이유로 독자적인 행정개념을 정의내리기 보다는 행정의 여러 개념징표를 통해 행정개념을 설명하려는 견해이다.
- 포르스트호프(Forsthoff) : "행정은 정의할 수 없고 묘사할 수밖에 없다."

Ⅲ 행정작용과 입법 · 사법작용의 구별

1. 실질적 의미의 입법 및 사법

(1) 실질적 의미의 입법

- 일반적이고 추상적인 규범을 정립하기 위한 활동을 의미한다.

  예 법률 제정, 행정입법 등

(2) 실질적 의미의 사법

- 구체적인 분쟁에 대하여 법을 해석 · 적용하여 분쟁을 해결하기 위한 활동을 의미한다.

  예 법원의 재판, 행정심판 등

2. 행정개념의 구별방법

(1) 형식적 의미의 행정과 입법 · 사법

- 작용의 주체가 행정부인지, 그렇지 않으면 국회 · 법원 등 타기관인지를 구분하면 된다.

(2) 실질적 의미의 행정과 입법 · 사법

- 작용의 주체가 아닌, 작용의 실질적인 내용이 어떤 성질을 갖는지 파악해야 한다.

(3) 구체적 구분 예

- 조세체납처분 : 형식적 의미 행정(○) / 실질적 의미 행정(○)
- 국회사무총장의 직원임명 : 형식적 의미 행정(×) / 실질적 의미 행정(○) / 형식적 의미 입법(○)
- 법관의 임명 : 형식적 의미 행정(×) / 실질적 의미 행정(○) / 형식적 의미 사법(○)
- 대통령령의 제정 : 형식적 의미 행정(○) / 실질적 의미 행정(×) / 실질적 의미 입법(○)
- 행정심판의 재결 : 형식적 의미 행정(○) / 실질적 의미 행정(×) / 실질적 의미 사법(○)
- 통고처분 : 형식적 의미 행정(○) / 실질적 의미 행정(×) / 실질적 의미 사법(○)

쟁점 56 통치행위

I 통치행위의 의의

• 고도의 정치성을 갖는 국가기관의 행위로서 사법심사의 대상에서 제외되는 행위를 의미한다.
• 논의의 전제 : 사법심사의 대상에서 제외되는 특수한 행위의 존재를 인정하기 위해서는 그 전제로 모든 국가작용은 원칙적으로 사법심사의 대상이 된다는 점이 인정되어야 하는데, 이와 같은 태도를 개괄주의(↔ 열기주의)라 한다.❶
• 결국 통치행위 이론은 개괄주의를 전제로 하여 국가작용 중 사법심사의 대상이 되지 않는 특수한 행위를 규율하기 위해 등장한 이론이다.
  예 남북정상회담의 개최, 국군의 이라크 파병 등

❶ 개괄주의란, 일부 예외적인 경우를 제외하고는 국민의 권리·의무와 관련된 일체의 사항에 대해 사법심사(행정쟁송)가 가능하다는 태도를, 열기주의란, 법에서 특별히 규정한 사항에 대해서만 사법심사가 가능하다는 태도를 말한다.

II 학설의 태도

1. 긍정설

(1) 사법자제설

• 법 이론상 사법부는 정치문제를 포함한 모든 국가작용을 심사할 수 있지만, 사법의 정치화를 막기 위해 정치문제에 대해서는 사법부가 심사를 자제하는 것이 바람직하다는 견해이다.
• 비판 : 국민의 권리구제에 미흡한 결과가 초래되는 문제가 있다.

(2) 권력분립설(내재적 한계설)

• 권력분립의 원칙에 따라 정치적 책임을 지지 않는 사법부에는 내제적인 한계가 있으므로 고도의 정치성을 띤 행위에 대해서는 심사권이 없다는 견해이다.
• 비판 : 국민의 권리구제에 미흡한 결과가 초래되는 문제가 있다.

(3) 재량행위설

• 통치행위는 자유재량행위이므로 사법심사의 대상이 되지 않는다는 견해이다.
• 비판 : 재량행위라 할지라도 그것이 일탈·남용된 경우 사법심사의 대상이 된다는 점에서 통치행위 이론의 논거로 삼기에는 적합하지 않다.

(4) 독자성설

• 통치행위는 국가지도적인 최상위의 행위로서 본래적으로 사법부의 심사대상이 되지 않는 독자적인 정치행위라는 견해이다.
• 비판 : 독자적인 정치행위라는 의미와 사법심사의 배제가 필연적으로 결합될 수 있는 관계인지 의문이 있다.

2. 부정설

• 법치주의의 원리 및 개괄주의의 원칙에 따라 모든 국가작용은 사법심사의 대상이 되므로 사법심사가 배제되는 통치행위 이론은 인정할 수 없다는 견해이다.
• 통치행위의 인정을 사법권의 포기로 이해한다.

Ⅲ 판례의 태도

1. 일반론

- 판례는 사법심사의 대상이 되지 않는 통치행위의 개념을 인정한다.
- 그러나 통치행위에 해당한다 하더라도 그것이 국민의 기본권 침해와 직접 관련되는 경우에는 사법심사가 허용된다고 한다.

판례

1. 고도의 정치성을 띤 국가행위에 대하여는 이른바 통치행위라 하여 법원 스스로 사법심사권의 행사를 억제하여 그 심사대상에서 제외하는 영역이 있으나, 이와 같이 통치행위의 개념을 인정한다고 하더라도 과도한 사법심사의 자제가 기본권을 보장하고 법치주의 이념을 구현하여야 할 법원의 책무를 태만히 하거나 포기하는 것이 되지 않도록 그 인정을 지극히 신중하게 하여야 하며, 그 판단은 오로지 사법부만에 의하여 이루어져야 한다. 대법원 2004. 3. 26. 선고 2003도7878 판결 13 지방
2. 통치행위란 고도의 정치적 결단에 의한 국가행위로서 사법적 심사의 대상으로 삼기에 적절하지 못한 행위라고 일반적으로 정의되고 있다. (중략) 통치행위를 포함하여 모든 국가작용은 국민의 기본권적 가치를 실현하기 위한 수단이라는 한계를 반드시 지켜야 하는 것이고, 헌법재판소는 헌법의 수호와 국민의 기본권 보장을 사명으로 하는 국가기관이므로 비록 고도의 정치적 결단에 의하여 행해지는 국가작용이라고 할지라도 그것이 국민의 기본권 침해와 직접 관련되는 경우에는 당연히 헌법재판소의 심판대상이 될 수 있다. 헌법재판소 1996. 2. 29. 선고 93헌마186 전원재판부 15 국가, 16 교행, 18 소방

2. 통치행위로 보아 사법심사를 부인한 사례

판례

1. 남북정상회담의 개최는 고도의 정치적 성격을 지니고 있는 행위라 할 것이므로 특별한 사정이 없는 한 그 당부를 심판하는 것은 사법권의 내재적·본질적 한계를 넘어서는 것이 되어 적절하지 못하다. 대법원 2004. 3. 26. 선고 2003도7878 판결 16 교행
2. 대통령의 계엄선포행위는 고도의 정치적, 군사적 성격을 띠는 행위라고 할 것이어서, 그 선포의 당, 부당을 판단할 권한은 헌법상 계엄의 해제요구권이 있는 국회만이 가지고 있다 할 것이고 그 선포가 당연무효의 경우라면 모르되, 사법기관인 법원이 계엄선포의 요건 구비여부나, 선포의 당, 부당을 심사하는 것은 사법권의 내재적인 본질적 한계를 넘어서는 것이 되어 적절한 바가 못 된다. 대법원 1979. 12. 7. 자 79초70 재정
3. 사면은 형의 선고의 효력 또는 공소권을 상실시키거나, 형의 집행을 면제시키는 국가원수의 고유한 권한을 의미하며, 사법부의 판단을 변경하는 제도로서 권력분립의 원리에 대한 예외가 된다(주 : 통치행위로서 사법심사가 부인된다는 의미). 헌법재판소 2000. 6. 1. 선고 97헌바74 결정 16 교행
4. 외국에의 국군의 파견결정은 파견군인의 생명과 신체의 안전뿐만 아니라 국제사회에서의 우리나라의 지위와 역할, 동맹국과의 관계, 국가안보문제 등 궁극적으로 국민 내지 국익에 영향을 미치는 복잡하고도 중요한 문제로서 국내 및 국제정치관계 등 제반상황을 고려하여 미래를 예측하고 목표를 설정하는 등 고도의 정치적 결단이 요구되는 사안이므로 사법심사의 대상이 되지 아니한다. 헌법재판소 2004. 4. 29. 선고 2003헌마814 결정 15 국가, 17 지방

PART 03

3. 통치행위로 보았으나 사법심사를 인정한 사례

판례

1. 남북정상회담의 개최과정에서 재정경제부장관에게 신고하지 아니하거나 통일부장관의 협력사업 승인을 얻지 아니한 채 북한측에 사업권의 대가 명목으로 송금한 행위 자체는 헌법상 법치국가의 원리와 법 앞에 평등원칙 등에 비추어 볼 때 사법심사의 대상이 된다. 대법원 2004. 3. 26. 선고 2003도7878 판결 15 국가, 17 지방

2. 비상계엄의 선포나 확대가 국헌문란의 목적을 달성하기 위하여 행하여진 경우에는 법원은 그 자체가 범죄행위에 해당하는지의 여부에 관하여 심사할 수 있다. 대법원 1997. 4. 17. 선고 96도3376 전원합의체 판결 15 국가

3. 대통령의 긴급재정경제명령은 국가긴급권의 일종으로서 고도의 정치적 결단에 의하여 발동되는 행위이고 그 결단을 존중하여야 할 필요성이 있는 행위라는 의미에서 이른바 통치행위에 속한다고 할 수 있으나, 통치행위를 포함하여 모든 국가작용은 국민의 기본권적 가치를 실현하기 위한 수단이라는 한계를 반드시 지켜야 하는 것이고, 헌법재판소는 헌법의 수호와 국민의 기본권 보장을 사명으로 하는 국가기관이므로 비록 고도의 정치적 결단에 의하여 행해지는 국가작용이라고 할지라도 그것이 국민의 기본권 침해와 직접 관련되는 경우에는 당연히 헌법재판소의 심판대상이 된다. 헌법재판소 1996. 2. 29. 선고 93헌마186 전원재판부 15 국가

4. 신행정수도건설이나 수도이전의 문제가 정치적 성격을 가지고 있는 것은 인정할 수 있지만, 그 자체로 고도의 정치적 결단을 요하여 사법심사의 대상으로 하기에는 부적절한 문제라고까지는 할 수 없다. 더구나 이 사건 심판의 대상은 이 사건 법률의 위헌여부이고 대통령의 행위의 위헌여부가 아닌 바, 법률의 위헌여부가 헌법재판의 대상으로 된 경우 당해법률이 정치적인 문제를 포함한다는 이유만으로 사법심사의 대상에서 제외된다고 할 수는 없다.
다만, 이 사건 법률의 위헌여부를 판단하기 위한 선결문제로서 신행정수도건설이나 수도이전의 문제를 국민투표에 붙일지 여부에 관한 대통령의 의사결정이 사법심사의 대상이 될 경우 위 의사결정은 고도의 정치적 결단을 요하는 문제여서 사법심사를 자제함이 바람직하다고는 할 수 있고, 이에 따라 그 의사결정에 관련된 흠을 들어 위헌성이 주장되는 법률에 대한 사법심사 또한 자제함이 바람직하다고는 할 수 있다. 17 지방
그러나 대통령의 위 의사결정이 국민의 기본권침해와 직접 관련되는 경우에는 헌법재판소의 심판대상이 될 수 있고, 이에 따라 위 의사결정과 관련된 법률도 헌법재판소의 심판대상이 될 수 있다(주 : 신행정수도건설이나 수도이전의 문제를 국민투표에 붙일지 여부에 관한 대통령의 의사결정 및 그와 관련된 신행정수도특별법도 국민의 기본권침해와 직접 관련되는 경우 사법심사의 대상이 된다는 의미). 헌법재판소 2004. 10. 21. 선고 2004헌마554·566 전원재판부

5. 개성공단 전면중단 조치가 고도의 정치적 결단을 요하는 문제이기는 하나, 조치 결과 개성공단 투자기업인 청구인들에게 기본권 제한이 발생하였고, 국민의 기본권 제한과 직접 관련된 공권력의 행사는 고도의 정치적 고려가 필요한 행위라도 헌법과 법률에 따라 결정하고 집행하도록 견제하는 것이 헌법재판소 본연의 임무이므로, 그 한도에서 헌법소원심판의 대상이 될 수 있다. 헌법재판소 2022. 1. 27. 선고 2016헌마364 전원재판부 결정

6. 법치주의의 원칙상 통치행위라 하더라도 헌법과 법률에 근거하여야 하고 그에 위배되어서는 아니 된다. 더욱이 유신헌법 제53조에 근거한 긴급조치 제1호는 국민의 기본권에 대한 제한과 관련된 조치로서 형벌법규와 국가형벌권의 행사에 관한 규정을 포함하고 있다. 그러므로 기본권 보장의 최후 보루인 법원으로서는 마땅히 긴급조치 제1호에 규정된 형벌법규에 대하여 사법심사권을 행사함으로써, 대통령의 긴급조치권 행사로 인하여 국민의 기본권이 침해되고 나아가 우리나라 헌법의 근본이념인 자유민주적 기본질서가 부정되는 사태가 발생하지 않도록 그 책무를 다하여야 할 것이다. 대법원 2010. 12. 16. 선고 2010도5986 전원합의체 판결 17 지방

헌법 제107조 제1항, 제111조 제1항 제1호의 규정에 의하면, 헌법재판소에 의한 위헌심사의 대상이 되는 '법률'이란 '국회의 의결을 거친 이른바 형식적 의미의 법률'을 의미하고, 위헌심사의 대상이 되는 규범이 형식적 의미의 법률이 아닌 때에는 그와 동일한 효력을 갖는 데에 국회의 승인이나 동의를 요하는 등 국회의 입법권 행사라고 평가할 수 있는 실질을 갖춘 것이어야 한다. 구 대한민국헌법(1980. 10. 27. 헌법 제9호로 전부 개정되기 전의 것, 이하 '유신헌법'이라 한다) 제53조 제3항은 대통령이 긴급조치를 한 때에는 지체 없이 국회에 통고하여야 한다고 규정하고 있을 뿐, 사전적으로는 물론이거니와 사후적으로도 긴급조치가 그 효력을 발생 또는 유지하는 데 국회의 동의 내지 승인 등을 얻도록 하는 규정을 두고 있지 아니하고, 실제로 국회에서 긴급조치를 승인하는 등의 조치가 취하여진 바도 없다. 따라서 유신헌법에 근거한 긴급조치는 국회의 입법권 행사라는 실질을 전혀 가지지 못한 것으로서, 헌법재판소의 위헌심판대상이 되는 '법률'에 해당한다고 할 수 없고, 긴급조치의 위헌 여부에 대한 심사권은 최종적으로 대법원에 속한다. (대법원 2010. 12. 16. 선고 2010도5986 전원합의체 판결)

헌법 제107조 제1항, 제2항은 법원의 재판에 적용되는 규범의 위헌 여부를 심사할 때, '법률'의 위헌 여부는 헌법재판소가, 법률의 하위 규범인 '명령·규칙 또는 처분' 등의 위헌 또는 위법 여부는 대법원이 그 심사권한을 갖는 것으로 권한을 분배하고 있다. 이 조항에 규정된 '법률'인지 여부는 그 제정 형식이나 명칭이 아니라 규범의 효력을 기준으로 판단하여야 하고, '법률'에는 국회의 의결을 거친 이른바 형식적 의미의 법률은 물론이고 그 밖에 조약 등 '형식적 의미의 법률과 동일한 효력'을 갖는 규범들도 모두 포함된다. 따라서 최소한 법률과 동일한 효력을 가지는 이 사건 긴급조치들의 위헌 여부 심사 권한도 헌법재판소에 전속한다. (헌법재판소 2013. 3. 21. 선고 2010헌바70 등(병합) 전원재판부)

4. 통치행위에 해당하지 않는다고 본 사례

판례

1. 비록 서훈취소가 대통령이 국가원수로서 행하는 행위라고 하더라도 법원이 사법심사를 자제하여야 할 고도의 정치성을 띤 행위라고 볼 수는 없다. 대법원 2015. 4. 23. 선고 2012두26920 판결 16 교행, 23 국가
2. 한미연합 군사훈련은 1978. 한미연합사령부의 창설 및 1979. 2. 15. 한미연합연습 양해각서의 체결 이후 연례적으로 실시되어 왔고, 특히 이 사건 연습은 대표적인 한미연합 군사훈련으로서, 피청구인이 2007. 3.경에 한 이 사건 연습결정이 새삼 국방에 관련되는 고도의 정치적 결단에 해당하여 사법심사를 자제하여야 하는 통치행위에 해당된다고 보기 어렵다. 헌법재판소 2009. 5. 28. 선고 2007헌마369 전원재판부

IV 통치행위의 주체 및 인정 범위

1. 통치행위의 주체

- 일반적으로 대통령 또는 정부가 통치행위의 주체가 된다.
- 다만, 헌법 제64조에 따라 국회의원에 대한 징계처분에 대해서는 법원에 제소가 불가능하므로 이 경우에는 국회도 주체가 되는 것으로 본다. 18 소방
- 법원은 정치적 기관이 아니라는 점에서 통치행위의 주체가 될 수 없고, 통치행위 여부에 대한 판단의 주체만 될 뿐이다.

판례

통치행위의 개념을 인정한다고 하더라도 과도한 사법심사의 자제가 기본권을 보장하고 법치주의 이념을 구현하여야 할 법원의 책무를 태만히 하거나 포기하는 것이 되지 않도록 그 인정을 지극히 신중하게 하여야 하며, 그 판단은 오로지 사법부만에 의하여 이루어져야 한다. 대법원 2004. 3. 26. 선고 2003도7878 판결 13 지방

2. 인정 범위

- 통치행위에 관한 명문의 규정은 존재하지 않는다.
- 다만, 헌법 제64조 제4항은 국회의원의 자격심사·징계·제명처분에 대해서는 법원에 제소할 수 없다고 규정하고 있는 바, 이에 따라 위 처분에 대해서는 사법심사가 불가능하다.
- 한편, 지방의회 의원에 대한 징계처분 등에 대해서는 헌법에 아무런 규정이 없으므로 사법심사가 가능하다.
- 대통령선거의 경우 공직선거법에 의해 선거소송의 대상이 됨에 따라 통치행위로 볼 수 없다.

헌법 제64조
② 국회는 의원의 자격을 심사하며, 의원을 징계할 수 있다.
④ 제2항과 제3항의 처분에 대하여는 법원에 제소할 수 없다.

V 통치행위의 한계

1. 헌법원리적 한계(헌법에 구속)

• 통치행위가 사법심사로부터 자유롭다고 하여도 그것이 헌법이나 법률로부터 완전히 자유로운 것을 의미하는 것은 아니므로, 통치행위라 하더라도 헌법의 기본원리인 국민주권주의, 비례의 원칙 등에 위반되어서는 안 된다.

2. 정치적 법률분쟁

• 정치적 문제는 진정한 의미의 정치적 분쟁과 그 안에 법률적 문제를 내포하고 있는 정치적 법률분쟁이 있는데, 사법심사의 대상에서 제외되는 것은 진정한 의미의 정치적 분쟁만이고 정치적 법률분쟁은 사법심사의 대상이 된다.

3. 통치행위에 부수하거나 그로부터 분리 가능한 행위

• 통치행위 그 자체가 아닌, 그로부터 비롯된 행위들에 대해 사법심사가 가능하다.
• 통치행위로부터 분리될 수 있는 별도의 행정작용에 대해서도 사법심사가 가능하다.

4. 정치적 통제

• 통치행위는 사법심사의 대상에서 제외되는 것만을 의미할 뿐, 그에 대한 정치적 통제・심판은 당연히 가능하다.

VI 관련 문제

• 통치행위성이 인정되어 사법심사가 배제되는 행위로 인해 실질적으로 손해를 받은 국민이 금전적 배상(보상)청구를 할 수 있는지 문제된다.
• 통치행위는 그 위법성 여부에 대해 심사를 할 수 없으므로, 위법성을 성립요건으로 하는 국가배상청구는 인정될 수 없다는 것이 다수설의 견해이다.
• 손실보상이 인정되기 위해서는 법률의 근거가 있어야 하는데, 통치행위의 경우 일반적으로 법률상 근거가 마련되어 있기 어려우므로 이를 부정하는 것이 다수설의 견해이다.

제2강 행정법의 의의

쟁점 57 행정법의 개념 및 특성

I 행정법의 성립

1. 대륙법계

(1) 특징

- 공법과 사법의 엄격한 구별을 강조한다.
- 그 결과 사법법원이 아닌 행정재판소와 같은 별도의 법원을 설치하여 행정사건을 그 관할에 속하도록 하고 있다. 11 국가

(2) 프랑스 행정법

- 대혁명 이후 행정사건에 대한 사법법원의 간섭을 배제하기 위한 필요성에 따라 사법부로부터 독립된 행정재판소가 행정사건을 담당하게 하였다. 11 국가
- 블랑코 판결을 통해 비권력적인 공역무(공공서비스)에 대해서도 행정재판소의 관할이 미치는 것으로 보아 행정법의 적용 범위를 확장시켰다.

2. 영미법계

(1) 보통법의 지배

- 사인 간의 관계에 있어서와 마찬가지로 국가와 국민 간의 관계도 보통법의 지배를 받는 것으로 보고, 그 결과 공법과 사법의 구별을 강조하지 않는다.
- 따라서 행정사건에 대한 관할도 통상의 사법법원이 행사한다. 11 국가

(2) 특별법적 성격의 행정법

- 행정위원회를 중심으로 보통법의 지배원리를 부분적으로 수정하는 방향으로 행정법이 발달하여 왔고, 그 결과 오늘날에는 행정의 특수성을 고려하여 보통법의 특별법적인 성격을 갖는 행정법의 존재를 인정하고 있다. 11 국가

3. 우리나라 행정법

- 대륙법계의 영향을 받아 사법과 구별되는 행정의 특유한 공법으로서의 성격을 강조한다.
- 그러나 대륙법계와 달리 행정사건에 대해 별도의 행정법원(재판소)이 아닌 일반 사법법원의 관할권을 인정한다. 11 국가

PART 03

Ⅱ 행정법의 개념

1. 행정에 관한 법

- 행정법은 행정의 조직 · 작용 · 통제에 관한 법을 의미한다.
- '행정법'이라는 단일법전이 존재하는 것은 아니고, 행정의 조직 · 작용 · 통제에 관한 일체의 법률을 통칭하여 행정법이라 부른다.

2. 행정에 관한 공법

- 행정법은 행정에 관한 공법만을 의미한다.
- 따라서 교육청의 업무용품 구입계약이나 청사의 건설도급계약과 같은 사법상 계약의 성질을 갖는 행위에 대해서는 행정법이 아닌 사법이 적용된다.

3. 행정에 관한 국내공법

- 행정법은 국내에서만 적용되는 법을 의미한다.
- 다만, "헌법에 의하여 체결 · 공포된 조약과 일반적으로 승인된 국제법규는 국내법과 같은 효력을 가진다."라고 규정한 헌법 제6조에 따라 조약 등이 국내행정과 관련된 사항을 규율하고 있는 경우 예외적으로 행정법의 한 부분을 구성한다고 할 수 있다.

Ⅲ 행정법의 분류

1. 행정조직법(조직규범)

- 행정기관의 설치 · 조직 및 그 권한 등에 관하여 규정한 법을 말한다.
- 행정권의 발동을 위해서는 그 전제로서 조직법적 근거가 반드시 필요하므로, 행정의 모든 영역에 있어서 조직규범은 예외 없이 존재하여야 한다.

2. 행정작용법(작용규범)

- 행정주체가 국민에 대해 행정작용을 함에 있어서 필요한 근거를 규정한 법을 말한다.
- 법률유보 원칙의 적용 대상으로서, 행정주체에게 행정권 발동의 구체적인 근거를 부여한다는 점에서 근거규범 · 수권규범이라고도 한다.

3. 행정구제법

- 행정작용에 따른 국민의 권리침해에 대한 구제절차 · 방법을 규정한 법을 말한다.

Ⅳ 행정법의 지도원리

1. 민주주의 원리

- 헌법은 제1조 제1항에서 "대한민국은 민주공화국이다."라고 하여 민주주의가 헌법상 원칙임을 천명하고 있다.
- 주민참여, 행정활동의 투명성 등의 방법을 통해 민주주의 원리가 행정법상 구현되고 있고, 종국적으로는 국민의 기본권 보장에 기여하고 있다.

2. 법치주의 원리

(1) 의의

- 모든 국가권력의 행사가 국회가 제정한 법률에 의하거나 법률에 근거하여야 할 뿐만 아니라 그 법률의 내용까지도 정의의 이념에 부합하여야 한다는 원리를 말한다.
- 궁극적으로는 국민의 기본권 보장을 목적으로 한다는 점에서 민주주의 원리와 공통된다.

(2) 유형

① 형식적 법치주의

- 의회에서 제정한 법률에 근거하기만 하면 어떠한 행정작용도 정당화될 수 있다는 내용의 법치주의로서, 근거가 된 법률의 내용이나 이념적 정당성을 불문한다.
- 행정작용의 합법성만을 강조한다.
- 행정부에 대한 입법부의 우위로 표현된다.

② 실질적 법치주의

- 행정작용은 의회에서 제정한 법률에 근거하여야 할 뿐만 아니라, 법률의 내용까지도 기본권 보장이라는 이념적 정당성을 갖추어야 한다는 내용의 법치주의를 말한다.
- 행정작용의 합법성뿐만 아니라 근거가 된 법률의 합헌성을 강조한다.
- 입법부에 대한 사법부의 우위로 표현된다(위헌법률심사 가능). 14 사복

3. 기타 주요 행정법의 지도원리

- 사회국가원리, 국가안전보장원리, 문화국가원리, 지방분권주의 등이 있다.

4. 관련 문제 : 기본권 보호의무

- 민주주의 원리와 법치주의 원리 모두 궁극적으로는 국민의 기본권 보장을 그 목표로 하는데, 이 때 국가가 어느 정도 수준으로 기본권을 보장해야 하는지가 문제된다.
- 헌법재판소는 과소보호금지원칙을 기준으로 국가의 기본권 보호의무 위반 여부를 심사한다.

판례

헌법재판소는 권력분립의 관점에서 소위 과소보호금지원칙을, 즉 국가가 국민의 법익보호를 위하여 적어도 적절하고 효율적인 최소한의 보호조치를 취했는가를 기준으로 심사하게 된다. 헌법재판소 1997. 1. 16. 선고 90헌마110 결정 21 국가 01

OX 확인

01 국가가 국민의 생명·신체의 안전에 대한 보호의무를 다하지 않았는지 여부를 헌법재판소가 심사할 때에는 국가가 이를 보호하기 위하여 적어도 적절하고 효율적인 최소한의 보호조치를 취하였는가 하는 '과소보호 금지원칙'의 위반 여부를 기준으로 삼는다. (○)

PART 03

쟁점 58 행정법의 효력

I 시간적 효력

1. 효력발생시기

(1) 구체적 효력발생시기

- 법률과 명령은 특별한 규정이 없는 한 공포한 날로부터 20일을 경과함으로써 효력을 발생한다. 16 교행
- 단, 국민의 권리제한 또는 의무부과와 직접 관련되는 법률과 명령은 특별한 사유가 있는 경우를 제외하고는 공포일로부터 적어도 30일이 경과한 날부터 시행되도록 하여야 한다. 20 국가
- 조례와 규칙은 특별한 규정이 없으면 공포한 날로부터 20일이 지나면 효력을 발생한다.

(2) 공포

① 공포방법

- 헌법개정 · 법률 · 조약 · 명령의 공포는 관보에 게재함으로써 한다. 단, 국회의장이 법률을 공포하는 경우에는 서울특별시에서 발행되는 둘 이상의 일간신문에 게재함으로써 한다. 21 지방
- 조례와 규칙의 공포는 해당 지방자치단체의 공보에 게재하는 방법으로 한다. 단, 지방의회 의장이 공포하는 경우에는 공보나 일간신문에 게재하거나 게시판에 게시한다.

② '공포일(공포한 날)'의 의미

- 법률과 명령의 공포일은 해당 법령 등을 게재한 관보 또는 신문이 발행된 날로 한다. 21 지방
- 조례와 규칙의 공포일은 그 조례와 규칙 등을 게재한 공보나 신문이 발행된 날이나 게시판에 게시된 날로 한다.
- 이때 '관보(공보) 또는 신문이 발행된 날'이라 함은 일반국민이 이를 열람하거나 구독할 수 있는 상태에 놓이게 된 최초의 시기를 의미한다(**최초구독가능시설** : 통설 및 판례).

판례

"관보 게재일"이라 함은 관보에 인쇄된 발행일자가 아니고 관보가 실제 인쇄되어 관보보급소에 발송 배포되어 이를 일반인이 열람 또는 구독할 수 있는 상태에 놓이게 된 최초의 시기를 뜻한다.
대법원 1969. 11. 25. 선고 69누129 판결

(3) 시행일의 기간 계산

행정기본법 제7조 【법령등 시행일의 기간 계산】
법령등(훈령 · 예규 · 고시 · 지침 등을 포함한다)의 시행일을 정하거나 계산할 때에는 다음 각 호의 기준에 따른다.
1. 법령등을 공포한 날부터 시행하는 경우에는 공포한 날을 시행일로 한다.
2. 법령등을 공포한 날부터 일정 기간이 경과한 날부터 시행하는 경우 법령등을 공포한 날을 첫날에 산입하지 아니한다. 24 국가
3. 법령등을 공포한 날부터 일정 기간이 경과한 날부터 시행하는 경우 그 기간의 말일이 토요일 또는 공휴일인 때에는 그 말일로 기간이 만료한다. 24 국가

법령공포법 제13조(시행일)
대통령령, 총리령 및 부령은 특별한 규정이 없으면 공포한 날부터 20일이 경과함으로써 효력을 발생한다.

법령공포법 제13조의2(법령의 시행유예 기간)
국민의 권리 제한 또는 의무 부과와 직접 관련되는 법률, 대통령령, 총리령 및 부령은 긴급히 시행하여야 할 특별한 사유가 있는 경우를 제외하고는 공포일부터 적어도 30일이 경과한 날부터 시행되도록 하여야 한다.

지방자치법 제32조(조례와 규칙의 제정 절차 등)
⑧ 조례와 규칙은 특별한 규정이 없으면 공포한 날부터 20일이 지나면 효력을 발생한다.

법령공포법 제11조(공포 및 공고의 절차)
① 헌법개정 · 법률 · 조약 · 대통령령 · 총리령 및 부령의 공포와 헌법개정안 · 예산 및 예산 외 국고부담계약의 공고는 관보에 게재함으로써 한다.
② 「국회법」 제98조 제3항 전단에 따라 하는 국회의장의 법률 공포는 서울특별시에서 발행되는 둘 이상의 일간신문에 게재함으로써 한다.
③ 제1항에 따른 관보는 종이로 발행되는 관보(이하 "종이관보"라 한다)와 전자적인 형태로 발행되는 관보(이하 "전자관보"라 한다)로 운영한다.
④ 관보의 내용 해석 및 적용 시기 등에 대하여 종이관보와 전자관보는 동일한 효력을 가진다. 21 지방

법령공포법 제12조(공포일 · 공고일)
제11조의 법령 등의 공포일 또는 공고일은 해당 법령 등을 게재한 관보 또는 신문이 발행된 날로 한다.

2. 소급적용금지의 원칙(행위시법주의)

(1) 의의

- 법령은 그 시행일을 기준으로 하여 장래에 향해서만 적용될 뿐, 그 시행일 전에 종결된 사실에 대해서는 적용될 수 없다는 원칙으로서, 법률에 대한 국민의 신뢰를 보호함으로써 법적 안정성을 달성하는 것을 목적으로 한다.

판례

법령이 변경된 경우 신 법령이 피적용자에게 유리하여 이를 적용하도록 하는 경과규정을 두는 등의 특별한 규정이 없는 한 헌법 제13조 등의 규정에 비추어 볼 때 그 변경 전에 발생한 사항에 대하여는 변경 후의 신 법령이 아니라 변경 전의 구 법령이 적용되어야 한다. 대법원 2002. 12. 10. 선고 2001두3228 판결

- 소급적용은 진정소급적용과 부진정소급적용으로 구분된다.

(2) 진정소급적용

> 행정기본법 제14조【법 적용의 기준】
> ① 새로운 법령등은 법령등에 특별한 규정이 있는 경우를 제외하고는 그 법령등의 효력 발생 전에 완성되거나 종결된 사실관계 또는 법률관계에 대해서는 적용되지 아니한다.

① 의의

- 신법의 효력이 발생하기 전에 이미 종결된 사실관계에 대하여 제·개정된 신법을 적용하는 것을 진정소급적용이라 한다.

② 원칙: 금지

- 이를 인정하게 되면 기존 법률에 대한 국민들의 신뢰보호 및 법적안정성에 중대한 장애를 가져오게 되므로 진정소급적용은 원칙적으로 금지된다.

③ 예외: 허용

- 다만, 국민들의 신뢰보호 및 법적안정성에 중대한 장애를 가져오지 않는 예외적인 경우에는 진정소급적용이 허용될 수 있는바, 판례도 이를 인정하고 있다. 15 서울

판례

[대법원의 태도]
법령의 소급적용, 특히 행정법규의 소급적용은 일반적으로는 법치주의의 원리에 반하고, 개인의 권리·자유에 부당한 침해를 가하며, 법률생활의 안정을 위협하는 것이어서, 이를 인정하지 않는 것이 원칙이고(법률불소급의 원칙 또는 행정법규불소급의 원칙), 다만 법령을 소급적용하더라도 일반 국민의 이해에 직접 관계가 없는 경우, 오히려 그 이익을 증진하는 경우, 불이익이나 고통을 제거하는 경우 등의 특별한 사정이 있는 경우에 한하여 예외적으로 법령의 소급적용이 허용된다. 대법원 2005. 5. 13. 선고 2004다8630 판결 12 사복, 15 사복

법령이 제정되거나 개정되면 그 법령은 장래의 행위에 대하여만 적용되는 것이 원칙이다. 따라서 법령이 제정되거나 개정되기 전에 이루어진 행위는 특별한 사정이 없는 한 그 행위 당시 시행되던 법령에 의하여 규율된다. 이러한 법리는 조세법령의 경우에도 마찬가지이다. 즉 조세법령이 폐지 또는 개정되더라도 그 전에 이미 완성된 과세요건사실에 대하여는 별도의 규정이 없는 한 종전의 법령이 계속 적용되고, 새로 제정되거나 개정된 법령은 조세법령 불소급의 원칙 또는 소급과세금지의 원칙에 따라 그 효력 발생 이후에 완성되는 과세요건사실에 대하여만 적용된다. (대법원 2021. 10. 28. 선고 2019두39635 판결)

PART 03

판례

[헌법재판소의 태도]

기존의 법에 의하여 형성되어 이미 굳어진 개인의 법적 지위를 사후입법을 통하여 박탈하는 것 등을 내용으로 하는 진정소급입법은 개인의 신뢰보호와 법적안정성을 내용을 하는 법치국가원리에 의하여 특단의 사정이 없는 한 헌법적으로 허용되지 아니하는 것이 원칙이며, 진정소급입법이 허용되는 예외적인 경우로는 일반적으로 국민이 소급입법을 예상할 수 있었거나 법적상태가 불확실하고 혼란스러웠거나 하여 보호할만한 신뢰의 이익이 적은 경우와 소급입법에 의한 당사자의 손실이 없거나 아주 경미한 경우, 그리고 신뢰보호의 요청에 우선하는 심히 중대한 공익상의 사유가 소급입법을 정당화하는 경우 등을 들 수 있다. 헌법재판소 1998. 9. 30. 선고 97헌바38 전원재판부 결정 14 국가, 15 사복, 16 교행, 20 국가

친일재산의 소급적 박탈은 일반적으로 소급입법을 예상할 수 있었던 예외적인 사안이고, 진정소급입법을 통해 침해되는 법적 신뢰는 심각하다고 볼 수 없는 데 반해 이를 통해 달성되는 공익적 중대성은 압도적이라고 할 수 있으므로 진정소급입법이 허용되는 경우에 해당한다. (대법원 2012. 2. 23. 선고 2010두17557 판결)

(3) 부진정소급적용

① 의의

- 신법의 효력 발생 전에 사실관계가 시작되었으나 신법이 효력을 발생할 때까지 완성되지 않고 계속 진행 중인 사실에 대하여 신법을 적용하는 것을 부진정소급적용이라 한다.

② 원칙: 허용

- 소급적용금지에서 금지하는 소급효는 진정소급효를 의미하므로, 부진정소급적용은 원칙적으로 허용된다(즉, 원칙적으로 법령의 소급적용금지의 원칙은 부진정소급적용에는 적용되지 않는다).

판례

소급효는 이미 과거에 완성된 사실관계를 규율의 대상으로 하는 이른바 진정소급효와 과거에 시작하였으나 아직 완성되지 아니하고 진행과정에 있는 사실관계를 규율대상으로 하는 이른바 부진정소급효를 상정할 수 있는바, 대학이 성적불량을 이유로 학생에 대하여 징계처분을 하는 경우에 있어서 수강신청이 있은 후 징계요건을 완화하는 학칙개정이 이루어지고 이어 당해 시험이 실시되어 그 개정학칙에 따라 징계처분을 한 경우라면 이는 이른바 부진정소급효에 관한 것으로서 구 학칙의 존속에 관한 학생의 신뢰보호가 대학당국의 학칙개정의 목적달성보다 더 중요하다고 인정되는 특별한 사정이 없는 한 위법이라고 할 수 없다. 대법원 1989. 7. 11. 선고 87누1123 판결 22 국가

현행법이 시행되기 이전에 위반행위가 종료되었더라도 그 시행 당시 구법 제49조 제4항의 처분시효가 경과하지 않은 사건에 대하여, 위 부칙조항에 따라 구법에 비하여 처분시효를 연장한 현행법 제49조 제4항을 적용하는 것은 현재 진행 중인 사실관계나 법률관계를 대상으로 하는 것으로서 부진정소급에 해당하고, 헌법상 법률불소급의 원칙에 반하지 않는다. 나아가 현행법 제49조 제4항의 개정 취지에 비추어 이를 적용할 공익상의 요구가 중대함에 비하여 구법에 따른 처분시효가 경과하지 않은 상태에서 아직 공정거래위원회의 조사가 개시되지 않았다는 사정만으로는 구법의 존속에 대한 신뢰를 보호할 가치가 크지 않으므로, 위와 같은 사건의 경우 신뢰보호원칙에 따라 예외적으로 현행법 제49조 제4항의 적용이 제한되어야 한다고도 볼 수 없다. (대법원 2020. 12. 24. 선고 2018두58295 판결)

③ 예외: 금지

- 다만, 구법에 대한 신뢰가 신법의 적용을 통해 달성하려고 하는 공익보다 더 보호가치가 있다고 인정되는 경우 예외적으로 부진정소급적용은 금지된다(신뢰보호원칙).

판례

행정처분은 그 근거 법령이 개정된 경우에도 경과규정에서 달리 정함이 없는 한 처분 당시 시행되는 개정 법령과 그에 정한 기준에 의하는 것이 원칙이고, 그 개정 법령이 기존의 사실 또는 법률관계를 적용대상으로 하면서 국민의 재산권과 관련하여 종전보다 불리한 법률효과를 규정하고 있는 경우에도 그러한 사실 또는 법률관계가 개정법령이 시행되기 이전에 이미 완성 또는 종결된 것이 아니라면 이를 헌법상 금지되는 소급입법에 의한 재산권 침해라고 할 수는 없으며, 그러한 개정 법령의 적용과 관련하여서는 개정 전 법령의 존속에 대한 국민의 신뢰가 개정 법령의 적용에 관한 공익상의 요구보다 더 보호가치가 있다고 인정되는 경우에 그러한 국민의 신뢰를 보호하기 위하여 그 적용이 제한될 수 있는 여지가 있을 따름이다. 대법원 2009. 9. 10. 선고 2008두9324 판결 14 국가, 21 국가 01

OX 확인

01 개정 법령이 기존의 사실 또는 법률관계를 적용대상으로 하면서 국민의 재산권과 관련하여 종전보다 불리한 법률효과를 규정하고 있는 경우, 그러한 사실 또는 법률관계가 개정 법률이 시행되기 이전에 이미 완성 또는 종결된 것이 아니라면 소급입법금지원칙에 위반된다. (×)

(4) 헌법불합치결정과 소급적용

- 헌법불합치결정이란 헌법재판소가 내리는 위헌결정의 하나로서, 단순위헌결정을 내릴 때 발생할 수 있는 법의 공백으로 인한 혼란을 피하기 위해 입법자가 새로이 법을 제・개정할 때까지 일시적으로 그 법의 효력을 존속시키는 결정을 말한다.
- 법률조항에 대하여 헌법재판소가 헌법불합치결정을 하여 그 법률조항을 합헌적으로 개정 또는 폐지하는 임무를 입법자에게 맡긴 경우, 그 개선입법의 소급적용 여부 및 범위는 원칙적으로 입법자의 재량에 달려 있다.

판례

어떠한 법률조항에 대하여 헌법재판소가 헌법불합치결정을 하여 그 법률조항을 합헌적으로 개정 또는 폐지하는 임무를 입법자의 형성 재량에 맡긴 이상, 그 개선입법의 소급적용 여부와 소급적용의 범위는 원칙적으로 입법자의 재량에 달린 것이다. 대법원 2008. 1. 17. 선고 2007두21563 판결 15 사복

비형벌조항에 대해 잠정적용 헌법불합치결정이 선고되었으나 위헌성이 제거된 개선입법이 이루어지지 않은 채 개정시한이 지남으로써 그 법률조항의 효력이 상실되었다고 하더라도 그 효과는 장래에 향해서만 미칠 뿐이고, 당해 사건이라고 하여 이와 달리 취급할 이유는 없다. 한편 비형벌조항에 대한 적용중지 헌법불합치결정이 선고되었으나 위헌성이 제거된 개선입법이 이루어지지 않은 채 개정시한이 지난 때에는 헌법불합치결정 시점과 법률조항의 효력이 상실되는 시점 사이에 아무런 규율도 존재하지 않는 법적 공백을 방지할 필요가 있으므로, 그 법률조항은 헌법불합치결정이 있었던 때로 소급하여 효력을 상실한다. 비형벌조항에 대해 잠정적용 헌법불합치결정이 선고된 경우라도 해당 법률조항의 잠정적용을 명한 부분의 효력이 미치는 사안이 아니라 적용중지 상태에 있는 부분의 효력이 미치는 사안이라면, 그 법률조항 중 적용중지 상태에 있는 부분은 헌법불합치결정이 있었던 때로 소급하여 효력을 상실한다고 보아야 한다. (대법원 2020. 1. 30. 선고 2018두49154 판결)

3. 효력의 소멸

(1) 한시법

- "이 법은 2019년 12월 31일까지 효력을 가진다."와 같은 명문의 유효기간을 정하고 있는 법령을 한시법이라 한다.
- 한시법은 유효기간이 경과하면 당연히 그 효력이 소멸한다. 12 사복

(2) 비한시법

- 상급 또는 동위의 법령에 의한 명시적 폐지나 내용적으로 모순・저촉되는 법령의 제정에 의한 묵시적 폐지에 의해 효력을 상실한다.
- 법령이 전문개정된 경우 기존 법률은 부칙규정을 포함하여 모두 효력을 상실한다.
- 헌법재판소의 위헌결정이 있는 경우 그 법은 효력을 상실한다.

4. 유형별 검토

(1) 신청에 따른 처분

> 행정기본법 제14조【법 적용의 기준】
> ② 당사자의 신청에 따른 처분은 법령등에 특별한 규정이 있거나 처분 당시의 법령등을 적용하기 곤란한 특별한 사정이 있는 경우를 제외하고는 처분 당시의 법령등에 따른다.

- 원칙적으로 신청에 따른 처분을 행할 당시에 시행 중인 법령이 적용된다.
- 다만, 개별법에서 경과규정을 두고 있거나, 행정청이 신청을 수리하고도 정당한 이유 없이 처리를 늦추는 사이에 허가기준이 변경된 경우에는 신청 당시 시행 중이던 법령이 적용된다.

판례

허가 등의 행정처분은 원칙적으로 처분시의 법령과 허가기준에 의하여 처리되어야 하고 허가신청 당시의 기준에 따라야 하는 것은 아니며, 비록 허가신청 후 허가기준이 변경되었다 하더라도 그 허가관청이 허가신청을 수리하고도 정당한 이유 없이 그 처리를 늦추어 그 사이에 허가기준이 변경된 것이 아닌 이상 변경된 허가기준에 따라서 처분을 하여야 한다. 대법원 2006. 8. 25. 선고 2004두2974 판결

개정된 특수임무수행자 보상에 관한 법률 시행령 제4조 제1항 제2호가 시행령 개정 전에 이미 보상금을 신청한 자들의 이러한 기대이익을 보장하기 위한 경과규정을 두지 아니함으로써 보상금수급 요건을 엄격히 정한 개정 시행령조항이 그들에 대하여도 적용되게 하였다고 하더라도 헌법상 보장된 재산권을 소급입법에 의하여 박탈하는 것이라고 볼 수는 없다. (대법원 2014. 7. 24. 선고 2012두23501 판결)

⑵ 당사자의 신뢰보호가 필요한 경우

- 개정 전 법령의 존속에 대한 국민의 신뢰가 개정 법령의 적용에 대한 공익상의 요구보다 더 보호가치가 있다고 인정되는 경우에는 개정법의 적용이 배제되고 개정 전 법령이 적용된다.

판례

1. 법령의 개정에 있어서 구 법령의 존속에 대한 당사자의 신뢰가 합리적이고도 정당하며, 법령의 개정으로 야기되는 당사자의 손해가 극심하여 새로운 법령으로 달성하고자 하는 공익적 목적이 그러한 신뢰의 파괴를 정당화할 수 없다면, 입법자는 경과규정을 두는 등 당사자의 신뢰를 보호할 적절한 조치를 하여야 하며, 이와 같은 적절한 조치 없이 새 법령을 그대로 시행하거나 적용하는 것은 허용될 수 없는 바, 이는 헌법의 기본원리인 법치주의 원리에서 도출되는 신뢰보호의 원칙에 위배되기 때문이다. 따라서 변리사 제1차 시험을 절대평가제에서 상대평가제로 환원하는 내용의 변리사법 시행령 개정조항을 즉시 시행하도록 정한 부칙 부분이 헌법상 신뢰보호원칙에 위반되어 무효이다. 대법원 2006. 11. 16. 선고 2003두12899 전원합의체 판결
2. 개정 전 약사법 시행령에서 한약사 국가시험의 응시자격을 '필수 한약관련 과목과 학점을 이수하고 대학을 졸업한 자'로 규정하던 것을, 개정 시행령에서 '한약학과를 졸업한 자'로 응시자격을 변경하면서, 개정 시행령 부칙이 한약사 국가시험의 응시자격에 관하여 1996학년도 이전에 대학에 입학하여 개정 시행령 시행 당시 대학에 재학 중인 자에게는 개정 전의 시행령 제3조의2를 적용하게 하면서도 1997학년도에 대학에 입학하여 개정 시행령 시행 당시 대학에 재학 중인 자에게는 개정 시행령 제3조의2를 적용하게 하는 것은 헌법상 신뢰보호의 원칙과 평등의 원칙에 위배되어 허용될 수 없다고 한 사례. 대법원 2007. 10. 29. 선고 2005두4649 전원합의체 판결

⑶ 법률관계를 확인하는 처분

- 장애등급의 결정과 같이 사건의 발생시 법령에 따라 이미 법률관계가 확정되고 행정청이 이를 확인하는 처분을 하는 경우에는 처분시가 아닌 당해 법률관계의 확정시(지급사유 발생시) 시행 중이던 법령을 적용한다.

판례

1. 장애연금 지급을 위한 장애등급 결정은 장애연금 지급청구권을 취득할 당시, 즉 치료종결 후 신체 등에 장애가 있게 된 당시의 법령에 따르는 것이 원칙이다. 나아가 이러한 법리는 기존의 장애등급이 변경되어 장애연금액을 변경하여 지급하는 경우에도 마찬가지이므로, 장애등급 변경결정 역시 변경사유 발생 당시, 즉 장애등급을 다시 평가하는 기준일인 '질병이나 부상이 완치되는 날'의 법령에 따르는 것이 원칙이다. 대법원 2014. 10. 15. 선고 2012두15135 판결
2. 산업재해보상보험법상 장해급여는 근로자가 업무상의 사유로 부상을 당하거나 질병에 걸려 치료를 종결한 후 신체 등에 장해가 있는 경우 그 지급 사유가 발생하고, 그때 근로자는 장해급여 지급청구권을 취득하므로, 장해급여 지급을 위한 장해등급 결정 역시 장해급여 지급청구권을 취득할 당시, 즉 그 지급사유 발생 당시의 법령에 따르는 것이 원칙이다. 대법원 2007. 2. 22. 선고 2004두12957 판결

⑷ 법령 위반에 따른 제재적 처분

행정기본법 제14조【법 적용의 기준】

③ 법령등을 위반한 행위의 성립과 이에 대한 제재처분은 법령등에 특별한 규정이 있는 경우를 제외하고는 법령등을 위반한 행위 당시의 법령등에 따른다. 다만, 법령등을 위반한 행위 후 법령등의 변경에 의하여 그 행위가 법령등을 위반한 행위에 해당하지 아니하거나 제재처분 기준이 가벼워진 경우로서 해당 법령등에 특별한 규정이 없는 경우에는 변경된 법령등을 적용한다.

- 종래 판례는 행위시법주의 원칙에 따라 제재적 처분을 하는 경우에 있어서도 법령위반행위 당시 시행 중이던 법령이 적용되는 것으로 보았고, 이는 개정된 법령이 상대방인 국민에게 유리한 내용을 정하고 있는 경우에도 마찬가지였다.
- 그러나 최근 제정된 행정기본법은 제재적 처분 등에 관한 법령이 행위 후 유리하게 변경된 경우에는 원칙적으로 유리한 개정법이 적용되는 것으로 규정함으로써 유리한 신법의 소급적용이 가능하도록 하였다.

(5) **불합격처분**

- 시험에 따른 합격 또는 불합격처분은 원칙상 시험일자의 법령을 적용한다.

판례

헌법재판소의 헌법불합치결정에 따라 개정된 국가유공자 등 예우 및 지원에 관한 법률 제31조 제1항, 제2항 등의 적용 시기인 2007. 7. 1. 전에 실시한 공립 중등학교 교사 임용후보자 선정 경쟁시험에서, 위 법률 등의 개정 규정을 소급 적용하지 않고 개정 전 규정에 따른 가산점 제도를 적용하여 한 불합격처분은 적법하다고 한 사례. 대법원 2009. 1. 15. 선고 2008두15596 판결

PART 03

Ⅱ 장소적 효력

1. 원칙

- 행정법규는 당해 행정법규를 제정하는 기관의 권한이 미치는 지역 내에서만 효력을 가지는 것이 원칙이다.
- 따라서 법률과 명령의 경우 대한민국의 전 영토에 걸쳐 효력을 가지고, 조례와 규칙의 경우 당해 자치단체의 구역 내에서만 효력을 가지는 것이 원칙이다.

2. 예외

- 국제관례 또는 조약이나 협정에 의해 행정법규의 효력이 미치지 않는 경우가 있다.
- 법률 또는 명령이면서 영토 내 일부의 지역에서만 적용되는 경우, 즉 특정지역만을 대상으로 하는 경우도 있다. 16 교행
- 하나의 지방자치단체의 조례가 다른 지방자치단체의 구역 내에서도 효력을 가지는 경우와 같이 행정법규가 그 제정기관의 본래의 관할구역을 넘어서 적용되는 경우가 있다.

Ⅲ 대인적 효력

1. 속지주의 원칙

- 행정법규는 영토 또는 구역 내의 모든 자연인(자국인 · 외국인 불문)과 법인에게 효력을 미치는 것이 원칙이다. 16 교행

2. 예외

- 속인주의 : 국외에 있는 대한민국 국민에 대해서도 행정법규가 적용된다. 12 국회
- 국제법상 치외법권을 가지는 외국의 원수 및 외교관에 대해서는 우리 행정법규가 적용되지 않는다.
- 국내에 주둔하는 미합중국 군대구성원에 대해서는 한미행정협정에 의해 우리 행정법규가 적용되지 않는다.

CHAPTER 02

행정법의 법원

제1강 행정법의 법원

쟁점 59 행정법의 법원

Ⅰ 개설

1. 법원의 의의

(1) 법의 존재형식 또는 인식근거를 의미한다.

(2) 성문의 법전이 존재하는 성문법원과 별도의 법전이 존재하지 않는 불문법원으로 구분된다.

(3) 법원의 범위에 관하여 견해의 대립이 있다.

- 협의설 : 대외적 구속력을 갖는 법규만 법원으로 보는 견해이다(판례).
- 광의설 : 행정규칙과 같은 법규 외의 규범도 법원으로 보는 견해이다(다수설).

2. 행정법 법원의 특징

(1) 성문법주의 원칙

- 행정에 대한 예측가능성을 담보하기 위하여 대륙법계 · 영미법계 국가를 불문하고 대부분의 국가는 행정법에 대하여 성문법주의를 원칙으로 하고 있다.

(2) 불문법의 보충

- 규율대상의 다양성으로 인해 행정의 모든 영역을 성문법이 완벽하게 규율하는 것은 현실적으로 불가능하므로, 불문법을 통하여 성문법의 공백을 보충하고 있다.

Ⅱ 행정법의 성문법원

1. 의의

- 성문의 법전이 존재하는, 문서상으로 확정된 법을 의미한다.
- 단계적 구조 : 헌법을 최고규범으로 하여 그 아래 순서대로 법률, 국제법규, 명령, 자치법규(조례 및 규칙)가 단계적 · 통일적 구조를 취하고 있다.

2. 헌법

(1) 헌법은 국가의 최고규범으로서 행정법의 가장 기본적인 법원이 된다. 16 서울

(2) 헌법은 다른 모든 법규범의 해석기준이 되고, 따라서 헌법에 위반되는 법규범은 위헌무효 이다.

(3) 헌법 합치적 해석

- 법규범의 내용이 헌법에 합치되는지 여부가 명확하지 않은 경우, 헌법에 합치되는 해석이 가능하다면 가급적 그 법규범을 헌법에 합치되도록 해석해야 한다는 해석원칙을 말한다.

국가의 법체계는 그 자체로 통일체를 이루고 있으므로 상 · 하 규범 사이의 충돌은 최대한 배제되어야 하며 또한 규범이 무효라고 선언될 경우에 생길 수 있는 법적 혼란과 불안정 및 새로운 규범이 제정될 때까지의 법적 공백 등으로 인한 폐해를 회피할 필요성이 있음에 비추어 보면, 하위법령의 규정이 상위법령의 규정에 저촉 되는지가 명백하지 아니한 경우에, 관련 법령의 내용과 입법 취지 및 연혁 등을 종합적으로 살펴 하위법령의 의미를 상위법령에 합치되는 것으로 해석하는 것도 가능한 경우라면, 하위법령이 상위법령에 위반된다는 이유로 쉽게 무효를 선언할 것은 아니다. (대법원 2016. 12. 15. 선고 2014두44502 판결)

3. 법률

⑴ 의의

- 여기서 말하는 법률이란 국회에서 제정한 형식적 의미의 법률만을 의미한다.
- 다만, 예외적으로 헌법 제76조에 따라 대통령의 긴급명령, 긴급재정·경제명령은 명령의 형식임에도 법률과 동일한 효력을 갖는다. 17 교행

⑵ 법률(규범)의 충돌 시 우선순위

- **상위법우선의 원칙**: 단계적 구조에 따라 상위법이 하위법보다 우선한다는 원칙이다.
- **특별법우선의 원칙**: 특별법이 일반법보다 우선한다는 원칙이다.
- **신법우선의 원칙**: 신법이 구법보다 우선한다는 원칙이다.
- 만약 특별법과 신법이 충돌하는 경우, 특별법우선의 원칙이 신법우선의 원칙에 우선하는 결과 구법인 특별법이 신법인 일반법보다 우선한다.

> 헌법 제76조
> ① 대통령은 내우·외환·천재·지변 또는 중대한 재정·경제상의 위기에 있어서 국가의 안전보장 또는 공공의 안녕질서를 유지하기 위하여 긴급한 조치가 필요하고 국회의 집회를 기다릴 여유가 없을 때에 한하여 최소한으로 필요한 재정·경제상의 처분을 하거나 이에 관하여 법률의 효력을 가지는 명령을 발할 수 있다.
> ② 대통령은 국가의 안위에 관계되는 중대한 교전상태에 있어서 국가를 보위하기 위하여 긴급한 조치가 필요하고 국회의 집회가 불가능한 때에 한하여 법률의 효력을 가지는 명령을 발할 수 있다.

4. 명령

- 행정권에 의하여 제정되는 법형식을 의미한다.
- 법규성을 갖는 법규명령과 법규성 없이 행정기관 내부에서만 효력을 갖는 행정규칙으로 구분된다.

5. 자치법규

① 지방자치단체가 법령의 범위 안에서 제정하는 자치에 관한 규정을 말한다.

② 지방의회가 제정하는 조례 및 지방자치단체의 장과 교육감이 정하는 규칙으로 구분된다. 16 교행

③ 충돌 시 우선순위

- 광역자치단체의 자치법규는 기초자치단체의 자치법규보다 우선한다.
- 하나의 지방자치단체 내에서는 조례가 규칙보다 우선한다.

6. 국제법(조약 및 국제법규)

⑴ 의의

- **조약**: 조약·협약·협정 등 명칭에 상관없이 국가와 국가 사이 또는 국가와 국제기구 사이의 구속력 있는 합의를 말한다.

판례

남북 사이의 화해와 불가침 및 교류협력에 관한 합의서는 남북관계가 '나라와 나라 사이의 관계가 아닌 통일을 지향하는 과정에서 잠정적으로 형성되는 특수관계'임을 전제로, 조국의 평화적 통일을 이룩해야 할 공동의 정치적 책무를 지는 남북한 당국이 특수관계인 남북관계에 관하여 채택한 합의문서로서, 남북한 당국이 각기 정치적인 책임을 지고 상호 간에 그 성의 있는 이행을 약속한 것이기는 하나 법적 구속력이 있는 것은 아니어서 이를 국가 간의 조약 또는 이에 준하는 것으로 볼 수 없고, 따라서 국내법과 동일한 효력이 인정되는 것도 아니다. 대법원 1999. 7. 23. 선고 98두14525 판결 17 교행

헌법 제6조
① 헌법에 의하여 체결·공포된 조약과 일반적으로 승인된 국제법규는 국내법과 같은 효력을 가진다.

- 일반적으로 승인된 국제법규 : 우리나라가 당사국이 아닌 조약으로서 국제사회에서 일반적으로 그 규범성이 승인된 것과 국제관습법을 말한다.
- 헌법은 명시적으로 조약 및 일반적으로 승인된 국제법규가 법률과 같은 효력을 갖는다고 밝히고 있으므로 조약 및 일반적으로 승인된 국제법규가 국내행정에 관한 사항을 포함하고 있는 경우 그 범위에서 행정법의 법원이 된다.

(2) 국내법으로의 편입

- 헌법 제60조에 따라 조약은 국회의 동의를 요하는 조약과 그렇지 않은 조약으로 구분되는데, 전자의 경우 국내법 질서에 편입되기 위해서는 국회의 동의를 얻어야 한다.
- 일반적으로 승인된 국제법규는 별도의 편입(입법)절차 없이 곧바로 국내법적 효력을 갖는다.

(3) 국제법규의 단계적 위치

- 일원론에 따라 모든 국제법규는 법단계상 헌법보다 하위에 위치한다.
- 국회의 동의를 요하는 조약 및 일반적으로 승인된 국제법규는 법률과 동일한 효력을 가지고, 국회의 동의를 요하지 않는 조약은 명령의 효력을 갖는 것으로 본다.

(4) 충돌 시 우선순위

- 국내법과 국제법의 내용이 충돌하는 경우 법률의 충돌 시 적용되는 우선순위가 그대로 적용되는 바, 따라서 상위법·특별법·신법 우선의 원칙에 따라 해결된다. 11 지방

OX 확인

01 지방자치단체가 제정한 조례가 헌법에 의하여 체결·공포된 조약에 위반되는 경우 그 조례는 효력이 없다. (○)

판례

지방자치단체가 제정한 조례가 '1994년 관세 및 무역에 관한 일반협정'(General Agreement on Tariffs and Trade 1994)이나 '정부조달에 관한 협정'(Agreement on Government Procurement)에 위반되는 경우, 그 조례는 무효이다. 대법원 2005. 9. 9. 선고 2004추10 판결 12 지방, 17 국가, 17 교행, 20 국가, 21 국가 01

(5) 관련문제 : 국제법규 위반을 이유로 사인이 직접 재판을 청구할 수 있는지 여부

- 국제법규 위반을 이유로 사인이 직접 국내 법원에 국제법규 위반 당사국에 대하여 재판을 청구할 수 있는지 여부가 문제되는데, 판례는 이를 부정하고 있다.

판례

WTO 협정은 국가와 국가 사이의 권리·의무관계를 설정하는 국제협정으로, 그 내용 및 성질에 비추어 이와 관련한 법적 분쟁은 위 WTO 분쟁해결기구에서 해결하는 것이 원칙이고, 사인에 대하여는 위 협정의 직접 효력이 미치지 아니한다고 보아야 할 것이므로, 위 협정에 따른 회원국 정부의 반덤핑 부과처분이 WTO 협정위반이라는 이유만으로 사인이 직접 국내 법원에 회원국 정부를 상대로 그 처분의 취소를 구하는 소를 제기하거나 위 협정위반을 처분의 독립된 취소사유로 주장할 수는 없다. 대법원 2009. 1. 30. 선고 2008두17936 판결 11 지방

Ⅲ 행정법의 불문법원

1. 의의

- 법원이 되는 규범 중 문서상으로 확정되지 않은 것을 불문법원이라고 하는데, 이에는 행정관습법, 판례법, 조리 등이 있다.

2. 행정관습법

(1) 의의

- 행정의 영역에 있어서 사회의 거듭된 관행으로 생성한 사회생활규범이 사회의 법적 확신과 인식에 의하여 법적 규범으로 승인·강행되기에 이른 것을 말한다.

(2) 성립요건

- 객관적 요건으로서, 어떠한 사실이 장기적·일반적으로 반복되어야 한다(반복된 관행).
- 주관적 요건으로서, 반복된 관행이 국민일반의 법적 확신을 얻어야 한다(법적 확신).
- 관행이 헌법 등 전체 법질서에 반하지 않고 정당성과 합리성이 있는 것으로 인정될 수 있어야 한다.
- 국가에 의한 명시적 또는 묵시적 승인이 필요한지에 대해 견해가 대립하나, 다수설 및 판례는 국가의 승인은 필요하지 않다고 본다(부정설).

(3) 종류

① 행정선례법

- 행정작용에 관한 행정청의 선례가 장기적으로 반복되어 시행됨으로써 국민의 법적 확신을 얻은 것을 말한다.
- 국세기본법과 행정절차법에서는 명문의 규정을 두어 행정선례법의 존재를 인정하고 있고, 판례 또한 행정선례법을 인정하고 있다.

판례

1. 국세기본법 제18조 제3항에 규정된 비과세관행이 성립하려면, 상당한 기간에 걸쳐 과세를 하지 아니한 객관적 사실이 존재할 뿐만 아니라, 과세관청 자신이 그 사항에 관하여 과세할 수 있음을 알면서도 어떤 특별한 사정 때문에 과세하지 않는다는 의사가 있어야 하며, 위와 같은 공적 견해나 의사는 명시적 또는 묵시적으로 표시되어야 하지만 묵시적 표시가 있다고 하기 위하여는 단순한 과세누락과는 달리 과세관청이 상당기간의 불과세 상태에 대하여 과세하지 않겠다는 의사표시를 한 것으로 볼 수 있는 사정이 있어야 한다. 대법원 2003. 9. 5. 선고 2001두7855 판결 14 지방
2. 보세운송면허세의 부과근거이던 지방세법시행령이 1973. 10. 1. 제정되어 1977. 9. 20.에 폐지될 때까지 4년 동안 그 면허세를 부과할 수 있는 정을 알면서도 피고가 수출확대라는 공익상 필요에서 한 건도 이를 부과한 일이 없었다면 납세자인 원고는 그것을 믿을 수밖에 없고 그로써 비과세의 관행이 이루어졌다고 보아도 무방하다. 대법원 1980. 6. 10. 선고 80누6 전원합의체 판결

국세기본법 제18조(세법 해석의 기준 및 소급과세의 금지)
③ 세법의 해석이나 국세행정의 관행이 일반적으로 납세자에게 받아들여진 후에는 그 해석이나 관행에 의한 행위 또는 계산은 정당한 것으로 보며, 새로운 해석이나 관행에 의하여 소급하여 과세되지 아니한다.

행정절차법 제4조(신의성실 및 신뢰보호)
② 행정청은 법령등의 해석 또는 행정청의 관행이 일반적으로 국민들에게 받아들여졌을 때에는 공익 또는 제3자의 정당한 이익을 현저히 해칠 우려가 있는 경우를 제외하고는 새로운 해석 또는 관행에 따라 소급하여 불리하게 처리하여서는 아니 된다.

조세법률관계에 있어서 신의성실의 원칙이나 신뢰보호의 원칙 또는 비과세 관행 존중의 원칙은 합법성의 원칙을 희생하여서라도 납세자의 신뢰를 보호함이 정의에 부합하는 것으로 인정되는 특별한 사정이 있을 경우에 한하여 적용되는 예외적인 법 원칙이다. 그러므로 과세관청의 행위에 대하여 신의성실의 원칙 또는 신뢰보호의 원칙을 적용하기 위해서는, 과세관청이 공적인 견해표명 등을 통하여 부여한 신뢰가 평균적인 납세자로 하여금 합리적이고 정당한 기대를 가지게 할 만한 것이어야 한다. 비록 과세관청이 질의회신 등을 통하여 어떤 견해를 표명하였다고 하더라도 그것이 중요한 사실관계와 법적인 쟁점을 제대로 드러내지 아니한 채 질의한 데 따른 것이라면 공적인 견해표명에 의하여 정당한 기대를 가지게 할 만한 신뢰가 부여된 경우라고 볼 수 없다. 또한 비과세 관행 존중의 원칙도 비과세에 관하여 일반적으로 납세자에게 받아들여진 세법의 해석 또는 국세행정의 관행이 존재하여야 적용될 수 있는 것으로서, 이는 비록 잘못된 해석 또는 관행이라도 특정 납세자가 아닌 불특정한 일반 납세자에게 정당한 것으로 이의 없이 받아들여져 납세자가 그와 같은 해석 또는 관행을 신뢰하는 것이 무리가 아니라고 인정될 정도에 이른 것을 의미하고, 단순히 세법의 해석기준에 관한 공적인 견해의 표명이 있었다는 사실만으로 그러한 해석 또는 관행이 있다고 볼 수는 없으며, 그러한 해석 또는 관행의 존재에 대한 증명책임은 그 주장자인 납세자에게 있다. (대법원 2013. 12. 26. 선고 2011두5940 판결)

② 민중적 관습법

- 공법관계에 관한 일정한 관행이 민중 사이에서 오랫동안 계속됨으로써 이 관행이 일반적으로 인식·존중되었을 때 이를 지방적·민중적 관습법이라 한다.
- 민중적 관습법의 예로는 관습상 어업권, 관습상 하천수·지하수사용권, 공유수면이용권 등이 있다.
- 한편, 수산업법에서는 명문의 규정을 두어 관행어업권인 입어권의 존재를 인정하고 있다.

(4) 효력: 보충적 효력설

- 성문법과의 관계에 있어서 관습법은 원칙적으로 성문법의 공백을 보충하는 한도에서만 그 효력이 인정될 뿐 성문법의 내용을 개폐하는 효력은 인정되지 않는다. 18 교행

판례

가족의례준칙 제13조의 규정과 배치되는 관습법의 효력을 인정하는 것은 관습법의 제정법에 대한 열후적, 보충적 성격에 비추어 민법 제1조의 취지에 어긋나는 것이다. 대법원 1983. 6. 14. 선고 80다3231 판결

- 다만 법에서 특별한 규정을 두고 있는 경우 예외적으로 관습법이 성문법을 개폐하는 효력을 갖기도 한다.
- 관습법이 더 이상 법적 확신을 갖지 않게 되거나 헌법을 기초로 하는 전체 법질서에 부합하지 않게 되었다면 법적 규범으로서의 효력을 잃게 된다.

판례

사회의 거듭된 관행으로 생성된 사회생활규범이 관습법으로 승인되었다고 하더라도 사회 구성원들이 그러한 관행의 법적 구속력에 대하여 확신을 갖지 않게 되었다거나, 사회를 지배하는 기본적 이념이나 사회질서의 변화로 인하여 그러한 관습법을 적용하여야 할 시점에 있어서의 전체 법질서에 부합하지 않게 되었다면 그러한 관습법은 법적 규범으로서의 효력이 부정될 수밖에 없다. 대법원 2005. 7. 21. 선고 2002다1178 전원합의체 판결

(5) 관련문제: 관습헌법(헌법재판소 2004헌마554 결정-이른바 신행정수도의 건설을 위한 특별조치법 사건)

- 헌법적 사항을 규율하는 관습법이 존재할 수 있는지 여부가 문제되는데, 헌법재판소는 "우리나라의 수도가 서울인 사실은 관습헌법에 해당한다."라고 하여 이를 긍정하고 있다.
- 관습헌법 또한 헌법으로서 성문의 헌법과 동일한 법적 효력을 갖는 바, 그 결과 법률을 비롯한 모든 하위규범은 관습헌법에 위반되어서는 안 된다.
- 나아가 관습헌법을 개정하기 위해서는 성문헌법개정의 방법에 의하여야 한다. 12 지방

3. 판례법

(1) 의의

- 판결에 나타난 법의 해석·운용기준을 법으로 인식하는 것을 의미한다.

⑵ 대법원 판례의 법원성

① 개설

- 영미법계 국가는 선례구속성의 원칙❶에 따라 판례의 법원성을 인정하는 바, 따라서 상급법원의 판결은 동종사건에 있어서 하급법원을 구속하게 된다. 14 지방
- 대륙법계 국가는 선례구속성의 원칙이 인정되지 않는데, 과연 이 경우에도 판례의 법원성을 인정할 수 있을 것인지 문제된다.

❶ 상급법원의 판결이 장래에 발생하는 동종사건에 대하여 하급법원을 법적으로 구속하는 원칙을 말한다.

② 학설의 태도

- **긍정설** : 상급법원의 판결은 사실상 구속력을 갖는다는 것을 이유로 판례의 법원성을 긍정하는 견해이다.
- **부정설** : 상급법원의 판례는 해당 사건에 한하여 하급법원을 구속할 뿐 장래의 유사·동종 사건에 대한 일반적인 구속력을 갖지는 못한다는 것을 이유로 판례의 법원성을 부정하는 견해이다.

③ 판례의 태도

- 판례는 판례의 법원성을 부정하는 입장이다.

판례

대법원의 판례가 법률해석의 일반적인 기준을 제시한 경우에 유사한 사건을 재판하는 하급심법원의 법관은 판례의 견해를 존중하여 재판하여야 하는 것이나, 판례가 사안이 서로 다른 사건을 재판하는 하급심법원을 직접 기속하는 효력이 있는 것은 아니다. 대법원 1996. 10. 25. 선고 96다31307 판결 11 국가, 16 교행

⑶ 헌법재판소의 위헌결정의 법원성

- 헌법재판소의 위헌결정에 대해서는 헌법재판소법이 명문의 규정을 두고 있는바, 따라서 헌법재판소의 위헌결정은 법원성을 갖는다. 12 지방
- 다만, 위헌결정과 달리 헌법재판소가 법률의 위헌 여부를 판단하는 과정에서 한 법률의 해석에 대해서는 법원은 구속되지 않는다.

헌법재판소법 제47조(위헌결정의 효력)
① 법률의 위헌결정은 법원과 그 밖의 국가기관 및 지방자치단체를 기속한다.

판례

합헌적 법률해석을 포함하는 법령의 해석·적용 권한은 대법원을 최고법원으로 하는 법원에 전속하는 것이며, 헌법재판소가 법률의 위헌 여부를 판단하기 위하여 불가피하게 법원의 최종적인 법률해석에 앞서 법령을 해석하거나 그 적용 범위를 판단하더라도 헌법재판소의 법률해석에 대법원이나 각급법원이 구속되는 것은 아니다. 대법원 2009. 2. 12. 선고 2004두10289 판결

4. 조리

- 법령을 통해 명문화되지는 않았지만 사회통념상 일반적으로 인정될 수 있는 사물의 본질적 법칙을 말하는 것으로서, 정의·형평·공평·도리 등이 이에 해당한다.
- 조리는 법해석의 기본원리가 되는 동시에, 법의 흠결이 있는 경우에 최종적이고 보충적인 법원이 된다.

제2강 행정법의 일반원칙

| OX 확인 |

01 비례의 원칙은 행정에만 적용되는 원칙이므로 입법에서는 적용될 여지가 없다. (×)

개관

1. 의의 및 특징
   - 행정법의 일반원칙이란 행정법의 모든 분야에 적용되는 보편타당한 법원칙을 말한다. 01
   - 종래 행정법의 불문법원으로 기능하였는데, 최근 제정된 행정기본법에서는 명문의 규정을 두어 행정법의 일반원칙을 성문화하였다.
   - 헌법적 효력을 갖는 헌법상 원칙으로서, 다른 법원과의 관계에서 보충적 역할에 그치지 않고 성문법을 개폐할 수 있는 효력을 갖는다.
2. 위반의 효과
   - 행정법의 일반원칙은 헌법상 원칙이므로 이에 위반한 행정작용은 위헌·위법한 것이 된다. 22 지방
   - 특히 행정청이 재량을 행사함에 있어서 재량권을 통제하는 원칙으로 작용하여 행정작용의 위헌·위법성을 판단하는 기준이 된다. 13 국가

쟁점 60 비례의 원칙

I 의의

행정기본법 제10조【비례의 원칙】
행정작용은 다음 각 호의 원칙에 따라야 한다.
1. 행정목적을 달성하는 데 유효하고 적절할 것
2. 행정목적을 달성하는 데 필요한 최소한도에 그칠 것
3. 행정작용으로 인한 국민의 이익 침해가 그 행정작용이 의도하는 공익보다 크지 아니할 것

- 행정주체가 구체적인 행정목적을 실현함에 있어서 그 목적 실현과 수단 사이에 합리적인 비례관계가 유지되어야 한다는 원칙을 말하며, 과잉금지의 원칙이라고도 한다.
- 법치국가원리, 헌법 제37조 제2항 등으로부터 도출되는 것으로 본다.

비례의 원칙은 법치국가 원리에서 당연히 파생되는 헌법상의 기본원리로서, 모든 국가작용에 적용된다. 행정목적을 달성하기 위한 수단은 목적달성에 유효·적절하고, 가능한 한 최소침해를 가져오는 것이어야 하며, 아울러 그 수단의 도입에 따른 침해가 의도하는 공익을 능가하여서는 안 된다. (대법원 2019. 7. 11. 선고 2017두38874 판결)

II 적용 범위

- 비례의 원칙은 처음에는 침익적 행정인 경찰권의 한계를 설정해 주는 법원칙으로 출발하였다.
- 현재는 침익적·수익적 여부를 불문하고 행정의 모든 영역에 적용되는 법원칙으로 작용한다. 13 국가

III 내용

1. 적합성의 원칙(수단의 적합성)

- 행정기관이 취한 조치 또는 수단이 목적달성에 적합한 것이어야 함을 의미한다.
- 가장 적합한 수단일 것을 요구하는 것은 아니며, 목적달성에 기여할 수 있으면 충분하다.

2. 필요성의 원칙(침해의 최소성)

- 목적달성을 가능케 하는 적합한 수단이 여러 가지 있는 경우에, 행정기관은 그중에서 당사자의 권리나 자유를 가장 적게 침해하는 수단을 선택해야 함을 의미한다.

3. 상당성의 원칙(협의의 비례원칙)

- 행정조치를 취함에 따라 상대방이 받게 될 불이익이 그것을 통해 달성하려 하는 공익보다 큰 경우에는 그 행정조치를 취해서는 안 된다는 것을 의미한다(균형성의 원칙).

4. 각 원칙 간의 관계 : 단계적 구조

- 비례의 원칙을 이루는 위 세 가지 원칙은 단계적 구조를 이루는 바, 따라서 많은 적합한 수단 중에서도 필요한 수단만이, 필요한 수단 중에서도 상당성 있는 수단만이 선택되어야 한다.
- 즉, 적합성의 원칙 → 필요성의 원칙 → 상당성의 원칙 순으로 단계적 심사를 한다.

Ⅳ 구체적 판례

1. 비례의 원칙에 위반된다고 본 판례

판례

1. 청소년유해매체물로 결정·고시된 만화인 사실을 모르고 있던 도서대여업자가 그 고시일로부터 8일 후에 청소년에게 그 만화를 대여한 것을 사유로 그 도서대여업자에게 금 700만 원의 과징금이 부과된 경우, 그 도서대여업자에게 청소년유해매체물인 만화를 청소년에게 대여하여서는 아니 된다는 금지의무의 해태를 탓하기는 가혹하다는 이유로 그 과징금부과처분은 재량권을 일탈·남용한 것으로서 위법하다. 대법원 2001. 7. 27. 선고 99두9490 판결 21 소방
2. 입법자가 임의적 규정으로도 법의 목적을 실현할 수 있는 경우에 구체적 사안의 개별성과 특수성을 고려할 수 있는 가능성을 일체 배제하는 필요적 규정을 둔다면 이는 비례의 원칙의 한 요소인 "최소침해성의 원칙"에 위배된다. 헌법재판소 2000. 6. 1. 선고 99헌가11 등 전원재판부
3. '운전면허를 받은 사람이 자동차 등을 이용하여 범죄행위를 한 때'를 필요적 운전면허 취소사유로 규정하고 있는 도로교통법 제78조 제1항 제5호는 구체적 사안의 개별성과 특수성을 고려할 수 있는 여지를 일체 배제하고 그 위법의 정도나 비난의 정도가 극히 미약한 경우까지도 운전면허를 취소할 수 밖에 없도록 하는 것으로 최소침해성의 원칙에 위반된다. 헌법재판소 2005. 11. 24. 선고 2004헌가28 결정 19 국회
4. 원고가 부산시 영도구청의 당직 근무 대기 중 약 25분간 같은 근무조원 3명과 함께 시민 과장실에서 심심풀이로 돈을 걸지 않고 점수따기 화투놀이를 한 것이 국가공무원법 규정의 징계사유에 해당한다 할지라도 당직 근무시간이 아닌 그 대기 중에 불과 약 25분간 심심풀이로 한 것이고 또 돈을 걸지 아니하고 점수따기를 한 데 불과하며 원고와 함께 화투놀이를 한 3명(지방공무원)은 부산시 소청심사위원회에서 견책에 처하기로 의결된 사실이 인정되는 점 등 제반 사정을 고려하면 피고가 원고에 대한 징계처분으로 파면을 택한 것은 당직근무 대기자의 실정이나 공평의 원칙상 그 재량의 범위를 벗어난 위법한 것이다. 대법원 1972. 12. 26. 선고 72누194 판결
5. 원고가 단지 1회 훈령에 위반하여 요정 출입을 하다가 적발된 것만으로는 공무원의 신분을 보유케 할 수 없을 정도로 공무원의 품위를 손상케 한 것이라 단정키 어려운 한편, 원고를 면직에 처함으로서만 위와 같은 훈령의 목적을 달할 수 있다고 볼 사유를 인정할 자료가 없고, 오히려 원고의 비행정도라면 이보다 가벼운 징계처분으로서도 능히 위 훈령의 목적을 달할 수 있다고 볼 수 있는 점, (중략) 이 사건 파면처분은 이른바 비례의 원칙에 어긋난 것으로서 심히 그 재량권의 범위를 넘어서 한 위법한 처분이라고 아니할 수 없다. 대법원 1967. 5. 2. 선고 67누24 판결 18 소방, 21 소방

6. 도로교통법 제44조 제1항(음주운전 금지)을 2회 이상 위반한 사람에 대하여 2년 이상 5년 이하의 징역이나 1천만 원 이상 2천만 원 이하의 벌금에 처하도록 한 도로교통법 제148조의2 제1항 중 '제44조 제1항을 2회 이상 위반한 사람'에 관한 부분은 헌법에 위반된다. (결정이유 : 심판대상조항은 음주운전 금지규정 위반 전력을 가중요건으로 삼으면서 해당 전력과 관련하여 형의 선고나 유죄의 확정판결을 받을 것을 요구하지 않는데다 아무런 시간적 제한도 두지 않은 채 재범에 해당하는 음주운전행위를 가중처벌하도록 하고 있어, 예컨대 10년 이상의 세월이 지난 과거 위반행위를 근거로 재범으로 분류되는 음주운전 행위자에 대해서는 책임에 비해 과도한 형벌을 규정하고 있다고 하지 않을 수 없다. 심판대상조항이 구성요건과 관련하여 아무런 제한도 두지 않은 채 법정형의 하한을 징역 2년, 벌금 1천만 원으로 정한 것은, 음주운전 금지의무 위반 전력이나 혈중알코올농도 수준 등을 고려할 때 비난가능성이 상대적으로 낮은 음주운전 재범행위까지 가중처벌 대상으로 하면서 법정형의 하한을 과도하게 높게 책정하여 죄질이 비교적 가벼운 행위까지 지나치게 엄히 처벌하도록 한 것이므로, 책임과 형벌 사이의 비례성을 인정하기 어렵다. 그러므로 심판대상조항은 책임과 형벌 간의 비례원칙에 위반된다.) 헌법재판소 2021. 11. 25. 선고 2019헌바446 등 병합 전원재판부 결정

7. (음주운전 금지규정 위반 또는 음주측정거부 전력이 있는 사람이 다시 음주운전 금지규정 위반행위를 한 경우 또는 음주운전 금지규정 위반 전력이 있는 사람이 다시 음주측정거부행위를 한 경우를 가중처벌하는 도로교통법 조항의 위헌 여부가 문제된 사안에서) 과거의 위반 전력 등과 관련하여 아무런 (시간적) 제한을 두지 않고 죄질이 비교적 가벼운 재범 음주운전 금지규정 위반행위 또는 음주측정거부행위까지 일률적으로 법정형의 하한인 징역 2년 또는 벌금 1천만 원을 기준으로 가중처벌하도록 한 도로교통법 제148조의2 제1항 중 '제44조 제1항 또는 제2항을 1회 이상 위반한 사람으로서 다시 같은 조 제1항을 위반한 사람'에 관한 부분 및 음주운전 금지규정 위반 전력이 1회 이상 있는 사람이 다시 음주측정거부를 한 경우 2년 이상 5년 이하의 징역이나 1천만 원 이상 2천만 원 이하의 벌금에 처하도록 규정한 구 도로교통법 제148조의2 제1항 및 도로교통법 제148조의2 제1항 중 각 '제44조 제1항을 1회 이상 위반한 사람으로서 다시 같은 조 제2항을 위반한 사람'에 관한 부분은 책임과 형벌 사이의 비례성을 인정할 수 없어 헌법에 위반된다. 헌법재판소 2022. 5. 26. 선고 2021헌가30 등(병합) 결정

[주문] 구 도로교통법 제93조 제1항 단서 제2호 중 '제44조 제1항(주: 음주운전 금지)을 위반한 사람이 다시 같은 조 제1항을 위반하여 운전면허 정지 사유에 해당된 경우'에 관한 부분(주 : 음주운전 2회 적발 시 운전면허를 필요적으로 취소하도록 한 부분)은 헌법에 위반되지 아니한다.)
[이유] 반복적 음주운전의 경우 과거 위반 전력, 혈중알코올농도 수준 등을 개별적으로 고려하여 공공의 안전에 심각한 위험을 초래할 가능성이 인정되는 운전자에 한하여 면허를 취소하는 방안을 생각해 볼 수 있다. 그러나 다음과 같은 이유로 행정법규 위반의 정도와 그에 대한 행정제재 간의 비례관계가 형사상 책임과 그에 대한 형벌 간의 비례관계와 비교하여 판단의 차원을 같이하는 것이라 볼 수 없다. 운전면허의 필요적 취소라는 행정제재는 형법에 규정된 형이 아니고, 그 절차도 형사소송절차와는 다를 뿐만 아니라, 주취 중 운전금지라는 행정상 의무를 전제로 하면서 그 이행을 확보하기 위하여 마련된 수단이라는 점에서, 형벌과는 다른 목적과 기능을 가진다. (중략) 형사제재와 행정제재를 부과하는 목적·기능과 그 절차상 차이를 고려하면, 운전면허 취소에 있어 과거 위반 전력이나 혈중알코올농도 수준 등을 개별적으로 고려하지 않는 심판대상조항이 지나치다고 보기는 어렵다. (헌법재판소 2023. 6. 29. 선고 2020헌바182 등 전원재판부 결정)

[주문] 취소조항(주: 음주운전 2회 적발 시 운전면허를 필요적으로 취소하도록 한 조항) 적용 시 음주운전 금지규정 위반행위의 횟수를 산정할 때에는 2001. 6. 30. 이후의 위반행위부터 산정하도록 하는 도로교통법 부칙 제2조 후문 중 제93조 제1항 제2호에 관한 부분은 헌법에 위반되지 아니한다.
[이유] 반복적 음주운전에 대한 필요적 운전면허 취소제도는 2001년 6월 30일부터 시행된 도로교통법에 따라 도입되었으므로, 이때부터 반복적 음주운전이 운전자의 준법정신 결여의 지표로서 강화된 행정제재의 대상이 된다는 점이 공표되었다. 만약 기산점을 2001년 6월 30일보다 뒤의 시점으로 정한다면, 필요적 운전면허 취소제도에도 불구하고 음주운전으로 나아간 행위를 제대로 평가할 수 없다. 공익 달성을 위하여 시행 중인 제도가 충분치 못한 경우 강화된 조치가 도입될 수 있는데, 이로 인하여 사익의 제한이 강화되었더라도, 이러한 제한이 국민의 생명, 신체 및 재산을 보호하고 도로교통 안전을 확보한다는 공익보다 중요하다고 할 수 없다. 따라서 부칙조항은 과잉금지원칙에 위반되지 아니한다. (헌법재판소 2023. 10. 26자 2020헌바186 등 결정)

2. 비례의 원칙에 위반되지 않는다고 본 판례

판례

1. 도로교통법 제148조의2 제1항 제1호는 도로교통법 제44조 제1항(주 : 음주운전 금지 조항)을 2회 이상 위반한 사람으로서 다시 같은 조 제1항을 위반하여 술에 취한 상태에서 자동차 등을 운전한 사람에 대해 1년 이상 3년 이하의 징역이나 500만 원 이상 1,000만 원 이하의 벌금에 처하도록 규정하고 있는데, 도로교통법 제148조의2 제1항 제1호에서 정하고 있는 '도로교통법 제44조 제1항을 2회 이상 위반한' 것에 개정된 도로교통법이 시행된 2011. 12. 9. 이전에 구 도로교통법 제44조 제1항을 위반한 음주운전 전과까지 포함되는 것으로 해석하는 것이 형벌불소급의 원칙이나 일사부재리의 원칙 또는 비례의 원칙에 위배된다고 할 수 없다. 대법원 2012. 11. 29. 선고 2012도10269 판결 13 국가

2. 음주운전 내지 그 제재를 위한 음주측정 요구의 거부 등을 이유로 한 자동차운전면허의 취소에 있어서는 일반의 수익적 행정행위의 취소와는 달리 그 취소로 인하여 입게 될 당사자의 개인적인 불이익보다는 이를 방지하여야 하는 일반예방적인 측면이 더욱 강조되어야 할 것이고, 특히 당해 운전자가 영업용 택시를 운전하는 등 자동차 운전을 업으로 삼고 있는 자인 경우에는 더욱 그러하다. 대법원 1995. 9. 26. 선고 95누6069 판결

3. 사법시험령 제15조 제2항이 사법시험의 제2차 시험에서 '매과목 4할 이상'으로 과락 결정의 기준을 정한 것을 두고 과락점수를 비합리적으로 높게 설정하여 지나치게 엄격한 기준에 해당한다고 볼 정도는 아니므로, 비례의 원칙 내지 과잉금지에 위반하였다고 볼 수 없다. 대법원 2007. 1. 11. 선고 2004두10432 판결 21 소방

4. 옥외집회의 사전신고의무를 규정한 구 집시법 제6조 제1항 중 '옥외집회'에 관한 부분은 과잉금지원칙에 위배하여 집회의 자유를 침해한다고 볼 수 없다. 헌법재판소 2009. 5. 28. 선고 2007헌바22 전원재판부 20 소방

쟁점 61 신뢰보호의 원칙

Ⅰ 의의

행정기본법 제12조【신뢰보호의 원칙】
① 행정청은 공익 또는 제3자의 이익을 현저히 해칠 우려가 있는 경우를 제외하고는 행정에 대한 국민의 정당하고 합리적인 신뢰를 보호하여야 한다.

1. 신뢰보호의 의의

• 행정청이 행한 행위의 존속이나 정당성을 사인이 신뢰했을 때, 그 신뢰가 보호할 가치가 있는 경우 이러한 사인의 신뢰는 보호되어야 한다는 원칙을 의미한다.

2. 신뢰보호원칙의 근거

(1) **이론적 근거**: 법적 안정성

• 법치주의 원리의 내용인 법적 안정성에 그 근거를 두고 있다는 것이 통설과 판례이다. 15 서울

판례

국민이 종전의 법률관계나 제도가 장래에도 지속될 것이라는 합리적인 신뢰를 바탕으로 이에 적응하여 법적 지위를 형성하여 온 경우 국가 등은 법치국가의 원칙에 의한 법적 안정성을 위하여 권리 의무에 관련된 법규·제도의 개폐에 있어서 국민의 기대와 신뢰를 보호하지 않으면 안 된다. 헌법재판소 2014. 4. 24. 선고 2010헌마747 결정

(2) **실정법적 근거**

• 행정기본법은 신뢰보호의 원칙을 명문으로 규정하고 있다.
• 행정절차법, 국세기본법 등 개별법에서도 신뢰보호의 원칙을 규정하고 있는 경우가 있다. 19 소방

Ⅱ 요건

1. 행정청의 선행조치

(1) **선행조치의 범위**

• 법령·처분·확약·행정계획·행정지도 등 사실행위를 포함한 일체의 조치가 해당된다. 14 국회
• 명시적·묵시적 조치, 적극적·소극적 조치를 불문하고 모두 포함된다. 18 소방 01
• 선행조치의 적법·위법 여부를 불문한다. 즉, 위법한 행정행위도 선행조치가 될 수 있다. 15 서울 단, 선행조치가 위법하여 무효가 되는 경우에는 제외된다.
• 조치의 형식 또한 불문하는 바, 반드시 문서의 형식으로 행해질 필요도 없다. 14 국회

OX 확인

01 신뢰보호의 원칙이 적용되기 위한 요건인 행정권의 행사에 관하여 신뢰를 주는 선행조치가 되기 위해서는 반드시 처분청 자신의 적극적인 언동이 있어야만 한다. (×)

(2) 공적견해의 표명

① 의의

• 선행조치에 대하여 판례는 '공적견해의 표명'이라는 표현을 사용한다.

② 판단기준

• 행정조직상의 형식적인 권한분장에 구애되지 않고, 개별 사건에 따라 실질적으로 판단한다.

판례

1. 과세관청의 공적 견해표명이 있었는지의 여부를 판단하는 데 있어 반드시 행정조직상의 형식적인 권한분장에 구애될 것은 아니고 담당자의 조직상의 지위와 임무, 당해 언동을 하게 된 구체적인 경위 및 그에 대한 납세자의 신뢰가능성에 비추어 실질에 의하여 판단하여야 한다. 대법원 1996. 1. 23. 선고 95누13746 판결 16 지방, 16 사복, 17 국회, 20 국가, 21 지방, 24 지방 01
2. 신뢰보호원칙의 적용 요건인 행정청의 공적 견해표명이 있었는지를 판단할 때 행정조직상의 형식적인 권한분장에 구애될 것은 아니지만, 공적 견해표명이 있다고 인정하기 위해서는 적어도 담당자의 조직상 지위와 임무, 당해 언동을 하게 된 구체적인 경위 등에 비추어 그 언동의 내용을 신뢰할 수 있는 경우이어야 한다. 대법원 2021. 12. 30. 선고 2021두45671 판결

• 행정조직상 권한을 가진 처분청 자신의 공적 견해가 아니라 보조기관에 불과한 담당공무원의 공적견해 표명이라도 신뢰보호의 대상이 될 수 있다. 19 소방

• 다만, 민원인의 추상적 질의에 대한 행정청의 일반론적인 견해표명은 공적견해표명에 해당하지 않는다.

판례

1. 그 의사표시가 납세자의 추상적인 질의에 대한 일반론적인 견해표명에 불과한 경우에는 신뢰보호원칙의 적용을 부정하여야 할 것이다. 대법원 1993. 7. 27. 선고 90누10384 판결
2. 비록 과세관청이 질의회신 등을 통하여 어떤 견해를 표명하였다고 하더라도 그것이 중요한 사실관계와 법적인 쟁점을 제대로 드러내지 아니한 채 질의한 데 따른 것이라면 공적인 견해표명에 의하여 정당한 기대를 가지게 할 만한 신뢰가 부여된 경우라고 볼 수 없다. 대법원 2013. 12. 26. 선고 2011두5940 판결

• 헌법재판소가 위헌결정을 내린 것을 헌법재판소가 공적견해를 표명한 것으로 볼 수는 없다.

판례

헌법재판소의 위헌결정은 행정청이 개인에 대하여 신뢰의 대상이 되는 공적인 견해를 표명한 것이라고 할 수 없으므로 그 결정에 관련한 개인의 행위에 대하여는 신뢰보호의 원칙이 적용되지 아니한다. 대법원 2003. 6. 27. 선고 2002두6965 판결 14 국회, 19 지방, 24 국가 02

(3) 증명책임

• 공적견해의 표명이 있었는지 여부는 이를 주장하는 당사자(원고)에게 있다.

판례

"과세관청이 납세자에게 신뢰의 대상이 되는 공적인 견해를 표명하였다"는 사실은, 납세자가 주장·입증하여야 한다고 보는 것이 상당하다. 대법원 1992. 3. 31. 선고 91누9824 판결

OX 확인

01 행정청이 공적 견해를 표명하였는지를 판단할 때는 반드시 행정조직상의 형식적인 권한분장에 구애될 것은 아니다. (○)

OX 확인

02 헌법재판소의 위헌결정은 행정청이 개인에 대하여 신뢰의 대상이 되는 공적인 견해를 표명한 것이라고 할 수 있으므로 그 결정에 관련한 개인의 행위에 대하여는 신뢰보호의 원칙이 적용된다. (×)

(4) 구체적 판례

① 공적견해표명을 인정한 경우

판례

1. 시의 도시계획과장과 도시계획국장이 도시계획사업의 준공과 동시에 사업부지에 편입한 토지에 대한 완충녹지 지정을 해제함과 아울러 당초의 토지소유자들에게 환매하겠다는 약속을 했음에도, 이를 믿고 토지를 협의매매한 토지소유자의 완충녹지지정해제신청을 거부한 것은, 행정상 신뢰보호의 원칙을 위반하거나 재량권을 일탈·남용한 위법한 처분이다. 대법원 2008. 10. 9. 선고 2008두6127판결 11 국회, 24 국가
2. 종교법인이 도시계획구역 내 생산녹지로 답인 토지에 대하여 종교회관 건립을 이용목적으로 하는 토지거래계약의 허가를 받으면서 담당공무원이 관련 법규상 허용된다 하여 이를 신뢰하고 건축준비를 하였으나 그 후 당해 지방자치단체장이 다른 사유를 들어 토지형질변경허가신청을 불허가한 것이 신뢰보호원칙에 반한다. 대법원 1997. 9. 12. 선고 96누18380 판결 13 국가
3. 취득세 등이 면제되는 구 지방세법 제288조 제2항에 정한 '기술진흥단체'인지 여부에 관한 질의에 대하여 건설교통부장관과 내무부장관이 비과세 의견으로 회신한 경우, 공적인 견해표명에 해당한다. 대법원 2008. 6. 12. 선고 2008두1115 판결
4. 사업소세 도입 이래 20년 이상 간호전문대학의 운영자가 경영하는 병원에 대하여 사업소세를 부과하지 않으면서, 장기간 동안 인근 다른 과세관청의 유사 사례에 대한 사업소세 과세 시도를 보면서도 같은 조치를 취하지 않은 채 그 이의신청 절차나 심사청구 절차에서 사업소세의 부과처분이 취소된 취지에 부응하여 비과세조치를 계속 유지한 경우, 그 운영자의 교육적인 역할 등을 고려하여 묵시적으로 사업소세 비과세의 의사를 표시한 것으로 볼 수 있으므로, 국세기본법 제18조 제3항에서 정한 '비과세관행'이 성립하였다. 대법원 2009. 12. 24. 선고 2008두15350 판결

② 공적견해표명을 부정한 경우

판례

1. 상급행정기관이 하급행정기관에 대하여 업무처리지침이나 법령의 해석적용에 관한 기준을 정하여 발하는 이른바 '행정규칙이나 내부지침'은 일반적으로 행정조직 내부에서만 효력을 가질 뿐 대외적인 구속력을 갖는 것은 아니므로 행정처분이 그에 위반하였다고 하여 그러한 사정만으로 곧바로 위법하게 되는 것은 아니다. 다만, 재량권 행사의 준칙인 행정규칙이 그 정한 바에 따라 되풀이 시행되어 행정관행이 이루어지게 되면 평등의 원칙이나 신뢰보호의 원칙에 따라 행정기관은 그 상대방에 대한 관계에서 그 규칙에 따라야 할 자기구속을 받게 되므로, 이러한 경우에는 특별한 사정이 없는 한 그를 위반하는 처분은 평등의 원칙이나 신뢰보호의 원칙에 위배되어 재량권을 일탈·남용한 위법한 처분이 된다(즉 재량준칙의 공표만으로는 신청인이 보호가치 있는 신뢰를 갖게 되었다고 볼 수 없다). 대법원 2009. 12. 24. 선고 2009두7967 판결 15 사복, 16 지방, 21 지방 01
2. 병무청 담당부서의 담당공무원에게 공적 견해의 표명을 구하는 정식의 서면질의 등을 하지 아니한 채 총무과 민원팀장에 불과한 공무원이 민원봉사차원에서 상담에 응하여 안내한 것을 신뢰한 경우, 신뢰보호 원칙이 적용되지 아니한다. 대법원 2003. 12. 26. 선고 2003두1875 판결 13 국가, 18 지방, 22 국가
3. 개발이익환수에 관한 법률에 정한 개발사업을 시행하기 전에, 행정청이 민원예비심사에 대하여 관련부서 의견으로 '저촉사항 없음'이라고 기재하였다고 하더라도, 이후의 개발부담금부과처분에 관하여 신뢰보호의 원칙을 적용하기 위한 요건인, 신뢰의 대상이 되는 공적인 견해표명을 한 것이라고는 보기 어렵다. 대법원 2006. 6. 9. 선고 2004두46 판결 13 국가, 24 국가

주민등록번호와 주민등록증은 외부에 공시되어 대내외적으로 행정행위의 적법한 존재를 추단하는 중요한 근거가 되는 점에 비추어 볼 때 행정청이 원고들에게 공신력이 있는 주민등록번호와 이에 따른 주민등록증을 부여한 행위는 원고들에게 대한민국 국적을 취득하였다는 공적인 견해를 표명한 것이라고 보아야 한다. (대법원 2024. 3. 12. 선고 2022두60011 판결)

OX 확인

01 재량권 행사의 준칙인 행정규칙의 공표만으로 상대방은 보호가치 있는 신뢰를 갖게 되었다고 볼 수 있다. (×)

4. 행정청이 용도지역을 자연녹지지역으로 지정결정하였다가 그보다 규제가 엄한 보전녹지지역으로 지정결정하는 내용으로 도시계획을 변경한 경우, 행정청이 용도지역을 자연녹지지역으로 결정한 것만으로는 그 결정 후 그 토지의 소유권을 취득한 자에게 용도지역을 종래와 같이 자연녹지지역으로 유지하거나 보전녹지지역으로 변경하지 않겠다는 취지의 공적인 견해표명을 한 것이라고 볼 수 없다. 대법원 2005. 3. 10. 선고 2002두5474 판결
5. 과세관청이 납세의무자에게 면세사업자등록증을 교부하고 수년간 면세사업자로서 한 부가가치세 예정신고 및 확정신고를 받은 행위만으로는 과세관청이 납세의무자에게 그가 영위하는 사업에 관하여 부가가치세를 과세하지 아니함을 시사하는 언동이나 공적인 견해를 표명한 것이라 할 수 없다. 대법원 2002. 9. 4. 선고 2001두9370 판결
6. 일반적으로 폐기물처리업 사업계획에 대한 적정통보에 당해 토지에 대한 형질변경허가신청을 허가하는 취지의 공적 견해표명이 있는 것으로는 볼 수 없다고 할 것이고, 더구나 토지의 지목변경 등을 조건으로 그 토지상의 폐기물처리업 사업계획에 대한 적정통보를 한 경우에는 위 조건부적정통보에 토지에 대한 형질변경허가의 공적 견해표명이 포함되어 있었다고 볼 수 없다. 대법원 1998. 9. 25. 선고 98두6494 판결 21 국가 01
7. 폐기물처리업 사업계획에 대하여 적정통보를 한 것만으로 그 사업부지 토지에 대한 국토이용계획변경신청을 승인하여 주겠다는 취지의 공적인 견해표명을 한 것으로 볼 수 없다. 대법원 2005. 4. 28. 선고 2004두8828 판결 12 사복, 17 서울, 19 지방, 20 국가
8. 입법예고를 통해 법령안의 내용을 국민에게 예고한 적이 있다고 하더라도 그것이 법령으로 확정되지 아니한 이상 국가가 이해관계자들에게 위 법령안에 관련된 사항을 약속하였다고 볼 수 없으며, 이러한 사정만으로 어떠한 신뢰를 부여하였다고 볼 수도 없다. 대법원 2018. 6. 15. 선고 2017다249769 판결 20 국가
9. (갑 주식회사가 교육환경보호구역에 해당하는 사업부지에 콘도미니엄을 신축하기 위하여 교육환경평가승인신청을 한 데 대하여, 관할 교육지원청 교육장이 갑 회사에 '관광진흥법 제3조 제1항 제2호 (나)목에 따른 휴양 콘도미니엄업이 교육환경 보호에 관한 법률에 따른 금지행위 및 시설로 규정되어 있지는 않으나 성매매 등에 대한 우려를 제기하는 민원에 대한 구체적인 예방대책을 제시하시기 바람'이라고 기재된 보완요청서를 보낸 후 교육감으로부터 '콘도미니엄업에 관하여 교육환경보호구역에서 금지되는 행위 및 시설에 관한 교육환경 보호에 관한 법률 제9조 제27호를 적용하라'는 취지의 행정지침을 통보받고 갑 회사에 교육환경평가승인신청을 반려하는 처분을 한 사안에서) 위 처분은 신뢰의 대상이 되는 교육장의 공적 견해표명이 있었다고 보기 어렵고, 교육장의 교육환경평가승인이 공익 또는 제3자의 정당한 이익을 현저히 해할 우려가 있는 경우에 해당하므로 신뢰보호원칙에 반하지 않는다고 한 사례. 대법원 2020. 4. 29. 선고 2019두52799 판결

OX 확인

01 일반적으로 행정청이 폐기물처리업 사업계획에 대한 적정통보를 한 경우 이는 토지에 대한 형질변경신청을 허가하는 취지의 공적 견해표명까지도 포함한다. (×)

다원적 의견이나 각가지 이익을 반영시킨 토론과정을 거쳐 다수결의 원리에 따라 통일적인 국가의사를 형성하는 국회에서 일정한 법률안을 심의하거나 의결한 적이 있다고 하더라도, 그것이 법률로 확정되지 아니한 이상 국가가 이해관계자들에게 위 법률안에 관련된 사항을 약속하였다고 볼 수 없으며, 이러한 사정만으로 어떠한 신뢰를 부여하였다고 볼 수도 없다. 대법원 2008. 5. 29. 선고 2004다33469 판결 24 국가

고등훈련기 양산참여권의 포기대가와 관련하여 국내에서 세금이 면제될 수 있도록 협조를 구하는 국방부장관의 질의에 대하여 답변한 재정경제부장관의 검토의견은, 외국법인의 국내원천소득에 대한 재정경제부장관의 일반론적인 견해표명에 불과하므로 그에 대하여 신의성실의 원칙이 적용된다고 할 수 없다고 한 사례. (대법원 2010. 4. 29. 선고 2007두19447,19454 판결)

2. 보호가치 있는 신뢰

(1) 개인에게 귀책사유가 없을 것

① 의의

- 선행조치에 대한 신뢰가 보호받기 위해서는 개인에게 귀책사유가 없어야 한다. 19 소방

판례

1. 개인의 귀책사유라 함은 행정청의 견해표명의 하자가 상대방 등 관계자의 사실은폐나 기타 사위의 방법에 의한 신청행위 등 부정행위에 기인한 것이거나 그러한 부정행위가 없더라도 하자가 있음을 알았거나 중대한 과실로 알지 못한 경우 등을 의미한다. 대법원 2008. 1. 17. 선고 2006두10931 판결 12 사복, 14 국가, 17 서울, 24 지방

2. 원고가 지정업체의 해당 분야에 종사하지 않고 있음에도 이를 숨기고 서울지방병무청 소속 공무원의 복무실태 조사에 응함으로써, 피고가 위와 같은 사정을 인식하지 못한 채 이 사건 복무만료처분을 하게 되었다는 것인바, 피고의 복무만료처분이 위와 같은 원고의 해당 분야 미종사 사실의 은폐행위에 기인한 것이라면, 원고는 그 처분에 의한 이익이 위법하게 취득되었음을 알아 그 취소가능성도 예상할 수 있었다고 할 것이므로, 그 자신이 위 처분에 관한 신뢰이익을 원용할 수 없다. 대법원 2008. 8. 21. 선고 2008두5414 판결

② 관계인의 범위

- 귀책사유가 있는지 여부는 선행조치의 상대방뿐만이 아니라 그로부터 신청행위를 위임받은 수임인 등 관계자 모두를 기준으로 판단하여야 한다.

판례

귀책사유의 유무는 상대방과 그로부터 신청행위를 위임받은 수임인 등 관계자 모두를 기준으로 판단하여야 한다(건축주와 그로부터 건축설계를 위임받은 건축사가 상세계획지침에 의한 건축한계선의 제한이 있다는 사실을 간과한 채 건축설계를 하고 이를 토대로 건축물의 신축 및 증축허가를 받은 경우, 그 신축 및 증축허가가 정당하다고 신뢰한 데에 귀책사유가 있다고 한 사례). 대법원 2002. 11. 8. 선고 2001두1512 판결 11 국가, 15 사복, 18 지방

⑵ 국가에 의해 유인된 신뢰

- 법령에 따른 개인의 신뢰가 국가에 의하여 일정한 방향으로 유인된 것이라면 특별히 보호가치 있는 신뢰로서 개인에 대한 신뢰보호가 국가의 법률개정이익에 우선된다고 볼 여지가 있다.

판례

법률에 따른 개인의 행위가 단지 법률이 반사적으로 부여하는 기회의 활용을 넘어서 국가에 의하여 일정 방향으로 유인된 것이라면 특별히 보호가치가 있는 신뢰이익이 인정될 수 있고, 원칙적으로 개인의 신뢰보호가 국가의 법률개정이익에 우선된다고 볼 여지가 있다. 헌법재판소 2002. 11. 28. 선고 2002헌바45 결정 16 지방

3. 신뢰에 따른 사인의 조치

- 행정청의 선행조치를 믿고서 상대방이 일정한 조치를 취했어야 한다.
- 사인의 조치는 적극적·소극적 행위를 불문한다.

4. 선행조치에 반하는 행정청의 후행조치

- 행정기관이 종래에 행한 선행조치에 반하는 조치를 취함으로써 그 선행조치를 믿고서 일정한 처리를 한 관계자에게 불이익이 발생하여야 한다.

5. 소극적 요건 : 공익 또는 제3자의 이익을 침해하지 않을 것

- 위 네 가지 요건이 모두 충족된 경우라 하더라도, 공적견해표명에 따른 행정처분을 할 경우 공익 또는 제3자의 정당한 이익을 현저히 해할 우려가 있다면 신뢰보호원칙은 인정되지 않는다.

PART 03

판례

신뢰보호의 원칙이 적용되기 위하여는 공적견해표명에 따른 행정처분을 할 경우 이로 인하여 공익 또는 제3자의 정당한 이익을 현저히 해할 우려가 있는 경우가 아니어야 한다. 대법원 2002. 11. 8. 선고 2001두1512 판결 14 국회

6. 기타 신뢰보호원칙과 관련된 판례

(1) 신뢰보호원칙에 위반된다고 본 판례

판례

1. 동사무소 직원이 행정상 착오로 국적이탈을 사유로 주민등록을 말소한 것을 신뢰하여 만 18세가 될 때까지 별도로 국적이탈신고를 하지 않았던 사람이, 만 18세가 넘은 후 동사무소의 주민등록 직권 재등록 사실을 알고 국적이탈신고를 하자 '병역을 필하였거나 면제받았다는 증명서가 첨부되지 않았다'는 이유로 이를 반려한 처분은 신뢰보호의 원칙에 반하여 위법하다. 대법원 2008. 1. 17. 선고 2006두10931 판결
2. 폐기물처리업에 대하여 사전에 관할 관청으로부터 적정통보를 받고 막대한 비용을 들여 허가요건을 갖춘 다음 허가신청을 하였음에도 다수 청소업자의 난립으로 안정적이고 효율적인 청소업무의 수행에 지장이 있다는 이유로 한 불허가처분은 신뢰보호의 원칙 및 비례의 원칙에 반하는 것으로서 재량권을 남용한 위법한 처분이다. 대법원 1998. 5. 8. 선고 98두4061 판결 11 국가, 17 서울
3. 운전면허 취소사유에 해당하는 음주운전을 적발한 경찰관의 소속 경찰서장이 사무착오로 위반자에게 운전면허정지처분을 한 상태에서 위반자의 주소지 관할 지방경찰청장이 위반자에게 운전면허취소처분을 한 것은 선행처분에 대한 당사자의 신뢰 및 법적 안정성을 저해하는 것으로서 허용될 수 없다. 대법원 2000. 2. 25. 선고 99두10520 판결

> 택시운전사가 1983.4.5 운전면허정지기간 중의 운전행위를 하다가 적발되어 형사처벌을 받았으나 행정청으로부터 아무런 행정조치가 없어 안심하고 계속 운전업무에 종사하고 있던 중 행정청이 위 위반행위가 있은 이후에 장기간에 걸쳐 아무런 행정조치를 취하지 않은 채 방치하고 있다가 3년여가 지난 1986.7.7에 와서 이를 이유로 행정제재를 하면서 가장 무거운 운전면허를 취소하는 행정처분을 하였다면 이는 행정청이 그간 별다른 행정조치가 없을 것이라고 믿은 신뢰의 이익과 그 법적안정성을 빼앗는 것이 되어 매우 가혹할 뿐만 아니라 비록 그 위반행위가 운전면허취소 사유에 해당한다 할지라도 그와 같은 공익상의 목적만으로는 위 운전사가 입게 될 불이익에 견줄 바 못 된다 할 것이다. (대법원 1987. 9. 8. 선고 87누373 판결)

> 교통사고가 일어난 지 1년 10개월이 지난 뒤 그 교통사고를 일으킨 택시에 대하여 운송사업면허를 취소하였더라도 택시운송사업자로서는 자동차운수사업법의 내용을 잘 알고 있어 교통사고를 낸 택시에 대하여 운송사업면허가 취소될 가능성을 예상할 수도 있었을 터이니, 자신이 별다른 행정조치가 없을 것으로 믿고 있었다 하여 바로 신뢰의 이익을 주장할 수는 없다. (대법원 1989. 6. 27. 선고 88누6283 판결) 13 국가

(2) 신뢰보호원칙에 위반되지 않는다고 본 판례

판례

1. 당초 정구장 시설을 설치한다는 도시계획결정을 하였다가 정구장 대신 청소년 수련시설을 설치한다는 도시계획 변경결정 및 지적승인을 한 경우, 당초의 도시계획결정만으로는 도시계획사업의 시행자 지정을 받게 된다는 공적인 견해를 표명하였다고 할 수 없다는 이유로 그 후의 도시계획 변경결정 및 지적승인이 도시계획사업의 시행자로 지정받을 것을 예상하고 정구장 설계 비용 등을 지출한 자의 신뢰이익을 침해한 것으로 볼 수 없다. 대법원 2000. 11. 10. 선고 2000두727 판결
2. 행정상 법률관계에 있어서 특정의 사항에 대해 신뢰보호의 원칙상 처분청이 그와 배치되는 조치를 할 수 없다고 할 수 있을 정도의 행정관행이 성립되었다고 하려면 상당한 기간에 걸쳐 그 사항에 대해 동일한 처분을 하였다는 객관적 사실이 존재할 뿐만 아니라, 처분청이 그 사항에 관해 다른 내용의 처분을 할 수 있음을 알면서도 어떤 특별한 사정 때문에 그러한 처분을 하지 않는다는 의사가 있고 이와 같은 의사가 명시적 또는 묵시적으로 표시되어야 한다 할 것이므로, 단순히 착오로 어떠한 처분을 계속한 경우는 행정관행이 성립한 경우에 해당되지 않는다 할 것이고, 따라서 처분청이 추후 오류를 발견하여 합리적인 방법으로 변경하는 것은 신뢰보호원칙에 위배되지 않는다. 대법원 1993. 6. 11. 선고 92누14021 판결
3. 소득세법 제127조의 규정에 비추어 보면 과세관청이 일단 비과세결정을 하였다가 이를 번복하고 다시 과세처분을 하였다는 사실만으로는 그 과세처분이 신의성실의 원칙에 반하는 위법한 것이라고 할 수 없다. 대법원 1989. 1. 17. 선고 87누681 판결

4. 실제의 공원구역과 다르게 경계측량 및 표지를 설치한 십수 년 후 착오를 발견하여 지형도를 수정한 조치가 신뢰보호의 원칙에 위배되거나 행정의 자기구속의 법리에 반하는 것이라 할 수 없다. 대법원 1992. 10. 13. 선고 92누2325 판결 15 사복

5. 행정청이 지구단위계획을 수립하면서 그 권장용도를 판매 · 위락 · 숙박시설로 결정하여 고시한 행위를 당해 지구 내에서는 공익과 무관하게 언제든지 숙박시설에 대한 건축허가가 가능하리라는 공적 견해를 표명한 것이라고 평가할 수는 없다.
학생들의 교육환경과 인근 주민들의 주거환경 보호라는 공익이 숙박시설 건축허가신청을 반려한 처분으로 그 신청인이 잃게 되는 이익의 침해를 정당화할 수 있을 정도로 크므로, 위 반려처분이 신뢰보호의 원칙에 위배되지 않는다고 한 원심의 판단을 수긍한 사례. 대법원 2005. 11. 25. 선고 2004두6822 등 판결 20 소방

6. (준농림지역에서 레미콘 공장을 설립하여 운영하던 갑 주식회사가 아스콘 공장을 추가로 설립하기 위하여 관할 시장으로부터 공장설립 변경승인을 받고 아스콘 공장 증설에 따른 대기오염물질 배출시설 설치 변경신고를 마친 다음 아스콘 공장을 운영하였는데, 위 공장에 대하여 실시한 배출 검사에서 대기환경보전법상 특정대기유해물질에 해당하는 포름알데히드 등이 검출되자 시장이 자연녹지지역 안에서 허가받지 않은 특정대기유해물질 배출시설을 설치 · 운영하였다는 사유로 대기환경보전법 제38조 단서에 따라 위 공장의 대기오염물질 배출시설 및 방지시설을 폐쇄하라는 명령을 한 사안에서) 위 처분이 신뢰보호원칙, 행정의 자기구속 법리, 실효의 원칙에 위배되지 않는다고 본 원심판단을 수긍한 사례. 대법원 2020. 4. 9. 선고 2019두51499 판결

PART 03

Ⅲ 신뢰보호의 한계

1. 사정변경

• 공적견해표명이 있은 후에 그 전제로 된 사실적 · 법률적 상태가 변경되었다면 그러한 견해표명은 효력을 잃게 되어 상대방은 신뢰보호원칙을 주장할 수 없게 된다.

판례

신뢰보호의 원칙은 행정청이 공적인 견해를 표명할 당시의 사정이 그대로 유지됨을 전제로 적용되는 것이 원칙이므로, 사후에 그와 같은 사정이 변경된 경우에는 그 공적 견해가 더 이상 개인에게 신뢰의 대상이 된다고 보기 어려운 만큼, 특별한 사정이 없는 한 행정청이 그 견해표명에 반하는 처분을 하더라도 신뢰보호의 원칙에 위반된다고 할 수 없다. 대법원 2020. 6. 25. 선고 2018두 34732 판결 21 지방, 22 국가, 24 지방 01

OX 확인

01 행정청이 공적인 의사표명을 하였다면 이후 사실적 · 법률적 상태의 변경이 있더라도 행정청이 이를 취소하지 않는 한 여전히 공적인 의사표명은 유효하다. (×)

2. 행정의 법률적합성과의 관계

• 행정의 법률적합성의 원칙(공익 추구)과 신뢰보호의 원칙(사익 추구)은 대립할 수 있는데, 이 경우 신뢰보호의 이익과 공익 또는 제3자의 이익 상호 간에 이익형량을 하여야 한다.

판례

1. 행정처분이 신뢰보호원칙의 요건을 충족하는 경우라고 하더라도 행정청이 앞서 표명한 공적인 견해에 반하는 행정처분을 함으로써 달성하려는 공익이 행정청의 공적 견해표명을 신뢰한 개인이 그 행정처분으로 인하여 입게 되는 이익의 침해를 정당화할 수 있을 정도로 강한 경우에는 신뢰보호의 원칙을 들어 그 행정처분이 위법하다고는 할 수 없다. 대법원 1998. 11. 13. 선고 98두7343 판결 12 사복, 16 사복

2. 재건축조합에서 일단 내부 규범이 정립되면 조합원들은 특별한 사정이 없는 한 그것이 존속하리라는 신뢰를 가지게 되므로, 내부 규범 변경을 통해 달성하려는 이익이 종전 내부 규범의 존속을 신뢰한 조합원들의 이익보다 우월해야 한다. 조합 내부 규범을 변경하는 총회결의가 신뢰보호의 원칙에 위반되는지를 판단하기 위해서는, 종전 내부 규범의 내용을 변경하여야 할 객관적 사정과 필요가 존재하는지, 그로써 조합이 달성하려는 이익은 어떠한 것인지, 내부 규범의 변경에 따라 조합원들이 침해받은 이익은 어느 정도의 보호가치가 있으며 침해 정도는 어떠한지, 조합이 종전 내부 규범의 존속에 대한 조합원들의 신뢰 침해를 최소화하기 위하여 어떤 노력을 기울였는지 등과 같은 여러 사정을 종합적으로 비교·형량해야 한다. 대법원 2020. 6. 25. 선고 2018두34732 판결

3. 무효인 행정행위

• 행정행위가 당연무효인 경우 이에 대해서는 신뢰보호원칙을 주장할 수 없다.

판례

임용 당시 공무원임용결격사유가 있었다면 비록 국가의 과실에 의하여 임용결격자임을 밝혀내지 못하였다 하더라도 그 임용행위는 당연무효로 보아야 한다. 16 국가

국가가 공무원임용결격사유가 있는 자에 대하여 결격사유가 있는 것을 알지 못하고 공무원으로 임용하였다가 사후에 결격사유가 있는 자임을 발견하고 공무원 임용행위를 취소하는 것은 당사자에게 원래의 임용행위가 당초부터 당연무효이었음을 통지하여 확인시켜 주는 행위에 지나지 아니하는 것이므로, 그러한 의미에서 당초의 임용처분을 취소함에 있어서는 신의칙 내지 신뢰의 원칙을 적용할 수 없고 또 그러한 의미의 취소권은 시효로 소멸하는 것도 아니다. 대법원 1987. 4. 14. 선고 86누459 판결 22 지방

Ⅳ 적용범위

1. 수익적 행정행위의 취소 및 철회

• 수익적 행정처분을 취소하거나 철회하는 경우에도 신뢰보호원칙이 적용되어 취소·철회에 제한을 가하게 된다.

2. 확약

• 행정청이 장차 상대방에게 일정한 작위 또는 부작위를 행할 것을 확약한 경우에는 신뢰보호의 원칙에 따라 행정청은 그에 구속된다.

3. 실권의 법리

행정기본법 제12조【신뢰보호의 원칙】

② 행정청은 권한 행사의 기회가 있음에도 불구하고 장기간 권한을 행사하지 아니하여 국민이 그 권한이 행사되지 아니할 것으로 믿을 만한 정당한 사유가 있는 경우에는 그 권한을 행사해서는 아니 된다. 다만, 공익 또는 제3자의 이익을 현저히 해칠 우려가 있는 경우는 예외로 한다. 24 지방

(1) 의의

- 권리행사의 기회가 있었음에도 불구하고 행정청이 장기간에 걸쳐 권리를 행사하지 아니하였을 때, 상대방인 국민이 행정청이 더는 권리를 행사하지 않을 것으로 믿을 만한 정당한 사유가 있는 경우 행정청은 그 권리를 행사할 수 없다는 법리를 의미한다.
- 종래 실권의 법리에 대한 이론적 근거에 대해 학설은 일반적으로 신뢰보호원칙을 제시하는 반면, 판례는 신의성실의 원칙을 제시하였다.

판례

실권 또는 실효의 법리는 법의 일반원리인 신의성실의 원칙에 바탕을 둔 파생원칙이다. 대법원 1988. 4. 27. 선고 87누915 판결

- 최근 제정된 행정기본법은 '신뢰보호의 원칙'이라는 표제하에 실권의 법리를 규정함으로써 실권의 법리가 신뢰보호의 원칙에 기초한 것임을 나타내었다.

(2) 요건

- 행정청에게 권리행사의 가능성이 있었어야 한다.
- 행정청이 장기간에 걸쳐 권리를 행사하지 않았어야 한다.
- 상대방인 국민이 행정청이 더는 권리를 행사하지 않을 것으로 신뢰하였고, 그 신뢰에 정당한 사유가 있어야 한다.

판례

실효의 원칙이 적용되기 위하여 필요한 요건으로서의 실효기간(권리를 행사하지 아니한 기간)의 길이와 의무자인 상대방이 권리가 행사되지 아니하리라고 신뢰할 만한 정당한 사유가 있었는지의 여부는 일률적으로 판단할 수 있는 것이 아니라 구체적인 경우마다 권리를 행사하지 아니한 기간의 장단과 함께 권리자측과 상대방측 쌍방의 사정 및 객관적으로 존재한 사정 등을 모두 고려하여 사회통념에 따라 합리적으로 판단하여야 할 것이다. 대법원 2005. 10. 28. 선고 2005다45827 판결

(3) 효과

- 행정청은 더 이상 그 권리를 행사하지 못하게 된다(권리의 실효).

(4) 관련 판례

판례

원고가 행정서사업 허가를 받은 때로부터 20년이 다되어 피고가 그 허가를 취소한 것이기는 하나 피고가 취소사유를 알고서도 그렇게 장기간 취소권을 행사하지 않은 것이 아니고 1985. 9. 중순에 비로소 위에서 본 취소사유를 알고 그에 관한 법적 처리방안에 관하여 다각도로 연구검토가 행해졌고 그러한 사정은 원고도 알고 있었음이 기록상 명백하여 이로써 본다면 상대방인 원고에게 취소권을 행사하지 않을 것이란 신뢰를 심어준 것으로 여겨지지 않으니 피고의 처분이 실권의 법리에 저촉된 것이라고 볼 수 있는 것도 아니다. 대법원 1988. 4. 27. 선고 87누915 판결

쟁점 62 평등의 원칙 및 행정의 자기구속의 원칙

Ⅰ 평등의 원칙

행정기본법 제9조 【평등의 원칙】 행정청은 합리적 이유 없이 국민을 차별하여서는 아니 된다.

1. 의의

- 행정작용을 함에 있어서 특별한 합리적 사유가 존재하지 않는 한 상대방인 국민을 공평하게 처우해야 한다는 원칙을 말한다.
- 헌법에 명문의 근거규정이 존재한다.
- 차별취급을 정당화할 수 있는 합리적인 사유가 존재하는 경우 차별을 인정하는 실질적·상대적·비례적 평등을 의미한다("같은 것은 같게, 다른 것은 다르게"). 21 국가 01
- 불법의 평등은 인정되지 않는다(위법한 행정작용에 대해서는 평등의 원칙 적용 없음).

OX 확인

01 평등원칙은 일체의 차별적 대우를 부정하는 절대적 평등을 의미하는 것이 아니라 입법과 법의 적용에 있어서 합리적인 근거가 없는 차별을 배제하는 상대적 평등을 뜻한다. (○)

2. 구체적 판례

(1) 평등의 원칙에 위반된다고 본 판례

판례

1. 조례안이 지방의회의 감사 또는 조사를 위하여 출석요구를 받은 증인이 5급 이상 공무원인지 여부, 기관(법인)의 대표나 임원인지 여부 등 증인의 사회적 신분에 따라 미리부터 과태료의 액수에 차등을 두고 있는 경우, 그와 같은 차별은 증인의 불출석이나 증언거부에 대하여 과태료를 부과하는 목적에 비추어 볼 때 그 합리성을 인정할 수 없고 지위의 높고 낮음만을 기준으로 한 부당한 차별대우라고 할 것이어서 헌법에 규정된 평등의 원칙에 위배되어 무효이다. 대법원 1997. 2. 25. 선고 96추213 판결 17 서울
2. 행정자치부의 지방조직 개편지침의 일환으로 청원경찰의 인원감축을 위한 면직처분대상자를 선정함에 있어서 초등학교 졸업 이하 학력소지자 집단과 중학교 중퇴 이상 학력소지자 집단으로 나누어 각 집단별로 같은 감원비율 상당의 인원을 선정한 것은 합리성과 공정성을 결여하고, 평등의 원칙에 위배된다. 대법원 2002. 2. 8. 선고 2000두4057 판결
3. 국·공립학교의 채용시험에 국가유공자와 그 가족이 응시하는 경우 만점의 10퍼센트를 가산하도록 규정하고 있는 국가유공자 등 예우 및 지원에 관한 법률은 평등의 원칙에 위배된다. 한편, 이 사건 조항의 위헌성은 국가유공자 등과 그 가족에 대한 가산점제도 자체가 입법정책상 전혀 허용될 수 없다는 것이 아니고, 그 차별의 효과가 지나치다는 것에 기인한다. 헌법재판소 2006. 2. 23. 선고 2004 헌마675·981·1022 결정
4. 제대군인이 공무원채용시험 등에 응시한 때에 과목별 득점에 과목별 만점의 5% 또는 3%를 가산하는 제대군인가산점제도는 평등의 원칙에 위배된다. 헌법재판소 1999. 12. 23. 선고 98헌마363 결정

(2) 평등의 원칙에 위반되지 않는다고 본 판례

판례

1. 같은 정도의 비위를 저지른 자들 사이에 있어서도 그 직무의 특성 등에 비추어, 개전의 정이 있는지 여부에 따라 징계의 종류의 선택과 양정에 있어서 차별적으로 취급하는 것은, 사안의 성질에 따른 합리적 차별로서 이를 자의적 취급이라고 할 수 없는 것이어서 평등원칙 내지 형평에 반하지 아니한다. 대법원 1999. 8. 20. 선고 99두2611 판결 14 사복, 20 지방 02

OX 확인

02 동일한 사항을 다르게 취급하는 것은 합리적 이유가 없는 차별이므로, 같은 정도의 비위를 저지른 자들은 비록 개전의 정이 있는지 여부에 차이가 있다고 하더라도 징계 종류의 선택과 양정에 있어 동일하게 취급받아야 한다. (×)

2. 대학·산업대학 또는 원격대학에 편입학할 수 있는 자격을 전문대학을 졸업한 자로 규정하고 있는 고등교육법은 청구인의 평등권 등을 침해하지 않는다. 헌법재판소 2010. 11. 25. 선고 2010헌마144 판결
3. 일반직 직원의 정년을 58세로 규정하면서 전화교환직렬 직원만은 정년을 53세로 규정하여 5년간의 정년차등을 둔 것이 사회통념상 합리성이 있으므로 평등의 원칙에 위배되는 것은 아니다. 대법원 1996. 8. 23. 선고 94누13589 판결 11 국회
4. 청원경찰은 기본적으로 공무원이 아니고 청원주가 임명하는 일반 근로자이므로 공무원과 청원경찰을 동일한 비교집단이라고 보기 어려워 동일한 비교집단임을 전제로 공무원과 비교하여 합리적 이유 없는 차별이 있다고 볼 수 없고, 또 그 징계에 관한 규정형식이 일반 공무원과 다르다고 하여 합리적인 이유 없는 차별에 해당한다고 보기 어렵다. 헌법재판소 2010. 2. 25. 선고 2008헌바160 결정
5. LPG는 석유에 비하여 화재 및 폭발의 위험성이 훨씬 커서 주택 및 근린생활시설이 들어설 지역에 LPG충전소의 설치금지는 불가피하다할 것이고 석유와 LPG의 위와 같은 차이를 고려하여 연구단지내 녹지구역에 주유소 설치는 허용하면서 LPG충전소의 설치를 금지한 것은 위와 같은 합리적 이유에 근거한 것이므로 이 사건 시행령 규정이 평등원칙에 위배된다고 볼 수 없다. 헌법재판소 2004. 7. 15. 선고 2001헌마646 전원재판부 20 소방

PART 03

Ⅱ 행정의 자기구속의 원칙

1. 의의

(1) 의미

• 행정청이 상대방에 대해 동일한 사안에 있어서 제3자에게 행한 결정과 동일한 결정을 하도록 스스로 구속당하는 원칙을 의미한다.

(2) 재량준칙과의 관계

• 법규와 달리 행정규칙은 대외적 구속력이 없이 행정청 내부에서만 효력을 가지므로, 행정청이 행정규칙을 위반하였다고 하여 그것이 곧바로 위법한 행정작용이 되는 것은 아니다.
• 그러나 행정청이 재량권 행사의 기준이 되는 행정규칙(재량준칙)을 마련하여 이에 따라 반복하여 행정작용을 하였을 경우, 그 뒤 동일한 사안에 대하여 그 결정과 다른 결정을 하지 못하게 되는 구속을 받게 되고, 이러한 경우 그 행정규칙은 간접적으로 대외적 구속력을 갖게 된다.

판례

이른바 행정규칙은 일반적으로 행정조직 내부에서만 효력을 가지는 것이고 대외적인 구속력을 갖는 것이 아니다. 다만, 행정규칙이 법령의 규정에 의하여 행정관청에 법령의 구체적 내용을 보충할 권한을 부여한 경우, 또는 재량권 행사의 준칙인 규칙이 그 정한 바에 따라 되풀이 시행되어 행정관행이 이룩되게 되면 평등의 원칙이나 신뢰보호의 원칙에 따라 행정기관은 그 상대방에 대한 관계에서 그 규칙에 따라야 할 자기구속을 당하게 되는 경우에는 대외적인 구속력을 가지게 된다. 헌법재판소 1990. 9. 3. 선고 90헌마13 결정 11 국가, 11 사복, 13 국가, 14 사복, 17 사복, 18 소방, 20 지방 01

OX 확인

01 재량권행사의 준칙인 행정규칙이 그 정한 바에 따라 되풀이 시행되어 행정관행이 이루어지게 되면 평등의 원칙이나 신뢰보호의 원칙에 따라 행정기관은 그 상대방에 대한 관계에서 그 규칙에 따라야 할 자기구속을 받게 된다. (○)

2. 근거

- 행정의 자기구속의 원칙은 평등의 원칙에 근거한다는 것이 통설적 견해이다.
- 판례는 평등의 원칙뿐만 아니라 신뢰보호의 원칙 또한 근거가 될 수 있다고 한다.

판례

재량권 행사의 준칙인 행정규칙이 그 정한 바에 따라 되풀이 시행되어 행정관행이 이루어지게 되면 평등의 원칙이나 신뢰보호의 원칙에 따라 행정기관은 그 상대방에 대한 관계에서 그 규칙에 따라야 할 자기구속을 받게 되므로, 이러한 경우에는 특별한 사정이 없는 한 그를 위반하는 처분은 평등의 원칙이나 신뢰보호의 원칙에 위배되어 재량권을 일탈·남용한 위법한 처분이 된다. 대법원 2009. 12. 24. 선고 2009두7967 판결 18 국가

3. 요건

① 재량행위

- 자기구속의 원칙은 행정작용 중 오직 재량행위의 경우에만 문제된다. 18 국가
- 기속행위의 경우 행정청은 법령에 의한 구속을 받게 되는 결과 자기구속은 문제될 여지조차 없기 때문이다.
- 재량행위의 경우 침익적·수익적 여부를 불문하고 모두 적용된다.

② 동종의 사안

③ 동일한 행정청

④ 선례의 존재

- 행정의 자기구속의 원칙이 적용되기 위해서는 반드시 행정선례가 필요한 것인지, 아니면 재량준칙의 존재만으로도 적용이 가능한 것인지 문제된다.
- 이에 대하여 학설상 견해의 대립이 있으나, 11 사복 판례는 행정선례가 필요하다고 본다.

판례

재량권 행사의 준칙인 행정규칙이 그 정한 바에 따라 되풀이 시행되어 행정관행이 이루어지게 되면 평등의 원칙이나 신뢰보호의 원칙에 따라 행정기관은 그 상대방에 대한 관계에서 그 규칙에 따라야 할 자기구속을 받게 된다. 대법원 2009. 12. 24. 선고 2009두7967 판결 16 사복, 18 국가 01

OX 확인

01 재량준칙이 공표된 것만으로는 행정의 자기구속의 원칙이 적용될 수 없고, 재량준칙이 되풀이 시행되어 행정관행이 성립한 경우에 행정의 자기구속의 원칙이 적용될 수 있다. (○)

4. 한계

- 자기구속의 원칙은 평등의 원칙에 근거한 것인데, 위법한 행정작용에 대해서는 평등의 원칙이 적용되지 않으므로, 결국 자기구속의 원칙도 선례가 위법한 경우 적용되지 않는다.

판례

위법한 행정처분이 수차례에 걸쳐 반복적으로 행하여졌다 하더라도 그러한 처분이 위법한 것인 때에는 행정청에 대하여 자기구속력을 갖게 된다고 할 수 없다. 대법원 2009. 6. 25. 선고 2008두13132 판결 16 지방, 21 국가, 22 지방 02

OX 확인

02 행정청이 조합설립추진위원회의 설립승인 심사에서 위법한 행정처분을 한 선례가 있는 경우에는, 행정청에 대해 자기구속력을 갖게 되어 이후에도 그러한 기준에 따라야 한다. (×)

- 자기구속의 원칙이 성립되었다고 하더라도 이후 중대한 사정변경이 생긴 경우 선례와 다른 결정을 하는 것이 가능하다.

쟁점 63 부당결부금지의 원칙

I 의의

행정기본법 제13조 【부당결부금지의 원칙】 행정청은 행정작용을 할 때 상대방에게 해당 행정작용과 실질적인 관련이 없는 의무를 부과해서는 아니 된다.

- 행정기관이 행정작용을 함에 있어서 그것과 실질적 관련성이 없는 상대방의 반대급부를 결부시켜서는 안 된다는 원칙을 말한다. 18 소방, 20 소방
- 법치국가 원리와 자의금지의 원칙에서 도출되는 것으로서 헌법적 효력을 갖는다.

II 요건

- 행정작용의 존재
- 행정작용과 상대방의 반대급부 사이의 결부
- 양자 간 실질적 관련성의 부존재

III 적용영역

1. 부관

- 행정청이 행정작용을 하면서 상대방에게 불이익한 내용의 부관을 붙이는 경우 적용된다.

판례

1. 지방자치단체장이 사업자에게 주택사업계획승인을 하면서 그 주택사업과는 아무런 관련이 없는 토지를 기부채납하도록 하는 부관을 주택사업계획승인에 붙인 경우, 그 부관은 부당결부금지의 원칙에 위반되어 위법하지만, 그 하자가 중대하고 명백하여 당연무효라고는 볼 수 없다. 대법원 1997. 3. 11. 선고 96다49650 판결 13 국가, 15 국가, 19 지방 01
2. 건축물에 인접한 도로의 개설을 위한 도시계획사업시행허가처분은 건축물에 대한 건축허가처분과는 별개의 행정처분이므로 사업시행허가를 함에 있어 조건으로 내세운 기부채납의무를 이행하지 않았음을 이유로 한 건축물에 대한 준공거부처분은 건축법에 근거 없이 이루어진 것으로서 위법하다. 대법원 1992. 11. 27. 선고 92누10364 판결 13 국가

2. 공법상 계약

- 행정청이 공법상 계약을 체결하면서 상대방에게 반대급부의 의무를 부과하는 경우 적용된다.

OX 확인

01 지방자치단체장이 사업자에게 주택사업 계획승인을 하면서 그 주택사업과는 아무런 관련이 없는 토지를 기부채납하도록 하는 부관을 붙인 경우, 그 부관은 부당결부금지의 원칙에 위반되어 위법하다. (O)

3. 공급거부 및 관허사업의 제한

- 공법상의 의무불이행에 따른 의무이행확보수단으로 행정청이 상대방에 대하여 전기・수도 등의 공급을 거부하거나 다른 법령에 따른 허가 등을 제한하는 경우가 있는데, 이러한 행정작용이 부당결부금지원칙에 위반되는 것은 아닌지 문제된다(자세한 내용은 후술함).
- 예컨대, 상속세를 체납한 자에 대하여 식품위생법에 따른 영업허가를 취소하는 경우 상속세 체납과 그 영업허가의 취소 사이에 아무런 관련이 없으므로 그 취소는 부당결부금지원칙에 위반될 가능성이 크다고 볼 수 있다. 13 서울

4. 여러 운전면허의 취소(철회)

(1) 쟁점

- 우리나라의 운전면허는 제1종(대형-보통-소형-특수면허)과 제2종(보통-소형-원동기장치자전거면허)으로 구분된다.
- 이때 만약 甲이라는 사람이 제1종 대형, 제1종 보통, 제1종 소형 이상 세 개의 면허를 받은 상황에서 제1종 보통면허로 운전 가능한 승용자동차를 음주운전하다가 적발된 경우, 제1종 보통면허를 취소하는 외에 제1종 소형 및 대형면허도 취소할 수 있는지 여부가 부당결부금지의 원칙과 관련하여 문제된다.

(2) 기본 원칙(판례의 태도)

① 여러 종류의 자동차운전면허는 서로 별개의 것으로 취급하는 것이 원칙이나, 취소・정지 사유가 특정 면허에 관한 것이 아니고 다른 면허와 공통된 것이거나 운전면허를 받은 사람에 관한 것일 경우에는 여러 면허를 전부 취소・정지할 수도 있다(대법원 1997. 5. 16. 선고 97누2313 판결). 14 국회, 18 지방

② 구체적 적용방법

- 상위 운전면허가 하위 운전면허를 완전히 포함하는 경우(예컨대, 제1종 대형면허를 가지고 있는 사람은 제1종 보통면허로 운전할 수 있는 모든 자동차를 운전할 수 있음), 그 상위 운전면허로 운전할 수 있는 자동차를 운전하다가 면허의 취소・정지 사유가 발생한 경우 상위 운전면허만이 아니라 하위 운전면허도 취소・정지할 수 있다. (왜냐하면 상위 운전면허의 취소・정지에는 하위 운전면허를 가지고 운전할 수 있는 자동차의 운전까지 금지하는 취지가 포함되어 있는 것으로 보기 때문)
- 하위 운전면허로 운전할 수 있는 자동차를 운전하다가 면허의 취소・정지 사유가 발생한 경우에도 그 자동차가 상위 운전면허로도 운전할 수 있는 경우라면 하위 운전면허만이 아니라 상위 운전면허도 취소・정지할 수 있다. (왜냐하면 상위 운전면허까지 취소시켜야만 하위 운전면허를 취소하는 공익적 목적을 달성할 수 있기 때문)
- 이와 달리 서로 아무런 관련이 없는 운전면허의 경우(예컨대, 제1종 대형면허와 제1종 특수면허는 각 면허로 운전할 수 있는 차의 종류가 완전히 다름), 하나의 운전면허에 발생한 취소・정지사유를 가지고는 다른 운전면허를 취소・정지할 수 없다. (왜냐하면 제1종 대형면허와 제1종 특수면허는 서로 포함될 수 있는 관계에 있지 않고, 제1종 특수면허만을 취소하더라도 운전면허를 취소하는 공익적 목적을 달성할 수 있기 때문)

(3) 구체적 판례

① 부당결부금지원칙에 위반된다고 본 판례

판례

1. 이륜자동차로서 제2종 소형면허를 가진 사람만이 운전할 수 있는 오토바이는 제1종 대형면허나 보통면허를 가지고서도 이를 운전할 수 없는 것이어서 이와 같은 이륜자동차의 운전은 제1종 대형면허나 보통면허와는 아무런 관련이 없는 것이므로 이륜자동차를 음주운전한 사유만 가지고서는 제1종 대형면허나 보통면허의 취소나 정지를 할 수 없다. 대법원 1992. 9. 22. 선고 91누8289 판결
2. 원고가 운전한 위 레이카크레인은 특수면허로는 운전이 가능하나 제1종 보통면허나 대형면허로는 운전할 수 없는 것이므로 원고는 자신이 가지고 있는 면허 중 특수면허만으로 위 레이카크레인을 운전한 것이 되고 제1종 보통면허나 대형면허는 위 레이카크레인 운전과는 아무런 관련이 없는 것이므로, 원고의 위와 같은 주취운전행위는 원고가 가지고 있는 면허 중 특수면허에 대한 취소의 사유가 될 수 있을 뿐 제1종 보통면허나 대형면허에 대한 취소의 사유는 되지 아니한다. 대법원 1995. 11. 16. 선고 95누8850 전원합의체 판결

② 부당결부금지원칙에 위반되지 않는다고 본 판례

판례

1. 제1종 보통면허 소지자는 승용자동차뿐만 아니라 원동기장치자전거까지 운전할 수 있도록 규정하고 있어 제1종 보통면허의 취소에는 당연히 원동기장치자전거의 운전까지 금지하는 취지가 포함된 것이어서 이들 차량의 운전면허는 서로 관련된 것이라고 할 것이므로, 제1종 보통면허로 운전할 수 있는 차량을 음주운전한 경우에는 이와 관련된 원동기장치자전거면허까지 취소할 수 있는 것으로 보아야 한다. 대법원 1996. 11. 8. 선고 96누9959 판결 12 사복, 15 국가
2. 제1종 대형면허를 가진 사람만이 운전할 수 있는 대형승합자동차는 제1종 보통면허를 가지고 운전할 수 없는 것이기는 하지만, 제1종 대형면허 소지자는 제1종 보통면허 소지자가 운전할 수 있는 차량을 모두 운전할 수 있는 것으로 규정하고 있어, 제1종 대형면허의 취소에는 당연히 제1종 보통면허 소지자가 운전할 수 있는 차량의 운전까지 금지하는 취지가 포함된 것이어서 이들 차량의 운전면허는 서로 관련된 것이라고 할 것이므로, 제1종 대형면허로 운전할 수 있는 차량을 음주운전하거나 그 제재를 위한 음주측정의 요구를 거부한 경우에는 그와 관련된 제1종 보통면허까지 취소할 수 있다. 대법원 1997. 2. 28. 선고 96누17578 판결
3. 제1종 보통 및 대형 운전면허의 소지자가 제1종 보통 운전면허로 운전할 수 있는 차를 음주운전하여 그 면허를 모두 취소당한 사안에서, 원고에 대한 이 사건 처분 중 1종 대형 운전면허의 취소만이 재량권을 일탈한 것으로 위법하다면 원고는 위 운전면허로 다시 승용 및 승합자동차를 운전할 수 있게 되어 위 주취운전에도 불구하고 아무런 불이익을 받지 아니하게 되는 점에서도 현저히 형평을 잃게 되는 결과를 초래하고 있으므로, 원심판결이 들고 있는 사정만으로는 이 사건 처분이 재량권의 한계를 일탈하였거나 남용한 위법한 처분이라고 할 수 없다(주: 제1종 보통면허로 운전할 수 있는 승합자동차를 음주운전한 경우, 제1종 보통면허뿐만 아니라 제1종 대형면허까지 취소할 수 있다는 판례). 대법원 1997. 3. 11. 선고 96누15176 판결 12 사복, 15 국가

PART 03

쟁점 64 신의성실의 원칙

Ⅰ 의의

행정기본법 제11조【성실의무 및 권한남용금지의 원칙】
① 행정청은 법령등에 따른 의무를 성실히 수행하여야 한다.
② 행정청은 행정권한을 남용하거나 그 권한의 범위를 넘어서는 아니 된다.

• 법률관계의 당사자는 상대방의 이익을 배려하여 형평에 어긋나거나 또는 신뢰를 저버리는 내용이나 방법으로 권리를 행사하거나 의무를 이행하여서는 안 된다는 원칙을 말한다.

Ⅱ 근거

• 행정절차법 제4조 제1항 "행정청은 직무를 수행할 때 신의에 따라 성실히 하여야 한다."
• 국세기본법 제15조 "납세자가 그 의무를 이행할 때에는 신의에 따라 성실하게 하여야 한다. 세무공무원이 직무를 수행할 때에도 또한 같다."

Ⅲ 구체적 판례

판례

1. 신의성실의 원칙에 위배된다는 이유로 그 권리의 행사를 부정하기 위하여는 상대방에게 신의를 주었다거나 객관적으로 보아 상대방이 그러한 신의를 가짐이 정당한 상태에 이르러야 하고, 이와 같은 상대방의 신의에 반하여 권리를 행사하는 것이 정의 관념에 비추어 용인될 수 없는 정도의 상태에 이르러야 하고, 일반 행정법률관계에서 관청의 행위에 대하여 신의칙이 적용되기 위해서는 합법성의 원칙을 희생하여서라도 처분의 상대방의 신뢰를 보호함이 정의의 관념에 부합하는 것으로 인정되는 특별한 사정이 있을 경우에 한하여 예외적으로 적용된다. 대법원 2004. 7. 22. 선고 2002두11233 판결
2. 지방공무원 임용신청 당시 잘못 기재된 호적상 출생연월일을 생년월일로 기재하고, 이에 근거한 공무원인사기록카드의 생년월일 기재에 대하여 처음 임용된 때부터 약 36년 동안 전혀 이의를 제기하지 않다가, 정년을 1년 3개월 앞두고 호적상 출생연월일을 정정한 후 그 출생연월일을 기준으로 정년의 연장을 요구하는 것이 신의성실의 원칙에 반하지 않는다. 대법원 2009. 3. 26. 선고 2008두21300 판결
21 국가 01
3. 외교부 소속 전·현직 공무원을 회원으로 하는 비영리 사단법인인 갑 법인이 재외공무원 자녀들을 위한 기숙사 건물을 신축하면서, 갑 법인과 외무부장관이 과세관청과 내무부장관에게 취득세 등 지방세 면제 의견을 제출하자, 내무부장관이 '갑 법인이 학술연구단체와 장학단체이고 갑 법인이 직접 사용하기 위하여 취득하는 부동산이라면 취득세가 면제된다.'고 회신하였고, 이에 과세관청은 약 19년 동안 갑 법인에 대하여 기숙사 건물 등 부동산과 관련한 취득세·재산세 등을 전혀 부과하지 않았는데, 그 후 과세관청이 위 부동산이 학술연구단체가 고유업무에 직접 사용하는 부동산에 해당하지 않는다는 등의 이유로 재산세 등의 부과처분을 한 사안에서, 위 처분은 신의성실의 원칙에 반하는 것으로서 위법하다고 본 사례. 대법원 2019. 1. 17. 선고 2018두42559 판결

OX 확인

01 공무원 임용신청 당시 잘못 기재된 호적상 출생연월일을 생년월일로 기재하고, 임용 후 36년 동안 이의를 제기하지 않다가, 정년을 1년 3개월 앞두고 정정된 출생 연월일을 기준으로 정년연장을 요구하는 것은 신의성실의 원칙에 반한다. (×)

4. 관할관청이 위법한 직업능력개발훈련과정 인정제한처분을 하여 사업주로 하여금 제때 훈련과정 인정신청을 할 수 없도록 하였음에도, 인정제한처분에 대한 취소판결 확정 후 사업주가 인정제한 기간 내에 실제로 실시하였던 훈련에 관하여 비용지원신청을 한 경우에, 관할관청은 단지 해당 훈련과정에 관하여 사전에 훈련과정 인정을 받지 않았다는 이유만을 들어 훈련비용 지원을 거부할 수는 없음이 원칙이다. 이러한 거부행위는 위법한 훈련과정 인정제한처분을 함으로써 사업주로 하여금 제때 훈련과정 인정신청을 할 수 없게 한 장애사유를 만든 행정청이 사업주에 대하여 사전에 훈련과정 인정신청을 하지 않았음을 탓하는 것과 다름없으므로 신의성실의 원칙에 반하여 허용될 수 없다(주 : 행정법상 신청을 할 수 없게 한 장애사유를 행정청이 만든 경우에 행정청이 원인이 된 장애사유를 근거로 그러한 신청을 인정하지 않는 것은 신의성실의 원칙에 반하여 허용될 수 없다고 본 사례). 대법원 2019. 1. 31. 선고 2016두52019 판결

5. 근로자가 입은 부상이나 질병이 업무상 재해에 해당하는지 여부에 따라 요양급여 신청의 승인, 휴업급여청구권의 발생 여부가 차례로 결정되고, 따라서 근로복지공단의 요양불승인처분의 적법 여부는 사실상 근로자의 휴업급여청구권 발생의 전제가 된다고 볼 수 있는 점 등에 비추어, 근로자가 요양불승인에 대한 취소소송의 판결확정시까지 근로복지공단에 휴업급여를 청구하지 않았던 것은 이를 행사할 수 없는 사실상의 장애사유가 있었기 때문이라고 보아야 하므로, 근로복지공단의 요양불승인처분에 대한 취소소송을 제기하여 승소확정판결을 받은 근로자가 요양으로 인하여 취업하지 못한 기간의 휴업급여를 청구한 경우 그 휴업급여청구권이 시효완성으로 소멸하였다는 근로복지공단의 항변은 신의성실의 원칙에 반하여 허용될 수 없다. 대법원 2008. 9. 18. 선고 2007두2173 전원합의체 판결

6. 피징계자가 징계처분에 중대하고 명백한 흠이 있음을 알면서도 퇴직시에 지급되는 퇴직금 등 급여를 지급받으면서 그 징계처분에 대하여 위 흠을 들어 항고하였다가 곧 취하하고 그 후 5년 이상이나 그 징계처분의 효력을 일체 다투지 아니하다가 위 비위사실에 대한 공소시효가 완성되어 더 이상 형사소추를 당할 우려가 없게 되자 새삼 위 흠을 들어 그 징계처분의 무효확인을 구하는 소를 제기하기에 이르렀고 한편 징계권자로서도 그 후 오랜 기간 동안 피징계자의 퇴직을 전제로 승진·보직 등 인사를 단행하여 신분관계를 설정하였다면 피징계자가 이제 와서 위 흠을 내세워 그 징계처분의 무효확인을 구하는 것은 신의칙에 반한다. 대법원 1989. 12. 12. 선고 88누8869 판결

PART 03

CHAPTER 03

행정법관계

쟁점 65 공법관계와 사법관계

Ⅰ 개설

• 행정상 법률관계는 행정과 관련된 당사자 간의 권리의무관계를 의미한다.
• 행정상 법률관계 중 공법의 규율을 받는 것을 행정법관계(행정상의 공법관계)라 한다. 11 사복

Ⅱ 구별의 필요성

• 공법과 사법의 구별은 구체적 법률관계에 적용할 법규 또는 법원칙이나 구체적 분쟁해결을 위한 쟁송수단의 선택을 위해서 필요하다.
• 구체적 구별 실익

구분	공법관계	사법관계
기본원리	공법원리(법치행정 등)	사법원리(사적자치 등)
적용법규	행정법, 행정소송법	민법, 민사소송법
쟁송방법 18 교행	행정쟁송	민사소송
손해배상	국가배상	민법상 손해배상
강제집행방법	행정대집행법 등	민사집행법
행정절차법	적용○ (공법상 계약: 적용×)	적용×

Ⅲ 구별의 기준

1. 1차적 기준: 법 규정

• 공법과 사법은 1차적으로 관련된 법규의 내용이나 성격을 기준으로 구별한다. 18 교행
• 관련법규가 행정쟁송, 행정대집행 등 공법관계를 규율하는 성격의 규정을 갖는 경우 그 법규가 규율하는 대상은 공법관계가 된다.

2. 2차적 기준: 명문규정 없는 경우

• 공·사법은 하나의 기준만으로는 구별이 어려우므로 복수의 기준을 통해 관련 사정을 종합하여 판단해야 한다고 본다(통설인 복수기준설).

Ⅳ 구체적 판례

1. 공법관계로 본 판례

판례

1. 국유재산 등의 관리청이 하는 행정재산의 사용·수익에 대한 허가는 순전히 사경제주체로서 행하는 사법상의 행위가 아니라 관리청이 공권력을 가진 우월적 지위에서 행하는 행정처분으로서 특정인에게 행정재산을 사용할 수 있는 권리를 설정하여 주는 강학상 특허에 해당한다. 13 서울, 16 지방, 17 교행, 17 국회, 18 지방, 18 서울, 23 국가
2. 국립의료원 부설 주차장에 관한 위탁관리용역운영계약의 실질은 행정재산에 대한 국유재산법 제24조 제1항의 사용·수익 허가이므로, 위 계약에 따른 가산금 지급채무의 부존재를 주장하여 구제를 받으려면, 적절한 행정쟁송절차를 통하여 권리관계를 다투어야 할 것이지, 이 사건과 같이 피고에 대하여 민사소송으로 위 지급의무의 부존재확인을 구할 수는 없는 것이다. 대법원 2006. 3. 9. 선고 2004다31074 판결 16 국가, 18 교행, 22 지방
3. 국유재산의 관리청이 행정재산의 사용·수익을 허가한 다음 그 사용·수익하는 자에 대하여 하는 사용료 부과는 순전히 사경제주체로서 행하는 사법상의 이행청구라 할 수 없고, 이는 관리청이 공권력을 가진 우월적 지위에서 행한 것으로서 항고소송의 대상이 되는 행정처분이라 할 것이다. 대법원 1996. 2. 13. 선고 95누11023 판결 15 국회, 17 서울, 17 사복, 18 국회
4. 국유재산의 관리청이 국유재산의 무단점유자에 대하여 하는 변상금부과처분은 순전히 사경제 주체로서 행하는 사법상의 법률행위라 할 수 없고, 이는 관리청이 공권력을 가진 우월적 지위에서 행한 것으로서 행정소송의 대상이 되는 행정처분이라고 보아야 한다. 대법원 1988. 2. 23. 선고 87누1046 판결 13 국회, 15 서울, 23 국가, 23 지방
5. 국유 일반재산의 대부료 등의 징수에 관하여는 국세징수법상 체납처분에 관한 규정을 준용한 간이하고 경제적인 특별구제절차가 마련되어 있으므로, 특별한 사정이 없는 한 민사소송의 방법으로 대부료 등의 지급을 구하는 것은 허용되지 아니한다. 대법원 2014. 9. 4. 선고 2014다203588 판결 18 지방, 22 지방, 23 지방
6. 농지개량조합과 그 직원과의 관계는 사법상의 근로계약관계가 아닌 공법상의 특별권력관계이고, 그 조합의 직원에 대한 징계처분의 취소를 구하는 소송은 행정소송사항에 속한다. 대법원 1995. 6. 9. 선고 94누10870 판결 15 서울, 17 사복
7. 국가나 지방자치단체에 근무하는 청원경찰은 국가공무원법이나 지방공무원법상의 공무원은 아니지만, 그 근무관계를 사법상의 고용계약관계로 보기는 어려우므로 그에 대한 징계처분의 시정을 구하는 소는 행정소송의 대상이지 민사소송의 대상이 아니다. 대법원 1993. 7. 13. 선고 92다 47564 판결 15 서울, 18 지방
8. 텔레비전방송수신료 부과행위는 공권력의 행사에 해당하므로, 수신료를 징수할 권한이 있는지 여부를 다투는 이 사건 쟁송은 민사소송이 아니라 공법상의 법률관계를 대상으로 하는 것으로서 행정소송법 제3조 제2호에 규정된 당사자소송에 의하여야 한다. 대법원 2008. 7. 24. 선고 2007다25261 판결
9. 수도료의 부과·징수와 이에 따른 수도료의 납부관계는 공법상의 권리·의무관계이다. 대법원 1977. 2. 23. 선고 76다2517 판결 19 국가 01
10. 공공하수도의 이용관계는 공법관계라고 할 것이고 공공하수도 사용료의 부과징수관계 역시 공법상의 권리의무관계라 할 것이다. 대법원 2003. 6. 24. 선고 2001두8865 판결
11. 중학교 의무교육의 위탁관계는 초·중등교육법 제12조 제3항, 제4항 등 관련 법령에 의하여 정해지는 공법적 관계이다. 대법원 2015. 1. 29. 선고 2012두7387 판결 18 교행
12. 구 도시정비법 제65조 제2항의 입법 취지와 구 도시정비법(제1조)의 입법 목적을 고려하면, 위 후단 규정에 따른 정비기반시설의 소유권 귀속에 관한 국가 또는 지방자치단체와 정비사업시행자 사이의 법률관계는 공법상의 법률관계로 보아야 한다. 따라서 위 후단 규정에 따른 정비기반시설의 소유권 귀속에 관한 소송은 공법상의 법률관계에 관한 소송으로서 행정소송법 제3조 제2호에서 규정하는 당사자소송에 해당한다. 대법원 2018. 7. 26. 선고 2015다221569 판결
13. 법무사가 사무원 채용에 관하여 법무사법이나 법무사규칙을 위반하는 경우에는 소관 지방법원장으로부터 징계를 받을 수 있으므로, 법무사에 대하여 지방법무사회로부터 채용승인을 얻어 사무원을 채용할 의무는 법무사법에 의하여 강제되는 공법적 의무이다. 대법원 2020. 4. 9. 선고 2015다34444 판결 22 국가

OX 확인

01 「수도법」에 의하여 지방자치단체인 수도사업자가 그 수돗물의 공급을 받는 자에게 하는 수도료 부과·징수와 이에 따른 수도료 납부관계는 공법상의 권리의무 관계이므로, 이에 관한 분쟁은 행정소송의 대상이다. (○)

산림청장이나 그로부터 권한을 위임받은 행정청이 산림법 등이 정하는 바에 따라 국유임야를 대부하거나 매각하는 행위는 사경제적 주체로서 상대방과 대등한 입장에서 하는 사법상 계약이지 행정청이 공권력의 주체로서 상대방의 의사 여하에 불구하고 일방적으로 행하는 행정처분이라고 볼 수 없으며 이 대부계약에 의한 대부료부과 조치 역시 사법상 채무이행을 구하는 것으로 보아야지 이를 행정처분이라고 할 수 없다. (대법원 1993. 12. 7. 선고 91누11612 판결)

지방자치단체가 일반재산을 입찰이나 수의계약을 통해 매각하는 것은 기본적으로 사경제주체의 지위에서 하는 행위이므로 원칙적으로 사적 자치와 계약자유의 원칙이 적용된다. (대법원 2017. 11. 14. 선고 2016다201395 판결)

기부채납은 기부자가 그의 소유재산을 지방자치단체의 공유재산으로 증여하는 의사표시를 하고 지방자치단체는 이를 승낙하는 채납의 의사표시를 함으로써 성립하는 증여계약이다. (대법원 1996. 11. 8. 선고 96다20581 판결)

OX 확인

01 구 「예산회계법」상 입찰보증금의 국고귀속조치는 국가가 공권력을 행사하는 것이라는 점에서, 이를 다투는 소송은 행정소송에 해당한다. (×)

2. 사법관계로 본 판례

판례

1. 국유잡종재산(현 '일반재산')에 관한 관리 처분의 권한을 위임받은 기관이 국유잡종재산을 대부하는 행위는 국가가 사경제 주체로서 상대방과 대등한 위치에서 행하는 사법상의 계약이고, 행정청이 공권력의 주체로서 상대방의 의사 여하에 불구하고 일방적으로 행하는 행정처분이라고 볼 수 없으며, 국유잡종재산에 관한 대부료의 납부고지 역시 사법상의 이행청구에 해당하고, 이를 행정처분이라고 할 수 없다. 대법원 2000. 2. 11. 선고 99다61675 판결 12 지방, 15 서울, 16 지방, 17 사복, 17 교행, 23 국가, 23 지방
2. 한국공항공단이 정부로부터 무상사용허가를 받은 행정재산을 구 한국공항공단법 제17조에서 정한 바에 따라 전대하는 경우에 미리 그 계획을 작성하여 건설교통부장관에게 제출하고 승인을 얻어야 하는 등 일부 공법적 규율을 받고 있다고 하더라도, 한국공항공단이 그 행정재산의 관리청으로부터 국유재산관리사무의 위임을 받거나 국유재산관리의 위탁을 받지 않은 이상, 한국공항공단이 무상사용허가를 받은 행정재산에 대하여 하는 전대행위는 통상의 사인간의 임대차와 다를 바가 없고, 그 임대차계약이 임차인의 사용승인신청과 임대인의 사용승인의 형식으로 이루어졌다고 하여 달리 볼 것은 아니다. 대법원 2004. 1. 15. 선고 2001다12638 판결 23 국가
3. 국유재산법의 규정에 의하여 총괄청 또는 그 권한을 위임받은 기관이 국유재산을 매각하는 행위는 사경제 주체로서 행하는 사법상의 법률행위에 지나지 아니하며 행정청이 공권력의 주체라는 지위에서 행하는 공법상의 행정처분은 아니라 할 것이므로 국유재산매각 신청을 반려한 거부행위도 단순한 사법상의 행위일 뿐 공법상의 행정처분으로 볼 수 없다. 대법원 1986. 6. 24. 선고 86누171 판결 15 국회
4. 지방자치단체가 구 지방재정법시행령 제71조의 규정에 따라 기부채납받은 공유재산을 무상으로 기부자에게 사용을 허용하는 행위는 사경제 주체로서 상대방과 대등한 입장에서 하는 사법상 행위이지 행정청이 공권력의 주체로서 행하는 공법상 행위라고 할 수 없으므로, 기부자가 기부채납한 부동산을 일정기간 무상사용한 후에 한 사용허가기간 연장신청을 거부한 행정청의 행위도 단순한 사법상의 행위일 뿐 행정처분 기타 공법상 법률관계에 있어서의 행위는 아니다. 대법원 1994. 1. 25. 선고 93누7365 판결
5. 예산회계법(현 국가를 당사자로 하는 계약에 관한 법률)에 따라 체결되는 계약은 사법상의 계약이라고 할 것이고 동법 제70조의5의 입찰보증금은 낙찰자의 계약체결의무이행의 확보를 목적으로 하여 그 불이행 시에 이를 국고에 귀속시켜 국가의 손해를 전보하는 사법상의 손해배상 예정으로서의 성질을 갖는 것이라고 할 것이므로 입찰보증금의 국고귀속조치는 국가가 사법상의 재산권의 주체로서 행위하는 것이지 공권력을 행사하는 것이거나 공권력작용과 일체성을 가진 것이 아니라 할 것이므로 이에 관한 분쟁은 행정소송이 아닌 민사소송의 대상이 될 수밖에 없다. 대법원 1983. 12. 27. 선고 81누366 판결 17 교행, 19 국가, 20 지방, 23 국가 01
6. 국가를 당사자로 하는 계약이나 공공기관의 운영에 관한 법률의 적용 대상인 공기업이 일방 당사자가 되는 계약 이른바 '공공계약'은 국가 또는 공기업이 사경제의 주체로서 상대방과 대등한 지위에서 체결하는 사법상의 계약으로서 본질적인 내용은 사인 간의 계약과 다를 바가 없으므로, 법령에 특별한 정함이 있는 경우를 제외하고는 서로 대등한 입장에서 당사자의 합의에 따라 계약을 체결하여야 하고 당사자는 계약의 내용을 신의성실의 원칙에 따라 이행하여야 하는 등 사적 자치와 계약자유의 원칙을 비롯한 사법의 원리가 원칙적으로 적용된다. 대법원 2017. 12. 21. 선고 2012다74076 전원합의체 판결 22 국가
7. 지방자치단체가 일방 당사자가 되는 이른바 '공공계약'이 사경제의 주체로서 상대방과 대등한 위치에서 체결하는 사법상 계약에 해당하는 경우 그에 관한 법령에 특별한 정함이 있는 경우를 제외하고는 사적 자치와 계약자유의 원칙 등 사법의 원리가 그대로 적용된다. 대법원 2018. 2. 13. 선고 2014두11328 판결 24 국가

8. 공공용지 특례법에 따른 토지 등의 협의취득은 공공사업에 필요한 토지 등을 그 소유자와의 협의에 의하여 취득하는 것으로서 공공기관이 사경제 주체로서 행하는 사법상 매매 내지 사법상 계약의 실질을 가지는 것이지 행정청이 공권력의 주체로서 상대방의 의사 여하에 불구하고 일방적으로 행하는 행정처분이라 볼 수 없는 것이고, 위 협의취득에 기한 손실보상금의 환수통보 역시 사법상의 이행청구에 해당하는 것으로서 이를 항고소송의 대상이 되는 행정처분이라고 할 수 없다. 대법원 2010. 11. 11. 선고 2010두14367 판결 12 사복, 13 국회, 18 국가, 19 국가, 19 소방, 23 국가 01

9. 공익사업을 위한 토지 등의 취득 및 보상에 관한 법령에 의한 협의취득은 사법상의 법률행위이므로 당사자 사이의 자유로운 의사에 따라 채무불이행책임이나 매매대금 과부족금에 대한 지급의무를 약정할 수 있다. 대법원 2012. 2. 23. 선고 2010다91206 판결 24 국가

10. 개발부담금 부과처분이 취소된 이상 그 후의 부당이득으로서의 과오납금 반환에 관한 법률관계는 단순한 민사 관계에 불과한 것이고, 행정소송 절차에 따라야 하는 관계로 볼 수 없다. 대법원 1995. 12. 22. 선고 94다51253 판결 13 서울, 15 국회, 18 지방

11. 사립학교 교원과 학교법인의 관계를 공법상의 권력관계라고는 볼 수 없으므로 사립학교 교원에 대한 학교법인의 해임처분을 취소소송의 대상이 되는 행정청의 처분으로 볼 수 없고, 따라서 학교법인을 상대로 한 불복은 행정소송에 의할 수 없고 민사소송절차에 의할 것이다. 대법원 1993. 2. 12. 선고 92누13707 판결 15 국가

12. 서울특별시지하철공사의 임원과 직원의 근무관계의 성질은 사법관계에 속하므로, 위 지하철공사의 사장이 그 이사회의 결의를 거쳐 제정된 인사규정에 의거하여 소속직원에 대한 징계처분을 한 경우 이에 대한 불복절차는 민사소송에 의할 것이지 행정소송에 의할 수는 없다. 대법원 1989. 9. 12. 선고 89누2103 판결 17 교행

13. 한국방송공사의 직원 채용관계는 특별한 공법적 규제 없이 한국방송공사의 자율에 맡겨진 셈이 되므로 이는 사법적인 관계에 해당한다. 헌법재판소 2006. 11. 30. 선고 2005헌마855 결정

14. 공무원 및 사립학교 교직원 의료보험관리공단 직원의 근무관계는 공법관계가 아니라 사법관계이다. 대법원 1993. 11. 23. 선고 93누15212 판결

15. 지방자치단체의 관할구역 내에 있는 각급 학교에서 학교회계직원으로 근무하는 것을 내용으로 하는 근로계약은 사법상 계약이다. 대법원 2018. 5. 11. 선고 2015다237748 판결

16. 폐기물처리업의 허가를 받은 원고들이 피고의 시장으로부터 원고들이 진주시에서 발생하는 음식물류 폐기물의 수집·운반, 가로 청소, 재활용품의 수집·운반 업무를 대행할 것을 위탁받고, 각각 피고와 위 대행 업무에 관해 체결한 도급계약 및 위 계약체결 후 그 계약내용 중 일부를 변경하기로 한 변경계약을 사법상 계약으로 본 사례 대법원 2018. 2. 13. 선고 2014두11328 판결

17. 국유림의 경영 및 관리에 관한 법률에 따른 임산물매각계약은 사법상 계약이다. 대법원 2020. 5. 14. 선고 2018다298409 판결

OX 확인

01 공익사업을 위한 토지 등의 취득 및 보상에 관한 법령에 의한 협의취득은 사법상의 법률행위이므로, 이에 관한 분쟁은 민사소송의 대상이다. (○)

PART 03

쟁점 66 행정상 법률관계

I 의의

- 행정에 관한 법률관계를 총칭하는 것을 말한다.
- 행정주체 사이 또는 그 내부의 관계를 의미하는 행정조직법관계와 행정주체와 국민 사이의 법률관계를 의미하는 행정작용법관계로 구분된다.
- 행정작용법관계는 적용되는 법률의 성질에 따라 공법관계와 사법관계로 구분된다.

II 행정조직법관계

1. 행정주체 상호 간의 관계

- 국가의 지방자치단체에 대한 감독관계, 지방자치단체 상호 간의 사무위탁관계 등이 있다.

2. 행정주체 내부관계

- 상급행정청과 하급행정청 간의 관계, 대등행정청 간의 관계, 기관위임사무에 대한 주무부장관과 지방자치단체의 장과의 관계 등이 있다.

III 행정작용법관계

1. 공법관계

(1) 권력관계

- 행정주체가 개인에 대해 일방적으로 명령 · 강제하거나 법률관계를 형성 · 변경 · 소멸시키는 법률관계를 의미한다(본래적 공법관계).
- 개인에 대한 행정주체의 우월적 지위가 인정되고, 이에 따라 행정주체가 행한 행위에 공정력 · 집행력 · 불가쟁력 등 특별한 구속력이 인정된다. 11 사복
- 공법규정 및 공법원리가 적용되고, 원칙적으로 사법규정의 적용은 배제된다.

(2) 관리관계(비권력관계)

- 공물의 관리, 공기업의 경영 등과 같이 행정주체가 공권력의 주체로서가 아니라 공공사업 또는 공적재산의 관리주체로서 개인과 맺는 법률관계를 의미한다(전래적 공법관계).
- 비권력적인 관계로서, 행정주체는 국민과 대등한 지위에서 법률관계를 맺는다.
- 원칙적으로 사법규정이 적용되며, 공익목적달성을 위한 범위에서만 예외적으로 공법규정이 적용된다. 11 사복

2. 사법관계(국고관계)

(1) 협의의 국고관계

- 행정주체가 사경제의 주체로서 개인과 맺는 관계로서, 행정기관이 필요로 하는 물자를 조달하는 등의 관계를 말한다. 11 국회
- 물품매매계약, 건물임대차계약, 청사건축을 위한 도급계약 등의 체결과 일반재산의 매각 등 조달행정관계나 영리작용관계 등이 이에 해당한다.
- 공적목적의 달성을 직접적으로 추구하지 않는다는 점에서 행정사법관계와 구별된다.
- 사법규정이 적용되며, 민사소송절차가 적용된다.

(2) 행정사법관계

- 행정주체가 사법의 형식에 의하여 직접적으로 공적목적 달성을 위해 맺는 관계를 말한다.
- 원칙적으로 사법규정이 적용되나, 행정법의 일반원칙 등 공법적 구속 또한 받는다. 18 교행
- 민사소송절차가 적용된다.
- 전기·가스의 공급계약, 철도사업 등이 그 예이다.

쟁점 67 행정법관계의 당사자

Ⅰ 의의

1. 행정주체

• 행정법관계에 있어서 행정권을 행사하고, 그 법적 효과(권리 · 의무)가 궁극적으로 귀속되는 당사자를 말한다.

• 국가, 지방자치단체, 공공조합, 영조물법인, 공법상 재단법인, 공무수탁사인 등이 있다. 13 국가

2. 행정기관: 행정주체와의 구별

(1) 의의

• 행정을 실제로 수행하는 자로서, 행정주체의 사무담당자(대통령, 장관, 시장 등)를 말한다.

• 행정주체를 위해 일정한 권한을 행사하나, 그 법적효과가 자신에게 귀속되지 않고 행정주체에게 귀속된다.

• 즉 행정주체는 인격성을 가지나, 행정기관은 독립적인 인격성(법인격)을 가지지 못한다.

(2) 종류

① 행정청

• 행정기관 중에서 자신의 의사를 결정하고 표시할 수 있는 권한을 가진 행정기관을 말한다.

• 구성원이 1인인 독임제 행정청(시장, 장관 13 국가, 16 서울 등)과 2인 이상인 합의제 행정청이 있다.

• 행정청으로부터 권한위임을 받은 경우 공공단체나 사인도 행정청에 해당할 수 있다.

② 그 밖의 행정기관

• 의결기관: 의사를 결정할 권한만 있을 뿐, 이를 외부에 표시할 권한이 없는 행정기관(지방의회, 공무원징계위원회 등)을 말한다.

• 보조기관: 행정청에 소속되어 행정청의 권한행사를 보조하는 기관을 말하며, 차관, 국장, 부지사, 부시장 등이 있다.

• 보좌기관: 행정청 또는 그 보조기관을 보좌하는 기관을 말하며, 차관보, 비서실, 국무총리실 등이 있다.

• 집행기관: 실력을 행사하여 행정청의 의사를 집행하는 기관을 말하며, 행정공무원, 경찰공무원, 소방공무원 등이 이에 해당한다.

• 부속기관: 행정기관에 부속하여 그 기관을 지원하는 기관을 말하며, 중앙공무원교육원, 국립의료원, 국립보건연구원 등이 있다.

Ⅱ 행정주체의 종류

1. 국가

• 국가는 시원적 행정주체가 된다.

2. 공공단체

(1) 지방자치단체

① 의의

• 국가 영토의 일부를 자기구역으로 하여 그 구역 내의 모든 주민에 대하여 국법이 인정하는 한도에서 지배권을 행사하는 단체이다.

② 종류

㉠ 보통지방자치단체

• **광역자치단체 :** 특별시 · 광역시 · 특별자치시(세종시) · 도 · 특별자치도(제주도, 강원도)

• **기초자치단체 :** 시 · 군 · 자치구(특별시와 광역시 내에 설치된 구)

㉡ 특별지방자치단체(지방자치단체조합)

• 지방자치단체가 특정사무를 공동으로 처리하기 위하여 행정안전부장관의 승인을 얻어 설치하는 지방자치단체조합을 의미한다.

③ 주의사항

• 특별시 또는 광역시에 내에 설치된 '자치구'는 독립적인 권리 · 의무의 주체가 될 수 있어 행정주체가 되나, 일반시 안에 설치된 구(고양시 일산동구, 전주시 완산구 등)는 단순한 '행정구'로서 독립적인 권리 · 의무의 주체가 될 수 없어 행정주체가 아니다.

• 제주도는 단일 자치단체이므로, 제주도 내의 시(제주시 및 서귀포시)는 자치단체가 아니다.

(2) 공공조합(공법상의 사단법인)

• 특수한 사업을 수행하기 위하여 일정한 자격을 가진 사람(조합원)에 의해 구성된 공법상의 사단법인을 말한다.

• 농지개량조합, 재개발 · 재건축조합, 18 국회 도시개발조합, 의료보험조합, 상공회의소, 대한변호사협회 18 국회 등이 있다.

판례

1. 구 도시 및 주거환경정비법에 따른 주택재건축정비사업조합은 관할 행정청의 감독 아래 위 법상 주택재건축사업을 시행하는 공법인으로서, 그 목적 범위 내에서 법령이 정하는 바에 따라 일정한 행정작용을 행하는 행정주체의 지위를 가진다. 대법원 2009. 11. 2. 자 2009마596 결정 17 사복
2. 대한변호사협회는 변호사 등록에 관한 한 공법인으로서 공권력 행사의 주체이다. 또한 변호사법의 관련 규정, 변호사 등록의 법적 성질, 변호사 등록을 하려는 자와 변협 사이의 법적 관계 등을 고려했을 때 변호사 등록에 관한 한 공법인 성격을 가지는 대한변호사협회가 등록사무의 수행과 관련하여 정립한 규범을 단순히 내부 기준이라거나 사법적인 성질을 지니는 것이라 볼 수는 없고, 변호사 등록을 하려는 자와의 관계에서 대외적 구속력을 가지는 공권력 행사에 해당한다고 할 것이다. 헌법재판소 2019. 11. 28. 선고 2017헌마759 전원재판부 결정
3. 지방법무사회는 법무사 감독 사무를 수행하기 위하여 법률에 의하여 설립과 법무사의 회원 가입이 강제된 공법인으로서 법무사 사무원 채용승인에 관한 한 공권력 행사의 주체라고 보아야 한다. 대법원 2020. 4. 9 선고 2015다34444 판결

(3) 영조물법인

- 특정한 공적목적에 계속적으로 봉사하도록 정해진 인적·물적 수단의 종합체인 영조물에 법인격이 부여된 것을 말한다.
- 한국은행·한국도로공사·한국방송공사 18 국회와 같은 각종 공사, 서울대학교, 서울대학교병원, 한국과학기술원 등이 있다.
- 영조물 그 자체는 독립된 법인격이 없으므로 행정주체가 아니다.
- 국립대학교의 경우 서울대학교, 울산과학기술대학교의 경우와 같이 특별법에 의해 법인격이 부여된 경우를 제외하고는 단순한 영조물에 불과하여 행정주체가 아니다.

(4) 공재단(공법상의 재단법인)

- 특정한 공적목적을 수행하기 위하여 제공된 재산을 관리하기 위해 설립된 공공단체를 말한다.
- 국민건강보험공단, 국민연금관리공단, 한국연구재단, 18 국회 한국한술진흥재단, 한국학중앙연구원 등이 있다.
- 운영자·직원·수혜자는 있으나, 구성원은 존재하지 않는다(사단법인과 구별).

판례

총포·화약안전기술협회는 총포화약류의 안전관리와 기술지원 등에 관한 국가사무를 수행하기 위하여 법률에 따라 설립된 '공법상 재단법인'이라고 보아야 한다. 대법원 2021. 12. 30. 선고 2018다241458 판결

3. 공무수탁사인

(1) 의의

- 국가 또는 지방자치단체로부터 자신의 이름으로 행정사무를 처리할 수 있는 권한을 부여받은 사인을 말하며, 그 위임받은 범위 안에서 행정주체의 지위를 갖게 된다.
- 자연인·법인·법인격 없는 단체 모두 공무수탁사인이 될 수 있다. 17 서울
- 행정주체의 지위를 가짐과 동시에 행정소송법상 행정청의 지위를 갖는다. 17 사복

(2) 법적 근거

- 행정주체의 권한을 예외적으로 사인에게 위탁하는 제도이므로 법률상의 근거를 요한다.
- 일반법적 근거로 정부조직법 및 행정권한의 위임 및 위탁에 관한 규정 등이 있다.
- 공무를 국가 등이 직접 수행할 것인지, 그렇지 않으면 민간에 위탁할 것인지에 관해서는 입법자에게 광범위한 재량이 인정된다.

판례

국가가 자신의 임무를 그 스스로 수행할 것인지 아니면 그 임무의 기능을 민간부문으로 하여금 수행하게 할 것인지 여부에 대한 판단에 관하여는 입법자에게 광범위한 입법재량 내지 형성의 자유가 인정된다. 헌법재판소 2007. 6. 28. 선고 2004헌마262 결정

(3) 종류

- 토지보상법에 근거하여 사업시행자인 사인이 토지를 수용하는 경우
- 민영교도소법에 근거하여 민영교도소가 교정업무를 수행하는 경우 17 서울
- 고등교육법에 근거하여 사립대학교의 장이 학위를 수여하는 경우
- 별정우체국법에 근거하여 사인이 별정우체국의 지정을 받아 체신업무를 수행하는 경우
- 사법경찰직무법에 근거하여 상선의 선장이 경찰사무 등을 집행하는 경우
- 공증인법에 근거하여 공증인이 공증업무를 수행하는 경우

(4) 구별개념

① 공의무부담사인

- 행정권한은 갖지 못하고, 공법상의 의무만을 부담하는 사인을 말한다.
- 전시 차량동원의무를 갖는 사인, 비상 시 석유비축의무를 부담하는 사인 등이 있다.

판례

원천징수의무자가 비록 과세관청과 같은 행정청이더라도 그의 원천징수행위는 법령에서 규정된 징수 및 납부의무를 이행하기 위한 것에 불과한 것이지, 공권력의 행사로서의 행정처분을 한 경우에 해당되지 아니한다. 대법원 1990. 3. 23. 선고 89누4789 판결 10 지방

② 행정보조인

- 행정사무를 자기 책임하에 수행함이 없이 단순한 기술적 집행만을 행하는 등 행정사무를 보조하는 역할을 하는 사인을 말한다.
- 아르바이트로 체신업무를 수행하는 경우, 체포·사고현장에서 경찰을 돕는 경우 등이 있다.

③ 민간위탁

- 사법상 계약에 의해 업무나 경영위탁을 받은 자를 말한다.
- 경찰과의 계약을 통해 주차위반차량을 견인하는 민간사업자, 쓰레기 수거인 등이 있다.

④ 행정대행자

- 행정업무를 대행하는 사인으로서, 차량 구입 시 차량등록을 대행하는 자 등이 있다.

(5) 권리와 의무

- 위임받은 범위 내에서 공무를 수행할 권리를 가지고 행정행위를 할 수도 있다.

(6) 행정주체와의 관계

- 위탁자인 행정주체와 공무수탁사인은 특별권력관계의 일종인 특별감독관계에 있다.
- 위탁자인 국가 또는 지방자치단체는 공무수탁사인을 감독할 수 있는데, 이 경우 수탁사무 수행의 합법성뿐만 아니라 합목적성까지도 감독할 수 있다.

(7) 권리구제

① 항고소송

• 공무수탁사인은 행정주체로서의 지위를 가지므로 행정처분을 할 수 있고, 동시에 행정청의 지위 또한 가지므로 항고소송의 피고적격이 있다.

• 따라서 공무수탁사인이 행한 처분에 대하여 항고소송을 하는 경우 피고는 위임행정청이 아닌 공무수탁사인이다.

② 당사자소송

• 공무수탁사인과 공법상 계약을 체결한 경우, 이에 관한 소송은 당사자소송으로 하여야 한다.

• 이때 피고는 위임행정청이 아닌 공무수탁사인으로 하여야 한다.

③ 국가배상

• 공무수탁사인의 위법한 행위로 손해를 입은 국민은 국가배상을 청구할 수 있다.

• 이 경우 피고는 공무수탁사인이 아닌, 위탁자인 국가 또는 지방자치단체이다.

④ 손실보상

• 토지보상법상 사업시행자인 공무수탁사인의 행위로 인해 손실이 발생한 경우, 그 상대방은 손실보상을 청구할 수 있다.

• 손실보상의 상대방(피고)은 사업시행자인 공무수탁사인이다.

III 행정객체

• 행정주체에 의한 공권력행사의 상대방을 행정객체라 한다.

• 일반적으로는 사인이 행정객체가 되나, 지방자치단체와 같은 공공단체도 국가 또는 다른 공공단체와의 관계에 있어서는 행정객체가 될 수 있다. 17 사복

• 국가에 대한 수도료의 부과에서와 같이 국가도 예외적이지만 행정객체가 될 수 있다.

쟁점 68 특별권력관계

Ⅰ 전통적 특별권력관계론

1. 의의

- 과거에는 행정법관계 중 권력관계를 법치주의가 적용되는 일반권력관계와 법치주의가 적용되지 않는 특별권력관계로 구분하였다.

2. 특별권력관계의 특징

- 법률유보원칙이 적용되지 않으므로, 법률의 수권 없이도 기본권을 제한할 수 있다.
- 권리침해가 있더라도 사법심사가 배제된다.

3. 비판

- 법치주의가 확립된 현대에 있어서는 이론적 타당성을 상실하였다.

Ⅱ 특별권력관계의 인정 여부 : 학설의 태도

1. 부정설

(1) 일반적 · 형식적 부정설

- 모든 공권력의 행사에는 법률의 근거를 요하므로 특별권력관계에도 법치주의가 전면적으로 적용된다고 한다.

(2) 개별적 · 실질적 부정설

- 법률관계의 내용을 개별적으로 검토하여 일반권력관계 또는 관리관계로 귀속시켜야 한다는 견해이다.

2. 제한적 긍정설

(1) 주요 내용

- 일반권력관계와 특별권력관계 간에는 본질적인 차이가 없다고 본다.
- 다만, 특별권력관계에서는 특별한 행정목적을 위해 필요한 범위 내에서 법치주의가 완화되어 적용될 수 있음을 인정한다.

(2) 울레의 수정설

- 특별권력관계에서의 행위를 기본관계와 업무수행관계(경영관계)로 구분한다.
- 기본관계란 특별권력관계 자체의 성립 · 변경 · 종료 또는 그 구성원의 법적 지위의 본질적 사항에 관한 법관계로서, 법치주의 및 사법심사가 적용된다.
- 업무수행관계(경영관계)란, 특별권력관계의 목표를 실현하는 데 필요한 행위에 관한 관계로서, 사법심사가 배제된다.

Ⅲ 특별권력(행정법)관계의 성립 및 종류

1. 특별권력관계의 성립

⑴ 법률의 규정에 의한 성립(강제적 가입)

- 법률의 직접적인 규정에 의하여 특별권력관계가 성립하는 경우를 말한다.
- 수형자의 교도소 수감, 법정감염병환자의 강제입원, 병역의무자의 입대 등이 있다.

⑵ 상대방의 동의에 의한 성립

- 상대방의 동의는 자유로운 의사에 의한 경우와, 그 동의가 법률에 의해 강제되는 경우가 있다.
- 자발적 동의의 예로 공무원관계의 설정, 국공립학교의 입학 등이 있다.
- 의무적 동의의 예로 학령아동의 초등학교 입학 등이 있다.

2. 특별권력관계의 종류

⑴ 공법상의 근무관계

- 국가, 지방자치단체 등 행정주체에 대해 포괄적 근무의무를 부담하는 관계이다.
- 공무원관계, 군복무관계 등이 있다.

⑵ 공법상의 영조물이용관계

- 영조물을 이용하는 관계로서 국공립학교에서의 재학관계, 국공립도서관 이용관계 등이 있다.

⑶ 공법상의 특별감독관계

- 공공조합 등 공공단체, 공무수탁사인 등이 국가로부터 특별한 감독을 받는 관계를 말한다.

⑷ 공법상의 사단관계

- 공공조합과 그 조합원의 관계로서, 공공조합은 조합원에 대하여 특별한 권력을 가진다.

Ⅳ 특별권력관계의 내용

1. 명령권

- 특별권력의 주체는 당해 특별권력관계의 목적달성에 필요한 범위에서 포괄적인 내용의 명령·강제를 할 수 있다.

2. 징계권

- 특별권력의 주체는 내부질서를 유지하기 위해 질서 문란자에 대해 징계를 할 수 있다.

V 특별권력관계와 법치주의

1. 법률유보의 원칙

- 법치주의 원리가 확립된 오늘날에는 특별권력관계에 있어서도 법률유보의 원칙이 적용된다.
- 다만, 일반권력관계와 대비하여 그 규율의 정도는 어느 정도 완화될 수 있다.

판례

1. 사관생도는 군 장교를 배출하기 위하여 국가가 모든 재정을 부담하는 특수교육기관인 육군3사관학교의 구성원으로서, 학교에 입학한 날에 육군 사관생도의 병적에 편입하고 준사관에 준하는 대우를 받는 특수한 신분관계에 있다. 따라서 그 존립 목적을 달성하기 위하여 필요한 한도 내에서 일반 국민보다 상대적으로 기본권이 더 제한될 수 있으나, 그러한 경우에도 법률유보원칙, 과잉금지원칙 등 기본권제한의 헌법상 원칙들을 지켜야 한다.
   (육군3사관학교 사관생도인 갑이 4회에 걸쳐 학교 밖에서 음주를 하여 '사관생도 행정예규' 제12조에서 정한 품위유지의무를 위반하였다는 이유로 육군3사관학교장이 교육운영위원회의 의결에 따라 갑에게 퇴학처분을 한 사안에서) 위 금주조항은 사관생도의 일반적 행동자유권, 사생활의 비밀과 자유 등 기본권을 과도하게 제한하는 것으로서 무효인데도 위 금주조항을 적용하여 내린 퇴학처분이 적법하다고 본 원심판결에 법리를 오해한 잘못이 있다고 한 사례. 대법원 2018. 8. 30. 선고 2016두60591 판결
2. 국방의 목적을 달성하기 위하여 상명하복의 체계적인 구조를 가지고 있는 군조직의 특수성을 감안할 때, 군인의 복무 기타 병영생활 및 정신전력 등과 밀접하게 관련되어 있는 부분은 행정부에 널리 독자적 재량을 인정할 수 있는 영역이라고 할 것이므로, 이와 같은 영역에 대하여 법률유보원칙을 철저하게 준수할 것을 요구하고, 그와 같은 요구를 따르지 못한 경우 헌법에 위반된다고 판단하는 것은 합리적인 것으로 보기 어렵다. 헌법재판소 2010. 10. 28. 선고 2008헌마638 결정

군인사법 제47조의2는 헌법이 대통령에게 부여한 군통수권을 실질적으로 존중한다는 차원에서 군인의 복무에 관한 사항을 규율할 권한을 대통령령에 위임한 것이라 할 수 있고, 대통령령으로 규정될 내용 및 범위에 관한 기본적인 사항을 다소 광범위하게 위임하였다 하더라도 포괄위임금지원칙에 위배된다고 볼 수 없다. 따라서 이 사건 군인복무규율 조항은 이와 같은 군인사법 조항의 위임에 의하여 제정된 정당한 위임의 범위 내의 규율이라 할 것이므로 법률유보원칙을 준수한 것이다. (헌법재판소 2010. 10. 28. 선고 2008헌마638 전원재판부)

2. 기본권의 제한

- 특별권력관계에 있어서도 기본권제한의 원칙에 관한 헌법 제37조 제2항이 적용된다.

3. 사법심사

- 특별권력관계에서의 행위도 처분성이 인정되면 사법심사의 대상이 된다.

판례

국립 교육대학 학생에 대한 퇴학처분은 국가공권력의 하나인 징계권을 발동하여 학생으로서의 신분을 일방적으로 박탈하는 국가의 교육행정에 관한 의사를 외부에 표시한 것이므로, 항고소송의 대상이 되는 행정처분임이 명백하다. 대법원 1991. 11. 22. 선고 91누2144 판결

CHAPTER 04

공법관계의 내용

쟁점 69 개인적 공권

I 국가적 공권

행정주체가 우월한 의사주체로서 행정객체에 대하여 가지는 권리를 말한다.

- 목적을 기준으로 조직권 · 형벌권 · 경찰권 등으로 나눌 수 있고, 내용을 기준으로 하명권 · 강제권 · 형성권 등으로 나눌 수 있다.
- 지배권으로서의 성질을 갖는 결과 공정력 · 존속력 · 강제력 등의 특수한 효력이 인정된다.

II 개인적 공권(행정소송법상 원고적격 내용과 동일)

1. 의의

- 개인이 자신의 이익을 추구하기 위하여 행정주체에게 일정한 행위를 요구할 수 있는 공법상 권리를 말한다.
- 항고소송에서 원고적격이 인정되기 위한 요건인 '법률상 이익'의 개념은 결국 '개인적 공권'을 의미하는 것이므로, 개인적 공권의 내용은 원고적격의 내용과 동일하다.

2. 성립요건

(1) 강행법규의 존재(의무의 존재)

- 행정주체에게 일정한 의무를 부과하는 강행법규가 존재하여야 한다.
- 여기서 말하는 법규에는 성문법뿐만 아니라 관습법과 같은 불문법과 법의 일반원칙(조리)도 포함되고, 법규명령 및 공법상 계약도 포함될 수 있다. 12 국가 다만, 행정규칙은 대외적 구속력이 없으므로 여기에 포함되지 않는다.
- 법규에 의한 행정행위의 성질은 원칙적으로 기속행위여야 하나, 무하자재량행사청구권이 인정되는 결과 재량행위의 경우에도 공권이 성립할 수 있다. 15 교행

(2) 사익보호성

- 행정주체에게 의무를 부과하는 근거 및 관련법규가 사익보호를 목적으로 하는 것이어야 한다.
- 법규가 오로지 공익보호만을 목적으로 하는 경우 그 상대방인 개인이 누리는 이익은 반사적 이익에 불과하여 그에게는 개인적 공권이 성립하지 않는다.

(3) 소구가능성 : 불요

- 과거 개인적 공권의 성립을 위해서는 재판청구가능성이 요구된다고 보았으나, 오늘날 통설적 견해는 소구가능성(의사력 또는 법상의 힘)은 필요하지 않다고 본다.

(4) 헌법규정에 의한 공권의 성립

① 쟁점

- 법률에 의해 개인적 공권이 성립하지 않은 경우, 헌법상 기본권 침해를 이유로 하여 공권의 성립을 주장할 수 있는지 여부가 문제된다.

② 학설의 태도

- 그 자체로 구체적 내용을 가지고 있어 법률에 의해 구체화되지 않아도 직접 적용될 수 있는 구체적 기본권(자유권 등)의 경우, 개인적 공권이 바로 도출될 수 있다고 본다. 17 지방
- 그 내용을 구체화하는 개별 법률이 제정되어야만 적용될 수 있는 추상적 기본권(사회권 등)의 경우, 이를 구체화하는 법률이 제정되기 전에는 공권이 도출될 수 없다고 본다. 12 국가, 15 교행, 17 지방

③ 판례의 태도

- 대법원과 헌법재판소 모두 일정한 기본권으로부터 개인적 공권이 도출될 수 있다고 본다. 17 교행
- 공권의 성립을 인정한 경우 : 자유권적 기본권

판례

1. 국민의 알 권리, 특히 국가 정보에의 접근의 권리는 우리 헌법상 기본적으로 표현의 자유와 관련하여 인정되는 것으로, 그 권리의 내용에는 자신의 권익보호와 직접 관련이 있는 정보의 공개를 청구할 수 있는 이른바 개별적 정보공개청구권이 포함된다. 대법원 1999. 9. 21. 선고 98두3426 판결
2. 청구인의 기본권인 경쟁의 자유가 바로 행정청의 지정행위의 취소를 구할 법률상 이익이 된다 할 것이다. 헌법재판소 1998. 4. 30. 선고 97헌마141 결정

- 공권의 성립을 부정한 경우 : 사회권적 기본권

판례

1. 헌법 제35조 제1항에서 정하고 있는 환경권에 관한 규정만으로는 그 권리의 주체 · 대상 · 내용 · 행사방법 등이 구체적으로 정립되어 있다고 볼 수 없고, 환경정책기본법 제6조도 그 규정 내용 등에 비추어 국민에게 구체적인 권리를 부여한 것으로 볼 수 없다는 이유로, 환경영향평가 대상지역 밖에 거주하는 주민에게 헌법상의 환경권 또는 환경정책기본법에 근거하여 공유수면매립면허처분과 농지개량사업 시행인가처분의 무효확인을 구할 원고적격이 없다. 대법원 2006. 3. 16. 선고 2006두330 전원합의체 판결 17 지방, 17 국회
2. 공무원연금 수급권과 같은 사회보장수급권은 '모든 국민은 인간다운 생활을 할 권리를 가지고, 국가는 사회보장 · 사회복지의 증진에 노력할 의무를 진다.'고 규정한 헌법 제34조 제1항 및 제2항으로부터 도출되는 사회적 기본권 중의 하나로서, 이는 국가에 대하여 적극적으로 급부를 요구하는 것이므로 헌법규정만으로는 이를 실현할 수 없어 법률에 의한 형성이 필요하고, 그 구체적인 내용 즉 수급요건, 수급권자의 범위 및 급여금액 등은 법률에 의하여 비로소 확정된다. 헌법재판소 2013. 9. 26. 선고 2011헌바272 결정 17 지방, 24 지방
3. 근로자가 퇴직급여를 청구할 수 있는 권리도 헌법상 바로 도출되는 것이 아니라 퇴직급여법 등 관련 법률이 구체적으로 정하는 바에 따라 비로소 인정될 수 있는 것이다. 헌법재판소 2011. 7. 28. 선고 2009헌마408 결정 12 국가

PART 03

3. 구별개념 : 반사적 이익(사실상 이익)

(1) 의의

- 법규가 오직 공익만을 위하여 행정주체 또는 제3자인 사인에 대하여 일정한 의무를 부과한 결과, 개인이 반사적 효과로서 얻게 된 사실상 이익을 말한다.

(2) 구별의 필요성

- 공권을 침해받은 경우 항고소송을 제기할 수 있는 원고적격을 가지나, 반사적 이익을 침해당한 경우 원고적격을 갖지 못하여 항고소송을 제기할 수 없다.

(3) 구별기준

- 처분의 근거 및 관련법규가 사익보호성을 갖는 경우 공권이 성립한다.
- 이와 달리 처분의 근거 및 관련법규가 오직 공익보호만을 목적으로 하는 경우 개인이 그 법규를 통해 이익을 누리더라도 이는 반사적 이익에 불과하다.

(4) 공권의 확대 경향

- 국민의 권리구제를 위해 종래 반사적 이익으로 여겨졌던 것들이 공권으로 인정되는 경향에 있다.
- 반사적 이익의 보호이익화(사익보호성 확대), 기본권의 공권화, 무하자재량행사청구권의 인정 등이 그 대표적인 예이다.

III 개인적 공권의 특수성

1. 이전 및 포기의 제한(불융통성)

(1) 이전의 제한

- 공익목적에서 인정되는 공권은 일신전속성을 가지므로 권리의 이전이 금지되는 경우가 많다.
- 다만, 공권 중에서도 경제적 가치를 주된 목적으로 하는 것은 이전이 금지되지 않는다.

(2) 포기의 제한

- 공권은 공익목적을 위해 인정되는 것이므로 이를 임의로 포기할 수 없는 것이 원칙이다.
  11 사복, 17 교행
- 예컨대, 선거권 · 연금청구권 · 소권 등은 이를 포기하더라도 효력이 없다.

판례

석탄산업법시행령 제41조 제4항 제5호 소정의 재해위로금 청구권은 개인의 공권으로서 그 공익적 성격에 비추어 당사자의 합의에 의하여 이를 미리 포기할 수 없다. 대법원 1998. 12. 23. 선고 97누5046 판결

2. 대행의 제한

- 공권은 일신전속성으로 인해 대행(대리)이나 위임이 제한되는 경우가 많다.

Ⅳ 공의무

- 공권에 대응한 개념으로서, 의무자에게 가해지는 공법상의 구속을 말한다.
- 공의무 또한 일신전속성을 갖는 것이 보통이므로, 이전이나 포기가 제한되는 경우가 많다.
- 의무의 불이행이 있는 경우 행정벌 등 제재조치가 가해질 수 있다.

Ⅴ 공권과 공의무의 승계

1. 행정주체 간의 승계

- 행정주체 간에도 권리 · 의무 또는 지위의 승계가 일어날 수 있다.
- 예컨대 지방자치법은 지방자치단체의 폐지 · 설치 · 분리 · 병합이 있는 경우 새로 그 지역을 관할하게 된 지방자치단체가 그 사무와 재산을 승계하는 것으로 정하고 있다.

2. 사인의 권리 · 의무의 승계

(1) 명문의 규정이 있는 경우

- 행정절차법은 제10조에서 당사자 등의 지위의 이전 · 승계에 관한 규정을 두고 있다.
- 개별법에서 권리 · 의무의 승계를 규정하고 있는 경우가 있다.

(2) 명문의 규정이 없는 경우

- 명문의 규정이 없는 경우에도 일정한 요건하에 권리 · 의무의 승계를 긍정하고 있다.
- 승계요건과 관련하여, 문제되는 권리 · 의무가 일신전속적 성질을 갖는 경우 승계는 부정된다.

판례

구 건축법상의 이행강제금 납부의무는 상속인 기타의 사람에게 승계될 수 없는 일신전속적인 성질의 것이므로 이미 사망한 사람에게 이행강제금을 부과하는 내용의 처분이나 결정은 당연무효이다. 대법원 2006. 12. 8. 자 2006마470 결정

- 대물적 성질을 갖는 권리 · 의무의 경우 승계가 인정된다.

판례

구 산림법령상 채석허가는 대물적 허가의 성질을 가지는 점 등을 감안하여 보면, 수허가자가 사망한 경우 특별한 사정이 없는 한 수허가자의 상속인이 수허가자로서의 지위를 승계한다고 봄이 상당하다. 구 산림법에 따른 원상회복명령에 따른 복구의무는 타인이 대신하여 행할 수 있는 의무로서 일신전속적인 성질을 가진 것으로 보기 어려운 점 등에 비추어 보면, 산림을 무단형질변경한 자가 사망한 경우 당해 토지의 소유권 또는 점유권을 승계한 상속인은 그 복구의무를 부담한다고 봄이 상당하고, 따라서 관할 행정청은 그 상속인에 대하여 복구명령을 할 수 있다고 보아야 한다. 대법원 2005. 8. 19. 선고 2003두9817 판결

3. 제재사유의 승계 여부

- 지위승계가 있는 경우, 양도인에게 발생한 행정제재나 책임이 양수인에게 이전될 수 있는지 여부가 문제되는데, 판례는 이를 긍정하고 있다.
- 나아가 판례는 양도인에게 발생한 공법상 책임뿐만 아니라, 그 책임이 부과되기 이전 단계에서의 제재사유의 승계 또한 인정하고 있다.

판례

1. 개인택시 운송사업을 양수한 사람은 양도인의 운송사업자로서의 지위를 승계하는 것이므로, 관할관청은 개인택시 운송사업의 양도·양수에 대한 인가를 한 후에도 그 양도·양수 이전에 있었던 양도인에 대한 운송사업면허 취소사유를 들어 양수인의 사업면허를 취소할 수 있고, 가사 양도·양수 당시에는 양도인에 대한 운송사업면허 취소사유가 현실적으로 발생하지 않은 경우라도 그 원인되는 사실이 이미 존재하였다면, 관할관청으로서는 그 후 발생한 운송사업면허 취소사유에 기하여 양수인의 사업면허를 취소할 수 있는 것이다. 대법원 2010. 4. 8. 선고 2009두17018 판결
2. 석유판매업 등록은 원칙적으로 대물적 허가의 성격을 갖고, 사업정지 등의 제재처분은 사업자 개인의 자격에 대한 제재가 아니라 사업의 전부나 일부에 대한 것으로서 대물적 처분의 성격을 갖고 있으므로, 석유판매업자의 지위를 승계한 자에 대하여 종전의 석유판매업자가 유사석유제품을 판매하는 위법행위를 하였다는 이유로 사업정지 등 제재처분을 취할 수 있다. 대법원 2003. 10. 23. 선고 2003두8005 판결 16 국회

- 개별법에서는 제재사유의 승계와 관련하여 명문의 규정을 두고 있는 경우가 많은데, 예컨대 식품위생법의 경우 양수인이 양도인에게 발생한 행정제재나 책임에 관하여 알지 못하였음을 증명하는 때에는 승계를 부정하는 규정을 두고 있다. 16 국회

쟁점 70 개인적 공권의 확대

I 무하자재량행사청구권

1. 의의

• 행정청에게 재량이 부여되어 있는 경우, 개인이 행정청에 대하여 하자 없는 재량행사를 요구할 수 있는 권리를 말한다.
• 과거에는 개인적 공권은 행정청에게 법적 의무를 부과하는 강행규정이 존재할 때에만 인정될 수 있고, 행정청에게 재량이 부여되어 있을 때에는 공권이 성립하지 않는 것으로 보았다.
• 그러나 오늘날에는 행정청에게 재량이 인정되는 경우에도 행정청은 하자 없는 재량행사의 법적 의무를 부담한다는 것이 일반적 견해이므로, 그 의무에 대응하여 개인은 행정청의 재량행위에 대해서도 공권을 갖는 것으로 본다. 17 국가

2. 법적 성질

(1) 형식적 권리

• 행정청에 대하여 특정한 행정결정을 요구할 수 있는 것이 아니라, 단지 하자 없는 재량행사를 요구할 수 있다는 의미에서 형식적 권리라고 본다.

(2) 적극적 권리

• 단순히 위법한 처분의 배제를 구하는 소극적·방어적 권리에 그치는 것이 아니라, 재량행사에 있어서 하자 없는 적법한 처분을 할 것을 구할 수 있는 권리라는 점에서 적극적 권리라 본다.

(3) 절차적 권리인지 여부 : 부정

• 재량권 행사의 과정에서 하자 없는 재량행사를 요구할 수 있을 뿐이라는 점에서 이를 절차적 권리로 보는 견해도 존재하나, 절차적 권리란 행정절차 또는 행정쟁송절차상 인정되는 권리를 의미한다는 점에서, 무하자재량행사청구권을 절차적 권리라 볼 수는 없다.

3. 인정 여부

(1) 학설의 태도

① 부정설

• 재량행위인 처분에 대해 직접 항고소송의 제기가 가능한 점, 원고적격을 부당하게 넓히게 되어 남소가 발생할 우려가 있는 점 등을 이유로 무하자재량행사청구권을 부정한다.

② 긍정설(다수설)

• 재량행위의 영역에서도 개인적 공권이 성립될 수 있음을 확인하였다는 점, 원고적격을 확대함으로써 국민의 권리구제에 기여하는 점 등을 이유로 무하자재량행사청구권을 인정한다.

(2) 판례의 태도

- 무하자재량행사청구권이라는 명시적인 용어를 사용한 판례는 없지만, 이른바 검사임용거부처분취소소송 사건에서 이를 인정하는 취지의 판시를 한 바 있다.

판례

검사의 임용 여부는 임용권자의 자유재량에 속하는 사항이나, 임용권자가 동일한 검사신규임용의 기회에 원고를 비롯한 다수의 검사 지원자들로부터 임용 신청을 받아 전형을 거쳐 자체에서 정한 임용기준에 따라 이들 일부만을 선정하여 검사로 임용하는 경우에 있어서 법령상 검사임용 신청 및 그 처리의 제도에 관한 명문 규정이 없다고 하여도 조리상 임용권자는 임용신청자들에게 전형의 결과인 임용 여부의 응답을 해줄 의무가 있다고 할 것이며, 응답할 것인지 여부조차도 임용권자의 편의재량사항이라고는 할 수 없다. 12 사복, 15 국가

검사의 임용에 있어서 임용권자가 임용여부에 관하여 어떠한 내용의 응답을 할 것인지는 임용권자의 자유재량에 속하므로 일단 임용거부라는 응답을 한 이상 설사 그 응답내용이 부당하다고 하여도 사법심사의 대상으로 삼을 수 없는 것이 원칙이나, 적어도 재량권의 한계 일탈이나 남용이 없는 위법하지 않은 응답을 할 의무가 임용권자에게 있고 이에 대응하여 임용신청자로서도 재량권의 한계 일탈이나 남용이 없는 적법한 응답을 요구할 권리가 있다고 할 것이며, 이러한 응답신청권에 기하여 재량권 남용의 위법한 거부처분에 대하여는 항고소송으로서 그 취소를 구할 수 있다. 대법원 1991. 2. 12. 선고 90누5825 판결 14 지방

4. 성립요건

(1) 강행법규(재량규범)의 존재

- 처분의 근거법규가 기속규범의 성질을 갖는 경우 무하자재량행사청구권은 논의될 여지조차 없으므로, 여기서 말하는 법규는 재량규범의 성질을 갖는 경우만을 말한다.
- 법규로부터 도출되는 행정청의 의무는 특정한 내용의 처분을 해야 하는 의무를 말하는 것이 아니라, 그 내용을 불문하고 재량의 한계를 준수하는 처분을 해야 하는 의무를 말한다.
- 그 외 법규의 범위 등과 관련하여서는 개인적 공권의 내용과 동일하다(조리 포함 등).

(2) 사익보호성

- 무하자재량행사청구권도 개인적 공권이므로, 그 근거법규에 사익보호성이 있어야 한다. 15 국가

5. 내용

- 행정청은 어떠한 내용이든 하자 없는 재량을 행사하여야 하는 의무가 발생하고, 상대방인 개인은 이를 구할 권리를 갖는다.
- 다만 예외적으로 재량권이 영(0)으로 수축됨으로써 오직 하나의 결정만이 적법한 재량권행사로 인정되는 경우에는 특정한 내용의 처분을 요구할 수 있게 된다(이른바 '재량의 영으로의 수축 이론'으로, 자세한 내용은 후술함).

Ⅱ 행정개입청구권

1. 의의

- 개인이 자기의 이익을 위하여 제3자에 대해 특정한 내용의 행정권을 발동하여 줄 것을 행정청에 요구할 수 있는 권리를 말한다.

2. 법적 성질: 실체적 권리

- 무하자재량행사청구권이 형식적 권리인 것과 달리, 행정개입청구권은 특정한 내용의 처분을 해줄 것을 요구할 수 있는 권리라는 점에서 실체적 권리이다.

3. 논의되는 영역

(1) 기속행위

- 행정청은 특정 내용의 처분을 하여야 할 의무가 있으므로 행정개입청구권은 당연히 인정된다.

(2) 재량행위: 재량의 영(0)으로의 수축

① 의의

- 재량행위의 경우 비록 무하자재량행사청구권이 인정된다 하더라도, 개인은 행정청에 대하여 하자 없는 재량행사만을 요구할 수 있을 뿐, 특정한 내용의 처분을 요구할 수는 없는 것이 원칙이다.
- 그러나 예외적으로 행정청이 갖는 재량이 영(0)으로 수축되어 결과적으로 하나의 특정한 처분만을 해야 하는 상황이 발생하기도 하는데, 이를 '재량의 영으로의 수축'이라 한다.

② 요건

- 생명 · 신체 등 중대한 개인적 법익에 대한 급박하고 현저한 위험이 존재할 것 15 국가
- 행정권의 발동을 통해 그 위험이 제거 가능할 것
- 피해자인 개인의 노력만으로는 권익침해를 충분히 방지할 수 없을 것

③ 효과

- 행정청의 재량이 부정되어 행정청은 특정한 내용의 처분을 해야 한다(기속행위로 전환).
- 개인이 갖는 무하자재량행사청구권은 행정개입청구권으로 전환된다. 11 사복
- 결국 재량의 영으로의 수축이론은 개인적 공권을 확대하는 효과를 낳는다. 17 교행

4. 인정 여부

(1) 통설의 태도

- 국민의 권리구제를 위해 공권을 확대할 필요성이 있는 점, 특히 재량이 영(0)으로 수축되는 상황이 존재할 수 있는 점 등을 고려하여 행정개입청구권을 인정해야 한다고 본다.

(2) 판례의 태도

- 행정개입청구권의 인정 여부를 명시적으로 판시한 판례는 없다.
- 항고소송의 원고적격 및 국가배상청구에 있어서 위법성 인정 여부와 관련하여 행정개입청구권을 인정하는 취지의 판시를 한 바 있다.

판례

1. 주거지역 내에 위 법조 소정 제한면적을 초과한 연탄공장 건축허가처분으로 불이익을 받고 있는 제3거주자는 비록 당해 행정처분의 상대자가 아니라 하더라도 그 행정처분으로 말미암아 위와 같은 법률에 의하여 보호되는 이익을 침해받고 있다면 당해 행정처분의 취소를 소구하여 그 당부의 판단을 받을 법률상의 자격이 있다. 대법원 1975. 5. 13. 선고 73누96 판결
2. 경찰관직무집행법 제5조는 형식상 경찰관에게 재량에 의한 직무수행권한을 부여한 것처럼 되어 있으나, 경찰관에게 그러한 권한을 부여한 취지와 목적에 비추어 볼 때 구체적인 사정에 따라 경찰관이 그 권한을 행사하여 필요한 조치를 취하지 아니하는 것이 현저하게 불합리하다고 인정되는 경우에는 그러한 권한의 불행사는 직무상의 의무를 위반한 것이 되어 위법하게 된다. 16 국회
   경찰관이 농민들의 시위를 진압하고 시위과정에 도로 상에 방치된 트랙터 1대에 대하여 이를 도로 밖으로 옮기거나 후방에 안전표지판을 설치하는 것과 같은 위험발생방지조치를 취하지 아니한 채 그대로 방치하고 철수하여 버린 결과, 야간에 그 도로를 진행하던 운전자가 위 방치된 트랙터를 피하려다가 다른 트랙터에 부딪혀 상해를 입은 경우, 국가배상책임이 인정된다. 대법원 1998. 8. 25. 선고 98다16890 판결

5. 성립요건

(1) 강행법규의 존재

- 기속규범은 물론, 재량규범의 경우에도 재량이 영으로 수축되는 경우에는 행정개입청구권이 발생할 수 있다.

판례

구 건축법 및 기타 관계 법령에 국민이 행정청에 대하여 제3자에 대한 건축허가의 취소나 준공검사의 취소 또는 제3자 소유의 건축물에 대한 철거 등의 조치를 요구할 수 있다는 취지의 규정이 없고, 같은 법 제69조 제1항 및 제70조 제1항은 각 조항 소정의 사유가 있는 경우에 시장·군수·구청장에게 건축허가 등을 취소하거나 건축물의 철거 등 필요한 조치를 명할 수 있는 권한 내지 권능을 부여한 것에 불과할 뿐, 시장·군수·구청장에게 그러한 의무가 있음을 규정한 것은 아니므로 위 조항들도 그 근거 규정이 될 수 없으며, 그 밖에 조리상 이러한 권리가 인정된다고 볼 수도 없다. 대법원 1999. 12. 7. 선고 97누17568 판결 15 국가

(2) 사익보호성

- 행정개입청구권이 성립하기 위해서는 그 근거규정에 사익보호성이 있어야 한다. 15 국가

(3) 성립요건의 완화

- 반사적 이익의 공권화 경향에 따라 행정개입청구권은 그 성립요건이 완화되고 있다. 11 사복

Ⅲ 관련문제 : 공물의 일반사용으로 인한 이익

- 공물이란 공적목적에 제공됨으로써 공법적 규율을 받는 상태에 있는 물건을 말하는데, 공물의 일반사용이란 행정청의 허락을 받음이 없이 도로, 공원 등의 공물을 공적목적에 따라 자유로이 사용하는 것을 말한다.
- 공물인 도로를 일반사용하고 있는 자가 그 도로의 용도폐지를 다툴 수 있는 법률상 이익이 있는지 여부가 원고적격과 관련하여 문제된다.
- 판례는 원칙적으로 원고적격을 부정하면서도, 예외적으로 공물에 의해 특정개인의 생활에 개별성이 강한 직접적이고 구제적인 이익이 부여되는 경우에는 원고적격이 인정된다고 한다.

판례

일반적으로 도로는 국가나 지방자치단체가 직접 공중의 통행에 제공하는 것으로서 일반국민은 이를 자유로이 이용할 수 있는 것이기는 하나, 그렇다고 하여 그 이용관계로부터 당연히 그 도로에 관하여 특정한 권리나 법령에 의하여 보호되는 이익이 개인에게 부여되는 것이라고까지는 말할 수 없으므로, 일반적인 시민생활에 있어 도로를 이용만 하는 사람은 그 용도폐지를 다툴 법률상의 이익이 있다고 말할 수 없지만, 공공용재산이라고 하여도 당해 공공용재산의 성질상 특정개인의 생활에 개별성이 강한 직접적이고 구체적인 이익을 부여하고 있어서 그에게 그로 인한 이익을 가지게 하는 것이 법률적인 관점으로도 이유가 있다고 인정되는 특별한 사정이 있는 경우에는 그와 같은 이익은 법률상 보호되어야 할 것이고, 따라서 도로의 용도폐지처분에 관하여 이러한 직접적인 이해관계를 가지는 사람이 그와 같은 이익을 현실적으로 침해당한 경우에는 그 취소를 구할 법률상의 이익이 있다. 대법원 1992. 9. 22. 선고 91누13212 판결

CHAPTER 05

사인의 공법행위

쟁점 71 사인의 공법행위

Ⅰ 의의

1. 개념

- 사인의 공법행위란 공법적 효과를 발생시키기 위해 사인이 행하는 일체의 행위를 말한다. 14 서울

2. 특징

- 사인의 공법행위에 대해서는 이를 전반적으로 규율하는 일반법이 존재하지 않는다. 14 서울
- 개별법령에서 정하고 있는 경우 외에는 반드시 문서로 행해져야 하는 것은 아니다.
- 공법적 효과의 발생을 목적으로 한다는 점에서 행정주체의 공법행위와 공통되나, 행정주체의 공법행위 중 처분에 인정되는 공정력 · 존속력 · 집행력 등은 인정되지 않는다.

Ⅱ 종류

1. 자체완성적(자기완결적) 공법행위

- 사인의 공법행위만으로 일정한 법률효과를 발생시키는 행위를 말한다.
- 출생 · 사망신고, 건축신고, 선거에서의 투표 등이 그 예이다.

2. 행정요건적(행위요건적) 공법행위

- 사인의 공법행위가 행정작용의 전제요건이 되는데 그칠 뿐 그 자체만으로는 법률효과를 발생시키지 못하는 행위를 말한다.
- 주민등록의 신고, 특허 · 허가의 신청 등 각종 신청, 공법상 계약에 있어서 사인의 청약행위 등이 그 예이다.

Ⅲ 적용법규 : 민법 규정의 적용 가부

1. 쟁점

- 개별법상 명문의 규정이 없는 경우 사인의 공법행위에 민법 규정이 적용될 수 있는지 문제된다.

2. 의사능력과 행위능력

(1) 의사능력

- 의사능력이란 자신이 행한 행위의 성질이나 결과를 판단할 수 있는 정신능력으로서, 의사능력 없는 자의 행위는 무효이다.
- 의사능력에 관한 민법의 규정은 사인의 공법행위에 대해서도 적용된다.

(2) 행위능력

- 행위능력이란 단독으로 유효한 법률행위를 할 수 있는 능력으로서, 행위능력 없는 자가 단독으로 행한 행위는 취소할 수 있다.
- 행위능력에 관한 민법의 규정은 사인의 공법행위에 대해서도 원칙적으로 적용된다. 16 서울
- 다만, 개별법령에서 특별한 규정을 두고 있는 경우 등에는 그 적용이 배제될 수 있다.

3. 대리

- 사인의 공법행위를 대리함에 있어서도 원칙적으로 민법의 규정이 적용된다.
- 다만, 일신전속적 행위 등 행위의 성질상 대리가 허용되지 않는 경우가 존재한다.

4. 효력발생시기 : 도달주의

- 민법상 원칙인 도달주의 원칙은 사인의 공법행위에 대해서도 적용된다. 23 지방
- 다만, 국세기본법 등 개별법령에서 발신주의 원칙을 정하고 있는 경우도 있다.

PART 03

5. 의사표시의 하자

(1) 비진의표시

- 진의 아닌 의사표시는 원칙적으로 유효하나, 상대방이 이를 알았거나 알 수 있었을 경우 그 의사표시는 효력이 없다.
- 사인의 공법행위에 대해서는 민법상 비진의표시의 무효에 관한 규정이 적용되지 않고, 따라서 표의자의 진의와 무관하게 언제나 표시된 대로 효력이 발생한다.

민법 제107조(진의 아닌 의사표시)
① 의사표시는 표의자가 진의 아님을 알고 한 것이라도 그 효력이 있다. 그러나 상대방이 표의자의 진의 아님을 알았거나 이를 알 수 있었을 경우에는 무효로 한다.

판례

사직원 제출자의 내심의 의사가 사직할 뜻이 아니었다 하더라도 그 의사가 외부에 객관적으로 표시된 이상 그 의사는 표시된 대로 효력을 발하는 것이며, 민법 제107조 제1항 단서의 비진의 의사표시의 무효에 관한 규정은 그 성질상 사인의 공법행위에 적용되지 아니하므로 원고의 사직원을 받아들여 의원면직처분한 것을 당연무효라고 할 수 없다. 대법원 2001. 8. 24. 선고 99두9971 판결

(2) 착오 또는 사기 · 강박에 의한 의사표시

- 착오 또는 사기 · 강박에 의한 의사표시에 관한 민법 규정은 사인의 공법행위에 대해 적용된다.
- 따라서 사인의 공법행위에 이와 같은 하자가 있는 경우 표의자는 이를 취소할 수 있다.

판례

사직서의 제출이 감사기관이나 상급관청 등의 강박에 의한 경우에는 그 정도가 의사결정의 자유를 박탈할 정도에 이른 것이라면 그 의사표시가 무효로 될 것이고 그렇지 않고 의사결정의 자유를 제한하는 정도에 그친 경우라면 그 성질에 반하지 아니하는 한 의사표시에 관한 민법 제110조의 규정을 준용하여 그 효력을 따져보아야 할 것이다. 대법원 1997. 12. 12. 선고 97누13962 판결

6. 의사표시의 철회 · 보완

- 사인의 공법상 행위는 명문으로 금지되거나 성질상 불가능한 경우가 아닌 한 그에 의거한 행정행위가 행하여질 때까지는 자유로이 철회나 보정이 가능하다(대법원 2001. 6. 15. 선고 99두5566 판결). 18 소방
- 다만, 다른 법령 등에 특별한 규정이 있는 경우나 행위의 성질상 불가능한 경우 및 신의칙상 허용될 수 없는 경우 등에는 철회 · 보완 등을 할 수 없다.

판례

1. 공무원이 한 사직 의사표시의 철회나 취소는 그에 터잡은 의원면직처분이 있을 때까지 할 수 있는 것이고, 일단 면직처분이 있고 난 이후에는 철회나 취소할 여지가 없다. 대법원 2001. 8. 24. 선고 99두9971 판결 13 국회, 16 서울, 23 지방
2. 의원면직처분이 있기 전이라도 사직의 의사표시를 철회하는 것이 신의칙에 반한다고 인정되는 특별한 사정이 있는 경우에는 그 철회는 허용되지 아니한다. 대법원 1993. 7. 27. 선고 92누16942 판결

7. 부관

- 행정법관계의 안정성의 요구에 비추어 사인의 공법행위에는 사법행위에서와 달리 부관을 붙일 수 없다.

Ⅳ 효과

1. 자체완성적 공법행위

- 자체완성적 공법행위가 있으면 형식적 요건에 하자가 없는 한 행정청의 별도의 행위 없이도 일정한 법률효과가 발생한다.

2. 행정요건적 공법행위

- 행정요건적 공법행위가 있으면 행정청은 일반적으로 이를 수리하고 처리할 의무를 진다.

Ⅴ 하자 있는 사인의 공법행위

1. 사인의 공법행위의 하자의 효과

- 의사표시의 하자의 경우 비진의표시의 무효에 관한 규정을 제외한 민법의 의사표시에 관한 규정이 유추적용 된다.
- 일반적인 경우에는 행정행위의 하자의 경우와 동일하게 중대 · 명백설에 따라 판단한다. 따라서 중대 · 명백한 하자 있는 사인의 공법행위는 무효로 된다.

판례

1. 신고행위의 하자가 중대하고 명백하여 당연무효에 해당하는지 여부에 대하여는 신고행위의 근거가 되는 법규의 목적, 의미, 기능 및 하자 있는 신고행위에 대한 법적 구제수단 등을 목적론적으로 고찰함과 동시에 신고행위에 이르게 된 구체적 사정을 개별적으로 파악하여 합리적으로 판단하여야 한다(운수회사의 지입차주에 대한 산재보험료의 신고·납부행위는 그 하자가 중대하기는 하지만 객관적으로 명백하지는 않아 당연 무효가 아니라고 한 사례). 대법원 2001. 8. 24. 선고 2001다13075 판결
2. 취득세와 같은 신고납부방식의 조세의 경우에는 원칙적으로 납세의무자가 스스로 과세표준과 세액을 정하여 신고하는 행위에 의하여 납세의무가 구체적으로 확정되고, 납부행위는 신고에 의하여 확정된 구체적 납세의무의 이행으로 하는 것이며, 지방자치단체는 그와 같이 확정된 조세채권에 기하여 납부된 세액을 보유한다. 따라서 납세의무자의 신고행위가 중대하고 명백한 하자로 인하여 당연무효로 되지 아니하는 한 그것이 바로 부당이득에 해당한다고 할 수 없다. 대법원 2014. 4. 10. 선고 2011다15476 판결

2. 행정요건적 공법행위의 하자의 행정행위에 대한 효력

(1) 사인의 공법행위가 행정행위를 위한 단순한 동기에 불과한 경우

- 사인의 공법행위에 존재하는 하자는 행정행위의 효력에 아무런 영향을 미치지 않는다.
- 예를 들어, 집합금지의 해제는 별도의 신청 없이도 이루어질 수 있으므로 집합금지해제의 신청은 행정행위를 위한 단순한 동기에 불과하다. 따라서 이 경우 신청에 하자가 있다 하더라도 집합금지해제에는 아무런 영향이 없다.

(2) 사인의 공법행위가 행정행위의 전제요건에 해당하는 경우

- 사인의 공법행위에 취소사유가 존재하는 경우, 행정행위는 취소되지 않는 한 원칙적으로 유효하다.

판례

구 유통산업발전법에 따른 대규모점포의 개설등록 및 구 재래시장법에 따른 시장관리자 지정은 행정청이 실체적 요건에 관한 심사를 한 후 수리하여야 하는 이른바 '수리를 요하는 신고'로서 행정처분에 해당한다.
그러므로 이러한 행정처분에 당연무효에 이를 정도의 중대하고도 명백한 하자가 존재하거나 그 처분이 적법한 절차에 의하여 취소되지 않는 한 구 유통산업발전법에 따른 대규모점포개설자의 지위 및 구 재래시장법에 따른 시장관리자의 지위는 공정력을 가진 행정처분에 의하여 유효하게 유지된다고 봄이 타당하다. 대법원 2019. 9. 10. 선고 2019다208953 판결

- 사인의 공법행위가 당연무효인 경우, 행정행위도 무효로 된다.

판례

장기요양기관의 폐업신고와 노인의료복지시설의 폐지신고는, 행정청이 관계 법령이 규정한 요건에 맞는지를 심사한 후 수리하는 이른바 '수리를 필요로 하는 신고'에 해당한다. 그러나 행정청이 그 신고를 수리하였다고 하더라도, 신고서 위조 등의 사유가 있어 신고행위 자체가 효력이 없다면, 그 수리행위는 유효한 대상이 없는 것으로서, 수리행위 자체에 중대·명백한 하자가 있는지를 따질 것도 없이 당연히 무효이다. 대법원 2018. 6. 12. 선고 2018두33593 판결

쟁점 72 신고

Ⅰ 의의

- 신고란 사인이 공법적 효과의 발생을 위해 행정주체에게 일정한 사실을 알리는 행위를 말한다.
- 신고는 그 효과에 따라 자체완성적 신고와 행정요건적 신고로 구분된다.

Ⅱ 종류

1. 자체완성적 신고(수리를 요하지 않는 신고)

- 행정청에 대하여 일정한 사항을 통지함으로써 효과가 발생하는 신고를 말한다.
- 행정청의 수리를 요하지 않으며 신고 그 자체로서 효과를 발생한다.

판례

1. 구 체육시설의 설치·이용에 관한 법률 제18조에 의한 골프장이용료 변경신고서는 그 신고 자체가 위법하거나 그 신고에 무효사유가 없는 한 이것이 도지사에게 제출하여 접수된 때에 신고가 있었다고 볼 것이고, 도지사의 수리행위가 있어야만 신고가 있었다고 볼 것은 아니다. 대법원 1993. 7. 6. 자 93마635 결정 11 국가, 14 국가
2. 수산제조업의 신고를 하고자 하는 자가 그 신고서를 구비서류까지 첨부하여 제출한 경우 시장·군수·구청장으로서는 형식적 요건에 하자가 없는 한 수리하여야 할 것이고, 나아가 관할 관청에 신고업의 신고서가 제출되었다면 담당공무원이 법령에 규정되지 아니한 다른 사유를 들어 그 신고를 수리하지 아니하고 반려하였다고 하더라도, 그 신고서가 제출된 때에 신고가 있었다고 볼 것이다. 대법원 1999. 12. 24. 선고 98다57419 판결
3. 체육시설의 설치·이용에 관한 법률에 의하면, 체육시설업은 등록체육시설업과 신고체육시설업으로 나누어지고, 당구장업과 같은 신고체육시설업을 하고자 하는 자는 체육시설업의 종류별로 같은 법 시행규칙이 정하는 해당 시설을 갖추어 소정의 양식에 따라 신고서를 제출하는 방식으로 시·도지사에 신고하도록 규정하고 있으므로, 소정의 시설을 갖추지 못한 체육시설업의 신고는 부적법한 것으로 그 수리가 거부될 수밖에 없고 그러한 상태에서 신고체육시설업의 영업행위를 계속하는 것은 무신고 영업행위에 해당할 것이지만, 이에 반하여 적법한 요건을 갖춘 신고의 경우에는 행정청의 수리처분 등 별단의 조처를 기다릴 필요 없이 그 접수시에 신고로서의 효력이 발생하는 것이므로 그 수리가 거부되었다고 하여 무신고 영업이 되는 것은 아니다. 대법원 1998. 4. 24. 선고 97도3121 판결
4. 구 체육시설의 설치·이용에 관한 법률상 등록체육시설업에 대한 사업계획의 승인을 얻은 자는 규정된 기한 내에 사업시설의 착공계획서를 제출하고 그 수리 여부에 상관없이 설치공사에 착수하면 되는 것이지, 착공계획서가 수리되어야만 비로소 공사에 착수할 수 있다거나 그 밖에 착공계획서 제출 및 수리로 인하여 사업계획의 승인을 얻은 자에게 어떠한 권리를 설정하거나 의무를 부담케 하는 법률효과가 발생하는 것이 아니다. 대법원 2001. 5. 29. 선고 99두10292 판결
5. 구 건축법 제9조 제1항에 의하여 신고를 함으로써 건축허가를 받은 것으로 간주되는 경우의 건축신고는 건축을 하고자 하는 자가 적법한 요건을 갖춘 신고만 하면 행정청의 수리행위 등 별다른 조치를 기다릴 필요 없이 건축을 할 수 있다. 대법원 1999. 10. 22. 선고 98두18435 판결

6. 축산물판매업을 하고자 하는 자는 농림부령이 정하는 기준에 적합한 시설을 갖추고 시장·군수·구청장에게 신고하여야 한다고만 규정하고 있는바, 이러한 법령에 비추어 볼 때 행정관청으로서는 위 법령에서 규정하는 시설기준을 갖추어 축산물판매업 신고를 하는 경우 당연히 그 신고를 수리하여야 하고, 적법한 요건을 갖춘 신고의 경우에는 행정관청의 수리처분 등 별단의 조처를 기다릴 필요 없이 그 접수시에 신고로서의 효력이 발생하는 것이므로 그 수리가 거부되었다고 하여 미신고 영업이 되는 것은 아니라고 할 것이다. 대법원 2010. 4. 29. 선고 2009다97925 판결
7. 부가가치세법상의 사업자등록은 과세관청으로 하여금 부가가치세의 납세의무자를 파악하고 그 과세자료를 확보케 하려는 데 입법취지가 있는 것으로서, 이는 단순한 사업사실의 신고로서 사업자가 소관 세무서장에게 소정의 사업자등록신청서를 제출함으로써 성립되는 것이고, 사업자등록증의 교부는 이와 같은 등록사실을 증명하는 증서의 교부행위에 불과한 것이다. 대법원 2000. 12. 22. 선고 99두6903 판결

2. 행정요건적 신고(수리를 요하는 신고)

- 행정청에 대하여 일정한 사항을 통지하고 행정청이 이를 수리함으로써 법적 효과가 발생하는 신고를 말하며, 실정법상 '등록'이라 하기도 한다. 11 국가, 15 교행
- 신고가 있더라도 행정청이 이를 수리하기 전까지는 아무런 법적 효과가 발생하지 않는다.

판례

1. 수산업법 제44조 소정의 어업의 신고는 행정청의 수리에 의하여 비로소 그 효과가 발생하는 이른바 '수리를 요하는 신고'라고 할 것이다. 대법원 2000. 5. 26. 선고 99다37382 판결 17 서울, 19 서울
2. 주민등록은 단순히 주민의 거주관계를 파악하고 인구의 동태를 명확히 하는 것 외에도 주민등록에 따라 공법관계상의 여러 가지 법률상 효과가 나타나게 되는 것으로서, 주민등록의 신고는 행정청에 도달하기만 하면 신고로서의 효력이 발생하는 것이 아니라 행정청이 수리한 경우에 비로소 신고의 효력이 발생한다. 대법원 2009. 1. 30. 선고 2006다17850 판결 15 교행, 17 지방, 20 국가, 21 지방 01
3. 구 체육시설의 설치·이용에 관한 법률에 의하여 체육시설의 회원을 모집하고자 하는 자는 시·도지사 등으로부터 회원모집계획서에 대한 검토결과 통보를 받은 후에 회원을 모집할 수 있다고 보아야 하고, 따라서 체육시설의 회원을 모집하고자 하는 자의 시·도지사 등에 대한 회원모집계획서 제출은 수리를 요하는 신고에서의 신고에 해당하며, 시·도지사 등의 검토결과 통보는 수리행위로서 행정처분에 해당한다. 대법원 2009. 2. 26. 선고 2006두16243 판결
4. 납골당설치 신고는 이른바 '수리를 요하는 신고'라 할 것이므로, 납골당설치 신고가 구 장사법 관련 규정의 모든 요건에 맞는 신고라 하더라도 신고인은 곧바로 납골당을 설치할 수는 없고, 이에 대한 행정청의 수리처분이 있어야만 신고한 대로 납골당을 설치할 수 있다. 대법원 2011. 9. 8. 선고 2009두6766 판결 19 서울, 19 국회
5. 식품위생법 제25조 제3항에 의한 영업양도에 따른 지위승계신고를 수리하는 허가관청의 행위는 단순히 양도·양수인 사이에 이미 발생한 사법상의 사업양도의 법률효과에 의하여 양수인이 그 영업을 승계하였다는 사실의 신고를 접수하는 행위에 그치는 것이 아니라, 영업허가자의 변경이라는 법률효과를 발생시키는 행위라고 할 것이다. 대법원 1995. 2. 24. 선고 94누9146 판결 17 사복, 18 지방, 19 지방
6. 액화석유가스의 안전 및 사업관리법 제7조 제2항에 의한 사업양수에 의한 지위승계신고를 수리하는 허가관청의 행위는 실질에 있어서 양도자의 사업허가를 취소함과 아울러 양수자에게 적법히 사업을 할 수 있는 법규상 권리를 설정하여 주는 행위로서 사업허가자의 변경이라는 법률효과를 발생시키는 행위이므로, 행정처분에 해당한다. 대법원 1993. 6. 8. 선고 91누11544 판결 15 사복, 19 지방
7. 구 유통산업발전법에 따른 대규모점포의 개설등록 및 구 재래시장법에 따른 시장관리자 지정은 행정청이 실체적 요건에 관한 심사를 한 후 수리하여야 하는 이른바 '수리를 요하는 신고'로서 행정처분에 해당한다. 대법원 2019. 9. 10. 선고 2019다208953 판결 19 국회

OX 확인

01 주민등록의 신고는 행정청에 도달하기만 하면 신고로서의 효력이 발생한다. (×)

판례는 영업자지위승계신고를 영업의 종류에 따라 ① 허가영업의 경우에는 허가의 변경신청으로, ② 행정요건적 신고영업인 경우에는 행정요건적 신고의 변경신고(즉 수리를 요하는 신고)로, ③ 자체완성적 신고영업인 경우에는 자체완성적 신고의 변경신고(즉 수리를 요하지 않는 신고)로 보는 것으로 해석된다.

3. 구별기준

(1) 일반론

- 관계 법령이 신고와 등록을 구분하여 규정하고 있는 경우 신고는 자체완성적 신고를, 등록은 행정요건적 신고를 의미한다고 볼 수 있다.
- 신고요건으로 형식적 요건만이 요구되는 경우 자체완성적 신고로, 신고요건으로 실질적 요건까지 함께 요구되는 경우 행정요건적 신고로 볼 수 있다.

(2) 인·허가 의제 효과가 수반되는 신고

- 그 자체만으로는 수리를 요하지 않는 신고라 할지라도, 신고로 인해 다른 법령상의 인·허가 효과가 의제되는 경우에는 행정청으로서는 의제되는 인·허가의 실질적인 요건을 심사하여야 하므로 그 신고는 결국 행정요건적 신고로 본다.

판례

인·허가의제 효과를 수반하는 건축신고는 일반적인 건축신고와는 달리, 특별한 사정이 없는 한 행정청이 그 실체적 요건에 관한 심사를 한 후 수리하여야 하는 이른바 '수리를 요하는 신고'로 보는 것이 옳다. 20 국가, 21 지방 01

국토의 계획 및 이용에 관한 법률상의 개발행위허가로 의제되는 건축신고가 동법상의 개발행위허가의 기준을 갖추지 못한 경우 행정청으로서는 이를 이유로 그 수리를 거부할 수 있다고 보아야 한다.
대법원 2011. 1. 20. 선고 2010두14954 전원합의체 판결 12 국회, 14 지방, 20 지방 02

| OX 확인 |

01 「건축법」에 의한 인·허가의제 효과를 수반하는 건축신고는 건축을 하고자 하는 자가 적법한 요건을 갖춘 신고만 하면 건축을 할 수 있고, 행정청의 수리 등 별단의 조치를 기다릴 필요가 없다. (×)

02 「국토의 계획 및 이용에 관한 법률」상의 개발행위허가가 의제되는 건축신고는 특별한 사정이 없는 한 행정청이 그 실체적 요건에 관한 심사를 한 후 수리하여야 하는 이른바 '수리를 요하는 신고'로 보아야 한다. (○)

III 신고요건의 심사

1. 관련 법령

행정절차법 제40조【신고】

① 법령 등에서 행정청에 일정한 사항을 통지함으로써 의무가 끝나는 신고를 규정하고 있는 경우 신고를 관장하는 행정청은 신고에 필요한 구비서류, 접수기관, 그 밖에 법령 등에 따른 신고에 필요한 사항을 게시(인터넷 등을 통한 게시를 포함한다)하거나 이에 대한 편람을 갖추어 두고 누구나 열람할 수 있도록 하여야 한다.

② 제1항에 따른 신고가 다음 각 호의 요건을 갖춘 경우에는 신고서가 접수기관에 도달된 때에 신고 의무가 이행된 것으로 본다. 18 소방 03

1. 신고서의 기재사항에 흠이 없을 것
2. 필요한 구비서류가 첨부되어 있을 것
3. 그 밖에 법령 등에 규정된 형식상의 요건에 적합할 것 14 국가

③ 행정청은 제2항 각 호의 요건을 갖추지 못한 신고서가 제출된 경우에는 지체 없이 상당한 기간을 정하여 신고인에게 보완을 요구하여야 한다.

④ 행정청은 신고인이 제3항에 따른 기간 내에 보완을 하지 아니하였을 때에는 그 이유를 구체적으로 밝혀 해당 신고서를 되돌려 보내야 한다.

| OX 확인 |

03 행정절차법은 '법령등에서 행정청에 일정한 사항을 통지함으로써 의무가 끝나는 신고'에 대하여 '그 밖에 법령등에 규정된 형식상의 요건에 적합할 것'을 그 신고의무 이행요건의 하나로 정하고 있다. (○)

> **행정기본법 제34조 【수리 여부에 따른 신고의 효력】** 법령등으로 정하는 바에 따라 행정청에 일정한 사항을 통지하여야 하는 신고로서 법률에 신고의 수리가 필요하다고 명시되어 있는 경우(행정기관의 내부 업무 처리 절차로서 수리를 규정한 경우는 제외한다)에는 행정청이 수리하여야 효력이 발생한다.
>
> **행정기본법 제35조 【수수료 및 사용료】**
> ① 행정청은 특정인을 위한 행정서비스를 제공받는 자에게 법령으로 정하는 바에 따라 수수료를 받을 수 있다.
> ② 행정청은 공공시설 및 재산 등의 이용 또는 사용에 대하여 사전에 공개된 금액이나 기준에 따라 사용료를 받을 수 있다.
> ③ 제1항 및 제2항에도 불구하고 지방자치단체의 경우에는 「지방자치법」에 따른다.

- 행정절차법 제40조에서 말하는 신고는 자체완성적 신고를 의미하고, 행정요건적 신고에 대해서는 행정절차법은 별도의 규정을 두고 있지 않다. 11 지방, 15 교행
- 다만, 동조 제3항과 제4항의 규정은 행정요건적 신고의 경우에도 유추적용된다.
- 행정기본법 제34조에서는 행정요건적 신고에 관하여 규정하고 있다.

PART 03

2. 자체완성적 신고

(1) 심사범위

- 자체완성적 신고의 경우 원칙적으로 형식적 요건에 대한 심사만이 행하여진다.
- 신고서의 기재사항에 형식적 흠이 있는지, 필요한 서류가 구비되어 있는지 여부만을 심사할 수 있을 뿐, 그 기재사항이 진실한지 여부 등 실체적 내용에 관한 부분은 심사할 수 없다. 14 국가

판례

정보통신매체를 이용하여 학습비를 받고 불특정 다수인에게 원격평생교육을 실시하기 위해 구 평생교육법 제22조 등에서 정한 형식적 요건을 모두 갖추어 신고한 경우, 행정청은 실체적 사유를 들어 신고 수리를 거부할 수 없다. 대법원 2011. 7. 28. 선고 2005두11784 판결 16 지방, 21 지방 01

OX 확인

01 정보통신매체를 이용하여 학습비를 받고 불특정 다수인에게 원격 평생교육을 실시하기 위해 구 「평생교육법」에서 정한 형식적 요건을 모두 갖추어 신고한 경우, 행정청은 신고대상이 된 교육이나 학습이 공익적 기준에 적합하지 않는다는 등의 실체적 사유를 들어 신고 수리를 거부할 수 없다. (○)

(2) 수리거부의 가부

- 형식적 요건이 갖추어져 있는 경우 행정청으로서는 반드시 그 신고를 수리하여야 하고, 법령에서 정한 요건 외의 사유를 들어 그 수리를 거부할 수 없다.

판례

1. 주택건설촉진법 제38조 제2항 단서, 공동주택관리령 제6조 제1항 및 제2항, 공동주택관리규칙 제4조 및 제4조의2의 각 규정들에 의하면, 공동주택 및 부대시설·복리시설의 소유자·입주자·사용자 및 관리주체가 건설부령이 정하는 경미한 사항으로서 신고대상인 건축물의 건축행위를 하고자 할 경우에는 그 관계 법령에 정해진 적법한 요건을 갖춘 신고만을 하면 그와 같은 건축행위를 할 수 있고, 행정청의 수리처분 등 별단의 조처를 기다릴 필요가 없다고 할 것이며, 또한 이와 같은 신고를 받은 행정청으로서는 그 신고가 같은 법 및 그 시행령 등 관계 법령에 신고만으로 건축할 수 있는 경우에 해당하는 여부 및 그 구비서류 등이 갖추어져 있는지 여부 등을 심사하여 그것이 법 규정에 부합하는 이상 이를 수리하여야 하고, 같은 법 규정에 정하지 아니한 사유를 심사하여 이를 이유로 신고수리를 거부할 수는 없다. 대법원 1999. 4. 27. 선고 97누6780 판결

건축법 제14조(건축신고)
① 제11조에 해당하는 허가 대상 건축물이라 하더라도 다음 각 호의 어느 하나에 해당하는 경우에는 미리 특별자치시장·특별자치도지사 또는 시장·군수·구청장에게 국토교통부령으로 정하는 바에 따라 신고를 하면 건축허가를 받은 것으로 본다.

2. (자기완결적 신고에 해당함에도 중대한 공익상 필요를 이유로 수리를 거부할 수 있다고 본 사례) 건축허가권자는 건축신고가 건축법, 국토의 계획 및 이용에 관한 법률 등 관계 법령에서 정하는 명시적인 제한에 배치되지 않는 경우에도 건축을 허용하지 않아야 할 중대한 공익상 필요가 있는 경우에는 건축신고의 수리를 거부할 수 있다(주 : 건축법 제14조 제1항에 따른 적법한 건축신고가 있는 경우 건축허가를 받은 것으로 의제되는 바, 판례는 이러한 점을 고려하여 자기완결적 신고인 건축신고에 대해 중대한 공익상 필요를 이유로 그 수리를 거부할 수 있는 것으로 판단한 것으로 보인다). 대법원 2019. 10. 31. 선고 2017두74320 판결

(3) 신고가 부적법한 경우

- 행정절차법 제40조 제3항에 따라 행정청은 신고인에게 보완을 요구해야 하고, 상당한 기간 내에 보완이 이루어지지 않을 경우 동조 제4항에 따라 해당 신고를 반려해야 한다.
- 부적법한 신고가 있었음에도 행정청이 이를 수리하였다고 하여 그 신고에 따른 효과가 발생하는 것은 아니다.

판례

1. 체육시설의 설치·이용에 관한 법률상의 신고체육시설업에 있어서 적법한 요건을 갖춘 신고의 경우에는 행정청의 수리처분 등 별단의 조처를 기다릴 필요 없이 그 접수시에 신고로서의 효력이 발생하는 것이므로 그 수리가 거부되었다고 하여 무신고 영업이 되는 것은 아니다. 대법원 1998. 4. 24. 선고 97도3121 13 국회
2. 수산제조업을 하고자 하는 사람이 형식적 요건을 모두 갖춘 수산제조업 신고서를 제출한 경우에는 담당 공무원이 관계 법령에 규정되지 아니한 사유를 들어 그 신고를 수리하지 아니하고 반려하였다고 하더라도 그 신고서가 제출된 때에 신고가 있었다고 볼 것이나, 담당 공무원이 관계 법령에 규정되지 아니한 서류를 요구하여 신고서를 제출하지 못하였다는 사정만으로는 신고가 있었던 것으로 볼 수 없다. 대법원 2002. 3. 12. 선고 2000다73612 판결 15 국회

- 판례는 개별법령상 신고요건을 충족한 신고라도 다른 법령에서 요구하는 요건을 갖추지 못한 경우에는 적법한 신고를 할 수 없는 것으로 본다. 15 지방

판례

1. 식품위생법에 따른 식품접객업(일반음식점영업)의 영업신고의 요건을 갖춘 자라고 하더라도, 그 영업신고를 한 당해 건축물이 건축법 소정의 허가를 받지 아니한 무허가 건물이라면 적법한 신고를 할 수 없다. 대법원 2009. 4. 23. 선고 2008도6829 판결 14 사복, 15 국회, 16 국가, 16 지방, 20 지방 01
2. 체육시설의 설치·이용에 관한 법률에 따른 당구장업의 신고요건을 갖춘 자라 할지라도 학교보건법 제5조 소정의 학교환경 위생정화구역 내에서는 같은 법 제6조에 의한 별도 요건을 충족하지 아니하는 한 적법한 신고를 할 수 없다. 대법원 1991. 7. 12. 선고 90누8350 판결
3. 구 건축법과 체육시설의 설치·이용에 관한 법률은 입법목적, 규정사항, 적용범위 등을 서로 달리하고 있어서 골프연습장의 설치에 관하여 체육시설의 설치·이용에 관한 법률이 건축법에 우선하여 배타적으로 적용되는 관계에 있다고 해석되지 아니하므로 체육시설의 설치·이용에 관한 법률에 따른 골프연습장의 신고요건을 갖춘 자라 할지라도 골프연습장을 설치하려는 건물이 건축법상 무허가 건물이라면 적법한 신고를 할 수 없다. 대법원 1993. 4. 27. 선고 93누1374 판결

OX 확인

01 「식품위생법」에 따른 식품접객업(일반음식점영업)의 영업신고의 요건을 갖춘 자라고 하더라도, 그 영업신고를 한 당해 건축물이 「건축법」 소정의 허가를 받지 아니한 무허가 건물이라면 적법한 신고를 할 수 없다. (○)

다른 법령에 의하여 비산먼지배출사업을 하는 것 자체가 허용되지 않는다면 설령 비산먼지배출사업이 구 대기환경보전법 제28조 제1항, 같은 법 시행규칙 제62조에서 정한 요건을 모두 갖추고 있다고 하더라도, 비산먼지배출사업을 하고자 하는 자가 적법한 신고를 할 수 없으므로 그 수리거부가 위법하게 되는 것은 아니다. (대법원 2008. 12. 24. 선고 2007두17076 판결)

3. 행정요건적 신고

(1) 심사범위

• 행정요건적 신고의 경우 행정청은 형식적 요건에 대한 심사뿐만 아니라 실질적 요건에 대한 심사도 할 수 있다.

판례

1. 주민들의 거주지 이동에 따른 주민등록전입신고에 대하여 행정청이 이를 심사하여 그 수리를 거부할 수는 있다고 하더라도, 그러한 행위는 자칫 헌법상 보장된 국민의 거주 · 이전의 자유를 침해하는 결과를 가져올 수도 있으므로, 시장 · 군수 또는 구청장의 주민등록전입신고 수리 여부에 대한 심사는 주민등록법의 입법 목적의 범위 내에서 제한적으로 이루어져야 한다. 한편, 주민등록법의 입법 목적에 관한 제1조 및 주민등록 대상자에 관한 제6조의 규정을 고려해 보면, 전입신고를 받은 시장 · 군수 또는 구청장의 심사 대상은 전입신고자가 30일 이상 생활의 근거로 거주할 목적으로 거주지를 옮기는지 여부만으로 제한된다고 보아야 한다. 따라서 전입신고자가 거주의 목적 이외에 다른 이해관계에 관한 의도를 가지고 있는지 여부, 무허가 건축물의 관리, 전입신고를 수리함으로써 당해 지방자치단체에 미치는 영향 등과 같은 사유는 주민등록법이 아닌 다른 법률에 의하여 규율되어야 하고, 주민등록전입신고의 수리 여부를 심사하는 단계에서는 고려 대상이 될 수 없다. 따라서 부동산투기나 이주대책 요구 등을 방지할 목적으로 주민등록전입신고를 거부하는 것은 주민등록법의 입법 목적과 취지 등에 비추어 허용될 수 없다. 12 국가, 14 지방, 16 국가, 17 사복, 19 지방, 23 지방 01
그러므로 주민등록의 대상이 되는 실질적 의미에서의 거주지인지 여부를 심사하기 위하여 주민등록법의 입법 목적과 주민등록의 법률상 효과 이외에 지방자치법 및 지방자치의 이념까지도 고려하여야 한다고 판시하였던 대법원 2002. 7. 9. 선고 2002두1748 판결은 이 판결의 견해에 배치되는 범위 내에서 변경하기로 한다. 대법원 2009. 6. 18. 선고 2008두10997 전원합의체 판결 13 국회
2. 유료노인복지주택의 설치신고를 받은 행정관청으로서는 그 유료노인복지주택의 시설 및 운영기준이 위 법령에 부합하는지와 아울러 그 유료노인복지주택이 적법한 입소대상자에게 분양되었는지와 설치신고 당시 부적격자들이 입소하고 있지는 않은지 여부까지 심사하여 그 신고의 수리 여부를 결정할 수 있다. 대법원 2007. 1. 11. 선고 2006두14537 전원합의체 판결 14 국가

• 다만, 실질적 요건에 대한 광범위한 심사권을 인정할 경우 신고제가 사실상 허가제로 변질될 우려가 있으므로, 신고서를 접수할 당시 그 해당 여부가 문제된다고 볼 만한 객관적 사정이 있는 경우에 한하여 실질적인 심사를 할 수 있다고 본다.

판례

행정관청은 노동조합으로 설립신고를 한 단체가 노동조합법 제2조 제4호 각 목에 해당하는지 여부를 실질적으로 심사할 수 있다. 다만 행정관청에 광범위한 심사권한을 인정할 경우 행정관청의 심사가 자의적으로 이루어져 신고제가 사실상 허가제로 변질될 우려가 있는 점 등을 고려하면, 행정관청은 일단 제출된 설립신고서와 규약의 내용을 기준으로 노동조합법 제2조 제4호 각 목의 해당 여부를 심사하되, 설립신고서를 접수할 당시 그 해당 여부가 문제된다고 볼 만한 객관적인 사정이 있는 경우에 한하여 설립신고서와 규약 내용 외의 사항에 대하여 실질적인 심사를 거쳐 반려 여부를 결정할 수 있다. 대법원 2014. 4. 10. 선고 2011두6998 판결

OX 확인

01 부동산 투기나 이주대책 요구 등을 방지할 목적으로 주민등록전입신고를 거부하는 것은 「주민등록법」의 입법 목적과 취지 등에 비추어 허용될 수 없다. (○)

PART 03

(2) 수리거부의 가부

- 자체완성적 신고와 마찬가지로 법령이 정한 요건을 구비한 적법한 신고가 있으면 행정청은 원칙적으로 이를 수리하여야 하고 법령에 없는 사유를 내세워 이를 거부해서는 안 된다.
- 다만, 중대한 공익상 필요가 있는 경우 이를 이유로 수리를 거부할 수 있다.

국제표준무도를 교습하는 학원을 설립·운영하려는 자가 체육시설법상 무도학원업으로 신고하거나 또는 학원법상 평생직업교육학원으로 등록하려고 할 때에, 관할 행정청은 그 학원이 소관 법령에 따른 신고 또는 등록의 요건을 갖춘 이상 신고 또는 등록의 수리를 거부할 수 없다고 보아야 한다. (대법원 2018. 6. 21. 선고 2015두48655 전원합의체 판결)

판례

1. 허가대상 건축물의 양수인이 구 건축법 시행규칙에 규정되어 있는 형식적 요건을 갖추어 시장·군수 등 행정관청에 적법하게 건축주의 명의변경을 신고한 때에는 행정관청은 그 신고를 수리하여야지 실체적인 이유를 내세워 신고의 수리를 거부할 수는 없다. 대법원 2014. 10. 15. 선고 2014두37658 판결
2. 가설건축물은 건축법상 '건축물'이 아니므로 건축허가나 건축신고 없이 설치할 수 있는 것이 원칙이지만 일정한 가설건축물에 대하여는 건축물에 준하여 위험을 통제하여야 할 필요가 있으므로 신고 대상으로 규율하고 있다. 이러한 신고제도의 취지에 비추어 보면, 가설건축물 존치기간을 연장하려는 건축주 등이 법령에 규정되어 있는 제반 서류와 요건을 갖추어 행정청에 연장신고를 한 때에는 행정청은 원칙적으로 이를 수리하여 신고필증을 교부하여야 하고, 법령에서 정한 요건 이외의 사유를 들어 수리를 거부할 수는 없다. 따라서 행정청으로서는 법령에서 요구하고 있지도 아니한 '대지사용승낙서' 등의 서류가 제출되지 아니하였거나, 대지소유권자의 사용승낙이 없다는 등의 사유를 들어 가설건축물 존치기간 연장신고의 수리를 거부하여서는 아니 된다. 대법원 2018. 1. 25. 선고 2015두35116 판결
3. 2017. 1. 17. 개정 전 구 건축법은 가설건축물이 축조되는 지역과 용도에 따라 허가제와 신고제를 구분하면서, 가설건축물 신고와 관련하여서는 국토의 계획 및 이용에 관한 법률에 따른 개발행위허가 등 인·허가 의제 내지 협의에 관한 규정을 전혀 두고 있지 아니하다. 이러한 신고대상 가설건축물 규제 완화의 취지를 고려하면, 행정청은 특별한 사정이 없는 한 개발행위허가 기준에 부합하지 않는다는 점을 이유로 가설건축물 축조신고의 수리를 거부할 수는 없다. 대법원 2019. 1. 10. 선고 2017두75606 판결
4. 사설납골시설의 설치신고는, 같은 법 및 시행령에서 정한 설치기준에 부합하는 한 이를 수리하여야 하나, 보건위생상의 위해를 방지하거나 국토의 효율적 이용 및 공공복리의 증진 등 중대한 공익상 필요가 있는 경우에는 그 수리를 거부할 수 있다고 보는 것이 타당하다. 대법원 2010. 9. 9. 선고 2008두22631 판결
5. 숙박업을 하고자 하는 자가 법령이 정하는 시설과 설비를 갖추고 행정청에 신고를 하면, 행정청은 공중위생관리법령의 위 규정에 따라 원칙적으로 이를 수리하여야 한다. 행정청이 법령이 정한 요건 이외의 사유를 들어 수리를 거부하는 것은 위 법령의 목적에 비추어 이를 거부해야 할 중대한 공익상의 필요가 있다는 등 특별한 사정이 있는 경우에 한한다.
   이러한 법리는 이미 다른 사람 명의로 숙박업 신고가 되어 있는 시설 등의 전부 또는 일부에서 새로 숙박업을 하고자 하는 자가 신고를 한 경우에도 마찬가지이다. 기존에 다른 사람이 숙박업 신고를 한 적이 있더라도 새로 숙박업을 하려는 자가 그 시설 등의 소유권 등 정당한 사용권한을 취득하여 법령에 정한 요건을 갖추어 신고하였다면, 행정청으로서는 특별한 사정이 없는 한 이를 수리하여야 하고, 단지 해당 시설 등에 관한 기존의 숙박업 신고가 외관상 남아있다는 이유만으로 이를 거부할 수 없다. 대법원 2017. 5. 30. 선고 2017두34087 판결 18 국가 01

OX 확인

01 숙박업을 하고자 하는 자가 법령이 정하는 시설과 설비를 갖추고 행정청에 신고를 하면 행정청은 공중위생관리법령의 규정에 따라 원칙적으로 이를 수리하여야 하므로, 새로 숙박업을 하려는 자가 기존에 다른 사람이 숙박업 신고를 한 적이 있는 시설 등의 소유권 등 정당한 사용권한을 취득하여 법령에서 정한 요건을 갖추어 신고하였다면, 행정청으로서는 특별한 사정이 없는 한 이를 수리하여야 하고, 기존의 숙박업 신고가 외관상 남아 있다는 이유로 이를 거부할 수 없다. (○)

6. 의료법은 의료기관의 개설 주체가 의원·치과의원·한의원 또는 조산원을 개설하려고 하는 경우에는 시장·군수·구청장에게 신고하도록 규정하고 있지만, 종합병원·병원·치과병원·한방병원 또는 요양병원을 개설하려고 하는 경우에는 시·도지사의 허가를 받도록 규정하고 있다. 이와 같이 의료법이 의료기관의 종류에 따라 허가제와 신고제를 구분하여 규정하고 있는 취지는, 신고 대상인 의원급 의료기관 개설의 경우 행정청이 법령에서 정하고 있는 요건 이외의 사유를 들어 신고 수리를 반려하는 것을 원칙적으로 배제함으로써 개설 주체가 신속하게 해당 의료기관을 개설할 수 있도록 하기 위함이다. 정신과의원을 개설하려는 자가 법령에 규정되어 있는 요건을 갖추어 개설신고를 한 때에, 행정청은 원칙적으로 이를 수리하여 신고필증을 교부하여야 하고, 법령에서 정한 요건 이외의 사유를 들어 의원급 의료기관 개설신고의 수리를 거부할 수는 없다. 대법원 2018. 10. 25. 선고 2018두44302 판결 16 지방

7. 농지전용허가가 의제되는 건축허가를 받은 토지와 그 지상에 건축 중인 건축물의 소유권을 경매절차에서 양수한 자가 건축관계자 변경신고를 하는 경우 행정청은 '농지보전부담금의 권리승계를 증명할 수 있는 서류'가 제출되지 않았다는 이유로 그 신고를 반려할 수 없다. 구체적인 이유는 다음과 같다.
① 농지법상 농지보전부담금 부과처분은 농지전용허가에 수반하여 이루어지는 것이므로 농지보전부담금의 납부의무도 농지전용허가 명의자에게 있는 것인데, 당초 농지전용허가가 의제되는 건축허가를 받은 사람이 농지보전부담금을 납부한 상황에서 경매절차를 통해 건축허가대상 건축물에 관한 권리가 변동됨에 따라 건축주가 변경되고, 그에 따라 법률로써 농지전용허가 명의자가 변경된 것으로 의제되면, 종전에 납부된 농지보전부담금은 농지전용허가 명의를 이전받은 자의 의무이행을 위해 납입되어 있는 것으로 보는 것이 타당하다.
② 또한 농지전용허가 명의자의 변경허가는 종전 농지전용허가의 효력이 유지됨을 전제로 단지 그 허가 명의만이 변경되는 것으로 해석하여야 한다. 이러한 관점에서 보아도 기존 농지전용허가 명의자에 대한 허가 및 그가 납부한 농지보전부담금의 효력은 경매절차에서 농지를 양수한 자에게 그대로 승계되었다고 해석하는 것이 타당하다.
③ 한편 농지보전부담금을 납부한 후 농지전용허가를 받은 자의 명의가 변경되어 그 변경허가 신청을 하는 경우에는 농지보전부담금의 권리 승계를 증명할 수 있는 서류를 제출하여야 한다(농지법 시행규칙 제26조 제2항 제6호). 앞서 살펴본 바와 같이 농지전용허가 명의가 이전됨에 따라 농지보전부담금에 관한 권리관계도 함께 이전된다고 보는 이상, 농지전용허가가 있는 농지에 대한 경매절차상의 확정된 매각허가결정서 및 그에 따른 매각대금 완납서류 등 경매로 인한 권리취득 관계 서류도 농지법 시행규칙 제26조 제2항 제6호에서 정하는 '농지보전부담금의 권리승계를 증명할 수 있는 서류'에 해당한다고 보는 것이 타당하다. 대법원 2022. 6. 30. 선고 2021두57124 판결

(의원개설신고를 자체완성적 신고로 본 과거 사례) 의료법 제30조 제3항에 의하면 의원, 치과의원, 한의원 또는 조산소의 개설은 단순한 신고사항으로만 규정하고 있고 또 그 신고의 수리여부를 심사, 결정할 수 있게 하는 별다른 규정도 두고 있지 아니하므로 의원의 개설신고를 받은 행정관청으로서는 별다른 심사, 결정없이 그 신고를 당연히 수리하여야 한다(주: 본문 판례인 2018두44302 판결이 구 판례인 당해 판례의 견해를 변경한 것인지 여부는 명확하지 않다). (대법원 1985. 4. 23. 선고 84도2953 판결)

관련 법령이 정신병원 등의 개설에 관하여는 허가제로, 정신과의원 개설에 관하여는 신고제로 각 규정하고 있는 것은 각 의료기관의 개설 목적 및 규모 등 차이를 반영한 합리적 차별로서 평등의 원칙에 반한다고 볼 수 없다. 또한 신고제 규정으로 사인인 제3자에 의한 개인의 생명이나 신체 훼손의 위험성이 증가한다고 할 수 없어 기본권 보호의무에 위반된다고 볼 수도 없다. (대법원 2018. 10. 25. 선고 2018두44302 판결)

PART 03

(3) 신고가 부적법한 경우

- 행정청은 먼저 보완요구를 해야 하고, 보완이 이루어지지 않을 경우 신고를 반려해야 한다.
- 부적법한 신고에 대하여 행정청이 수리를 한 경우, 그 수리는 하자 있는 행정행위가 된다.
- 따라서 부적법한 영업신고에 대하여 행정청의 취소사유 있는 수리가 행해진 경우, 그 수리가 취소되기 전까지 행한 영업행위는 불법한 영업이 아니고, 수리가 당연무효인 경우 처음부터 적법한 수리가 없었던 것이 되므로 영업행위는 불법한 영업이 된다.

Ⅳ 신고의 효력과 수리 및 수리거부의 처분성

1. 자체완성적 신고

(1) 수리

• 자체완성적 신고는 적법한 신고가 있으면 행정청의 수리 여부에 관계없이 신고서가 접수기관에 도달한 때에 신고의 효력이 발생한다.

• 자체완성적 신고에 대한 행정청의 수리 또는 수리에 따른 신고필증의 교부는 사인이 일정한 사실을 행정기관에 알렸다는 사실을 확인해주는 의미만을 가질 뿐이다.

• 따라서 어떠한 법률적 효과도 발생시키지 않는 사실적인 행위에 불과하므로 처분성이 인정되지 않는다.

판례

1. 구 건축법 제9조 제1항에 의하여 신고를 함으로써 건축허가를 받은 것으로 간주되는 경우에는 건축을 하고자 하는 자가 적법한 요건을 갖춘 신고만 하면 행정청의 수리행위 등 별다른 조치를 기다릴 필요 없이 건축을 할 수 있는 것이므로, 행정청이 위 신고를 수리한 행위가 건축주는 물론이고 제3자인 인근 토지 소유자나 주민들의 구체적인 권리 의무에 직접 변동을 초래하는 행정처분이라 할 수 없다. 대법원 1999. 10. 22. 선고 98두18435 판결
2. 의료법 제30조 제3항에 의하면 의원, 치과의원, 한의원 또는 조산소의 개설은 단순한 신고사항으로만 규정하고 있고 또 그 신고의 수리여부를 심사, 결정할 수 있게 하는 별다른 규정도 두고 있지 아니하므로 의원의 개설신고를 받은 행정관청으로서는 별다른 심사, 결정 없이 그 신고를 당연히 수리하여야 한다. 따라서 의료법 시행규칙에 의원개설 신고서를 수리한 행정관청이 소정의 신고필증을 교부하도록 되어있다 하여도 이는 신고사실의 확인행위로서 신고필증을 교부하도록 규정한 것에 불과하고 그와 같은 신고필증의 교부가 없다 하여 개설신고의 효력을 부정할 수 없다 할 것이다. 대법원 1985. 4. 23. 선고 84도2953 판결 12 국가, 19 지방 01

OX 확인

01 구 「의료법 시행규칙」 제22조 제3항에 의하면 의원개설 신고서를 수리한 행정관청이 소정의 신고필증을 교부하도록 되어있기 때문에 이와 같은 신고필증의 교부가 없으면 개설신고의 효력이 없다. (×)

(2) 수리거부

• 자체완성적 신고의 경우 그 신고에 대한 수리거부도 사실적 행위에 불과하므로 원칙적으로 처분성을 갖지 못한다.

• 다만, 상대방의 불안정한 법적 지위의 해소 및 분쟁의 조기 해결을 위해서 건축신고 등 금지해제적 신고의 경우 그 수리거부의 처분성을 인정하는 것이 판례의 태도이다.

판례

1. 건축주 등은 신고제 하에서도 건축신고가 반려될 경우 당해 건축물의 건축을 개시하면 시정명령, 이행강제금, 벌금의 대상이 되거나 당해 건축물을 사용하여 행할 행위의 허가가 거부될 우려가 있어 불안정한 지위에 놓이게 된다. 따라서 건축신고 반려행위가 이루어진 단계에서 당사자로 하여금 반려행위의 적법성을 다투어 그 법적 불안을 해소한 다음 건축행위에 나아가도록 함으로써 장차 있을지도 모르는 위험에서 미리 벗어날 수 있도록 길을 열어 주고, 위법한 건축물의 양산과 그 철거를 둘러싼 분쟁을 조기에 근본적으로 해결할 수 있게 하는 것이 법치행정의 원리에 부합한다. 그러므로 건축신고 반려행위는 항고소송의 대상이 된다고 보는 것이 옳다. 대법원 2010. 11. 18. 선고 2008두167 전원합의체 판결 12 국가, 17 서울, 19 국가, 19 지방, 20 지방 02
2. 행정청의 착공신고 반려행위는 항고소송의 대상이 된다. 대법원 2011. 6. 10. 선고 2010두7321 판결 17 지방, 17 서울, 20 국가

OX 확인

02 「건축법」 제14조 제2항에 의한 인·허가의제 효과를 수반하는 건축신고에 대한 수리거부는 처분성이 인정되나, 동 규정에 의한 인·허가의제 효과를 수반하지 않는 건축신고에 대한 수리거부는 처분성이 부정된다. (×)

2. 행정요건적 신고

(1) 수리

- 행정요건적 신고에 대한 수리는 준법률행위적 행정행위로서 처분성이 인정되나, 15 지방, 18 국가 수리에 따른 신고필증의 교부는 신고사실의 확인행위에 불과하여 처분성이 인정되지 않는다.
- 또한 행정요건적 신고에 있어서도 수리행위에 신고필증의 교부가 필수적인 것은 아니다. 18 국회

판례

수리란 신고를 유효한 것으로 판단하고 법령에 의하여 처리할 의사로 이를 수령하는 수동적 행위이므로 수리행위에 신고필증 교부 등 행위가 꼭 필요한 것은 아니다. 대법원 2011. 9. 8. 선고 2009두6766 판결

(2) 수리거부

- 수리의 거부는 거부처분에 해당하여 항고소송의 대상이 된다.

판례

허가대상건축물의 양수인이 건축주명의변경신고에 관한 건축법시행규칙에 규정되어 있는 형식적 요건을 갖추어 시장, 군수에게 적법하게 건축주의 명의변경을 신고한 때에는 시장, 군수는 그 신고를 수리하여야지 실체적인 이유를 내세워 그 신고의 수리를 거부할 수는 없다. 19 지방
따라서 건축주명의변경신고 수리거부행위는 양수인이 건축공사를 계속하기 위하여 또는 건축공사를 완료한 후 자신의 명의로 소유권보존등기를 하기 위하여 가지는 구체적인 법적 이익을 침해하는 결과를 가져오므로, 비록 건축허가가 대물적 허가로서 그 허가의 효과가 허가대상건축물에 대한 권리변동에 수반하여 이전된다고 하더라도, 양수인의 권리의무에 직접 영향을 미치는 것으로서 취소소송의 대상이 되는 처분이라고 하지 않을 수 없다. 대법원 1992. 3. 31. 선고 91누4911 판결

PART 03

쟁점 73 신청

Ⅰ 의의

- 사인이 행정청에 대하여 자기 또는 제3자에 대해 일정한 조치를 취해줄 것을 요구하는 의사표시를 말한다.
- 허가 · 특허 · 인가 등의 신청이 그 대표적인 예이다.
- 행정절차법, 민원처리에 관한 법률 등에서 신청의 절차에 대한 규정을 두고 있다.

Ⅱ 요건

- 신청인에게 신청권이 있어야 하는데, 신청권은 단지 행정청의 응답을 요구하는 권리일 뿐 그 신청된 대로의 처분을 구하는 권리는 아니다. 14 지방
- 처분의 신청은 문서로 하여야 하며, 신청의 의사표시는 명시적이고 확정적인 것이어야 한다.

판례

신청인의 행정청에 대한 신청의 의사표시는 명시적이고 확정적인 것이어야 한다고 할 것이므로 신청인이 신청에 앞서 행정청의 허가업무 담당자에게 신청서의 내용에 대한 검토를 요청한 것만으로는 다른 특별한 사정이 없는 한 명시적이고 확정적인 신청의 의사표시가 있었다고 하기 어렵다. 대법원 2004. 9. 24. 선고 2003두13236 판결

- 신청기간이 제척기간이고 강행규정인 경우 신청기간을 준수하지 못하였음을 이유로 한 거부처분은 적법하다.

판례

구 고용보험법 제70조 제2항에서 정한 육아휴직급여 신청기간은 추상적 권리의 행사에 관한 '제척기간'으로서, 육아휴직급여에 관한 법률관계를 조속히 확정시키기 위한 강행규정이다. 근로자가 육아휴직급여를 지급받기 위해서는 제70조 제2항에서 정한 신청기간 내에 관할 직업안정기관의 장에게 급여 지급을 신청하여야 한다. 다시 말하면, 육아휴직급여 신청기간을 정한 제70조 제2항은 훈시규정이라고 볼 수 없다. (중략) 따라서 위 규정에서 정한 신청기간을 경과하여 한 육아휴직급여 신청을 거부한 관할 행정청의 처분은 적법하다고 한 사례. 대법원 2021. 3. 18. 선고 2018두47264 전원합의체 판결

Ⅲ 효과

1. 접수의무

- 행정청은 신청을 받았을 때에는 다른 법령 등에 특별한 규정이 있는 경우를 제외하고는 그 접수를 보류 또는 거부하거나 부당하게 되돌려 보내서는 안 된다.

2. 처리(응답)의무

- 적법한 신청이 있는 경우 행정청은 상당한 기간 내에 신청에 대한 응답을 하여야 한다. 14 지방
- 행정청은 신청에 따른 처분을 할 수 있음은 물론 그 신청을 거부하는 처분을 하여도 된다.

행정절차법 제17조(처분의 신청)
① 행정청에 처분을 구하는 신청은 문서로 하여야 한다. 다만, 다른 법령등에 특별한 규정이 있는 경우와 행정청이 미리 다른 방법을 정하여 공시한 경우에는 그러하지 아니하다.
② 제1항에 따라 처분을 신청할 때 전자 문서로 하는 경우에는 행정청의 컴퓨터 등에 입력된 때에 신청한 것으로 본다.
③ 행정청은 신청에 필요한 구비서류, 접수기관, 처리기간, 그 밖에 필요한 사항을 게시(인터넷 등을 통한 게시를 포함한다)하거나 이에 대한 편람을 갖추어 두고 누구나 열람할 수 있도록 하여야 한다.
④ 행정청은 신청을 받았을 때에는 다른 법령등에 특별한 규정이 있는 경우를 제외하고는 그 접수를 보류 또는 거부하거나 부당하게 되돌려 보내서는 아니 되며, 신청을 접수한 경우에는 신청인에게 접수증을 주어야 한다. 다만, 대통령령으로 정하는 경우에는 접수증을 주지 아니할 수 있다.
⑤ 행정청은 신청에 구비서류의 미비 등 흠이 있는 경우에는 보완에 필요한 상당한 기간을 정하여 지체 없이 신청인에게 보완을 요구하여야 한다.
⑥ 행정청은 신청인이 제5항에 따른 기간 내에 보완을 하지 아니하였을 때에는 그 이유를 구체적으로 밝혀 접수된 신청을 되돌려 보낼 수 있다.
⑦ 행정청은 신청인의 편의를 위하여 다른 행정청에 신청을 접수하게 할 수 있다. 이 경우 행정청은 다른 행정청에 접수할 수 있는 신청의 종류를 미리 정하여 공시하여야 한다.
⑧ 신청인은 처분이 있기 전에는 그 신청의 내용을 보완 · 변경하거나 취하할 수 있다. 다만, 다른 법령등에 특별한 규정이 있거나 그 신청의 성질상 보완 · 변경하거나 취하할 수 없는 경우에는 그러하지 아니하다.

• 신청을 받아들이는 처분에는 신청을 전부 받아들이는 처분과 일부 받아들이는 처분이 있다. 경우에 따라서는 신청을 일부 받아들이는 처분을 하여야 하는 경우도 있다.

판례

국가보훈처장은 국가유공자 및 그 유족 등의 등록신청을 받으면 국가유공자 또는 지원대상자 및 그 유족 등으로 인정할 수 있는 요건을 확인한 후 그 지위를 정하는 결정을 하여야 한다. 따라서 처분청으로서는 국가유공자 등록신청에 대하여 단지 본인의 과실이 경합되어 있다는 등의 사유만이 문제가 된다면 등록신청 전체를 단순 배척할 것이 아니라 그 신청을 일부 받아들여 지원대상자로 등록하는 처분을 하여야 한다. 그럼에도 행정청이 등록신청을 전부 배척하는 단순 거부처분을 하였다면 이는 위법한 것이니 그 처분은 전부 취소될 수밖에 없다. 대법원 2013. 7. 11. 선고 2013두2402 판결

3. 보완의무

• 부적법한 신청이 있는 경우 행정청은 신청인에게 보완을 요구해야 하고, 상당한 기간 내에 보완이 이루어지지 않을 경우 해당 신청을 반려할 수 있다. 18 소방

• 보완의 대상은 원칙적으로 형식적 요건이지만, 일정한 경우 실질적 요건에 대한 보완도 가능하다는 것이 판례의 태도이다.

판례

1. 보완의 대상이 되는 흠은 보완이 가능한 경우이어야 함은 물론이고, 그 내용 또한 형식적·절차적인 요건이거나, 실질적인 요건에 관한 흠이 있는 경우라도 그것이 민원인의 단순한 착오나 일시적인 사정 등에 기한 경우 등이라야 한다. 23 지방
   건축불허가처분을 하면서 그 사유의 하나로 소방시설과 관련된 소방서장의 건축부동의 의견을 들고 있으나 그 보완이 가능한 경우, 보완을 요구하지 아니한 채 곧바로 건축허가신청을 거부한 것은 재량권의 범위를 벗어난 것이다. 대법원 2004. 10. 15. 선고 2003두6573 판결
2. 민원사무처리규정 제11조 제1항 소정의 보완 또는 보정의 대상이 되는 흠결은 보완 또는 보정할 수 있는 경우이어야 함은 물론이고, 그 내용 또한 형식적, 절차적인 요건에 한하고 실질적인 요건에 대하여까지 보완 또는 보정요구를 하여야 한다고 볼 수 없으며, 또한 흠결된 서류의 보완 또는 보정을 하면 이미 접수된 주요서류의 대부분을 새로 작성함이 불가피하게 되어 사실상 새로운 신청으로 보아야 할 경우에는 그 흠결서류의 접수를 거부하거나 그것을 반려할 정당한 사유가 있는 경우에 해당하여 이의 접수를 거부하거나 반려하여도 위법이 되지 않는다. 대법원 1991. 6. 11. 선고 90누8862 판결 18 소방
3. 행정절차법 제17조에 따르면, 행정청은 신청에 구비서류의 미비 등 흠이 있는 경우에는 보완에 필요한 상당한 기간을 정하여 지체 없이 신청인에게 보완을 요구하여야 하고(제5항), 신청인이 그 기간 내에 보완을 하지 않았을 때에는 그 이유를 구체적으로 밝혀 접수된 신청을 되돌려 보낼 수 있으며(제6항), 신청인은 처분이 있기 전에는 그 신청의 내용을 보완·변경하거나 취하할 수 있다(제8항 본문). 이처럼 행정절차법 제17조가 '구비서류의 미비 등 흠의 보완'과 '신청 내용의 보완'을 분명하게 구분하고 있는 점에 비추어 보면, 행정절차법 제17조 제5항은 신청인이 신청할 때 관계 법령에서 필수적으로 첨부하여 제출하도록 규정한 서류를 첨부하지 않은 경우와 같이 쉽게 보완이 가능한 사항을 누락하는 등의 흠이 있을 때 행정청이 곧바로 거부처분을 하는 것보다는 신청인에게 보완할 기회를 주도록 함으로써 행정의 공정성·투명성 및 신뢰성을 확보하고 국민의 권익을 보호하려는 행정절차법의 입법목적을 달성하고자 함이지, 행정청으로 하여금 신청에 대하여 거부처분을 하기 전에 반드시 신청인에게 신청의 내용이나 처분의 실체적 발급요건에 관한 사항까지 보완할 기회를 부여하여야 할 의무를 정한 것은 아니라고 보아야 한다. 대법원 2020. 7. 23 선고 2020두36007 판결

PART 03

CHAPTER 06

행정법관계에 있어서 민법의 적용

쟁점 74 행정법의 해석과 흠결의 보충

Ⅰ 쟁점

• 구체적 사건에 있어서 적용될 수 있는 공법규정에 흠결이 있을 때 사법규정 또는 사법의 원칙을 적용하여 그 흠결을 보완할 수 있는지 여부가 문제된다.

Ⅱ 명문의 규정이 있는 경우

• 공법 스스로 사법규정의 적용을 인정하고 있는 경우가 있는데, 이 경우 사법규정을 적용할 수 있음은 당연하다.

Ⅲ 명문의 규정이 없는 경우

1. 유추적용설

• 사법에 대한 공법의 특수성을 고려하여 문제되는 공법관계의 내용과 사법규정의 성질에 따라 개별적으로 검토하여 사법규정을 유추적용할 수 있다고 한다.

• 통설과 판례의 태도이다.

2. 구체적 적용방법 : 유추적용설에 의할 경우

(1) 적용 범위

• 사법의 일반원리적 규정❶과 법기술적 규정❷은 공법관계의 성질을 불문하고 일반적으로 적용된다. 16 국가, 17 지방

• 사법의 이해조절적 규정❸은 공법관계 중 비권력관계(관리관계)에 대해서만 적용된다.

(2) 적용 순서

• 공법규정의 흠결 시 바로 사법규정을 유추적용할 것이 아니라 행정법의 일반원칙을 포함한 다른 공법규정을 먼저 유추적용해야 한다는 주장이 최근 유력하다.

• 이 견해에 따를 경우 공법규정의 흠결 시 먼저 유사한 다른 공법규정 및 일반원칙을 유추적용해야 하고, 이마저도 흠결 시 사법규정 및 일반원칙이 유추적용되어야 한다.

(3) 관련문제 : 조세법규의 경우

• 조세법 영역에 있어서 판례는 조세법률주의의 원칙을 이유로 사법규정과 원칙을 유추적용하는 데 있어 엄격한 태도를 취하고 있다.

판례

조세법률주의의 원칙상 과세요건이거나 비과세요건 또는 조세감면요건을 막론하고 조세법규의 해석은 특별한 사정이 없는 한 법문대로 해석할 것이고, 합리적 이유 없이 확장해석하거나 유추해석하는 것은 허용되지 아니한다. 대법원 2004. 5. 28. 선고 2003두7392 판결

❶ 민법상 신의성실의 원칙, 권리남용금지의 원칙 등을 말한다.
❷ 민법상 자연인과 법인, 권리능력과 행위능력, 주소·거소, 물건, 법률행위와 의사표시, 대리, 무효와 취소, 조건과 기한, 기간, 시효, 사무관리·부당이득·불법행위 등에 관한 규정을 말한다.
❸ 민법상 하자담보책임 규정 등 사인 간의 이해관계를 조절하기 위한 규정을 말한다.

쟁점 75 법률요건과 법률사실

Ⅰ 법률요건과 법률사실

1. 의의

- 행정법상의 법률요건이란 행정법관계의 발생 · 변경 · 소멸의 법률효과를 발생시키는 사실을 말한다.
- 법률요건을 이루는 개개의 사실을 행정법상의 법률사실이라 한다.

2. 법률사실의 종류

(1) 행정법상의 사건

- 사람의 정신작용을 요소로 하지 않는 행정법상의 법률사실을 말한다.
- 사람의 출생 · 사망, 시간의 경과, 일정한 연령에의 도달, 물건의 점유, 일정한 장소에의 거주 등이 있다.

(2) 행정법상의 용태

- 사람의 정신작용을 요소로 하는 행정법상의 법률사실을 말한다.
- 사람의 정신작용이 외부에 표시되는 외부적 용태와 외부에 표시되지 아니하는 내부적 용태로 구분된다.

Ⅱ 기간

1. 의의

> 행정기본법 제6조【행정에 관한 기간의 계산】
> ① 행정에 관한 기간의 계산에 관하여는 이 법 또는 다른 법령등에 특별한 규정이 있는 경우를 제외하고는 「민법」을 준용한다. 24 국가
> ② 법령등 또는 처분에서 국민의 권익을 제한하거나 의무를 부과하는 경우 권익이 제한되거나 의무가 지속되는 기간의 계산은 다음 각 호의 기준에 따른다. 다만, 다음 각 호의 기준에 따르는 것이 국민에게 불리한 경우에는 그러하지 아니하다.
> 1. 기간을 일, 주, 월 또는 연으로 정한 경우에는 기간의 첫날을 산입한다. 24 국가
> 2. 기간의 말일이 토요일 또는 공휴일인 경우에도 기간은 그 날로 만료한다.

- 기간이란, 한 시점에서 다른 시점까지의 시간적 간격을 말한다.
- 종래 행정관계의 기간을 규율하는 일반적인 규정이 존재하지 않음에 따라 기간에 대해서는 민법의 규정을 적용하였는데, 최근 제정된 행정기본법에서는 기간에 관한 별도의 규정을 둠으로써 행정관계의 기간에 대한 특수한 규율을 정하고 있다.
- 한편 행정기본법에 정함이 없는 사항에 대해서는 여전히 민법의 기간에 관한 규정이 적용된다.

민법 제156조(기간의 기산점)
기간을 시, 분, 초로 정한 때에는 즉시로부터 기산한다.

민법 제157조(기간의 기산점)
기간을 일, 주, 월 또는 연으로 정한 때에는 기간의 초일은 산입하지 아니한다. 그러나 그 기간이 오전 영시로부터 시작하는 때에는 그러하지 아니하다.

민법 제158조(연령의 기산점)
연령계산에는 출생일을 산입한다.

민법 제159조(기간의 만료점)
기간을 일, 주, 월 또는 연으로 정한 때에는 기간말일의 종료로 기간이 만료한다.

민법 제160조(역에 의한 계산)
① 기간을 주, 월 또는 연으로 정한 때에는 역에 의하여 계산한다.
② 주, 월 또는 연의 처음으로부터 기간을 기산하지 아니하는 때에는 최후의 주, 월 또는 연에서 그 기산일에 해당한 날의 전일로 기간이 만료한다.
③ 월 또는 연으로 정한 경우에 최종의 월에 해당일이 없는 때에는 그 월의 말일로 기간이 만료한다.

민법 제161조(공휴일 등과 기간의 만료점)
기간의 말일이 토요일 또는 공휴일에 해당한 때에는 기간은 그 익일로 만료한다.

국가재정법 제96조(금전채권·채무의 소멸시효)
③ 금전의 급부를 목적으로 하는 국가의 권리의 경우 소멸시효의 중단·정지 그 밖의 사항에 관하여 다른 법률의 규정이 없는 때에는 「민법」의 규정을 적용한다. 국가에 대한 권리로서 금전의 급부를 목적으로 하는 것도 또한 같다.

2. 기산점과 만료점

(1) 기산점: 초일불산입의 원칙

- 기간을 일·주·월·연으로 정한 경우 초일을 산입하지 않고, 그 다음날부터 기산한다.
- 다만, 기간이 오전 영(0)시부터 시작하는 경우, 연령 계산, 국회법에 의한 기간의 계산, 민원처리에 관한 법률에 의한 민원처리기간의 계산, 공소시효 및 구속기간, 가족관계의 등록 등에 관한 법률에 의한 신고기간의 계산에 있어서는 초일을 산입한다.
- 한편 국민의 권익을 제한하거나 의무를 부과하는 등 불이익한 처분을 하는 경우에는 행정기본법이 정한 바에 따라 원칙적으로 기간의 첫날을 산입한다. 다만 첫날을 산입하는 것이 오히려 국민에게 불리한 경우에는 첫날을 산입하지 아니한다.

(2) 만료점

- 기간을 일·주·월·연으로 정한 경우 그 기간의 말일이 종료함으로써 만료된다.
- 다만 기간의 말일이 토요일 또는 공휴일인 경우 그 다음날에 만료된다.
- 한편 국민의 권익을 제한하거나 의무를 부과하는 등 불이익한 처분을 하는 경우에는 행정기본법이 정한 바에 따라 원칙적으로 기간의 말일이 토요일 또는 공휴일인 경우에도 기간은 그 날로 만료한다. 다만 그렇게 하는 것이 오히려 국민에게 불리한 경우에는 원칙으로 돌아가 그 다음날에 만료된다.

III 금전채권의 소멸시효

1. 의의

- 권리자가 권리를 행사할 수 있음에도 일정기간 계속하여 그 권리를 행사하지 않은 것을 법률요건으로 하여 권리의 소멸이라는 법률효과를 가져오는 것을 소멸시효라 한다.
- 원칙적으로 민법의 시효에 관한 규정이 적용된다. 다만, 행정법의 특수성을 고려하여 민법의 규정이 그대로 적용되지는 않고, 시효기간 등 일부 차이점이 존재한다. 16 국가

2. 기산점

- 소멸시효기간은 권리자가 권리를 행사할 수 있는 때로부터 진행한다.
- '권리를 행사할 수 있는 때'란, 권리를 행사하는 데 있어서 법률상의 장애가 없는 경우를 말한다.

판례

1. '권리를 행사할 수 없는' 경우라 함은 그 권리행사에 법률상의 장애사유, 예컨대 기간의 미도래나 조건불성취 등이 있는 경우를 말하는 것이고, 사실상 권리의 존재나 권리행사가능성을 알지 못하였고 알지 못함에 과실이 없다고 하여도 이러한 사유는 법률상 장애사유에 해당하지 않는다. 대법원 1992. 3. 31. 선고 91다32053 전원합의체 판결
2. 지방재정법 제87조 제1항에 의한 변상금부과처분이 당연무효인 경우에 이 변상금부과처분에 의하여 납부자가 납부하거나 징수당한 오납금은 지방자치단체가 법률상 원인 없이 취득한 부당이득에 해당하고, 이러한 오납금에 대한 납부자의 부당이득반환청구권은 처음부터 법률상 원인이 없이 납부 또는 징수된 것이므로 납부 또는 징수시에 발생하여 확정되며, 그때부터 소멸시효가 진행한다. 대법원 2005. 1. 27. 선고 2004다50143 판결 20 국가

3. 시효기간

(1) 국가와 지방자치단체의 국민(주민)에 대한 금전채권

① 원칙: 5년

- 국가와 지방자치단체가 국민과 주민에 대하여 갖는 금전채권은 다른 법률에 특별한 규정이 없는 한 5년의 시효기간을 갖는다. 16 교행

② 예외: 다른 법률에 특별한 규정이 있는 경우

- 다른 법률에 시효기간에 관한 규정이 있는 경우 5년이 아닌 그 시효기간이 적용된다.
- 여기서 말하는 다른 법률에는 민법도 포함된다. 다만, 민법에서 정한 시효기간 중 5년보다 짧은 기간만이 포함되고, 5년보다 긴 기간을 정하고 있는 경우에는 포함되지 않는다.

판례

예산회계법 제96조에서 '다른 법률의 규정'이라 함은 다른 법률에 예산회계법 제96조에서 규정한 5년의 소멸시효기간보다 짧은 기간의 소멸시효의 규정이 있는 경우를 가리키는 것이고, 이보다 긴 10년의 소멸시효를 규정한 민법 제766조 제2항은 예산회계법 제96조에서 말하는 '다른 법률의 규정'에 해당하지 아니한다. 대법원 2001. 4. 24. 선고 2000다57856 판결

③ 관련문제: 국가의 사법상 행위에서 발생한 금전채권

- 국가의 공법적 행위뿐만 아니라 사법적 행위로 인해 발생한 금전채권의 시효기간에 대해서도 사법규정이 아닌 국가재정법(5년의 시효기간)이 적용된다는 것이 판례의 태도이다(대법원 1967. 7. 4. 선고 67다751 판결). 16 지방

(2) 국민(주민)의 국가와 지방자치단체에 대한 금전채권: 5년

- 국민(주민)의 국가 또는 지방자치단체에 대한 금전채권은 5년의 소멸시효기간이 적용된다. 20 소방
- 한편, 국민(주민)이 국가와 지방자치단체에 대하여 갖는 금전채권의 소멸시효기간을 민법에 비해 단기로 정한 것에 대해, 판례는 헌법에 위배되지 않는 것으로 본다(헌법재판소 2004. 4. 29. 선고 2002헌바58 결정).

> 국가재정법 제96조(금전채권 · 채무의 소멸시효)
> ① 금전의 급부를 목적으로 하는 국가의 권리로서 시효에 관하여 다른 법률에 규정이 없는 것은 5년 동안 행사하지 아니하면 시효로 인하여 소멸한다.
> ② 국가에 대한 권리로서 금전의 급부를 목적으로 하는 것도 또한 제1항과 같다.

4. 소멸시효의 중단 및 정지

- 소멸시효의 중단 및 정지에 관하여도 다른 법률에 특별한 규정이 없는 한 민법의 규정이 적용된다. 20 소방

판례

1. 예산회계법 제98조에서 법령의 규정에 의한 납입고지를 시효중단 사유로 규정하고 있는바, 이러한 납입고지에 의한 시효중단의 효력은 그 납입고지에 의한 부과처분이 취소되더라도 상실되지 않는다. 대법원 2000. 9. 8. 선고 98두19933 판결 16 지방
2. 소멸시효의 중단은 소멸시효의 기초가 되는 권리의 불행사라는 사실상태와 맞지 않는 사실이 생긴 것을 이유로 소멸시효의 진행을 차단케 하는 제도인 만큼, 납입고지에 의한 변상금 징수권자의 권리행사에 의하여 이미 발생한 소멸시효중단의 효력은 그 부과처분이 취소(쟁송취소에 의한 것이든 또는 직권취소에 의한 것이든 불문한다)되었다 하여 사라지지 아니한다. 대법원 1996. 3. 8. 선고 95누12804 판결

> 국가재정법 제96조(금전채권 · 채무의 소멸시효)
> ④ 법령의 규정에 따라 국가가 행하는 납입의 고지는 시효중단의 효력이 있다.

> 입법자가 비록 사법상의 원인에 기한 국가채권의 경우에도 납입의 고지에 있어 민법상의 최고의 경우보다 더 강한 시효중단 효력을 인정한 것은 합리적 이유가 있어 평등권을 침해하지 않는다. (헌법재판소 2004. 3. 25. 선고 2003헌바22 전원재판부)

3. 변상금 부과처분에 대한 취소소송이 진행 중이라도 그 부과권자로서는 위법한 처분을 스스로 취소하고 그 하자를 보완하여 다시 적법한 부과처분을 할 수도 있는 것이어서 그 권리행사에 법률상의 장애사유가 있는 경우에 해당한다고 할 수 없으므로, 그 처분에 대한 취소소송이 진행되는 동안에도 그 부과권의 소멸시효가 진행된다. 대법원 2006. 2. 10. 선고 2003두5686 판결
4. 세무공무원이 국세징수법 제26조에 의하여 체납자의 가옥 · 선박 · 창고 기타의 장소를 수색하였으나 압류할 목적물을 찾아내지 못하여 압류를 실행하지 못하고 수색조서를 작성하는 데 그친 경우에도 소멸시효 중단의 효력이 있다. 대법원 2001. 8. 21. 선고 2000다12419 판결

5. 시효완성의 효과

(1) 견해의 대립

① 절대적 소멸설: 통설의 태도

- 시효이익을 받을 자의 의사와 상관없이 시효완성으로 당연히 권리가 소멸한다는 견해이다.

② 상대적 소멸설

- 시효가 완성되었다고 하여 권리가 자동으로 소멸되는 것은 아니고, 시효이익을 받을 자가 이를 원용하여 권리의 소멸을 주장하여야만 권리가 소멸한다는 견해이다.

③ 판례의 태도: 절대적 소멸설

- 판례는 일관하여 절대적 소멸설의 입장을 취하고 있다.

판례

조세에 관한 소멸시효가 완성되면 국가의 조세부과권과 납세의무자의 납세의무는 당연히 소멸한다 할 것이므로 소멸시효완성 후에 부과된 부과처분은 납세의무 없는 자에 대하여 부과처분을 한 것으로서 그와 같은 하자는 중대하고 명백하여 그 처분의 효력은 당연무효이다. 대법원 1985. 5. 14. 선고 83누655 판결

- 다만, 변론주의 원칙상 시효이익을 받을 자가 변론 과정에서 시효완성사실을 항변사항으로 주장해야만 심리에 반영할 수 있다고 하여, 결론적으로는 상대적 소멸설과 아무런 차이가 없게 된다.

(2) 권리의 소멸 시점: 기산일

- 소멸시효가 완성되면 권리는 시효완성일이 아니라 기산일로 소급하여 소멸한다.

6. 구별개념: 제척기간

- 제척기간이라 함은 일정한 권리에 관하여 법률이 정한 전속기간을 말한다.
- 법률관계를 신속히 확정하려는 데 그 목적이 있고, 기간이 상대적으로 짧으며, 중단제도가 없다는 점에서 소멸시효와 차이점이 있다.
- 한편 최근 제정된 행정기본법에서는 제재적 처분에 대한 제척기간을 새로이 규정함으로써 해당 처분에 대한 권리관계를 신속히 확정하려고 하였다.

Ⅳ 국 · 공유재산에 대한 취득시효

1. 의의

- 취득시효란 물건에 대하여 권리를 가지고 있는 것 같은 외관이 일정기간 계속되는 경우에 그것이 진실한 권리에 기한 것인지를 묻지 않고, 그 외관상 권리자에게 권리취득의 효과를 생기게 하는 제도를 말한다.
- 국 · 공유재산은 행정재산과 일반재산으로 구분되는데, 각 경우에 취득시효가 성립할 수 있는지 여부가 문제된다.

2. 행정재산

(1) 원칙

- 국유재산법, 공유재산 및 물품관리법에 따라 행정재산은 시효취득의 대상이 되지 않는다. 18 국회

(2) 예외 : 공용폐지된 경우

① 의의

- 행정재산일지라도 공용폐지 된 경우 그 재산은 시효취득의 대상이 된다.
- 공용폐지란 공물의 성질을 소멸시키는 행정청의 의사표시를 말한다.
- 공용폐지의 방법은 명시적 · 묵시적 의사표시를 불문하나, 단순히 행정재산이 본래의 용도에 사용되지 않는다는 사실만으로는 묵시적 공용폐지 의사가 인정되지 않는다. 18 국회

판례

1. 행정재산은 공용폐지가 되지 아니하는 한 사법상 거래의 대상이 될 수 없으므로 시효취득의 대상이 되지 아니하고, 관재당국이 이를 모르고 행정재산을 매각하였다 하더라도 그 매매는 당연무효이다. 대법원 1996. 5. 28. 선고 95다52383 판결 16 국가
2. 도로와 같은 인공적 공공용 재산은 법령에 의하여 지정되거나 행정처분으로써 공공용으로 사용하기로 결정한 경우, 또는 행정재산으로 실제로 사용하는 경우의 어느 하나에 해당하여야 행정재산으로 되는 것이므로, 토지의 지목이 도로이고 국유재산대장에 등재되어 있다는 사정만으로는 바로 그 토지가 도로로서 행정재산에 해당한다고 판단할 수는 없다. 대법원 1996. 1. 26. 선고 95다24654 판결 18 국회
3. 공용폐지의 의사표시는 명시적 의사표시뿐 아니라 묵시적 의사표시이어도 무방하나 적법한 의사표시이어야 하고, 행정재산이 본래의 용도에 제공되지 않는 상태에 놓여 있다는 사실만으로 관리청의 이에 대한 공용폐지의 의사표시가 있었다고 볼 수 없으며, 행정재산에 관하여 체결된 것이기 때문에 무효인 매매계약을 가지고 적법한 공용폐지의 의사표시가 있었다고 볼 수도 없다. 대법원 1996. 5. 28. 선고 95다52383 판결
4. 공물의 공용폐지에 관하여 국가의 묵시적인 의사표시가 있다고 인정되려면 공물이 사실상 본래의 용도에 사용되고 있지 않다거나 행정주체가 점유를 상실하였다는 정도의 사정만으로는 부족하고, 주위의 사정을 종합하여 객관적으로 공용폐지 의사의 존재가 추단될 수 있어야 한다. 대법원 2009. 12. 10. 선고 2006다87538 판결 18 국회

② 입증(증명)책임

- 행정재산이 공용폐지되어 취득시효의 대상이 된다는 사실에 대한 입증책임은 시효취득을 주장하는 자에게 있다(대법원 1994. 3. 22. 선고 93다56220 판결).

(3) 관련문제 : 예정공물의 경우

- 예정공물이란 장래에 공물로 할 것이 예정된 물건을 말하는 것으로서 도로예정지, 하천예정지 등이 있다.
- 예정공물은 행정재산에 준하여 취급되므로 시효취득의 대상이 되지 않는다.

3. 일반재산(구 잡종재산)

- 구 국유재산법은 일반재산(구 잡종재산)에 대해서도 시효취득을 제한하고 있었는데, 이러한 법 규정에 대하여 헌법재판소는 평등원칙 위반 등을 이유로 위헌결정을 하였다.

판례

국유잡종재산은 사경제적 거래의 대상으로서 사적자치의 원칙이 지배되고 있으므로 시효제도의 적용에 있어서도 동일하게 보아야 하고, 국유잡종재산에 대한 시효취득을 부인하는 동 규정은 합리적 근거 없이 국가만을 우대하는 불평등한 규정으로서 헌법상의 평등의 원칙과 사유재산권 보장의 이념 및 과잉금지의 원칙에 반한다. 헌법재판소 1991. 5. 13. 선고 89헌가97 결정 11 국회, 16 교행

- 이후 개정된 현행법은 일반재산에 대하여 시효취득을 허용하고 있다. 16 지방

V 주소와 거소

1. 주소

(1) 민법

- 주소란 생활의 근거가 되는 곳을 말한다.
- "주소는 동시에 두 곳 이상 있을 수 있다."라고 하여 주소복수주의를 취하고 있다.
- 법인의 주소는 그 주된 사무소의 소재지에 있는 것으로 한다.

(2) 행정법(자연인의 경우)

- 주민등록법에 의한 주민등록지가 주소지가 된다.
- 주소의 이중등록이 금지되는 결과 자연인의 주소는 원칙적으로 1개소에 한정된다. 17 지방
- 법인의 경우 행정법상 별도의 규정을 두고 있지 아니하므로 그 내용은 민법과 동일하다.

2. 거소

- 거소란 사람이 일정기간 계속하여 거주하는 장소로서, 그 장소와의 밀접한 정도가 주소만 못한 곳을 말한다.
- 행정법관계에 있어서도 거소를 기준으로 법률관계가 규율되는 경우가 있다.

쟁점 76 공법상 사무관리 및 부당이득

I 공법상 사무관리

1. 사무관리의 의의

- 사무관리란 법률상 의무 없이 타인을 위하여 사무를 관리하는 행위를 말한다.
- 지방자치단체의 행려병자의 관리, 자연재해 시 빈 상점의 물건의 관리 등이 그 예이다.
- 사무관리는 민법상 제도이나 일반원리적 제도이므로 공법관계에도 적용된다.

판례

몰수할 수 있는 압수물에 대한 수사기관의 환가처분은 그 경제적 가치를 보존하기 위한 형사소송법상의 처분이라고 할지라도 해당 압수물이 그 후의 형사절차에 의하여 몰수되지 아니하는 경우 그 환가처분은 그 물건 소유자를 위한 사무관리에 준하는 행위이다. 대법원 2000. 1. 21. 선고 97다58507 판결

2. 공법상 사무관리의 유형

(1) 강제관리

- 국가의 감독하에 있는 사업을 강제적으로 관리하는 경우가 해당된다.

(2) 보호관리

- 행려병자 등을 관리하는 경우가 해당된다.

(3) 역무제공

- 비상재해 시 사인이 행정사무를 일부 관리하는 경우가 해당된다.

3. 사무관리의 효과

- 공법상 사무관리에는 특별한 규정이 없는 한 민법상 사무관리에 관한 규정이 준용된다.
- 따라서 사무관리를 행한 행정기관은 통지의무를 지고, 비용상환청구권을 갖는다.

판례

사인이 처리한 국가의 사무가 사인이 국가를 대신하여 처리할 수 있는 성질의 것으로서, 사무 처리의 긴급성 등 국가의 사무에 대한 사인의 개입이 정당화되는 경우에 한하여 사무관리가 성립하고, 사인은 그 범위 내에서 국가에 대하여 국가의 사무를 처리하면서 지출된 필요비 내지 유익비의 상환을 청구할 수 있다(甲 주식회사 소유의 유조선에서 원유가 유출되는 사고가 발생하자 乙 주식회사가 피해 방지를 위해 해양경찰의 직접적인 지휘를 받아 방제작업을 보조한 사안에서, 乙 회사는 사무관리에 근거하여 국가에 방제비용을 청구할 수 있다고 한 사례). 대법원 2014. 12. 11. 선고 2012다15602 판결 22 국가

Ⅱ 공법상 부당이득

1. 의의

- 부당이득이란, 법률상 원인 없이 타인의 재산 또는 노무로 인하여 이익을 얻고 그로 인하여 타인에게 손해를 가한 자가 그 이익을 반환해야 하는 민법상 원리를 말한다.
- 다른 특별한 규정이 없는 경우 공법상 부당이득에 관하여도 민법의 규정이 적용된다. 17 지방

2. 공법상 부당이득반환청구권의 성질

(1) 공권설: 통설의 태도

- 공법관계를 기초로 권리가 발생하였으므로 공법상 부당이득반환청구권은 공권이라 한다.
- 따라서 부당이득반환청구는 행정소송법에 따라 당사자소송에 의하여야 한다.

(2) 사권설: 판례의 태도

- 공법상 부당이득도 오로지 경제적 이해관계의 조정을 위해 인정되는 것이므로 이를 사법상 부당이득과 구별할 필요가 없고, 결국 공법상 부당이득반환청구권은 사권이라 한다.
- 따라서 부당이득반환청구는 행정소송이 아닌 민사소송에 의하여야 한다.

판례

조세부과처분이 당연무효임을 전제로 하여 이미 납부한 세금의 반환을 청구하는 것은 민사상의 부당이득반환청구로서 민사소송절차에 따라야 한다. 대법원 1995. 4. 28. 선고 94다55019 판결 20 소방

3. 유형

- 공법상 부당이득반환청구권은 사인은 물론 개별적인 사안에 따라서는 행정주체에게도 발생할 수 있다(사인이 국유지를 무단점유한 경우, 공무원이 급여를 초과 수령한 경우 등). 17 지방
- 행정행위를 원인으로 한 부당이득이 문제되는 경우, 행정행위의 공정력 때문에 그 행정행위가 당연무효이거나 권한 있는 기관에 의해 취소되기 전까지는 부당이득이 되지 않는다.
- 행정행위에 의하지 아니한 행위로 인해서도 부당이득이 문제될 수 있다.

4. 소멸시효

- 공법상 부당이득반환청구권도 공법상 권리이므로 다른 법률에 특별한 규정이 없는 한 원칙적으로 5년의 소멸시효기간을 갖는다. 20 소방

5. 관련판례

판례

1. 보상금 등을 받은 당사자로부터 잘못 지급된 부분을 환수하는 처분을 함에 있어서는 여러 사정을 두루 살펴, 잘못 지급된 보상금 등에 해당하는 금액을 징수하는 처분을 해야 할 공익상 필요와 그로 인하여 당사자가 입게 될 기득권과 신뢰의 보호 및 법률생활 안정의 침해 등의 불이익을 비교·교량한 후, 공익상 필요가 당사자가 입게 될 불이익을 정당화할 만큼 강한 경우에 한하여 보상금 등을 받은 당사자로부터 잘못 지급된 보상금 등에 해당하는 금액을 환수하는 처분을 하여야 한다. 대법원 2014. 10. 27. 선고 2012두17186 판결 17 지방
2. 농지개량사업 시행지역 내의 토지 등 소유자가 토지사용에 관한 승낙을 하였더라도 그에 대한 정당한 보상을 받은 바가 없다면 농지개량사업 시행자는 토지 소유자 및 승계인에 대하여 보상할 의무가 있고, 그러한 보상 없이 타인의 토지를 점유·사용하는 것은 법률상 원인 없이 이득을 얻은 때에 해당한다. 대법원 2016. 6. 23. 선고 2016다206369 판결
3. 국립대학의 기성회가 기성회비를 납부 받은 것을 두고 '법률상 원인 없이' 타인의 재산으로 이익을 얻은 경우에 해당한다고 볼 수는 없다. 대법원 2015. 6. 25. 선고 2014다5531 전원합의체 판결
4. 구 국유재산법에 의한 변상금 부과·징수권은 민사상 부당이득반환청구권과 법적 성질을 달리하므로, 국가는 무단점유자를 상대로 변상금 부과·징수권의 행사와 별도로 국유재산의 소유자로서 민사상 부당이득반환청구의 소를 제기할 수 있다. 대법원 2014. 7. 16. 선고 2011다76402 전원합의체 판결 21 소방
5. 국가나 지방자치단체가 어느 단체에게 시설의 관리 등을 위탁하여 이를 사용·수익하게 하고, 그 단체가 자신의 명의와 계산으로 재화 또는 용역을 공급하고 부가가치세를 납부한 경우, 그러한 사정만으로 위탁자인 국가나 지방자치단체가 법률상 원인 없이 채무를 면하는 등의 이익을 얻어 부당이득을 한 것으로 볼 수 없다. 대법원 2019. 1. 17. 선고 2016두60287 판결

PART 03

강성빈
행정법총론

Chapter 1 행정강제

Chapter 2 행정조사

Chapter 3 행정벌

Chapter 4 새로운 의무이행 확보수단

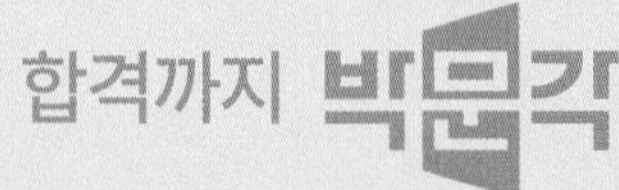

PART

04

행정의 실효성 확보수단

CHAPTER 01

행정강제

행정의 실효성 확보수단 개관

- 행정의 실효성 확보수단이란 행정목적의 달성을 확보하기 위하여 인정되는 법적 수단을 말한다.
- 장래의 행정목적의 실현을 확보하기 위하여 사람의 신체 또는 재산에 실력을 가함으로써 행정권이 직접 행정상 필요한 상태를 실현하는 권력적 행위인 행정강제와, 과거의 행정법상 의무위반행위에 대하여 제재로서 가하는 처벌인 행정벌로 구분된다.
- 행정강제는 다시 행정상 강제집행과 행정상 즉시강제로 구분된다.

행정상 강제집행 개관

1. 의의
   - 행정법상의 의무불이행이 있는 경우에 행정청이 의무자의 신체 또는 재산에 실력을 가하여 그 의무를 이행시키거나 이행한 것과 동일한 상태를 실현시키는 작용을 말한다.
   - 행정상 강제집행의 종류로는 대집행, 이행강제금, 직접강제, 강제징수 이상의 네 가지 수단이 있다.
2. 민사상 강제집행과의 구별
   - 행정상 강제집행은 공법상 의무의 불이행을 대상으로 하는 반면, 민사상 강제집행은 사법상 의무의 불이행을 그 대상으로 한다.
   - 행정상 강제집행이 인정되는 경우 민사상 강제집행은 인정될 수 없다(소의 이익 부정).

   1. 관계 법령상 행정대집행의 절차가 인정되어 행정청이 행정대집행의 방법으로 건물의 철거 등 대체적 작위의무의 이행을 실현할 수 있는 경우에는 따로 민사소송의 방법으로 그 의무의 이행을 구할 수 없다. 대법원 2017. 4. 28. 선고 2016다213916 판결 15 서울, 16 국가, 16 서울, 18 지방, 19 서울, 21 국가, 23 지방, 24 국가, 24 지방
   2. 공법인인 대한주택공사가 법령에 의하여 대집행권한을 위탁받아 공무인 대집행을 실시하기 위하여 지출한 비용을 행정대집행법 절차에 따라 징수할 수 있음에도 민사소송절차에 의하여 그 비용의 상환을 청구한 경우, 그 청구는 소의 이익이 없어 부적법하다. 대법원 2011. 9. 8. 선고 2010다48240 판결 19 국가, 19 지방
   3. 국유 일반재산의 대부료 등의 징수에 관하여는 국세징수법상 체납처분에 관한 규정을 준용한 간이하고 경제적인 특별구제절차가 마련되어 있으므로, 특별한 사정이 없는 한 민사소송의 방법으로 대부료 등의 지급을 구하는 것은 허용되지 아니한다. 대법원 2014. 9. 4. 선고 2014다203588 판결 18 지방, 23 지방

   - 다만, 행정상 강제집행을 인정하는 법률이 존재하지 않는 등 예외적인 경우에는 행정법상 의무의 이행을 강제하기 위해 민사상 강제집행을 할 수 있다.

   관리권자인 보령시장이 행정대집행을 실시하지 아니하는 경우 국가에 대하여 이 사건 토지 사용청구권을 가지는 원고로서는 위 청구권을 보전하기 위하여 국가를 대위하여 피고들을 상대로 민사소송의 방법으로 이 사건 시설물의 철거를 구하는 이외에는 이를 실현할 수 있는 다른 절차와 방법이 없어 그 보전의 필요성이 인정되므로, 원고는 국가를 대위하여 피고들을 상대로 민사소송의 방법으로 이 사건 시설물의 철거를 구할 수 있다. 대법원 2009. 6. 11. 선고 2009다1122 판결 22 지방
3. 근거
   - 행정상 강제집행은 국민의 기본권에 제한을 가져오므로 법적 근거가 있어야 한다.
   - 행정법상의 의무를 부과하는 법령만으로는 행정상 강제집행을 할 수 없고, 반드시 강제집행을 허용하는 별도의 법적 근거가 필요하다.
   - 실정법으로는 대집행에 관한 일반법인 행정대집행법, 행정상 강제징수에 관한 일반법인 국세징수법이 있으며, 그 외 개별법이 존재한다.

제1강 행정상 강제집행

쟁점 77 대집행

Ⅰ 의의

> 행정기본법 제30조 【행정상 강제】
> ① 행정청은 행정목적을 달성하기 위하여 필요한 경우에는 법률로 정하는 바에 따라 필요한 최소한의 범위에서 다음 각 호의 어느 하나에 해당하는 조치를 할 수 있다.
> 1. 행정대집행: 의무자가 행정상 의무(법령등에서 직접 부과하거나 행정청이 법령등에 따라 부과한 의무를 말한다)로서 타인이 대신하여 행할 수 있는 의무를 이행하지 아니하는 경우 법률로 정하는 다른 수단으로는 그 이행을 확보하기 곤란하고 그 불이행을 방치하면 공익을 크게 해칠 것으로 인정될 때에 행정청이 의무자가 하여야 할 행위를 스스로 하거나 제3자에게 하게 하고 그 비용을 의무자로부터 징수하는 것

- 대체적 작위의무(타인이 대신하여 이행할 수 있는 작위의무)의 불이행이 있는 경우에 행정청이 스스로 의무자가 행할 행위를 하거나 제3자로 하여금 이를 행하게 하고 그 비용을 의무자로부터 징수하는 것을 말한다.
- 대집행에 관한 일반법으로 행정대집행법이 있다.

Ⅱ 대집행의 주체

1. 당해 행정청

- 당해 행정청이란 대집행의 대상이 되는 의무를 명하는 처분을 한 행정청을 말한다.

2. 대집행의 위탁

(1) 위탁의 가부

- 행정청은 대집행을 다른 행정청에 위탁하거나 공공단체 또는 사인에게 위탁할 수 있다.

(2) 수탁자의 지위

- 공공단체 또는 사인에 대하여 대집행을 위탁하는 경우, 그 위탁의 성질은 "보조를 위한 위탁"으로 보아야 할 것이므로 이 경우 대집행을 위탁받은 공공단체 또는 사인은 대집행의 주체가 아닌 단순한 행정보조자의 지위를 갖는 것으로 본다.
- 다만 대집행의 위탁이 법령에 근거하여 이루어진 경우, 대집행을 위탁받은 공공단체의 지위는 행정보조자가 아닌 "행정주체"라는 것이 판례의 태도이다.

판례

한국토지공사는 이러한 법령의 위탁에 의하여 대집행을 수권받은 자로서 공무인 대집행을 실시함에 따르는 권리·의무 및 책임이 귀속되는 행정주체의 지위에 있다. 대법원 2010. 1. 28. 선고 2007다82950 판결 13 국회

(3) 위탁의 법적 성질

• 대집행위탁의 법적 성질에 관하여는 견해의 대립이 있으나, 행정청에 대한 위탁 또는 법령에 근거한 위탁의 경우에는 공법상 계약인 것으로, 그 밖의 경우에는 사법상 계약인 것으로 보는 것이 다수의 견해이다.

Ⅲ 대집행의 요건

OX 확인

01 대집행은 공법상 대체적 작위의무의 불이행이 있는 경우에 행할 수 있다. (○)

1. 공법상 대체적 작위의무의 불이행 21 국가, 23 국가 01

(1) 공법상 의무

• 대집행의 대상이 되는 의무는 공법상 의무이어야 하므로, 예컨대 행정주체와 사인 간의 건축도급계약과 같은 사법상 의무에 대해서는 대집행이 인정되지 않는다. 21 소방

판례

1. 행정대집행법상 대집행의 대상이 되는 대체적 작위의무는 공법상 의무이어야 할 것인데, 구 공공용지의 취득 및 손실보상에 관한 특례법에 따른 토지 등의 협의취득은 공공사업에 필요한 토지 등 을 그 소유자와의 협의에 의하여 취득하는 것으로서 공공기관이 사경제주체로서 행하는 사법상 매매 내지 사법상 계약의 실질을 가지는 것이므로, 그 협의취득시 건물소유자가 매매대상 건물에 대한 철거의무를 부담하겠다는 취지의 약정을 하였다고 하더라도 이러한 철거의무는 공법상의 의무가 될 수 없고, 이 경우에도 행정대집행법을 준용하여 대집행을 허용하는 별도의 규정이 없는 한 위와 같은 철거의무는 행정대집행법에 의한 대집행의 대상이 되지 않는다. 대법원 2006. 10. 13. 선고 2006두7096 판결 18 서울, 20 국가, 20 소방, 24 지방
2. 공유재산의 점유자가 그 공유재산에 관하여 대부계약 외 달리 정당한 권원이 있다는 자료가 없는 경우 그 대부계약이 적법하게 해지된 이상 그 점유자의 공유재산에 대한 점유는 정당한 이유 없는 점유라 할 것이고, 따라서 지방자치단체의 장은 지방재정법 제85조에 의하여 행정대집행의 방법으로 그 지상물을 철거시킬 수 있다. 대법원 2001. 10. 12. 선고 2001두4078 판결 11 사복

행정대집행법 제2조(대집행과 그 비용징수)
법률(법률의 위임에 의한 명령, 지방자치단체의 조례를 포함한다. 이하 같다)에 의하여 직접명령되었거나 또는 법률에 의거한 행정청의 명령에 의한 행위로서 타인이 대신하여 행할 수 있는 행위를 의무자가 이행하지 아니하는 경우 다른 수단으로써 그 이행을 확보하기 곤란하고 또한 그 불이행을 방치함이 심히 공익을 해할 것으로 인정될 때에는 당해 행정청은 스스로 의무자가 하여야 할 행위를 하거나 또는 제삼자로 하여금 이를 하게 하여 그 비용을 의무자로부터 징수할 수 있다.

• 공법상 의무인 이상 그 의무의 부과가 행정청의 처분에 근거하여 이루어진 것인지, 법령(조례 포함)에 의하여 직접 부과된 것인지 여부는 불문하다(행정대집행법 제2조). 다만 공법상계약에 근거하여 발생한 의무의 불이행에 대해서는 대집행이 인정되지 않는다. 15 서울, 18 서울

• 위법한 처분에 의해 부과된 의무도 그 처분이 취소되지 않는 한 대집행의 대상이 된다. 12 사복

(2) 대체적 의무

• 대체적 의무란 타인에 의해서도 그 이행이 가능한 의무를 말한다(건물의 철거 등).

판례

1. 피고들이 이 사건 건물을 철거하여 이 사건 공유수면을 원상회복하여야 할 의무는 대체적 작위의무에 해당하므로 행정대집행의 대상이 된다. 대법원 2017. 4. 28. 선고 2016다213916 판결 20 국가
2. 공유재산 및 물품 관리법에 따라 지방자치단체장은 행정대집행의 방법으로 공유재산에 설치한 시설물을 철거할 수 있다. 대법원 2017. 4. 13. 선고 2013다207941 판결 21 국가

• 따라서 대체성이 없는 비대체적 의무의 경우 대집행이 불가능한데, 비대체적 의무의 대표적인 예로 토지·건물의 명도(인도), 점유의 배제(퇴거) 등이 있다. 18 소방, 21 지방

판례

1. 도시공원시설인 매점의 관리청이 그 공동점유자 중의 1인에 대하여 소정의 기간 내에 위 매점으로부터 퇴거하고 이에 부수하여 그 판매 시설물 및 상품을 반출하지 아니할 때에는 이를 대집행하겠다는 내용의 계고처분은 그 주된 목적이 매점의 원형을 보존하기 위하여 점유자가 설치한 불법 시설물을 철거하고자 하는 것이 아니라, 매점에 대한 점유자의 점유를 배제하고 그 점유이전을 받는 데 있다고 할 것인데, 이러한 의무는 그것을 강제적으로 실현함에 있어 직접적인 실력행사가 필요한 것이지 대체적 작위의무에 해당하는 것은 아니어서 직접강제의 방법에 의하는 것은 별론으로 하고 행정대집행법에 의한 대집행의 대상이 되는 것은 아니다. 대법원 1998. 10. 23. 선고 97누157 판결 15 서울, 16 서울 01
2. 명도의무는 그것을 강제적으로 실현하면서 직접적인 실력행사가 필요한 것이지 대체적 작위의무라고 볼 수 없으므로 특별한 사정이 없는 한 행정대집행법에 의한 대집행의 대상이 될 수 있는 것이 아니다. 대법원 2005. 8. 19. 선고 2004다2809 판결 15 국가, 16 사복, 17 사복, 22 국가, 24 국가 02

(3) 작위의무

- 작위의무란 어떠한 행위를 적극적으로 해야 하는 의무를 말하며, 부작위의무란 어떠한 행위를 소극적으로 해서는 안 되는 의무를 말한다.
- 부작위의무의 경우 대집행이 불가능하다(영업정지의무, 사용중지의무 등).

판례

관계 법령에 위반하여 장례식장 영업을 하고 있는 자의 장례식장 사용중지의무는 비대체적 부작위의무이므로 행정대집행법 제2조의 규정에 의한 대집행의 대상이 아니다. 대법원 2005. 9. 28. 선고 2005두7464 판결 18 국회, 18 서울, 22 지방

- 부작위의무위반에 대해서는 법률에 부작위의무를 작위의무로 전환시키는 규정이 있으면 이를 작위의무로 전환시킨 후 그 불이행에 대해 대집행하는 것은 가능하다. 15 사복, 15 교행
  예컨대 시설설치금지의무(부작위의무)를 위반하여 시설을 설치한 경우 법률에 규정이 있으면 먼저 그 시설의 철거를 명한 다음 철거의무(작위의무)를 불이행한 경우 대집행을 할 수 있다.
- 그러나 부작위를 명하는 금지규정으로부터 작위의무를 명할 수 있는 권한이 당연히 도출되는 것은 아니고, 반드시 작위의무를 부과하는 명령의 근거가 되는 법적 근거가 있어야 한다.

판례

단순한 부작위의무의 위반, 즉 관계 법령에 정하고 있는 절대적 금지나 허가를 유보한 상대적 금지를 위반한 경우에는 당해 법령에서 그 위반자에 대하여 위반에 의하여 생긴 유형적 결과의 시정을 명하는 행정처분의 권한을 인정하는 규정을 두고 있지 아니한 이상, 법치주의의 원리에 비추어 볼 때 위와 같은 부작위의무로부터 그 의무를 위반함으로써 생긴 결과를 시정하기 위한 작위의무를 당연히 끌어낼 수는 없으며, 또 위 금지규정(특히 허가를 유보한 상대적 금지규정)으로부터 작위의무, 즉 위반결과의 시정을 명하는 권한이 당연히 추론되는 것도 아니다. 대법원 1996. 6. 28. 선고 96누4374 판결 15 국가, 16 서울, 17 국가, 18 국가, 20 지방, 23 국가 03 04

OX 확인

01 도시공원시설 점유자의 퇴거 및 명도 의무는 「행정대집행법」에 의한 대집행의 대상이 아니다. (○)

02 퇴거의무 및 점유인도의무의 불이행은 행정대집행의 대상이 되지 않는다. (○)

구 토지수용법 제63조의 규정에 따라 피수용자 등이 기업자에 대하여 부담하는 수용대상 토지의 인도 또는 그 지장물의 명도의무 등이 비록 공법상의 법률관계라고 하더라도, 그 권리를 피보전권리로 하는 명도단행가처분은 그 권리에 끼칠 현저한 손해를 피하거나 급박한 위험을 방지하기 위하여 또는 그 밖의 필요한 이유가 있을 경우에는 허용될 수 있다. (대법원 2005. 8. 19. 선고 2004다2809 판결) 24 국가

PART 04

OX 확인

03 관계 법령에서 금지규정 및 그 위반에 대한 벌칙규정은 두고 있으나 금지규정 위반행위에 대한 시정명령의 권한에 대해서는 규정하고 있지 않은 경우에 그 금지규정 및 벌칙규정은 당연히 금지규정 위반행위로 인해 발생한 유형적 결과를 시정하게 하는 것도 예정하고 있다고 할 것이어서 금지규정 위반으로 인한 결과의 시정을 명하는 권한도 인정하고 있는 것으로 해석된다. (×)

04 대집행의 대상은 원칙적으로 대체적 작위의무에 한하며, 부작위의무 위반의 경우 대체적 작위의무로 전환하는 규정을 두고 있지 아니하는 한 대집행의 대상이 되지 않는다. (○)

행정대집행법 제2조(대집행과 그 비용징수)

법률(법률의 위임에 의한 명령, 지방자치단체의 조례를 포함한다)에 의하여 직접명령되었거나 또는 법률에 의거한 행정청의 명령에 의한 행위로서 타인이 대신하여 행할 수 있는 행위를 의무자가 이행하지 아니하는 경우 다른 수단으로써 그 이행을 확보하기 곤란하고 또한 그 불이행을 방치함이 심히 공익을 해할 것으로 인정될 때에는 당해 행정청은 스스로 의무자가 하여야 할 행위를 하거나 또는 제삼자로 하여금 이를 하게 하여 그 비용을 의무자로부터 징수할 수 있다.

2. 비례성

(1) 다른 수단으로써 그 이행을 확보하기 곤란할 것 11 국회, 15 사복 : **최소침해의 원칙**

- 대집행보다 의무자의 권익을 적게 침해하는 수단이 존재하면 대집행은 인정되지 않는다.

(2) 불이행을 방치함이 심히 공익을 해할 것 13 지방, 15 사복 : **협의의 비례원칙**

- 대집행은 의무의 불이행을 방치함이 심히 공익을 해할 것으로 인정될 때에만 허용된다.
- 대집행을 인정한 사례

판례

무허가증축부분으로 인하여 건물의 미관이 나아지고 위 증축부분을 철거하는 데 비용이 많이 소요된다고 하더라도 위 무허가증축부분을 그대로 방치한다면 이를 단속하는 당국의 권능이 무력화되어 건축행정의 원활한 수행이 위태롭게 되며 건축법 소정의 제한규정을 회피하는 것을 사전예방하고 또한 도시계획구역 안에서 토지의 경제적이고 효율적인 이용을 도모한다는 더 큰 공익을 심히 해할 우려가 있다고 보이므로 건물철거대집행계고처분을 할 요건에 해당된다. 대법원 1992. 3. 10. 선고 91누4140 판결

- 대집행을 부정한 사례

판례

건축법위반 건물이 주위의 미관을 해칠 우려가 없을 뿐 아니라 이를 대집행으로 철거할 경우 많은 비용이 드는 반면에 공익에는 별 도움이 되지 아니하고, 도로교통·방화·보안·위생·도시미관 및 공해예방 등의 공익을 크게 해친다고도 볼 수 없어 이에 대한 철거대집행계고 처분이 그 요건을 갖추지 못한 것으로서 위법하다. 대법원 1991. 3. 12. 선고 90누10070 판결

3. 불가쟁력 요부 : 불요

- 처분에 불가쟁력이 발생하였을 것은 대집행의 요건이 아니므로, 제소기간이 도과하지 아니하여 불가쟁력이 발생하지 않았더라도 대집행은 가능하다. 14 서울, 17 국가

IV 대집행의 재량성

- 대집행의 요건이 충족되는 경우에 행정청이 반드시 대집행을 하여야 하는 것인지 문제되는데, 판례는 대집행권한의 행사를 행정청의 재량으로 본다(대법원 1996. 10. 11. 선고 96누8086 판결). 21 소방

V 대집행의 절차

1. 계고

> **행정대집행법 제3조【대집행의 절차】**
> ① 전조의 규정에 의한 처분(이하 대집행이라 한다)을 하려함에 있어서는 상당한 이행기한을 정하여 그 기한까지 이행되지 아니할 때에는 대집행을 한다는 뜻을 미리 문서로써 계고하여야 한다. 이 경우 행정청은 상당한 이행기한을 정함에 있어 의무의 성질·내용 등을 고려하여 사회통념상 해당 의무를 이행하는 데 필요한 기간이 확보되도록 하여야 한다.
> ② 의무자가 전항의 계고를 받고 지정기한까지 그 의무를 이행하지 아니할 때에는 당해 행정청은 대집행영장으로써 대집행을 할 시기, 대집행을 시키기 위하여 파견하는 집행책임자의 성명과 대집행에 요하는 비용의 개산에 의한 견적액을 의무자에게 통지하여야 한다.
> ③ 비상시 또는 위험이 절박한 경우에 있어서 당해 행위의 급속한 실시를 요하여 전2항에 규정한 수속을 취할 여유가 없을 때에는 그 수속을 거치지 아니하고 대집행을 할 수 있다.

(1) 의의

- 상당한 기간 내 의무의 이행이 없으면 대집행을 한다는 뜻을 미리 문서로써 통지하는 행위를 말한다.
- 대집행을 위해서는 미리 계고하여야 하나, 비상시 또는 위험이 절박한 경우에 있어서 대집행의 급속한 실시를 요하여 계고를 할 여유가 없을 때에는 계고를 거치지 아니하고 (즉, 계고절차를 생략하고) 대집행을 할 수 있다(행정대집행법 제3조 제3항).

(2) 법적 성질

- 준법률행위적 행정행위인 통지로서 처분성이 인정되어 독립하여 항고소송의 대상이 된다.
  15 국가, 15 교행
- 반복된 계고의 경우 1차 계고만이 처분성을 가진다.

판례

> 시장이 무허가건물소유자인 원고들에게 일정기간까지 철거할 것을 명함과 아울러 불이행할 때에는 대집행한다는 내용의 철거대집행계고처분을 고지한 후 원고들이 불응하자 다시 2차 계고서를 발송하여 일정기간까지의 자진철거를 촉구하고 불이행하면 대집행을 한다는 뜻을 고지하였다면 원고들의 행정대집행법상의 건물철거의무는 제1차 철거명령 및 계고처분으로서 발생하였고 제2차의 계고처분은 원고들에게 새로운 철거의무를 부과하는 것이 아니고 다만 대집행기한의 연기 통지에 불과하므로 행정처분이 아니다. 대법원 1991. 1. 25. 선고 90누5962 판결 16 지방, 17 사복, 18 국가, 18 국회, 18 소방, 21 소방 01

OX 확인

01 건물철거명령 및 철거대집행계고를 한 후에 이에 불응하자 다시 제2차, 제3차의 계고를 하였다면 철거의무는 처음에 한 건물철거명령 및 철거대집행계고로 이미 발생하였고 그 이후에 한 제2차, 제3차의 계고는 새로운 철거의무를 부과한 것이 아니라 대집행 기한을 연기하는 통지에 불과하다. (○)

(3) 요건

① 계고의 내용: 의무의 특정

- 계고에는 의무자가 이행하여야 할 행위와 그 의무 불이행시 대집행할 행위의 내용 및 범위가 구체적으로 특정되어야 한다.
- 다만, 그 행위의 내용과 범위는 대집행계고서에 의해서만 특정되어야 하는 것은 아니고 그 처분 후에 송달된 문서나 기타 사정을 종합하여 이를 특정할 수 있으면 족하다.

| OX 확인 |

01 행정청이 계고를 함에 있어 의무자가 스스로 이행하지 아니하는 경우 대집행의 내용과 범위가 구체적으로 특정되어야 하며, 대집행의 내용과 범위는 반드시 대집행 계고서에 의해서만 특정되어야 한다. (×)

판례

대집행의 계고를 함에 있어서 의무자가 이행하여야 할 행위와 그 의무불이행시 대집행할 행위의 내용 및 범위는 반드시 대집행계고서에 의하여서만 특정되어야 하는 것은 아니고 그 처분 전후에 송달된 문서나 기타 사정을 종합하여 이를 특정할 수 있으면 족하다. 대법원 1992. 3. 10. 선고 91누4140 판결 16 지방, 18 국가, 18 국회, 20 지방, 21 소방 01

② 계고의 형식 : 서면주의

- 계고는 반드시 문서에 의한 것이어야 하고, 구두에 의한 계고는 무효가 된다. 12 사복

③ 상당한 이행기간

- 계고는 상당한 기간을 정하여야 하는데, 상당한 기간이란 사회통념상 의무자가 스스로 의무를 이행하는 데 필요한 기간을 말한다.
- 상당한 기간을 부여하지 않은 계고의 경우, 설령 후속절차인 대집행영장으로 대집행의 시기를 늦추었다 하더라도 그 계고는 위법하게 된다.

판례

상당한 의무이행기간을 부여하지 아니한 대집행계고처분이 있었다면, 설사 피고가 대집행영장으로써 대집행의 시기를 늦추었더라도 위 대집행계고처분은 상당한 이행기한을 정하여 한 것이 아니어서 대집행의 적법절차에 위배한 것으로 위법한 처분이라고 할 것이다. 대법원 1990. 9. 14. 선고 90누2048 판결 15 국회

④ 계고처분을 하는 당시 대집행의 요건이 충족되어 있을 것

- 따라서 비례성 요건, 즉 의무의 불이행을 방치하는 것이 심히 공익을 해하는 것으로 인정될 것이라는 요건도 계고를 할 때에 충족되어 있어야 한다. 17 국가

건축법에 위반하여 증·개축함으로써 철거의무가 있더라도 행정대집행법 제2조에 의하여 그 철거의무를 대집행하기 위한 계고처분을 하려면 다른 방법으로는 그 이행의 확보가 어렵고, 그 불이행을 방치함이 심히 공익을 해하는 것으로 인정되는 경우에 한한다. (대법원 1989. 7. 11. 선고 88누11193 판결)

⑤ 계고의 상대방

- 공유자 1인에 대한 계고처분은 다른 공유자에 대하여는 효력이 없다.

판례

위법한 건물의 공유자 1인에 대한 계고처분은 다른 공유자에 대하여는 그 효력이 없다. 대법원 1994. 10. 28. 선고 94누5144 판결 16 사복

(4) 의무를 명하는 행정행위와 계고의 결합 가부 : 가능

- 철거명령과 같이 의무를 명하는 행정행위와 그에 대한 계고처분은 각 그 요건이 충족된 경우 1장의 문서로서 동시에 행해질 수 있다.

| OX 확인 |

02 철거명령에서 주어진 일정기간이 자진철거에 필요한 상당한 기간이라고 하여도 그 기간 속에는 계고시에 필요한 '상당한 이행기간'이 포함되어 있다고 볼 수 없다. (×)

판례

계고서라는 명칭의 1장의 문서로서 일정기간 내에 위법건축물의 자진철거를 명함과 동시에 그 소정기한 내에 자진철거를 하지 아니할 때에는 대집행할 뜻을 미리 계고한 경우라도 건축법에 의한 철거명령과 행정대집행법에 의한 계고처분은 독립하여 있는 것으로서 각 그 요건이 충족되었다고 볼 것이고, 이 경우 철거명령에서 주어진 일정기간이 자진철거에 필요한 상당한 기간이라면 그 기간 속에는 계고시에 필요한 '상당한 이행기간'도 포함되어 있다고 보아야 할 것이다. 대법원 1992. 6. 12. 선고 91누13564 판결 16 지방, 16 사복, 18 국회, 19 지방, 24 지방 02

2. 대집행영장에 의한 통지

(1) 의의

- 의무자가 계고를 받고 그 지정된 기한까지 의무를 이행하지 않는 경우, 당해 행정청이 대집행영장으로써 대집행실행의 시기, 대집행책임자의 성명과 대집행비용의 계산액 등을 의무자에게 통지하는 행위를 말한다.
- 계고와 마찬가지로 비상시 또는 위험이 절박한 경우에 있어서 대집행의 급속한 실시를 요하여 절차를 취할 여유가 없을 때에는 대집행영장 통지절차를 생략할 수 있다. 21 소방

(2) 법적 성질

- 계고와 마찬가지로 준법률행위적 행정행위인 통지로서 처분성을 가지므로 독립하여 항고소송의 대상이 될 수 있다.

3. 대집행의 실행

> **행정대집행법 제4조【대집행의 실행 등】**
> ① 행정청(제2조에 따라 대집행을 실행하는 제3자를 포함한다)은 해가 뜨기 전이나 해가 진 후에는 대집행을 하여서는 아니 된다. 다만, 다음 각 호의 어느 하나에 해당하는 경우에는 그러하지 아니하다.
> 1. 의무자가 동의한 경우
> 2. 해가 지기 전에 대집행을 착수한 경우 20 소방
> 3. 해가 뜬 후부터 해가 지기 전까지 대집행을 하는 경우에는 대집행의 목적 달성이 불가능한 경우
> 4. 그 밖에 비상시 또는 위험이 절박한 경우
>
> ② 행정청은 대집행을 할 때 대집행 과정에서의 안전 확보를 위하여 필요하다고 인정하는 경우 현장에 긴급 의료장비나 시설을 갖추는 등 필요한 조치를 하여야 한다.
> ③ 대집행을 하기 위하여 현장에 파견되는 집행책임자는 그가 집행책임자라는 것을 표시한 증표를 휴대하여 대집행시에 이해관계인에게 제시하여야 한다.

(1) 의의

- 당해 행정청이 스스로 또는 타인으로 하여금 대체적 작위의무를 이행시키는 물리력의 행사를 말한다.
- 대집행의 실행행위는 행정청에 의한 경우 이외에 제3자에 의해서도 가능하다. 13 서울

(2) 법적성질

- 물리력을 행사하는 권력적 사실행위로서 처분성을 가진다. 13 서울

(3) 실력행사의 가부

- 의무자가 대집행의 실행에 대하여 저항하는 경우 실력으로 그 저항을 배제하는 것이 인정될 수 있는지 문제되는데, 이에 대해 명확히 입장을 밝힌 판례는 아직까지 없다. 14 국가
- 다만, 판례는 경찰관 직무집행법에 근거한 위험발생 방지조치 또는 형법상 공무집행방해죄의 범행방지 내지 현행범체포의 차원에서 경찰의 도움을 받을 수는 있다고 한다.

PART 04

OX 확인

01 행정대집행의 방법으로 건물철거의무이행을 실현할 수 있는 경우, 철거의무자인 건물 점유자의 퇴거의무를 실현하려면 퇴거를 명하는 별도의 집행권원이 있어야 하고, 철거 대집행 과정에서 부수적으로 건물 점유자들에 대한 퇴거조치를 할 수는 없다. (×)

판례

건물의 점유자가 철거의무자일 때에는 건물철거의무에 퇴거의무도 포함되어 있는 것이어서 별도로 퇴거를 명하는 집행권원이 필요하지 않으므로, 행정청이 행정대집행의 방법으로 건물철거의무의 이행을 실현할 수 있는 경우에는 건물철거 대집행 과정에서 부수적으로 건물의 점유자들에 대한 퇴거조치를 할 수 있다(주 : 따라서 민사소송의 방법으로 점유자에 대한 퇴거를 구하는 것은 소의 이익이 없어 부적법함). 20 국가, 20 소방, 22 지방 01
점유자들이 적법한 행정대집행을 위력을 행사하여 방해하는 경우 형법상 공무집행방해죄가 성립하므로, 필요한 경우에는 '경찰관 직무집행법'에 근거한 위험발생 방지조치 또는 형법상 공무집행방해죄의 범행방지 내지 현행범체포의 차원에서 경찰의 도움을 받을 수도 있다. 대법원 2017. 4. 28. 선고 2016다213916 판결 20 국가, 24 국가

4. 비용징수

행정대집행법 제5조【비용납부명령서】 대집행에 요한 비용의 징수에 있어서는 실제에 요한 비용액과 그 납기일을 정하여 의무자에게 문서로써 그 납부를 명하여야 한다.

행정대집행법 제6조【비용징수】
① 대집행에 요한 비용은 국세징수법의 예에 의하여 징수할 수 있다. 23 국가
② 대집행에 요한 비용에 대하여서는 행정청은 사무비의 소속에 따라 국세에 다음가는 순위의 선취득권을 가진다. 23 국가
③ 대집행에 요한 비용을 징수하였을 때에는 그 징수금은 사무비의 소속에 따라 국고 또는 지방자치단체의 수입으로 한다. 21 국가, 23 국가, 24 지방

- 대집행에 소요된 비용은 의무자가 부담한다. 13 서울
- 대집행비용의 징수에 있어서는 비용액과 그 납기일을 정하여 의무자에게 문서로써 그 납부를 명하여야 하는데, 비용납부명령은 하명으로서 처분성을 가진다. 11 국가
- 의무자가 비용납부의무를 이행하지 않을 경우 국세징수법의 예에 의해 강제징수할 수 있는데, 강제징수는 권력적 사실행위의 성질을 가진다. 16 지방

OX 확인

02 대집행비용은 원칙상 의무자가 부담하며 행정청은 그 비용액과 납기일을 정하여 의무자에게 문서로 납부를 명하여야 한다. (○)

판례

대한주택공사가 대집행권한을 위탁받아 공무인 대집행을 실시하기 위하여 지출한 비용은 행정대집행법 절차에 따라 국세징수법의 예에 의하여 징수할 수 있다. 대법원 2011. 9. 8. 선고 2010다48240 판결 13 지방, 16 지방, 16 사복 02

VI 권리구제

1. 항고소송

(1) 대상적격

- 계고 및 대집행영장에 의한 통지는 준법률행위적 행정행위인 통지로서, 대집행의 실행은 권력적 사실행위로서, 비용납부명령은 하명으로서 모두 처분성이 인정되므로 각 절차는 독립하여 항고소송의 대상이 된다.

(2) 소의 이익

- 대집행의 실행이 이미 완료된 경우 대집행절차상 각 처분에 대해 취소나 무효를 구할 소의 이익은 없게 된다.

판례

대집행계고처분 취소소송의 변론종결 전에 대집행영장에 의한 통지절차를 거쳐 사실행위로서 대집행의 실행이 완료된 경우에는 행위가 위법한 것이라는 이유로 손해배상이나 원상회복 등을 청구하는 것은 별론으로 하고 처분의 취소를 구할 법률상 이익은 없다. 대법원 1993. 6. 8. 선고 93누6164 판결
15 국가, 15 국회, 19 지방 01

(3) 하자의 승계

- 철거명령과 같은 의무부과의 처분과 대집행절차를 이루는 각 행위 사이에는 하자의 승계가 인정되지 않는다.
- 대집행절차를 이루는 계고·영장에 의한 통지·실행·비용납부명령 상호 간에는 하자의 승계가 인정된다. 02

판례

선행처분인 계고처분이 하자가 있는 위법한 처분이라면, 비록 하자가 중대하고도 명백한 것이 아니어서 당연무효의 처분이라고 볼 수 없고 대집행의 실행이 이미 사실행위로서 완료되어 계고처분의 취소를 구할 법률상 이익이 없게 되었으며, 또 대집행비용납부명령 자체에는 아무런 하자가 없다 하더라도, 후행처분인 대집행비용납부명령의 취소를 청구하는 소송에서 청구원인으로 선행처분인 계고처분이 위법한 것이기 때문에 그 계고처분을 전제로 행하여진 대집행비용납부명령도 위법한 것이라는 주장을 할 수 있다. 대법원 1993. 11. 9. 선고 93누14271 판결

(4) 입증책임

- 대집행요건의 충족 여부에 대한 입증책임은 행정청이 진다.

판례

건축법에 위반하여 건축한 것이어서 철거의무가 있는 건물이라 하더라도 그 철거의무를 대집행하기 위한 계고처분을 하려면 다른 방법으로는 이행의 확보가 어렵고 불이행을 방치함이 심히 공익을 해하는 것으로 인정될 때에 한하여 허용되고 이러한 요건의 주장·입증책임은 처분 행정청에 있다. 대법원 1996. 10. 11. 선고 96누8086 판결 11 사복, 20 지방 03

2. 국가배상

- 대집행실행이 이미 완료되어 항고소송의 소의 이익이 상실된 경우라 하더라도 국가배상청구는 가능하다. 15 국가

OX 확인

01 대집행계고처분 취소소송의 변론이 종결되기 전에 대집행영장에 의한 통지절차를 거쳐 사실행위로서 대집행의 실행이 완료된 경우에는 계고처분의 취소를 구할 법률상의 이익이 없다. (○)

OX 확인

02 후행처분인 대집행비용납부명령 취소청구 소송에서 선행처분인 계고처분이 위법하다는 이유로 대집행비용납부명령의 취소를 구할 수 없다. (×)

OX 확인

03 대집행을 함에 있어 계고요건의 주장과 입증책임은 처분행정청에 있는 것이지, 의무불이행자에 있는 것이 아니다. (○)

쟁점 78 이행강제금(집행벌)

Ⅰ 의의

1. 개념

> 행정기본법 제30조 【행정상 강제】
> ① 행정청은 행정목적을 달성하기 위하여 필요한 경우에는 법률로 정하는 바에 따라 필요한 최소한의 범위에서 다음 각 호의 어느 하나에 해당하는 조치를 할 수 있다.
> 2. 이행강제금의 부과: 의무자가 행정상 의무를 이행하지 아니하는 경우 행정청이 적절한 이행기간을 부여하고, 그 기한까지 행정상 의무를 이행하지 아니하면 금전급부의무를 부과하는 것

- 행정법상 의무를 불이행한 경우에 그 의무의 이행을 강제하기 위하여 일정한 기간 안에 의무이행이 없을 때에는 일정한 금액을 부과할 것을 계고하고, 그 기간 안에 이행이 없는 경우 계고된 금액을 부과하는 것을 말하며, 집행벌이라고도 한다. 21 국가

2. 구별개념

(1) 대집행 및 직접강제와의 구별

- 대집행과 직접강제는 직접적으로 불이행한 의무를 실현시키는 수단인 반면, 이행강제금은 의무자에게 심리적 압박을 주어 간접적으로 의무이행을 강제하는 수단이다. 19 국가 01

OX 확인

01 이행강제금은 심리적 압박을 통하여 간접적으로 의무이행을 확보하는 수단인 행정벌과는 달리 의무이행의 강제를 직접적인 목적으로 하므로, 강학상 직접강제에 해당한다. (×)

(2) 행정벌과의 구별

- 행정벌은 과거의 행정법상 의무위반에 대한 제재를 주된 목적으로 하는 반면, 이행강제금은 장래의 의무이행을 확보하는 것을 목적으로 한다. 17 교행, 19 지방
- 행정벌은 형벌의 성질을 가지므로 반복 부과가 불가하나, 이행강제금은 의무 불이행 상태가 계속될 경우 반복하여 부과할 수 있다(개별법에 따라 부과횟수에 제한은 존재함).
- 행정벌과 이행강제금은 그 성질을 달리하므로 양자는 병과가 가능하다. 20 지방 02

OX 확인

02 형사처벌과 이행강제금은 병과될 수 있다. (○)

판례

이행강제금은 일정한 기한까지 의무를 이행하지 않을 때에는 일정한 금전적 부담을 과할 뜻을 미리 계고함으로써 의무자에게 심리적 압박을 주어 장래에 그 의무를 이행하게 하려는 행정상 간접적인 강제집행 수단의 하나로서 과거의 일정한 법률위반 행위에 대한 제재로서의 형벌이 아니라 장래의 의무이행의 확보를 위한 강제수단일 뿐이어서 범죄에 대하여 국가가 형벌권을 실행한다고 하는 과벌에 해당하지 아니하므로 헌법 제13조 제1항이 금지하는 이중처벌금지의 원칙이 적용될 여지가 없다.
헌법재판소 2011. 10. 25. 선고 2009헌바140 결정 16 지방, 17 교행, 18 소방, 20 소방, 21 소방, 24 지방

Ⅱ 이행강제금의 대상

- 일반적으로 이행강제금은 비대체적 작위의무와 부작위의무의 위반에 대해서 부과된다.
- 대체적 작위의무 위반에 대해서도 이행강제금이 부과될 수 있는지 견해가 대립하는데, 판례는 이를 인정하며 대집행과 이행강제금은 선택적으로 활용할 수 있고 중첩적 제재가 아니라고 한다.

판례

전통적으로 행정대집행은 대체적 작위의무에 대한 강제집행수단으로, 이행강제금은 부작위의무나 비대체적 작위의무에 대한 강제집행수단으로 이해되어 왔으나, 이는 이행강제금제도의 본질에서 오는 제약은 아니며, 이행강제금은 대체적 작위의무의 위반에 대하여도 부과될 수 있다. 또한 행정청은 개별사건에 있어서 위반내용, 위반자의 시정의지 등을 감안하여 대집행과 이행강제금을 선택적으로 활용할 수 있으며, 이처럼 그 합리적인 재량에 의해 선택하여 활용하는 이상 중첩적인 제재에 해당한다고 볼 수 없다. 헌법재판소 2004. 2. 26. 선고 2001헌바80 등 결정 14 국가, 14 지방, 15 국가, 18 소방, 19 지방, 20 국가, 20 지방, 21 국가, 21 지방 01 02

III 법적 근거

- 이행강제금은 침익적 행위이므로 반드시 법적 근거가 필요하다. 20 지방 03
- 이행강제금에 관한 일반법은 없고, 건축법 등 개별법에서 이를 규정하고 있다.

IV (건축법상) 이행강제금의 부과요건 및 절차

1. 철거명령 등 시정명령

- 건축허가권자는 대지나 건축물이 건축법 또는 건축법에 따른 명령이나 처분에 위반될 경우 공사의 중지를 명하거나 상당한 기간을 정하여 그 건축물의 철거 등을 명할 수 있다.

2. 시정명령의 불이행

- 시정명령을 받은 후 시정 기간 내에 명령받은 사항을 이행하지 않아야 한다.

3. 상당한 이행기한의 통지(2차 시정명령)

- 시정명령의 불이행이 있는 경우 다시 그 이행에 필요한 상당한 기한을 정하여 의무를 이행할 것을 통지하여야 한다.

판례

허가권자는 먼저 건축주 등에 대하여 상당한 기간을 정하여 시정명령을 하고, 건축주 등이 그 시정 기간 내에 시정명령을 이행하지 아니하면, 다시 그 시정명령의 이행에 필요한 상당한 이행기한을 정하여 그 기한까지 시정명령을 이행할 수 있는 기회를 준 후가 아니면 이행강제금을 부과할 수 없다. 대법원 2010. 6. 24. 선고 2010두3978 판결

- 상당한 이행기한을 통지하는 2차 시정명령은 독자적인 처분성이 인정되지 않는다.

4. 시정명령의 불이행

- 상당한 이행기간이 지나도록 시정명령을 이행하지 않아야 한다.

OX 확인

01 「건축법」상 위법건축물에 대한 이행강제 수단으로 대집행과 이행강제금이 인정되고 있는데, 행정청은 개별사건에 있어서 위반내용, 위반자의 시정의지 등을 감안하여 대집행과 이행강제금을 선택적으로 활용할 수 있다. (○)

02 대체적 작위의무 위반에 대해서는 이행강제금이 부과될 수 없다. (×)

OX 확인

03 이행강제금은 침익적 강제수단이므로 법적 근거를 요한다. (○)

건축법 제80조(이행강제금)
① 허가권자는 제79조 제1항에 따라 시정명령을 받은 후 시정기간 내에 시정명령을 이행하지 아니한 건축주등에 대하여는 그 시정명령의 이행에 필요한 상당한 이행기한을 정하여 그 기한까지 시정명령을 이행하지 아니하면 다음 각 호의 이행강제금을 부과한다.

5. 계고처분(이행강제금 부과 예고)

> 행정기본법 제31조【이행강제금의 부과】
> ③ 행정청은 이행강제금을 부과하기 전에 미리 의무자에게 적절한 이행기간을 정하여 그 기한까지 행정상 의무를 이행하지 아니하면 이행강제금을 부과한다는 뜻을 문서로 계고하여야 한다.

- 이행강제금을 부과·징수한다는 뜻을 미리 문서로써 계고하여야 한다.
- 계고서에 기재된 "불이행 내용"이 본래 의무의 내용을 초과하는 경우, 그 초과한 정도가 근소하다는 등의 특별한 사정이 없는 한 이행강제금 부과 예고는 위법하고, 이에 터잡은 이행강제금 부과처분 역시 위법하게 된다. 01

OX 확인

01 「건축법」상 허가권자는 이행강제금을 부과하기 전에 이행강제금을 부과·징수한다는 뜻을 미리 문서로써 계고하여야 한다. (○)

판례

사용자가 이행하여야 할 행정법상 의무의 내용을 초과하는 것을 '불이행 내용'으로 기재한 이행강제금 부과 예고서에 의하여 이행강제금 부과 예고를 한 다음 이를 이행하지 않았다는 이유로 이행강제금을 부과하였다면, 초과한 정도가 근소하다는 등의 특별한 사정이 없는 한 이행강제금 부과 예고는 이행강제금 제도의 취지에 반하는 것으로서 위법하고, 이에 터잡은 이행강제금 부과처분 역시 위법하다. 대법원 2015. 6. 24. 선고 2011두2170 판결

6. 이행강제금의 부과

> 행정기본법 제31조【이행강제금의 부과】
> ② 행정청은 다음 각 호의 사항을 고려하여 이행강제금의 부과 금액을 가중하거나 감경할 수 있다.
> 1. 의무 불이행의 동기, 목적 및 결과
> 2. 의무 불이행의 정도 및 상습성
> 3. 그 밖에 행정목적을 달성하는 데 필요하다고 인정되는 사유
>
> ④ 행정청은 의무자가 제3항에 따른 계고에서 정한 기한까지 행정상 의무를 이행하지 아니한 경우 이행강제금의 부과 금액·사유·시기를 문서로 명확하게 적어 의무자에게 통지하여야 한다.

(1) 의의

- 계고처분에도 불구하고 시정의무를 이행하지 않는 경우 이행강제금을 부과한다.
- 이행강제금 부과처분은 하명으로서 처분성이 인정된다. 따라서 행정절차법이 적용되어 처분시 의견청취 등 적법한 절차를 거쳐야 한다.

(2) 반복 부과의 가부: 가능 16 지방

- 건축법의 경우 건축허가권자는 1년에 2회 이내의 범위에서 시정명령이 이행될 때까지 반복하여 이행강제금을 부과·징수할 수 있는 것으로 정하고 있다. 20 지방 02

건축법 제80조(이행강제금)
⑤ 허가권자는 최초의 시정명령이 있었던 날을 기준으로 하여 1년에 2회 이내의 범위에서 해당 지방자치단체의 조례로 정하는 횟수만큼 그 시정명령이 이행될 때까지 반복하여 제1항 및 제2항에 따른 이행강제금을 부과·징수할 수 있다.

OX 확인

02 「건축법」상 이행강제금은 반복하여 부과·징수될 수 있다. (○)

판례

이행강제금은 위법건축물의 원상회복을 궁극적인 목적으로 하고, 그 궁극적인 목적을 달성하기 위해서는 위법건축물이 존재하는 한 계속하여 부과할 수 밖에 없으며, 만약 통산부과횟수나 통산부과상한액의 제한을 두면 위법건축물의 소유자 등에게 위법건축물의 현상을 고착할 수 있는 길을 열어주게 됨으로써 이행강제금의 본래의 취지를 달성할 수 없게 될 수 있으므로, 건축법 제83조 제4항이 "허가권자는 최초의 시정명령이 있은 날을 기준으로 하여 1년에 2회의 범위 안에서 당해 시정명령이 이행될 때까지 반복하여 이행강제금을 부과·징수할 수 있다."고 규정하였다고 하여 과잉금지원칙에 반한다고 할 수도 없다. 대법원 2005. 8. 19. 자 2005마30 결정

- 이행강제금을 반복하여 부과하는 경우에 있어서, 이행강제금을 부과·징수할 때마다 그에 앞서 시정명령 절차를 다시 거쳐야 하는 것은 아니다.

판례

개발제한구역의 지정 및 관리에 관한 특별조치법상 이행강제금의 부과·징수를 위한 계고는 시정명령을 불이행한 경우에 취할 수 있는 절차라 할 것이고, 따라서 이행강제금을 부과·징수할 때마다 그에 앞서 시정명령 절차를 다시 거쳐야 할 필요는 없다. 대법원 2013. 12. 12. 선고 2012두19137 판결

- 한편 판례는 농지법에 따른 이행강제금을 부과할 때에는 그때마다 이행강제금을 부과·징수한다는 뜻을 미리 문서로 알려야 하고, 이와 같은 절차를 거치지 아니한 채 이행강제금을 부과하는 것은 이행강제금 제도의 취지에 반하는 것으로서 위법하다고 본다(대법원 2018. 11. 2. 자 2018마5608 결정).

(3) 시정명령을 이행한 경우

- 의무이행기간이 지난 후에라도 시정명령을 이행한 경우 이행강제금은 부과할 수 없다.

판례

1. 이행강제금의 본질상 시정명령을 받은 의무자가 이행강제금이 부과되기 전에 그 의무를 이행한 경우에는 비록 시정명령에서 정한 기간을 지나서 이행한 경우라도 이행강제금을 부과할 수 없다. 나아가 시정명령을 받은 의무자가 그 시정명령의 취지에 부합하는 의무를 이행하기 위한 정당한 방법으로 행정청에 신청 또는 신고를 하였으나 행정청이 위법하게 이를 거부 또는 반려함으로써 결국 그 처분이 취소되기에 이르렀다면, 특별한 사정이 없는 한 그 시정명령의 불이행을 이유로 이행강제금을 부과할 수는 없다고 보는 것이 위와 같은 이행강제금 제도의 취지에 부합한다. 대법원 2018. 1. 25. 선고 2015두35116 판결 19 지방, 20 국가 01
2. 장기미등기자가 이행강제금 부과 전에 등기신청의무를 이행하였다면 이행강제금의 부과로써 이행을 확보하고자 하는 목적은 이미 실현된 것이므로 부동산실명법 제6조 제2항에 규정된 기간이 지나서 등기신청의무를 이행한 경우라 하더라도 이행강제금을 부과할 수 없다. 대법원 2016. 6. 23. 선고 2015두36454 판결 17 교행, 21 지방 02
3. 이행명령을 받은 자가 그 명령을 이행하는 경우에 새로운 이행강제금의 부과를 즉시 중지하도록 규정한 것은 이행강제금의 본질상 이행강제금 부과로 이행을 확보하고자 한 목적이 이미 실현된 경우에는 그 이행강제금을 부과할 수 없다는 취지를 규정한 것으로서, 이에 의하여 부과가 중지되는 '새로운 이행강제금'에는 국토계획법 제124조의2 제3항의 규정에 의하여 반복 부과되는 이행강제금뿐만 아니라 이행명령 불이행에 따른 최초의 이행강제금도 포함된다. 따라서 이행명령을 받은 의무자가 그 명령을 이행한 경우에는 이행명령에서 정한 기간을 지나서 이행한 경우라도 최초의 이행강제금을 부과할 수 없다. 대법원 2014. 12. 11. 선고 2013두15750 판결
4. (시정조치를 이행한 경우에도 이행강제금을 부과할 수 있다고 본 사례) 공정거래법상 기업결합 제한 위반행위자에 대한 이행강제금이 부과되기 전에 시정조치를 이행하거나 부작위 의무를 명하는 시정조치 불이행을 중단한 경우 과거의 시정조치 불이행기간에 대하여 이행강제금을 부과할 수 있다고 봄이 타당하다. 대법원 2019. 12. 12. 선고 2018두63563 판결

- 다만, 이 경우에도 이미 부과된 이행강제금은 징수하여야 한다.

OX 확인

01 이행강제금은 과거의 의무불이행에 대한 제재의 기능을 지니고 있으므로, 이행강제금이 부과되기 전에 의무를 이행한 경우에도 시정명령에서 정한 기간을 지나서 이행한 경우라면 이행강제금을 부과할 수 있다. (×)

02 「부동산 실권리자명의 등기에 관한 법률」상 장기미등기자가 이행강제금 부과 전에 등기신청의무를 이행하였더라도 동법에 규정된 기간이 지나서 등기신청의무를 이행하였다면 이행강제금을 부과할 수 있다. (×)

공정거래법 제17조의 3과 같이 제재적 성격을 갖는 이행강제금의 경우 일반적인 이행강제금의 경우와는 달리 시정명령에 따른 의무불이행을 중단하고 의무를 이행한 경우에도 과거의 의무불이행기간에 대해 이행강제금을 부과할 수 있는 것으로 해석된다.

PART 04

건축법 제80조【이행강제금】
⑥ 허가권자는 제79조 제1항에 따라 시정명령을 받은 자가 이를 이행하면 새로운 이행강제금의 부과를 즉시 중지하되, 이미 부과된 이행강제금은 징수하여야 한다.

행정기본법 제31조【이행강제금의 부과】
⑤ 행정청은 의무자가 행정상 의무를 이행할 때까지 이행강제금을 반복하여 부과할 수 있다. 다만, 의무자가 의무를 이행하면 새로운 이행강제금의 부과를 즉시 중지하되, 이미 부과한 이행강제금은 징수하여야 한다.

(4) 시정명령의 이행 기회가 제공되지 않았던 경우

- 장기간 시정명령을 이행하지 않았다고 하더라도 그 기간 중에 시정명령의 이행 기회가 제공되지 않았던 경우, 이행 기회가 제공되지 않았던 기간 동안에 대해서는 이행강제금을 부과할 수 없다.

판례

비록 건축주 등이 장기간 시정명령을 이행하지 아니하였더라도, 그 기간 중에는 시정명령의 이행 기회가 제공되지 아니하였다가 뒤늦게 시정명령의 이행 기회가 제공된 경우라면, 시정명령의 이행 기회 제공을 전제로 한 1회분의 이행강제금만을 부과할 수 있고, 시정명령의 이행 기회가 제공되지 아니한 과거의 기간에 대한 이행강제금까지 한꺼번에 부과할 수는 없다. 그리고 이를 위반하여 이루어진 이행강제금 부과처분은 과거의 위반행위에 대한 제재가 아니라 행정상의 간접강제 수단이라는 이행강제금의 본질에 반하여 구 건축법 제80조 제1항, 제4항 등 법규의 중요한 부분을 위반한 것으로서, 그러한 하자는 중대할 뿐만 아니라 객관적으로도 명백하다. 대법원 2016. 7. 14. 선고 2015두46598 판결
18 국가 01

OX 확인

01 「건축법」상 이행강제금은 시정명령의 불이행이라는 과거의 위반행위에 대한 제재이므로, 건축주가 장기간 시정명령을 이행하지 않았다면 그 기간 중에 시정명령의 이행 기회가 제공되지 않았다가 뒤늦게 이행 기회가 제공된 경우라 하더라도 이행 기회가 제공되지 않은 과거의 기간에 대한 이행강제금까지 한꺼번에 부과할 수 있다. (×)

- 마찬가지로 시정명령에 따른 의무를 이행하지 못한 것이 행정청의 탓으로 돌릴 수 있는 사유 때문인 경우, 이행강제금을 부과할 수 없다.

판례

시정명령을 받은 의무자가 그 시정명령의 취지에 부합하는 의무를 이행하기 위한 정당한 방법으로 행정청에 신청 또는 신고를 하였으나 행정청이 위법하게 이를 거부 또는 반려함으로써 결국 그 처분이 취소되기에 이르렀다면, 특별한 사정이 없는 한 그 시정명령의 불이행을 이유로 이행강제금을 부과할 수는 없다고 보는 것이 위와 같은 이행강제금 제도의 취지에 부합한다. 대법원 2018. 1. 25. 선고 2015두35116 판결 23 국가

V 이행강제금의 징수

행정기본법 제31조【이행강제금의 부과】
⑥ 행정청은 이행강제금을 부과받은 자가 납부기한까지 이행강제금을 내지 아니하면 국세강제징수의 예 또는 「지방행정제재·부과금의 징수 등에 관한 법률」에 따라 징수한다. 24 지방

- 이행강제금 부과처분을 받은 자가 납부기한까지 이행강제금을 내지 않으면 국세징수의 예 또는 지방행정제재부과금법에 따라 징수한다.
- 체납처분절차에서 이루어지는 이행강제금 납부의 최초 독촉은 처분성이 인정된다.

판례

이행강제금 부과처분을 받은 자가 이행강제금을 기한 내에 납부하지 아니한 때에는 그 납부를 독촉할 수 있으며, 납부독촉에도 불구하고 이행강제금을 납부하지 않으면 체납절차에 의하여 이행강제금을 징수할 수 있고, 이때 이행강제금 납부의 최초 독촉은 징수처분으로서 항고소송의 대상이 되는 행정처분이 될 수 있다. 대법원 2009. 12. 24. 선고 2009두14507 판결 14 국회, 17 국회, 19 지방, 20 소방 01

OX 확인

01 「건축법」상 이행강제금 납부의 최초 독촉은 징수처분으로서 항고소송의 대상이 되는 행정처분이 될 수 있다. (○)

VI 권리구제

1. 개별법상 불복방법에 관한 규정이 있는 경우: 처분성 부정

- 개별법에서 이행강제금에 대한 불복절차로 이의를 제기할 수 있도록 하고, 이의제기가 있는 경우 비송사건절차법에 의해 이행강제금을 정하는 것으로 규정한 경우가 있다.
- 이와 같이 비송사건절차법에 따른 특별한 불복절차가 마련되어 있는 경우 이행강제금 부과처분은 처분성이 부정되어 항고소송의 대상이 되지 않는다.
- 비송사건절차법에 따른 불복방법을 규정한 대표적인 예로 농지법상 이행강제금이 있다.

판례

농지법은 농지 처분명령에 대한 이행강제금 부과처분에 불복하는 자가 그 처분을 고지받은 날부터 30일 이내에 부과권자에게 이의를 제기할 수 있고, 이의를 받은 부과권자는 지체 없이 관할 법원에 그 사실을 통보하여야 하며, 그 통보를 받은 관할 법원은 비송사건절차법에 따른 과태료 재판에 준하여 재판을 하도록 정하고 있다(제62조 제1항, 제6항, 제7항). 따라서 농지법 제62조 제1항에 따른 이행강제금 부과처분에 불복하는 경우에는 비송사건절차법에 따른 재판절차가 적용되어야 하고, 행정소송법상 항고소송의 대상은 될 수 없다. 23 지방

농지법 제62조 제6항, 제7항이 위와 같이 이행강제금 부과처분에 대한 불복절차를 분명하게 규정하고 있으므로, 이와 다른 불복절차를 허용할 수는 없다. 설령 관할청이 이행강제금 부과처분을 하면서 재결청에 행정심판을 청구하거나 관할 행정법원에 행정소송을 할 수 있다고 잘못 안내하거나 관할 행정심판위원회가 각하재결이 아닌 기각재결을 하면서 관할 법원에 행정소송을 할 수 있다고 잘못 안내하였다고 하더라도, 그러한 잘못된 안내로 행정법원의 항고소송 재판관할이 생긴다고 볼 수도 없다. 대법원 2019. 4. 11. 선고 2018두42955 판결 22 국가, 24 지방

2. 개별법상 불복방법에 관한 규정이 없는 경우: 처분성 인정

- 개별법에서 별도의 불복방법을 정하고 있지 않은 경우, 이행강제금 부과처분은 처분성이 인정되어 이에 대한 항고소송의 제기가 가능하다. 14 서울, 17 지방
- 건축법상 이행강제금 부과처분의 경우 처분성이 인정되어 항고소송의 제기가 가능하다. 17 지방

PART 04

| OX 확인 |

01 이행강제금의 납부의무는 상속의 대상이 되므로, 상속인이 납부의무를 승계한다. (×)

VII 관련문제

1. 이행강제금의 부과대상자 : 상속인에 대한 부과 불가

- 이행강제금 납부의무는 상속인 기타의 사람에게 승계될 수 없는 일신전속적인 성질의 것이므로 이미 사망한 사람에게 이행강제금을 부과하는 내용의 처분이나 결정은 당연무효이다.

21 국가, 21 지방 01

판례

1. 이행강제금 납부의무는 상속인 기타의 사람에게 승계될 수 없는 일신전속적인 성질의 것이므로 이미 사망한 사람에게 이행강제금을 부과하는 내용의 처분이나 결정은 당연무효이고, 이행강제금을 부과받은 사람의 이의에 의하여 비송사건절차법에 의한 재판절차가 개시된 후에 그 이의한 사람이 사망한 때에는 사건 자체가 목적을 잃고 절차가 종료한다. 대법원 2006. 12. 8. 자 2006마470 결정
2. 구 건축법상 이행강제금을 부과받은 사람이 이행강제금사건의 제1심 결정 후 항고심결정이 있기 전에 사망한 경우, 항고심결정은 당연무효이고, 이미 사망한 사람의 이름으로 제기된 재항고는 보정할 수 없는 흠결이 있는 것으로서 부적법하다. 대법원 2006. 12. 8.자 2006마470 결정 24 지방

2. 위법건축물임을 건물완공 후에 알게 된 경우

- 위법건축물임을 건물완공 후에야 알게 되어 공사 도중 시정명령이 내려지지 않은 경우에도 이행강제금을 부과할 수 있다.

판례

공무원들이 위법건축물임을 알지 못하여 공사 도중에 시정명령이 내려지지 않아 위법건축물이 완공되었다 하더라도, 공공복리의 증진이라는 위 목적의 달성을 위해서는 완공 후에라도 위법건축물임을 알게 된 이상 시정명령을 할 수 있다고 보아야 할 것이고, 그 시정명령의 불이행에 대한 이행강제금의 부과 또한 가능하다. 대법원 2002. 8. 16. 자 2002마1022 결정 13 국회

쟁점 79 직접강제

Ⅰ 의의

행정기본법 제30조【행정상 강제】
① 행정청은 행정목적을 달성하기 위하여 필요한 경우에는 법률로 정하는 바에 따라 필요한 최소한의 범위에서 다음 각 호의 어느 하나에 해당하는 조치를 할 수 있다.
3. 직접강제: 의무자가 행정상 의무를 이행하지 아니하는 경우 행정청이 의무자의 신체나 재산에 실력을 행사하여 그 행정상 의무의 이행이 있었던 것과 같은 상태를 실현하는 것

(1) **개념**

- 행정법상의 의무의 불이행이 있는 경우에 의무자의 신체·재산에 직접 실력을 가하여 의무의 이행이 있었던 것과 동일한 상태를 실현하는 작용을 말한다.
- 식품위생법에 따른 영업장 또는 사업장의 폐쇄 19 소방, 21 국가, 출입국관리법에 따른 외국인의 강제퇴거 등이 그 예이다.

(2) **구별개념**: 행정상 즉시강제

- 직접강제는 행정상 의무의 부과와 그 의무의 불이행을 전제로 하는 점에서, 의무부과 및 그 의무불이행을 전제로 하지 않는 행정상 즉시강제와 구별된다. 14 지방, 19 국가

Ⅱ 법적 근거

- 직접강제는 침익적 행위이므로 반드시 법적 근거가 있어야 한다.
- 직접강제에 관한 일반법은 존재하지 않고, 식품위생법 등 개별법에서 이를 정하고 있다. 14 국가

Ⅲ 직접강제의 대상

- 비대체적 의무뿐만 아니라 대체적 작위의무에도 행해질 수 있는 등 일체의 의무불이행에 대해서 행해질 수 있다.

PART 04

Ⅳ 직접강제의 한계

행정기본법 제32조 【직접강제】

① 직접강제는 행정대집행이나 이행강제금 부과의 방법으로는 행정상 의무 이행을 확보할 수 없거나 그 실현이 불가능한 경우에 실시하여야 한다. 24 지방

② 직접강제를 실시하기 위하여 현장에 파견되는 집행책임자는 그가 집행책임자임을 표시하는 증표를 보여 주어야 한다.

③ 직접강제의 계고 및 통지에 관하여는 제31조제3항 및 제4항을 준용한다.

• 행정상 강제집행수단 중에서 국민의 기본권을 가장 크게 제약하는 수단이므로, 다른 강제집행수단으로는 의무이행을 강제할 수 없을 때 최후의 수단으로 인정되어야 한다(보충성).

판례

위해성 경찰장비인 살수차와 물포는 필요한 최소한의 범위에서만 사용되어야 하고, 특히 인명 또는 신체에 위해를 가할 가능성이 더욱 커지는 직사살수는 타인의 법익이나 공공의 안녕질서에 직접적이고 명백한 위험이 현존하는 경우에 한해서만 사용이 가능하다고 보아야 한다.
경찰관이 직사살수의 방법으로 집회나 시위 참가자들을 해산시키려면, 먼저 집회 및 시위에 관한 법률 제20조 제1항 각호에서 정한 해산 사유를 구체적으로 고지하는 적법한 절차에 따른 해산명령을 시행한 후에 직사살수의 방법을 사용할 수 있다고 보아야 한다. 대법원 2019. 1. 17. 선고 2015다236196 판결

Ⅴ 권리구제

• 직접강제는 권력적 사실행위로서 처분성이 인정되므로 항고소송의 대상이 된다.

쟁점 80 행정상 강제징수

Ⅰ 의의

> 행정기본법 제30조 【행정상 강제】
> ① 행정청은 행정목적을 달성하기 위하여 필요한 경우에는 법률로 정하는 바에 따라 필요한 최소한의 범위에서 다음 각 호의 어느 하나에 해당하는 조치를 할 수 있다.
> 4. 강제징수 : 의무자가 행정상 의무 중 금전급부의무를 이행하지 아니하는 경우 행정청이 의무자의 재산에 실력을 행사하여 그 행정상 의무가 실현된 것과 같은 상태를 실현하는 것

- 국민의 행정주체에 대한 공법상의 금전급부의무가 이행되지 않은 경우에 행정청이 의무자의 재산에 실력을 가하여 의무가 이행된 것과 같은 상태를 실현하는 행정작용을 말한다.

Ⅱ 법적 근거

- 국세징수법과 다른 개별법이 있는데, 개별법에서는 통상 행정상 강제징수에 관하여 국세징수법의 예에 따르도록 정하고 있으므로 국세징수법이 사실상 일반법의 지위를 갖는다. 18 소방

Ⅲ 행정상 강제징수의 절차

- 행정상 강제징수절차는 크게 독촉과 체납처분으로 구분되고, 체납처분은 다시 재산의 압류, 압류재산의 매각, 청산절차로 구분된다. 15 사복

1. 독촉

- 납세의무자에게 납세의무의 이행을 최고하고 최고기한까지 납부하지 않을 때에는 체납처분을 하겠다는 것을 예고하는 것을 말한다.
- 준법률행위적 행정행위인 통지에 해당하여 처분성이 인정된다.
- 반복된 독촉의 경우, 반복된 계고와 마찬가지로 최초의 독촉만이 처분성이 인정된다.

판례

보험자 또는 보험자단체가 부당이득금 또는 가산금의 납부를 독촉한 후 다시 동일한 내용의 독촉을 하는 경우 최초의 독촉만이 징수처분으로서 항고소송의 대상이 되는 행정처분이 되고 그 후에 한 동일한 내용의 독촉은 체납처분의 전제요건인 징수처분으로서 소멸시효 중단사유가 되는 독촉이 아니라 민법상의 단순한 최고에 불과하여 국민의 권리의무나 법률상의 지위에 직접적으로 영향을 미치는 것이 아니므로 항고소송의 대상이 되는 행정처분이라 할 수 없다. 대법원 1999. 7. 13. 선고 97누119 판결

- 독촉이 있으면 국세징수권의 소멸시효는 중단된다. 18 소방
- 납기 전 징수 또는 체납액이 일정액 미만인 경우 등 일정한 경우에는 예외적으로 독촉절차의 생략이 가능하다(국세징수법 제23조 제1항).
- 예외사유가 없음에도 독촉절차를 누락하고 행한 압류처분은 위법하게 되는데, 위법의 정도에 관하여 판례는 취소사유에 불과한 것으로 본다.

판례

참가압류처분에 앞서 독촉절차를 거치지 아니하였고 또 참가압류조서에 납부기한을 잘못 기재한 잘못이 있다고 하더라도 이러한 위법사유만으로는 참가압류처분을 무효로 할 만큼 중대하고도 명백한 하자라고 볼 수 없다. 대법원 1992. 3. 10. 선고 91누6030 판결

2. 재산의 압류

(1) 의의

국세징수법 제43조(처분의 제한)
① 세무공무원이 재산을 압류한 경우 체납자는 압류한 재산에 관하여 양도, 제한물권의 설정, 채권의 영수, 그 밖의 처분을 할 수 없다.

- 체납자의 재산에 대해 사실상·법률상의 처분을 금지시킴으로써 그 재산을 확보하는 강제보전행위를 말한다. 16 교행
- 권력적 사실행위로서 처분성이 인정된다. 15 사복

(2) 압류의 대상

- 체납자의 소유로서 금전적 가치가 있는 모든 양도 가능한 재산이 압류의 대상이 된다.
- 따라서 체납자의 소유가 아닌 재산을 압류한 경우 그 압류는 무효이다.

판례

1. 납세자가 아닌 제3자의 재산을 대상으로 한 압류처분은 그 처분의 내용이 법률상 실현될 수 없는 것이어서 당연무효이다. 대법원 2012. 4. 12. 선고 2010두4612 판결 11 국회, 15 지방
2. 과세관청이 조세의 징수를 위하여 체납자가 점유하고 있는 제3자의 소유 동산을 압류한 경우, 그 체납자는 그 압류처분에 의하여 당해 동산에 대한 점유권의 침해를 받은 자로서 그 압류처분에 대하여 법률상 직접적이고 구체적인 이익을 가지는 것이어서 그 압류처분의 취소나 무효확인을 구할 원고적격이 있다. 대법원 2006. 4. 13. 선고 2005두15151 판결

- 체납자의 생활필수품(의복·가구·식기 등) 등에 대해서는 압류가 금지된다.
- 압류한 재산이 체납액을 초과한 경우라 할지라도 압류가 무효로 되는 것은 아니다.

판례

세무공무원이 국세의 징수를 위해 납세자의 재산을 압류하는 경우 그 재산의 가액이 징수할 국세액을 초과한다 하여 위 압류가 당연무효의 처분이라고는 할 수 없다. 대법원 1986. 11. 11. 선고 86누479 판결 17 국가

(3) 압류의 절차

- 세무공무원이 체납처분을 하기 위하여 질문·검사 또는 수색을 하거나 재산을 압류할 때에는 그 신분을 표시하는 증표를 지니고 이를 관계자에게 보여 주어야 한다. 19 국가 01

OX 확인

01 세무공무원이 체납처분을 하기 위하여 질문·검사 또는 수색을 하거나 재산을 압류할 때에는 그 신분을 표시하는 증표를 지니고 이를 관계자에게 보여 주어야 한다. (○)

(4) 압류의 해제

- 조세의 납부, 공매의 중지, 부과의 취소, 근거법령에 대한 위헌결정 등의 사유가 있는 경우 압류를 해제하여야 한다.
- 사정변경에 의해 압류재산의 가격이 체납액을 현저히 초과하게 된 경우 등에는 압류재산의 전부 또는 일부에 대하여 압류를 해제할 수 있다.

(5) 체납자가 사망한 경우 등

- 체납자가 사망한 경우 체납자의 재산에 대하여 한 압류는 그 재산을 상속한 상속인에 대하여 한 것으로 본다.

3. 압류재산의 매각(환가처분)

(1) 의의

- 매각은 납세자의 압류재산을 금전으로 환가하는 것을 말하는데, 공정성을 위해 매각은 원칙적으로 공매의 방법으로 한다.
- 다만, 일정한 경우 예외적으로 수의계약에 의할 수도 있다(국세징수법 제67조). 15 국가, 17 사복

> 국세징수법 제65조(매각 방법)
> ① 압류재산은 공매 또는 수의계약으로 매각한다.

(2) 공매의 방법

- 공매는 입찰 또는 경매의 방법에 의한다.
- 세무서장은 일정한 경우 한국자산관리공사로 하여금 공매를 대행하게 할 수 있는데, 이 경우 공매는 세무서장이 한 것으로 본다. 15 국가

> 국세징수법 제103조(공매등의 대행)
> ① 관할 세무서장은 다음 각 호의 업무에 전문지식이 필요하거나 그 밖에 직접 공매등을 하기에 적당하지 아니하다고 인정되는 경우 대통령령으로 정하는 바에 따라 한국자산관리공사에 공매등을 대행하게 할 수 있다. 이 경우 공매등은 관할 세무서장이 한 것으로 본다.

(3) 공매의 법적 성질

- 공매처분은 공법상 대리행위로서 처분성이 인정된다.

판례

과세관청이 체납처분으로서 행하는 공매는 우월한 공권력의 행사로서 행정소송의 대상이 되는 공법상의 행정처분이며 공매에 의하여 재산을 매수한 자는 그 공매처분이 취소된 경우에 그 취소처분의 위법을 주장하여 행정소송을 제기할 법률상 이익이 있다. 대법원 1984. 9. 25. 선고 84누201 판결 15 국가, 16 지방, 17 사복, 18 소방, 24 지방

- 다만, 공매처분 전에 이루어지는 공매결정과 공매통지는 처분성이 부정된다.

판례

한국자산공사가 당해 부동산을 인터넷을 통하여 재공매(입찰)하기로 한 결정 자체는 내부적인 의사결정에 불과하여 항고소송의 대상이 되는 행정처분이라고 볼 수 없고, 또한 한국자산공사의 공매통지는 공매의 요건이 아니라 공매사실 자체를 체납자에게 알려주는 데 불과한 것으로서, 통지의 상대방의 법적 지위나 권리·의무에 직접 영향을 주는 것이 아니라고 할 것이므로 이것 역시 행정처분에 해당한다고 할 수 없다. 대법원 2007. 7. 27. 선고 2006두8464 판결 16 국가, 17 국가, 20 국가

(4) 공매통지의 하자

- 공매통지는 공매처분의 절차적 요건이므로, 공매처분을 하면서 공매통지를 하지 않았거나 하였더라도 그것이 적법하지 않은 경우 그 공매처분은 위법하게 된다.

판례

체납자 등에 대한 공매통지는 국가의 강제력에 의하여 진행되는 공매에서 체납자 등의 권리 내지 재산상의 이익을 보호하기 위하여 법률로 규정한 절차적 요건이라고 보아야 하며, 공매처분을 하면서 체납자 등에게 공매통지를 하지 않았거나 공매통지를 하였더라도 그것이 적법하지 아니한 경우에는 절차상의 흠이 있어 그 공매처분은 위법하다. 다만, 공매통지의 목적이나 취지 등에 비추어 보면, 체납자 등은 자신에 대한 공매통지의 하자만을 공매처분의 위법사유로 주장할 수 있을 뿐 다른 권리자에 대한 공매통지의 하자를 들어 공매처분의 위법사유로 주장하는 것은 허용되지 않는다. 대법원 2008. 11. 20. 선고 2007두18154 전원합의체 판결 17 사복, 18 지방, 23 지방

• 위법의 정도에 관하여 판례는 취소사유에 불과하다고 한다.

판례

체납자 등에 대한 공매통지는 국가의 강제력에 의하여 진행되는 공매절차에서 체납자 등의 권리 내지 재산상 이익을 보호하기 위하여 법률로 규정한 절차적 요건에 해당하지만, 그 통지를 하지 아니한 채 공매처분을 하였다 하여도 그 공매처분이 당연무효로 되는 것은 아니다. 대법원 2012. 7. 26. 선고 2010다50625 판결 16 지방

• 공매의 대행에 있어서 공매대행사실을 통지하지 않았다고 하여 공매가 위법하게 되는 것은 아니다.

판례

공매대행사실의 통지는 세무서장이 아닌 피고가 공매를 대행하게 된다는 사실을 체납자와 이해관계인에게 알려주는 데 불과하고, 공매대행사실의 통지를 하지 않았다고 하더라도 그 후에 이루어진 공매절차에서 공매통지가 적법하게 송달된 경우에는 실질적으로 체납자의 절차상의 권리나 이익이 침해되었다고 보기 어려우므로 공매대행사실을 통지하지 않았다고 하더라도 공매처분이 위법하게 된다고 볼 수는 없다. 대법원 2013. 6. 28. 선고 2011두18304 판결

4. 청산(충당)

• 체납처분에 의하여 취득한 금액을 법에서 정한 순위에 따라 배분하는 것을 말한다.
• 징수순위는 체납처분비, 국세, 가산세의 순서에 따르며, 배분 후 남은 금액이 있으면 이를 체납자에게 지급하여야 한다. 16 교행

Ⅳ 권리구제

1. 예외적 행정심판전치주의

• 행정상 강제징수에 대한 불복에 대하여 국세기본법은 특별한 규정을 두고 있는바, 항고소송을 제기하기 위해서는 행정심판의 성질을 갖는 심사청구 또는 심판청구 중 하나의 절차를 먼저 거쳐야 한다. 18 소방

국세기본법 제56조(다른 법률과의 관계)
② 제55조에 규정된 위법한 처분에 대한 행정소송은 「행정소송법」 제18조 제1항 본문, 제2항 및 제3항에도 불구하고 이 법에 따른 심사청구 또는 심판청구와 그에 대한 결정을 거치지 아니하면 제기할 수 없다.

2. 하자의 승계

• 과세처분과 강제징수 사이에는 하자의 승계가 부정되나, 독촉과 체납처분 각 행위 사이에는 하자의 승계가 인정된다. 01

OX 확인

01 조세부과처분에 취소사유인 하자가 있는 경우 그 하자는 후행 강제징수절차인 독촉·압류·매각·청산 절차에 승계된다. (×)

쟁점 81 행정상 즉시강제

Ⅰ 의의

행정기본법 제30조【행정상 강제】
① 행정청은 행정목적을 달성하기 위하여 필요한 경우에는 법률로 정하는 바에 따라 필요한 최소한의 범위에서 다음 각 호의 어느 하나에 해당하는 조치를 할 수 있다.
5. 즉시강제: 현재의 급박한 행정상의 장해를 제거하기 위한 경우로서 다음 각 목의 어느 하나에 해당하는 경우에 행정청이 곧바로 국민의 신체 또는 재산에 실력을 행사하여 행정목적을 달성하는 것
가. 행정청이 미리 행정상 의무 이행을 명할 시간적 여유가 없는 경우
나. 그 성질상 행정상 의무의 이행을 명하는 것만으로는 행정목적 달성이 곤란한 경우

- 급박한 행정상 장해를 제거할 필요가 있으나 미리 의무를 명할 시간적 여유가 없을 때 또는 그 성질상 의무를 명해서는 목적달성이 곤란한 경우에 직접 국민의 신체 또는 재산에 실력을 가하여 행정상 필요한 상태를 실현하는 행정작용을 말한다. 22 국가
- 감염병환자의 강제입원, 소방장애물의 제거, 주차위반 차량의 견인·보관, 불법게임물의 수거·폐기 등이 그 예이다.
- 의무부과 및 그 의무의 불이행을 전제로 하지 않는다는 점에서 이를 전제로 하는 직접강제와 구분된다. 19 국가 01
- 권력적 사실행위로서 처분성이 인정된다. 19 소방, 22 국가

OX 확인

01 즉시강제란 법령 또는 행정처분에 의한 선행의 구체적 의무의 불이행으로 인한 목전의 급박한 장해를 제거할 필요가 있는 경우에 행정기관이 즉시 국민의 신체 또는 재산에 실력을 행사하여 행정상의 필요한 상태를 실현하는 작용을 말한다. (×)

Ⅱ 법적 근거

- 침익적 행위로서 반드시 법적 근거가 필요하다. 20 소방, 22 국가
- 행정상 즉시강제에 관한 일반법은 없고, 개별법에서 이를 규정하고 있다.
- 다만, 경찰분야에서는 경찰관 직무집행법이 일반법의 지위를 가진다.

Ⅲ 종류

1. 대인적 강제

- 개인의 신체에 실력을 가하여 행정상 필요한 상태를 실현시키는 작용을 말한다.
- 경찰관직무집행법상 보호조치, 위험발생의 방지, 범죄행위의 예방과 억제 등이 있고, 개별법으로는 감염병예방법상 강제건강진단·예방접종·강제격리 등이 있다. 22 국가

2. 대물적 강제

- 물건에 실력을 가하여 행정상 필요한 상태를 실현시키는 작용을 말한다.
- 경찰관직무집행법상 물건 등의 임시영치 등이 있고, 개별법으로는 도로교통법상 위법공작물에 대한 제거, 소방기본법상 물건의 파기, 식품위생법상 위해식품 압류, 마약관리법상 승인되지 않은 마약류 폐기 등이 있다. 13 국가, 19 소방

3. 대가택 강제

- 소유자나 점유자 혹은 관리인의 의사에 관계없이 타인의 가택이나 영업소에 출입하여 행정상 필요한 상태를 실현시키는 작용을 말한다.

Ⅳ 요건과 한계

1. 요건

(1) 행정상 장해

- 자신 또는 타인의 생명 · 신체 또는 재산에 위해를 가할 구체적 위험이 있어야 한다.
- 위험발생에 관하여 단순한 가능성이 아닌, 개연성이 있어야 한다.

(2) 보충성

- 위험이 목적에 급박하여 미리 의무를 명할 시간적 여유가 없거나 또는 성질상 의무를 명하여서는 목적달성이 곤란한 경우에 한하여 가능하다.

2. 한계

(1) 실체법적 한계 : 비례의 원칙

행정기본법 제33조(즉시강제)

③ 제2항에도 불구하고 집행책임자는 즉시강제를 하려는 재산의 소유자 또는 점유자를 알 수 없거나 현장에서 그 소재를 즉시 확인하기 어려운 경우에는 즉시강제를 실시한 후 집행책임자의 이름 및 그 이유와 내용을 고지할 수 있다. 다만, 다음 각 호에 해당하는 경우에는 게시판이나 인터넷 홈페이지에 게시하는 등 적절한 방법에 의한 공고로써 고지를 갈음할 수 있다. 〈신설 2024. 1. 16.〉

1. 즉시강제를 실시한 후에도 재산의 소유자 또는 점유자를 알 수 없는 경우
2. 재산의 소유자 또는 점유자가 국외에 거주하거나 행방을 알 수 없는 경우
3. 그 밖에 대통령령으로 정하는 불가피한 사유로 고지할 수 없는 경우

> 행정기본법 제33조 【즉시강제】
> ① 즉시강제는 다른 수단으로는 행정목적을 달성할 수 없는 경우에만 허용되며, 이 경우에도 최소한으로만 실시하여야 한다.
> ② 즉시강제를 실시하기 위하여 현장에 파견되는 집행책임자는 그가 집행책임자임을 표시하는 증표를 보여 주어야 하며, 즉시강제의 이유와 내용을 고지하여야 한다.

- 행정상 즉시강제는 비례의 원칙은 물론 행정법의 일반원칙을 준수하여야 한다.
- 특히 행정상 강제집행이 가능한 경우 행정상 즉시강제는 인정되지 않는다(최소침해의 원칙).

판례

1. 행정강제는 행정상 강제집행을 원칙으로 하며, 법치국가적 요청인 예측가능성과 법적 안정성에 반하고, 기본권 침해의 소지가 큰 권력작용인 행정상 즉시강제는 어디까지나 예외적인 강제수단이라고 할 것이다. 이러한 행정상 즉시강제는 엄격한 실정법상의 근거를 필요로 할 뿐만 아니라, 그 발동에 있어서는 법규의 범위 안에서도 다시 행정상의 장해가 목전에 급박하고, 다른 수단으로는 행정목적을 달성할 수 없는 경우이어야 하며, 이러한 경우에도 그 행사는 필요 최소한도에 그쳐야 함을 내용으로 하는 조리상의 한계에 기속된다. 헌법재판소 2002. 10. 31. 선고 2000헌가12 결정 18 교행, 21 국가
2. 경찰관직무집행법 제6조 제1항 중 경찰관의 제지에 관한 부분은 범죄의 예방을 위한 경찰 행정상 즉시강제에 관한 근거 조항이다. 행정상 즉시강제는 그 본질상 행정 목적 달성을 위하여 불가피한 한도 내에서 예외적으로 허용되는 것이므로, 위 조항에 의한 경찰관의 제지 조치 역시 그러한 조치가 불가피한 최소한도 내에서만 행사되도록 그 발동 · 행사 요건을 신중하고 엄격하게 해석하여야 한다. 대법원 2008. 11. 13. 선고 2007도9794 판결 18 국회

(2) 절차법적 한계 : 영장주의 적용 여부 21 국가

- 행정상 즉시강제에 영장주의가 적용되는지 문제된다.
- 대법원은 국민의 기본권 보장을 위해 행정상 즉시강제에도 원칙적으로 영장주의가 적용되지만, 긴급한 필요 등 영장 없는 즉시강제를 인정해야 할 합리적인 이유가 있는 때에는 영장주의가 적용되지 않는다고 한다(통설도 마찬가지임). 18 국회

판례

1. 사전영장주의 원칙은 인신보호를 위한 헌법상의 기속원리이기 때문에 인신의 자유를 제한하는 국가의 모든 영역(예컨대, 행정상의 즉시강제)에서도 존중되어야 하고 다만 사전영장주의를 고수하다가는 도저히 그 목적을 달성할 수 없는 지극히 예외적인 경우에만 형사절차에서와 같은 예외가 인정된다. 지방의회에서의 사무감사·조사를 위한 증인의 동행명령장제도도 증인의 신체의 자유를 억압하여 일정 장소로 인치하는 것으로서 헌법 제12조 제3항의 '체포 또는 구속'에 준하는 사태로 보아야 할 것이고, 거기에 현행범 체포와 같이 사후에 영장을 발부받지 아니하면 목적을 달성할 수 없는 긴박성이 있다고 인정할 수는 없을 것이다. 그러므로 이 경우에도 헌법 제12조 제3항에 의하여 법관이 발부한 영장의 제시가 있어야 할 것이다. 그럼에도 불구하고 동행명령장을 법관이 아닌 의장이 발부하고 이에 기하여 증인의 신체의 자유를 침해하여 증인을 일정 장소에 인치하도록 규정된 조례안 제6조는 영장주의원칙을 규정한 헌법 제12조 제3항에 위반한 것이라고 할 것이다. 대법원 1995. 6. 30. 선고 93추83 판결 19 소방 01
2. 구 사회안전법 제11조 소정의 동행보호규정은 재범의 위험성이 현저한 자를 상대로 긴급히 보호할 필요가 있는 경우에 한하여 단기간의 동행보호를 허용한 것으로서 그 요건을 엄격히 해석하는 한, 동 규정 자체가 사전영장주의를 규정한 헌법규정에 반한다고 볼 수는 없다. 대법원 1997. 6. 13. 선고 96다56115 판결 14 지방

- 헌법재판소는 행정상 즉시강제는 그 본질상 급박성을 요건으로 하고 있어 법관의 영장을 기다려서는 그 목적을 달성할 수 없으므로 원칙적으로 영장주의가 적용되지 않는다고 한다.

판례

행정상 즉시강제는 상대방의 임의이행을 기다릴 시간적 여유가 없을 때 하명 없이 바로 실력을 행사하는 것으로서, 그 본질상 급박성을 요건으로 하고 있어 법관의 영장을 기다려서는 그 목적을 달성할 수 없다고 할 것이므로, 원칙적으로 영장주의가 적용되지 않는다고 보아야 할 것이다.
관계행정청이 등급분류를 받지 아니하거나 등급분류를 받은 게임물과 다른 내용의 게임물을 발견한 경우 관계공무원으로 하여금 이를 수거·폐기하게 할 수 있도록 한 구 음반·비디오물 및 게임물에 관한 법률 규정은 영장주의에 위반되거나 헌법에 위반되지 아니한다. 헌법재판소 2002. 10. 31. 선고 2000헌가12 결정 14 지방, 21 국가, 23 지방 02

OX 확인

01 행정상 즉시강제는 국민의 권리침해를 필연적으로 수반하므로, 이에 대해서는 항상 영장주의가 적용된다. (×)

OX 확인

02 구 「음반·비디오물 및 게임물에 관한 법률」상 불법게임물에 대한 수거 및 폐기 조치는 행정상 즉시강제에 해당한다. (○)

V 권리구제

1. 항고소송

- 행정상 즉시강제는 권력적 사실행위로서 처분성이 인정되므로 이에 대한 항고소송의 제기가 가능하다. 18 교행
- 다만 행정상 즉시강제는 그 성질상 단시간에 종료되는 것이 일반적이므로 협의의 소의 이익이 부정되어 항고소송의 제기가 불가능할 확률이 높다.

2. 국가배상

- 위법한 행정상 즉시강제에 대해서는 국가배상이 가능하다. 22 국가

3. 손실보상

- 행정상 즉시강제가 적법한 경우에도 손실발생의 원인인 행정상 장해에 대하여 책임이 없는 자는 법령의 규정이 있는 경우 손실보상을 청구할 수 있다.
- 경찰관 직무집행법은 행정상 즉시강제에 따른 손실보상에 관한 규정을 두고 있다. 14 지방

PART 04

CHAPTER 02

행정조사

쟁점 82 행정조사

I 의의

1. 개념

- 행정기관이 정책을 결정하거나 직무를 수행하는 데 필요한 정보나 자료를 수집하기 위하여 현장조사 · 문서열람 · 시료채취 등을 하거나 조사대상자에게 보고요구 · 자료제출요구 및 출석 · 진술요구를 행하는 활동을 말한다.
- 행정조사의 대표적인 예로 세무조사가 있는데, 세무조사란 국가의 과세권을 실현하기 위한 행정조사의 일종으로서 국세의 과세표준과 세액을 결정 또는 경정하기 위하여 질문을 하고 장부 · 서류 그 밖의 물건을 검사 · 조사하거나 그 제출을 명하는 일체의 행위를 말한다. 18 국회

2. 법적 성질

- 행정행위의 형식을 취하는 경우(보고서요구명령, 장부서류제출명령 등)와 사실행위의 형식을 취하는 경우(질문, 출입검사, 검진 등)가 있다. 17 서울

3. 종류

- 조사대상자의 자발적인 협조에 의하는지 여부에 따라 권력적 행정조사(강제조사)와 비권력적 행정조사(임의조사)로 구분된다.

II 법적 근거

1. 법적 근거 요부

> 행정조사기본법 제5조 【행정조사의 근거】
> 행정기관은 법령등에서 행정조사를 규정하고 있는 경우에 한하여 행정조사를 실시할 수 있다. 다만, 조사대상자의 자발적인 협조를 얻어 실시하는 행정조사의 경우에는 그러하지 아니하다.

- 행정기관은 원칙적으로 개별 법령에서 행정조사를 규정하고 있는 경우에 한하여 행정조사를 실시할 수 있다. 다만, 조사대상자의 자발적인 협조를 얻어 실시하는 행정조사의 경우에는 개별 법령에 규정이 없더라도 행정조사기본법만을 근거로 하여 행정조사를 실시할 수 있다.
15 지방, 17 서울, 18 국가, 18 지방, 20 소방, 23 국가 01
- 개별 법령 등에서 행정조사를 규정하고 있는 경우에도 행정기관은 행정조사기본법상 '조사대상자의 자발적인 협조를 얻어 실시하는 행정조사'를 실시할 수 있다.

OX 확인

01 행정조사기본법에 따르면, 행정기관은 법령 등에서 행정조사를 규정하고 있는 경우에 한하여 행정조사를 실시할 수 있지만 조사대상자가 자발적으로 협조하는 경우에는 법령 등에서 행정조사를 규정하고 있지 않더라도 행정조사를 실시할 수 있다. (○)

판례

행정조사기본법 제5조에 의하면 행정기관은 법령 등에서 행정조사를 규정하고 있는 경우에 한하여 행정조사를 실시할 수 있으나(본문), 한편 '조사대상자의 자발적인 협조를 얻어 실시하는 행정조사'의 경우에는 그러한 제한이 없이 실시가 허용된다(단서). 행정조사기본법 제5조는 행정기관이 정책을 결정하거나 직무를 수행하는 데에 필요한 정보나 자료를 수집하기 위하여 행정조사를 실시할 수 있는 근거에 관하여 정한 것으로서, 이러한 규정의 취지와 아울러 문언에 비추어 보면, 단서에서 정한 '조사대상자의 자발적인 협조를 얻어 실시하는 행정조사'는 개별 법령 등에서 행정조사를 규정하고 있는 경우에도 실시할 수 있다. 대법원 2016. 10. 27. 선고 2016두41811 판결

- 조사대상자 없이 정보를 수집하는 행정조사는 원칙적으로 법적 근거를 요하지 않으나, 이 경우에도 조사 자체로써 국민의 권리를 침해하는 경우에는 조사대상자의 동의가 없는 한 법적 근거가 있어야 한다.

2. 행정조사기본법

- 행정조사에 관한 일반법으로서 행정조사기본법이 있다.
- 다른 법률에 특별한 규정이 없는 한 정보공개, 조세, 10 지방 형사 등 일정한 경우를 제외하고는 행정조사에 관한 사항은 행정조사기본법이 적용된다.
- 한편 행정절차법은 행정조사에 대하여 아무런 규정을 두고 있지 아니하다. 18 소방, 19 소방, 21 소방

> 행정조사기본법 제3조(적용범위)
> ① 행정조사에 관하여 다른 법률에 특별한 규정이 있는 경우를 제외하고는 이 법으로 정하는 바에 따른다.
> ② 다음 각 호의 어느 하나에 해당하는 사항에 대하여는 이 법을 적용하지 아니한다.
> 1. 행정조사를 한다는 사실이나 조사내용이 공개될 경우 국가의 존립을 위태롭게 하거나 국가의 중대한 이익을 현저히 해칠 우려가 있는 국가안전보장·통일 및 외교에 관한 사항
> 2. 국방 및 안전에 관한 사항 중 다음 각 목의 어느 하나에 해당하는 사항
>   가. 군사시설·군사기밀보호 또는 방위사업에 관한 사항
>   나. 「병역법」·「예비군법」·「민방위기본법」·「비상대비자원 관리법」에 따른 징집·소집·동원 및 훈련에 관한 사항
> 3. 「공공기관의 정보공개에 관한 법률」 제4조 제3항의 정보에 관한 사항
> 4. 「근로기준법」 제101조에 따른 근로감독관의 직무에 관한 사항
> 5. 조세·형사·행형 및 보안처분에 관한 사항
> 6. 금융감독기관의 감독·검사·조사 및 감리에 관한 사항
> 7. 공정거래위원회의 법률위반행위 조사에 관한 사항
>
> ③ 제2항에도 불구하고 제4조(행정조사의 기본원칙), 제5조(행정조사의 근거) 및 제28조(정보통신수단을 통한 행정조사)는 제2항 각 호의 사항에 대하여 적용한다.

Ⅲ 조사방법

1. 조사기관 : 행정기관(행정조사기본법 제2조)

- "행정기관"이란 법령 및 조례·규칙에 따라 행정권한이 있는 기관과 그 권한을 위임 또는 위탁받은 법인·단체 또는 그 기관이나 개인을 말한다. 18 지방

2. 조사의 주기(행정조사기본법 제7조)

- 행정조사는 정기적으로 실시함을 원칙으로 한다. 21 소방
- 다만, 일정한 경우 예외적으로 수시조사를 할 수 있다.

3. 조사대상자의 선정(행정조사기본법 제8조)

- 행정기관의 장은 행정조사의 목적, 법령준수의 실적, 자율적인 준수를 위한 노력, 규모와 업종 등을 고려하여 명백하고 객관적인 기준에 따라 행정조사의 대상을 선정하여야 한다.
- 조사대상자는 조사대상 선정기준에 대한 열람을 행정기관의 장에게 신청할 수 있고, 신청을 받은 행정기관의 장은 행정기관이 당해 행정조사업무를 수행할 수 없을 정도로 조사활동에 지장을 초래하는 경우 등 일정한 경우를 제외하고는 열람을 허용해야 한다. 15 지방, 18 지방

4. 출석·진술요구(행정조사기본법 제9조)

- 행정기관의 장이 조사대상자의 출석·진술을 요구하는 때에는 일정한 사항이 기재된 출석요구서를 발송하여야 한다.
- 조사원은 특별한 사정이 없는 한 조사대상자의 1회 출석으로 당해 조사를 종결하여야 한다.

PART 04

5. 보고요구와 자료제출의 요구(행정조사기본법 제10조)

- 행정기관의 장은 조사대상자에게 조사사항에 대하여 보고를 요구하거나 장부 · 서류나 그 밖의 자료를 제출하도록 요구하는 때에는 일정한 사항이 포함된 요구서를 발송하여야 한다.

6. 현장조사(행정조사기본법 제11조)

- 조사원이 가택 · 사무실 또는 사업장 등에 출입하여 현장조사를 실시하는 경우에는 행정기관의 장은 일정한 사항이 기재된 현장출입조사서 또는 법령 등에서 현장조사 시 제시하도록 규정하고 있는 문서를 조사대상자에게 발송하여야 한다.
- 현장조사는 조사대상자의 동의가 있는 등 일정한 사유에 해당하지 아니하는 한 원칙적으로 해가 뜨기 전이나 해가 진 뒤에는 할 수 없다. 17 서울

행정조사기본법 제11조(현장조사)
② 제1항에 따른 현장조사는 해가 뜨기 전이나 해가 진 뒤에는 할 수 없다. 다만, 다음 각 호의 어느 하나에 해당하는 경우에는 그러하지 아니하다.
1. 조사대상자(대리인 및 관리책임이 있는 자를 포함한다)가 동의한 경우
2. 사무실 또는 사업장 등의 업무시간에 행정조사를 실시하는 경우
3. 해가 뜬 후부터 해가 지기 전까지 행정조사를 실시하는 경우에는 조사목적의 달성이 불가능하거나 증거인멸로 인하여 조사대상자의 법령등의 위반 여부를 확인할 수 없는 경우

7. 시료채취(행정조사기본법 제12조)

- 조사원이 조사목적의 달성을 위하여 시료채취를 하는 경우에는 그 시료의 소유자 및 관리자의 정상적인 경제활동을 방해하지 아니하는 범위 안에서 최소한도로 하여야 한다. 20 소방
- 행정기관의 장은 제1항에 따른 시료채취로 조사대상자에게 손실을 입힌 때에는 대통령령으로 정하는 절차와 방법에 따라 그 손실을 보상하여야 한다. 18 소방, 19 소방, 23 국가

8. 자료 등의 영치(행정조사기본법 제13조)

- 조사원이 현장조사 중에 자료 · 서류 · 물건 등을 영치하는 때에는 조사대상자 또는 그 대리인을 입회시켜야 한다.
- 조사원이 제1항에 따라 자료등을 영치하는 경우에 조사대상자의 생활이나 영업이 사실상 불가능하게 될 우려가 있는 때에는 조사원은 자료등을 사진으로 촬영하거나 사본을 작성하는 등의 방법으로 영치에 갈음할 수 있다. 다만, 증거인멸의 우려가 있는 자료등을 영치하는 경우에는 그러하지 아니하다.

9. 공동조사(행정조사기본법 제14조)

- 행정기관의 장은 ① 당해 행정기관 내의 2 이상의 부서가 동일하거나 유사한 업무분야에 대하여 동일한 조사대상자에게 행정조사를 실시하는 경우 또는 ② 서로 다른 행정기관이 대통령령으로 정하는 분야에 대하여 동일한 조사대상자에게 행정조사를 실시하는 경우 공동조사를 하여야 한다. 23 국가

10. 중복조사의 제한(행정조사기본법 제15조)

- 정기조사 또는 수시조사를 실시한 행정기관의 장은 위법행위가 의심되는 새로운 증거를 확보한 경우가 아닌 한(주의 조사대상자의 자발적인 협조를 얻어 실시하는 경우가 아닌 한 ×) 동일한 사안에 대하여 동일한 조사대상자를 재조사하여서는 아니 된다. 18 지방

11. 자율신고제도(행정조사기본법 제25조)

- 행정기관의 장은 법령 등에서 규정하고 있는 조사사항을 조사대상자로 하여금 스스로 신고하도록 하는 제도를 운영할 수 있다. 20 소방
- 행정기관의 장은 조사대상자가 신고한 내용이 거짓의 신고라고 인정할 만한 근거가 있거나 신고내용을 신뢰할 수 없는 경우를 제외하고는 그 신고내용을 행정조사에 갈음할 수 있다. 12 사복

12. 정보통신수단을 통한 행정조사(행정조사기본법 제28조)

- 행정기관의 장은 인터넷 등 정보통신망을 통하여 조사대상자로 하여금 자료의 제출 등을 하게 할 수 있다. 15 지방, 23 국가

Ⅳ 한계

1. 실체법적 한계

(1) 행정조사의 기본원칙(행정조사기본법 제4조)

- 행정조사는 조사목적을 달성하는 데 필요한 최소한의 범위 안에서 실시하여야 하며, 다른 목적 등을 위하여 조사권을 남용하여서는 아니 된다.
- 행정기관은 조사목적에 적합하도록 조사대상자를 선정하여 행정조사를 실시하여야 한다. 14 서울
- 행정기관은 유사하거나 동일한 사안에 대하여는 공동조사 등을 실시함으로써 행정조사가 중복되지 아니하도록 하여야 한다.
- 행정조사는 법령 등의 위반에 대한 처벌보다는 법령 등을 준수하도록 유도하는 데 중점을 두어야 한다. 20 소방
- 다른 법률에 따르지 아니하고는 행정조사의 대상자 또는 행정조사의 내용을 공표하거나 직무상 알게 된 비밀을 누설하여서는 아니 된다.
- 행정기관은 행정조사를 통하여 알게 된 정보를 다른 법률에 따라 내부에서 이용하거나 다른 기관에 제공하는 경우를 제외하고는 원래의 조사목적 이외의 용도로 이용하거나 타인에게 제공하여서는 아니 된다.

(2) 행정법의 일반원칙상 한계

- 행정조사는 비례의 원칙 등 행정법의 일반원칙을 준수해야 한다.

2. 절차법적 한계

(1) 적법절차의 원칙

- 헌법상 원칙인 적법절차의 원칙은 행정조사에도 당연히 적용된다. 18 국가 01
- 긴급한 경우, 사전통지 또는 이유제시를 하면 조사의 목적을 달성할 수 없는 경우를 제외하고는 행정조사 시 사전통지와 이유제시를 하여야 한다. 16 사복
- 행정조사를 하는 공무원은 그 권한을 나타내는 증표를 휴대하고 제시하여야 한다. 19 국가

PART 04

OX 확인

01 헌법 제12조 제1항에서 규정하고 있는 적법절차의 원칙은 형사소송절차에 국한되지 않고 모든 국가작용 전반에 대하여 적용되는 원칙이므로 세무공무원의 세무조사권의 행사에서도 적법절차의 원칙은 준수되어야 한다. (○)

행정조사기본법 제17조(조사의 사전통지)
① 행정조사를 실시하고자 하는 행정기관의 장은 제9조에 따른 출석요구서, 제10조에 따른 보고요구서·자료제출요구서 및 제11조에 따른 현장출입조사서(이하 "출석요구서등"이라 한다)를 조사개시 7일 전까지 조사대상자에게 서면으로 통지하여야 한다. 다만, 다음 각 호의 어느 하나에 해당하는 경우에는 행정조사의 개시와 동시에 출석요구서등을 조사대상자에게 제시하거나 행정조사의 목적 등을 조사대상자에게 구두로 통지할 수 있다.
1. 행정조사를 실시하기 전에 관련 사항을 미리 통지하는 때에는 증거인멸 등으로 행정조사의 목적을 달성할 수 없다고 판단되는 경우 24 지방
2. 「통계법」 제3조제2호에 따른 지정통계의 작성을 위하여 조사하는 경우
3. 제5조 단서에 따라 조사대상자의 자발적인 협조를 얻어 실시하는 행정조사의 경우

(2) 행정조사기본법상 조사절차

① 조사의 사전통지(행정조사기본법 제17조) 18 국가

- 행정조사를 실시하고자 하는 행정기관의 장은 출석요구서 등을 조사개시 7일 전까지 조사대상자에게 서면으로 통지하여야 한다.
- 다만, 조사대상자의 자발적인 협조를 얻어 실시하는 경우 등 일정한 경우에는 행정조사의 개시와 동시에 제시하거나 행정조사의 목적 등을 조사대상자에게 구두로 통지할 수 있다. 24 지방

② 조사의 연기신청(행정조사기본법 제18조)

- 출석요구서 등을 통지받은 자가 천재지변이나 그 밖에 대통령령으로 정하는 사유로 인하여 행정조사를 받을 수 없는 때에는 당해 행정조사를 연기하여 줄 것을 행정기관의 장에게 요청할 수 있다.

③ 제3자에 대한 보충조사(행정조사기본법 제19조)

- 행정기관의 장은 조사대상자에 대한 조사만으로는 당해 행정조사의 목적을 달성할 수 없거나 조사대상이 되는 행위에 대한 사실 여부 등을 입증하는 데 과도한 비용 등이 소요되는 경우로서 다른 법률에서 제3자에 대한 조사를 허용하고 있거나 제3자의 동의가 있는 때에는 제3자에 대하여 보충조사를 할 수 있다.

④ 자발적인 협조에 따른 행정조사(행정조사기본법 제20조)

- 행정기관의 장이 조사대상자의 자발적인 협조를 얻어 행정조사를 실시하고자 하는 경우 조사대상자는 문서·전화·구두 등의 방법으로 당해 행정조사를 거부할 수 있다. 23 지방
- 조사대상자가 조사에 응할 것인지에 대한 응답을 하지 아니하는 경우에는 법령 등에 특별한 규정이 없는 한 그 조사를 거부한 것으로 본다. 17 서울, 24 지방

⑤ 의견제출(행정조사기본법 제21조)

- 조사대상자는 사전통지의 내용에 대하여 행정기관의 장에게 의견을 제출할 수 있다.

⑥ 조사원 교체신청(행정조사기본법 제22조)

- 조사대상자는 조사원에게 공정한 행정조사를 기대하기 어려운 사정이 있다고 판단되는 경우에는 행정기관의 장에게 당해 조사원의 교체를 신청할 수 있다.
- 교체신청은 그 이유를 명시한 서면으로 행정기관의 장에게 하여야 한다. 15 지방

⑦ 조사권 행사의 제한(행정조사기본법 제23조)

- 조사대상자는 법률·회계 등에 대하여 전문지식이 있는 관계 전문가로 하여금 행정조사를 받는 과정에 입회하게 하거나 의견을 진술하게 할 수 있다.
- 조사대상자와 조사원은 조사과정을 방해하지 아니하는 범위 안에서 행정조사의 과정을 녹음하거나 녹화할 수 있다.

⑧ 조사결과의 통지(행정조사기본법 제24조)

- 행정기관의 장은 법령 등에 특별한 규정이 있는 경우를 제외하고는 행정조사의 결과를 확정한 날부터 7일 이내에 그 결과를 조사대상자에게 통지하여야 한다.

(3) 영장주의 적용 여부: 부정

- 권력적 행정조사에 대하여 영장주의가 적용되는지 문제되는데, 판례는 수사기관의 강제처분이 아닌 행정조사의 성격을 가지는 한 영장은 요구되지 않는다고 하여 이를 부정한다.

판례

우편물 통관검사절차에서 이루어지는 우편물의 개봉, 시료채취, 성분분석 등의 검사는 수출입물품에 대한 적정한 통관 등을 목적으로 한 행정조사의 성격을 가지는 것으로서 수사기관의 강제처분이라고 할 수 없으므로, 압수·수색영장 없이 우편물의 개봉, 시료채취, 성분분석 등 검사가 진행되었다 하더라도 특별한 사정이 없는 한 위법하다고 볼 수 없다. 대법원 2013. 9. 26. 선고 2013도7718 판결
16 국가, 16 사복, 18 소방, 19 소방, 21 소방, 24 지방

- 그러나 행정조사에서 더 나아가 범죄수사를 하면서 행하는 압수·수색에는 영장이 필요하다고 본다.

판례

수출입물품 통관검사절차에서 이루어지는 물품의 개봉, 시료채취, 성분분석 등의 검사는 수출입물품에 대한 적정한 통관 등을 목적으로 조사를 하는 것으로서 이를 수사기관의 강제처분이라고 할 수 없으므로, 세관공무원은 압수·수색영장 없이 이러한 검사를 진행할 수 있다. 그러나 마약류 불법거래 방지에 관한 특례법 제4조 제1항에 따른 조치의 일환으로 특정한 수출입물품을 개봉하여 검사하고 그 내용물의 점유를 취득한 행위는 위에서 본 수출입물품에 대한 적정한 통관 등을 목적으로 조사를 하는 경우와는 달리, 범죄수사인 압수 또는 수색에 해당하여 사전 또는 사후에 영장을 받아야 한다. 대법원 2017. 7. 18. 선고 2014도8719 판결

(4) 실력행사 가부

- 행정조사를 하는 과정에서 상대방이 조사를 거부하거나 방해하는 경우에 실력행사를 통하여 강제로 조사할 수 있는지 문제된다.
- 이에 대한 판례는 없고, 학설은 견해가 대립하는 상황이다. 14 국가

V 권리구제

1. 위법한 행정조사에 기초한 행정행위의 효력: 위법

- 행정조사가 위법한 경우에 그 행정조사에 의해 수집된 정보에 기초하여 내려진 행정결정도 위법하게 되는 것인지 문제된다.
- 견해대립이 있으나, 판례는 절차의 적법성보장의 원칙에 비추어 행정조사가 위법한 경우 그에 기초한 행정결정도 위법하게 된다고 한다.

판례

1. 위법한 세무조사에 기초하여 이루어진 부가가치세부과처분은 위법하다. 대법원 2006. 6. 2. 선고 2004두12070 판결 16 국가, 16 사복
2. 세무조사가 과세자료의 수집 또는 신고내용의 정확성 검증이라는 본연의 목적이 아니라 부정한 목적을 위하여 행하여진 것이라면 이는 세무조사에 중대한 위법사유가 있는 경우에 해당하고 이러한 세무조사에 의하여 수집된 과세자료를 기초로 한 과세처분 역시 위법하다. 대법원 2016. 12. 15. 선고 2016두47659 판결 21 소방
3. 세무조사는 기본적으로 적정하고 공평한 과세의 실현을 위하여 필요한 최소한의 범위 안에서만 행하여져야 하고, 더욱이 같은 세목 및 같은 과세기간에 대한 재조사는 납세자의 영업의 자유나 법적 안정성을 심각하게 침해할 뿐만 아니라 세무조사권의 남용으로 이어질 우려가 있으므로 조세공평의 원칙에 현저히 반하는 예외적인 경우를 제외하고는 금지할 필요가 있다.
   같은 취지에서 국세기본법은 재조사가 예외적으로 허용되는 경우를 엄격히 제한하고 있는바, 그와 같이 한정적으로 열거된 요건을 갖추지 못한 경우 같은 세목 및 같은 과세기간에 대한 재조사는 원칙적으로 금지되고, 나아가 이러한 중복세무조사금지의 원칙을 위반한 때에는 과세처분의 효력을 부정하는 방법으로 통제할 수밖에 없는 중대한 절차적 하자가 존재한다고 보아야 한다.

과세관청 내지 그 상급관청이나 수사기관의 강요로 합리적이고 타당한 근거도 없이 작성된 과세자료에 터잡은 과세처분의 하자는 중대하고 명백하다. (대법원 1992. 3. 31. 선고 91다32053 전원합의체 판결)

세무조사대상 선정사유가 없음에도 세무조사대상으로 선정하여 과세자료를 수집하고 그에 기하여 과세처분을 하는 것은 적법절차의 원칙을 어기고 구 국세기본법 제81조의5와 제81조의3 제1항을 위반한 것으로서 특별한 사정이 없는 한 과세처분은 위법하다. (대법원 2014. 6. 26. 선고 2012두911 판결)

구 국세기본법 제81조의4 제1항, 제2항 규정의 문언과 체계, 재조사를 엄격하게 제한하는 입법 취지, 그 위반의 효과 등을 종합하여 보면, 구 국세기본법 제81조의4 제2항에 따라 금지되는 재조사에 기하여 과세처분을 하는 것은 단순히 당초 과세처분의 오류를 경정하는 경우에 불과하다는 등의 특별한 사정이 없는 한 그 자체로 위법하고, 이는 과세관청이 그러한 재조사로 얻은 과세자료를 과세처분의 근거로 삼지 않았다거나 이를 배제하고서도 동일한 과세처분이 가능한 경우라고 하여 달리 볼 것은 아니다. 대법원 2017. 12. 13. 선고 2016두55421 판결

4. 증여세에 대한 후속 세무조사가 조사의 목적과 실시 경위, 질문조사의 대상과 방법 및 내용, 조사를 통하여 획득한 자료 등에 비추어 종전 세무조사와 실질적으로 같은 과세요건사실에 대한 것에 불과할 경우에는, 구 국세기본법 제81조의4 제2항에 따라 금지되는 재조사에 해당하는 것으로 보아야 한다. 대법원 2018. 6. 19. 선고 2016두1240 판결
5. 세관공무원의 조사행위가 구 관세법 제111조가 적용되는 '조사'에 해당하는지는 조사의 목적과 실시 경위, 질문조사의 대상과 방법 및 내용, 조사를 통하여 획득한 자료, 조사행위의 규모와 기간 등을 종합적으로 고려하여 구체적 사안에서 개별적으로 판단하며, 납세자 등을 접촉하여 상당한 시일에 걸쳐 질문검사권을 행사하여 과세요건사실을 조사·확인하고 일정한 기간 과세에 필요한 직간접의 자료를 검사·조사하고 수집하는 일련의 행위를 한 경우에는 특별한 사정이 없는 한 재조사가 금지되는 '조사'로 보아야 한다. 대법원 2020. 2. 13. 선고 2015두745 판결
6. 토양환경보전법상 토양정밀조사명령의 전제가 되는 토양오염실태조사를 실시할 권한은 시·도지사에게 있는바, 이 사건 토양정밀조사명령의 근거가 된 토양오염실태조사가 감사원에 의해 실시된 것이어서 토양환경보전법의 규정에 따른 것이라고 할 수 없으나, 판시와 같은 여러 사정과 토양환경보전법의 입법취지 등을 종합해 보면 이 사건 토양오염실태조사가 감사원에 의해 실시되었다는 사정이 이 사건 토양정밀조사명령을 위법하게 하는 하자에 해당한다고 볼 수는 없다고 본 사례. 대법원 2009. 1. 30. 선고 2006두9498 판결
7. 음주운전 여부에 대한 조사 과정에서 운전자 본인의 동의를 받지 아니하고 또한 법원의 영장도 없이 채혈조사를 한 결과를 근거로 한 운전면허 정지·취소 처분은 도로교통법 제44조 제3항을 위반한 것으로서 특별한 사정이 없는 한 위법한 처분으로 볼 수밖에 없다. 대법원 2016. 12. 27. 선고 2014두46850 판결

국세청 소속 세무공무원이 옥제품 도매업체를 운영하면서 제품을 판매하는 갑이 현금매출 누락 등의 수법으로 세금을 탈루한다는 제보를 받고 먼저 현장조사를 하고 그 결과 갑이 부가가치세에 관한 매출을 누락하였다고 보아 세무조사를 한 후 부가가치세 부과처분을 한 사안에서, 첫 번째 조사가 실질적으로 포괄적 질문조사권을 행사하고 과세자료를 획득하는 것이어서 재조사가 금지되는 '세무조사'이므로, 두 번째 조사는 구 국세기본법 제81조의4 제2항에 따라 금지되는 재조사이어서 그에 기초한 처분이 위법하다고 한 사례. (대법원 2017. 3. 16. 선고 2014두8360 판결)

2. 구체적 권리구제방안

(1) 항고소송

- 권력적 행정조사는 권력적 사실행위로서 처분성이 인정되어 항고소송의 제기가 가능하다.
- 행정행위 형식의 행정조사가 처분성이 인정됨은 물론이다.

판례

부과처분을 위한 과세관청의 질문조사권이 행해지는 세무조사결정이 있는 경우 납세의무자는 세무공무원의 과세자료 수집을 위한 질문에 대답하고 검사를 수인하여야 할 법적 의무를 부담하게 되는 점 등을 종합하면, 세무조사결정은 납세의무자의 권리·의무에 직접 영향을 미치는 공권력의 행사에 따른 행정작용으로서 항고소송의 대상이 된다. 대법원 2011. 3. 10. 선고 2009두23617 판결 18 국가, 18 소방, 19 소방, 24 지방 01

OX 확인

01 행정조사는 처분성이 인정되지 않으므로 세무조사결정이 위법하더라도 이에 대해서는 항고소송을 제기할 수 없다. (×)

- 다만, 행정조사가 이미 종료된 경우 소의 이익이 부정되어 항고소송을 제기할 수 없게 되므로 종국적으로는 국가배상 등의 방법을 통해 권리를 구제받아야 할 것이다.

(2) 국가배상

- 위법한 행정조사로 손해를 입은 국민을 국가배상을 청구할 수 있다. 16 국가

(3) 손실보상

- 적법한 행정조사로 인해 특별한 손해를 받은 자는 법령이 정하는 바에 따라 손실보상을 청구할 수 있다.

CHAPTER 03 행정벌

쟁점 83 행정법 일반론

Ⅰ 의의

1. 개념

- 행정법상의 의무위반에 대해 국가가 일반통치권에 근거하여 의무위반자에게 제재로서 가하는 처벌을 말한다.
- 직접적으로는 과거의 의무 위반에 대한 제재를 목적으로 하지만, 간접적으로는 의무자에게 심리적 압박을 가함으로써 행정법상의 의무이행을 확보하는 기능을 한다.

Ⅱ 구별개념

1. 징계벌과의 구별

- 징계벌은 공법상 특별권력관계 내에서 그 내부질서를 유지하기 위하여 내부질서위반자에게 가하는 제재인 반면, 행정벌은 일반권력관계에 있어서 일반통치권에 의하여 행정법상의 의무위반자에게 가하는 제재이다.

판례

피고인이 행형법에 의한 징벌을 받아 그 집행을 종료하였다고 하더라도 행형법상의 징벌은 수형자의 교도소 내의 준수사항위반에 대하여 과하는 행정상의 질서벌의 일종으로서 형법 법령에 위반한 행위에 대한 형사책임과는 그 목적, 성격을 달리하는 것이므로 징벌을 받은 뒤에 형사처벌을 한다고 하여 일사부재리의 원칙에 반하는 것은 아니다. 대법원 2000. 10. 27. 선고 2000도3874 판결

2. 이행강제금과의 구별

- 이행강제금은 장래의 의무이행을 확보하기 위한 강제집행의 수단인 반면, 행정벌은 과거의 의무위반에 대하여 제재로서 가하는 처벌이다. 17 국가

Ⅲ 종류

1. 행정형벌

- 형법상의 형벌을 과하는 행정벌을 말한다.
- 원칙적으로 형법총칙(죄형법정주의)이 적용되고, 과벌절차도 형사소송절차에 의한다. 11 사복

2. 행정질서벌

- 형법상의 형벌이 아닌 과태료가 과하여지는 행정벌을 말한다. 16 국가
- 형법총칙(죄형법정주의)이 적용되지 않고, 질서위반행위규제법이 적용된다.

3. 규율 대상

- 어떠한 행정법규 위반행위에 대해 행정형벌을 과할 것인지 아니면 행정질서벌을 과할 것인지는 기본적으로 입법재량의 영역에 속하는 문제이다. 14 지방

판례

어떤 행정법규위반의 행위에 대하여 이를 단지 간접적으로 행정상의 질서에 장애를 줄 위험성이 있음에 불과한 경우로 보아 행정질서벌인 과태료를 과할 것인지 아니면 직접적으로 행정목적과 공익을 침해한 행위로 보아 행정형벌을 과할 것인지는 기본적으로 입법권자가 제반사정을 고려하여 결정할 입법재량에 속하는 문제이다. 헌법재판소 1998. 5. 28. 선고 96헌바83 결정 14 지방

4. 행정형벌의 행정질서벌화

- 전과자의 양산을 막기 위해 비교적 경미한 법규 위반에 대해서는 행정형벌 대신 행정질서벌을 부과하는 행정질서벌화가 이루어지고 있다.

Ⅳ 법적 근거

- 행정벌은 침익적 작용이므로 이를 부과하기 위해서는 반드시 법적인 근거가 필요하다.
- 행정벌에 대해서는 일반적으로 개별법의 마지막 부분인 '벌칙'장에서 이를 규정하고 있으며, 특히 행정질서벌에 대해서는 과태료 부과의 요건・절차 등에 관한 사항을 정한 질서위반행위규제법이 존재한다.

쟁점 84 행정형벌

Ⅰ 의의

- 행정법규를 위반한 행정범에 대하여 형법상의 형벌을 과하는 행정벌을 말한다.
- 원칙적으로 형법총칙이 적용되고, 과벌절차도 형사소송절차에 의한다.

Ⅱ 행정형벌의 특수한 법적 규율

1. 고의 또는 과실

(1) 고의

- 범죄의 성립에는 고의가 있어야 하므로 행정범의 성립에도 당연히 고의가 요구된다. 11 사복

(2) 과실

- 과실에 의한 행위도 이를 처벌하는 명문의 규정이 있으면 처벌할 수 있다.
- 그런데 행정범에 있어서 통설과 판례는 과실행위를 처벌하는 명문의 규정이 없는 경우에도 법규의 해석에 의하여 과실행위도 처벌한다는 뜻이 도출되는 경우에는 과실행위를 처벌할 수 있다고 한다. 18 지방, 18 국회, 19 국가 01

판례

대기환경보전법의 입법목적이나 제반 관계규정의 취지 등을 고려하면, 위 법 제36조에 위반하는 행위 즉, 법정의 배출허용기준을 초과하는 배출가스를 배출하면서 자동차를 운행하는 행위를 처벌하고자 하는 위 법 제57조 제6호의 규정은 고의범 즉, 자동차의 운행자가 그 자동차에서 배출되는 배출가스가 소정의 운행 자동차 배출허용기준을 초과한다는 점을 실제로 인식하면서 운행한 경우는 물론이고, 과실범 즉, 운행자의 과실로 인하여 그러한 내용을 인식하지 못한 경우도 함께 처벌하는 규정이라고 해석함이 상당하다. 대법원 1993. 9. 10. 선고 92도1136 판결 14 국가

OX 확인

01 과실범을 처벌한다는 명문의 규정이 없더라도 행정형벌법규의 해석에 의하여 과실행위도 처벌한다는 뜻이 도출되는 경우에는 과실범도 처벌될 수 있다. (○)

2. 위법성의 착오(금지착오)

- 형법 제16조는 "자기의 행위가 법령에 의하여 죄가 되지 아니하는 것으로 오인한 행위는 그 오인에 정당한 이유가 있는 때에 한하여 벌하지 아니한다."라고 하여 행위의 위법성에 대한 인식가능성이 없는 경우 범죄가 성립하지 않는다고 한다.
- 따라서 행정범의 경우에도 위법성을 인식하지 못한 것에 정당한 이유가 있으면(즉, 위법성의 인식가능성이 없으면) 범죄가 성립하지 않는다.

판례

국민학교 교장이 도 교육위원회의 지시에 따라 교과내용으로 되어 있는 꽃양귀비를 교과식물로 비치하기 위하여 양귀비 종자를 사서 교무실 앞 화단에 심은 것이라면 이는 죄가 되지 아니하는 것으로 오인한 행위로서 그 오인에 정당한 이유가 있는 경우에 해당한다고 할 것이다. 대법원 1972. 3. 31. 선고 72도64 판결

3. 양벌규정

(1) 의의

- 범죄행위자와 함께 행위자 이외의 자를 처벌하는 규정을 양벌규정이라 하는데, 행정범에서는 양벌규정을 두고 있는 경우가 있다. 12 지방
- 종업원의 법위반행위에 대하여 사업주도 함께 처벌하는 규정 등이 그 예이다.
- 판례에 따르면 행위자 외에 사업주를 처벌한다는 명문의 규정(양벌규정)이 없더라도 관계 규정의 해석에 의해 과실 있는 사업주도 벌할 뜻이 명확한 경우에는 행위자 외에 사업주도 처벌할 수 있다(대법원 2010. 2. 11. 선고 2009도9807 판결). 18 지방

> 양벌규정은 업무주가 아니면서 당해 업무를 실제로 집행하는 자가 있는 때에 위 벌칙규정의 실효성을 확보하기 위하여 그 적용대상자를 당해 업무를 실제로 집행하는 자에게까지 확장함으로써 그러한 자가 당해 업무집행과 관련하여 위 벌칙규정의 위반행위를 한 경우 위 양벌규정에 의하여 처벌할 수 있도록 한 행위자의 처벌규정임과 동시에 그 위반행위의 이익귀속주체인 업무주에 대한 처벌규정이라고 할 것이다. (대법원 1999. 7. 15. 선고 95도2870 전원합의체 판결)

(2) 행위자 이외의 자의 책임의 성질

- 사업주 등 행위자 이외의 자가 지는 책임은 종업원 등에 대한 감독의무를 소홀히 한 책임, 즉 독자적인 과실책임의 성질을 갖는다.
- 따라서 사업주 등에 대한 처벌을 위해서 종업원 등의 범죄성립 또는 그에 대한 처벌이 전제조건이 되는 것은 아니다.

판례

양벌규정에 의한 영업주의 처벌은 금지위반행위자인 종업원의 처벌에 종속하는 것이 아니라 독립하여 그 자신의 종업원에 대한 선임감독상의 과실로 인하여 처벌되는 것이므로 종업원의 범죄성립이나 처벌이 영업주 처벌의 전제조건이 될 필요는 없다. 대법원 2006. 2. 24. 선고 2005도7673 판결 18 지방, 20 소방, 22 국가, 22 지방

(3) 법인의 책임

① 의의

- 법인의 범죄능력은 부인된다는 것이 일반적인 견해이나, 행정범에 있어서 법인의 형벌능력은 인정된다고 본다.
- 법인의 대표자 또는 종업원이 그 법인의 업무와 관련하여 행정범을 범한 경우에 행위자뿐만 아니라 법인도 함께 처벌한다는 양벌규정을 두는 경우가 있다.

② 법인의 범위 : 지방자치단체 포함 여부

- 지방자치단체의 경우 자치사무에 대해서는 양벌규정의 적용대상이 되는 법인에 포함된다.

판례

지방자치단체가 그 고유의 자치사무를 처리하는 경우에는 지방자치단체는 국가기관의 일부가 아니라 국가기관과는 별도의 독립한 공법인이므로, 지방자치단체 소속 공무원이 지방자치단체 고유의 자치사무를 수행하던 중 도로법 제81조 내지 제85조의 규정에 의한 위반행위를 한 경우에는 지방자치단체는 도로법 제86조의 양벌규정에 따라 처벌대상이 되는 법인에 해당한다. 대법원 2005. 11. 10. 선고 2004도2657 판결 14 지방, 16 사복, 21 소방, 23 지방, 24 국가

- 그러나 기관위임사무에 대해서는 양벌규정의 적용대상이 되는 법인에 포함되지 않는다.

판례

이 사건 항만순찰 등 업무는 부산광역시장이 국가로부터 위임받은 기관위임사무에 해당한다고 봄이 상당하고, 이러한 경우에 지방자치단체인 피고인을 양벌규정에 의한 처벌대상이 되는 법인에 해당하는 것으로 보아 처벌할 수는 없다. 대법원 2009. 6. 11. 선고 2008도6530 판결

> 구 개인정보 보호법은 제2조 제5호, 제6호에서 공공기관 중 법인격이 없는 '중앙행정기관 및 그 소속 기관' 등을 개인정보처리자 중 하나로 규정하고 있으면서도, 양벌규정에 의하여 처벌되는 개인정보처리자로는 같은 법 제74조 제2항에서 '법인 또는 개인'만을 규정하고 있을 뿐이고, 법인격 없는 공공기관에 대하여도 위 양벌규정을 적용할 것인지 여부에 대하여는 명문의 규정을 두고 있지 않으므로, 죄형법정주의의 원칙상 '법인격 없는 공공기관'을 위 양벌규정에 의하여 처벌할 수 없고, 그 경우 행위자 역시 위 양벌규정으로 처벌할 수 없다고 봄이 타당하다. (대법원 2021. 10. 28. 선고 2020도1942 판결) 24 국가

③ 책임의 성질

• 법인의 대표자의 범죄행위에 대한 책임은 법인의 직접책임이고, 종업원의 범죄행위에 대한 책임은 종업원에 대한 감독의무를 소홀히 한 책임, 즉 독자적인 과실책임이다. 12 지방, 18 국회, 22 국가

판례

'심판대상조항 중 법인의 종업원 관련 부분'은 종업원 등의 범죄행위에 관하여 비난할 근거가 되는 법인의 의사결정 및 행위구조, 즉 종업원 등이 저지른 행위의 결과에 대한 법인의 독자적인 책임에 관하여 전혀 규정하지 않은 채, 단순히 법인이 고용한 종업원 등이 업무에 관하여 범죄행위를 하였다는 이유만으로 법인에 대하여 형사처벌을 과하고 있는바, 이는 다른 사람의 범죄에 대하여 그 책임 유무를 묻지 않고 형벌을 부과하는 것으로서, 헌법상 법치국가의 원리 및 죄형법정주의로부터 도출되는 책임주의원칙에 반한다. 17 국가

(반면) 법인은 기관을 통하여 행위하므로 법인이 대표자를 선임한 이상 그의 행위로 인한 법률효과는 법인에게 귀속되어야 하고, 법인 대표자의 범죄행위에 대하여는 법인이 자신의 행위에 대한 책임을 부담하는 것이다. 법인 대표자의 법규위반행위에 대한 법인의 책임은, 법인 자신의 법규위반행위로 평가될 수 있는 행위에 대한 법인의 직접책임으로서, 대표자의 고의에 의한 위반행위에 대하여는 법인 자신의 고의에 의한 책임을, 대표자의 과실에 의한 위반행위에 대하여는 법인 자신의 과실에 의한 책임을 부담하는 것이다. 따라서 '심판대상조항 중 법인의 대표자 관련 부분'은 대표자의 책임을 요건으로 하여 법인을 처벌하는 것이므로 책임주의원칙에 반하지 아니한다.

헌법재판소 2013. 10. 24. 선고 2013헌가18 전원재판부 22 국가

Ⅲ 행정형벌의 과벌절차

1. 원칙

• 행정형벌은 형사소송법이 정하는 바에 따라 법원이 과하는 것이 원칙이다.

2. 예외

(1) 통고처분

① 의의

• 행정범에 대하여 형사절차에 의한 형벌을 과하기 전에 행정청이 형벌을 대신하여 금전적 제재인 범칙금을 과하는 것을 말한다. 18 소방

• 현행법상 교통사범, 조세범, 관세범, 출입국관리사범 등에 대하여 인정되고 있다. 18 소방

② 법적 성질

• 통고처분은 행정행위가 아니므로 처분성이 인정되지 않는다.

• 통고처분을 할 것인지는 행정청의 재량에 속한다.

판례

통고처분을 할 것인지의 여부는 관세청장 또는 세관장의 재량에 맡겨져 있고, 따라서 관세청장 또는 세관장이 관세범에 대하여 통고처분을 하지 아니한 채 고발하였다는 것만으로는 그 고발 및 이에 기한 공소의 제기가 부적법하게 되는 것은 아니다. 대법원 2007. 5. 11. 선고 2006도1993 판결 12 국가, 15 지방

| OX 확인 |

01 통고처분에 따른 범칙금을 납부한 후에 동일한 사건에 대하여 다시 형사처벌을 하는 것이 일사부재리의 원칙에 반하는 것은 아니다. (×)

③ 효과

• 범칙금 납부의무를 이행한 경우, 과벌절차는 종료되며 일사부재리의 원칙이 적용되어 동일한 사건에 대해 다시 처벌받지 아니한다. 18 소방 01

판례

1. 도로교통법 제119조 제3항은 그 법 제118조에 의하여 범칙금 납부통고서를 받은 사람이 그 범칙금을 납부한 경우 그 범칙행위에 대하여 다시 벌 받지 아니한다고 규정하고 있는바, 이는 범칙금의 납부에 확정재판의 효력에 준하는 효력을 인정하는 취지로 해석하여야 한다.
범칙금의 통고 및 납부 등에 관한 규정들의 내용과 취지 등에 비추어 볼 때, 범칙자가 경찰서장으로부터 범칙행위를 하였음을 이유로 범칙금의 통고를 받고 납부기간 내에 그 범칙금을 납부한 경우 범칙금의 납부에 확정판결에 준하는 효력이 인정됨에 따라 다시 벌 받지 아니하게 되는 행위사실은 범칙금 통고의 이유에 기재된 당해 범칙행위 자체 및 그 범칙행위와 동일성이 인정되는 범칙행위에 한정된다고 해석함이 상당하다. 대법원 2002. 11. 22. 선고 2001도849 판결
2. 지방국세청장 또는 세무서장이 조세범 처벌절차법 제17조 제1항에 따라 통고처분을 거치지 아니하고 즉시 고발하였다면 이로써 조세범칙사건에 대한 조사 및 처분 절차는 종료되고 형사사건 절차로 이행되어 지방국세청장 또는 세무서장으로서는 동일한 조세범칙행위에 대하여 더 이상 통고처분을 할 권한이 없다. 따라서 지방국세청장 또는 세무서장이 조세범칙행위에 대하여 고발을 한 후에 동일한 조세범칙행위에 대하여 통고처분을 하였더라도, 이는 법적 권한 소멸 후에 이루어진 것으로서 특별한 사정이 없는 한 효력이 없고, 조세범칙행위자가 이러한 통고처분을 이행하였더라도 조세범 처벌절차법 제15조 제3항에서 정한 일사부재리의 원칙이 적용될 수 없다. 대법원 2016. 9. 28. 선고 2014도10748 판결

• 통고처분을 한 이상, 범칙금 납부기간까지는 원칙적으로 경찰서장은 즉결심판을 청구하거나 이미 한 통고처분을 취소할 수 없고, 검사 또한 공소를 제기할 수 없다.

| OX 확인 |

02 경찰서장이 범칙행위에 대하여 통고처분을 한 이상, 통고처분에서 정한 범칙금 납부 기간까지는 원칙적으로 경찰서장은 즉결심판을 청구할 수 없고, 검사도 동일한 범칙행위에 대하여 공소를 제기할 수 없다. (○)

판례

1. 경찰서장이 범칙행위에 대하여 통고처분을 한 이상, 범칙자의 위와 같은 절차적 지위를 보장하기 위하여 통고처분에서 정한 범칙금 납부기간까지는 원칙적으로 경찰서장은 즉결심판을 청구할 수 없고, 검사도 동일한 범칙행위에 대하여 공소를 제기할 수 없다고 보아야 한다. 대법원 2020. 4. 29. 선고 2017도13409 판결 21 지방 02
2. 특별한 사정이 없는 이상 경찰서장은 범칙행위에 대한 형사소추를 위하여 이미 한 통고처분을 임의로 취소할 수 없다. 대법원 2021. 4. 1. 선고 2020도15194 판결

④ 권리구제

• 법정기간 내에 범칙금 납부의무를 이행하지 않은 경우, 통고처분은 효력을 상실하고 관계 기관장의 즉결심판청구 또는 고발에 의해 형사소송절차로 이행한다.
• 형사소송절차가 인정되는 결과, 통고처분의 처분성은 인정되지 않는다.

판례

1. 통고처분은 상대방의 임의의 승복을 그 발효요건으로 하기 때문에 그 자체만으로는 통고이행을 강제하거나 상대방에게 아무런 권리의무를 형성하지 않으므로 행정심판이나 행정소송의 대상으로서의 처분성을 부여할 수 없고, 통고처분에 대하여 이의가 있으면 통고내용을 이행하지 않음으로써 고발되어 형사재판절차에서 통고처분의 위법·부당함을 얼마든지 다툴 수 있기 때문에 관세법 제38조 제3항 제2호가 법관에 의한 재판받을 권리를 침해한다든가 적법절차의 원칙에 저촉된다고 볼 수 없다. 헌법재판소 1998. 5. 28. 선고 96헌바4 전원재판부 23 지방
2. 도로교통법 제118조에서 규정하는 경찰서장의 통고처분은 행정소송의 대상이 되는 행정처분이 아니므로 그 처분의 취소를 구하는 소송은 부적법하고, 도로교통법상의 통고처분을 받은 자가 그 처분에 대하여 이의가 있는 경우에는 통고처분에 따른 범칙금의 납부를 이행하지 아니함으로써 경찰서장의 즉결심판청구에 의하여 법원의 심판을 받을 수 있게 될 뿐이다. 대법원 1995. 6. 29. 선고 95누4674 판결 14 지방, 17 국가, 17 지방, 18 소방, 20 소방, 20 지방, 22 지방 01

OX 확인

01 「도로교통법」상 범칙금 통고처분은 항고소송의 대상이 되는 행정처분에 해당하지 않는다. (○)

(2) 즉결심판

- 즉결심판에 관한 절차법에 따라 20만 원 이하의 벌금·구류·과료의 형벌은 경찰서장이 청구하는 즉결심판에 의해 과벌된다.
- 즉결심판에 불복하는 자는 정식재판을 청구할 수 있고, 이 경우 형사소송절차가 이행된다.

PART 04

쟁점 85 행정질서벌(과태료)

Ⅰ 의의

• 행정법규 위반에 대하여 과태료가 과하여지는 행정벌을 말한다.

Ⅱ 행정질서벌의 법적 근거

1. 형법총칙 적용 여부

• 행정질서벌인 과태료는 형벌이 아니므로 행정질서벌에는 형법총칙이 적용되지 않는다. 20 소방, 21 소방

판례

과태료는 행정상의 질서유지를 위한 행정질서벌에 해당할 뿐 형벌이라고 할 수 없어 죄형법정주의의 규율대상에 해당하지 아니한다. 헌법재판소 1998. 5. 28. 선고 96헌바83 결정 19 국가 01

• 그러나 과태료도 행정벌의 하나로서 행정형벌과 유사한 성질을 가지므로, 과태료 규정이나 과태료의 부과대상이 되는 행정법규사항의 해석·적용은 엄격히 하여야 한다.

판례

과태료처분이나 감차처분 등은 규정 위반자에 대하여 처벌 또는 제재를 가하는 것이므로 같은 법이 정하고 있는 처분대상인 위반행위를 함부로 유추해석하거나 확대해석하여서는 아니 된다. 대법원 2007. 3. 30. 선고 2004두7665 판결

2. 법적 근거

• 행정질서벌은 침익적 작용으로서 반드시 법적 근거가 있어야 한다.
• 과태료 부과의 요건·절차 등을 정하는 법률로서 질서위반행위규제법이 있다.

Ⅲ 행정질서벌의 특수한 법적 규율: 질서위반행위규제법

1. 질서위반행위 법정주의(질서위반행위규제법 제6조)

• 법률에 따르지 아니하고는 어떤 행위도 질서위반행위로 과태료를 부과하지 아니한다. 21 지방 02 03

2. 다른 법률과의 관계(질서위반행위규제법 제5조)

• 과태료의 부과·징수, 재판 및 집행 등의 절차에 관한 다른 법률의 규정 중 질서위반행위규제법의 규정에 저촉되는 것은 질서위반행위규제법으로 정하는 바에 따른다. 17 서울, 24 국가

OX 확인

01 과태료는 행정질서벌에 해당할 뿐 형벌이라고 할 수 없어 죄형법정주의의 규율대상에 해당하지 아니한다. (○)

질서위반행위규제법 제2조(정의)
이 법에서 사용하는 용어의 뜻은 다음과 같다.
1. "질서위반행위"란 법률(지방자치단체의 조례를 포함한다. 이하 같다)상의 의무를 위반하여 과태료를 부과하는 행위를 말한다.

OX 확인

02 지방자치단체의 조례상의 의무를 위반하여 과태료를 부과하는 행위는 질서위반행위에 해당되지 않는다. (×)

03 법률에 따르지 아니하고는 어떤 행위도 질서위반행위로 과태료를 부과하지 아니한다. (○)

3. 법 적용의 시간적 · 장소적 범위

(1) 시간적 범위(질서위반행위규제법 제3조)

- 질서위반행위의 성립과 과태료 처분은 행위 시의 법률에 따른다. 20 소방
- 질서위반행위 후 법률이 변경되어 그 행위가 질서위반행위에 해당하지 아니하게 되거나 과태료가 변경되기 전의 법률보다 가볍게 된 때에는 법률에 특별한 규정이 없는 한 변경된 법률을 적용한다. 23 지방

판례

질서위반행위에 대하여 과태료를 부과하는 근거 법령이 개정되어 행위 시의 법률에 의하면 과태료 부과대상이었지만 재판 시의 법률에 의하면 부과대상이 아니게 된 때에는 개정 법률의 부칙 등에서 행위 시의 법률을 적용하도록 명시하는 등 특별한 사정이 없는 한 재판 시의 법률을 적용하여야 하므로 과태료를 부과할 수 없다. 대법원 2017. 4. 7. 자 2016마1626 결정 18 국가, 19 국가 01

- 행정청의 과태료 처분이나 법원의 과태료 재판이 확정된 후 법률이 변경되어 그 행위가 질서위반행위에 해당하지 아니하게 된 때에는 변경된 법률에 특별한 규정이 없는 한 과태료의 징수 또는 집행을 면제한다. 19 지방 02

(2) 장소적 범위(질서위반행위규제법 제4조)

- 질서위반행위규제법은 대한민국 영역 안에서 질서위반행위를 한 자 및 대한민국 영역 밖에서 질서위반행위를 한 대한민국의 국민에게 적용한다. 10 지방
- 질서위반행위규제법은 대한민국 영역 밖에 있는 대한민국의 선박 또는 항공기 안에서 질서위반행위를 한 외국인에게 적용한다.

OX 확인

01 과태료를 부과하는 근거 법령이 개정되어 행위 시의 법률에 의하면 과태료 부과대상이었지만 재판 시의 법률에 의하면 부과대상이 아니게 된 때에는 특별한 사정이 없는 한 과태료를 부과할 수 없다. (○)

02 법원의 과태료 재판이 확정된 후 법률이 변경되어 그 행위가 질서위반행위에 해당하지 아니하게 된 때에는 변경된 법률에 특별한 규정이 없는 한 과태료의 집행을 면제한다. (○)

4. 구체적 부과요건

(1) 고의 또는 과실(질서위반행위규제법 제7조)

- 고의 또는 과실이 없는 질서위반행위는 과태료를 부과하지 아니한다. 15 지방, 17 서울, 18 소방, 20 소방, 23 지방

판례

질서위반행위규제법은 과태료의 부과대상인 질서위반행위에 대하여도 책임주의 원칙을 채택하여 제7조에서 "고의 또는 과실이 없는 질서위반행위는 과태료를 부과하지 아니한다."고 규정하고 있으므로, 질서위반행위를 한 자가 자신의 책임 없는 사유로 위반행위에 이르렀다고 주장하는 경우 법원으로서는 그 내용을 살펴 행위자에게 고의나 과실이 있는지를 따져보아야 한다. 대법원 2011. 7. 14. 자 2011마364 결정 16 국가, 16 국회

(2) 위법성의 착오(질서위반행위규제법 제8조)

- 자신의 행위가 위법하지 아니한 것으로 오인하고 행한 질서위반행위는 그 오인에 정당한 이유가 있는 때에 한하여 과태료를 부과하지 아니한다. 17 국회, 18 지방, 23 국가

(3) 책임연령(질서위반행위규제법 제9조)

- 14세가 되지 아니한 자의 질서위반행위는 과태료를 부과하지 아니한다. 다만, 다른 법률에 특별한 규정이 있는 경우에는 그러하지 아니하다. 20 국가

PART 04

(4) 심신장애(질서위반행위규제법 제10조)

- 심신장애로 인하여 행위의 옳고 그름을 판단할 능력이 없거나 그 판단에 따른 행위를 할 능력이 없는 자의 질서위반행위는 과태료를 부과하지 아니한다.
- 심신장애로 인하여 위 능력이 미약한 자의 질서위반행위는 과태료를 감경한다.
- 스스로 심신장애 상태를 일으켜 질서위반행위를 한 자에 대하여는 위 내용들을 적용하지 아니한다.

(5) 법인의 처리 등(질서위반행위규제법 제11조)

- 법인의 대표자, 법인 또는 개인의 대리인·사용인 및 그 밖의 종업원이 업무에 관하여 법인 또는 그 개인에게 부과된 법률상의 의무를 위반한 때에는 (대표자나 대리인이 아닌) 법인 또는 그 개인에게 과태료를 부과한다. 17 국가

(6) 다수인의 질서위반행위 가담(질서위반행위규제법 제12조)

- 2인 이상이 질서위반행위에 가담한 때에는 각자가 질서위반행위를 한 것으로 본다. 14 사복
- 신분에 의하여 성립하는 질서위반행위에 신분이 없는 자가 가담한 때에는 신분이 없는 자에 대하여도 질서위반행위가 성립한다. 15 지방, 18 소방, 21 소방, 23 국가 01
- 신분에 의하여 과태료를 감경 또는 가중하거나 과태료를 부과하지 아니하는 때에는 그 신분의 효과는 신분이 없는 자에게는 미치지 아니한다. 18 소방

(7) 수개의 질서위반행위의 처리(질서위반행위규제법 제13조)

- 하나의 행위가 2 이상의 질서위반행위에 해당하는 경우에는 각 질서위반행위에 대하여 정한 과태료 중 가장 중한 과태료를 부과한다. 23 국가
- 위 경우를 제외하고 2 이상의 질서위반행위가 경합하는 경우에는 각 질서위반행위에 대하여 정한 과태료를 각각 부과한다. 다만, 다른 법령(지방자치단체의 조례를 포함한다)에 특별한 규정이 있는 경우에는 그 법령으로 정하는 바에 따른다.

(8) 과태료의 시효(질서위반행위규제법 제15조)

- 과태료는 행정청의 과태료 부과처분이나 법원의 과태료 재판이 확정된 후 5년간 징수하지 아니하거나 집행하지 아니하면 시효로 인하여 소멸한다. 20 국가 02

5. 부과절차

(1) 사전통지 및 의견제출(질서위반행위규제법 제16조)

- 행정청이 질서위반행위에 대하여 과태료를 부과하고자 하는 때에는 미리 당사자에게 대통령령으로 정하는 사항을 통지하고, 10일 이상의 기간을 정하여 의견을 제출할 기회를 주어야 한다. 20 국가, 21 소방

(2) 부과의 형식(질서위반행위규제법 제17조)

- 행정청은 의견제출 절차를 마친 후에 서면(당사자가 동의하는 경우에는 전자문서를 포함한다)으로 과태료를 부과하여야 한다. 17 국회

(3) 제척기간(질서위반행위규제법 제19조)

- 행정청은 질서위반행위가 종료된 날(다수인이 질서위반행위에 가담한 경우에는 최종행위가 종료된 날을 말한다)부터 5년이 경과한 경우에는 해당 질서위반행위에 대하여 과태료를 부과할 수 없다. 20 국가

OX 확인

01 신분에 의하여 성립하는 질서위반행위에 신분이 없는 자가 가담한 경우 신분이 없는 자에 대하여는 질서위반행위가 성립하지 않는다. (×)

OX 확인

02 「질서위반행위규제법」에 따른 과태료는 행정청의 과태료 부과처분이나 법원의 과태료 재판이 확정된 후 5년간 징수하지 아니하거나 집행하지 아니하면 시효로 인하여 소멸한다. (○)

(4) 질서위반행위의 조사(질서위반행위규제법 제22조) 20 소방

- 행정청은 질서위반행위가 발생하였다는 합리적 의심이 있어 그에 대한 조사가 필요하다고 인정할 때에는 대통령령으로 정하는 바에 따라 당사자 또는 참고인의 출석 요구 및 진술의 청취를 하거나 당사자에 대한 보고명령 또는 자료 제출의 명령을 할 수 있다.
- 행정청은 질서위반행위가 발생하였다는 합리적 의심이 있어 그에 대한 조사가 필요하다고 인정할 때에는 그 소속 직원으로 하여금 당사자의 사무소 또는 영업소에 출입하여 장부·서류 또는 그 밖의 물건을 검사하게 할 수 있다.

Ⅳ 권리구제

1. 항고소송 제기의 가부 : 불가

- 과태료 부과처분은 항고소송의 대상인 행정처분에 해당하지 않는다.

판례

과태료처분의 당부는 최종적으로 비송사건절차법에 의한 절차에 의하여만 판단되어야 한다고 보아야 할 것이므로 위와 같은 과태료처분은 행정소송의 대상이 되는 행정처분이라고 볼 수 없다. 대법원 1993. 11. 23. 선고 93누16833 판결 14 사복, 16 국가

2. 과태료 재판

(1) 이의제기(질서위반행위규제법 제20조)

- 행정청의 과태료 부과에 불복하는 당사자는 과태료 부과 통지를 받은 날부터 60일 이내에 해당 행정청에 서면으로 이의제기를 할 수 있다. 23 지방
- 이의제기가 있는 경우에는 행정청의 과태료 부과처분은 그 효력을 상실한다. 21 지방, 22 지방 01

(2) 법원에의 통보(질서위반행위규제법 제21조)

- 이의제기를 받은 행정청은 이의제기를 받은 날부터 14일 이내에 이에 대한 의견 및 증빙서류를 첨부하여 관할 법원에 통보하여야 한다. 15 서울

(3) 관할법원(질서위반행위규제법 제25조)

- 과태료 사건은 다른 법령에 특별한 규정이 있는 경우를 제외하고는 당사자의 주소지의 지방법원 또는 그 지원의 관할로 한다. 15 서울

(4) 심문(질서위반행위규제법 제31조, 제44조)

- 법원은 심문기일을 열어 당사자의 진술을 들어야 한다.
- 법원은 상당하다고 인정하는 때에는 심문 없이 과태료 재판을 할 수 있다. 이 경우 당사자와 검사는 약식재판의 고지를 받은 날부터 7일 이내에 이의신청을 할 수 있다. 23 지방

OX 확인

01 행정청의 과태료 부과에 불복하는 자는 서면으로 이의제기를 할 수 있으나, 이의제기가 있더라도 과태료 부과처분은 그 효력을 유지한다. (×)

PART 04

(5) 재판(질서위반행위규제법 제36조)

• 과태료 재판은 이유를 붙인 결정으로써 한다. 21 소방

판례

1. 과태료재판의 경우, 법원으로서는 기록상 현출되어 있는 사항에 관하여 직권으로 증거조사를 하고 이를 기초로 하여 판단할 수 있는 것이나, 그 경우 행정청의 과태료부과처분사유와 기본적 사실관계에서 동일성이 인정되는 한도 내에서만 과태료를 부과할 수 있다. 대법원 2012. 10. 19. 자 2012마1163 결정
2. 법원이 비송사건절차법에 따라서 하는 과태료 재판은 관할 관청이 부과한 과태료처분에 대한 당부를 심판하는 행정소송절차가 아니라 법원이 직권으로 개시·결정하는 것이므로, 원칙적으로 과태료 재판에서는 행정소송에서와 같은 신뢰보호의 원칙 위반 여부가 문제로 되지 아니하고, 다만 위반자가 그 의무를 알지 못하는 것이 무리가 아니었다고 할 수 있어 그것을 정당시할 수 있는 사정이 있을 때 또는 그 의무의 이행을 그 당사자에게 기대하는 것이 무리라고 하는 사정이 있을 때 등 그 의무 해태를 탓할 수 없는 정당한 사유가 있는 때에는 이를 부과할 수 없다(주: 법원이 비송사건절차법에 따라서 하는 과태료 재판에 있어서는 신뢰보호의 원칙이 적용되지 않음). 대법원 2006. 4. 28. 자 2003마715 결정 22 지방

(6) 즉시항고(질서위반행위규제법 제38조)

• 당사자와 검사는 과태료 재판에 대하여 즉시항고를 할 수 있다. 이 경우 항고는 집행정지의 효력이 있다. 18 소방, 21 소방, 24 국가

(7) 과태료 재판의 집행(질서위반행위규제법 제42조)

• 과태료 재판은 검사의 명령으로써 집행하고, 이 경우 그 명령은 집행력 있는 집행권원과 동일한 효력이 있다. 12 지방

V 행정형벌과 행정질서벌의 병과 가능성

1. 쟁점

• 동일한 행위에 대하여 행정형벌과 행정질서벌을 동시에 부과하는 것이 가능한지 문제된다.

2. 대법원의 태도: 긍정설

• 대법원은 과태료와 형사처벌은 성질이나 목적을 달리하는 별개의 것이므로, 과태료를 납부한 후 형사처벌을 한다고 하여 일사부재리의 원칙에 위반되는 것이라고 할 수 없다고 한다.

판례

행정법상의 질서벌인 과태료의 부과처분과 형사처벌은 그 성질이나 목적을 달리하는 별개의 것이므로 행정법상의 질서벌인 과태료를 납부한 후에 형사처벌을 한다고 하여 이를 일사부재리의 원칙에 반하는 것이라고 할 수는 없고, 따라서 임시운행허가기간을 벗어나 무등록차량을 운행한 자에 대한 과태료의 제재와 형사처벌은 일사부재리의 원칙에 반하지 않는다. 대법원 1996. 4. 12. 선고 96도158 판결 14 국가, 23 국가, 24 지방

3. 헌법재판소의 태도 : 부정설

- 헌법재판소는 형벌을 부과하면서 과태료까지 부과하는 것은 이중처벌금지 원칙에 위반되는 것이라 한다.

판례

헌법 제13조 제1항에서 말하는 "처벌"은 원칙으로 범죄에 대한 국가의 형벌권 실행으로서의 과벌을 의미하는 것이고, 국가가 행하는 일체의 제재나 불이익처분을 모두 그 "처벌"에 포함시킬 수는 없다 할 것이다. 다만, 행정질서벌로서의 과태료는 행정상 의무의 위반에 대하여 국가가 일반통치권에 기하여 과하는 제재로서 형벌(특히 행정형벌)과 목적 · 기능이 중복되는 면이 없지 않으므로, 동일한 행위를 대상으로 하여 형벌을 부과하면서 아울러 행정질서벌로서의 과태료까지 부과한다면 그것은 이중처벌금지의 기본정신에 배치되어 국가 입법권의 남용으로 인정될 여지가 있음을 부정할 수 없다. 헌법재판소 1994. 6. 30. 선고 92헌바38 결정

Ⅵ 과태료 징수의 실효성 확보수단

1. 자진납부자에 대한 과태료 감경(질서위반행위규제법 제18조)

- 행정청은 당사자가 의견제출 기한 이내에 과태료를 자진하여 납부하고자 하는 경우에는 대통령령으로 정하는 바에 따라 과태료를 감경할 수 있다.

2. 가산금 징수 및 체납처분(질서위반행위규제법 제24조)

- 행정청은 당사자가 납부기한까지 과태료를 납부하지 아니한 때에는 납부기한을 경과한 날부터 체납된 과태료에 대하여 100분의 3에 상당하는 가산금을 징수한다. 11 지방
- 행정청은 당사자가 이의를 제기하지 아니하고 가산금을 납부하지 아니한 때에는 국세 또는 지방세 체납처분의 예에 따라 징수한다.

3. 상속재산 등에 대한 집행(질서위반행위규제법 제24조의2)

- 과태료는 당사자가 과태료부과처분에 대하여 이의를 제기하지 아니한 채 이의제기기한이 종료한 후 사망한 경우에는 그 상속재산에 대하여 집행할 수 있다. 14 사복

4. 관허사업의 제한(질서위반행위규제법 제52조)

- 행정청은 허가 등을 요하는 사업을 경영하는 자로서 일정한 사유에 해당하는 과태료체납자에 대하여는 사업의 정지 또는 허가 등의 취소를 할 수 있다.

5. 고액 · 상습체납자에 대한 제재(질서위반행위규제법 제54조)

- 법원은 검사의 청구에 따라 결정으로 30일의 범위 이내에서 과태료의 납부가 있을 때까지 일정한 사유에 해당하는 경우 체납자를 감치에 처할 수 있다. 11 지방

PART 04

CHAPTER 04

새로운 의무이행 확보수단

쟁점 86 새로운 의무이행 확보수단

I 과징금

1. 의의

행정기본법 제28조【과징금의 기준】
① 행정청은 법령등에 따른 의무를 위반한 자에 대하여 법률로 정하는 바에 따라 그 위반행위에 대한 제재로서 과징금을 부과할 수 있다.
② 과징금의 근거가 되는 법률에는 과징금에 관한 다음 각 호의 사항을 명확하게 규정하여야 한다. 24 국가

1. 부과·징수 주체
2. 부과 사유
3. 상한액
4. 가산금을 징수하려는 경우 그 사항
5. 과징금 또는 가산금 체납 시 강제징수를 하려는 경우 그 사항

(1) 본래적 과징금

- 행정법상의 의무 위반으로 경제상 이익을 얻게 된 경우 그 이익을 박탈하기 위하여 부과하는 금전상의 제재를 말한다.
- 「독점규제 및 공정거래에 관한 법률」상 과징금 등이 그 대표적인 예이다.

판례

공정거래법상 부당지원행위에 대한 과징금은 부당지원행위 억지라는 행정목적을 실현하기 위한 행정상 제재금으로서의 기본적 성격에 부당이득환수적 요소도 부가되어 있는 것으로서, 이중처벌금지원칙에 위반된다거나 무죄추정의 원칙에 위반된다고 할 수 없다. 대법원 2004. 3. 12. 선고 2001두7220 판결 11 국가

(2) 변형된 과징금

- 영업정지처분에 갈음하여 부과되는 과징금을 말한다. 20 지방 01
- 영업을 정지함으로써 다수의 시민이 큰 불편을 겪거나 국민경제에 적지 않은 피해를 주는 등 공익을 해할 우려가 있는 경우에, 영업정지 대신 그 영업으로 인한 이익을 박탈하기 위하여 인정된다. 14 국회
- 영업정지처분에 갈음하는 과징금이 규정되어 있는 경우, 과징금을 부과할 것인지 아니면 영업정지처분을 내릴 것인지는 통상 행정청의 재량에 속한다(대법원 2015. 6. 24. 선고 2015두39378 판결). 22 국가

OX 확인

01 과징금은 어떤 경우에도 영업정지에 갈음하여 부과할 수 없다. (×)

2. 법적 성질

- 과징금부과처분은 침익적 행정행위로서 처분성이 인정되어 항고소송의 대상이 된다. 12 국가
- 과징금부과처분은 통상 재량행위로 규정되고 있으나, 기속행위로 규정된 경우도 있다.

판례

부동산 실권리자명의 등기에 관한 법률 및 시행령상 명의신탁자에 대하여 과징금을 부과할 것인지 여부는 기속행위에 해당한다. 대법원 2007. 7. 12. 선고 2005두17287 판결 22 국가

- 과징금납부의무는 일신전속적인 것이 아니므로 승계가 가능하다.

판례

부동산 실권리자명의 등기에 관한 법률 제5조에 의하여 부과된 과징금 채무는 대체적 급부가 가능한 의무이므로 위 과징금을 부과받은 자가 사망한 경우 그 상속인에게 포괄승계된다. 대법원 1999. 5. 14. 선고 99두35 판결 14 사복

3. 과징금의 부과

> 행정기본법 제29조 【과징금의 납부기한 연기 및 분할 납부】
>
> 과징금은 한꺼번에 납부하는 것을 원칙으로 한다. 다만, 행정청은 과징금을 부과받은 자가 다음 각 호의 어느 하나에 해당하는 사유로 과징금 전액을 한꺼번에 내기 어렵다고 인정될 때에는 그 납부기한을 연기하거나 분할 납부하게 할 수 있으며, 이 경우 필요하다고 인정하면 담보를 제공하게 할 수 있다.
>
> 1. 재해 등으로 재산에 현저한 손실을 입은 경우
> 2. 사업 여건의 악화로 사업이 중대한 위기에 처한 경우
> 3. 과징금을 한꺼번에 내면 자금 사정에 현저한 어려움이 예상되는 경우
> 4. 그 밖에 제1호부터 제3호까지에 준하는 경우로서 대통령령으로 정하는 사유가 있는 경우

행정기본법 시행령 제7조(과징금의 납부기한 연기 및 분할 납부)
① 과징금 납부 의무자는 법 제29조 각 호 외의 부분 단서에 따라 과징금 납부기한을 연기하거나 과징금을 분할 납부하려는 경우에는 납부기한 10일 전까지 과징금 납부기한의 연기나 과징금의 분할 납부를 신청하는 문서에 같은 조 각 호의 사유를 증명하는 서류를 첨부하여 행정청에 신청해야 한다. 24 국가

- 과징금은 반드시 현실적인 행위자가 아니더라도 법령상 책임자로 규정된 자에게 부과된다.
- 원칙적으로 위반자의 고의·과실을 요하지 아니하나, 위반자의 의무 해태를 탓할 수 없는 정당한 사유가 있는 경우 이를 부과할 수 없다.

판례

1. 과징금부과처분은 반드시 현실적인 행위자가 아니라도 법령상 책임자로 규정된 자에게 부과되고 원칙적으로 위반자의 고의·과실을 요하지 아니하나, 위반자의 의무 해태를 탓할 수 없는 정당한 사유가 있는 등의 특별한 사정이 있는 경우에는 이를 부과할 수 없다. 대법원 2014. 10. 15. 선고 2013두5005 판결 18 지방, 20 국가, 22 지방
2. 구 독점규제 및 공정거래에 관한 법률상 부과되는 과징금은 행정법상의 의무를 위반한 자에 대하여 당해 위반행위로 얻게 된 경제적 이익을 박탈하기 위한 목적으로 부과하는 금전적인 제재로서, 같은 법이 규정한 범위 내에서 그 부과처분 당시까지 부과관청이 확인한 사실을 기초로 일의적으로 확정되어야 할 것이고, 그렇지 아니하고 부과관청이 과징금을 부과하면서 추후에 부과금 산정 기준이 되는 새로운 자료가 나올 경우에는 과징금액이 변경될 수도 있다고 유보한다든지, 실제로 추후에 새로운 자료가 나왔다고 하여 새로운 부과처분을 할 수는 없다. 대법원 1999. 5. 28. 선고 99두1571 판결 18 지방, 22 국가

3. 행정소송에서 행정처분의 위법 여부는 행정처분이 행하여졌을 때의 법령과 사실상태를 기준으로 판단함이 원칙이고, 이는 공정거래법에 따른 공정거래위원회의 과징금 납부명령 등에 대한 판단에서도 마찬가지이다. 따라서 공정거래위원회의 과징금 납부명령 등이 재량권 일탈·남용으로 위법한지 여부는 다른 특별한 사정이 없는 한 과징금 납부명령 등이 행하여진 '의결일' 당시의 사실상태를 기준으로 판단하여야 한다. 대법원 2019. 1. 31. 선고 2017두68110 판결 18 국회

4. 관할 행정청이 여객자동차운송사업자의 여러 가지 위반행위를 인지하였다면 전부에 대하여 일괄하여 5,000만 원의 최고한도 내에서 하나의 과징금 부과처분을 하는 것이 원칙이고, 인지한 여러 가지 위반행위 중 일부에 대해서만 우선 과징금 부과처분을 하고 나머지에 대해서는 차후에 별도의 과징금 부과처분을 하는 것은 다른 특별한 사정이 없는 한 허용되지 않는다. 만약 행정청이 여러 가지 위반행위를 인지하여 그 전부에 대하여 일괄하여 하나의 과징금 부과처분을 하는 것이 가능하였음에도 임의로 몇 가지로 구분하여 각각 별도의 과징금 부과처분을 할 수 있다고 보게 되면, 행정청이 여러 가지 위반행위에 대하여 부과할 수 있는 과징금의 최고한도액을 정한 구 여객자동차 운수사업법 시행령 제46조 제2항의 적용을 회피하는 수단으로 악용될 수 있기 때문이다. 24 국가
(한편) 관할 행정청이 여객자동차운송사업자가 범한 여러 가지 위반행위 중 일부만 인지하여 과징금 부과처분을 하였는데 그 후 과징금 부과처분 시점 이전에 이루어진 다른 위반행위를 인지하여 이에 대하여 별도의 과징금 부과처분을 하게 되는 경우에도 종전 과징금 부과처분의 대상이 된 위반행위와 추가 과징금 부과처분의 대상이 된 위반행위에 대하여 일괄하여 하나의 과징금 부과처분을 하는 경우와의 형평을 고려하여 추가 과징금 부과처분의 처분양정이 이루어져야 한다. 다시 말해, 행정청이 전체 위반행위에 대하여 하나의 과징금 부과처분을 할 경우에 산정되었을 정당한 과징금액에서 이미 부과된 과징금액을 뺀 나머지 금액을 한도로 하여서만 추가 과징금 부과처분을 할 수 있다. 행정청이 여러 가지 위반행위를 언제 인지하였느냐는 우연한 사정에 따라 처분상대방에게 부과되는 과징금의 총액이 달라지는 것은 그 자체로 불합리하기 때문이다. 대법원 2021. 2. 4. 선고 2020두48390 판결 23 국가

4. 행정벌과의 병과 가부 : 가능

- 과징금은 국가 형벌권 실행으로서의 과벌이 아니므로, 과징금과 행정벌을 병과하더라도 이중처벌금지의 원칙에 반하는 것은 아니다. 14 사복, 18 교행

판례

어떤 행정제재의 기능이 오로지 제재(및 이에 결부된 억지)에 있다고 하여 이를 헌법 제13조 제1항에서 말하는 국가형벌권의 행사로서의 '처벌'에 해당한다고 할 수 없는 바, 구 독점규제 및 공정거래에 관한 법률 제24조의2에 의한 부당내부거래에 대한 과징금은 행정상의 제재금으로서의 기본적 성격에 부당이득환수적 요소도 부가되어 있는 것이라 할 것이고, 이를 두고 헌법 제13조 제1항에서 금지하는 국가형벌권 행사로서의 '처벌'에 해당한다고는 할 수 없으므로, 공정거래법에서 형사처벌과 아울러 과징금의 병과를 예정하고 있더라도 이중처벌금지원칙에 위반된다고 볼 수 없다. 헌법재판소 2003. 7. 24. 선고 2001헌가25 결정 22 국가, 24 국가

II 가산세

1. 의의

- 세법상 의무의 성실한 이행을 확보하기 위하여 납세자가 정당한 이유 없이 법에 규정된 신고·납세의무 등을 위반한 경우에 세법에 따라 산출한 세액에 가산하여 징수하는 금액을 말한다.
- 가산세에는 무신고 가산세, 과소신고·초과환급신고 가산세, 납부지연 가산세, 불성실 가산세 등이 있다.

• 납부지연 가산세의 경우 종래 납부불성실 가산세와 가산금으로 구분되어 징수되던 것을 법 개정에 따라 통합한 것으로서, 세금납부가 지연되는 경우에 부과된다.
• 가산세를 부과함에 있어서는 납세자의 고의·과실은 고려되지 않으나, 의무불이행에 정당한 사유가 있는 경우에는 가산세를 부과할 수 없다.

판례

1. 가산세는 형벌이 아니므로 행위자의 고의 또는 과실·책임능력·책임조건 등을 고려하지 아니하고 가산세 과세요건의 충족 여부만을 확인하여 조세의 부과 절차에 따라 과징할 수 있다. 헌법재판소 2006. 7. 27. 선고 2004헌가13 전원재판부
2. 세법상 가산세는 과세권의 행사 및 조세채권의 실현을 용이하게 하기 위하여 납세자가 정당한 이유 없이 법에 규정된 신고, 납세 등 각종 의무를 위반한 경우에 개별세법이 정하는 바에 따라 부과되는 행정상의 제재로서 납세자의 고의, 과실은 고려되지 않는 반면, 이와 같은 제재는 납세의무자가 그 의무를 알지 못한 것이 무리가 아니었다고 할 수 있어서 그를 정당시할 수 있는 사정이 있거나 그 의무의 이행을 당사자에게 기대하는 것이 무리라고 하는 사정이 있을 때 등 그 의무해태를 탓할 수 없는 정당한 사유가 있는 경우에는 이를 과할 수 없다. 대법원 2005. 1. 27. 선고 2003두13632 판결
14 사복, 18 국가, 19 국가 01
3. 세법상 가산세는 과세권의 행사 및 조세채권의 실현을 용이하게 하기 위하여 납세자가 정당한 이유 없이 법에 규정된 신고·납세의무 등을 위반한 경우에 법이 정하는 바에 의하여 부과하는 행정상의 제재로서 납세자의 고의·과실은 고려되지 아니하는 것이며, 법령의 부지는 그 정당한 사유에 해당한다고 볼 수 없다. 대법원 1999. 12. 28. 선고 98두3532 판결 19 국가
4. 납세의무자가 세무공무원의 잘못된 설명을 믿고 그 신고납부의무를 이행하지 아니하였다 하더라도 그것이 관계 법령에 어긋나는 것임이 명백한 때에는 그러한 사유만으로 정당한 사유가 있다고 볼 수 없다. 대법원 1997. 8. 22. 선고 96누15404 판결
5. 단순한 법률의 부지나 오해의 범위를 넘어 세법해석상 의의(疑意)로 인한 견해의 대립이 있는 등으로 인해 납세의무자가 그 의무를 알지 못하는 것이 무리가 아니었다고 할 수 있어서 그를 정당시할 수 있는 사정이 있을 때 또는 그 의무의 이행을 그 당사자에게 기대하는 것이 무리라고 하는 사정이 있을 때 등 그 의무를 게을리한 점을 탓할 수 없는 정당한 사유가 있는 경우에는 이러한 제재를 과할 수 없다.
또한 가산세는 세법에서 규정한 신고·납세 등 의무 위반에 대한 제재인 점, 구 국세기본법이 세법에 따른 신고기한이나 납부기한까지 과세표준 등의 신고의무나 국세의 납부의무를 이행하지 않은 경우에 가산세를 부과하도록 정하고 있는 점 등에 비추어 보면, 가산세를 면할 정당한 사유가 있는지는 특별한 사정이 없는 한 개별 세법에 따른 신고·납부기한을 기준으로 판단하여야 한다. 대법원 2022. 1. 14. 선고 2017두41108 판결

OX 확인

01 세법상 가산세는 과세권 행사 및 조세채권 실현을 용이하게 하기 위하여 납세자가 정당한 이유 없이 법에 규정된 신고, 납세 등의 의무를 위반한 경우에 개별세법에 따라 부과하는 행정상 제재로서, 납세자의 고의·과실은 고려되지 아니하고 법령의 부지·착오 등은 그 의무위반을 탓할 수 없는 정당한 사유에 해당하지 아니 한다. (○)

2. 법적 성질

• 가산세 부과처분은 본세의 부과처분과 구분되는 독립한 별개의 과세처분이다.

판례

가산세는 과세권의 행사와 조세채권의 실현을 용이하게 하기 위하여 세법에 규정된 의무를 정당한 이유 없이 위반한 납세자에게 부과하는 일종의 행정상 제재이므로, 징수절차의 편의상 당해 세법이 정하는 국세의 세목으로 하여 그 세법에 의하여 산출한 본세의 세액에 가산하여 함께 징수하는 것일 뿐, 세법이 정하는 바에 의하여 성립 확정되는 국세와 본질적으로 그 성질이 다른 것이므로, 가산세부과처분은 본세의 부과처분과 별개의 과세처분이다(주 : 항고소송의 대상이 되는 처분에 해당함). 대법원 2005. 9. 30. 선고 2004두2356 판결

가산세는 세법에서 규정하는 의무의 성실한 이행을 확보하기 위하여 세법에 따라 산출한 본세액에 가산하여 징수하는 독립된 조세로서, 본세에 감면사유가 인정된다고 하여 가산세도 감면대상에 포함되는 것이 아니고, 반면에 그 의무를 이행하지 아니한 데 대한 정당한 사유가 있는 경우에는 본세 납세의무가 있더라도 가산세는 부과하지 않는다. (대법원 2018. 11. 29. 선고 2015두56120 판결)

• 한편, 법 개정 전 국세징수법에 의해 부과되던 가산금의 법적 성질에 대하여 판례는 미납된 국세에 대한 지연이자로서의 성격을 가질 뿐 항고소송의 대상이 되는 처분이 되지 않는다고 보았다.

판례

1. 가산금과 중가산금은 위 사용료가 납부기한까지 납부되지 않은 경우 미납분에 관한 지연이자의 의미로 부과되는 부대세의 일종이다. 대법원 2006. 3. 9. 선고 2004다31074 판결 12 국가
2. 국세징수법 제21조, 제22조가 규정하는 가산금 또는 중가산금은 국세를 납부기한까지 납부하지 아니하면 과세청의 확정절차 없이도 법률 규정에 의하여 당연히 발생하는 것이므로 가산금 또는 중가산금의 고지가 항고소송의 대상이 되는 처분이라고 볼 수 없다. 대법원 2005. 6. 10. 선고 2005다15482 판결 17 국가, 19 국가, 23 지방

Ⅲ 명단의 공표

1. 의의

행정절차법 제40조의3【위반사실 등의 공표】
① 행정청은 법령에 따른 의무를 위반한 자의 성명·법인명, 위반사실, 의무 위반을 이유로 한 처분사실 등(이하 "위반사실등"이라 한다)을 법률로 정하는 바에 따라 일반에게 공표할 수 있다.
② 행정청은 위반사실등의 공표를 하기 전에 사실과 다른 공표로 인하여 당사자의 명예·신용 등이 훼손되지 아니하도록 객관적이고 타당한 증거와 근거가 있는지를 확인하여야 한다.
③ 행정청은 위반사실등의 공표를 할 때에는 미리 당사자에게 그 사실을 통지하고 의견제출의 기회를 주어야 한다. 다만, 다음 각 호의 어느 하나에 해당하는 경우에는 그러하지 아니하다.
1. 공공의 안전 또는 복리를 위하여 긴급히 공표를 할 필요가 있는 경우
2. 해당 공표의 성질상 의견청취가 현저히 곤란하거나 명백히 불필요하다고 인정될 만한 타당한 이유가 있는 경우
3. 당사자가 의견진술의 기회를 포기한다는 뜻을 명백히 밝힌 경우
④ 제3항에 따라 의견제출의 기회를 받은 당사자는 공표 전에 관할 행정청에 서면이나 말 또는 정보통신망을 이용하여 의견을 제출할 수 있다.
⑤ 제4항에 따른 의견제출의 방법과 제출 의견의 반영 등에 관하여는 제27조 및 제27조의2를 준용한다. 이 경우 "처분"은 "위반사실등의 공표"로 본다.
⑥ 위반사실등의 공표는 관보, 공보 또는 인터넷 홈페이지 등을 통하여 한다.
⑦ 행정청은 위반사실등의 공표를 하기 전에 당사자가 공표와 관련된 의무의 이행, 원상회복, 손해배상 등의 조치를 마친 경우에는 위반사실등의 공표를 하지 아니할 수 있다.
⑧ 행정청은 공표된 내용이 사실과 다른 것으로 밝혀지거나 공표에 포함된 처분이 취소된 경우에는 그 내용을 정정하여, 정정한 내용을 지체 없이 해당 공표와 같은 방법으로 공표된 기간 이상 공표하여야 한다. 다만, 당사자가 원하지 아니하면 공표하지 아니할 수 있다.

• 행정법상 의무 위반이 있는 경우에 그 위반자의 성명·위반사실 등을 일반에게 공개하여 명예 또는 신용에 침해를 가함으로써 심리적인 압박을 가하여 간접적으로 행정법상의 의무이행을 확보하는 수단을 말한다.
• 국세기본법상 고액·상습체납자의 명단공개, 15 국회 미성년자에 대한 성범죄자의 등록정보의 공개 등이 그 예이다.

2. 법적 근거

- 침익적 행정작용으로서 법에 근거가 있는 경우에 한하여 가능하다. 15 사복
- 명단의 공표에 관한 일반법은 존재하지 않고, 개별법에서 이를 규정하고 있다. 18 교행

3. 법적 성질: 처분성 인정

- 행정청의 명단의 공표(결정)는 항고소송의 대상이 되는 처분에 해당한다.
- 판례는 명단공표를 공권력 행사로 보면서도 공개라는 사실행위는 행정결정의 집행행위로 보고 있는 점에서 명단공표를 사실행위로 보지 않고 행정행위(일반처분)로 보고 있는 것으로 해석된다.

판례

병무청장이 병역법 제81조의2 제1항에 따라 병역의무 기피자의 인적사항 등을 인터넷 홈페이지에 게시하는 등의 방법으로 공개한 경우 병무청장의 공개결정을 항고소송의 대상이 되는 행정처분으로 보아야 한다. 그 구체적인 이유는 다음과 같다. 23 국가

① 병무청장이 하는 병역의무 기피자의 인적사항 등 공개는, 특정인을 병역의무 기피자로 판단하여 그 사실을 일반 대중에게 공표함으로써 그의 명예를 훼손하고 그에게 수치심을 느끼게 하여 병역의무 이행을 간접적으로 강제하려는 조치로서 병역법에 근거하여 이루어지는 공권력의 행사에 해당한다.

② 병무청장이 하는 병역의무 기피자의 인적사항 등 공개조치에는 특정인을 병역의무 기피자로 판단하여 그에게 불이익을 가한다는 행정결정이 전제되어 있고, 공개라는 사실행위는 행정결정의 집행행위라고 보아야 한다. 병무청장이 그러한 행정결정을 공개 대상자에게 미리 통보하지 않은 것이 적절한지는 본안에서 해당 처분이 적법한가를 판단하는 단계에서 고려할 요소이며, 병무청장이 그러한 행정결정을 공개 대상자에게 미리 통보하지 않았다거나 처분서를 작성・교부하지 않았다는 점만으로 항고소송의 대상적격을 부정하여서는 아니 된다.

③ 병무청 인터넷 홈페이지에 공개 대상자의 인적사항 등이 게시되는 경우 그의 명예가 훼손되므로, 공개 대상자는 자신에 대한 공개결정이 병역법령에서 정한 요건과 절차를 준수한 것인지를 다툴 법률상 이익이 있다. 병무청장이 인터넷 홈페이지 등에 게시하는 사실행위를 함으로써 공개 대상자의 인적사항 등이 이미 공개되었더라도, 재판에서 병무청장의 공개결정이 위법함이 확인되어 취소판결이 선고되는 경우, 병무청장은 취소판결의 기속력에 따라 위법한 결과를 제거하는 조치를 할 의무가 있으므로 공개 대상자의 실효적 권리구제를 위해 병무청장의 공개결정을 행정처분으로 인정할 필요성이 있다. 만약 병무청장의 공개결정을 항고소송의 대상이 되는 처분으로 보지 않는다면 국가배상청구 외에는 침해된 권리 또는 법률상 이익을 구제받을 적절한 방법이 없다.

④ 관할 지방병무청장의 공개 대상자 결정의 경우 상대방에게 통보하는 등 외부에 표시하는 절차가 관계 법령에 규정되어 있지 않아, 행정실무상으로도 상대방에게 통보되지 않는 경우가 많다. 또한 관할 지방병무청장이 위원회의 심의를 거쳐 공개 대상자를 1차로 결정하기는 하지만, 병무청장에게 최종적으로 공개 여부를 결정할 권한이 있으므로, 관할 지방병무청장의 공개 대상자 결정은 병무청장의 최종적인 결정에 앞서 이루어지는 행정기관 내부의 중간적 결정에 불과하다. 가까운 시일 내에 최종적인 결정과 외부적인 표시가 예정된 상황에서, 외부에 표시되지 않은 행정기관 내부의 결정을 항고소송의 대상인 처분으로 보아야 할 필요성은 크지 않다. 관할 지방병무청장이 1차로 공개 대상자 결정을 하고, 그에 따라 병무청장이 같은 내용으로 최종적 공개결정을 하였다면, 공개 대상자는 병무청장의 최종적 공개결정만을 다투는 것으로 충분하고, 관할 지방병무청장의 공개 대상자 결정을 별도로 다툴 소의 이익은 없어진다. 대법원 2019. 6. 27. 선고 2018두49130 판결

> 대법원이 이른바 양심적 병역거부가 병역법 제88조 제1항에서 정한 병역의무 불이행의 '정당한 사유'에 해당할 수 있다는 취지로 판례를 변경하자(대법원 2018. 11. 1. 선고 2016도10912 전원합의체 판결 참조), 피고는 위 대법원 판례변경의 취지를 존중하여 이 사건 상고심 계속 중인 2018. 11. 15.경 원고들에 대한 공개결정을 직권으로 취소한 다음, 그 사실을 원고들에게 개별적으로 통보하고 병무청 인터넷 홈페이지에서 게시물을 삭제한 사실을 인정할 수 있다. 따라서 이 사건 소는 이미 소멸하고 없는 처분의 무효확인 또는 취소를 구하는 것으로서 원칙적으로 소의 이익이 소멸하였다고 보아야 한다. 또한, 피고가 양심적 병역 거부자인 '여호와의 증인' 신도들에 대하여 대법원의 판례변경의 취지를 존중하여 당초 처분을 직권취소한 것이므로, 동일한 소송 당사자 사이에서 당초 처분과 동일한 사유로 위법한 처분이 반복될 위험성이 있어 행정처분의 위법성 확인이나 불분명한 법률문제에 대한 해명이 필요한 경우도 아니어서, 소의 이익을 예외적으로 인정할 필요도 없다. 결국 이 사건 소는 부적법하다고 판단된다. (대법원 2019. 6. 27. 선고 2018두49130 판결)

4. 한계

- 법에 근거가 있는 경우에도 비례의 원칙에 의한 명예·신용·인격권 또는 프라이버시권과 공표로 달성하고자 하는 공익 간 이익형량의 결과에 따라 명단공표가 제한될 수 있다.

5. 권리구제

(1) 항고소송

- 명단공표(결정)는 처분성을 가지므로 이를 대상으로 항고소송을 제기할 수 있다.

(2) 국가배상

- 위법한 명단공표에 의해 명예 등이 침해되는 경우 국가배상을 청구할 수 있다.

Ⅳ 제재처분

1. 의의

- 법령 등에 따른 의무를 위반하거나 이행하지 않았음을 이유로 당사자에게 의무를 부과하거나 권익을 제한하는 처분을 말한다.
- 인허가의 정지나 취소, 등록 말소 등이 그 예이다.

> **행정기본법 제2조 【정의】** 이 법에서 사용하는 용어의 뜻은 다음과 같다.
> 5. "제재처분"이란 법령등에 따른 의무를 위반하거나 이행하지 아니하였음을 이유로 당사자에게 의무를 부과하거나 권익을 제한하는 처분을 말한다. 다만, 제30조제1항 각 호에 따른 행정상 강제는 제외한다.

2. 제재처분에 관한 입법

- 제재처분의 근거가 되는 법률에는 제재처분의 주체, 사유, 유형 및 상한을 명확하게 규정하여야 하고, 이 경우 제재처분의 유형 및 상한을 정할 때에는 해당 위반행위의 특수성 및 유사한 위반행위와의 형평성 등을 종합적으로 고려하여야 한다(행정기본법 제22조 제1항).
- 개별법에서는 반복하여 같은 법규위반행위를 한 경우, 가중된 제재처분을 하도록 규정하고 있는 경우가 많다.

판례

구 화물자동차 운수사업법 시행령 제5조 제1항 [별표 1] 제재처분기준 제2호 및 비고 제4호에서 정한 '위반행위의 횟수에 따른 가중처분기준'은 위반행위에 따른 제재처분을 받았음에도 또다시 같은 내용의 위반행위를 반복하는 경우에 더욱 중하게 처벌하려는 데에 취지가 있다. 이러한 제도의 취지와 구 시행령 [별표 1] 비고 제4호의 문언을 종합하면, '위반행위의 횟수에 따른 가중처분기준'이 적용되려면 실제 선행 위반행위가 있고 그에 대하여 유효한 제재처분이 이루어졌음에도 그 제재처분일로부터 1년 이내에 다시 같은 내용의 위반행위가 적발된 경우이면 족하다고 보아야 한다. 선행 위반행위에 대한 선행 제재처분이 반드시 구 시행령 [별표 1] 제재처분기준 제2호에 명시된 처분내용대로 이루어진 경우이어야 할 필요는 없으며, 선행 제재처분에 처분의 종류를 잘못 선택하거나 처분양정(량정)에서 재량권을 일탈·남용한 하자가 있었던 경우라고 해서 달리 볼 것은 아니다. 대법원 2020. 5. 28. 선고 2017두73693 판결

3. 제재처분의 요건

- 제재처분은 반드시 현실적인 행위자가 아니라도 법령상 책임자로 규정된 자에게 부과되고, 특별한 사정이 없는 한 위반자에게 고의나 과실이 없더라도 부과할 수 있다.
- 다만, 위반자의 의무 해태를 탓할 수 없는 정당한 사유가 있는 경우에는 부과할 수 없다.

판례

1. 행정법규 위반에 대한 제재조치는 행정목적의 달성을 위하여 행정법규 위반이라는 객관적 사실에 착안하여 가하는 제재이므로, 반드시 현실적인 행위자가 아니라도 법령상 책임자로 규정된 자에게 부과되고, 특별한 사정이 없는 한 위반자에게 고의나 과실이 없더라도 부과할 수 있다. 대법원 2017. 5. 11. 선고 2014두8773 판결
2. 행정법규 위반에 대하여 가하는 제재조치는 행정목적의 달성을 위하여 행정법규 위반이라는 객관적 사실에 착안하여 가하는 제재이므로 위반자의 고의·과실이 있어야만 하는 것은 아니나, 그렇다고 하여 위반자의 의무 해태를 탓할 수 없는 정당한 사유가 있는 경우까지 부과할 수 있는 것은 아니다. 대법원 2014. 12. 24. 선고 2010두6700 판결

- 행정청은 재량이 있는 제재처분을 할 때에는 행정기본법이 정한 바에 따라 일정한 사항을 고려하여야 한다.

행정기본법 제22조【제재처분의 기준】

② 행정청은 재량이 있는 제재처분을 할 때에는 다음 각 호의 사항을 고려하여야 한다.

1. 위반행위의 동기, 목적 및 방법
2. 위반행위의 결과
3. 위반행위의 횟수
4. 그 밖에 제1호부터 제3호까지에 준하는 사항으로서 대통령령으로 정하는 사항

4. 제재처분과 형벌의 병과

- 제재처분과 형벌은 그 대상과 목적이 다르기 때문에, 일정한 법규 위반 사실이 제재처분의 전제사실이자 형사법규의 위반 사실이 되는 경우에 동일한 행위에 관하여 독립적으로 행정처분이나 형벌을 부과하거나 이를 병과할 수 있다.

판례

행정처분과 형벌은 각각 그 권력적 기초, 대상, 목적이 다르다. 일정한 법규 위반 사실이 행정처분의 전제사실이자 형사법규의 위반 사실이 되는 경우에 동일한 행위에 관하여 독립적으로 행정처분이나 형벌을 부과하거나 이를 병과할 수 있다. 법규가 예외적으로 형사소추 선행 원칙을 규정하고 있지 않은 이상 형사판결 확정에 앞서 일정한 위반사실을 들어 행정처분을 하였다고 하여 절차적 위반이 있다고 할 수 없다. 대법원 2017. 6. 19. 선고 2015두59808 판결

PART 04

5. 제재처분의 제척기간

행정기본법 제23조【제재처분의 제척기간】

① 행정청은 법령등의 위반행위가 종료된 날부터 5년이 지나면 해당 위반행위에 대하여 제재처분(인허가의 정지·취소·철회, 등록 말소, 영업소 폐쇄와 정지를 갈음하는 과징금 부과를 말한다. 이하 이 조에서 같다)을 할 수 없다.

② 다음 각 호의 어느 하나에 해당하는 경우에는 제1항을 적용하지 아니한다. 23 국가

1. 거짓이나 그 밖의 부정한 방법으로 인허가를 받거나 신고를 한 경우
2. 당사자가 인허가나 신고의 위법성을 알고 있었거나 중대한 과실로 알지 못한 경우
3. 정당한 사유 없이 행정청의 조사·출입·검사를 기피·방해·거부하여 제척기간이 지난 경우
4. 제재처분을 하지 아니하면 국민의 안전·생명 또는 환경을 심각하게 해치거나 해칠 우려가 있는 경우

③ 행정청은 제1항에도 불구하고 행정심판의 재결이나 법원의 판결에 따라 제재처분이 취소·철회된 경우에는 재결이나 판결이 확정된 날부터 1년(합의제행정기관은 2년)이 지나기 전까지는 그 취지에 따른 새로운 제재처분을 할 수 있다.

④ 다른 법률에서 제1항 및 제3항의 기간보다 짧거나 긴 기간을 규정하고 있으면 그 법률에서 정하는 바에 따른다.

6. 관련 판례

판례

효력기간이 정해져 있는 제재적 행정처분의 효력이 발생한 이후에도 행정청은 특별한 사정이 없는 한 상대방에 대한 별도의 처분으로써 효력기간의 시기와 종기를 다시 정할 수 있다. 이는 당초의 제재적 행정처분이 유효함을 전제로 그 구체적인 집행시기만을 변경하는 후속 변경처분이다. 이러한 후속 변경처분도 특별한 규정이 없는 한 의사표시에 관한 일반법리에 따라 상대방에게 고지되어야 효력이 발생한다. 위와 같은 후속 변경처분서에 효력기간의 시기와 종기를 다시 특정하는 대신 당초 제재적 행정처분의 집행을 특정 소송사건의 판결시까지 유예한다고 기재되어 있다면, 처분의 효력기간은 원칙적으로 그 사건의 판결 선고 시까지 진행이 정지되었다가 판결이 선고되면 다시 진행된다. 다만 이러한 후속 변경처분 권한은 특별한 사정이 없는 한 당초의 제재적 행정처분의 효력이 유지되는 동안에만 인정된다. 당초의 제재적 행정처분에서 정한 효력기간이 경과하면 그로써 처분의 집행은 종료되어 처분의 효력이 소멸하는 것이므로, 그 후 동일한 사유로 다시 제재적 행정처분을 하는 것은 위법한 이중처분에 해당한다. 대법원 2022. 2. 11. 선고 2021두40720 판결

V 시정명령

1. 의의

- 시정명령은 행정법규 위반에 의해 초래된 위법상태를 제거하는 것을 명하는 행정행위이다.
- 시정명령을 받은 자는 시정의무를 부담하게 되며, 시정의무를 이행하지 않은 경우에는 행정강제의 대상이 될 수 있고, 또한 통상 행정벌이 부과된다.

2. 시정명령의 대상

- 시정명령의 대상은 원칙적으로 과거의 위반행위로 야기되어 현재에도 존재하는 위법상태이다.
- 다만 판례는 예외적으로 장래의 위반행위도 시정명령의 대상이 될 수 있는 것으로 보는 경우가 있다.

판례

1. 비록 하도급법 제13조 등의 위반행위가 있었더라도 그 위반행위의 결과가 더 이상 존재하지 않는다면 하도급법 제25조 제1항에 의한 시정명령을 할 수 없다고 보아야 한다. 대법원 2015. 12. 10. 선고 2013두35013 판결
2. 독점규제 및 공정거래에 관한 법률에 의한 시정명령이 지나치게 구체적인 경우 매일 매일 다소간의 변형을 거치면서 행해지는 수많은 거래에서 정합성이 떨어져 결국 무의미한 시정명령이 되므로 그 본질적인 속성상 다소간의 포괄성·추상성을 띨 수밖에 없다 할 것이고, 한편 시정명령 제도를 둔 취지에 비추어 시정명령의 내용은 과거의 위반행위에 대한 중지는 물론 가까운 장래에 반복될 우려가 있는 동일한 유형의 행위의 반복금지까지 명할 수는 있는 것으로 해석함이 상당하다. 대법원 2003. 2. 20. 선고 2001두5347 전원합의체 판결

3. 시정명령의 상대방

- 시정명령의 상대방은 시정명령의 내용을 이행할 수 있는 법률상 또는 사실상의 지위에 있는 자이다.

판례

1. 대지 또는 건축물의 위법상태를 시정할 수 있는 법률상 또는 사실상의 지위에 있지 않은 자가 구 건축법 제79조 제1항에 따른 시정명령의 상대방이 될 수 없다. 대법원 2022. 10. 14 선고 2021두45008 판결
2. 위법건축물에 대한 건축주 명의를 갖는 명의만 빌려준 명목상 건축주도 명의가 도용되었다는 등의 특별한 사정이 있지 않은 한 시정명령의 상대방이 되는 건축주에 해당한다. 대법원 2008. 7. 24. 선고 2007두5639 판결
3. 원고가 이 사건 각 건물의 소유자인 주식회사 송도의 대표이사로서 실질적으로 이 사건 각 건물을 관리하여 왔다는 등의 판시 사정들을 종합하여, 원고가 이 사건 각 건물의 관리자로서 이 사건 각 건물의 위법상태를 직접 초래하거나 또는 그에 관여하였으므로, 이 사건 건축법 위반행위에 대한 시정명령의 상대방이 될 수 있다고 한 사례. 대법원 2016. 10. 27. 선고 2016두41811 판결

Ⅵ 공급거부

1. 의의

- 행정법상 의무를 위반한 자에 대하여 행정상의 서비스 또는 재화의 공급을 거부하는 행위를 말한다.

2. 법적 근거

- 침익적 행정작용이므로 명시적인 법률상의 근거가 있어야 한다.

3. 법적 성질

(1) 공급거부

- 행정청의 공급거부는 권력적 사실행위로서 처분성이 인정된다.

판례

지방자치단체의 장이 행한 단수처분은 항고소송의 대상이 되는 행정처분에 해당한다. 대법원 1979. 12. 28. 선고 79누218 판결

(2) 공급거부요청

- 행정청의 공급자에 대한 공급거부요청은 공급거부와 달리 권고적 성격의 행위에 불과한 것이므로 처분성이 부정된다.

판례

행정청이 위법 건축물에 대한 시정명령을 하고 나서 위반자가 이를 이행하지 아니하여 전기·전화의 공급자에게 그 위법 건축물에 대한 전기·전화공급을 하지 말아 줄 것을 요청한 행위는 권고적 성격의 행위에 불과한 것으로서 전기·전화공급자나 특정인의 법률상 지위에 직접적인 변동을 가져오는 것은 아니므로 이를 항고소송의 대상이 되는 행정처분이라고 볼 수 없다. 대법원 1996. 3. 22. 선고 96누433 판결 17 서울

Ⅶ 관허사업의 제한

1. 의의

- 행정법상 의무를 위반한 자에 대하여 각종 인·허가를 거부하거나 또는 철회·정지할 수 있게 함으로써 행정법상 의무의 준수 또는 이행을 간접적으로 강제하는 수단을 말한다.

2. 종류

(1) 관련관허사업제한

- 의무위반사항과 관련이 있는 사업에 대한 제한을 말한다.
- 건축법 제79조 제2항❶의 위법건축물을 이용한 영업허가의 제한 국세징수법 제112조❷의 국세체납자에 대한 관련 관허사업의 제한 등이 그 예이다.

(2) 일반적 관허사업제한

- 의무위반사항과 관련이 없는 사업 일반에 대한 제한을 말한다.
- 병역법 제76조 제2항의 병역의무불이행자에 대한 관허사업의 제한 등이 그 예이다.

3. 법적 근거

- 침익적 행정작용이므로 법률의 근거가 있어야 한다.

4. 한계: 부당결부금지의 원칙 위배 여부

- 관허사업의 제한조치가 비례의 원칙 등 행정법상 일반원칙을 준수해야 함은 당연한데, 그 중 특히 일반적 관허사업제한이 부당결부금지의 원칙에 위배되는지 여부가 문제된다.
- 이에 대해 합헌설과 위헌설의 견해대립이 있는데, 아직까지 명확한 판례는 없다. 14 국가

❶ 건축법 제79조(위반 건축물 등에 대한 조치 등)
② 허가권자는 제1항에 따라 허가나 승인이 취소된 건축물 또는 제1항에 따른 시정명령을 받고 이행하지 아니한 건축물에 대하여는 다른 법령에 따른 영업이나 그 밖의 행위를 허가·면허·인가·등록·지정 등을 하지 아니하도록 요청할 수 있다.

❷ 국세징수법 제112조(사업에 관한 허가 등의 제한)
① 관할 세무서장은 납세자가 허가·인가·면허 및 등록 등을 받은 사업과 관련된 소득세, 법인세 및 부가가치세를 체납한 경우 해당 사업의 주무관청에 그 납세자에 대하여 허가 등의 갱신과 그 허가 등의 근거 법률에 따른 신규 허가 등을 하지 아니할 것을 요구할 수 있다.

병역법 제76조(병역의무 불이행자에 대한 제재)
② 국가기관 또는 지방자치단체의 장은 제1항 각 호의 어느 하나에 해당하는 사람에 대하여는 각종 관허업의 특허·허가·인가·면허·등록 또는 지정 등을 하여서는 아니 되며, 이미 이를 받은 사람에 대하여는 취소하여야 한다.

MEMO

강성빈
행정법총론

Chapter 1 행정절차

Chapter 2 정보공개법

Chapter 3 개인정보 보호법

합격까지 박문각

PART

05

행정절차 및 행정정보공개

CHAPTER
01

행정절차

쟁점 87 행정절차 일반론

I 행정절차의 의의

- 행정절차란 행정기관이 행정작용을 함에 있어서 거치는 일련의 사전절차를 말한다.
- 행정절차는 행정의 민주화, 행정작용의 적정화 및 능률화 등에 기여함은 물론 행정청에 의한 개인의 권리침해를 사전에 방지하는 사전적 권리구제절차로서 기능한다.

II 행정절차의 법적 근거

1. 헌법적 근거: 적법절차의 원칙

헌법 제12조
① 모든 국민은 신체의 자유를 가진다. 누구든지 법률에 의하지 아니하고는 체포·구속·압수·수색 또는 심문을 받지 아니하며, 법률과 적법한 절차에 의하지 아니하고는 처벌·보안처분 또는 강제노역을 받지 아니한다.

- 헌법 제12조는 형사절차에 있어서의 적법절차의 원칙을 규정하고 있는데, 통설과 판례는 적법절차의 원칙은 형사절차의 영역뿐만 아니라 국가의 모든 공권력 작용에 적용된다고 하여 행정절차의 헌법적 근거를 적법절차의 원칙에서 찾고 있다(헌법재판소 1992. 12. 24. 선고 92헌가8 전원재판부). 14 사복, 15 사복

판례

적법절차의 원칙은 헌법조항에 규정된 형사절차상의 제한된 범위 내에서만 적용되는 것이 아니라 국가작용으로서 기본권제한과 관련되든 관련되지 않는 모든 입법작용 및 행정작용에도 광범위하게 적용된다. 헌법재판소 1992. 12. 24. 선고 92헌가8 결정

- 적법절차의 원칙은 행정절차에 직접 적용되므로, 개별법상 절차규정이 없는 경우에도 적법절차에 따르지 않은 행정처분은 절차상 하자가 있어 위법하게 된다. 20 소방

판례

개별 세법에서 납세고지에 관한 별도의 규정을 두지 않은 경우라 하더라도 해당 본세의 납세고지서에 국세징수법 제9조 제1항이 규정한 것과 같은 세액의 산출근거 등이 기재되어 있지 않다면 그 과세처분은 적법하지 않다고 한다. 말하자면 개별 세법에 납세고지에 관한 별도의 규정이 없더라도 국세징수법이 정한 것과 같은 납세고지의 요건을 갖추지 않으면 안 된다는 것이고, 이는 적법절차의 원칙이 과세처분에도 적용됨에 따른 당연한 귀결이다. 13 국회
하나의 납세고지서에 의하여 복수의 과세처분을 함께 하는 경우에는 과세처분별로 그 세액과 산출근거 등을 구분하여 기재함으로써 납세의무자가 각 과세처분의 내용을 알 수 있도록 해야 한다. 14 국회, 16 지방
따라서 하나의 납세고지서에 의하여 본세와 가산세를 함께 부과할 때에는 납세고지서에 본세와 가산세 각각의 세액과 산출근거 등을 구분하여 기재해야 하는 것이고, 또 여러 종류의 가산세를 함께 부과하는 경우에는 그 가산세 상호 간에도 종류별로 세액과 산출근거 등을 구분하여 기재함으로써 납세의무자가 납세고지서 자체로 각 과세처분의 내용을 알 수 있도록 하는 것이 당연한 원칙이다. 대법원 2012. 10. 18. 선고 2010두12347 판결

2. 법률적 근거

- 행정절차에 관한 일반법으로서 행정절차법이 있다.
- 민원절차에 관한 일반법으로서 민원처리에 관한 법률이 있다.

Ⅲ 행정절차법의 총칙 규정

1. 개괄

- 행정절차법은 주로 절차적 규정을 두고 있으나, 예외적으로 실체법 규정(신의성실의 원칙과 신뢰보호의 원칙)을 두고 있다. 12 사복
- 행정절차법은 처분, 신고, 확약, 위반사실 등의 공표, 행정계획, 행정상 입법예고, 행정예고, 행정지도에 관한 절차를 규정하고 있다. 13 서울, 15 사복, 17 교행, 17 국회, 18 국가
- 행정절차법은 행정계획의 확정, 행정조사, 공법상계약에 관한 절차는 규정하지 않고 있다. 13 서울, 13 국회, 16 국가, 17 교행, 18 소방

2. 용어의 정의

(1) 처분(행정절차법 제2조 2호)

- 처분이란 행정청이 행하는 구체적 사실에 관한 법 집행으로서의 공권력의 행사 또는 그 거부와 그 밖에 이에 준하는 행정작용을 말하는 것으로서, 행정쟁송법상의 개념과 동일하다.
- 따라서 행정절차법이 규정하고 있지 아니한 행정조사 등에 관한 사항이라도 그것이 처분에 해당한다면 행정절차법상의 처분절차가 적용된다. 16 사복

(2) 행정절차의 "당사자등"(행정절차법 제2조 4호)

- "당사자등"이란 행정청의 처분에 대하여 직접 그 상대가 되는 당사자와 행정청이 직권으로 또는 신청에 따라 행정절차에 참여하게 한 이해관계인을 말한다. 23 지방 01
- 따라서 제3자의 경우 처분에 대하여 법률상 이익이 있더라도 동법상 이해관계인에 해당하지 않는 이상 행정절차법이 적용되는 당사자등에는 해당하지 않는다. 17 국회

OX 확인

01 「행정절차법」상 사전통지 및 의견제출에 대한 권리를 부여하고 있는 '당사자등'에는 불이익처분의 직접 상대방인 당사자와 행정청이 직권으로 또는 신청에 따라 행정절차에 참여하게 한 이해관계인, 그 밖에 제3자가 포함된다. (×)

3. 일반원칙

(1) 신의성실 및 신뢰보호의 원칙(행정절차법 제4조)

- 행정청은 직무를 수행할 때 신의에 따라 성실히 하여야 한다. 17 서울
- 행정청은 법령 등의 해석 또는 행정청의 관행이 일반적으로 국민들에게 받아들여졌을 때에는 공익 또는 제3자의 정당한 이익을 현저히 해칠 우려가 있는 경우를 제외하고는 새로운 해석 또는 관행에 따라 소급하여 불리하게 처리하여서는 아니 된다.

(2) 투명성원칙 및 법령해석 요청권(행정절차법 제5조)

- 행정청이 행하는 행정작용은 그 내용이 구체적이고 명확하여야 한다.
- 행정작용의 근거가 되는 법령 등의 내용이 명확하지 아니한 경우 상대방은 해당 행정청에 그 해석을 요청할 수 있고, 이 경우 해당 행정청은 특별한 사유가 없으면 그 요청에 따라야 한다.

PART 05

4. 관할(행정절차법 제6조)

• 행정절차법은 관할 행정청에의 이송제도와 행정청의 관할의 결정에 관한 규정을 두고 있다.

5. 행정응원(행정절차법 제8조)

• 행정청은 일정한 경우에 다른 행정청에 행정응원을 요청할 수 있다.
• 행정응원을 요청받은 행정청은 일정한 경우에는 응원을 거부할 수 있다.
• 행정응원을 위하여 파견된 직원은 응원을 요청한 행정청의 지휘・감독을 받는다. 다만, 해당 직원의 복무에 관하여 다른 법령등에 특별한 규정이 있는 경우에는 그에 따른다. 21 소방
• 행정응원에 드는 비용은 응원을 요청한 행정청이 부담하며, 그 부담금액 및 부담방법은 응원을 요청한 행정청과 응원을 하는 행정청이 협의하여 결정한다. 21 소방

6. 당사자등

(1) 당사자등의 자격(행정절차법 제9조)

• 행정절차에서 당사자등이 될 수 있는 자는 자연인, 법인, 법인이 아닌 사단 또는 재단, 그 밖에 다른 법령 등에 따라 권리・의무의 주체가 될 수 있는 자이다. 11 국회

(2) 지위의 승계(행정절차법 제10조)

• 당사자등이 사망하였을 때의 상속인과 다른 법령 등에 따라 당사자등의 권리 또는 이익을 승계한 자는 당사자등의 지위를 승계한다.
• 당사자등인 법인 등이 합병하였을 때에는 합병 후 존속하는 법인 등이나 합병 후 새로 설립된 법인 등이 당사자등의 지위를 승계한다.
• 사망 또는 합병에 의한 지위 승계의 경우 당사자등의 지위를 승계한 자는 행정청에 그 사실을 통지하여야 하고, 그 통지가 있을 때까지 사망자 또는 합병 전의 법인 등에 대하여 행정청이 한 통지는 당사자등의 지위를 승계한 자에게도 효력이 있다.
• 처분에 관한 권리 또는 이익을 사실상 양수한 자는 행정청의 승인을 받아 당사자등의 지위를 승계할 수 있다.

(3) 대표자의 선정(행정절차법 제11조)

• 다수의 당사자등이 공동으로 행정절차에 관한 행위를 할 때에는 대표자를 선정할 수 있다.
• 행정청은 당사자등이 대표자를 선정하지 아니하거나 대표자가 지나치게 많아 행정절차가 지연될 우려가 있는 경우에는 그 이유를 들어 상당한 기간 내에 3인 이내의 대표자를 선정할 것을 요청할 수 있다. 이 경우 당사자등이 그 요청에 따르지 아니하였을 때에는 행정청이 직접 대표자를 선정할 수 있다.
• 대표자는 각자 그를 대표자로 선정한 당사자등을 위하여 행정절차에 관한 모든 행위를 할 수 있다. 다만, 행정절차를 끝맺는 행위에 대하여는 당사자등의 동의를 받아야 한다.
• 대표자가 있는 경우에는 당사자등은 그 대표자를 통하여서만 행정절차에 관한 행위를 할 수 있다.
• 다수의 대표자가 있는 경우 그중 1인에 대한 행정청의 행위는 모든 당사자등에게 효력이 있다. 다만, 행정청의 통지는 대표자 모두에게 하여야 그 효력이 있다.

⑷ 대리인의 선정(행정절차법 제12조)

- 당사자등은 일정한 지위에 있는 자를 대리인으로 선임할 수 있다.

Ⅳ 행정절차법의 적용 범위

1. 행정절차법의 규정

> 행정절차법 제3조 【적용 범위】
> ① 처분, 신고, 확약, 위반사실 등의 공표, 행정계획, 행정상 입법예고, 행정예고 및 행정지도의 절차(이하 "행정절차"라 한다)에 관하여 다른 법률에 특별한 규정이 있는 경우를 제외하고는 이 법에서 정하는 바에 따른다. 〈개정 2022. 1. 11.〉
> ② 이 법은 다음 각 호의 어느 하나에 해당하는 사항에 대하여는 적용하지 아니한다.
> 1. 국회 또는 지방의회의 의결을 거치거나 동의 또는 승인을 받아 행하는 사항 14 사복, 18 국회, 19 소방
> 2. 법원 또는 군사법원의 재판에 의하거나 그 집행으로 행하는 사항
> 3. 헌법재판소의 심판을 거쳐 행하는 사항 19 소방
> 4. 각급 선거관리위원회의 의결을 거쳐 행하는 사항 11 국가
> 5. 감사원이 감사위원회의의 결정을 거쳐 행하는 사항 11 국가
> 6. 형사, 행형 및 보안처분 관계 법령에 따라 행하는 사항 19 소방
> 7. 국가안전보장 · 국방 · 외교 또는 통일에 관한 사항 중 행정절차를 거칠 경우 국가의 중대한 이익을 현저히 해칠 우려가 있는 사항
> 8. 심사청구, 해양안전심판, 조세심판, 특허심판, 행정심판, 그 밖의 불복절차에 따른 사항 11 국가
> 9. 「병역법」에 따른 징집 · 소집, 외국인의 출입국 · 난민인정 · 귀화, 12 지방 공무원 인사 관계 법령에 따른 징계와 그 밖의 처분, 이해 조정을 목적으로 하는 법령에 따른 알선 · 조정 · 중재 · 재정 또는 그 밖의 처분 등 해당 행정작용의 성질상 행정절차를 거치기 곤란하거나 거칠 필요가 없다고 인정되는 사항과 행정절차에 준하는 절차를 거친 사항으로서 대통령령으로 정하는 사항

PART 05

2. 일반법으로서의 행정절차법

- 행정절차법은 행정절차에 관한 일반법이므로, 행정절차에 관하여 다른 법률에 특별한 규정이 있는 경우 그 법률이 적용되고 행정절차법은 보충적으로만 적용된다.

3. 행정절차법의 적용 배제

⑴ 일반론

- 행정절차법 제3조 제2항은 행정절차법이 적용되지 않는 경우에 대하여 규정하고 있다. 13 국회
- 9호에서 정하는 사항의 경우, 그 전부에 대하여 행정절차법의 적용이 배제되는 것이 아니라, 성질상 행정절차를 거치기 곤란하거나 불필요하다고 인정되는 처분이나 행정절차에 준하는 절차를 거치도록 하고 있는 처분의 경우에만 행정절차법의 적용이 배제된다.

판례

1. 행정절차법의 적용이 제외되는 '외국인의 출입국에 관한 사항'이란 해당 행정작용의 성질상 행정절차를 거치기 곤란하거나 거칠 필요가 없다고 인정되는 사항이나 행정절차에 준하는 절차를 거친 사항으로서 행정절차법 시행령으로 정하는 사항만을 가리킨다. '외국인의 출입국에 관한 사항'이라고 하여 행정절차를 거칠 필요가 당연히 부정되는 것은 아니다. 대법원 2019. 7. 11. 선고 2017두38874 판결
2. 공무원 인사 관계 법령에 의한 처분에 관한 사항 전부에 대하여 행정절차법의 적용이 배제되는 것이 아니라 성질상 행정절차를 거치기 곤란하거나 불필요하다고 인정되는 처분이나 행정절차에 준하는 절차를 거치도록 하고 있는 처분의 경우에만 행정절차법의 적용이 배제된다. 대법원 2007. 9. 21. 선고 2006두20631 판결 16 국가, 18 국회, 19 서울, 24 지방

(2) 행정절차법의 적용이 배제된 사례

판례

1. 법 제75조 및 제76조 제1항에서 공무원에 대하여 직위해제를 할 때에는 그 처분권자 또는 처분제청권자는 처분사유를 적은 설명서를 교부하도록 하고, 처분사유 설명서를 받은 공무원이 그 처분에 불복할 때에는 그 설명서를 받은 날부터 30일 이내에 소청심사청구를 할 수 있도록 함으로써 임용권자가 직위해제처분을 행함에 있어서 구체적이고도 명확한 사실의 적시가 요구되는 처분사유 설명서를 반드시 교부하도록 하여 해당 공무원에게 방어의 준비 및 불복의 기회를 보장하고 임용권자의 판단에 신중함과 합리성을 담보하게 하고 있고, 직위해제처분을 받은 공무원은 사후적으로 소청이나 행정소송을 통하여 충분한 의견진술 및 자료제출의 기회를 보장하고 있다. 그렇다면 국가공무원법상 직위해제처분은 당해 행정작용의 성질상 행정절차를 거치기 곤란하거나 불필요하다고 인정되는 사항 또는 행정절차에 준하는 절차를 거친 사항에 해당하므로, 처분의 사전통지 및 의견청취 등에 관한 행정절차법의 규정이 별도로 적용되지 않는다. 대법원 2014. 5. 16. 선고 2012두26180 판결 16 사복, 19 서울, 21 지방, 22 지방 01
2. 행정절차법 제3조 제2항, 같은 법 시행령 제2조 제6호에 의하면 공정거래위원회의 의결·결정을 거쳐 행하는 사항에는 행정절차법의 적용이 제외되게 되어 있으므로, 설사 공정거래위원회의 시정조치 및 과징금납부명령에 행정절차법 소정의 의견청취절차 생략사유가 존재한다고 하더라도, 공정거래위원회는 행정절차법을 적용하여 의견청취절차를 생략할 수는 없다. 대법원 2001. 5. 8. 선고 2000두10212 판결 17 서울, 19 지방 02
3. 구 국적법 제5조 각호와 같이 귀화는 요건이 항목별로 구분되어 구체적으로 규정되어 있다. 그리고 성질상 행정절차를 거치기 곤란하거나 거칠 필요가 없다고 인정되어 처분의 이유제시 등을 규정한 행정절차법이 적용되지 않는다(제3조 제2항 제9호). 대법원 2018. 12. 13. 선고 2016두31616 판결
4. 구 군인사법상 보직해임처분은 구 행정절차법 제3조 제2항 제9호, 같은 법 시행령 제2조 제3호에 의하여 당해 행정작용의 성질상 행정절차를 거치기 곤란하거나 불필요하다고 인정되는 사항 또는 행정절차에 준하는 절차를 거친 사항에 해당하므로, 처분의 근거와 이유 제시 등에 관한 구 행정절차법의 규정이 별도로 적용되지 아니한다고 봄이 상당하다. 대법원 2014. 10. 15. 선고 2012두5756 판결

OX 확인

01 「국가공무원법」상 직위해제처분은 공무원의 인사상 불이익을 주는 처분이므로 「행정절차법」상 사전통지 및 의견청취절차를 거쳐야 한다. (×)

02 공정거래위원회의 시정조치 및 과징금납부명령에 「행정절차법」 소정의 의견청취절차 생략사유가 존재하면 공정거래위원회는 「행정절차법」을 적용하여 의견청취절차를 생략할 수 있다. (×)

행정절차법 제3조, 행정절차법 시행령 제2조 제6호는 독점규제 및 공정거래에 관한 법률(이하 '공정거래법'이라 한다)에 대하여 행정절차법의 적용이 배제되도록 규정하고 있다. 그 취지는 공정거래법의 적용을 받는 당사자에게 행정절차법이 정한 것보다 더 약한 절차적 보장을 하려는 것이 아니라, 오히려 그 의결절차상 인정되는 절차적 보장의 정도가 일반 행정절차와 비교하여 더 강화되어 있기 때문이다. (중략) 이처럼 공정거래법 규정에 의한 처분의 상대방에게 부여된 절차적 권리의 범위와 한계를 확정하려면 행정절차법이 당사자에게 부여한 절차적 권리의 범위와 한계 수준을 고려하여야 한다. 나아가 '당사자'에게 보장된 절차적 권리는 단순한 '이해관계인'이 보유하는 절차적 권리와 같을 수는 없다. 또한 단순히 조사가 개시되거나 진행 중인 경우에 당사자인 피심인의 절차적 권리와 비교하여, 공정거래위원회 전원회의나 소회의 등이 열리기를 전후하여 최종 의결에 이르기까지 피심인이 가지는 절차적 권리는 한층 더 보장되어야 한다. (대법원 2018. 12. 27. 선고 2015두44028 판결)

(3) 행정절차법의 적용이 배제되지 않는 사례

판례

1. 군인사법 및 그 시행령에 이 사건 처분과 같이 진급예정자 명단에 포함된 자의 진급선발을 취소하는 처분을 함에 있어 행정절차에 준하는 절차를 거치도록 하는 규정이 없을 뿐만 아니라 위 처분이 성질상 행정절차를 거치기 곤란하거나 불필요하다고 인정되는 처분이라고 보기도 어렵다고 할 것이어서 이 사건 처분이 행정절차법의 적용이 제외되는 경우에 해당한다고 할 수 없으며, 나아가 원고가 수사과정 및 징계과정에서 자신의 비위행위에 대한 해명기회를 가졌다는 사정만으로 이 사건 처분이 행정절차법 제21조 제4항 제3호, 제22조 제4항에 따라 원고에게 사전통지를 하지 않거나 의견제출의 기회를 주지 아니하여도 되는 예외적인 경우에 해당한다고 할 수 없으므로, 군인사법령에 의하여 진급예정자명단에 포함된 자에 대하여 의견제출의 기회를 부여하지 아니한 채 진급선발을 취소하는 처분을 한 것은 절차상 하자가 있어 위법하다. 대법원 2007. 9. 21. 선고 2006두20631 판결 18 국회, 24 국가, 24 지방

2. 한국방송공사의 설치・운영에 관한 사항을 정하고 있는 방송법은 제50조 제2항에서 "사장은 이사회의 제청으로 대통령이 임명한다."고 규정하고 있는데, 한국방송공사 사장에 대한 해임에 관하여는 명시적 규정을 두고 있지 않다. 그러나 방송법의 입법 경과와 연혁, 다른 법률과의 관계, 입법 형식 등을 종합하면, 한국방송공사 사장의 임명권자인 대통령에게 해임권한도 있다고 보는 것이 타당하다. 18 국회
대통령의 한국방송공사 사장의 해임 절차에 관하여 방송법이나 관련 법령에도 별도의 규정을 두지 않고 있고, 행정절차법의 입법 목적과 행정절차법 제3조 제2항 제9호와 관련 시행령의 규정 내용 등에 비추어 보면, 이 사건 해임처분이 행정절차법과 그 시행령에서 열거적으로 규정한 예외 사유에 해당한다고 볼 수 없으므로 이 사건 해임처분에도 행정절차법이 적용된다고 할 것이다(해임처분 과정에서 한국방송공사 사장 甲이 처분 내용을 사전에 통지받거나 그에 대한 의견제출 기회 등을 받지 못했고 해임처분 시 법적 근거 및 구체적 해임 사유를 제시받지 못하였으므로 해임처분이 행정절차법에 위배되어 위법하지만, 절차나 처분형식의 하자가 중대하고 명백하다고 볼 수 없어 역시 당연무효가 아닌 취소 사유에 해당한다고 본 원심판단을 정당하다고 한 사례). 대법원 2012. 2. 23. 선고 2011두5001 판결 17 사복, 17 국회, 22 국가

3. 행정절차법의 적용이 제외되는 공무원 인사관계 법령에 의한 처분에 관한 사항이란 성질상 행정절차를 거치기 곤란하거나 불필요하다고 인정되는 처분이나 행정절차에 준하는 절차를 거치도록 하고 있는 처분에 관한 사항만을 말하는 것으로 보아야 한다. 이러한 법리는 '공무원 인사관계 법령에 의한 처분'에 해당하는 육군3사관학교 생도에 대한 퇴학처분에도 마찬가지로 적용된다. 그리고 행정절차법 시행령 제2조 제8호는 '학교・연수원 등에서 교육・훈련의 목적을 달성하기 위하여 학생・연수생들을 대상으로 하는 사항'을 행정절차법의 적용이 제외되는 경우로 규정하고 있으나, 이는 교육과정과 내용의 구체적 결정, 과제의 부과, 성적의 평가, 공식적 징계에 이르지 아니한 질책・훈계 등과 같이 교육・훈련의 목적을 직접 달성하기 위하여 행하는 사항을 말하는 것으로 보아야 하고, 생도에 대한 퇴학처분과 같이 신분을 박탈하는 징계처분은 여기에 해당한다고 볼 수 없다. 19 소방
육군3사관학교의 사관생도에 대한 징계절차에서 징계심의대상자가 대리인으로 선임한 변호사가 징계위원회 심의에 출석하여 진술하려고 하였음에도, 징계권자나 그 소속 직원이 변호사가 징계위원회의 심의에 출석하는 것을 막았다면 징계위원회 심의・의결의 절차적 정당성이 상실되어 그 징계의결에 따른 징계처분은 위법하여 원칙적으로 취소되어야 한다. 다만 징계심의대상자의 대리인이 관련된 행정절차나 소송절차에서 이미 실질적인 증거조사를 하고 의견을 진술하는 절차를 거쳐서 징계심의대상자의 방어권 행사에 실질적으로 지장이 초래되었다고 볼 수 없는 특별한 사정이 있는 경우에는, 징계권자가 징계심의대상자의 대리인에게 징계위원회에 출석하여 의견을 진술할 기회를 주지 아니하였더라도 그로 인하여 징계위원회 심의에 절차적 정당성이 상실되었다고 볼 수 없으므로 징계처분을 취소할 것은 아니다. 대법원 2018. 3. 13. 선고 2016두33339 판결 19 서울, 24 지방

PART 05

4. 공무원 인사관계 법령에 의한 처분에 관한 사항이라 하더라도 전부에 대하여 행정절차법의 적용이 배제되는 것이 아니라, 성질상 행정절차를 거치기 곤란하거나 불필요하다고 인정되는 처분이나 행정절차에 준하는 절차를 거치도록 하고 있는 처분의 경우에만 행정절차법의 적용이 배제되는 것으로 보아야 하고, 이러한 법리는 '공무원 인사관계 법령에 의한 처분'에 해당하는 별정직 공무원에 대한 직권면직 처분의 경우에도 마찬가지로 적용된다(주 : 별정직 공무원에 대한 직권면직처분에는 행정절차법이 적용되는 것으로 본 사례). 대법원 2013. 1. 16. 선고 2011두30687 판결 22 국가
5. 지방병무청장이 병역법에 따라 산업기능요원에 대하여 한 산업기능요원 편입취소처분은 행정절차법의 적용이 배제되는 사항인 행정절차법 제3조 제2항 제9호, 같은 법 시행령 제2조 제1호에서 규정하는 '병역법에 의한 소집에 관한 사항'에는 해당하지 아니하므로, 행정절차법상의 '처분의 사전통지'와 '의견제출 기회의 부여'등의 절차를 거쳐야 한다. 대법원 2002. 9. 6. 선고 2002두554 판결
6. 외국인의 사증발급 신청에 대한 거부처분이 성질상 행정절차법 제24조에서 정한 '처분서 작성·교부'를 할 필요가 없거나 곤란하다고 일률적으로 단정하기 어렵다. 또한 출입국관리법령에 사증발급 거부처분서 작성에 관한 규정을 따로 두고 있지 않으므로, 외국인의 사증발급 신청에 대한 거부처분을 하면서 행정절차법 제24조에 정한 절차를 따르지 않고 '행정절차에 준하는 절차'로 대체할 수도 없다(주 : 재외동포의 사증발급 신청에 대한 거부처분에 대하여 행정절차법이 적용된다고 본 사례). 대법원 2019. 7. 11. 선고 2017두38874 판결

V 행정절차의 하자

1. 절차하자의 독자적 위법사유

(1) 쟁점의 정리

• 행정처분에 절차하자가 있는 경우에 그 하자가 당해 행정처분의 독립된 위법사유가 되는지, 즉 처분의 실체법상 적법 여부를 불문하고 절차하자만으로 처분이 위법하게 되는지 문제된다.

(2) 통설의 태도

• 통설은 처분의 성질이 재량행위인지 기속행위인지 불문하고 처분에 절차상 하자가 있는 경우에는 그 처분은 위법하다고 한다.

(3) 판례의 태도

• 판례 또한 통설과 마찬가지로 재량행위뿐만 아니라 기속행위에 있어서도 절차하자를 독자적 위법사유로 인정하고 있다. 17 국회

판례

[재량행위]

절차적 요건을 갖추지 못한 공정거래위원회의 시정조치 또는 과징금납부명령은 설령 실체법적 사유를 갖추고 있다고 하더라도 위법하여 취소를 면할 수 없다. 대법원 2001. 5. 8. 선고 2000두10212 판결

[기속행위]

납세고지서에 과세표준, 세율, 세액의 계산명세서 등의 기재가 누락되면 과세처분 자체가 위법하여 취소대상이 된다. 대법원 1983. 7. 26. 선고 82누420 판결

2. 절차하자 있는 행정행위의 효력

(1) 이유제시의 하자

• 이유제시가 누락되거나 불충분한 경우 처분은 위법하게 되는데, 그 위법의 정도는 취소사유에 해당하다.

판례

1. 세액산출근거가 기재되지 아니한 납세고지서에 의한 부과처분은 강행법규에 위반하여 취소대상이 된다. 대법원 1985. 4. 9. 선고 84누431 판결
2. 납세고지서에 세액산출근거 등의 기재사항이 누락되었거나 과세표준과 세액의 계산명세서가 첨부되지 않았다면 적법한 납세의 고지라고 볼 수 없으며, 위와 같은 납세고지의 하자는 납세의무자가 그 나름대로 산출근거를 알고 있다거나 사실상 이를 알고서 쟁송에 이르렀다 하더라도 치유되지 않는다. 대법원 2002. 11. 13. 선고 2001두1543 판결

(2) 사전통지 및 의견청취절차의 하자

• 행정청이 침익적 처분을 하면서 사전통지 또는 의견청취절차를 거치지 아니한 경우 처분은 위법하게 되고, 이때 위법의 정도는 취소사유에 해당한다.

판례

1. 행정청이 침해적 행정처분을 함에 있어서 당사자에게 위와 같은 사전통지를 하거나 의견제출의 기회를 주지 아니하였다면 사전통지를 하지 않거나 의견제출의 기회를 주지 아니하여도 되는 예외적인 경우에 해당하지 아니하는 한 그 처분은 위법하여 취소를 면할 수 없다. 대법원 2004. 5. 28. 선고 2004두1254 판결 16 사복
2. 정규공무원으로 임용된 사람에게 시보임용처분 당시 지방공무원법 제31조 제4호에 정한 공무원임용 결격사유가 있어 시보임용처분을 취소하고 그에 따라 정규임용처분을 취소한 사안에서, 정규임용처분을 취소하는 처분은 성질상 행정절차를 거치는 것이 불필요하여 행정절차법의 적용이 배제되는 경우에 해당하지 않으므로, 그 처분을 하면서 사전통지를 하거나 의견제출의 기회를 부여하지 않은 것은 위법하다. 16 사복, 18 서울

   나아가 정규임용처분을 취소하는 이 사건 처분은, 지방공무원법 제31조 제4호 소정의 공무원임용 결격사유가 있어 당연무효인 이 사건 시보임용처분과는 달리, 위 시보임용처분의 무효로 인하여 시보공무원으로서의 경력을 갖추지 못하였다는 이유만으로, 위 결격사유가 해소된 후에 한 별도의 정규임용처분을 취소하는 처분(주 : 양자는 별개의 처분이라는 의미)이어서 행정절차법 제21조 제4항 및 제22조 제4항에 따라 원고에게 사전통지를 하지 않거나 의견제출의 기회를 주지 아니하여도 되는 예외적인 경우에 해당한다고 할 수도 없다. 대법원 2009. 1. 30. 선고 2008두16155 판결 16 사복

PART 05

쟁점 88 구체적 처분절차

I 공통의 처분절차(수익적 + 침익적 처분)

1. 처분기준의 설정 · 공표(행정절차법 제20조)

> 행정절차법 제20조 【처분기준의 설정 · 공표】
> ① 행정청은 필요한 처분기준을 해당 처분의 성질에 비추어 되도록 구체적으로 정하여 공표하여야 한다. 처분기준을 변경하는 경우에도 또한 같다. 23 국가
> ② 「행정기본법」 제24조에 따른 인허가의제의 경우 관련 인허가 행정청은 관련 인허가의 처분기준을 주된 인허가 행정청에 제출하여야 하고, 주된 인허가 행정청은 제출받은 관련 인허가의 처분기준을 통합하여 공표하여야 한다. 처분기준을 변경하는 경우에도 또한 같다.
> ③ 제1항에 따른 처분기준을 공표하는 것이 해당 처분의 성질상 현저히 곤란하거나 공공의 안전 또는 복리를 현저히 해치는 것으로 인정될 만한 상당한 이유가 있는 경우에는 처분기준을 공표하지 아니할 수 있다. 23 지방
> ④ 당사자등은 공표된 처분기준이 명확하지 아니한 경우 해당 행정청에 그 해석 또는 설명을 요청할 수 있다. 이 경우 해당 행정청은 특별한 사정이 없으면 그 요청에 따라야 한다.

(1) 의의

- 행정청은 필요한 처분기준을 해당 처분의 성질에 비추어 되도록 구체적으로 정하여 공표해야 하고, 이는 처분기준을 변경하는 경우에도 마찬가지이다. 18 국가
- 처분의 공정성과 합리성을 보장하고 당사자 등에게 예측가능성을 부여하기 위한 제도이다. 15 국회

판례

행정청으로 하여금 처분기준을 구체적으로 정하여 공표하도록 한 것은 해당 처분이 가급적 미리 공표된 기준에 따라 이루어질 수 있도록 함으로써 해당 처분의 상대방으로 하여금 결과에 대한 예측가능성을 높이고 이를 통하여 행정의 공정성, 투명성, 신뢰성을 확보하며 행정청의 자의적인 권한행사를 방지하기 위한 것이다. 그러나 처분의 성질상 처분기준을 미리 공표하는 경우 행정목적을 달성할 수 없게 되거나 행정청에 일정한 범위 내에서 재량권을 부여함으로써 구체적인 사안에서 개별적인 사정을 고려하여 탄력적으로 처분이 이루어지도록 하는 것이 오히려 공공의 안전 또는 복리에 더 적합한 경우도 있다. 그러한 경우에는 행정절차법 제20조 제2항에 따라 처분기준을 따로 공표하지 않거나 개략적으로만 공표할 수도 있다. 대법원 2019. 12. 13. 선고 2018두41907 판결

(2) 적용 제외

- 처분기준을 공표하는 것이 해당 처분의 성질상 현저히 곤란하거나 공공의 안전 또는 복리를 현저히 해치는 것으로 인정될 만한 상당한 이유가 있는 경우에는 처분기준을 공표하지 아니할 수 있다.

판례

행정청이 행정절차법 제20조 제1항의 처분기준 사전공표 의무를 위반하여 미리 공표하지 아니한 기준을 적용하여 처분을 하였다고 하더라도, 그러한 사정만으로 곧바로 해당 처분에 취소사유에 이를 정도의 흠이 존재한다고 볼 수는 없다. 다만 해당 처분에 적용한 기준이 상위법령의 규정이나 신뢰보호의 원칙 등과 같은 법의 일반원칙을 위반하였거나 객관적으로 합리성이 없다고 볼 수 있는 구체적인 사정이 있다면 해당 처분은 위법하다고 평가할 수 있다. 구체적인 이유는 다음과 같다.
① 행정청이 행정절차법 제20조 제1항에 따라 정하여 공표한 처분기준은, 그것이 해당 처분의 근거 법령에서 구체적 위임을 받아 제정·공포되었다는 특별한 사정이 없는 한, 원칙적으로 대외적 구속력이 없는 행정규칙에 해당한다.
② 처분이 적법한지는 행정규칙에 적합한지 여부가 아니라 상위법령의 규정과 입법목적 등에 적합한지 여부에 따라 판단해야 한다. 처분이 행정규칙을 위반하였다고 하여 그러한 사정만으로 곧바로 위법하게 되는 것은 아니고, 처분이 행정규칙을 따른 것이라고 하여 적법성이 보장되는 것도 아니다. 행정청이 미리 공표한 기준, 즉 행정규칙을 따랐는지 여부가 처분의 적법성을 판단하는 결정적인 지표가 되지 못하는 것과 마찬가지로, 행정청이 미리 공표하지 않은 기준을 적용하였는지 여부도 처분의 적법성을 판단하는 결정적인 지표가 될 수 없다.
③ 행정청이 정하여 공표한 처분기준이 과연 구체적인지 또는 행정절차법 제20조 제2항에서 정한 처분기준 사전공표 의무의 예외사유에 해당하는지는 일률적으로 단정하기 어렵고, 구체적인 사안에 따라 개별적으로 판단하여야 한다. 만약 행정청이 행정절차법 제20조 제1항에 따라 구체적인 처분기준을 사전에 공표한 경우에만 적법하게 처분을 할 수 있는 것이라고 보면, 처분의 적법성이 지나치게 불안정해지고 개별법령의 집행이 사실상 유보·지연되는 문제가 발생하게 된다. 대법원 2020. 12. 24. 선고 2018두45633 판결

⑶ 당사자등의 해석·설명요청권

- 당사자등은 공표된 처분기준이 명확하지 아니한 경우 해당 행정청에 그 해석 또는 설명을 요청할 수 있고, 이 경우 해당 행정청은 특별한 사정이 없으면 그 요청에 따라야 한다. 15 서울

2. 처분의 이유제시(행정절차법 제23조)

⑴ 의의

- 행정청은 처분을 할 때에는 당사자에게 그 근거와 이유를 제시하여야 한다.
- 처분의 이유제시는 법에서 정한 예외사유에 해당하지 아니하는 한 원칙적으로 모든 처분에 대하여 적용되므로, 침익적 처분은 물론 수익적 행정행위에 대한 거부처분에도 적용된다. 12 지방
- 처분의 이유제시 제도의 취지는 행정청의 자의적 결정을 배제하고 당사자로 하여금 행정구제절차에서 적절히 대처할 수 있도록 하는 것이다.

⑵ 적용 예외

- 행정청의 처분이 ① 신청한 내용을 모두 그대로 인정하는 처분이거나, ② 단순·반복적인 처분 또는 경미한 처분으로서 당사자가 그 이유를 명백히 알 수 있는 경우 및 ③ 긴급히 처분을 할 필요가 있는 경우에 해당하는 경우에는 이유제시의무가 면제된다. 12 국가, 15 국회, 17 국가, 18 교행, 20 소방
- 위 예외사유 중 ②, ③의 경우에 있어서는, 처분 후 당사자가 요청하는 경우에는 그 근거와 이유를 제시하여야 한다. 12 국가, 18 국가, 24 지방 01

PART 05

OX 확인

01 단순·반복적인 처분 또는 경미한 처분으로서 당사자가 그 이유를 명백히 알 수 있는 경우라 하더라도 처분 후 당사자가 요청하는 경우에는 행정청은 그 근거와 이유를 제시하여야 한다. (○)

⑶ 이유제시의 정도

- 행정청은 어떠한 근거와 이유로 처분이 이루어진 것인지를 충분히 알 수 있을 정도로 처분의 주된 법적 근거 및 사실상의 사유를 명확하고 구체적으로 제시하여야 한다.

판례

1. 행정청이 처분을 할 때에는 원칙적으로 당사자에게 그 근거와 이유를 제시하여야 한다(행정절차법 제23조 제1항). 이 경우 행정청은 처분의 원인이 되는 사실과 근거가 되는 법령 또는 자치법규의 내용을 구체적으로 명시하여야 한다(행정절차법 시행령 제14조의2). 대법원 2019. 1. 31. 선고 2016두64975 판결
2. 허가의 취소처분에는 그 근거가 되는 법령과 처분을 받은 자가 어떠한 위반사실에 대하여 당해처분이 있었는지를 알 수 있을 정도의 위 법령에 해당하는 사실의 적시를 요한다. 대법원 1984. 7. 10. 선고 82누551 판결
3. 세무서장이 주류도매업자에 대하여 일반주류도매업면허취소통지를 하면서 그 구체적 위반사실을 특정하지 아니한 경우, 그 면허취소처분은 위법하다. 대법원 1990. 9. 11. 선고 90누1786 판결 12 국가
4. 처분청이 변상금 부과처분을 함에 있어서 그 납부고지서 또는 적어도 사전통지서에 그 산출근거를 밝히지 아니하였다면 위법한 것이고, 위 시행령에 변상금 산정의 기초가 되는 사용료의 산정방법에 관한 규정이 마련되어 있다고 하여 산출근거를 명시할 필요가 없다거나, 부과통지서 등에 위 시행령 제56조를 명기함으로써 간접적으로 산출근거를 명시하였다고는 볼 수 없다. 대법원 2001. 12. 14. 선고 2000두86 판결
5. 교육부장관이 어떤 후보자를 총장 임용에 부적격하다고 판단하여 배제하고 다른 후보자를 임용제청하는 경우라면 배제한 후보자에게 연구윤리 위반, 선거부정, 그 밖의 비위행위 등과 같은 부적격사유가 있다는 점을 구체적으로 제시할 의무가 있다.
그러나 부적격사유가 없는 후보자들 사이에서 어떤 후보자를 상대적으로 더욱 적합하다고 판단하여 임용제청하는 경우라면, 이는 후보자의 경력, 인격, 능력, 대학운영계획 등 여러 요소를 종합적으로 고려하여 총장 임용의 적격성을 정성적으로 평가하는 것으로 그 판단 결과를 수치화하거나 이유제시를 하기 어려울 수 있다. 이 경우에는 교육부장관이 어떤 후보자를 총장으로 임용제청하는 행위 자체에 그가 총장으로 더욱 적합하다는 정성적 평가 결과가 당연히 포함되어 있는 것으로, 이로써 행정절차법상 이유제시의무를 다한 것이라고 보아야 한다. 여기에서 나아가 교육부장관에게 개별 심사항목이나 고려요소에 대한 평가 결과를 더 자세히 밝힐 의무까지는 없다. 대법원 2018. 6. 15. 선고 2016두57564 판결 22 지방

- 다만, 처분 당시 당사자가 처분의 이유를 충분히 알 수 있어서 불복절차로 나아가는데 별다른 지장이 없었던 것으로 인정되는 경우에는 처분의 근거와 이유가 구체적으로 명시되지 않았다고 하더라도 그 처분은 위법하지 않게 된다.

판례

1. 처분 당시 당사자가 어떠한 근거와 이유로 처분이 이루어진 것인지를 충분히 알 수 있어서 그에 불복하여 행정구제절차로 나아가는 데에 별다른 지장이 없었던 것으로 인정되는 경우에는 처분서에 처분의 근거와 이유가 구체적으로 명시되어 있지 않았다고 하더라도 그로 말미암아 그 처분이 위법한 것으로 된다고 할 수는 없다. 대법원 2013. 11. 14. 선고 2011두18571 판결 16 국회, 18 지방, 21 지방 01
2. 행정청의 자의적 결정을 배제하고 당사자로 하여금 행정구제절차에서 적절히 대처할 수 있도록 하는 처분의 근거 및 이유제시 제도의 취지에 비추어, 처분을 하면서 당사자가 그 근거를 알 수 있을 정도로 이유를 제시한 경우에는 처분의 근거와 이유를 구체적으로 명시하지 않았더라도 그로 말미암아 그 처분이 위법하다고 볼 수는 없다. 이때 '이유를 제시한 경우'는 처분서에 기재된 내용과 관계 법령 및 당해 처분에 이르기까지의 전체적인 과정 등을 종합적으로 고려하여, 처분 당시 당사자가 어떠한 근거와 이유로 처분이 이루어진 것인지를 충분히 알 수 있어서 그에 불복하여 행정구제절차로 나아가는 데 별다른 지장이 없었다고 인정되는 경우를 뜻한다. 대법원 2019. 1. 31. 선고 2016두64975 판결

OX 확인

01 처분 당시 당사자가 어떠한 근거와 이유로 처분이 이루어진 것인지를 충분히 알 수 있어서 그에 불복하여 행정구제절차로 나아가는 데에 별다른 지장이 없었던 것으로 인정되는 경우에도 처분서에 처분의 근거와 이유가 구체적으로 명시되어 있지 않았다면 그 처분은 위법하다. (×)

• 한편 당사자가 근거규정을 명시하여 신청하는 인·허가 등을 거부하는 처분의 경우, 당사자가 그 근거를 알 수 있을 정도로 상당한 이유를 제시하였다면 이유제시의무를 다 한 것으로 본다.

판례

1. 일반적으로 당사자가 근거규정 등을 명시하여 신청하는 인·허가 등을 거부하는 처분을 함에 있어 당사자가 그 근거를 알 수 있을 정도로 상당한 이유를 제시한 경우에는 당해 처분의 근거 및 이유를 구체적 조항 및 내용까지 명시하지 않았더라도 그로 말미암아 그 처분이 위법한 것이 된다고 할 수 없다. 대법원 2002. 5. 17. 선고 2000두8912 판결 15 지방, 23 지방, 24 국가
2. 당사자가 신청하는 허가 등을 거부하는 처분을 하면서 당사자가 그 근거를 알 수 있을 정도로 이유를 제시한 경우에는 처분의 근거와 이유를 구체적으로 명시하지 않았더라도 그로 말미암아 그 처분이 위법하다고 볼 수는 없다. 이때 '이유를 제시한 경우'는 처분서에 기재된 내용과 관계 법령 및 당해 처분에 이르기까지의 전체적인 과정 등을 종합적으로 고려하여, 처분 당시 당사자가 어떠한 근거와 이유로 처분이 이루어진 것인지를 충분히 알 수 있어서 그에 불복하여 행정구제절차로 나아가는 데 별다른 지장이 없었다고 인정되는 경우를 뜻한다. 대법원 2017. 8. 29. 선고 2016두44186 판결

(4) 이유제시의 방법

• 이유제시는 원칙적으로 문서로 하여야 하고, 처분시에 이루어져야 한다.

(5) 이유제시의 하자

• 행정청이 처분을 하면서 이유제시를 하지 아니하거나 불충분하게 한 경우 그 처분은 절차상 하자로 인해 위법하게 된다(자세한 내용은 "행정행위의 하자" 부분 참조).

3. 처분의 방식(행정절차법 제24조)

행정절차법 제24조【처분의 방식】
① 행정청이 처분을 할 때에는 다른 법령등에 특별한 규정이 있는 경우를 제외하고는 문서로 하여야 하며, 다음 각 호의 어느 하나에 해당하는 경우에는 전자문서로 할 수 있다.
1. 당사자등의 동의가 있는 경우
2. 당사자가 전자문서로 처분을 신청한 경우
② 제1항에도 불구하고 공공의 안전 또는 복리를 위하여 긴급히 처분을 할 필요가 있거나 사안이 경미한 경우에는 말, 전화, 휴대전화를 이용한 문자 전송, 팩스 또는 전자우편 등 문서가 아닌 방법으로 처분을 할 수 있다. 이 경우 당사자가 요청하면 지체 없이 처분에 관한 문서를 주어야 한다.
③ 처분을 하는 문서에는 그 처분 행정청과 담당자의 소속·성명 및 연락처(전화번호, 팩스번호, 전자우편주소 등을 말한다)를 적어야 한다.

• 행정청이 처분을 할 때에는 다른 법령 등에 특별한 규정이 있는 경우를 제외하고는 문서로 하여야 하며, 당사자등의 동의가 있거나 당사자가 전자문서로 처분을 신청한 경우에는 전자문서로 할 수 있다. 13 지방
• 다만 공공의 안전 또는 복리를 위하여 긴급히 처분을 할 필요가 있거나 사안이 경미한 경우에는 문서가 아닌 방법으로 할 수 있는데, 이 경우 당사자가 요청하면 지체 없이 처분에 관한 문서를 주어야 한다. 13 지방, 14 국가, 15 교행

PART 05

면허관청이 운전면허정지처분을 하면서 별지 52호 서식의 통지서에 의하여 면허정지사실을 통지하지 아니하거나 처분집행예정일 7일 전까지 이를 발송하지 아니한 경우에는 특별한 사정이 없는 한 위 관계 법령이 요구하는 절차·형식을 갖추지 아니한 조치로서 그 효력이 없고, 이와 같은 법리는 면허관청이 임의로 출석한 상대방의 편의를 위하여 구두로 면허정지사실을 알렸다고 하더라도 마찬가지이다. (대법원 1996. 6. 14. 선고 95누17823 판결) 13 지방

판례

병무청장이 법무부장관에게 '가수 갑이 공연을 위하여 국외여행허가를 받고 출국한 후 미국 시민권을 취득함으로써 사실상 병역의무를 면탈하였다'는 이유로 입국 금지를 요청함에 따라 법무부장관이 갑의 입국금지결정을 하였는데, 갑이 재외공관의 장에게 재외동포(F-4) 체류자격의 사증발급을 신청하자 재외공관장이 처분이유를 기재한 사증발급 거부처분서를 작성해 주지 않은 채 갑의 아버지에게 전화로 사증발급이 불허되었다고 통보한 사안에서, 원고의 재외동포(F-4) 체류자격 사증발급 신청에 대하여 피고가 6일 만에 한 사증발급 거부처분이 문서에 의한 처분 방식의 예외로 행정절차법 제24조 제1항 단서에서 정한 '신속히 처리할 필요가 있거나 사안이 경미한 경우'에 해당한다고 볼 수도 없다. 따라서 피고의 사증발급 거부처분에는 행정절차법 제24조 제1항을 위반한 하자가 있다. 대법원 2019. 7. 11. 선고 2017두38874 판결

- 판례는 문서에 의한 처분의 경우 다음과 같은 기준으로 처분서의 문언에 기재된 내용을 확정해야 한다고 한다.

판례

1. 행정청이 문서에 의하여 처분을 한 경우 처분서의 문언이 불분명하다는 등의 특별한 사정이 없는 한, 문언에 따라 어떤 처분을 하였는지를 확정하여야 한다. 처분서의 문언만으로도 행정청이 어떤 처분을 하였는지가 분명한데도 처분 경위나 처분 이후의 상대방의 태도 등 다른 사정을 고려하여 처분서의 문언과는 달리 다른 처분까지 포함되어 있는 것으로 확대해석해서는 안 된다. 대법원 2017. 8. 29. 선고 2016두44186 판결
2. 행정청이 문서로 처분을 한 경우 원칙적으로 처분서의 문언에 따라 어떤 처분을 하였는지 확정하여야 한다. 그러나 처분서의 문언만으로는 행정청이 어떤 처분을 하였는지 불분명한 경우에는 처분 경위와 목적, 처분 이후 상대방의 태도 등 여러 사정을 고려하여 처분서의 문언과 달리 처분의 내용을 해석할 수 있다. 특히 행정청이 행정처분을 하면서 논리적으로 당연히 수반되어야 하는 의사표시를 명시적으로 하지 않았다고 하더라도, 그것이 행정청의 추단적 의사에도 부합하고 상대방도 이를 알 수 있는 경우에는 행정처분에 위와 같은 의사표시가 묵시적으로 포함되어 있다고 볼 수 있다. 대법원 2020. 10. 29 선고 2017다269152 판결

4. 처분의 정정(행정절차법 제25조)

- 행정청은 처분에 오기, 오산 또는 그 밖에 이에 준하는 명백한 잘못이 있을 때에는 직권으로 또는 신청에 따라 지체 없이 정정하고 그 사실을 당사자에게 통지하여야 한다. 14 사복

5. 처분의 고지(행정절차법 제26조)

- 행정청이 처분을 할 때에는 당사자에게 그 처분에 관하여 행정심판 및 행정소송을 제기할 수 있는지 여부, 그 밖에 불복을 할 수 있는지 여부, 청구절차 및 청구기간, 그 밖에 필요한 사항을 알려야 한다.

Ⅱ 신청에 의한 처분(수익적 처분)의 절차

1. 처분의 신청(행정절차법 제17조)

(1) 신청 방법

- 행정청에 처분을 구하는 신청은 문서로 하여야 한다. 17 지방, 18 소방

- 다만 다른 법령 등에 특별한 규정이 있는 경우와 행정청이 미리 다른 방법을 정하여 공시한 경우에는 그러하지 아니하다. 16 서울
- 처분을 신청할 때 전자문서로 하는 경우에는 행정청의 컴퓨터 등에 입력된 때에 신청한 것으로 본다. 16 서울, 18 서울

(2) 신청의 접수 절차

- 행정청은 신청을 받았을 때에는 다른 법령 등에 특별한 규정이 있는 경우를 제외하고는 그 접수를 보류 또는 거부하거나 부당하게 되돌려 보내서는 아니 되며, 신청을 접수한 경우에는 신청인에게 접수증을 주어야 한다. 다만, 대통령령으로 정하는 경우에는 접수증을 주지 아니할 수 있다.
- 행정청은 신청에 구비서류의 미비 등 흠이 있는 경우에는 보완에 필요한 상당한 기간을 정하여 지체 없이 신청인에게 보완을 요구하여야 한다. 15 서울, 16 서울, 18 소방, 23 국가 신청인이 상당한 기간 내에 보완을 하지 아니하였을 때에는 그 이유를 구체적으로 밝혀 접수된 신청을 되돌려 보낼 수 있다.

행정절차법 시행령 제9조(접수증)
법 제17조제4항 단서에서 "대통령령이 정하는 경우"라 함은 다음 각호의 1에 해당하는 신청의 경우를 말한다.
1. 구술·우편 또는 정보통신망에 의한 신청
2. 처리기간이 "즉시"로 되어 있는 신청 23 국가
3. 접수증에 갈음하는 문서를 주는 신청

(3) 신청의 변경·취하

- 신청인은 처분이 있기 전에는 그 신청의 내용을 보완·변경하거나 취하할 수 있다. 18 소방
- 다만, 다른 법령 등에 특별한 규정이 있거나 그 신청의 성질상 보완·변경하거나 취하할 수 없는 경우에는 그러하지 아니하다.

(4) 신청인의 편의를 위한 절차

- 행정청은 신청에 필요한 구비서류, 접수기관, 처리기간, 그 밖에 필요한 사항을 게시(인터넷 등을 통한 게시를 포함한다)하거나 이에 대한 편람을 갖추어 두고 누구나 열람할 수 있도록 하여야 한다. 17 지방
- 행정청은 신청인의 편의를 위하여 다른 행정청에 신청을 접수하게 할 수 있다. 16 서울, 23 국가 이 경우 행정청은 다른 행정청에 접수할 수 있는 신청의 종류를 미리 정하여 공시하여야 한다.

PART 05

2. 처리기간의 설정·공표(행정절차법 제19조)

- 행정청은 신청인의 편의를 위하여 처분의 처리기간을 종류별로 미리 정하여 공표하여야 한다.
- 행정청은 부득이한 사유로 처리기간 내에 처분을 처리하기 곤란한 경우에는 해당 처분의 처리기간의 범위에서 한 번만 그 기간을 연장할 수 있다. 16 지방
- 행정청이 처리기간을 연장할 때에는 처리기간의 연장 사유와 처리 예정 기한을 지체 없이 신청인에게 통지하여야 한다.

판례

처분이나 민원의 처리기간을 정하는 것은 신청에 따른 사무를 가능한 한 조속히 처리하도록 하기 위한 것이다. 처리기간에 관한 규정은 훈시규정에 불과할 뿐 강행규정이라고 볼 수 없다. 행정청이 처리기간이 지나 처분을 하였더라도 이를 처분을 취소할 절차상 하자로 볼 수 없다. 민원처리법 시행령 제23조에 따른 민원처리진행상황 통지도 민원인의 편의를 위한 부가적인 제도일 뿐, 그 통지를 하지 않았더라도 이를 처분을 취소할 절차상 하자로 볼 수 없다. 대법원 2019. 12. 13. 선고 2018두41907 판결

3. 다수의 행정청이 관여하는 처분(행정절차법 제18조)

• 행정청은 다수의 행정청이 관여하는 처분을 구하는 신청을 접수한 경우에는 관계 행정청과의 신속한 협조를 통하여 그 처분이 지연되지 아니하도록 하여야 한다. 23 국가

III 침익적 처분의 절차1 : 처분의 사전통지(행정절차법 제21조)

1. 의의

• 행정청은 당사자에게 의무를 부과하거나 권익을 제한하는 처분을 하는 경우에는 미리 처분의 내용 등을 당사자등에게 통지하여야 한다. 19 국가 01

• 행정청에게 사전통지의무가 있는 경우, 상대방의 귀책 여부는 불문하므로, 예컨대 상대방의 귀책사유로 야기된 처분의 하자를 이유로 수익적 행정행위를 취소하는 경우에도 특별한 규정이 없는 한 그 처분은 사전통지의 대상이 된다. 16 국가

OX 확인

01 용도를 무단변경한 건물의 원상복구를 명하는 시정명령 및 계고처분을 하는 경우, 사전에 통지할 필요가 없다. (×)

2. 사전통지사항 11 국회

1. 처분의 제목
2. 당사자의 성명 또는 명칭과 주소
3. 처분하려는 원인이 되는 사실과 처분의 내용 및 법적 근거
4. 제3호에 대하여 의견을 제출할 수 있다는 뜻과 의견을 제출하지 아니하는 경우의 처리방법
5. 의견제출기관의 명칭과 주소
6. 의견제출기한(10일 이상)

3. 사전통지의 상대방 : 당사자등

• 사전통지의 상대방이 되는 자는 "당사자등"에 한정되므로, 처분의 상대방 또는 이해관계인이 아닌 제3자에 대해서는 법률상 이익의 유무를 불문하고 사전통지절차가 적용되지 않는다.

판례

1. 불이익처분의 직접 상대방인 당사자 또는 행정청이 참여하게 한 이해관계인이 아닌 제3자에 대하여는 사전통지 및 의견제출에 관한 행정절차법 제21조, 제22조가 적용되지 않는다. 대법원 2009. 4. 23. 선고 2008두686 판결 17 사복, 23 지방
2. 구 유통산업발전법의 내용 및 체계 등에 비추어 보면, 영업시간 제한 등 처분의 대상인 대규모점포 중 개설자의 직영매장 이외에 개설자에게서 임차하여 운영하는 임대매장이 병존하는 경우에도, 전체 매장에 대하여 법령상 대규모점포 등의 유지·관리 책임을 지는 개설자만이 처분상대방이 되고, 임대매장의 임차인이 별도로 처분상대방이 되는 것은 아니다. 대법원 2015. 11. 19. 선고 2015두295 전원합의체 판결
3. 행정절차법은 국가를 '당사자 등'에서 제외하지 않고 있다. 또한 행정절차법 제3조 제2항에서 행정절차법이 적용되지 않는 사항을 열거하고 있는데, '국가를 상대로 하는 행정행위'는 그 예외사유에 해당하지 않는다. 위와 같은 행정절차법의 규정과 행정의 공정성·투명성 및 신뢰성 확보라는 행정절차법의 입법 취지 등을 고려해 보면, 행정기관의 처분에 의하여 불이익을 입게 되는 국가를 일반 국민과 달리 취급할 이유가 없다. 따라서 국가에 대해 행정처분을 할 때에도 사전 통지, 의견청취, 이유 제시와 관련한 행정절차법이 그대로 적용된다고 보아야 한다. 대법원 2023. 9. 21. 선고 2023두39724 판결

4. 사전통지의 대상이 되는 처분

(1) 침익적 처분

• 사전통지는 당사자에게 의무를 부과하거나 권익을 제한하는 처분에 대해서만 적용된다.

(2) 거부처분의 경우

• 거부처분이 "권익을 제한하는 처분"에 해당하여 사전통지가 적용되는지 문제되는데, 판례는 거부처분은 권익을 제한하는 처분에 해당하지 않는다고 하여 이를 부정한다.

판례

신청에 따른 처분이 이루어지지 아니한 경우에는 아직 당사자에게 권익이 부과되지 아니하였으므로 특별한 사정이 없는 한 신청에 대한 거부처분이라고 하더라도 직접 당사자의 권익을 제한하는 것은 아니어서 신청에 대한 거부처분을 여기에서 말하는 '당사자의 권익을 제한하는 처분'에 해당한다고 할 수 없는 것이어서 처분의 사전통지대상이 된다고 할 수 없다. 대법원 2003. 11. 28. 선고 2003두674 판결 17 교행, 17 사복, 19 국가, 20 지방, 20 국가 01 02

(3) 지위승계신고의 경우

• 영업자지위승계신고에 대한 수리가 있으면 양도인에 대한 허가는 효력을 잃게 되므로 결국 신고수리처분은 양도인의 권익을 제한하는 처분에 해당하는 바, 따라서 행정청은 양도인에 대하여 사전통지절차를 거쳐야 한다.

판례

행정청이 구 식품위생법 규정에 의하여 영업자지위승계신고를 수리하는 처분은 종전의 영업자의 권익을 제한하는 처분이라 할 것이고 따라서 종전의 영업자는 그 처분에 대하여 직접 그 상대가 되는 자에 해당한다고 봄이 상당하므로, 행정청으로서는 위 신고를 수리하는 처분을 함에 있어서 행정절차법 규정 소정의 당사자에 해당하는 종전의 영업자에 대하여 위 규정 소정의 행정절차를 실시하고 처분을 하여야 한다. 대법원 2003. 2. 14. 선고 2001두7015 판결 14 지방, 15 지방, 16 국가, 18 국가, 19 국가 03

(4) 일반처분의 경우

• 불특정 다수인을 상대로 하는 일반처분의 경우 그 성질상 사전통지의 상대방을 특정할 수 없으므로, 일반처분에 대해서는 사전통지절차가 적용되지 않는다.

판례

1. '고시'의 방법으로 불특정 다수인을 상대로 의무를 부과하거나 권익을 제한하는 처분은 성질상 의견제출의 기회를 주어야 하는 상대방을 특정할 수 없으므로, 이와 같은 처분에 있어서까지 구 행정절차법 제22조 제3항에 의하여 그 상대방에게 의견제출의 기회를 주어야 한다고 해석할 것은 아니다(보건복지부장관의 국민건강보험법령상 요양급여의 상대가치점수 변경 또는 조정고시처분 시 상대방에게 의견제출의 기회를 주지 않아도 된다고 한 사례). 대법원 2014. 10. 27. 선고 2012두7745 판결 15 지방, 17 사복, 19 국가, 20 지방 04 05
2. 행정절차법 제2조 제4호가 행정절차법의 당사자를 행정청의 처분에 대하여 직접 그 상대가 되는 당사자로 규정하고, 도로법 제25조 제3항이 도로구역을 결정하거나 변경할 경우 이를 고시에 의하도록 하면서, 그 도면을 일반인이 열람할 수 있도록 한 점 등을 종합하여 보면, 도로구역을 변경한 이 사건 처분은 행정절차법 제21조 제1항의 사전통지나 제22조 제3항의 의견청취의 대상이 되는 처분은 아니라고 할 것이다. 대법원 2008. 6. 12. 선고 2007두1767 판결 15 지방, 15 국회, 17 사복

OX 확인

01 항만시설 사용허가신청에 대하여 거부처분을 하는 경우, 사전에 통지하여 의견제출 기회를 주어야 한다. (×)

02 행정청이 당사자에게 의무를 과하거나 권익을 제한하는 처분을 하는 경우에는 처분의 사전통지를 하여야 하는데, 이때의 처분에는 신청에 대한 거부처분도 포함된다. (×)

OX 확인

03 공매를 통하여 체육시설을 인수한 자의 체육시설업자 지위승계신고를 수리하는 경우, 종전 체육시설업자에게 사전에 통지하여 의견제출 기회를 주어야 한다. (○)

OX 확인

04 고시의 방법으로 불특정 다수인을 상대로 권익을 제한하는 처분을 하는 경우, 상대방에게 사전에 통지하여 의견제출 기회를 주어야 한다. (×)

05 고시의 방법으로 불특정 다수인을 상대로 권익을 제한하는 처분을 할 경우 당사자는 물론 제3자에게도 의견제출의 기회를 주어야 한다. (×)

PART 05

5. 적용 제외

• 다음 각 호의 어느 하나에 해당하는 경우에는 사전통지를 하지 아니할 수 있다.

> 행정절차법 제21조 【처분의 사전 통지】
> ④ 다음 각 호의 어느 하나에 해당하는 경우에는 제1항에 따른 통지를 하지 아니할 수 있다.
> 1. 공공의 안전 또는 복리를 위하여 긴급히 처분을 할 필요가 있는 경우
> 2. 법령 등에서 요구된 자격이 없거나 없어지게 되면 반드시 일정한 처분을 하여야 하는 경우에 그 자격이 없거나 없어지게 된 사실이 법원의 재판 등에 의하여 객관적으로 증명된 경우
> 3. 해당 처분의 성질상 의견청취가 현저히 곤란하거나 명백히 불필요하다고 인정될 만한 상당한 이유가 있는 경우
>
> ⑥ 제4항에 따라 사전 통지를 하지 아니하는 경우 행정청은 처분을 할 때 당사자등에게 통지를 하지 아니한 사유를 알려야 한다. 다만, 신속한 처분이 필요한 경우에는 처분 후 그 사유를 알릴 수 있다.

건축법상의 공사중지명령에 대한 사전통지를 하고 의견제출의 기회를 준다면 많은 액수의 손실보상금을 기대하여 공사를 강행할 우려가 있다는 사정이 사전통지 및 의견제출절차의 예외사유에 해당하지 아니한다. (대법원 2004. 5. 28. 선고 2004두1254 판결)

행정청이 온천지구임을 간과하여 지하수개발 · 이용신고를 수리하였다가 행정절차법상의 사전통지를 하거나 의견제출의 기회를 주지 아니한 채 그 신고수리처분을 취소하고 원상복구명령의 처분을 한 경우, 행정지도방식에 의한 사전고지나 그에 따른 당사자의 자진 폐공의 약속 등의 사유만으로는 사전통지 등을 하지 않아도 되는 행정절차법 소정의 예외의 경우에 해당한다고 볼 수 없다는 이유로 그 처분은 위법하다고 한 사례. (대법원 2000. 11. 14. 선고 99두5870 판결)

판례

1. '의견청취가 현저히 곤란하거나 명백히 불필요하다고 인정될 만한 상당한 이유가 있는 경우'에 해당하는지는 해당 행정처분의 성질에 비추어 판단하여야 하며, 처분상대방이 이미 행정청에 위반사실을 시인하였다거나 처분의 사전통지 이전에 의견을 진술할 기회가 있었다는 사정을 고려하여 판단할 것은 아니다. 대법원 2016. 10. 27. 선고 2016두41811 판결
2. 행정절차법 시행령 제13조 제2호에서 정한 "법원의 재판 또는 준사법적 절차를 거치는 행정기관의 결정 등에 따라 처분의 전제가 되는 사실이 객관적으로 증명되어 처분에 따른 의견청취가 불필요하다고 인정되는 경우"는 법원의 재판 등에 따라 처분의 전제가 되는 사실이 객관적으로 증명되면 행정청이 반드시 일정한 처분을 해야 하는 경우 등 의견청취가 행정청의 처분 여부나 그 수위 결정에 영향을 미치지 못하는 경우를 의미한다고 보아야 한다. 처분의 전제가 되는 '일부' 사실만 증명된 경우이거나 의견청취에 따라 행정청의 처분 여부나 처분 수위가 달라질 수 있는 경우라면 위 예외사유에 해당하지 않는다.
   (관할 시장이 甲에게 구 폐기물관리법 제48조 제1호에 따라 토지에 장기보관 중인 폐기물을 처리할 것을 명령하는 1차, 2차 조치명령을 각각 하였고, 甲이 위 각 조치명령을 불이행하였다고 하여 폐기물관리법 위반죄로 유죄판결이 각각 선고 · 확정되었는데, 이후 관할 시장이 폐기물 방치 실태를 확인하고 별도의 사전 통지와 의견청취 절차를 밟지 않은 채 甲에게 폐기물 처리에 관한 3차 조치명령을 한 사안에서) 甲이 3차 조치명령 이전에 관할 시장으로부터 1차, 2차 조치명령을 받았고, 형사재판절차에서 위 각 조치명령 불이행의 범죄사실에 관하여 유죄판결을 선고받은 후 그 판결이 확정되었다고 하더라도 (중략) 3차 조치명령은 법원의 재판 등에 따라 처분의 전제가 되는 사실이 객관적으로 증명되면 행정청이 반드시 일정한 처분을 해야 하는 경우 등 의견청취가 행정청의 처분 여부나 그 수위 결정에 영향을 미치지 못하는 경우에 해당한다고 보기 어려워, 행정절차법 시행령 제13조 제2호에서 정한 사전 통지, 의견청취의 예외사유에 해당하지 않는다고 한 사례. 대법원 2020. 7. 23. 선고 2017두66602 판결
3. 평가인증취소처분은 보조금 반환명령과는 전혀 별개의 절차로서 보조금 반환명령이 있으면 피고 보건복지부장관이 평가인증을 취소할 수 있지만 반드시 취소하여야 하는 것은 아닌 점 등에 비추어 보면, 보조금 반환명령 당시 사전통지 및 의견제출의 기회가 부여되었다 하더라도 그 사정만으로 평가인증취소처분이 구 행정절차법 제21조 제4항 제3호에서 정하고 있는 사전통지 등을 하지 아니하여도 되는 예외사유에 해당한다고도 볼 수 없으므로, 구 행정절차법 제21조 제1항에 따른 사전통지를 거치지 않은 이 사건 평가인증취소처분은 위법하다. 대법원 2016. 11. 9. 선고 2014두1260 판결

6. 사전통지절차의 하자

• 사전통지절차에 하자가 있는 경우 그 처분은 위법하게 된다(자세한 내용은 전술함).

Ⅳ 침익적 처분의 절차2 : 의견청취절차(행정절차법 제22조)

1. 의의

• 의견청취절차란 처분 상대방 등의 방어권을 보장하기 위하여 행정청이 처분의 상대방과 이해관계인에게 의견을 진술할 수 있는 기회를 부여하는 절차를 말한다.
• 의견청취절차에는 정식절차인 청문 및 공청회와 약식절차인 의견제출이 있다.

2. 적용 제외

• 다음의 어느 하나에 해당하는 경우에는 의견청취를 하지 아니할 수 있다.

[사전통지절차가 적용되지 않는 경우]
1. 공공의 안전 또는 복리를 위하여 긴급히 처분을 할 필요가 있는 경우
2. 법령 등에서 요구된 자격이 없거나 없어지게 되면 반드시 일정한 처분을 하여야 하는 경우에 그 자격이 없거나 없어지게 된 사실이 법원의 재판 등에 의하여 객관적으로 증명된 경우 22 국가
3. 해당 처분의 성질상 의견청취가 현저히 곤란하거나 명백히 불필요하다고 인정될 만한 상당한 이유가 있는 경우

[의견청취절차 고유의 적용 제외 사유] 01
4. 당사자가 의견진술의 기회를 포기한다는 뜻을 명백히 표시한 경우 16 교행, 18 국가, 22 국가

판례

관련 법령이 정한 청문 등 의견청취를 하지 아니할 수 있는 예외에 해당하는지는 해당 행정처분의 성질에 비추어 판단하여야 하며, 처분상대방이 이미 행정청에게 위반사실을 시인하였다거나 처분의 사전통지 이전에 의견을 진술할 기회가 있었다는 사정을 고려하여 판단할 것은 아니므로, 원고의 방문 당시 담당공무원이 원고에게 관련 법규와 행정처분 절차에 대하여 설명을 하였다거나 그 자리에서 청문절차를 진행하고자 하였음에도 원고가 이에 응하지 않았다는 사정만으로 '처분의 성질상 의견청취가 현저히 곤란하거나 명백히 불필요하다고 인정될 만한 상당한 이유가 있는 경우'나 또는 '당사자가 의견진술의 기회를 포기한다는 뜻을 명백히 표시한 경우'에 해당한다고 볼 수도 없다. 대법원 2017. 4. 7. 선고 2016두63224 판결

3. 청문

(1) 의의

• 청문이란 행정청이 어떠한 처분을 하기 전에 당사자 등의 의견을 직접 듣고 증거를 조사하는 절차를 말한다.

OX 확인

01 행정청이 당사자에게 의무를 과하거나 권익을 제한하는 처분을 하는 경우라도 당사자가 명백히 의견진술의 기회를 포기한다는 뜻을 표시한 경우에는 의견청취를 하지 않을 수 있다. (○)

PART 05

(2) 적용범위(행정절차법 제22조 제1항)

> 제22조【의견청취】
> ① 행정청이 처분을 할 때 다음 각 호의 어느 하나에 해당하는 경우에는 청문을 한다.
> 1. 다른 법령등에서 청문을 하도록 규정하고 있는 경우
> 2. 행정청이 필요하다고 인정하는 경우
> 3. 다음 각 목의 처분을 하는 경우
> 가. 인허가 등의 취소
> 나. 신분·자격의 박탈
> 다. 법인이나 조합 등의 설립허가의 취소

OX 확인

01 인허가 등의 취소 또는 신분·자격의 박탈, 법인이나 조합 등의 설립허가의 취소 시 의견제출기한 내에 당사자등의 신청이 있는 경우에 공청회를 개최한다. (×)

- 행정청이 처분을 함에 있어서 ① 다른 법령 등에서 청문을 하도록 규정하고 있는 경우, ② 행정청이 필요하다고 인정하는 경우, ③ 인·허가 등의 취소, 신분·자격의 박탈, 법인이나 조합 등의 설립허가의 취소를 하는 경우에는 청문을 실시하여야 한다. 11 사복, 15 교행, 17 국가, 18 국가, 18 서울, 20 소방 01
- 구법에서는 '인·허가 등의 취소, 신분·자격의 박탈, 법인이나 조합 등의 설립허가의 취소를 하는 경우'에 있어서는 '의견제출기한 내에 당사자등의 신청이 있는 경우'에만 청문을 하는 것으로 규정하였으나, 개정법에서는 당사자등의 신청 여부와 무관하게 청문을 하는 것으로 청문 범위를 확대하였다.

판례

행정청이 당사자에게 의무를 부과하거나 권익을 제한하는 처분을 하는 경우에는 원칙적으로 행정절차법 제21조 제1항에 따른 사전통지를 하고, 제22조 제3항에 따른 의견제출 기회를 주는 것으로 족하며, 다른 법령 등에서 반드시 청문을 실시하도록 규정한 경우이거나 행정청이 필요하다고 인정하는 경우 등에 한하여 청문을 실시할 의무가 있다.
따라서 지방자치단체의 장이 공유재산 및 물품관리법에 근거하여 민간투자사업을 추진하던 중 우선협상대상자 지위를 박탈하는 처분을 하기 위하여 반드시 청문을 실시할 의무가 있다고 볼 수는 없다. 대법원 2020. 4. 29. 선고 2017두31064 판결

- 청문통지서가 반송되었다거나 행정처분의 상대방이 청문일시에 불출석한 것만으로는 청문을 배제할 사유가 되지 않는다.

OX 확인

02 구 「공중위생법」상 유기장업허가취소처분을 함에 있어서 두 차례에 걸쳐 발송한 청문통지서가 모두 반송되어 온 경우, 처분의 상대방이 청문일시에 불출석하였다는 이유로 청문을 거치지 않고 한 침해적 행정처분은 적법하다. (×)

판례

행정절차법 제21조 제4항 제3호는 침해적 행정처분을 할 경우 청문을 실시하지 않을 수 있는 사유로서 "당해 처분의 성질상 의견청취가 현저히 곤란하거나 명백히 불필요하다고 인정될 만한 상당한 이유가 있는 경우"를 규정하고 있으나, 여기에서 말하는 '의견청취가 현저히 곤란하거나 명백히 불필요하다고 인정될 만한 상당한 이유가 있는지 여부'는 당해 행정처분의 성질에 비추어 판단하여야 하는 것이지, 청문통지서의 반송 여부, 청문통지의 방법 등에 의하여 판단할 것은 아니며, 또한 행정처분의 상대방이 통지된 청문일시에 불출석하였다는 이유만으로 행정청이 관계 법령상 그 실시가 요구되는 청문을 실시하지 아니한 채 침해적 행정처분을 할 수는 없을 것이므로, 행정처분의 상대방에 대한 청문통지서가 반송되었다거나, 행정처분의 상대방이 청문일시에 불출석하였다는 이유로 청문을 실시하지 아니하고 한 침해적 행정처분은 위법하다. 대법원 2001. 4. 13. 선고 2000두3337 판결 15 서울, 15 교행, 19 지방, 23 지방 02

• 행정청이 상대방과 협약을 체결하면서 의견청취절차를 배제하는 조항을 두었다고 하더라도 청문 등 의견청취절차에 관한 행정절차법의 규정이 당연히 배제되는 것은 아니다.

판례

행정청이 당사자와 사이에 도시계획사업의 시행과 관련한 협약을 체결하면서 관계 법령 및 행정절차법에 규정된 청문의 실시 등 의견청취절차를 배제하는 조항을 두었다고 하더라도, 국민의 행정참여를 도모함으로써 행정의 공정성·투명성 및 신뢰성을 확보하고 국민의 권익을 보호한다는 행정절차법의 목적 및 청문제도의 취지 등에 비추어 볼 때, 위와 같은 협약의 체결로 청문의 실시에 관한 규정의 적용을 배제할 수 있다고 볼 만한 법령상의 규정이 없는 한, 이러한 협약이 체결되었다고 하여 청문의 실시에 관한 규정의 적용이 배제된다거나 청문을 실시하지 않아도 되는 예외적인 경우에 해당한다고 할 수 없다. 대법원 2004. 7. 8. 선고 2002두8350 판결 16 국가, 16 교행, 16 사복, 20 지방, 20 국가 01

• 법령상 당연히 부과되는 처분에 대해서는 청문 등 의견청취절차가 적용되지 아니한다.

판례

퇴직연금의 환수결정은 당사자에게 의무를 과하는 처분이기는 하나, 관련 법령에 따라 당연히 환수금액이 정하여지는 것이므로, 퇴직연금의 환수결정에 앞서 당사자에게 의견진술의 기회를 주지 아니하여도 행정절차법 제22조 제3항이나 신의칙에 어긋나지 아니한다. 대법원 2000. 11. 28. 선고 99두5443 판결 15 지방, 15 서울, 15 국회, 20 국가

⑶ 구체적 청문절차

① 청문의 통지(행정절차법 제21조 제2항)

• 행정청은 청문을 하려면 청문이 시작되는 날부터 10일 전까지 처분의 내용 등을 당사자등에게 통지하여야 한다.

② 청문 주재자(행정절차법 제28조, 제29조)

• 행정청은 소속 직원 또는 대통령령으로 정하는 자격을 가진 사람 중에서 청문 주재자를 공정하게 선정하여야 한다. 16 교행

• 행정청은 다수 국민의 이해가 상충되는 처분, 다수 국민에게 불편이나 부담을 주는 처분 등을 하려는 경우에는 청문 주재자를 2명 이상으로 선정할 수 있다. 이 경우 선정된 청문 주재자 중 1명이 청문 주재자를 대표한다.

• 행정청은 청문이 시작되는 날부터 7일 전까지 청문 주재자에게 청문과 관련한 필요한 자료를 미리 통지하여야 한다.

• 행정절차법은 청문 주재자의 제척·기피·회피에 관한 규정을 두고 있다. 16 교행

③ 청문의 공개(행정절차법 제30조)

• 청문은 당사자가 공개를 신청하거나 청문 주재자가 필요하다고 인정하는 경우 공개할 수 있다. 16 지방 다만, 공익 또는 제3자의 정당한 이익을 현저히 해칠 우려가 있는 경우에는 공개하여서는 아니 된다. 24 국가

④ 청문의 진행(행정절차법 제31조)

• 당사자등은 의견을 진술하고 증거를 제출할 수 있으며, 참고인이나 감정인 등에게 질문할 수 있다. 15 국회

• 당사자등이 의견서를 제출한 경우에는 그 내용을 출석하여 진술한 것으로 본다.

• 청문 주재자는 청문의 신속한 진행과 질서유지를 위하여 필요한 조치를 할 수 있다.

OX 확인

01 행정청이 당사자와 사이에 도시계획사업시행 관련 협약을 체결하면서 청문 실시를 배제하는 조항을 두었더라도, 이와 같은 협약의 체결로 청문 실시 규정의 적용을 배제할 만한 법령상 규정이 없는 한, 이러한 협약이 체결되었다고 하여 청문을 실시하지 않아도 되는 예외적인 경우에 해당한다고 할 수 없다. (○)

⑤ 청문의 병합·분리(행정절차법 제32조)

- 행정청은 직권으로 또는 당사자(이해관계인 ×)의 신청에 따라 여러 개의 사안을 병합하거나 분리하여 청문을 할 수 있다. 17 국가

⑥ 증거조사(행정절차법 제33조)

- 청문 주재자는 직권으로 또는 당사자의 신청에 따라 필요한 조사를 할 수 있으며, 당사자등이 주장하지 아니한 사실에 대하여도 조사할 수 있다. 14 국가
- 청문 주재자는 필요하다고 인정할 때에는 관계 행정청에 필요한 문서의 제출 또는 의견의 진술을 요구할 수 있다. 이 경우 관계 행정청은 직무 수행에 특별한 지장이 없으면 그 요구에 따라야 한다.

⑦ 청문조서(행정절차법 제34조)

- 청문 주재자는 청문사항 등을 기재한 청문조서를 작성하여야 한다.
- 당사자등은 청문조서의 내용을 열람·확인할 수 있으며, 이의가 있을 때에는 그 정정을 요구할 수 있다. 21 지방

⑧ 청문의 종결(행정절차법 제35조)

- 청문 주재자는 해당 사안에 대하여 당사자등의 의견진술, 증거조사가 충분히 이루어졌다고 인정하는 경우에는 청문을 마칠 수 있다.
- 청문 주재자는 당사자등의 전부 또는 일부가 정당한 사유 없이 청문기일에 출석하지 아니하거나 의견서를 제출하지 아니한 경우에는 이들에게 다시 의견진술 및 증거제출의 기회를 주지 아니하고 청문을 마칠 수 있다. 15 국가
- 청문 주재자는 당사자등의 전부 또는 일부가 정당한 사유로 청문기일에 출석하지 못하거나 의견서를 제출하지 못한 경우에는 10일 이상의 기간을 정하여 이들에게 의견진술 및 증거제출을 요구하여야 하며, 해당 기간이 지났을 때에 청문을 마칠 수 있다.

⑨ 청문결과의 반영(행정절차법 제35조의2)

- 행정청은 처분을 할 때에 청문조서, 청문 주재자의 의견서, 그 밖의 관계 서류 등을 충분히 검토하고 상당한 이유가 있다고 인정하는 경우에는 청문결과를 반영하여야 한다. 11 사복

⑩ 청문의 재개(행정절차법 제36조)

- 행정청은 청문을 마친 후 처분을 할 때까지 새로운 사정이 발견되어 청문을 재개할 필요가 있다고 인정할 때에는 청문조서 등을 되돌려 보내고 청문의 재개를 명할 수 있다.

⑪ 문서의 열람 및 비밀유지(행정절차법 제37조)

- 당사자등은 의견제출의 경우에는 처분의 사전 통지가 있는 날부터 의견제출기한까지, 청문의 경우에는 청문의 통지가 있는 날부터 청문이 끝날 때까지 행정청에 해당 사안의 조사결과에 관한 문서와 그 밖에 해당 처분과 관련되는 문서의 열람 또는 복사를 요청할 수 있다. 이 경우 행정청은 다른 법령에 따라 공개가 제한되는 경우를 제외하고는 그 요청을 거부할 수 없다.
- 누구든지 의견제출 또는 청문을 통하여 알게 된 사생활이나 경영상 또는 거래상의 비밀을 정당한 이유 없이 누설하거나 다른 목적으로 사용하여서는 아니 된다. 14 국가

4. 공청회

(1) 의의

- 공청회란 행정청이 공개적인 토론을 통하여 어떠한 행정작용에 대하여 당사자등, 전문지식과 경험을 가진 사람, 그 밖의 일반인으로부터 의견을 널리 수렴하는 절차를 말한다.

(2) 적용범위(행정절차법 제22조 제2항)

- 행정청이 처분을 함에 있어서 ① 다른 법령 등에서 공청회를 개최하도록 규정하고 있는 경우, ② 해당 처분의 영향이 광범위하여 널리 의견을 수렴할 필요가 있다고 행정청이 인정하는 경우, ③ 국민생활에 큰 영향을 미치는 처분으로서 대통령령으로 정하는 처분에 대하여 대통령령으로 정하는 수(30명) 이상의 당사자등이 공청회 개최를 요구하는 경우에는 공청회를 개최한다. 20 소방, 21 소방 01
- 행정청이 개최하는 공청회가 아닌 경우 행정절차법의 공청회에 관한 규정이 적용되지 않는다.

판례

묘지공원과 화장장의 후보지를 선정하는 과정에서 서울특별시, 비영리법인, 일반 기업 등이 공동 발족한 협의체인 추모공원건립추진협의회가 후보지 주민들의 의견을 청취하기 위하여 그 명의로 개최한 공청회는 행정청이 도시계획시설결정을 하면서 개최한 공청회가 아니므로, 위 공청회의 개최에 관하여 행정절차법에서 정한 절차를 준수하여야 하는 것은 아니다. 대법원 2007. 4. 12. 선고 2005두1893 판결 19 지방 02

(3) 구체적 절차

① 공청회의 개최(행정절차법 제38조, 제38조의2)

- 행정청은 공청회를 개최하려는 경우에는 공청회 개최 14일 전까지 공청회에 관한 사항을 당사자등에게 통지하고 관보, 공보, 인터넷 홈페이지 또는 일간신문 등에 공고하는 등의 방법으로 널리 알려야 한다.
- 행정청은 원칙적으로 공청회와 병행하여서만 정보통신망을 이용한 공청회(이하 "온라인공청회"라 한다)를 실시할 수 있다. 다만 국민의 생명·신체·재산의 보호 등 국민의 안전 또는 권익보호 등의 이유로 공청회를 개최하기 어려운 경우 등에는 온라인공청회를 단독으로 개최할 수 있다. 15 국가, 16 지방
- 온라인공청회를 실시하는 경우에는 누구든지 정보통신망을 이용하여 의견을 제출하거나 제출된 의견 등에 대한 토론에 참여할 수 있다. 15 교행

② 공청회의 주재자 및 발표자(행정절차법 제38조의3)

- 행정청은 해당 공청회의 사안과 관련된 분야에 전문적 지식이 있거나 그 분야에 종사한 경험이 있는 사람으로서 대통령령으로 정하는 자격을 가진 사람 중에서 공청회의 주재자를 선정한다.
- 공청회의 발표자는 발표를 신청한 사람 중에서 행정청이 선정한다. 다만, 발표를 신청한 사람이 없거나 공청회의 공정성을 확보하기 위하여 필요하다고 인정하는 경우에는 일정한 지위에 있는 사람 중에서 지명하거나 위촉할 수 있다.

행정절차법 시행령 제13조의3(공청회의 개최 요건 등)

① 법 제22조 제2항 제3호에서 "대통령령으로 정하는 처분"이란 다음 각 호의 어느 하나에 해당하는 처분을 말한다. 다만, 행정청이 해당 처분과 관련하여 이미 공청회를 개최한 경우는 제외한다.

1. 국민 다수의 생명, 안전 및 건강에 큰 영향을 미치는 처분
2. 소음 및 악취 등 국민의 일상생활과 관계되는 환경에 큰 영향을 미치는 처분

OX 확인

01 청문은 다른 법령등에서 규정하고 있는 경우 이외에 행정청이 필요하다고 인정하는 경우에도 실시할 수 있으나, 공청회는 다른 법령등에서 규정하고 있는 경우에만 개최할 수 있다. (×)

02 묘지공원과 화장장의 후보지를 선정하는 과정에서 추모공원건립추진협의회가 후보지 주민들의 의견을 청취하기 위하여 그 명의로 개최한 공청회는 행정절차법에서 정한 절차를 준수하여야 하는 것은 아니다. (○)

행정절차법 제38조의2(온라인공청회)

① 행정청은 제38조에 따른 공청회와 병행하여서만 정보통신망을 이용한 공청회(이하 "온라인공청회"라 한다)를 실시할 수 있다.

② 제1항에도 불구하고 다음 각 호의 어느 하나에 해당하는 경우에는 온라인공청회를 단독으로 개최할 수 있다.

1. 국민의 생명·신체·재산의 보호 등 국민의 안전 또는 권익보호 등의 이유로 제38조에 따른 공청회를 개최하기 어려운 경우
2. 제38조에 따른 공청회가 행정청이 책임질 수 없는 사유로 개최되지 못하거나 개최는 되었으나 정상적으로 진행되지 못하고 무산된 횟수가 3회 이상인 경우 23 국가
3. 행정청이 널리 의견을 수렴하기 위하여 온라인공청회를 단독으로 개최할 필요가 있다고 인정하는 경우. 다만, 제22조 제2항 제1호 또는 제3호에 따라 공청회를 실시하는 경우는 제외한다.

③ 행정청은 온라인공청회를 실시하는 경우 의견제출 및 토론 참여가 가능하도록 적절한 전자적 처리능력을 갖춘 정보통신망을 구축·운영하여야 한다.

④ 온라인공청회를 실시하는 경우에는 누구든지 정보통신망을 이용하여 의견을 제출하거나 제출된 의견 등에 대한 토론에 참여할 수 있다.

⑤ 제1항부터 제4항까지에서 규정한 사항 외에 온라인공청회의 실시 방법 및 절차에 관하여 필요한 사항은 대통령령으로 정한다.

PART 05

③ 공청회의 진행(행정절차법 제39조)

- 공청회의 주재자는 공청회를 공정하게 진행하여야 하며, 공청회의 원활한 진행을 위하여 발표 내용을 제한할 수 있고, 질서유지를 위하여 발언 중지 및 퇴장 명령 등 행정안전부장관이 정하는 필요한 조치를 할 수 있다.
- 발표자는 공청회의 내용과 직접 관련된 사항에 대하여만 발표하여야 한다.
- 공청회의 주재자는 발표자의 발표가 끝난 후에는 발표자 상호간에 질의 및 답변을 할 수 있도록 하여야 하며, 방청인에게도 의견을 제시할 기회를 주어야 한다.

④ 결과의 반영(행정절차법 제39조의2)

- 행정청은 처분을 할 때에 공청회, 온라인공청회 및 정보통신망 등을 통하여 제시된 사실 및 의견이 상당한 이유가 있다고 인정하는 경우에는 이를 반영하여야 한다.

⑤ 공청회의 재개최(행정절차법 제39조의3)

- 행정청은 공청회를 마친 후 처분을 할 때까지 새로운 사정이 발견되어 공청회를 다시 개최할 필요가 있다고 인정할 때에는 공청회를 다시 개최할 수 있다.

5. 의견제출

(1) 의의

- 의견제출이란 행정청이 어떠한 행정작용을 하기 전에 당사자등이 의견을 제시하는 절차로서 청문이나 공청회에 해당하지 아니하는 절차를 말한다.

(2) 적용범위

- 행정청이 당사자에게 의무를 부과하거나 권익을 제한하는 처분을 할 때 청문을 실시하거나 공청회를 개최하는 경우 외에는 당사자등에게 의견제출의 기회를 주어야 한다. 20 소방, 22 국가

(3) 의견제출의 방법(행정절차법 제27조)

- 당사자등은 처분 전에 그 처분의 관할 행정청에 서면이나 말로 또는 정보통신망을 이용하여 의견제출을 할 수 있다. 18 지방
- 당사자등은 의견제출을 하는 경우 그 주장을 입증하기 위한 증거자료 등을 첨부할 수 있다.
- 행정청은 당사자등이 말로 의견제출을 하였을 때에는 서면으로 그 진술의 요지와 진술자를 기록하여야 한다.
- 당사자등이 정당한 이유 없이 의견제출기한까지 의견제출을 하지 아니한 경우에는 의견이 없는 것으로 본다.

(4) 제출 의견의 반영(행정절차법 제27조의2)

- 행정청은 처분을 할 때에 당사자등이 제출한 의견이 상당한 이유가 있다고 인정하는 경우에는 이를 반영하여야 한다.
- 행정청은 당사자등이 제출한 의견을 반영하지 아니하고 처분을 한 경우 당사자등이 처분이 있음을 안 날부터 90일 이내에 그 이유의 설명을 요청하면 서면으로 그 이유를 알려야 한다. 다만, 당사자등이 동의하면 말, 정보통신망 또는 그 밖의 방법으로 알릴 수 있다.

쟁점 89 행정상 입법예고와 행정예고

I 행정상 입법예고

1. 의의

- 법령 등을 제정·개정 또는 폐지하려는 경우에는 해당 입법안을 마련한 행정청은 이를 예고하여야 한다(행정절차법 제41조 제1항).
- 행정입법안에 국민의 의견을 반영하도록 하는 제도이다.

2. 적용 제외

- 다음의 어느 하나에 해당하는 경우에는 입법예고를 하지 아니할 수 있다.

> 행정절차법 제41조(행정상 입법예고)
>
> ① 법령등을 제정·개정 또는 폐지(이하 "입법"이라 한다)하려는 경우에는 해당 입법안을 마련한 행정청은 이를 예고하여야 한다. 다만, 다음 각 호의 어느 하나에 해당하는 경우에는 예고를 하지 아니할 수 있다.
>
> 1. 신속한 국민의 권리 보호 또는 예측 곤란한 특별한 사정의 발생 등으로 입법이 긴급을 요하는 경우 18 소방
> 2. 상위 법령 등의 단순한 집행을 위한 경우 18 소방
> 3. 입법내용이 국민의 권리·의무 또는 일상생활과 관련이 없는 경우 18 소방
> 4. 단순한 표현·자구를 변경하는 경우 등 입법내용의 성질상 예고의 필요가 없거나 곤란하다고 판단되는 경우
> 5. 예고함이 공공의 안전 또는 복리를 현저히 해칠 우려가 있는 경우

- 법제처장은 입법예고를 하지 아니한 법령안의 심사 요청을 받은 경우에 입법예고를 하는 것이 적당하다고 판단할 때에는 해당 행정청에 입법예고를 권고하거나 직접 예고할 수 있다. 15 국회

3. 예고방법(행정절차법 제42조)

- 행정청은 입법안의 취지, 주요 내용 또는 전문을 법령의 경우 관보 및 법제처장이 구축·제공하는 정보시스템을 통한 공고의 방법으로, 자치법규의 경우 공보를 통한 공고의 방법으로 공고하여야 하며, 추가로 인터넷, 신문 또는 방송 등을 통하여 공고할 수 있다.
- 행정청은 대통령령을 입법예고하는 경우 국회 소관 상임위원회에 이를 제출하여야 한다. 18 국가 01
- 행정청은 입법예고를 할 때에 입법안과 관련이 있다고 인정되는 중앙행정기관, 지방자치단체, 그 밖의 단체 등이 예고사항을 알 수 있도록 예고사항을 통지하거나 그 밖의 방법으로 알려야 한다.

4. 예고기간(행정절차법 제43조)

- 입법예고기간은 예고할 때 정하되, 특별한 사정이 없으면 40일(자치법규는 20일) 이상으로 한다.

OX 확인

01 행정청은 대통령령을 입법예고하는 경우에는 이를 국회 소관 상임위원회에 제출하여야 한다. (○)

PART 05

5. 의견제출 및 처리(행정절차법 제44조)

• 누구든지 예고된 입법안에 대하여 의견을 제출할 수 있다.
• 행정청은 의견접수기관, 의견제출기간, 그 밖에 필요한 사항을 해당 입법안을 예고할 때 함께 공고하여야 한다.
• 행정청은 의견을 제출한 자에게 그 제출된 의견의 처리결과를 통지하여야 한다.

6. 재입법예고(행정절차법 제41조 제4항)

• 입법안을 마련한 행정청은 입법예고 후 예고내용에 국민생활과 직접 관련된 내용이 추가되는 등 대통령령으로 정하는 중요한 변경이 발생하는 경우에는 해당 부분에 대한 입법예고를 다시 하여야 한다.

7. 입법예고의 하자

• 행정절차법이 정한 예외사유에 해당하지 아니함에도 입법예고를 거치지 않은 법령의 효력이 문제되는데, 판례는 이를 무효가 아닌 것으로 본다.

판례

소득세법시행령이 개정됨에 있어서 입법예고나 홍보가 없었다고 하여 그 조항이 신의성실의 원칙에 위배되는 무효인 규정이라고 볼 수도 없으므로 그 위임에 따라 제정된 소득세법시행규칙 제56조의5 제7항도 같은 시행령 제115조 제1항이나 제2항에 위배되는 무효인 규정이라고 볼 수 없다. 대법원 1990. 6. 8. 선고 90누2420 판결 10 국가

• 다만 위 대법원 판례는 1998년 행정절차법이 시행되기 전에 선고된 판례인 바, 행정절차법이 시행 중인 현재에도 같은 견해를 유지할 지는 확실하지 않다. 한편 최근에 선고된 하급심 판례 중에는 입법예고를 거치지 아니한 법령의 효력을 무효로 본 사례가 있다.

판례

행정절차법 및 그 하위법령에서 정한 행정상 입법예고절차에 위반하여 입법이 이루어진 경우에 당해 법령 등은 위법하여 무효라고 할 것이다. 서울행정법원 2018. 10. 12. 선고 2017구합88671 판결

Ⅱ 행정예고

1. 의의

• 행정청은 정책, 제도 및 계획을 수립·시행하거나 변경하려는 경우에는 이를 예고하여야 한다.
• 행정에 대한 예측가능성을 보장하고 국민의 행정에 대한 이해·협력을 증진시키는 기능을 한다.

2. 적용범위(행정절차법 제46조)

• 종래 행정절차법은 국민생활에 매우 큰 영향을 주는 사항 등 일정한 사유에 해당하는 정책 등에 대해서만 행정청에게 행정예고의무를 부과하였다.
• 그러나 개정법은 행정청의 모든 정책 등에 대하여 원칙적으로 행정예고의무를 부과하고, 일정한 사유에 해당하는 경우에만 예외적으로 행정예고를 하지 아니할 수 있도록 규정함으로써 국민의 행정에 대한 예측가능성을 더욱 담보하고 있다.

> 행정절차법 제46조 【행정예고】
> ① 행정청은 정책, 제도 및 계획을 수립·시행하거나 변경하려는 경우에는 이를 예고하여야 한다. 다만, 다음 각 호의 어느 하나에 해당하는 경우에는 예고를 하지 아니할 수 있다.
> 1. 신속하게 국민의 권리를 보호하여야 하거나 예측이 어려운 특별한 사정이 발생하는 등 긴급한 사유로 예고가 현저히 곤란한 경우
> 2. 법령 등의 단순한 집행을 위한 경우
> 3. 정책 등의 내용이 국민의 권리·의무 또는 일상생활과 관련이 없는 경우
> 4. 정책 등의 예고가 공공의 안전 또는 복리를 현저히 해칠 우려가 상당한 경우

• 법령 등의 입법을 포함하는 행정예고는 입법예고로 갈음할 수 있다.

3. 예고기간(행정절차법 제46조)

• 행정예고기간은 예고 내용의 성격 등을 고려하여 정하되, 20일 이상으로 한다. 14 국가, 17 지방
• 행정목적을 달성하기 위하여 긴급한 필요가 있는 경우에는 행정예고기간을 단축할 수 있다. 이 경우 단축된 행정예고기간은 10일 이상으로 한다.

4. 예고방법

• 행정청은 정책 등 안의 취지, 주요 내용 등을 관보·공보나 인터넷·신문·방송 등을 통하여 공고하여야 한다.

PART 05

쟁점 90 복합민원절차 : 인 · 허가의제 제도

I 의의

행정기본법 제24조 【인허가의제의 기준】
① 이 절에서 "인허가의제"란 하나의 인허가(이하 "주된 인허가"라 한다)를 받으면 법률로 정하는 바에 따라 그와 관련된 여러 인허가(이하 "관련 인허가"라 한다)를 받은 것으로 보는 것을 말한다.

- 인 · 허가의제 제도란 하나의 인 · 허가를 받으면 다른 법률에서 규정하고 있는 허가, 인가, 특허, 등록을 받은 것으로 보는 제도를 말한다.
- 복합민원의 일종으로서 원스톱행정을 통하여 민원인의 편의를 도모하는 기능을 수행한다.
- 주된 인 · 허가를 해주는 기관이 주무행정청이 되고 의제된 인 · 허가 등을 담당하는 기관이 관계행정청이 된다.

복합민원이란 하나의 민원 목적을 실현하기 위하여 관계 법령 등에 따라 다수 관계 기관의 허가 · 인가 · 승인 · 추천 · 협의 · 확인 등을 받아야 하는 민원을 말한다.

II 법적 근거

- 인 · 허가의제는 행정기관의 권한에 변경을 가져오므로 법률에 명시적인 근거가 있어야 한다.

14 지방, 18 교행

III 인 · 허가의 절차

행정기본법 제24조 【인허가의제의 기준】
② 인허가의제를 받으려면 주된 인허가를 신청할 때 관련 인허가에 필요한 서류를 함께 제출하여야 한다. 다만, 불가피한 사유로 함께 제출할 수 없는 경우에는 주된 인허가 행정청이 별도로 정하는 기한까지 제출할 수 있다.
③ 주된 인허가 행정청은 주된 인허가를 하기 전에 관련 인허가에 관하여 미리 관련 인허가 행정청과 협의하여야 한다.
④ 관련 인허가 행정청은 제3항에 따른 협의를 요청받으면 그 요청을 받은 날부터 20일 이내(제5항 단서에 따른 절차에 걸리는 기간은 제외한다)에 의견을 제출하여야 한다. 이 경우 전단에서 정한 기간(민원 처리 관련 법령에 따라 의견을 제출하여야 하는 기간을 연장한 경우에는 그 연장한 기간을 말한다) 내에 협의 여부에 관하여 의견을 제출하지 아니하면 협의가 된 것으로 본다.
⑤ 제3항에 따라 협의를 요청받은 관련 인허가 행정청은 해당 법령을 위반하여 협의에 응해서는 아니 된다. 다만, 관련 인허가에 필요한 심의, 의견 청취 등 절차에 관하여는 법률에 인허가의제 시에도 해당 절차를 거친다는 명시적인 규정이 있는 경우에만 이를 거친다.

행정기본법 시행령 제4조(인허가의제 관련 협의 · 조정)
① 법 제24조제1항에 따른 주된 인허가(이하 "주된인허가"라 한다) 행정청은 같은 조 제3항에 따른 협의 과정에서 협의의 신속한 진행이나 이견 조정을 위하여 필요하다고 인정하는 경우에는 같은 조 제1항에 따른 관련 인허가(이하 "관련인허가"라 한다) 행정청과 협의 · 조정을 위한 회의를 개최할 수 있다.
② 제1항에 따른 협의 · 조정을 위한 회의의 구성 · 운영 등에 필요한 사항은 주된 인허가 행정청이 관련 인허가 행정청과 협의하여 정한다.

1. 인 · 허가의 신청

- 민원인은 의제되는 인 · 허가의 신청에 필요한 서류도 첨부하여 주무행정청에만 신청하면 된다.
- 한편 인 · 허가의제규정이 있는 경우에도 신청인에게 반드시 관련 인 · 허가의제 처리를 신청할 의무가 있는 것은 아니다.

판례

관련 인허가 의제 제도는 사업시행자의 이익을 위하여 만들어진 것이므로, 사업시행자가 반드시 관련 인허가 의제 처리를 신청할 의무가 있는 것은 아니다. (그러나) 건축주가 건축물을 건축하기 위해서는 건축법상 건축허가와 국토계획법상 개발행위(건축물의 건축) 허가를 각각 별도로 신청하여야 하는 것이 아니라, 건축법상건축허가절차에서 관련 인허가 의제 제도를 통해 두 허가의 발급 여부가 동시에 심사·결정되도록 하여야 한다. 즉, 건축주는 건축행정청에 건축법상 건축허가를 신청하면서 국토계획법상 개발행위(건축물의 건축) 허가 심사에도 필요한 자료를 첨부하여 제출하여야 하고, 건축행정청은 개발행위허가권자와 사전 협의절차를 거침으로써 건축법상 건축허가를 발급할 때 국토계획법상 개발행위(건축물의 건축) 허가가 의제되도록 하여야 한다.
이를 통해 건축법상 건축허가절차에서 건축주의 건축계획이 국토계획법상 개발행위 허가기준을 충족하였는지가 함께 심사되어야 한다. 건축주의 건축계획이 건축법상 건축허가기준을 충족하더라도 국토계획법상 개발행위 허가기준을 충족하지 못한 경우에는 해당 건축물의 건축은 법질서상 허용되지 않는 것이므로, 건축행정청은 건축법상 건축허가를 발급하면서 국토계획법상 개발행위(건축물의 건축) 허가가 의제되지 않은 것으로 처리하여서는 안 되고, 건축법상 건축허가의 발급을 거부하여야 한다. 건축법상 건축허가절차에서 국토계획법상 개발행위 허가기준 충족 여부에 관한 심사가 누락된 채 건축법상 건축허가가 발급된 경우에는 그 건축법상 건축허가는 위법하므로 취소할 수 있다. 이때 건축허가를 취소한 경우 건축행정청은 개발행위허가권자와의 사전협의를 통해 국토계획법상 개발행위 허가기준 충족 여부를 심사한 후 건축법상 건축허가 발급 여부를 다시 결정하여야 한다. 대법원 2020. 7. 23. 선고 2019두31839 판결

2. 관련 인·허가기관의 협의

- 인·허가의제 제도 하에서는 관계행정청의 인·허가를 받지 않아도 되는 것으로 하는 대신 주무행정청이 관계행정청과 협의를 거쳐야 하는 것으로 정한 경우가 일반적이다. 13 서울
- 이때 협의의 성질이 구속력을 갖는 동의인지 아니면 구속력이 없는 단순한 협의(자문)인지 견해대립이 있는데, 판례의 입장은 명확하지 않으나 동의를 의미한다고 보는 견해가 유력하다.

3. 절차의 집중: 긍정

- 주무행정청은 주된 인·허가에 요구되는 절차만 거치면 되는 것인지 아니면 의제되는 인·허가에 요구되는 절차까지 거쳐야 하는 것인지 문제된다.
- 판례는 의제되는 인·허가의 절차를 거칠 필요 없이 주된 인·허가에 요구되는 절차만 거치면 된다고 하여 절차집중설의 입장을 취하고 있다. 17 국회

판례

1. 건설부장관이 구 주택건설촉진법 제33조에 따라 관계기관의 장과의 협의를 거쳐 사업계획승인을 한 이상 같은 조 제4항의 허가·인가·결정·승인 등이 있는 것으로 볼 것이고, 그 절차와 별도로 도시계획법 제12조 등 소정의 중앙도시계획위원회의 의결이나 주민의 의견청취 등 절차를 거칠 필요는 없다. 대법원 1992. 11. 10. 선고 92누1162 판결 16 국회
2. 인허가 의제 규정의 입법 취지를 고려하면, 주택건설사업계획 승인권자가 구 주택법 제17조 제3항에 따라 도시·군관리계획 결정권자와 협의를 거쳐 관계 주택건설사업계획을 승인하면 같은 조 제1항 제5호에 따라 도시·군관리계획결정이 이루어진 것으로 의제되고, 이러한 협의 절차와 별도로 국토의 계획 및 이용에 관한 법률 제28조 등에서 정한 도시·군관리계획 입안을 위한 주민 의견청취 절차를 거칠 필요는 없다. 대법원 2018. 11. 29. 선고 2016두38792 판결 21 국가 01

건축물의 건축은 건축주가 그 부지를 적법하게 확보한 경우에만 허용될 수 있다. 여기에서 '부지 확보'란 건축주가 건축물을 건축할 토지의 소유권이나 그 밖의 사용권원을 확보하여야 한다는 점 외에도 해당 토지가 건축물의 건축에 적합한 상태로 적법하게 형질변경이 되어 있는 등 건축물의 건축이 허용되는 법적 성질을 지니고 있어야 한다는 점을 포함한다.
이에 수평면에 건축할 것으로 예정된 건물을 경사가 있는 토지 위에 건축하고자 건축신고를 하면서, 그 경사 있는 토지를 수평으로 만들기 위한 절토나 성토에 대한 토지형질변경허가를 받지 못한 경우에는 건축법에서 정한 '부지 확보' 요건을 완비하지 못한 것이 된다.
따라서 건축행정청이 추후 별도로 국토의 계획 및 이용에 관한 법률상 개발행위(토지형질변경)허가를 받을 것을 명시적 조건으로 하거나 또는 묵시적인 전제로 하여 건축주에 대하여 건축법상 건축신고 수리처분을 한다면, 이는 가까운 장래에 '부지 확보' 요건을 갖출 것을 전제로 한 경우이므로 그 건축신고 수리처분이 위법하다고 볼 수는 없지만, '부지 확보' 요건을 완비하지 못한 상태에서 건축신고 수리처분이 이루어졌음에도 그 처분 당시 건축주가 장래에도 토지형질변경허가를 받지 않거나 받지 못할 것이 명백하였다면, 그 건축신고 수리처분은 '부지 확보'라는 수리요건이 갖추어지지 않았음이 확정된 상태에서 이루어진 처분으로서 적법하다고 볼 수 없다. (대법원 2023. 9. 21. 선고 2022두31143 판결)

PART 05

OX 확인

01 주택건설사업계획 승인권자가 구 「주택법」에 따라 도시·군관리계획 결정권자와 협의를 거쳐 관계 주택건설사업계획을 승인하면 도시·군관리계획결정이 이루어진 것으로 의제되고, 이러한 협의 절차와 별도로 「국토의 계획 및 이용에 관한 법률」 등에서 정한 도시·군관리계획 입안을 위한 주민 의견청취 절차를 거칠 필요는 없다. (○)

Ⅳ 인·허가의 결정

1. 인·허가 결정기관

- 신청을 받은 주무행정기관이 인·허가 여부를 결정한다.

2. 인·허가요건의 판단방법: 실체집중 부정

- 주무행정청이 인·허가를 함에 있어서 의제되는 인·허가의 요건에 구속되는지 문제된다.
- 판례는 주무행정청은 의제되는 인·허가의 요건에 엄격하게 구속되어 의제되는 인·허가 요건이 모두 충족되어야만 주된 인·허가를 할 수 있다고 한다(실체집중부정설).

| OX 확인 |

01 「건축법」에서 관련 인·허가 의제 제도를 둔 취지는 인·허가 의제사항 관련 법률에 따른 각각의 인·허가 요건에 관한 일체의 심사를 배제하려는 것이 아니다. (○)

02 건축물의 건축이 「국토의 계획 및 이용에 관한 법률」상 개발행위에 해당할 경우 그 건축의 허가권자는 국토계획법령의 개발행위허가기준을 확인하여야 하므로, 국토계획법상 건축물의 건축에 관한 개발행위 허가가 의제되는 건축허가신청이 국토계획법령이 정한 개발행위허가기준에 부합하지 아니하면 허가권자로서는 이를 거부할 수 있다. (○)

판례

1. 건축법에서 인·허가의제 제도를 둔 취지는, 인·허가의제사항과 관련하여 건축허가의 관할 행정청으로 창구를 단일화하고 절차를 간소화하며 비용과 시간을 절감함으로써 국민의 권익을 보호하려는 것이지, 인·허가의제사항 관련 법률에 따른 각각의 인허가 요건에 관한 일체의 심사를 배제하려는 것으로 보기는 어려우므로, 도시계획시설인 주차장에 대한 건축허가신청을 받은 행정청으로서는 건축법상 허가 요건뿐 아니라 국토의 계획 및 이용에 관한 법령이 정한 도시계획시설사업에 관한 실시계획인가 요건도 충족하는 경우에 한하여 이를 허가해야 한다. 대법원 2015. 7. 9. 선고 2015두39590 판결
   21 국가 01
2. 채광계획인가를 받으면 공유수면 점용허가를 받은 것으로 의제되고, 이 공유수면 점용허가는 공유수면 관리청이 공공 위해의 예방 경감과 공공복리의 증진에 기여함에 적당하다고 인정하는 경우에 그 자유재량에 의하여 허가의 여부를 결정하여야 할 것이므로, 공유수면 점용허가를 필요로 하는 채광계획 인가신청에 대하여도, 공유수면 관리청이 재량적 판단에 의하여 공유수면 점용의 허가 여부를 결정할 수 있고, 그 결과 공유수면 점용을 허용하지 않기로 결정하였다면, 채광계획인가 관청은 이를 사유로 하여 채광계획을 인가하지 아니할 수 있는 것이다. 대법원 2002. 10. 11. 선고 2001두151 판결
   14 국회, 16 국회
3. 국토계획법상 건축물의 건축에 관한 개발행위허가가 의제되는 건축허가신청이 국토계획법령이 정한 개발행위허가기준에 부합하지 아니하면 허가권자로서는 이를 거부할 수 있다. 대법원 2016. 8. 24. 선고 2016두35762 판결 21 국가 02

Ⅴ 인·허가의제의 효과

행정기본법 제25조【인허가의제의 효과】
① 제24조 제3항·제4항에 따라 협의가 된 사항에 대해서는 주된 인허가를 받았을 때 관련 인허가를 받은 것으로 본다.
② 인허가의제의 효과는 주된 인허가의 해당 법률에 규정된 관련 인허가에 한정된다.

행정기본법 제26조【인허가의제의 사후관리 등】
① 인허가의제의 경우 관련 인허가 행정청은 관련 인허가를 직접 한 것으로 보아 관계 법령에 따른 관리·감독 등 필요한 조치를 하여야 한다.
② 주된 인허가가 있은 후 이를 변경하는 경우에는 제24조·제25조 및 이 조 제1항을 준용한다.
③ 이 절에서 규정한 사항 외에 인허가의제의 방법, 그 밖에 필요한 세부 사항은 대통령령으로 정한다.

- 주무행정청의 인·허가가 있으면 의제되는 인·허가 등을 받은 것으로 본다.
- 인·허가가 의제되는 범위는 주된 인·허가를 통해 달성하려는 사업목적을 위해 필요한 범위로 한정된다.

판례

1. 구 택지개발촉진법 제11조 제1항 제9호에서는 사업시행자가 택지개발사업 실시계획승인을 받은 때 도로법에 의한 도로공사시행허가 및 도로점용허가를 받은 것으로 본다고 규정하고 있는바, 이러한 인허가 의제제도는 목적사업의 원활한 수행을 위해 행정절차를 간소화하고자 하는 데 그 취지가 있는 것이므로 위와 같은 실시계획승인에 의해 의제되는 도로공사시행허가 및 도로점용허가는 원칙적으로 당해 택지개발사업을 시행하는 데 필요한 범위 내에서만 그 효력이 유지된다고 보아야 한다. 따라서 원고가 이 사건 택지개발사업과 관련하여 그 사업시행의 일환으로 이 사건 도로예정지 또는 도로에 전력관을 매설하였다고 하더라도 사업시행완료 후 이를 계속 유지·관리하기 위해 도로를 점용하는 것에 대한 도로점용허가까지 그 실시계획 승인에 의해 의제된다고 볼 수는 없다. 대법원 2010. 4. 29. 선고 2009두18547 판결
2. 주된 인허가에 관한 사항을 규정하고 있는 법률에서 주된 인허가가 있으면 다른 법률에 의한 인허가를 받은 것으로 의제한다는 규정을 둔 경우, 주된 인허가가 있으면 다른 법률에 의한 인허가가 있는 것으로 보는 데 그치고, 거기에서 더 나아가 다른 법률에 의하여 인허가를 받았음을 전제로 하는 그 다른 법률의 모든 규정들까지 적용되는 것은 아니다. 대법원 2016. 11. 24. 선고 2014두47686 판결

- 인·허가의제의 효과는 관계기관과의 협의를 마친 범위 내에서만 발생한다.

판례

시장 등이 사업계획을 승인하기 전에 관계 행정청과 미리 협의한 사항에 한하여 사업계획승인처분을 할 때에 관련 인허가가 의제되는 효과가 발생할 뿐이다. 관련 인허가 사항에 관한 사전 협의가 이루어지지 않은 채 중소기업창업법 제33조 제3항에서 정한 20일의 처리기간이 지난 날의 다음 날에 사업계획승인처분이 이루어진 것으로 의제된다고 하더라도, 창업자는 중소기업창업법에 따른 사업계획승인처분을 받은 지위를 가지게 될 뿐이고 관련 인허가까지 받은 지위를 가지는 것은 아니다. 따라서 창업자는 공장을 설립하기 위해 필요한 관련 인허가를 관계 행정청에 별도로 신청하는 절차를 거쳐야 한다. 만일 창업자가 공장을 설립하기 위해 필요한 국토의 계획 및 이용에 관한 법률에 따른 개발행위허가를 신청하였다가 거부처분이 이루어지고 그에 대하여 제소기간이 도과하는 등의 사유로 더 이상 다툴 수 없는 효력이 발생한다면, 시장 등은 공장설립이 객관적으로 불가능함을 이유로 중소기업창업법에 따른 사업계획승인처분을 직권으로 철회하는 것도 가능하다. 대법원 2021. 3. 11. 선고 2020두42569 판결

Ⅵ 불복방법 : 항고쟁송의 대상

1. 의제되는 인·허가와 관련된 사유로 주된 인·허가의 신청에 대한 거부처분이 있는 경우

- 주무행정청이 의제되는 인·허가와 관련된 사유를 근거로 주된 인·허가신청에 대해 거부처분을 하였다 하더라도, 의제되는 인·허가에 대한 거부처분이 현실적으로 존재하는 것은 아니므로, 주된 인·허가의 거부처분에 대하여 행정쟁송을 제기하면서 그 쟁송과정에서 의제되는 인·허가의 거부사유를 다투어야 한다. 15 국가

판례

건축불허가처분을 하면서 그 처분사유로 건축불허가 사유뿐만 아니라 형질변경불허가 사유나 농지전용불허가 사유를 들고 있다고 하여 그 건축불허가처분 외에 별개로 형질변경불허가처분이나 농지전용불허가처분이 존재하는 것이 아니므로, 그 건축불허가처분을 받은 사람은 그 건축불허가처분에 관한 쟁송에서 건축법상의 건축불허가 사유뿐만 아니라 같은 도시계획법상의 형질변경불허가 사유나 농지법상의 농지전용불허가 사유에 관하여도 다툴 수 있는 것이지, 그 건축불허가처분에 관한 쟁송과는 별개로 형질변경불허가처분이나 농지전용불허가처분에 관한 쟁송을 제기하여 이를 다투어야 하는 것은 아니며, 그러한 쟁송을 제기하지 아니하였어도 형질변경불허가 사유나 농지전용불허가 사유에 관하여 불가쟁력이 생기지 아니한다. 대법원 2001. 1. 16. 선고 99두10988 판결 15 국가

2. 주된 인·허가처분이 있은 후 의제된 인·허가처분만에 대한 불복 가부

• 주된 인·허가처분이 있은 후 오직 의제된 인·허가처분만을 불복의 대상으로 삼아 행정쟁송을 제기할 수 있는지 문제되는데, 판례는 이를 긍정한다.

• 마찬가지로 행정청 역시 본처분의 효력은 그대로 유지한 채 의제된 인·허가처분만을 직권으로 취소·철회하는 것도 가능하다.

OX 확인

01 주택건설사업계획 승인처분에 따라 의제된 인·허가가 위법함을 다투고자 하는 이해관계인은, 주택건설사업계획 승인처분의 취소를 구해야지 의제된 인·허가의 취소를 구해서는 아니 되며, 의제된 인·허가는 주택건설사업계획 승인처분과 별도로 항고소송의 대상이 되는 처분에 해당하지 않는다. (×)

판례

1. 의제된 인·허가는 통상적인 인·허가와 동일한 효력을 가지므로, 적어도 '부분 인·허가 의제'가 허용되는 경우에는 그 효력을 제거하기 위한 법적 수단으로 의제된 인·허가의 취소나 철회가 허용될 수 있고, 이러한 직권 취소·철회가 가능한 이상 그 의제된 인·허가에 대한 쟁송취소 역시 허용된다. 따라서 주택건설사업계획 승인처분에 따라 의제된 인·허가가 위법함을 다투고자 하는 이해관계인은, 주택건설사업계획 승인처분의 취소를 구할 것이 아니라 의제된 인·허가의 취소를 구하여야 하며, 의제된 인·허가는 주택건설사업계획 승인처분과 별도로 항고소송의 대상이 되는 처분에 해당한다. 대법원 2018. 11. 29. 선고 2016두38792 판결 20 국가, 21 국가 01
2. 구 중소기업창업 지원법에 따른 사업계획승인의 경우, 의제된 인·허가만 취소 내지 철회함으로써 사업계획에 대한 승인의 효력은 유지하면서 해당 의제된 인·허가의 효력만을 소멸시킬 수 있다. 대법원 2018. 7. 12. 선고 2017두48734 판결

• 의제되는 인·허가처분에만 하자가 존재하는 경우, 그로써 의제되는 인·허가의 효과가 발생하지 않을 수 있을 뿐, 그로 인해 본처분이 위법하게 되는 것은 아니다.

판례

인·허가 의제대상이 되는 처분의 공시방법에 관한 하자가 있더라도, 그로써 해당 인·허가 등 의제의 효과가 발생하지 않을 여지가 있게 될 뿐이고, 그러한 사정이 주택건설사업계획 승인처분 자체의 위법사유가 될 수는 없다. 대법원 2017. 9. 12. 선고 2017두45131 판결

Ⅶ 선승인후협의제

1. 의의

• 인·허가의제 효과를 갖는 인·허가에 대하여 관계행정청과의 모든 협의가 완료되기 전이라도 공익상 긴급한 필요가 있고 사업시행을 위한 중요한 사항에 대한 협의가 있는 경우, 협의가 완료되지 않은 인·허가에 대한 협의를 완료할 것을 조건으로 각종 공사 또는 사업의 시행승인이나 시행인가를 할 수 있도록 하는 제도를 말한다. 14 지방

2. 구별개념: 부분 인·허가의제 제도

• 주된 인·허가로 인해 의제되는 인·허가 중 일부에 대해서만 협의가 완료된 경우에도 민원인의 요청이 있으면 주된 인·허가를 할 수 있고, 이 경우 협의가 완료된 일부 인·허가만 의제되는 것으로 하는 제도를 말한다.

판례

구 지원특별법 제11조에 의한 사업시행승인을 하는 경우 같은 법 제29조 제1항에 규정된 사업 관련 모든 인·허가의제 사항에 관하여 관계 행정기관의 장과 일괄하여 사전 협의를 거칠 것을 요건으로 하는 것은 아니고, 사업시행승인 후 인·허가의제 사항에 관하여 관계 행정기관의 장과 협의를 거치면 그때 해당 인·허가가 의제된다고 보는 것이 타당하다. 대법원 2012. 2. 9. 선고 2009두16305 판결

3. 법적 근거

- 선승인후협의제의 경우, 명문의 법적 근거가 필요하다.
- 부분 인·허가의제의 경우, 명문의 법적 근거 없이도 가능하다고 본다.

4. 효과

- 선승인후협의제의 경우, 주된 인·허가가 있으면 완료되지 않은 협의를 완료할 것을 조건으로 협의가 완료되지 않은 인·허가도 의제된다.
- 부분 인·허가의제의 경우, 협의가 완료된 인·허가 등에 한하여 인·허가가 의제된다.

CHAPTER 02

정보공개법

쟁점 91 정보공개제도

Ⅰ 의의

- 국민이 공공기관이 보유하고 있는 정보에 접근하여 그것을 이용할 수 있도록 국민에게 정보공개를 청구할 수 있는 권리를 보장하고, 공공기관에 대하여는 정보공개의 의무를 지도록 하는 제도를 말한다.

Ⅱ 정보공개청구권

1. 의의

- 일반적으로 접근할 수 없는 정보원에 대해 정보의 공개를 청구할 수 있는 권리를 말한다.
- 문제되는 정보와 직접적 이해관계를 가지는 사람이 청구할 수 있는 개별적 정보공개청구권과, 이해관계에 관계없이 정보를 청구할 수 있는 일반적 정보공개청구권으로 구분된다.

2. 법적 근거

(1) 헌법적 근거

- 헌법재판소는 헌법에 명시되지는 않았지만 헌법 제21조의 표현의 자유에 당연히 포함되는 "알 권리"로부터 정보공개청구권이 도출된다고 한다. 17 서울
- 알 권리는 구체적인 권리이므로 정보공개청구권을 인정하는 법률이 존재하지 않는 경우에도 정보공개청구권은 알 권리에 근거하여 당연히 인정된다.

판례

"알 권리"는 표현의 자유와 표리일체의 관계에 있으며 자유권적 성질과 청구권적 성질을 공유하는 것이다. 자유권적 성질은 일반적으로 정보에 접근하고 수집·처리함에 있어서 국가권력의 방해를 받지 아니한다는 것을 말하며, 청구권적 성질을 의사형성이나 여론 형성에 필요한 정보를 적극적으로 수집하고 수집을 방해하는 방해제거를 청구할 수 있다는 것을 의미하는 바 이는 정보수집권 또는 정보공개청구권으로 나타난다. 나아가 현대 사회가 고도의 정보화 사회로 이행해감에 따라 "알 권리"는 한편으로 생활권적 성질까지도 획득해 나가고 있다. 이러한 "알 권리"는 표현의 자유에 당연히 포함되는 것으로 보아야 하며 인권에 관한 세계선언 제19조도 "알 권리"를 명시적으로 보장하고 있다. 10 지방
"알 권리"의 생성기반을 살펴볼 때 이 권리의 핵심은 정부가 보유하고 있는 정보에 대한 국민의 "알 권리", 즉 국민의 정부에 대한 일반적 정보공개를 구할 권리(청구권적 기본권)라고 할 것이며, 이러한 "알 권리"의 실현은 법률의 제정이 뒤따라 이를 구체화시키는 것이 충실하고도 바람직하지만, 그러한 법률이 제정되어 있지 않다고 하더라도 불가능한 것은 아니고 헌법 제21조에 의해 직접 보장될 수 있다고 하는 것이 헌법재판소의 확립된 판례인 것이다. 헌법재판소 1991. 5. 13. 선고 90헌마133 결정
21 국가 01

OX 확인

01 국민의 알 권리의 내용에는 일반 국민 누구나 국가에 대하여 보유·관리하고 있는 정보의 공개를 청구할 수 있는 이른바 일반적인 정보공개청구권이 포함된다. (○)

- 대법원 또한 알 권리가 표현의 자유에 포함된다고 보며 자유권적 성질뿐만 아니라 청구권적 성질을 아울러 갖는 것으로 본다.

판례

국민의 '알 권리', 즉 정보에의 접근·수집·처리의 자유는 자유권적 성질과 청구권적 성질을 공유하는 것으로서 헌법 제21조에 의하여 직접 보장되는 권리이다. 대법원 2009. 12. 10. 선고 2009두12785 판결

(2) 법률적 근거

- 정보공개에 관한 일반법으로 공공기관의 정보공개에 관한 법률(이하 '정보공개법')이 있다.
- 교육 관련기관이 보유·관리하는 정보의 공개에 관한 특별법인 교육기관정보공개법이 있으며, 그 밖에 개별법에 규정이 있다.

(3) 조례

- 지방자치단체는 그 소관 사무에 관하여 법령의 범위에서 정보공개에 관한 조례를 정할 수 있다(정보공개법 제4조 제2항). 18 소방
- 정보공개조례는 권리를 제한하거나 의무를 부과하는 조례가 아니므로 법령의 위임이 없어도 제정될 수 있다(지방자치법 제28조 제1항).

판례

지방자치단체는 그 내용이 주민의 권리의 제한 또는 의무의 부과에 관한 사항이거나 벌칙에 관한 사항이 아닌 한 법률의 위임이 없더라도 조례를 제정할 수 있다 할 것인데 청주시의회에서 의결한 청주시행정정보공개조례안은 행정에 대한 주민의 알 권리의 실현을 그 근본내용으로 하면서도 이로 인한 개인의 권익침해 가능성을 배제하고 있으므로 이를 들어 주민의 권리를 제한하거나 의무를 부과하는 조례라고는 단정할 수 없고 따라서 그 제정에 있어서 반드시 법률의 개별적 위임이 따로 필요한 것은 아니다. 대법원 1992. 6. 23. 선고 92추17 판결 13 국가

쟁점 92 정보공개법의 주요 내용

I 총칙

1. 용어의 정의(정보공개법 제2조)

(1) 정보와 공개

> 정보공개법에서 말하는 공개대상 정보는 정보 그 자체가 아닌 정보공개법 제2조 제1호에서 예시하고 있는 매체 등에 기록된 사항을 의미한다. (대법원 2013. 1. 24. 선고 2010두18918 판결)

1. "정보"란 공공기관이 직무상 작성 또는 취득하여 관리하고 있는 문서(전자문서를 포함한다) 및 전자매체를 비롯한 모든 형태의 매체 등에 기록된 사항을 말한다.
2. "공개"란 공공기관이 이 법에 따라 정보를 열람하게 하거나 그 사본·복제물을 제공하는 것 또는 「전자정부법」 제2조 제10호에 따른 정보통신망을 통하여 정보를 제공하는 것 등을 말한다.

(2) 공공기관

3. "공공기관"이란 다음 각 목의 기관을 말한다.
가. 국가기관
 1. 국회, 법원, 헌법재판소, 중앙선거관리위원회
 2. 중앙행정기관(대통령 소속 기관과 국무총리 소속 기관을 포함한다) 및 그 소속 기관
 3. 「행정기관 소속 위원회의 설치·운영에 관한 법률」에 따른 위원회
나. 지방자치단체
다. 「공공기관의 운영에 관한 법률」 제2조에 따른 공공기관
라. 「지방공기업법」에 따른 지방공사 및 지방공단
마. 그 밖에 대통령령으로 정하는 기관
 1. 「유아교육법」, 「초·중등교육법」, 「고등교육법」에 따른 각급 학교 또는 그 밖의 다른 법률에 따라 설치된 학교
 2. 「지방공기업법」에 따른 지방공사 및 지방공단
 3. 「지방자치단체 출자·출연 기관의 운영에 관한 법률」 제2조제1항에 따른 출자기관 및 출연기관
 4. 특별법에 따라 설립된 특수법인
 5. 「사회복지사업법」 제42조제1항에 따라 국가나 지방자치단체로부터 보조금을 받는 사회복지법인과 사회복지사업을 하는 비영리법인
 6. 제5호 외에 「보조금 관리에 관한 법률」 제9조 또는 「지방재정법」 제17조제1항 각 호 외의 부분 단서에 따라 국가나 지방자치단체로부터 연간 5천만원 이상의 보조금을 받는 기관 또는 단체. 다만, 정보공개 대상 정보는 해당 연도에 보조를 받은 사업으로 한정한다.

- "각급 학교"에는 국공립학교뿐만 아니라 사립학교(사립유치원 포함)도 포함된다. 16 국가, 24 지방

판례

1. 정보공개법 시행령 제2조 제1호가 정보공개의무를 지는 공공기관의 하나로 사립대학교를 들고 있는 것이 모법인 구 공공기관의 정보공개에 관한 법률의 위임 범위를 벗어났다거나 사립대학교가 국비의 지원을 받는 범위 내에서만 공공기관의 성격을 가진다고 볼 수 없다. 대법원 2006. 8. 24. 선고 2004두2783 판결 15 국가, 17 지방
2. 교육기관정보공개법은 공공기관이 직무상 작성 또는 취득하여 관리하고 있는 정보 가운데 교육관련기관이 학교교육과 관련하여 직무상 작성 또는 취득하여 관리하고 있는 정보의 공개에 관하여 특별히 규율하는 법률이므로, 학교에 대하여 교육기관정보공개법이 적용된다고 하여 더 이상 정보공개법을 적용할 수 없게 되는 것은 아니라고 할 것이다. 대법원 2013. 11. 28. 선고 2011두5049 판결 17 지방

- "특별법에 따라 설립된 특수법인"에 해당하는지 여부는 당해 법인에게 부여된 업무의 성격, 추구하는 이익의 성질 등을 고려하여 개별적으로 판단한다. 17 서울

판례

1. 어느 법인이 공공기관의 정보공개에 관한 법률 제2조 제3호, 같은 법 시행령 제2조 제4호에 따라 정보를 공개할 의무가 있는 '특별법에 의하여 설립된 특수법인'에 해당하는지 여부는, 국민의 알 권리를 보장하고 국정에 대한 국민의 참여와 국정운영의 투명성을 확보하고자 하는 위 법의 입법 목적을 염두에 두고, 해당 법인에게 부여된 업무가 국가행정업무이거나 이에 해당하지 않더라도 그 업무 수행으로써 추구하는 이익이 해당 법인 내부의 이익에 그치지 않고 공동체 전체의 이익에 해당하는 공익적 성격을 갖는지 여부를 중심으로 개별적으로 판단하되, 해당 법인의 설립근거가 되는 법률이 법인의 조직구성과 활동에 대한 행정적 관리·감독 등에서 민법이나 상법 등에 의하여 설립된 일반 법인과 달리 규율한 취지, 국가나 지방자치단체의 해당 법인에 대한 재정적 지원·보조의 유무와 그 정도, 해당 법인의 공공적 업무와 관련하여 국가기관·지방자치단체 등 다른 공공기관에 대한 정보공개청구와는 별도로 해당 법인에 대하여 직접 정보공개청구를 구할 필요성이 있는지 여부 등을 종합적으로 고려하여야 한다. 17 서울
   방송법이라는 특별법에 의하여 설립 운영되는 한국방송공사(KBS)는 공공기관의 정보공개에 관한 법률 시행령 제2조 제4호의 '특별법에 의하여 설립된 특수법인'으로서 정보공개의무가 있는 공공기관의 정보공개에 관한 법률 제2조 제3호의 '공공기관'에 해당한다. 대법원 2010. 12. 23. 선고 2008두13101 판결 16 사복, 17 지방
2. '한국증권업협회'는 공공기관의 정보공개에 관한 법률 시행령 제2조 제4호의 '특별법에 의하여 설립된 특수법인'에 해당한다고 보기 어렵다. 대법원 2010. 4. 29. 선고 2008두5643 판결 17 국가, 17 지방

2. 적용 범위

(1) 일반법(정보공개법 제4조 제1항)

- 정보의 공개에 관하여는 다른 법률에 특별한 규정이 있는 경우를 제외하고는 이 법에서 정하는 바에 따른다.

판례

1. '정보공개에 관하여 다른 법률에 특별한 규정이 있는 경우'에 해당한다고 하여 정보공개법의 적용을 배제하기 위해서는, 특별한 규정이 '법률'이어야 하고, 나아가 내용이 정보공개의 대상 및 범위, 정보공개의 절차, 비공개대상정보 등에 관하여 정보공개법과 달리 규정하고 있는 것이어야 한다. 15 국회
   형사소송법 제59조의2는 형사재판확정기록의 공개 여부나 공개 범위, 불복절차 등에 대하여 구 공공기관의 정보공개에 관한 법률과 달리 규정하고 있는 것으로 정보공개법 제4조 제1항에서 정한 '정보의 공개에 관하여 다른 법률에 특별한 규정이 있는 경우'에 해당한다. 따라서 형사재판확정기록의 공개에 관하여는 정보공개법에 의한 공개청구가 허용되지 아니한다. 대법원 2016. 12. 15. 선고 2013두20882 판결
2. 민사소송법 제344조 제2항은 같은 조 제1항에서 정한 문서에 해당하지 아니한 문서라도 문서의 소지자는 원칙적으로 그 제출을 거부하지 못하나, 다만 '공무원 또는 공무원이었던 사람이 그 직무와 관련하여 보관하거나 가지고 있는 문서'는 예외적으로 제출을 거부할 수 있다고 규정하고 있는 바, 여기서 말하는 '공무원 또는 공무원이었던 사람이 그 직무와 관련하여 보관하거나 가지고 있는 문서'는 국가기관이 보유·관리하는 공문서를 의미한다고 할 것이고, 이러한 공문서의 공개에 관하여는 공공기관의 정보공개에 관한 법률에서 정한 절차와 방법에 의하여야 할 것이다. 대법원 2010. 1. 19. 자 2008마546 결정 12 국가

군사법원법 제309조의3은 군검사가 공소제기된 사건과 관련하여 보관하고 있는 서류 또는 물건의 공개 여부나 공개 범위, 불복절차 등에 관하여 정보공개법과 달리 규정하고 있는 것으로 볼 수 있다. 결국 정보공개법 제4조 제1항에서 정한 '정보의 공개에 관하여 다른 법률에 특별한 규정이 있는 경우'에 해당한다. 따라서 군검사가 공소제기된 사건과 관련하여 보관하고 있는 서류 또는 물건에 관하여는 피고인이나 변호인의 정보공개법에 의한 정보공개청구가 허용되지 아니한다. (대법원 2024. 5. 30. 선고 2022두65559 판결)

(2) 적용 제외(정보공개법 제4조 제3항)

- 국가안전보장에 관련되는 정보 및 보안 업무를 관장하는 기관에서 국가안전보장과 관련된 정보의 분석을 목적으로 수집하거나 작성한 정보에 대해서는 정보공개법을 적용하지 아니한다.

3. 국회에의 보고(정보공개법 제26조)

- 행정안전부장관은 전년도의 정보공개 운영에 관한 보고서를 매년 정기국회 개회 전까지 국회에 제출하여야 한다. 18 소방

4. 기간의 계산(정보공개법 제29조)

- 정보공개법에 따른 기간의 계산은 「민법」에 따른다.
- 다만 정보공개 여부 결정기간, 불복절차의 기산일이 되는 정보공개 청구 후 경과한 기간 및 이의신청 결정기간은 "일"단위로 계산하고 첫날을 산입하되, 공휴일과 토요일은 산입하지 아니한다.

Ⅱ 정보공개 청구권자와 공공기관의 의무

1. 정보공개 청구권자(정보공개법 제5조)

(1) 모든 국민

> 정보공개법 제5조【정보공개 청구권자】
> ① 모든 국민은 정보의 공개를 청구할 권리를 가진다. 17 서울, 23 지방

- "모든 국민"에는 자연인뿐만 아니라 법인, 권리능력 없는 사단·재단도 포함되고, 법인과 권리능력 없는 사단·재단 등의 경우에는 설립목적을 불문한다.

판례

여기에서 말하는 국민에는 자연인은 물론 법인, 권리능력 없는 사단·재단도 포함되고, 법인, 권리능력 없는 사단·재단 등의 경우에는 설립목적을 불문한다. 대법원 2003. 12. 12. 선고 2003두8050 판결
16 사복, 16 교행, 17 국가, 17 교행, 20 국가

- 정보공개법상 정보공개청구권은 일반적 정보공개청구권을 포함하므로, 시민단체의 정보공개청구와 같이 정보공개청구가 이해관계 없이 오로지 공익을 위한 경우에도 인정된다.
14 서울, 22 국가
- 다만, 지방자치단체는 "모든 국민"에 해당하지 아니한다(서울행정법원 2005. 10. 12. 선고 2005구합10484 판결). 18 서울

(2) 외국인

> 정보공개법 시행령 제3조【외국인의 정보공개 청구】
> 법 제5조 제2항에 따라 정보공개를 청구할 수 있는 외국인은 다음 각 호의 어느 하나에 해당하는 자로 한다. 17 교행
> 1. 국내에 일정한 주소를 두고 거주하거나 학술·연구를 위하여 일시적으로 체류하는 사람 15 지방, 15 교행, 23 국가
> 2. 국내에 사무소를 두고 있는 법인 또는 단체

2. 공공기관의 정보공개의무

(1) 정보공개의 원칙(정보공개법 제3조)

- 공공기관이 보유·관리하는 정보는 국민의 알 권리 보장 등을 위하여 이 법에서 정하는 바에 따라 적극적으로 공개하여야 한다.
- 정보공개의무는 원칙적으로 특정의 정보에 대한 공개청구가 있는 경우에야 비로소 존재한다.

판례

알 권리에서 파생되는 정부의 공개의무는 특별한 사정이 없는 한 국민의 적극적인 정보수집행위, 특히 특정의 정보에 대한 공개청구가 있는 경우에야 비로소 존재한다. 헌법재판소 2004. 12. 16. 선고 2002헌마579 전원재판부

(2) 공공기관의 의무(정보공개법 제6조)

- 행정안전부장관은 공공기관의 정보공개에 관한 업무를 종합적·체계적·효율적으로 지원하기 위하여 통합정보공개시스템을 구축·운영하여야 한다.
- 공공기관은 소속 공무원 또는 임직원 전체를 대상으로 국회규칙·대법원규칙·헌법재판소규칙·중앙선거관리위원회규칙 및 대통령령으로 정하는 바에 따라 정보공개법 및 정보공개 제도 운영에 관한 교육을 실시하여야 한다.
- 공공기관의 정보공개 담당자는 정보공개 업무를 성실하게 수행하여야 하며, 공개 여부의 자의적인 결정, 고의적인 처리 지연 또는 위법한 공개 거부 및 회피 등 부당한 행위를 하여서는 아니 된다.

(3) 정보의 사전적 공개

> 정보공개법 제7조【정보의 사전적 공개 등】
> ① 공공기관은 다음 각 호의 어느 하나에 해당하는 정보에 대해서는 공개의 구체적 범위, 주기, 시기 및 방법 등을 미리 정하여 정보통신망 등을 통하여 알리고, 이에 따라 정기적으로 공개하여야 한다. 다만, 제9조 제1항 각 호의 어느 하나에 해당하는 정보에 대해서는 그러하지 아니하다.
> 1. 국민생활에 매우 큰 영향을 미치는 정책에 관한 정보
> 2. 국가의 시책으로 시행하는 공사 등 대규모 예산이 투입되는 사업에 관한 정보
> 3. 예산집행의 내용과 사업평가 결과 등 행정감시를 위하여 필요한 정보
> 4. 그 밖에 공공기관의 장이 정하는 정보
> ② 공공기관은 제1항에 규정된 사항 외에도 국민이 알아야 할 필요가 있는 정보를 국민에게 공개하도록 적극적으로 노력하여야 한다.

PART 05

(4) 정보목록의 작성 · 비치 등

정보공개법 제8조【정보목록의 작성 · 비치 등】
① 공공기관은 그 기관이 보유 · 관리하는 정보에 대하여 국민이 쉽게 알 수 있도록 정보목록을 작성하여 갖추어 두고, 그 목록을 정보통신망을 활용한 정보공개시스템 등을 통하여 공개하여야 한다. 다만, 정보목록 중 제9조 제1항에 따라 공개하지 아니할 수 있는 정보가 포함되어 있는 경우에는 해당 부분을 갖추어 두지 아니하거나 공개하지 아니할 수 있다.
② 공공기관은 정보의 공개에 관한 사무를 신속하고 원활하게 수행하기 위하여 정보공개 장소를 확보하고 공개에 필요한 시설을 갖추어야 한다.

Ⅲ 정보공개의 대상

1. 공개대상 정보

- 공개청구의 대상이 되는 정보는 공공기관이 보유 · 관리하고 있는 정보에 한정된다.
- 공개청구의 대상이 되는 문서가 반드시 원본일 필요는 없다.

| OX 확인 |
01 「공공기관의 정보공개에 관한 법률」상 공개청구의 대상이 되는 정보란 공공기관이 직무상 작성 또는 취득하여 현재 보유 · 관리하고 있는 원본인 문서만을 의미한다. (×)

판례

공공기관의 정보공개에 관한 법률상 공개청구의 대상이 되는 정보란 공공기관이 직무상 작성 또는 취득하여 현재 보유 · 관리하고 있는 문서에 한정되는 것이기는 하나, 그 문서가 반드시 원본일 필요는 없다. 대법원 2006. 5. 25. 선고 2006두3049 판결 15 사복, 17 교행, 18 서울, 21 국가 01

- 이미 다른 사람에게 널리 알려져 있다거나 인터넷 검색 등을 통하여 쉽게 알 수 있는 정보라 하더라도 공개대상 정보가 된다.

| OX 확인 |
02 공개청구된 정보가 인터넷을 통하여 공개되어 인터넷 검색을 통하여 쉽게 알 수 있다는 사정만으로 비공개 결정이 정당화될 수는 없다. (○)

판례

공개청구의 대상이 되는 정보가 이미 다른 사람에게 공개하여 널리 알려져 있다거나 인터넷이나 관보 등을 통하여 공개하여 인터넷검색이나 도서관에서의 열람 등을 통하여 쉽게 알 수 있다는 사정만으로는 소의 이익이 없다거나 비공개결정이 정당화될 수는 없다. 대법원 2008. 11. 27. 선고 2005두15694 판결 18 지방, 19 국가, 20 지방, 20 국가 02

- 공개를 구하는 정보를 공공기관이 보유 · 관리하고 있을 상당한 개연성이 있다는 점에 대하여는 원칙적으로 공개청구자에게 증명책임이 있다.
- 다만, 공개를 구하는 정보를 공공기관이 한 때 보유 · 관리하였으나, 후에 그 정보가 담긴 문서 등이 폐기되어 존재하지 않게 된 것이라면 그 정보를 더 이상 보유 · 관리하고 있지 않다는 점에 대한 증명책임은 공공기관에게 있다.

판례

정보공개제도는 공공기관이 보유 · 관리하는 정보를 그 상태대로 공개하는 제도로서 공개를 구하는 정보를 공공기관이 보유 · 관리하고 있을 상당한 개연성이 있다는 점에 대하여 원칙적으로 공개청구자에게 증명책임이 있다고 할 것이지만, 공개를 구하는 정보를 공공기관이 한 때 보유 · 관리하였으나 후에 그 정보가 담긴 문서 등이 폐기되어 존재하지 않게 된 것이라면 그 정보를 더 이상 보유 · 관리하고 있지 아니하다는 점에 대한 증명책임은 공공기관에게 있다. 대법원 2004. 12. 9. 선고 2003두12707 판결 17 국회, 22 지방

2. 비공개대상 정보

(1) 일반론

① 증명책임 및 판단방법

- 정보공개법은 정보의 공개를 원칙으로 하므로, 공개청구의 대상이 된 정보가 비공개사유에 해당하는지에 대해서는 이를 주장하는 공공기관에게 증명책임이 있다.
- 비공개사유에 해당하는지를 판단함에는 공익과 사익을 비교·교량하여야 한다.

판례

1. 국민으로부터 보유·관리하는 정보에 대한 공개를 요구받은 공공기관으로서는 같은 법 제7조 제1항 각 호에서 정하고 있는 비공개사유에 해당하지 않는 한 이를 공개하여야 할 것이고, 만일 이를 거부하는 경우라 할지라도 대상이 된 정보의 내용을 구체적으로 확인·검토하여 어느 부분이 어떠한 법익 또는 기본권과 충돌되어 같은 법 제7조 제1항 몇 호에서 정하고 있는 비공개사유에 해당하는지를 주장·입증하여야만 할 것이며, 그에 이르지 아니한 채 개괄적인 사유만을 들어 공개를 거부하는 것은 허용되지 아니한다. 대법원 2003. 12. 11. 선고 2001두8827 판결 17 국회, 22 지방
2. 비공개사유에 해당하는지 여부는 비공개에 의하여 보호되는 업무수행의 공정성 등의 이익과 공개에 의하여 보호되는 국민의 알권리의 보장과 국정에 대한 국민의 참여 및 국정운영의 투명성 확보 등의 이익을 비교·교량하여 구체적인 사안에 따라 개별적으로 판단하여야 한다. 대법원 2009. 12. 10. 선고 2009두12785 판결

② 비공개 필요성의 소멸(정보공개법 제9조 제2항)

- 공공기관은 비공개대상에 해당하는 정보가 기간의 경과 등으로 인하여 비공개의 필요성이 없어진 경우에는 그 정보를 공개 대상으로 하여야 한다.

③ 세부기준 수립 및 공개(정보공개법 제9조 제3항)

- 공공기관은 비공개사유의 범위에서 해당 공공기관의 업무 성격을 고려하여 비공개 대상 정보의 범위에 관한 세부 기준을 수립하고 이를 정보통신망을 활용한 정보공개시스템 등을 통하여 공개하여야 한다.

④ 점검 및 개선 결과 제출(정보공개법 제9조 제4항)

- 공공기관(국회·법원·헌법재판소 및 중앙선거관리위원회는 제외한다)은 수립한 비공개 세부 기준이 제1항 각 호의 비공개 요건에 부합하는지 3년마다 점검하고 필요한 경우 비공개 세부 기준을 개선하여 그 점검 및 개선 결과를 행정안전부장관에게 제출하여야 한다.

⑤ 권리구제의 가능성

- 정보공개청구권자의 정보공개를 통한 권리구제의 가능성은 정보의 공개 여부를 결정하는 데 아무런 영향을 미치지 못한다.

판례

공공기관의 정보공개에 관한 법률은 비공개대상정보에 해당하지 않는 한 공공기관이 보유·관리하는 정보는 공개 대상이 된다고 규정하고 있을 뿐, 정보공개 청구권자가 공개를 청구하는 정보와 어떤 관련성을 가질 것을 요구하거나 정보공개청구의 목적에 특별한 제한을 두고 있지 아니하므로 정보공개 청구권자의 권리구제 가능성 등은 정보의 공개 여부 결정에 아무런 영향을 미치지 못한다. 대법원 2017. 9. 7. 선고 2017두44558 판결 20 국가, 22 지방

PART 05

⑥ 권리남용

• 정보공개청구가 권리남용에 해당하는 것이 명백한 경우, 이러한 정보공개청구권의 행사는 허용되지 않는다.

판례

1. 실제로는 해당 정보를 취득 또는 활용할 의사가 전혀 없이 정보공개 제도를 이용하여 사회통념상 용인될 수 없는 부당한 이득을 얻으려 하거나, 오로지 공공기관의 담당공무원을 괴롭힐 목적으로 정보공개청구를 하는 경우처럼 권리의 남용에 해당하는 것이 명백한 경우에는 정보공개청구권의 행사를 허용하지 아니하는 것이 옳다. 15 국회, 18 교행, 21 지방, 23 지방 01
   (교도소에 복역 중인 甲이 지방검찰청 검사장에게 자신에 대한 불기소사건 수사기록 중 타인의 개인정보를 제외한 부분의 공개를 청구하였으나 검사장이 구 공공기관의 정보공개에 관한 법률 제9조 제1항 등에 규정된 비공개 대상 정보에 해당한다는 이유로 비공개 결정을 한 사안에서) 甲은 위 정보에 접근하는 것을 목적으로 정보공개를 청구한 것이 아니라, 청구가 거부되면 거부처분의 취소를 구하는 소송에서 승소한 뒤 소송비용 확정절차를 통해 자신이 그 소송에서 실제 지출한 소송비용보다 다액을 소송비용으로 지급받아 금전적 이득을 취하거나, 수감 중 변론기일에 출정하여 강제노역을 회피하는 것 등을 목적으로 정보공개를 청구하였다고 볼 여지가 큰 점 등에 비추어 甲의 정보공개청구는 권리를 남용하는 행위로서 허용되지 않는다고 한 사례. 대법원 2014. 12. 24. 선고 2014두9349 판결
2. 원고가 이 사건 정보공개를 청구한 목적이 이 사건 손해배상소송에 제출할 증거자료를 획득하기 위한 것이었고 위 소송이 이미 종결되었다고 하더라도, 원고가 오로지 피고를 괴롭힐 목적으로 정보공개를 구하고 있다는 등의 특별한 사정이 없는 한, 위와 같은 사정만으로는 원고가 이 사건 소송을 계속하고 있는 것이 권리남용에 해당한다고 볼 수 없다. 대법원 2004. 9. 23. 선고 2003두1370 판결

OX 확인

01 오로지 공공기관의 담당공무원을 괴롭힐 목적으로 정보공개청구를 하는 경우에도 정보공개청구권의 행사는 허용되어야 한다. (×)

(2) 구체적 비공개사유(정보공개법 제9조 제1항)

① 비밀 또는 비공개사항으로 규정된 정보(1호)

> 다른 법률 또는 법률에서 위임한 명령(국회규칙 · 대법원규칙 · 헌법재판소규칙 · 중앙선거관리위원회규칙 · 대통령령 및 조례로 한정한다)에 따라 비밀이나 비공개 사항으로 규정된 정보 18 국회

㉠ 법률에서 위임한 명령의 범위: 법규명령

• '법률이 위임한 명령'은 정보의 공개에 관하여 법률의 구체적인 위임 아래 제정된 법규명령(위임명령)을 의미한다(대법원 2006. 10. 26. 선고 2006두11910). 20 지방 02

판례

공공기관의정보공개에관한법률 제7조 제1항 제1호 소정의 '법률에 의한 명령'은 법률의 위임규정에 의하여 제정된 대통령령, 총리령, 부령 전부를 의미한다기보다는 정보의 공개에 관하여 법률의 구체적인 위임 아래 제정된 법규명령(위임명령)을 의미한다. 대법원 2003. 12. 11. 선고 2003두8395 판결

OX 확인

02 「공공기관의 정보공개에 관한 법률」에 의하면 "다른 법률 또는 법률에서 위임한 명령에 의하여 비밀 또는 비공개 사항으로 규정된 정보"는 이를 공개하지 아니할 수 있다고 규정하고 있는바, 여기에서 '법률에 의한 명령'은 정보의 공개에 관하여 법률의 구체적인 위임 아래 제정된 법규명령(위임명령)을 의미한다. (○)

㉡ 비공개대상에 해당한다고 본 사례

판례

1. 학교폭력대책자치위원회의 회의록 대법원 2010. 6. 10. 선고 2010두2913 판결 13 국가, 19 지방, 19 소방, 24 국가 03
2. 국가정보원의 조직 · 소재지 및 정원에 관한 정보 대법원 2013. 1. 24. 선고 2010두18918 판결 14 지방

OX 확인

03 학교폭력대책자치위원회가 피해학생의 보호를 위한 조치, 가해학생에 대한 조치, 학교폭력과 관련된 분쟁의 조정 등에 관하여 심의한 결과를 기재한 회의록은 「공공기관의 정보공개에 관한 법률」 소정의 비공개대상 정보에 해당한다. (○)

3. 국가정보원이 직원에게 지급하는 현금급여 및 월초수당에 관한 정보 대법원 2010. 12. 23. 선고 2010두14800 판결 14 지방
4. 국방부의 한국형 다목적 헬기(KMH) 도입사업에 대한 감사원장의 감사결과보고서(군사2급 비밀) 대법원 2006. 11. 10. 선고 2006두9351 판결

㉢ 비공개대상에 해당하지 않는다고 본 사례

판례

1. 검찰보존사무규칙은 비록 법무부령으로 되어 있으나, 그중 불기소사건기록 등의 열람·등사에 대하여 제한하고 있는 부분은 위임 근거가 없어 행정기관 내부의 사무처리준칙으로서 행정규칙에 불과하므로, 위 규칙에 의한 열람·등사의 제한을 구 정보공개법 제7조 제1항 제1호의 '다른 법률 또는 법률에 의한 명령에 의하여 비공개사항으로 규정된 경우'에 해당한다고 볼 수 없다. 대법원 2004. 9. 23. 선고 2003두1370 판결 14 지방, 23 지방
2. 공직자윤리법상의 등록의무자가 구 공직자윤리법 시행규칙 제12조 관련 [별지 14호 서식]에 따라 제출한, '자신의 재산등록사항의 고지를 거부한 직계존비속의 본인과의 관계, 성명, 고지거부사유, 서명(날인)'이 기재되어 있는 문서 대법원 2007. 12. 13. 선고 2005두13117 판결 17 국회
3. 교육공무원승진규정 제26조에서 근무성적평정의 결과를 공개하지 아니한다고 규정하고 있다고 하더라도 위 교육공무원승진규정은 법률이 위임한 명령에 해당하지 아니하므로 위 규정을 근거로 정보공개청구를 거부하는 것은 잘못이다. 대법원 2006. 10. 26. 선고 2006두11910 판결 10 지방
4. "소송에 관한 서류는 공판의 개정 전에는 공익상 필요 기타 상당한 이유가 없으면 공개하지 못한다."고 정하고 있는 형사소송법 제47조의 취지는, 일반에게 공표되는 것을 금지하여 소송관계인의 명예를 훼손하거나 공서양속을 해하거나 재판에 대한 부당한 영향을 야기하는 것을 방지하려는 취지이지, 당해 사건의 고소인에게 그 고소에 따른 공소제기내용을 알려주는 것을 금지하려는 취지는 아니므로, 이와 같은 형사소송법 제47조의 공개금지를 공공기관의 정보공개에 관한 법률 제9조 제1항 제1호의 '다른 법률 또는 법률에 의한 명령에 의하여 비공개사항으로 규정된 경우'에 해당한다고 볼 수 없다. 대법원 2006. 5. 25. 선고 2006두3049 판결

다만 자신의 재산등록사항의 고지를 거부한 직계존비속의 성명과 서명(날인)은 6호(개인의 사생활과 관련된 정보)에 해당하여 비공개대상에 해당한다.

② 국가의 중대한 이익과 관련된 정보(2호)

국가안전보장·국방·통일·외교관계 등에 관한 사항으로서 공개될 경우 국가의 중대한 이익을 현저히 해칠 우려가 있다고 인정되는 정보

③ 공공의 안전과 관련된 정보(3호)

공개될 경우 국민의 생명·신체 및 재산의 보호에 현저한 지장을 초래할 우려가 있다고 인정되는 정보

판례

보안관찰법 소정의 보안관찰 관련 통계자료는 공공기관의 정보공개에 관한 법률 제7조 제1항 제2호 소정의 공개될 경우 국가안전보장·국방·통일·외교관계 등 국가의 중대한 이익을 해할 우려가 있는 정보, 또는 제3호 소정의 공개될 경우 국민의 생명·신체 및 재산의 보호 기타 공공의 안전과 이익을 현저히 해할 우려가 있다고 인정되는 정보에 해당한다. 대법원 2004. 3. 18. 선고 2001두8254 전원합의체 판결 15 지방, 19 지방 01

갑이 외교부장관에게 '2015. 12. 28. 일본군위안부 피해자 합의와 관련하여 한일 외교장관 공동 발표문의 문안을 도출하기 위하여 진행한 협의 협상에서 일본군과 관헌에 의한 위안부 강제연행의 존부 및 사실인정 문제에 대해 협의한 협상 관련 외교부장관 생산 문서'에 대한 공개를 청구하였으나, 외교부장관이 갑에게 '공개 청구 정보가 공공기관의 정보공개에 관한 법률 제9조 제1항 제2호에 해당한다.'는 이유로 비공개 결정을 한 사안에서, (중략) 위 합의를 위한 협상 과정에서 일본군과 관헌에 의한 위안부 '강제연행'의 존부 및 사실인정 문제에 대해 협의한 정보를 공개하지 않은 처분이 적법하다고 본 원심판단이 정당하다고 한 사례. (대법원 2023. 6. 1. 선고 2019두41324 판결)

OX 확인

01 「보안관찰법」 소정의 보안관찰 관련 통계자료는 「공공기관의 정보공개에 관한 법률」 소정의 비공개대상 정보에 해당하지 않는다. (×)

④ 진행 중인 재판 및 형사절차와 관련된 정보(4호)

진행 중인 재판에 관련된 정보와 범죄의 예방, 수사, 공소의 제기 및 유지, 형의 집행, 교정, 보안처분에 관한 사항으로서 공개될 경우 그 직무수행을 현저히 곤란하게 하거나 형사피고인의 공정한 재판을 받을 권리를 침해한다고 인정할 만한 상당한 이유가 있는 정보 11 지방, 16 교행

판례

1. '진행 중인 재판에 관련된 정보'에 해당한다는 사유로 정보공개를 거부하기 위하여는 반드시 그 정보가 진행 중인 재판의 소송기록 자체에 포함된 내용일 필요는 없다. 그러나 재판에 관련된 일체의 정보가 그에 해당하는 것은 아니고 진행 중인 재판의 심리 또는 재판결과에 구체적으로 영향을 미칠 위험이 있는 정보에 한정된다고 보는 것이 타당하다. 대법원 2011. 11. 24. 선고 2009두19021 판결 13 국회, 22 국가
2. 수사기록 중의 의견서, 보고문서, 메모, 법률검토, 내사자료 등(이하 '의견서 등'이라고 한다)은 '수사에 관한 사항으로서 공개될 경우 그 직무수행을 현저히 곤란하게 한다고 인정할 만한 상당한 이유가 있는 정보'에 해당하나, 공개청구대상인 정보가 의견서 등에 해당한다고 하여 곧바로 정보공개법 제9조 제1항 제4호에 규정된 비공개대상정보라고 볼 것은 아니고, 의견서 등의 실질적인 내용을 구체적으로 살펴 수사의 방법 및 절차 등이 공개됨으로써 수사기관의 직무수행을 현저히 곤란하게 한다고 인정할 만한 상당한 이유가 있어야만 위 비공개대상정보에 해당한다.
   여기에서 '공개될 경우 그 직무수행을 현저히 곤란하게 한다고 인정할 만한 상당한 이유가 있는 정보'란 당해 정보가 공개될 경우 수사 등에 관한 직무의 공정하고 효율적인 수행에 직접적이고 구체적으로 장애를 줄 고도의 개연성이 있고 그 정도가 현저한 경우를 의미하며, 여기에 해당하는지는 비공개에 의하여 보호되는 업무수행의 공정성 등의 이익과 공개에 의하여 보호되는 국민의 알권리의 보장과 수사절차의 투명성 확보 등의 이익을 비교·교량하여 구체적 사안에 따라 신중히 판단하여야 한다. 대법원 2017. 9. 7. 선고 2017두44558 판결
3. 교도관이 작성한 근무보고서는 비공개대상정보에 해당한다고 볼 수 없고, 징벌위원회 회의록 중 비공개 심사·의결 부분은 비공개사유에 해당하지만 징벌절차 진행 부분은 비공개사유에 해당하지 않는다. 대법원 2009. 12. 10. 선고 2009두12785 판결 13 국가

⑤ 업무수행의 공정성과 관련된 정보(5호)

감사·감독·검사·시험·규제·입찰계약·기술개발·인사관리에 관한 사항이나 의사결정 과정 또는 내부검토 과정에 있는 사항 등으로서 공개될 경우 업무의 공정한 수행이나 연구·개발에 현저한 지장을 초래한다고 인정할 만한 상당한 이유가 있는 정보. 다만, 의사결정 과정 또는 내부검토 과정을 이유로 비공개할 경우에는 제13조제5항에 따라 통지를 할 때 의사결정 과정 또는 내부검토 과정의 단계 및 종료 예정일을 함께 안내하여야 하며, 의사결정 과정 및 내부검토 과정이 종료되면 제10조에 따른 청구인에게 이를 통지하여야 한다.

공공기관의 정보공개에 관한 법률 제9조 제1항 제5호에서 규정하고 있는 '공개될 경우 업무의 공정한 수행에 현저한 지장을 초래한다고 인정할 만한 상당한 이유가 있는 경우'란 같은 법 제1조의 정보공개제도의 목적 및 같은 법 제9조 제1항 제5호의 규정에 의한 비공개대상정보의 입법취지에 비추어 볼 때 공개될 경우 업무의 공정한 수행이 객관적으로 현저하게 지장을 받을 것이라는 고도의 개연성이 존재하는 경우를 의미한다. 여기에 해당하는지 여부는 비공개에 의하여 보호되는 업무수행의 공정성 등의 이익과 공개에 의하여 보호되는 국민의 알권리의 보장과 국정에 대한 국민의 참여 및 국정운영의 투명성 확보 등의 이익을 비교·교량하여 구체적인 사안에 따라 신중하게 판단되어야 한다. (대법원 2014. 7. 24. 선고 2013두20301 판결)

• 비공개대상에 해당한다고 본 사례

판례

1. 정보공개법 제9조 제1항 제5호에서의 '감사·감독·검사·시험·규제·입찰계약·기술개발·인사관리·의사결정과정 또는 내부검토과정에 있는 사항'은 비공개대상정보를 예시적으로 열거한 것이라고 할 것이므로 의사결정과정에 제공된 회의관련 자료나 의사결정과정이 기록된 회의록 등은 의사가 결정되거나 의사가 집행된 경우에는 더 이상 의사결정과정에 있는 사항 그 자체라고는 할 수 없으나, 의사결정과정에 있는 사항에 준하는 사항으로서 비공개대상정보에 포함될 수 있다. 16 사복

학교환경위생구역 내 금지행위(숙박시설) 해제결정에 관한 학교환경위생정화위원회의 회의록에 기재된 발언내용에 대한 해당 발언자의 인적사항 부분에 관한 정보는 공공기관의 정보공개에 관한 법률 제9조 제1항 제5호 소정의 비공개대상에 해당한다. 대법원 2003. 8. 22. 선고 2002두12946 판결 19 지방, 22 지방 01

2. 독립유공자서훈 공적심사위원회의 심의·의결 과정 및 그 내용을 기재한 회의록 대법원 2014. 7. 24. 선고 2013두20301 판결 19 국회
3. 문제은행 출제방식을 채택하고 있는 치과의사 국가시험의 문제지와 정답지 대법원 2007. 6. 15. 선고 2006두15936 판결

• 비공개대상에 해당하지 않는다고 본 사례

판례

1. 사법시험 제2차 시험의 답안지 열람은 시험문항에 대한 채점위원별 채점 결과의 열람(주 : 비공개대상에 해당)과 달리 사법시험업무의 수행에 현저한 지장을 초래한다고 볼 수 없다. 대법원 2003. 3. 14. 선고 2000두6114 판결 13 국가, 15 사복
2. '2002년도 및 2003년도 국가 수준 학업성취도평가 자료'는 공공기관의 정보공개에 관한 법률 제9조 제1항 제5호에서 정한 비공개대상정보에 해당하는 부분이 있으나, '2002학년도부터 2005학년도까지의 대학수학능력시험 원데이터'는 연구목적으로 그 정보의 공개를 청구하는 경우 위 조항의 비공개대상정보에 해당하지 않는다. 대법원 2010. 2. 25. 선고 2007두9877 판결 16 사복, 24 국가
3. 외국 또는 외국 기관으로부터 비공개를 전제로 정보를 입수하였다는 이유만으로 이를 공개할 경우 업무의 공정한 수행에 현저한 지장을 받을 것이라고 단정할 수는 없다. 다만 위와 같은 사정은 정보 제공자와의 관계, 정보 제공자의 의사, 정보의 취득 경위, 정보의 내용 등과 함께 업무의 공정한 수행에 현저한 지장이 있는지를 판단할 때 고려하여야 할 형량 요소이다. 2018. 9. 28. 선고 2017두69892 판결
4. 국회 특수활동비 내역 대법원 2018. 5. 3. 선고 2018두31733 판결

⑥ 개인의 사생활과 관련된 정보(6호)

해당 정보에 포함되어 있는 성명·주민등록번호 등 「개인정보 보호법」 제2조 제1호에 따른 개인정보로서 공개될 경우 사생활의 비밀 또는 자유를 침해할 우려가 있다고 인정되는 정보. 다만, 다음 각 목에 열거한 사항은 제외한다.

가. 법령에서 정하는 바에 따라 열람할 수 있는 정보
나. 공공기관이 공표를 목적으로 작성하거나 취득한 정보로서 사생활의 비밀 또는 자유를 부당하게 침해하지 아니하는 정보
다. 공공기관이 작성하거나 취득한 정보로서 공개하는 것이 공익이나 개인의 권리 구제를 위하여 필요하다고 인정되는 정보
라. 직무를 수행한 공무원의 성명·직위 15 지방
마. 공개하는 것이 공익을 위하여 필요한 경우로서 법령에 따라 국가 또는 지방자치단체가 업무의 일부를 위탁 또는 위촉한 개인의 성명·직업

• 개인정보는 절대적으로 공개가 거부될 수 있는 것은 아니며 공개의 이익과 형량하여 공개 여부를 결정하여야 한다. 12 사복
• 개인정보는 성명, 주민등록번호 등 "개인식별정보"에 한정되지 않는다.

OX 확인

01 학교환경위생구역 내 금지행위(숙박시설) 해제결정에 관한 학교환경위생정화위원회의 회의록에 기재된 발언내용에 대한 해당 발언자의 인적사항 부분에 관한 정보는 「공공기관의 정보공개에 관한 법률」 소정의 비공개대상정보에 해당하지 않는다. (×)

지방자치단체의 도시공원에 관한 조례에서 규정된 도시공원위원회의 심의사항에 관하여 위 위원회의 심의를 거친 후 시장이나 구청장이 위 사항들에 대한 결정을 대외적으로 공표하기 전에 위 위원회의 회의관련자료 및 회의록이 공개된다면 업무의 공정한 수행에 현저한 지장을 초래한다고 할 것이므로, 위 위원회의 심의 후 그 심의사항들에 대한 시장 등의 결정의 대외적 공표행위가 있기 전까지는 위 위원회의 회의관련자료 및 회의록은 공공기관의정보공개에관한법률 제7조 제1항 제5호에서 규정하는 비공개대상정보에 해당한다고 할 것이고, 다만 시장 등의 결정의 대외적 공표행위가 있은 후에는 이를 의사결정과정이나 내부검토과정에 있는 사항이라고 할 수 없고 위 위원회의 회의관련자료 및 회의록을 공개하더라도 업무의 공정한 수행에 지장을 초래할 염려가 없으므로, 시장 등의 결정의 대외적 공표행위가 있은 후에는 위 위원회의 회의관련자료 및 회의록은 같은 법 제7조 제2항에 의하여 공개대상이 된다고 할 것인바, 지방자치단체의 도시공원에 관한 조례안에서 공개시기 등에 관한 아무런 제한 규정 없이 위 위원회의 회의관련자료 및 회의록은 공개하여야 한다고 규정하였다면 이는 같은 법 제7조 제1항 제5호에 위반된다고 할 것이다. (대법원 2000. 5. 30. 선고 99추85 판결)

PART 05

판례

1. 구 정보공개법과 「개인정보 보호법」의 각 입법목적과 규정 내용, 구 정보공개법 제9조 제1항 제6호의 문언과 취지 등에 비추어 보면, 구 정보공개법 제9조 제1항 제6호는 공공기관이 보유·관리하고 있는 개인정보의 공개 과정에서의 개인정보를 보호하기 위한 규정으로서 「개인정보 보호법」 제6조에서 말하는 '개인정보 보호에 관하여 다른 법률에 특별한 규정이 있는 경우'에 해당한다. 따라서 공공기관이 보유·관리하고 있는 개인정보의 공개에 관하여는 구 정보공개법 제9조 제1항 제6호가 「개인정보 보호법」에 우선하여 적용된다. 대법원 2021. 11. 11. 선고 2015두53770 판결
2. 정보공개법 제9조 제1항 제6호 단서 (다)목 소정의 '공개하는 것이 공익을 위하여 필요하다고 인정되는 정보'에 해당하는지 여부는 비공개에 의하여 보호되는 개인의 사생활 보호 등의 이익과 공개에 의하여 보호되는 국민의 알권리의 보장과 국정에 대한 국민의 참여 및 국정운영의 투명성 확보 등의 공익을 비교·교량하여 구체적 사안에 따라 개별적으로 판단하여야 한다. 대법원 2003. 12. 12. 선고 2003두8050 판결 24 국가
3. 정보공개법 제9조 제1항 제6호 본문의 규정에 따라 비공개대상이 되는 정보에는 구 공공기관의 정보공개에 관한 법률의 이름·주민등록번호 등 정보 형식이나 유형을 기준으로 비공개대상정보에 해당하는지를 판단하는 '개인식별정보'뿐만 아니라 그 외에 정보의 내용을 구체적으로 살펴 '개인에 관한 사항의 공개로 개인의 내밀한 내용의 비밀 등이 알려지게 되고, 그 결과 인격적·정신적 내면생활에 지장을 초래하거나 자유로운 사생활을 영위할 수 없게 될 위험성이 있는 정보'도 포함된다고 새겨야 한다. 대법원 2012. 6. 18. 선고 2011두2361 전원합의체 판결 13 국회, 20 지방 01

| OX 확인 |

01 국민의 알 권리를 두텁게 보호하기 위해 「공공기관의 정보공개에 관한 법률」 제9조 제1항 제6호 본문의 규정에 따라 비공개대상이 되는 정보는 이름·주민등록번호 등 '개인식별정보'로 한정된다. (×)

• 비공개대상에 해당한다고 본 사례

판례

1. 공무원이 직무와 관련 없이 개인적인 자격으로 간담회·연찬회 등 행사에 참석하고 금품을 수령한 정보는 정보공개법 제9조 제1항 제6호 단서 (다)목 소정의 '공개하는 것이 공익을 위하여 필요하다고 인정되는 정보'에 해당하지 않는다. 대법원 2003. 12. 12. 선고 2003두8050 판결 13 국회, 15 사복
2. 지방자치단체의 업무추진비 세부항목별 집행내역 및 그에 관한 증빙서류에 포함된 개인에 관한 정보 대법원 2003. 3. 11. 선고 2001두6425 판결 11 국가, 18 서울, 19 지방 02
3. 공직자윤리법상의 등록의무자가 구 공직자윤리법 시행규칙 제12조 관련 [별지 14호 서식]에 따라 정부공직자윤리위원회에 제출한 문서에 포함되어 있는 고지거부자의 인적사항(서명과 날인) 대법원 2007. 12. 13. 선고 2005두13117 판결
4. 불기소처분 기록 중 피의자신문조서 등에 기재된 피의자 등의 인적사항 이외의 진술내용 대법원 2012. 6. 18. 선고 2011두2361 판결 18 지방

| OX 확인 |

02 지방자치단체의 업무추진비 세부항목별 집행내역 및 그에 관한 증빙서류에 포함된 개인에 관한 정보는 「공공기관의 정보공개에 관한 법률」 소정의 '공개하는 것이 공익을 위하여 필요하다고 인정되는 정보'에 해당하여 공개대상이 된다. (×)

• 비공개대상에 해당하지 않는다고 본 사례

판례

1. 사면대상자들의 사면실시건의서와 그와 관련된 국무회의 안건자료에 관한 정보 대법원 2006. 12. 7. 선고 2005두241 판결 15 사복
2. 지방자치단체의 업무추진비 집행내역 중 개인에 관한 정보가 포함되지 아니한 부분 대법원 2003. 3. 11. 선고 2001두6425 판결

⑦ 영업상 비밀에 관한 정보(7호)

법인·단체 또는 개인(이하 "법인 등"이라 한다)의 경영상·영업상 비밀에 관한 사항으로서 공개될 경우 법인 등의 정당한 이익을 현저히 해칠 우려가 있다고 인정되는 정보. 다만, 다음 각 목에 열거한 정보는 제외한다.

가. 사업활동에 의하여 발생하는 위해로부터 사람의 생명·신체 또는 건강을 보호하기 위하여 공개할 필요가 있는 정보

나. 위법·부당한 사업활동으로부터 국민의 재산 또는 생활을 보호하기 위하여 공개할 필요가 있는 정보

판례

정보공개법 제9조 제1항 제7호 소정의 '법인 등의 경영·영업상 비밀'은 부정경쟁방지법 제2조 제2호 소정의 '영업비밀'에 한하지 않고, '타인에게 알려지지 아니함이 유리한 사업활동에 관한 일체의 정보' 또는 '사업활동에 관한 일체의 비밀사항'으로 해석함이 상당하다. 14 지방

그러나 한편, 정보공개법 제9조 제1항 제7호는 '법인 등의 경영·영업상의 비밀에 관한 사항'이라도 공개를 거부할 만한 정당한 이익이 있는지의 여부에 따라 그 공개 여부가 결정되어야 한다고 해석되는 바, 그 정당한 이익이 있는지의 여부는 앞서 본 정보공개법의 입법 취지에 비추어 이를 엄격하게 해석하여야 할 뿐만 아니라 국민에 의한 감시의 필요성이 크고 이를 감수하여야 하는 면이 강한 공익법인에 대하여는 다른 법인 등에 대하여 보다 소극적으로 해석할 수밖에 없다고 할 것이다. 대법원 2008. 10. 23. 선고 2007두1798 판결

• 비공개대상에 해당한다고 본 사례

판례

1. 법인 등이 거래하는 금융기관의 계좌번호에 관한 정보는 법인 등의 영업상 비밀에 관한 사항으로서 공개될 경우 법인 등의 정당한 이익을 현저히 해할 우려가 있다고 인정되는 정보에 해당한다. 대법원 2004. 8. 20. 선고 2003두8302 판결
2. 한국방송공사(KBS)가 제작한 '추적 60분' 가제 "새튼은 특허를 노렸나"인 방송용 편집원본 테이프는 비공개대상정보에 해당한다. 대법원 2010. 12. 23. 선고 2008두13101 판결

• 비공개대상에 해당하지 않는다고 본 사례

판례

1. 아파트재건축주택조합의 조합원들에게 제공될 무상보상평수의 사업수익성 등을 검토한 자료 대법원 2006. 1. 13. 선고 2003두9459 판결 17 서울
2. 대한주택공사의 아파트 분양원가 산출내역에 관한 정보 대법원 2007. 6. 1. 선고 2006두20587 판결

⑧ 특정인의 손익과 관련된 정보(8호)

공개될 경우 부동산 투기, 매점매석 등으로 특정인에게 이익 또는 불이익을 줄 우려가 있다고 인정되는 정보 18 지방, 19 소방

Ⅳ 정보공개의 절차

1. 정보공개의 청구(정보공개법 제10조)

- 정보의 공개를 청구하는 자는 해당 정보를 보유하거나 관리하고 있는 공공기관에 대하여 정보공개 청구서를 제출하거나 말로써 정보의 공개를 청구할 수 있다. 12 사복
- 정보공개청구서에는 청구인의 성명·주민등록번호·주소 및 연락처와 공개를 청구하는 정보의 내용 및 공개방법을 기재하여야 한다.
- 청구대상정보를 기재함에 있어서는 사회일반인의 관점에서 청구대상정보의 내용과 범위를 확정할 수 있을 정도로 특정하여야 한다.

판례

공공기관의 정보공개에 관한 법률 제10조 제1항 제2호는 정보의 공개를 청구하는 자는 정보공개청구서에 '공개를 청구하는 정보의 내용' 등을 기재할 것을 규정하고 있는바, 청구대상정보를 기재함에 있어서는 사회일반인의 관점에서 청구대상정보의 내용과 범위를 확정할 수 있을 정도로 특정함을 요한다. 15 국가, 24 지방

정보비공개결정의 취소를 구하는 사건에 있어서, 만일 공개를 청구한 정보의 내용 중 너무 포괄적이거나 막연하여서 사회일반인의 관점에서 그 내용과 범위를 확정할 수 있을 정도로 특정되었다고 볼 수 없는 부분이 포함되어 있다면, 이를 심리하는 법원으로서는 마땅히 공공기관의 정보공개에 관한 법률 제20조 제2항의 규정에 따라 공공기관에게 그가 보유·관리하고 있는 공개청구정보를 제출하도록 하여 이를 비공개로 열람·심사하는 등의 방법으로 공개청구정보의 내용과 범위를 특정시켜야 하고, 나아가 위와 같은 방법으로도 특정이 불가능한 경우에는 특정되지 않은 부분과 나머지 부분을 분리할 수 있고 나머지 부분에 대한 비공개결정이 위법한 경우라고 하여도 정보공개의 청구 중 특정되지 않은 부분에 대한 비공개결정의 취소를 구하는 부분은 나머지 부분과 분리하여 이를 기각하여야 한다. 대법원 2007. 6. 1. 선고 2007두2555 판결

2. 정보공개 여부의 결정(정보공개법 제11조)

(1) 결정기간

- 공공기관은 정보공개의 청구를 받으면 그 청구를 받은 날부터 10일 이내에 공개 여부를 결정하여야 한다. 18 소방
- 공공기관은 부득이한 사유로 10일 이내에 공개 여부를 결정할 수 없을 때에는 그 기간이 끝나는 날의 다음 날부터 기산하여 10일의 범위에서 공개 여부 결정기간을 연장할 수 있다. 17 국가

(2) 제3자에 대한 통지

- 공공기관은 공개 청구된 공개 대상 정보의 전부 또는 일부가 제3자와 관련이 있다고 인정할 때에는 그 사실을 제3자에게 지체 없이 통지하여야 하며, 필요한 경우에는 그의 의견을 들을 수 있다. 13 서울, 18 교행

(3) 소관기관으로의 이송

- 공공기관은 다른 공공기관이 보유·관리하는 정보의 공개 청구를 받았을 때에는 지체 없이 이를 소관기관으로 이송하여야 하며, 이송한 후에는 지체 없이 소관기관 및 이송 사유 등을 분명히 밝혀 청구인에게 문서로 통지하여야 한다.

(4) 민원처리법에 따른 처리

- 공공기관은 공개 청구된 정보가 공공기관이 보유·관리하지 아니하는 정보이거나 공개 청구의 내용이 진정·질의 등으로 정보공개법에 따른 정보공개 청구로 보기 어려운 경우, 「민원 처리에 관한 법률」에 따른 민원으로 처리할 수 있는 경우에는 민원으로 처리할 수 있다. 21 지방

(5) 반복청구 등의 처리

- 공공기관은 정보공개를 청구하여 정보공개 여부에 대한 결정의 통지를 받은 자가 정당한 사유 없이 해당 정보의 공개를 다시 청구하는 경우 또는 정보공개 청구가 민원처리법에 따른 민원으로 처리되었으나 다시 같은 청구를 하는 경우에는 관련 사정을 종합적으로 고려하여 해당 청구를 종결 처리할 수 있다. 이 경우 종결 처리 사실을 청구인에게 알려야 한다.

> 한편 공공기관은 청구인이 이미 정보통신망 등을 통하여 공개된 정보를 청구하는 경우에는 해당 정보의 소재를 안내하면서, 다른 법령이나 사회통념상 청구인의 여건 등에 비추어 수령할 수 없는 방법으로 정보공개 청구를 하는 경우에는 수령 가능한 방법으로 청구하도록 안내하면서 각 해당 청구를 종결 처리할 수 있다.

3. 정보공개 여부 결정의 통지(정보공개법 제13조)

(1) 정보공개결정

- 공공기관은 정보의 공개를 결정한 경우에는 공개의 일시 및 장소 등을 분명히 밝혀 청구인에게 통지하여야 한다.
- 공공기관은 청구인이 사본 또는 복제물의 교부를 원하는 경우에는 이를 교부하여야 한다.
- 공공기관은 공개 대상 정보의 양이 너무 많아 정상적인 업무수행에 현저한 지장을 초래할 우려가 있는 경우에는 해당 정보를 일정 기간별로 나누어 제공하거나 사본·복제물의 교부 또는 열람과 병행하여 제공할 수 있다.
- 공공기관은 정보를 공개하는 경우에 그 정보의 원본이 더럽혀지거나 파손될 우려가 있거나 그 밖에 상당한 이유가 있다고 인정할 때에는 그 정보의 사본·복제물을 공개할 수 있다. 24 지방

(2) 정보비공개결정

- 공공기관은 정보의 비공개결정을 한 경우에는 그 사실을 청구인에게 지체 없이 문서로 통지하여야 한다. 이 경우 비공개 이유와 불복의 방법 및 절차를 구체적으로 밝혀야 한다. 15 교행
- 비공개결정의 통지는 전자문서로도 가능하다. 19 국가 01

판례

甲이 재판기록 일부의 정보공개를 청구한 데 대하여 서울행정법원장이 민사소송법 제162조를 이유로 소송기록의 정보를 비공개한다는 결정을 전자문서로 통지한 사안에서, 비공개결정 당시 정보의 비공개결정은 구 공공기관의 정보공개에 관한 법률 제13조 제4항에 의하여 전자문서로 통지할 수 있다고 본 사례. 대법원 2014. 4. 10. 선고 2012두17384 판결

OX 확인

01 행정소송의 재판기록 일부의 정보공개청구에 대한 비공개결정은 전자문서로 통지할 수 없다. (×)

4. 정보공개의 방법

(1) 특정한 공개방법 지정의 신청권

- 청구인에게는 특정한 공개방법을 지정하여 정보공개를 청구할 수 있는 법령상 신청권이 있고, 따라서 공개청구를 받은 공공기관은 특별한 사정이 없는 한 청구인이 신청한 공개방법으로 공개하여야 한다.

PART 05

OX 확인

01 공공기관이 공개청구의 대상이 된 정보를 공개는 하되, 청구인이 신청한 공개방법 이외의 방법으로 공개하기로 하는 결정을 한 경우 이는 정보공개방법만을 달리 한 것이므로 일부 거부처분이라 할 수 없다. (×)

판례

1. 청구인에게는 특정한 공개방법을 지정하여 정보공개를 청구할 수 있는 법령상 신청권이 있다. 따라서 공공기관이 공개청구의 대상이 된 정보를 공개는 하되, 청구인이 신청한 공개방법 이외의 방법으로 공개하기로 하는 결정을 하였다면, 이는 정보공개청구 중 정보공개방법에 관한 부분에 대하여 일부 거부처분을 한 것이고, 청구인은 그에 대하여 항고소송으로 다툴 수 있다. 대법원 2016. 11. 10. 선고 2016두44674 판결 20 지방, 24 지방 01
2. 정보공개를 청구하는 자가 공공기관에 대해 정보의 사본 또는 출력물의 교부의 방법으로 공개방법을 선택하여 정보공개청구를 한 경우에 공개청구를 받은 공공기관으로서는 같은 법 제8조 제2항에서 규정한 정보의 사본 또는 복제물의 교부를 제한할 수 있는 사유에 해당하지 않는 한 정보공개청구자가 선택한 공개방법에 따라 정보를 공개하여야 하므로 그 공개방법을 선택할 재량권이 없다고 해석함이 상당하다. 대법원 2003. 12. 12. 선고 2003두8050 판결 16 국가, 17 국회, 24 국가

(2) 부분공개(정보공개법 제14조)

- 공개청구한 정보가 비공개대상 정보에 해당하는 부분과 공개 가능한 부분이 혼합되어 있는 경우로서 공개 청구의 취지에 어긋나지 아니하는 범위에서 두 부분을 분리할 수 있는 경우에는 비공개대상 정보에 해당하는 부분을 제외하고 공개하여야 한다.

법원이 정보공개거부처분의 위법 여부를 심리한 결과, 공개가 거부된 정보에 비공개대상정보에 해당하는 부분과 공개가 가능한 부분이 혼합되어 있으며, 공개청구의 취지에 어긋나지 아니하는 범위 안에서 두 부분을 분리할 수 있다고 인정할 수 있을 때에는, 공개가 거부된 정보 중 공개가 가능한 부분을 특정하고, 판결의 주문에 정보공개거부처분 중 공개가 가능한 정보에 관한 부분만을 취소한다고 표시하여야 한다. (대법원 2010. 2. 11. 선고 2009두6001 판결)

판례

법원이 행정기관의 정보공개거부처분의 위법 여부를 심리한 결과 공개를 거부한 정보에 비공개대상 정보에 해당하는 부분과 공개가 가능한 부분이 혼합되어 있고 공개청구의 취지에 어긋나지 아니하는 범위 안에서 두 부분을 분리할 수 있음을 인정할 수 있을 때에는 청구취지의 변경이 없더라도 공개가 가능한 정보에 관한 부분만의 일부취소를 명할 수 있다. 15 국가, 18 지방, 22 국가

공개청구의 취지에 어긋나지 아니하는 범위 안에서 비공개대상 정보에 해당하는 부분과 공개가 가능한 부분을 분리할 수 있다고 함은, 이 두 부분이 물리적으로 분리가능한 경우를 의미하는 것이 아니고 당해 정보의 공개방법 및 절차에 비추어 당해 정보에서 비공개대상 정보에 관련된 기술 등을 제외 내지 삭제하고 그 나머지 정보만을 공개하는 것이 가능하고 나머지 부분의 정보만으로도 공개의 가치가 있는 경우를 의미한다고 해석하여야 한다. 대법원 2004. 12. 9. 선고 2003두12707 판결 24 국가

(3) 전자적 공개(정보공개법 제15조)

- 공공기관은 전자적 형태로 보유·관리하는 정보에 대하여 청구인이 전자적 형태로 공개하여 줄 것을 요청하는 경우에는 그 정보의 성질상 현저히 곤란한 경우를 제외하고는 청구인의 요청에 따라야 한다.
- 공공기관은 전자적 형태로 보유·관리하지 아니하는 정보에 대하여 청구인이 전자적 형태로 공개하여 줄 것을 요청한 경우에는 정상적인 업무수행에 현저한 지장을 초래하거나 그 정보의 성질이 훼손될 우려가 없으면 그 정보를 전자적 형태로 변환하여 공개할 수 있다.

판례

전자적 형태로 보유·관리되는 정보의 경우에는, 그 정보가 청구인이 구하는 대로는 되어 있지 않다고 하더라도, 공개청구를 받은 공공기관이 공개청구대상정보의 기초자료를 전자적 형태로 보유·관리하고 있고, 당해 기관에서 통상 사용되는 컴퓨터 하드웨어 및 소프트웨어와 기술적 전문지식을 사용하여 그 기초자료를 검색하여 청구인이 구하는 대로 편집할 수 있으며, 그러한 작업이 당해 기관의 컴퓨터 시스템 운용에 별다른 지장을 초래하지 아니한다면, 그 공공기관이 공개청구대상정보를 보유·관리하고 있는 것으로 볼 수 있다. 대법원 2010. 2. 11. 선고 2009두6001 판결

⑷ 즉시 처리가 가능한 정보의 공개(정보공개법 제16조)

> 정보공개법 제16조 【즉시 처리가 가능한 정보의 공개】
> 다음 각 호의 어느 하나에 해당하는 정보로서 즉시 또는 말로 처리가 가능한 정보에 대해서는 정보공개 여부의 결정 절차를 거치지 아니하고 공개하여야 한다.
> 1. 법령 등에 따라 공개를 목적으로 작성된 정보
> 2. 일반국민에게 알리기 위하여 작성된 각종 홍보자료
> 3. 공개하기로 결정된 정보로서 공개에 오랜 시간이 걸리지 아니하는 정보 11 국가
> 4. 그 밖에 공공기관의 장이 정하는 정보

5. 비용 부담(정보공개법 제17조)

- 정보의 공개 및 우송 등에 드는 비용은 실비의 범위에서 청구인이 부담한다. 18 소방, 21 지방 01 02
- 공개를 청구하는 정보의 사용 목적이 공공복리의 유지·증진을 위하여 필요하다고 인정되는 경우에는 비용을 감면할 수 있다. 15 지방

OX 확인

01 정보의 공개 및 우송 등에 드는 비용은 실비의 범위에서 청구인이 부담한다. (○)

02 정보의 공개 및 우송 등에 드는 비용은 정보공개청구를 받은 행정청이 부담한다. (×)

V 불복절차

1. 비공개결정에 대한 청구인의 불복절차

(1) 이의신청(정보공개법 제18조)

- 청구인이 정보공개와 관련한 공공기관의 비공개결정 또는 부분공개결정에 대하여 16 국가 불복이 있거나 정보공개청구 후 20일이 경과하도록 정보공개결정이 없는 때에는 공공기관으로부터 정보공개 여부의 결정 통지를 받은 날 또는 정보공개청구 후 20일이 경과한 날부터 30일 이내에 해당 공공기관에 문서로 이의신청을 할 수 있다.
- 국가기관 등은 이의신청이 있는 경우에는 심의회를 개최하여야 한다. 다만, 다음 각 호의 어느 하나에 해당하는 경우에는 심의회를 개최하지 아니할 수 있으며 개최하지 아니하는 사유를 청구인에게 문서로 통지하여야 한다.

> 1. 심의회의 심의를 이미 거친 사항
> 2. 단순·반복적인 청구
> 3. 법령에 따라 비밀로 규정된 정보에 대한 청구

- 공공기관은 이의신청을 받은 날부터 7일 이내에 그 이의신청에 대하여 결정하고 그 결과를 청구인에게 지체 없이 문서로 통지하여야 한다. 11 지방 다만, 부득이한 사유로 정하여진 기간 이내에 결정할 수 없을 때에는 그 기간이 끝나는 날의 다음 날부터 기산하여 7일의 범위에서 연장할 수 있으며, 연장 사유를 청구인에게 통지하여야 한다.
- 공공기관은 이의신청을 각하 또는 기각하는 결정을 한 경우에는 청구인에게 행정심판 또는 행정소송을 제기할 수 있다는 사실을 이의신청에 대한 결과 통지와 함께 알려야 한다.
- 이의신청은 임의적 절차에 불과하므로, 공공기관의 결정에 불복하는 자는 이의신청절차를 거침이 없이 곧바로 행정심판 또는 행정소송을 제기할 수 있다. 22 국가

PART 05

OX 확인

01 정보공개 청구 후 20일이 경과하도록 정보공개 결정이 없는 경우, 이의신청은 허용되나 행정심판청구는 허용되지 않는다. (×)

(2) 행정심판(정보공개법 제19조)

- 청구인이 정보공개와 관련한 공공기관의 결정에 대하여 불복이 있거나 정보공개청구 후 20일이 경과하도록 정보공개결정이 없는 때에는 행정심판법에서 정하는 바에 따라 행정심판을 청구할 수 있다. 19 국가, 23 지방 이 경우 국가기관 및 지방자치단체 외의 공공기관의 결정에 대한 감독행정기관은 관계 중앙행정기관의 장 또는 지방자치단체의 장으로 한다. 01
- 청구인은 이의신청 절차를 거치지 아니하고 행정심판을 청구할 수 있다. 19 소방
- 행정심판은 임의적 절차에 불과하므로, 공공기관의 결정에 불복하는 자는 행정심판절차를 거침이 없이 곧바로 행정소송을 제기할 수 있다.

(3) 행정소송(정보공개법 제20조)

① 일반론

- 청구인이 정보공개와 관련한 공공기관의 결정에 대하여 불복이 있거나 정보공개청구 후 20일이 경과하도록 정보공개결정이 없는 때에는 행정소송법에서 정하는 바에 따라 행정소송을 제기할 수 있다.
- 청구인은 행정심판절차를 거치지 아니하고 행정소송을 청구할 수 있다.

② 대상적격

- 정보공개청구권자의 정보공개청구에 대한 거부는 항고소송의 대상이 되는 거부처분이다. 18 교행

③ 원고적격

- 정보공개청구권은 법률상 보호되는 구체적 권리이므로, 정보공개청구를 하였다가 거부처분을 받은 자는 개인적인 이해관계와 관계없이 원고적격이 있다.

OX 확인

02 정보공개청구권은 법률상 보호되는 구체적인 권리이므로 청구인이 공공기관에 대하여 정보공개를 청구하였다가 거부처분을 받은 것 자체가 법률상 이익의 침해에 해당한다. (○)

판례

정보공개청구권은 법률상 보호되는 구체적인 권리이므로 청구인이 공공기관에 대하여 정보공개를 청구하였다가 거부처분을 받은 것 자체가 법률상 이익의 침해에 해당한다. 대법원 2004. 8. 20. 선고 2003두8302 판결 17 교행, 18 교행, 21 국가, 21 지방 02

④ 피고적격

- 정보공개거부처분 취소소송의 피고는 거부처분을 한 행정청인 공공기관이 되는 것이지, 정보공개심의회가 피고적격을 갖는 것은 아니다. 13 지방

⑤ 협의의 소의 이익

- 공공기관이 그 정보를 보유·관리하고 있지 아니한 경우에는 소의 이익이 없다.

OX 확인

03 정보공개가 신청된 정보를 공공기관이 보유·관리하고 있지 아니한 경우에는 특별한 사정이 없는 한 정보공개거부처분의 취소를 구할 법률상의 이익이 없다. (○)

판례

1. 만일 공개청구자가 특정한 바와 같은 정보를 공공기관이 보유·관리하고 있지 않은 경우라면 특별한 사정이 없는 한 해당 정보에 대한 공개거부처분에 대하여는 취소를 구할 법률상 이익이 없다. 대법원 2013. 1. 24. 선고 2010두18918 판결 17 국회, 21 국가 03
2. 청구인이 정보공개거부처분의 취소를 구하는 소송에서 공공기관이 청구정보를 증거 등으로 법원에 제출하여 법원을 통하여 그 사본을 청구인에게 교부 또는 송달되게 하여 결과적으로 청구인에게 정보를 공개하는 셈이 되었다고 하더라도, 이러한 우회적인 방법은 정보공개법이 예정하고 있지 아니한 방법으로서 정보공개법에 의한 공개라고 볼 수는 없으므로, 당해 정보의 비공개결정의 취소를 구할 소의 이익은 소멸되지 않는다. 대법원 2016. 12. 15. 선고 2012두11409 판결 20 국가

3. 견책의 징계처분을 받은 갑이 사단장에게 징계위원회에 참여한 징계위원의 성명과 직위에 대한 정보공개청구를 하였으나 위 정보가 공공기관의 정보공개에 관한 법률 제9조 제1항 제1호, 제2호, 제5호, 제6호에 해당한다는 이유로 공개를 거부한 사안에서, 비록 징계처분 취소사건에서 갑의 청구를 기각하는 판결이 확정되었더라도 이러한 사정만으로 위 처분의 취소를 구할 이익이 없어지지 않고, 사단장이 갑의 정보공개청구를 거부한 이상 갑으로서는 여전히 정보공개거부처분의 취소를 구할 법률상 이익이 있으므로, 이와 달리 본 원심판결에 법리오해의 잘못이 있다고 한 사례. 대법원 2022. 5. 26. 선고 2022두33439 판결

⑥ 제소기간

- 비공개결정에 대한 이의신청을 하여 공공기관으로부터 이의신청에 대한 결과를 통지받은 후 취소소송을 제기하는 경우 그 제소기간은 이의신청에 대한 결과를 통지받은 날부터 기산한다.

판례

청구인이 공공기관의 비공개 결정 또는 부분 공개 결정에 대한 이의신청을 하여 공공기관으로부터 이의신청에 대한 결과를 통지받은 후 취소소송을 제기하는 경우 그 제소기간은 이의신청에 대한 결과를 통지받은 날부터 기산한다고 봄이 타당하다. 대법원 2023. 7. 27. 선고 2022두52980 판결

⑦ 비공개 열람 · 심사(정보공개법 제20조 제2항)

- 재판장은 필요하다고 인정하면 당사자를 참여시키지 아니하고 제출된 공개청구 정보를 비공개로 열람 · 심사할 수 있다. 11 국가

⑧ 입증책임

판례

공개청구자는 그가 공개를 구하는 정보를 공공기관이 보유 · 관리하고 있을 상당한 개연성이 있다는 점에 대하여 입증할 책임이 있으나, 공개를 구하는 정보를 공공기관이 한때 보유 · 관리하였으나 후에 그 정보가 담긴 문서들이 폐기되어 존재하지 않게 된 것이라면 그 정보를 더 이상 보유 · 관리하고 있지 않다는 점에 대한 증명책임은 공공기관에 있다. 대법원 2013. 1. 24. 선고 2010두18918 판결 17 국회, 22 지방

⑨ 일부취소판결

- 공개정보와 비공개정보를 분리할 수 있는 경우에는 법원은 분리되는 공개정보에 대응하여 일부취소판결을 내려야 한다.

2. 공개결정에 대한 제3자의 불복절차(정보공개법 제21조)

(1) 비공개요청

- 공공기관은 공개청구된 공개 대상 정보의 전부 또는 일부가 제3자와 관련이 있다고 인정할 때에는 그 사실을 제3자에게 지체 없이 통지하여야 한다(정보공개법 제11조 제3항). 11 사복
- 공개청구된 사실을 통지받은 제3자는 그 통지를 받은 날부터 3일 이내에 해당 공공기관에 대하여 자신과 관련된 정보를 공개하지 아니할 것을 요청할 수 있다.
- 제3자의 비공개요청이 있다고 하여 공공기관이 비공개결정을 해야 하는 것은 아니다.

정보공개법 제20조(행정소송)

③ 재판장은 행정소송의 대상이 제9조 제1항 제2호에 따른 정보 중 국가안전보장 · 국방 또는 외교관계에 관한 정보의 비공개 또는 부분 공개 결정처분인 경우에 공공기관이 그 정보에 대한 비밀 지정의 절차, 비밀의 등급 · 종류 및 성질과 이를 비밀로 취급하게 된 실질적인 이유 및 공개를 하지 아니하는 사유 등을 입증하면 해당 정보를 제출하지 아니하게 할 수 있다.

행정소송규칙 제11조(비공개 정보의 열람 · 심사)

① 재판장은 「공공기관의 정보공개에 관한 법률」 제20조제1항에 따른 취소소송 사건, 같은 법 제21조제2항에 따른 취소소송이나 이를 본안으로 하는 집행정지신청 사건의 심리를 위해 같은 법 제20조제2항에 따른 비공개 열람 · 심사를 하는 경우 피고에게 공개청구된 정보의 원본 또는 사본 · 복제물의 제출을 명할 수 있다.

판례

제3자의 비공개요청이 있다는 사유만으로 정보공개법상 정보의 비공개사유에 해당한다고 볼 수 없다.
대법원 2008. 9. 25. 선고 2008두8680 판결 12 지방

- 비공개요청에도 불구하고 공공기관이 공개결정을 할 때에는 공개결정일과 공개실시일 사이에 최소한 30일의 간격을 두어야 한다. 11 사복

(2) 행정쟁송 등

- 비공개요청에도 불구하고 공공기관이 공개결정을 할 때에는 공개결정 이유와 공개실시일을 분명히 밝혀 지체 없이 문서로 통지하여야 하며, 11 사복 제3자는 해당 공공기관에 문서로 이의신청을 하거나 행정심판 또는 행정소송을 제기할 수 있다. 11 사복, 13 서울 이 경우 이의신청은 통지를 받은 날부터 7일 이내에 하여야 한다.
- 이의신청 및 행정쟁송의 내용은 정보청구권자의 그것과 동일하다.

VI 정보공개심의회 등

1. 정보공개심의회(정보공개법 제12조)

정보공개법 제12조【정보공개심의회】

① 국가기관, 지방자치단체 및 「공공기관의 운영에 관한 법률」 제5조에 따른 공기업은 제11조에 따른 정보공개 여부 등을 심의하기 위하여 정보공개심의회를 설치·운영한다.

② 심의회는 위원장 1명을 포함하여 5명 이상 7명 이하의 위원으로 구성한다(주: 위원에 대해서는 제척·기피·회피가 적용됨).

③ 심의회의 위원장을 제외한 위원은 소속 공무원, 임직원 또는 외부 전문가로 지명하거나 위촉하되, 그 중 2분의 1은 해당 국가기관등의 업무 또는 정보공개의 업무에 관한 지식을 가진 외부 전문가로 위촉하여야 한다. 다만, 제9조제1항 제2호 및 제4호에 해당하는 업무를 주로 하는 국가기관은 그 국가기관의 장이 외부 전문가의 위촉 비율을 따로 정하되, 최소한 3분의 1 이상은 외부 전문가로 위촉하여야 한다.

- 국가기관, 지방자치단체 및 공공기관의 운영에 관한 법률 제5조에 따른 공기업은 정보공개 여부 등을 심의하기 위하여 정보공개심의회를 설치·운영한다.
- 심의회는 위원장 1명을 포함하여 5명 이상 7명 이하의 위원으로 구성한다. 15 국회

2. 정보공개위원회(정보공개법 제22조 이하)

- 정보공개에 관한 정책 수립 및 제도 개선에 관한 사항, 정보공개에 관한 기준 수립에 관한 사항 등을 심의·조정하기 위하여 행정안전부장관 소속으로 정보공개위원회 둔다.
- 위원회는 성별을 고려하여 위원장과 부위원장 각 1명을 포함한 11명의 위원으로 구성한다.
- 위원장을 포함한 7명은 공무원이 아닌 사람으로 위촉하여야 한다.

CHAPTER
03 개인정보 보호법

쟁점 93 개인정보 보호법

Ⅰ 의의

• 개인정보 보호제도란 개인에 관한 정보가 부당하게 수집·유통·이용되는 것을 막아 개인의 프라이버시를 보호하는 제도를 말한다.

Ⅱ 법적 근거

1. 헌법적 근거

• 개인정보 보호제도는 헌법상 기본권인 개인정보자기결정권에 근거를 두고 있다.

판례

1. 헌법 제10조의 인간의 존엄과 가치, 행복추구권과 헌법 제17조의 사생활의 비밀과 자유에서 도출되는 개인정보자기결정권은 자신에 관한 정보가 언제 누구에게 어느 범위까지 알려지고 또 이용되도록 할 것인지를 정보주체가 스스로 결정할 수 있는 권리이다. 대법원 2016. 3. 10. 선고 2012다 105482 판결 18 국회
2. 개인정보자기결정권의 헌법상 근거로는 헌법 제17조의 사생활의 비밀과 자유, 헌법 제10조 제1문의 인간의 존엄과 가치 및 행복추구권에 근거를 둔 일반적 인격권 또는 위 조문들과 동시에 우리 헌법의 자유민주적 기본질서 규정 또는 국민주권원리와 민주주의원리 등을 고려할 수 있으나, 개인정보자기결정권으로 보호하려는 내용을 위 각 기본권들 및 헌법원리들 중 일부에 완전히 포섭시키는 것은 불가능하다고 할 것이므로, 그 헌법적 근거를 굳이 어느 한 두개에 국한시키는 것은 바람직하지 않은 것으로 보이고, 오히려 개인정보자기결정권은 이들을 이념적 기초로 하는 독자적 기본권으로서 헌법에 명시되지 아니한 기본권이라고 보아야 할 것이다. 헌법재판소 2005. 5. 26. 선고 99헌마513 등 결정 18 국가 01

OX 확인

01 헌법재판소는 개인정보자기결정권을 사생활의 비밀과 자유, 일반적 인격권 등을 이념적 기초로 하는 독자적 기본권으로서 헌법에 명시되지 않은 기본권으로 보고 있다. (O)

2. 법률적 근거

• 개인정보 보호에 관한 일반법으로 개인정보 보호법이 있다.

Ⅲ 개인정보 보호법의 주요 내용

1. 용어의 정의(개인정보 보호법 제2조)

• 개인정보란 살아 있는(사자 ×)14 국가, 17 사복 개인(법인 등 단체 ×)14 국가에 관한 정보로서 ① 성명, 주민등록번호 및 영상 등을 통하여 개인을 알아볼 수 있는 정보, ② 해당 정보만으로는 특정 개인을 알아볼 수 없더라도 다른 정보와 쉽게 결합하여 알아볼 수 있는 정보, 위 ① 또는 ②의 정보를 가명 처리함으로써 원래의 상태로 복원하기 위한 추가 정보의 사용·결합 없이는 특정 개인을 알아볼 수 없는 정보를 말한다.

OX 확인

01 개인정보자기결정권의 보호대상이 되는 개인정보는 반드시 개인의 내밀한 영역에 속하는 정보에 국한되지 않고 공적 생활에서 형성되었거나 이미 공개된 개인정보까지 포함한다. (○)

02 개인의 고유성, 동일성을 나타내는 지문은 그 정보주체를 타인으로부터 식별가능하게 하는 개인정보이다. (○)

판례

1. 개인정보자기결정권의 보호대상이 되는 개인정보는 개인의 신체, 신념, 사회적 지위, 신분 등과 같이 인격주체성을 특징짓는 사항으로서 개인의 동일성을 식별할 수 있게 하는 일체의 정보를 의미하며, 반드시 개인의 내밀한 영역에 속하는 정보에 국한되지 않고 공적 생활에서 형성되었거나 이미 공개된 개인정보까지도 포함한다. 19 소방, 21 국가 01

2. 개인정보자기결정권은 자신에 관한 정보가 언제 누구에게 어느 범위까지 알려지고 또 이용되도록 할 것인지를 그 정보주체가 스스로 결정할 수 있는 권리, 즉 정보주체가 개인정보의 공개와 이용에 관하여 스스로 결정할 권리를 말하는바, 개인의 고유성, 동일성을 나타내는 지문은 그 정보주체를 타인으로부터 식별가능하게 하는 개인정보이므로, 시장·군수 또는 구청장이 개인의 지문정보를 수집하고, 경찰청장이 이를 보관·전산화하여 범죄수사목적에 이용하는 것은 모두 개인정보자기결정권을 제한하는 것이다. 헌법재판소 2005. 5. 26. 선고 99헌마513 결정 16 교행, 21 지방 02

- 가명처리란 개인정보의 일부를 삭제하거나 일부 또는 전부를 대체하는 등의 방법으로 추가 정보가 없이는 특정 개인을 알아볼 수 없도록 처리하는 것을 말한다.
- 정보주체란 처리되는 정보에 의하여 알아볼 수 있는 사람으로서 그 정보의 주체가 되는 사람을 말한다.
- 개인정보처리자란 업무를 목적으로 개인정보파일을 운용하기 위하여 스스로 또는 다른 사람을 통하여 개인정보를 처리하는 공공기관, 법인, 단체 및 개인 등을 말한다. 14 국가, 17 사복

2. 개인정보 보호원칙(개인정보 보호법 제3조)

- 개인정보처리자는 개인정보의 처리 목적을 명확하게 하여야 하고 그 목적에 필요한 범위에서 최소한의 개인정보만을 적법하고 정당하게 수집하여야 한다.
- 개인정보처리자는 개인정보의 처리 목적에 필요한 범위에서 적합하게 개인정보를 처리하여야 하며, 그 목적 외의 용도로 활용하여서는 아니 된다.
- 개인정보처리자는 개인정보를 익명 또는 가명으로 처리하여도 개인정보 수집목적을 달성할 수 있는 경우 익명처리가 가능한 경우에는 익명에 의하여, 익명처리로 목적을 달성할 수 없는 경우에는 가명에 의하여 처리될 수 있도록 하여야 한다.

3. 적용 범위(개인정보 보호법 제6조, 제58조의2)

- 개인정보의 처리 및 보호에 관하여 다른 법률에 특별한 규정이 있는 경우를 제외하고는 개인정보 보호법에서 정하는 바에 따른다.
- 개인정보 보호법은 시간·비용·기술 등을 합리적으로 고려할 때 다른 정보를 사용하여도 더 이상 개인을 알아볼 수 없는 정보에는 적용하지 아니한다.

4. 개인정보 보호위원회(개인정보 보호법 제7조)

- 개인정보 보호에 관한 사무를 독립적으로 수행하기 위하여 국무총리 소속으로 개인정보 보호위원회를 둔다.
- 보호위원회는 정부조직법 제2조에 따른 중앙행정기관으로 본다.

5. 개인정보 처리의 규제

(1) 개인정보의 수집 · 이용

개인정보 보호법 제15조【개인정보의 수집 · 이용】
① 개인정보처리자는 다음 각 호의 어느 하나에 해당하는 경우에는 개인정보를 수집할 수 있으며 그 수집 목적의 범위에서 이용할 수 있다.
1. 정보주체의 동의를 받은 경우
2. 법률에 특별한 규정이 있거나 법령상 의무를 준수하기 위하여 불가피한 경우
3. 공공기관이 법령 등에서 정하는 소관 업무의 수행을 위하여 불가피한 경우
4. 정보주체와의 계약의 체결 및 이행을 위하여 불가피하게 필요한 경우
5. 정보주체 또는 그 법정대리인이 의사표시를 할 수 없는 상태에 있거나 주소불명 등으로 사전 동의를 받을 수 없는 경우로서 명백히 정보주체 또는 제3자의 급박한 생명, 신체, 재산의 이익을 위하여 필요하다고 인정되는 경우
6. 개인정보처리자의 정당한 이익을 달성하기 위하여 필요한 경우로서 명백하게 정보주체의 권리보다 우선하는 경우. 이 경우 개인정보처리자의 정당한 이익과 상당한 관련이 있고 합리적인 범위를 초과하지 아니하는 경우에 한한다.

③ 개인정보처리자는 당초 수집 목적과 합리적으로 관련된 범위에서 정보주체에게 불이익이 발생하는지 여부, 암호화 등 안전성 확보에 필요한 조치를 하였는지 여부 등을 고려하여 대통령령으로 정하는 바에 따라 정보주체의 동의 없이 개인정보를 이용할 수 있다.

개인정보 보호법 제16조【개인정보의 수집 제한】
① 개인정보처리자는 제15조 제1항 각 호의 어느 하나에 해당하여 개인정보를 수집하는 경우에는 그 목적에 필요한 최소한의 개인정보를 수집하여야 한다. 이 경우 최소한의 개인정보 수집이라는 입증책임은 개인정보처리자가 부담한다.

구 개인정보 보호법 제72조 제2호가 전단과 후단에서 '취득한 자'와 '제공받은 자'를 구별하여 정하고 있으므로 개인정보가 정보주체의 동의 등에 기하지 아니한 채 유통되고 있는 사정을 알면서 개인정보를 제공받은 것만으로는 구 개인정보 보호법 제72조 제2호 전단의 '거짓이나 그 밖의 부정한 수단이나 방법'을 사용하여 개인정보를 취득하였다고 보기는 어렵다. 다만 개인정보를 제공받은 사람이 '개인정보를 처리하거나 처리하였던 자가 거짓이나 그 밖의 부정한 수단이나 방법을 사용하여 개인정보를 취득하거나 개인정보 처리에 관한 동의를 받았다는 사정'을 알면서도 영리 또는 부정한 목적으로 개인정보를 제공받은 경우에는 구 개인정보 보호법 제72조 제2호 후단에 해당될 수 있다. (대법원 2024. 6. 17. 선고 2019도3402 판결)

(2) 개인정보의 제공

개인정보 보호법 제17조【개인정보의 제공】
① 개인정보처리자는 다음 각 호의 어느 하나에 해당되는 경우에는 정보주체의 개인정보를 제3자에게 제공(공유를 포함한다)할 수 있다.
1. 정보주체의 동의를 받은 경우
2. 제15조 제1항 제2호 · 제3호 · 제5호 및 제39조의3 제2항 제2호 · 제3호에 따라 개인정보를 수집한 목적 범위에서 개인정보를 제공하는 경우

④ 개인정보처리자는 당초 수집 목적과 합리적으로 관련된 범위에서 정보주체에게 불이익이 발생하는지 여부, 암호화 등 안전성 확보에 필요한 조치를 하였는지 여부 등을 고려하여 대통령령으로 정하는 바에 따라 정보주체의 동의 없이 개인정보를 제공할 수 있다.

PART 05

OX 확인

01 이미 공개된 개인정보를 정보주체의 동의가 있었다고 객관적으로 인정되는 범위 내에서 처리를 할 때는 정보주체의 별도의 동의는 불필요하다고 보아야 하고, 별도의 동의를 받지 아니하였다고 하여 「개인정보 보호법」을 위반한 것으로 볼 수 없다. (○)

개인정보자기결정권이라는 인격적 법익을 침해·제한한다고 주장되는 행위의 내용이 이미 정보주체의 의사에 따라 공개된 개인정보를 그의 별도의 동의 없이 영리 목적으로 수집·제공하였다는 것인 경우에는, 정보처리 행위로 침해될 수 있는 정보주체의 인격적 법익과 그 행위로 보호받을 수 있는 정보처리자 등의 법적 이익이 하나의 법률관계를 둘러싸고 충돌하게 된다. 이때는 정보주체가 공적인 존재인지, 개인정보의 공공성과 공익성, 원래 공개한 대상 범위, 개인정보 처리의 목적·절차·이용형태의 상당성과 필요성, 개인정보 처리로 침해될 수 있는 이익의 성질과 내용 등 여러 사정을 종합적으로 고려하여, 개인정보에 관한 인격권 보호에 의하여 얻을 수 있는 이익과 정보처리 행위로 얻을 수 있는 이익 즉 정보처리자의 '알 권리'와 이를 기반으로 한 정보수용자의 '알 권리' 및 표현의 자유, 정보처리자의 영업의 자유, 사회 전체의 경제적 효율성 등의 가치를 구체적으로 비교 형량하여 어느 쪽 이익이 더 우월한 것으로 평가할 수 있는지에 따라 정보처리 행위의 최종적인 위법성 여부를 판단하여야 한다. (대법원 2024. 6. 17. 선고 2020다239045 판결)

판례

개인정보자기결정권을 침해·제한한다고 주장되는 행위의 내용이 이미 정보주체의 의사에 따라 공개된 개인정보를 별도의 동의 없이 영리 목적으로 수집·제공하였다는 것인 경우, 정보처리 행위로 침해될 수 있는 정보주체의 인격적 법익과 그 행위로 보호받을 수 있는 정보처리자 등의 법적 이익이 하나의 법률관계를 둘러싸고 충돌하게 되는데, 이때는 구체적으로 비교·형량하여 어느 쪽 이익이 더 우월한 것으로 평가할 수 있는지에 따라 정보처리 행위의 최종적인 위법성 여부를 판단하여야 하고, 정보처리자에게 영리 목적이 있었다는 사정만으로 곧바로 정보처리 행위를 위법하다고 할 수 없다. 정보주체가 직접 또는 제3자를 통하여 이미 공개한 개인정보는 공개 당시 정보주체가 자신의 개인정보에 대한 수집이나 제3자 제공 등의 처리에 대하여 일정한 범위 내에서 동의를 하였다고 할 것이다. 따라서 이미 공개된 개인정보를 정보주체의 동의가 있었다고 객관적으로 인정되는 범위 내에서 수집·이용·제공 등 처리를 할 때는 정보주체의 별도의 동의는 불필요하다고 보아야 하고, 별도의 동의를 받지 아니하였다고 하여 개인정보 보호법 제15조나 제17조를 위반한 것으로 볼 수 없다. 21 국가 01
(법률정보 제공 사이트를 운영하는 갑 주식회사가 공립대학교인 을 대학교 법과대학 법학과 교수로 재직 중인 병의 사진, 성명, 성별, 출생연도, 직업, 직장, 학력, 경력 등의 개인정보를 위 법학과 홈페이지 등을 통해 수집하여 위 사이트 내 '법조인' 항목에서 유료로 제공한 사안에서) 갑 회사의 행위를 병의 개인정보자기결정권을 침해하는 위법한 행위로 평가하거나, 갑 회사가 개인정보 보호법 제15조나 제17조를 위반하였다고 볼 수 없다. 대법원 2016. 8. 17. 선고 2014다235080 판결

개인정보 보호법 제18조【개인정보의 목적 외 이용·제공 제한】
① 개인정보처리자는 개인정보를 제15조 제1항 및 제39조의3 제1항 및 제2항에 따른 범위를 초과하여 이용하거나 제17조 제1항 및 제3항에 따른 범위를 초과하여 제3자에게 제공하여서는 아니 된다.

개인정보 보호법 제19조【개인정보를 제공받은 자의 이용·제공 제한】
개인정보처리자로부터 개인정보를 제공받은 자는 다음 각 호의 어느 하나에 해당하는 경우를 제외하고는 개인정보를 제공받은 목적 외의 용도로 이용하거나 이를 제3자에게 제공하여서는 아니 된다.
1. 정보주체로부터 별도의 동의를 받은 경우
2. 다른 법률에 특별한 규정이 있는 경우

(3) 개인정보의 처리

개인정보 보호법 제23조【민감정보의 처리 제한】
① 개인정보처리자는 사상·신념, 노동조합·정당의 가입·탈퇴, 정치적 견해, 건강, 성생활 등에 관한 정보, 그 밖에 정보주체의 사생활을 현저히 침해할 우려가 있는 개인정보로서 대통령령으로 정하는 정보(이하 "민감정보"라 한다)를 처리하여서는 아니 된다. 16 교행 다만, 다음 각 호의 어느 하나에 해당하는 경우에는 그러하지 아니하다.
1. 정보주체에게 제15조 제2항 각 호 또는 제17조 제2항 각 호의 사항을 알리고 다른 개인정보의 처리에 대한 동의와 별도로 동의를 받은 경우
2. 법령에서 민감정보의 처리를 요구하거나 허용하는 경우

개인정보 보호법 제24조【고유식별정보의 처리 제한】

① 개인정보처리자는 다음 각 호의 경우를 제외하고는 법령에 따라 개인을 고유하게 구별하기 위하여 부여된 식별정보로서 대통령령으로 정하는 정보(이하 "고유식별정보"라 한다)를 처리할 수 없다.

1. 정보주체에게 제15조 제2항 각 호 또는 제17조 제2항 각 호의 사항을 알리고 다른 개인정보의 처리에 대한 동의와 별도로 동의를 받은 경우
2. 법령에서 구체적으로 고유식별정보의 처리를 요구하거나 허용하는 경우

개인정보 보호법 제24조의2【주민등록번호 처리의 제한】

① 제24조 제1항에도 불구하고 개인정보처리자는 다음 각 호의 어느 하나에 해당하는 경우를 제외하고는 주민등록번호를 처리할 수 없다.

1. 법률・대통령령・국회규칙・대법원규칙・헌법재판소규칙・중앙선거관리위원회규칙 및 감사원규칙에서 구체적으로 주민등록번호의 처리를 요구하거나 허용한 경우
2. 정보주체 또는 제3자의 급박한 생명, 신체, 재산의 이익을 위하여 명백히 필요하다고 인정되는 경우
3. 제1호 및 제2호에 준하여 주민등록번호 처리가 불가피한 경우로서 보호위원회가 고시로 정하는 경우

개인정보 보호법 제25조【고정형 영상정보처리기기의 설치・운영 제한】

① 누구든지 다음 각 호의 경우를 제외하고는 공개된 장소에 고정형 영상정보처리기기를 설치・운영하여서는 아니 된다.

1. 법령에서 구체적으로 허용하고 있는 경우
2. 범죄의 예방 및 수사를 위하여 필요한 경우
3. 시설안전 및 화재 예방을 위하여 필요한 경우
4. 교통단속을 위하여 필요한 경우
5. 교통정보의 수집・분석 및 제공을 위하여 필요한 경우

② 누구든지 불특정 다수가 이용하는 목욕실, 화장실, 발한실, 탈의실 등 개인의 사생활을 현저히 침해할 우려가 있는 장소의 내부를 볼 수 있도록 고정형 영상정보처리기기를 설치・운영하여서는 아니 된다. 다만, 교도소, 정신보건 시설 등 법령에 근거하여 사람을 구금하거나 보호하는 시설로서 대통령령으로 정하는 시설에 대하여는 그러하지 아니하다.

개인정보 보호법 제26조【업무위탁에 따른 개인정보의 처리 제한】

① 개인정보처리자가 제3자에게 개인정보의 처리 업무를 위탁하는 경우에는 다음 각 호의 내용이 포함된 문서에 의하여야 한다.

② 제1항에 따라 개인정보의 처리 업무를 위탁하는 개인정보처리자(이하 "위탁자"라 한다)는 위탁하는 업무의 내용과 개인정보 처리 업무를 위탁받아 처리하는 자(이하 "수탁자"라 한다)를 정보주체가 언제든지 쉽게 확인할 수 있도록 대통령령으로 정하는 방법에 따라 공개하여야 한다.

판례

개인정보 보호법 제17조와 정보통신망법 제24조의2에서 말하는 개인정보의 '제3자 제공'은 본래의 개인정보 수집・이용 목적의 범위를 넘어 정보를 제공받는 자의 업무처리와 이익을 위하여 개인정보가 이전되는 경우인 반면, 개인정보 보호법 제26조와 정보통신망법 제25조에서 말하는 개인정보의 '처리위탁'은 본래의 개인정보 수집・이용 목적과 관련된 위탁자 본인의 업무 처리와 이익을 위하여 개인정보가 이전되는 경우를 의미한다.
개인정보 처리위탁에 있어 수탁자는 위탁자로부터 위탁사무 처리에 따른 대가를 지급받는 것 외에는 개인정보 처리에 관하여 독자적인 이익을 가지지 않고, 정보제공자의 관리・감독 아래 위탁받은 범위 내에서만 개인정보를 처리하게 되므로, 개인정보 보호법 제17조와 정보통신망법 제24조의2에 정한 '제3자'에 해당하지 않는다. 대법원 2017. 4. 7. 선고 2016도13263 판결 21 국가 01

OX 확인

01 개인정보 처리위탁에 있어 수탁자는 정보제공자의 관리・감독 아래 위탁받은 범위 내에서만 개인정보를 처리하게 되지만, 위탁자로부터 위탁사무 처리에 따른 대가를 지급받는 이상 개인정보 처리에 관하여 독자적인 이익을 가지므로, 그러한 수탁자는 「개인정보 보호법」 제17조에 의해 개인정보처리자가 정보주체의 개인정보를 제공할 수 있는 '제3자'에 해당한다. (×)

PART 05

개인정보 보호법 제28조의2【가명정보의 처리 등】
① 개인정보처리자는 통계작성, 과학적 연구, 공익적 기록보존 등을 위하여 정보주체의 동의 없이 가명정보를 처리할 수 있다.
② 개인정보처리자는 제1항에 따라 가명정보를 제3자에게 제공하는 경우에는 특정 개인을 알아보기 위하여 사용될 수 있는 정보를 포함해서는 아니 된다.

개인정보 보호법 제28조의5【가명정보 처리 시 금지의무 등】
① 누구든지 특정 개인을 알아보기 위한 목적으로 가명정보를 처리해서는 아니 된다.
② 개인정보처리자는 가명정보를 처리하는 과정에서 특정 개인을 알아볼 수 있는 정보가 생성된 경우에는 즉시 해당 정보의 처리를 중지하고, 지체 없이 회수·파기하여야 한다.

6. 개인정보의 관리

(1) 개인정보파일의 등록 및 공개(개인정보 보호법 제32조)

- 공공기관의 장이 개인정보파일을 운용하는 경우에는 다음 각 호의 사항을 보호위원회에 등록하여야 한다. 등록한 사항이 변경된 경우에도 또한 같다.

(2) 개인정보영향평가(개인정보 보호법 제33조)

- 공공기관의 장은 대통령령으로 정하는 기준에 해당하는 개인정보파일의 운용으로 인하여 정보주체의 개인정보 침해가 우려되는 경우에는 그 위험요인의 분석과 개선 사항 도출을 위한 평가를 하고 그 결과를 보호위원회에 제출하여야 한다.

(3) 개인정보 유출 통지(개인정보 보호법 제34조)

- 개인정보처리자는 개인정보가 유출되었음을 알게 되었을 때에는 지체 없이 해당 정보주체에게 일정한 사실을 알려야 한다. 17 사복

7. 정보주체의 권리

개인정보 보호법 제4조【정보주체의 권리】
정보주체는 자신의 개인정보 처리와 관련하여 다음 각 호의 권리를 가진다.
1. 개인정보의 처리에 관한 정보를 제공받을 권리
2. 개인정보의 처리에 관한 동의 여부, 동의 범위 등을 선택하고 결정할 권리
3. 개인정보의 처리 여부를 확인하고 개인정보에 대하여 열람(사본 발급 포함)을 요구할 권리
4. 개인정보의 처리 정지, 정정·삭제 및 파기를 요구할 권리 12 지방
5. 개인정보의 처리로 인하여 발생한 피해를 신속하고 공정한 절차에 따라 구제받을 권리
6. 완전히 자동화된 개인정보 처리에 따른 결정을 거부하거나 그에 대한 설명 등을 요구할 권리

개인정보 보호법 제39조【손해배상책임】
① 정보주체는 개인정보처리자가 이 법을 위반한 행위로 손해를 입으면 개인정보처리자에게 손해배상을 청구할 수 있다. 이 경우 그 개인정보처리자는 고의 또는 과실이 없음을 입증하지 아니하면 책임을 면할 수 없다. 14 국가, 17 사복, 18 국가
③ 개인정보처리자의 고의 또는 중대한 과실로 인하여 개인정보가 분실·도난·유출·위조·변조 또는 훼손된 경우로서 정보주체에게 손해가 발생한 때에는 법원은 그 손해액의 5배를 넘지 아니하는 범위에서 손해배상액을 정할 수 있다. 다만, 개인정보처리자가 고의 또는 중대한 과실이 없음을 증명한 경우에는 그러하지 아니하다.

OX 확인

「개인정보 보호법」 제39조 제1항은 "정보주체는 개인정보처리자가 이 법을 위반한 행위로 손해를 입으면 개인정보처리자에게 손해배상을 청구할 수 있다. 이 경우 그 개인정보처리자는 고의 또는 과실이 없음을 입증하지 아니하면 책임을 면할 수 없다."라고 규정하고 있다. 이 규정은 정보주체가 개인정보처리자의 「개인정보 보호법」 위반행위로 입은 손해의 배상을 청구하는 경우에 개인정보처리자의 고의나 과실을 증명하는 것이 곤란한 점을 감안하여 그 증명책임을 개인정보처리자에게 전환하는 것일 뿐이고, 개인정보처리자가 「개인정보 보호법」을 위반한 행위를 하였다는 사실 자체는 정보주체가 주장·증명하여야 한다. (대법원 2024. 5. 17. 선고 2018다262103 판결)

8. 개인정보 분쟁조정위원회

개인정보 보호법 제40조【설치 및 구성】
① 개인정보에 관한 분쟁의 조정을 위하여 개인정보 분쟁조정위원회를 둔다.
② 분쟁조정위원회는 위원장 1명을 포함한 30명 이내의 위원으로 구성하며, 12 지방 위원은 당연직위원과 위촉위원으로 구성한다.

개인정보 보호법 제43조【조정의 신청 등】
① 개인정보와 관련한 분쟁의 조정을 원하는 자는 분쟁조정위원회에 분쟁조정을 신청할 수 있다. 16 교행

개인정보 보호법 제47조【분쟁의 조정】
① 분쟁조정위원회는 다음 각 호의 어느 하나의 사항을 포함하여 조정안을 작성할 수 있다.
④ 당사자가 조정내용을 수락한 경우 분쟁조정위원회는 조정서를 작성하고, 분쟁조정위원회의 위원장과 각 당사자가 기명날인하여야 한다.
⑤ 제4항에 따른 조정의 내용은 재판상 화해와 동일한 효력을 갖는다.

개인정보 보호법 제49조【집단분쟁조정】
① 국가 및 지방자치단체, 개인정보 보호단체 및 기관, 정보주체, 개인정보처리자는 정보주체의 피해 또는 권리침해가 다수의 정보주체에게 같거나 비슷한 유형으로 발생하는 경우로서 대통령령으로 정하는 사건에 대하여는 분쟁조정위원회에 일괄적인 분쟁조정(이하 "집단분쟁조정"이라 한다)을 의뢰 또는 신청할 수 있다. 18 국가 01

| OX 확인 |

01 「개인정보 보호법」은 집단분쟁조정제도에 대하여 규정하고 있다. (○)

9. 개인정보 단체소송

개인정보 보호법 제51조【단체소송의 대상 등】 02
다음 각 호의 어느 하나에 해당하는 단체(모든 단체×)는18 국가 개인정보처리자가 제49조에 따른 집단분쟁조정을 거부하거나 집단분쟁조정의 결과를 수락하지 아니한 경우에는 법원에 권리침해 행위의 금지·중지를 구하는 소송(이하 "단체소송"이라 한다)을 제기할 수 있다. 16 지방, 16 교행, 21 소방

개인정보 보호법 제52조【전속관할】
① 단체소송의 소는 피고의 주된 사무소 또는 영업소가 있는 곳, 주된 사무소나 영업소가 없는 경우에는 주된 업무담당자의 주소가 있는 곳의 지방법원 본원 합의부의 관할에 전속한다.

개인정보 보호법 제53조【소송대리인의 선임】 단체소송의 원고는 변호사를 소송대리인으로 선임하여야 한다. 21 소방

개인정보 보호법 제55조【소송허가요건 등】
① 법원은 다음 각 호의 요건을 모두 갖춘 경우에 한하여 결정으로 단체소송을 허가한다.
1. 개인정보처리자가 분쟁조정위원회의 조정을 거부하거나 조정결과를 수락하지 아니하였을 것
2. 제54조에 따른 소송허가신청서의 기재사항에 흠결이 없을 것
② 단체소송을 허가하거나 불허가하는 결정에 대하여는 즉시항고할 수 있다.

개인정보 보호법 제57조【민사소송법의 적용 등】
① 단체소송에 관하여 이 법에 특별한 규정이 없는 경우에는 「민사소송법」을 적용한다. 21 소방
② 제55조에 따른 단체소송의 허가결정이 있는 경우에는 「민사집행법」 제4편에 따른 보전처분을 할 수 있다.
③ 단체소송의 절차에 관하여 필요한 사항은 대법원규칙으로 정한다. 21 소방

| OX 확인 |

02 「개인정보 보호법」에는 개인정보 단체소송을 제기할 수 있는 단체에 대한 제한을 두고 있지 않으므로 법인격이 있는 단체라면 어느 단체든지 권리침해 행위의 금지·중지를 구하는 소송을 제기할 수 있다. (×)

PART 05

강성빈
행정법총론

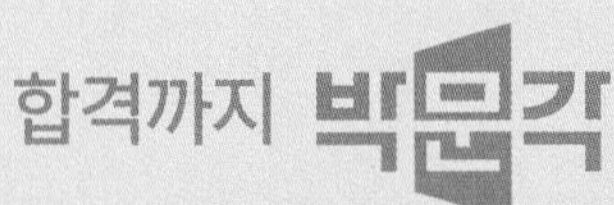

행정상 손해전보

CHAPTER 01

행정상 손해배상(국가배상)

국가배상 개관

1. 의의

- 국가배상이란 공무원의 직무집행행위 또는 영조물의 설치나 관리상 하자로 인하여 국민에게 손해가 발생한 경우 국가 또는 지방자치단체가 이를 배상하는 제도를 말한다.

2. 법적 근거

(1) 헌법적 근거

- 헌법 제29조 제1항은 "공무원의 직무상 불법행위로 손해를 받은 국민은 법률이 정하는 바에 의하여 국가 또는 공공단체에 정당한 배상을 청구할 수 있다"라고 하여 국가배상책임을 명시적으로 인정하고 있다.

(2) 법률적 근거

- 헌법의 취지에 따라 국가배상에 관한 일반법인 국가배상법이 제정되어 시행되고 있다.
- 국가나 지방자치단체의 손해배상 책임에 관하여는 국가배상법에 규정된 사항 외에는 민법에 따른다. 다만, 민법 외의 법률에 다른 규정이 있을 때에는 그 규정에 따른다(국가배상법 제8조).

3. 법적 성격

(1) 통설의 태도 : 공법설

- 공법적 원인에 의해 발생한 손해배상책임을 규정한 국가배상법은 공법이라고 한다.
- 국가배상청구소송은 행정소송 중 당사자소송으로 제기하여야 한다.

(2) 판례의 태도 : 사법설

- 국가배상법은 손해배상에 관한 민법의 특별법이므로 사법이라고 한다.
- 국가배상청구소송은 민사소송으로 제기하여야 한다. 20 국가, 24 지방

4. 유형

- 국가배상법은 국가배상책임의 유형으로 ① 공무원의 직무상 위법행위로 인한 손해배상책임과 ② 영조물의 하자로 인한 손해배상책임을 규정하고 있다.

쟁점 94 공무원의 직무상 위법행위로 인한 손해배상(국가배상법 제2조)

I 의의

국가배상법 제2조 【배상책임】
① 국가나 지방자치단체는 공무원 또는 공무를 위탁받은 사인(이하 "공무원"이라 한다)이 직무를 집행하면서 고의 또는 과실로 법령을 위반하여 타인에게 손해를 입히거나, 「자동차손해배상 보장법」에 따라 손해배상의 책임이 있을 때에는 이 법에 따라 그 손해를 배상하여야 한다. 다만, 군인·군무원·경찰공무원 또는 예비군대원이 전투·훈련 등 직무 집행과 관련하여 전사·순직하거나 공상을 입은 경우에 본인이나 그 유족이 다른 법령에 따라 재해보상금·유족연금·상이연금 등의 보상을 지급받을 수 있을 때에는 이 법 및 「민법」에 따른 손해배상을 청구할 수 없다.
② 제1항 본문의 경우에 공무원에게 고의 또는 중대한 과실이 있으면 국가나 지방자치단체는 그 공무원에게 구상할 수 있다.

- 공무원 또는 공무를 위탁받은 사인이 직무를 집행하면서 고의 또는 과실로 법령을 위반하여 타인에게 손해를 입힌 경우 국가나 지방자치단체는 그 손해를 배상할 책임을 진다.

II 요건

1. 공무원

- 국가배상법상의 공무원이란 국가(지방)공무원법상의 공무원뿐만 아니라 널리 공무를 위탁받아 실질적으로 공무에 종사하고 있는 일체의 자(사인 포함)를 의미한다. 18 소방
- 일시적·한정적으로 공무위탁을 받은 사인도 여기서 말하는 공무원에 포함된다.

판례

1. 국가배상법 제2조 소정의 '공무원'이라 함은 국가공무원법이나 지방공무원법에 의하여 공무원으로서의 신분을 가진 자에 국한하지 않고, 널리 공무를 위탁받아 실질적으로 공무에 종사하고 있는 일체의 자를 가리키는 것으로서, 공무의 위탁이 일시적이고 한정적인 사항에 관한 활동을 위한 것이어도 달리 볼 것은 아니다. 16 사복, 17 교행, 24 지방
   지방자치단체가 '교통할아버지 봉사활동 계획'을 수립한 후 관할 동장으로 하여금 '교통할아버지'를 선정하게 하여 어린이 보호, 교통안내, 거리질서 확립 등의 공무를 위탁하여 집행하게 하던 중 '교통할아버지'로 선정된 노인이 위탁받은 업무 범위를 넘어 교차로 중앙에서 교통정리를 하다가 교통사고를 발생시킨 경우, 지방자치단체가 국가배상법 제2조 소정의 배상책임을 부담한다. 대법원 2001. 1. 5. 선고 98다39060 12 국가, 19 소방
2. 향토예비군도 그 동원기간 중에는 국가배상법 제2조 소정의 공무원 중에 포함된다고 보는 것이 상당하다. 대법원 1970. 5. 26. 선고 70다471 판결
3. 국가나 지방자치단체에 근무하는 청원경찰은 국가공무원법이나 지방공무원법상의 공무원은 아니지만, 직무상의 불법행위에 대하여도 민법이 아닌 국가배상법이 적용된다. 대법원 1993. 7. 13. 선고 92다47564 판결 19 소방
4. 통장이 전입신고서에 확인인을 찍는 행위는 공무를 위탁받아 실질적으로 공무를 수행하는 것이라고 보아야 하므로, 통장은 그 업무범위 내에서는 국가배상법 제2조 소정의 공무원에 해당한다. 대법원 1991. 7. 9. 선고 91다5570 판결
5. 의병소방대는 국가기관이 아니고 지방자치단체의 예속기관도 아니며 다만 경우에 따라 그 자체를 법인 아닌 사단으로 볼 여지만 있을 뿐이므로 그 대원(의용소방대원)의 직무대행 과정의 불법행위에 대하여 국가는 배상책임이 없다. 대법원 1966. 6. 28. 선고 66다808 판결 19 소방

판 구 수산청장으로부터 뱀장어에 대한 수출 추천 업무를 위탁받은 수산업협동조합이 수출제한조치를 취할 당시 국내 뱀장어 양식용 종묘의 부족으로 종묘확보에 지장을 초래할 우려가 있다고 판단하여 추천 업무를 행하지 않은 것이 공무원으로서 타인에게 손해를 가한 때에 해당한다고 한 사례. (대법원 2003. 11. 14. 선고 2002다55304 판결)

판 서울시 산하 구청소속의 청소차량 운전원이 지방잡급직원규정에 의하여 단순노무제공만을 행하는 기능직 잡급직원이라면 이는 지방공무원법 제2조 제2항 제7호 소정의 단순한 노무에 종사하는 별정직 공무원이다. (대법원 1980. 9. 24. 선고 80다1051 판결) 19 소방

PART 06

다만, 공법인의 직원 등이 공무원에 해당하는 것으로 보더라도, 배상책임자를 국가와 지방자치단체로만 한정하고 있는 국가배상법 제2조에 의해 공법인은 국가배상책임을 지지 아니한다(자세한 내용은 후술함).

OX 확인

01 법령의 위탁에 의해 지방자치단체로부터 대집행을 수권 받은 구 한국토지공사는 지방자치단체의 기관으로서 「국가배상법」 제2조 소정의 공무원에 해당한다. (×)

- 공무를 위탁받은 자가 공법인인 경우 그 공법인은 국가배상책임을 발생시키는 공무원에 포함되지 아니한다. 이 경우 실질적으로 공무를 수행하는 공법인의 직원 등이 공무원에 해당한다.

판례

한국토지공사는 이러한 법령의 위탁에 의하여 대집행을 수권 받은 자로서 공무인 대집행을 실시함에 따르는 권리·의무 및 책임이 귀속되는 행정주체의 지위에 있다고 볼 것이지 지방자치단체 등의 기관으로서 국가배상법 제2조 소정의 공무원에 해당한다고 볼 것은 아니다. 19 지방 01
한국토지공사의 업무담당자 등은 이 사건 대집행을 실제 수행한 자들로서 공무인 이 사건 대집행에 실질적으로 종사한 자라고 할 것이므로 국가배상법 제2조 소정의 공무원에 해당한다. 대법원 2010. 1. 28. 선고 2007다82950 판결

2. 직무행위

(1) 직무행위의 범위

- 공무원의 직무행위에는 행정작용뿐만 아니라 입법작용 및 사법작용이 포함되고, 15 교행 직무행위의 범위에 속한다면 법적행위·사실행위, 작위·부작위를 불문한다.
- 직무행위에는 권력적 작용 외에 비권력적 작용(관리작용)도 포함되나, 사경제주체로서 하는 활동은 제외되고, 이 경우에는 국가배상법이 아닌 민법이 적용된다.

OX 확인

02 국가배상의 요건인 '공무원의 직무'에는 국가나 지방자치단체의 비권력적 작용과 사경제 주체로서 하는 작용이 포함된다. (×)

판례

1. 국가배상법이 정한 배상청구의 요건인 '공무원의 직무'에는 권력적 작용만이 아니라 행정지도와 같은 비권력적 작용도 포함되며 단지 행정주체가 사경제주체로서 하는 활동만 제외된다. 대법원 1998. 7. 10. 선고 96다38971 판결 17 국가, 19 서울, 21 국가, 22 지방, 24 국가, 24 지방 02
2. 서울시가 그 산하 구청관내의 청소를 목적으로 그 소속차량을 운행하는 것은 공권력의 행사이다. 대법원 1980. 9. 24. 선고 80다1051 판결
3. 도로가설 등 공사로 인한 무허가건물의 강제철거와 관련하여 이루어지는 시나 구 등 지방자치단체의 철거건물 소유자에 대한 시영아파트분양권 부여 및 세입자에 대한 지원대책 등의 업무는 지방자치단체의 공권력 행사 기타 공행정작용과 관련된 활동으로 볼 것이지 단순한 사경제주체로서 하는 활동이라고는 볼 수 없다. 대법원 1991. 7. 26. 선고 91다14819 판결
4. 국가 또는 공공단체라 할지라도 공권력의 행사가 아니고 순전히 대등한 지위에서 사경제의 주체로 활동하였을 경우에는 그 손해배상의 책임에 국가배상법의 규정이 적용될 수 없으므로, 시영버스사고에 대하여 시는 민법에 의한 책임을 지고 그 운전사가 시의 별정직공무원이라 하여 결론을 달리하지 않는다. 대법원 1969. 4. 22. 선고 68다2225 판결 12 지방, 14 지방, 17 국가, 17 사복, 17 교행
5. 국가의 철도운행사업은 국가가 공권력의 행사로서 하는 것이 아니고 사경제적 작용이라 할 것이므로, 이로 인한 사고에 공무원이 간여하였다고 하더라도 국가배상법을 적용할 것이 아니고 일반 민법의 규정에 따라야 한다. 대법원 1999. 6. 22. 선고 99다7008 판결

(2) 직무집행행위

- 국가배상법 제2조에 따른 책임은 직무를 집행하면서, 즉 직무관련성이 있는 경우에만 인정되는데, 그 판단기준이 문제된다.
- 통설과 판례는 직무집행행위뿐만 아니라, 실질적으로는 직무집행행위가 아니더라도 행위의 외형상 직무행위로 보이는 경우에는 "직무를 집행하면서 한 행위"로 본다(외형설).
- 따라서 행위의 외형을 객관적으로 관찰하였을 때 직무행위로 인정된다면 실제로 행위를 한 공무원에게 직무집행의 의사가 없었거나 또는 그 행위가 정당한 권한 내의 것이 아닐지라도 직무집행행위를 구성하는 것으로 본다.

판례

1. 국가배상법 제2조 제1항의 '직무를 집행함에 당하여'라 함은 직접 공무원의 직무집행행위이거나 그와 밀접한 관련이 있는 행위를 포함하고, 이를 판단함에 있어서는 행위 자체의 외관을 객관적으로 관찰하여 공무원의 직무행위로 보여질 때에는 비록 그것이 실질적으로 직무행위가 아니거나 또는 행위자로서는 주관적으로 공무집행의 의사가 없었다고 하더라도 그 행위는 공무원이 '직무를 집행함에 당하여' 한 것으로 보아야 한다. 16 사복, 18 국가 01
   인사업무담당 공무원이 다른 공무원의 공무원증 등을 위조하는 행위는 비록 그것이 실질적으로는 직무행위에 속하지 아니한다 할지라도 적어도 외관상으로는 공무원증과 재직증명서를 발급하는 행위로서 직무집행으로 보여지므로 결국 그 위조행위는 국가배상법 제2조 제1항 소정의 공무원이 직무를 집행함에 당하여 한 행위로 인정된다. 대법원 2005. 1. 14. 선고 2004다26805 판결 14 지방, 21 소방
2. 상급자가 전입신병인 하급자에게 암기사항에 관하여 교육 중 훈계하다가 도가 지나쳐 폭행한 경우에 국가배상법상의 직무집행성이 인정된다. 대법원 1995. 4. 21. 선고 93다14240 판결 11 국회
3. 육군중사가 훈련에 대비하여 개인 소유의 오토바이를 운전하여 사전정찰차 훈련지역 일대를 돌아보고 귀대하다가 교통사고를 일으킨 경우, 오토바이의 운전행위는 국가배상법 제2조 소정의 직무집행행위에 해당한다. 대법원 1994. 5. 27. 선고 94다6741 판결

- 한편 가해행위가 실질적으로 공무집행행위가 아니라는 사정을 피해자가 알았다고 하더라도 이에 대한 국가배상책임은 부인되지 않는다.

판례

행위가 실질적으로 공무집행행위가 아니라는 사정을 피해자가 알았다 하더라도 그것을 "직무를 행함에 당하여"라고 단정하는 데 아무런 영향을 미치는 것이 아니다. 대법원 1966. 6. 28. 선고 66다781 판결

(3) 입법작용

- 입법작용의 위법은 법령 자체의 위헌·위법을 말하는 것이 아니라 입법과정에서 국회가 지는 국민에 대한 직무상 의무의 위반을 의미하는데, 이와 같은 직무상 의무의 위반은 입법 내용이 헌법의 문언에 명백히 위반됨에도 불구하고 국회가 굳이 당해 입법을 한 것과 같은 특수한 경우에만 인정된다.
- 따라서 국회가 제정한 법률이 헌법재판소에 의해 위헌결정을 받은 사실만으로 국회가 바로 국민에 대하여 국가배상책임을 지는 것은 아니다. 16 교행

판례

1. 우리 헌법이 채택하고 있는 의회민주주의 하에서 국회는 다원적 의견이나 갖가지 이익을 반영시킨 토론과정을 거쳐 다수결의 원리에 따라 통일적인 국가의사를 형성하는 역할을 담당하는 국가기관으로서 그 과정에 참여한 국회의원은 입법에 관하여 원칙적으로 국민 전체에 대한 관계에서 정치적 책임을 질 뿐 국민 개개인의 권리에 대응하여 법적 의무를 지는 것은 아니므로, 국회의원의 입법행위는 그 입법 내용이 헌법의 문언에 명백히 위반됨에도 불구하고 국회가 굳이 당해 입법을 한 것과 같은 특수한 경우가 아닌 한 국가배상법 제2조 제1항 소정의 위법행위에 해당된다고 볼 수 없다. 대법원 1997. 6. 13. 선고 96다56115 판결 12 국회, 16 지방, 18 소방
2. 국가가 일정한 사항에 관하여 헌법에 의하여 부과되는 구체적인 입법의무를 부담하고 있음에도 불구하고 그 입법에 필요한 상당한 기간이 경과하도록 고의 또는 과실로 이러한 입법의무를 이행하지 아니하는 등 극히 예외적인 사정이 인정되는 사안에 한정하여 국가배상법 소정의 배상책임이 인정될 수 있으며, 위와 같은 구체적인 입법의무 자체가 인정되지 않는 경우에는 애당초 부작위로 인한 불법행위가 성립할 여지가 없다. 대법원 2008. 5. 29. 선고 2004다33469 판결 16 사복, 19 국가, 19 서울 02

OX 확인

01 「국가배상법」상 공무원의 직무행위는 객관적으로 직무행위로서의 외형을 갖추고 있어야 할 뿐만 아니라 주관적 공무집행의 의사도 있어야 한다. (×)

OX 확인

02 국가가 일정한 사항에 관하여 헌법에 의하여 부과되는 구체적인 입법의무를 부담하고 있음에도 불구하고 그 입법에 필요한 상당한 기간이 경과하도록 고의·과실로 입법의무를 이행하지 아니하는 경우, 국가배상책임이 인정될 수 있다. (○)

PART 06

(4) 사법작용

- 사법 또는 재판작용의 위법은 판결 자체의 위법을 말하는 것이 아니라 법관의 공정한 재판을 위한 직무상 의무의 위반을 의미하는데, 12 국가 이와 같은 직무상 의무의 위반은 법관이 위법 또는 부당한 목적을 가지고 재판을 하였다는 등 특별한 사정이 있는 경우에 한하여 인정된다.

판례

법관의 재판에 법령의 규정을 따르지 아니한 잘못이 있다 하더라도 이로써 바로 그 재판상 직무행위가 국가배상법 제2조 제1항에서 말하는 위법한 행위로 되어 국가의 손해배상책임이 발생하는 것은 아니고, 그 국가배상책임이 인정되려면 당해 법관이 위법 또는 부당한 목적을 가지고 재판을 하였다거나 법이 법관의 직무수행상 준수할 것을 요구하고 있는 기준을 현저하게 위반하는 등 법관이 그에게 부여된 권한의 취지에 명백히 어긋나게 이를 행사하였다고 인정할 만한 특별한 사정이 있어야 한다. 대법원 2003. 7. 11. 선고 99다24218 판결 16 지방

- 또한 재판에 대해서는 심급제도를 통한 불복절차가 마련되어 있으므로 원칙적으로 국가배상책임이 인정되지 않으나, 불복절차 또는 시정절차가 없는 예외적인 경우에는 국가배상책임이 인정될 수 있다.

판례

1. 재판에 대하여 따로 불복절차 또는 시정절차가 마련되어 있는 경우에는 재판의 결과로 불이익 내지 손해를 입었다고 여기는 사람은 그 절차에 따라 자신의 권리 내지 이익을 회복하도록 함이 법이 예정하는 바이므로, 불복에 의한 시정을 구할 수 없었던 것 자체가 법관이나 다른 공무원의 귀책사유로 인한 것이라거나 그와 같은 시정을 구할 수 없었던 부득이한 사정이 있었다는 등의 특별한 사정이 없는 한, 스스로 그와 같은 시정을 구하지 아니한 결과 권리 내지 이익을 회복하지 못한 사람은 원칙적으로 국가배상에 의한 권리구제를 받을 수 없다고 봄이 상당하다고 하겠으나, 재판에 대하여 불복절차 내지 시정절차 자체가 없는 경우에는 부당한 재판으로 인하여 불이익 내지 손해를 입은 사람은 국가배상 이외의 방법으로는 자신의 권리 내지 이익을 회복할 방법이 없으므로, 이와 같은 경우에는 배상책임의 요건이 충족되는 한 국가배상책임을 인정하지 않을 수 없다. 19 국가 01
   헌법재판소 재판관이 청구기간 내에 제기된 헌법소원심판청구 사건에서 청구기간을 오인하여 각하결정을 한 경우, 이에 대한 불복절차 내지 시정절차가 없는 때에는 국가배상책임(위법성)을 인정할 수 있다. 19 지방, 23 지방, 24 국가 02
   헌법재판소 재판관의 위법한 직무집행의 결과 잘못된 각하결정을 함으로써 청구인으로 하여금 본안판단을 받을 기회를 상실하게 한 이상, 설령 본안판단을 하였더라도 어차피 청구가 기각되었을 것이라는 사정이 있다고 하더라도 잘못된 판단으로 인하여 헌법소원심판 청구인의 위와 같은 합리적인 기대를 침해한 것이고 이러한 기대는 인격적 이익으로서 보호할 가치가 있다고 할 것이므로 그 침해로 인한 정신상 고통에 대하여는 위자료를 지급할 의무가 있다. 대법원 2003. 7. 11. 선고 99다24218 판결 16 사복
2. 보전재판의 특성상 신속한 절차진행이 중시되고 당사자 일방의 신청에 따라 심문절차 없이 재판이 이루어지는 경우도 많다는 사정을 고려하여 민사집행법에서는 보전재판에 대한 불복 또는 시정을 위한 수단으로서 즉시항고와 효력정지 신청 등 구제절차를 세심하게 마련해 두고 있다. 재판작용에 대한 국가배상책임에 관한 판례는 재판에 대한 불복절차 또는 시정절차가 마련되어 있으면 이를 통한 시정을 구하지 않고서는 원칙적으로 국가배상을 구할 수 없다는 것으로, 보전재판이라고 해서 이와 달리 보아야 할 이유가 없다. 대법원 2022. 3. 17. 선고 2019다226975 판결

OX 확인

01 재판에 대하여 불복절차 내지 시정절차 자체가 없는 경우, 부당한 재판으로 인하여 불이익 내지 손해를 입은 사람에게는 배상책임의 요건이 충족되는 한 국가배상책임이 인정될 수 있다. (○)

02 헌법재판소 재판관이 청구기간 내에 제기된 헌법소원심판청구 사건에서 청구기간을 오인하여 각하결정을 한 경우, 이에 대한 불복절차 내지 시정절차가 없는 때에는 국가배상책임을 인정할 수 있다. (○)

3. 고의 또는 과실

(1) 의의

- 국가배상법 제2조는 직무상 행위로 인한 국가배상책임의 성립에 대하여 공무원의 고의 또는 과실을 요건으로 규정하고 있다. 15 서울

(2) 과실의 객관화 경향

- 피해자 구제를 위해 과실개념이 객관화 되는 경향이 나타나고 있다. 14 서울, 19 서울
- 즉 과실이란 당해 공무원의 주의능력을 기준으로 판단하는 것이 아닌, 당해 직무를 담당하는 평균적 공무원이 통상 갖추어야 할 주의의무를 게을리 한 것을 의미한다(추상적 과실).

판례

1. 공무원의 직무집행상의 과실이라 함은 공무원이 그 직무를 수행함에 있어 당해 직무를 담당하는 평균인이 보통(통상) 갖추어야 할 주의의무를 게을리 한 것을 말한다. 대법원 1987. 9. 22. 선고 87다카1164 판결 11 사복, 15 서울
2. (갑 주식회사가 고층 아파트 신축사업을 계획하고 토지를 매수한 다음 을 지방자치단체와 협의하여 사업계획 승인신청을 하였고, 수개월에 걸쳐 을 지방자치단체의 보완 요청에 응하여 사업계획 승인에 필요한 요건을 갖추었는데, 을 지방자치단체의 장이 위 사업계획에 관하여 부정적인 의견을 제시한 후, 을 지방자치단체가 갑 회사에 주변 경관 등을 이유로 사업계획 불승인처분을 한 사안에서) 을 지방자치단체의 담당 공무원이 경관 훼손 여부를 검토하기 위해 수행한 업무는 현장실사를 나가 사진을 촬영하여 분석자료를 작성한 것이 전부이고, 그 분석자료의 내용이 실제에 부합하는 방식으로 작성되었다고 볼 수 없는 등 위 불승인처분은 경관 훼손에 관한 객관적인 검토를 거치지 않은 채 이루어진 것으로 볼 수 있고, 사업계획 승인 업무의 진행경과, 위 사업의 규모와 경관 훼손 여부를 판단하기 위한 합리적이고 신중한 검토 필요성 등에 비추어, 담당 공무원의 업무 수행은 보통 일반의 공무원을 표준으로 하여 볼 때 객관적 주의의무를 소홀히 한 것이므로, 을 지방자치단체의 국가배상책임이 인정된다고 볼 여지가 있는데도, 이와 달리 본 원심판결에 법리오해 등의 잘못이 있다고 한 사례. 대법원 2021. 6. 30. 선고 2017다249219 판결
3. (해양수산부 산하 어업관리단의 불법어로행위 특별합동단속 중 갑 등이 승선하고 있던 선박이 단속정의 추적을 피해 도주하는 과정에서 암초와 충돌하였고, 인근에서 갑이 익사한 상태로 발견되었는데, 갑의 유족들이 단속정에 승선하고 있던 감독공무원들의 구조의무 위반 등을 주장하며 국가를 상대로 손해배상을 구한 사안에서) 사고 시간과 기상 상태, 사고 주변 해역의 상황, 감독공무원들의 인원적 제한과 장비상의 문제, 단속정과 갑의 충돌 위험성 등을 종합하면 단속팀장이 유일한 이동·수색수단인 단속정을 보고와 지원요청 및 정비를 위하여 본부로 이동하게 한 결정이 결과론적·사후적 관점에서 최선이 아니었다고 하더라도 사고 당시를 기준으로 전혀 합리성이 없다거나 평균인이 통상 갖추어야 할 주의의무를 게을리한 잘못이 있다고 쉽게 단정할 수 없을 뿐만 아니라, 단속정을 본부에 이동시키지 않고 해상수색을 하도록 했더라도 갑의 생존가능 시간 내에 그를 발견하여 구조할 가능성이 높다고 볼 수 없으므로, 감독공무원들에게 직무집행상 과실이 있다고 단정하기 어렵고, 나아가 이들의 행위와 갑의 사망 사이에 상당인과관계가 있다고 볼 수도 없다고 한 사례. 대법원 2021. 6. 10. 선고 2017다286874 판결

- 가해행위가 공무원의 행위에 의한 것으로 보이는 한 가해공무원의 특정은 필요하지 않다. 21 국가 01

(3) 입증책임

- 공무원의 고의 또는 과실에 대한 입증책임은 피해자인 원고(국민)에게 있다. 15 서울

구 국세징수법 제24조 제2항과 같이 국세가 확정되기 전에 보전압류를 한 후 보전압류에 의하여 징수하려는 국세의 전부 또는 일부가 확정되지 못하였다면 보전압류로 인하여 납세자가 입은 손해에 대하여 특별한 반증이 없는 한 과세관청의 담당공무원에게 고의 또는 과실이 있다고 사실상 추정되므로, 국가는 부당한 보전압류로 인한 손해를 배상할 책임이 있다. 이러한 법리는 보전압류 후 과세처분에 의해 일단 국세가 확정되었으나 과세처분이 취소되어 결국 국세의 전부 또는 일부가 확정되지 못한 경우에도 마찬가지로 적용된다. (대법원 2015. 10. 29. 선고 2013다209534 판결)

PART 06

OX 확인

01 손해배상책임을 묻기 위해서는 가해 공무원을 특정하여야 한다. (×)

(4) 민법의 사용자책임과의 차이

- "타인을 사용하여 어느 사무에 종사하게 한 자는 피용자가 그 사무집행에 관하여 제3자에게 가한 손해를 배상할 책임이 있다."라고 하여 사용자책임을 규정한 민법 제756조는 국가배상법 제2조의 책임과 유사한 책임구조를 취하고 있다.
- 그런데, 민법상 사용자책임의 경우 사용자에게 피용자의 선임・감독에 관한 과실이 없었다는 것을 면책사유로 규정하고 있는 반면, 국가배상법에는 이와 같이 국가 등의 면책사유를 정한 규정이 없다. 따라서 국가나 지방자치단체는 공무원의 선임 및 감독에 상당한 주의를 한 경우에도 그 배상책임을 면할 수 없다(대법원 1996. 2. 15. 선고 95다38677 전원합의체 판결). 18 국가 01

OX 확인

01 국가나 지방자치단체는 공무원이 직무를 집행하면서 고의 또는 과실로 위법하게 타인에게 손해를 가한 때에 「국가배상법」상 배상책임을 지고, 공무원의 선임 및 감독에 상당한 주의를 한 경우에도 그 배상책임을 면할 수 없다. (○)

(5) 구체적 검토

① 공무원의 법령 해석 또는 적용의 잘못

- 공무원은 자신의 사무영역과 관련된 법령에 대한 지식을 숙지하여야 할 의무가 있으므로, 관계법규를 알지 못하거나 필요한 지식을 갖추지 못한 이유로 법규의 해석을 그르쳐 처분을 하였다면 원칙적으로 과실이 인정된다.

판례

1. 일반적으로 공무원이 직무를 집행함에 있어서 관계법규를 알지 못하거나 필요한 지식을 갖추지 못하여 법규의 해석을 그르쳐 잘못된 행정처분을 하였다면 그가 법률전문가가 아닌 행정직 공무원이라고 하여 과실이 없다고 할 수 없다. 대법원 1995. 10. 13. 선고 95다32747 판결 14 서울, 16 지방, 21 국가 02
2. 대법원의 판단으로 관계 법령의 해석이 확립되고 이어 상급 행정기관 내지 유관 행정부서로부터 시달된 업무지침이나 업무연락 등을 통하여 이를 충분히 인식할 수 있게 된 상태에서, 확립된 법령의 해석에 어긋나는 견해를 고집하여 계속하여 위법한 행정처분을 하거나 이에 준하는 행위로 평가될 수 있는 불이익을 처분상대방에게 주게 된다면, 이는 그 공무원의 고의 또는 과실로 인한 것이 되어 그 손해를 배상할 책임이 있다. 대법원 2007. 5. 10. 선고 2005다31828 판결
3. 수사기관이 법령에 의하지 않고는 변호인의 접견교통권을 제한할 수 없다는 것은 대법원이 오래전부터 선언해 온 확고한 법리로서 변호인의 접견신청에 대하여 허용 여부를 결정하는 수사기관으로서는 마땅히 이를 숙지해야 한다. 이러한 법리에 반하여 변호인의 접견신청을 허용하지 않고 변호인의 접견교통권을 침해한 경우에는 접견 불허결정을 한 공무원에게 고의나 과실이 있다고 볼 수 있다. 대법원 2018. 12. 27. 선고 2016다266736 판결

OX 확인

02 일반적으로 공무원이 필요한 지식을 갖추지 못하고 법규의 해석을 그르쳐 행정처분을 하였다면 그가 법률전문가가 아닌 행정직공무원이라고 하여 과실이 없다고는 할 수 없다. (○)

- 그러나 법령에 대한 해석이 명백하지 않고, 이에 대한 학설, 판례조차 명확하지 않은 경우에는 예외적으로 과실이 부정될 수 있다.

판례

1. 법령에 대한 해석이 복잡, 미묘하여 워낙 어렵고, 이에 대한 학설, 판례조차 귀일되어 있지 않는 등의 특별한 사정이 없는 한 일반적으로 공무원이 관계 법규를 알지 못하거나 필요한 지식을 갖추지 못하고 법규의 해석을 그르쳐 행정처분을 하였다면 그가 법률전문가가 아닌 행정직 공무원이라고 하여 과실이 없다고는 할 수 없다. 대법원 2001. 2. 9. 선고 98다52988 판결

2. 법령에 대한 해석이 그 문언 자체만으로는 명백하지 아니하여 여러 견해가 있을 수 있는데다가 이에 대한 선례나 학설, 판례 등도 귀일된 바 없어 이의가 없을 수 없는 경우에 관계 공무원이 그 나름대로 신중을 다하여 합리적인 근거를 찾아 그 중 어느 한 견해를 따라 내린 해석이 후에 대법원이 내린 입장과 같지 않아 결과적으로 잘못된 해석에 돌아가고, 이에 따른 처리가 역시 결과적으로 위법하게 되어 그 법령의 부당집행이라는 결과를 가져오게 되었다고 하더라도, 그와 같은 처리 방법 이상의 것을 성실한 평균적 공무원에게 기대하기는 어려운 일이고, 따라서 이러한 경우에까지 국가배상법상 공무원의 과실을 인정할 수는 없다. 대법원 1995. 10. 13. 선고 95다32747 판결 12 국가, 15 국회, 22 국가

② 처분의 근거법령에 대한 위헌 · 위법결정

- 처분의 근거법령에 대하여 사후적으로 위헌 · 위법결정이 있었다고 하더라도 공무원에게는 법령에 대한 위헌 · 위법심사권이 없으므로 공무원에게 과실이 있다고 할 수는 없다.

판례

1. 법률전문가가 아닌 행정공무원에게 위 시행령이 상위 법규에 위배되는지 여부까지 사법적으로 심사하여 그 적용을 거부할 것을 기대하기는 매우 어렵다. 대법원 1999. 9. 17. 선고 96다53413 판결
2. 행정심판법 제27조에 대하여 위헌결정이 선고된다 하더라도, 공무원들로서는 그 행위 당시에 위 법률조항이 헌법에 위반되는지 여부를 심사할 권한이 없이 오로지 위 법률조항에 따라 증거자료를 제출하고 이를 송달하였을 뿐이라 할 것이므로 당해 공무원들에게 고의 또는 과실이 있다 할 수 없어 국가배상책임은 성립되지 아니한다 할 것이다. 헌법재판소 2009. 9. 24. 선고 2008헌바23 결정 15 서울, 19 서울
3. 형벌에 관한 법령이 헌법재판소의 위헌결정으로 소급하여 효력을 상실하였거나 법원에서 위헌 · 무효로 선언된 경우, 그 법령이 위헌으로 선언되기 전에 그 법령에 기초하여 수사가 개시되어 공소가 제기되고 유죄판결이 선고되었더라도, 그러한 사정만으로 수사기관의 직무행위나 법관의 재판상 직무행위가 국가배상법 제2조 제1항에서 말하는 공무원의 고의 또는 과실에 의한 불법행위에 해당하여 국가의 손해배상책임이 발생한다고 볼 수는 없다. 대법원 2014. 10. 27. 선고 2013다217962 판결 19 지방 01
4. 행정입법에 관여한 공무원이 입법 당시의 상황에서 다양한 요소를 고려하여 나름대로 합리적인 근거를 찾아 어느 하나의 견해에 따라 경과규정을 두는 등의 조치 없이 새 법령을 그대로 시행하거나 적용하였다면, 그와 같은 공무원의 판단이 나중에 대법원이 내린 판단과 같지 아니하여 결과적으로 시행령 등이 신뢰보호의 원칙 등에 위배되는 결과가 되었다고 하더라도, 이러한 경우에까지 국가배상법 제2조 제1항에서 정한 국가배상책임의 성립요건인 공무원의 과실이 있다고 할 수는 없다. 대법원 2013. 4. 26. 선고 2011다14428 판결 18 국회

OX 확인

01 형벌에 관한 법령이 헌법재판소의 위헌결정으로 소급하여 효력을 상실한 경우, 위헌 선언 전 그 법령에 기초하여 수사가 개시되어 공소가 제기되고 유죄판결이 선고되었더라도, 그러한 사정만으로 국가의 손해배상책임이 발생한다고 볼 수 없다. (○)

③ 재량준칙(행정규칙)에 따른 처분

- 공무원이 재량준칙에 따라 처분을 한 경우에는 사후적으로 그 처분이 재량권을 일탈 · 남용한 것으로 인정되어 취소되더라도 공무원에게 과실이 있다고 할 수 없다.

판례

영업허가취소처분이 나중에 행정심판에 의하여 재량권을 일탈한 위법한 처분임이 판명되어 취소되었다고 하더라도 그 처분이 당시 시행되던 공중위생법시행규칙에 정하여진 행정처분의 기준에 따른 것인 이상 그 영업허가취소처분을 한 행정청 공무원에게 그와 같은 위법한 처분을 한 데 있어 어떤 직무집행상의 과실이 있다고 할 수는 없다. 대법원 1994. 11. 8. 선고 94다26141 판결 16 지방, 16 국회

④ 항고소송에 의한 처분의 취소

- 어떠한 처분이 사후적으로 항고소송에 의해 취소되었다는 사정만으로 국가배상책임이 성립하는 것은 아니다.

판례

어떠한 행정처분이 후에 항고소송에서 취소되었다고 할지라도 그 기판력에 의하여 당해 행정처분이 곧바로 공무원의 고의 또는 과실로 인한 것으로서 불법행위를 구성한다고 단정할 수는 없는 것이다. 대법원 2000. 5. 12. 선고 99다70600 판결 16 국회, 17 국가, 18 소방, 22 지방, 24 지방

4. 법령 위반(위법성)

(1) 법령의 의미

- 국가배상법상의 법령이란 "법 일반"을 의미하는 것으로서, 성문법은 물론 관습법, 법의 일반원칙, 조리 등 불문법도 포함한다.
- 나아가 인권존중·신의성실과 같이 공무원으로서 마땅히 지켜야 할 준칙이나 규범도 포함된다.
- 행정규칙은 법규성이 없으므로 여기서 말하는 법령에는 포함되지 않는다.

(2) 법령위반의 의미

- 행위가 법규범에 위반한 것을 의미한다는 행위위법설과 관련된 사정을 종합적으로 고려하여 행위가 객관적으로 정당성을 결여한 경우를 의미한다는 상대적 위법성설의 대립이 있다. 01
- 판례는 (인권존중·신의성실과 같이 공무원으로서 마땅히 지켜야 할 준칙이나 규범을 법령에 포함하는 전제에서) 널리 그 행위가 객관적인 정당성을 결여하고 있는 경우도 법령을 위반한 것이라 한다(상대적 위법성설).

판례

1. 여기서 '법령을 위반하여'라고 함은 엄격하게 형식적 의미의 법령에 명시적으로 공무원의 행위의무가 정하여져 있음에도 이를 위반하는 경우만을 의미하는 것은 아니고, 인권존중·권력남용금지·신의성실과 같이 공무원으로서 마땅히 지켜야 할 준칙이나 규범을 지키지 아니하고 위반한 경우를 비롯하여 널리 그 행위가 객관적인 정당성을 결여하고 있는 경우도 포함한다. 대법원 2015. 8. 27. 선고 2012다204587 판결 16 교행, 17 사복, 20 지방, 21 지방, 24 지방 02
2. 경찰관이 범죄수사를 함에 있어 경찰관으로서 의당 지켜야 할 법규상 또는 조리상의 한계를 위반하였다면 이는 법령을 위반한 경우에 해당한다. 성폭력범죄의 담당 경찰관이 경찰서에 설치되어 있는 범인식별실을 사용하지 않고 공개된 장소인 형사과 사무실에서 피의자들을 한꺼번에 세워 놓고 나이 어린 학생인 피해자에게 범인을 지목하도록 한 행위가 국가배상법상의 '법령 위반' 행위에 해당한다. 대법원 2008. 6. 12. 선고 2007다64365 판결 20 소방
3. 해군본부가 해군 홈페이지 자유게시판에 게시된 '제주해군기지 건설사업에 반대하는 취지의 항의글' 100여 건을 삭제하는 조치를 취하자, 항의글을 게시한 갑 등이 국가를 상대로 손해배상을 구한 사안에서, 위 삭제 조치가 객관적 정당성을 상실한 위법한 직무집행에 해당한다고 보기 어렵다고 한 사례. 대법원 2020. 6. 4. 선고 2015다233807 판결

OX 확인

01 신뢰보호원칙의 위반은 「국가배상법」상의 위법 개념을 충족시킨다. (○)

02 국가배상책임에서의 법령위반은, 인권존중·권력남용금지·신의성실·공서양속 등의 위반도 포함해 널리 그 행위가 객관적인 정당성을 결여하고 있음을 의미한다. (○)

수사기관은 수사 등 직무를 수행할 때에 헌법과 법률에 따라 국민의 인권을 존중하고 공정하게 하여야 하며 실체적 진실을 발견하기 위하여 노력하여야 할 법규상 또는 조리상의 의무가 있고, 특히 피의자가 소년 등 사회적 약자인 경우에는 수사과정에서 방어권 행사에 불이익이 발생하지 않도록 더욱 세심하게 배려할 직무상 의무가 있다. 따라서 경찰관은 피의자의 진술을 조서화하는 과정에서 조서의 객관성을 유지하여야 하고, 고의 또는 과실로 위 직무상 의무를 위반하여 피의자신문조서를 작성함으로써 피의자의 방어권이 실질적으로 침해되었다고 인정된다면, 국가는 그로 인하여 피의자가 입은 손해를 배상하여야 한다. (대법원 2020. 4. 29. 선고 2015다224797 판결)

4. 공무원에 대한 전보인사가 법령이 정한 기준과 원칙에 위배되거나 인사권을 다소 부적절하게 행사한 것으로 볼 여지가 있다 하더라도 그러한 사유만으로 그 전보인사가 당연히 불법행위를 구성한다고 볼 수는 없고, 인사권자가 당해 공무원에 대한 보복감정 등 다른 의도를 가지고 인사재량권을 일탈·남용하여 객관적 정당성을 상실하였음이 명백한 경우 등 전보인사가 우리의 건전한 사회통념이나 사회상규상 도저히 용인될 수 없음이 분명한 경우에, 그 전보인사는 위법하게 상대방에게 정신적 고통을 가하는 것이 되어 당해 공무원에 대한 관계에서 불법행위를 구성한다. 그리고 이러한 법리는 구 부패방지법에 따라 다른 공직자의 부패행위를 부패방지위원회에 신고한 공무원에 대하여 위 신고행위를 이유로 불이익한 전보인사가 행하여진 경우에도 마찬가지이다(시청 소속 공무원이 시장을 부패방지위원회에 부패혐의자로 신고한 후 동사무소로 하향 전보된 사안에서, 그 전보인사 조치는 해당 공무원에 대한 다면평가 결과, 원활한 업무 수행의 필요성 등을 고려하여 이루어진 것으로 볼 여지도 있으므로, 사회통념상 용인될 수 없을 정도로 객관적 상당성을 결여하였다고 단정할 수 없어 불법행위를 구성하지 않는다고 한 사례). 대법원 2009. 5. 28. 선고 2006다16215 판결

• 그러나 판례 중 행위위법설을 취한 경우도 존재한다.

판례

1. 국가배상책임은 공무원의 직무집행이 법령에 위반한 것임을 요건으로 하는 것으로서, 공무원의 직무집행이 법령이 정한 요건과 절차에 따라 이루어진 것이라면 특별한 사정이 없는 한 이는 법령에 적합한 것이고 그 과정에서 개인의 권리가 침해되는 일이 생긴다고 하여 그 법령적합성이 곧바로 부정되는 것은 아니다. 대법원 2000. 11. 10. 선고 2000다26807 판결
2. 경찰관이 교통법규 등을 위반하고 도주하는 차량을 순찰차로 추적하는 직무를 집행하는 중에 그 도주차량의 주행에 의하여 제3자가 손해를 입었다고 하더라도 그 추적이 당해 직무 목적을 수행하는 데에 불필요하다거나 또는 도주차량의 도주의 태양 및 도로교통상황 등으로부터 예측되는 피해발생의 구체적 위험성의 유무 및 내용에 비추어 추적의 개시·계속 혹은 추적의 방법이 상당하지 않다는 등의 특별한 사정이 없는 한 그 추적행위를 위법하다고 할 수는 없다. 대법원 2000. 11. 10. 선고 2000다26807,26814 판결
3. 피고인의 변호인으로부터 조력을 받을 권리와 변호인의 피고인에 대한 접견교통권을 침해하는 행위는 불법행위이고, 그에 대해 국가배상책임이 인정된다. 대법원 2021. 11. 25. 선고 2019다235450 판결

PART 06

• 행정처분이 후에 항고소송에서 취소되었다고 할지라도 그 기판력에 의하여 당해 행정처분이 곧바로 공무원의 고의 또는 과실로 인한 것으로서 불법행위를 구성한다고 단정할 수는 없다.

판례

어떠한 행정처분이 후에 항고소송에서 취소되었다고 할지라도 그 기판력에 의하여 당해 행정처분이 곧바로 공무원의 고의 또는 과실로 인한 것으로서 불법행위를 구성한다고 단정할 수는 없는 것이고, 18 국가, 19 지방, 22 국가, 22 지방 그 행정처분의 담당공무원이 보통 일반의 공무원을 표준으로 하여 볼 때 객관적 주의의무를 결하여 그 행정처분이 객관적 정당성을 상실하였다고 인정될 정도에 이른 경우에 국가배상법 제2조 소정의 국가배상책임의 요건을 충족하였다고 봄이 상당할 것이며, 이 때에 객관적 정당성을 상실하였는지 여부는 피침해이익의 종류 및 성질, 침해행위가 되는 행정처분의 태양 및 그 원인, 행정처분의 발동에 대한 피해자측의 관여의 유무, 정도 및 손해의 정도 등 제반 사정을 종합하여 손해의 전보책임을 국가 또는 지방자치단체에게 부담시켜야 할 실질적인 이유가 있는지 여부에 의하여 판단하여야 한다. 대법원 2000. 5. 12. 선고 99다70600 판결 01

형사상 범죄를 구성하지 아니하는 침해행위라고 하더라도 그것이 민사상 불법행위를 구성하는지 여부는 형사책임과 별개의 관점에서 검토하여야 한다(형사상 범죄를 구성하지 아니하는 침해행위가 민사상 불법행위를 구성할 수 있다는 사례). (대법원 2008. 2. 1. 선고 2006다6713 판결)

OX 확인

01 취소판결의 기판력은 국가배상청구소송에도 미치므로, 행정처분이 후에 항고소송에서 위법을 이유로 취소된 경우에는 그 기판력에 의하여 당해 행정처분이 곧바로 공무원의 고의 또는 과실에 의한 불법행위를 구성한다고 보아야 한다. (×)

(3) 부작위의 위법성

① 쟁점의 정리

- 부작위에 의한 국가배상책임이 성립하기 위해서는 행정기관의 부작위를 위법하다고 평가할 수 있게 할 작위의무의 위반이 있어야 한다.
- 재량행위에 대해서도 작위의무가 인정될 수 있는지와 조리에 의해서도 작위의무가 도출될 수 있는지 여부가 문제된다.

② 재량행위의 경우

- 기속행위의 경우에는 일반적으로 작위의무가 인정된다.
- 재량행위에 있어서도 재량이 영(0)으로 수축하는 경우에는 행정기관에 행정권 발동 여부에 대한 재량이 존재하지 않게 되므로 작위의무가 인정된다. 즉 권한을 행사하지 아니한 것이 현저하게 합리성을 잃어 사회적 타당성이 없는 경우에는 권한의 불행사는 위법하게 된다.

판례

1. 관련 규정이 식품의약품안전청장 및 관련 공무원에게 합리적인 재량에 따른 직무수행 권한을 부여한 것으로 해석된다고 하더라도, 식품의약품안전청장 등에게 그러한 권한을 부여한 취지와 목적에 비추어 볼 때 구체적인 상황 아래에서 식품의약품안전청장 등이 그 권한을 행사하지 아니한 것이 현저하게 합리성을 잃어 사회적 타당성이 없는 경우에는 직무상 의무를 위반한 것이 되어 위법하게 된다. 대법원 2010. 9. 9. 선고 2008다77795 판결
2. 경찰관이 농민들의 시위를 진압하고 시위과정에 도로 상에 방치된 트랙터 1대에 대하여 이를 도로 밖으로 옮기거나 후방에 안전표지판을 설치하는 것과 같은 위험발생방지조치를 취하지 아니한 채 그대로 방치하고 철수하여 버린 결과, 야간에 그 도로를 진행하던 운전자가 위 방치된 트랙터를 피하려다가 다른 트랙터에 부딪혀 상해를 입은 사안에서 국가배상책임을 인정한 사례. 대법원 1998. 8. 25. 선고 98다16890 판결
3. (토석채취공사 도중 경사지를 굴러 내린 암석이 가스저장시설을 충격하여 화재가 발생한 사안에서) 토지형질변경허가권자에게 허가 당시 사업자로 하여금 위해방지시설을 설치하게 할 의무를 다하지 아니한 위법과 작업 도중 구체적인 위험이 발생하였음에도 작업을 중지시키는 등의 사고예방조치를 취하지 아니한 위법이 있다고 한 사례. 대법원 2001. 3. 9. 선고 99다64278 판결
4. 피해자로부터 범죄신고와 함께 신변보호요청을 받은 경찰관의 보호의무 위반을 인정한 사례. 대법원 1998. 5. 26. 선고 98다11635 판결
5. 경찰서 및 교도소 소속 공무원들이 인신이 구금된 자의 생명 · 신체 · 건강의 위험을 방지할 주의의무를 위반하였다고 본 사례. 대법원 2005. 7. 22. 선고 2005다27010 판결

③ 조리에 의한 작위의무: 인정

- 작위의무를 규정한 법령이 없는 경우에 조리에 근거하여 작위의무를 인정할 수 있는지가 문제된다.
- 견해대립이 있으나, 판례는 일정한 경우에 법령에 근거가 없더라도 국가나 공무원에게 위험발생을 방지할 작위의무가 인정될 수 있다고 한다. 18 국가

> 공무원의 부작위로 인한 국가배상책임을 인정할 것인지 여부가 문제되는 경우에 관련 공무원에 대하여 작위의무를 명하는 법령의 규정이 없다면 공무원의 부작위로 인하여 침해된 국민의 법익 또는 국민에게 발생한 손해가 어느 정도 심각하고 절박한 것인지, 관련 공무원이 그와 같은 결과를 예견하여 그 결과를 회피하기 위한 조치를 취할 수 있는 가능성이 있는지 등을 종합적으로 고려하여 판단하여야 할 것이다. (대법원 1998. 10. 13. 선고 98다18520 판결)

판례

공무원의 부작위로 인한 국가배상책임을 인정하기 위하여는 공무원의 작위로 인한 국가배상책임을 인정하는 경우와 마찬가지로 '공무원이 그 직무를 집행함에 당하여 고의 또는 과실로 법령에 위반하여 타인에게 손해를 가한 때'라고 하는 국가배상법 제2조 제1항의 요건이 충족되어야 할 것이다.

국민의 생명, 신체, 재산 등에 대하여 절박하고 중대한 위험상태가 발생하였거나 발생할 우려가 있어서 국민의 생명, 신체, 재산 등을 보호하는 것을 본래적 사명으로 하는 국가가 초법규적, 일차적으로 그 위험 배제에 나서지 아니하면 국민의 생명, 신체, 재산 등을 보호할 수 없는 경우에는 형식적 의미의 법령에 근거가 없더라도 국가나 관련 공무원에 대하여 그러한 위험을 배제할 작위의무를 인정할 수 있다. 대법원 1998. 10. 13. 선고 98다18520 판결 17 사복

④ 작위의무의 사익보호성

- 공무원에게 부과된 직무상 작위의무의 내용이 단순히 공공 일반의 이익을 위한 것이거나 행정기관 내부의 질서를 규율하기 위한 것이 아니고, 전적으로 또는 부수적으로 사회구성원 개인의 안전과 이익을 보호하기 위하여 설정된 것이어야(즉 사익보호성이 인정되어야) 국가배상책임이 인정된다.
- 달리 말해 행정기관의 권한행사에 의해 받게 되는 이익이 반사적 이익이 아닌 법률상 이익에 해당하는 경우에만, 그 권한의 부작위에 의한 국가배상책임이 성립한다.
- 한편 판례는 사익보호성을 국가배상책임의 성립요건 중 상당인과관계의 요소로 파악하고 있다(자세한 내용은 후술함).

판례

1. 공무원에게 부과된 직무상 의무의 내용이 단순히 공공 일반의 이익을 위한 것이거나 행정기관 내부의 질서를 규율하기 위한 것이 아니고 전적으로 또는 부수적으로 사회구성원 개인의 안전과 이익을 보호하기 위하여 설정된 것이라면, 공무원이 그와 같은 직무상 의무를 위반함으로 인하여 피해자가 입은 손해에 대하여는 상당인과관계가 인정되는 범위 내에서 국가가 배상책임을 진다. 대법원 2017. 11. 9. 선고 2017다228083 판결 20 지방, 22 국가 01
2. 주민등록사무를 담당하는 공무원으로서는 만일 개명과 같은 사유로 주민등록상의 성명을 정정한 경우에는 법령의 규정에 따라 반드시 본적지의 관할관청에 대하여 그 변경사항을 통보하여 본적지의 호적관서로 하여금 그 정정사항의 진위를 재확인할 수 있도록 할 직무상의 의무가 있다고 할 것이고, 이러한 직무상 의무는 단순히 공공 일반의 이익을 위한 것이거나 행정기관 내부의 질서를 규율하기 위한 것이 아니고 전적으로 또는 부수적으로 사회구성원 개인의 안전과 이익을 보호하기 위하여 설정된 것이다. 대법원 2003. 4. 25. 선고 2001다59842 판결
3. 국가 등에게 일정한 기준에 따라 상수원수의 수질을 유지하여야 할 의무를 부과하고 있는 법령의 규정은 국민에게 양질의 수돗물이 공급되게 함으로써 국민 일반의 건강을 보호하여 공공일반의 전체적인 이익을 도모하기 위한 것이지, 국민 개개인의 안전과 이익을 직접적으로 보호하기 위한 규정이 아니므로, 국가 또는 지방자치단체가 법령이 정하는 상수원수 수질기준 유지의무를 다하지 못하고, 법령이 정하는 고도의 정수처리방법이 아닌 일반적 정수처리방법으로 수돗물을 생산·공급하였다는 사유만으로 그 수돗물을 마신 개인에 대하여 손해배상책임을 부담하지 아니한다. 대법원 2001. 10. 23. 선고 99다36280 판결
4. 공무원 甲이 내부전산망을 통해 乙에 대한 범죄경력자료를 조회하여 공직선거 및 선거부정방지법 위반죄로 실형을 선고받는 등 실효된 4건의 금고형 이상의 전과가 있음을 확인하고도 乙의 공직선거 후보자용 범죄경력조회 회보서에 이를 기재하지 않은 사안에서, 공직선거법이 위와 같이 후보자가 되고자 하는 자와 그 소속 정당에게 전과기록을 조회할 권리를 부여하고 수사기관에 회보의무를 부과한 것은 단순히 유권자의 알권리 보호 등 공공 일반의 이익만을 위한 것이 아니라, 그와 함께 후보자가 되고자 하는 자가 자신의 피선거권 유무를 정확하게 확인할 수 있게 하고, 정당이 후보자가 되고자 하는 자의 범죄경력을 파악함으로써 부적격자를 공천함으로 인하여 생길 수 있는 정당의 신뢰도 하락을 방지할 수 있게 하는 등 개별적인 이익도 보호하기 위한 것이다. 대법원 2011. 9. 8. 선고 2011다34521 판결

OX 확인

01 공무원에게 부과된 직무상 의무는 전적으로 또는 부수적으로 사회구성원 개인의 안전과 이익을 보호하기 위해 설정된 것이어야 국가배상책임이 인정된다. (○)

선박안전법이나 유선및도선업법의 각 규정은 공공의 안전 외에 일반인의 인명과 재화의 안전보장도 그 목적으로 하는 것이라고 할 것이므로 국가 소속 선박검사관이나 시 소속 공무원들이 직무상 의무를 위반하여 시설이 불량한 선박에 대하여 선박중간검사에 합격하였다 하여 선박검사증서를 발급하고, 해당 법규에 규정된 조치를 취함이 없이 계속 운항하게 함으로써 화재사고가 발생한 것이라면, 화재사고와 공무원들의 직무상 의무위반행위와의 사이에는 상당인과관계가 있다. (대법원 1993. 2. 12. 선고 91다43466 판결)

하천법의 관련 규정에 비추어 볼 때, 하천의 유지·관리 및 점용허가 관련 업무를 맡고 있는 지방자치단체 담당공무원의 직무상 의무는 부수적으로라도 사회구성원 개개인의 안전과 이익을 보호하기 위하여 설정된 것이라고 본 사례(하천노상주차장에 주차되어 있는 차량의 침수피해에 대해 국가배상책임을 인정한 사례). (대법원 2006. 4. 14. 선고 2003다41746 판결)

PART 06

⑤ 과실

- 권한의 불행사가 위법한 것으로 인정되면 특별한 사정이 없는 한 과실도 인정된다.

판례

식약청장등이 그 권한을 행사하지 아니한 것이 직무상 의무를 위반하여 위법한 것으로 되는 경우에는 특별한 사정이 없는 한 과실도 인정된다.
어린이가 '미니컵 젤리'를 먹다가 질식하여 사망한 사안에서, 당시의 미니컵 젤리에 대한 외국의 규제수준, 그 이전에 피고가 실시한 규제조치 등에 비추어 식품의약품안전청장 등 관계공무원으로서는 미니컵 젤리로 인한 질식의 위험을 인식하거나 예견하기 어려웠던 사정 등을 종합하면 식품의약품안전청장 등이 그 사고 발생 시까지 구 식품위생법상의 규제 권한을 행사하여 미니컵 젤리의 수입·유통 등을 금지하거나 그 기준과 규격, 표시 등을 강화하고 그에 필요한 검사 등을 실시하는 조치를 취하지 않은 것이 현저하게 합리성을 잃어 사회적 타당성이 없다거나 객관적 정당성을 상실하여 위법하다고 할 수 있을 정도에까지 이르렀다고 보기 어렵고, 그 권한 불행사에 과실이 있다고 할 수도 없다. 대법원 2010. 9. 9. 선고 2008다77795 판결 18 국가

- 조리에 의한 작위의무가 인정되는 특별한 경우가 아니라면, 공무원이 관련 법령을 준수하며 직무를 수행한 경우 원칙적으로 과실이 있다고 할 수 없다.

판례

절박하고 중대한 위험상태가 발생하였거나 발생할 우려가 있는 경우가 아니라면 원칙적으로 공무원이 관련 법령을 준수하여 직무를 수행하였다면 그와 같은 공무원의 부작위를 가지고 '고의 또는 과실로 법령에 위반'하였다고 할 수는 없다. 대법원 1998. 10. 13. 선고 98다18520 판결

(4) 기타 위법성 관련 주요 내용

- 절차의 위법도 국가배상법상의 법령위반에 해당한다. 15 교행
- 수익적 행정처분도 특별한 사정이 있는 경우 위법한 것으로 평가될 수 있다.

판례

1. 수익적 행정처분이 신청인에 대한 관계에서 국가배상법 제2조 제1항의 위법성이 있는 것으로 평가되기 위하여는 당해 행정처분에 관한 법령의 내용, 그 성질과 법률적 효과, 그로 인하여 신청인이 무익한 비용을 지출할 개연성에 관한 구체적 사정 등을 종합적으로 고려하여 객관적으로 보아 그 행위로 인하여 신청인이 손해를 입게 될 것임이 분명하다고 할 수 있어 신청인을 위하여도 당해 행정처분을 거부할 것이 요구되는 경우이어야 할 것이다(도로구역결정 전의 도로계획부지에 대한 중소기업창업승인행위가 위법하지 않다고 한 사례). 대법원 2001. 5. 29. 선고 99다37047 판결
2. 국가배상법에 따른 손해배상책임을 부담시키기 위한 전제로서, 공무원이 행한 행정처분이 위법하다고 하기 위하여서는 법령을 위반하는 등으로 행정처분을 하였음이 인정되어야 하므로, 수익적 행정처분인 허가 등을 신청한 사안에서 행정처분을 통하여 달성하고자 하는 신청인의 목적 등을 자세하게 살펴 목적 달성에 필요한 안내나 배려 등을 하지 않았다는 사정만으로 직무집행에 있어 위법한 행위를 한 것이라고 보아서는 아니 된다(하천부지가 개발제한구역으로서 시설물 설치에 개발행위허가가 필요하다는 점 등을 갑 회사에 따로 알려주지 않은 채 하천점용허가를 하였더라도, 이러한 을 지방자치단체 소속 담당 공무원의 행위를 위법한 행위라고 볼 수 없다고 한 사례). 대법원 2017. 6. 29. 선고 2017다211726 판결

3. 수사기관의 피의사실 공표행위의 대상은 어디까지나 피의사실, 즉 수사기관이 혐의를 두고 있는 범죄사실에 한정되는 것이므로, 피의사실과 불가분의 관계라는 등의 특별한 사정이 없는 한 수사기관이 '범죄를 구성하지 않는 사실관계'까지 피의사실에 포함시켜 수사 결과로서 발표하는 것은 원칙적으로 허용될 수 없다. 따라서 수사기관이 발표한 피의사실에 '범죄를 구성하지 않는 사실관계'까지 포함되어 있고, 발표 내용에 비추어 볼 때 피의사실은 부수적인 것에 불과하고 오히려 '범죄를 구성하지 않는 사실관계'가 주된 것인 경우에는 그러한 피의사실 공표행위는 위법하다고 보아야 한다. 대법원 2022. 1. 14. 선고 2019다282197 판결

5. 타인에 대한 손해

(1) 타인

- 국가배상법상의 타인이란 가해자인 공무원과 그의 위법한 직무행위에 가담한 자 이외의 모든 사람을 의미하므로, 가해자인 공무원이 아닌 다른 공무원도 타인에 해당할 수 있다.

(2) 손해

- 손해는 재산상 손해, 생명·신체 등 비재산상 손해, 정신적 손해(위자료), 17 사복 적극적·소극적 손해를 불문한 모든 손해를 의미한다. 21 소방
- 불법행위를 이유로 배상하여야 할 손해는 현실로 입은 확실한 손해에 한한다(대법원 2020. 10. 15. 선고 2017다278446 판결).

판례

국가나 지방자치단체가 공익사업을 시행하는 과정에서 해당 사업부지 인근 주민들은 의견제출을 통한 행정절차 참여 등 법령에서 정하는 절차적 권리를 행사하여 환경권이나 재산권 등 사적 이익을 보호할 기회를 가질 수 있다. 그러나 법령에서 주민들의 행정절차 참여에 관하여 정하는 것은 어디까지나 주민들에게 자신의 의사와 이익을 반영할 기회를 보장하고 행정의 공정성, 투명성과 신뢰성을 확보하며 국민의 권익을 보호하기 위한 것일 뿐, 행정절차에 참여할 권리 그 자체가 사적 권리로서의 성질을 가지는 것은 아니다. 이와 같이 행정절차는 그 자체가 독립적으로 의미를 가지는 것이라기보다는 행정의 공정성과 적정성을 보장하는 공법적 수단으로서의 의미가 크므로, 관련 행정처분의 성립이나 무효·취소 여부 등을 따지지 않은 채 주민들이 일시적으로 행정절차에 참여할 권리를 침해받았다는 사정만으로 곧바로 국가나 지방자치단체가 주민들에게 정신적 손해에 대한 배상의무를 부담한다고 단정할 수 없다.

이와 같은 행정절차상 권리의 성격이나 내용 등에 비추어 볼 때, 국가나 지방자치단체가 행정절차를 진행하는 과정에서 주민들의 의견제출 등 절차적 권리를 보장하지 않은 위법이 있다고 하더라도 그 후 이를 시정하여 절차를 다시 진행한 경우, 종국적으로 행정처분 단계까지 이르지 않거나 처분을 직권으로 취소하거나 철회한 경우, 행정소송을 통하여 처분이 취소되거나 처분의 무효를 확인하는 판결이 확정된 경우 등에는 주민들이 절차적 권리의 행사를 통하여 환경권이나 재산권 등 사적 이익을 보호하려던 목적이 실질적으로 달성된 것이므로 특별한 사정이 없는 한 절차적 권리 침해로 인한 정신적 고통에 대한 배상은 인정되지 않는다. 다만 이러한 조치로도 주민들의 절차적 권리 침해로 인한 정신적 고통이 여전히 남아 있다고 볼 특별한 사정이 있는 경우에 국가나 지방자치단체는 그 정신적 고통으로 인한 손해를 배상할 책임이 있다. 이때 특별한 사정이 있다는 사실에 대한 주장·증명책임은 이를 청구하는 주민들에게 있고, 특별한 사정이 있는지는 주민들에게 행정절차 참여권을 보장하는 취지, 행정절차 참여권이 침해된 경위와 정도, 해당 행정절차 대상사업의 시행경과 등을 종합적으로 고려해서 판단해야 한다. 대법원 2021. 7. 29. 선고 2015다221668 판결

(한국전력공사가 송전선로 예정경과지를 선정하면서 당초 예정경과지의 주민들의 반대로 갑 지역을 예정경과지로 변경하면서 갑 지역 주민들을 상대로 구 환경·교통·재해 등에 관한 영향평가법상 주민의견수렴절차를 거치지 않았는데, 사업관할청으로부터 갑 지역을 사업부지로 포함하는 송전선로 건설사업 승인을 받은 사안에서) 사업부지가 변경된 후 한국전력공사가 갑 지역에 대한 환경영향평가서 초안을 재작성하고 갑 지역 주민들의 의견을 수렴하는 절차를 거치지 않은 채 사업을 진행함으로써, 갑 지역 주민들이 환경상 이익의 침해를 최소화할 수 있는 의견을 제출할 수 있는 기회를 박탈하여 갑 지역 주민들에게 상당한 정신적 고통을 가하였다고 보아 한국전력공사에 갑 지역 주민들이 입은 정신적 손해를 배상할 의무가 있다고 한 사례. (대법원 2021. 8. 12. 선고 2015다208320 판결)

6. 인과관계(사익보호성)

- 공무원의 위법한 직무행위와 손해 사이에는 상당한 인과관계가 있어야 한다. 17 교행
- 판례는 사익보호성을 상당인과관계의 요소로서 파악하는 바, 따라서 공무원에게 직무상 의무를 부과한 법령이 사익보호성을 갖지 않는 경우 상당인과관계가 부정되어 국가배상책임이 성립하지 않는다.

판례

1. 공무원이 고의 또는 과실로 그에게 부과된 직무상 의무를 위반하였을 경우라고 하더라도 국가는 그러한 직무상의 의무 위반과 피해자가 입은 손해 사이에 상당인과관계가 인정되는 범위 내에서만 배상책임을 지는 것이고, 이 경우 상당인과관계가 인정되기 위하여는 공무원에게 부과된 직무상 의무의 내용이 단순히 공공 일반의 이익을 위한 것이거나 행정기관 내부의 질서를 규율하기 위한 것이 아니고 전적으로 또는 부수적으로 사회구성원 개인의 안전과 이익을 보호하기 위하여 설정된 것이어야 한다. 대법원 2010. 9. 9. 선고 2008다77795 판결 15 국가, 16 국회, 21 지방, 22 지방
2. 상당인과관계의 유무를 판단함에 있어서는 일반적인 결과발생의 개연성은 물론 직무상 의무를 부과한 법령 기타 행동규범의 목적이나 가해행위의 태양 및 피해의 정도 등을 종합적으로 고려하여야 한다. 대법원 2001. 4. 13. 선고 2000다34891 판결 12 사복
3. 주점에서 발생한 화재로 사망한 갑 등의 유족들이 을 광역시를 상대로 손해배상을 구한 사안에서, 소방공무원들이 업주들에 대하여 적절한 지도·감독을 하지 않는 등 직무상 의무를 위반하였고, 소방공무원들의 직무상 의무 위반과 갑 등의 사망 사이에 상당인과관계가 인정된다. 대법원 2016. 8. 25. 선고 2014다225083 판결
4. 인감증명은 인감 자체의 동일성과 거래행위자의 의사에 의한 것임을 확인하는 자료로서 일반인의 거래상 극히 중요한 기능을 갖고 있는 것이므로 인감증명사무를 처리하는 공무원으로서는 그것이 타인과의 권리의무에 관계되는 일에 사용되어 지는 것을 예상하여 그 발급된 인감으로 인한 부정행위의 발생을 방지할 직무상의 의무가 있고 따라서 발급된 허위의 인감증명에 의하여 그 인감명의인과 계약을 체결한 자가 그로 인한 손해를 입었다면 위 인감증명의 교부와 그 손해사이에는 상당인과관계가 있다고 할 것이다. 대법원 1991. 3. 22. 선고 90다8152 판결
5. 유흥주점에 감금된 채 윤락을 강요받으며 생활하던 여종업원들이 유흥주점에 화재가 났을 때 미처 피신하지 못하고 유독가스에 질식해 사망한 사안에서, 지방자치단체의 담당 공무원이 위 유흥주점의 용도변경, 무허가 영업 및 시설기준에 위배된 개축에 대하여 시정명령 등 식품위생법상 취하여야 할 조치를 게을리 한 직무상 의무위반행위와 위 종업원들의 사망 사이에 상당인과관계가 존재하지 않는다. 14 지방 소방공무원이 위 화재 전 유흥주점에 대하여 구 소방법상 시정조치를 명하지 않은 직무상 의무 위반과 위 사망의 결과 사이에는 상당인과관계가 인정된다. 대법원 2008. 4. 10. 선고 2005다48994 판결
6. 개별공시지가 산정업무 담당공무원 등이 그 직무상 의무에 위반하여 현저하게 불합리한 개별공시지가가 결정되도록 함으로써 국민 개개인의 재산권을 침해한 경우에는 그 손해에 대하여 상당인과관계 있는 범위 내에서 그 담당공무원 등이 소속된 지방자치단체가 배상책임을 지게 된다. 대법원 2010. 7. 22. 선고 2010다13527 판결
7. 개별공시지가 산정업무 담당공무원 등이 잘못 산정·공시한 개별공시지가를 신뢰한 나머지 토지의 담보가치가 충분하다고 믿고 그 토지에 관하여 근저당권설정등기를 경료한 후 물품을 추가로 공급함으로써 손해를 입었음을 이유로 그 담당공무원이 속한 지방자치단체에 손해배상을 구한 사안에서, 그 담당공무원 등의 개별공시지가 산정에 관한 직무상 위반행위와 위 손해 사이에 상당인과관계가 있다고 보기 어렵다고 판단한 사례. 대법원 2010. 7. 22. 선고 2010다13527 판결

헌병대 영창에서 탈주한 군인들이 민가에 침입하여 저지른 범죄행위에 대한 국가의 손해배상책임을 인정한 사례. (대법원 2003. 2. 14. 선고 2002다62678 판결)

음주운전으로 적발된 주취운전자가 도로 밖으로 차량을 이동하겠다며 단속경찰관으로부터 보관 중이던 차량열쇠를 반환받아 몰래 차량을 운전하여 가던 중 사고를 일으킨 경우, 국가배상책임을 인정한 사례. (대법원 1998. 5. 8. 선고 97다54482 판결) 24 국가

무장공비색출체포를 위한 대간첩작전을 수행하기 위하여 파출소 소장 등이 파출소에서 합동대기하고 있던 중 그로부터 불과 60여 미터 거리에서 약 15분간에 걸쳐 주민들이 무장간첩과 격투를 벌이다 주민 중 1인이 사망하였다면 위 군경공무원들의 직무유기행위와 망인의 사망 사이에는 인과관계가 있다. (대법원 1971. 4. 6. 선고 71다124 판결)

금융감독원에 금융기관에 대한 검사·감독의무를 부과한 법령의 목적이 금융상품에 투자한 투자자 개인의 이익을 직접 보호하기 위한 것이라고 할 수 없으므로, 금융감독원 및 그 직원들의 위법한 직무집행과 부산2저축은행의 후순위사채에 투자한 원고들이 입은 손해 사이에 상당인과관계가 있다고 보기 어렵다. (대법원 2015. 12. 23. 선고 2015다210194 판결)

공공기관이 구 산업기술혁신 촉진법령에서 정한 인증신제품 구매의무를 위반하였다고 하더라도, 이를 이유로 신제품 인증을 받은 자에 대하여 국가배상법 제2조가 정한 배상책임이나 불법행위를 이유로 한 손해배상책임을 지는 것은 아니다. (대법원 2015. 5. 28. 선고 2013다41431 판결)

Ⅲ 관련문제 : 자동차 사고와 국가배상

1. 의의

- 국가나 지방자치단체가 자동차손해배상보장법에 따라 손해배상의 책임이 있을 때에는 이 법(국가배상법)에 따라 그 손해를 배상하여야 한다(국가배상법 제2조 제1항 본문 후단).
- 자동차손해배상보장법은 배상책임의 성립요건에 관하여 국가배상법에 우선하여 적용된다. 21 소방

판례

자동차손해배상보장법의 입법취지에 비추어 볼 때, 같은 법 제3조는 자동차의 운행이 사적인 용무를 위한 것이건 국가 등의 공무를 위한 것이건 구별하지 아니하고 민법이나 국가배상법에 우선하여 적용된다고 보아야 한다. 대법원 1996. 3. 8. 선고 94다23876 판결

- 배상책임의 성립요건을 국가배상법과 비교하여 그 요건이 보다 완화된 자동차손해배상보장법에 의하도록 함으로써 국가 등이 배상책임을 지게 되는 범위를 확대하는 데 그 의의가 있다.

SOFA 제23조 제5항 및 주한미군 민사법 제2조에 따라 국가배상법이 적용될 경우 미합중국 군대의 공용 차량(주 : 주한민군 소속 장갑차)에 대해서는 국가배상법 제2조 제1항 본문 후단의 자동차손배법에 따른 손해배상책임 규정은 적용되지 않고, 국가배상법 제2조 제1항 본문 전단에 따른 손해배상책임 규정만 적용된다. (대법원 2023. 6. 29. 선고 2023다205968 판결)

2. 자동차손해배상보장법에 의한 배상책임

(1) 성립요건

- 자기를 위하여 자동차를 운행하는 자가 그 운행으로 다른 사람을 사망하게 하거나 부상하게 하여야 하고, 면책사유가 없어야 한다(자동차손해배상보장법 제3조).
- "자기를 위하여 자동차를 운행하는 자(운행자)"란 "자동차에 대한 운행이익과 운행지배를 가지고 있는 자"를 의미한다.

판례

자동차의 소유자가 자동차에 대한 운행지배와 운행이익을 상실하였는지 여부는 평소의 자동차나 그 열쇠의 보관 및 관리상태, 소유자의 의사와 관계없이 운행이 가능하게 된 경위, 소유자와 운전자의 인적 관계, 운전자의 차량반환의사 유무, 무단운행 후 보유자의 승낙 가능성, 무단운전에 대한 피해자의 주관적 인식 유무 등 객관적이고 외형적인 여러 사정을 사회통념에 따라 종합적으로 평가하여 이를 판단하여야 한다. 대법원 1993. 7. 13. 선고 92다41733 판결

(2) 구체적 검토

- 공무원이 공무를 수행하기 위하여 국가나 지방자치단체 소유의 관용차를 운전하는 경우 국가 등이 운행자가 되어 국가 등은 자동차손해배상보장법에 의한 배상책임을 진다.

판례

공무원이 그 직무를 집행하기 위하여 국가 또는 지방자치단체 소유의 관용차를 운행하는 경우, 그 자동차에 대한 운행지배나 운행이익은 그 공무원이 소속한 국가 또는 지방자치단체에 귀속된다고 할 것이고, 그 공무원 자신이 개인적으로 그 자동차에 대한 운행지배나 운행이익을 가지는 것이라고는 볼 수 없으므로, 그 공무원이 자기를 위하여 관용차를 운행하는 자로서 같은 법조 소정의 손해배상책임의 주체가 될 수는 없다. 대법원 1992. 2. 25. 선고 91다12356 판결

- 공무원이 무단으로 관용차를 운전한 경우에도 국가 등의 운행자성이 인정되어 국가 등이 자동차손해배상보장법상 책임을 지게 되는 경우가 있다.

국가소속 공무원이 관리권자의 허락을 받지 아니한 채 국가소유의 오토바이를 무단으로 사용하다가 교통사고가 발생한 경우에 있어 국가가 그 오토바이와 시동열쇠를 무단운전이 가능한 상태로 잘못 보관하였고 위 공무원으로서도 국가와의 고용관계에 비추어 위 오토바이를 잠시 운전하다가 본래의 위치에 갖다 놓았을 것이 예상되는 한편 피해자들로 위 무단운전의 점을 알지 못하고 또한 알 수도 없었던 일반 제3자인 점에 비추어 보면 국가가 위 공무원의 무단운전에도 불구하고 위 오토바이에 대한 객관적, 외형적인 운행지배 및 운행이익을 계속 가지고 있었다고 봄이 상당하다. (대법원 1988. 1. 19. 선고 87다카2202 판결)

군소속 차량의 운전수가 일과시간 후에 피해자의 적극적인 요청에 따라 동인의 개인적인 용무를 위하여 상사의 허락 없이 무단으로 위 차를 운행하다가 사고가 일어났다면 군은 자동차손해배상보장법 제3조 소정의 자기를 위하여 자동차를 운행하는 자에 해당되지도 아니하며 위 사고가 위 운전수의 직무집행중의 과실에 기인된 것도 아니므로 군에 대하여 국가 배상법상의 책임도 물을 수 없다. (대법원 1981. 2. 10. 선고 80다2720 판결)

(3) 효과

- 자동차손해배상보장법에 의한 배상책임이 성립하는 경우 국가 등은 국가배상법에 의하여 그 손해를 배상하여야 한다.
- 이 경우 자동차를 운전한 공무원은 고의 또는 중과실이 있는 경우에 한하여 피해자에 대해 배상책임을 진다.

공무원이 자신의 소유인 승용차를 운전하여 공무를 수행하고 돌아오던 중 동승한 다른 공무원을 사망하게 하는 교통사고를 발생시킨 경우, 이는 외형상 객관적으로 직무와 밀접한 관련이 있는 행위이고, 가해행위를 한 공무원과 동일한 목적을 위한 업무를 수행한 공무원이라 할지라도 그가 가해행위에 관여하지 아니한 이상 국가배상법 제2조 제1항 소정의 '타인'에 해당하므로 국가배상법에 의한 손해배상책임이 인정된다. (대법원 1998. 11. 19. 선고 97다36873 전원합의체 판결)

(4) 자동차손해배상보장법에 따른 배상책임의 성립요건을 갖추지 못한 경우

- 국가 등에 대하여 운행자성이 인정되지 아니하여 자동차손해배상보장법에 의한 배상책임이 성립하지 않는 경우 국가배상법이 적용되는 바, 국가배상법상의 요건을 갖춘 경우 국가 등은 국가배상책임을 진다.
- 판례에 따르면, 공무원이 공무를 수행하기 위하여 관용차가 아닌 자기 소유의 자동차를 운전하다가 사고를 낸 경우 국가 등은 운행자성을 갖지 않고 공무원이 운행자가 된다고 한다.
- 국가 등의 운행자성이 부정되고 공무원이 운행자가 되는 경우, 공무원에 대해서는 자동차손해배상보장법이 적용되므로 국가배상법이 적용되는 경우와 달리 공무원의 고의·중과실 여부를 불문하고 그 공무원은 피해자에 대하여 자동차손해배상책임법상의 배상책임을 진다.

판례

공무원이 자기 소유의 자동차로 공무수행 중 사고를 일으킨 경우에는 그 손해배상책임은 자동차손해배상보장법이 정한 바에 의하게 되어, 그 사고가 자동차를 운전한 공무원의 경과실에 의한 것인지 중과실 또는 고의에 의한 것인지를 가리지 않고 그 공무원이 자동차손해배상보장법 제3조 소정의 '자기를 위하여 자동차를 운행하는 자'에 해당하는 한 손해배상책임을 부담한다. 대법원 1996. 5. 31. 선고 94다15271 판결 15 국회

쟁점 95 영조물의 설치 · 관리의 하자로 인한 손해배상(국가배상법 제5조)

I 의의

1. 일반론

- 도로 · 하천, 그 밖의 공공의 영조물의 설치나 관리에 하자로 인해 타인에게 손해를 발생하게 하였을 때에는 국가나 지방자치단체는 그 손해를 배상하여야 한다(국가배상법 제5조 제1항).
- 공무원의 직무상 위법행위로 인한 국가배상책임과 달리 영조물책임에 대해서는 헌법에 이를 인정하는 명문의 규정이 없고, 오직 국가배상법에만 그 근거가 있다. 16 교행

2. 민법상 공작물책임과의 비교

- "공작물의 설치 또는 보존의 하자로 인하여 타인에게 손해를 가한 때에는 공작물점유자가 손해를 배상할 책임이 있다. 그러나 점유자가 손해의 방지에 필요한 주의를 해태하지 아니한 때에는 그 소유자가 손해를 배상할 책임이 있다."라고 하여 공작물책임을 규정한 민법 제758조는 국가배상법 제5조의 영조물책임과 유사한 책임구조를 취하고 있다.
- 그런데, 영조물은 자연공물 등도 포함한다는 점에서 공작물보다 넓은 개념인 점, 공작물책임에는 공작물점유자의 면책사유가 규정되어 있으나 영조물책임에 대해서는 국가 등의 면책규정이 없다는 점에서 양자는 차이가 있다.

판례

국가배상법 제5조 소정의 영조물의 설치 · 관리상의 하자로 인한 책임은 무과실책임이고 나아가 민법 제758조 소정의 공작물의 점유자의 책임과는 달리 면책사유도 규정되어 있지 않으므로, 국가 또는 지방자치단체는 영조물의 설치 · 관리상의 하자로 인하여 타인에게 손해를 가한 경우에 그 손해의 방지에 필요한 주의를 해태하지 아니하였다 하여 면책을 주장할 수 없다. 대법원 1994. 11. 22. 선고 94다32924 판결

II 요건

1. 공공의 영조물

(1) 공물의 의미

- 공물이란 행정주체의 의해 직접 공적 목적에 제공된 물건을 말한다.
- 공물은 그 목적에 따라 일반 공중의 사용에 제공된 공공용물, 직접 행정주체 자신의 사용에 제공된 공용물, 그리고 공공목적을 위하여 그 물건의 보존이 강제되는 보존공물로 구분된다.
- 공물은 그 성립과정의 차이에 따라 자연상태대로 공적 목적에 제공되는 자연공물과, 인공을 가하여 공적 목적에 적합하도록 가공한 후 공적 목적에 제공되는 인공공물로 구분된다.
- 공물이 성립하기 위해서는 일반 공중의 사용에 제공될 수 있는 실체를 갖추어야 하고(형체적 요건), 행정주체가 그 물건을 일반 공중의 사용에 제공한다는 의사를 표시하는 공용지정행위(의사적 요건)가 있어야 한다.

(2) 공공의 영조물의 의미 : 공물

- 공공의 영조물이란 직접 행정목적에 제공된 물건, 즉 공물을 의미한다.
- 공물인 이상 그것이 국 · 공유인지 사유인지 여부를 불문하고 모두 공공의 영조물에 포함되고, 마찬가지로 공공용물 · 공용물, 자연공물 · 인공공물 등 일체의 공물이 모두 포함된다. 17 지방
- 반대로 일반재산과 같이 어떠한 물건이 국 · 공유라 하더라도 공물이 아닌 사물에 불과한 경우 그 물건은 공공의 영조물에 포함되지 않는다.

| OX 확인 |

01 「국가배상법」상 '공공의 영조물'은 지방자치단체가 소유권, 임차권 그 밖의 권한에 기하여 관리하고 있는 경우는 포함하지만, 사실상의 관리를 하고 있는 경우는 포함하지 않는다. (×)

판례

1. 국가배상법 제5조 제1항 소정의 '공공의 영조물'이라 함은 국가 또는 지방자치단체에 의하여 특정 공공의 목적에 공여된 유체물 내지 물적 설비를 말하며, 국가 또는 지방자치단체가 소유권, 임차권 그 밖의 권한에 기하여 관리하고 있는 경우뿐만 아니라 사실상의 관리를 하고 있는 경우도 포함된다. 16 교행, 17 국가, 20 국가, 21 지방 01
   이 사건 사고 당시 설치하고 있던 옹벽은 소외 회사가 그 공사를 도급받아 공사 중에 있었을 뿐만 아니라 아직 완성도 되지 아니하여 일반 공중의 이용에 제공되지 않고 있었던 이상 원심 판시와 같이 국가배상법 제5조 제1항 소정의 영조물에 해당한다고 할 수 없고, 따라서 이 사건 사고를 영조물의 설치상의 하자로 인하여 발생한 것이라고는 볼 수 없다(주 : 형제적 요건을 갖추지 못하여 공물이 아니므로 공공의 영조물에 포함되지 않는다는 사례). 대법원 1998. 10. 23. 선고 98다17381 판결 21 소방
2. 국가배상법 제5조 소정의 공공의 영조물이란 공유나 사유임을 불문하고 행정주체에 의하여 특정 공공의 목적에 공여된 유체물 또는 물적 설비를 의미하므로 사실상 군민의 통행에 제공되고 있던 도로 옆의 암벽으로부터 떨어진 낙석에 맞아 소외인이 사망하는 사고가 발생하였다고 하여도 동 사고지점 도로가 피고 군에 의하여 노선인정 기타 공용개시가 없었으면 이를 영조물이라 할 수 없다. 대법원 1981. 7. 7. 선고 80다2478 판결

대한민국이 설치 · 관리하는 수원역 대합실과 승강장을 영조물에 해당하는 것으로 본 사례. (대법원 1999. 6. 22. 선고 99다7008 판결)

2. 설치 또는 관리의 하자

(1) 하자의 의미 및 판단기준

- 설치 또는 관리의 하자란 영조물이 그 용도에 따라 통상 갖추어야 할 안전성을 갖추지 못한 상태에 있는 것을 말한다.
- 안전성은 영조물이 항상 완전무결한 상태를 유지할 정도의 고도의 안전성을 의미하는 것은 아니다.

판례

국가배상법 제5조 제1항에 정하여진 '영조물 설치 · 관리상의 하자'라 함은 공공의 목적에 공여된 영조물이 그 용도에 따라 통상 갖추어야 할 안전성을 갖추지 못한 상태에 있음을 말하는 바, 영조물의 설치 및 관리에 있어서 항상 완전무결한 상태를 유지할 정도의 고도의 안전성을 갖추지 아니하였다고 하여 영조물의 설치 또는 관리에 하자가 있다고 단정할 수 없다. 대법원 2002. 8. 23. 선고 2002다9158 판결 11 지방, 16 국가, 17 국가, 18 지방, 18 국회, 20 국가

- 안전성을 갖추지 못한 상태란 물적 시설 자체에 하자가 있는 경우(물적 하자)뿐만 아니라 영조물의 이용 상태 및 정도가 일정한 한도를 초과하여 제3자에게 손해를 입히는 경우(기능적 하자)를 포함한다.

판례

안전성을 갖추지 못한 상태, 즉 타인에게 위해를 끼칠 위험성이 있는 상태라 함은 당해 영조물을 구성하는 물적 시설 그 자체에 있는 물리적·외형적 흠결이나 불비로 인하여 그 이용자에게 위해를 끼칠 위험성이 있는 경우뿐만 아니라, 그 영조물이 공공의 목적에 이용됨에 있어 그 이용상태 및 정도가 일정한 한도를 초과하여 제3자에게 사회통념상 수인할 것이 기대되는 한도를 넘는 피해를 입히는 경우까지 포함된다고 보아야 한다(김포공항에서 발생하는 소음 등으로 인근 주민들이 입은 피해는 사회통념상 수인한도를 넘는 것으로서 김포공항의 설치·관리에 하자가 있다고 본 사례). 대법원 2005. 1. 27. 선고 2003다49566 판결 21 소방

차량이 통행하는 도로에서 유입되는 소음 때문에 인근 주택의 거주자에게 사회통념상 일반적으로 수인할 정도를 넘어서는 침해가 있는지 여부는, 주택법 등에서 제시하는 주택건설기준보다는 환경정책기본법 등에서 설정하고 있는 환경기준을 우선적으로 고려하여 판단하여야 한다. (대법원 2008. 8. 21. 선고 2008다9358,9365 판결)

• 하자가 있는지 여부를 판단함에 있어서는 설치·관리자가 그 영조물에 대하여 방호조치의무를 다하였는지 여부를 기준으로 판단한다.

판례

1. 안전성의 구비 여부는 당해 영조물의 용도, 그 설치장소의 현황 및 이용 상황 등 제반 사정을 종합적으로 고려하여 설치·관리자가 그 영조물의 위험성에 비례하여 사회통념상 일반적으로 요구되는 정도의 방호조치의무를 다하였는지 여부를 그 기준으로 삼아 판단하여야 하고, 다른 생활필수시설과의 관계나 그것을 설치하고 관리하는 주체의 재정적, 인적, 물적 제약 등을 고려하여 그것을 이용하는 자의 상식적이고 질서 있는 이용 방법을 기대한 상대적인 안전성을 갖추는 것으로 족하며, 객관적으로 보아 시간적·장소적으로 영조물의 기능상 결함으로 인한 손해발생의 예견가능성과 회피가능성이 없는 경우 즉 그 영조물의 결함이 영조물의 설치관리자의 관리행위가 미칠 수 없는 상황 아래에 있는 경우에는 영조물의 설치·관리상의 하자를 인정할 수 없다. 대법원 2008. 9. 25. 선고 2007다88903 판결 16 국회, 18 국회
2. 영조물의 설치자 또는 관리자에게 부과되는 방호조치의무는 영조물의 위험성에 비례하여 사회통념상 일반적으로 요구되는 정도의 것을 의미하므로 영조물인 도로의 경우도 다른 생활필수시설과의 관계나 그것을 설치하고 관리하는 주체의 재정적, 인적, 물적 제약 등을 고려하여 그것을 이용하는 자의 상식적이고 질서 있는 이용방법을 기대한 상대적인 안전성을 갖추는 것으로 족하다. 대법원 2002. 8. 23. 선고 2002다9158 판결
3. 강설에 대처하기 위하여 완벽한 방법으로 도로 자체에 융설 설비를 갖추는 것이 현대의 과학기술 수준이나 재정사정에 비추어 사실상 불가능하다고 하더라도, 최저 속도의 제한이 있는 고속도로의 경우에 있어서는 도로관리자가 도로의 구조, 기상예보 등을 고려하여 사전에 충분한 인적·물적 설비를 갖추어 강설시 신속한 제설작업을 하고 나아가 필요한 경우 제때에 교통통제 조치를 취함으로써 고속도로로서의 기본적인 기능을 유지하거나 신속히 회복할 수 있도록 하는 관리의무가 있다(폭설로 차량 운전자 등이 고속도로에서 장시간 고립된 사안에서, 고속도로의 관리자가 고립구간의 교통정체를 충분히 예견할 수 있었음에도 교통제한 및 운행정지 등 필요한 조치를 충실히 이행하지 아니하였으므로 고속도로의 관리상 하자가 있다고 한 사례). 대법원 2008. 3. 13. 선고 2007다29287 등 판결
4. 강설의 특성, 기상적 요인과 지리적 요인, 이에 따른 도로의 상대적 안전성을 고려하면 겨울철 산간지역에 위치한 도로에 강설로 생긴 빙판을 그대로 방치하고 도로상황에 대한 경고나 위험표지판을 설치하지 않았다는 사정만으로 도로관리상의 하자가 있다고 볼 수 없다. 대법원 2000. 4. 25. 선고 99다54998 판결 18 지방
5. 도로의 설치 후 집중호우 등 자연력이 작용하여 본래 목적인 통행상의 안전에 결함이 발생한 경우에는 그 결함이 제3자의 행위에 의하여 발생한 경우와 마찬가지로, 도로에 그와 같은 결함이 있다는 것만으로 성급하게 도로의 보존상 하자를 인정하여서는 안 되고, 당해 도로의 구조, 장소적 환경과 이용 상황 등 제반 사정을 종합하여 그와 같은 결함을 제거하여 원상으로 복구할 수 있는데도 이를 방치한 것인지 여부를 개별적·구체적으로 심리하여 하자의 유무를 판단하여야 한다. 대법원 1998. 2. 13. 선고 97다49800 판결

PART 06

(2) 구체적 판례 검토

① 하자를 인정한 사례

판례

1. 매향리 사격장에서 발생하는 소음 등으로 지역 주민들이 입은 피해는 사회통념상 참을 수 있는 정도를 넘는 것으로서 사격장의 설치 또는 관리에 하자가 있다. 대법원 2004. 3. 12. 선고 2002다14242 판결 11 지방
2. 가변차로에 설치된 두 개의 신호등에서 서로 모순되는 신호가 들어오는 오작동이 발생하였고 그 고장이 현재의 기술 수준상 부득이한 것이라고 가정하더라도 그와 같은 사정만으로 손해발생의 예견가능성이나 회피가능성이 없어 영조물의 하자를 인정할 수 없는 경우라고 단정할 수 없다. 대법원 2001. 7. 27. 선고 2000다56822 판결 21 소방
3. 보행자 신호기가 고장난 횡단보도 상에서 교통사고가 발생한 사안에서, 적색등의 전구가 단선되어 있었던 위 보행자 신호기는 그 용도에 따라 통상 갖추어야 할 안전성을 갖추지 못한 관리상의 하자가 있어 지방자치단체의 배상책임이 인정된다고 한 사례. 대법원 2007. 10. 26. 선고 2005다51235 판결
4. 폭설로 차량 운전자 등이 고속도로에서 장시간 고립된 사안에서, 고속도로의 관리자가 고립구간의 교통정체를 충분히 예견할 수 있었음에도 교통제한 및 운행정지 등 필요한 조치를 충실히 이행하지 아니하였으므로 고속도로의 관리상 하자가 있다. 대법원 2008. 3. 13. 선고 2007다29287 판결

교차로의 진행방향 신호기의 정지신호가 단선으로 소등되어 있는 상태에서 그대로 진행하다가 다른 방향의 진행신호에 따라 교차로에 진입한 차량과 충돌한 경우, 신호기의 적색신호가 소등된 기능상 결함이 있었다는 사정만으로 신호기의 설치 또는 관리상의 하자를 인정할 수 없다고 한 사례. (대법원 2000. 2. 25. 선고 99다54004 판결)

② 하자를 부정한 사례

판례

1. 관리청이 하천법 등 관련 규정에 의해 책정한 하천정비기본계획 등에 따라 개수를 완료한 하천 또는 아직 개수 중이라 하더라도 개수를 완료한 부분에 있어서는, 위 하천정비기본계획 등에서 정한 계획홍수량 및 계획홍수위를 충족하여 하천이 관리되고 있다면 당초부터 계획홍수량 및 계획홍수위를 잘못 책정하였다거나 그 후 이를 시급히 변경해야 할 사정이 생겼음에도 불구하고 이를 해태하였다는 등의 특별한 사정이 없는 한, 그 하천은 용도에 따라 통상 갖추어야 할 안전성을 갖추고 있다고 봄이 상당하다. 대법원 2007. 9. 21. 선고 2005다65678 판결 12 사복
2. 고등학교 3학년 학생이 교사의 단속을 피해 담배를 피우기 위하여 3층 건물 화장실 밖의 난간을 지나다가 실족하여 사망한 사안에서, 학교 관리자에게 그와 같은 이례적인 사고가 있을 것을 예상하여 복도나 화장실 창문에 난간으로의 출입을 막기 위하여 출입금지장치나 추락위험을 알리는 경고표지판을 설치할 의무가 있다고 볼 수는 없다는 이유로 학교시설의 설치·관리상의 하자가 없다. 대법원 1997. 5. 16. 선고 96다54102 판결
3. 하천의 관리청이 관계 규정에 따라 설정한 계획홍수위를 변경시켜야 할 사정이 생기는 등 특별한 사정이 없는 한, 이미 존재하는 하천의 제방이 계획홍수위를 넘고 있다면 그 하천은 용도에 따라 통상 갖추어야 할 안전성을 갖추고 있다고 보아야 하고, 그와 같은 하천이 그 후 새로운 하천시설을 설치할 때 기준으로 삼기 위하여 제정한 '하천시설기준'이 정한 여유고를 확보하지 못하고 있다는 사정만으로 바로 안전성이 결여된 하자가 있다고 볼 수는 없다. 대법원 2003. 10. 23. 선고 2001다48057 판결
4. 트럭 앞바퀴가 고속도로 상에 떨어져 있는 자동차 타이어에 걸려 중앙분리대를 넘어가 사고가 발생한 사안에서, 도로의 설치 또는 관리상 하자를 부정한 사례(사고발생의 원인이 된 타이어가 사고지점 고속도로 상에 떨어진 것은 도로 순찰자가 사고지점을 통과한 후로서 사고시로부터 10분 내지 15분밖에 경과되지 아니한 것으로 확인된 사례임). 대법원 1992. 9. 14. 선고 92다3243 판결

하천홍수위란 홍수시 하천의 제방이 지탱할 수 있을 것으로 계획된 최대유량(제방의 높이)을 말한다. 하천에 제방이 축조될 때에는 하천홍수위를 정하는데, 기존의 강우량을 견딜 수 있는 제방의 수위(하천홍수위)를 정하고 여유고를 더하여 하천제방의 높이가 결정된다.

쇠파이프가 위 도로에 떨어져 있었다면 일단 도로의 관리에 하자가 있는 것으로 볼 수 있으나, 내세운 증거에 의하면 사고 당일 09:57부터 10:08 사이(사고 발생 33분 내지 22분 전)에 피고 운영의 과적차량 검문소 근무자 교대차량이 사고장소를 통과하였으나 위 쇠파이프를 발견하지 못한 사실을 인정하고 피고가 관리하는 넓은 국도상을 더 짧은 간격으로 일일이 순찰하면서 낙하물을 제거하는 것은 현실적으로 불가능하다 하여 도로의 설치 또는 관리상 하자를 부정한 사례. (대법원 1997. 4. 22. 선고 97다3194 판결)

3. 타인에 대한 손해 및 인과관계

• 타인에 대한 손해 및 인과관계의 내용은 국가배상법 제2조의 그것과 동일하다.

Ⅲ 책임감면사유

1. 불가항력

• 불가항력이란 천재지변과 같이 인간의 능력으로는 예견할 수 없거나, 예견할 수 있어도 회피할 수 없는 외부의 힘에 의하여 손해가 발생한 경우를 말한다. 18 국회

• 불가항력으로 인해 손해가 발생한 경우 국가 등의 책임은 면제된다.

판례

1. 100년 발생빈도의 강우량을 기준으로 책정된 계획홍수위를 초과하여 600년 또는 1,000년 발생빈도의 강우량에 의한 하천의 범람은 예측가능성 및 회피가능성이 없는 불가항력적인 재해로서 그 영조물의 관리청에게 책임을 물을 수 없다. 대법원 2003. 10. 23. 선고 2001다48057 판결
2. 집중호우로 제방도로가 유실되면서 그 곳을 걸어가던 보행자가 강물에 휩쓸려 익사한 경우, 사고 당일의 집중호우가 50년 빈도의 최대강우량에 해당한다는 사실만으로 불가항력에 기인한 것으로 볼 수 없다. 대법원 2000. 5. 26. 선고 99다53247 판결 12 국회, 15 사복

2. 예산부족

• 예산부족으로 인해 영조물의 설치·관리에 하자가 생겼다는 사정은 영조물의 안전성의 정도에 관한 참작사유는 될 수 있으나, 불가항력과 달리 절대적인 면책사유는 되지 않는다.

판례

하자 유무는 객관적 견지에서 본 안전성의 문제이고 그 설치자의 재정사정이나 영조물의 사용목적에 의한 사정은 안전성을 요구하는데 대한 정도 문제로서 참작사유에는 해당할지언정 안전성을 결정지을 절대적 요건에는 해당하지 아니한다 할 것이다. 대법원 1967. 2. 21. 선고 66다1723 판결 11 지방, 16 국가, 17 지방, 21 소방

3. 피해자의 과실 : 위험에의 접근 이론

• 손해 발생에 관하여 피해자에게 과실이 있었던 경우, 그 과실에 의하여 확대된 손해의 한도 내에서 국가 등의 책임이 부분적으로 감면된다.

• 소음 등 공해가 있는 위험지역으로 이주하는 경우에 있어서 피해자가 그 위험의 존재를 인식하면서도 이를 용인하며 접근한 것으로 인정될 수 있는 때에도 국가 등의 책임은 감면된다.

판례

소음 등을 포함한 공해 등의 위험지역으로 이주하여 들어가서 거주하는 경우와 같이 위험의 존재를 인식하면서 그로 인한 피해를 용인하며 접근한 것으로 볼 수 있는 경우에, 그 피해가 직접 생명이나 신체에 관련된 것이 아니라 정신적 고통이나 생활방해의 정도에 그치고 그 침해행위에 고도의 공공성이 인정되는 때에는, 위험에 접근한 후 실제로 입은 피해 정도가 위험에 접근할 당시에 인식하고 있었던 위험의 정도를 초과하는 것이거나 위험에 접근한 후에 그 위험이 특별히 증대하였다는 등의 특별한 사정이 없는 한 가해자의 면책을 인정하여야 하는 경우도 있다. 16 국가

PART 06

특히 소음 등의 공해로 인한 법적 쟁송이 제기되거나 그 피해에 대한 보상이 실시되는 등 피해지역임이 구체적으로 드러나고 또한 이러한 사실이 그 지역에 널리 알려진 이후에 이주하여 오는 경우에는 위와 같은 위험에의 접근에 따른 가해자의 면책 여부를 보다 적극적으로 인정할 여지가 있다. 17 지방
다만 일반인이 공해 등의 위험지역으로 이주하여 거주하는 경우라고 하더라도 위험에 접근할 당시에 그러한 위험이 존재하는 사실을 정확하게 알 수 없는 경우가 많고, 그 밖에 위험에 접근하게 된 경위와 동기 등의 여러 가지 사정을 종합하여 그와 같은 위험의 존재를 인식하면서 굳이 위험으로 인한 피해를 용인하였다고 볼 수 없는 경우에는 손해배상액의 산정에 있어 형평의 원칙상 과실상계에 준하여 감액사유로 고려하여야 한다. 대법원 2010. 11. 25. 선고 2007다74560 판결

4. 경합의 문제

- 영조물의 하자와 다른 자연적 사실이나 제3자의 행위 또는 피해자의 행위가 경합하여 손해가 발생한 경우에도, 그 손해는 영조물의 하자로 인해 발생한 것으로 인정된다.

판례

영조물의 설치 또는 관리상의 하자로 인한 사고라 함은 영조물의 설치 또는 관리상의 하자만이 손해발생의 원인이 되는 경우만을 말하는 것이 아니고, 다른 자연적 사실이나 제3자의 행위 또는 피해자의 행위와 경합하여 손해가 발생하더라도 영조물의 설치 또는 관리상의 하자가 공동원인의 하나가 되는 이상 그 손해는 영조물의 설치 또는 관리상의 하자에 의하여 발생한 것이라고 해석함이 상당하다. 대법원 1994. 11. 22. 선고 94다32924 판결 18 지방

불법행위에 기한 손해배상 사건에 있어서 피해자가 입은 손해가 자연력과 가해자의 과실행위가 경합되어 발생된 경우 가해자의 배상 범위는 손해의 공평한 부담이라는 견지에서 손해 발생에 대하여 자연력이 기여하였다고 인정되는 부분을 공제한 나머지 부분으로 제한하여야 함이 상당한 것이지만, 다른 한편, 피해자가 입은 손해가 통상의 손해와는 달리 특수한 자연적 조건 아래 발생한 것이라 하더라도, 가해자가 그와 같은 자연적 조건이나 그에 따른 위험의 정도를 미리 예상할 수 있었고 또 과도한 노력이나 비용을 들이지 아니하고도 적절한 조치를 취하여 자연적 조건에 따른 위험의 발생을 사전에 예방할 수 있었다면, 그러한 사고방지 조치를 소홀히 하여 발생한 사고로 인한 손해배상의 범위를 정함에 있어서 자연력의 기여분을 인정하여 가해자의 배상 범위를 제한할 것은 아니다. (대법원 2001. 2. 23. 선고 99다61316 판결)

- 어떠한 손해에 대하여 국가배상법 제2조의 책임과 제5조의 책임이 경합하는 경우, 피해자는 양 책임을 선택적으로 주장할 수 있다.

판례

권한을 위임받은 기관 소속의 공무원이 위임사무 처리에 있어 고의 또는 과실로 타인에게 손해를 가하였거나 위임사무로 설치·관리하는 영조물의 하자로 타인에게 손해를 발생하게 한 경우에는 권한을 위임한 관청이 소속된 지방자치단체가 국가배상법 제2조 또는 제5조에 의한 배상책임을 부담한다. 대법원 1999. 6. 25. 선고 99다11120 판결

IV 입증책임 17 국가

- 공공의 영조물에 하자가 있다는 사실에 대해서는 피해자가 입증책임을 진다.
- 책임감면사유가 존재한다는 사실에 대해서는 국가 등 영조물의 관리주체가 입증책임을 진다.

판례

고속도로의 보존상의 하자의 존재에 관한 입증책임은 피해자에게 있으나 일단 그 하자있음이 인정되는 이상 고속도로의 점유관리자는 그 하자가 불가항력에 인한 것이거나 손해의 방지에 필요한 주의를 해태하지 아니하였다는 점을 주장입증하여야 비로소 그 책임을 면할 수가 있다. 대법원 1988. 11. 8. 선고 86다카775 판결 17 지방

쟁점 96 배상책임자

Ⅰ 국가와 지방자치단체

- 헌법은 배상책임자로서 "국가와 공공단체"를 규정하고 있으나, 국가배상법 제2조는 "국가와 지방자치단체"로 규정함으로써 지방지치단체가 아닌 다른 공공단체 또는 공무수탁사인의 경우 국가배상법이 아닌 민법에 의한 배상책임을 지는 것으로 정하고 있다. 13 서울, 15 사복

판례

사인이 지방자치단체로부터 위탁을 받아 운영하는 수영장에 어린이가 빠져 중상해를 입은 것에 대하여 해당 수영장을 운영하는 사인에게 손해배상을 청구한 사안에서, 수영장의 설치·보존상의 하자가 존재한다고 하면서 수영장 운영자에게 민법 제758조 제1항에 규정된 공작물책임을 인정한 사례. 대법원 2019. 11. 28. 선고 2017다14895 판결

고속도로의 확장으로 인하여 소음·진동이 증가하여 인근 양돈업자가 양돈업을 폐업하게 된 사안에서, 양돈업에 대한 침해의 정도가 사회통념상 일반적으로 수인할 정도를 넘어선 것으로 보아 한국도로 공사의 민법상 불법행위에 따른 손해배상책임을 인정한 사례. (대법원 2001. 2. 9. 선고 99다55434 판결)

Ⅱ 사무귀속주체와 비용부담주체

1. 관련 규정

> 국가배상법 제6조【비용부담자 등의 책임】
> ① 제2조·제3조 및 제5조에 따라 국가나 지방자치단체가 손해를 배상할 책임이 있는 경우에 공무원의 선임·감독 또는 영조물의 설치·관리를 맡은 자와 공무원의 봉급·급여, 그 밖의 비용 또는 영조물의 설치·관리 비용을 부담하는 자가 동일하지 아니하면 그 비용을 부담하는 자도 손해를 배상하여야 한다. 21 지방 01
> ② 제1항의 경우에 손해를 배상한 자는 내부관계에서 그 손해를 배상할 책임이 있는 자에게 구상할 수 있다. 23 지방

OX 확인

01 국가나 지방자치단체가 손해를 배상할 책임이 있는 경우에 공무원의 선임·감독 또는 영조물의 설치·관리를 맡은 자와 공무원의 봉급·급여, 그 밖의 비용 또는 영조물의 설치·관리 비용을 부담하는 자가 동일하지 아니하면 그 비용을 부담하는 자도 손해를 배상하여야 한다. (○)

2. 사무귀속주체와 비용부담주체

(1) 사무귀속주체

- 국가배상법 제6조 제1항에서 말하는 공무원의 선임·감독 또는 영조물의 설치·관리를 맡은 자는 사무의 귀속주체 또는 영조물의 관리주체를 말한다.

(2) 기관위임사무

- 기관위임사무란 법령에 의하여 국가 또는 다른 지방자치단체로부터 지방지치단체의 장에게 위임된 사무를 말한다.
- 기관위임사무를 수행하는 경우 지방자치단체의 장은 지방자치단체의 기관이 아니라 위임자인 국가 또는 다른 지방자치단체의 기관의 지위를 가지며, 기관위임사무 또한 이를 위임한 국가 등의 사무이지 지방자치단체의 사무가 아니다.
- 따라서 기관위임사무의 경우 사무귀속주체는 위임자인 국가 또는 다른 지방자치단체이다.

군수 또는 그 보조 공무원이 구 농지확대개발촉진법 제61조 제2항, 같은 법 시행령 제1항에 의하여 농수산부장관으로부터 도지사를 거쳐 군수에게 재위임된 국가사무인 개간허가 및 그 취소사무의 처리에 있어 고의 또는 과실로 타인에게 손해를 가한 경우, 원칙적으로 군에는 국가배상책임이 없고 그 사무의 귀속 주체인 국가가 손해배상책임을 지는 것이며, 다만 국가배상법 제6조에 의하여 군이 비용을 부담한다고 볼 수 있는 경우에 한하여 국가와 함께 손해배상책임을 부담한다. (대법원 2000. 5. 12. 선고 99다70600 판결)

판례

1. 지방자치단체장 간의 기관위임의 경우에 위임받은 하위 지방자치단체장은 상위 지방자치단체 산하 행정기관의 지위에서 그 사무를 처리하는 것이므로 사무귀속의 주체가 달라진다고 할 수 없고, 따라서 하위 지방자치단체장을 보조하는 하위 지방자치단체 소속 공무원이 위임사무처리에 있어 고의 또는 과실로 타인에게 손해를 가하였더라도 상위 지방자치단체는 여전히 그 사무귀속 주체로서 손해배상책임을 진다. 대법원 1996. 11. 8. 선고 96다21331 판결
2. 권한을 위임받은 기관 소속의 공무원이 위임사무 처리에 있어 고의 또는 과실로 타인에게 손해를 가하였거나 위임사무로 설치·관리하는 영조물의 하자로 타인에게 손해를 발생하게 한 경우에는 권한을 위임한 관청이 소속된 지방자치단체가 국가배상법 제2조 또는 제5조에 의한 배상책임을 부담하고, 권한을 위임받은 관청이 속하는 지방자치단체 또는 국가가 국가배상법 제2조 또는 제5조에 의한 배상책임을 부담하는 것이 아니다. 대법원 1999. 6. 25. 선고 99다11120 판결
3. 도로법 제22조 제2항에 의하여 지방자치단체의 장인 시장이 국도의 관리청이 되었다 하더라도 이는 시장이 국가로부터 관리업무를 위임받아 국가행정기관의 지위에서 집행하는 것이므로 국가는 도로관리상 하자로 인한 손해배상책임을 면할 수 없다. 대법원 1993. 1. 26. 선고 92다2684 판결 11 사복, 20 국가

• 한편 지방자치단체의 사무가 국가에 위임된 경우에는 지방자치단체가 사무귀속주체가 되고 국가는 비용부담주체가 된다.

판례

지방자치단체장이 교통신호기를 설치하여 그 관리권한이 도로교통법 제71조의2 제1항의 규정에 의하여 관할 지방경찰청장에게 위임되어 지방자치단체 소속 공무원과 지방경찰청 소속 공무원이 합동 근무하는 교통종합관제센터에서 그 관리업무를 담당하던 중 위 신호기가 고장난 채 방치되어 교통사고가 발생한 경우, 국가배상법 제2조 또는 제5조에 의한 배상책임을 부담하는 것은 지방경찰청장이 소속된 국가가 아니라, 그 권한을 위임한 지방자치단체장이 소속된 지방자치단체라고 할 것이나, 교통신호기를 관리하는 지방경찰청장 산하 경찰관들에 대한 봉급을 부담하는 국가도 국가배상법 제6조 제1항에 의한 배상책임을 부담한다. 대법원 1999. 6. 25. 선고 99다11120 판결 12 지방, 13 국가, 20 소방, 23 지방

(3) 비용부담주체

• 국가배상법 제6조 제1항에서 말하는 공무원의 봉급·급여, 그 밖의 비용 또는 영조물의 설치·관리 비용을 부담하는 자는 사무 또는 영조물의 비용부담주체를 말한다.
• 비용은 공무원에 대한 인건비만이 아니라 당해 사무에 필요한 일체의 경비를 의미한다.

판례

국가배상법 제6조 제1항 소정의 '공무원의 봉급·급여 기타의 비용'이란 공무원의 인건비만을 가리키는 것이 아니라 당해사무에 필요한 일체의 경비를 의미한다. 대법원 1994. 12. 9. 선고 94다38137 판결

• 사무귀속주체와 비용부담주체가 다른 경우 사무귀속주체와 비용부담주체가 모두 배상책임을 지게 된다. 14 사복, 16 서울
• 기관위임사무의 경우 위임받은 지방자치단체가 대외적으로 비용을 지출하였다면 그 지방자치단체도 비용부담주체로서 배상책임을 진다. 14 사복

판례

국가배상법 제6조 제1항 소정의 '공무원의 봉급·급여 기타의 비용'이란 공무원의 인건비만을 가리키는 것이 아니라 당해사무에 필요한 일체의 경비를 의미한다고 할 것이고, 적어도 대외적으로 그러한 경비를 지출하는 자는 경비의 실질적·궁극적 부담자가 아니더라도 그러한 경비를 부담하는 자에 포함된다. 지방자치단체의 장이 기관위임된 국가행정사무를 처리하는 경우 그에 소요되는 경비의 실질적·궁극적 부담자는 국가라고 하더라도 당해 지방자치단체는 국가로부터 내부적으로 교부된 금원으로 그 사무에 필요한 경비를 대외적으로 지출하는 자이므로, 이러한 경우 지방자치단체는 국가배상법 제6조 제1항 소정의 비용부담자로서 공무원의 불법행위로 인한 같은 법에 의한 손해를 배상할 책임이 있다. 대법원 1994. 12. 9. 선고 94다38137 판결

3. 종국적 배상책임자 : 배상책임자 간 구상의 문제

(1) 사무귀속주체와 비용부담주체 사이

- 사무귀속주체와 비용부담주체가 다른 경우 종국적으로 배상책임을 지는 자는 누구인지가 국가배상법 제6조 제2항의 해석과 관련하여 문제된다.
- 견해 대립이 있으나, 판례는 원칙적으로 손해발생의 기여도에 따라 사무귀속주체뿐만 아니라 비용부담주체에게도 최종적 배상책임을 지우는 기여도설을 취하는 것으로 해석된다.

판례

1. 교통신호기의 관리사무는 원고(안산시)가 안산경찰서장에게 그 권한을 위임한 사무로서 피고(대한민국) 소속 경찰공무원 등은 원고의 사무를 처리하는 지위에 있으므로, 원고가 그 사무에 관하여 선임·감독자에 해당하고, 그 교통신호기 시설은 지방자치법 제132조 단서의 규정에 따라 원고의 비용으로 설치·관리되고 있으므로, 그 신호기의 설치·관리비용을 실질적으로 부담하는 비용부담자의 지위도 아울러 지니는 반면, 피고는 단지 그 소속 경찰공무원에게 봉급만 지급하고 있을 뿐이므로, 원고와 피고 사이에서 이 사건 손해배상의 궁극적인 책임은 전적으로 원고에게 있다. 대법원 2001. 9. 25. 선고 2001다41865 판결
2. 국가하천의 관리상 하자로 인한 손해에 관하여, 국가는 사무의 귀속주체 및 보조금 지급을 통한 실질적 비용부담자로서, 해당 시·도는 구 하천법 제59조 단서에 따른 법령상 비용부담자로서 각각 책임을 중첩적으로 지는 경우, 국가와 해당 시·도 모두가 국가배상법 제6조 제2항에서 정한 '손해를 배상할 책임이 있는 자'에 해당한다.
   한편 사무의 귀속주체에 해당하여야만 내부관계에서 국가배상법 제6조 제2항에 규정된 종국적인 배상책임자가 되는 것은 아니다. 대법원 2015. 4. 23. 선고 2013다211834 판결

(2) 원인책임자에 대한 구상권

- 국가 등이 영조물책임을 지는 경우 손해의 원인에 대하여 책임을 질 자가 따로 있으면 국가나 지방자치단체는 그 자에게 구상할 수 있다(국가배상법 제5조 제2항). 23 지방
- 손해의 원인에 대하여 책임을 질 자란 고의 또는 과실로 영조물의 설치·관리에 흠이 있게 한 제3자를 말한다.

공무원의 피해자에 대한 배상책임이 인정되는지 여부는 국가배상책임의 성질을 어떻게 규정하는가와 관련이 있다. 국가배상책임의 성질에 관하여는 ① 국가배상책임을 공무원의 개인적인 불법행위책임에 대신하여 국가가 지는 책임으로 보는 대위책임설, ② 국가가 공무원을 대신하여 지는 책임이 아니라 국가 자신의 책임으로 보는 자기책임설, ③ 공무원의 불법행위가 경과실에 기인한 경우에는 국가 자신의 책임으로, 공무원의 불법행위가 고의나 중과실에 기인한 경우에는 대위책임으로 보는 중간설 등 다양한 견해가 대립한다.
판례는 일반적으로 중간설을 취하고 있는 것으로 해석된다.

III 공무원의 배상책임

1. 공무원의 피해자에 대한 책임(선택적 청구권 인정 여부)

(1) 쟁점의 정리

- 헌법 제29조 제1항 단서는 "공무원 자신의 책임은 면제되지 아니한다."라고 규정하고 있는데, 국가배상책임이 성립하여 국가 등이 배상책임을 지는 경우에 공무원 개인도 피해자에 대하여 배상책임을 지는 것인지, 즉 피해자는 국가 등 또는 공무원에 대하여 선택적으로 손해배상을 청구할 수 있는 것인지 여부가 문제된다.
- 한편 국가배상법은 피해자에 대한 공무원 개인의 책임에 대해서는 아무런 규정을 두고 있지 않다. 21 소방

(2) 판례의 태도

- 공무원에게 고의 또는 중대한 과실이 있는 경우에는 공무원 개인도 피해자에 대하여 배상책임이 있으나, 공무원에게 경과실만 있는 경우에는 공무원 개인은 손해배상책임을 지지 않는다고 한다.
- 공무를 위탁받은 법인의 경우, 법인이 아니라 실제로 공무를 수행한 자들이 경과실에 있어서 책임을 면하는 공무원에 해당한다.

판례

1. 헌법 제29조 제1항 단서는 공무원이 한 직무상 불법행위로 인하여 국가 등이 배상책임을 진다고 할지라도 그 때문에 공무원 자신의 민·형사책임이나 징계책임이 면제되지 아니한다는 원칙을 규정한 것이나, 그 조항 자체로 공무원 개인의 구체적인 손해배상책임의 범위까지 규정한 것으로 보기는 어렵다.
   공무원이 직무수행 중 불법행위로 타인에게 손해를 입힌 경우에 국가 등이 국가배상책임을 부담하는 외에 공무원 개인도 고의 또는 중과실이 있는 경우에는 불법행위로 인한 손해배상책임을 진다고 할 것이지만, 공무원에게 경과실뿐인 경우에는 공무원 개인은 손해배상책임을 부담하지 아니한다. 대법원 1996. 2. 15. 선고 95다38677 전원합의체 판결 16 서울, 16 국회, 17 서울, 19 소방, 21 소방
2. 공법인이 국가로부터 위탁받은 공행정사무를 집행하는 과정에서 공법인의 임직원이나 피용인이 고의 또는 과실로 법령을 위반하여 타인에게 손해를 입힌 경우에는, 공법인은 위탁받은 공행정사무에 관한 행정주체의 지위에서 배상책임을 부담하여야 하지만, 공법인의 임직원이나 피용인은 실질적인 의미에서 공무를 수행한 사람으로서 국가배상법 제2조에서 정한 공무원에 해당하므로 고의 또는 중과실이 있는 경우에만 배상책임을 부담하고 경과실이 있는 경우에는 배상책임을 면한다. 한편 공무원의 중과실이란 공무원에게 통상 요구되는 정도의 상당한 주의를 하지 않더라도 약간의 주의를 한다면 손쉽게 위법·유해한 결과를 예견할 수 있는 경우임에도 만연히 이를 간과한 경우와 같이, 거의 고의에 가까운 현저한 주의를 결여한 상태를 의미한다. 대법원 2021. 1. 28. 선고 2019다260197 판결

2. 공무원의 국가에 대한 구상책임(국가배상법 제2조 제2항)

- 공무원의 고의 또는 중대한 과실로 성립한 국가배상책임에 따라 국가 또는 지방자치단체가 손해를 배상한 경우 국가 등은 공무원에 대하여 구상할 수 있다. 19 소방
- 구상의 범위에 관하여 판례는 신의칙상 상당하다고 인정되는 한도 내에서만 구상권을 행사할 수 있다고 한다.

판례

1. 국가 또는 지방자치단체의 산하 공무원이 그 직무를 집행함에 당하여 중대한 과실로 인하여 법령에 위반하여 타인에게 손해를 가함으로써 국가 또는 지방자치단체가 손해배상책임을 부담하고, 그 결과로 손해를 입게 된 경우에는 국가 등은 당해 공무원의 직무내용, 당해 불법행위의 상황, 손해발생에 대한 당해 공무원의 기여정도, 당해 공무원의 평소 근무태도, 불법행위의 예방이나 손실분산에 관한 국가 또는 지방자치단체의 배려의 정도 등 제반사정을 참작하여 손해의 공평한 분담이라는 견지에서 신의칙상 상당하다고 인정되는 한도 내에서만 당해 공무원에 대하여 구상권을 행사할 수 있다고 봄이 상당하다. 대법원 1991. 5. 10. 선고 91다6764 판결 21 국가 01

2. 공무원의 직무상 불법행위로 손해를 입은 피해자가 국가배상청구를 하였을 때, 비록 그 소멸시효 기간이 경과하였다고 하더라도 국가가 소멸시효의 완성 전에 피해자의 권리행사나 시효중단을 불가능 또는 현저히 곤란하게 하였거나 객관적으로 피해자가 권리를 행사할 수 없는 장애사유가 있었다는 등의 사정이 있어 국가에게 채무이행의 거절을 인정하는 것이 현저히 부당하거나 불공평하게 되는 등 특별한 사정이 있는 경우에는, 국가가 소멸시효 완성을 주장하는 것은 신의성실 원칙에 반하여 권리남용으로서 허용될 수 없다.
이와 같이 공무원의 불법행위로 손해를 입은 피해자의 국가배상청구권의 소멸시효 기간이 지났으나 국가가 소멸시효 완성을 주장하는 것이 신의성실의 원칙에 반하는 권리남용으로 허용될 수 없어 배상책임을 이행한 경우에는, 그 소멸시효 완성 주장이 권리남용에 해당하게 된 원인행위와 관련하여 해당 공무원이 그 원인이 되는 행위를 적극적으로 주도하였다는 등의 특별한 사정이 없는 한, 국가가 해당 공무원에게 구상권을 행사하는 것은 신의칙상 허용되지 않는다고 봄이 상당하다. 대법원 2016. 6. 9. 선고 2015다200258 판결 22 국가

3. 공무원의 국가에 대한 구상권

- 직무수행 중 경과실로 피해자에게 손해를 입힌 공무원이 손해를 배상하였다면, 공무원은 국가 등이 피해자에 대하여 부담하는 손해배상책임의 범위 내에서 자신이 변제한 금액에 관하여 국가에 대해 구상권을 취득한다(대법원 2014. 8. 20. 선고 2012다54478 판결). 17 서울, 19 국가

판례

공무원이 직무수행 중 불법행위로 타인에게 손해를 입힌 경우에 국가 등이 국가배상책임을 부담하는 외에 공무원 개인도 고의 또는 중과실이 있는 경우에는 불법행위로 인한 손해배상책임을 지고, 공무원에게 경과실이 있을 뿐인 경우에는 공무원 개인은 손해배상책임을 부담하지 아니한다. 이처럼 경과실이 있는 공무원이 피해자에 대하여 손해배상책임을 부담하지 아니함에도 피해자에게 손해를 배상하였다면 그것은 채무자 아닌 사람이 타인의 채무를 변제한 경우에 해당하고, 이는 민법 제469조의 '제3자의 변제' 또는 민법 제744조의 '도의관념에 적합한 비채변제'에 해당하여 피해자는 공무원에 대하여 이를 반환할 의무가 없고, 그에 따라 피해자의 국가에 대한 손해배상청구권이 소멸하여 국가는 자신의 출연 없이 채무를 면하게 되므로, 피해자에게 손해를 직접 배상한 경과실이 있는 공무원은 특별한 사정이 없는 한 국가에 대하여 국가의 피해자에 대한 손해배상책임의 범위 내에서 공무원이 변제한 금액에 관하여 구상권을 취득한다고 봄이 타당하다. 대법원 2014. 8. 20. 선고 2012다54478 판결 21 국회, 22 지방

OX 확인

01 국가가 가해 공무원에 대하여 구상권을 행사하는 경우 국가가 배상한 배상액 전액에 대하여 구상권을 행사하여야 한다. (×)

PART 06

쟁점 97 국가배상법상 특례 규정

Ⅰ 청구방법

1. 배상심의회에 대한 배상신청

• 배상금을 지급받으려는 자는 그 주소지·소재지 또는 배상원인 발생지를 관할하는 지구심의회에 배상신청을 할 수 있다(국가배상법 제12조 제1항).

• 심의회의 결정은 구속력을 갖지 않으므로, 신청인은 배상결정에 동의하거나 배상금을 수령 한 경우에도 법원에 국가배상청구소송을 제기하여 배상금의 증액을 청구할 수 있다. 20 지방 01

| OX 확인 |

01 배상심의회의 결정은 대외적인 법적 구속력을 가지므로 배상 신청인과 상대방은 그 결정에 항상 구속된다. (×)

2. 국가배상청구소송

• 국가배상청구소송은 민사소송에 의한다는 것이 판례의 태도이다.

• 국가배상청구소송은 배상심의회에 배상신청을 하지 아니하고도 제기할 수 있다(임의적 절차). 19 소방, 24 지방

Ⅱ 손해배상의 기준

• 국가배상법 제3조는 배상기준에 대하여 규정하고 있는데, 그 기준이 배상액의 상한을 정한 것인지 아니면 단순한 기준액을 정한 것에 불과한 것인지 문제된다.

• 판례는 위 배상기준은 단순한 배상의 기준에 불과하므로 법원은 이에 구속되지 않는다고 한다. 20 지방 02

| OX 확인 |

02 판례는 구 「국가배상법」 제3조의 배상액 기준은 배상심의회 배상액 결정의 기준이 될 뿐 배상 범위를 법적으로 제한하는 규정이 아니므로 법원을 기속하지 않는다고 보았다. (○)

• 한편, 국가배상책임을 발생시키는 행위로 인하여 피해자가 손해를 입은 동시에 이익을 얻은 경우에는 손해배상액에서 그 이익에 상당하는 금액을 빼야 한다(국가배상법 제3조의2). 15 사복

Ⅲ 이중배상금지

1. 의의

• 군인·군무원·경찰공무원 또는 예비군대원이 전투·훈련 등 직무집행과 관련하여 전사·순직하거나 공상을 입은 경우에 본인이나 그 유족이 다른 법령에 따라 재해보상금·유족연금·상이연금 등의 보상을 지급받을 수 있을 때에는 국가배상법 및 민법에 따른 손해배상을 청구할 수 없다(국가배상법 제2조 제1항 단서).

2. 이중배상금지규정의 위헌 여부

• 판례는 이중배상금지를 규정한 국가배상법 제2조 제1항 단서는 위헌이 아니라고 한다.

판례

국가배상법 제2조 제1항 단서는 헌법 제29조 제1항에 의하여 보장되는 국가배상청구권을 헌법 내 재적으로 제한하는 헌법 제29조 제2항에 직접 근거하고, 실질적으로 그 내용을 같이하는 것이므로 헌법에 위반되지 아니한다. 헌법재판소 2001. 2. 22. 선고 2000헌바38 결정 21 소방

헌법의 개별규정 자체는 헌법소원에 의한 위헌심사의 대상이 아니다. (헌법재판소 1995. 12. 28. 선고 95헌바3 전원재판부)

3. 이중배상금지의 요건

(1) 피해자가 군인 · 군무원 · 경찰공무원 또는 예비군대원일 것

- 예비군대원의 경우 헌법에는 규정되어 있지 않고 국가배상법에만 규정되어 있다.
- 현역병으로 입대하였으나 경비교도대원이 된 자, 공익근무요원은 이중배상이 금지되는 군인 등에 해당하지 않으나, 전투경찰순경은 군인 등에 해당한다.

(2) 전투 · 훈련 등 직무집행과 관련하여 전사 · 순직하거나 공상을 입었을 것

- 판례는 전투 · 훈련 또는 이에 준하는 직무집행뿐만 아니라 일반 직무집행에 관하여도 국가나 지방자치단체의 배상책임이 제한되는 것으로 본다.

판례

경찰공무원이 낙석사고 현장 주변 교통정리를 위하여 사고현장 부근으로 이동하던 중 대형 낙석이 순찰차를 덮쳐 사망하자, 도로를 관리하는 지방자치단체가 국가배상법 제2조 제1항 단서에 따른 면책을 주장한 사안에서, 경찰공무원 등이 '전투 · 훈련 등 직무집행과 관련하여' 순직 등을 한 경우 같은 법 및 민법에 의한 손해배상책임을 청구할 수 없다고 정한 국가배상법 제2조 제1항 단서의 면책조항은 전투 · 훈련 또는 이에 준하는 직무집행뿐만 아니라 '일반 직무집행'에 관하여도 국가나 지방자치단체의 배상책임을 제한하는 것이라고 해석하여야 한다. 대법원 2011. 3. 10. 선고 2010다85942 판결 19 국회

(3) 본인 또는 유족이 다른 법령의 규정에 의하여 보상을 지급받을 수 있을 것

- 군인 등이 전투 · 훈련 등 직무집행과 관련하여 공상 등을 입었다 하더라도, 다른 법령에 따라 별도의 보상을 받을 수 없는 경우에는 국가배상청구가 가능하다.

판례

1. 군인 · 군무원 등 국가배상법 제2조 제1항에 열거된 자가 전투, 훈련 기타 직무집행과 관련하는 등으로 공상을 입은 경우라고 하더라도 군인연금법 또는 국가유공자예우등에관한법률에 의하여 재해보상금 · 유족연금 · 상이연금 등 별도의 보상을 받을 수 없는 경우에는 국가배상법 제2조 제1항 단서의 적용 대상에서 제외하여야 한다. 대법원 1997. 2. 14. 선고 96다28066 판결 23 국가
2. 국가배상법 제2조 제1항 단서 규정은 다른 법령에 보상제도가 규정되어 있고, 그 법령에 규정된 상이등급 또는 장애등급 등의 요건에 해당되어 그 권리가 발생한 이상, 실제로 그 권리를 행사하였는지 또는 그 권리를 행사하고 있는지 여부에 관계없이 적용된다고 보아야 하고, 그 각 법률에 의한 보상금청구권이 시효로 소멸되었다 하여 적용되지 않는다고 할 수는 없다(법률에 의한 보상금청구권과 군인연금법에 의한 재해보상금청구권이 모두 시효완성된 경우, 국가배상법 제2조 제1항 단서 소정의 '다른 법령에 의하여 보상을 받을 수 있는 경우'라 하여 국가배상청구를 할 수 없다고 한 사례). 대법원 2002. 5. 10. 선고 2000다39735 판결 23 국가

- 다른 법령에 의한 보상금은 손해배상에 준하는 것이어야 하며 당해 보상금이 손해배상과는 전혀 성질이 다른 순수하게 사회보장적 성격을 갖는 것인 경우에는 국가배상법 제2조 제1항 단서가 적용되지 않고 피해자는 국가배상법에 근거하여 국가배상을 청구할 수 있다.

비록 병역법 제75조 제2항이 공익근무요원으로 복무 중 순직한 사람의 유족에 대하여 국가유공자등예우및지원에관한법률에 따른 보상을 하도록 규정하고 있다고 하여도, 공익근무요원이 국가배상법 제2조 제1항 단서의 규정에 의하여 국가배상법상 손해배상청구가 제한되는 군인 · 군무원 · 경찰공무원 또는 향토예비군대원에 해당한다고 할 수 없다. (대법원 1997. 3. 28. 선고 97다4036 판결)

경찰서지서의 숙직실은 국가배상법 제2조 제1항 단서에서 말하는 전투 · 훈련에 관련된 시설이라고 볼 수 없으므로 위 숙직실에서 순직한 경찰공무원의 유족들은 국가배상법 제2조 제1항 본문에 의하여 국가배상법 및 민법의 규정에 의한 손해배상을 청구할 권리가 있다. (대법원 1979. 1. 30. 선고 77다2389 전원합의체 판결)

PART 06

다만 경찰공무원인 피해자가 구 공무원연금법에 따라 공무상 요양비를 지급받은 후 추가로 국가배상법에 따라 치료비의 지급을 구하는 경우나 반대로 국가배상법에 따라 치료비를 지급받은 후 추가로 구 공무원연금법에 따라 공무상 요양비의 지급을 구하는 경우, 공무상 요양비와 치료비는 실제 치료에 소요된 비용에 대하여 지급되는 것으로서 같은 종류의 급여라고 할 것이므로, 치료비나 공무상 요양비가 추가로 지급될 때 구 공무원연금법 제33조 등을 근거로 먼저 지급된 공무상 요양비나 치료비 상당액이 공제될 수 있을 뿐이다. (대법원 2019. 5. 30. 선고 2017다16174 판결)

판례

1. 국가유공자예우등에관한법률 및 군인연금법의 각 보상규정은 국가배상법 제2조 제1항 단서 소정의 "다른 법령의 규정"에 해당한다. 대법원 1994. 12. 13. 선고 93다29969 판결
2. 보훈보상대상자 지원에 관한 법률이 정한 보상에 관한 규정은 국가배상법 제2조 제1항 단서가 정한 '다른 법령'에 해당한다. 대법원 2017. 2. 3. 선고 2015두60075 판결
3. 구 공무원연금법에 따라 각종 급여를 지급하는 제도는 공무원의 생활안정과 복리향상에 이바지하기 위한 것이라는 점에서 국가배상법 제2조 제1항 단서에 따라 손해배상금을 지급하는 제도와 그 취지 및 목적을 달리하므로, 경찰공무원인 피해자가 구 공무원연금법의 규정에 따라 공무상 요양비를 지급받는 것은 국가배상법 제2조 제1항 단서에서 정한 '다른 법령의 규정'에 따라 보상을 지급받는 것에 해당하지 않는다. 23 국가
   군인연금법이 국가배상법 제2조 제1항 단서에서 정한 '다른 법령'에 해당한다고 하여, 구 공무원연금법도 군인연금법과 동일하게 취급되어야 하는 것은 아니다. 대법원 2019. 5. 30. 선고 2017다16174 판결

4. 적용범위 : 공동불법행위와 구상권

(1) 쟁점의 정리

- 민간인과 직무집행 중인 군인 등의 공동불법행위로 인하여 직무집행 중인 다른 군인이 손해를 입은 경우, 그 민간인이 피해 군인에게 손해배상을 하였을 때 국가에 대하여 구상권을 행사할 수 있는지 문제된다.

(2) 대법원의 태도 : 부정설

- 국가배상법 제2조 제1항 단서 규정이 적용되는 경우, 민법상 공동불법행위의 일반적인 경우와는 달리 민간인은 자신의 부담부분에 한하여 손해배상의무를 부담하고, 이를 넘어서 배상한 경우에도 국가 등에 대하여 구상권을 행사할 수 없다고 한다.

판례

국가배상법 제2조 제1항 단서가 적용되는 공무원의 직무상 불법행위로 인하여 직무집행과 관련하여 피해를 입은 군인 등에 대하여 위 불법행위에 관련된 일반국민이 공동불법행위책임, 사용자책임, 자동차운행자책임 등에 의하여 그 손해를 자신의 귀책부분을 넘어서 배상한 경우에도, 국가 등은 피해 군인 등에 대한 국가배상책임을 면할 뿐만 아니라, 나아가 민간인에 대한 국가의 귀책비율에 따른 구상의무도 부담하지 않는다고 하여야 할 것이다. 위와 같은 경우에는 공동불법행위자 등이 부진정연대채무자로서 각자 피해자의 손해 전부를 배상할 의무를 부담하는 공동불법행위의 일반적인 경우와 달리 예외적으로 민간인은 피해 군인 등에 대하여 그 손해 중 국가 등이 민간인에 대한 구상의무를 부담한다면 그 내부적인 관계에서 부담하여야 할 부분을 제외한 나머지 자신의 부담부분에 한하여 손해배상의무를 부담하고, 한편 국가 등에 대하여는 그 귀책부분의 구상을 청구할 수 없다. 대법원 2001. 2. 15. 선고 96다42420 전원합의체 판결 18 국가, 21 소방 01

OX 확인

01 민간인과 직무집행 중인 군인의 공동불법행위로 인하여 직무집행 중인 다른 군인이 피해를 입은 경우 민간인이 피해 군인에게 자신의 과실비율에 따라 내부적으로 부담할 부분을 초과하여 피해금액 전부를 배상한 경우에 대법원 판례에 따르면 민간인은 국가에 대해 가해 군인의 과실비율에 대한 구상권을 행사할 수 있다. (×)

(3) 헌법재판소의 태도 : 긍정설

- 손해 전액을 배상한 민간인의 국가에 대한 구상권을 부인하는 것은 헌법에 위반된다고 하여 구상권 행사를 긍정한다.

판례

일반국민이 공동불법행위자인 군인의 부담부분에 관하여 국가에 대하여 구상권을 행사할 수 없다고 해석한다면, 이는 이 사건 심판대상 부분의 헌법상 근거규정인 헌법 제29조가 구상권의 행사를 배제하지 아니하는데도 이를 배제하는 것으로 해석하는 것으로서 합리적인 이유 없이 일반국민을 국가에 대하여 지나치게 차별하는 경우에 해당하므로 헌법 제11조, 제29조에 위반된다. 또한 국가에 대한 구상권은 헌법 제23조 제1항에 의하여 보장되는 재산권이고 위와 같은 해석은 그러한 재산권의 제한에 해당하며 재산권의 제한은 헌법 제37조 제2항에 의한 기본권 제한의 한계 내에서만 가능한데, 위와 같은 해석은 헌법 제37조 제2항에 의하여 기본권을 제한할 때 요구되는 비례의 원칙에 위배하여 일반국민의 재산권을 과잉 제한하는 경우에 해당하여 헌법 제23조 제1항 및 제37조 제2항에도 위반된다고 할 것이다. 헌법재판소 1994. 12. 29. 선고 93헌바21 결정

5. 관련문제 : 이중배상금지에 해당함에도 국가배상을 받은 경우

- 보상금 지급규정이 존재하여 이중배상이 금지됨에도 불구하고 보상금을 지급받기 전에 국가배상에 따른 손해배상을 받은 경우, 이후에 보상금을 청구할 수 있는지 문제되는데, 판례는 보훈보상자법 또는 국가유공자법에 따른 보상금은 청구할 수 있는 것으로 보는 반면, 군인연금법에 따른 사망보상금은 지급받을 수 없다고 본다.

판례

1. 국가배상법 제2조 제1항 단서가 보훈보상자법 등에 의한 보상을 받을 수 있는 경우 국가배상법에 따른 손해배상청구를 하지 못한다는 것을 넘어 국가배상법상 손해배상금을 받은 경우 보훈보상자법상 보상금 등 보훈급여금의 지급을 금지하는 것으로 해석하기는 어려운 점 등에 비추어, 국가보훈처장은 국가배상법에 따라 손해배상을 받았다는 사정을 들어 보상금 등 보훈급여금의 지급을 거부할 수 없다. 대법원 2017. 2. 3. 선고 2015두60075 판결 19 국가, 23 국가 01
2. 다른 법령에 따라 지급받은 급여와의 조정에 관한 조항을 두고 있지 아니한 보훈보상대상자 지원에 관한 법률과 달리, 군인연금법 제41조 제1항은 "다른 법령에 따라 국가나 지방자치단체의 부담으로 이 법에 따른 급여와 같은 종류의 급여를 받은 사람에게는 그 급여금에 상당하는 금액에 대하여는 이 법에 따른 급여를 지급하지 아니한다."라고 명시적으로 규정하고 있다. 나아가 군인연금법이 정하고 있는 급여 중 사망보상금(군인연금법 제31조)은 일실손해의 보전을 위한 것으로 불법행위로 인한 소극적 손해배상과 같은 종류의 급여라고 봄이 타당하다. 따라서 피고에게 군인연금법 제41조 제1항에 따라 원고가 받은 손해배상금 상당 금액에 대하여는 사망보상금을 지급할 의무가 존재하지 아니한다(군 복무 중 사망한 군인 등의 유족이 국가배상법에 따른 손해배상금을 지급받은 경우, 그 손해배상금 상당 금액에 대해서는 군인연금법 제31조에서 정한 사망보상금을 지급받을 수 없다고 본 사례). 대법원 2018. 7. 20. 선고 2018두36691 판결 23 지방, 24 국가

OX 확인

01 직무집행과 관련하여 공상을 입은 군인이 먼저 「국가배상법」상 손해배상을 받은 다음 구 「국가유공자 등 예우 및 지원에 관한 법률」상 보훈급여금을 지급청구 하는 경우, 국가배상을 받았다는 이유로 그 지급을 거부할 수 없다. (○)

구 군인연금법이 정하고 있는 급여 중 사망보상금은 일실손해의 보전을 위한 것으로 불법행위로 인한 소극적 손해배상과 같은 종류의 급여이므로(대법원 2018. 7. 20. 선고 2018두36691 판결 등 참조), 군복무 중 사망한 망인의 유족이 국가배상을 받은 경우 피고는 사망보상금에서 소극적 손해배상금 상당액을 공제할 수 있을 뿐, 이를 넘어 정신적 손해배상금 상당액까지 공제할 수는 없다. (대법원 2022. 3. 31. 선고 2019두36711 판결) 24 지방

Ⅳ 양도 등 금지

- 생명 · 신체의 침해로 인한 국가배상을 받을 권리는 양도하거나 압류하지 못한다(국가배상법 제4조). 21 소방

민법 제766조(손해배상청구권의 소멸시효)
① 불법행위로 인한 손해배상의 청구권은 피해자나 그 법정대리인이 그 손해 및 가해자를 안 날로부터 3년간 이를 행사하지 아니하면 시효로 인하여 소멸한다.
② 불법행위를 한 날로부터 10년을 경과 한 때에도 전항과 같다.

V 소멸시효

• 국가배상법은 배상청구권의 소멸시효에 대한 명문의 규정을 두고 있지 않은 바, 따라서 민법이 적용되어 배상청구권은 피해자나 그 법정대리인이 손해 및 가해자를 안 날로부터 3년간 이를 행사하지 아니하면 시효로 소멸한다. 15 사복
• 피해자나 그 법정대리인이 손해 및 가해자를 알지 못한 경우에는 민법이 아닌 국가재정법이 적용되어 배상청구권은 5년간 이를 행사하지 아니하면 시효로 소멸한다.

판례

국가배상법 제2조 제1항 본문 전단 규정에 따른 배상책임을 묻는 사건에 대하여는 동법 제8조의 규정에 의하여 민법 제766조 소정의 단기소멸시효제도가 적용되는 것인 바, 여기서 가해자를 안다는 것은 피해자가 가해 공무원이 국가 또는 지방자치단체와의 간에 공법상 근무관계가 있다는 사실을 알고, 또한 일반인이 당해 공무원의 불법행위가 국가 또는 지방자치단체의 직무를 집행함에 있어서 행해진 것이라고 판단하기에 족한 사실까지도 인식하는 것을 의미한다. 대법원 1989. 11. 14. 선고 88다카32500 판결

• 다만, 소멸시효의 주장이 권리남용에 해당하거나 신의성실의 원칙에 반하는 경우에는 국가배상청구권은 시효로 소멸하지 않는다(대법원 2008. 5. 29. 선고 2004다33469 판결).

판례

불법구금이나 고문을 당하고 공판절차에서 유죄 확정판결을 받았으며 수사관들을 직권남용, 감금 등 혐의로 고소하였으나 '혐의 없음' 결정까지 받은 경우 재심절차에서 무죄판결이 확정될 때까지는 국가를 상대로 불법구금이나 고문을 원인으로 한 손해배상청구를 할 것을 기대할 수 없는 장애사유가 있었다고 볼 수 있고, 그 원인을 국가가 제공했으므로 국가의 소멸시효 완성 주장은 신의성실의 원칙에 반하여 받아들일 수 없다. 대법원 2019. 1. 31. 선고 2016다258148 판결

VI 외국인에 대한 책임

• 국가배상법은 외국인이 피해자인 경우에는 해당 국가와 상호보증이 있을 때에만 적용한다. 19 소방, 24 국가, 24 지방

판례

상호보증은 외국의 법령, 판례 및 관례 등에 의하여 승인요건을 비교하여 인정되면 충분하고 반드시 당사국과 조약이 체결되어 있을 필요는 없으며, 해당 외국에서 구체적으로 우리나라의 같은 종류의 판결을 승인한 사례가 없다고 하더라도 실제로 승인할 것이라고 기대할 수 있을 정도이면 충분하다. 대법원 2017. 5. 30. 선고 2012다23832 판결

• 한편, 대한민국에 주둔하는 아메리카합중국 군대의 구성원, 고용원 또는 합중국 군대에 파견 근무하는 대한민국의 증원군대 구성원이 그 직무를 수행하면서 대한민국에서 대한민국 정부 외의 제3자에게 손해를 입힌 경우 및 합중국 군대 또는 합중국 군대에 파견 근무하는 대한민국의 증원군대가 점유·소유 또는 관리하는 토지의 공작물과 그 밖의 시설 또는 물건의 설치나 관리의 하자로 인하여 대한민국 정부 외의 제3자에게 손해를 입힌 경우에는 「국가배상법」에 따라 국가가 그 손해를 배상하여야 한다(주한미군민사법 제2조).

CHAPTER 02

행정상 손실보상

쟁점 98 행정상 손실보상 일반론

Ⅰ 의의

• 적법한 공권력 행사에 의해 국민에게 재산상 특별한 손해가 발생한 경우, 국가・지방자치단체 또는 공익사업의 주체가 재산권 보장 및 공평부담의 견지에서 이를 보상하는 것을 말한다.

Ⅱ 행정상 손실보상의 근거

1. 이론적 근거: 특별희생설(통설)

• 헌법상 기본권인 재산권의 보장과 공적부담 앞의 평등원칙을 그 이론적 근거로 한다. 17 지방

2. 실정법적 근거

(1) 헌법적 근거

• 헌법 제23조 제3항은 "공공필요에 의한 재산권의 수용・사용 또는 제한 및 그에 대한 보상은 법률로써 하되, 정당한 보상을 지급하여야 한다."라고 하여 손실보상에 대해 규정하고 있다. 14 서울

• 위 헌법규정은 보상청구권의 근거뿐만 아니라 보상의 기준과 방법에 관해서도 법률의 규정에 유보하고 있는 것으로 보아야 한다.

판례

헌법 제23조 제3항은 보상청구권의 근거에 관하여서 뿐만 아니라 보상의 기준과 방법에 관하여서도 법률의 규정에 유보하고 있는 것으로 보아야 한다. 대법원 1993. 7. 13. 선고 93누2131 판결 15 국회

(2) 개별법상 근거

• 손실보상에 대한 일반법은 존재하지 않는다.

• 「공익사업을 위한 토지 등의 취득 및 보상에 관한 법률」(토지보상법), 하천법 등 개별법에서 손실보상에 대해 규정하고 있다.

Ⅲ 존속보장과 가치보장

1. 존속보장

• 재산권자가 재산권을 보유하고 사용・수익・처분하는 것을 보장하는 것을 말한다.

• 존속보장의 실현제도로는 분리이론, 환매제도, 공용침해에서의 공공필요성 요건, 위법한 재산권 침해행위에 대한 취소소송 등이 있다.

공용수용이란 공공필요를 위하여 타인의 토지를 강제적으로 취득하는 것을, 공용사용이란 공공필요를 위하여 특정인의 토지 등 재산을 강제로 사용하는 것을, 공용제한이란 공공필요를 위하여 재산권에 대해 제한을 가하는 것을 각 의미한다.

2. 가치보장

- 공공필요에 의해 재산권에 대한 공권적 침해가 행해지는 경우에 재산권의 가치를 보장하기 위해 보상 등 가치보장조치를 취하는 것을 말한다.
- 가치보장의 실현제도로는 손실보상, 매수청구제도 등이 있다.

3. 존속보장과 가치보장의 관계

- 공공필요를 위해 공용침해가 행해지고 보상금이 지급되는 경우, 재산권의 존속보장은 가치보장으로 전환된다.

Ⅳ 경계이론과 분리이론

1. 쟁점의 정리

> 헌법 제23조
> ① 모든 국민의 재산권은 보장된다. 그 내용과 한계는 법률로 정한다.
> ② 재산권의 행사는 공공복리에 적합하도록 하여야 한다.
> ③ 공공필요에 의한 재산권의 수용·사용 또는 제한 및 그에 대한 보상은 법률로써 하되, 정당한 보상을 지급하여야 한다. 24 지방

- 헌법 제23조 제1항과 제2항은 재산권의 사회적 제약을 규정하고 있는데, 재산권을 제한하는 공행정작용이 사회적 제약으로 인정되는 경우 별도의 보상규정은 필요 없다.
- 헌법 제23조 제3항은 공용침해를 규정하고 있는데, 공행정작용이 공용침해로 인정되는 경우 반드시 보상규정이 필요하다.
- 이 때 재산권의 사회적 제약과 공용침해를 구분하는 기준이 무엇인지에 관하여 경계이론과 분리이론이 대립한다.
- 한편, 헌법 제23조 제1항의 규정이 재산권의 존속을 보호하는 것이라면 제23조 제3항의 수용제도를 통해 존속보장은 가치보장으로 변하게 된다. 17 지방

2. 경계이론

- 재산권의 사회적 제약이나 공용침해 모두 재산권에 대한 제한인 점에서 공통되므로 양자는 별개의 제도가 아니라고 한다.
- 양자는 오직 "재산권 제한의 정도"에 의해서만 구별되며, 보상이 필요 없는 정도의 재산권 제한은 사회적 제약으로, 보상이 필요한 정도의 재산권 제한은 공용침해로 본다.
- 재산권의 사회적 제약이 그 한계를 넘어서서 특별한 희생을 요구하는 것으로 평가되는 경우, 즉 경계를 넘어서는 경우 사회적 제약은 공용침해로 전환되어 보상이 필요하게 된다.
- 보상을 통한 재산권의 가치보장을 중시하는 견해이다.
- "보상이 필요해지는 경계(특별희생)"를 찾는 문제가 경계이론의 핵심이며, 이에 관해 형식적 기준설과 실질적 기준설의 대립이 있다.

3. 분리이론

- 재산권 제한의 방식은 처음부터 입법자의 의사에 따라 보상이 필요 없는 사회적 제약과 보상이 필요한 공용침해로 분리되므로 양자는 서로 다른 별개의 제도라고 한다.
- 재산권의 사회적 제약이 그 한계를 넘어서서 특별한 희생을 요구하는 것으로 평가되는 경우에도 사회적 제약이 공용침해로 전환되는 것은 아니고, 다만 비례의 원칙 위반으로 위헌이 된다.
- 재산권의 가치보장보다는 위헌적 침해의 금지 또는 폐지를 통한 존속보장을 강화하려는 입장에서 접근하는 견해이다. 15 국회

4. 판례의 태도: 분리이론

- 헌법재판소는 개발제한구역 사건에서 사회적 제약의 한계를 넘는 재산권의 제한을 공용침해의 문제로 보지 않고, 헌법 제23조 제1항 및 제2항의 재산권의 내용과 한계의 문제로 보아 비례의 원칙에 따라 위헌성을 판단함으로써, 분리이론을 취하고 있다.

판례

개발제한구역을 지정하여 그 안에서는 건축물의 건축 등을 할 수 없도록 하고 있는 도시계획법 제21조는 헌법 제23조 제1항, 제2항에 따라 토지재산권에 관한 권리와 의무를 일반·추상적으로 확정하는 규정으로서 재산권을 형성하는 규정인 동시에 공익적 요청에 따른 재산권의 사회적 제약을 구체화하는 규정인바, 토지재산권은 강한 사회성, 공공성을 지니고 있어 이에 대하여는 다른 재산권에 비하여 보다 강한 제한과 의무를 부과할 수 있으나, 그렇다고 하더라도 다른 기본권을 제한하는 입법과 마찬가지로 비례성원칙을 준수하여야 하고, 재산권의 본질적 내용인 사용·수익권과 처분권을 부인하여서는 아니 된다. 개발제한구역 지정으로 인하여 토지를 종래의 목적으로도 사용할 수 없거나 또는 더 이상 법적으로 허용된 토지이용의 방법이 없기 때문에 실질적으로 토지의 사용·수익의 길이 없는 경우에는 토지소유자가 수인해야 하는 사회적 제약의 한계를 넘는 것으로 보아야 한다.
도시계획법 제21조에 의한 재산권의 제한은 개발제한구역으로 지정된 토지를 원칙적으로 지정 당시의 지목과 토지현황에 의한 이용방법에 따라 사용할 수 있는 한, 재산권에 내재하는 사회적 제약을 비례의 원칙에 합치하게 합헌적으로 구체화한 것이라고 할 것이나, 종래의 지목과 토지현황에 의한 이용방법에 따른 토지의 사용도 할 수 없거나 실질적으로 사용·수익을 전혀 할 수 없는 예외적인 경우에도 아무런 보상 없이 이를 감수하도록 하고 있는 한, 비례의 원칙에 위반되어 당해 토지소유자의 재산권을 과도하게 침해하는 것으로서 헌법에 위반된다.
도시계획법 제21조에 규정된 개발제한구역제도 그 자체는 원칙적으로 합헌적인 규정인데, 다만 개발제한구역의 지정으로 말미암아 일부 토지소유자에게 사회적 제약의 범위를 넘는 가혹한 부담이 발생하는 예외적인 경우에 대하여 보상규정을 두지 않은 것에 위헌성이 있는 것이고, 보상의 구체적 기준과 방법은 헌법재판소가 결정할 성질의 것이 아니라 광범위한 입법형성권을 가진 입법자가 입법정책적으로 정할 사항이므로, 입법자가 보상입법을 마련함으로써 위헌적인 상태를 제거할 때까지 위 조항을 형식적으로 존속케 하기 위하여 헌법불합치결정을 하는 것인바, 입법자는 되도록 빠른 시일내에 보상입법을 하여 위헌적 상태를 제거할 의무가 있고, 행정청은 보상입법이 마련되기 전에는 새로 개발제한구역을 지정하여서는 아니되며, 토지소유자는 보상입법을 기다려 그에 따른 권리행사를 할 수 있을 뿐 개발제한구역의 지정이나 그에 따른 토지재산권의 제한 그 자체의 효력을 다투거나 위 조항에 위반하여 행한 자신들의 행위의 정당성을 주장할 수는 없다. 헌법재판소 1998. 12. 24. 선고 89헌마214 전원재판부 11 국가, 24 지방

분리이론은 사회적 제약과 공용침해를 입법의 목적 및 형식을 기준으로 구분한다. 즉 법률의 규정에 의한 재산권의 제한이 일반적인 공익을 위하여 일반적·추상적으로 재산권을 새롭게 정의하는 것인 경우에는 재산권의 사회적 제약에 해당하고, 재산권의 제한이 특정한 공익을 위하여 개별적·구체적으로 기존의 재산권을 박탈 내지 축소하려는 목적을 가진 것인 경우에는 공용침해에 해당한다.

개발제한구역의 지정으로 인하여 토지의 효용이 현저히 감소하거나 그 사용·수익이 사실상 불가능한 토지소유자에게 토지매수청구권을 인정하는 등 보상규정을 두고 있는 점에 비추어, 이 사건 특조법 조항이 토지재산권의 제한을 통하여 실현하고자 하는 공익의 비중과 이 사건 특조법 조항에 의하여 발생하는 토지재산권의 침해의 정도를 비교형량할 때 양자 사이에 적정한 비례관계가 성립한다고 보이므로 법익균형성도 충족된다. 따라서 개발제한구역내에서 건축물의 건축 및 용도변경 등의 행위를 제한하는 이 사건 특조법 조항이 비례의 원칙을 위반하여 청구인들의 재산권을 과도하게 침해한 것으로 보기 어렵다(주: 본문의 89헌마214 결정 이후 새로 제정된 「개발제한구역의 지정 및 관리에 관한 특별조치법」은 보상규정을 두었으므로 헌법에 위반되지 않는다고 본 사례). (헌법재판소 2004. 2. 26. 선고 2001헌바80 등 병합 전원재판부) 23 국가

도시정비법 제65조 제2항 전단에 따른 정비기반시설의 소유권 귀속은 헌법 제23조 제3항의 수용에 해당하지 않고, 이 사건 법률조항이 그에 대한 보상의 의미를 가지는 것도 아니므로, 이 사건 법률조항에 관하여 정당한 보상의 원칙이 적용될 여지가 없다. 헌법재판소 2013. 10. 24. 선고 2011헌바355 결정

PART 06

Ⅴ 행정상 손실보상의 요건

1. 공공의 필요

• 공공필요란 국민의 재산권을 그 의사에 반하여 강제적으로라도 취득해야 할 공익의 필요성을 말하는 것으로서, 그 필요성의 판단은 비례의 원칙에 따른다.

헌법 제37조
② 국민의 모든 자유와 권리는 국가안전보장·질서유지 또는 공공복리를 위하여 필요한 경우에 한하여 법률로써 제한할 수 있으며, 제한하는 경우에도 자유와 권리의 본질적인 내용을 침해할 수 없다.

판례

헌법 제23조 제3항에서 규정하고 있는 '공공필요'는 "국민의 재산권을 그 의사에 반하여 강제적으로라도 취득해야 할 공익적 필요성"으로서, '공공필요'의 개념은 '공익성'과 '필요성'이라는 요소로 구성되어 있다. 공익성은 추상적인 공익 일반 또는 국가의 이익 이상의 중대한 공익을 요구하므로 기본권 일반의 제한사유인 '공공복리'보다 좁게 보는 것이 타당하며, 공익성의 정도를 판단함에 있어서는 공용수용을 허용하고 있는 개별법의 입법목적, 사업내용, 사업이 입법목적에 이바지 하는 정도는 물론, 특히 그 사업이 대중을 상대로 하는 영업인 경우에는 그 사업 시설에 대한 대중의 이용·접근가능성도 아울러 고려하여야 한다. 헌법재판소 2014. 10. 30. 선고 2011헌바129 등 결정 17 국가

• 공공의 필요가 인정되면 사인을 위한 수용도 인정된다. 다만, 이 경우 사인에게 부당한 특혜가 주어지지 않도록 공익보장책이 공용침해 관련 법령에 마련되어야 한다.

판례

1. 우리 헌법상 수용의 주체를 국가로 한정한 바 없으므로 민간기업도 수용의 주체가 될 수 있고, 산업입지의 공급을 통해 산업발전을 촉진하여 국민경제의 발전에 이바지하고자 함에는 공공의 필요성 이 있으며, 피수용자에게 환매권이 보장되고 정당한 보상이 지급되며, 나아가 수용과정이 적법절차에 의해 규율되는 점에 비추어 볼 때 민간기업에게 산업단지개발사업에 필요한 토지 등을 수용할 수 있도록 규정한 산업입지 및 개발에 관한 법률 제22조 제1항은 헌법에 위반된다고 할 수 없다. 헌법재판소 2009. 9. 24. 선고 2007헌바114 결정 14 사복, 16 서울
2. 사업시행자가 사인인 경우에는 위와 같은 공익의 우월성이 인정되는 것 외에도 사인은 경제활동의 근본적인 목적이 이윤을 추구하는 일에 있으므로, 그 사업 시행으로 획득할 수 있는 공익이 현저히 해태되지 않도록 보장하는 제도적 규율도 갖추어져 있어야 한다. 헌법재판소 2014. 10. 30. 선고 2011헌바129 등 결정 17 국회

2. 재산권의 침해

(1) 재산권의 의의

• 헌법적 의미의 재산권이란 모든 재산가치 있는 구체적 권리를 말하는데, 경제적 가치가 있는 모든 공법상·사법상의 권리를 의미한다. 17 국가
• 다만, 법적 지위, 단순한 경제적 기회·기대이익·반사적 이익이나 기업활동의 사실적·법적여건 등은 재산권에 포함되지 않는다.

판례

1. 자신의 토지를 장래에 건축이나 개발목적으로 사용할 수 있으리라는 기대가능성이나 신뢰 및 이에 따른 지가상승의 기회는 원칙적으로 재산권의 보호범위에 속하지 않는다. 헌법재판소 1998. 12. 24. 선고 89헌마214 등 결정 11 사복
2. 이 사건 금연구역조항의 시행에 따라 흡연 고객이 이탈함으로써 청구인들의 영업이익이 감소된다고 하더라도, 이는 장래의 기대이익이나 영리획득의 기회에 손상을 입는 것에 지나지 않으므로, 이를 가리켜 헌법에 의해 보호되는 재산권의 침해라고 볼 수는 없다. 헌법재판소 2013. 6. 27. 선고 2011헌마315 등 결정 11 사복

3. 문화적, 학술적 가치는 특별한 사정이 없는 한 그 토지의 부동산으로서의 경제적, 재산적 가치를 높여 주는 것이 아니므로 토지수용법 제51조 소정의 손실보상의 대상이 될 수 없다. 대법원 1989. 9. 12. 선고 88누11216 판결

4. 토지수용법상의 사업인정 고시 이전에 건축되고 공공사업용지 내의 토지에 정착한 지장물인 건물은 통상 적법한 건축허가를 받았는지 여부에 관계없이 손실보상의 대상이 되나, 주거용 건물이 아닌 위법 건축물의 경우에는 관계 법령의 입법 취지와 그 법령에 위반된 행위에 대한 비난가능성과 위법성의 정도, 합법화될 가능성, 사회통념상 거래 객체가 되는지 여부 등을 종합하여 구체적·개별적으로 판단한 결과 그 위법의 정도가 관계 법령의 규정이나 사회통념상 용인할 수 없을 정도로 크고 객관적으로도 합법화될 가능성이 거의 없어 거래의 객체도 되지 아니하는 경우에는 예외적으로 수용보상 대상이 되지 아니한다. 대법원 2001. 4. 13. 선고 2000두6411 판결

(2) 재산권의 침해

- 여기서 말하는 재산권의 침해란 재산권에 대한 수용·사용·제한뿐만이 아니라 재산적 가치를 박탈·하락시키는 일체의 공행정작용을 의미한다.
- 재산권의 침해는 "법률로써" 이루어져야 하는데, 여기서 말하는 "법률로써"란 형식적 의미의 법률에 의하여 직접 수용이 이루어지는 "입법적 수용"과 법률에 근거한 행정처분에 의하여 이루어지는 "행정적 수용"을 의미한다. 11 사복

(3) 재산권 침해로 인한 손해의 발생

- 손해는 현실적으로 발생하여야 한다.

판례

손실보상은 공공필요에 의한 행정작용에 의하여 사인에게 발생한 특별한 희생에 대한 전보라는 점에서 그 사인에게 특별한 희생이 발생하여야 하는 것은 당연히 요구되는 것이고, 공유수면 매립면허의 고시가 있다고 하여 반드시 그 사업이 시행되고 그로 인하여 손실이 발생한다고 할 수 없으므로, 매립면허 고시 이후 매립공사가 실행되어 관행어업권자에게 실질적이고 현실적인 피해가 발생한 경우에만 공유수면매립법에서 정하는 손실보상청구권이 발생하였다고 할 것이다. 대법원 2010. 12. 9. 선고 2007두6571 판결 12 국가, 14 국회, 19 지방

- 공익사업과 손해 사이에 상당인과관계가 있어야 한다.

판례

산림 내에서의 토석채취허가는 산지관리법 소정의 토석채취제한지역에 속하는 경우에 허용되지 아니함은 물론이나 그에 해당하는 지역이 아니라 하여 반드시 허가하여야 하는 것으로 해석할 수는 없고 허가권자는 신청지 내의 임황과 지황 등의 사항 등에 비추어 국토 및 자연의 보전 등의 중대한 공익상 필요가 있을 때에는 재량으로 그 허가를 거부할 수 있으므로, 공익상의 필요가 있는 공익사업이 시행되어 토석채취허가를 연장받지 못하게 되었다고 하더라도 토석채취허가가 연장되지 않게 됨으로 인한 손실과 공익사업 사이에 상당인과관계가 있다고 할 수 없다. 대법원 2009. 6. 23. 선고 2009두2672 판결 18 서울

3. 침해의 적법성

- 손실보상은 적법한 침해가 있는 경우에만 인정된다.
- 불법한 공행정작용으로 인한 재산권 침해가 있는 경우 손실보상이 아닌 국가배상청구가 가능하다.

4. 특별한 희생(손해)

- 특별한 희생이란 재산권의 사회적 제약을 넘어서는 손해를 의미한다.
- 재산권의 침해로 인해 발생한 손해가 사회적 제약에 해당하는지 아니면 특별한 희생에 해당하는지 판단하는 기준이 문제되는데, 이에 관하여 형식적 기준설과 실질적 기준설이 대립한다.
- 통설과 판례는 양 견해가 제시하는 기준을 종합하여 판단하는 입장을 취하고 있다(복수기준설).

판례

1. 토지의 사적 이용권이 배제된 상태에서 토지소유자로 하여금 10년 이상을 아무런 보상 없이 수인하도록 하는 것은 공익실현의 관점에서도 정당화될 수 없는 과도한 제한으로서 헌법상의 재산권보장에 위배된다. 헌법재판소 1999. 10. 21. 선고 97헌바26 결정 11 서울
2. 일반 공중의 이용에 제공되는 공공용물에 대하여 특허 또는 허가를 받지 않고 하는 일반사용은 다른 개인의 자유이용과 국가 또는 지방자치단체 등의 공공목적을 위한 개발 또는 관리·보존행위를 방해하지 않는 범위 내에서만 허용된다 할 것이므로, 공공용물에 관하여 적법한 개발행위 등이 이루어짐으로 말미암아 이에 대한 일정범위의 사람들의 일반사용이 종전에 비하여 제한받게 되었다 하더라도 특별한 사정이 없는 한 그로 인한 불이익은 손실보상의 대상이 되는 특별한 손실에 해당한다고 할 수 없다. 대법원 2002. 2. 26. 선고 99다35300 판결 11 국가, 18 서울
3. 어업허가를 받거나 어업신고가 수리된 자가 갖는 어업에 대한 재산적 이익은 공유수면에서 자유로이 생존하는 수산동식물을 포획할 수 있는 지위로서 어업허가취득이나 수산동식물의 포획에 어떤 대가를 지불하는 것이 아니어서 일반 재산권처럼 보호가치가 확고하다고 보기 어려운 점 등을 종합하면, 구 수산업법 제81조 제1항 제1호 단서에서 허가·신고 어업에 대하여 '국방상 필요하다고 인정하여 국방부장관으로부터 요청이 있을 때'에는 '공익사업을 위한 토지 등의 취득 및 보상에 관한 법률 제4조의 공익사업상 필요한 때'와 달리 손실보상 없이 이를 제한할 수 있도록 정한 것이 재산권자가 수인하여야 하는 사회적 제약의 한계를 넘어 가혹한 부담을 발생시키는 등 비례의 원칙을 위반하였다고 보기 어려우므로 위 단서 조항이 헌법에 위배된다고 볼 수 없다. 대법원 2016. 5. 12. 선고 2013다62261 판결

5. 손실보상규정의 존재

- 손실보상청구권이 인정되기 위해서는 보상규정이 존재해야 한다.
- 보상규정의 흠결 시 권리구제방법이 문제되는데, 자세한 내용은 아래에서 후술하도록 한다.

VI 보상규정의 흠결 시 권리구제방법

1. 쟁점의 정리

- 적법한 공행정작용으로 인하여 국민의 재산권에 특별한 손해가 발생하였으나 개별법에 손실보상에 관한 규정이 없는 경우, 국민의 권리구제방법이 문제된다.

2. 학설의 태도

(1) 위헌무효설

- 헌법 제23조 제3항을 불가분조항으로 보는 전제하에, 법률이 재산권침해를 규정하면서 보상규정을 두지 않는 경우 그 법률은 위헌무효라고 한다. 17 지방
- 불가분조항이란 재산권침해의 근거가 되는 법률에 반드시 보상에 관한 규정도 두어야 한다는 것을 의미한다(즉, 침해규정과 보상규정이 같은 법률에 규정되어 있어야 함).

(2) 직접효력설

- 법률에 보상규정이 없는 경우에도 직접 헌법 제23조 제3항에 근거해 바로 보상을 청구할 수 있다고 한다.
- 직접효력설은 헌법 제23조 제3항을 불가분조항으로 보지 않는다. 17 국가

(3) 유추적용설

- 헌법 제23조 제1항 및 헌법 제11조(평등원칙)에 근거하여 헌법 제23조 제3항 및 관계규정의 유추적용을 통하여 보상을 청구할 수 있다고 한다.

(4) 보상입법부작위 위헌설

- 재산권침해의 법률이 보상규정을 두고 있지 않다고 하여 그 법률이 위헌이 되는 것은 아니고, 보상규정을 두지 않은 입법부작위가 위헌이라고 한다.

3. 판례의 태도

(1) 대법원

- 대법원은 공용침해로 인한 특별한 손해에 대해 보상규정이 없는 경우에 개별 법령상의 관련 보상규정을 유추적용하여 보상하는 입장을 취하고 있다(보상규정유추적용설).

판례

구 수산업법상 어업허가를 받고 허가어업에 종사하던 어민이 공유수면매립사업의 시행으로 피해를 입게 된 경우 헌법 제23조 제3항, 면허어업권자 내지는 입어자에 관한 손실보상을 규정한 구 공유수면매립법 제16조, 공공사업을 위한 토지 등의 취득 또는 사용으로 인하여 토지 등의 소유자가 입은 손실은 사업시행자가 이를 보상하여야 한다는 공공용지의 취득 및 손실보상에 관한 특례법 제3조 제1항 등의 규정을 유추적용하여 위와 같은 어민들에게 손실보상을 하여 줄 의무가 있다. 대법원 1999. 11. 23. 선고 98다11529 판결

- 손실보상의무를 이행하지 아니한 채 공익사업 등을 진행하여 국민의 재산권에 특별한 손해가 발생한 경우 불법행위가 된다고 하여 불법행위에 따른 손해배상청구를 인정한 경우도 있다.

판례

정당한 어업허가를 받고 공유수면매립사업지구 내에서 허가어업에 종사하고 있던 어민들에 대하여 손실보상을 할 의무가 있는 사업시행자가 손실보상의무를 이행하지 아니한 채 공유수면매립공사를 시행함으로써 실질적이고 현실적인 침해를 가한 때에는 불법행위를 구성하는 것이고, 이 경우 허가어업자들이 입게 되는 손해는 그 손실보상금 상당액이다. 대법원 1999. 11. 23. 선고 98다11529 판결 18 국회

> 공익사업의 시행자가 토지소유자와 관계인에게 보상액을 지급하지 않고 승낙도 받지 않은 채 공사에 착수함으로써 토지소유자와 관계인이 손해를 입은 경우, 토지소유자와 관계인에 대하여 불법행위가 성립할 수 있고, 사업시행자는 그로 인한 손해를 배상할 책임을 진다. (대법원 2021. 11. 11. 선고 2018다204022 판결)

- 최근에 판례는 보상 없이 타인의 토지를 점유·사용하는 것은 법률상 원인 없이 이득을 얻은 때에 해당하는 것으로 보아 부당이득반환의 법리를 적용한 경우도 있다.

판례

농지개량사업 시행지역 내의 토지 등 소유자가 토지사용에 관한 승낙을 하였더라도 그에 대한 정당한 보상을 받은 바가 없다면 농지개량사업 시행자는 토지 소유자 및 승계인에 대하여 보상할 의무가 있고, 그러한 보상 없이 타인의 토지를 점유·사용하는 것은 법률상 원인 없이 이득을 얻은 때에 해당한다. 대법원 2016. 6. 23. 선고 2016다206369 판결

PART 06

(2) 헌법재판소

• 헌법재판소는 군정법령에 의해 사설철도회사를 수용하고 조선철도의 통일폐지법률에 의하여 군정법령을 폐지하고 그 보상에 관하여 아무런 입법조치를 취하지 않은 입법부작위를 위헌이라고 본 적이 있다(헌법재판소 1994. 12. 29. 선고 89헌마2 전원재판부).

Ⅶ 손실보상청구권의 법적 성격

1. 학설의 태도 14 서울

(1) 공권설: 통설

• 손실보상의 원인행위가 공법적 작용이므로 그 효과로서 발생하는 손실보상청구권도 공권이다.

• 손실보상청구권에 관한 소송은 행정소송 중 당사자소송에 의하여야 한다.

(2) 사권설

• 손실보상의 원인행위가 공법적인 것이라 할지라도 그 효과인 손실보상은 사법상의 채권채무관계이므로 손실보상청구권은 사권이다.

• 손실보상청구권에 관한 소송은 민사소송에 의하여야 한다.

2. 판례의 태도 11 국가

(1) 종래의 태도: 사권설

• 종래 판례는 손실보상청구권을 사권으로 보아 이에 관한 소송을 민사소송에 의해 왔다.

(2) 변경된 태도: 공권설

• 최근 하천구역 편입토지에 대한 손실보상이 쟁점이 된 사건에서 손실보상청구권은 공법상의 권리이므로 이에 관한 소송은 당사자소송에 의하여야 한다고 하여 견해를 변경하였다.

판례

1. 하천구역 편입토지에 대한 손실보상청구권은 공법상의 권리임이 분명하고, 따라서 그 손실보상을 둘러싼 쟁송은 사인 간의 분쟁을 대상으로 하는 민사소송이 아니라 공법상의 법률관계를 대상으로 하는 행정소송절차에 의하여야 한다. 위 규정들에 의한 손실보상청구권은 1984. 12. 31. 전에 토지가 하천구역으로 된 경우에는 당연히 발생되는 것이지, 관리청의 보상금지급결정에 의하여 비로소 발생하는 것은 아니므로, 위 규정들에 의한 손실보상금의 지급을 구하거나 손실보상청구권의 확인을 구하는 소송은 행정소송법 제3조 제2호 소정의 당사자소송에 의하여야 한다. 대법원 2006. 5. 18. 선고 2004다6207 전원합의체 판결 14 지방, 14 국회, 16 지방, 17 지방, 18 서울, 24 지방
2. 구 공익사업을 위한 토지 등의 취득 및 보상에 관한 법률상의 농업손실보상청구권은 공익사업의 시행 등 적법한 공권력의 행사에 의한 재산상의 특별한 희생에 대하여 전체적인 공평부담의 견지에서 공익사업의 주체가 그 손해를 보상하여 주는 손실보상의 일종으로 공법상의 권리임이 분명하므로 그에 관한 쟁송은 민사소송이 아닌 행정소송절차에 의하여야 할 것이다. 대법원 2011. 10. 13. 선고 2009다43461 판결 17 사복
3. 공익사업을 위한 토지 등의 취득 및 보상에 관한 법률 시행규칙 제57조에 따른 사업폐지 등에 대한 보상청구권은 공익사업의 시행 등 적법한 공권력의 행사에 의한 재산상 특별한 희생에 대하여 전체적인 공평부담의 견지에서 공익사업의 주체가 손해를 보상하여 주는 손실보상의 일종으로 공법상 권리임이 분명하므로 그에 관한 쟁송은 민사소송이 아닌 행정소송절차에 의하여야 한다. 대법원 2012. 10. 11. 선고 2010다23210 판결 17 사복, 19 지방

그러나, 판례는 위 전원합의체 판결이 있은 이후에도 수산업법 제81조의 규정에 의한 손실보상청구권이나 손실보상 관련 법령의 유추적용에 의한 손실보상청구권의 법적 성질을 사권으로 보고 이들 권리는 민사소송의 방법으로 행사되어야 하는 것으로 본다(구 수산업법 제81조의 규정에 의한 손실보상청구권이나 손실보상 관련 법령의 유추적용에 의한 손실보상청구권의 행사방법을 민사소송으로 본 사례). (대법원 2014. 5. 29. 선고 2013두12478 판결)

쟁점 99 행정상 손실보상의 기준과 내용

Ⅰ 손실보상의 일반적 기준: 정당한 보상

1. 쟁점의 정리

- 헌법 제23조 제3항은 "공공필요에 의한 재산권의 수용·사용 또는 제한 및 그에 대한 보상은 법률로써 하되, 정당한 보상을 지급하여야 한다."라고 하여 손실보상의 일반적 기준으로서 "정당한 보상"을 규정하고 있다.
- 정당한 보상의 의미에 관하여 견해의 대립이 있다.

2. 학설의 태도

(1) 완전보상설: 통설

- 정당한 보상이란 공용제한 등으로 인해 발생한 손실 전부에 대한 보상을 의미한다.
- 다만, 정신적 손해와 개발이익은 완전보상에 포함되지 않는다고 한다.

(2) 상당보상설

- 정당한 보상이란 사회통념상 객관적으로 상당하다고 여겨지는 보상을 의미한다.
- 따라서 정당한 보상은 완전보상을 하회할 수도 있다.

3. 판례의 태도: 완전보상설

- 통설과 마찬가지로 정당한 보상은 완전한 보상을 의미한다고 보며, 여기에는 개발이익은 포함되지 않는다고 한다.

판례

헌법이 규정한 '정당한 보상'이란 원칙적으로 피수용재산의 객관적인 재산가치를 완전하게 보상하는 것이어야 한다는 완전보상을 뜻하는 것으로서 보상금액 뿐만 아니라 보상의 시기나 방법 등에 있어서도 어떠한 제한을 두어서는 아니 된다는 것을 의미한다고 할 것이다. 19 소방
개발이익은 그 성질상 완전보상의 범위에 포함되는 피수용자의 손실이라고는 볼 수 없으므로, 개발이익을 배제하고 손실보상액을 산정한다 하여 헌법이 규정한 정당보상의 원리에 어긋나는 것이라고는 판단되지 않는다. 헌법재판소 1990. 6. 25. 선고 89헌마107 결정 12, 지방, 16 서울

Ⅱ 공익사업을 위한 토지 등의 취득 및 보상에 관한 법률

1. 공익사업을 위한 토지취득 및 보상의 절차

(1) 토지조서 및 물건조서의 작성(토지보상법 제14조)

- 사업시행자는 공익사업의 수행을 위하여 제20조에 따른 사업인정 전에 협의에 의한 토지 등의 취득 또는 사용이 필요할 때에는 토지조서와 물건조서를 작성하여 서명 또는 날인을 하고 토지소유자와 관계인의 서명 또는 날인을 받아야 한다.

(2) **보상계획의 공고 · 통지 및 열람(토지보상법 제15조)**

- 사업시행자는 제14조에 따라 토지조서와 물건조서를 작성하였을 때에는 공익사업의 개요, 토지조서 및 물건조서의 내용과 보상의 시기 · 방법 및 절차 등이 포함된 보상계획을 전국을 보급지역으로 하는 일간신문에 공고하고, 토지소유자 및 관계인에게 각각 통지하여야 하며, 제2항 단서에 따라 열람을 의뢰하는 사업시행자를 제외하고는 특별자치도지사, 시장 · 군수 또는 구청장에게도 통지하여야 한다.

(3) **협의 및 계약의 체결(토지보상법 제16조 및 제17조)**

- 사업시행자는 토지 등에 대한 보상에 관하여 토지소유자 및 관계인과 성실하게 협의하여야 하며, 협의의 절차 및 방법 등 협의에 필요한 사항은 대통령령으로 정한다.
- 사업시행자는 제16조에 따른 협의가 성립되었을 때에는 토지소유자 및 관계인과 계약을 체결하여야 한다.

(4) **사업인정(토지보상법 제19조 및 제20조)**

- 사업시행자는 공익사업의 수행을 위하여 필요하면 토지보상법에서 정하는 바에 따라 토지 등을 수용하거나 사용할 수 있다.
- 사업시행자는 제19조에 따라 토지 등을 수용하거나 사용하려면 대통령령으로 정하는 바에 따라 국토교통부장관의 사업인정을 받아야 한다.

판례

사업인정이란 공익사업을 토지 등을 수용 또는 사용할 사업으로 결정하는 것으로서 공익사업의 시행자에게 그 후 일정한 절차를 거칠 것을 조건으로 일정한 내용의 수용권을 설정하여 주는 형성행위이므로, 해당 사업이 외형상 토지 등을 수용 또는 사용할 수 있는 사업에 해당한다고 하더라도 사업인정기관으로서는 그 사업이 공용수용을 할 만한 공익성이 있는지의 여부와 공익성이 있는 경우에도 그 사업의 내용과 방법에 관하여 사업인정에 관련된 자들의 이익을 공익과 사익 사이에서는 물론, 공익 상호간 및 사익 상호간에도 정당하게 비교 · 교량하여야 하고, 그 비교 · 교량은 비례의 원칙에 적합하도록 하여야 한다. 그뿐만 아니라 해당 공익사업을 수행하여 공익을 실현할 의사나 능력이 없는 자에게 타인의 재산권을 공권력적 · 강제적으로 박탈할 수 있는 수용권을 설정하여 줄 수는 없으므로, 사업시행자에게 해당 공익사업을 수행할 의사와 능력이 있어야 한다는 것도 사업인정의 한 요건이라고 보아야 한다. 대법원 2011. 1. 27. 선고 2009두1051 판결 23 지방

(5) **(사업인정 후) 협의(토지보상법 제26조)**

- 제20조에 따른 사업인정을 받은 사업시행자는 토지조서 및 물건조서의 작성, 보상계획의 공고 · 통지 및 열람, 보상액의 산정과 토지소유자 및 관계인과의 협의 절차를 거쳐야 한다. 이 경우 제14조부터 제16조까지 및 제68조를 준용한다.

(6) **수용재결(토지보상법 제28조 및 제30조 내지 제39조)**

- 제26조에 따른 협의가 성립되지 아니하거나 협의를 할 수 없을 때에는 사업시행자는 사업인정고시가 된 날부터 1년 이내에 대통령령으로 정하는 바에 따라 관할 토지수용위원회에 재결을 신청할 수 있다. 19 국회
- 사업인정고시가 된 후 협의가 성립되지 아니하였을 때에는 토지소유자와 관계인은 대통령령으로 정하는 바에 따라 서면으로 사업시행자에게 재결을 신청할 것을 청구할 수 있다. 19 국회

사업인정고시는 수용재결절차로 나아가 강제적인 방식으로 토지소유자나 관계인의 권리를 취득 · 보상하기 위한 절차적 요건에 지나지 않고 영업손실보상의 요건이 아니다. 토지보상법령도 반드시 사업인정이나 수용이 전제되어야 영업손실 보상의무가 발생한다고 규정하고 있지 않다. 따라서 피고가 시행하는 사업이 토지보상법상 공익사업에 해당하고 원고들의 영업이 해당 공익사업으로 폐업하거나 휴업하게 된 것이어서 토지보상법령에서 정한 영업손실 보상대상에 해당하면, 사업인정고시가 없더라도 피고는 원고들에게 영업손실을 보상할 의무가 있다. (대법원 2021. 11. 11. 선고 2018다204022 판결)

사업시행자가 사업인정을 받은 후 그 사업이 공용수용을 할 만한 공익성을 상실하거나 사업인정에 관련된 자들의 이익이 현저히 비례의 원칙에 어긋나게 된 경우 또는 사업시행자가 해당 공익사업을 수행할 의사나 능력을 상실하였음에도 여전히 그 사업인정에 기하여 수용권을 행사하는 것은 수용권의 공익 목적에 반하는 수용권의 남용에 해당하여 허용되지 않는다. (대법원 2011. 1. 27. 선고 2009두1051 판결)

토지보상법 제23조(사업인정의 실효)
① 사업시행자가 사업인정의 고시가 된 날부터 1년 이내에 제28조 제1항에 따른 재결신청을 하지 아니한 경우에는 사업인정고시가 된 날부터 1년이 되는 날의 다음 날에 사업인정은 그 효력을 상실한다.
② 사업시행자는 제1항에 따라 사업인정이 실효됨으로 인하여 토지소유자나 관계인이 입은 손실을 보상하여야 한다. 19 국회

(7) **보상금의 지급(토지보상법 제40조)**

- 사업시행자는 제38조 또는 제39조에 따른 사용의 경우를 제외하고는 수용 또는 사용의 개시일(토지수용위원회가 재결로써 결정한 수용 또는 사용을 시작하는 날을 말한다)까지 관할 토지수용위원회가 재결한 보상금을 지급하여야 한다.

(8) **불복절차**

- 수용재결에 대한 불복절차로는 행정심판의 성질을 갖는 이의신청과 행정소송이 있다(자세한 내용은 후술함).

2. 보상대상자

- 보상의 대상이 되는 자는 공익사업에 필요한 토지의 소유자 및 관계인이다.
- 관계인이란 대상 토지에 관하여 소유권 이외의 권리를 가진 자 또는 그 토지에 있는 물건에 관하여 소유권이나 그 밖의 권리를 가진 자를 말한다.

판례

공익사업을 위한 토지 등의 취득 및 보상에 관한 법률상 보상 대상이 되는 '기타 토지에 정착한 물건에 대한 소유권 그 밖의 권리를 가진 관계인'에는 수거·철거권 등 실질적 처분권을 가진 자도 포함된다.
대법원 2019. 4. 11. 선고 2018다277419 판결

3. 보상주체

- 보상을 해야 하는 주체는 공익사업을 수행하는 자인 사업시행자이다.

Ⅲ 재산권 보상

1. 의의

- 재산권 보상이란 피침해재산의 객관적 가치의 보상과 공용침해로 필연적으로 발생된 부대적 손실(영업손실, 시설이전비용 등)의 보상을 의미한다.

2. 보상액 산정 기준

(1) **가격시점**

- 보상액의 산정은 협의에 의한 경우에는 협의 성립 당시의 가격을, 재결에 의한 경우에는 수용 또는 사용의 재결 당시의 가격을 기준으로 한다(토지보상법 제67조 제1항). 17 서울

(2) **토지의 가격기준**

- 협의나 재결에 의하여 취득하는 재산이 토지인 경우, 공시지가(표준지공시지가)를 기준으로 하여 보상한다(토지보상법 제70조 제1항).

판례

관계 법령에 따라 보상액을 산정한 결과 그 보상액이 당해 토지의 개별공시지가를 기준으로 하여 산정한 지가보다 저렴하게 되었다는 사정만으로 그 보상액 산정이 잘못되어 위법한 것이라고 할 수는 없다. 대법원 2002. 3. 29. 선고 2000두10106 판결 16 서울

PART 06

- 토지에 대한 보상액은 가격시점에서의 현실적인 이용 상황과 일반적인 이용방법에 의한 객관적 상황을 고려하여 산정하되, 일시적인 이용 상황과 토지소유자나 관계인이 갖는 주관적 가치 및 특별한 용도에 사용할 것을 전제로 한 경우 등은 고려하지 아니한다(토지보상법 제70조 제2항).

3. 개발이익의 배제

(1) 의의

- 개발이익이란 공익사업의 시행으로 인하여 발생한 지가 등의 상승을 의미하는데, 이와 같은 이익은 피수용자인 토지소유자의 노력이나 자본에 의하여 발생한 것이 아니라는 점에서 보상액의 산정에서 배제해야 한다는 것이 일반적인 견해이다.

(2) 판례의 태도

- 판례 또한 개발이익을 보상액 산정에서 배제하는 것이 헌법상 정당보상의 원칙에 위배되는 것은 아니라고 본다.
- 다만 당해 공공사업과 관계없는 다른 사업의 시행으로 인한 개발이익은 이를 배제하지 않고 포함한 가격으로 평가하여야 한다. 19 소방

판례

1. 당해 수용사업의 시행으로 인한 개발이익은 수용대상토지의 수용당시의 객관적 가치에 포함되지 아니하는 것이므로 위 규정에 의하여 손실보상액 산정의 기준이 되는 지가공시 및 토지 등의 평가에 관한 법률에 의한 공시지가에 당해 수용사업의 시행으로 인한 개발이익이 포함되어 있을 경우에는 그 공시지가에서 그러한 개발이익을 배제한 다음 이를 기준으로 하여 손실보상액을 평가하고, 반대로 그 공시지가가 당해 수용사업의 시행으로 지가가 동결된 관계로 개발이익을 배제한 자연적인 지가상승분도 반영하지 못한 경우에는 그 자연적인 지가상승율을 산출하여 이를 기타사항으로 참작하여 손실보상액을 평가하는 것이 정당보상의 원리에 합당하다. 대법원 1993. 7. 27. 선고 92누11084 판결 11 지방
2. 개발이익은 그 성질상 완전보상의 범위에 포함되는 피수용자의 손실이라고는 볼 수 없으므로, 개발이익을 배제하고 손실보상액을 산정한다 하여 헌법이 규정한 정당보상의 원리에 어긋나는 것이라고는 판단되지 않는다. 헌법재판소 1990. 6. 25. 선고 89헌마107 결정 16 서울
3. 수용 대상 토지의 보상액을 산정함에 있어 해당 공익사업의 시행을 직접 목적으로 하는 계획의 승인, 고시로 인한 가격변동은 이를 고려함이 없이 재결 당시의 가격을 기준으로 하여 적정가격을 정하여야 하나, 해당 공익사업과는 관계없는 다른 사업의 시행으로 인한 개발이익은 이를 포함한 가격으로 평가하여야 하고, 개발이익이 해당 공익사업의 사업인정고시일 후에 발생한 경우에도 마찬가지이다. 대법원 2014. 2. 27. 선고 2013두21182 판결

공법상의 제한을 받는 토지의 수용보상액을 산정함에 있어서는 그 공법상의 제한이 당해 공공사업의 시행을 직접 목적으로 하여 가하여진 경우에는 그 제한을 받지 아니하는 상태대로 평가하여야 할 것이지만, 공법상 제한이 당해 공공사업의 시행을 직접 목적으로 하여 가하여진 경우가 아니라면 그러한 제한을 받는 상태 그대로 평가하여야 하고, 그와 같은 제한이 당해 공공사업의 시행 이후에 가하여진 경우라고 하여 달리 볼 것은 아니다. (대법원 2005. 2. 18. 선고 2003두14222 판결)

(3) 토지보상법의 내용

- 보상액을 산정할 경우에 해당 공익사업으로 인하여 토지 등의 가격이 변동되었을 때에는 이를 고려하지 아니한다(토지보상법 제67조 제2항). 17 서울

판례

토지수용 보상액을 산정함에 있어서는 토지수용법 제46조 제1항에 따라 당해 공공사업의 시행을 직접 목적으로 하는 계획의 승인·고시로 인한 가격변동은 이를 고려함이 없이 수용재결 당시의 가격을 기준으로 하여 정하여야 할 것이므로, 당해 사업인 택지개발사업에 대한 실시계획의 승인과 더불어 그 용도지역이 주거지역으로 변경된 토지를 그 사업의 시행을 위하여 후에 수용하였다면 그 재결을 위한 평가를 함에 있어서는 그 용도지역의 변경을 고려함이 없이 평가하여야 할 것이다. 대법원 1999. 3. 23. 선고 98두13850 판결 13 국가

- 사업인정 전 협의에 의한 취득의 경우에 공시지가는 해당 토지의 가격시점 당시 공시된 공시지가 중 가격시점과 가장 가까운 시점에 공시된 공시지가로 한다(토지보상법 제70조 제3항).
- 사업인정 후의 취득의 경우에 공시지가는 사업인정고시일 전의 시점을 공시기준일로 하는 공시지가로서, 해당 토지에 관한 협의의 성립 또는 재결 당시 공시된 공시지가 중 그 사업인정고시일과 가장 가까운 시점에 공시된 공시지가로 한다(토지보상법 제70조 제4항).

4. 부대적 손실의 보상(토지보상법 제73조 내지 제77조)

- 토지보상법은 수용의 대상이 된 재산권의 객관적 가치뿐만 아니라 그 과정에서 필연적으로 발생한 부대적 손실에 관한 보상도 규정하고 있다.
- 구체적으로, 잔여지 또는 잔여건축물의 손실(토지보상법 제73조), 건축물 등의 이전비용(토지보상법 제75조), 광업권 등 권리에 관한 투자비용(토지보상법 제76조), 농업의 손실(토지보상법 제77조), 임금손실(토지보상법 제77조) 등에 대하여 규정하고 있다.
- 특히 "영업을 폐지하거나 휴업함에 따른 영업손실에 대하여는 영업이익과 시설의 이전비용 등을 고려하여 보상하여야 한다."라고 하여 영업손실에 대하여도 규정하고 있다(토지보상법 제77조).

> 하천법 제50조에 의한 하천수 사용권은 공익사업을 위한 토지 등의 취득 및 보상에 관한 법률 제76조 제1항이 손실보상의 대상으로 규정하고 있는 '물의 사용에 관한 권리'에 해당한다. (대법원 2018. 12. 27. 선고 2014두11601 판결) 23 지방

판례

1. 공익사업시행지구 밖 영업손실보상의 요건인 '공익사업의 시행으로 인한 그 밖의 부득이한 사유로 일정 기간 동안 휴업이 불가피한 경우'란 공익사업의 시행 또는 시행 당시 발생한 사유로 휴업이 불가피한 경우만을 의미하는 것이 아니라 공익사업의 시행 결과, 즉 그 공익사업의 시행으로 설치되는 시설의 형태·구조·사용 등에 기인하여 휴업이 불가피한 경우도 포함된다고 해석함이 타당하다. 대법원 2019. 11. 28. 선고 2018두227 판결
2. 구 토지수용법 제51조가 규정하고 있는 '영업상의 손실'이란 수용의 대상이 된 토지·건물 등을 이용하여 영업을 하다가 그 토지·건물 등이 수용됨으로 인하여 영업을 할 수 없거나 제한을 받게 됨으로 인하여 생기는 직접적인 손실을 말하는 것이므로 수용재결 이전의 사업인정고시 등 절차의 진행으로 입은 영업상의 손실에 대한 보상의 근거 규정이 될 수 없다.
   사업시행자가 수용재결에 의한 수용의 효력이 발생하기 전에 공사에 착수하고 진입 도로를 차단하는 등 사업을 시행함으로 인하여 영업상의 피해를 입은 사실이 있다고 하더라도, 이를 이유로 하여 사업시행자에 대하여 민사상의 손해배상이나 부당이득의 반환을 구함은 별론으로 하고 그에 대한 손실보상을 구할 수는 없다. 대법원 2005. 7. 29. 선고 2003두2311 판결
3. 구 토지수용법 제51조가 규정하고 있는 '영업상의 손실'이란 수용의 대상이 된 토지·건물 등을 이용하여 영업을 하다가 그 토지·건물 등이 수용됨으로 인하여 영업을 할 수 없거나 제한을 받게 됨으로 인하여 생기는 직접적인 손실을 말하는 것이므로 위 규정은 영업을 하기 위하여 투자한 비용이나 그 영업을 통하여 얻을 것으로 기대되는 이익에 대한 손실보상의 근거규정이 될 수 없다. 대법원 2006. 1. 27. 선고 2003두13106 판결 24 국가
4. 영업손실에 관한 보상에 있어 영업의 폐지로 볼 것인지 아니면 영업의 휴업으로 볼 것인지를 구별하는 기준은 당해 영업을 그 영업소 소재지나 인접 시·군 또는 구 지역 안의 다른 장소로 이전하는 것이 가능한지의 여부에 달려 있다. 대법원 2001. 11. 13. 선고 2000두1003 판결
5. 체육시설업의 영업주체가 영업시설의 양도나 임대 등에 의하여 변경되었음에도 그에 관한 신고를 하지 않은 채 영업을 하던 중에 공익사업으로 영업을 폐지 또는 휴업하게 된 경우라 하더라도, 그 임차인 등의 영업을 보상대상에서 제외되는 위법한 영업이라고 할 것은 아니다. 따라서 그로 인한 영업손실에 대해서는 법령에 따른 정당한 보상이 이루어져야 마땅하다. 대법원 2012. 12. 13. 선고 2010두12842 판결 19 국회

> [전통시장 공영주차장 설치사업의 시행자인 갑 지방자치단체가 공익사업을 위한 토지 등의 취득 및 보상에 관한 법률(이하 '토지보상법'이라 한다)에 따른 사업인정 절차를 거치지 않고 위 사업부지의 소유자들로부터 토지와 건물을 매수하여 협의취득하였고, 위 토지상의 건물을 임차하여 영업한 을 등이 갑 지방자치단체에 영업손실 보상금을 지급해달라고 요청하였으나, 갑 지방자치단체가 아무런 보상 없이 위 사업을 시행하자, 을 등이 갑 지방자치단체를 상대로 영업손실 보상액 상당의 손해배상금과 정신적 손해에 대한 위자료 지급을 구한 사안에서] 위 사업은 지방자치단체인 갑이 공공용 시설인 공영주차장을 직접 설치하는 사업으로 토지보상법 제4조 제3호의 '공익사업'에 해당하고, 을 등의 각 영업이 위 사업으로 폐업하거나 휴업한 것이므로 사업인정고시가 없더라도 공익사업의 시행자인 갑 지방자치단체는 공사에 착수하기 전 을 등에게 영업손실 보상금을 지급할 의무가 있는데도 보상액을 지급하지 않고 공사에 착수하였으므로, 갑 지방자치단체는 을 등에게 그로 인한 손해를 배상할 책임이 있다고 본 사례. (대법원 2021. 11. 11. 선고 2018다204022 판결)

PART 06

5. 손실보상청구권 유무 판단의 기준시점

• 손실보상청구권의 유무를 판단할 기준시점은 공공사업의 시행 당시를 기준으로 한다.

판례

공공사업의 시행으로 손해를 입었다고 주장하는 자가 보상을 받을 권리를 가졌는지의 여부는 해당 공공사업의 시행 당시를 기준으로 판단하여야 하고, 그와 같은 공공사업의 시행에 관한 실시계획 승인과 그에 따른 고시가 된 이상 그 이후에 영업을 위하여 이루어진 각종 허가나 신고는 위와 같은 공공사업의 시행에 따른 제한이 이미 확정되어 있는 상태에서 이루어진 것으로 그 이후의 공공사업 시행으로 그 허가나 신고권자가 특별한 손실을 입게 되었다고는 볼 수 없다. 대법원 2002. 11. 26. 선고 2001다44352 판결

Ⅳ 간접손실 보상 : 사업시행지 밖 손실보상

1. 의의

• 간접손실이란 공익사업의 시행으로 인하여 간접적으로 사업시행지 밖의 재산권에 발생하는 손실을 말한다.

2. 법적 근거

• 헌법 제23조 제3항은 손실보상의 일반적 규정이므로 간접손실보상 또한 동 규정에 근거한다.
• 토지보상법 제79조 제2항은 "공익사업이 시행되는 지역 밖에 있는 토지 등이 공익사업의 시행으로 인하여 본래의 기능을 다할 수 없게 되는 경우에는 국토교통부령으로 정하는 바에 따라 그 손실을 보상하여야 한다."라고 하여 명문으로 간접손실보상을 인정하고 있다.

3. 요건

• 간접손실이 되기 위해서는 ① 사업시행지 이외의 토지소유자 등이 입은 손실이어야 하고, ② 그 손실이 공공사업의 시행으로 인하여 발생하리라는 것이 예견되어야 하며, ③ 손실의 범위가 구체적으로 특정될 수 있어야 한다.

4. 보상규정이 없는 경우 : 유추적용

• 개별법에서 보상규정을 두고 있지 않은 경우에도 손실의 발생을 쉽게 예견할 수 있고, 손실의 범위도 구체적으로 특정될 수 있다면 토지보상법 규정의 유추적용을 통해 간접손실보상을 인정할 수 있다는 것이 판례의 태도이다.

판례

공공사업의 시행 결과 그 공공사업의 시행이 기업지 밖에 미치는 간접손실에 관하여 그 피해자와 사업시행자 사이에 협의가 이루어지지 아니하고 그 보상에 관한 명문의 근거 법령이 없는 경우라고 하더라도, 공공사업의 시행으로 인하여 그러한 손실이 발생하리라는 것을 쉽게 예견할 수 있고 그 손실의 범위도 구체적으로 이를 특정할 수 있는 경우라면 그 손실의 보상에 관하여 공공용지의 취득 및 손실보상에 관한 특례법 시행규칙의 관련 규정 등을 유추적용할 수 있다고 해석함이 상당하다. 대법원 1999. 10. 8. 선고 99다27231 판결 15 국회

V 생활보상

1. 의의

- 생활보상이란 수용 등으로 인해 생활의 근거를 상실하게 되는 피수용자에게 물질적인 보상을 함으로써 이들이 종전과 같은 생활을 유지하는 것을 실질적으로 보장하는 보상을 말한다. 15 국회
- 재산권에 대한 금전보상의 한계를 극복하기 위해 등장하였다. 14 서울
- 생활보상의 대표적인 예로는 이주대책, 생활대책 등이 있다.

2. 헌법적 근거

(1) 쟁점의 정리

- 생활보상이 헌법 제23조 제3항의 "정당한 보상"에 포함되는 것인지 여부와 관련하여 긍정설과 부정설의 견해 대립이 있다.
- 생활보상이 정당한 보상에 포함되지 않는다고 보는 입장에서는 생활보상은 인간다운 생활을 할 권리를 규정한 헌법 제34조(사회적 기본권 또는 생존권적 기본권)에 근거를 둔다고 한다.
- 생활보상의 근거를 재산권의 보장을 규정한 헌법 제23조 제3항으로 보게 될 경우 공용수용 등을 하면서 생활보상을 시행하지 않는 때에는 재산권을 침해하는 것이 되어 위헌이 된다.
- 이와 달리 생활보상의 근거를 사회적 기본권을 규정한 헌법 제34조로 보게 될 경우 사회적 기본권은 국가의 재량에 따른 구체적인 입법이 있는 경우에만 보장되는 것이므로 설령 국가가 생활보상을 인정하는 입법을 하지 아니하였더라도 이는 입법자의 재량에 따른 것이므로 위헌이 아니게 된다.

(2) 대법원의 태도

- 생활보상의 구체적 내용에 따라 달리 판단하여 이주대책의 경우 헌법 제34조에 근거한다고 보나, 생활대책의 경우 헌법 제23조 제3항의 정당한 보상에 포함된다고 본다.

판례

1. 위 특례법상의 이주대책은 공공사업의 시행에 필요한 토지 등을 제공함으로 인하여 생활의 근거를 상실하게 되는 이주자들을 위하여 사업시행자가 '기본적인 생활시설이 포함된' 택지를 조성하거나 그 지상에 주택을 건설하여 이주자들에게 이를 '그 투입비용 원가만의 부담 하에' 개별 공급하는 것으로서, 그 본래의 취지에 있어 이주자들에 대하여 종전의 생활상태를 원상으로 회복시키면서 동시에 인간다운 생활을 보장하여 주기 위한 이른바 생활보상의 일환으로 국가의 적극적이고 정책적인 배려에 의하여 마련된 제도라 할 것이다. 대법원 2003. 7. 25. 선고 2001다57778 판결
2. 사업시행자 스스로 공익사업의 원활한 시행을 위하여 필요하다고 인정함으로써 생활대책을 수립·실시할 수 있도록 하는 내부규정을 두고 있고 내부규정에 따라 생활대책대상자 선정기준을 마련하여 생활대책을 수립·실시하는 경우에는, 이러한 생활대책 역시 "공공필요에 의한 재산권의 수용·사용 또는 제한 및 그에 대한 보상은 법률로써 하되, 정당한 보상을 지급하여야 한다."고 규정하고 있는 헌법 제23조 제3항에 따른 정당한 보상에 포함되는 것으로 보아야 한다. 대법원 2011. 10. 13. 선고 2008두17905 판결

(3) 헌법재판소의 태도

- 대법원과 달리 헌법재판소는 이주대책뿐만 아니라 생활대책도 헌법 제23조 제3항의 정당한 보상에 포함되지 않는다고 봄으로써 생활보상의 근거를 생존권적 기본권에서 찾고 있다.

판례

1. 이주대책은 헌법 제23조 제3항에 규정된 정당한 보상에 포함되는 것이라기보다는 이에 부가하여 이주자들에게 종전의 생활상태를 회복시키기 위한 생활보상의 일환으로서 국가의 정책적인 배려에 의하여 마련된 제도라고 볼 것이다. 헌법재판소 2006. 2. 23. 선고 2004헌마19 결정 14 사복, 18 교행
2. 생업의 근거를 상실하게 된 자에 대하여 일정 규모의 상업용지 또는 상가분양권 등을 공급하는 생활대책은 헌법 제23조 제3항에 규정된 정당한 보상에 포함되는 것이라기보다는 생활보상의 일환으로서 국가의 정책적인 배려에 의하여 마련된 제도이므로, 그 실시 여부는 입법자의 입법정책적 재량의 영역에 속한다. 이 사건 법률조항이 공익사업의 시행으로 인하여 농업 등을 계속할 수 없게 되어 이주하는 농민 등에 대한 생활대책 수립의무를 규정하고 있지 않다는 것만으로 재산권을 침해한다고 볼 수 없다. 헌법재판소 2013. 7. 25. 선고 2012헌바71 결정 14 지방

3. 이주대책

(1) 의의

- 공익사업의 시행으로 인하여 생활의 근거를 상실하게 되는 자를 종전과 같은 생활을 유지할 수 있도록 다른 지역으로 이주시키는 것을 말한다.

(2) 이주대책의 수립의무

- 토지보상법 제78조 제1항은 공익사업의 시행으로 인해 주거용 건축물을 제공함에 따라 생활의 근거를 상실하게 되는 자를 위하여 사업시행자에게 이주대책을 수립·실시해야 할 의무를 부과하고 있고, 이는 강행법규의 성질을 갖는다고 보는 것이 판례의 태도이다.

판례

사업시행자의 이주대책 수립·실시의무를 정하고 있는 구 공익사업법 제78조 제1항은 물론 이주대책의 내용에 관하여 규정하고 있는 같은 조 제4항 본문 역시 당사자의 합의 또는 사업시행자의 재량에 의하여 적용을 배제할 수 없는 강행법규이다. 대법원 2011. 6. 23. 선고 2007다63089, 63096 전원합의체 판결 19 소방

- 다만, 이주대책의 구체적인 내용을 결정함에 있어서는 사업시행자는 재량을 갖는다.

판례

사업시행자는 이주대책기준을 정하여 이주대책대상자 중에서 이주대책을 수립·실시하여야 할 자를 선정하여 그들에게 공급할 택지 또는 주택의 내용이나 수량을 정할 수 있고, 이를 정하는 데 재량을 가지므로, 이를 위해 사업시행자가 설정한 기준은 그것이 객관적으로 합리적이 아니라거나 타당하지 않다고 볼 만한 다른 특별한 사정이 없는 한 존중되어야 한다. 대법원 2009. 3. 12. 선고 2008두12610 판결 15 국회

> 이주대책은 공공사업의 시행으로 생활근거를 상실하게 되는 이주자에게 이주정착지의 택지를 분양하도록 하는 것이고, 사업시행자는 특별공급 주택의 수량, 특별공급대상자의 선정 등에 있어 재량을 가진다. (대법원 2007. 2. 22. 선고 2004두7481 판결)

- 한편, 이주대책은 헌법 제23조 제3항의 정당한 보상에 포함되는 것이 아닌 국가의 정책적인 배려에 의해 마련된 제도이므로, 그 실시 여부는 입법자의 입법정책적 재량의 영역에 속하고, 그 결과 이주대책의 대상자에서 세입자를 제외하더라도 그것이 세입자의 재산권을 침해하는 것은 아니다.

판례

이주대책은 헌법 제23조 제3항에 규정된 정당한 보상에 포함되는 것이라기보다는 이에 부가하여 이주자들에게 종전의 생활상태를 회복시키기 위한 생활보상의 일환으로서 국가의 정책적인 배려에 의하여 마련된 제도라고 볼 것이다. 따라서 이주대책의 실시 여부는 입법자의 입법정책적 재량의 영역에 속하므로 공익사업을 위한 토지 등의 취득 및 보상에 관한 법률 시행령 제40조 제3항 제3호가 이주대책의 대상자에서 세입자를 제외하고 있는 것이 세입자의 재산권을 침해하는 것이라 볼 수 없다. 헌법재판소 2006. 2. 23. 선고 2004헌마19 결정 11 사복, 15 국회

(3) 이주대책수립자

- 이주대책을 수립하는 자는 사업시행자이다.

(4) 이주대책대상자

① 법령이 정한 이주대책대상자

- 토지보상법상 이주대책의 대상이 되는 자는 "공익사업의 시행으로 인해 주거용 건축물을 제공함에 따라 생활의 근거를 상실하게 되거나 공장을 이전하는 자"이다.
- 대상자를 정하는 기준일은 "관계 법령에 따른 고시 등이 있은 날"이다.

판례

위 법 제78조 제1항에 정한 이주대책의 대상이 되는 주거용 건축물이란 위 시행령 제40조 제3항 제2호의 '공익사업을 위한 관계 법령에 의한 고시 등이 있은 날' 당시 건축물의 용도가 주거용인 건물을 의미한다고 해석되므로, 그 당시 주거용 건물이 아니었던 건물이 그 이후에 주거용으로 용도 변경된 경우에는 건축 허가를 받았는지 여부에 상관없이 수용재결 내지 협의계약 체결 당시 주거용으로 사용된 건물이라 할지라도 이주대책대상이 되는 주거용 건축물이 될 수 없다. 대법원 2009. 2. 26. 선고 2007두13340 판결 11 사복

② 시혜적인 이주대책대상자

- 사업시행자는 세입자와 같이 법상 이주대책대상자가 아닌 자도 임의로 이주대책대상자에 포함시킬 수 있다.
- 사업시행자의 이주대책대상자 확인·결정에 의하여 이주대책대상자에 포함된 세입자 등은 영구임대주택 입주권 등 이주대책을 청구할 권리를 가지며, 이를 거부한 것은 항고소송의 대상이 되는 거부처분이 된다.

(5) 이주대책대상자의 법적 지위: 수분양권의 취득시기 및 불복방법

- 이주대책대상자가 택지분양권이나 아파트 입주권과 같은 구체적인 수분양권을 언제 취득하는 것인지 문제된다.
- 판례는 이주자가 사업시행자에게 이주대책대상자 선정 신청을 하고 사업시행자가 이를 받아들여 이주대책대상자로 확인·결정하여야만 비로소 구체적인 수분양권이 발생한다고 본다.
- 따라서 사업시행자의 이주대책대상자 확인·결정은 행정처분에 해당하므로, 사업시행자가 선정 신청을 거부한 경우 사업시행자를 상대로 항고소송을 제기할 수 있다.

판례

같은 법 제8조 제1항이 사업시행자에게 이주대책의 수립·실시의무를 부과하고 있다고 하여 그 규정 자체만에 의하여 이주자에게 사업시행자가 수립한 이주대책상의 택지분양권이나 아파트 입주권 등을 받을 수 있는 구체적인 권리(수분양권)가 직접 발생하는 것이라고는 도저히 볼 수 없으며, 사업시행자가 이주대책에 관한 구체적인 계획을 수립하여 이를 해당자에게 통지 내지 공고한 후, 이주자가 수분양권을 취득하기를 희망하여 이주대책에 정한 절차에 따라 사업시행자에게 이주대책대상자 선정신청을 하고 사업시행자가 이를 받아들여 이주대책대상자로 확인·결정하여야만 비로소 구체적인 수분양권이 발생하게 된다. 11 사복, 15 국회

사업시행자가 하는 확인·결정은 곧 구체적인 이주대책상의 수분양권을 취득하기 위한 요건이 되는 행정작용으로서의 처분인 것이지, 결코 이를 단순히 절차상의 필요에 따른 사실행위에 불과한 것으로 평가할 수는 없다. 따라서 수분양권의 취득을 희망하는 이주자가 소정의 절차에 따라 이주대책대상자 선정신청을 한 데 대하여 사업시행자가 이주대책대상자가 아니라고 하여 위 확인·결정 등의 처분을 하지 않고 이를 제외시키거나 또는 거부조치한 경우에는, 이주자로서는 당연히 사업시행자를 상대로 항고소송에 의하여 그 제외처분 또는 거부처분의 취소를 구할 수 있다. 이러한 수분양권은 위와 같이 이주자가 이주대책을 수립·실시하는 사업시행자로부터 이주대책대상자로 확인·결정을 받음으로써 취득하게 되는 택지나 아파트 등을 분양받을 수 있는 공법상의 권리라고 할 것이므로, 이주자가 사업시행자에 대한 이주대책대상자 선정신청 및 이에 따른 확인·결정 등 절차를 밟지 아니하여 구체적인 수분양권을 아직 취득하지도 못한 상태에서 곧바로 분양의무의 주체를 상대방으로 하여 민사소송이나 공법상 당사자소송으로 이주대책상의 수분양권의 확인 등을 구하는 것은 허용될 수 없고, 나아가 그 공급대상인 택지나 아파트 등의 특정부분에 관하여 그 수분양권의 확인을 소구하는 것은 더더욱 불가능하다고 보아야 한다. 대법원 1994. 5. 24. 선고 92다35783 전원합의체 판결

> 도시 및 주거환경정비법에 의한 주택재개발·재건축 정비사업에서 사업 시행의 결과로 만들어지는 신축 주택에 관한 수분양자 지위나 수분양권은 조합원이 된 토지 등 소유자에게 분양신청만으로 당연히 인정되는 것이 아니라 도시 및 주거환경정비법 제76조 제1항 각호의 기준에 따라 수립되는 관리처분계획으로 비로소 정하여진다. 따라서 조합원은 자신의 분양신청 내용과 달리 관리처분계획이 수립되는 경우 관리처분계획의 취소 또는 무효확인을 항고소송의 방식으로 구할 수 있을 뿐이지, 곧바로 조합을 상대로 민사소송이나 공법상 당사자소송으로 수분양권의 확인을 구하는 것은 허용되지 않는다. 마찬가지로 조합원이 관리처분계획이 수립되기 전의 단계에서 조합을 상대로 구체적으로 정하여진 바도 없는 수분양권의 확인을 공법상 당사자소송의 방식으로 곧바로 구하는 것은 현존하는 권리·법률관계의 확인이 아닌 장래의 권리·법률관계의 확인을 구하는 것일 뿐만 아니라, 조합으로 하여금 특정한 내용으로 관리처분계획을 수립할 의무가 있음의 확인을 구하는 것이어서 현행 행정소송법상 허용되지 않는 의무확인소송에 해당하여 부적법하다. (대법원 2019. 12. 13. 선고 2019두39277 판결)

(6) 이주대책의 내용 및 비용부담(토지보상법 제78조 제4항)

- 이주대책의 내용에는 이주정착지에 대한 도로, 급수시설, 배수시설, 그 밖의 공공시설 등 통상적인 수준의 생활기본시설이 포함되어야 한다.
- 이주대책에 필요한 비용은 사업시행자가 부담한다. 다만, 행정청이 아닌 사업시행자가 이주대책을 수립·실시하는 경우에 지방자치단체는 비용의 일부를 보조할 수 있다. 15 지방

(7) 이주정착금 등의 지급

- 사업시행자는 이주대책을 수립·실시하지 아니하거나 이주대책대상자가 이주정착지가 아닌 다른 지역으로 이주하려는 경우 이주정착금을 지급하여야 한다(토지보상법 시행령 제41조).
- 주거용 건물의 거주자에 대하여는 주거 이전에 필요한 비용과 가재도구 등 동산의 운반에 필요한 비용을 산정하여 보상하여야 한다(토지보상법 제78조 제5항).

판례

주거이전비 보상청구권은 공법상의 권리로서 그 보상을 구하는 소송은 행정소송법상 당사자소송에 의하여야 하고, 소유자의 주거이전비 보상에 관하여 재결이 이루어진 다음 소유자가 다투는 경우에는 토지보상법 제85조에 규정된 행정소송을 제기하여야 한다. 대법원 2021. 8. 26. 선고 2019다235153 판결 24 지방

> 구 공익사업을 위한 토지 등의 취득 및 보상에 관한 법률 시행규칙 제54조 제2항의 '세입자(주: 주거이전비 청구권이 인정되는 세입자)'에는 주거용 건축물을 무상으로 사용하는 거주자도 포함된다고 봄이 타당하다. (대법원 2023. 7. 27. 선고 2022두44392 판결) 24 지방

4. 생활대책(생계대책)

(1) 의의

- 생활대책이란 종전과 같은 경제수준을 유지할 수 있도록 하는 조치를 말한다.
- 토지보상법은 이주대책과 달리 생활대책에 관해서는 명문의 규정을 두고 있지 않다.

(2) 생활대책대상자 제외 및 선정거부의 처분성

- 대법원 판례에 따르면 생활대책은 헌법 제23조 제3항의 정당한 보상에 포함되므로 생활대책대상자 선정기준에 해당하는 자는 사업시행자에게 대상자 선정 여부의 확인·결정을 신청할 수 있고, 이에 대한 사업시행자의 확인·결정은 항고소송의 대상이 되는 행정처분에 해당한다.

판례

토지보상법은 생활대책용지의 공급과 같이 공익사업 시행 이전과 같은 경제수준을 유지할 수 있도록 하는 내용의 생활대책에 관한 분명한 근거 규정을 두고 있지는 않으나, 사업시행자 스스로 공익사업의 원활한 시행을 위하여 필요하다고 인정함으로써 생활대책을 수립·실시할 수 있도록 하는 내부규정을 두고 있고 내부규정에 따라 생활대책대상자 선정기준을 마련하여 생활대책을 수립·실시하는 경우에는, 이러한 생활대책 역시 "공공필요에 의한 재산권의 수용·사용 또는 제한 및 그에 대한 보상은 법률로써 하되, 정당한 보상을 지급하여야 한다."고 규정하고 있는 헌법 제23조 제3항에 따른 정당한 보상에 포함되는 것으로 보아야 한다. 따라서 이러한 생활대책대상자 선정기준에 해당하는 자는 사업시행자에게 생활대책대상자 선정 여부의 확인·결정을 신청할 수 있는 권리를 가지는 것이어서, 만일 사업시행자가 그러한 자를 생활대책대상자에서 제외하거나 선정을 거부하면, 이러한 생활대책대상자 선정기준에 해당하는 자는 사업시행자를 상대로 항고소송을 제기할 수 있다고 보는 것이 타당하다. 대법원 2011. 10. 13. 선고 2008두17905 판결 15 국회

Ⅵ 확장수용

1. 의의

- 확장수용이란 일정한 사유로 인하여 공익사업에 필요한 토지 이외의 토지를 수용하는 것을 말한다.
- 공용사용에 대한 수용, 잔여지 등의 수용, 이전대상 물건의 수용 등이 있다.

2. 잔여지 등의 수용

(1) 의의

- 동일한 소유자에게 속하는 일단의 토지의 일부가 협의에 의하여 매수되거나 수용됨으로 인하여 잔여지를 종래의 목적에 사용하는 것이 현저히 곤란할 때에는 해당 토지소유자는 사업시행자에게 잔여지를 매수하여 줄 것을 청구할 수 있으며, 사업인정 이후에는 관할 토지수용위원회에 수용을 청구할 수 있다(토지보상법 제74조 제1항).

(2) 요건

- 종래의 목적이란 수용재결 당시에 당해 잔여지가 현실적으로 사용되고 있는 구체적인 용도를 의미한다.
- 사용하는 것이 현저히 곤란한 때란 물리적으로 사용하는 것이 불가능하게 된 경우는 물론 사회적·경제적으로 사용하는 것이 곤란하게 된 경우, 즉 절대적으로 이용 불가능한 경우만이 아니라 이용은 가능하나 많은 비용이 소요되는 경우를 포함한다.
- 잔여지를 종래의 목적에 사용하는 것이 현저히 곤란하게 된 직접적인 원인이 토지의 일부가 공익사업에 취득되거나 사용되었기 때문이어야 한다.

PART 06

판례

잔여지에 대하여 현실적 이용상황 변경 또는 사용가치 및 교환가치의 하락 등이 발생하였더라도, 그 손실이 토지의 일부가 공익사업에 취득되거나 사용됨으로 인하여 발생하는 것이 아니라면 특별한 사정이 없는 한 토지보상법 제73조 제1항 본문에 따른 잔여지 손실보상 대상에 해당한다고 볼 수 없다. 대법원 2017. 7. 11. 선고 2017두40860 판결

- 수용의 청구는 잔여지 매수에 관하여 토지소유자과 사업시행자 간에 협의가 성립되지 아니한 경우에만 할 수 있다(토지보상법 제74조 제1항 2문). 19 소방
- 수용청구의 의사표시는 관할 토지수용위원회에 하여야 한다.

판례

잔여지 수용청구의 의사표시는 관할 토지수용위원회에 하여야 하는 것으로서, 관할 토지수용위원회가 사업시행자에게 잔여지 수용청구의 의사표시를 수령할 권한을 부여하였다고 인정할 만한 사정이 없는 한, 사업시행자에게 한 잔여지 매수청구의 의사표시를 관할 토지수용위원회에 한 잔여지 수용청구의 의사표시로 볼 수는 없다. 대법원 2010. 8. 19. 선고 2008두822 판결 19 국회

(3) 수용청구권의 성질: 형성권

- 잔여지수용청구권은 그 요건을 구비한 경우 토지수용위원회의 특별한 조치를 기다릴 것 없이 청구에 의하여 수용의 효과가 발생하는 형성권적 성질을 가진다.

(4) 수용청구권의 행사기간

- 잔여지 수용청구는 해당 사업의 공사완료일까지 하여야 하고, 기간 내에 수용청구권을 행사하지 아니하면 권리가 소멸한다(제척기간). 19 소방

(5) 불복방법

- 토지소유자가 토지수용위원회의 결정에 대해 불복하는 경우, 항고소송을 제기해야 하는 것인지 아니면 당사자소송을 제기해야 하는 것인지 여부가 문제된다.
- 수용청구권은 형성권이므로 잔여지수용은 청구에 의해 수용의 효과가 발생하고 잔여지수용의 문제는 궁극적으로 보상금증감의 문제이므로 당사자소송인 보상금증감청구소송을 제기해야 하고 이때 피고는 토지수용위원회가 아닌 사업시행자가 된다는 것이 판례의 태도이다.

판례

구 '공익사업을 위한 토지 등의 취득 및 보상에 관한 법률' 제74조 제1항에 규정되어 있는 잔여지 수용청구권은 손실보상의 일환으로 토지소유자에게 부여되는 권리로서 그 요건을 구비한 때에는 잔여지를 수용하는 토지수용위원회의 재결이 없더라도 그 청구에 의하여 수용의 효과가 발생하는 형성권적 성질을 가지므로, 잔여지 수용청구를 받아들이지 않은 토지수용위원회의 재결에 대하여 토지소유자가 불복하여 제기하는 소송은 위 법 제85조 제2항에 규정되어 있는 '보상금의 증감에 관한 소송'에 해당하여 사업시행자를 피고로 하여야 한다. 대법원 2010. 8. 19. 선고 2008두822 판결 17 사복, 19 지방

- 한편 사업시행자가 토지수용위원회의 결정에 대해 불복하는 경우 또한 결과적으로 보상금의 수액을 다투는 것이므로 사업시행자는 토지소유자 또는 관계인을 피고로 하여 당사자소송인 보상금증감소송을 제기해야 한다.

3. 공용사용으로 인한 손실보상

- 사업인정고시가 된 후 토지를 사용하는 기간이 3년 이상인 경우, 토지의 사용으로 인하여 토지의 형질이 변경되는 경우, 사용하려는 토지에 그 토지소유자의 건축물이 있는 경우에는 해당 토지소유자는 사업시행자에게 해당 토지의 매수를 청구하거나 관할 토지수용위원회에 그 토지의 수용을 청구할 수 있다(토지보상법 제72조). 23 국가
- 이때 토지소유자가 가지는 수용청구권은 잔여지수용청구권의 경우와 마찬가지로 형성권의 성질을 갖는다.

판례

공익사업을 위한 토지 등의 취득 및 보상에 관한 법률 제72조의 문언, 연혁 및 취지 등에 비추어 보면, 위 규정이 정한 수용청구권은 토지보상법 제74조 제1항이 정한 잔여지 수용청구권과 같이 손실보상의 일환으로 토지소유자에게 부여되는 권리로서 그 청구에 의하여 수용효과가 생기는 형성권의 성질을 지니므로, 토지소유자의 토지수용청구를 받아들이지 아니한 토지수용위원회의 재결에 대하여 토지소유자가 불복하여 제기하는 소송은 토지보상법 제85조 제2항에 규정되어 있는 '보상금의 증감에 관한 소송'에 해당하고, 피고는 토지수용위원회가 아니라 사업시행자로 하여야 한다. 대법원 2015. 4. 9. 선고 2014두46669 판결

PART 06

쟁점 100 행정상 손실보상의 방법 및 불복절차

I 손실보상의 원칙

1. 사업시행자 보상(토지보상법 제61조)

- 공익사업에 필요한 토지 등의 취득 또는 사용으로 인하여 토지소유자나 관계인이 입은 손실은 사업시행자가 보상하여야 한다. 17 서울

2. 현금보상의 원칙(토지보상법 제63조)

- 손실보상은 다른 법률에 특별한 규정이 있는 경우를 제외하고는 현금으로 지급하여야 한다.
- 토지보상법상 현금보상 원칙의 예외로 채권보상이 있는데, 여기에는 사업시행자가 선택하는 임의적 채권보상과 토지투기를 막기 위하여 행해지는 의무적 채권보상이 있다.
- 개별법상 규정에 따라 현물보상이 이루어질 수도 있다.

3. 사전보상 및 전액보상의 원칙(토지보상법 제62조)

- 사업시행자는 해당 공익사업을 위한 공사에 착수하기 이전에 토지소유자와 관계인에게 보상액 전액을 지급하여야 한다.

4. 개인별보상의 원칙(토지보상법 제64조)

- 손실보상은 토지소유자나 관계인에게 개인별로 하여야 한다. 다만, 개인별로 보상액을 산정할 수 없을 때에는 그러하지 아니하다. 12 국가

5. 일괄보상(토지보상법 제65조)

- 사업시행자는 동일한 사업지역에 보상시기를 달리하는 동일인 소유의 토지 등이 여러 개 있는 경우 토지소유자나 관계인이 요구할 때에는 한꺼번에 보상금을 지급하도록 하여야 한다. 17 서울, 23 국가

6. 사업시행 이익과의 상계금지(토지보상법 제66조)

- 사업시행자는 동일한 소유자에게 속하는 일단의 토지의 일부를 취득하거나 사용하는 경우 해당 공익사업의 시행으로 인하여 잔여지의 가격이 증가하거나 그 밖의 이익이 발생한 경우에도 그 이익을 그 취득 또는 사용으로 인한 손실과 상계할 수 없다. 13 국가

II 보상액의 결정방법

1. 협의에 의한 결정: 협의전치주의

- 토지보상법은 협의전치주의를 취하고 있는바, 사업시행자는 토지 등에 대한 보상에 관하여 토지소유자 및 관계인과 성실하게 협의하여야 하고, 사업인정 후에도 다시 협의절차를 거쳐야 한다(토지보상법 제16조 및 제26조).

• 합의에 의해 계약이 체결된 경우 그 합의는 사법상 계약의 실질을 가지므로, 합의한 내용이 토지보상법상 기준에 맞지 않는다고 하더라도 추가로 토지보상법상 기준에 따른 손실보상금 청구를 할 수는 없다.

판례

토지보상법에 의한 보상합의는 공공기관이 사경제주체로서 행하는 사법상 계약의 실질을 가지는 것으로서, 당사자 간의 합의로 같은 법 소정의 손실보상의 기준에 의하지 아니한 손실보상금을 정할 수 있으며, 이와 같이 같은 법이 정하는 기준에 따르지 아니하고 손실보상액에 관한 합의를 하였다고 하더라도 그 합의가 착오 등을 이유로 적법하게 취소되지 않는 한 유효하다. 따라서 공익사업법에 의한 보상을 하면서 손실보상금에 관한 당사자 간의 합의가 성립하면 그 합의 내용대로 구속력이 있고, 손실보상금에 관한 합의 내용이 공익사업법에서 정하는 손실보상 기준에 맞지 않는다고 하더라도 합의가 적법하게 취소되는 등의 특별한 사정이 없는 한 추가로 공익사업법상 기준에 따른 손실보상금 청구를 할 수는 없다. 대법원 2013. 8. 22. 선고 2012다3517 판결 19 지방

• 사업시행자와 토지소유자 및 관계인 간에 토지보상법 제26조에 따른 절차를 거쳐 협의가 성립되었을 때에는 사업시행자는 관할 토지수용위원회에 협의 성립의 확인을 신청할 수 있고, 이에 따른 협의 성립의 확인은 수용재결로 보며, 사업시행자, 토지소유자 및 관계인은 그 확인된 협의의 성립이나 내용을 다툴 수 없다(토지보상법 제29조).
• 한편 수용재결이 있은 후라고 하더라도, 토지소유자 등과 사업시행자가 다시 협의하여 토지 등의 취득·사용 및 그에 대한 보상에 관하여 임의로 계약을 체결할 수 있다.

판례

토지수용위원회의 수용재결이 있은 후라고 하더라도 토지소유자 등과 사업시행자가 다시 협의하여 토지 등의 취득이나 사용 및 그에 대한 보상에 관하여 임의로 계약을 체결할 수 있다고 보아야 한다. 대법원 2017. 4. 13. 선고 2016두64241 판결

2. 행정청에 의한 결정 : 토지수용위원회의 재결

• 토지보상법 제26조에 따른 협의가 성립되지 아니하거나 협의를 할 수 없을 때에는 사업시행자는 사업인정고시가 된 날부터 1년 이내에 관할 토지수용위원회에 재결을 신청할 수 있다(토지보상법 제28조).

판례

'협의가 성립되지 아니한 때'에는 사업시행자가 토지소유자 등과 공익사업법 제26조에서 정한 협의절차를 거쳤으나 보상액 등에 관하여 협의가 성립하지 아니한 경우는 물론 토지소유자 등이 손실보상대상에 해당한다고 주장하며 보상을 요구하는데도 사업시행자가 손실보상대상에 해당하지 아니한다며 보상대상에서 이를 제외한 채 협의를 하지 않아 결국 협의가 성립하지 않은 경우도 포함된다. 대법원 2011. 7. 14. 선고 2011두2309 판결

• 토지소유자와 관계인은 직접 토지수용위원회에 재결을 신청할 수는 없고, 사업시행자에게 재결을 신청할 것을 서면으로 청구할 수 있다. 이 경우 사업시행자는 청구를 받은 날부터 60일 이내에 관할 토지수용위원회에 재결을 신청하여야 한다(토지보상법 제30조).

PART 06

판례

1. 공익사업을 위한 토지 등의 취득 및 보상에 관한 법률 제28조, 제30조에 따르면, 편입토지 보상, 지장물 보상, 영업·농업 보상에 관해서는 사업시행자만이 재결을 신청할 수 있고 토지소유자와 관계인은 사업시행자에게 재결신청을 청구하도록 규정하고 있으므로, 토지소유자나 관계인의 재결신청 청구에도 사업시행자가 재결신청을 하지 않을 때 토지소유자나 관계인은 사업시행자를 상대로 거부처분 취소소송 또는 부작위 위법확인소송의 방법으로 다투어야 한다. 구체적인 사안에서 토지소유자나 관계인의 재결신청 청구가 적법하여 사업시행자가 재결신청을 할 의무가 있는지는 본안에서 사업시행자의 거부처분이나 부작위가 적법한가를 판단하는 단계에서 고려할 요소이지, 소송요건 심사단계에서 고려할 요소가 아니다. 대법원 2019. 8. 29. 선고 2018두57865 판결
2. (문화재구역 내 토지 소유자 甲이 문화재청장에게 구 공익사업을 위한 토지 등의 취득 및 보상에 관한 법률 제30조 제1항에 의한 재결신청 청구를 하였으나, 문화재청장은 위 법 제30조 제2항에 따른 관할 토지수용위원회에 대한 재결신청 의무를 부담하지 않는다는 이유로 거부 회신을 받은 사안에서) 문화재보호법 제83조 제2항 및 구 공익사업법 제30조 제1항은 문화재청장이 문화재의 보존·관리를 위하여 필요하다고 인정하여 지정문화재나 보호구역에 있는 토지 등을 구 공익사업법에 따라 수용하거나 사용하는 경우에 비로소 적용되는데, 문화재청장이 토지조서 및 물건조서를 작성하는 등 위 토지에 대하여 구 공익사업법에 따른 수용절차를 개시한 바 없으므로, 甲에게 문화재청장으로 하여금 관할 토지수용위원회에 재결을 신청할 것을 청구할 법규상의 신청권이 인정된다고 할 수 없어, 위 회신은 항고소송의 대상이 되는 거부처분에 해당하지 않는다고 한 사례. 대법원 2014. 7. 10. 선고 2012두22966 판결

토지수용위원회의 재결에는 수용재결(수용 및 보상재결), 보상재결, 협의성립확인재결 등이 있고, 재결의 대상이 되는 사항으로는 수용하거나 사용할 토지의 구역 및 사용방법, 손실보상, 수용 또는 사용의 개시일과 기간 등이 있다.

- 토지수용위원회는 재결로써 수용 및 손실보상 등에 관한 사항을 결정한다. 토지수용위원회는 사업시행자, 토지소유자 또는 관계인이 신청한 범위에서 재결하여야 하는데, 다만 손실보상의 경우에는 증액재결을 할 수 있다(토지보상법 제50조). 11 국가

III 불복절차

1. 일반론

- 토지수용위원회의 재결에 대한 불복절차로는 특별행정심판의 성질을 갖는 이의신청과 행정소송이 있다.
- 토지보상법이 정한 재결절차와 그에 따른 불복절차를 거치지 않고 곧바로 사업시행자를 대상으로 손실보상을 청구할 수 있는지 문제되는데, 판례는 이를 부정한다.

판례

1. 토지소유자가 사업시행자로부터 공익사업법 제73조, 제75조의2에 따른 잔여지 또는 잔여 건축물 가격감소 등으로 인한 손실보상을 받기 위해서는 공익사업법 제34조, 제50조 등에 규정된 재결절차를 거친 다음 그 재결에 대하여 불복할 때 비로소 공익사업법 제83조 내지 제85조에 따라 권리구제를 받을 수 있을 뿐이며, 특별한 사정이 없는 한 이러한 재결절차를 거치지 않은 채 곧바로 사업시행자를 상대로 손실보상을 청구하는 것은 허용되지 않는다. 대법원 2014. 9. 25. 선고 2012두24092 판결 19 국회
2. 수용재결이 있은 후에 수용 대상 토지에 숨은 하자가 발견되는 때에는 불복기간이 경과되지 아니한 경우라면 공평의 견지에서 기업자는 그 하자를 이유로 재결에 대한 이의를 거쳐 손실보상금의 감액을 내세워 행정소송을 제기할 수 있다고 보는 것이 상당하나, 이러한 불복절차를 취하지 않음으로써 그 재결에 대하여 더 이상 다툴 수 없게 된 경우에는 기업자는 그 재결이 당연무효이거나 취소되지 않는 한 재결에서 정한 손실보상금의 산정에 있어서 위 하자가 반영되지 않았다는 이유로 민사소송절차로 토지소유자에게 부당이득의 반환을 구할 수는 없다. 대법원 2001. 1. 16. 선고 98다58511 판결

• 피보상자별로 어떤 토지, 물건, 권리 또는 영업이 손실보상대상에 해당하는지, 나아가 보상금액이 얼마인지를 심리·판단하는 기초 단위를 보상항목이라 하는데, 재결절차를 거쳤는지 여부는 보상항목별로 판단하여야 한다(대법원 2018. 7. 20. 선고 2015두4044 판결).

판례

하나의 재결에서 피보상자별로 여러 가지의 토지, 물건, 권리 또는 영업의 손실에 관하여 심리·판단이 이루어졌을 때, 피보상자 또는 사업시행자가 반드시 재결 전부에 관하여 불복하여야 하는 것은 아니며, 여러 보상항목들 중 일부에 관해서만 불복하는 경우에는 그 부분에 관해서만 개별적으로 불복의 사유를 주장하여 행정소송을 제기할 수 있다. 이러한 보상금 증감 소송에서 법원의 심판범위는 하나의 재결 내에서 소송당사자가 구체적으로 불복신청을 한 보상항목들로 제한된다.

법원이 구체적인 불복신청이 있는 보상항목들에 관해서 감정을 실시하는 등 심리한 결과, 재결에서 정한 보상금액이 일부 보상항목의 경우 과소하고 다른 보상항목의 경우 과다한 것으로 판명되었다면, 법원은 보상항목 상호 간의 유용을 허용하여 항목별로 과다 부분과 과소 부분을 합산하여 보상금의 합계액을 정당한 보상금으로 결정할 수 있다. 대법원 2018. 5. 15. 선고 2017두41221 판결

편입토지·물건 보상, 지장물 보상, 잔여 토지·건축물 손실보상 또는 수용청구의 경우에는 원칙적으로 개별물건별로 하나의 보상항목이 되지만, 잔여 영업시설 손실보상을 포함하는 영업손실보상의 경우에는 '전체적으로 단일한 시설 일체로서의 영업' 자체가 보상항목이 되고, 세부 영업시설이나 영업이익, 휴업기간 등은 영업손실보상금 산정에서 고려하는 요소에 불과하다. 그렇다면 영업의 단일성·동일성이 인정되는 범위에서 보상금 산정의 세부요소를 추가로 주장하는 것은 하나의 보상항목 내에서 허용되는 공격방법일 뿐이므로, 별도로 재결절차를 거쳐야 하는 것은 아니다. (대법원 2018. 7. 20. 선고 2015두4044 판결)

2. 이의신청

• 중앙토지수용위원회의 재결에 이의가 있는 자는 중앙토지수용위원회에 이의를 신청할 수 있고, 지방토지수용위원회의 재결에 이의가 있는 자는 해당 지방토지수용위원회를 거쳐 중앙토지수용위원회에 이의를 신청할 수 있다(토지보상법 제83조). 15 국회
• 이의의 신청은 재결서의 정본을 받은 날부터 30일 이내에 하여야 한다(토지보상법 제83조).
• 중앙토지수용위원회는 재결이 위법하거나 부당하다고 인정할 때에는 그 재결의 전부 또는 일부를 취소하거나 보상액을 변경할 수 있다(토지보상법 제84조).
• 토지보상법에 따른 행정소송의 제기기간 이내에 소송이 제기되지 아니하거나 그 밖의 사유로 이의신청에 대한 재결이 확정된 때에는 민사소송법상의 확정판결이 있은 것으로 보며, 재결서 정본은 집행력 있는 판결의 정본과 동일한 효력을 가진다(토지보상법 제86조).
• 이의신청은 행정심판으로서의 성질을 가지며, 임의적 절차에 불과하다. 따라서 재결에 불복하는 자는 이의신청절차를 거침이 없이 곧바로 행정소송을 제기할 수 있다(토지보상법 제85조). 22 국가
• 이의신청은 사업의 진행 및 토지의 수용 또는 사용을 정지시키지 아니한다(토지보상법 제88조). 22 국가

토지수용위원회의 수용재결에 대한 이의절차는 실질적으로 행정심판의 성질을 갖는 것이므로 토지수용법에 특별한 규정이 있는 것을 제외하고는 행정심판법의 규정이 적용된다고 할 것이다. 또한 토지수용법 제73조 및 제74조의 각 규정을 보면 수용재결에 대한 이의신청기간을 재결서정본송달일로부터 1월로 규정한 것 외에는 행정심판법 제42조 제1항 및 같은 법 제18조 제6항과 다른 내용의 특례를 규정하고 있지 않으므로, 재결서 정본을 송달함에 있어서 상대방에게 이의신청기간을 알리지 않았다면 행정심판법 제18조 제6항의 규정에 의하여 같은 조 제3항의 기간(주: 처분이 있었던 날부터 180일) 내에 이의신청을 할 수 있다고 보아야 할 것이다. (대법원 1992. 6. 9. 선고 92누565 판결)

3. 항고소송: 수용 자체를 다투는 경우 22 국가

• 사업시행자, 토지소유자 또는 관계인은 토지수용위원회의 재결에 불복할 때에는 재결서를 받은 날부터 90일 이내에, 이의신청을 거쳤을 때에는 이의신청에 대한 재결서를 받은 날부터 60일 이내에 각각 행정소송을 제기할 수 있다(토지보상법 제85조).
• 행정소송절차에는 행정소송법상 제소기간에 관한 규정은 적용되지 않는다. 13 국회
• 이의신청 후 이의재결에 불복하여 항고소송을 제기하는 경우, 소송의 대상은 이의재결이 아닌 원처분인 수용재결이 되며, 피고적격은 수용재결을 한 토지수용위원회가 갖는다(원처분주의).

판례

수용재결에 불복하여 취소소송을 제기하는 때에는 이의신청을 거친 경우에도 수용재결을 한 중앙토지수용위원회 또는 지방토지수용위원회를 피고로 하여 수용재결의 취소를 구하여야 하고, 다만 이의신청에 대한 재결 자체에 고유한 위법이 있음을 이유로 하는 경우에는 그 이의재결을 한 중앙토지수용위원회를 피고로 하여 이의재결의 취소를 구할 수 있다고 보아야 한다. 대법원 2010. 1. 28. 선고 2008두1504 판결 14 국회, 16 지방, 17 사복, 24 지방

토지보상법 제85조(행정소송의 제기)
① 사업시행자, 토지소유자 또는 관계인은 제34조에 따른 재결에 불복할 때에는 재결서를 받은 날부터 90일 이내에, 이의신청을 거쳤을 때에는 이의신청에 대한 재결서를 받은 날부터 60일 이내에 각각 행정소송을 제기할 수 있다. 이 경우 사업시행자는 행정소송을 제기하기 전에 제84조에 따라 늘어난 보상금을 공탁하여야 하며, 보상금을 받을 자는 공탁된 보상금을 소송이 종결될 때까지 수령할 수 없다.
② 제1항에 따라 제기하려는 행정소송이 보상금의 증감에 관한 소송인 경우 그 소송을 제기하는 자가 토지소유자 또는 관계인일 때에는 사업시행자를, 사업시행자일 때에는 토지소유자 또는 관계인을 각각 피고로 한다. 24 지방

PART 06

• 항고소송의 제기는 사업의 진행 및 토지의 수용 또는 사용을 정지시키지 않는다(토지보상법 제88조). 14 국회, 23 지방, 24 국가

4. 보상금증감청구소송 : 보상액을 다투는 경우 24 국가

• 수용재결의 내용 중 보상금의 수액에 대하여서만 불복하는 경우에 보상금의 증감을 구하는 소송을 말한다.
• 사업시행자, 토지소유자 또는 관계인이 제기하려는 행정소송이 보상금의 증감에 관한 소송인 경우 그 소송을 제기하는 자가 토지소유자 또는 관계인일 때에는 사업시행자를, 사업시행자일 때에는 토지소유자 또는 관계인을 각각 피고로 한다(토지보상법 제85조 제2항). 16 서울
• 보상금증감청구소송은 당사자소송의 성질을 갖는다(형식적 당사자소송). 22 국가
• 보상금증감청구소송의 제소기간은 항고소송의 경우와 동일하다.

판례

1. 토지수용법 제75조의2 제2항의 규정은 그 제1항에 의하여 이의재결에 대하여 불복하는 행정소송을 제기하는 경우, 이것이 보상금의 증감에 관한 소송인 때에는 이의재결에서 정한 보상금이 증액 변경될 것을 전제로 하여 기업자를 상대로 보상금의 지급을 구하는 공법상의 당사자소송을 규정한 것으로 볼 것이다. 대법원 1991. 11. 26. 선고 91누285 판결
2. 어떤 보상항목이 공익사업을 위한 토지 등의 취득 및 보상에 관한 법령상 손실보상대상에 해당함에도 관할 토지수용위원회가 사실을 오인하거나 법리를 오해함으로써 손실보상대상에 해당하지 않는다고 잘못된 내용의 재결을 한 경우에는, 피보상자는 관할 토지수용위원회를 상대로 그 재결에 대한 취소소송을 제기할 것이 아니라, 사업시행자를 상대로 구 공익사업을 위한 토지 등의 취득 및 보상에 관한 법률 제85조 제2항에 따른 보상금증감소송을 제기하여야 한다. 대법원 2018. 7. 20. 선고 2015두4044 판결 23 지방, 24 국가

MEMO

강성빈

주요 약력

고려대학교 사회학과, 법학과 졸업
고려대학교 대학원 법학과 졸업(법학 석사)
전북대학교 법학전문대학원 졸업
공군 학사장교
변호사시험 합격
現) 변호사
前) 메가공무원/메가소방 행정법
現) 박문각공무원 행정법 전임교수

주요 저서

2025 박문각 공무원 강성빈 행정법총론 기본서
2024 박문각 공무원 입문서 시작! 강성빈 행정법
2024 박문각 공무원 강성빈 행정법총론 기출문제집(전2권)
2024 박문각 공무원 강성빈 행정법총론 OX + 요약노트
2024 박문각 공무원 강성빈 행정법총론 실전동형 모의고사

강성빈 행정법총론 기본서
제1판 발행: 2023년 7월 20일
제2판 발행: 2024년 7월 19일

강성빈 행정법총론 ✧✦

초판 인쇄 | 2024. 7. 15. **초판 발행** | 2024. 7. 19. **편저자** | 강성빈
발행인 | 박 용 **발행처** | (주)박문각출판 **등록** | 2015년 4월 29일 제2019-000137호
주소 | 06654 서울시 서초구 효령로 283 서경 B/D 4층 **팩스** | (02)584-2927
전화 | 교재 문의 (02)6466-7202

저자와의 협의하에 인지생략

정가 43,000원
ISBN 979-11-7262-117-9